고대 근동 시리즈 ⑬

THE ANCIENT NEAR EAST
AN ANTHOLOGY OF TEXTS & PICTURES

고대 근동 문학 선집

편집 | 제임스 B. 프리처드   책임감수 | 김구원

번역위원 | 강승일, 김구원, 김성천, 김재환, 윤성덕, 주원준

기독교문서선교회

기독교문서선교회(Christian Literature Center: 약칭 CLC)는 1941년 영국 콜체스터에서 켄 아담스에 의해 시작되었으며 국제 본부는 미국 필라델피아에 있습니다.
국제 CLC는 59개 나라에서 180개의 본부를 두고, 약 650여 명의 선교사들이 이동 도서차량 40대를 이용하여 문서 보급에 힘쓰고 있으며 이메일 주문을 통해 130여 국으로 책을 공급하고 있습니다. 한국 CLC는 청교도적 복음주의 신학과 신앙 서적을 출판하는 문서선교기관으로서, 한 영혼이라도 구원되길 소망하면서 주님이 오시는 그날까지 최선을 다할 것입니다.

THE ANCIENT NEAR EAST
An Anthology of Texts & Pictures

Edited by
James B. Pritchard

Foreword by
Daniel E. Fleming

Translated by
Koowon Kim et al.

Copyright © 2001 by Princeton University Press

Originally published in English under the title as
THE ANCIENT NEAR EAST: AN ANTHOLOGY of TEXTS & PICTURES
by Princeton University Press,
Translated and used by the permission of
Princeton University Press, 41 William Street, Princeton, New Jersey 08540
In the United Kingdom: Princeton University Press,
6 Oxford Street, Woodstock, Oxfordshire OX20 1TW

All rights reserved.

Korean Edition
Copyright © 2016, 2020 by Christian Literature Center
Seoul, Korea

고대 근동 시리즈는 홍수 이후의 수메르 문명에서부터 페르시아가 멸망하는 B.C. 331년까지를 주로 다루며, B.C. 27년 아우구스투스에 의해 로마제국이 시작되고 로마의 통치 아래 이스라엘 땅에서 예수님이 탄생한 내용까지를 포함한다.

추천사 1

차준희 박사
한세대학교 신학부 구약학 교수, 한국구약학회 회장, 한국구약학연구소 소장

성경은 진공 상태에서 하늘로부터 갑자기 뚝 떨어진 문헌이 아니다. 성경은 고대 근동의 역사와 문화의 토양에 뿌리를 깊이 내리고 꽃을 피운 결실이다. 성경과 고대 근동 문헌과의 유사성은 성경의 가치를 손상시키는 것이 아니라 오히려 그 가치를 더 돋보이게 한다. 성경과 고대 근동 문헌은 상호 간 공통점뿐만 아니라 차이점도 존재한다. 이를 날카롭게 구분하면, 그 차이점에서 우리는 성경본문과 야웨 하나님의 독특성을 발견하게 된다. 그 차이점에서 성경본문 특유의 메시지를 목격하게 된다. 이는 관련 자료와의 비교분석을 통해서만 얻을 수 있는 큰 수확이다.

*ANET*는 고대 근동 문헌 중에서도 가장 중요한 것들을 추려서 관련분야 최고의 북미 학자들이 자신의 전문성을 발휘하여 심혈을 기울여 고대근동어에서 영어로 번역한 책이다. 게다가 고대 근동 문헌의 내용과 유사한 성경본문들이 친절하게도 함께 언급되어 있어서 성경과 비교하며 읽은 데 큰 도움을 주고 있다. 또한 문학의 장르들, 즉 신화와 서사시, 법률 문서, 조약 문서, 역사 문서, 저주 문서, 찬송시, 교훈과 지혜 문학, 신탁과 예언, 연애시, 편지 등이 총망라되어 성경의 관련 문헌을 이해하는 데 결정적인 도움을 준다. 본서는 일종의 단권으로 된 성경대백과사전이라 할 수 있다.

*ANET*의 고대근동어 번역자들 못지않게 우리말 번역진도 최고의 전문성을 갖춘 고대근동학자들이다. 한국 최고 고대근동학 분야 어벤저스 번역진이 엄청난 일을 해냈다. 이들이 첨부한 적절한 역주도 일반 독자들의 이해도와 가독성에 큰 기여가 될 것이다. 한국의 고대근동학 신진학자들의 수고로 드디어 우리의 손에 *ANET*가 들려진다!! *ANET*의 한국어판 출현이 한국성경학을 한 단계 발전하는 도약대가 될 것을 확신한다.

추천사 2

유윤종 박사
평택대학교 피어선신학전문대학원 구약학 교수

    구약성경은 고대 근동(메소포타미아, 이집트, 레반트, 아나톨리아 등을 포함한 지리적 용어, 혹은 고대 서아시아, 오리엔트 등으로도 지칭됨)에서 발생한 기념비적인 고대 문명 가운데서 피어난 백미이다. 고대 근동 지역은 세계의 4대 문명 가운데 가장 오래된 메소포타미아 및 이집트 문명이 발생한 지역이다. 즉, 역사와 문명의 발원지였다. 성경은 고대 근동(고대 서아시아) 문명이라는 당시의 최고 문명의 토양 위에서 발생하고, 성장하고, 완성되었다. 그러나 그리스 로마 문명에 비해 우리나라에서 큰 관심을 받지 못했다. 그런 의미에서 *ANET*의 우리말 번역은 성경 연구에 있어서, 우리말 성경 번역에 버금갈 만큼 중요한 사건이다. 우리나라에서 구약성경 및 고대 오리엔트 문명 이해에 엄청난 관심과 반향을 불러일으킬 것이다.

    한국구약학회 및 교회 전통에서 '고대 근동적 관점에서의 구약성경'이라는 표현은 다소 금기시된 면이 있다. 성경 자체에 대한 절대적 믿음이 지나치게 강해 고대 근동과의 영향을 이야기한다는 것 자체가 불경에 가깝다고 느끼기 때문이다. 사실 20세기 초에 벌어진 Babel/Bibel 논쟁 이후 그러한 태도는 자연스럽게 형성되어 왔다고 볼 수 있다. 오늘날에도 여전히 성경을 '고대 근동적 관점'에서 이야기하는 일에 대해 탐탁치 않게 여기는 일을 심심치 않게 보게 된다. 그럼에도 불구하고 한국의 일부 구약학자들은 다양한 방식으로 구약성경과 고대 근동과의 관계를 연구해 왔다. 그리하여 상당히 축적된 연구성과를 이루어냈다. 그러나 늘 아쉬웠던 것은 1차 자료에 속하는 본문을 주로 *ANET*에 의존할 수밖에 없었다는 점이다. 우리말 번역이 없었기 때문이었다.

나의 구약성경에 대한 주된 관심은 '고대 근동적 관점에서의 구약성경'이다. 공부를 하면 할수록 느끼는 점은 고대 근동적 토양에서 자라난 구약성경 저자들의 고민과 고뇌를 이해할 수 있게 된다는 것이다. 욕망이라는 인간 근본의 속성이 지배하던 고대 근동 세계와 욕망의 발현을 무한대로 부채질하는 이 시대는 크게 다르지 않다. 우리는 비록 경건한 삶을 살고자 하지만 우리를 둘러싼 주변 세계의 영향을 받을 수밖에 없다는 점에서, 구약성경의 저자들이 우리에게 준 가르침은 매우 독특하며 영감이 깃든 책이라는 것을 고백하게 된다. 고대 근동적 관점에서의 구약성경은 우리 시대 가운데 기독교인이 어떠한 관점을 가져야 하는지에 대해 많은 시사점을 제공한다. 구약성경은 하늘에서 떨어진 책이 아니라, 고대 근동이라는 거대한 역사의 흐름 속에 형성되었다는 점에서 오늘날 우리가 서 있는 위치와 크게 다르지 않기 때문이다.

나는 개인적으로 *ANET-K*의 출판은 21세기 한국구약학회 및 고대 오리엔트사 연구의 기념비적 사건에 해당한다고 본다. 본서를 읽음으로써 고대 근동 세계의 다양하고 역동적이며 풍부한 사상을 느끼게 될 것이며, 성경이 우리에게 훨씬 더 생생하고도 풍부하게 다가올 것이라고 확신한다. 필자의 평생 소원 가운데 하나였던 *ANET*의 우리말 번역에 수고해 주신 김구원, 강승일, 김성천, 김재환, 윤성덕, 주원준 선생의 수고에 깊은 감사를 드린다. 이들은 모두 고대 근동적 관점에서 구약성경을 이해하려는 열정을 가진 최고의 전문가들이다. 구약성경을 보다 풍부하고도 심도 있게 이해하려는 독자들에게 본서는 또 하나의 좋은 선물이 될 것임을 의심치 않을 것임으로 기쁘게 본서를 추천한다.

추천사 3

손석태 박사
개신대학원대학교 명예총장

우리에게 고대 근동 세계는 가깝고도 먼 이웃이었다. 지리적으로는 서양에 비해 가깝지만 그들의 역사와 문화에 대해서는 거의 아는 바가 없기 때문이다. ANET의 한국어 번역 및 출판은 그런 의미에서 우리 한국 사람들에게 근동 세계에 대한 문을 여는 획기적인 사건이라 생각된다. 여기에 기록된 문헌들은 고대 근동이라는 새로운 세계에 대하여 우리의 눈을 뜨게 할 것이다.

따라서 본서는 고대의 문화와 종교에 대하여 관심을 가진 인문학도들에게는 동서양의 고대인들과 다른 세계관을 가진 고대 근동 세계인들의 삶과 철학을 들여다 볼 수 있는 흥미 있는 자료들이 될 것이다. 특히 성경이 무인도에서 일어난 일들이 아니고 고대 근동의 역사적, 문화적, 종교적 상황 속에서 일어난 일들을 기록한 것임을 염두에 둔다면 성경학도들에게는 본서의 중요성에 대해서 더 이상 언급할 필요가 없을 것이라고 생각된다.

귀한 책을 번역하신 교수님들의 노고를 치하하며 출판을 해 주신 CLC에게 깊은 감사를 드리며 본서를 아낌없이 추천한다

추천사 4

이윤경 박사
이화여자대학교 기독교학과 구약학 교수

구약 공부를 깊이 있게 시작해 보고자 하는 사람의 책장에 반드시 있어야 할 책 한 권,
이집트, 메소포타미아, 힛타이트 등지에 살던 사람들의 삶에 대해 알려줄 책 한 권,
성경의 사람들과 고대 근동의 삶의 현장이 교차되는 장면을 생생히 보여 줄 책 한 권,
오랫동안 한국어로 번역되길 고대해 왔던 바로 그 책 한 권,
곧 프리처드의 *ANET*와 *ANEP*를 번역한 본서를 강력히 추천한다.

추천사 5

홍국평 박사
연세대학교 신학과 구약학 교수

"길가메쉬 서사시, 아트라하시스와 성경의 홍수 이야기는 어떤 관계가 있나요?" 목회자로서 이런 껄끄러운 질문을 접해 본 일이 있을 것이다. 정보의 홍수를 경험하고 있는 현대 사회에서 피해 갈 수 없는 일이다. 많은 독자에게 고대 근동 문헌은 낯설게 느껴지겠지만, 외면할 것이 아니라 적극적으로 파고들어 성경 이해의 폭을 넓히는 것이 옳을 것이다. 구약성경 연구에서 고대 근동의 역사와 종교와 문학을 이해하는 것은 필수적이기 때문이다.

*ANET*는 고대 근동의 역사, 종교, 문학 본문 중 구약성경과 관련된 엄선된 본문을 모아 놓은 구약성경 연구의 보고이다. 신학대학원에 들어가서 처음 *ANET*라는 두꺼운 책을 보았을 때 느꼈던 신비로운 감동을 잊을 수 없다. 고대 근동의 다양한 문헌을 번역해 한 자리에 모아 두었다는 것만으로 구약학도로서 전율을 느끼지 않을 수 없었다. 그 귀한 자료의 최신판이 이제 우리말로 번역되었다. 구약성경에 관심이 있는 사람이라면, 누구나 책장에 꽂아 두고 참조해야 할 소중한 자료이다.

추천사 6

안근조 박사
호서대학교 연합신학전문대학원 구약학 교수

    한국에서 살 때 인지하지 못했던 한국사회의 실체가 여행이나 유학생활을 통해 점차로 드러나는 것을 경험한다. 객관적인 거리가 확보될 때 비로소 안보이던 것이 보이게 된다. 성경도 마찬가지이다. 성경 내에 감추어져 있던 내용들이 "고대 근동"이라는 문화적 거리가 제공될 때 밝혀지고 읽혀진다. 고대 근동이라는 큰 맥락에서 구약성경의 메시지는 더욱 분명하고 예민해진다. 이런 의미에서 *ANET*의 한국어 번역본 출판은 묻혀있었던 구약성경의 새로운 지식과 진리들을 발굴하는 데 크게 기여할 것으로 기대된다.

    이제까지 고대 근동의 역사와 문화는 많은 해설서들을 통해 소개된 바 있다. 그러나 2차적인 자료에 불과했다. 한국어『고대 근동 문학 선집』은 구약성경의 직접적인 문학적 틀과 자료들을 시공간의 격차를 뛰어넘어 오늘 우리 손안에 선사하고 있기에 의미가 크다. 이제 우리는 말로만 들었던 바빌론의 마르둑 창조신화를 읽을 수 있고, 노아 홍수 이야기를 길가메쉬 서사시와 직접 비교할 수 있으며, 이스라엘의 법과 예언, 지혜가 고대 근동의 종교적 문헌들과 어떤 유사성이 있으며 상이성이 있는가를 본격적으로 비교할 수 있게 되었다. 유사 문헌들과의 연속성과 불연속성의 발견은 문학적이고 신학적인 이와 같은 큰 공헌을 한다. 이외에 다음의 다섯 가지 이유로 본서를 적극 추천한다.

    첫째, 그동안 간간히 소개되었던 고대 근동의 1차적인 문헌들에 비해 *ANET* 자체가 본래 각 고대문화의 전문 분야에 정통한 학자들에 의한 작업이었기에 다른 어떤 참고서

적들에 비해 신뢰할 만한 학문적 가치가 크다. 또한 소개하는 문학적 장르도 다양하며 종합적이다.

둘째, 본서는 학자들뿐만 아니라 하나님의 말씀을 사모하는 사람들의 성경연구와 묵상의 여정에 흥분과 열정, 재미와 감동을 더해 줄 수 있으리라 확신한다. 왜냐하면 구약성경과 이웃 문화의 사상들이 어떤 면에서 같으며 또 다른가를 직접 목격함으로써 왜 성경이 다른 문헌들에 비해 진리의 문서로 받아들여졌는가를 진지하게 묻고 추적하는 계기가 되기 때문이다.

셋째, 인류 문화유산의 보고(寶庫)로서 충분한 가치가 있다. 신앙적 동기의 기독교인들에게 큰 도전이 될 뿐만 아니라 인문학적 소양을 가진 일반인들에게도 인류 문화의 원천을 그 뿌리로부터 접근하게 되는 기회를 선사하고 있다.

넷째, 본래 *ANET*의 구성이 합리적이고 간편하여 독자들의 가독성을 더해 주고 있었다. 이 위에 이번에 출판되는 한국어 번역본에서 번거로운 성경색인과 주제색인 등의 작업 뿐만 아니라 평행성경본문 제공과 소소한 독자 중심의 편이성을 추구함으로써 한결 더 손쉽고 유용한 자료집으로 거듭났기에 비전공 독자들의 사용에도 손색이 없다.

다섯째, 번역자들의 고대근동학적 전문성과 언어능력이 고대 근동의 낯선 본문들을 접근 용이한 자료들로 풀어주고 있기에 같은 본문의 다른 어떤 한글 번역서들에 비해 본의에 가깝고 신뢰할 만한 역작이다.

이를 위하여 바쁜 시간을 쪼개어 더없이 귀한 고대 근동의 문학선집을 번역해 주신 학자들의 노고에 존경과 감사를 보내지 않을 수 없다. 다소 늦은 감은 있으나 한국 교회와 학계에 고대근동학에 대한 새로운 관심과 연구가 본서를 계기로 활발히 이루어지기를 기대한다.

추천사 7

프란체스카 로크베르크(Francesca Rochberg) 박사
University of California, Berkeley 고대근동학 교수

어떤 고대 근동의 문학 선집도 본서처럼 지역, 언어, 문학 장르적으로 다양한 범위를 포함하고 있지 않다. 순수 문학에서, 역사 문서, 법전, 편지, 종교 문서까지 매우 다양한 장르의 문서들이 여기에 포함되어 있다.

San Francisco Chronicle

문서와 사진이 조합된 본서는 역사가들과 성경학자들이 성경 세계를 재구성하기 위해 사용하는 원재료들을 학생들과 일반인들에게 제공한다.

Times Literary Supplement

훌륭한 대작이다(A splendid corpus).

Jewish Social Studies

모든 성경 선생을 위한 위대한 참고서이다(A great help to every teacher of the Bible).

원역자와 주석가들

- W. F. 올브라이트/ 미국 Johns Hopkins University
- 로버트 D. 빅스/ 미국 Oriental Institute, University of Chicago
- J. J. 핀켈슈타인/ 미국 Yale University
- H. L. 긴즈버그/ 미국 Jewish Theological Seminary
- 알브레히트 괴체/ 미국 Yale University
- A. K. 그레이슨/ 캐나다 University of Toronto
- A. 야메, W. F. / 미국 The Catholic University
- S. N. 크래머/ 미국 University of Pennsylvania Museum of Archaeology and Anthropology, Philadelphia
- T. J. 미크/ 캐나다 University of Toronto
- W. L. 모란/ 미국 Harvard University
- A. 레오 오펜하임/ 미국 Oriental Institute, University of Chicago
- 로버트 H. 파이퍼/ 미국 Harvard University
- 에리카 라이너/ 미국 University of Chicago
- 프란츠 로젠탈/ 미국 Yale University
- E. A. 스파이저/ 미국 University of Pennsylvania
- 페리스 J. 스티븐스/ 미국 Yale University
- 존 A. 윌슨/ 미국 Oriental Institute, University of Chicago

한글 번역자들

- 강승일/ 미국 Johns Hopkins University(Ph. D.)
    현 한남대학교 교양융복합대학 기독교학 교수
- 김구원/ 미국 University of Chicago(Ph. D.)
    현 개신대학원대학교 구약학 교수
- 김성천/ 미국 Brandeis University(Ph. D. Cand.)
- 김재환/ 미국 Harvard University(Ph. D. Cand.)
- 윤성덕/ 미국 Hebrew Union College-Jewish Institute of Religion(Ph. D.)
    현 서울대학교 아시아언어와 문명학부·연세대학교 신학과 외래교수
- 주원준/ 독일 Universitaet Wuerzburg(Dr. Theol.)
    현 한님성서연구소 수석연구원

목차

추천사 1_ 차준희 박사/ 한세대학교 신학부 구약학 교수, 한국구약학회 회장 5

추천사 2_ 유윤종 박사/ 평택대학교 피어선신학전문대학원 구약학 교수 6

추천사 3_ 손석태 박사/ 개신대학원대학교 명예총장 8

추천사 4_ 이윤경 박사/ 이화여자대학교 기독교학과 구약학 교수 9

추천사 5_ 홍국평 박사/ 연세대학교 신학과 구약학 교수 10

추천사 6_ 안근조 박사/ 호서대학교 연합신학전문대학원 구약학 교수 11

추천사 7_ 프란체스카 로크베르크 박사 외 13

원역자와 주석가들 14

한글 번역자들 15

유물사진 목록 29

머리말_ 다니엘 E. 플래밍 박사/ New York University 히브리어 · 유대학 교수 42

1975년 판 서문_ 제임스 B. 프리처드 박사/ University of Pennsylvania 성경고고학 교수 46

1958년 판 서문 48

역자 서문_ 김구원 박사/ 개신대학원대학교 구약학 교수 50

I 이집트의 신화와 설화들 | 원역자: 윌슨(John A. Wilson) 53

1. 멤피스의 창조 신학 53

2. 파멸로부터 인류의 구원 55

3. 시누헤 이야기 58

4. 두 형제 이야기 66

5. 웬아몬의 페니키아 여행 72

6. 빈곤한 7년에 관한 이집트 전승 81

II 메소포타미아의 신화와 서사시 　　　　　　　　　　85

가. 수메르 신화 | 원역자: 크래머(S. N. Kramer) 　　　　　85

　　1. 홍수 이야기 　　　　　　　　　　　　　　　　　　85

나. 아카드의 신화와 서사시 　　　　　　　　　　　　　90

　　1. 창조 서사시(에누마 엘리쉬) | 원역자: 스파이저(E. A. Speiser) 　　90

　　2. 토판 V의 부기(簿記) | 원역자: 그레이슨(A. K. Grayson) 　　104

　　3. 길가메쉬 서사시 | 원역자: 스파이저(E. A. Speiser) 　　108

　　4. 우주적 주문 문서: "벌레와 치통" | 원역자: 스파이저(E. A. Speiser) 　　160

　　5. 아다파 | 원역자: 스파이저(E. A. Speiser) 　　162

　　6. 이쉬타르의 지하세계 여행 | 원역자: 스파이저(E. A. Speiser) 　　169

　　7. 사르곤의 전설 | 원역자: 스파이저(E. A. Speiser) 　　177

　　8. 네르갈과 에레쉬키갈 | 원역자: 그레이슨(A. K. Grayson) 　　179

　　9. [안]주 신화 | 원역자: 그레이슨(A. K. Grayson) 　　195

　　10. 바빌로니아 신통기: 하랍 신화 | 원역자: 그레이슨(A. K. Grayson) 　　216

III 히타이트 신화 | 원역자: 괴체(Albrecht Goetze)   219

    1. 텔레피누 신화   219

    2. 엘쿠니르샤 신화   227

IV 우가릿 신화 | 원역자: 긴즈버그(H. L. Ginsberg)   229

    1. 바알 신화   229

    2. 아크하투 이야기   296

    3. 부록: 키르타 이야기 | 원역자: 파르디(Dennis Pardee)   327

V 법률 문서   353

가. 메소포타미아의 법전들   353

    1. 에쉬눈나 법전 | 원역자: 괴체(Albrecht Goetze)   353

    2. 함무라비 법전 | 원역자: 미크(Theophile J. Meek)   362

    3. 우르남무 법전 | 원역자: 핀켈슈타인(J. J. Finkelstein)   400

    4. 수메르 법조항 모음 | 원역자: 핀켈슈타인(J. J. Finkelstein)   405

    5. 암미사두카의 칙령 | 원역자: 핀켈슈타인(J. J. Finkelstein)   407

나. 실제 법률의 시행을 보여 주는 문서들   413

1. 메소포타미아의 법률 문서들 | 원역자: 미크(Theophile J. Meek)
핀켈슈타인(J. J. Finkelstein)   413

2. 엘레판틴에서 출토된 아람어 파피루스 사본 | 원역자: 긴즈버그(H. L. Ginsberg)   435

VI 조약 문서   443

가. 히타이트 조약 | 원역자: 괴체(Albrecht Goetze)   443

1. 숩필룰리우마스와 아무루의 아지라스의 조약   443

나. 시리아와 아시리아의 아카드어 조약문들 | 원역자: 라이너(Erica Reiner)   447

1. 알라락의 니크메파와 툰입의 이르아두(Ir-^{d}IM)의 조약   447
2. 이드리미와 필리야의 조약   450
3. 앗수르의 앗수르니라리 5세와 아르밧의 마티일루의 조약   451
4. 에살핫돈과 두로의 바알의 조약   454
5. 에살핫돈의 종주 조약   455

VII 이집트 역사 문서들 | 원역자: 윌슨(John A. Wilson)   473

    1. 힉소스의 축출   473

    2. 투트모세 3세의 아시아 군사 원정   476

    3. 세티 1세의 북팔레스타인 원정   483

    4. 국경 관리의 보고   485

    5. 시리아의 지도자 공백기   486

    6. 해양 민족들과의 전쟁   487

    7. 므깃도 상아 작품들   489

    8. 셰숑크 1세의 원정   490

    9. 이집트 가정의 아시아인들   491

    10. 힉소스와의 전쟁   494

VIII 앗수르와 바벨론에서 나온 역사 문서들   499
| 원역자: 오펜하임(A. Leo Oppenheim)

    1. 야흐둔림의 샤마쉬 신전 헌당   499

    2. 알라락의 왕, 이드리미의 이야기   502

    3. 앗수르나찌르팔 2세(883-859): 레바논 원정   505

    4. 앗수르나찌르팔 2세의 잔치   505

    5. 살만에셀 3세(858-824): 아람 연합군과 전투   512

6. 아다드니라리 3세(810-783): 팔레스타인 원정   517

7. 앗수르 왕명록   518

8. 디글랏빌레셀 3세(744-727): 시리아, 팔레스타인 원정   524

9. 사르곤 2세(721-705): 사마리아 멸망   527

10. 산헤립(704-681): 예루살렘 포위   532

11. 에살핫돈(680-669): 시리아, 팔레스타인 원정   535

12. 팔레스타인에서 온 조공 영수증   536

13. 니느웨 함락   536

14. 예루살렘 함락   537

15. 예루살렘 점령   538

16. 느부갓네살 2세(605-562)   539

17. 나보니두스의 어머니   540

18. 나보니두스와 그의 신   545

19. 바벨론 멸망   549

20. 고레스(557-529)   550

21. 우룩 왕명록: 칸달라누부터 셀레우코스 2세까지   554

22. 셀레우코스 왕명록   555

IX 팔레스타인 비문들 | 원역자: 올브라이트(W. F. Albright)   557

- 1. 게셀 월력   557
- 2. 모압 석비   558
- 3. 사마리아 도편 문서   560
- 4. 실로암 명문   562
- 5. 요시아 시대의 편지(메사드 하샤브야후 도편 문서)   563
- 6. 아라드에서 발굴된 세 편의 도편 문서   564
- 7. 라기스 도편 문서   565

X 가나안과 아람어 비문 | 원역자: 로젠탈(Franz Rosenthal)   569

가. 건축 비문들   569

- 1. 비블로스의 예히밀크   569
- 2. 아다나의 아지타와다   570
- 3. Y'dy-사말의 킬라무와   573
- 4. Y'dy-사말의 바르라카브   574

나. 제사 비문들   575

- 1. 다메섹의 벤하닷   575

2. Y'dy-사말의 킬라무와 576

3. 하맛과 루아쉬의 자키르 576

4. 비블로스의 예하브밀크 577

5. 마르세유 세금 문서 579

6. 카르타고 세금 문서 581

다. 기타 비문들 582

1. 게달의 왕 582

2. 카르타고의 서원 비문 582

3. 아슬란 타쉬의 부적 584

4. 우룩 주문 585

5. KTK와 아르밧 사이의 조약 586

6. 비블로스의 아히람 591

7. 아그바르, 네랍의 달신 제사장 592

8. 시돈의 타브닛 592

9. 시돈의 에쉬문아자르 593

XI 남부 아라비아 비문 | 원역자: 야메(A. Jamme) 595

1. 스바어 비문 595

2. 마인어 비문 599

3. 카타반어 비문 604

4. 하드라무트 비문 607

XII 이집트 저주 문서들 | 원역자: 윌슨(John A. Wilson)   611

    1. 아시아 왕자들에 대한 저주   611

XIII 이집트의 찬송시들 | 원역자: 윌슨(John A. Wilson)   615

    1. 아톤에게 드리는 찬송시   615
    2. 메르네프타의 승리의 찬송시("이스라엘 석비")   621

XIV 메소포타미아의 찬송시   623

가. 수메르어 찬송시 | 원역자: 크래머(Samuel N. Kramer)   623

    1. 식물의 신 니누르타 찬송시   623
    2. 분노의 신 니누르타 찬송시   625
    3. 엔헤두안나의 찬양 기도: 우르의 인안나 숭배   627
    4. 도로(道路)의 왕: 스스로를 칭송하는 슐기의 찬송시   636

나. 아카드어 찬송시 | 원역자: 스티븐즈(Ferris J. Stephens)   641

    1. 이쉬타르 찬송시   641

XV 교훈과 지혜 문학　　　　　　　　　　　　　　　　645

가. 이집트의 교훈들 | 원역자: 윌슨(John A. Wilson)　　　645

　1. 수상 프타호텝의 가르침　　　　　　　　　　　　　645

　2. 아멘엠오펫의 가르침　　　　　　　　　　　　　　649

나. 수메르의 교훈과 지혜 문학　　　　　　　　　　　　660

　1. 사람과 그의 신: "욥" 모티브의 수메르어 버전 | 원역자: 크래머(S. N. Kramer)　　660

　2. 메소포타미아 잠언들 | 원역자: 파이퍼(Robert H. Pfeiffer)　　　666

다. 아카드의 교훈과 지혜 문학　　　　　　　　　　　　668

　1. 삶에 대한 관조: 주인과 종의 비관적인 대화 | 원역자: 파이퍼(Robert H. Pfeiffer)　　668

　2. 아카드의 우화 | 원역자: 빅스(Robert D. Biggs)　　　671

　3. 지혜의 충고 | 원역자: 빅스(Robert D. Biggs)　　　675

　4. 루들룰 벨 네메키: 지혜의 주를 찬양하리라

　　　| 원역자: 빅스(Robert D. Biggs)　　　679

　5. 바벨론 신정론 | 원역자: 빅스(Robert D. Biggs)　　　695

라. 아람의 잠언과 교훈　　　　　　　　　　　　　　　706

　1. 아히카르의 잠언 | 원역자: 긴즈버그(H. L. Ginsberg)　　　706

XVI 신탁과 예언 713

가. 이집트의 신탁과 예언 713

1. 네페르로후의 예언 | 원역자: 윌슨(John A. Wilson) 713

나. 아카드의 신탁과 예언 719

1. 마리와 앗수르 편지들에 나타난 계시 | 원역자: 모란(William L. Moran) 719

2. 에살핫돈과 관련한 신탁들 | 원역자: 빅스(Robert D. Biggs) 734

3. 앗수르바니팔에게 보낸 편지 | 원역자: 빅스(Robert D. Biggs) 738

4. 앗수르바니팔과 관련한 신탁 꿈 | 원역자: 빅스(Robert D. Biggs) 739

5. 예언들 | 원역자: 빅스(Robert D. Biggs) 740

XVII 연애시 743

가. 이집트의 연애시 | 원역자: 윌슨(John A. Wilson) 743

나. 수메르의 연애시 | 원역자: 크래머(S. N. Kramer) 746

1. 두무지와 인안나: 기파르에서의 사랑 746

2. 두무지와 인안나: 사랑의 황홀함 748

3. 인안나와 왕: 혼인식 날의 축복 751

    4. "꿀-남자"(Honey-man): 왕에게 드리는 사랑의 노래   755

    5. "나를 놓아주오, 내 여동생이여": 만족한 연인   756

XVIII 기타 문학   759

가. 도시 라암셋을 찬양하는 이집트 시 | 원역자: 윌슨(John A. Wilson)   759

나. 수메르 문학 | 원역자: 크래머(S. N. Kramer)   761

    1. 아가데의 저주: 에쿠르의 복수   761

    2. 우아-아우아: 수메르 자장가   775

XIX 편지들   779

가. 아카드어 편지들   779

    1. 마리 편지들 | 원역자: 올브라이트(W. F. Albright)   779

    2. 아마르나 편지 | 원역자: 올브라이트(W. F. Albright)   783

    3. 대리 왕 | 원역자: 모란(William L. Moran)   805

    4. 행복한 치세 | 원역자: 모란(William L. Moran)   806

    5. 공평 칙령 | 원역자: 모란(William L. Moran)   807

6. 신께 바치는 편지 | 원역자: 모란(William L. Moran)　　　　807

7. 화형과 신성재판 | 원역자: 모란(William L. Moran)　　　　808

8. 조약과 동맹 | 원역자: 모란(William L. Moran)　　　　808

9. "내 조상들의 하느님" | 원역자: 모란(William L. Moran)　　　　810

10. 대출과 이자 | 원역자: 모란(William L. Moran)　　　　811

11. 소년이 그의 어머니에게 | 원역자: 모란(William L. Moran)　　　　811

나. 아람어 편지 | 원역자: 긴즈버그(H. L. Ginsberg)　　　　812

1. 엘레판틴 유대인들의 편지　　　　812

2. 주전 410년 이집트 반란 때 버려진 땅을 임대주에게 할당하기　　　　818

월명 비교표　　　　820

용어 해설　　　　821

개신교-천주교 고유명사 비교표　　　　845

성경 색인　　　　846

주제 색인　　　　852

유물사진과 해설　　　　883

유물사진 출처　　　　1020

유물사진 목록

본서의 앞에 통합 지도가 수록되어 있다. 다음의 목록에서 『구약성경과 관련된 고대 근동 사진 자료』(*The Ancient Near East in Pictures Relating to the Old Testament*)는 *ANEP*(제1판, 1954년)와 *ANEP*²(제2판, 1969)로 약칭된다.

1. 카파자(Khafajah)에서 출토된 수메르인들 소상(*ANEP*,18-19); 펜실베니아대학교 고고인류학 박물관
2. 이집트로 눈 화장품을 가져오는 아시아인들(3); 베니 하산에 있는 크눔호텝 3세의 무덤 벽화
3. 페르세폴리스 계단에 새겨진 메디아인(26)
4. 투트안크아몬의 지팡이에 새겨진 시리아인 포로(43); 카이로박물관
5. 테베의 벽화, 조공을 나르는 시리아인(47); 대영박물관
6. 아부 심벨의 신전 벽화, 히타이트 포로(32)
7. 람세스 3세의 아모르 출신 포로들(7), 메디네트 하부
8. 무릎 꿇은 시리아인들과 흑인들(4), 테베의 226번 무덤 벽화
9. 아틀릿('Athlit)에서 출토된 청동 거울 (71); 팔레스타인고고학박물관
10. 므깃도에서 출토된 상아 빗(67); 시카고대학교 고대근동연구소
11. 텔 엘-아줄에서 출토된 금과 아연 장신구(74); 팔레스타인고고학박물관
12. 이집트의 이발사, 우세르헷(User-het)의 무덤 벽화(80), 테베
13. 발라스 혹은 네가다에서 출토된 이집트의 청동 면도날(82); 펜실베니아대학

　　　　교 고고인류학 박물관
14. 거울을 들고 입술을 칠하는 여자(78); 투린박물관
15. 텔 엘오베이드에서 출토된 낙농 장면(99), 프리즈; 이라크박물관
16. 쟁기질하는 남자 목상(84); 대영박물관
17. 에살핫돈 석비, 드릴이 달린 파종 쟁기(88); 대영박물관
18. 벽돌 만들기, 레크미레(Rekh-mi-Re)의 무덤 벽화(115b), 테베
19. 포도 수확과 와인 제조, 나크트의 무덤(156), 테베
20. 빨대를 통해 술 마시는 예배자와 신, 원통 인장(158); 베를린박물관
21. 데이르 엘바리에서 출토된 배(boat) 목상(110); 카이로박물관
22. 반죽하는 사람, 진흙 조각상, 에집(ez-Zib)에서 출토됨 (152); 팔레스타인고고학박물관
23. '빔'이라 적혀 있는 석회암 추, 텔 엔느스베 출토; 팔레스타인연구소
24. 기브온에서 출토된 무게가 새겨진 진흙 추; 펜실베니아대학의 고고인류학박물관
25. 인간 머리 모양의 저울 추, 라스샴라에서 출토.
26. 사카라의 무덤에서 출토된 도공의 작업실(146); 카이로박물관.
27. 팔레스타인에서 발견된 도자기 유형의 시대별 개관(147); 이스라엘문화재청의 그림
28. 창문 안 여인의 머리, 니므롯(131); 대영박물관
29. 스핑크스와 사자가 든 상자, 므깃도 출토(128); 팔레스타인고고학박물관
30. 벌거벗은 여인의 상아 조각상, 므깃도 출토(126); 시카고대학의 고대근동연구소
31. 지팡이를 들고 있는 여인, 상아 조각품, 므깃도에서 출토(125); 시카고대학의 고대근동연구소
32. 크눔호텝의 무덤 벽화, 의류 방직 장면, 베니 하산 소재(143)
33. 염색 공장, 텔 벧미르심(145)
34. 메스칼람두그(Mes-kalam-dug)의 황금 헬멧, 우르 출토(160); 이라크박물관
35. 우르에서 출토된 황금 칼과 칼집(159); 이라크박물관
36. 누지에서 출토된 갑옷(161); 이라크박물관

37. 두 개의 도끼 틀을 가진 도공용 거푸집, 세겜 출토(135); 팔레스타인고고학박물관
38. 구리제련 용광로, 텔 카실(134)
39. 텔 엘파라에서 발굴된 페르시아 시대의 침대(140); 팔레스타인고고학박물관
40. 사자 사냥하는 앗수르나찌르팔, 니므롯 부조(184); 대영박물관
41. 영양과 타조를 사냥하는 투트안크아몬(190); 카이로박물관
42. 이집트 병사들. 목공, 시웃(Siut)에서 출토 (180); 카이로박물관
43. 포로를 생포한 앗수르 병사들, 니느웨 출토(167); 루브르박물관
44. 우르에서 출토된 수금(193); 이라크박물관
45. 이집트 음악가들, 테베의 무덤 벽화(208)
46. "사냥개와 자칼" 놀이를 위한 게임 보드, 제12왕조의 테베 무덤에서 출토(213); 뉴욕의 메트로폴리탄박물관
47. 게임 보드와 놀이도구들, 텔 벧미르심에서 출토(214); 팔레스타인고고학박물관
48. 상아 게임 보드, 므깃도에서 출토(215); 시카고대학의 고대근동연구소
49. 회칠된 두개골, 신석기 시대, 여리고
50. 유대 동전, 날개 달린 바퀴 위에 어떤 인물이 앉아 있는 문양; 대영박물관
51. 벧주르(Beth-zur)에서 출토된 동전, "유대"라는 명문이 들어있음(227); 팔레스타인고고학박물관
52. 좌정한 서기관, 기자의 카니네수트(Ka-ni-nesut)의 마스타바 무덤
53. 쿰란 필사실에서 발견된 잉크병; 팔레스타인고고학박물관
54. 남부 바빌로니아, 어떤 마을의 약탈품과 시체를 기록하고 있는 서기관; 니느웨에서 출토된 저부조(236); 대영박물관
55. 이집트 서기관의 필사 도구(234); 시카고대학의 고대근동연구소
56. 쐐기문자로 된 법률 문서와 그 봉투(238); 예일대학의 바빌로니아콜렉션
57. 원통 인장(240); 뉴욕의 모건박물도서관
58. 느부갓네살에 의한 예루살렘 정복기; 대영박물관
59. 수사에서 발견된 함무라비 석비(246); 루브르박물관
60. 에살핫돈의 팔각 프리즘(247); 펜실베니아대학교 고고인류학박물관
61. 닙푸르의 지도 토판(260)

62. 다리우스의 부조상과 비문, 고대 페르시아어, 엘람어, 아카드어로 기록됨, 이란의 베히스툰의 절벽(249)
63. 30개의 우가릿 알파벳(263); 다마스쿠스국립박물관
64. 세라빗엘카뎀에서 출토된 조각상에 새겨진 명문, 시내 문자(270); 카이로박물관
65. 게셀에서 출토된 농업력이 적힌 명문(272); 이스탄불, 고대오리엔트박물관
66. 느부갓네살의 원통 토판(254); 펜실베니아대학교 고고인류학박물관
67. 라스샴라의 14세기 성층에서 발견된 도끼 머리(261); 루브르박물관
68. 라스샴라에서 출토된 토판, 아크하투 이야기가 수록됨(264); 루브르박물관
69. 홍수 이야기 토판(248); 대영박물관
70. 인장을 진흙에 찍어 봉인한 파피루스 문서(265); 브루클린박물관
71. 사자의 서의 한 부분(266); 펜실베니아대학교 고고인류학박물관
72. 로제타스톤(267); 대영박물관
73. 히스기야의 실로암터널 명문(275); 이스탄불, 고대오리엔트박물관
74. 모압 왕 메사 비문, 요단 동편, 디반에서 발견됨(274); 루브르박물관
75. 여로보암의 종, 쉐마의 인장(276)
76. 야아자니야(Jaazaniah)의 인장, 텔 엔나스베에서 출토(277); 팔레스타인고고학박물관
77. 요아긴의 종, 엘리아김의 인장(278); 팔레스타인고고학박물관
78. "왕실 인장"라는 자국이 찍힌 항아리 손잡이, 기브온에서 출토됨; 펜실베니아대학교 고고인류학박물관
79. 보다 후대의 "왕실 인장"이라는 자국이 찍힌 항아리 손잡이, 기브온에서 출토됨; 펜실베니아대학교 고고인류학박물관
80. 라기스에서 출토된 도편 문서 4번(279); 팔레스타인고고학박물관
81. 셈어 알파벳(286), 비른바움 그림
82. 엘레판틴에서 출토된 아람어 파피루스 문서(282); 브루클린박물관
83. 성 마가의 이사야 사본의 27번째 칼럼, 키르벳 쿰란 근처, 사해 동굴에서 출토됨(284); 히브리대학교, 예루살렘
84. 나메르 왕의 팔레트(296); 카이로박물관

85. 우르남무 석비, 우르에서 출토됨(306); 펜실베니아대학교 고고인류학박물관
86. 나람신의 승리 비석(309); 루브르박물관
87. "가나안의 마을" 요새(329), 카르나크
88. 투트모세 3세의 아시아 정복, 카르나크, 아몬 신전의 여섯 번째 파일론(고대 이집트의 신전이나 큰 건축물에서, 탑 모양으로 만든 문 - 역주)(313)
89. 삼나무를 자르는 레바논의 왕들, 카르나크 신전, 대강당의 북쪽 외벽(331)
90. 승리를 축하하는 므깃도의 왕, 므깃도에서 출토된 상아 공예(332); 팔레스타인고고학박물관
91. 람세스 2세에 항복하는 아스글론 요새, 카르나크의 벽화(334)
92. 해양 민족과 전투하는 람세스 3세, 메디네트 하부의 벽화(341)
93. 죽은 적들의 손을 계수하여 기록하기, 아비도스에 있는 람세스 2세의 신전 부조(340)
94. 셰숑크의 팔레스타인 정복, 카르나크의 아몬 신전 벽화(349)
95. 아모르(Amor)의 요새를 공격하는 람세스 3세, 메디네트 하부의 부조(346)
96. 메르네프타의 석비에 새겨진 명칭 "이스라엘", 테베 출토(343); 카이로박물관
97. "전쟁 패널", 우르의 깃발(303); 대영박물관
98. 살만에셀 3세의 페니키아 원정(356)과 티그리스 강 상류원까지의 탐험(364), 발라와트의 청동 띠; 대영박물관
99. 아몬레 앞에 있는 람세스 2세; 벧산에서 출토된 석비(321); 펜실베니아대학의 고고인류학박물관
100. 살만에셀 3세의 블랙 오벨리스크(351, 353); 대영박물관
101. 라기스를 공격하는 아시리아 왕 산헤립의 군사들(372, 373); 대영박물관
102. 라기스 앞에서 보좌에 앉아 있는 산헤립(371); 대영박물관
103. 람세스 2세와 살만에셀 3세(?)의 부조, 나르엘켈브 소재(335)
104. 적들을 밟고 있는 스핑크스, 투트모세 4세를 상징(393); 보스턴미술박물관
105. 센우세르트 1세, 리쉬르트에서 발견된 색칠된 목조 입상(383); 카이로박물관
106. 투트모세 3세의 현무암 조각상, 카르나크(387); 카이로박물관
107. 아멘호텝 3세, 테베에서 발견된 조각(395); 베를린박물관
108. 아크엔아톤의 머리 주물(402); 베를린박물관

109. 네페르트이티 여왕의 색칠된 석회암 흉상(404); 베를린박물관
110. 아크엔아톤의 가족(411); 베를린박물관
111. 투트안크아몬의 미이라를 위한 황금 마스크(413); 카이로박물관
112. 람세스 2세의 조각상(420); 투린박물관
113. 메르네프타 왕의 조각상, 테베에서 출토됨(423); 카이로박물관
114. 보좌에 앉아있는 세티 2세, 카르나크에서 출토된 사암 조각상(421); 대영박물관
115. 라가쉬의 에안나툼, 봉헌 장식판(428); 대영박물관
116. 마리의 왕, 람기마리의 소상(429); 알레포국립박물관
117. 라가쉬의 엔시, 구데아의 조각상(431); 루브르박물관
118. 앗수르나찌르팔 2세의 사암 소상(439); 대영박물관
119. 자기 지팡이를 들고있는 디글랏빌레셀 3세(445); 대영박물관
120. 아시리아 왕, 사르곤 2세의 머리(446); 투린박물관
121. 끈으로 왕궁 포로들을 잡고 있는 에살핫돈(447); 베를린박물관
122. 여왕과 함께 정원에서 만찬을 하고 있는 앗수르바니팔(451); 베를린박물관
123. 왕세자 크세르크세스와 동행하는 다리우스 왕(463); 테헤란박물관
124. 바구니를 나르는 앗수르바니팔, 바벨론에서 출토된 석비(450); 베를린박물관
125. 바벨론의 왕 므로닥발라단(454); 베를린박물관
126. 그룹 보좌에 앉은 비블로스의 왕 아히람(458); 베이루트국립박물관
127. 서기관과 함께 있는 왕, 바르라카브(450); 베를린박물관
128. 누드 여성상(469); 팔레스타인고고학박물관
129. 사자 위에 발가벗고 서 있는 여신, 신왕조의 석회암 석비(470); 카이로박물관
130. "비블로스의 여주인" 앞에 있는 예히밀크 왕, 주전 5세기 석회암 석비(477); 카이로박물관
131. 뿔 두 개 가진 여신, 벧산에서 출토된 석회암 석비(475); 펜실베니아대학교 고고인류학박물관
132. 항아리 안에서 발견된 은 여신상, 라스샴라에서 출토됨(482); 알레포국립박물관
133. 라스샴라에서 출토된 청동 여신상(480); 루브르박물관

134. 금과 은으로 도금된 청동 조각상, 미네트엘베이다에서 출토됨(481); 루브르박물관
135. 와스(was "힘", "정복") 홀을 가진 여신, 벧산에서 출토된 황금 목걸이에 새겨짐(478); 팔레스타인고고학박물관
136. "번개의 바알", 라스샴라에서 출토된 석회암 석비(490); 루브르박물관
137. 뾰족이 솟은 가발을 쓴 신, 라스샴라에서 출토된 석회암 석비(491); 루브르박물관
138. 뱀이 테두리를 두른 돌에 새겨진 "엘" 부조, 라스샴라(493); 알레포국립박물관
139. 바르하닷이 멜카르트에 봉헌한 석비, 알레포에서 북쪽으로 4마일 떨어진 마을에서 발견됨(499); 알레포국립박물관
140. 아슬란 타쉬에서 출토된 황소를 타고있는 풍우신(501); 루브르박물관
141. 바벨론에서 출토된 마르둑(523); 베를린박물관
142. 느부갓네살 1세의 경계석, 아부하바 혹은 그 근처에서 출토됨; 대영박물관
143. 넘치는 물병을 가진 여신, 마리에서 출토됨(516); 알레포국립박물관
144. 자신의 성소에 좌정한 샤마쉬, 아부하바에서 출토된 돌판(529); 대영박물관
145. 포획한 조각상을 나르고 있는 디글랏빌레셀 3세의 병사들, 니므롯에서 출토된 석고 부조(538); 대영박물관
146. 오시리스를 자신의 날개로 보호하는 이시스(544); 대영박물관
147. '새벽 의식'을 재현한 모형(619); 루브르박물관
148. 므깃도에서 출토된 분향단(575); 팔레스타인고고학박물관
149. 므깃도에서 출토된 청동 투조(587); 팔레스타인고고학박물관
150. 벧산에서 출토된 제의 용품(585); 펜실베니아대학교 고고인류학박물관
151. 점괘가 적힌 모형 간(594); 대영박물관
152. 므깃도에서 출토된 모형 간(595); 팔레스타인고고학박물관
153. 사카라에서 출토된 저주 인형(593); 브뤼셀박물관
154. 관제를 들고 있는 수메르 제사장(605); 대영박물관
155. 신들에게 제사 드리는 살만에셀 3세, 텔 발라와트에서 출토된 청동 띠(625); 대영박물관
156. 사자에게 관제를 붓는 앗수르바니팔, 니느웨에서 출토된 석회암 부조(626);

	대영박물관
157.	"개구"(開口) 의식, 후네페르의 파피루스, 신왕조(640); 대영박물관
158.	활처럼 몸을 굽힌 하늘 여신 누트, 활 모양의 몸은 하늘을 상징함(542); 대영박물관
159.	아몬의 황금 조각상(550); 뉴욕메트로폴리탄미술관
160.	오시리스의 청동 조각상(556); 브루클린박물관
161.	영혼을 환영하는 이집트 신들, 사자의 서, 후네페르의 파피루스(639); 브루클린박물관
162.	도공의 물레로 아멘호텝 3세를 창조하는 크눔(569); 룩소르
163.	앗수르나찌르팔의 궁전을 지키는 석회암 조각상, 니므롯(646); 대영박물관
164.	나무 옆에 직립해 있는, 금, 은, 청금석, 조개껍질 등으로 만들어진 염소, 우르에서 출토(667); 대영박물관
165.	갈그미스에서 출토된 날개 달린 복합 생물(644); 앙카라박물관
166.	연꽃 줄기 안에 있는 스핑크스, 사마리아에서 출토된 상아 장식(649); 팔레스타인고고학박물관
167.	산에서 해방되어 나오는 태양신(685); 대영박물관
168.	좌정한 에아 앞에 있는 태양신(684); 이라크박물관
169.	배를 타고 쟁기를 든 태양신(686); 이라크박물관
170.	불 뿜는 일곱 머리의 용(691); 이라크박물관
171.	신전탑의 건설(690)
172.	여리고에 있는 신석기 시대의 탑
173.	세겜의 동쪽 마을 문, 1957년 발굴의 마무리 장면
174.	하솔의 항공사진
175.	텔 엘무테셀림의 항공사진, 고대 므깃도(708)
176.	텔 엔나스베의 관문, 주전 9세기(716)
177.	사마리아 성벽 기초, 가공한 벽돌(718)
178.	사마리아에 세워진 헬레니즘 시대의 벽돌탑, 본래 19층이었음(720)
179.	기브온의 웅덩이와 나선형 계단, 1957년, 엘집에서 출토됨
180.	기브온의 수로

181.   므깃도의 솔로몬 마굿간(741)
182.   솔로몬 성전의 평면도(740)
183.   10세기 므깃도의 관문(cf.721)
184.   사울의 기브아, 텔 엘풀의 요새(719)
185.   시리아, 텔 타이낫의 예배당과 궁전
186.   큰 제단을 가진 직사각형 형태의 성소, 므깃도(729)
187.   후기 청동기 시대의 신전, 라기스(731)
188.   우르의 지구라트, 항공사진(747)
189.   바벨론의 탑과 에테메난키의 모형(763); 이라크박물관
190.   사르곤 2세의 궁전, 지구라트와 신전, 코르사바드(759)
191.   조세르 왕의 무덤(764), 사카라
192.   스핑크스와 피라미드(765), 기자
193.   느부갓네살의 이쉬타르 성문, 바벨론(760); 베를린박물관
194.   문의 경첩 위에 새겨진 적군 포로, 히에라콘폴리스(750); 펜실베니아대학교 고고인류학박물관
195.   철제 걸쇠로 연결된 석회암 벽돌로 지어진 고레스의 무덤, 파사르가다에(768)
196.   바위를 깎아 만든 다리우스 1세, 아닥사스다 1세, 다리우스 2세의 무덤, 이란의 나크쉬루스탐(769)
197.   다리우스와 크세르크세스의 아파다나, 페르세폴리스, 시카고대학의 고대근동연구소에 의해 발굴됨(766)
198.   무릎 꿇은 아시아인 포로, 청동 조각상(*ANEP*², 770); 버지니아미술박물관
199.   보좌에 앉은 고관, 라마트라헬에서 출토된 도편(771); 이스라엘박물관
200.   가나안인의 청동 장식판, 하솔에서 출토됨(772); 하솔박물관
201.   염소 머리 모양의 황금 귀걸이, 아스돗에서 출토됨(773); 이스라엘박물관
202.   능삼무늬로 장식된 두개의 아연 토글 핀(774); 암만국립박물관과 펜실베니아대학교 고고인류학박물관
203.   등이 굽은 소를 타고 있는 농부(775); 시카고대학의 고대근동연구소
204.   값이 기록된 돌로 된 무게추(776a-f)
205.   여리고의 중기 청동기 시대 무덤에서 발견된 가구(778)

206. 정으로 작업 중인 목수(779); 루브르박물관
207. 줄 방석을 가진 나무 의자, 여리고의 한 무덤에서 출토됨(780a-c)
208. 목재 그릇, 여리고의 장례품(781)
209. 상아로 만든 여인의 머리, 니므롯에서 출토됨(782); 이라크박물관
210. 페니키아 시대의 상아 머리, 사렙다에서 출토됨; 베이루트국립박물관
211. 크파르모나쉬에서 발견된 톱(783a); 이스라엘박물관
212. 크파르모나쉬에서 출토된 도끼날(783b); 이스라엘박물관
213. 크파르모나쉬에서 발견된 초기 청동기 시대의 도구들(783a); 이스라엘박물관
214. 크파르모나쉬에서 출토된 화살촉(783b); 이스라엘박물관
215. 텔 에스아이디예의 무덤에서 출토된, 대야, 그릇, 용기, 주전자(784); 펜실베니아대학교 고고인류학박물관
216. 뿔 같은 돌출부로 청동 손잡이와 연결된 칼, 텔 에스아이디예에서 출토됨(785); 펜실베니아대학교 고고인류학박물관
217. 초기 청동기 시대의 폐쇄된 도자기 화덕, 텔 엘파라(북)(786)
218. 도자기 화덕의 연소방, 사렙타
219. 포도주 항아리와 흙으로 만들어진 마개, 기브온(787); 펜실베니아대학교 고고인류학박물관
220. 조개 껍데기에 새겨진 헬멧 쓴 병사, 마리 출토(788); 루브르박물관
221. 니므롯에서 발견된 갑옷의 일부; 이라크박물관
222. 어깨에 송아지를 운반하는 병사, 카라테페 출토(790)
223. 활과 화살을 가진 사냥꾼, 카라테페(791)
224. 여섯 꼭지점을 가진 별 안에 새겨진 새, 기브온 출토(792); 암만국립박물관
225. 요리 냄비의 손잡이에 그려진 새, 기브온 출토(793)
226. 일곱 현의 하프를 연주하는 음악가(794); 루브르박물관
227. 접이식 의자에 앉아 하프를 연주하는 음악가(795); 루브르박물관
228. 수금, 북, 이중 피리를 연주하는 음악가들이 새겨진 피식스(796); 이라크박물관
229. 음악가들, 카라테페에서 출토된 저부조(797)
230. 대추야자나무 곁에서 아이에게 젖 먹이는 어머니(798)
231. 라마트라헬에서 발견된 창문 난간; 이스라엘박물관

232. 원시 에올리아 양식의 주두, 라마트라헬 출토(800); 로마대학의 고대근동연구소
233. 알파벳 문자가 새겨진 세 개의 창촉(805a-c); 팔레스타인고고학박물관
234. "아라드"라고 새겨진 용기, 텔 아라드 출토(806); 이스라엘박물관
235. "야훼의 집"을 언급하는 엘리아쉽의 편지(807); 이스라엘박물관
236. 주전 7세기의 히브리 편지, "메사드 하샤브야후"에서 발신됨(808); 이스라엘박물관
237. 항아리 손잡이에 있는 유대 왕의 인장 자국(809a-b); 펜실베니아대학교 고고인류학박물관
238. "기브온"이라고 새겨진 항아리 손잡이, 엘집에서 출토(810a, c); 대학박물관; (810b) 암만국립박물관
239. 실완의 무덤 문지방에 새겨진 히브리어 명문(811); 대영박물관
240. 데이르알라에서 출토된 토판(812a-b); 암만국립박물관
241. 해상 민족들을 나르는 소달구지, 메디네트 하부의 저부조(813)
242. 마리의 왕, 이투르샤마간(814); 다마스쿠스국립박물관
243. 히타이트 왕, 투드할리야스의 인장 자국(815)
244. 우가릿의 귀부인의 얼굴 초상화(816); 다마스쿠스국립박물관
245. 적을 무찌르는 우가릿 왕(817); 다마스쿠스국립박물관
246. 자기 아내를 품는 우가릿의 왕족(818); 다마스쿠스국립박물관
247. 쐐기문자가 새겨진 살만에셀 3세의 조각상(819); 이라크박물관
248. 유흥을 즐기는 고관(820); 팔레스타인고고학박물관
249. 양산 아래 외국 사절을 맞이하는 살만에셀 3세(821); 이라크박물관
250. 좌정한 여인의 토기상, 문하타 출토(822); 이스라엘박물관
251. 여인의 상아 조각상, 비르 사파디 출토(823); 이스라엘박물관
252. 남자 조각상, 비르 사파디 출토(824); 이스라엘박물관
253. 청동 신상, 세겜 출토(825)
254. 좌정한 "엘"의 청동상, 라스샴라 출토(826); 다마스쿠스국립박물관
255. 손을 든 신을 묘사한 두 개의 동일한 조각상들(827)
256. 황소 청동상, 라스샴라(828); 다마스쿠스국립박물관

257. 두 아이를 젖 먹이는 여신, 라스샴라 출토(829); 다마스쿠스국립박물관
258. 쿠드슈-아스타르트-아낫의 저부조(830); 윈체스터칼리지콜렉션
259. 둥근 모자를 쓰고 앉아 있는 신, 하솔 출토(831); 하솔박물관
260. 황소 모형, 하솔의 가나안 신전에서 발견됨(832); 하솔박물관
261. 고깔 모자를 쓰고 앉아 있는 신(833); 하솔박물관
262. 종교 상징물로 장식된 청동 제의대(834); 이스라엘박물관
263. 황소 위에 서있는 신, 하솔 출토(835a-b); 하솔박물관
264. 인물 좌상, 하솔 출토(836); 하솔박물관
265. 하란에서 발견된 나보니두스 석비의 상부(837), 우르파
266. 나할 미스마르에서 출토된 청동 왕관(838); 이스라엘박물관
267. 야생 염소의 머리로 장식된 마술봉, 나할 미스마르 출토(839); 이스라엘박물관
268. 분향을 위한 그릇과 청동 삼각대, 텔 에스사이디에 출토(840); 암만국립박물관
269. 후기 블레셋 도자기 제의대, 아스돗 출토; 이스라엘박물관
270. 구리 마술봉, 나할 미스마르 출토(841); 이스라엘박물관
271. 두 마리의 염소 위에 지어진 집 모형(842); 이라크박물관
272. 사람의 얼굴 가면(843); 이스라엘박물관
273. 하솔에서 출토된 모형 간(844); 이스라엘박물관
274. 두 사람에 의한 숫양 도살(845); 다마스쿠스국립박물관
275. 봉헌 장식판의 상부, 닙푸르의 인안나 신전에서 출토(846); 이라크박물관
276. 닙푸르에서 출토된 봉헌 장식판 위의 연회 장면(847); 이라크박물관
277. 두 마리 사자 사이의 영웅, 닙푸르에서 출토된 장식판(848); 이라크박물관
278. 연회 장면, 카라테페 출토(849)
279. 제물용 어린 양을 나르는 예배자, 마리 출토(850); 알레포국립박물관
280. 인간 얼굴 형태를 가진 관뚜껑(852); 암만국립박물관
281. 디반에서 출토된 토관(851); 암만국립박물관
282. 암만에서 출토된 토관
283. 뼈로 된 손잡이에 새겨진 날개 넷 달린 생물(854); 이스라엘박물관
284. 날개 달린 태양 원반을 떠받치는 복합 생물, 카라테페 출토(855)
285. 하솔에서 출토된 사자 조각상(856); 이스라엘박물관

286. 니므롯에서 출토된 파주주(Pazuzu) 장식판(857); 이라크박물관
287. 신성 나무 옆에 앉아 있는 신; 그 너머의 여자와 뱀(858); 대영박물관
288. 연회 장면, 텔 에스사이디예에서 출토된 인장(859); 암만국립박물관
289. 춤추는 동물과 고관, 텔 에스사이디예에서 출토된 인장(859); 암만국립박물관
290. 1958년 발굴 작업의 마지막에 찍은 하솔의 항공사진(861)
291. 1958년 발굴 작업의 마지막에 찍은 하솔의 A 지역 항공사진(862)
292. 하솔의 L 지역에 있는 수로 체계
293. 아라드, 초기 청동기 시대의 성벽과 성벽 탑(864)
294. 텔 엘파라(북)에 있는 초기 청동기 시대의 성벽(865)
295. 게셀에 있는 주전 10세기 성벽
296. 세겜의 발굴 도면(867)
297. 세겜에 있는 요새-신전의 도면(868)
298. 하솔 신전 안에 원형대로 보존된 제의 용품(869)
299. 하솔의 가나안 신전의 "지성소"(870)
300. 하솔의 가나안 신전과 그 석비와 제물단(871)
301. 텔 아라드에 있는 신전의 "지성소"(872)
302. 아라드 신전의 성소에 있는 제단(873)
303. 두 기둥 열을 가진 건물, 하솔(874)
304. 기브온 샘으로 통하는 터널의 일부(875)
305. 텔 에스사이디예의 밑에서 꼭대기로 통하는 계단(877)
306. 기브온의 웅덩이와 계단(878)
307. 아홉 개의 방을 가진 집의 모형, 마리 출토(880); 다마스쿠스국립박물관

머리말

다니엘 E. 플래밍 박사
New York University 히브리어 · 유대학 교수

얼마 전, 프린스턴대학교 출판부의 한 편집자가 다음과 같이 문의해 왔다. "제임스 B. 프리처드의 『고대 근동 문학 선집』(*Ancient Near Eastern Texts Relating to the Old Testament*, 이하 *ANET*)이 여전히 출판 가치가 있습니까?" (이 질문의 배경은 다음과 같다.) *ANET*의 초판이 1950년에 출판되었고, 내용을 증보한 제3판(*ANET³*)은 1969년에 출판되었다. 따라서 제3판이 나온 지도 어언 40년이 흐른 셈이다. 그동안 고대 근동 문헌과 관련해 놀라운 학문적 발전이 있었다. 새로운 문헌이 알려졌을 뿐 아니라, 기존 문헌의 내용도 더 잘 알 수 있게 되었다.

그럼에도 불구하고 프리처드의 『고대 근동 문학 선집』이 여전히 출판 가치가 있다는 것이 나의 대답이었다. 특히 아직 서점에서 구매할 수 있는 두 권의 문고본(이제는 한 권으로 출판됨)은 성경 공부를 위한 편리하고 믿을 만한 참고서가 될 뿐 아니라 고대 근동 문학에 대한 체계적인 입문서의 역할도 한다. 즉 비록 오래된 번역이지만 프리처드의 『고대 근동 문학 선집』은 여전히 많은 장점을 가진다. 나는 고대 근동 문서들을 공부하는 학생들에게 여전히 그 책을 믿을 만한 입문서로 추천한다. 나아가 학자들도 그 책을 거리낌없이 인용할 수 있다고 말할 수 있다. 여기 새롭게 편집한 『고대 근동 문학 선집』은 기존 판본(*ANET*, *ANET³*)의 장점을 최대한 유지하면서도, 보다 편리한 사용을 위해 책의 목차를 개선하였다.

프리처드의 *ANET*는 그것의 내재적 가치를 너머, 고대근동학의 역사에서 가장 중요한 순간을 증거한다. 고대 근동 문헌에 대한 그 이전의 선집들과 달리, *ANET*는 한 세대 동안 학생들과 학자들의 표준 참고서가 되었다. *ANET*는 그 안에 포함된 문헌의 범위에서뿐 아니라, 번역자들의 학문적 권위에 있어서 타의 추종을 불허하는 독보적인 책이다. ANET에 참여한 학자들은 현재까지도 많은 학생이 여전히 우상시하는 영향력 많은 학자들이었다. 고대 이스라엘 연구의 대가인 올브라이트(W. F. Albright)와 긴즈버그(H. L. Ginsberg), 『고대 메소포타미아』(Ancient Mesopotamia)의 저자인 레오 오펜하임(A.Leo Oppenheim), 『시카고 아시리아어 사전』(Chicago Assyrian Dictionary)의 편집자 에리카 라이너(Erica Reiner), 그리고 아마르나 편지(Amarna letters)로 유명한 윌리엄 모란(William Moran) 등이 번역에 참여하였다.

이들의 번역은 본문에 대한 해박하고 전문적인 지식을 반영한 것으로, 그들의 학문적 수월성은 오늘날의 학자들 가운데서도 찾아보기 힘들다. 전체적으로 고대근동학은 진보해 왔지만, 개인적 능력으로 말하면, 오늘날에도 그들의 전문적 지식과 해박한 관점을 넘어설 학자는 그리 많지 않다. 전문 학자들이 반드시 최선의 번역자는 아니지만, 이 학문적 대가들의 번역은 여전히 읽을 만한 가치가 있다.

ANET 번역자들의 전문성은 다양한 형태로 표출되었는데, 다음은 그중 일부 예에 불과하다. 『길가메쉬』(Gilgamesh)를 번역한 스파이저(E. A. Speiser)는 고대 바빌로니아 토판에 있는 수수께끼같은 한 문장을 경이롭게 해석해 낸다. 그 문장은 엔키두가 인간 세계에 적응하도록 처음으로 '사회화 교육'을 받는 문맥에 등장한다. "그들이 음식을 그의 앞에 두었다. 그는 아무 말도 하지 않고, 하품을 하며 (그것을) 바라만 보았다." 이 번역에는 유머가 들어가 있다.

반대로 긴즈버그(H. L. Ginsberg)의 번역은 "thou"나 "thine"과 같은 고어를 사용하여 아서(Arthur) 왕궁의 문서를 읽는 듯하다. 바알의 궁전이 금과 은으로 만들어지는 장면에서 긴즈버그는 불의 "eating"(소멸시킴)으로 단순히 번역될 수 있는 것을 두운법을 위해 "feeding"(삼킴)으로 바꾼다. "집에 불(Fire)이 붙었다. 화염(flame)이 궁전(palace)에 (붙었다.) 보아라, 첫째 날과 둘째 날이다. 불(fire)이 집을 삼키고(feeds), 화염(flame)이 궁전(palace)을 (삼켰다)." 긴즈버그의 번역 문체는 아주 오래된 이야기를 듣는 느낌을 준다. 다음은 아크하투 이야기의 시작 부분이다. "라파-사람 다니엘은 불행하며, 하르나미 사람 가지르는 한숨을 쉬고 있구나. 그의 친족들처럼 후사가 (있는 것도 아니구나)."

일반적으로 ANET의 번역은 직설적이고, 명확하고, 어색하지 않으면서 원문의 의미에 충실하다. 다음은 에살핫돈의 종주 조약에 나오는 그 유명한 저주 선언들에 대한 에리카 라이너의 번역이다. 번역이 자연스럽게 흐르는 것을 확인할 수 있다. "네가 저주를 되돌리거나, 맹세의 책임을 회피하려거나, 저주를 되돌리기 위해 잔꾀를 고안해 행한다면…." 왕들 사이에 오고 간 '마리 편지'를 번역할 때, 윌리엄 모란은 다른 왕의 죄책감을 불러일으키는 어떤 왕의 시도를 실감나게 보존한다. "지금 당장, 내 감정을 추수리려면, 말해서는 안되는 이 문제를 말해야 할 것 같다. 당신은 위대한 왕이오. 그리고 당신이 내게 말 두 필을 요구했소. 나는 당신에게 그들을 인도했소. 그러나 당신이 내게 준 것은 겨우 20므나의 주석이오! 나와 공식적 조약도 맺지 않았지만, 당신이 요구하는 것은 내가 다 들어주었소. 그런데, 당신이 내게 보낸 이 주석들은 무엇이오? 차라리 당신이 내게 아무것도 보내지 않았더라면, 내 아버지의 신의 이름으로 말하건대, 내 감정이 이리도록 상하지 않았을 것이오."

한편 *ANET* 번역자들의 영어단어의 선택도 놀라울 때가 있다. 핀켈슈타인(J. J. Finkelstein)은 "ale-wife"(주모) 대신 "taverness"(술집 여주인)을 번역어로 채택한다('암무사두카의 칙령'에서); 레오 오펜하임(A. Leo Oppenheim)은 분네네(Bunene)를 지칭할 때, "vizier"(고관)라는 말 대신 샤마쉬의 위대한 전권 사절을 의미하는 "the great plenipotentiary of Shamash"를 사용한다("야흐둔-림에 의한 샤마쉬 신전의 봉헌").

프리처드의 *ANET*의 새 개정판인 본서에서 우리는 유사한 장르의 문서들을 묶어 놓았다. 그러나 가능한 본래의 문서 분류 제목들은 바꾸지 않았다. 본 개정판의 목적은 원판에 반영된 편집 철학을 수정하는 데 있지 않다. 본 개정판에 수록된 고대 근동 문학들은 그 선택과 분류에 있어 분명히 프리처드와 그를 도운 번역자들의 본래의 비전을 반영하고 있다. 그럼에도 불구하고, 원판의 한 가지 점이 오늘날의 독자들에게 불편할 수도 있다는 사실을 지적할 수 있다. 원판은 사실상 두 권으로 나뉘어져 있다. 이것은 프리처드가 제1판에서 제외된 문헌들을 후에 별권(supplements)으로 다시 편집했기 때문에 생긴 결과다.

제1권(1958년)은 1950년에 *ANET*로 최초 출간된 문헌들만을 포함한다. 이때 참여한 번역자들은 올브라이트(W. F. Albright), 긴즈버그(H. L. Gingsbert), 괴체(Albrecht Goetze), 크래머(S. N. Kramer), 미크(Theophile J.Meek), 오펜하임(A. Leo Oppenheim), 파이퍼(RobertH. Pfeiffer), 로젠탈(Franz Rosenthal), 스파이저(E.A. Speiser), 스티븐스(Ferris J. Stephens), 마지막으로 윌슨(John A. Wilson)이다.

제2권(1975년)은 1969년의 제3판(*ANET³*)에 새롭게 수록된 문헌들을 제공한다. 제1권과 제2권은 문헌의 분류 방식과 번역자들에 있어 겹친다. 제2권에 참여한 번역자는 올브라이트, 빅스(Robert D. Biggs), 핑켈슈타인(J. J. Finkelstein), 긴즈버그, 괴체, 그레이슨(A. K. Grayson), 야메(A. Jamme), 크래머, 모란, 오펜하임, 라이너(Erica Reiner), 마지막으로 윌슨이다.

본 개정판에서 우리는 제1권과 2권의 내용을 단권으로 편집하였다. 따라서 신화 문서, 법률 문서, "역사 문서", 그리고 "팔레스타인 명문" 등을 한 권의 책에서 만날 수 있게 되었다. 자연스럽게 함께 읽히지 않는 문헌들을 모아둘 필요가 있는 경우, 그 문헌들을 새롭게 분류하였다. 이 경우도, 새로운 제목을 만들기보다는 기존의 제목을 수정하여 만들었다. 책의 후반부에 수록된 문헌들이 주로 여기에 해당되는데, 예를 들어 "교훈과 지혜 문학"(15장), "신탁과 예언"(16장), "연애시"(17장) 등을 들 수 있다. "기타 문학"(18장)은 방금 언급한 세 제목이 아우르지 못하는 문헌들을 포함한다.

이것을 제외하면 본 개정판은 원판의 기본적 성격을 그대로 계승한다. 즉, 고대 근동 문헌의 본문 자체가 본서의 핵심이다. 프리처드는 번역자들로 하여금 문헌에 대한 소개 글을 가능한 짧게 쓰도 록했고, 참고문헌에 대한 소개는 생략하는 대신, 서지 정보가 적힌 *ANET* 페이지를 표시해 두었다. 참고문헌이 궁금한 독자들은 그곳에 가서 서지 정보를 얻을 수 있을 것이다. 이 모든 것의 이유는 번역의 가치는 번역문 그 자체이지만, 참고문헌들은 학문이 발달하면서 변해가기 때문이다. 본서는 수록된 문헌의 정확한 인용을 위해, *ANET*(1950)와 *ANET*³(1969)의 페이지를 표기했을 뿐 아니라, 원판의 측면 각주도 유지하였다. 원판의 두 권 중, 제1권만이 (비록 그 빈도가 많지 않지만) 고대 근동 문헌과 비교할 만한 성경본문을 측면에 인용했다.

본서에 수록된 고대 근동의 문헌들은 그 자체로 영속적 가치를 가진다. 금상첨화인 것은 그 문헌들은 본서에서 최고의 학자들에 의해 탁월히 번역되었다는 것이다. 이것은 여전히 우리가 프리처드의 『고대 근동 문학 선집』을 유익하게 참고할 수 있는 이유이다. 여기에 번역된 문헌들은 고대 근동 문헌 중에서도 가장 중요한 것들이기 때문에, 구약성경을 공부하는 이들에게 특히 유용할 것이다. 나아가 원판의 전통은 본서의 편집에 많은 수고를 덜어 주었다. 40여 년 전 원판의 출판 이후, 많은 문헌이 새로 발견되고 출판되었기 때문에, 실은 어떤 것이 본서와 같은 선집(anthology)에 포함될 가치가 있는지 결정하기 어려웠을 수 있다. 그러나 프리처드는 자신의 경험과 지혜로 우리를 위해 그 선택을 미리 해 주었다. 그 결과물이 여전히 사람들을 유익하게 하는 것을 보니 행복하다.

1975년 판 서문

제임스 B. 프리처드 박사
University of Pennsylvania 성경고고학 교수

　본서에서 우리는 고대 근동 역사의 중요한 사료들 중 최근에 발견된 것들을 학생들이 쉽게 참고할 수 있도록 번역하려 하였다. 본서는 우리가 7년 전 비슷한 목적과 방식으로 편집한 *The Ancient Near East: An Anthology of Texts and Pictures*(Princeton, 1958)의 후속편이다. 그 책이 처음 출판된 후, 고대 근동의 사람들과 그들의 문화를 이해하는 데 필요한 자료들이 고고학자들에 의해 새롭게 발굴되었다. 뿐만 아니라, 전에 알려진 문헌들도 더 정확하게 해석되었다. 과학적인 고고학 발굴을 통해, 고대 근동의 예술, 건축, 종교, 그리고 일상 생활에 관한 새로운 증거들이 쏟아져 나왔다. 본서에서 제공하려는 것은 최근에 새롭게 발견된 문헌들이다.

　1958년에 출판된 선집은 고대근동학을 전공하는 학생들을 위한 두 권의 책을 요약해 묶은 것이다. 그 두 권의 책은 다음과 같다. *Ancient Near Eastern Texts Relating to the Old Testament*(ANET), 1950, 2nd ed. 1955; *The Ancient Near East in Pictures Relating to the Old Testament*(ANEP), 1954. 이후 그 두 권의 책은 새로 발견된 자료들을 증보하여 각각 ANET(제3판, 1969)과 ANEP(제2판, 1969)로 다시 출판되었다. (이때 증보된 부분은 별권으로 따로 편집되었다. *The Ancient Near East: Supplementary Texts and Pictures Relating to the Old Testament*, 1969.) 본서(1975년 판)는 ANET와 ANEP의 최신판에 실린 증보 부분들을 일반 독자들을 위해 줄여 편집한 것이다.

　각 문서의 시작 부분에 ANET 제3판의 페이지를 표시하였다. 관심 있는 독자들은 그곳에서 보다 자세한 참고문헌 정보와 보다 자세한 역자 노트를 만날 수 있을 것이다. 마찬가지로 사진 목록에도 ANEP 제2판의 사진 번호를 표시하였으므로, 관심 있는 독자들은 그곳에서 그 사진에 관한 보다 자세한 설명과 참고문헌 정보를 얻을 수 있다.

본서의 핵심은 두 말할 필요 없이 고대 근동 문헌에 대한 번역과 주석들이다. 바쁜 학문 연구의 일정 속에서도 각 번역자들은 자신이 맡은 고대 문서에 대한 완전히 새로운 번역을 제공하기 위해 시간을 내었고, 그 문서의 이해를 돕기 위해 서론과 주석도 저술하였다. 편집자가 이들의 노고에 대해 감사를 표하는 것은 매우 적절하다. 올브라이트(W. F. Albright), 브릭스(Robert D. Biggs), 고(故) 핀켈슈타인(J. J. Finkelstein), 긴즈버그(H. L. Ginsberg), 고(故) 괴체(Albrecht Goetze), 그레이손(A. K. Grayson), 야메(A. Jamme), 크래머(S. N. Kramer), 모란(William L. Moran), 고(故) 오펜하임(A. Leo Oppenehim), 라이너(Erica Reiner), 로젠탈(Franz Rosenthal), 마지막으로 윌슨(John A. Wilson).

본서에서 편의를 위해 사용된 기호들과 서체들은 다음과 같다. 이탤릭 서체는 확실치 않은 번역을 나타낼 때와 원문에 대한 음역을 표시할 때 사용되었다. 사각 괄호([…])는 번역자가 복원한 본문을 표시한다. 둥근 괄호((…))는 본문의 더 나은 이해를 위해 번역자가 첨가한 본문을 가리킨다. 서기관의 실수로 생략한 것이 확실시 되는 본문은 삼각 괄호(〈…〉)로 표시해 두었다. 훼손된 본문은 말줄임표(…)로 표시했으며, 훼손된 본문이 문장의 마지막에 오는 경우, 마침표까지 해서 점이 네 개가 된다.[1] 토판 번호, 칼럼(column) 번호, 행(line) 번호 등은 보통 산문인 경우 본문 안에, 운문인 경우, 본문 옆에 있는 둥근 괄호에 들어 있다. 대문자 로마 숫자는 토판 번호나 기타 잘 알려진 문단 구분을 표시할 때 사용되었다. 소문자 로마 숫자는 칼럼 번호에 사용되었고, 아라비아 숫자는 행 번호를 표시한다.

본서의 원본인 *ANEP*의 제2판에 사용된 사진을 제공해 준 친구들과 박물관 관장님들, 그리고 고고학자들에게 감사의 말을 전하고 싶다. 또한 20년 이상 동안 고대 근동의 문서들과 사진들을 출판하는 프로젝트를 지원해 준 프린스턴대학교출판부에도 감사의 말을 전한다. *ANET*를 처음 출판했던 전 편집장, 데이투스 스미스(Datus C. Smith)와 현 편집장 헐버트 베일리(Herbert S. Bailey)의 끊임없는 성원과 지원은 본서를 완성하는 데 큰 힘이 되었다.

---

1 2010년 판에 대한 편집자 노트:위에 설명된 기호와 서체 이외에, 이집트 신관 문서는 강조하기 위해 혹은 구두점의 용도로 루브릭(표제)를 사용했는데, 일반 본문은 검정 잉크인 반면 루브릭은 빨간 잉크로 표시되었다. 따라서 이 신관 문서들을 번역할 때는, 그 루브릭을 표시하기 위해 작은 크기의 대문자를 사용하였다.

1958년 판 서문

제임스 B. 프리처드 박사
University of Pennsylvania 성경고고학 교수

본서의 목적은 성경에 등장하는 민족들과 그들의 사상을 이해하는 데 중요한 고대 근동의 문헌들을 편리한 형태로 독자들에게 제공하는 것이다. 오랫동안 구약성경과 몇몇 그리스 문헌들이 고대 근동 역사에 대한 유일한 증거를 제공하였다. 그러나 최근에 성경의 배경이 되는 민족들에 관한 사료들이 고고학자들에 의해 많이 발굴되었다. 이집트인, 시리아인, 히타이트인, 앗수르인, 바벨론인, 그리고 기타 동시대 민족들의 문서들이 발견, 해독, 그리고 해제되었다. 고대 근동 민족의 문서 이외에도 그들의 예술, 건축, 그리고 일상 생활을 보여 주는 유물들도 상당히 축적되었다.

그중 여기에 선별된 것은 구약성경(고대 근동의 유산 중 가장 중요할 뿐 아니라, 널리 연구된 것)과 연관 깊은 것이다. 특정한 성경 구절과 연관된 부분이 있다면, 그 본문 옆에 해당 성경 구절을 표시했다. 본문에 옆 공백을 많이 배치한 이유는 독자들이 고대 근동 문헌을 읽으면서 떠오르는 성경 구절을 적을 수 있도록 배려한 것이다.

본서에 수록된 대부분의 번역은 *Ancient Near Eastern Texts Relating to the Old Testament*(James B. Pritchard ed., 2nd Edition, Princeton University Press, [1955]; *ANET*로 약칭)에서 가져온 것이다. 독자들이 특정 본문에 관한 보다 온전한 참고문헌 정보와 해설을 원한다면, 본문 공백에 표기된 *ANET*(1955년)의 해당 부분을 참고하기 바란다.

수록된 사진에 관한 가장 핵심적 정보는 사진 설명에서 찾을 수 있지만, 보다 온전한 정보는 *Catalogue of Ancient Near East in Pictures Relating to the Old Testament*(James B. Pritchard ed., Princeton University Press, [1954]; *ANEP*로 약칭)을 참조하면 좋다. 그곳에서 독자들은 사진의 실제 크기, 발굴 장소, 수록된 출판물, 현재의 소재지 등에 관한 정보

를 얻을 수 있다. 성경 외적인 자료 중 가장 중요한 것들의 발견과 그 의미에 대한 설명을 원하면, 필자가 저술한 *Archaeology and the Old Testament*(Princeton University Press, [1958])을 참조하라.

이탤릭 서체는 본문의 번역이 확실하지 않을 때와 원문의 음역을 표시할 때 사용하였다. 사각 괄호([…])는 복원된 본문을 표시한다. 둥근 괄호((…))는 본문의 보다 나은 이해를 위해 첨가된 부분을 표시한다. 명백히 사본 필사자의 오류로 생략된 부분은 삼각 괄호(⟨…⟩)로 표시하였다. 우가릿 문서의 경우, 반사각 괄호(「…」)가 사용된 본문은 부분적으로 복원된 본문을 지칭한다. 훼손 본문은 말줄임표(…)로 표시하였고, 훼손 본문이 문장의 끝에 올 때는 자연히 마침표가 등장하여 네 개의 점이 찍힌다. 토판 번호, 칼럼(column), 행 번호, 행 번호는 보통 산문의 경우 본문 안에, 운문의 경우 본문 옆 여백에 위치한 괄호 안에 두었다. 대문자 로마 숫자는 토판 번호나 기타 잘 알려진 본문 구분을 가리키고, 소문자 로마 숫자는 칼럼(column) 번호를 가리킨다. 아라비아 숫자는 행(line) 번호를 나타낸다.

본서에 포함될 가장 적절한 본문과 사진을 선택하는 어려운 작업에 있어서 편집자는 바르톤, 로거스, 그레스만, 갤링의 선집과 같은 이전의 책들로부터 도움을 받았다. 또한 고대 근동과 구약 역사 분과의 대학원 수업을 맡은 25명의 교수들도 본서에 포함되어야 할 중요한 고대 근동 문헌이나 사진에 관한 그들의 의견을 전해 주었다. 그래서 편집자는 근동 문헌 선집을 먼저 출판한 선배 학자들과 본서에 포함되어야 할 문헌에 관한 자신의 의견을 피력해 준 동료들에게 감사의 말을 전한다.

본서의 편집자는 프린스턴대학교출판부 편집자인 헐버트 베일리(Herbert S. Bailey, Jr.)에게 큰 빚을 졌다. 베일리는 보다 방대하고 비싼 원본(*ANET*와 *ANEP*)에 근거한 선집을 만들자고 처음 제안한 사람이다. 헬렌 밴 잔트(Helen Van Zandt)는 본서의 제작에 수반된 다양한 기술적 문제들을 해결해 주었다. 제목 페이지 반대편에 수록된 번역자들 이외에 소개할 번역자가 한 분 더 있다. 펜실베니아대학교의 박물관 소장인 고르돈 박사(Edmund I. Gordon)는 중요한 수메르 잠언들의 번역을 제공하였다.

캘리포니아, 버클리에서 1958년 2월.

역자 서문

김구원 박사
개신대학원대학교 구약학 교수

본서는 학자들 사이에서 *ANET*와 *ANEP*로 알려진 두 권의 책을 한 권으로 편집한 것으로, 초판이 출판된 1958년 이후 반세기 동안 판을 거듭하면서 영어 문화권에서 구약의 배경 세계인 고대 근동에 대한 중요한 정보원으로 자리매김하였다. 서양 구약학계에서 고대 근동에 대한 연구('고대근동학')는 이미 오랫동안 그 가치를 인정받아왔지만, 우리나라에서는 아직 그 이름조차 생소한 것이 사실이다. 우리나라에는 고대 이집트, 메소포타미아, 고대 시리아-팔레스타인의 역사, 문학, 언어를 전문적으로 가르치는 고등교육기관도 아직 없다. 이 때문에 최근 20-30년간 이 분야의 전공자들이 꾸준히 귀국했지만 제대로 된 연구 환경을 보장받은 사람은 많지 않다. 그럼에도 불구하고 고대근동학이 서양 문명과 구약성경 연구에서 가지는 가치 때문에, 고대근동학에 대한 관심은 성경학자들과 일반인들 사이에서 꾸준히 유지되었다.

하지만 지금까지 고대 근동 문헌에 대한 믿고 참고할 만한 번역서가 없어, '자기 소견에 옳은 대로' 고대 근동 자료를 사용, 인용해 왔다. 더구나 인터넷 등에서 떠도는 자료 등은 고대 근동 자료에 대한 오용을 부추기고 있다. 이에 반세기 동안 검증된 프리처드의 책 *The Ancient Near East: An Anthology of Texts and Pictures*(본서『고대 근동 문학 선집』)를 번역하게 되었다. 이 번역서를 통해 모든 사람이 고대 근동 세계를 자기의 눈과 귀로 직접 체험할 수 있게 될 것이다. 구약성경을 더 잘 이해하려는 기독교인은 물론 고대 근동의 역사나 문학에 대한 인문교양적 관심을 가진 사람들에게도 본서는 좋은 길잡이가 되리라고 확신한다.

본서의 번역에는 한국과 미국에서 활동 중인 고대근동학자들이 다수 참여하였다. 다양한 분야의 전공자들이 한국 독자들을 위해 가장 믿을 만한 번역을 제공하기 위해 노력하였다. 강승일(미국 존스홉킨스대학교 Ph.D., 현 한남대학교 교수)은 이집트 문헌들을 번역하였고, 윤성덕(미국 히브리유니온칼리지 Ph.D., 현 서울대 강사), 김재환(미국 하버드대학교 Ph.D. Cand.), 김성천(미국 브랜다이즈대학교 Ph.D. Cand.)은 주로 메소포타미아 문헌들을 맡았고, 주원준(독일 뷔르츠부르크대학교 Dr.Theol., 현 한남성서연구소 수석연구원), 김구원(미국 시카고대학교 Ph.D., 현 개신대학원대학교 교수)이 시리아-팔레스타인 문헌들을 번역하였다.

번역위원들은 사전에 번역 원칙을 정하고, 용어의 통일을 위해 토론도 병행하였다. 우리말 번역에서 가장 중요하게 생각한 원칙은 '가독성'이었다. 이 번역서는 고대 근동 원문을 영어를 거쳐 우리말로 옮긴 '중역'에 해당하기 때문에, 번역위원들은 고대 근동 원문과 우리말 사이의 형식적 일치보다는 의미의 일치에 중점을 두었다. 번역위원들이 합의한 또 하나의 중요한 원칙은 인명과 지명과 같은 고유명사의 번역에 관한 것이다. 다음의 지침들에 따라 고유명사를 음역하였다.

첫째, 성경에 언급된 고유명사는 개역개정역을 따른다.
둘째, 성경에 언급되지 않은 고유명사 중 이미 널리 통용되는 것이 있으면, 그것을 따른다.
셋째, 음역을 새로이 해야 하는 경우는 국립표준국어원이 제시한 외래어 표기법에 따른다.
넷째, 고유명사의 하이픈은 없애고 붙여 쓴다.
다섯째, 이상의 규칙이 적용이 애매한 경우, 사례별로 고려한다.

본서는 프리처드의 책을 번역한 번역서이지만, 다음의 몇 가지 점에서 원서를 뛰어넘는다.

첫째, 번역자들이 한국 독자들의 이해를 돕기 위해 많은 역주를 첨가해 주었다.
둘째, 원서에 빠졌지만 중요하다고 생각하는 문헌을 보충하였다. 몇 가지만 예로 들면, 우가릿의 3대 문학 중 하나인 "키르타 이야기"(Kirta Myth)가 부록으로 들어가 있다. 아울러 바빌로니아의 욥기로 알려진 "루들룰 벨 네메키"(Ludlul Bēl Nēmeqi)도 최근에 발견된 토판 사본에 근거해 원서에 빠진 부분들을 보충해 번역하였다. 아울러 바알 신화의 경우 *ANET*의 혼란스런 토판 순서와 표기법 대신, 보다 일반적으로 통용되는 *KTU*에 따른 순서와 표기법으로 고쳐 번역하였다.

셋째, 책 마지막에 고대 근동 문화의 핵심 개념들을 설명한 '용어 해설'과 히브리 월명과 바벨론 월명을 비교한 '월명 비교표'를 추가로 첨가하였다. 아울러 본서에 사용된 성경 지명과 인명에 대한 개신교-천주교 고유명사 비교표도 첨부하였다. 이런 면에서 프리처드의 원서가 *ANET*로 불린다면 본서는 *ANET-K*라는 자신의 별명을 가져도 좋을 듯하다.

넷째, 운문을 번역할 때 다음의 두 경우에 들여쓰기를 시도하였다. 한 시행이 길어져 페이지상 한 행으로 처리가 되지 않을 때 다음 행으로 넘어가는 부분을 들여쓰기 하였다. 또한 고대 운문의 특징인 평행법을 표기할 때 들여쓰기를 하였다. 들여쓰기가 긴 시행 때문에 부득이하게 발생한 것인지 평행법을 표시하기 위한 것인지는 독자들이 본문을 보면 명확히 알 수 있을 것이다.

본서는 고대 근동 세계가 보다 친숙하게 되는 첫걸음일 뿐이다. 앞으로 좋은 고대근동학자들이 이 번역서가 하지 못한 일, 즉 고대 근동 원문에 대한 해설을 곁들인 우리말 번역서를 출판해 본서의 시작한 일을 완수해 주기를 희망한다. 마지막으로 추천사를 써 주신 차준희 박사님, 유윤종 박사님, 손석태 박사님, 이윤경 박사님, 홍국평 박사님, 안근조 박사님께 감사드린다. 그리고 함께 동역해 주신 번역 위원들인 강승일 선생님, 김성천 선생님, 김재환 선생님, 윤성덕 선생님, 주원준 선생님의 수고와 노력에 감사드리며, 본서의 출판에 동의해 주신 CLC 박영호 사장님, 책의 편집을 맡아 무척 고생하신 CLC 편집부에 감사의 말씀을 드린다.

CHAPTER I

이집트의 신화와 설화들

원역자: 윌슨(John A. Wilson)

1. 멤피스의 창조 신학   ANET, 4-5

　이집트 제1왕조가 멤피스에 수도를 정하면서 멤피스가 중요한 도시로 급부상하게 된다. 이를 정당화하기 위해 만든 것이 '멤피스의 창조 신학'이다. 이 문서에서 멤피스의 신 프타(Ptah)는 다른 모든 창조의 신들에 선행하는 제1원리(The First Principle)로 선포된다. 멤피스는 "두 땅이 연합된 장소"이며, 프타의 신전은 "상하 이집트의 무게중심"이라는 주장들이 이 신화를 통해 제시되었다.

　여기에 발췌된 부분은 특히 흥미로운 내용을 담고 있는데, 다른 창조 이야기들(*ANET*, pp. 3-4)은 순전히 물리적 작업들로 묘사되어 있는 반면에, 여기에는 창조가 지성적 작업으로 다루어지고 있기 때문이다. 여기에서 프타는 그의 마음("심장")으로 우주의 요소들을 잉태하고, 그의 말("혀")로 그것들을 존재하게끔 한다. 이집트 역사의 시초에 소위 '말씀 교리'(Logos Doctrine)와 유사한 사상이 있었던 것이다.

　현재 보존된 이 문서 자체는 주전 700년경의 것이지만 언어학적, 지정학적 증거들을 보면 그보다 2천년 이상 더 오래된 문헌으로부터 유래했다는 사실을 알 수 있다.

(53) 아툼의 형상을 한 (무엇인가가) 마음과[1] 혀로 나타났다. 그 강하고 위대한 자는 이 마음과 이 혀를 통해 모든 신들과 그들의 *카*(*ka*)에게 *생명*을 부여하였던 프타이다. 그 마음에 의해 호루스가 프타가 되고, 그 혀를 통해 토트가 프타가 되었다.[2]

심장(혹은 '마음')과 혀는 그가[3] 모든 신, 인간, 소, 기는 것, 살아있는 모든 것의 몸과 입에 있다고 가르침으로써, 그가 원하는 모든 것을 생각하고 명령함으로써, 몸의 모든 부분들을 통제하게 되었다.

(55) 그의 엔네아드(Ennead)는[4] 이(齒)와 입술(의 형태)로 그 앞에 있다. 그것은 아툼의 정액과 손(과 동일한 것)이다. 아툼의 엔네아드는 그의 정액과 그의 손가락으로 인하여 존재하게 되었지만, 프타의 엔네아드는 이 입의 이와 입술이다. 이 입은 모든 것에 이름을 부여했고, 슈와 테프누트가 여기로부터 나왔으며, 엔네아드를 만든 자도 이 입이었다.

눈이 보는 것, 귀가 듣는 것, 코가 공기의 냄새를 맡는 것을 그들이 마음에 보고한다. 모든 완성된 (개념을) 나오도록 하는 것이 이것이며, 마음이 생각하는 것을 말하는 것이 혀이다. 이렇게 해서 모든 신들이 만들어지고, 그의 엔네아드가 완성되었다. 진실로 마음이 생각하고 혀가 명명한 것을 통하여 모든 신성한 질서가 실재하게 되었다. 이 말을 통하여 카(*ka*) 영혼들이 만들어지고, 헴수트(*hemsut*) 영혼들이 정해졌다. 이들은 모든 양식과 영양분을 공급한다. 그러므로 바람직한 것을 하는 자에게는 (*정의가 주어졌고*), 바람직하지 않은 것을 하는 자에게는 (*불의가 주어졌다*). 그러므로 평화를 가진 자에게는 생명이 주어졌고, 악을 가진 자에게는 죽음이 주어졌다. 그리하여 마음이 생각

사진 158

---

1 혹은 "심장." 이집트인들은 뇌가 아닌 심장을 사람의 지성과 연결시켰다 (역주).
2 프타는 말로 창조의 신 아툼(전체성)을 생각하고 만들어냄으로써 프타의 신적 능력을 모든 다른 신들에게 전달했다. 흔히 한 쌍으로 등장하는 호루스와 토트는 생각과 말과 관련된 몸의 기관들과 동일시된다.
3 마음과 혀로써의 프타.
4 본래 헬리오폴리스의 아홉 신들을 가리키는 말(역주).

하고, 혀를 통하여 나왔으며, 모든 것에 가치를 주는 명령에 따라 모든 일과 기술, 팔의 행동, 다리의 움직임, 모든 신체의 활동이 만들어졌다.

그러므로 프타에 대하여 이렇게 말해진다. "그는 모든 것들을 만들고 모든 신들을 존재하게 한 자이다." 그는 참으로 신들을 생산해 낸 타테넨(Ta-tenen)이다. 모든 것, 즉 영양분과 양식, 신들의 제물, 모든 선한 것들이 그로부터 왔다. 그러므로 그의 힘이 다른 신들보다 더 세다고 알려지고 이해되었다. 프타는 신의 질서와 만물을 만들고 난 후에 만족했다.[5] 그는 모든 신들을 만들었고, 도시들을 만들었으며, 놈(nomes)을[6] 세웠으며, 신들을 신당에 두었으며, (60) 그들의 제사를 확립했으며, 신당을 세웠으며, 그들의 마음이 만족하도록 몸들을 만들었다. 그리고 신들은 그들의 몸들, 즉 모든 나무, 모든 돌, 모든 진흙, 그[7] 위에 자라는 모든 것 안에 들어가서, 모습을 갖추었다. 이렇게 모든 신들과 그들의 카(ka)는 두 땅(Two Lands, 이집트 땅을 가리킴)의 주에게 만족하고 그와 연결된 상태로 그에게 모였다.

창 2:2

2. 파멸로부터 인류의 구원

ANET, 10-11

이 신화의 주제는 인간의 죄, 창조자의 파괴적인 실망감, 그리고 멸절로부터 인류의 구원이다. 그러나 현재 본문의 물리적 배경은 그 목적이 도덕적 가르침보다는 주술적 보호에 있다는 사실을 보여 준다. 이 본문이 새겨진 세 개의 왕 무덤 벽에서 죽은 통치자의 시체를 보호하기 위한 주문들이 함께 발견되었다. 이는 (창조주가) 인류를 파멸에서 건져낸 옛 (우주적) 사건이 이런 개인들에게도 적용됨을 암시하는 것이다.

---

5 또는 "그래서 프타는 쉬었다."
6 이집트의 행정구역. 전통적으로 이집트는 42개의 놈(Nome)으로 나누어져 있었다(역주).
7 "떠오르는 땅"의 형태로 있는 프타.

|창 6:5-7| 스스로 존재하게 된 신 레(Re)가 모든 사람과 신들의 왕이었을 때의 일이다. 인간이 레의 현존 앞에서 무언가를 계획하였다. 그때 폐하(생명과 번영과 건강이 있기를!)께서는[8] 매우 나이가 많았다. 그의 뼈는 은, 그의 살은 금, 그의 머리는 순수한 청금석이었다.

그때 폐하께서는 인간이 그를 대적하여 음모를 꾸민 것을 인지했다. 그러자 폐하(생명과 번영과 건강이 있기를!)께서는 그의 수하들에게 말했다. "바라기는 나의 '눈'(Eye),[9] 슈, 테프누트, 겝, 누트, 그리고 내가 눈(Nun)에[10] 있을 때 나와 함께 있던 아버지들과 어머니들, 아울러 나의 신 눈(Nun)을 내 앞에 불러와라. 그는 자신의 수행원도 데려와야 할 것이다. (5) 너희는 그들을 *은밀히* 데려오라. 인간들이 보면 안 된다. 그들의 마음이 도망가지 못하도록 해야 한다.[11] 너희는 그들과 함께 큰 집으로 와서, 그들로 하여금 내가 눈(Nun)으로부터 나와 내가 존재하게 된 자리로 온 이후로의 그들 계획을 이야기하도록 하라."

|사진 158|

그러자 이 신들이 소환되어 그의 곁에 [왔고], 폐하의 현존 앞에서 머리를 땅에 조아렸다. 그는 사람들의 왕, 인류를 만든 자, 가장 연장자의 아버지 앞에서 발언하려 했다. 그때 신들이 폐하의 현존 앞에서 입을 열었다. "우리에게 말씀하소서. 우리가 듣겠습니다."

그러자 레가 눈(Nun)에게 말했다. "가장 오래된 신이여! 나는 그대에게서 태어났습니다. 오 조상의 신들이시여, 내 '눈'(Eye)에서 태어난 인간을 보소서.[12] 그들은 나를 대적하여 음모를 꾸몄습니다. 이에 대하여 무엇을 하실지 말씀해 주십시오. 보소서, 저는 당신이 이에 대하여 말씀하시는 것을 듣기까지는 그들을 죽이지 않으려고 합니다."
(10) 그러자 눈(Nun) 폐하께서 말했다. "왕좌에 앉아 있는 내 아들 레, 그를 만든 자보다 위대하고 그를 창조한 자들보다 강한 자여, 당신의

---

8 파라오를 축복하는 전통적인 표현임(역주).
9 태양신의 눈은 그 자신과는 독립적인 객체로, 복잡한 신화적 역사를 가지고 있다.
10 창조가 일어난 심연의 물.
11 레는 인간이 반역의 의도를 돌이키는 것을 원하지 않은 것일까?
12 인류는 창조주 신의 눈물로부터 기원했다.

눈이 당신을 대적하여 계획을 짜는 자들에게 향할 때 당신에 대한 두려움이 크도다." 그러자 레 폐하께서 말했다. "보소서. 그들이 사막으로 도망을 갔고, 내가 그들에게 무엇을 말할까봐 그들의 마음이 두려워하고 있습니다." 그러자 그들이 폐하의 현존 앞에서 말했다. "당신의 '눈'을 보내서 사악한 일을 꾸민 자들을 잡아오게 하소서. 그러나 당신의 '눈'은 그들을 진멸하기에는 *충분하지* 않습니다. 그것은 하토르(Hat-Hor, 여신의 이름)의 모습으로 내려가야 합니다."

사진 162

그러자 이 여신이 와서 사막에서 인간들을 살육했다. 레 폐하께서 말했다. "환영한다 하토르여, 나를 위해 *내가 할 일*을 해 주었구나." 여신이 말했다. "당신이 나를 위해 살아계시니[13] 내가 인간을 이겼으며, 내 마음이 기쁩니다." 그러자 레 폐하께서 말했다. "내가 *왕으로서* 그들 위에 군림하여 그들을 도륙할 것이다."[14] 이렇게 곧 밤의 (맥주) 엿기름, 세크메트(Sekhmet)가 생겨나게 되었으며. 그녀는 헤라클레오폴리스로부터 그들의 피 속에서 걸어갈 것이다.[15]

레가 말했다. "몸의 그림자처럼 따라 다닐 수 있는 빠르고 민첩한 전령들을 내게로 데려와라." 그러자 이 전령들이 즉시 불려왔다. 레 폐하께서 말씀하셨다. "너희는 엘레판틴으로 가서 오커(ochre-염료의 일종)를 많이 가져와라." 그러자 그에게 붉은 오커가 도착했다. 이 위대한 신 레 폐하께서…헬리오폴리스에 있는 '옆머리 타래를 [가진 자]'(He-With-the-Side-Lock)는[16] 이 붉은 오커를 빻았다. 다른 하녀들이 맥주를 (만들기) 위하여 보리를 으깼고, 이 엿기름 물에 붉은 오커를 넣었다. 그러자 인간의 피처럼 되었다. 칠천 개의 병의 맥주가 준비되었다. 상하이집트의 왕 폐하 레가 이 신들과 함께 와서 이 맥주를 보았다.

---

13 맹세할 때 쓰는 관용어(역주)
14 레는 파멸이 멈추기를 바라지만 하토르는 그녀의 원기 넘치는 파괴를 지속하려는 것이 곧 분명해진다.
15 이름의 기원이 설명되는 형식구. (피가 강물을 이룰 정도로 많은 사람이 도륙될 것이라는 의미가 담긴 과장법이 쓰였다-역주)
16 레의 대 제사장의 별칭.

이제 인간들이 상류로 올라가는 철이 되어 여신이 인류를 말살할 날이 밝자, 레 폐하께서 말했다. "얼마나 좋은가. 이것으로 나는 인간을 지켜낼 것이다." 레가 말했다. "부디 그녀가 인간을 학살할 장소에 이것을 가져가라." 상하이집트의 왕 폐하 레는 아직 밤이 깊은 새벽에 〈들로〉 나가, 잠이 오게 하는 이 물질을 쏟아 부었다. 들판은 레 폐하의 능력을 통하여 세 뼘만큼이나 액체로 가득 찼다.

이 여신은 새벽에 가서 이 (곳)이 액체로 홍수가 난 것을 발견했다. 그녀의 얼굴이 그 안에서 아름다워 (보였다.) 그러자 그녀는 그 액체를 들이마시고 기분이 좋아졌다. 그녀는 취해서 인간〈의 존재를〉 감지하지 못하고 되돌아왔다.

(이 이야기의 나머지는 하토르 축제에 독한 음료를 사용하는 것과 같은 각종 이름들과 관습들의 기원과 관련되어 있다.)

ANET, 18-22

3. 시누헤 이야기

고향 땅에 대한 강한 애착은 고대 이집트인들의 주된 특징이었다. 제국 건설의 사명이 있다 하더라도 인생의 마지막 날은 나일 강둑에서 맞을 수 있기를 소망하는 정서가 이집트 문학의 가장 유명한 고전 작품인 다음의 이야기에 자리 잡고 있다. 중왕국의 한 이집트 관리가 자발적으로 아시아로 망명 갔다. 그는 거기에서 성공하여 기반을 잡았다. 그러나 그는 계속 고향 땅을 그리워했다. 마침내 그는 왕의 초대를 받고 고향 땅에 돌아와서 왕궁에서 일하게 된다. 이것이 그의 삶에서 진정한 성공이고, 이 이야기의 널리 알려진 교훈이다. 이야기의 많은 부분은 어휘와 어구들에 있어서 과장되고 지나치게 호화로운 면이 있으나, 핵심 이야기는 신뢰할 만한 것으로, 이집트 중왕국의 시대상을 잘 반영한다. 만일 이 이야기가 허구라 할지라도 이것은 현실에 기초를 두고 있고, 이집트 문학에서 존중될 만한 자리를 차지한다고 보아야 할 것이다.

이야기는 아멘엠헷 1세(Amen-em-het I, 주전 약 1960년)의 죽음으로 시작되어 그의 후임자인 센우세르트 1세(Sen-Usert I, 주전 약 1971-1928년)의 통치기까지 이어진다. 필사본들은 매우 많고, 12왕조 후반(주전 약 1800년)부터 21왕조(주전 약 1000년)에까지 걸쳐 있다. 다섯 개의 파피루스와 적어도 열일곱 개의 도편 문서들이 남아 있다. 가장 중요한 파피루스들은 베를린에 있다.

(R1) 세습 왕자요 귀족, 재판관이요 아시아인들의 땅 가운데 주권자 영토의 지방 감독, 왕과 진정한 친분이 있는 자, 그의 사랑하는 자, 수행원 시누헤. 그가 말했다.

나는 주를 따르는 수행원, 왕실 하렘의 시종, 자비가 많은 세습 공주(의) 시종이었다. 이 공주는 (피라미드 단지) 케넴수트(Khenem-sut)에 있는 왕 센우세르트의 왕비이며, (피라미드 단지) 카네프루(Qa-nefru)에 있는 왕 아멘엠헷의(R5) 딸로 존경받는 여주인 네프루(Nefru)였다.

사진 105

30년 첫 번째 계절의[17] 세 번째 달 일곱째 날.[18] 신이 그의 지평선에 올랐다. 상하이집트의 왕 세헤텝이브레(Sehetep-ib-Re)는 하늘로 올려져 태양 원반과 연합되었다. 신의 몸은 그를 만든 자와 합체되었다.[19] '거주 도시'는 조용하였고, 마음들은 애도하고 있었으며, 거대한 이중 문은 봉인되어 있었다. (R10) 조신들은 고개를 무릎에 대고 앉았으며, 백성들은 슬픔에 잠겨 있었다.

앞서 폐하께서 테메(Temeh) 리비아인들의 땅에 군대를 보내셨었다. 그의 첫째 아들 선한 신 센우세르트가 (R15) 그 군대의 지휘관이었다. 그는 바로 지금 테헤누(Tehenu) 리비아인들을 포로로 잡고, 무수히 많은 각종 가축들을 끌고, 귀향중이다.[20]

왕궁의 신하들은 왕자가 궁정에서 일어난 일을 알 수 있도록 서쪽 경계 지역으로 사람을 보냈다. 사신들이 길에서 그를 만났다. (R20)

---

17 고대 이집트인들은 계절을 셋으로 나누었다. 첫 번째 계절은 범람[inundation]의 시기에 해당한다(역주).
18 대략 1960년 아멘엠헷 1세의 죽음이 3월 초 경에 해당할 것이다.
19 파라오는 태양신 "레의 아들"이었다. 그는 죽으면 그의 창조자요 아버지의 몸으로 다시 데려가진다.
20 테메(혹은 체메)와 테헤누(혹은 체헤누)는 두 리비아인 부족들을 가리킨(역주).

저녁 시간에 그에게 다다랐다. 그는 한순간도 지체하지 않았다. 그 매는[21] 그의 군대에게 알리지 않고 그의 수행원들과 날아올랐다. 이 군대에서 그를 따르던 다른 왕자들에게도 소식이 전해졌다. (B1) 그들 중 한 명이 소환되었다. 나는 조금 떨어진 (근처에) 서서 그가 말하는 목소리를 들었다. 내 마음이 심란했고 (당황스러움으로) 내 팔이 펼쳐졌으며, 내 사지에 전율이 엄습했다.[22] 나는 숨을 곳을 찾기 위해 빨리 떠났다. 나는 두 *덤불 사이*에 은신했으며(5), 도로와 (사람 다니는) 길에서 *벗어나려 했다*.[23]

나는 남쪽으로 떠났다. 그러나 나는 이 '거주 도시'에 들릴 계획은 아니었다. 왜냐하면 그곳에 시민들의 소요가 있을 것이라 생각했고, 그를 따라 살 것이라고 예상하지 못했기 때문이다. 나는 시카모어 근처의 마아티 호수를 지났고, 스네프루 섬에 왔다.[24] 나는 들의 *끝자락*에서 하루를 보냈고(10), 그리고 밝은 빛으로 *나왔다*.[25] *아직 낮일 때* 나는 근처에 서 있는 한 남자를 만났다. 그는 두려워서 나에게 경외심을 표했다. 저녁 시간이 되자 나는 황소의 마을로 갔다. 나는 서풍의 도움으로 키가 없는 배를 타고 강을 건너갔다. 나는 '붉은 산의 여주인' 위쪽 채석장 동편을 지났다.[26] (15) 나는 북쪽으로 향했고, 아시아인들을 막고 '모래를 건너는 자들'을 무찌르기 위하여 만들어진 '통치자의 벽'으로 갔다. 나는 그 벽에서 근무하는 경비병들이 나를 볼까봐

---

21 새 왕 센우세르트 1세.
22 왜 시누헤가 갑자기 두려움을 느끼고 자발적으로 망명을 떠났는지 그 이유는 나타나지 않는다. 나중에 그와 왕 모두가 그의 무고함을 항변한다. 그는 법률적으로는 무죄일지 모른다. 하지만 왕권이 바뀌는 때는 새 왕과 확실히 하나되지 못한 자에게는 매우 위험한 시기이다. 시누헤에게는 갑자기 비밀스럽게 떠나서 아시아에서 오래 머물 충분한 이유가 있었다고 생각하라.
23 덤불 사이에 숨었다가 왕의 수행원들이 다니던 길을 피해서 도망쳤다는 의미이다(역주).
24 시카모어는 '단풍나무'라는 뜻으로, 기자에 있는 하토르를 위한 성소를 가리킨다. 시누헤의 이름은 '단풍나무의 아들'이라는 의미를 가지고 있다(역주).
25 동이 텄다는 의미(역주).
26 카이로 동편의 게벨 엘아마르(Gebel el-Ahmar).

수풀에서 웅크리고 있었다.

저녁에 길떠난 나는 (20) 날이 밝자 페텐에 도착했다. 그리고 켐웨르(Kem-wer) 섬에 잠시 머물렀다. 목마름이 나를 덮쳤다. 나는 갈증을 느꼈고, 내 목은 먼지로 가득했다. 나는 "이것이 바로 죽음의 맛이로구나!"라고 생각했다. 그러나 그때 나는 내 마음을 일으키고, 자신을 추스렸다. 소들의 울음소리를 들었고 (25) 아시아인들을 보았기 때문이다. 이집트에 다녀간 적이 있는 그들의 지도자는 나를 알아보았다. 그가 나에게 물을 주고 우유를 끓여 주었다. 나는 그와 함께 그의 부족촌으로 갔다. 그들은 나를 아주 잘 대해 주었다.

나는 한 나라에서 다른 나라로 계속 이동하였다. 나는 비블로스로 떠나서 케뎀에 도착하여 거기서 일년 반을 지냈다. (30) 상 레테누(Upper Retenu)의[27] 통치자인 암미엔시(Ammienshi)가 나를 데려가며 말했다. "당신은 나와 함께 잘 지낼 것입니다. 당신은 이집트어를 듣게 될 것입니다." 그가 이렇게 말한 것은 그가 나의 성품을 알고, 내 지혜에 대하여 들었으며, 그와 함께 이집트에 있던 사람들이[28] 나에 대해 증언했기 때문이다.

그는 나를 그의 자녀들의 머리로 세웠다. 나는 그의 장녀와 결혼했다. 그는 내가 그의 나라에서 다른 나라와 인접한 지역에 있는 가장 좋은 곳을 선택하게 해 주었다. (80) 야아(Yaa)라고 불리는 좋은 땅이었다. 그 땅에는 무화과와 포도가 가득했다. 거기에는 물보다 포도주가 더 많았다. 꿀과 올리브가 넘쳐났다. 나무에는 각종 과실들이 열렸다. 보리와 에머밀도 있었다. 소들의 수도 끝이 없었다. (85) 게다가 나에 대한 사랑으로 내게 생기는 것이 많았다. 그는 나를 그의 나라 최고 부족의 족장으로 삼았다. 빵, 포도주, 구운 고기와 새, 그들이 나를 위해 사냥해 온 사막의 야생 동물이 (90) 나의 사냥개들이 잡아 온 것들과 함께 날마다 나에게 제공되었다. 많은 것이 나를 위해 만들어졌고, 다양하게 요리된 유제품도 주어졌다.

민 13:23, 27

---

27 시리아 가나안 지역을 가리키는 말(역주).
28 시누헤와 같은 망명인들? 그는 이집트로부터 도망쳐 온 땅에 있다.

나는 여러 해를 보냈고, 내 아이들도 강한 남자로 성장해서 각자 자기 부족의 지배자가 되었다. 내가 지나가는 모든 사람을 머물도록 했기 때문에 북으로 가는 사람이든, 남쪽 '거주 도시'로 가는 사신이든 (95) 모두가 내 집에 머물렀다. 나는 목마른 자에게 물을 주고, 길을 잃은 자에게 길을 안내했다. 나는 강도 만난 자를 살려주었다. 아시아인들이 용기있게 외국 통치자에게 반대할 때 나는 그들에게 전략적 조언을 했다. 레테누의 통치자는 (100) 수년간 나를 그의 군대의 지휘자로 세웠다. 내가 공격한 모든 외국인들은 그들의 목초지와 우물에서 물러나야만 했다. 나는 그들의 소를 취하고, 거민들을 데려갔으며, 그들의 식량을 취하고, 내 강한 팔과 활, 빠른 움직임, 성공적 계획으로 그 거민들을 죽였다. (105) 나는 그의 진정어린 호의를 얻었으며, 그는 나를 사랑했고, 나의 용기를 알았으며, 내 팔이 번창하는 것을 보고서 나를 그의 자녀들의 우두머리로 세웠다.

레테누의 강한 자가 와서 내 진영에서 나에게 도전했다. (110) 그는 견줄 자가 없는 영웅이었고, 만인을 무찌른 자였다.[29] 부족의 조언을 따라 그는 결투에서 나를 무찔러 내 소를 약탈하려고 계획했다. 레테누의 통치자는 이 문제를 나와 의논했고, 나는 이렇게 말했다. "나는 그를 모릅니다. 나는 그의 진영에서 자유롭게 다니는 그와 연합한 자가 아닙니다. 내가 그의 문을 열었거나 그의 담장을 무너뜨린 적이 있습니까? 오히려 내가 당신의 명령을 수행했기 때문에 생긴 증오심일 것입니다. 나는 다른 무리에 섞인 길 잃은 황소와 같고, 이 소들 중의 한 황소가 그를 공격…".[30]

밤중에 나는 내 활에 줄을 걸고, 화살을 쏘았다.[31] 나는 단검을 힘껏 휘둘러 보고, 무기들도 닦았다. 날이 밝자, 레테누들이 왔다. (130) 그들은 자기 부족들을 *선동하여* 온 나라의 절반 이상을 모았다. 그들은 이 전투만을 생각했다. 그때 레테누의 강한 자가 기다리던 내게 왔

---

29 그는 레테누 땅의 모든 사람을 이겼다.
30 시누헤는 그가 외부인이기 때문에 그에게 닥친 도전을 받아들이겠다고 말한다.
31 활 쏘는 연습.

다. 모든 마음이 나로 인해 불타는 듯했으며, 남녀 할 것 없이 모두 소리를 내어 〈울고〉 있었다. 모든 마음이 나를 위해 아파하고 있었다. 그들은 말했다. "그와 싸울 만한 다른 사나이는 없는가?" 그때 그가 방패와 전투 도끼와 (135) *한 아름의 창*을 들었다. 이제 그가 무기들을 앞으로 발사했을 때, 나는 그의 활들이 연달아 나를 빗나가게끔 만들었다. 그는 나를 공격했지만, 내가 그에게 쏜 활이 그의 목에 꽂혔다. 그는 울부짖으며 엎어졌다. (140) 나는 그의 전투 도끼로 그를 쓰러뜨리고 그를 밟은 채 승리의 포효를 내뱉었다. 모든 아시아인들이 함성을 질렀다. 그의 추종자들이 그를 위해 애도할 때 나는 몬투에게 찬양을 올렸다.[32] 통치자 암미엔시는 나를 끌어 안아 주었다. 나는 레테누의 강한 자의 소유물을 취했고, 그의 소를 약탈했다. 그가 나에게 계획했던 바를 내가 그에게 실행했다. (145) 나는 그의 텐트에 있는 것을 취했고, 그의 진영을 폐허로 만들었다. 그래서 나는 위대해졌고, 나는 거부가 되었으며 소도 많아졌다.

삼상 17:51

이렇게 신이 힐난하고 타국으로 떠나게 만들었던 자에게 신께서 자비를 베푸셨다. (그러나) 오늘 그의 마음이 누그러졌다.[33]

이제 상하이집트의 왕 폐하 정당한 분, 케페르카레[34]께서 내 소식을 들었을 때, 폐하께서는 이 종의 마음을 기쁘게 해 주시려고 내가 외국의 통치자인양 왕궁 선물을 내게 보내셨다. (175) 왕궁의 왕자들은 그들의 임무를 내게 들려 주었다…[35]

그러고 그들이 이 종을 데리러 왔다…나는 내 재산을 자녀들에게 물려주고, 내 장남에게 내 부족의 책임을 맡긴 후에 야아(Yaa)에서 하루를 보냈다. (240) 내 부족과 내 재산, 내 종들, 소, 과일, 아름다운 나무들을 그에게 맡겼다.

---

32 이집트의 전쟁의 신.
33 시누헤가 다른 나라에서 성공한 이집트인이 되었다는 것 이외에 어떻게 자신의 죄를 속죄했는지는 불분명하다.
34 센우세르트 1세.
35 그들도 시누헤에게 편지를 쓴 것이다.

창 45:21-23

이제 이 종이 남쪽으로 갔다. 나는 '호루스의 길'에서 멈추었다.[36] 경계를 책임지고 있는 그곳의 대장이 '거주지'로 전갈을 보냈다. 그러자 폐하께서 능력 있는 왕궁 농부들의 감독관을 보냈다. (245) 물건을 가득 실은 배들도 그와 함께 왔다. 나를 호위하기 위해 "호루스의 길"까지 수행했던 아시아인들을 위한 왕궁의 선물들이었다. 나는 그들 각자의 이름을 불렀다.[37] 모든 집사들이 일하느라 분주했다. 내가 출항해서 리쉬트(Lisht)에 이르기까지 음식 반죽과 맥주 물기 빼는 작업이 내 옆에서 진행되고 있었다.

날이 밝자, 아주 일찍 그들이 와서 나를 불렀다. 열 명이 마중나와 나를 왕궁으로 안내했다. 나는 스핑크스 사이에서 내 이마를 바닥에 대고 엎드렸다. (250) 왕자들은 나를 만나기 위해 안쪽에서 기다리고 있었다. 알현실로 안내하는 신하들이 나를 밀실들로 안내했다. 나는 순금으로 된 안방의 위대한 보좌에 있는 폐하를 발견했다. 내가 부복하여 엎드러졌을 때, 비록 그 신이 나를 반갑게 맞이해 주었지만, 나는 그 앞에서 정신을 잃었다. 나는 흑암에 갇힌 자와 같았다. (255) 생과 사를 알지 못할 정도로 내 혼은 떠나가고, 내 몸은 무력하고, 내 심장은 내 몸 속에 있지 아니한 듯했다.

그러자 폐하께서 그의 신하들 중 하나에게 말했다. "그를 일어나게 하라. 내게 말하도록 하라." 폐하께서 말했다. "보라, 네가 왔구나. 너는 〈지금까지〉 외국을 돌아다니며 타향살이를 했구나. 그러나 이제 연로함이 너를 덮쳤고, 너도 나이가 들었구나. 너의 시신이 합당하게 매장되는 것이 중요하다. 너는 활잡이에게 묻혀서는 아니 된다. 더이상 그렇게 행동하지 마라. 너의 이름이 불릴 때에 말을 하지 마라." (260) 나는 응대하기가 두려워 두려워하는 자의 대답으로 답했다. "내 주께서 제게 무엇을 말하셨습니까? 제가 대답해야 하지만 제가 할 수 있는 것이 없습니다. 진실로 신의 손에 달려 있습니다. 과거에 운명적

---

36 시나이를 마주하고 있는 이집트의 접경 주둔지. 아마도 현재의 칸타라 (Kantarah) 근처일 것이다.
37 그는 이집트인들에게 아시아인들을 소개했다.

도주를 하게 한 것과 같은 공포가 제 배 안에 있습니다. 보소서. 제가 당신 앞에 있습니다. 생명은 당신의 것입니다. 폐하께서 원하시는 바 대로 하시옵소서."

그때 왕자들이 들어왔다. 폐하께서 왕비께 말씀하셨다. "여기 시누헤가 있습니다. (265) 아시아인의 *모습*으로, 베두인의 모습으로 돌아왔습니다." 왕비는 크게 울었고, 왕자들 모두 함께 소리내어 울었다. 그들은 폐하께 말했다. "내 주여, 통치자여, 이 자가 정말 그입니까?" 그러자 폐하께서 말했다. "이 자가 정말 그 사람이다." 그들이 구슬 목걸이와 딸랑이와 타악기를 가져와 폐하께 드리며 말했다. "당신의 굽은 활을 펴고, 화살을 늘어뜨리십시오. (275) 억눌린 자의 숨통을 틔워 주십시오. 이집트에서 태어난 활잡이, 이 족장 시메히트(Si-Mehit)에게 우리의 좋은 선물을 주십시오. 그는 당신에 대한 두려움으로 도주했었습니다. 그는 당신에 대한 두려움으로 이 땅을 떠났었습니다. 그러나 이제 그의 얼굴이 더 이상 당신의 얼굴로 인해 파랗게 *질리지* 않을 것입니다. 그의 눈이 더 이상 당신을 보고 두려워하지 않을 것입니다."

출 15:20-21

그러자 폐하께서 말했다. "그는 두려워할 필요가 없다. (280) 그는 무서워할 *이유*가 없다. 그는 귀족이 되어 내 곁에 있을 것이다. 그는 조신의 지위를 차지할 것이다. *아침 세면실*의 안쪽 방으로 가서 그의 지위에 맞도록 준비하여라."[38]

창 41:42

그래서 나는 왕의 자녀들과 손을 잡고 안쪽 방에서 나아갔다(285). 그 후에 우리는 '큰 이중 문'으로 갔다. 나는 화려하게 장식된 '왕자의 집'에 살게 되었다. 시원한 방이 그 안에 있었고, 지평선의 형상들이 있었다.[39] 값비싼 보화들이 그 안에 있었다. 방마다 왕실의 옷들, 몰약, 그가 사랑하는 왕과 귀족들의 최고급 기름이 구비되어 있었다. (290) 모든 집사들이 자기 일로 분주하였다. 내 몸에서 세월의 흔적이

---

38 시누헤의 새로운 지위는 적절한 장소에서 옷을 갈아입음으로 확정된다.
39 그림 장식. "시원한 방"은 아마도 화장실 또는 음식을 보관하는 저장고일 것이다.

사라졌다. 나는 *면도*를 했고, 머리를 빗었다. 먼지가 한가득 사막에 버려졌고, 내 옷은 사막을 가로지르는 자들에게 주어졌다. 나는 고급 옷을 입고, 최고급 기름을 머리에 발랐다. 침대에서 잠을 잤다. 나는 모래를 사막에 사는 자에게 줘버렸고, 나무 기름은 그것을 바르는 자들에게 줘버렸다. 나에게 한 신하의 소유였던 *정원*이 딸린 집이 주어졌다. 많은 *장인*이 그것을 지었고, 모든 나무 작품들이 새롭게 복원되었다. 왕자들이 주는 것 이외에도 하루에 서너 번씩 쉴 새 없이 왕궁에서 음식이 배달되었다.

창 41:14

(300) 피라미드 무덤들 사이에 돌로 된 피라미드 무덤이 나를 위해 제작되었다. 피라미드 무덤을 만드는 석공들이 바닥을 맡았다. 윤곽을 잡는 자들이 그것을 디자인했다. 수석 조각가가 그것을 조각했다. 네크로폴리스에 있는 감독관들이 관심을 기울여 만들었다. (305) 무덤 통로에 있는 것들로 필요한 재료들이 만들어졌다. 장례를 위한 사제들이 내게 제공되었다. 수석 신하를 위한 것과 같은, 이전에 마을까지 이어져 있던, 들판 딸린 묘지 정원이 나에게 주어졌다. 내 석상은 금 도금이 되었고, 그 치마는 순금으로 만들어졌다. 이것을 만들도록 한 자는 바로 폐하이시다. 가난한 자에게 이와 같은 일이 행해진 적이 없었다.

사진 192

그래서 나는 (310) 정박할 날이 오기까지[40] 왕의 현존 앞에서 은혜를 입었다.

ANET, 23-25

4. 두 형제 이야기

이 민속 이야기는 한 양심적인 젊은이가 형수의 유혹을 거절한 후에 오히려 거짓으로 고발당하는 내용을 담고 있다. 아래 이야기는 요셉과 보디발의 아내 이야기와 대체로 유사하다. 이 이야기의 두 주인공은 아누비스(Anubis)와 바타(Bata)라는 이름의 형제이다. 이들의 이름이 이집트 신들의 이름과 동일한 것으

창 39:1-20

---

40 죽는 날까지.

로 보아, 이 이야기는 아마도 신화적 배경을 가지고 있었던 것 같다. 그러나 이 이야기는 종교적이거나 도덕적 교훈을 주려는 목적이 아닌, 단순한 재미를 위한 목적으로 회자되었다. 이 이야기는 구어체로 되어 있기 때문에 번역도 그런 분위기를 살렸다.

파피루스 도르비니(D'Orbiney)는 '대영박물관 10183' 문서이다. 이 문서의 복사본들이 다음의 책에 실려있다. 『신관문자로 기록된 대영박물관 소장 파피루스 선집』(*Select Papyri in the Hieratic Character from the Collections of the British Museum*, 11 〈London, 1860〉, Pls. ix-xix)과 『신관문자 독본』(*Hieratische Lesestücke*, G. Möller, 11 〈Leipzig, 1927〉, 1-20.). 사본의 연대는 제19왕조인 주전 약 1225년경으로 추정된다. 가르디너는 이 사본을 상형문자로 옮겼다(A. H. Gardiner, *Late-Egyptian Stories* 〈Bibliotheca Aegyptiaca, 1, Brussels, 1932〉, 9-29.). 번역은 에르만(Erman, LAE, 150-61)을 참조하라.

한 어머니와 한 아버지 사이에 태어난 두 형제가 있었다고 한다. 형의 이름은 아누비스이고, 동생의 이름은 바타였다. 아누비스에게는 집과 아내가 있었고, 그의 〈성인〉 동생이 미성년자처럼 그와 함께 〈살고〉 있었다. 그는 그(형)를 위하여 옷을 만들고, 들에 나가 소를 몰았다. 그는 그를 위하여 쟁기질을 하고 곡물을 수확했다. 그는 그를 위하여 모든 밭일을 다 했다. 진실로 그의 동생은 훌륭한 남자였다. 온 땅에 그와 같은 자가 없었다. 신의 힘이 그 안에 있었기 때문이다.

이로부터 며칠이 지난 후,[41] 그의 동생이 (5) 여느 때와 같이 소 떼를 돌보고 있었다. 그는 매일 저녁, 들의 식물들, 우유, 나무, 들의 모든 좋은 것들을 집으로 가득 싣고 와, 그것들을 아내와 함께 앉아 있는 그의 형 앞에 내려놓곤 했다.

그러면 형은 먹고 마셨고, 동생은 외양간에서 소와 함께 *잠자러 가곤 했다*.

새벽이 되고 다음 날이 오면, 그는 또 조리된 *음식을* 준비해서 그의 형 앞에 차려놓곤 했다. 그리고 형은 그에게 들에서 먹을 빵을 주

---

41 화자가 전환을 위하여 사용하는 별 의미 없는 형식 문구이다.

었고 그는 소를 먹이기 위해 들로 나갔다. 그는 소를 따라 갔고, 사람들이 그에게 말하곤 했다. "이런 저런 곳의 풀이 좋다네." 그러면 그는 그들의 말을 이해하고 소들이 원하는 좋은 풀이 있는 곳으로 (ii 1) 소들을 몰고 갔다. 그래서 그가 돌보는 소들은 매우 건강했다. 그것들은 새끼를 두 배로 아주 많이 낳았다.

밭의 쟁기질을 할 때가 되자 형이 그에게 말했다. "쟁기질 하게 소의 멍에를 가져와라. 들이 형성되었으니, 쟁기질 하기에 좋은 때다. 또한 씨를 가지고 들로 오너라. 아침에는 쟁기질 하느라 바쁠 것이다." 이렇게 그는 그에게 말했다. 그러자 동생은 (5) 형이 시키는 대로 했다.

사진 16

새벽이 되고 다음 날이 오자, 그들은 씨를 가지고 들로 나가 바쁘게 쟁기질 했고, 처음에는 매우 신나게 일했다.

이 일로부터 며칠 [후], 그들이 들에 있을 때 씨가 다 떨어졌다. 그러자 그는 동생을 보내며 말했다. "가서 마을에서 씨를 가져와라." 동생은 형수가 앉아서 머리 손질을 하는 것을 발견했다. 그가 그녀에게 말했다. "일어나서 나에게 씨를 주세요. (iii 1) 형이[42] 나를 기다리고 있습니다. 지체하지 마십시오." 그녀가 그에게 말했다. "가서 통을 열고 원하는 것을 가져가세요. 머리 빗는 일을 도중에 멈출 수 없잖아요." 그러자 소년은 그의 외양간으로 들어가서 큰 단지를 가져왔다. 많은 씨를 가져가길 원했던 것이다. 그는 보리와 에머밀을 가득 들고 나왔다.

사진 10

그러자 그녀가 그에게 말했다. "당신 어깨에 있는 게 얼마나 됩니까?" 그가 그녀에게 말했다. "에머밀 세 부대, 보리 두 부대, 모두 다섯 부대가 내[43] 어깨에 있습니다." 이렇게 그는 그녀에게 말했다. 그러자 그녀가 그에게 말했다. "당신 힘이 대단하군요! 나는 당신의 기력을 매일 봅니다!" 그녀는 그를 남자로 알기를 원했다.

그러자 그녀는 일어나서 그를 붙잡고 말했다. "와서 한 시간 나

---

42 원문은 "동생"으로 되어 있다.
43 원문은 "너의 어깨"로 되어 있다. 그는 11부셸 이상을 들고 있는 셈이다.

와 함께 잠을 잡시다. 당신에게 좋은 일입니다. 내가 당신을 위해 좋은 옷을 만들어 줄 것이기 때문이죠." 그러자 그 소년은 성난 표범처럼 그녀의 사악한 제안에 화를 냈고, 그녀는 매우 무서워했다. 그는 그녀에게 단호하게 말했다. "여기를 보세요. 당신은 내게 어머니 같은 분이고 형은 내게 아버지 같은 분입니다. 나보다 나이가 많아서 그는 나를 길러 주었습니다. 당신이 내게 말한 이것이 얼마나 큰 범죄입니까? (iv 1) 다시는 그런 말 하지 마십시오! 저도 누구에게도 이 일을 말하지 않겠고, 제 입이 누구에게도 이를 떠벌이지 않도록 할 것입니다." 그리고 그는 짐을 지고서 들로 나갔다. 그는 형에게 돌아갔고 그들은 분주하게 일했다.

저녁 시간이 되자, 형은 집으로 떠났다. 동생은 소 떼를 돌보았고, 들판의 모든 것들을 짊어지고, 소 떼를 앞에 몰고 가서 마을에 있는 외양간에서 잠을 재웠다.

그러나 형수는 자기가 한 제안 때문에 두려워졌다. 그래서 그녀는 지방과 기름을 취했고,[44] 범죄자에게 두들겨 맞은 자처럼 가장해서 남편에게 "날 때린 자는 당신의 동생입니다!"라고 말하려고 계획했다. 여느 때처럼 그녀의 남편은 저녁이 되어서 집에 왔다. 그때 부인이 매우 아파서 누워있는 것을 발견하게 되었다. 그녀는 여느 때와는 달리 그의 손에 물을 주지도 않았고, 그 앞에 불을 켜 주지도 않았다. 그의 집은 어둠 속에 있었고, 그녀는 구토만 하고 있었다. 남편이 그녀에게 물었다. "오늘 누구와 말했소?" 그녀가 그에게 말했다. "당신의 동생 (v 1) 외에는 누구와도 말하지 않았습니다. 그가 씨앗을 가지러 왔다가 내가 앉아있는 것을 보고는 내게 말했습니다. '와서 나와 함께 한 시간 정도 잠을 잡시다. 곱슬머리 가발을 쓰세요.'[45] 그가 이렇게 말했습니다. 그러나 나는 그의 말을 듣지 않았습니다. '나는 당신의 어머니와 같지 않습니까? 당신의 형은 당신에게 아버지와 같지 않습니까? 나는 이렇게 그에게 말했습니다. 그러나 그는 두려워서 내가 당신에

---

44 분명 구토를 일으키기 위해서이다.
45 축제 복장으로서의 가발.

게 이르지 못하도록 나를 때렸습니다. 이제 당신이 그를 살게 내버려 두면 나는 자결하고 말 것입니다. 보소서, 그가 오면 [*그가 아무 말 하지 못하게 하십시오*].[46] 만일 내가 그를 이 사악한 제안에 대해 고발하면, 그는 내일 그 일을 *다시* 저지를 것이기 때문입니다."[47]

그러자 형은 (5) 마치 표범처럼 되어서, 창을 갈아 손에 쥐었다. 그리고 형은 외양간 문 뒤에 서서 동생이 소 떼를 외양간에 들이는 저녁 때 그를 죽이려고 기다렸다.

해가 지자 동생은 날마다의 습관대로 들의 식물들을 가득 싣고 돌아왔다. 첫 번째 암소가 외양간에 들어가자, 그 암소는 그녀의 소몰이꾼에게 귀뜸해 주었다. "여기에 당신의 형이 창을 손에 들고 당신을 죽이려고 기다리고 있어요. 어서 도망가세요!" 그는 첫 번째 암소가 한 말을 들었다. 그리고 (vi 1) 다른 암소가 들어갔는데, 그 암소도 동일한 말을 했다. 그래서 그가 외양간 문 아래를 보았더니 그의 형의 발이 보였다. 형이 문 뒤에서 손에 창을 들고 매복하고 있었던 것이다. 그래서 그는 짐을 땅에 내려놓고, 달려서 도망치기 시작했다. 그러자 형은 손에 창을 들고 그를 뒤쫓아 갔다.

동생은 레하르아크티(Re-Har-akhti)에게 기도했다. "오 나의 선한 주시여, 당신은 올바른 자로부터 악한 자를 구별하여 심판하는 분이십니다." 레는 그의 간청을 들어 그와 그의 형 사이에 큰 물을 만들어 내었는데, 그 물에는 악어들이 가득했다. 한 명은 물 이편에, 다른 한 명은 저편에 있게 되었다. 그의 형이 동생을 죽이지 못해서 자신의 손을 두 번 내리쳤다. 그러자 동생이 건너편에서 그를 불러 말했다. "새벽까지 여기서 기다리십시오. 태양 원반이 떠오르면, 나는 (vii 1) 그의 현존 앞에서 당신과 함께 판결을 받을 것이고, 그는 악한 자를 의로운 〈심판〉자에게 넘겨줄 것입니다. 나는 당신과 *다시*는 함께 있지 아니할 것입니다. 나는 당신이 있는 곳에 있지 아니할 것입니다. 나는

---

46 이 부분은 "그를 살게 내버려두지 마십시오"로 복원하는 것이 낫다(역주).
47 "그가 어제 하려 했던 사악한 제안으로 인해 내가 아파하고 있기 때문입니다"로 옮기는 것이 가능하다. 저녁이 되면 하루가 끝나니 당일 오전에 있었던 일은 밤 시간에는 어제의 일이 된다(역주).

삼나무 계곡으로 갈 것입니다."

　새벽이 되고 다음 날이 되자, 레하르아크티가 떠올랐고, 그들 중 한 명이 다른 한 명을 보았다. 소년이 형과 논쟁하며 말했다. "내가 하는 말은 듣지 않고서, 나를 옳지 못하게 죽이려고 쫓아오다니…어찌된 일입니까? 나는 여전히 당신의 동생이고, (5) 당신은 내게 아버지와 같고, 당신의 부인은 내게 어머니와 같습니다. 그렇지 않습니까? 당신이 씨앗을 가져오라고 나를 보냈을 때, 당신의 부인이 내게 말했습니다. '와서 나와 함께 한 시간 잠을 같이 자자.' 그러나 보소서, 그것이 뒤틀려 당신에게는 다른 것이 되어버렸습니다." 그리고 그는 그와 형수 사이에 일어난 일을 빠짐없이 그에게 알려주었다. 그리고 그는 레하르아크티에게 맹세하였다. "당신이 나를 죽이려는 것은 옳지 못한 것입니다. 당신은 더러운 창녀의 말을 믿고 창을 들고 왔습니다." 그리고 그는 갈대로 칼을 만들어, 자신의 성기를 잘라서 그것을 물에 던졌다. 그러자 청어가 그것을 삼켰다.[48] 그는 (viii 1) 졸도할 만큼 약해졌다. 형의 마음은 무척 슬펐다. 그는 동생을 위하여 서서 크게 울었다. 그는 악어들 때문에 동생이 있는 곳으로 건너갈 수 없었다.

　동생은 삼나무 계곡으로 갔고, (7) 형은 손을 머리에 얹고, 몸에는 흙을 묻힌 채 자신의 집으로 갔다.[49] 이렇게 그는 집에 도착해서 아내를 죽이고 그 시신을 개들에게 던져주었다. 그리고 그는 동생을 위하여 앉아서 애통해 했다.

　(이 이야기는 수많은 에피소드로 이어진다.)

수 7:6

왕하 9:33, 36

48　성기를 자른 것은 태양신에게 맹세한 것을 입증하기 위하여 자발적으로 시죄법을 시행한 것이다. 물고기가 성기를 삼킨 것은 유사한 요소가 있다. 오시리스 신화에 대한 플루타르크의 설명에 의하면, 세트(Seth)는 오시리스의 시신을 잘라서 나누었다. 그러자 이시스가 그 조각들을 찾아서 묻었다. 그러나 그녀는 오시리스의 성기를 찾을 수 없었다. 그 성기는 강에 던져져서 특정 물고기에게 먹혔기 때문이다. 그러므로 이 물고기는 먹는 것이 금지되었다.

49　슬픔을 이렇게 표현하는 것이다.

ANET, 25-29

사 36:6

5. 웬아몬의 페니키아 여행

이집트 제국이 붕괴되었을 때 한두 세대 정도 이집트가 권력의 진공상태로 남겨진 때가 있었다. 그때에도 이집트인들, 아시아인들, 아프리카인들은 이집트 패권의 개념을 지속적으로 갖고 있었다. 다음의 이야기에서 이미 "상처 입은 갈대"였던 이집트가 가나안 지방에 대한 전통적인 지배력을 여전히 행사하고 있음에도 불구하고, 아시아인들은 그들의 남쪽에 있는 이 위대한 이웃의 패권을 의심하고, 점차 독립의 의지를 표현하기 시작한다.

이 이야기는 분위기상 거의 건달소설(picaresque)의 느낌이 나며, 장르상 내러티브로 분류된다. 그럼에도 불구하고 이 이야기는 실제 인물들과 상황들을 자세히 다루고 있다. 또한 화자의 의도적 또는 비의도적 유머로 인해 과장되기도 하지만 핵심적 사실들도 담고 있다. 이 작품은 이념적으로 편향된 역사 문서들보다 주전 1100년경의 아시아의 상황을 보다 설득력 있게 제시해 준다.

이 이야기에서 카르나크의 아몬 신전 관리인 웬아몬(Wen-Amon)은 1인칭 서술로 그가 아몬의 제의용 배에 사용될 목재를 구하기 위해 페니키아 해변의 비블로스로 파송된 이야기를 전하고 있다. 이집트는 이미 작은 국가들로 나누어져 있어서, 그의 임무를 충분한 재정, 외교, 군사력 등으로 지원하지 못했다.

모스크바 박물관에 소장된 파피루스는 중부 이집트의 엘히베(el-Hibeh)에서 나온 것으로 이야기가 전하는 사건들이 일어난 직후인 제12왕조 초기(주전 11세기)의 것으로 추정된다.

사진 99

제5년, 세 번째 계절의 네 번째 달, 16일: 두 땅의 [왕좌의 주인] 아몬 신전의 '앞뜰 고관'[50] 웬아몬은 신들의 왕, 아몬레(Amon-Re)의 위대하고 장엄한 배의 목재를 마련하기 위하여 떠났다. 이 배는 강에 있었고, 그것의 이름은 "우세르헷아몬"(User-het-Amon)이었다. 내가 네수바네브데드와 타넷아몬이 있는 곳인 타니스에 도달한 날에,[51] 나

---

50 신전 직책(역주)
51 네수바네브데드는 삼각주 지역의 사실상의 통치자였고, 타니스가 그의 수도였다. 타넷아몬은 분명 그의 아내이다. 상이집트의 테베에서는 아몬의 대제사장인 헤리호르(Heri-Hor)가 실질적인 통치자였다. 네수바네브

는 그들에게 신들의 왕 아몬레의 편지들을 전달했고, 그들은 (5) 그 편지들을 사람을 시켜 그들 앞에서 읽도록 했다. 그리고 나서 그들이 말했다. "좋다. 신들의 왕, 우리의 주, 아몬레가 말한 대로 하겠다." 나는 타니스에서 세 번째 계절의 네 번째 달까지 머물렀다. (그 후) 네수바네브데드와 타넷아몬은 나를 선장 멘게벳과 함께 출항시켰고, 나는 세 번째 계절의 첫 번째 달 1일에 큰 시리아 바다를 항해하기 시작했다.

내가 체커의[52] 마을인 도르에 도착했을 때, 도르의 군주인 베데르는 내게 50개의 빵, 한 통의 포도주, (10) 소고기 뒷다리를 가져다주었다. 그런데 내 배에 있던 한 남자가 5데벤의 금 그릇 하나와 20데벤의 은 병 네 개와 11데벤의 은 자루를 훔쳐 도망가는 일이 생겼다. 그가 훔친 모든 것은 금 5데벤과 은 31데벤이었다.[53]

삿 1:27

나는 아침에 일어나 군주가 있는 곳으로 가서 그에게 말했다. "당신의 항구에서 도둑을 맞았습니다. 당신이 이 땅의 군주이니, 조사관이 되셔서 내 은을 찾아 주세요. 이 은은 신들의 왕, 땅의 주인 아몬레의 것이고, 네수바네브데드의 것이며, 내 주 헤리호르의 것이며, 이집트의 다른 위대한 사람들의 것입니다. 그것은 또한 당신의 것이며, 웨렛의 것이고, 메크메르의 것이며, 비블로스의 군주 자카르바알의 것입니다."[54]

그러자 그가 나에게 말했다. "당신이 중요한 사람이든, 뛰어난 사람이든, 여길 보시오. 나는 왜 당신이 나를 비난하는지 이해하지 못하겠소. 당신의 배에 올라서 은을 훔친 도둑이 내 땅에 속한 사람이라면, 그가 누구이든 그 도둑을 잡을 때까지 (20) 내가 당신에게 내 금고

　　데드와 헤리호르는 서로 돕는 관계였고, 곧 동시대를 같이 한 파라오가 되었다.
52　에게 해 지역에서 발원한 해양 민족들 중의 하나(역주).
53　450그램의 금과 2.8킬로그램의 은으로 목재를 살 값어치이다.
54　한편으로 금과 은은 웬아몬을 보낸 이집트인들의 것이며, 다른 한편으로는 그것을 받을 아시아인들의 것이다. 그러므로 베데르는 그것을 찾아낼 두 배의 책임이 있다.

에서 갚아주어야만 하오. 그런데 당신을 턴 도둑은 당신 사람이잖소. 그는 당신 배에 속한 자이오. 아무튼 내가 그를 찾아볼 터이니 며칠간 여기서 머물러 계시오."

나는 항구에 정박한 채 9일을 보낸 후 그에게 가서 말했다. "보소서. 당신은 아직 내 은을 찾지 못했습니다. 이제 선장과 바다로 가는 자들과 함께 [*떠나겠소*]." 그러나 그는 말했다. "조용하시오."…나는 동이 틀 때 두로를 지나가고 있었다. 비블로스의 군주 자카르바알… 배…(30) 나는 그 안에서 30데벤의 은을 발견해 취했다.[55] [나는 그 체커인들에게 말했다. "[내가 당신들의] 은을 [*압수합니다*]. 당신들이 내 은이나 그것을 훔친 도둑을 찾을 때까지 그 은을 내가 가지고 있겠습니다. 당신들이 *내* 은을 훔치지 *않았다* 하더라도 내가 당신들의 은을 갖겠습니다. 그러나 당신들은…" 그러자 그들은 떠나갔고, 나는 비블로스의 항구 바닷가 천막에서 내 승리를 즐기고 있었다. 그리고 나는 '길 위의 아몬'(Amon-of-the-Road)을[56] [숨겼고], 그의 물건을 그 안에 놓았다.[57]

비블로스의 군주는 내게 사신을 보내어 말했다. "내 항구에서 나가라(35)!" 그래서 나는 그에게 답했다. "*내가 어디로 갑니까?* 만일 나를 태울 *배가* 있으면, 저를 다시 이집트로 보내주십시오." 이렇게 그가 내게 매일 사람을 보내어 "내 항구에서 나가라!"고 하는 동안, 나는 어느덧 그의 항구에서 29일을 보내게 되었다.

그가 제사를 드리는 동안, 신이 젊은이들 중 하나에 접신해, 그를 예언하게 했다.[58] 그가 비블로스의 군주에게 말했다. "그 *신상을* 가져와라. 그것을 모시고 있는 사신도 데려와라. (40) 그를 보낸 자는 아몬이다. 그를 오게 한 자가 아몬이다." 그 밤에 신들린 젊은이가 광란

---

55 금에 대한 언급은 없이 도둑맞은 은의 양과 거의 비슷하다.
56 아몬의 신상(역주).
57 신의 신상은 날마다 제사를 받아야 하고, 그러므로 제사용품은 그 신상의 빈 공간에 두었다.
58 아마도 사환 중 하나가 예언적 광란 현상에 사로잡힌 듯하다.

에 빠졌을 때,[59] 나는 이집트로 가는 배를 찾았고 내가 가진 모든 것을 배에 실었다. 어둠이 내리면 다른 사람들에게 들키지 않고 그 신상도 배에 싣고자 어둠을 기다리는 동안, 항구 감독관이 내게 와서 말했다. "군주께서 아침까지 기다리라고 말씀하셨습니다." 그래서 나는 그에게 말했다. "당신은 매일 내게 와서 '내 항구에서 떠나라'고 하던 자가 아닙니까? 그런데 이제 '기다리라'고 말하십니까? 그러다가 내가 이집트 행 배를 놓치면 어떻게 합니까?" 그러자 그가 가서 비블로스 군주에게 이를 말했다. 그러나 그 군주는 그 배의 선장에게 사람을 보내어 "군주께서 아침까지 기다리라고 말씀하셨습니다"라고 전했다.

아침이 되자 그는 나를 데려가기 위해 사람을 보냈다. 한편 신상은 바닷가 천막에 머물렀다. 비블로스 군주는 상층 방에서 등을 창문쪽으로 향한 채로 앉아있었다. 위대한 시리아 바다의 파도가 그의 머리 뒤에서 (50) 부서지고 있었다.[60]

나는 그에게 "아몬이 당신에게 자비를 베푸시기를!"이라 인사했다. 그러자 그는 내게 "당신이 아몬이 있는 곳에서 온 이후로 오늘까지 얼마나 되었는가?"라고 물었다. 나는 "지금까지 5개월 하고 하루입니다"라고 대답했다. 그가 내게 다시 물었다. "당신은 거짓말을 하고 있소. 당신의 손에 있어야 할 아몬의 편지는 어디 있는가? 당신의 손에 있어야 할 아몬의 대사제 특전은 어디 있는가?" 나는 그에게 대답했다. "나는 그것들을 네수바네브데드와 타넷아몬에게 드렸습니다." 그러자 그는 매우 화가 나서 말했다. "이제 보시오. 당신은 편지도 특전도 가지고 있지 않소. 네수바네브데드가 당신에게 준 삼나무 배는 어디 있소? 시리아 선원들은 (55) 어디 있소? 그들이 당신을 외국인 선장에게 넘겨주어 당신을 죽여서 바다에 던지도록 한 것이 아니요? 그들이 누구에게서 그 신을 찾겠소? 그리고 당신, 그들이 누구에게서 당신을 찾겠소?" 그가 이렇게 내게 말했다.

---

59 예언하고 있을 때(역주)
60 문자 그대로가 아닌 그림처럼 설명한 것임. 웬아몬은 자카르바알을 처음 본 모습을 마치 창문의 액자 속의 자카르바알이 지중해의 파도를 내려다 보고 있는 그림처럼 생생하게 묘사하는 것이다.

그러나 나는 그에게 말했다. "그것은 이집트의 배가 아닙니까? 네수바네브데드 수하에서 항해한 것은 이집트 선원입니다. 그에게 시리아 선원은 없습니다." 그가 내게 말했다. "내 항구에 네수바네브데드와 상거래 관계에 있는 20척의 배가 있지 않소? 당신이 지나쳐온 시돈에는 (ii 1) 웨르켓엘(Werket-El)과 상거래 관계에 있는 50척 이상의 배가 그의 집에 정박하고 있지 않았소?" 나는 이 중대한 시점에 침묵했다.

겔 27:8-9

그는 내게 다시 물었다. "무슨 사업으로 온 것이오?" 나는 그에게 대답했다. "신들의 왕, 아몬레의 위대하고 장엄한 배를 위한 나무를 얻기 위해 왔습니다. 당신의 아버지가 목재를 팔았고, (5) 당신의 할아버지도 목재를 팔았고, 당신도 내게 목재를 팔 것입니다." 그러자 그는 내게 말했다. "그들이 목재를 팔았던 것은 사실이오. 만일 당신이 내게 대가로 무언가를 준다면, 나도 그렇게 할 것이오. 과거 비블로스 사람들이 이 임무를 수행할 때, 파라오(생명과 번영과 건강이 있기를!)께서는 이집트 상품이 가득한 여섯 척의 배를 보냈고, 창고에 그 물건들을 내려놓곤 했었소. 당신은 내게 무엇을 가져왔소?" 비블로스의 군주는 선조들의 일기 두루마리를 가져오게 해서 내 앞에서 읽도록 했다. 그 두루마리에 일천 데벤의 은을 비롯해 목재의 대가로 받은 모든 종류의 물건이 기록되어 있었다.

(10) 그 군주가 내게 말했다. "만일 이집트의 통치자가 내 주이고 나도 역시 그의 종이었다면, 그가 '아몬의 임무를 수행하라!'고 말하면서 은과 금을 보낼 필요가 없었을 것이오. 내 아버지에게 했던 것과 같이 왕의 선물을 가지고 오지도 않았을 것이오. 말해 두지만, 나는 당신의 종이 아니오. 나는 당신을 보낸 자의 종도 아니오. 내가 레바논을 향해 소리지르면, 하늘이 열리고 나무들이 바닷가에 누울 것이오. 이집트로 가져갈 목재를 실을 배의 돛을 내게 주시오. 내가 잘라 줄 *삼나무*를 묶을 끈을 주시오. 당신 배의 돛을 위해 내가 만들어 줄…돛대가 너무 무거워서 부러질 것이고, 당신은 바다 한가운데서 죽을 것입니다. 아몬이 세트를 자기 곁에 둘 때 하늘에 천둥을 일어나

지요.⁶¹ 아몬이 (20) 모든 땅을 만들 때 그는 당신의 고향 이집트를 먼저 만들었소. 장인의 기술들이 거기서 발생해 내가 있는 곳까지 퍼졌으며, 학문도 거기서 나와서 내가 있는 곳까지 왔소. 그런데 왜 어리석게도 그들이 당신을 여기까지 여행하게 했단 말이오?"

나는 그에게 말했다. "그건 사실이 아닙니다. 나는 어리석은 여행을 하는 것이 아닙니다. 강에 있는 배 중에서 아몬에게 속하지 않은 것은 없습니다. 바다가 그의 것이고, 당신이 '내 것이다'라고 말하는 레바논도 그의 것입니다. 그것은 모든 배의 주인 우세르헷아몬을 위한 (25) 놀이방입니다. 신들의 왕, 아몬레가 내 주 헤리호르에게 말씀하셨습니다. '나를 보내라!' 그래서 그가 위대한 신(상)을 저와 함께 보냈습니다. 그러나 보소서. 당신은 비록 알지 못하나 당신이 이 위대한 신(상)을 당신 항구에서 29일이나 잡아 두었습니다. 그가 여기 있지 않습니까? 그는 이전과 동일하지 않습니까? 당신은 레바논의 주인되신 아몬과 레바논의 무역을 위해 여기 있습니다. 이전 왕들은 은과 금을 보냈다는 당신의 말에 대해서 말입니다. 그들이 생명과 건강을 가지고 있었다면, 그러한 것들을 보내지 않았을 것입니다. (30) 그러나 그들은 생명과 건강 대신에 당신의 선조들에게 은과 금을 보낸 것입니다.⁶² 신들의 왕 아몬레, 그는 이 생명과 건강의 주이고, 당신의 선조들의 주입니다. 그들은 평생 동안 아몬에게 제사를 드렸습니다. 그리고 당신 또한 아몬의 종입니다. 만일 당신이 아몬에게 말하길, '네, 제가 하겠습니다!' 하고 그의 임무를 수행한다면, 당신은 살 것이고, 번성할 것이며, 건강하고, 당신의 온 땅과 모든 백성에게 좋은 사람이 될 것입니다. 그러나 신들의 왕 아몬레의 것은 어느 것도 바라지 마십시오. 왜냐구요? 사자는 자기 소유를 원하는 법이예요! 당신의 비서를 데려오면 (35) 내가 그를 아몬이 땅의 북쪽에 세운 *관리*들인 네수바네브데드와 타넷아몬에게 보낼 것입니다. 그러면 그 관리들이 온

---

61 천둥의 신으로서의 아문. 아문과 세트는 이집트만이 아니라 온 땅의 신들이다.

62 과거와는 달리 웬아몬은 자카르바알에게 물질적보다도 영적인 이득이 있도록 "길 위의 아몬"에 실제 신을 가져 왔다.

갖 것을 보내올 것입니다. 나는 당신의 비서를 그들에게 보내며 말할 것입니다. '내가 다시 남쪽으로 갈 때까지 가져오게 하십시오. 그리고 제가 당신께 진 모든 빚을 당신께 가져오겠습니다.'" 나는 이와 같이 그에게 말했다.

그러자 그는 그의 전령에게 내 편지를 맡기고, 용골, 뱃머리, 선미, 자른 목재들 네 개, 모두 일곱 개를 배편으로 이집트로 보냈다. 두 번째 계절의 첫째 달에 이집트로 갔던 그의 전령이 시리아에 있는 나에게 돌아왔다. 네수바네브데드와 타넷아몬은 다음의 것들을 보냈다. 금 4단지와 카크멘 1단지, 은 5단지, 왕가의 옷 10벌, 훌륭한 상이집트의 섬유 10케르드, 완성된 파피루스 500개, 소가죽 500개, 밧줄 500개, 렌즈콩 20자루, 물고기 30바구니. 그리고 그녀는[63] 개인적으로 내게 다음의 것들을 보냈다. 훌륭한 상이집트의 섬유로 만든 옷 5벌, 훌륭한 상이집트의 섬유 5케르드, 렌즈콩 1자루, 물고기 5바구니.

그러자 비블로스의 군주는 기뻐서 300명의 남자와 300마리의 소를 동원했고, 그들의 머리에 감독관들을 세워서 목재를 자르도록 했다. 그렇게 그들이 나무를 자르며 그곳에서 두 번째 계절을 지냈다.[64]

사진 89

세 번째 계절의 세 번째 달, 그들이 목재들을 해안가로 가져왔고, 그 군주가 나와서 그 옆에 섰다. 그리고 그는 내게 사람을 보내어 (45) 말했다. "오시오!" 내가 그 곁에 섰을 때, 그의 연꽃의 그림자가[65] 내 위에 떨어졌다. 그의 집사 펜아몬이 끼어들어 말했다. "당신의 주, 파라오(생명과 번영과 건강이 있기를!)의 그림자가 당신 위에 떨어진 것입니다." 그러나 비블로서의 군주 자카르바알은 그에게 화를 내며 말했다. "그를 내버려 두어라."[66]

내가 그에게 가까이 접근하자 그는 내게 말했다. "보시오, 당신의

---

63 타넷아몬(역주).
64 산에서 나무를 가구 제작을 위하여 건조시키는 과정(seasoning).
65 군주의 머리 위의 햇빛 가리개의 그림자(역주).
66 아마도 폐하의 그림자를 말하는 것 같다. 만일 파라오의 그림자는 너무 친밀하고 거룩해서 평민에게 떨어지기 어렵다면 집사의 농담은 일리가 있다.

선조들이 나를 위해 했을 것이고 당신도 해야 할 일을 당신은 하지 않았지만, 나는 나의 선조들이 이전에 했던 임무를 완수했소. 보시오, 당신의 마지막 목재가 도착해서 여기 있소. 내가 시키는 대로 하시오. 와서 그것을 실으시오. 어차피 당신에게 줄 것이 아니었소? (50) 바다의 공포를 보러 오지 마시오. 당신이 만일 바다의 공포를 보게 되면, 나의 공포도 볼 것이오.[67] 이 땅에서 17년 동안 체류했던 카엠와셋(Kha-em-Waset)의 사신들에게 했던 일을 당신에게는 하지 않았소. 그 사신들은 〈고향에 돌아가지 못하고〉 이 땅에서 생을 마감했소." 그리고 그는 집사에게 말했다. "그를 데려가서 그들이 놓인 무덤을 보여 주거라."

그러나 나는 그에게 말했다. "내게 보여 줄 필요 없어요! 카엠와셋에 대해 말하자면, 그는 대장부였고, 그가 사신으로 당신에게 보낸 사람들도 대장부였습니다. 당신은 '가서 당신의 (죽은) 동료들을 보시오'라고 말하지만, 나는 그 사람들과 다릅니다. 이제 당신은 기뻐하며 (55) 이렇게 적힌 비석을 세워야 하지 않습니까? '신들의 왕, 아몬레가 신들의 왕, 아몬레의 위대하고 장엄한 배를 위한 목재를 구하기 위해 나에게 그의 사신, 길 위의 아몬(생명과 번영과 건강이 있기를!)과 그의 인간 사신 웬아몬을 보냈다. 나는 나무를 잘라 배에 실었다. 나는 배와 선원들을 제공했다. 나는 아몬에게 50년의 생명 연장을 구하는 뜻으로, 그들이 이집트에 잘 도착하도록 도왔다.' 시간이 지나서 이집트 땅에서 글을 읽을 줄 아는 사신이 와서 이 비석에서 당신의 이름을 읽을 지도 모릅니다. 그러면 당신은 여기 있는 신들처럼 (60) 서쪽에서 물을 제공받을 것입니다."[68]

그가 내게 말했다. "매우 중요한 증언을 했습니다."[69] 그래서 내가 그에게 말했다. "당신이 제게 말한 것들로 말하자면, 아몬의 대제사장이 있는 곳에 내가 돌아가면, 당신께서 이 임무를 수행하신 것을 그

---

67 만일 당신이 늦은 이유로 바람이나 날씨의 핑계를 댈 것이라면, 당신은 나 또한 그렇게 위험하다는 것을 알 것이다.
68 죽은 사람이 사후의 생을 지속하도록 물을 바치는 것.
69 이 아이러니가 의도적인지 아닌지를 알 수 없다.

분께서 볼 것이고, 이 임무를 수행한 것에 대한 무엇인가 보상이 있을 것입니다."

나는 나무들이 있는 바닷가로 갔다. 나는 바다에서 체커인들의 배 열한 척이 다가오는 것을 보았다. 그들은 "그를 사로잡아라! 배가 이집트 땅으로 떠나지 못하게 하라!"라고 말했다. 그때 나는 주저앉아서 울었다. 비블로스 군주의 편지를 쓰는 서기관이 내게 와서 (65) 말했다. "무엇이 문제입니까?" 내가 그에게 말했다. "당신은 새들이 두 번째로 이집트로 가는 것을 못 보셨습니까?[70] 그것들을 보십시오. 얼마나 시원한 물이 있는 곳으로 여행을 떠나는지! 그러나 저는 여기에 얼마 동안이나 남겨져 있었습니까? 그리고 나를 잡으러 다시 오는 저들이 안 보이십니까?"

그러자 그는 가서 비블로스 군주에게 말했다. 슬픈 사연이었기 때문에 그 군주는 그 말을 듣고 울기 시작했다. 그는 내게 그의 편지 서기관을 보내서 두 병의 포도주와 숫양 한 마리를 가져왔다. 그는 또 내게 그와 함께 있는 이집트의 가수 타넷놋(Ta-net-Not)을 보내서 전했다.[71] "그에게 노래를 불러주어라! 그의 마음이 근심하지 않게 하라!" 그는 내게 사람을 보내어 말했다. (70) "먹고 마셔라! 너의 마음이 근심하지 않게 하라! 너는 내일 내가 할 말을 듣게 될 것이다."

아침이 오자, 그는 회의를 소집했다. 그리고 가운데 서서 체커인들에게 말했다. "여기에 왜 왔습니까?" 그들이 그에게 말했다. "저희는 당신이 우리의 적과 함께 이집트로 보낼 *망할 놈의* 배들을 쫓아 왔습니다." 그러나 그는 그들에게 말했다. "나는 내 땅에 있는 아몬의 사신을 체포할 수 없습니다. 나는 그를 보낼 테니, 당신들이 쫓아가서 그를 체포하십시오."

그래서 그는 나의 승선을 허락하고 '바다의 항구'로부터 나를 떠나 보냈다. 바람이 나를 알라시야(Alashiya) 땅으로 보냈다. (75) 그 땅 사

---

70 웬아몬은 일 년 이상 이집트를 떠나 있어서 새들이 남쪽으로 가는 것을 두 번 볼 수 있었다.

71 므깃도 상아의 명문을 통하여 아시아에 제의에 참여하거나 흥을 돋우는 이집트 여인들이 있었다는 사실을 알게 되었다.

람들이 나를 대적하여 죽이려 해서 나는 그 마을의 공주 헤템이 있는 곳으로 길을 돌렸다. 나는 집에서 나와 다른 곳으로 가는 중인 그녀를 만났다.

나는 그녀에게 인사를 했고, 그 곁에 서 있는 자들에게 말했다. "이집트 말을 알아듣는 분이 있습니까?" 그들 중 하나가 말했다. "제가 압니다." 그래서 나는 그에게 말했다. "내 여주인께 말해 주십시오. 아몬이 있는 테베에서 제가 듣기로는 모든 마을에 불의가 행해져도 알라시야에서만은 정의가 이루어진다고 합니다. 하지만 여기에서도 날마다 불의가 행해지고 있습니다." 그러자 그녀가 말했다. "그게 무슨 말입니까?"(80) 그래서 내가 그녀에게 말했다. "만일 바다가 거칠고 바람이 나를 당신이 있는 땅으로 보냈다면, 당신은 저들에게 나를 죽이도록 넘겨서는 안 됩니다. 나는 아몬의 사신이기 때문입니다. 여기를 보소서. 알라시야 사람들이 저를 항상 찾고 있습니다. 그들이 비블로스 군주의 선원들을 죽인다면, 그 선원들의 주인이 당신의 (알라시야) 선원 열 명을 찾아서 그들 역시 죽이지 않겠습니까?"

그러자 그녀는 백성들을 소집했고 그들이 모여 섰다. 그리고 그녀가 내게 말했다. "오늘 밤을 보내고…."

(이 지점에서 파피루스가 손상되었다. 이 이야기는 1인칭으로 기록되었기 때문에 웬아몬이 어느 정도 안전하게 또는 성공적으로 이집트로 돌아와서 이야기를 전했다고 볼 수 있다.)

6. 빈곤한 7년에 관한 이집트 전승

ANET, 31-32

이집트의 번영은 풍요로운 나일 강의 흐름, 특히 매년 일어나는 강물의 범람에 달려있다. 그런데 이 강은 때로 괴상하고 예측 불가능하다. 고대 이집트 문서는 "고통의 해들", "낮은 나일의 해" 등으로 불리는 굶주림에 대해 종종 언급한다.[72] 아래 문서는 7년간의 낮은 나일 강의 해들과 기근에 대해 언급한다. 이 문

---

72 반디어(Vandier)는 테베에서 남쪽으로 조금 떨어진 한 무덤에서 나온 제

서의 현재 형태는 프톨레마이오스 시대(아마도 주전 2세기 말경)에 완성되었지만, 이 이야기의 배경은 제3왕조 조세르 통치기이다(주전 약 28세기). 이 이야기는 엘레판틴 남쪽의 길게 늘어진 나일 땅이 엘레판틴의 신 크눔에게 바쳐진 이유를 설명한다. 이 문서가 자신들의 영역에 대한 권리를 정당화하기 위하여 후대의 제사장이 위조한 것인지, 아니면 2500년 이전에 실제로 땅을 부여받은 사실을 올바르게 말하고 있는 것인지는 확실하지 않다. 확실히 말할 수 있는 것은 이집트가 궁핍한 7년에 대한 전승을 가지고 있으며, 파라오와 신의 계약에 의하여 그 뒤에는 풍요로운 해들이 뒤따른다는 것이다.

사진 162

호루스 네체르에르켓 18년; 상하이집트의 왕 네체르에르켓; 두 여신 네체르에르켓; 금 호루스 조세르; *그리고* 고관, 시장, *왕의 지인*이자 엘레판틴에 있는 누비아인들의 감독관인 마디르. 그에게[73] 왕의 칙령이 전달되었다.

그에게 고하노라. 나는 위대한 왕좌에서 심란하고, 왕궁에 있는 자들도 매우 큰 재난으로 고통 받고 있다. 나의 통치 7년간 나일 강이 범람하지 않았기 때문이다. 곡식이 부족하고, 열매는 말랐고, 모든 먹거리가 부족하다. 모두가 자기 동료의 것을 *빼앗는다*. 그들은 앞을 향해 가지 않는다. 아기들은 울고, 젊은이는 *기다리기만* 하고, 연로한 자들의 마음은 슬픔에 잠겼으며, 그들의 다리는 구부러지고, 바닥에 쭈그리고 있으며, 그들의 팔이 *접혀 있다*. 신하들도 궁핍하다. 신전들의 문은 닫혔고, 성소에는 공기 [*밖에 없다*]. 모든 것이 비어 있다.

창 41:27

나는 (나일 강의) 시원을 알기 위해, *시종, 이비스, 낭송 대제사장*,[74]

1중간기 시대(주전 23-21세기)의 아직 출판되지 않은 문서를 공개했다. "상이집트 전체가 굶주림으로 죽어가고 있었다. 모든 사람이 자기 자식을 먹었다. 나는 내 놈(Nome)에서는 굶주림으로 죽는 일이 일어나지 않도록 했다. 나는 상이집트에 곡식을 대출해 주었다…또한 헤팟(Hefat)과 호르메르(Hor-mer)의 마을들이 만족하게 된 후에, 나는 최근에 엘레판틴 지역과 이앗네겐(Iat-negen)을 살게 해 주었다." 그는 자신의 고향 지역을 먼저 돌본 것이다.

73 엘레판틴의 총독 마디르에게.
74 Chief Lector Priest. 신전 제의 등에서 찬미가나 주문 등을 외우는 제사장 (역주).

'그의 벽 남쪽'[75] 프타의 아들 이엠호텝(Ii-em-hotep)에게[76] 물었다. "나일 강이 태어난 곳이 어디인가? 누가…그곳에서 신인가? 누가 신인가?"

그러자 *그가 내게 답했다.* (5) "저는 '조류 사냥 그물의 집'을 관할하는 자의[77] 안내가 필요합니다…자신이 하는 것에 대한 모든 남자의 *심적 자신감*…저는 생명의 집으로[78] 들어가 '레의 영혼들'을 퍼뜨려서 그 안에서 인도함을 찾을 것입니다.

그렇게 그는 갔다가 내게 바로 돌아와서 나일의 범람에 대하여 *알려주었다*…그리고 그들이 기록한 모든 것…그는 *시간의* 제한이 생긴 이후로 왕들 중에 동급이 없는 조상들이 사용해 온 그 감추어진 주술들을 나를 위해 밝혀냈다. 그는 내게 *말했다.*

"나일 강물이 생기는 원천에 엘레판틴이라는 도시가 있습니다. 그것은 시작의 시작이고, 와왓을 *향하여* 있는 놈(Nome)입니다. 레가 모두의 옆에 생명을 *던지고자 할 때*, 그것은 땅들이 *만나는* 곳이고, 지구의 태고적 언덕이며, 레의 보좌입니다. 그 거처의 이름은 '생명의 기쁨'입니다. 그 물의 이름은 '두 동굴'입니다. 그들은 모든 선한 것들을 붓는 두 가슴입니다. 그것은 그가 다시 젊어지는 나일의 침상입니다…그는 수컷 황소로서 암컷을 올라탐으로써 땅을 비옥하게 만듭니다. 그는 욕망을 충족시킴으로써 그의 정력을 새롭게 합니다. 그는 엘레판틴에서 28규빗 높이를 급히 갑니다. 그는 디오스폴리스에서 7규빗 높이를 서둘러 갑니다. 크눔이 그곳에 신으로…."

(18)…내가 생명과 만족 속에 잠을 잘 때, 나는 내 앞에 서 있는 신을 발견했다. 나는 찬양으로 그를 달랬다. 나는 그의 현존 앞에서 그에게 기도했다. 그는 자신을 내게 *계시했고*, 그의 얼굴은 생기 있었다. 그의 말은 이러했다.

왕상 3:5

---

75 South-of-His-Wall. 프타의 별명(역주).
76 조세르의 유명한 장관. 지혜로 명성이 높아 후에 신격화되었다.
77 지혜와 제사장 전통의 신인 헤르모폴리스의 토트.
78 "레의 영혼"이라는 신성한 주술 책이 보관된 기록실.

창 41:56

"나는 너의 창조자 크눔이다…나는 나일 강을 안다. 그가 들판에 들어설 때, 생명이 들판에 들어서는 것처럼 모든 콧구멍에 생명을 준다…나일 강은 당신을 위해 땅을 위하여 한 해도 쉬거나 게으르지 않고 쏟아 붓는다. 식물은 *열매* 아래서 고개를 숙이며 자랄 것이다. 레네눗(Renenut)은[79] 모든 것의 머리에 있을 것이다…주인뿐 아니라 그에 속한 자들은 그들 마음의 목적을 성취할 것이다. (22) 굶주린 해는 사라지고, 곡물 창고에서 빌리는 일도 더이상 없을 것이다 이집트는 들판이 될 것이고, 둑은 빛날 것이며…이전보다 더한 *만족*이 그들 마음에 있을 것이다."

그때 내 마음이 권태를 끊어내며 나는 *급히* 깨어났다. 나는 내 아버지 크눔 옆에서 이 칙령을 내었다.[80]

"당신이 내게 할 것들에 대한 보상으로 왕이 '폭포 지역'의 주, 누비아를 다스리는 자, 크눔에게 바치는 헌물."

"나는 당신에게 엘레판틴에서 타콤프소까지, 동쪽과 서쪽에 12 수로를[81] 위하여, 이 수로들의 모든 부분에 경작지이든, 사막이든, 강이든, 마누(Manu)에게 당신의 서쪽을, 바크후에게 당신의 동쪽을 바칩니다."[82]

(문서의 나머지 부분은 조세르가 크눔에게 서약한 이야기가 이어진다. 그 핵심은 크눔에게 바쳐진 땅이 내는 소산의 십일조가 그의 신전을 위하여 바쳐질 것이라는 서약이다. 마지막으로 이 칙령이 크눔의 신전에 있는 석비에 새겨질 것을 말하고 있다.)

---

79 수확의 여신.
80 즉, 크눔의 신전에서
81 그리스 작가들로부터 도데칸코이노스로 알려진 곳.
82 마누는 나일과 접해 있는 서쪽, 바크후는 동쪽 산맥이다.

CHAPTER II

메소포타미아의 신화와 서사시

가. 수메르 신화 | 원역자: 크래머(S. N. Kramer)

1. 홍수 이야기   ANET, 42-44

이 수메르 신화는 홍수를 소재로 한다. 성경의 노아와 비슷한 역할의 수메르인[1]이 등장하는 이 홍수 신화는 지금까지 발견된 수메르 문학 중 성경 이야기에 가장 근접한 내용을 담고 있다. 나아가 이 이야기의 도입부는 만물 기원에 대한 메소포타미아인들의 중요한 증언도 담고 있다. 즉, 인간 창조에 관한 내용은 물론, 왕정의 기원 그리고 홍수 이전의 다섯 도시들이 언급된다.[2]

---

1 지우스드라(역주).
2 이 이야기가 담긴 토판은 메소포타미아 남부, 닙푸르에서 발굴되었다. 불행히도 발굴 당시 토판의 2/3가 훼손되었기 때문에, 이야기의 전체적인 문맥을 파악하기는 힘들다. 현재, 이 토판은 펜실베니아대학 박물관에 소장되어 있다(역주).

(처음 약 37개의 행이 훼손됨)

"나의 인류, 그 멸망 *가운데 내가…*,³

닌투에게⁴ 나는 내 피조물들의…을 돌려줄 것이다.

나는 사람들을 그들의 *거처로 돌려* 보낼 것이다.   (40)

도시들에 관해 [말한다].⁵ 참으로 그들은 (신이) 법으로 정한

　　장소를 건설할 것이다. 나는 그들의 그늘을 평화롭게 할

　　　것이다.

우리 집에 관해 [말한다]. 참으로 그들은 순결한 장소에

　　그들의 벽돌을 놓을 것이다.

참으로 그들은 *우리가 정한* 장소를 순결한 곳에 건설할

　　것이다."

그는 *신전 경내의*…을 감독했고,

의식들(과) 숭고한 (신의) 법율을 완성했으며,

땅에…했고, 그곳에…을 두었다.

아누, 엔릴, 엔키, 그리고 닌후르사그가

검은 머리를 한 (사람들)을⁶ 만든 후,

식물이 땅에서 무성히 자라났으며,

동물들, 다리 네 개 가진 들의 (생물들)이 장인에 의해 작품이

　　만들어지듯 창조되었다.   (50)

(약 37개의 행이 훼손됨)

왕권의…가 하늘로부터 내려진 후,

존귀한 [왕관](과) 왕권의 보좌가

하늘로부터 내려진 후,

---

3 말하는 이가 여러 명의 신일 가능성이 있다. 번역자가 보기에, 말하는 신 (혹은 신들)은 인류를 멸망에서 구원할 계획을 세우고 있다. 그러나 물론 확실한 것은 아니다.

4 닌투는 수메르의 어머니 여신이다. '닌후르사그'와 '닌마'로도 불린다.

5 "(신이) 법율로 정한 집들에 관해 말한다"로도 번역될 수 있다.

6 "검은 머리를 한 사람들"은 보통 수메르와 바벨론 지역에 거주한 사람들을 지칭한다. 그러나 현재의 문맥에서 그것은 인류 전체를 지칭하는 듯하다.

그는[7] [의례(와)] 존귀한 [(신의) 법율]을 완성했고…,   (90)

순결한 장소]…에 [다섯] 도[시]들을 건설했으며,

그들의 이름을 짓[고], 그것들을 [제]의-중심지로 [지]정했다.

그들 도시 중 첫 번째인 에리두는 '지도자' 누딤무드[8]에게 주었고,

두 번째 도시 바드티비라는…에게 주었으며,

세번째 도시 라락은 엔두르빌후르사그에게 주었고,

네번째 도시 십파르는 '영웅' 우투[9]에게 주었으며,

다섯번째 도시 슈루팍은 수드[10]에게 주었다.

그가 이 도시들의 이름을 부르고, 그것들을 *제의-중심지로* 지정했을 때,

그는…을 *가져왔고*,[11]

작은 강들의…을…으로 확정했다.   (100)

(약 37개의 행이 훼손됨)

홍수…

…

이렇[게 처]리 되었다…

그때 닌[투]가…처럼 *l울었고*,

순결한 인안나는 그[12] 백성들을 위해 애가를 [만들었으며],

엔키는 골똘히 [생]각에 잠겼고,

아누, 엔릴, 엔키, (그리고) 닌후르사그는…,

창 6장

7　이 신이 누구인지 확실하지 않다. 아누 혹은 엔릴일 가능성이 있다.
8　누딤무드는 물의 신 엔키의 다른 이름이다.
9　십파르와 라르사의 수호신으로 알려진 태양신이다.
10　슈루팍의 수호 여신. 후대의 바벨론의 신학자들은 이 신을 엔릴의 아내 신, 닌릴이라고 주장하였다.
11　이것은 비 혹은 물의 공급과 관련있는 듯하다.
12　"땅의" 혹은 "나라들의"

하늘과 땅의 신들은 아누(와) 엔릴의 이름을 [불렀다].[13]

그때, 지우수드라, 왕,…의 *파쉬슈*[14]가

거대한…을 지었다.

겸손히 순종하는 [그가] 공손히…,

매일 돌보는 [그가] 언제나…,

온갖 종류의 꿈을 가져오는 [그가]…,

하늘(과) 땅의 이름을 부르는 [그가]…   (150)

…신들, 벽…,

그 곁에 서 있던 지우수드라가 들었다].

"내 왼쪽, 벽 옆에 서라…,[15]

벽 옆에서 내가 그대에게 말 하리라, [내 말을 받아라],

내 지시에 귀를 [기울이라].

우리의…에 의해 홍수가 제의 중심지들을 [휩쓸 것이다].

인류의 씨를 파괴하는 것이…,

[천상] 회의의 말씀이요, 결정이다.

아누(와) 엔릴의 명령에 *의해*…,

그것의 왕권, 그것의 [통치가 끝날 것이다."]   (160)

(약 40개 행이 훼손됨)

매우 강력한 폭풍들이 모두 하나가 되어 공격했다.   (201)

동시에 홍수가 제의-중심지들 위로 밀려왔다.

일곱 낮(과) 일곱 밤 동안,

홍수가 땅 *위로* 밀려오고,

(또한) 거대한 배가 큰 물 위에서 폭풍에 의해

이리저리 떠다닌 후,

우투[16]가 나와서 하늘(과) 땅에 빛을 비추었다.

---

13 "아누(와) 엔릴에 의해 (말씀으로) 만들어졌다"는 의미이다.
14 제사장 직명(역주).
15 말하는 신의 이름은 주어지지 않았으나, 의심할 여지없이 엔키이다.
16 수메르의 태양신(역주).

지우수드라는 그 거대한 배의 창을 열었고,

영웅 우투는 *그 광선을 그 커다란 배에 비추었다.*

왕, 지우수드라는

우투 앞에 엎드렸고,   (210)

그 왕은 황소를 죽이고 양을 도살했다.

(약 39행이 훼손됨)

"그대들은 '하늘의 숨', '땅의 숨'을 낼 것이며, 참으로 그것은
　　너의…곁에 펼쳐질 것이다."   (251)

아누(와) 엔릴은 "하늘의 숨", "땅의 숨"을 *내었고, 그들의…곁에*
　　그것이 펼쳐졌다.

식물이 땅으로부터 나와 일어선다.

지우수드라 왕은

아누(와) 엔릴 앞에 엎드렸다.

아누(와) 엔릴은 지우수드라를 소중히 여겼고,

신(의 생명)과 같은 생명을 그에게 주며,

신의 숨과 같은 영원한 숨을 그에게 *가져온다. 그때, 왕,*
　　지우수드라,

식물(과) 인류의 *씨를 보존하는 자를*   (260)

(이생과 저생이) *교차하는*[17] 땅,[18] 딜문 땅, 태양이 떠오르는

그 장소에서, 그들이[19] 머물게 하였다.

(토판의 나머지 부분, 즉 약 39행은 훼손됨)

---

[17] 태양이 동쪽에서 떠오를 때 태양이 지나는 곳을 의미할 것이다. 수메르 원문은 "통치의 땅"으로도 번역될 수 있다.

[18] 이 열에서 두 번이나 "땅"으로 번역된 수메르 단어는 "산" 혹은 "산지"로 번역될 수 있다.

[19] 즉, 아누와 엔릴.

나. 아카드의 신화와 서사시

ANET, 60, 66-69, 514.

1. 창조 서사시 (에누마 엘리쉬) | 원역자: 스파이저 (E. A. Speiser)

질서와 혼돈 사이의 우주적 전투는 해마다 새해 첫날 반복된, 고대 메소포타미아인들에게 있어 매우 중요한 운명적 드라마였다. 따라서 그 사건을 다루는 본 서사시는 메소포타미아 종교 문학에서 매우 중요한 것이라 할 수 있다. 모두 일곱 토판으로 구성된 이 서사시는 아카드어로 "에누마 엘리쉬"("높은 곳에서… 할 때")라는 제목으로 알려졌다. 이 제목은 서사시의 처음 두 단어에서 따온 것이다. 본 서사시는 새해 축제[20]의 네 번째 날에 엄숙히 낭송되었다.

이 서사시의 저작에 관해서 모두가 동의하는 연대는 없다. 현존하는 사본들은 모두 제1천년기에 제작된 것들이지만, 문맥이나 언어학 증거와 같은 본문 내적 증거에 근거해 많은 학자가 이 서사시를 고대 바빌로니아 시대, 즉 제2천년기 초반의 것으로 추정한다. 이보다 더 이른 연대를 상정할 설득력 있는 이유는 없는 것 같다.

> (토판 I-III은 신들이 영원한 압수와 티아맛에서 탄생되어 나오는 이야기와, 마르둑이 티아맛과의 전투에서 젊은 신들의 수장으로 선택되는 내용을 담고 있다.)

토판 IV

> 그들은 마르둑을 위해 왕의 보좌를 세웠다.
> 마르둑은 아버지 신들을 향해 앉아 통치했다.
> (신들이 말했다). "당신은 위대한 신들 가운데 가장
>   영광스럽습니다.

---

20 '아키투' 축제(역주).

당신의 포고[21]는 모든 것 위에 있고, 당신의 명령은 아누의
  명령과 같습니다.[22]

오 마르둑이여! 당신은 위대한 신들 중 가장 영광스럽습니다. 사진 141

당신의 포고는 모든 것 위에 있고, 당신의 명령은 아누의
  명령과 같습니다.

이 날부터 당신이 선포한 바는 변함 없을 것입니다.

높이는 일과 낮추는 일…이것들이 당신의 손 (안)에 있을 삼상 2:7
  것입니다.

당신의 말은 참되고, 당신의 명령은 철회될 수 없습니다.

신들 중 누구도 당신이 정한 선을 넘을 수 없습니다!　　　　(10)

신들의 거처에 치장이 필요하오니,

당신의 집이 그들의 성소에 세워질 것입니다.

오 마르둑이여! 당신은 정말로 우리의 복수자입니다.

우리는 당신에게 우주 전체의 왕권을 선사합니다.

(신들의) 회의를 주재하실 때, 당신의 말씀은 최고의 권위를
  가질 것입니다.

당신의 무기는 실패함이 없어, 당신의 적들을 부술 것입니다!

오 주님이여! 당신을 신뢰하는 신의 생명을 구하소서,

하지만 악을 붙잡는 신의 생명을 부어 내소서." 삿 6:36-40

그들 가운데 한 조각의 천[23]을 두고,

그들은 장자 마르둑에게 말을 건넨다.　　　　(20)

"주여, 참으로 당신의 포고는 신들 가운데 최고입니다.

부서지거나 창조되라고 말씀만 하세요; 그대로 될 것입니다.

입을 여십시오. 천이 사라질 것입니다!

다시 말씀하세요, 그러면 천이 그대로일 것입니다!"

그의 입술의 말씀에 순종해, 천이 사라졌다.

21　운명을 결정하는 말씀(역주).
22　마르둑의 말씀이 하늘신 아누의 권위를 가졌다는 뜻임.
23　혹은 '별 무리'(역주).

그가 다시 말하자, 천이 다시 나타났다.

신들, 즉 그의 아버지들이 그의 말의 열매를 보았을 때,

기쁨으로 그를 경배하였다. "마르둑이 왕이시다!"[24]

그들은 그에게 홀, 보좌, 그리고 용포[25]를 올려드렸다.

그에게 적들을 몰아내는 둘도 없는 무기들을 주었다.   (30)

(신들은 말했다). "가서 티아맛의 생명을 끊으십시오.

바람이 그녀의 피를 아무도 모르는 장소로 가져가기를
　　빕니다."

벨[26]의 운명이 이렇게 정해지자, 신들, 즉 그의 아버지들이

그로 하여금 성공과 성취의 길을 가게 했다.

그는 활을 만들어, 자신의 무기로 삼았고,

그곳에 화살을 붙이고, 시위를 당겼다.

그는 (손에) 곤봉을 들었다. 오른손으로 그것을 잡았다.

그는 활과 화살통을 옆에 차고,

그 앞에 번개를 장전하고,   (40)

자신의 몸을 불타는 화염으로 채웠다.

그리고 티아맛을 잡기 위해 그물을 만들었다.

그녀가 전혀 빠져나갈 수 없도록, 네 개의 바람을 배치시켰다.

남풍, 북풍, 동풍, 서풍.

그는 그물―아버지 아누의 선물―을 자기 옆에 들었다.

그는 임훌루, "악한 바람", 회오리바람, 허리케인,

사중의 바람, 칠중의 바람, 사이클론, 최악의 바람을
　　일으켰다.

그 다음에 자신이 일으킨 그 바람들―모두 일곱 개―을
　　내보냈다.

티아맛의 내장을 뒤집기 위해, 그 바람들은 마르둑 뒤에

24　혹은 "마르둑께서 통치하신다."(역주).

25　혹은 '막대기'(역주).

26　마르둑의 다른 이름(역주).

자리했다.
그 다음에 주께서 자신의 무기인 큰 비를 일으켰다.
그는 무시무시한 무적 폭풍 전차에 올랐다. (50)
그는 폭풍 전차에 사총사를 매달(고) 달렸다.
죽이는 자, 가만 두지 않는 자, 짓밟는 자, 재빠른 자.
그들의 이는 날카롭고 독을 품고 있었다.
그들은 약탈에 전문가였고, 파괴에 능하였다.
오른 쪽에 그는 무시무시한 싸움꾼인 *공격자*를 배치하였고,
왼쪽에는 모든 열심있는 자들을 격퇴시키는 '전투원'을
  (배치하였다).
그는 공포의 갑옷을 입었다.
그의 머리는 무시무시한 후광을 입었다.
주께서 나가서서, 자기 길을 따라,
날뛰는 티아맛을 향해 돌진했다. (60)
그는 입술에 주문을 담았다.
독을 제거하는 풀이 그의 손에 들려 있다.
그들은 그 주위에서 혼란스럽게 움직였다. 신들은 그
  주위에서 혼란스럽게 움직였다.
주[27]가 티아맛의 내장[28]을 자세히 보려고 접근했다.
(그리고) 그것은 그녀의 내연남 킹구의 그것도 보려는
  전략이었다.
그것을 계속 보고 있는데 그의 계획이 좌절되었고,
그의 의지가 분산되고, 그의 행동도 혼란스러워졌다.
그의 곁에서 함께 행군하던 도우미 신들이
자신들의 용맹한 영웅이 (그렇게 되는 것을)
  보았을 때, 눈물이 하염없이 흘러내렸다 (70)
티아맛은 얼굴을 돌리지도 않고, [소리를 질렀고,

---

27 혹은 "벨"(역주).
28 혹은 "입"(역주).

| | 자기 입술에²⁹ 야만스러운 도발의 말을³⁰ 올렸다.
삿 12:6 | "너희는 너무 [중]요한 자라, 신들의 주가 너를 대적해
| 일어날 수 없구나!
| 그들이 모인 것은 그들의 집에서인가? (아니면) 너의
| 집에서인가?"
| 그러자 강력한 무기, 큰 폭풍을 [일으킨] 주가
| [티아맛을 자극하기 [위해] 다음과 같은 말을 전한다.
| "왜 너는 일어났느냐? 오만하게 높아졌느냐?
| 너는 마음에 작정하고 분쟁을 일으켰다.…아들들이 자신의
| 아버지를 거부한다.
| 반면 그들을 출산한 너는 사랑을 버렸구나! (80)
| 너는 킹구를 너를 남편으로 삼았고,
| 그에게 전혀 맞지 않는 아누의 직위를 부여했다.
| 신들의 왕 안샤르를 대적함으로 너의 악을 꾀했다.
| 신들, 내 아버지들[에 대적함으로] 너의 악함을 확증했다.
| [비록] 너의 군대가 네 무기를 들고, 전쟁에 나왔지만,
| 네가 직접 일어나라, 너와 내가 일대일로 한판 벌이자!"
| 티아맛이 이 말을 들었을 때,
| 그녀는 얼빠진 사람처럼 되었다. 감각이 모두 사라졌다.
| 분노한 티아맛은 큰 소리를 질렀다.
| 그녀의 두 다리는 뿌리까지 흔들렸다. (90)
| 전쟁의 신들이 무기를 갈고 있을 때,
| 티아맛은 주문을 외우며, 마법을 걸고 있다.
| 그 순간 티아맛과 가장 지혜로운 신 마르둑이 엉겨 붙었다.
| 그들은 일대일로 싸우며, 서로 엉겨있다.
| 주께서 그물을 펴 그녀를 잡으려 한다.

---

29 티아맛의 조롱은 다음 두 행에 기록되어 있다. 그러나 그것의 의미는 분명하지 않다.
30 "그녀의 주문"이라는 번역도 가능하다.

뒤에서 따라오던 '악한 바람'을 그녀의 얼굴로 강하게 풀어
　　놓는다.
티아맛이 입을 열어, 그 바람을 삼키려 했을 때,
그는 '악한 바람'을 그녀의 입 속에 꽂아 넣었고, 티아맛은
　　입을 다물 수 없었다.
강한 바람들이 (그 틈을 타) 그녀의 배 (속)으로 돌진하자,
그녀의 입이 넓게 열린 채, 그녀의 몸은 불어났다.　　　　(100)
마르둑은 활을 쏘아 그녀의 배를 맞혔다.
화살은 그녀의 내장을 꿰뚫고, 심장을 갈랐다.
이렇게 그녀를 정복한 후, 그는 그녀의 숨통을 끊었다.
그리고 그녀의 시체를 땅에 던지고 그 위에 올라 섰다.
마르둑이 지도자 티아맛을 죽이자,
그녀의 군대는 해산했고, 그녀의 군인들은 흩어졌다.
그리고 그녀 옆에서 행군하던 도우미 신들은,
두려움에 떨며, 자신들의 목숨을 구하고
보존하기 위해, 티아맛에게 등을 돌렸다.
완전히 포위되어, 그들은 달아날 수 없었다.　　　　(110)
마르둑은 그들을 포로로 만들었고, 그들의 무기들을
　　부수었다.
그물에 던져진 그들은 옴짝달싹하지 못하게 되었다.
감옥에 던져진 그들은 애곡했다.
마르둑의 진노를 산 그들은 감옥에 갇히게 되었다.
그리고 그녀가 두려움을 주입한 열한 생물,
즉 그녀 앞에 […], 행군했던 악마들의 무리!
마르둑이 그들에게 쇠고랑을 채웠다. 그들의 손은 […]다.
그들의 저항에도 불구하고, 그는 (그들을) 발 아래 복속시켰다.
그리고 그들의 수장이었던 킹구에 대해서는,
포박한 후, 그를 우개[31]에게 보냈다.　　　　(120)

31　"죽음의 신"

그는 킹구로부터 운명의 토판―본래 킹구의 것이 아니었음―
　을 빼앗아
(그것을) 인장으로 봉인 한 후,[32] 자신의 가슴에 매어 붙였다.
마르둑이 적들을 정복하고, 소멸시켰을 때,
교만한 적을…했을 때,
적에 대한 안샤르의 승리를 완전히 확증했을 때,
누딤무드[33]의 소원을 이루었을 때, 용감한 마르둑은
소멸된 신들에 대한 자신의 주권을 강화했다.
그는 포박해 놓은 티아맛에게 돌아갔다.
그의 사정없이 곤봉으로 그녀의 두개골을 부수었다.　　　(130)
그가 그녀의 혈동맥들을 잘랐을 때,
북풍은 (그것을) 아무도 모르는 장소로 가져갔다.
이것을 본 그의 아버지 신들은 행복하고 기뻐했다.
그들은 마르둑에게 존경의 선물을 가져왔다. 그에게
　가져왔다.
그때 주[34]는 그녀의 시체를 보기 위해 멈추었다.
그는 그 괴물을 나누어, 창조적인 일을 하려 한다.
그는 그녀를 조개처럼 두 부분으로 나누었다.
그녀의 반을 들어 하늘로 붙였고,
잠금 막대를 내린 후 보초를 세웠다.
그리고 그들에게 그녀의 물이 빠져나가지 못하도록 명령했다. (140)
그는 하늘을 두루 다녔고, 지역들을 조망했다.
주는 누딤무드의 집, 압수의 지역을 둘러보았으며
압수의 영역도 측량했다.
'위대한 거처'[35]의 형상인 에샤라를 세웠고,

---

32 이것은 메소포타미아 사회에서 공증을 위한 필수적 조치이다.
33 물의 신 엔키의 다른 이름(역주).
34 혹은 "벨"(역주).
35 혹은 에스갈라(역주).

그는 아누, 엔릴, 에아로 하여금 '위대한 거처', 즉 에샤라와 궁창에 있는 각자의 집에 들어가도록 했다.

사진 167, 168

토판 V

그는 위대한 신을 위한 (천상) 거처들을 건설하였다.
그들의 형상을 한 별 무리를 별 자리로 고정시켰다.
그는 고정된 (별) 자리를 통해 해(year)를 정했다.
열두 달의 각 달에 세 개의 별자리를 지정하였다.
(하늘의) 형상들을 [통해] 해의 날들을 정의한 후,
그는 (천상) 거처, 네비루[36]를 건설하여 하늘의 띠들[37]을
    정했다.
어느 것도 지나치거나 부족하지 않도록 하였다.
그 곁에 그는 엔릴과 에아의 거처도 세웠다.
성문을 양쪽으로 연 후
왼쪽과 오른쪽에 튼튼한 빗장을 걸었다.
그녀의[38] 배 안에 천정을 세웠다.   (10)
달이 빛을 발하도록 하고 밤을 (그것에게) 맡겼다.
(달의) 날들을 표시하기 위해, 그에게 밤의 생물[39]을
    임명하였다.
매달, 쉼 없이, 그는 왕관[40]으로 달을 존귀케 했다.
(그는 이같이 말했다). "월 초에, 땅 위로 오르면서
당신은 6일을 표시하도록, 밝은 뿔을 가질 것입니다.
일곱째 날에는 [반쪽] 왕관을 (가질 것입니다).

---

36 이것은 목성을 의미한다. 이 천상 기지는 엔릴에게 속한 북쪽 띠와 에아에 속한 남쪽 띠 사이에 위치한 것으로 여겨진다.
37 혹은 '별들의 간격'(역주).
38 "티아맛의"
39 달의 다양한 모양을 지칭함(역주).
40 '밤의 생물처럼, 다양한 달의 모양을 지칭함(역주).

보름⁴¹에, 즉 달의 15일에는 당신은 반대쪽⁴² 설 것입니다.

태양이 하늘 끝에서 당신을 [따라잡을 때]

[당신의 왕관]을 줄이고, 빛 속으로 사라지세요.

[사라질 때] 당신은 태양의 길로 접근합니다.　　　　　　(20)

그리고 [29일에] 당신은 다시 태양의 맞은 편에 설 것입니다."

(이 토판의 나머지 부분은 심각하게 훼손되었으며, 일부 남은 부분도 번역할 수 있는 상태가 아니다.)

토판 VI

마르둑이 신들의 말씀을 들을 때,

그에게 예술 작품을 만들고자 하는 마음이 격동했다.

그는 입을 열어 에아에게 (말하며)

마음에 품은 계획을 설명한다.

창 1:26　"나는 피를 모아, 뼈가 되게 할 것이오.

야만종('룰루')을 만들고, 그의 이름을 '사람'이라 할 것이오.

진실로 나는 야만종-사람을 창조할 것이오.

그는 신들이 안식할 수 있도록, 신들에 봉사하는 임무를 받게
　　될 것이오!

나는 신들의 삶을 예술적으로 바꿀 것이오.

비록 그들은 여전히 존경받지만 두 (그룹)으로 나뉘게 될
　　것이오."　　　　　　　　　　　　　　　　　　(10)

에아가 그에게 대답하여 말하며, 신들의 안식을 위한 다른 계획⁴³을
　　제안했다.

"그들의 형제들 중 한 명을 넘기십시오.

41　아카드어 샤팟투. 모든 종류의 활동이 금지된다는 점에서 "안식일"의 원형일 수 있다.

42　즉, "태양의 반대쪽에 서다." 이 말은 바빌로니아 점성학의 전문용어였다.

43　구체적 계획(역주).

그가 죽음으로써 인간들이 창조될 것입니다.[44]
위대한 신들은 여기 (천상) 의회에 있게 하세요.
그 죄인을 넘기면 그들은 무사할 것입니다."
마르둑이 위대한 신들을 (천상) 의회로 불렀다.
은혜롭게 회의를 주재하며 명령을 내린다.
그의 말씀에 신들이 집중한다.
(신들의) 왕은 아눈나키 신들에게 말을 건넨다.
"당신들이 전에 했던 말이 사실이라면,   (20)
그 사실을 나에게 맹세하고 선포해라!
누가 그 봉기를 계획했느냐?
누가 티아맛으로 하여금 반란하고 전투에 참여하게
　　만들었는가?
봉기를 계획한 그를 넘기라.
그로 하여금 죄에 대한 책임을 지도록 할 것이다. 그러면
　　너희들은 평화롭게 살게 될 것이다!"
이기기(Igigi) 즉 위대한 신들이 그에게,
루갈딤메란키아[45] 즉 신들의 모사자이자 그들의 주(lord)에게
　　대답했다.
"봉기를 계획한 것은 킹구였습니다.
그는 티아맛으로 하여금 반란하고 전투에 참여하게
　　만들었습니다."
그들은 킹구를 포박하고, 에아 앞에 세웠다.   (30)
그들은 그의 죄를 확정하고, 그의 혈(관)을 끊었으며,
그 피로부터 인류를 만들었다.
그는[46] (인류에게) 봉사의 일을 부여했고, 신들을
　　(노동로부터) 자유롭게 해 주었다.

44　그의 피로부터
45　"하늘과 땅의 신들의 왕"
46　에아

지혜자, 에아가 인류를 창조한 후,

그들에게 신들을 위한 봉사의 의무를 부여했다.

이 창조는 이해를 뛰어넘는 것이었다.

마르둑이 계획한 대로 누딤무드가 인류를 훌륭히 창조했다.

신들의 왕 마르둑은 모든 아눈나키를

위의 신과 아래의[47] 신들로 나누었다. (40)

그는 (그들을) 아누에게 할당하여 그의 명령을 지키도록 했다.

하늘에 300명을 세워 그의 명령을 지키도록 했고,

같은 방식으로 땅[48]의 법도들도 정했다.

이렇게 하늘과 땅에 600명의 신을 배치했다.

그가 모든 명령들을 내린 후에

하늘과 땅의 아눈나키 신들에게 그들의 분깃을 할당하였다.

아눈나키 신들은 입을 열어

그들의 주 마르둑에게 말했다.

"이제,[49] 오 주여, 당신은 우리의 구원을 이루셨습니다!

우리가 당신께 어떻게 감사를 표해야 합니까? (50)

우리에게 성소를 짓도록 허락하소서. 그것의 이름은

'보라 우리가 밤에 휴식할 장소다'입니다. 우리로 그 안에
　　쉬도록 하소서!

우리로 보좌, 즉 그의 거처를 위한 휴식처를 짓도록 하소서!

우리가 당신을 찾아 뵐 때[50] 그곳에서 쉴 것입니다."

마르둑이 이 말을 들었을때,

그의 얼굴이 낮처럼 환하게 밝아졌다.

"너희들이 요청한 대로 바벨론 성소[51]를 지어라.

47　이 서사시에서 여기와 다른 여러 곳에서 아눈나키 신들은 하늘 아래 지역의 신들뿐 아니라, 천상의 신들(보통 이들은 "이기기"임)로도 이해된다.
48　지하세계(역주).
49　일부 학자들이 주장하듯, 이것은 "오 난나르여"라고 번역되지 않는다.
50　새해 축제를 위한 것임.
51　에사길라(역주).

그 벽돌 건물들[52]을 지어라. 너희들은 그것을 '성소'라고
　　이름하여라."

아눈나키 신들은 공구를 휘둘렀다.

일년 내내 그들은 벽돌을 만들었다.　　　　　　　　　　(60)

두 번째 해가 되었을 때,

그들은 압수와 상응하도록 에사길라의 머리를 높이
　　세웠다.[53]

압수처럼 단상 위의 탑[54]을 높이 건설하면서,

그 안에 마르둑, 엔릴, (그리고) 에아를 위한 거처를
　　마련하였다.

마르둑은 영광 가운데 그들 앞에 *좌정*하였다.

그것의 뿔들은 에샤라[55]의 밑을 내려다본다.

에사길라의 건축을 완성한 후,

아눈나키 신들은 스스로 자신들의 성소들을 세웠다.

[…] 그들 모두가 모였고,

그들은 […]을 자기 거처로 건설하였다.　　　　　　　(70)

마르둑은 아버지 신들을 자신의 연회에 앉혔다.
　　(그리고 다음과 같이 말했다).

"이것이 바벨론이다. 너희들의 집이다!

그 경내에서 즐겁게 살고, 넓은 [지경을 차지하라."

위대한 신들이 각자의 보좌를 취했고,

축제의 컵을 들고, 연회에 앉았다.

그곳에서 즐겁게 논 후,

경외로운 에사길라에서 제의도 행했다.

신들의 규범들과 전조들이 확정되었고,

사진 189

52　남부 메소포타미아의 건물들은 벽돌을 재료로 해서 지어짐(역주).
53　이것은 에사길라의 높이가 압수의 지하수 깊이에 상응한다는뜻이다.
54　지구라트(역주).
55　히타이트와 시리아의 사랑의 여신(역주).

모든 신들은 하늘과 땅의 자기 거처들을 할당받았다.

50명의 위대한 신들은 자신들의 보좌를 취했다. (80)

운명의 신 일곱이 [하늘에] 300명의 신들을 세웠다.

엔릴은 [자신의] 무기, 즉 활을 들어 그들 앞에 놓았다.

그의 아버지 신들은 그가 만든 그물을 보았다.

그들이 활을 보았을 때, 그것의 모양이 얼마나 공교한지,

그가 만든 작품을 찬양하였다.

그들은 [그것을] 들며 그것에 키스하며

아누는 신들의 회의에서 (다음과 같이) 말했다. "이것은 나의 딸이다!"

그는 그 활의 이름들을 다음과 같이 지었다.

"'긴나무'가 첫 번째 이름이고, 두 번째는 [⋯]다.

세 번째 이름은 '활-별'이며, 내가 그것을 하늘에서 빛나게 하였다." (90)

그는 신들, 즉 그[56] 형제들이 [⋯]할 장소를 정했다.

아누가 활의 운명을 포고하고

존귀한 왕의 보좌를 신들 앞에 설치했다.

즉, 신들의 회의하는 곳에 (보좌를) 세웠다.

위대한 신들이 모였고, (95)

그리고 마르둑이 존귀하게 한 운명을 [⋯]했을 때,

그들은 자신들이 (맹세를 어겼을 때 받을) 저주를 선포했고,

물과 기름으로 맹세하고, 그들의 손을 목에 대었다.[57]

이렇게 그들은 마르둑에게 신들에 대한 왕권을 부여했고,

하늘과 땅의 신들에 대한 그의 주권을 확인했다. (100)

안샤르(Anšar)는 그에게 아살루히(Asalluḫi)라는 존귀한 이름을 붙이며, 말했다.

"그의 이름이 언급될 때, 겸손히 경배하자.

---

56 활을 지칭함.
57 목숨을 걸겠다는 각오(역주).

그가 말할 때, 신들은 그에게 주목할지어다.
그의 말씀이 하늘 위와 땅 아래에서 최고가 되게 하라!"
우리의 복수자, 아들(the Son)이 가장 높여질찌어다.
그의 주권이 경쟁자 없이 최고의 것이 될찌어다.
그가 검은 머리의 사람들[58], 즉 그의 피조물들을 목양할지어다.
마지막 날까지, 잊지 않고, 그들로 하여금 그의 길을
    찬양하게 하라.
자기 아버지들을 위해 그가 위대한 음식-제물들을
    제정할지어다."   (110)
그는 그들을 부양할 것이며, 그들의 성소들을 돌볼지어다.
그는 분향이 피어지도록.. 그들의 주문을…할 지어다.
그가 하늘에서 이룩한 것과 비슷한 것이 땅에서도
    (이루어질지어다).
검은 머리의 사람들에게 [그를 공경하]도록 명령할지라.
신민들은 그들의 신을 기억할지라.
그리고 신의 말씀을 따라, 여신에게도 주목할지어다.
음식-제물을 신들과 여신들을 위해 가져올지어다.
신민들은 반드시 신들을 부양해야 한다!
그들의 땅은 그들이 성소를 짓고 중보수하는 것을
    허락할지어다.
검은 머리의 사람들로 하여금 신들을 섬기도록 하라.   (120)
그가 아무리 많은 이름으로 불린다 해도, 그는 다름 아닌
    우리의 신이다!
자, 우리로 하여금 그의 오십 개의 이름을 선포하게 하라…."

---

58 "인류"를 가리키는 아카드어의 은유법.

2. 토판 V의 부기(簿記) | 원역자: 그레이슨(A. K. Grayson)

기존 토판에 대한 연구의 진보와 새로운 토판의 발견 덕분에 이 작품(에누마 엘리쉬)의 일부 내용이 보충될 수 있게 되었고, 일부 잘못된 견해들도 바로 잡을 수 있었다. 이제 많은 사람은 창조 서사시의 저작 연대가 고대 바빌로니아 시대보다 후대라고 생각한다. 그러나 이 외 더 이상의 합의는 없다. 어떤 사람들은 창조 서사시가 카시트 왕조 때(주전 1531-1155년)의 것이라고 주장하는 반면, 다른 이들은 그보다 훨씬 후대의 저작으로 생각한다.

최근의 출판물 중, 특히 중요한 것으로 램버르트(W. G. Lambert)와 파커(Simon B. Parker)가 편집한 창조 서사시에 대한 쐐기문자 복합본문, 즉 『에누마 엘리쉬』(*Enuma Eliš* [Oxford, 1966])를 들 수 있다. 주목할 가치가 있는 또 하나의 논문은 램버르트의 "창세기의 바빌로니아적 배경에 대한 새로운 고찰"("A New Look at the Babylonian Background of Genesis" in *The Journal of Theological Studies*, XVI [1965], 287-300)이다. 최근의 새 토판들은 주로 앗수르와 술탄테페에서 발견된 것이다.

"나는 한 표지를 [지정하였고], 그 길을 따라, (23)
…[…]대가가 판단을 내린다."

(25-44행은 너무 훼손되어 번역할 수 없다. 그러나 분명한 것은 달의 창조를 마친 후 마르둑이 태양을 세우는 일에 관심을 두었다는 것이다.)

낮을 [샤마쉬]에게 [지정하고] (45)
밤과 낮의 구역을 [확립한 후],
마르둑은 티아맛의 침을
[취하여] […]을 창조하였다…
그는 [구름]을 조성했고, (그것을) [수분]으로 채웠다.
바람을 일으키는 것, 비(와) 추위를 가져오는 것, (50)

연무를 만드는 것, 독(poison)⁵⁹을 쌓아 올리는 것:
그는 (이 일들을) 자신에게 지정하고, 자신의 임무로 떠맡았다.
티아맛의 머리를 독에 넣고, 마르둑은 곧[이어 산들을]
   조성하였다.
물이 가득한 깊음을 열고,
그는 그녀의 눈으로부터 유프라[테스(와) 티]그리스 강들이
   흘러나오도록 했다.
그는 그녀의 콧구멍을 막고, …을 남겼으며,
그녀의 젖통에 높은 산을 조성하였고,
(그 안에) 샘을 뚫어 우물이 (그 물)을 담도록 하였다.
그는 그녀의 꼬리를 뒤틀어 두르마(Durmah)⁶⁰에 묶었으며,
[…]압수를 발에…　　　　　　　　　　　　　　　　(60)
그녀의 가랑이를 […]고, 그녀를 하늘에 고정시켰다.
(이렇게) 그는 [하늘을] 덮고 땅을 세웠다.
그는 티아맛의 안에서…[…]을 흐르게 하였고,
자신의 그물[…] 그는 완전히 펼쳤다.
(그렇게) 그는 하늘과 땅을 *창조하였다*…,
[…]그들의 경계가…설정되었다.
자신의 규율을 제정하고, [자신의] 법을 만들 때
그는 [성]소들을 건설해 에아(Ea)에게 건네 주었다.
또한 킹구에게서 빼앗은 운명의 [토판]을 운반하여,
첫 번째 인사 선물로 (그것을) 아누에게 주었다.　　　(70)
마르둑은 *전쟁에 패해* 흩어진 신들을
[포]박하여 그의 아버지들이 계신 곳으로 데려갔다.
이제 그가 그 무기를 부수고, 자신의 발에 묶었던
티아맛이 만든 열한 마리의 생물들을…
그는 [이것들로] 신상을 만든 후, 압쉬[의 정문]에 세웠다.

---

59 소금을 지칭하는 말(역주).
60 무엇인지 알 수 없음(역주).

(이르되):

"그것이 징표가 되어, 이 일이 결코 잊혀지지 않도록 하자!"
[신들이] (이것을) 보았을때, 그들은 무척 기뻐했고,
[라]흐무(Laḥmu)와 라하무(Laḥamu), 그리고 그의 모든
   아버지 신들이
그에게 [건너갔고] 안샤르 왕도 자신의 예를 표했다.
[아누, 엔릴, 그리고 에아가 그에게 선물을 제공했다.   (80)
그의 어머니 담키나도 [선물로] 그를 기쁘게 했다.
그녀가 제물을 보내자, 그의 얼굴이 밝아졌다.
그녀의 선물을 비밀 장소로 가져온 우스미(Usmi)[에게]
그는 압수의 수장직과 성소 관리직을 [맡겼다].
[집결한] 모든 이기기 신(the Igigi)들이 절했고,
아눈나키 신들(the Anunnaki)도 전부 그의 발에 입맞추었다.
[…]의 뜻을 받들도록 모인 그들을 […]했고,
신들과 아버지들이 그의 매력을 만끽한 [후]
그 앞에서 서서 절하며 (말했다). "그는 왕이다!"   (89)

(90-106행은 번역할 수 없을 정도로 훼손되었다. 이 단락에서는 마르둑이 자기 무기를 가지고 보좌에 앉는 장면이 기술되어 있다.)

에아와 담키나 […],   (107)
그들은 입을 열어 [위대한 신들], 이기기 신들에게 [말했다].
"전에 [마르둑이 우리의 사랑스런 아들(에 불과)했지만,
이제 그는 너희들의 왕이다. 그의 칭호를 선포하라!"   (110)
에아와 담키나가 다시 (말)할 때, 그들 모두가 말했다.
"그의 이름은 루갈딤메란키아로 불릴 것이다.[61] 그를
   신뢰하라!"

---

61 "하늘과 지하세계의 신들의 왕." cf. 토판 VI, 140.

그들은 주권을 마르둑에게 넘겨주고,
그를 위해 행운과 성공의 *주문*을 외웠다.
"이제부터 당신은 우리 성소의 수호자가 될 것입니다.
당신이 명령하는 것은 무엇이든지 순종할 것입니다."
마르둑은 입을 열어 말한다.
신들, 자기 아버지들에게 말한다.
"너희들이 거하는 압수 위에,
즉, 너희들 위에 나는 에샤라의 쌍둥이 신전을 건설하였다. (120)
아래로는 건축 부지를 위해 땅을 단단하게 다졌다.
집을 지을 것인데, 그것은 나의 화려한 거처가 될 것이다.
나는 그 안에 성전을 건설하고,
방들을 지정하여, 내 주권을 세울 것이다.
너희들이 회합을 위해 압수에서 올라올 때,
그곳에서 밤을 보낼 것이며, (그곳에서) 너희 모두를
   대접할 것이다.
너희들이 회합을 위해 하늘로부터 [내]려올 때,
너희는 밤을 그[곳]에서 보낼 것이며, 나는 (그곳에서) 너희
   모두를 대접할 것이다.
나는 [그] 이름을 ['바벨론']으로 부를 것이며, 그 뜻은 '위대한
   신들의 집'이다.
나는 그것을 장인의 기술로 건설할 것이다." (130)
[신들], 그의 아버지들이 그의 이 [연설]을 [들었을 [때],
[그들은] 다음의 질문을 [마르둑, 그들의 장재에게 [던졌다].
"네 손이 창조한 모든 것에 대해
  누가 너의 [권위]를 가질 수 있을까?
네 손이 창조한 땅에 대해
  누가 너와 같은 [권력]을 가질 것인가?
네가 좋은 뜻으로 이름 지은 바벨론!
그 안에 우리의 [거처]를 영원히 세워라!
[…], 그들로 하여금 우리의 일용할 양식을 가져오게 하라,

[…] 우리의 […], (140)
누구도 우리가 [전에 행한] 과업들을 [빼앗지 못하게] 하라.
그 안에, […] 그것의 노동[…]."
[이것을 듣고] 마르둑은 기뻐했고,
그에게 [질문]한 신들에게 [대답했다].
[티아맛을 죽인 그가 그들에게 빛을 보여 [주었고],
[자신의 입]을 열었는데, 그 [말]이 고귀했다.
"…[…] 그들을[…],
[…]은 여러분들에게 맡겨질 것이다."
신들은 그 앞에 절하며, 말했다.
그들은 루갈딤메랑키아[62]에게 말했다. (150)
"전에 주는 [우리의 사랑스런] 아들에 [불과]했지만,
이제 그는 우리의 왕입니다. [그의 칭호를] 선포하라!
그의 순결한 주문은 우리에게 생명을 주었습니다.
[그는 영광]의 주, 전곤과 홀의 [주인입니다].
모든 장인의 [기술을 아는 에아],
그로 하여금 계획을 수립토록 하라. 우리는 [일꾼들이 될
  것이다]."

3. 길가메쉬 서사시 | 원역자: 스파이저(E.A. Speiser)

ANET, 72-79
83-90, 92-97
514-15

이 서사시가 다루는 주제는 비(非)종교적이다. 이 시는 인간과 자연, 사랑과 모험, 우정과 전쟁 등과 같은 인간 삶의 문제들을 다룬다. 죽음이라는 엄연한 현실을 배경으로 이 모든 주제들이 이 서사시에 융합되어 있다. 오래 전 대홍수에서 살아남은 영웅으로부터 불멸의 비밀을 알아냄으로써 인간의 궁극적 운명을 바꾸어보려 하지만, 그의 분투는 결국 실패로 끝난다. 그러나 그 실패와 함께 깨달음도 온다. 주인공은 인생을 조용히 관조하는 능력을 가지게 된다. 세계사에

---

62 마르둑의 다른 이름(역주).

서 처음으로 그런 영웅적 규모의 경험이 "길가메쉬 서사시"를 통해 우아한 문학으로 표현되었다. 여기에서 다루어진 주제의 범위와 깊이 그리고 그것의 순수 문학적 힘은 "길가메쉬 서사시"에게 시대를 초월하는 매력을 안겨준다. 아카드어 본문 중 일부를 제외한 대부분의 사본이 니느웨의 앗수르바니팔 왕립 서고에서 발견되었다. 그러나 창조 서사시와 달리, 길가메쉬 서사시는 주전 제1천년기 이전의 사본에서도 증거된다. 주전 제2천년기 중반부터 히타이트 제국에서 유행했던 아카드어 개정본이 편본의 형태로 전해진다. 또한 보가즈코이(고대 히타이트 제국의 수도 하투사의 현대명) 문서 저장소에서도 길가메쉬 서사시의 후리안 번역과 하타이트 번역들이 중요한 편본의 형태로 발견되었다. 나아가 제2천년기 초반의 사본도 존재한다. 토판 I-III과 V와 관련된 대표적 고대 바빌로니아 판본도 이전의 본문을 필사한 것임이 밝혀졌다. 따라서 길가메쉬 서사시의 아카드어 본문의 저작 연대는 적어도 제2천년기 초입으로 추정된다. 물론 이보다 다소 이른 연대일 가능성도 배제할 수 없다.

사진 69

토판 I

(i)

땅의 [끝까지] 모든 것을 본 그분,

[모든 것을] 경험했고, 모든 것을 [생각해] 본 자,

[…] 함께 […]

모든 것을 […]한 지혜의 […]

그는 [감추인 것을 보았고, 숨겨진 것을 [드러내었다].

그는 홍수 이전에 관한 이야기를 전해 주었고,

피곤하고 지쳤지만, 오랜 여행을 완수했다.

그는 자신의 모든 수고를 석비에 새겼다.

그가 누벽으로 둘러싸인 우룩을 건설했고,

에안나,[63] 그 순결한 성소를 건설했다.   (10)

그것의 외벽을 보라. 그것의 처마는 구리 같다.

---

63 우룩에 위치한 아누와 이쉬타르의 신전.

내벽을 보라, 어느 것도 비교할 수 없구나!
태곳적 문지방을 붙잡아라,
이쉬타르의 거주지, 에안나에 가까이 가라,
어떤 미래의 왕도, 어떤 인간도 그것을 모방할 수 없다.
우룩의 성벽 위로 올라가 걸으라,
아래의 테라스를 보고, 건물을 살펴보라.
구운 벽돌의 건축물이 아닌가?
일곱 [현자들이][64] 그 기초를 놓지 않았는가?

(이 열의 나머지 본문은 훼손되었다. 히타이트 토판[cf. J. Friedrich, ZA, xxxix (1929), 2-5]이 훼손된 본문의 일부와 겹친다. 즉, 제1칼럼(i)의 끝부분의 내용을 포함하는 듯하다. 우리는 히타이트 토판에 근거해 그 내용을 추정할 수 있다. 일부 신들이 갈가메쉬의 창조에 관여했다. 그들은 초인적 크기로 그를 창조했다. 마침내 갈가메쉬가 우룩에 도착한다.)

(ii)

그의 3분의 2가 신이며, [그의 3분의 1은 인간이다].
그 몸의 형태는[…]

               (훼손되거나 없어짐.)   (3-7)

[…]은 야생 소처럼 […], 고귀하다.   (8)
그 무기의 파괴력이 참으로 비길 데가 없다.
북이[65] 울릴 때 [그의] 친구들이 일어난다.   (10)
우룩의 귀족들은 [불만들로 *우울하다*.
"갈가메쉬가 아들을 [그] 아버지에게 남기지 않는다.
[밤과 [낮] 할 것 없이 그의 교만은 통제되지 않는다.
이 [길가메쉬가 [누벽을 가진] 우룩의 [목자란] 말인가?

---

64 일곱 성인은 최고의 일곱 도시들에 문명을 가져다주었다.
65 종교적 목적 혹은 공무를 위해 사용해야 할 북을 사적인 용도로 남용했음을 지적하는 말임.

이 사람이 [우리의] 목자인가?
[용기있고, 당당하고, 지혜로운 자인가?]
[길가메쉬]는 [딸들도] 그 [어머니에게] 남기지 않는다.
용사의 딸, [귀족의 아내도 말이다!]
[신들이] 그들의 불만에 [귀를 귀울였다],
하늘의 신들, 우룩의 주인, [그들이…]:
"아루루[66]가 이 야생 소처럼 강한 자를 만들지 않았는가? (20)
[그의 무기의 파괴력이] 참으로 비길 데가 없다.
북이 울릴 때, 그의 [친구들이] 일어난다.
길가메쉬는 아들을 그 아버지에게 남기지 않는다.
    밤과 낮 할 것 없이 [그의 교만은 통제되지 않는다].
이 사람이 [누벽을 가진] 우룩의 목자란 말인가?
이 사람이 그들의 […] 목자란 말인가?
용기있고, 당당하(고), 지혜로운 […]자란 말인가?
길마메쉬는 딸들도 [그 어머니]에게 남기지 않는다.
용사의 딸, 귀족의 아내도 말이다!"
[아누가] 그들의 불평을 들었을 때,
그들은 위대한 신 아루루를 불렀다. (30)
    "아루루, 당신께서 [그 사람을] 창조하셨습니다.
이제 그의 짝, 겨루고자 하는 마음이 폭풍처럼 일어날 그런
    짝을 창조해 주세요.
그들이 겨루어, 우룩에 평화가 있도록 하소서!"
아루루가 이 말을 들었을 때, 그녀는 아누의 짝을 잉태하였다.
아루루는 손을 씻고, 진흙을 떼어 내어 들에 던졌다.
[들에서] 그녀는 […]의 후손, 니누르타의 본질인 용감한
    엔키두를 창조했다.
그의 온 몸은 털로 [뒤]덮였고, 그는 여자 같은 머리카락을
    받았다.

---

66 여신의 이름.

머리결이 니사바[67]같이 펼쳐진다.

그는 사람도 땅도 모르며 수무칸처럼[68] 옷을 입었다.

그는 영양과 함께 풀을 먹고,

야생 짐승과 함께 물웅덩이에서 함께 물을 먹는다. (40)

많은 생물처럼 물을 먹고 마음이 기뻐진다.

(이제) 사냥꾼, 덫을 설치하는 사람이

물 웅덩이에 있는 그를 보았다.

[하루], 이틀, 사흘, 그는 물웅덩이에 있는 그를 보았다.

사냥꾼이 그를 보았을 때, 얼굴이 굳어졌다.

사냥꾼과 그의 짐승은 집으로 들어가,

[매우] 무서워하며, 조용히 소리 내지 않았다.

그의 마음은 [불안했고], 그의 얼굴에도 그늘이 드리웠다.

걱정이 그의 몸에 [들어갔고]

그의 얼굴은 멀리 여행 온 [여행객]의 그것과 같았다. (50)

(iii)

사냥꾼은 [그 입]을 열어 소리 내어, [그의 아버지에게] 말했다.

"내 아버지, [산에서 내려온] 어떤 녀석이 있습니다.

그는 [땅에서] 가장 강하며, 힘이 셉니다.

아누의 [본질처럼], 그렇게 그의 힘이 강력합니다!

그는 [언제나] 산을 넘어다니고,

[언제나] 짐승과 함께 [풀을 먹으며],

[언제나] 물웅덩이에 발을 들여놓습니다.

[나는 너무 두려워] 그에게 감히 접근하지 못합니다!

내가 파놓은 함정을 [그가 막아놓았고]

내가 [설치]한 덫을 [그가 풀어버립니다]. (10)

들의 생물들과 짐승들이 [내 손을 빠져나가도록 그가

---

67 곡물의 여신.

68 가축의 신.

돕습니다]."⁶⁹

그는 내가 사냥 하는 것을 [허락하지 않습니다!]"

[그의 아버지가 입을 열어 소리내어], 그 사냥꾼에게 말했다.

"[내 아들아], 우룩에 길가메쉬가 [살고 있다].

그보다 [힘이 센 사람이 없다].

[아누의 본질처럼] 그렇게 그의 힘이 강력하다!

[그러니 지금 떠나라. 우룩을 향해] 가라,

길가메쉬에게 그의 힘에 대해 [말해 주어라].

[그가 너에게 창기를 줄 것이다. (그녀를) 데리고 가라,

[그녀가 더 큰 힘으로] [엔키두를 제압할 것이다]. (20)

[그가] 물 웅덩이에서 [짐승들을 물 먹일 때]

[그녀는] 옷을 [벗어], 자신의 성숙함을 [노출할 것이다].

[그녀를 보자마자] 그는 그녀에게 다가갈 것이다.⁷⁰

그 후, 들에서 [함께 성장한] 짐승들이 그를 거부할 것이다."⁷¹

그 아버지의 조언을 [듣고]

사냥꾼은 [길가메쉬에게] 찾아갔다.

길을 떠나, 우룩을 향해 [걸어]갔다.

"길가[메쉬여…][…]

[산에서 내려온] 한 녀석이 있습니다.

그는 [땅에서 가장] 강하고, [힘이 셉니다]. (30)

아누의 본질처럼, 그렇게 그의 힘이 강력합니다.

그는 [언제나] 산들을 넘어 다니고,

언제나 짐승과 함께 [풀을 먹으며],

언제나 물웅덩이에 발을 들여놓습니다.

[나는 너무 두려워] 그에게 감히 접근하지 못합니다!

[내가] 파놓은 함정을 그가 막아놓았고,

---

69 "그 때문에 내가 짐승들을 잃게 되었다"는 의미일 것이다.
70 성관계의 우회적 표현임(역주).
71 문자적으로 번역하면 "낯선 자로 여기다", "거부하다"이다.

[내가 설치한] 덫을 그가 풀어버립니다.

[들의] 생물들과 짐승들이 내 손을 빠져나가도록 돕습니다.

그는 내가 사냥하는 것을 허락하지 않습니다!"

길가메쉬가 그에게, 사냥꾼[에게] 말한다. (40)

"가라. 내 사냥꾼아, 너와 함께 창부-아가씨[72]를 데려가라.

그가 물웅덩이에서 짐승들에게 물을 주고 있을 때,

그녀는 옷을 벗고, 원숙함을 노출할 것이다.

그녀를 보자마자, 그는 그녀에게 다가갈 것이다.

(그러면) 그의 들에서 자란 짐승들이 그를 거부할 것이다!"

이에 사냥꾼은 창부-아가씨를 데리고 갔다.

그들은 길을 떠나, 목적지로 곧바로 향했다.

삼 일째 되는 날, 그들은 정해진 곳에 도착했다.

사냥꾼과 창부는 자리에 앉았다.

하루, 그리고 또 하루, 그들은 물웅덩이 곁에서 기다렸다. (50)

야생 짐승들이 물마시기 위해 물웅덩이에 왔다.

(iv)

물을 마음껏 즐기려고 땅을 기는 생물들도 왔다.

산에서 태어난 엔키두, 그도

영양과 함께 풀을 먹고

야생 짐승들과 함께 물웅덩이에서 물 마시며

땅을 기는 생물들처럼 물을 마음껏 즐긴다.

그 아가씨가 그를, 야생인을 보았다.

깊은 들에서 [올라온] 야만남을 [보았다].

[그때 사냥꾼이 말했다].

"그가 왔어요, 아가씨여! 그대의 가슴을 자유롭게 하시오.

그대의 젖을 드러내어, 그가 그대의 원숙함을 소유하도록 하시오!

부끄러워하지 말고, 그의 정열을 받아들이시오! (10)

---

72 창부 '삼핫'으로 번역될 수 있음(역주).

그가 그대를 보자마자, 그대에게 접근할 것이오.
그대의 옷을 벗고, 그가 그대 위에 기대도록 하시오.
그 야생인에게 여자의 일을 대접하시오!
그러면 그의 들에서 성장한 야생 짐승들이 그를 거부할
　　것이오.
이는 그의 사랑이 그대에게 갔기 때문이오."
아가씨는 가슴을 자유롭게 하여, 젖을 드러냈고, 그는
　　그녀의 원숙함을 소유했다.
그의 정열을 받아들일 때, 그녀는 부끄러워하지 않았다.
옷을 벗고, 그가 그녀 위에 기대도록 했다.
그리고 그녀는 그 야생인에게 여자의 일을 대접했다.
그의 사랑이 그녀에게 갔다.　　　　　　　　　　(20)
여섯 낮과 여섯 밤 동안 엔키두는 그 아가씨와 계속
　　성관계한다.
그녀의 매력을 충분히 취한 후
그는 야생 짐승들에게 접근하려 했다.
엔키두 그를 보자마자, 영양들이 도망했고,
들의 야생 짐승들도 그로부터 멀리 달아났다.
자신의 몸이 굳어지자 엔키두는 깜짝 놀랐다.
그의 무릎이 움직이지 않았다. 그의 야생 짐승들은 이미
　　멀리 달아났다.
엔키두는 전처럼 빨리 달릴 수 없었다.
그러나 그는 [지]혜, 넓은 지식을 대신 가지게 되었다.
돌아온 그는 그 창부 발 밑에 앉는다.　　　　　　(30)
창부의 얼굴을 올려다 본다.
그녀가 말하자, 그의 귀가 쫑긋해진다.
[창부가] 엔키두에게 말한다.
"엔키두, 당신은 지혜롭게 되었오. 신과 같이 되었단 말이오!
왜 야생 짐승들과 함께 들을 방황하려 하오?
내가 그대를 누벽으로 둘러싸인 우룩으로 인도하겠소,

아누와 이쉬타르의 집, 신성한 신전으로 말이오.
그곳에는 힘이 장사인 길가메쉬가 살고 있소.
그는 야생 황소처럼 백성들 위에 군림하고 있소."
그녀가 이처럼 말하자, 그녀의 말이 좋게 들렸고,   (40)
그의 마음이 밝아져 친구를 가지고 싶었다.
엔키두가 그 창부에게 말한다.
"어서, 아가씨, 그대가 나를 인도하시오,
아누와 이쉬타르의 집, 순결하고 거룩한 신전으로 말이오.
그곳에는 힘이 장사인 길가메쉬가 살고 있다죠.
야생 황소처럼 백성 위에 군림하고 있는 자 말이오.
내가 그에게 도전하여, 그에게 [자신있게 말하겠소.

　　(v)

우룩에서 '내가 힘센 자다'라고 외칠 것이오.
'[내가] 운명을 바꾸는 자다.'
'들에서 태어난 자가 힘세다. 그는 힘이 장사다'라고
　　[외칠 것이오]."
[창부가 그에게 대답한다]. "[자 일어나시오, 갑시다. 그가]
　　그대의 얼굴을 [보게 합시다].
[내가 그대에게 길가메쉬를 보여 주겠소]. 나는 그가 있는
　　곳을 잘 알고 있소.
오 엔키두여, 어서 누벽으로 둘러싸인 [우룩]으로 갑시다.
그곳의 사람들은 축제의 옷으로 치장하고 있고,
매일이 축제이며,
그곳에서[…] 청년들이…,
그리고 아가씨들이 몸매[…].   (10)
그들의 원숙함[…] 향수로 가득하다.
그들은 위대한 자들을 침대에서 몰아낸다!
그대에게, 오 엔키두여! 살을 즐기는 [그대에게]
내가 길가메쉬, 기쁨의 사람을 보여 줄 것이오!
그를 보시오. 그의 얼굴을 응시하시오.

그는 남성미, 그가 가진 힘을 내뿜는다.
그의 온 몸은 최고의 원숙함을 가지고 있소.
그는 그대보다 더 큰 힘을 가지고 있고,
낮이나 밤이나 쉬지 않소.
오 엔키두여, 그대의 교만한 말을 취소하시오! (20)
길가메쉬, 그를 샤마쉬가 좋아하고,
아누, 엔릴, 그리고 에아가 그의 지혜를 넓혀 주었소.
그대가 산에서 내려오기 전에
우룩에 있는 길가메쉬는 꿈에서 그대를 볼 것이오…."

사진 144

(아시리아 판본, 토판 I의 나머지 부분은 여기에서 생략되었다. 왜냐하면 고대 바빌로니아 판본의 토판 II가 바로 여기서부터 시작하기 때문이다.)

토판 II

고대 바빌로니아 판본

(ii)

길가메쉬가 일어나 그 꿈에 대해 이야기하며,
그의 어머니에게 말한다.
"내 어머니여, 간 밤에,
나는 기분이 좋아져 귀족들
사이를 돌아다녔습니다.
그때 별들이 하늘에 나타나더니,
아누의 '본질'이 제가 있는 쪽으로 떨어졌습니다.
그것을 들어보려 했지만, 너무 무거웠습니다!
움직여보려 했지만, 움직일 수 없었습니다! (10)
우룩 전체가 그 주위에 모여들었고,
귀족들은 그것의 '발'에 입맞추었습니다.

〈그것에 끈을 매려고〉 내 이마를 대었을 때,[73]

그들이 나를 도왔습니다.

나는 그것을 들어, 당신께 가져왔습니다."

모든 것을 아는 길가메쉬의 어머니는

길가메쉬에게 말한다.

"정말이지, 길가메쉬여, 그에 필적하는 자가

들에 태어났구나.

산이 그를 길렀구나.

[여인 (위)에서처럼] 그를 볼 때 그대는 기쁠 것이다.   (20)

귀족들은 그의 발에 입맞출 것이다.

그대는 그를 껴안고, 그에게 […]할 것이다.

그대는 그를 내게 데려올 것이다."

길가메쉬는 누웠고 또 한 꿈을

꾸었다. 어머니에게 그것에 대해 말한다.

"[내 어머니여], 내가 또 한 꿈을

꾸었는데 혼란스럽습니다. 길에,

우룩의 번화가에

도끼가 하나 놓여 있었습니다.

사람들이 그 주변에 모여 있었습니다.   (30)

그 도끼의 모양은 매우 이상했습니다.

그런데 그것을 보는 순간 나는 기분이 좋아졌습니다.

마치 여자에게 하듯 그것을 사랑했습니다.

나는 그것에 매료되었고,

그것을 취하여

내 곁에 두었습니다."

모든 것을 아는 길가메쉬의 어머니가

[길가메쉬에게 말한다].   (이후 훼손된 본문이 약간 있음)

사진 97

73 끈을 매기 위해 (내 이마를 그것에 대었다); 무거운 짐을 끄는 이 방법은 '우르의 깃발'에 증거되고 있고, 이라크에서 오늘날에도 여전히 사용되는 것이다.

(ii)

"내가 그것이 너와 겨루도록 하였다."

길가메쉬가 꿈에 대해 말하는 사이,

엔키두는 그 창부 앞에 앉아 있다.

그 둘은 […]

[엔키]두는 그가 어디에서 태어났는지 잊었다.

여섯 낮과 여섯 밤 동안, 엔키두는 그 [아가]씨와 계속
   성관계한다.

그리고 창부는 입을 열고, (10)

엔키두에게 말했다.

"내가 그대를 보건데, 엔키두여, 그대는 신과 같이 되었소.

무엇 때문에 야생 짐승들과 함께

들을 방황하나요?

자 어서, 내가 그대를 인도하겠소.

번화한 도시 우룩으로 말이요.

아누의 집, 거룩한 신전으로 (그대를 인도하겠소).

엔키두여, 일어나오. 내가 그대를 인도하겠소.

아누의 집, 에안나로 말이요.

그곳에는 위대한 [업적의 길가메쉬]가 살고 있소.

그리고 그대는 […]처럼, (20)

[그를] 그대 몸[같이] 사랑하게 될 것이요.

자 어서, 땅에서 일어나시오,

목동의 잠자리에서 [일어나시오!]"

그는 그녀의 말을 들었고, 그녀가 한 말을 수긍하였다.

그 여인의 조언이

그의 마음에 떨어져 〈박혔다.〉

그녀는 (자신의) 옷들을 벗어

그 중 하나를 그에게 입히고,

나머지 옷은

자신이 입었다.

그의 손을 꼭 잡고

그녀는 그를 어머니처럼

목동들의 거처로,

양들의 우리로 이끌었다.

그의 주변으로 목동들이 모여들었다.

           (이후 일부 본문이 훼손되어 사라짐)

(iii)

그는 야생 짐승들의 젖만을

빨아 왔던 터라,

음식이 그 앞에 놓였을 때,

입다물고 물끄러미,

응시만하였다.

먹는 음식에 대해

엔키두는 아는 바가 전혀 없었다.

독주를 마시는 법도

배운 적이 없다.

창부가 입을 열어,   (10)

엔키두에게 말했다.

"음식을 먹어라. 엔키두여,

그것이 인생의 몫이다.

독주를 마셔라. 그것이 이 땅의 관습이다."

배가 부르도록

엔키두는 음식을 먹었다.

일곱 잔이나

독주를 마셨다.

그의 기분이 여유롭고, 행복해졌으며,

그의 마음이 기뻤고,   (20)

그의 얼굴이 빛났다.

그는 [지저분한 몸]을 닦았으며

그의 몸 털을 정리했고,

기름을 몸에 바르고,

사람이 되었다.

그가 옷을 입었을 때

새 신랑처럼 되었다!

그는 무기를 들고

사자를 쫓아냄으로써

목동들이 밤에 쉴 수 있게 했다.   (30)

그는 늑대도 잡고

사자도 포획함으로써

목장 주들이 잠잘 수 있게 했다.

엔키두는 그들의 보호자이며,

용감하고,

유일무이한 영웅이다!

[…]에게 그는 말했다.

    (몇 행이 훼손됨)

(iv)

    (8행이 훼손됨)

그는 기분이 좋아졌다.

눈을 들어보니,

한 남자가 보였다.

엔키두는 창부에게 부탁한다.

"아가씨, 저 남자를 데려오세요!

왜 그가 여기까지 왔을까요?

그의 이름을 물어 보렵니다."

창부는 그 남자를 부르고,

그에게 다가가서 말을 걸었다.

"선생님, 어디로 급히 가십니까?

선생님의 이 힘든 여행은 무엇때문입니까?"

그 남자는 입을 열어,

엔키[두]에게 말했다.

"연회장에 그가 [침입하였습니다.
그것은 사람들을 위해 준비된 것이었는데.
…그것도 *결혼식*을 위한 것이었는데….
도시에서 그는 *추한 짓*만 골라서 하고,
불쌍한 도시에 이상한 것들을 강요합니다.
번화한 도시 우룩의 왕에게
첫날밤의 권리를 위한 '사람들의 *북*'[74]이 열렸고, (30)
번화한 도시 우룩의 왕, 길가메쉬에게,
첫날밤의 권리을 위한
'사람들의 북'이 열려 있습니다.
이는 그가 법적으로 남의 아내인 여인들과 짝짓기하기
　　위함입니다!
그가 먼저요,
*남편*은 그 후에 짝짓게 됩니다.
신들이 *천상* 회의에서 (그렇게) 결정하였습니다.
길가메쉬의 탯줄이 끊어질 때,
그것이 그를 위해 선포되었습니다!"
그 남자의 말에
[엔키두]의 얼굴이 파래졌다.
　　　　　　　　(약 3행이 훼손됨)
　(v)
　　　　　　　　(약 6행이 훼손됨)
[엔키두가] [앞에] 걷고,
그 뒤에 창부가 있다.
그가 번화한 도시 우룩에 들어갔을 때,
많은 사람이 그 주변에 모였다. (10)
번화한 도시 우룩의

74　북은 청중을 모으기 위한 도구. '사람들의 북'은 '사람들의 그물'로도 번역 가능하며, 그것은 신부의 결혼식 면사포를 의미할 수 있다.

번화가에 멈추었을 때,

사람들이 그 주변에 모여 들며

그에 관해 말했다.

"그는 *머리카락까지* *길가메쉬를* 닮았다!

비록 키가 다소 작지만

체격은 더 다부지다.

[…]…

[그는 이 땅에서 가장 힘세다]. 그는 힘을 가졌다.

야생 짐승들의 젖을   (20)

빨아 왔다.

우룩에 끊임없는 무기 (*부딪히는 소리*)가 (있을 것이다)."

귀족들이 기뻐했다.

"고상한 품격의 사람에게

한 영웅이 나타났다!

신과 같은 자, 길가메쉬에게,

그의 짝이 등장했다."

이쉬하라를[75] 위해 침대가

펼쳐졌다.

길가메쉬[…]

밤에 […],

그가 접근하자,

[엔키두]가 서서

길을 막는다.

길가메쉬에게

그의 힘으로 […]

(약 3행이 훼손됨)

(vi)

(약 5행이 훼손됨)

---

75 사랑의 여신, 이쉬타르의 한 형태.

길가메쉬 […]

들에서 […]

싹들 […]

그는 일어났고

그 앞에 […].   (10)

그들이 '그 나라의 시장'에서 만났다.

엔키두는 두 발로

문을 봉쇄하며,

길가메쉬가 들어가는 것을 허락하지 않았다.

그들은 서로를 부여잡고,

황소처럼 대치하였다.

그들이 문기둥을 부수었을 때,

벽이 흔들렸다.

길가메쉬와 엔키두는

서로를 부여잡았고,   (20)

황소처럼 대치하였다.

길가메쉬가 한 무릎을 꿇고,

그의 (다른) 발이 땅에 닿았을 때

그의 분이 가라앉았고,

그는 (싸움에서) 졌다.

그가 (싸움에서) 졌을 때,

엔키두가 그에게,

엔키두가 길가메쉬에게 큰 소리로 말한다.

"그대의 어머니가 그대를

독특하게 낳았구려,   (30)

보호 울타리의 야생 암소,

닌순나!

그대의 머리가 사람들 위에 들려있습니다.

사람들에 대한 왕권을

엔릴께서 그대에게 선사하셨습니다!"

토판 III

고대 바빌로니아 판본

(길가메쉬가 잣나무 숲에 살고 있는 괴물 후와와(아시리아 버전, 훔바바)를 죽이는 여행을 결정한다. 엔키두는 그를 말리지만, 길가메쉬의 의지는 다음과 같이 매우 분명하다.)

길가메쉬가 그의 입을 열어, (3)
[엔키두]에게 말했다.
"내 친구여, 누가 해[늘]에 오를 수 있는가?
해 아래서 오로지 신들만이 영원히 [살 수] 있다네.
인생은 말이야, 그 수명이 정해져 있고,
그들이 성취하는 것은 어떤 것이나 바람에 불과해!
지금도 그대는 죽음을 두려워하는구나.
그대의 영웅적인 힘은 어떻게 된 것인가? (10)
그렇다면 내가 그대보다 먼저 가겠네,
그대의 입으로 내게 '전진하라. 두려워 말라!'고 말해 주어라.
내가 쓰러지면, 적어도 내게는 이름이 남아 있을 것이오.
'길가메쉬가 무시무시한 후와와와 맞섰다가,
죽었다!'라고 사람들이 노래하겠지.
내 후손들이 내 집에서 태어나 (오랜) 세월이 흘러도 말이야."

전 1:2-4

(심하게 훼손된 토판 IV와 V의 잔여 내용으로부터 판단해 볼 때, 그 두 영웅의 위험한 모험은 성공적이었다.)

토판 VI

그는[76] 더러워진 머리를 감고, 무기를 손질하였으며,
땋은 머리를 흔들어 자기 등에 부딪히게 했다.
더러워진 (것들)을 벗어버리고, 깨끗한 것을 입었으며,
술 달린 외투를 걸치고, 허리 띠를 둘렀다.
길가메쉬가 마침내 왕관을 썼을 때,
영광의 이쉬타르가 눈을 들어 길가메쉬의 아름다움을
　(보게 되었다).
"오라, 길가메쉬여, (나의) 연인이 되어라!
제발 그대의 열매를 주시오.
그대는 내 남편이 되고, 나는 그대의 아내가 되리다.
내가 그대를 위해 청옥석과 황금으로 된 전차를 마련할
　것이오.
그것의 바퀴들은 금이며, 뿔들은 청동이다.
힘센 노새들 대신 바람-귀신들이 수레를 끌게 될 것이오.
그대는 잣나무들의 향이 가득한 우리 집에 들어올 것이며,
그대가 우리 집에 들어 올 때,
문지방(과) 연단이 그대의 발에 입맞출 것이오!
왕들, 군주들과 왕자들이 그대 앞에 엎드릴 것이오!
그리고 그대에게 산과 들의 열매들을 선물로 바칠 것이오.
그대의 염소들은 세 쌍둥이를, 그대의 양들은 두 쌍둥이들을
　낳을 것이며,
그대의 당나귀 새끼는 짐을 싣고도, 노새보다 빠를 것이오.
그대의 전차마들은 빠른 발로 유명해질 것이며, (20)
멍에를 멘 그대의 황소들은 짝할 이가 없을 것이오!"
[길가메쉬]가 입을 열어 이야기한다.
영광의 이쉬타르에게 [말한다].

"내가 그대와 결혼하기 원한다면, 그대에게 [무엇을 주어야
   합니까]?
[몸에 바를] 기름과 옷을 주어야 합니까?
빵과 음식을 [주어야 합니까?]
[…] 신들에게 어울리는 음식,
[…] 왕들에게 어울리는 음료.
                    (훼손됨)   (29-31)
[내가] 그대와 결혼한다면 […]까?
[그대는] 추운 [밖에 놓인] 휴대용 난로에 불과하오.
돌풍과 폭풍을 막지 못하는 뒷문;
용감한 자를 뭉게버리는 왕궁[…],
뚜껑이 […]한 *터번*,
소지자들을 [더럽히는] 역청,
소지자들을 [흠뻑 적시는] 물통,
석재 성루를 […]하는 석회암,
적의 영토를 […]하는 공성 무기,   (40)
주인의 [발을 불편하게 하는] 신!
어느 연인을 그대가 오랫동안 사랑했는가?
어느 목동들이 [그대를 항상] 만족시켰는가?
자, 이제 그대 연인들의 이름을 나열해 보겠소.

…의…,
젊은 시절의 연인인 담무스를 위해,
그대는 해마다 애곡하도록 정했소.
점박이 목동-새를 사랑했지만
그대는 그를 때려 날개를 부러뜨렸소.
그는 나무에 앉아 "내 날개"하며[77] 울었소.   (50)

---

[77] "내 날개"에 대한 아카드어는 캅피(kappi)임. 새 울음 소리에 근거한 언어유희.

그 다음에 그대는 힘이 완벽한 사자를 사랑했지만,
그를 가두기 위해 일곱 개의 함정을 팠었소.
그 후 그대는 전투 능력으로 유명한 준마를 사랑했었소.
그러나 그에게 채찍질, 발길질, 막대기질을 하도록 정했소.
그가 일곱 마당을 달리도록 했고,
그에게 흙탕물을 마시도록 했소.
그의 어머니 실릴리(Silili)가 애곡하도록 만들었소!
그 다음에 그대는 목동을 사랑했소!
그 목동은 그대를 위해 숯에 구운 떡을 를 쌓아 올렸고,
날마다 그대를 위해 염소 새끼들을 잡았소.   (60)
그러나 그대는 그를 때리고, 심지어 그를 늑대로 만들어
   버렸소.
그래서 그의 부하 목동들이 그를 내어 쫓게 만들었지.
또한 그의 개들도 그의 허벅지를 물어뜯었지.
그 다음에 그대는 그대 아버지의 정원사
   이슐라누(Ishullanu)를 사랑했소.
그는 그대에게 바구니 가득 대추열매를 가져왔소.
그리고 매일 그대의 식탁을 환하게 만들었소.
그대도 눈을 들어 (그를 보았고), 그에게로 가서
   (이렇게 말했소).
'오 내 이슐라누여, 그대의 힘을 맛봅시다!
그대의 "손"을 내밀어 우리의 "신중함"을 만지시오!'
그러나 이슐라누가 이렇게 대답했지.   (70)
'그대가 내게 원하는 것이 무엇이요?
내 어머니가 빵을 구워주지 않소? 나는 그것을 먹고 있소!
그런데 내가 왜 냄새나고 맛없는 음식을 맛보아야 하오?
갈대로 만들어 진 것이 추위를 막을 수 있겠소?[78]
그대가 이것[그의 대답]을 들었을 때,

---

78 이것은 속담이다.

그대는 그를 때렸고, 그를 젬으로 만들어 버렸소.

그리고 그를 […] 가운데 버렸지;

그는…올라갈 수도 없고,…내려갈 수도 없는 처지가 되었지.

그대가 나를 사랑한다고 하니, 그대가 *나*도 그들처럼 대할
  것임이 분명하오."

이쉬타르는 이 말을 듣고,

화를 내며 하늘로 [올라갔다]. (80)

이쉬타르는 아누 자신의 아버지 앞에 [눈물로] 나아갔다.

그의 어머니 안툼(Antum) 앞에서 울며 [말했다].

"내 아버지여, 길가메쉬가 내게 큰 모욕을 주었습니다!

길가메쉬가 내 추한 과거 행적을 일일히 나열했습니다.

내 치부와 부끄러움을 말입니다."

아누가 입을 열어 이야기했다.

영광의 이쉬타르에게 말했다.

"그렇지만, 네가 분명히 […]을 자초했구나,

그래서 길가메쉬가 너의 추한 과거 행적,

치부와 부끄러움을 나열했구나." (91)

이쉬타르가 입을 열어 이야기했다.

[아누, 자신의 아버지]에게 말했다.

"내 아버지여, 내게 [길가메쉬를 무찌를] '하늘 황소'를 만들어
  주세요,

그가 길가메쉬를 […]로 채울 것이오!

만약 ['하늘 황소'를] 내게 [만들어 주지 않으]면,

나는 [지하세계의 문들을] 부술 것이고,

나는 […]할 것이며,

나는 [죽은 자들을 일으켜, 산 자들을 잡아먹게 할] 것입니다.

그렇게 되면, 살아 돌아다니는 죽은 자들이 산자들보다 많을
  것입니다!" (100)

아누가 [입을 열어 이야기했다].

[영광의 이쉬타르에게] 말했다.
"그대가 [내게] 요구하는 것을 [내가 한다면]
7년 동안 곡식에 쭉정이만 [맺힐 것이다].
[사람들을 위해 곡식을] 모아두었느냐?
[짐승들을 위해] 풀을 길러놓았느냐?
[이쉬타르가 입을 열어] 이야기 했다.
[아버지 아누에게] 말했다.
"나는 [사람들을 위해 곡식을] 모아두었습니다.
[짐승들을 위한 풀도] 비축했습니다.   (110)
[7년간] 곡식에 쭉정이만 [맺혀도 문제 없습니다].
[사람들을 위해 곡식을 모]아 두었고,
[짐승들을 위해] 풀을 [길러 놓았습니다]."

(114-128행은 번역할 수 없을 정도로 훼손되었다. 그러나 분명한 것은 아누가 이쉬타르의 요청을 들어주었고, '하늘 황소'가 처음 두 차례의 콧바람으로 수많은 사람을 죽였다는 것이다.)

[그는] 세 번째 콧바람을 내며 엔키두에게 [달려들었다].
엔키두는 그의 공격을 피했다.   (130)
엔키두는 하늘로 뛰어 '하늘 황소'의 뿔을 잡았다.
'하늘 황소'는 [엔키두의] 얼굴에 침을 뱉고,
두꺼운 꼬리로 그를 밀쳤다.

엔키두가 입을 열어 이야기했다.
[길가메쉬에게] 말했다.
"내 친구여, 우리는 […]을 영화롭게 했다."

(137-151행은 훼손됐지만, 전쟁경과는 분명해진다.)

그는 목과 뿔 사이로 칼을 [찔러 넣는다].   (152)

그들은 황소를 죽이고, 그의 심장을 꺼내어,
샤마쉬 앞에 두었다.
그리고 그 두 의형제는 뒤로 물러서서
샤마쉬에게 엎드려 경배한 후 일어나 앉았다.

그때, 이쉬타르는 성루로 둘러싸인 우룩의 성벽 위로 올라가,
벽난간에서 뛰며, 저주를 퍼부었다.
"하늘 황소를 죽임으로써,
나를 모욕한 길가메쉬에게 화 있을지어다."
엔키두가 이쉬타르의 말을 들었을 때, (160)
그는 '하늘 황소'의 오늘쪽 허벅지를 떼어내어서,
그녀의 얼굴로 던지며 [말했다].
"내가 그대를 잡았다면, 황소에게 했던 것처럼
그대에게 해 주었을 것이다.
그의 내장을 그대 옆에 걸 것이다!"
(그러자) 이쉬타르는 기생들과,
(기쁨 조) 소녀들 그리고 (신전) 창부들을 모았다.
그리고 '하늘 황소'의 오른쪽 허벅지에 대해 애곡하도록 했다.
그러나 길가메쉬는 장인들과 무장 군인들,
(그들) 모두를 불렀다.
기술인들은 뿔 두께를 보고 경탄한다. (170)
그 두 뿔은 30므나의 청옥석으로 만들어졌다.
각각의 테두리는 손가락 2개 정도의 두께이다.
각각은 여섯 단위의 기름이 담길 용량이다.
길가메쉬는 (그 뿔들에 기름을 담아) 자신의 신 루갈반다에게
　　부은 후,
(그것들을) 가져와 자신의 우아한 침실에 걸었다.
길가메쉬와 엔키두는 유프라테스 강에서 손을 씻었고,
서로 얼싸 안으며 걸으며,
우룩의 대로를 통과했다.

| 삼상 18:7 | 우룩의 사람들이 (그들을) 보기 위해 모였다.
길가메쉬는 (우룩의) *수금 연주하는 여인들*에게[79]　　　　(180)
(이) 말을 말한다.
"누가 영웅들 가운데 가장 빛나는가?
사람들 가운데 가장 영광스러운가?"
"길가메쉬가 영웅들 가운데 가장 빛나며,
사람들 가운데 [길가메쉬가 가장 영광]스럽습니다."
　　　　　(훼손됨)　　　　　　　　　(186-188)

길가메쉬는 자신의 궁에서 축하연을 베푼다.
밤에 영웅들이 침대에 눕는다.
엔키두도 누웠다. 그리고 꿈을 꾸었다.
일어나 엔케두는 그의 꿈을 이야기한다.
그의 친구에게 말한다.
"내 친구여, 위대한 신들이 왜 (천상 회의로) 모였는고?" |

토판 VII

아시리아 판본의 경우, 엔키두의 꿈이 서술된 이 토판의 첫 두 행은 완전히 훼손되었다.

"[…]…그때, 날이 밝았다."
[그리고 엔키두가 길가메쉬에게 대답했다.
"내가 지난 밤 꾸었던 꿈을 [들]으라.
아누, 엔릴, 에아, 그리고 하늘의 샤마쉬가 [천상 회의에
　　참석했다].
아누가 엔릴에게 말했다.
'하늘 황소를 그들이 죽였고, 후와와도

---

79 문맥으로 판단하면, 이 여인들은 몸종이 아니라, 음악가나 가수이다.

그들이 죽였으므로'-아누가 계속 말한다-'그 산에서
　　잣나무를 베어 온
그들 중 하나는 [반드시 죽어야 한다!]
그때 엔릴이 말했다. '엔키두가 반드시 죽어야 합니다.
길가메쉬는 죽으면 안됩니다!'　　　　　　　　　　　　(10)

그러자 하늘의 샤마쉬가 용감한 엔릴에게 대답했다.
'내가 그들에게 하늘 황소와 후와와를
죽이도록 명하지 않았느냐? 그런데 이제 죄 없는
엔키두가 죽는다고?' 그때 화난 엔릴이
하늘의 샤마쉬에게 돌아서며 말했다. '그들의 친구들 중
　　하나인양
그대가 매일 그들에게 내려갔었기 때문에 [이런 일들이
　　발생했다].'"

한편 엔키두는 길가메쉬 앞에서 (병든 채) 누워있었다.
그때, 그의[80] 눈물이 흘러내렸고, (그는 다음과 같이 말했다).
"오 내 형제여, 나의 사랑하는 형제여, 그들이 내 형제를
　　희생시키고,
나를 사면할 것이오!" 계속해서 (말했다).　　　　　　(20)
"내가 (죽은 자들의) 영혼 곁에
거하고, 그 영혼의 출입구에 (있으면서),
다시는 (내) 눈으로 내 사랑하는 형제를 [볼 수 없게 되는가?]"

(나머지 부분은 유실되었다. 병상에서 자신의 인생을 회고하면서, 엔키두는 그 유감스러운 사태에 이르게 한 일련의 사건들을 원망하는 듯 보인다. 그의 운명이 이끈 인생의 일련의 고비 고비들을 저주한다. 그의 저주 가운데 하나가 아시리아 판본에 보

80　길가메쉬.

존되었는데, 그것은 그의 손을 불구로 만들었던 문[門]에 대한 것이다.)

엔키두가 [자신의 눈을] 들어[…], (36)
[사람에게 말하듯 문을 향해 이야기한다.
"오, 그대, 숲속 나라의 문이여, 그대는 [이해력]이 없지만,
나는 [그대가] 타고 나지 못한 지혜를 가졌소!
20리그의 거리 밖에서도 나는 그대의 가장 좋은 나무를 찾았고, (40)
(오래) 전부터 나는 그 키큰 잣나무를 보았소.
[이 땅에는] 그대의 나무들에 필적할 만한 것이 없소.
그대의 키는 여섯 자이며, 그대의 두께는 두 자이오[…].
그대의 기둥, 그대의 상부 축과 하부 축이 모두 하나로
  연결되었소.

사진 61

닙푸르의 장인이 그대를 […] 만들었소.
오 문이여, 내가 이런 일이 [일어날 줄을] 알았다면,
그리고 당신의 아름다움을 […]했을 것이고,
나는 도끼를 들어, […]했을 것이며,
[그대] 위에 갈대 틀을 만들어 주었을 것이오!"

(긴 훼손 본문이 따라온다. 본문이 다시 시작되면, 엔키두는 그의 가슴 아픈 과거를 계속 회상하며, 샤마쉬의 이름으로 사냥꾼을 저주한다.)

  (iii)
"[…] 그의 물질을 없애라, 그의 힘을 약화시키시오!
그의 [삶이] 그대에게 *불쾌한* 것이 되기를.
그가 *덫*으로 잡은 *짐승*들이 그의 앞에서 도망하기를!
사냥꾼이 자신의 마음을 온전히 만족시키지 못하도록…!"
[그 다음에 엔키두의 마음은] [창부]-아가씨를 저주하고
  싶어진다.

"오시오, 아가씨! 내가 (그대의) [운]명을 선포할 것이요,
영원히 끝나지 않을 [운]명 말이요!
[나는] 그대에게 엄청난 저주를 내릴 것이요.
[맹세], 그 저주들이 곧 그대를 덮칠 것이요.
[…]가 그대의 매력을 빼앗을것이요. (10)
            (훼손됨)   (11-17)
[…]가 그대의 집으로[…]을 던질 것이요.
[…]길이 그대가 거하는 곳이 될 것이요.
[벽의 그림자가] 그대의 정거장이 될 것이고, (20)
[…]그대의 발,
[행색이 남루하고 목마른 자들이] 그대의 뺨을 [세게 때릴
    것이오!]
            (훼손됨)   (23-30)
[그대가] 나를 […]했기 때문이오.
나에게 […]했기 때문이오."
샤마쉬가 엔키두의 입에서 나오는 [이 말들을] 들었을 때,
즉시 하늘에서 그를 불러 말했다.
"왜, 엔키두여, 그대는 창부-아가씨를 저주하는가?
그녀는 그대에게 신의 음식들을 먹게 해 주었고,
왕의 음료들을 마시게 해 주었다.
또한 그대에게 귀족들의 옷을 입혀주었고,
아름다운 길가메쉬를 친구로 가지게 해 주지 않았느냐?
그리고 지금 길가메쉬가 너의 죽마고우가 되지 않았느냐? (40)
길가메쉬가 너로 하여금 귀족들의 침대에 눕게 하지
    않았느냐?
길가메쉬는 그대로 하여금 영광의 침대에 눕게 했고,
편안한 보좌, 왼쪽 보좌에 앉게 했다.
그래서 이 나라의 [왕들이 그대의 발에 입맞추었다!
또한 우룩의 사람들이 그대를 위해 울며, 애곡하도록 할
    것이다.

그는 [행복한] 사람들을 그대에 대한 근심으로 채울 것이다.
더구나 그대가 죽으면, 그는 몸의 털을 깎지 않을 것이며,
사자의 가죽을 입고, 들을 방황할 것이다."

엔키두가 용감한 샤마쉬의 말을 [들었을 때],
[…]괴로웠던 그의 마음이 진정되었다.

(짧은 훼손 본문 이후에 엔키두가 자신의 저주를 축복으로 바꾸는 부분이 나온다. 이제 그는 다시 한번 그 창부 아가씨에게 말을 한다.)

(iv)

"[…]가 그대의 집으로 돌아가기를[…].
[왕들, 왕자들, 그리고 귀족들이 [그대를] 사랑할 것이오.
[그대 때문에 누구도] 자신의 허벅지를 치지 않을 것이오.[81]
[그대로 인하여 노인이] 수염을 흔들 것이오.
[…*젊은이들이*] 옷을 벗을 것이오.
[…]홍옥, 청옥, 그리고 황금.
그대를 더럽힌 [자는 보복을 당할 것이며],
그의 가득한 창고와 [그의 집이 털릴 것이오].
[제사장은 그대가 신들의 [존전]에 들어가도록 허락할 것이오.
[그대 때문에] 일곱 자녀를 낳은 아내가
　버림받을 것이오."　　　　　　　　　　　　　(10)

[…엔키]두는 기분이 착잡하여,
[…] 외로이 누워있다.
그날 밤, [그는] 자신의 감정을 그의 친구에게 [쏟아 붓는다].
"[내 친구여], 나는 어제 밤, 한 꿈을 꾸었다오.

81　허벅지를 치는 것은 조롱이나 망신을 주는 의미가 있음.

하늘이 [천둥쳤고] 땅도 반응했소.[82]

[…]나는 그 사이에 서 있었소.

[한 사람이 있었는데] 그의 얼굴이 어두워졌소.

그의 얼굴은 […] 같았소.

그의 손톱은 독수리의 꼬리[같았…].

[…]그가 나를 *제압했소*.   (20)

[…]그가 뛰었소.

[…]그는 나를 [물 속에] 가라앉게 했소.

    (훼손되거나 사라짐)   (23-30)

[…]…그가 나의 형체를 바꾸어버렸소.

내 팔이 새의 그것과 같이[…] 되었소.

나를 보며, 그는

이르칼라의 거처, '어둠의 집'으로 나를 이끌었소.

한번 들어가면 누구도 나올 수 없는 집이지.

그 집으로 가는 길은 있어도 나오는 길은 없지.

그곳에는 먼지가 그들의 밥이었고, 진흙이 그들의 음식이오.

그들은 새들처럼 치장하고, 옷 대신 날개를 가지고 있었소.

어둠에 거하기 때문에 빛을 보지 못하오.

내가 들어간 '먼지의 집'[83]에서,   (40)

나는 [지배자들을 보았소. 그들은 왕관을 벗고 있었소.

왕위를 이어받도록 태어난 자들, 태고부터 나라를 다스렸던
  자들, 즉 [왕자들]도 보았소.

아누와 엔릴의 [모형들]이 구운 고기를 대접하고 있었다오.

또한 찐 고기에 시원한 물통의 물도 대접하고 있었다오.

내가 들어간 '먼지의 집'에

대사제와 그의 도제가 살고,

주술자와 예언자가 살고,

---

82 죽음의 전조.
83 '어둠의 집'의 다른 이름(역주).

위대한 신들을 사랑하여 기름을 부어준 자들이 거하며,
에타나가[84] 살고, 수무칸도[85] 살고 있소.
지하세계의 여왕, 에레쉬키갈이 [그곳에 살고 있다오].   (50)
지하세계의 기록관, [벨렛]세리가 그녀 앞에 무릎을 꿇고
    있었소.
[그녀는 토판을 들고] 그녀에게 읽어 주고 있었소.
그때 그녀가 머리를 [들어] 나를 보았소.
[말하기를: '누개' 이 자를 여기에 들였소?'"

(아시리아 판본에서 이 토판의 나머지 부분은 사라졌지만, 다음
의 편사본이 그 다음의 내용과 관계있는 듯하다.)

[그와 함께한] 나의 모든 여행들을 기억하라!   (4)
내 친구가 꿈을 꾸었는데, 그 [징조가] 상서롭지 [못하다].
그가 꿈을 꾼 날은 끝났다.
엔키두가 병에 걸렸다. 하루, [이틀]이 지났다.
침상에서 엔키두의 [고통]이 [늘어간다].
사흘, 나흘, […]
닷새, 엿새, 이레(가 지나갔다);   (10)
여드레, 아흐레, [그리고 열흘이 지나갔다].
침상에서 엔키두의 고통이 [늘어간다. 열하루, 열이틀…].
엔키두가 병에 걸려, [통증의] 침상 위에 있다!
그는 마침내 길가메쉬를 불러 [그에게 말했다].
'내 친구여, […]가 나를 저주했소!
[내가 죽을 때], 전쟁터에서 [쓰러진] 자처럼은 아닐 것이오,
나는 전쟁[…] 두렵소.
내 친구여, 전쟁에서 [죽은] 사람은 [복되오].

---

84 에타나는 독수리에 의해 하늘로 운반된 키쉬의 왕이다.
85 수무칸은 소의 신이다.

그러나 나에게는 [⋯].'"

토판 VIII

(앞판, i)

새벽 동이 트자 길가메쉬는 그의 친구에게 말했다.
"엔키두여, 당신의 어머니 사슴과 아버지 들당나귀가 그대를
    [낳았다.
멋있는 꼬리를 가진 그들이 당신을 키웠고, 들과
모든 목초지의 소들이 (당신을 길렀다). 잣나무 숲에 남은
    당신의 발자국이
당신을 위해 애곡하기를! 그것들이 밤낮 시끄럽게 울부짖기를!
성루로 둘러싸인 큰 도시 우룩의 장로들이 그대를 위해 울고,
    [그대를 위해 울고]
우리를 축복하기 위해 펼쳐진 손가락이 그대를 위해 울고,
어머니의 울음소리처럼 [사람들의 울음소리가] 시골에 울려
퍼지기를. [⋯]가 그대를 위해 울기를.
그 가운데 우리도 [⋯] 그대를 위해 울기를…곰, 하이에나,
    [흑표범],
호랑이, 숫사슴, 표범, 사자, 황소, 사슴, [산양]이 그대를 위해
    울기를…   (10)
그리고 들의 야생 짐승들이 그대를 위해 울기를. 그 둑에서
    우리가 자주 걸었던
울라 강(Ula river)[⋯]도 그대를 위해 울기를. 순결한
    유프라테스도
그대를 위해 울기를, [그곳에서]
우리는 물을 길어 부대에 담았다. [성루로 둘러싸인] 큰 도시
    우룩의
병사들이 그대를 위해 울기를.

[…]우리는 황소를 죽였다…에리두에서 내 이름을 찬양했던

[…]가 그대를 위해 울기를. 내 입에 곡물을[…]제공했던

[…]가 그대를 위해 울기를. 내 등에 연고를 발랐주었던

[…]가 그대를 위해 울기를. 그대에게 향기름을 부어주었던

그 [창부가] 그대를 위해 울기를. 그대가 선택한 (20)

아내와 반지를 [그대에게 가져온.][86]

[후궁] …가 그대를 위해 울기를.

형제들이 누이들처럼 그대를 위해 울기를[…그리고 그들이

머리카락을 당신 위에

[자라나게 하기를]…!"

(ii)

"내 말을 들으소서, 장로들이여, 내게 [귀 기울이시오]!

내가 우는 이유는 엔키두 내 [친구] 때문이오.

나는 애곡하는 여인처럼 비통히 신음하오.

도끼가 내 손에 들린 채, 내 옆에 놓였소,

내 띠에는 단도가 있고, 내 앞에는 [방패]가 있소.

내 예복에는 화려한 장식이 달려 있소–

악한 귀신이 일어나 나를 공격했소!

[오 나보다 어린 친구여] 그대는 순결하오.

    산의 야생 당나귀며, 들의 흑표범이요!

엔키두, 나보다 어린 친구여, 그대는 순결하오.

    산의 야생 당나귀며, 들의 흑표범이요!

우리는 모든 것을 [정복하고], [산을] 오른 후, (10)

황소를 잡아 죽였소.

[잣나무 숲에 살았던] 훔바바에게[87] 고통을 가져다주었소.

그런데 [그대를] 붙들고 있는 이 잠은 무엇이오?

그대는 푹 잠들었고, 내 말을 못 듣는구려!"

---

86 혹은 '아내와 반지, 그리고 그대에게 조언을 준'이라고 번역될 수 있다.
87 혹은 '용감한 훔바바, 후와와'로 번역될 수 있음.

그러나 엔키두는 [눈을] 들지 않았다.

가슴에 손을 댔지만, 심장 박동이 없었다.

그러자 길가메쉬는 친구를 신부처럼 베일로 감쌌다[…].

사자처럼 그 위에 몸을 던지고,

새끼 잃은 암사자처럼

그의 침대 앞을 왔다갔다 한다.   (20)

(그의 머리)를 잡아 뜯어 던지며[…],   렘 16:6; 48:37

그의 화려한 옷을 누더기인양 잡아 찢어 던졌다!

[새벽] 동이 트자 길가[메쉬는…].

그리고 길가메쉬는 온 나라에 명령을 내렸다. "장인들이여,
    […],

구리세공 장인, 금세공 장인, 청옥석 세공 장인들이여, 내 친
    구를[…]로 만드시오!"

[그 후] 길가메쉬는 그의 친구, 키가 […]인 친구를 위해
    신상을 만들었다.

"[…] , 그대의 가슴은 청옥석으로 되었고, 그대의 몸은 금으로
    되었고, […]."

    (iii)

[영광의] 침대 위에 [그대를 눕혔고],

그대를 [편안한 자리, 즉 왼쪽 자리에] 놓았고,

땅의 왕자들이 [그대의 발에 입맞추게 했다!]

그대를 위해 나는 [우룩] 사람들이 울고 [애곡하도록] 만들
    것이고,

행복한 사람들을 [당신에 대한 근심으로 채울 것이오].

그리고 그대가 가면, [나는 내 몸의 털을 다듬지 않을 것이고],

[사자의 가죽을 입고, [들을 방황할 것이오!]"

새벽 동이 트자 [길가메쉬는]

그의 띠를 풀었다[…].

(토판의 나머지 부분은 사라지거나, 너무 단편적이어서, 다음의 부분을 제외하고 번역하기 힘들다.)

(v)

새벽 동이 트자, 길가메쉬가 […]를 만들었고,
엘람마쿠 나무(elammaku-wood)로 된 거대 식탁을 가지고 나왔다.
그는 홍옥 그릇을 꿀로 채웠고,
청옥 그릇을 버터로 채웠다.
[…] 그는 그것을 장식하여 태양 앞에 내놓았다.[88]

토판 IX

(i)

그의 친구 엔키두를 위해 슬피 울며
길가메쉬가 들을 돌아다닌다.
"내가 죽으면, 엔키두처럼 되는 것이 아닐까?
근심이 내 뱃속까지 들어왔구나!
죽음을 두려워한 나는 들을 방황한다.
우바르투투의 아들 우트나피쉬팀에게[89]
가기 위해 나는 급히 길을 떠난다.
밤에 산 길을 지날 때,
나는 사자들을 보고 두려워졌다.

---

88 엔키두를 애통해 하는 의식 중 일부로, 길가메쉬는 귀한 물건을 만들어 지하세계를 관장하는 신들에게 바친다. 그 선물을 받고 엔키두에게 호의를 베풀어주기를 기대하는 것이다. 이 선물을 전달하는 역할을 하는 신이 샤마쉬이기 때문에, "태양 앞에" 선물을 내놓는다(역주).

89 우트나피쉬팀은 메소포타미아의 홍수 이야기의 주인공이다. 수메르의 홍수 이야기에서는 지우수드라가 주인공이며, 그리스 홍수 이야기의 주인공은 크시수드로스이다.

그때 신(Sin)에게[90] 내 머리를 들어 기도했다.

신들의 [광명]으로 나의 간구가 나아갔다.

[신(Sin)이시여…] 나를 살려주소서!"

[밤인 것처럼] 그는 누웠었고, 깜짝 놀라 깨어보니 꿈이었다.

그는 [달 빛 아래서] 살아있음에 기뻐하였다.

그는 손에 도끼를 들었고,

띠로부터 단검을 꺼냈다.

그는 화살처럼 그 [사자들] 사이에 달려들어,

그들을 때리고 부수어버렸다.

(토판 IX의 나머지 부분은 길가메쉬가 스콜피온 인간들이 지키는 마슈 산맥의 어둠을 성공적으로 통과하는 모습을 그린다.)

토판 X

불멸을 향한 길가메쉬의 탐험을 이어 서술하는 이 토판은 4개의 서로 다른 판본으로 존재한다. 그러나 이 중 두 개, 즉 히타이트와 후리안 판본은 의미있게 번역하기 어려울 정도의 편사본의 형태다. 이 토판의 대부분의 내용은 고대 바빌로니아와 아시리아 개정판을 따른 것이다.

고대 바빌로니아 판본

(i)

(토판의 첫 부분이 소실됨)

"[…]…

그들의 가죽으로 [옷을 해 입고], 그들의 고기는 먹었다.

[…, 길가메쉬여, 내 바람이 바다를 움직이는 한

그런 일은 발생하지 않았었네."

---

[90] 신(Sin)은 달신이다.

샤마쉬가 괴로워하며 길가메쉬에게 다가가

그에게 말한다.

"길가메쉬여, 너는 어디로 방랑하는가?

네가 추구하는 생명을 너는 얻지 못할 것이다."

길가메쉬는 그에게, 즉 용감한 샤마쉬에게 말한다.

"들을 걸어 방랑한 후, (10)

땅 속에 내 머리를 두어,

온 세월 동안 잠을 자야 합니까?

내 눈으로 태양을 보아, 빛을 충만히 받게 해 주세요!

빛이 많으면 어둠은 물러갑니다.

죽은 사람이 여전히 태양의 광선을 볼 수 있도록 하소서!"

　　(ii)

(첫 부분은 훼손됨. 길가메쉬가 시두리, 여관 주인과 이야기함:)

"나와 함께 모든 고난을 함께한 사람-

내가 진실로 사랑한 엔키두,

나와 함께 모든 고난을 함께 한 사람-

그가 이제 운명의 길로 떠났소.

밤낮으로 나는 그를 위해 울었소.

그를 장례식에 내어놓지 않으려 했소-

내 곡소리를 듣고 그가 일어날까 생각했소.

칠 일 낮과 칠 일 밤,

벌레가 그의 코로부터 떨어질 때까지 말이오.

그가 죽은 후 지금까지, 나는 생명을 찾지 못했고, (10)

사냥꾼처럼 들 가운데 헤맸소.

오 여관 주인이여, 이제 내가 그대의 얼굴을 보았으니,

내가 늘 두려워했던 죽음을 보지 않게 해 주소."

　　(iii)

"길가메쉬여, 어디로 방랑하는가?

시 115:17　　네가 추구하는 생명을 너는 얻지 못할 것이다.

신들이 인간을 창조했을 때,

죽음은 인간의 몫으로 정해 놓았고

자기 자신의 손에는 생명을 두었네.

그대, 길가메쉬여, 배가 부르도록 음식을 즐기시오,

낮이나 밤이나 즐겁게 지내시오.   전 5:18

매일 기쁨의 잔치를 벌이시오,

낮과 밤, 춤추고 노시오!   전 8:15

그대의 옷을 반짝반짝 새롭게 하라.   (10)   전 9:8-9

머리를 감고, 물에 목욕하라.

그대의 팔에 달라붙는 어린 것들에 신경쓰지 마라.

그대의 아내가 그대의 가슴에서 기쁨을 얻도록 하라.

이것이 [인생]의 몫이다!"

      (이 열의 나머지 부분은 훼손됨)

 (iv)

진노하여 그는 그것들을[91] 부순다.

그가 돌아왔을 때, 길가메쉬는 그에게[92] 다가간다.

그의 눈이 수르수나부(Sursunabu)를[93] 본다.

수루수나부가 그에게, 길가메쉬에게 이야기한다.

"내게 말하시오, 그대여, 이름이 무엇인가?

나는 수르수나부, '먼 곳에 사는 자' 우타나피쉬팀의[94]

  사람이다."

길가메쉬가 그에게, 수르수나부에게 말했다.

"나로 말하자면, 이름은 길가메쉬요,

우룩의 에안나에서 왔소.

(여기까지) 산들을 건너,

태양이 뜨는 곳 *이곳까지* 먼 길을 왔소.

---

91 이것은 안주 신화에 등장하는 '돌로된 물건'을 지칭할 수 있다.
92 사공에게
93 아시리아 판본에서는 '우르샤나비'로 등장함.
94 아시리아 판본에서는 '우트나피쉬팀'으로 등장함.

수루수나부여, 이제 내가 그대의 얼굴을 봤으니,
'먼 곳에 사는 자' 우타나피쉬팀에게 안내해 주시오."
수르수나부가 그에게, 길가메쉬에게 [말했다].

(나머지 부분은 훼손됨)

(토판 X의 아시리아 판본은 길가메쉬와 시두리의 만남, 수르수나부[아시리아 판본에서는 '우르샤나비'임]와의 만남에 얽힌 에피소드를 제공한다. 또한 우트나피쉬팀의 거처에 도달하기 위해 죽음의 물을 건너는 장면도 나온다. 토판 X의 결론부는 다음과 같다.)

(v)

길가메쉬가 그에게, 우트나피쉬팀에게 말했다. (23)
"사람들이 '먼 곳에 사는 자'로 부르는 우트나피쉬팀를
　　만나기 위해,
나는 온 땅을 헤맸고 방황했다.
험한 산들을 넘었고,
모든 바다를 건넜다!
내 얼굴은 단잠을 실컷 자본 적이 없는 얼굴이며,
나는 걱정하느라 늘 깨어 있었다. 내 관절들은 불행으로
　　가득했다.
내 옷이 헤어지기 전에 여관에 도달한 적이 없다. (30)
나는 곰, 하이에나, 사자, 흑표범, 호랑이, 사슴, 산양-
　　즉 야생 짐승과 들의 기는 것들을 [죽]였다.
그들의 [살]을 먹었고, 그들의 가죽은 [내 몸에 감았다]."

(이 칼럼의 나머지 부분은 너무 훼손되어 번역할 수 없다. 마지막 칼럼인 VI의 시작 부분도 파손되었지만, 우트나피쉬팀의 현명한 관찰이 적힌 다음의 결론은 남았다.)

(vi)

"우리가 영원히 집을 짓는가? 영원히 (계약을) 하는가? (26)

형제들이 영원히 몫을 나누는가?

미움이 [이 땅에] 영원히 머무는가? 전 9:6

강이 영원히 불어나 홍수를 가져오는가?

잠자리는 (그) 번데기를 떠난다. (30)

그 얼굴이 태양의 얼굴을 볼지 모른다.

옛날부터 [영원은] 없었다. 전 1:11; 1:4;

*쉬*는 자와 죽은 자, 그들이 얼마나 비슷한가? 2:16; 9:5; 3:19

그들이 죽음의 모습을 그려주지 않는가?

평민과 귀족, 그들이 [운명]에 가까이 서면,

위대한 신들 아눈나키가 모인다.

운명의 창시자, 맘메툼(Mammetum)이 신들과 함께 그
    사실을 선포한다.

죽음과 생명을 그들이 결정한다. 신 30:19

(그러나) 죽음의 때에 대해서는 아무것도 계시되지 않는다.

토판 XI

길가메쉬가 그에게, '멀리 있는 자' 우트나피쉬팀에게 말했다.

"그대를 보건데, 우트나피쉬팀이여,

그대의 얼굴이 이상하지 않소. 그대도 나처럼 생겼소.

그대는 전혀 이상하지 않소. 그대도 나처럼 생겼소.

나는 속으로 당신을 전쟁의 각오로 가득찬 사람으로
    생각했는데,

당신은 한가로이 누워있잖소!

[내게 말해 주시오!] 그대는 어떻게 신들의 회의로부터 생명
    을 받아냈소?"

우트나피쉬팀이 그에게, 길가메쉬에게 말했다.

	"나는 그대, 길가메쉬에게 숨겨진 일을 드러낼 것이오.	
	신들의 비밀을 그대에게 말할 것이오.	(10)
	슈루팍-그대가 아는 도시,	
	유프라테스 [강둑]에 위치한 그 도시-	
	그 안에 살고 있는 신처럼 그 도시는 오래 되었소.	
	(신들이) 홍수를 일으키기로 결정한,	
	[그 천상 회의에] 신들의 아버지 아누가 있었고,	
	그들의 조언자, 용감한 엔릴,	
	그들의 조력자, 니누르타	
	그들의 관개로 책임자[95] 엔누게도 참석했었다오.	
	니니기쿠에아도 그들과 함께 있었소.	
	에아는 그들의 말[96]을 갈대 오두막에게[97] 전하며 말했다.	(20)
	'갈대 오두막, 갈대 오두막이여! 울타리여, 울타리여!	
	갈대 오두막이여, 들으라. 울타리여, 잘 생각하라!	
	슈루팍의 사람, 우바르투투의 아들아!	
창 6:14	(이) 집을 부서 버리고, 배를 지어라!	
	재물을 버리고, 생명을 구하라.	
	(이 세상의) 것들을 버리고, 영혼의 삶을 보존하라!	
창 6:19-20	배로 살아있는 모든 것들의 씨를 가져가라.	
	그대가 지을 배,	
	그것의 규격은 (다음과 같은) 규격으로 하라.	
창 6:15	너비는 길이와 동일하게 하라.	(30)
	압수처럼 배를 방수하라.'	
	나는 (그 말을) 알아듣고, 나의 주인 에아에게 말했다.	
	'보십시요, 나의 주인님, 당신께서 명령하신 바를	
	이렇게 이행할 수 있게 하시니 감사합니다.	

---

95 보다 정확히 말하면 "관개로들의 감독자"이다.
96 홍수 계획(역주).
97 아마 우트나피쉬팀이 거하는 집일 것이다. 에아는 울타리라는 장애물을 통해 그에게 이야기한다.

[그렇지만 내] 도시, 시민들과 장로들에게는 [어떻게] 말해야
    할까요?'

에아는 그의 입을 열어 이야기했다.

그의 종된 나에게 말했다.

'그들에게는 이렇게 이야기하라.

"나는 엔릴이 나에게 적대적임을 알게 되었다.

이제 너희들의 도시에 거할 수 없구나, (40)

내 [발]을 엔릴의 영토에 들여놓을 수 없구나.

나는 깊은 곳으로 내려갈 것이다. 나의 주인님 에아와 함께
    살 것이다.

[그러나] 엔릴이 너희들에게는 풍성함을 내릴 것이다.

[가장 좋은] 새들, *진귀*한 물고기들.

[땅은] 풍성한 수확으로 [*가득하게 될 것이다*].

[땅거미 질 때] 푸른 곡물을 [내신 분이]

너희들에게 밀 비를[98] 내릴 것이다.'"

새벽의 서광과 함께,

땅이 [내 주위에] 모였다.

(너무 훼손되어 번역할 수 없음.) (50-53)

어린이들이 역청을 [운반]했고,

어른들은 필요한 [모든 것]을 가져왔다.

다섯 째 날에 나는 배의 골조를 놓았다.

평면적이 1에이커였고, 각 벽의 높이는 120규빗이었다. | 창 6:15

정사각형 갑판의 각 모서리도 120규빗이었다.[99]

나는 윤곽을 정하고 배를 조합하였다.

여섯 개의 갑판을 만들어, (60) | 창 6:16

---

98 학자들이 오랫동안 지적한 바처럼, 이 구절은 아카드어 쿠쿠(*kukku*)와 키바티(*kibāti*)가 모두 '식량'과 '재난'을 모두 지칭할 수 있다는 점에 근거한 언어 유희를 사용한다. 사람들에게, 이 말은 번영에 대한 약속을 의미할 수 있지만, 우트나피쉬팀에게 그것은 임박한 대홍수에 대한 신호가 된다.

99 우트나피쉬팀이 지은 배는 정사각형의 모양이다.

	배를 일곱 부분으로 나누었다.
	평면은 아홉 부분으로 나누었다.
	망치로 물마개를 고정하였다.
	나는 상앗대를 살피고, 필요한 것들을 장착했다.
창 6:14	6'사르'의[100] 역청을 화로에 부었다.
	3사르의 아스팔트도 안에 부었다.
	통-운반꾼들이 3사르의 기름을 가져왔는데,
	1사르의 기름은 방수 처리를 위해 사용했고,
	2사르의 기름은 안전한 곳에 비축하였다.
창 6:21	나는 [사람들을] 위해 여럿 수송아지를 도살했고, (70)
	양은 매일 잡았다.
	포도액, 적포도주, 기름, 백포도주를
	일꾼들에게 [주어] 강물처럼 [마시게 했다],
	새해 설 축제를 가지는 것처럼 말이다.
	나는 연고[…] 열어, 내 손에 발랐다.
	[일곱] 번째 [날], 배가 완성되었다.
	[진수시키는 것]은 매우 힘들었다.
	사람들은 [그 구조물의] 2/3가 물에 들어갈 때까지
	바닥 버팀목을 위아래로 움직여야 했다.
	[내가 가진 것은 무엇이나] 배 위에 실었다. (80)
	내가 가진 모든 은을 배 위에 실었다.
	내가 [가진] 모든 금을 배 위에 실었다.
창 7:7-8	내가 모든 생물들을 배 위에 실었다.
	모든 내 가족과 친척들도 배에 오르게 했다.
창 7:13-16	들의 짐승들, 들의 야생 생물들, 모든 장인들도 배에 오르게
	했다.
	샤마쉬는 다음과 같이 말하며 문 닫을 때를 알려주었다.

---

100 '사르'는 3600을 의미하는 아카드어이다. 만약 이것이 3600수투(세아)로 이해된다면, 1'사르'는 약 3만 리터의 부피에 해당한다.

'밤에 불안함을 명한 자가 비를 마름병처럼 쏟아 부을 때,

배를 봉쇄하고, 출입구를 철저히 막아라!'

그 정한 때가 되었다.

'밤에 불안함을 명한 자가 비를 마름병처럼 쏟아 붓는다.'   (90)

나는 악천후가 생겨남을 보았다.

그 악천후는 보기에 장관이었다.

나는 배를 봉쇄시키고, 출입구를 철저히 막았다.

배를 봉쇄한 대가로 배 건조가 푸주르-아무리에게

궁전과 그 안의 모든 것을 건네주었다.

새벽의 서광과 함께,

검은 구름이 수평선으로부터 올라왔다.   창 7:11

그 안에서는 아다드[101]가 우뢰를 치고 있고,

슐랏(Shullat)과 하니쉬(Hanish)가[102] 앞에 간다.

그들의 움직임은 산과 들을 건너는 전령과 같다.   (100)

에라칼(Errakal)이[103] 지지대를[104] 파괴한다.

니누르타(Ninurta)가 앞에 나와 댐이 (넘쳐) 흐르게 한다.

아눈나키는 횃불을 든다.

화염으로 땅에 불을 붙인다.

아다드의 군대는 하늘까지 이르고,

하늘의 빛나는 것들은 모두 흑암으로 변했다.

[그 넓은] 땅이 [토기]처럼 부서졌다!

하루 동안, 남 풍우가 [불었고],

풍우가 점점 강해지고, [산들이 그 아래 잠겼다].   창 7:20-22

전투하는 것처럼 [사람들을] 덮쳤다.   (110)

---

101 아다드는 천둥과 비바람의 신이다. 가나안 지역의 하닷과 바알에 상응하는 메소포타미아의 풍우신이다.
102 두 명이 한 쌍을 이룬 전령이다.
103 지하세계의 신, 네르갈을 지칭한다.
104 세계 댐들의 지지대를 지칭.

	옆에 있는 사람이 보이지 않았고,
	하늘에서도 사람들이 보이지 않았다.
	신들도 대홍수 때문에 겁에 질렸다.
	몸을 움추리며, 아누의 하늘로 올라가버렸다.[105]
	신들이 개처럼 웅크리고, 회벽에 기대 쪼그리고 있었다.
	이쉬타르가 해산하는 여인처럼 소리질렀다.
	달콤한 음성을 가진 [신들의] 여주인이 크게 신음한다.
창 7:23	'옛 시절들이 슬프게 진흙으로 변했구나!
	신들의 회의에서 내가 악을 말했기 때문이다.
	내가 신들의 회의에서 어떻게 악을 말할 수 있었을까? (120)
창 8:21	내 백성의 멸망을 위한 전투를 명령했다.
	다름 아닌 바로 내가 그들을 출산했음에도 말이다!
	물고기 알처럼, 그들이 바다를 가득 채운다!'
	아눈나키 신들이 그녀와 함께 운다.
	신들이 모두, 겸손해져서, 앉아 운다.
	하나와 모두…그들의 입술은 바짝 당겨져[…].
	여섯 낮과 [여섯] 밤 동안
	남풍, 폭우, 강풍, 홍수가 이 땅을 휩쓴다.
	일곱 번째 날 전쟁하는 군대처럼 요란하게
	홍수(를 가져오던) 강풍이 잦아든다. (130)
창 8:1-2	바다가 조용해졌고, 폭풍이 잠잠해졌고, 홍수가 멈추었다.
	나는 날씨를 살폈다. 고요한 날씨가 시작되었다.
	그리고 모든 인류가 진흙으로 돌아갔다.
	땅 모양은 평면 지붕처럼 평평해졌다.
창 8:6	해치를 열자, 내 얼굴에 빛이 떨어졌다.
	큰절하며, 앉아 울었다.
	눈물이 내 얼굴에 흘러 내린다.

---

105 '아누의 하늘'은 메소포타미아의 우주 개념에서 가장 높은 하늘을 지칭한다.

나는 망망대해의 해안선을 둘러본다.
14개 지역 모두에 땅(-산)이 드러났다.
니시르 산(Mount Nisir)에 배가 멈추어 섰다. (140)　창 8:4
니시르 산이 배를 꼭 잡았고, 움직이지 못하게 했다.
첫째 날, 둘째 날, 니시르 산이 배를 꼭 붙잡아, 움직이지
　못하게 했다.
셋째 날, 넷째 날, 니시르 산이 배를 꼭 붙잡아, 움직이지
　못하게 했다.
다섯째 날, 여섯째 날, 니시르 산은 배를 꼭 붙잡아 움직이지
　못하게 했다.
일곱째 날이 이르렀을 때,
비둘기를 내보내 자유롭게 했다.
그러나 나간 비둘기가 돌아왔다.
쉴 곳을 찾지 못해 돌아온 것이다.　창 8:8-10
그 다음에 제비를 내보내 자유롭게 했다.
그 제비도 나갔다 돌아왔다. (150)
쉴 곳을 찾지 못해 돌아온 것이다.
그 다음에 까마귀를 보내 자유롭게 했다.　창 8:7
그 까마귀는 나가서, 물이 줄어든 것을 보고는
먹고, 선회하고, 까악 소리지르며, 돌아오지 않는다.
그 다음에 나는 (모든 새를) 사방으로 내보내고, 제사를
　드렸다.
산 정상에서 관제도 부어 드렸다.　창 8:19-20
제의 용기들을 일곱씩 설치하였고,
냄비 받침대 위에, 식물 줄기, 잣나무, 소귀나무를 쌓았다.
신들이 그 냄새를 맡았다.　창 8:21
신들이 그 달콤한 냄새를 맡았다. (160)
신들이 제주의 주변으로 파리처럼 모여들었다.

마침내 위대한 여신이[106] 도착했을 때,
그녀는 아누가 그녀의 원대로 만들어 준 위대한 보석들을
　　들어올리며 (말했다.)
'여기, 너희 신들아, 이 청옥석처럼 확실하게, 나는 목숨을
　　걸고, (이 홍수를) 잊지 않을 것이다.
이 날들을 절대로 잊지 않으며, 언제나 마음에 둘 것이다.
신들이여 제사에 오라.
그러나 엔릴은 오지 말지니라,
그는 생각없이 대홍수를 일으켜,
내 백성들이 멸망했느니라.'
나중에 엔릴이 도착해, (170)
배를 보았을 때, 그는 대노했다.
그는 이기기 신(the Igigi gods)들에[107] 대한 분노로 가득했다.
'어떤 생명이 (홍수를) 피했느냐? 그 멸망에서 생존한 사람이
　　없어야 하거늘!'
니누르타가 입을 열어 이야기 한다. 용감한 엔릴에게 말한다.
'에아 말고, 누가 계략을 만들 수 있느냐?[108]
모든 것을 알고 있는 것은 에아뿐이다.'
에아가 입을 열어 이야기한다. 용감한 엔릴에게 말한다.
'신들 중 가장 지혜있는 그대, 그대는 영웅이오,
그런데 그대는 어떻게 생각없이 대홍수를 일으킬 수 있단
　　말이오?
죄인에게 그의 죄를 부과하시오, 범죄자에게 그의 범죄를
　　부과하시오! (180)
(그러나) 그가 멸절하지 않도록 자비는 베풀어야 하오.
그가 [제]거되지 않도록 인내해야 하오!

106　이쉬타르를 지칭함.
107　이기기 신들은 하늘의 신들을 지칭함.
108　에아의 별명 중 하나, 즉 '지혜자'를 연상시키는 구절임.

그대가 대홍수를 일으키지 않고, 사자가 일어나 인류 인구를
　　감소시키기를!
그대가 대홍수를 일으키지 않고, 늑대가 일어나 인류 인구를
　　감소시키기를!
그대가 대홍수를 일으키지 않고, 기근이 일어나 인류를
　　겸[손]케 하기를!
그대가 대홍수를 일으키지 않고, 역병이 일어나 인류를
　　치기를!
위대한 *신들의 비밀*을 밝힌 것은 내가 아니었소.
나는 아트라하시스로[109] 하여금 꿈을 꾸게 했소. 그리고 그가
　　신들의 비밀을 알아냈소.
이제 그에 관해 결정하시오!'
그러자 엔릴이 배에 올랐다.
내 손을 잡고, 그는 나를 (배에) 오르게 했다.　　　　　　　　(190)
그는 내 아내를 배에 오르게 한 후 내 곁에 앉혔다.
우리 사이에 선 그는 우리의 이마에 손을 대고 축복했다.
'지금까지 우트나피쉬팀은 인간에 불과했도다.
지금부터 우트나피쉬팀과 그의 아내는 우리, 즉 신들처럼
　　될 것이니라.
우트나피쉬팀은 강들의 원천에, 먼 곳에 살게 될 것이다!'
이렇게 그들이 나를 데리고 가서는 먼 곳에, 강들의 원천에
　　살도록 만들었소.
그러나 당신이 찾고 있는 생명을 얻을 수 있도록
그대를 위해 누가 신들을 회의로 소집하겠소?
일어나시오. 여섯 낮과 일곱 밤 동안 누워 잠자지 마시오."
그가 궁둥이를 대고 앉자마자,　　　　　　　　　　　　　　(200)
잠이 폭풍같이 그에게 불어온다.

겔 14:13-21

109　아트라하시스는 우트나피쉬팀의 별명으로 '매우 지혜로운 자'라는 의미이다.

우트나피쉬팀이 그녀, 자신의 아내에게 말한다.

"생명을 찾는 이 영웅을 보시오!

안개처럼 잠이 그에게 내리고 있소."

그의 아내가 그에게, 멀리 사는 자 우트나피쉬팀에게 말한다.

"그 사람을 흔들어 깨우시오.

왔던 곳으로 안전히 돌아가도록 하시오.

그가 떠나왔던 성문을 통해 자기 나라로 돌아가도록하시오."

우트나피쉬팀이 그녀, 자신의 아내에게 말한다.

창 8:21

"속이는 것이 인간이기 때문에 그가 그대를 속이려 할 것이오. (210)

그러므로, 그를 위해 빵을 구워, 그의 머리맡에 두시오.

그리고 그가 잠잔 날들을 벽에 표시하시오."

그녀가 그를 위해 빵을 구워, 그의 머리맡에 두었다.

그리고 그가 잠잔 날들을 벽에 표시하였다.

그 첫 번째 빵이 말랐다.

두 번째 빵은 상했고, 세 번째 빵은 질척해졌다. 네 번째 것의
    표면은 하얗게 변했다.

다섯 번째 빵은 곰팡이가 쓸었고, 여섯 번째 빵은 (여전히)
    신선한 색깔을 유지했다.

일곱 번째 빵을 만들고 우트나피쉬팀이 길가메쉬를
    흔들었을 때, 길가메쉬가 깨어났다.[110]

그는 먼 곳에 사는 자 우트나피쉬팀에게 말한다.

"막 잠이 오려는데, (220)

그대가 흔들어 나를 깨웠습니다!"

우트나피쉬팀이 [그에게], 길가메쉬에게 [말한다].

"길가메쉬여, [가서] 그대의 빵을 세어보시오.

[그대가 잠든 날들이] 그대에게 명확해질 것이오.

그대의 [첫 번째] 빵은 말랐소.

[두 번째 빵은 상했고, 세 번째 방은 질척해졌네요.

---

110 깨어나면서 길가메쉬는 전혀 잠들지 않았다고 주장한다.

네 번째 것의 표면은 하얗게 변했소.
[다섯 번째 빵은] 곰팡이 슬었고, 여섯 번째 빵은 (여전히)
    신선한 색깔을 유지하고 있소.
[일곱 번째 빵을 구웠을 때] 그대가 깨어났소."
길가메쉬가 그에게, 먼 곳에 사는 자, 길가메쉬에게 말한다.
"[그러면] 내가 [어떻게] 해야 하지요? 우트나피쉬팀이여!
    나는 어디로 가야 합니까?   (230)
[이제] '저승사자'가 내 [사지]를 붙잡았소.
내 침실에는 죽음이 도사립니다.
내 [발]이 닿는 곳마다 죽음이 있소!"

우트나피쉬팀이 사공 우르샤나비에게 [말한다].
"우르샤나비여, 선착장이 [그대를 기뻐하지 않을 것이요,
    도강로가 그대를 포기하기를!
해안에서 방황하는 그에게 그대는 그 해안을 허용하지
    마시오!
그대가 (여기로) 데려온 그 남자, 그의 몸은 때로 가득하오.
(때 낀) 피부가 그의 신체의 우아함을 망쳐버렸소.
우르샤나비여, 그를 데리고 가시오. 목욕장으로 인도하시오.
그로 물에서 그의 때를 씻게 하여, 눈처럼 깨끗하게 하시오.   (240)
그의 (때 낀) 피부를 벗겨내도록 하시오. 바다가 그들을
    치울 수 있도록. 그래서 아름다운 몸이 드러나도록 하시오.
그로 하여금 머리 주변의 띠도 새롭게 하시오.
벌거벗음을 가릴 옷을 입게 하시오.
그의 도시에 돌아갈수 있도록 말이오.
그의 여행을 끝낼 수 있도록 말이오.
그의 옷에 곰팡이가 슬지 않고, 완전히 새것이 되게 하시오."
우르샤나비가 그를 데리고 갔다. 그를 목욕장으로 인도했다.
그는 물에서 때를 밀어, 눈처럼 깨끗하게 되었다.
그의 (때 낀) 피부를 벗겨내자 바다가 그것들을 치웠다.

그의 아름다운 몸이 드러났다. (250)

그는 머리띠도 갈아 입었다.

벌거벗음을 가릴 옷도 입었다.

이제 그는 도시에 돌아갈 수 있다.

자신의 여행을 끝낼 수 있다.

[그의 옷에 곰팡이가 슬지 않았고, 완전히] 새것이 되었다.

그리고 길가메쉬와 우르샤나비는 배에 올랐다.

[그들은] 배를 파도에 진수[시키고] 항해해 나갔다.

그의 아내가 그에게, 먼 곳에 사는 자 우트나피쉬팀에게
  말한다.

"길가메쉬가 고생 고생하며 여기까지 왔습니다.

그가 자기 나라로 돌아갈 때, 어떤 것을 선물로 주시렵니까?" (260)

그러자 길가메쉬는 (자신의) 장대를 들어

배를 해안으로 돌렸다.

우트나피쉬팀이 그에게, 길가메쉬에게 [말한다].

"길가메쉬여, 그대는 고생 고생하며 여기까지 왔소.

그대가 그대의 나라로 돌아가는데 내가 무엇을 선물할까?

길가메쉬여, 나는 숨겨진 일을 말할 것이오.

[신들의 비밀을] 그대에게 전할 것이오.

이 식물, [그것의…]은 사슴뿔처럼 생겼소.

그것의 뿌리는 장미처럼 [그대의 손을 찌를 것이오.

그대의 손이 그 식물을 취하면, [그대는 새 삶을 얻을 것이오]." (270)

길가메쉬가 이 말을 듣자마자, 그는 수[로]을 열었다.

무거운 돌들을 자신의 발에 묶었다.

그 돌들은 그를 깊은 곳으로 내렸고, [그는 그 식물을 보았다].

그가 그 식물을 취했을 때, 그것이 [손을 찔렀다].

무거운 돌을 [발에서] 끊어내자,

바다가 그를 해안가로 던져 올렸다.

길가메쉬가 그에게, 우르샤나비 사공에게 말한다.

"우르샤나비여, 이 식물은 별난 식물이오.

이것으로 사람이 *생명의* 숨을 되찾을 수 있다오.

나는 그것을 성루로 둘러싸인 우룩으로 가져가서,

　　[…]로 하여금 그 식물을 먹게 할 것이오!　　　　　　　　(280)

그것의 이름은 '사람이 늙은 나이에 젊어지다'로 할 것이오.[111]

내 자신도 그것을 먹어, 젊은 시절로 돌아갈 것이오."

20리그를 여행한 후 그들은 간단한 식사를 했고,

30리그를 (더) 여행한 후, 그들은 밤을 보낼 준비를 했다.

(그때) 길가메쉬는 물이 시원한 못을 발견했다.

그곳에서 목욕하기 위해 내려갔다.

한 뱀이 그 식물의 냄새를 맡았다.

[물에서] 올라와서 그 식물을 가져가버렸다.

사라지면서 뱀은 [자신의] 허물을 벗었다.

이제 길가메쉬는 앉아 울고 있다.　　　　　　　　　　　　　(290)

그의 눈물이 그의 얼굴 위로 흘러내린다.

우르샤나비, 사공의 [손을 붙잡았다].

"누굴 [위해] 내 손이 수고했던가, 우르샤나비여?

누굴 위해 내 심장의 피를 흘렸던가?

나는 나 자신을 위해 필요한 것을 얻지 못했네.

땅-사자를[112] 위해 내가 '그 필요한 것을' 가져온 꼴이구려!

이제는 조수가 (그것을) 20리그나 멀리 데려가버릴 것이오!

*수관*을 열고, 그 해[…]했을 때,[113] 나는 나에게 신호로 놓여진

　　것을 발견했소. 즉, 철수하고

111　식물은 영생을 주는 것이 아니라, 젊음을 주는 것이다.

112　뱀의 다른 이름?

113　길가메쉬가 물속으로 뛰어들기 전에 발생한 것이 라투(*rāṭu*) "관, 튜브"를 연 것(cf. 1.271)인데, 이것이 구체적으로 무엇을 의미하는지는 분명하지 않다. 에리두 창조 이야기 II에서 이 용어가 사용되는데, 그것은 기적의 식물에 영양을 주는 담수의 원천과 연결되는 수관을 지칭하는 듯하다.

배를 해안에 남기라는 뜻의 신호였소. 20리그를 여행한 후
    그들은 간단한 식사를 했고, (300)
30리그를 여행한 후, 그들은 밤을 위해 준비했다. 그들이
    성루로 둘러싸인 우룩에 도착했을 때,
길가메쉬는 그에게, 우르샤나비, 사공에게 말한다.
"올라가라, 우르샤나비여. 우룩의 성루에서 걸어보렴.
밑의 테라스들을 조망해 보고, 우룩의 건물들을 살펴보렴.
그것이 구운 벽돌로 되지 않았는가?
그리고 일곱의 현인들이 그것의 토대를 놓지 않았는가?
1'사르'는 도시이며, 1사르는 과수원, 1사르는 들이며, 또한
    이쉬타르 신전의 영내가 있다오.
우룩은 (모두) 3사르에 그 영내로 구성되어 있지."

(토판 XII는 여기서 생략한다. 그것은 이야기 전체와 유기적 관계가 없는 첨가된 부록이다.)

4. 우주적 주문 문서: "벌레와 치통"

| 원역자: 스파이저(E. A. Speiser)

"치통을 물리치는 주문"은 어떤 벌레가 이와 잇몸 사이에 살게 해 달라고 태고의 신께 빌었기 때문에 치통이 생겼다는 유래설화(etiology)와, 그 벌레를 물리치는 방법을 담고 있다. 본디 이 문헌은 우주적 물질을 언급하는 신바벨론 시대의 주문에 속했지만, 간기를 보면 훨씬 고대의 문헌에서 기원했음을 알 수 있다. 게다가 마리 문헌 가운데, 고바벨론 시대의 *ši-pa-at tu-ul-tim*(치통 주문)이라는 제목의 문헌이 있어, 그 고대적 기원을 확인할 수 있다. 한편, 현존하는 본문 자체는 후리어(Hurrian)로 되어 있으며, 후리 만신전에 속한 신들이 다양하게 언급되어, 신바벨론 문맥과는 잘 일치하지 않는다.[114]

---

114 R. Campbell Thompson, in CT 17 (1903), pl. 50.; R. Borger,

아누가 [하늘을 창조한 이후]

하늘은 [땅을] 창조했고

땅은 강들을 창조했고

강들은 운하를 창조했고

운하들은 진흙을 창조했고,

진흙은 벌레를 창조하였으니―

벌레는 샤마쉬 앞으로 가서 울었네,

에아[115] 앞에서 그의 눈물이 흘렀네[116]

"당신은 내게 무엇을 주어 먹게 하겠소?

당신은 내게 무엇을 주어 빨게 하겠소?" (10)

"나는 네게 잘 익은 무화과를 주겠다.

(그리고) 살구를 (주겠다)."[117]

"내게 무슨 소용이 있으리오, 잘 익은 무화과가?

그리고 살구가?

나를 들어 올려주오, 이(齒)와

잇몸 사이에 나를 살게 해 주오!

나는 이(齒)에서 피를 빨리라,[118]

그리고 잇몸을 갉아 먹으리라!"

Handbuch der Keilschriftliteratur vol. I (Berlin 1967), p. 547; vol. II, p. 290; F. Köcher, *Die babylonisch-assyrische Medizin in Texten und Untersuchungen*, vol. VI (Berlin-New York 1980),__Nr. 538 iv.; K. Hecker, AOATS_ 8, p. 2ff; R. Labat, *Les religions du Proche-Orient asiatique* (Paris 1970), p. 78. ; H. Hunger, AOAT 2, Nr. 441.; K. Hecker, "1. Die Erzählung vom Wurm", *TUAT*, Bd. III, Lf. 4, p.603-4(역주).

115 에아는 대개 맹세문에서 자주 등장한다. 그런데 여기서는 벌레가 맹세하는 대상이라기보다 그저 대화의 상대자로 역할하는 것 같다(역주).

116 9-19행까지 문장의 형식이 바뀐다. 문맥을 고려하고, 특히 발화자와 청자를 나타내는 대명사(나, 너)의 교차를 주목하여, 벌레와 에아의 직접 대화문이 교차하는 것으로 이해한다(역주).

117 이 뒤와 14행을 "사과와 살구"로 옮기기도 한다(역주).

118 여기까지가 토판의 앞면이다(역주).

쐐기를 박고 그 발을 잡아라!¹¹⁹ (20)
네가 이렇게 말했기 때문에, 오 벌레여,
에아가 강한 팔로 너를 칠 것이다.

"치통을 쫓는 마법 (24)
방법: 혼합술(酒)과
엿기름 가루와 기름을
너는 섞는다.
그 위로 주문을 세 번 외운다
그리고 이(齒) 위에 바른다."

ANET, 101-3

5. 아다파 | 원역자: 스파이저(E.A.Speiser)

아다파는 에아의 아들이자 종으로서, 길가메쉬, 에타나와 함께 아카드 문학의 3대 비극적 인물이다. 이 세 인물은 모두 영원한 생명을 추구한다는 공통점이 있는데, 오직 아다파만 영생을 얻는 데 실패한다. "아다파와 남풍(南風)"이라고도 하는 이 본문은 4개의 편사본이 전하는데, 가장 오래된 것(B)은 엘 아마르나 문서에 속하고(주전 14세기), 나머지는 (A, C, D, K) 앗수르바니팔도서관에서 출토되었다. 4개의 편사본들을 문맥에 따라 아래와 같이 제시한다.¹²⁰

---

119 의학적 용어인데, 정확히 알 수 없다. 이를 뽑는 방법을 말하는 것 같다.
120 S. A. Picchioni, *Il poemetto di Adapa* (= Assyriologica_VI, Budapest 1981); Ph. Talon, "Le mythe d'Adapa", *Studi epgrafici e linguistici*, vol. 7__ (1990), p.43-57; M. Dietrich, "Wurde Adapa um das >Ewige Leben< betrogen?", *Mitteilungen zur Anthropologie und Religionsgeschichte*, vol. 6 (1991), p.119-132; B. J. Foster, *Before the Muses*, Bethesda 2, vol. I (1996), p. 429-434.; K. Hecker, "2. Adapa und der Südwind", *TUAT*, Eg., p.51-55(역주).

1) 편사본 A

본디 앞면만 기록된 이 토판 조각은 오른쪽 윗편만이 살아남아 현재 뉴욕에 보관되어 있다(MLC 1926 in Morgan Library). 첫째 칼럼의 도입부는 비교적 훌륭히 보존된 편인데, 주전 1천 년경의 표준 바벨론어를 잘 볼 수 있는 문헌이다. 니느웨의 앗수르바니팔도서관에서 출토된 것으로서, 같은 곳에서 나온 'K 단편'(BM 15072)은 이 'A 단편'의 일부와 같다(15-16행, 18-22행).

지혜…[…]
그의 명령은 결국…[에아]의[121] 명령과도 같았다.
그는 스스로 폭넓은 이해를 완성시켰다. 땅의 기본계획이
    그에게 드러났다.
그는 그에게 지혜를 주었다. 그는 그에게 영원한 생명을
    주지 않았다.
그날들에, 그날들에. 에리두에서 온 현자에게
에아는 인간의 *본보기*로 그를 창조했다.
그는 현자였다. 그의 명령을 누구도 무시할 수 없었다.
아눈나키 가운데 능력 있고, 가장 현명한 자가 그였다.
손이 깨끗하고 고결한 이, 도유(塗油) 사제,[122] 의례를   시 24:4
    지키는 자
빵 굽는 자들과 함께 빵 굽는 일을 수행한다.   (10)
에리두에서 온 빵 굽는 자들과 함께 그는 빵 굽는 일을
    수행한다.
에리두의 빵과 물을 그는 매일 제공한다.
깨끗한 손으로 그는 희생 제단을 정돈한다.
그가 없으면 희생 제단을 깨끗이 할 수 없다.
그는 배를 몰아서, 에리두에서 어부 일을 수행한다.

---

121 *TUAT*은 '아누'로 옮긴다(역주).
122 사제의 한 계급을 가리킨다(역주).

그날들에, 아다파는, 에리두의 사람은[123]

그동안 에아는 침대에 있었다.

매일 그는 에리두의 성소에 출석했다.

거룩한 부두, 새 달(月)의 부두에서, 그는 돛단배를 탔다.

그러자 바람이 불어 그의 배가 움직였다.[124]   (20)

노(櫓)[로] 그는 배를 조종했다.

[…] 넓은 바다에서

(이 아래로 소실됨)

2) 편사본 B

이집트 텔 엘아마르나(Tell el-Amarna)에서 독일 학자들이 발굴한 것으로, 현재 베를린에 보관되어 있다(VAT 384 in Staatlichen Museen zu Berlin).[125]

…[…]

남풍(南風)이[126] 불[자 그는 물에 잠겼다].

[(남풍이) 그를 가라앉혀 물고기의] 집에 닿았다.

"남풍이여,…[…] 나를 네 모든 독(毒)으로…[127]

나는 네 날개를 부러뜨리리라!"

그가 입을 열어[128] 말했기 때문에 남풍의 날개가 부러졌다.

---

123 *TUAT*은 16행을 이렇게 옮긴다. "180마리를 잡을 시간에, 에리두의 사람 아다파는 160을 잡는다."(역주).

124 "키가 없어도 그는 배를 운행할 수 있었다"로도 번역될 수 있다(역주).

125 Sh. Izre'el, *New Readings in the Amarna Versions Adapa and Nergal and Ereškigal*, in: A. F. Rainey, *kinattūtu ša dārâti: Raphael Kutscher Memorial Volume* (Tel Aviv, 1993) p.51-67(역주).

126 아마 메포포타미아 남쪽의 걸프만에서 내륙쪽으로 부는 비바람일 것이다(역주).

127 3-4행은 매우 불확실하다. *TUAT*은 이렇게 옮겼다. "물고기의 집에 다달아 하룻밤을 보내야 했다(3), 남풍이여, 너는 네 바람 형제들과 함께 그토록 많이 내게 불어닥쳐 왔으므로(4)"(역주).

128 "입을 열어"를 직역하면 "그의 입으로"이다. 아래도 같다(역주).

7일 동안 남풍은 땅에 불어오지 않았다.
아누는 그의 큰 신하 일라브랏(Ilabrat)을[129] 불렀다.
"왜 7일 동안 남풍이 땅에 불어오지 않느냐?"
그의 큰 신하 일라브랏이 그에게 대답했다. "제 주인님, (10)
에아의 아들인 아다파[130]가 남풍의 날개를
부러뜨렸습니다." 아누가 이 말을 듣자
그는 왕좌에서 일어나며 울부짖었다. "이런! 사람을 보내
  그를 여기로 잡아와라!"
그러나 에아는 하늘에서 무엇이 일어나는지 알았다.
그는 그를 붙잡고, [아다파]의 머리를 헝클어 뜨리고
상복(喪服)을 입혀서, 이렇게 명령했다.
"[아다파], 너는 임금이신 [아누] 앞에 가야 한다.
"하늘로 가는 길을 너는 밟을 것이다.
[만일] 하늘에 올라 가면, [아누의 문 가까이 갈 것이다].
아누의 문 앞에는 담무스(Tammuz)와 기짓다(Gizzida)가[131] (20)
있을 것이다. 그들이 너에게 이렇게 물을 것이다. '사람이여,
너는 누구 때문에 이렇게 되었나? 아다파여, 누구 때문에
상복(喪服)을 입었나?' '우리 땅에서 두 신이 사라졌습니다.
그래서 제가 이렇게 되었습니다.' '누구인가?
그 땅에서 사라진 두 신이 ?' '담무스와 기짓다입니다.'
그러면 그들은 서로를 쳐다보고 웃고 좋은 말을
아누에게 해 줄 것이다. (그리하여) 아누의 좋은 얼굴을
그들이 네가 볼 수 있게 해 줄 것이다. 네가 아누 앞에 설 때,

---

129 잘 알려지지 않은 신이다(역주).

130 "아다파"는 에아 신전에 봉헌할 물고기를 잡을 생각이었다. 이 때문에 에아가 아다파를 돕는 것이다. 신전 경제에 있어 어업의 중요성에 대해서는 어업 모티브를 이용해 왕조의 흥망을 설명하는 와이드나 역대기(the Weidner Chronicle)를 참조하라.

131 ANET 본문의 담무스를 TUAT은 두무지로 옮겼다. 기짓다는 기쉬지다(Gišzida) 또는 닌기짓다(Ningizzida)라고도 하는데, 두무지와 늘 함께 등장하는 저승신이다(역주).

그들이 네게 죽음의 빵을 줄 것이다.

(그것을) 먹지 마라. 그들이 네게 죽음의 물을 줄 것이다. (30)

(그것을) 마시지 마라. 그들이 네게 옷을 줄 것이다.

그것을 입어라. 그들이 네게 기름을 줄 것이다. 그것을 네
　　몸에 발라라.

네게 주는 이 명령을 무시하지 마라.

내가 네게 하는 이 말을 명심하여라!" 아누가

보낸 전령이 도착하였다. (그리고 말하였다). "아다파가
　　남풍의 날개를

부러뜨렸으므로, 그를 내게 데려와라!"[132]

그는 (아다파가) 하늘로 가는 길을 밟게 해 주었고, 그는
　　하늘로 올라갔다.

그가 하늘로 올라가서 아누의 문 가까이 가자

담무스와 기짓다가 아누의 문 앞에 있었다.

그들이 아다파를 보자 "이런!"이라고 외쳤다. (40)

"사람이여, 너는 누구 때문에 이렇게 되었나? 아다파여.

누구 때문에 상복(喪服)을 입었나?"

"우리 땅에서 두 신이 사라졌습니다. 그래서 상복(喪服)을
　　제가 입었습니다."

"누구인가? 그 땅에서 사라진 두 신이?"

"담무스와 기짓다입니다." 그들은 서로를 쳐다보고

크게 웃었다.[133] 아다파가 임금이신 아누 앞에

나아가자, 아누가 그를 보고 말했다.

"자, 아다파여, 왜 너는 남풍의 날개를

부러뜨렸는가?" 아다파가 아누에게 대답하였다. "제 주인님,

132　여기까지가 토판의 앞면이다(역주).
133　저승의 문을 지키는 두 신은, 지상에서 자신들이 사라졌음을 슬퍼해 주는 아다파를 보고 즐거워한 것이다. 신을 기억하고 제사 지내는 것은 신을 기쁘게 하는 것이라는 사상이 자리 잡고 있다.

제 주인의[134] 집을 위해서, 바다 한가운데에서   (50)
저는 고기를 잡습니다.[135] 바다는 거울과 같았습니다.
그러나 남풍이 불어오자 저는 잠겼습니다.
저를 가라앉혀 물고기의 집에 닿게 했습니다. (그러자) 제
　　마음이 분노로
가득 차 저는 남풍을 저주했습니다." 그러자 그들의 편에서
　　담무스
[와] 기짓다가 아누에게 [좋]은 말을 해 주었다.
그러자 그 마음이 고요해져 그는…
　　　　　　(여기서 두 행 정도 손상됨.)
"왜 에아는 쓸모*없*는 인간에게 하늘
과 땅의 일을 드러내어,
그를 *유명하게* 만들며, 그로 명성을 얻게 하였는가?
우리는 이제, 그에게 무엇을 해야 할까? 생명의 빵을   (60)
주어 그가 먹게 하자." 생명을 빵을
그에게 주자 그는 먹지 않았다. 생명의 물을
그에게 주자 그는 마시지 않았다. 옷을
그에게 주자 그는 입었다. 기름을
그에게 주자 그는 몸에 발랐다.
아누가 그를 보자, 그는 기뻐 웃었다.
"자, 아다파여, 왜 너는 먹고 마시지 않았는가?
너는 (영원한) 생명을 얻을 수 없으리! 아, *불쌍한* 인간이여!"
"제 주인이신 에아께서 명령하셨습니다. '너는 먹지도
　　마시지도 마라'"
"그를 데려가 땅으로 돌려 보내라!"   (70)

---

134 문맥을 볼 때, 여기서 주인은 에아가 확실하다(역주).

135 아다파의 본디 목적은 에아의 신전을 위해 고기를 잡는 것이었다. 고기를 잡아 유통하는 것은 신전 경제를 위해 매우 중요했다. 왕조가 흥하고 망하는 이유가 바로 이 물고기 유통과 관련된 신전 경제 때문이라고 설명하는 문헌도 있다(Weidner Chronicle)(역주).

(이 아래로 소실됨)

3) 편사본 D

편사본 C(K. 8743 in British Museum)는 D의 일부와(13-23행) 거의 같기 때문에 옮기지 않는다. 니느웨에서 출토되었고, 대영박물관에 보관되어 있다(K. 8214). 시작부는 손상되었지만, 전체적인 이야기의 마무리를 알려주는 귀중한 본문이다.

> […] 그는 […]
> 그는 그에게 [기름을] (주라고) 명령했고, 그는 [제 몸에 기름]
>   을 발랐다.
> 그는 그에게 옷을 (주라고) 명령했고, 그는 입었다.
> 그는 에아가 한 일을 보고 웃었다. (그리고 말했다)
> "하늘과 땅의 신들이, 얼마나 많이 있는가.
>   하지만 누가 이런 명령을 할 수 있으랴?
> 자신의 명령이 아누의 명령을 능가하게 만들 수 있는가?"
> 아다파가 지평선에서 천정(天頂)으로 오르자
> 그는 눈을 들어, 얼마나 끔찍한지 보았다.
> 이때 아누는 아다파에…를 놓아,
> 에아의 도시를 위해 해방의 칙령을 내렸다.   (10)
> 아누는 그가 미래에 영광스런 사제의 운명을 살 것임을
>   명령하였다.[136]
> …아다파, 인간의 후손은,
> [분노 속에] 용기를 내어, 남풍의 날개를 부러뜨리고
> 하늘로 올라갔다. 그리고 이런 일이 일어났다.

---

136 이렇게 천상을 체험한 후, 아다파는 에리두의 사제요 임금이 되었을 것이다. 그리고 질병을 치유할 신에 접근할 수 있다(역주).

[…] 그가[137] 인간에게 일으킨 질병은

그리고 그가 인간의 몸에 일으킨 염증은

닌카락(Ninkarrak)이[138] 가라앉혀줄 것이다.

[질병은] 달아나고, 염증은 돌아갈 것이다.

이 [위로]…공포가 엄습하고

그는 단꿈을 꿀 수 없을 것이다. (20)

[…]…인간 마음의 기쁨…

(이 아래로 소실됨)

6. 이쉬타르의 지하세계 여행 | 원역자: 스파이저(E.A.Speiser)

ANET, 106-9

이 신화는 수메르 신화에서는 '인안나'로, 아카드 신화에서는 '이쉬타르'로 불리는 풍요의 여신이 저승으로 내려가 감금당했다가 결국 생명의 땅으로 돌아오는 이야기를 담고 있다. 아카드어 판본은 수메르어 판본을 원본으로, 여러 요소를 확장한 것이다. 아카드어 판본은 앗수르바니팔도서관 판본을 기준으로 옮긴다.[139]

---

137 아마도 남풍일 것이다(역주).
138 치유의 여신이다.
139 P. Jensen, *Keilinschriftliche Bibliothek* VI/1 (Berlin 1889-1915), p. 80 ff._; CT 15, pl. 45-47; E. Ebeling, *Keilschrifttexte aus Assur religiösen Inhalts* I (Leipzig 1919) p.288; H. Gressmann (hg), *Altorientalische Texte zum Alten Testament* (Berlin/Leipzig 1926), p. 206 ff.; E. Reiner, *Your thwarts in pieces, your mooring rope cut* (Michigan 1985), p. 29 ff.; R. Labat, *Les religions du Proche-Orient asiatique* (Paris 1970), p. 258 ff.; W. R. Sladek, *Inanna's Descent to the Netherworld*, (Diss. Baltimore, 1974); J. Bottéro, S. N. Kramer (ed.), *Lorsque les dieux faisaient l'homme* (Paris 1990), p. 318 ff.; G.G.W. Müller, "1. Ischtars Höllenfahrt", *TUAT*, Bd. III, Lf. 4, p.760-766; R. Borger, *Babylonisch-Assyrische Lesestücke* (Roma 2006), vol. 1, p.95-104(역주).

(토판 앞면)

돌아오지 않는 땅, [에레쉬키갈(Ereškigal)]의 영역으로[140]

신(Sin)의 딸, 이쉬타르(Ishtar)는[141] 마음을 먹고 갔다네.

오, 신(Sin)의 딸이 그녀의 마음에 따라

어두운 집, 이르칼라(Irkalla)가[142] 사는 곳으로

한 번 발을 들여 놓으면, 떠날 수 없는 집으로

들어서면, 돌아올 수 없는 길을 따라

발을 들여 놓으면 빛을 빼앗기는 집으로

그들의[143] 식사는 먼지요, 진흙이 그들의 빵이다.

그들은 빛을 보지 못하고, 어둠에 살고

그들은 새처럼 날개옷을 입었다. (10)

문과 빗장에는 먼지가 쌓여 있었다.

이쉬타르가 돌아올 수 없는 땅에 다다랐을 때

그녀는 문지기에게 이렇게 말했다.

"오 문지기여, 네 문을 열어라,

내가 들어가게 네 문을 열어라!

네가 문을 열지 않아 내가 들어갈 수 없다면

나는 문을 쳐서 빗장을 부수리라,

나는 문짝을 쳐서 문을 옮겨버리리라,

내가 죽은 이를 들어 올리면, 그들이 산 이들을 먹으리라,

그리하여 죽은 이가 산 이보다 훨씬 많으리라!" (20)

문지기가 입을 열어 말하였다.

위대한 이쉬타르에게 말하였다.

---

140 수메르어로 '돌아오지 않는 땅'을 쿠르누기아(Kurnugia)라 하는데, 뜻을 번역하지 않고, 고유명사로 쓰이기도 한다(역주).

141 이쉬타르는 금성의 여신으로서, 달(月)의 신인 신(Sin)의 딸로 등장한다.

142 이르칼라는 '저승'을 의미하는데, 여기서는 저승의 여왕인 에레쉬키갈을 가리킨다(역주).

143 죽은 사람들을 의미한다(역주).

"멈추오, 내 여주인, 그것을¹⁴⁴ 내던지지 마십시오!

에레쉬키갈 여왕에게 당신의 이름을 고하리다!"¹⁴⁵

문지기는 가서 에레쉬키갈에게 말하였다.

"전하, 당신의 자매 이쉬타르께서 문 앞에 와 계십니다.

큰 잔치를 열고,¹⁴⁶ 임금이신 에아 앞에서 심연을¹⁴⁷ 휘저으신
　분이십니다."

에레쉬키갈이 이 말을 듣자

그녀의 얼굴은 위성류 나무 단면처럼 노랗게 질렸고

그녀의 입술은 상한 쿠니누(*kuninu*)처럼 검게 변했다.¹⁴⁸　　　　(30)

"그녀는 무엇을 하려는가? 왜 그녀의 영혼은 이리로 향하는가?

자, 내가 아눈나키와 함께 물을 마셔야 하리?¹⁴⁹

내가 빵 대신 진흙을 먹고, 맥주 대신 흙탕물을 마셔야 하리?

내가 아내를 떠나온 남자를 위해 울어야 하리?

내가 연인이 없어 고통받는 여자를 위해 울어야 하리?

내가 제 시간보다 일찍 쫓겨난 어린 젖먹이를 위해 울어야
　하리?¹⁵⁰

가라, 문지기여, 문을 열어라,

옛 관습에 따라 그녀를 모셔라!"

문지기는 가서 문을 열었다.

"들어 오십시오, 내 여주인님, 쿠타(Cutha)가¹⁵¹ 당신을 보고

144　문을 뜻한다.
145　'고하다'로 옮긴 말은 '되풀이하다'는 말이다. 이쉬타르의 말을 그대로 되풀이하여 전한다는 뜻이다(역주).
146　또는 "봄 열기를 간직하고"(역주).
147　압수(*Apsu*)를 말한다(역주).
148　여기서는 '그녀의 입술'(*Japat-ša*)과 '상했다'(*Jabat*)의 비슷한 음으로 일종의 말놀이를 하고 있다. 쿠니누는 갈대에 역청을 발라 만든 통이다.
149　여기서 아눈나키는 저승신의 무리로 나온다. 반면 일반적으로 하위신으로 일컫는 이기기(*Igigi*)가 이 문헌에서는 천상의 신들로 나온다(역주).
150　지하세계의 이 모든 '주민'들이 이쉬타르에 의해 해방된다면, 에레쉬키갈은 울어야 할 이유를 가질 것이다.
151　쿠타는 에레쉬키갈의 남편인 네르갈(*Nergal*)의 도시로서, 저승의 입구를

기뻐합니다.¹⁵² (40)
돌아오지 않는 땅의 궁전이 당신의 현존으로 기뻐합니다!"
첫째 문을 열고 그녀를 들어가자, 그는 그녀의 머리에서 큰
 왕관을 벗겼다.
"왜, 문지기여, 내 머리에서 큰 왕관을 벗기는가?"
"들어오십시오, 내 여주인이여, 저승의 여신의 관습에 따른
 것입니다."
둘째 문을 열고 들어가자 그는 그녀의 귀에 걸린 귀걸이를
 벗겼다.
"왜, 문지기여, 내 귀에서 귀걸이를 벗기는가?"
"들어오십시오, 내 여주인이여, 저승의 여신의 관습에 따른
 것입니다."
셋째 문을 열고 들어가자 그는 그녀의 목에 걸린 목걸이를
 벗겼다.
"왜, 문지기여, 내 목에서 목걸이를 벗기는가?"
"들어오십시오, 내 여주인이여, 저승의 여신의 관습에 따른
 것입니다." (50)
넷째 문을 열고 들어가자 그는 그녀의 가슴에 걸린 장신구를
 벗겼다.
"왜, 문지기여, 내 가슴에서 장신구를 벗기는가?"
"들어오십시오, 내 여주인이여, 저승의 여신의 관습에 따른
 것입니다."
다섯째 문을 열고 들어가자 그는 그녀의 엉덩이의 탄생석
 띠를 벗겼다.
"왜, 문지기여, 내 엉덩이에서 탄생석 띠를 벗기는가?"
"들어오십시오, 내 여주인이여, 저승의 여신의 관습에 따른
 것입니다."

상징한다.
152 "당신을 원합니다"로 직역할 수 있다(역주).

여섯째 문을 열고 들어가자 그는 그녀의 손과 발에서 팔찌와
　　발찌를 벗겼다.
"왜, 문지기여, 내 손과 발에서 팔찌와 발찌를 벗기는가?"
"들어오십시오, 내 여주인이여, 저승의 여신의 관습에 따른
　　것입니다."
일곱째 문을 열고 들어가자 그는 그녀의 몸에서 허리에
　　두르는 천을 벗겼다.　　　　　　　　　　　　　　　　(60)
"왜, 문지기여, 내 몸에서 허리에 두르는 천을 벗기는가?"
"들어오십시오, 내 여주인이여, 저승의 여신의 관습에 따른
　　것입니다."
이쉬타르가 돌아오지 않는 땅으로 내려오자마자
에레쉬키갈은 그녀를 보고 분노를 터뜨렸다.
이쉬타르는 정신이 나간 채, 그녀에게 돌진했다.
에레쉬키갈은 그녀의 큰 신하,
남타르(Namtar)에게 입을 열어 말하였다.[153]
"가라, 남타르, [그녀]를 내 [궁전]에 가둬라!
그녀, 이쉬타르를 향해 60가지의 비참함을 풀어놓아라.
그녀의 [눈에] 눈의 비참함을　　　　　　　　　　　　(70)
그녀의 [팔에] 팔의 비참함을
그녀의 [마음에] 마음의 비참함을
그녀의 [발에] 발의 비참함을[154]
그녀의 [머리에] 머리의 비참함을-
그녀의 모든 부분에, [그녀의 몸 전체]에!"
여주인 이쉬타르가 [저승에 내려갔을 때]
황소는 암소에 뛰어오르지 않았고, 수탕나귀는 암탕나귀를
　　임신시키지 못했고,

153　남타르는 수메르어로 '운명'이란 뜻인데, 에레쉬키갈의 아들이기도 하다
　　(역주).
154　72행과 73행은 순서를 뒤바꾸어 옮기기도 한다(역주).

거리에서 [남자는 여자를] 임신시키지 못했다.

남자는 홀로 누웠고

여성은 홀로 누워 있습니다.   (80)

　　(토판 뒷면)

큰 신들의 큰 신하 팝숙칼(Papsukkal),[155] 그의 머리는

　　떨어지고 얼굴엔 [구름이 끼었다].

그는 상복(喪服)을 입었고, 긴 머리를 풀었다.

기진맥진하여 그는 그의 아버지 신(Sin)에게 가서 울었다.

임금이신 에아 앞에서 그의 눈물이 흘렀다.

"이쉬타르는 저승으로 내려가 올라오지 않습니다.

이쉬타르가 돌아오지 않는 땅으로 간 이후로

황소는 암소에 뛰어오르지 않고, 수탕나귀는 암탕나귀를

　　임신시키지 못하고

남자는 거리에서 여자를 임신시키지 못합니다.

남자는 홀로 누워있고

여성은 홀로 누워 있습니다."   (10)

에아는 그의 지혜로운 마음안에 계획을 세웠다.

그는 남색(男色) 소년 아수슈나미르(Asushunamir)를[156]

　　창조했다.

"가라, 아수슈나미르여, 돌아오지 않는 땅의 문을 향하라,

돌아오지 않는 땅의 일곱 문은 그대에게 열리리라

에레쉬키갈은 그대를 보고 그대의 존재를 기뻐하리!

그녀의 마음이 고요하고, 그녀의 기분이 좋아진 다음에

그녀가 위대한 신들에게 맹세를 하게 만들라.

(그런 다음에) 머리를 들고 물주머니를 신경쓰라[157]

155　문지기 또는 하늘의 전령을 의미하는 이 신의 이름에 쓰인 '숙칼'(sukkal)이 수메르어로 '전령, 대신(大臣)'을 뜻한다. 그런데 이 신은 수메르 문헌에서는 보이지 않고, 아카드어 문헌에만 나온다(역주).

156　아카드어로 이 이름은 "그의 등장은 화려하다"는 뜻이다(역주).

157　앞에서 (앞면 66행 이하) 이쉬타르는 60개의 병으로 죽었다. 그런데 수

'오, 내 여주인님, 이 물주머니를 제게 주십시오, 제가

    그것으로 물을 마시겠습니다.'"[158]

에레쉬키갈이 그 말을 듣자 (20)

그녀는 스스로 자신의 넓적다리를 잘라 손가락을 잡아 베어

    물었다.[159]

"너는 인간이 묻지 않는 것을 내게 청하는구나!

자, 아수슈나미르여! 나는 네게 큰 저주를 내리리![160]

'도시의 고랑'의[161] 빵이 네 음식이 되리!

도시의 하수관이 네가 마시는 곳이고 (25)

성벽의 그늘에 너는 서 있고

성문가에서 너는 살고

술취한 자들과 정신이 맑은 자들이 네 뺨을 때리리!"

에레쉬키갈은 입을 열어 말하였다.

그녀는 그녀의 큰 신하 남타르에게 말하였다. (30)

"가라, 남타르, 에갈기나(Egalgina)의[162] 문을 두드려라,

조개로 문지방을 꾸며라,

아눈나키를 데려와 금문(金門)에 앉게 하라,

이쉬타르에게 생명의 물을 뿌리고 내게 데려와라!"

남타르는 가서 에갈기나의 문을 두드렸다.

그는 조개로 문지방을 꾸미고

    메르어 판본을 보면, 이쉬타르의 시체에서 가죽을 벗겨 내어 물주머니(또는 물 호스)를 만들었다. 이곳에서는 수메르어 판본의 내용이 전제되고 있다(역주).

158 이 계획은 성공한 듯하다. 아수슈나미르("그의 외모가 빛난다")의 아름다움에 정신이 팔린 에레쉬키갈이 너무 늦게 사태를 파악했다.

159 무시 또는 비웃음의 표현이다(역주).

160 또는 이렇게 옮길 수 있다. "나는 네게 잊지 못할 운명을 내리리 / 내가 네게 내릴 운명은 / 영원토록 잊혀지지 않으리.

161 무엇을 뜻하는지 논쟁이 분분하다. 하수도를 청소하는 기구라는 추측도 있지만, 성적 암시로 보는 것이 나을 것이다(역주).

162 수메르어로 '정의의 궁전'이란 뜻인데, 정확히 어디를 지칭하는지 분명하지 않다.

아눈나키를 데려와 금문(金門)에 앉게 하였다.

이쉬타르에게 생명의 물을 뿌리고 데려왔다.[163]

첫째 문에서 그녀를 통과시키고, 그녀의 몸에 허리에 두르는 천을 돌려주었다.

둘째 문에서 그녀를 통과시키고, 그녀의 팔과 발에 팔찌와 발찌를 돌려주었다. (40)

셋째 문에서 그녀를 통과시키고 그녀의 엉덩이에 탄생석 띠를 돌려주었다.

넷째 문에서 그녀를 통과시키고 그녀의 가슴에 장신구를 돌려주었다.

다섯째 문에서 그녀를 통과시키고 그녀의 목에 목걸이를 돌려주었다.

여섯째 문에서 그녀를 통과시키고 그녀의 귀에 귀걸이를 돌려주었다.

일곱째 문에서 그녀를 통과시키고 그녀의 머리에 머리에 큰 왕관을 돌려주었다.

"만일 그녀가 몸값을 내어놓지 않으면, 그녀를 다시 데려와라!"[164]

담무스, 젊은 그녀의 연인을,[165]

깨끗한 물로 그를 씻기고 좋은 기름을 부어라,

붉은 옷을 입히고, 청금석의 나팔을 불게 하여라,

창녀들이 그의 기분을 맞추게 하라!" (50)

---

163 앗수르 판본에서는 이 다음에 뒷면 46행이 이어진다(역주).

164 이것은 에레쉬키갈의 명령인데, 본 니느웨 판본에서 이쉬타르가 지하세계에서 다 빠져 나온 시점에 이 명령이 기록된 것은 잘 이해하기 힘들다. 더 오래된 앗수르 판본은 이쉬타르가 지하세계에서 빠져 나오기 전에 몸 값에 대한 명령이 기록된다. 마찬가지로 담무스에 대한 언급되 난해하다. 수메르 판본에서는 담무스가 지하세계에 내려갔다는 힌트가 없다. 따라서 본 신화의 결말 부분은 사본적 증거가 추가로 발견되기까지 불확정적으로 남을 것이다. .

165 담무스의 어원인 '두무지'(Dumuzi)는 수메르어로 '바른 아들'이란 뜻이고, 식물의 신이자 인안나(이쉬타르)의 연인이자 배우자였다(역주).

벨일리(Belili)가[166] 모든 보석으로 치장하자,

'눈동자 보석'으로 그녀의 자궁이 충만했다.

그런데 오빠의 소리를 듣자 그녀는 그녀의 몸에서 보석을
　　떼어 던졌고,

충만하게 되었던 '눈동자 보석'도 […]

"하나뿐인 나의 오빠여, 나를 해하지 마소서!

담무스가 올라오는 날, 그와 함께 청금석의 나팔과 홍옥수
　　고가 내게 올라오는 날,

그와 함께 곡하는 남자와 여자가 오는 날　　　　　　　　　　겔 8:14

죽은 이들이 올라오고, 향을 피우리라!"

7. 사르곤의 전설 | 원역자: 스파이저(E. A. Speiser)　　　　　　　ANET, 119

　　고대 아카드 왕조를 창시한 전설적 임금인 사르곤(주전 2340-2284년)의 탄생 이야기이다. 사르곤은 아카드 시대에 이미 신으로 숭배되었고, 많은 신전에서 그의 신상(神像)을 볼 수 있다. 그의 일생을 전하는 풍부한 문학 작품은 다양한 언어로 전해지고, 후대에 그의 이름을 따른 임금들도 여럿 존재한다. 아래 본문은 여러 편토판을 이어 재구성한 것이며, 모두 니느웨에서 출토되었고 현재 대영박물관에 전시되어 있다(BM 47449).[167]

　　나는 위대한 임금이자 아카드의 임금인 사르곤이다.[168]
　　내 어머니는 *여제사장*이었지만,[169] 나는 아버지를 알지 못한다.

166　수메르 신화에서 벨일리는 두무지의 누이였다(역주).

167　K. Hecker, "3.1 Sargons Geburtslegende", *TUAT*, Erg. p.56-57; J. G. Westenholz, *Legends of the Kings of Akkade* (Winona Lake 1997). (역주).

168　아카드어로 사르곤을 '샤루-키누'(Šarru-kīnu)라 하는데, '참된 임금'이란 뜻이다(역주).

169　여기서 한 번 등장하는 e-né-tum을 entum과 같은 말로 옮긴다. entum은 '아기를 낳지 못하는 여제사장'을 의미한다. *ANET*는 이것을 사회, 종교, 혹은 민족적 지위가 한 번 바뀐 사람이라는 의미의 'changeling'으로

	아버지의 형제들은 산(山)을 *사랑했다*.[170]
	내 도시는 유프라테스 강가의 아주피라누(Azupiranu)이다.[171]
	내 어머니인 *여제사장*은 나를 임신하고 몰래 낳았다.[172]
출 2:3	그녀는 갈대 바구니에 나를 넣어 역청을 바른 덮개로 덮었다.
	그녀는 강가에 나를 두었다. 강은 내 (위로) 넘어오지 않았다.
	강은 나를 '물 긷는 자'인 아키(Akki)에게 데려갔다.
	물 긷는 자인 아키는 물양동이를 떨어뜨렸다가 나를 건져올렸다.
	물 긷는 자인 아키는 나를 아들로 거두어 키웠다. (10)
	물 긷는 자인 아키는 나에게 정원사 일을 시켰다.
	내가 정원사 일을 하자, 이쉬타르께서 나를 줄곧 사랑하셔서.
	나는 [5]4년동안[173] 왕권을 행사하였다.
	검은 머리의 사람들을 나는 지배하였고 [다스렸다].
	구리 도끼로 깊은 산속을 따라 길을] 내었다.
	나는 높은 산들을 올랐고
	낮은 산들을 가로질렀다.
	바다 나라들을 세 번 돌았다.
	딜문은[174] 진실로 내게 [굴복하였고]
	하늘과 땅의 높은 성벽을 나는 올랐다. (20)
	[…] 나는 […] 바꾸었다.
	내 뒤를 이어 임금이 되는 자가 있다면,

번역한다(역주).

170 "산에 사신다"로 번역될 수 있음(역주).

171 이런 이름의 도시를 다른 문헌에서는 전혀 찾을 수 없다. 본디 존재하지 않던 곳일 가능성도 있다. 이 도시의 어근인 azupīru는 '풀, 약초'라는 뜻이다(역주).

172 아카드어 문장은 '내 어머니인 여제사장은 나를 몰래 임신하고 낳았다'로 옮길 수도 있다. 아래 8행도 마찬가지다(역주).

173 수메르 왕명록을 보면, 사르곤의 치세는 54년에서 56년 사이의 기간이다(역주).

174 딜문은 실제 지명일 수도 있지만, '세상의 끝'이라는 상징적 이름일 수도 있다(역주).

[그는 54년 동안 왕권을 행사하고]

검은 머리의 사람들을 지[배하고]

[구리] 도끼로 깊은 [산속을 따라 [길을 내리라]!

그는 높은 산들을 오르리,

[그리고 낮은 산들을 가로지르리라!]

그는 바다 나라들을 세 번 돌리라,

[그리고 딜문을 정복하리라!]

하늘과 땅의 높은 성벽[을] 오르리라! (30)

[…바꾸리라!]

나의 도시 아카드에서 […]

(이 아래로 소실됨)

8. 네르갈과 에레쉬키갈 | 원역자: 그레이슨(A. K. Grayson)

ANET³, 507-12

1887년, 이집트의 텔 엘아마르나(Tell el-Amarna)에서 파라오 아메노피스(Amenophis) 3세와 아메노피스 4세(아크엔아톤[175])가 외국의 지배자들과 주고받은 외교 문서들이 대량으로 발굴되었다. 그 가운데 "네르갈과 에레쉬키갈" 등 신화 본문도 다수 포함되었다. 흥미롭게도 이 본문은 미타니 왕국에서 만든 후리어 문헌이었다. 그런데 문헌을 보면, 붉은색 단어구분선이 훗날 덧붙여졌음을 알 수 있는데, 학자들은 이 문헌이 이집트 서기관을 위한 후리어 교재로 사용되었을 것이라고 추측한다. 한편 1951년 터키 동남부의 도시 술탄테페(Sultantepe)에서 이 신화의 신아시리아 시대 본문이 출토되었다. 그리고 우룩에서도 발견되었는데, 술탄테페의 신아시리아 본문과 거의 같았다. ANET는 술탄테페 본문을 옮겼다.[176]

---

175 한국에서는 일반적으로 '아케나톤' 혹은 '아크나톤' 등으로 알려져 있다 (역주).

176 J. A. Knudtzon, Vorderasiatische Bibliothek in Leipzig, Nr. 357.´_; O. R. Gurney, *Proceedings of the´_ British Academy*, xli (1955), 27-33.; O. R. Gurney, "The Sultantepe Tablets (continued) VII. The Myth Of

(i)

나는 [···인류의 여왕을 찬미하리]

[···] 계속하여

나는 [인류의 여왕 에레쉬키갈을] 찬미하리.

[···] 계속하여

[···] 호의

[···] 모든 여신들 가운데 [···]

[···] 당신은 자비롭다.

(이 아래로 13행 정도 손상되었다. 신들을 위한 연회를 준비하는 모습이 묘사되어 있는 것 같다.)[177]

[아누는[178] 입을 열어 카카(Kaka)에게[179] 말하였다]. (6´)

["카카여, 나는 너를 돌아오지 않는 땅으로 보낼 것이다].

[에레쉬키갈에게···너는 이렇게 말하라.]

["너는 올라올 수 없다.

[너의 해(歲) 동안 너는 우리에게 올라올 수 없으리라.] (10´)

[우리도 내려갈 수 없다.]

[우리의 달(月) 동안 우리는 네게 내려갈 수 없으리라.]

[(그러므로) 너의 전령이 와야 하리라.]

[그는 식탁을 준비하고, 네 몫을 받아야 하리라.]

[내가 그에게 주는 것을 모두 네게 전달해야 하리라."]

Nergal and Ereshkigal", *Anatolian Studies*, vol. 10 (1960), p. 105-131.; M. Hutter, *Altorientalische Vorstellungen von der Unterwelt* (Friebourg/Göttingen 1985); R. Labat, *Les religions du Proche-Orient asiatique* (Paris 1970), p. 98 ff.; J. Bottéro-S. N.___ Kramer (ed.), *Lorsque les dieux faisaient l'homme* (Paris 1990), p. 437 ff.; G. G. W. Müller, "2. Nergal und Ereschkigal", *TUAT*, Bd. III, Lf. 4, p.766-780(역주).

177 아카드어 신화는 대개 서두에 이 문헌을 조심해서 다룰 것과 청중들이 주의해서 들어야 한다는 등의 내용이 있는데 아마도 손상된 부분에 그런 내용이 있을 것이다. 손상된 부분의 정보가 불확실하기 때문에 이하 행의 수는 추정치라고 할 수 있다(역주).

178 아누는 하늘신(天神)으로서, 수메르 만신전에서 최고신이었다(역주).

179 카카는 아누의 전령이다(역주).

[카카는] 하늘의 긴 [사다리를 타고 내려갔다].

[에레쉬키갈의 문에 다다르자 (말하였다)]

"[문지기여! 나를 위해] 문을 열어라!"

"카카여, 들어오라, 이 문이 그대를 축복하리!"

그는 [카카 신]이 [첫째 문]을 통과하게 하였다. (20´)

그는 [카카 신]이 [둘째 문]을 통과하게 하였다.

그는 카카 [신]이 [셋째] 문을 통과하게 하였다.

그는 카카 신이 넷째 문을 통과하게 하였다.

그는 카카 신이 다섯째 문을 통과하게 하였다.

그는 카카 신이 여섯째 문[을] 통과하게 하였다.

그는 카카 신이 일곱째 문[을] 통과하게 하였다.

그는 그녀의 넓은 정원에 들어섰다.

그는 엎드려, 그녀 앞의 땅에 입을 맞추었다.

그는 몸을 일으켜 똑바로 서고, 그녀 앞에서 말하였다.

"아누 [당신의] 아버지께서 다음의 메시지와 함께

저를 보내셨습니다. '너는 올라올 수 없다.

너의 해(歲) 동안 너는 우리에게 올라올 수 없을 것이다.

그리고 우리도 내려갈 수 없다.

우리의 달(月) 동안 우리는 네게 내려갈 수 없을 것이다.

네 전령이 와야 하리라.

그는 식탁을 준비하고 네 몫을 받아야 하리라.

내가 그에게 주는 것을 모두 네게 전달해야 하리라.'"

에레쉬키갈은 입을 열어 카카에게 말하였다.

"내 아버지 아누의 전령이 우리에게 왔구나,

위대한 신들, 곧 아누, 엔릴 그리고 에아께서는[180] 안녕하신가? (40´)

순수한 여신들, 남무(Nammu)와 나쉬(Nash)께서는[181]

---

180 바벨론 만신전에서 아누는 하늘, 엔릴은 땅, 에아는 물을 맡았다. 이 세 신은 우주를 삼등분하여 다스렸다(역주).

181 남무는 수메르의 모신(母神)이자 엔키/에아의 어머니인데, 아카드어 문헌에서는 드물게 나온다. 나쉬는 나쉐(Nashe)의 단축형으로 보이는데,

　　　　　안녕하신가?

하늘의 여주인의 남편께서는 안녕하신가?

땅에서 [가장 강하신 니누]르타께서는[182] 안녕하신가?"

카카는 입을 열어 에레쉬키갈에게 말하였다.

"위대한 신들, 곧 아누, 엔릴 그리고 에아께서는 안녕하십니다.

순수한 여신들, [남무와 나쉬께서는 안녕하십니다.

하늘의 여주인의 [남편께서는] 안녕하십니다.

땅에서 가장 강하신 닌[우르타께서는 안녕]하십니다."

카카는 입을 열어 에레쉬키갈에게 말하였다.

"…당신도 안녕하기를 기원합니다!"　　　　　　　　　　(50´)

[에레쉬키]갈은 입을 열어 그녀의 큰 신하 남타르에게
　　　말하였다.

"오, 나의 큰 [신하, 남타르]여, 나는 너를 우리의 아버지
　　　아누의 천상으로] 보내리라,

올라가라, 남타르여, [하늘의 긴 사다리]를 타고!

식탁을 준비하고, 내 몫을 받으라,

아누께서 [네게] 주시는 것을 모두 [내게 전달하라]!"

　　　　(이 아래로 16행 정도 소실됨)

　　(ii)

　　　　　(위로 10행 정도 소실됨)

[에아는 입을 열어 네르갈에게 말하였다].

["…]　　　　　　　　　　　　　　　　　　　　　　(1´)

[그가 아누의 안뜰에] 도착하자[183]

[…] 길 […]

[큰 신들]은 함께 그[에게 고개를 숙였다].

　　라가쉬에서 섬긴 엔키/에아의 누이이다. 남무와 나쉬는 함께 악령을 물
　　리치는 선한 여신이다(역주).
182　니누르타(NIN.URTA)는 수메르어로 '땅의 주인'이란 뜻인데, 엔릴의 아
　　들이자 치유의 여신인 굴라(Gula)의 남편이다(역주).
183　이 이하는 셋째 칼럼(iii)의 25행 이하를 참고하여 옮긴 것이다(역주).

운명의 주인인, [*위대한 신들이*]. (5′)

[왜냐하면 그가] 권능을[184] 지녔기 때문에, [신들의] 권능을
    지녔기 때문이다.

이르칼라(Irkalla)에[185] 사는 [신들]의 (권능을).

"너는 왜 [그에게 절하지 않는가]?

[…] 나는 너를 곁눈질하여 줄곧 보고 있다. (10′)

너는 무식자가 되어 버렸다.

[…] 네 눈은 바닥을 보고 있었다."

        (이 아래로 5-6행 손상됨)

[네르갈은 입을 열어 에아에게 말하였다.]

"[…나는] 일어 서리라.

[…] 너는 말한다.

[…] 나는 두 배로 (갚으리)." (20′)

에아가 이 말을 듣자, 그는 속으로 말하였다.

"[*내가…을*] *하리라,* [*그리고…을*] *보내리라.*"

에아는 입을 열어 네르갈에게 말하였다.

"오, 여행자여, 불꽃을 내뿜는 칼을 손에 들고 내 부탁을
    들어주겠는가?[186]

팽나무 숲으로 내려가서,[187]

팽나무, [삼나무 그리고 노간주]나무를 베어라,

쪼개고 […] 지팡이로 […]!"[188]

그는 팽나무 [숲으로 내려갔다].

[팽나무, 삼나무 그리고 노간주]나무를 [베었다].

---

184 본디 이 말은 '의례의 질서'를 의미한다(역주).
185 저승을 뜻한다.
186 24행은 명확하지 않아 여러 해석이 있다. 여기서는 *TUAT*을 따랐다(역주).
187 우룩에서 출토된 본문은 여기에서 둘째 칼럼의 첫 행이 시작된다(역주).
188 우룩에서 출토된 본문은 이 다음에 다음과 같이 두 행이 첨가되어 있다. 네르갈이 이 말을 듣자/ 근는 손도끼를 차고/ 허리춤에서 칼을 뽑았다.

그는 쪼개고 […지]팡이로 […] (30´)

그는 그것을 […] 닌기쉬지다(Ningishzida)[189]…

그는 청금석처럼 […] 색을 입혔다.

그는 금처럼 […] 색을 입혔다.

그는 청금석처럼 그의 […]에 색을 입혔다.

일이 다 끝나고, 왕좌는 […]

그는[190] 그를 불러 지시하였다.

"여행자여, 그대는 […] 하겠는가,

모든 지시사항을 마음에 […]!

그대에게 왕좌를 주거든

그대는 가서 그 위에 앉아서는 안된다! (40´)

빵 굽는 이가 빵을 주거든, [가서] 그 빵을 *먹어서*는 안 된다.

푸줏간 주인이 고기를 주거든, 가서 그 고기를 먹어서는
   안 된다.

술 빚는 이가 술을 주거든, 가서 그 술을 먹어서는 안 된다.

네 발을 씻을 물을 떠다 주거든, 가서 그 발을 씻어서는
   안 된다.

그녀가[191] 욕조에 들어와,

[…] 옷을 입고,

그녀는 네게 그녀의 몸을 보여 주고

너는, 남녀사이의 .. 너의…!

네르갈은… (49´)

(이 아래로 12행 정도 소실됨)[192]

[네르갈이 그의 얼굴을 돌아올 수 없는 땅으로]

---

189 수메르어로 '참 나무의 주인'이란 뜻으로, 식물의 신이었다. 본문이 손상되어 뜻이 명확하지 않다(역주).

190 문맥으로 보건데, 에아일 것이다(역주).

191 문맥으로 보건데, 에레쉬키갈일 것이다(역주).

192 아마도 '이쉬타르의 저승여행'에서 나온, 저승으로 내려가는 과정이나 올라오는 과정이 묘사되었을 가능성이 있다(역주).

[어둠의 집, 이르칼라의 거처로]

[한번 들어가면 절대로 나올 수 없는 집으로 향했다.]

   (iii)

[들어서면], 돌아올 수 없는 [길을 따라].[193]

[발을 들여 놓으면] 빛을 빼앗기는 [집으로]

[그곳에서 그들의 식사는 먼지요], 진흙이 그들의 빵이다

[그곳에서 그들은 새]처럼 날개옷을 [입고 산다].

[그들은 빛을 보지 못하고], 어둠에 살고   (5)

[구석에 처박혀][194] 울부짖고 있다.

마치 비둘기처럼 [온종일 그들은 울부짖고]

[…]

[문지기는 입을 열어] 네르갈에게 말하였다.

"문 [앞에 서 있는 여행자에 대한 보고를 전하겠다!" (10)

[그리고 문지기는 안으로 들어가 에레쉬키갈에게] 말하였[다].

"[제 여주인님, 한 여행자가 우리에게] 도착했습니다.

[…] 누가 그를 알아보리오?"   (13)

 (이 아래로 대략 3행이 손실되었고, 에레쉬키갈이 남타르에게
     하는 말이 이어진다)

"[…] 그를 잡아라!"   (16′)

"[…내가] 그를 알아보리라.[195]

[…내가] 바깥 문으로 나가 [그를 보리라!]

나는 내 여주인을 위해 [보고를] 전하겠다."

남타르는 가서 성문 그늘의 에라(Erra)를[196] 보았다.   (20′)

---

193 셋째 칼럼(iii)의 첫 부분은 '이쉬타르의 저승여행'의 도입부와 매우 비슷하다(역주).

194 본문은 전혀 알아볼 수 없지만, "에누마 엘리쉬" IV, 113을 참고하여 이렇게 옮긴다(역주).

195 17행이나 18행에서 화자의 변화가 있다. 누가 "알아보는" 행위의 주체인지는 분명하지 않지만, 18행에서는 분명히 남타르가 말하고 있다. .

196 우루크에서 출토된 본문은 여기서 셋째 칼럼이 시작된다. 축제의 신 에라는 여기서 네르갈과 동일시된다(역주).

남타르의 얼굴은 위성류 나무 단면처럼 노랗게 질렸고[197]
그의 입술은 상한 쿠니누(kuninu)처럼[198] 검게 변했다.
남타르는 예[주인]에게 말하러 갔다.
"오, 여주인님, 당신께서 저를 당신의 아버지[에게]
　　보내셨을 때,
저는 [아누의] 안뜰에 들어갔었습니다.[199]
[큰 신들 함께…] 업드려 절했습니다.
[땅의 주인들이…] 업드려 절했습니다.
　　　　　(이 아래로 28-37행이 모두 소실됨)[200]
하지만 나는 [내 아버지 아누의 하늘로 올라가]　　　　(38´)
[내 아버지 아누의 빵을 먹고, 내 아버지 아누의 술을
　　마시리라!
가서 그 신을 [내게 들여보내라!]"　　　　　　　　　　(40´)
[그는 네르갈이 첫째] 문, 네두(Nedu)를[201] 통과하게 하였다.
[그는 네르갈이 둘째 문, 키샤르(Kishar)를[202] 통과하게 하였다.
[그는 네르갈이 셋째 문, 엔다슈림마(Endashurimma)를[203]
　　통과하게 하였다.]

197　21행과 22행은 〈이쉬타르의 저승여행〉 29-30행을 참고하라(역주).
198　쿠니누는 갈대에 역청을 발라 만든 통이다(역주).
199　25-27행은 아래 31-33행을 참고하여 옮긴 것이다(역주).
200　우룩에서 발견된 판본을 참고하여 손상된 부분의 복구를 시도할 수 있다. 우룩 판본의 5-10행은 다음과 같다.
　　　　5 내 남타르여, 엔릴의 존귀함을 추구하지 말아라
　　　　6 네 심장은 영웅적 행위를 생각할 수 없으리!
　　　　7 올라가, 임금의 존귀함을 담는 권좌에 앉으라
　　　　8 저 넓은 저승에 판결을 내려라
　　　　9 하지만 나는 내 아버지 아누의 하늘로 올라가 내 아버지 아누의 빵을 먹으리라
　　　　10 내 아버지 아누의 술을 마시리라(역주).
201　첫째 문 네두 수메르어로 '문지기'란 뜻이다(역주).
202　둘째 문 키샤르는 수메르어로 '지하 만물의 주인'이란 뜻이다. 우루크에서 출토된 판본에는 '엔키샤르'(Enkišar)로 되어 있다(역주).
203　셋째 문 엔다슈림마는 수메르어로 '(양) 떼를 지키는 주인'이란 뜻이다(역주).

[그는 네르갈이 넷째 문, 엔우룰라(Enurulla)를[204] 통과하게
  하였다.

[그는 네르갈이 다섯째 문, 엔두쿠가(Endukuga)를[205]
  통과하게 하였다. (45′)

[그는 네르갈이 여섯째 문, 엔두슈바(Endushuba)를[206]
  통과하게 하였다].

[그는 네르갈이 일곱째 문], 엔누기기(Ennugigi)를[207]
  [통과하게 하였다].

그는 그녀의 넓은 안뜰로 들어섰다.

그는 엎드려, [그녀 앞의] 땅에 입맞추며 말했다.

"아누, 당신의 아버지께서 저를 보내시어 […] (50′)

(에레쉬키갈이 답하였다).

"왕좌에 앉으라 […]

[위대한 신들에 대한] 판결을 내려라,

이르칼라에 사는 위대한 신들에 대한 (판결을)"

[그들이 왕좌를 들고 오자]

그는 가서 [그 위에 앉지 *않았다*].

빵 굽는 이가 빵을 주자, [그는 가서] 그 빵을 먹지 않았다.

푸줏간 주인이 고기를 [주자], 그는 가서 그 고기를 먹지
  [않았다].

[술 빚는 이가 술을 주자], 가서 그 술을 마지지 않았다.

[발을 씻을 물을 떠다 주자], 그는 가서 [그의 발을 씻지 않았다].

그녀가 욕조에 들어와서 (60′)

---

204 넷째 문 엔우룰라는 '깨끗한 집의 주인'이란 뜻이다. 우루크에서 출토된 판본에는 '네룰라'(Nerulla)로 되어 있다(역주).

205 다섯째 문 엔두쿠가는 '빛나는 집의 주인'이란 뜻이다. 우루크에서 출토된 판본에는 '네루반다'(Nerubanda)로 되어 있다(역주).

206 여섯째 문 엔두슈바는 수메르어로 '영원한 도시의 주인'이란 뜻이다. 우루크에서 출토된 판본에는 여섯째가 엔두쿠가(Endukuga)로 되어 있다(역주).

207 일곱째 문 엔누기기는 수메르어로 '돌아오지 않는 주인'이란 뜻이다(역주).

[…] 옷을 입고
그에게 [그녀의 몸을] 보여 주었고
[남녀 사이의 정상적인 것…] 그의 심장이…
　　　　　　　(이 아래로 5행 정도 소실됨)
　(iv)
　　　　　　　(앞의 3행 정도가 소실됨)
네르갈이 이 말을 [듣자…]　　　　　　　　　　　(4′)
그녀는 [목욕]실로 [들어갔다.
그리고 그녀의…옷을 [입었다].
…[그녀는 그에게 그녀의 몸을 보여 주었다.]
그리고 [그는 남녀 사이의 정상적인 것…]
[그 둘은 서로를] 껴안았다.
[그들은 격정적으로] 침대로 [갔다].　　　　　　　(10′)
그리고 첫째 날, 둘째 날, [여왕 에레쉬키갈과 에라는] 누웠다.
[셋째] 날, 넷째 날, [여왕 에레쉬키갈과 에라는 누웠다].
[다섯째 날], 여섯째 날, [여왕 에레쉬키갈과 에라는 누웠다.]
[일곱째] 날이 되자
네르갈은 거기 없었고…[…]
그를 따라…[…]
"나를 놓아주어라, 내 누이여 […]!
그렇게 화를 내지 말아라, […] 여신이여!
나는 가리라, 그리고 돌아오지 않는 땅으로 돌아오리라!"
그녀의 입술은 검게…]　　　　　　　　　　　　(20′)
[네르갈은] 일어나 […로 갔다].
문지기[에게…] 가서 [말하였다].
"네 여주인 [에레쉬키갈이 나를 보냈다].
['우리의 아버지] 아누의 [하늘로 나는 너를 보내리라!]'
내가 소식을 전할 수 있도록 나를 놓아주어라…]."
네르갈은 [하늘의 긴 사다리를 타고 올라갔다.
그가 아누와 엔릴 그리고 에아의] 문에 다다르자

아누, 엔릴 그리고 [에아가 그를 보았다.]

"이쉬타르의 아들이 [우리에게 왔구나]

그녀는 그를 찾을 것이다. 그리고 […]

그의 아버지 에아가 그에게 봄의 물을 뿌려야 하리! 대머리여!

사팔뜨기, 절름발이…그는 신들의 모임에 앉아야 하리!"

에레쉬키갈[…]

욕조에 [들어가…]

(35-37행이 소실됨)

권좌를 […]

[…]의 물을 [그 집에 뿌려라!]

[…]의 물을 그 집에 뿌[려라!]   (40′)

[…]의 물을 그 집에 뿌려[라!]

[…]와 엔메샤르(Enmeshar)의[208] 두 딸…

[…물을] 그들에게 뿌려라.

우리의 아버지 아누께서 우리에게 보내신 [전령은][209]

[우리의 빵]을 먹고 우리의 [물을] 마셔야 하리!"

[남타르가 입을 열어] 말하였다.

그의 여주인 [에레쉬키갈에게] 말하였다.

"우리의 아버지 [아누께서 보내신] 전령이

[아침 전에 출발하였는데] 사라져버렸습니다."[210]   (49′)

[에레쉬키갈은 커다란 절규를 외치고, 왕좌에서 바닥으로

 쓰러졌다.]   (50′)

[그녀는 땅에서 일어났는데, 눈에 눈물이] 고였다.

그녀의 뺨을 타고 눈물이 흘렀다.   (52′)

"에라여, 나의 야수 같은 연인이여!

---

208 엔메샤르는 수메르어로 "모든 신적 권능의 주인"이란 뜻인데 아누와 엔릴의 먼 조상이다(역주).

209 우룩에서 출토된 본문은 여기에서 다섯 번째 칼럼(v)이 시작한다(역주).

210 49-51행까지 본문이 손상되었다. 우룩에서 출토된 본문 3-6행을 참고하여 이렇게 옮긴다(역주).

그를 향한 내 욕망 때문에 나는 편치 않다. 그는 나를 버렸다!
에라여, 나의 야수 같은 연인이여!
그를 향한 내 욕망 때문에 나는 편치 않다. 그는 나를 버렸다!"
남타르는 입을 열어 에레쉬키갈에게 말하였다.
"당신의 아버지 아누에게 저를 보내주십시오! 저는 그 신을
　　잡겠습니다!
[당신을 위해 그를 붙잡아 오겠습니다. 그는] 당신에게
　　입맞추게 될 것입니다!"[211]

　　(v)

[에레쉬키갈이 입을 열어 말하였다.]
[그녀의 큰 신하 남타르에게 말하였다.]
"[가라, 남타르여…!]
아누, 엔릴 그리고 에아의 [성문으로] 네 얼굴을 향하라!　　　　(1´)
'내가 어린 계집아이였을 때부터,[212]
나는 처녀의 놀이를 알지 못하였고,
아이들의 재롱을 알지 못하였다.
당신이 내게 보내신 [그 신이] 나와 통하였다. 그는 나와 함께
　　누워야 한다!
[그 신을] 내게 보내라! 그는 내 연인이 되리라, 나와 밤을
　　지새리라!
나는 더럽혀졌다. 나는 깨끗하지 않다. 큰 신들의 판결을 더
　　이상 내릴 수 없다.
이르칼라에 사는 위대한 신들(의 판결을)!
"[당신이] 그 신을 보내지 [않으면],
[이르]칼라와 위대한 땅의[213] [규정에 따라]　　　　(10´)
나는 죽은 이들을 올려보내리라, 그러면 그들이 산 자들을

211　58-59행까지 본문이 손상되었다. 우룩에서 출토된 본문 11행을 참고하여 이렇게 옮긴다.
212　2행부터 남타르가 하늘에 전할 전언이 시작된다.
213　'위대한 땅'은 저승세계를 가리킬 것이다.

먹어치우리,

나는 죽은 이들이 산 이들보다 더 많게 하겠다.'"

남타르는 해늘의] 긴 사다리를 타고 올라갔다.

그가 아누, 엔릴 그리고 에아의 성문에 도착하자.

[아누, 엔릴 그리고 에아가 보고는 다음과 같이 말했다).

"왜 왔는가, 남타르여?"

"여러분의 [따님이] 다음의 메시지와 함께 저를 보냈습니다.

'내가 어린 계집아이였을 때부터,

나는 처녀의 놀이를 알지 못하였고,

아이들의 재롱을 알지 못하였다.   (20´)

당신이 내게 보내신 그 신이 나와

　　[통하였다].

　　그는 [나와 함께] 누워야 한다!

그 신을 내게 보내라! 그는 내 연인이 되리라,

　　[나와 밤을 지새리라!]

나는 더럽혀졌다. 나는 깨끗하지 않다.

　　[큰 신들의] 판결을 더 이상 내릴 수 없다.

이르칼라에 [사는] 위대한 신들(의 판결을)!

그 신을 내게 보내지 [않는다면]

나는 [죽은 이들을] 올려보내리라, [그러면 그들이] 산 자들을

　　[먹어치우리],

나는 죽은 이들이 산 이들보다 더 많게 [하겠다].'"

에아가 입을 열어 [남타르에게 말하였다].

"남[타르여, 아누의] 안뜰로 [들어오라],

[너를 거슬러 범죄를 저지른 이를 찾아서, 그를 데리고

　　가라!]"²¹⁴   (30´)

그가 아누의 안뜰로 들어가자,

모든 [신들이] 그에게 [겸손히 고개를 숙였다].

---

214 30행은 완전히 손상되었지만, 48행을 참고하여 이렇게 옮긴다.

땅의 [신]들이 그에게 겸손히 고개를 숙였다.
첫째 (신)에게 [다가 갔지만], 그 신을 보지 [못하였다].
[둘째, 셋째] (신)에게 다가갔지만, 그 신을 보지 못하였다.
남타르는 가서 그의 여주인에게 말하였다.
"제 여주인님, 당신은 당신의 아버지 아누의 하늘로 저를
　　보내셨습니다.
제 여주인님, 한 대머리요 사팔뜨기요 절름발이인 [한 신이]
　　모든 신들의 모임에 앉아 있었습니다."
"가라! 그 신을 잡아 내게 데려오라!
그의 아버지 에아가 그에게 봄의 물을 뿌[리리라].　　　　(40´)
대머리요, 사팔뜨기요 절름발이인 신이…
　　모든 신[들의] 모임에 [앉아…]"
남타르는 하늘의 긴 사다리를 타고 올라갔다.
그가 아누, 엔릴 그리고 에아의 성문에 다다르자
아누, 엔릴 그리고 에아가 그를 보았다.
"왜 왔는가, 남타르여?"
　　"당신의 딸이 제[를] 보냈습니다.
'그 신을 잡아,
　　내게 데려오라'(고 하셨습니다)"
"남타르여, 아누의 안뜰로 들어오라,
너를 거슬러 범죄를 저지른 이를 찾아서,
　　[그를 데리]고 가라!"
첫째 (신)에게 다가갔지만, [그 신을] 보지 못하였다.
[둘째, 셋째] (신)에게 다가갔지만, [그 신을 보지 못하였다].　　(50´)
[넷째, 다섯째] (신)에게 다가갔지만, [그 신을 보지 못하였다].
[…]는[215] 입을 열어 에아에게 말하였다].
"[…남]타르, [우리에게] 온 전령이

215　이 말의 화자를 '남타르'로 생각하여, '남타르'를 이곳에 삽입하는 견해가 있지만, 아직 학자들간에 다양한 의견이 존재한다(역주).

[우리의 술을] 마시게 하자, 씻고

　　[그의 몸에] 기름을 바르게 하자.

　　　　(이 아래로 6행 정도 소실됨)

　　(vi)

"그는…[…] 없애지 말아야 하리"[216]

"에라여, 나는 너를 가게 하리라 […] 그에게로 […]

나는 너를 죽이리,[217] […]"

"남타르여, 너의 임무는…"

"에라여,…[…],

나는 위대한 땅의[218] 질서를 모두 [네게 말해 주겠다].

네가 여기를 떠난다면

…너는 왕좌를 지닐 [것이다].[219]

[…]을 너는 지닐 [것이다].

[…]을 너는 지닐 [것이다].　　　　　　　　　　(10´)

[…]을 너는 [지닐] 것이다.

[…]을 너는 [지]닐 것이다.

[…]을 너는 지닐] 것이다.

[…]…

[…] 너의 가슴…"

[에라는 에아의 말을][220] 가슴에 새겼다.

[…]활시위에[221] 기름을 먹여 활에 걸었다.

[네르갈은 [하늘]의 긴 사다리를 타고 [내려갔다].

그가 에레쉬[키갈]의 성문에 다[다르자] (말했다).

216　네르갈의 말일 수도 있고, 2행과 이어지는 남타르의 말일 수도 있다.
217　2-3행은, 영원히 저승으로 데리고 간다는 뜻이다.
218　저승을 가리킨다(역주).
219　네르갈은 지하세계의 일곱 문지기에게 각각 나누어줄 일곱 물건을 공급 받고 있는 것이다. 그렇게 함으로써 그가 옷을 벗을 필요가 없게 된다.
220　문맥에 따라, 남타르의 말이라고 새길 여지도 있다(역주).
221　이 말은 '고삐'라는 말과 같다(역주).

"[나에게] 성문을 열어라, 문지기여!" (20′)

성문의 문지기는 [그의 보좌를] 성문에 걸고,

그가 [그것을] 가져가지 못하게 했다.

성문의 두 번째 문지기도 그의 […]에 똑같이 했다.[222]

성문의 세 번째 (문지기)도 그의 […]에 똑같이 했다.

[성문의] 네 번째 (문지기)도 그의 […]에 똑같이 했다.

[성문의] 다섯 번째 (문지기)도 그의 […]에 똑같이 했다.

[성문의] 여섯 번째 (문지기)도 그의 […]에 똑같이 했다.

[성문의] 일곱 번째 (문지기)도 그의 […]에 똑같이 했다.

그는 그녀의 넓은 안뜰로 들어갔다.

그는 그녀에게 다가가서 웃었다. (30′)

그는 그녀의 머리장식을 잡았다.

그는 그녀를 [보좌]에서 [끌어내렸다].[223]

그는 그녀의 머리카락을 잡았다.

마음에 자리 잡은 사랑이 이끄는 대로.

그 둘은 서로를 껴안았다.

그들은 격정적으로 침대로 갔다.

첫째 날, 둘째 날, 여왕 에레쉬키갈과 에라는 누웠다.

셋째 날에 여왕 에레쉬키갈과 에라는 (누웠다).

넷째 날에 여왕 에레쉬키갈과 에라는 (누웠다).

넷째 날에 여왕 에레쉬키갈과 에라는 (누웠다). (40′)

[여섯째 날에] 여왕 에레쉬키갈과 에라는 (누웠다).

[일곱째 날이] 되자

[아누가 입을 열어] 말하였다.

[그의 큰 신하 카카에게] 말하였다.

"[카카여, 나는] 너를 [돌아올 수 없는 땅]으로

[에레쉬키갈의 집으로]

---

222 23-28행까지는 *TUAT*을 참고하여 옮겼다(역주).

223 또는 "그는 기뻐하였다."(역주).

이르칼라에 사는 (그녀에게) 다음의 메세지와 함께 보낼
  것이다.
'내가 네게 보낸 [그 신은]
영원[토록 너와 함께 살아야 하리라,
[…] 위에서나 (50´)
[…] 아래에서
      (이 아래로 모두 소실됨)

9. [안]주 신화 | 원역자: 그레이손(A.K.Grayson)　　　ANET³, 514

1) 아시리아 판본

이 신화는 고대에는 첫머리를 따서 "bīn šar dadmē"(인간이 사는 곳의 임금들)로 알려진 운문으로서, 니누르타(Ninurta) 신의 영웅적 승리를 찬미하는 주제를 담고 있다. 최고신 엔릴이 모든 신들의 운명이 적힌 토판을 산속에 사는 거대한 새인 안주(Anzu)에게 빼앗기자, 니누르타가 안주를 물리치고 그 토판을 찾아 온다는 줄거리이다. 이 신화는 크게 고바벨론어, 신바벨론어, 그리고 표준바벨론어로 쓰여진 세 가지 사본이 전한다. 여기서는 앗수르, 니느웨, 술탄테페 등에서 발견된 신바벨론어 판본을 옮겼는데, 토판 세 장에 약 550행 분량이다.[224]

---

224 J. Nougayrol, "Ningirsu Vainqueur de Zù", *Revue d'Assyriologie et d'Archéologie Orientale*, vol. 46 (1952), p. 88-97.; M. E. Vogelzang, *Bin šar dadmē. Edition and Analysis of the Akkadian Anzu Poem* (Groningen 1988), p. 91-132.; H. W. F. Saggs, "Additions to Anzu", *Archiv für Orientforschung*, vol. 33 (1986), p. 1-29.; K. Hecker, "Das Anzu-Epos", *TUAT*, Bd. III, Lf. 4, p.745-759(역주).

토판 I

(i)

인간이 사는 곳의 임금의 아들을, 곧 마미(Mami)의[225]
    사랑받는 빛나는 이를,
그 강한 이를 나는 노래하리라, 엔릴의 거룩한 첫아들을,
니누르타(Ninurta)를,[226] 마미의 사랑받는 빛나는 이를,
그 강한 이를 나는 노래하리라, 엔릴의 거룩한 첫아들을,
에쿠르(Ekur)에서[227] 태어난 이를, 아눈나키의[228] 첫째를,
    에닌누의[229] 강한 이를,
가축 우리를 [만들고] 집, 거리, 도시를 건설한 이를,[230]
전투에 [능한] 영웅, *적극적인 투사를* (나는 노래하리라.)[231]
들판의 귀신들도 그분의 거침없는 공격을 두려워하고
그의 강함을 칭송하는 노래를 듣는다.
그는 용기를 내어 돌산을 묶고 내던져버린다.[232]   (10)
그는 그의 무기로 안주(Anzu)를 제압하고,

---

225 마미는 수메르의 모신(母神)으로서, 아카드어 이름은 '신들의 여주인'이란 뜻의 '벨레트-일리'(Belet-ili)이다. 후대 신화에서는 저승신 네르갈의 아내로 나오기도 한다(역주).

226 니누르타는 수메르 신화와 아카드 신화의 전쟁신으로, 닌기르수(Ningirsu)와 동일시된다(역주).

227 에쿠르는 수메르로 '산(山)의 집'이란 뜻인데, 닙푸르에 있는 엔릴의 신전을 가리키는 이름이다(역주).

228 이 신화에서는 저승신들을 가리킨다(역주).

229 에닌누는 라가쉬(Lagaš)의 주신(主神)인 닌기르수(Ningirsu)의 신전이다. 고바벨론 판본에는 안주를 물리치는 영웅이 닌기르수로 나온다(역주).

230 "우리(속의 가축)에게 물을 먹이는 이를, 들과 도시에 풀을 자라게 하고 땅을 적시는 이를" 본문을 정확하게 이해하기 어려워서 여러 가지 번역이 존재한다(역주).

231 전투의 범람을 일으키는 이를, 장식띠를 두른, 그 강한 이를(역주).

232 니누르타는 돌로 된 적을 무찔렀다는 이야기가 거듭하여 되풀이된다. 이에 대해 다음을 보라 J. S. Cooper, AnOr 52, 1988, p. 121(역주).

압수[233] 한가운데에서 쿠사릭쿠(kusarikku)를[234] 쳤다.

힘센 영웅이 그의 무기로 죽여버렸다.

전투와 전쟁에 임할 때, 그는 힘이 세고 주저하지 않는다.

이기기[235] 가운데 그런 높은 자리로 오른 자가 없는 것은[236]

이기기가 엔릴로 말미암아 추락했기 때문이다.[237]

티그리스와 [유프라테]스가 창조되었고

[샘들]이 열렸지만, 땅에는 아직 물이 없었다.

바다는…[…]

그리고 구름은 하늘의 기초에서[238] 멀리 있었다. (20)

온 세상의 [이기기]들은 모여 있었다.

그들의 아버지요 영[웅]인 엔릴은,

그의 아들들인 그들에게 [소식을] 주려고 하였다.

"기쁜 소식을 들어[라]!

키키 산으로[239]…나무…[…] (25)

그 자궁[240] 안에서 […] 아눈나키…

(그렇게) 안[주가…] 태어났다.

전설들은…[…]

---

233 압수는 땅 밑에 있는 지하수의 바다이다(역주).

234 아카드어 신화와 마술 문헌에 등장하는 괴물이다. 이 괴물에 대한 자세한 연구는 다음을 보라. M. de Jong Ellis, "An Old Babylonian kusarikku", in: H. Behrens, D. Loding, M. T. Roth (ed.), *dumu . . Studies in Honor of Åke W. Sjöberg* (= Occasional Publications of the Samuel Noah Kramer Fund 11), (Philadelphia 1989), p. 121-135(역주).

235 이 신화에서는 하늘의 신들을 일컫는다(역주).

236 *ANET*가 옮긴 본문은 이 이하가 모두 손상되었다. 15-60행은 *TUAT*에 따라 옮긴다(역주).

237 이 행 위에 문단구분선이 있는 본문이 존재한다(역주).

238 지평선을 일컫는다(역주).

239 본문에 *šár-šár KUR*으로 나오는 이 산이 정확히 어디인지 알 수 없다. Hecker에 따라 키키 산으로 옮긴다(역주).

240 문맥상 안주의 탄생과 아눈나키가 관련있다는 것은 분명하지만, 본문이 손상되어 누구의 자궁인지 확실하지 않다(역주).

(이 아래로 13행 정도 소실됨)[241]

신들의 아버지요 두란키(*Duranki*)의[242] 신인 그는 그를[243]

　보았다. (42)

그리고 나서 그의 마음에 한마디 말씀을 남겼다.

그는 [⋯] 안주를 보았다.

그 다음에 그는 이해(理解)의 주인 에아에게 소식을 전했다.

"누가 [날개 달린 안주를] 낳았는가?

왜 이 [⋯]?"

[에아는 그의 마음의 말씀에 대답하였다.

닌쉬쿠(Ninshiku)는[244] 엔릴에게 이렇게 말하였다].

"아마도 홍[수의] 물이 [⋯] (50)

압수의] 신들의 깨끗한 물이 [⋯]

넓은 땅이 그를 임신하였고

그는 산의 바위에서 [태어났습니다].

너는 안주를 보았고 [⋯]

그는 멈[추지 않]고 네 앞에 서 있으리라,

(그리고) 신전의 작은 방에 갇히리라!"

(이 아래로 2행이 완전히 소실됨)

의례를 드리는 곳을 그는⋯[⋯] (60)

(ii)

그리고 그는 모든 신들에 대한 칙령을 내렸다. (61 = ii,1)[245]

ANET³, 112-13

---

241 손상된 13행은 거의 알아보기 힘든데, 바람과 비의 탄생과 안주의 탄생이나 최초의 출현이 묘사되어 있을 것이라 추측할 수 있다(역주).

242 두란키는 수메르어로 '하늘과 땅의 묶음'이란 뜻으로, 닙푸르의 신전을 가리키는데, 바로 엔릴이 사는 곳이었다(역주).

243 문맥을 보면, 안주를 의미한다(역주).

244 닌쉬쿠는 정확히 할 수 없지만, 문맥상 에아의 전령이거나 에아의 다른 이름일 것 같다(역주).

245 *ANET*가 옮긴 판본은 여기서부터 첫째 토판의 둘째 칼럼(ii)이 시작된다. *ANET*와 더 쉽게 대조할 수 있도록, 이하 *ANET*의 행 번호를 병기한다. '(61 = ii,1)'은 이 본문의 61행이 *ANET*의 둘째 칼럼 첫째 행과 같다는 뜻이다(역주).

그들은 운명을 승인했다. 안주는 […] 나른다.

그가 완전하게 만든 신전의 입구를 엔릴은 신뢰하였다.

그는 깨끗한 물로 그의…를 씻었다.

엔릴의 존엄함으로 그의 눈은 보았고

그의 통치의 왕관을, 그의 거룩함의 옷을

그의 손에 있는 운명의 토판을 안주는 끊임없이 보았다.

그는 신들이 아버지요 두란키의 신을 보았다.

엔릴의 존엄함으로 그를 보았고, 마음에 그를 새겼다.

안주는 신들의 아버지요 두란키의 신을 보았다.[246]　　　(70 = ii,10)

그에게서 엔릴의 존엄함을 없애버리자고 마음에 새겼다.

"내가 신들의 운명(이 적힌) 토판을 빼앗으리라, 내가!

그리고 모든 신들에 대한 칙령을 모으리라,

왕좌를 내가 온전히 차지하리, 신들의 권능의 주인이 되리,

모든 이기기에게 나는 칙령을 내리리라!"

그의 마음에 싸움을 하려는 생각이 들었다.

신전 입구에 그의 모습이 보였고, 그는 날의 시작을 기다리고
　있었다.

엔릴이 깨끗한 물로 씻을 때

그는 왕좌에서 내려와 그의 왕관을 벗어 두었는데,

그가[247] 그의 손으로 운명의 토판을 잡아서　　　(80 = ii,20)

그는 엔릴의 존엄함을 스스로 취했다. 신들의 권능이
　추락했다.

안주는 날아가 산으로 향했다.

죽음의 고요가 넘쳐 흘렀다. 침묵이 지배했다.

그들의 아버지요 조언자인 엔릴은 말이 없었다.

신전에는 그분의 영광의 빛이 꺼져 버렸다.

246　일부 사본에는 이곳과 80행, 90행에 '襪'을 의미하는 쐐기문자가 새겨져
　　있다(역주).

247　문맥으로 보면, 안주가 확실하다(역주).

땅의 신들이 모두 조언을 구하였다.
(그때에) 아누가 입을 열어 말하였다.
거룩한 아들들에게 말하였다.
"아누가 어느 신을 죽이고
모든 거주지에서[248] 그의 이름을 크게 만들까?"[249]   (90 = ii,30)
그들은[250] 아누의 아들인 [운하]관리인을 불렀다.
명령을 내[리는 자가 그에게 말하였다.
그들은 아누의 아들이자 운하관리인 아다드를[251] 불렀다.
명령을 내리는 자가 그에게 말하였다.
"강한 아다드여, 용맹한 아다드여, 네 공격을 막지
    못하게 하라!
네 무기로 안주에게 번개를 내려라!
위대한 신들의 모임에서 네 [이]름이 크게 될 수 있도록!
네 형제 신들 사이에서 너 같은 이를 볼 수 없으리라!
높은 자리가 [준비되고] 건설된다면
세상의 네 구역에 너에게 의례를 올리는 곳을
    만들리라!   (100 = ii,40)
[너에게 의례를 올리는 자리]는 에쿠르까지 이르리라.
네 영광을 신들에게 보이라, '강한 자'가 네 이름이 되리!"
아다드가 이 말씀에 대답하였다
그의 아버지 아누[에게] 이렇게 말하였다.
"[내 아버지], 들어갈 수 없는 [산속에] 누가 주저하지 않고
    들어가리오?
당신의 아들 신들 가운데 안주 같은 [이]가 있으리오?]

---

248 '거주지'는 '도시들'이라고 옮기기도 한다(역주).
249 고바벨론 판본은 89-90행이 다음과 같이 되어 있다. "신들이여, 누가 안주를 죽일 것인가? / 내가 그의 이름을 크게 만들리라"(역주).
250 고바벨론 판본은 '그(아누)가 불렀다'로 되어 있다(역주).
251 아다드는 비바람을 관장하는 풍우신(風雨神)으로, 비를 내려 운하의 물을 관리하는 역할도 맡았다(역주).

그는 그의 손으로 [운명의 토판]을 잡았습니다.
그는 [엔릴의 존엄]을 취했고, 법도가 추락했습니다.
[안주는] 날아가 산으로 향했습니다.
그의 [입]에서 나오는 [말은] 이제 두란키의 신(의 말)처럼
　　되었습니다. 　　　　　　　　　　　　　　　　　　(110 = ii,50)
[그를 반대한 자들은] 진흙이 되리라!"
[그의 입에서 나온 말에] 신들의 [기가 꺾였다].
[그는 가지 않은 길로 돌아가서, 말하였다.[252]]
[그들은[253] 아누니투(Anunitu)의[254] 맏이 기라(Girra)를[255]
　　불렀다].
[그는 계획을 세웠고, 그가 그에게 말하였다]. 　　　　　(115)[256]
"[강한 기라여, 용맹한 기라여, 네 공격을 막지 못하게 하라!]
[네 무기로 안주에게 번개를 내려라!][257]
[위대한 신들의 모임에서 네 이름이 크게 될 수 있도록!]
[네 형제 신들 사이에서 너 같은 이를 볼 수 없으리라!]
[높은 자리가 준비되고 건설된다면] 　　　　　　　　　(120)
[세상의 네 구역에 너에게 의례를 올리는 곳을 만들리라!]
[너에게 의례를 올리는 자리는 에쿠르까지 이르리라].
[네 영광을 신들에게 보이라, '강한 자'가 네 이름이 되리!"]
[기라가 이 말씀에 대답하였다.]

252　*ANET*가 옮긴 판본은 이 아래로 손상되었다. 따라서 병기하는 것을 이 아래로 생략한다. 병기하는 기호는 셋째 칼럼이 시작될 때 다시 등장할 것이다(역주).
253　91행처럼 '그가 말했다'로 나오는 본문이 있다(역주).
254　전투의 여신 이쉬타르는 이따금 아누니투로 등장한다(역주).
255　기라는 바벨론의 불의 신으로서, "에누마 엘리쉬" VII, 115에 의하면 마르둑과 같은 신이다(역주).
256　*ANET*에는 113행 이하의 내용이 없다(역주).
257　117-123행은 완전히 손상되었다. 하지만 92-102행을 참고하여 이렇게 옮긴다(역주).

[그의 아버지 아누에게 이렇게 말하였다]. (125)[258]

"[내 아버지, 들어갈 수 없는 산속에 누가 주저하지 않고
   들어가리오?]

[당신의 아들 신들 가운데 안주만큼 제압하는 이가 있으리오?]

[그는 그의 손으로 운명의 토판을 잡았습니다].

[그는 엔릴의 존엄을 취했고, 신들의 권능이 추락했습니다].

[안주는 날라가 산으로 향했습니다]. (130)

[그의 입에서 나오는 말은 이제 신처럼, 곧 두란키의
   신(의 말)처럼 되었습니다].

[그가 명령을 내리면, 그를 저주한 자들은 진흙이 되리라!"]

[그의 입에서 나온 말에 신들은 기가 꺾였다].

[그는 가지 않은 길로 돌아가서, 말하였다].

   (iii)

(이 칼럼의 처음 23행은 거의 유실되었다. 유실된 부분에서는 또 하나의 신이 소환되었으나 안주 공격하기를 거부했다. 재미있는 것은 수사 판본에서는 이쉬타르의 맏이가 소환된 두 번째 신[아시리아 판본에서는 세 번째 신임]이다. 또한 아시리아 판본에서와 달리, 그는 안주를 공격하라는 명령을 받아들인 것처럼 보인다.)

그들은 이쉬타르의 맏이 샤라(Shara)[259]를
   불렀다. (135 = iii,77)[260]

명령을 내[리는 자가 그에게 말하였다.

---

258 126-134행은 완전히 손상되었다. 하지만 105-113행을 참고하여 이렇게 옮긴다(역주).

259 샤라는 움마(Umma)의 주신(主神)으로서, 전쟁의 신인데, 문헌에 거의 등장하지 않는다(역주).

260 *ANET*는 둘째 칼럼이 시작할 때는 새로 행 번호를 세었지만, 셋째 칼럼이 시작할 때는 둘째 칼럼의 행 번호를 그대로 이어서 세었다. 그래서 여기서 셋째 칼럼의 77째행이 시작한다. 오직 *ANET*와 대조하는 데 도움을 주기 위해서, *ANET*의 행 번호를 병기한다(역주).

"[강한 샤라]여, 용맹한 샤라여, 네 공격을 막지 못하게 하라!
네 무기로 안주에게 [번개를 내려라!]²⁶¹
위대한 신들의 모임에서 [네 이름이] 크게 될 수 있도록!
네 형제 신들 [사이]에서 너 같은 이를 볼 수 없으리라! (140 = iii,82)
높은 자리가 준비되고 건설된다면
세상의 네 구역에 너에게 의례를 올리는 곳을 만들리라!
너에게 의례를 올리는 자리는 에쿠르까지 이르리라.
네 영광을 신들에게 보이라, '강한 자'가 네 이름이 되리!"
샤라가 이 말씀에 대답하였다.   (145 = iii,87)
그의 아버지 아누에게 이렇게 말하였다.
"내 아버지, 들어갈 수 없는 산속에 누가 주저하지 않고
    들어가리오?
당신의 아들 신들 가운데 안주 같은 이가 있으리오?
그는 그의 손으로 운명의 토판을 잡았습니다.
그는 엔릴의 존엄을 취했고, 법도가 추락했습니다.   (150 = iii,92)
안주는 날라가 산으로 향했습니다.
[그의] 입에서 나오는 [말]은 이제 [두란키의 신(의 말)처럼]
    되었습니다.
[그를 반대한 자들은 진흙이 될 것입니다!]
[그의 입에서 나온 말에 신들의 기가 꺾였습니다."]   (155 = iii,97)
[아누는 샤라에게 그 여행을 그만두라고 명령했다].
            (7행이 소실됨)²⁶²
[…]. 아누가 그에게 말하였다.   (161 = iii,105)²⁶³   ANET³, 514-17

---

261 138-144행은 완전히 손상되었다. 하지만 92-102행과 1117-123행을 참고하여 이렇게 옮긴다(역주).
262 다음과 같이 복원될 수 있다. "신들은 고요했고, 조언자를 배척했다./ 이 기기는 공허한 생각에 고요히 앉아 있었다./ 압수에 사는 이해의 신이자 강력한 신은/ 그의 영의 지혜로 한마디 말씀을 만들었다./이해의 신 에아는, 그의 마음속으로 창조했다."(역주).
263 *ANET*가 옮긴 판본은 155행(ii,97) 이하 7행이 손상되었다고 하지만, 실제로 대조해 보면, 160행까지 손상되었다(역주).

"나는 선포하리라, 그리고 한 신을 찾으리라,

안주를 묶을 그 신을 (신들의) 모임에서 지목하리라.

나는 스스로 한 신을 찾으리라.

안주를 묶을 그 신을 (신들의) 모임에서 지목하리라." (165 = iii,109)

이기기들이 그의 말씀을 듣고

달려와서 그의 발에 입을 맞추었다.

닌쉬쿠는 입을 열어 말하였다.

아누와 다간에게[264] 말하였다.[265]

"그들은 신들의 누이 벨레트일리를[266] 불러야 하리라.   (170)

그녀는 [그녀의] 형제 신들에게 강력한 조언[자다].

(신들의) 모[임에서] 말하는 모든 이는 그녀가 가장 크다고
    말하리라.

신들은 그녀의 모임에서 [그녀를] 경배하리라.

내 마음에 있는 말을 [나는] 그녀에게 [하리라]."

그들은 [신들의] 누이 벨레트일리를 부른다.

그녀는 [그녀의 형제] 신들에게 강력한 조언자다.

[(신들의) 모임에서] 그들은 그녀가 가장 크다고 말한다.

신들은 그녀의 모임에서 [그녀를] 경배한다.

에아는 [그의 영]의 지혜로 [이렇게 말하였다].

"예전에 우리는 그대를 불렀다. 마미여,   (180)

이제 '모[든 신들의] 여주인'이 [네 이름이 되리라!]

강한 이를 내어 놓아라, [네 사랑받는] 빛나는 이를,

넓은 가슴으로 [싸움을 이해]하는 이를,

니누르타를 내어 놓아라, [네 사랑받는] 빛나는 이를,

넓은 가슴으로 [싸움을 이해]하는 이를

그 주인은 신들의 모임에서…[…]

---

264 다간은 나무와 풀과 곡식의 성장을 가져오는 풍요의 신이다(역주).

265 *ANET*가 옮긴 판본은 이 이하로 모두 소실되었다. 따라서 병기하는 기호를 이 아래로 생략한다(역주).

266 첫째 토판 첫 행의 마미에 대한 해설을 보라(역주).

그는 큰 영광을 […]

모든 도[시에서 나는 네 이름을 크게 만들리라!]

의례를 드리는 곳 […]

[…]의 주인…! (190)

(6행 정도 소실됨)[267]

[이 말을 듣고] (197)

[가장 위대한 벨레트일리는 긍정했다].

[이기기는 입을 열어 그 말에 기뻐했고]

[달려와서 그녀의 발에 입을 맞추었다]. (200)

[그녀는 신들의 모임에서 그녀의 아들을 불렀다].

그녀가 마음으로 사랑하는 자에게 이렇게 말하며 임무를
  맡겼다.

["아누와 다간이 계신 곳"에서]

그들은 [(신들의) 모임에서 거룩한 직무에 대해 의논하였다].

이기기들은 [모두 내가 낳았다].

내가 [그들 모]두를 만들었다.

내가 [신들의 모임]을 만들었다. [내가, 마미가].

[내 형제에게] 내가 엔릴의 존엄을 [주었다].

아누에게 내가 [하늘의] 왕직을 [수여하였다].

안주는 [내가 임명한 왕직을] 뒤죽박죽으로 만들었다. (210)

[신들의] 모임에서 [그가 받은] 운명의 토판을

그가 엔릴에게서 빼앗았다. 그는 [너의] 아버지를 증오했다.

그는 법도를[268] 빼앗아, 그의 손에 들었다.

---

267 191-192행은 거의 모두 손상되었고, 193-200행(또는 193-201행)은 완전히 손상되었다. 다만 197-201행(또는 196-200행)은 다른 판본과 문맥을 참고하여 이렇게 복원을 시도할 수 있다(역주).

268 혹은 "신들의 권능을"(역주).

토판 II

(마미가 말하고 있다. 그의 말은 28행까지 지속된다)

"[길을 밝혀라], 네 시간을 정해라,
[내가 창조한 신들을 위해] 밝음을 비추어라!
너의 모든 공격력을 동원하라!
너의 일곱 폭풍이 그를 공격하게 하라!
도망하는 안주를 궤멸하라.
그래서 내가 만든 땅에는 평화를 가져오고, 그가 사는 곳에는
　　혼란을 일으켜라!
그가 경악하도록 거세게 공격하라.
너의 무서운 공세를 그에게 펼쳐라!
모든 모래 바람으로 그를 공격하며,
촉에 독을 바른 화살을 활에 걸어라![269]　　　　　　　　　　　　(10)
네 모습을 악마처럼 만들어라.
안개를 보내어 그가 네 얼굴을 알아보지 못하게 하라.
네 광선으로 그를 공격하라.
[너의… 발걸음은] 빛을 지니리라!
태양은 그를 비추지 않을 것이며
밝은 [낮은 그에게 어둠이 될 것이다!
그의 목을 가르고, 그를 궤멸하라.
바람으로 하여금 그의 날개들을 아무도 모르는 곳으로
　　가져가게 하라
에쿠르 신전으로, 너의 존귀한 아버지 엔릴에게로![270]
산에 홍수를 일으켜 놀라게 하라!　　　　　　　　　　　　(20)

269　이곳과 20행, 50행, 60행, 140행, 150행에 '10'을 의미하는 쐐기문자가 표시된 판본이 있다(역주).

270　이 행은 "에누마 엘리쉬" IV, 32와 완전히 똑같다(역주).

나쁜 안주의 목을 가르라,

왕권이 (다시) 에쿠르로 들어올 수 있게,

그리고 법도가[271] 너를 낳은 아버지께 돌아오도록!

높은 자리가 마련되고 건설되면

세상의 네 구역에 너에게 의례를 올리는 곳을 만들어라!

너에게 [의례를 올리는 곳이] 에쿠르에 있도록 하라.

네 영광을 신들에게 보이라, '강한 자'가 네 이름이 되리!"

영웅은 어머니의 말씀을 들었다.

그는 몸을 구부렸다가, 부르르 떨고 나서, 산속으로 향했다.

내 영웅은 7개의 전투를 펼쳤다. (30)

그 영웅은 7개의 폭풍을 펼쳤다.

먼지가 회오리쳐 올라가 7개의 모래폭풍이 되었다.

그는 끔찍한 전쟁을 시작했고, 적수를 불렀다.

그의 편에서 폭풍들이 그의 전투를 주목했다.

산 어귀에서 안주와 니누르타는 마주쳤다.

안주가 그를 보자, 그는 분노했다.

그는 폭풍 귀신처럼 이를 갈았고, 공포의 빛이 산을 덮었다.

그는 분노에 가득 차 사자처럼 포효했다.

격분한 마음으로 그는 영[웅을 거슬러] 울부짖었다.

"나는 모든 신들로부터 법도를 빼앗았다. (40)

따라서 나는 모든 신들의 칙령을 정한다.

내게 싸움을 걸러 온 너는 누구인가? 자신을 밝혀라!"

즉시 그의 입에서 말이 나와

영웅 니누르타는 안주에게 대답하였다.

"나[는] 두란키의 신이 [보낸 자로서]

운명의 임금인 에아에게서 드넓은 [땅을 영원]히 수여받은
    자이다.

나는 너와 싸우기 위해 [네게] 왔으며, 너를 부수어버릴

---

271   혹은 "신들의 권능"(역주).

것이다!"
그의 입에서 나온 말을 안주가 듣자
그는 산속에서 분노의 함성을 질렀다.
어둠이 일어나자, 산의 얼굴이 덮였다.   (50)
신들의 빛인 샤마쉬는[272] 구름에 가려 어두워졌다.
[아다드…] 안주를 보고 큰 소리로 울부짖었다.
전투가 벌어지고 전쟁이 크게 일어났을 때, 홍수가…
갑옷은 거칠었고, 그는 피로 목욕했다.
죽음의 구름이 내렸고, 화살이 번쩍였다.
그들 사이에서 웅웅거리는 소리가 났고, 미친듯 싸움이
　　일었다.
강한 자, 마미의 빛나는 맏이,
아누와 다간의 희망, 니니기쿠(Ninigiku)의 사랑받는 자는,
활을 펴서 갈대 화살을 걸었다.
활의 아귀에서 그는 갈대 화살을 그에게 쏘았다.   (60)
갈대 화살은 안주에 다다르지 못하고 돌아왔다.
그러자 안주는 그에게 이렇게 외쳤다.
"네가 쏴 보낸 갈대 화살은 갈대숲으로 돌아갔다.
[활의] 틀을 (만들) 나무를 (다시) 베어라,
숫양의 등심에서 힘줄을 다시(뽑고), 새의 털을 다시 (붙여라)!"
그는 신들의 운명(이 적힌) [토판]을 손에 들었다.
활[시위는 너무 헐거웠고, [화살은 그의 몸에 가까이 가지
　　않았다.
전투는 [고요]해졌고, 싸움은 멈추었다.
무기는 산속 깊은 곳에서 침묵했고, 안주를 묶지 못했다.
그 니누르타는 아다드를[273] 불러 이렇게 말하며 임무를 맡겼다. (70)

272　샤마쉬는 태양신이다(역주).
273　"샤루르"(sharur)는 니누르타의 무기인 듯하다(역주).

"에아와 니니기쿠에게²⁷⁴ 네가 본 일들을 되풀이하(여 말하)라!
'주인님 니누르타는 안주를 에워쌌습니다
니누르타는 싸움의 먼지로 둘러싸였습니다
[영]웅은 진영의 먼지로 둘러싸였습니다.
그는 활을 [펴서] 갈대 화살을 걸었습니다.   (75 = II:74)²⁷⁵
그는 활을 펴서 갈대 화살을 그에게 쏘았습니다.
갈대 화살은 안주에 다다르지 못하고 돌아왔습니다.²⁷⁶
그러자 안주는 그에게 이렇게 외쳤습니다.
"네가 쏴 보낸 갈대 화살은 갈대숲으로 돌아갔다.
활의 틀을 (만들) 나무를 (다시) 베어라,   (80 = II:79)
숫양의 등심에서 힘줄을 다시(뽑고), 새의 털을 다시
   (붙여라)!"
그는 신들의 운명의 토판을 손에 들었습니다.
활시위는 너무 헐거웠고, 화살은 그의 몸에 가까이 가지
   않았습니다.
전투는 고요해졌고, 싸움은 멈추었습니다.
무기는 산속 깊은 곳에서 침묵하였고, 안주를 묶지
   못하였습니다.'"   (85 = II:84)
아다드 '군주'는 소식을 전하였고,
니니기쿠에아에게²⁷⁷ 전투를 보고하였다.
그의 주인이 말한 것을 에아에게 되풀이하였다.
"주인님! 니누르타는 안주를 에워쌌습니다.
그 [영]웅은 진영의 먼지로 둘러싸였습니다.   (90 = II:89)
그는 활을 [펴서] 갈대 화살을 걸었습니다.

---

274 "닌시쿠"로도 읽힌다(역주).
275 *ANET*가 옮긴 본문은 74행이 없어서, 92행까지 한 행씩 차이가 난다. *ANET*와 쉽게 대조할 수 있도록, 영문본의 행 번호를 병기한다(역주).
276 77-85행은 61-69행과 똑같다(역주).
277 71행에서는 '에아와 니니기쿠'였는데, 여기에서는 '니니기쿠에아'로 등장한다(역주).

(그는 활을 펴서 갈대 화살을 그에게 쏘았습니다).   (92 = II:92)²⁷⁸

갈대 화살은 안주에 다다르지 못하고 돌아왔습니다.

그러자 안주는 그에게 이렇게 외쳤습니다.

'네가 쏴 보낸 갈대 화살은 갈대숲으로 돌아갔다.

활의 틀을 (만들) 나무를 (다시) 베어라.

숫양의 등심에서 힘줄을 다시(뽑)고, 새의 털을 다시
    (붙여라)!'

그는 신들의 운명의 토판을 손에 들었습니다.

활시위는 너무 헐거웠고, 화살은 그의 몸에 가까이 가지
    않았습니다.

전투는 고요해졌고, 싸움은 멈추었습니다.

무기는 산속 깊은 곳에서 침묵했고, 안주를 묶지 못했습니다." (100)

[니니기쿠는 자신의 아들의 말을 듣고

그는 [아다드]를 불러 이렇게 말하며 임무를 맡겼다.

"내 입에서 나오는 말을 네 주인에게 되풀이하라!

내가 하는 모든 말을 잘 듣고 그에게 (옮겨라!)

전투를 멈추어서는 안된다. 승리하라!   (105)

그를 제압하라. 남풍으로 그의 날개를 부러뜨려라.

(활을) 당겨 그의 뒤에 화살을 (꽂아라). 그리고

그의 깃털을 잘라, 오른쪽과 왼쪽으로 던져라!

그가 자신의 잘린 날개를 보면, (그 광경이) 그가 할 말을
    잃게 할 것이다.

그는 '날개에는 날개로'라고 외치리라, 그를 두려워하지 마라! (110)

활을 당겨, 활의 어귀에서 화살이 번개처럼 나가도록 하라.

날개의 깃털이 *나비처럼* 춤추게 하라!

그의 목을 갈라, 안주를 궤멸하라.

바람이 그의 날개를 아무도 모르는 곳으로 옮기도록 하라!

---

278 92-100행은 많이 손상되었다. 하지만 61-69행, 77-85행과 매우 비슷하다. 이후 행 수가 같아져서 병기하는 것을 생략한다(역주).

에쿠르 신전으로, 너의 존엄한 아버지 엔릴에게로!

그 산에 홍수를 일으켜 혼돈에 빠지게 하여

악한 안주의 목을 잘라라,

왕권이 (다시) 에쿠르로 들어오게

법도가 너를 낳은 아버지께 돌아오도록!

높은 자리가 준비되고 건설되면 (120)

세상의 네 구역에 너에게 의례를 올리는 곳을 만들어라!

너에게 의례를 올리는 곳이 에쿠르에 있게 하라.

네 영광을 신들에게 보이라, '강한 자'가 네 이름이 되리!"

아다드 '군주'는 소식을 듣고,

그의 주인에게 전투에 대한 소식을 전하였다.

에아가 말한 것은 모두 그에게 되풀이하였다.

"전투를 멈추어서는 안된다. 승리하라!

그를 제압하라. 남풍으로 그의 날개를 부러뜨려라.[279]

(활을) 당겨 그의 뒤에 화살을 (꽂아라). 그리고

그의 깃털을 잘라, 오른쪽과 왼쪽으로 *던져라*! (130)

그가 자신의 잘린 날개를 보면, 그 광경이 그가 할 말을 잃게
할 것이다.

그는 '날개에는 날개로'라고 외치리라, 그를 두려워하지 마라!

활을 당겨, 활의 어귀에서 화살이 번개처럼 나가도록 하라.

날개의 깃털이 나비처럼 춤추게 하라!

그의 목을 가르라. 안주를 궤멸하라.

바람이 그의 날개를 아무도 모르는 곳으로 옮기도록 하라!

에쿠르 신전으로, 너의 존엄한 아버지 엔릴에게로!

그 산에 홍수를 일으켜 혼돈에 빠지게 하여

악한 안주의 [목를] 잘라라,

왕권이 (다시) 에쿠르로 들어오게 (140)

---

[279] 129-147행은 106-124행과 똑같다. 그래서 일부 사본에는 "(위와) 같은 본문"(šu.bi.dil.àm)이라고 표기하고 이 부분을 생략했다. 일부 현대 번역본도 그렇게 하는 경우가 있다(Hecker)(역주).

법도가 너를 낳은 아버지께 돌아오도록!
높은 자리가 준비되고 건설되면
세상의 네 구역에 너에게 의례를 올리는 곳을 만들어라!
너에게 의례를 올리는 곳이 에쿠르에 있게 하라.
네 영광을 신들에게 보이라, '강한 자'가 네 이름이 되리!"
주님이 니니기쿠에아의 이 말을 듣자
그는 몸을 구부렸다가, 부르르 떨고나서, 산속으로 향했다.
내 영웅은 7개의 전투를 펼쳤다.
그 영웅은 7개의 폭풍을 펼쳤다.
먼지가 회오리쳐 올라가 7개의 모래폭풍이 되었다.   (150)
그는 [끔찍한 전쟁]을 시작했고,
적수를 [불렀다].
[그의 편에서 폭풍들]이 그의 전투를 주목했다.

토판 III

(셋째 토판 서두의 6행은 소실됨)[280]

그(니누르타)가 지닌 무기는, 공포를 물리치는 것들이었다.   (7)
전투용 칼은 양면이 모두 젖었다.
안주는 지쳤고, 그의 깃털 폭풍의 충돌들 안에서 패배하였다.
그는 활을 당겨 그의 뒤에 화살을 (쏘았고)   (10)
그의 깃털을 잘랐다. 오른쪽과 왼쪽을 잘랐다.
그가 자신의 날개를 보고 그의 입에서 이런 말이 나왔다.
어떻게 그가 '날개에는 날개로'라고 외칠까? 그에게 화살이
    도달하였는데.
화살은 그의 심장 앞부분을 뚫었다.

---

280 *ANET*는 셋째 토판을 옮기지 않고, 대략의 내용만 요약하여 제시하였다. 그러나 셋째 토판의 내용을 제시하는 것이 유익하다고 판단되어 여기에 옮긴다(역주).

날개의 깃털을 뚫도록, 그는 화살을 쏘았다. (15)
심장과 허파를 화살은 뚫었다.
그는 산맥을 치고, 거친 땅에 홍수를 일으켰다.
니누르타는 산맥을 치고, 거친 땅에 홍수를 일으켰다.
그는 자신의 분노로 넓은 땅에 홍수를 일으켰다.
그는 산속 깊숙히 홍수를 일으켰고, 악한 안주를 죽였다. (20)
그리고 영웅 니누르타는 신들의 운명(이 적힌) 토판을 그의
   손에서 되찾았다.
기쁜 소식의 표시로서,
안주의 날개는 바람을 타고 가 버렸다.[281]
그는 그 표시를 보았고, 다간은 기뻐하였다.
그는 모든 신들을 불러 모아, 기쁘게 외쳤다. (25)
"위대하신 분께서 산속의 안주를 꾸짖으셨다.[282]
아누와 다간은 신들의 무기를 그의 손에서 되찾았다.
그에게 가면, 그가 우리에게 올 것이다.
기뻐하고, 환호하라, 풍악을 울려라!!
그는 그의 신적 형제들과 머무를 것이며, 비밀을 들을 것이다. (30)
신들의 비밀을 [들어라]!
…그의 신적 형제들과 함께 신적 권능을 나누소서!"
…신이[283] 입을 열어 말하였다.
다간에게 (아래의) 말씀을 드렸다.
"그가 산의 가죽을 벗기고 피부를 취하였을 때,
   [그는…큰물을 […], (35)
그가 산속 한가운데에서 악한 안주를 죽였을 때
영웅 니누르타는 그의 손에 운명의 토판을 되찾았다.

---

281 자연스런 우리말을 위해 능동태를 수동태로 번역했다(역주).
282 아카드어 본문이 손상되어 확실하지 않다. "꾸짖으셨다"보다는 "죽였다"가 문맥에 더 맞지만, 현재 본문은 "꾸짖었다"로 옮길 수 있다(역주).
283 본문에 신의 이름이 있었을 것 같지만, 안타깝게도 토판이 손상되어 정확히 알 수 없다(역주).

그에게 보내면, 그가 네게 올 것이다.
그리고 운명의 토판은 그의 품에 있을 것이다!!"
엔릴이 입을 열어 말하였다. (40)
그의 전령 누스쿠(Nusku)에게 말하였다.
"누스쿠여, 가라!
비르두(Birdu)에게,[284] 들어와 내 앞에 서라고 하라!"
누스쿠는 갔다.
비르두에게 들어와 엔릴 앞에 서게 했다.
엔릴은 자신의 입을 열어 말하였다.
그는 비르두에게 이렇게 말하였다.
"[비르두여, 나는 너를 보내리라 […]

(이 아래로 토판이 크게 손상되었다. 출토된 토판 조각을 이어 붙여 약 64행까지 복원하는 시도도 있다(Saggs). 다행히 토판의 마무리 부분은 어느정도 보존되었는데, 아래는 승리자 니누르타의 찬미가가 나온다. 토판에 사용된 일부 편집 기호가 토판의 행을 세는 데 큰 도움을 주기 때문에, 다행히도 행만큼은 비교적 정확히 알 수 있다. 신들의 이름을 부르는 부분은 "에누마 엘리쉬"의 말미를 연상시킨다.)

영웅이여, 당신의 힘으로, 당신은 산들을 죽였다.
당신은 안주를 묶어, 그의 힘을 죽였다.
날개 달린 안주를, 당신은 죽였다. 용사여!
당신은 스스로 영웅임을 입증하였고, 산들을 죽였으므로 (120)
모든 적은 당신 아버지 엔릴의 발 앞에 무릎꿇었다.
니누르타, 당신은 스스로 영웅임을 입증하였고,
　　산들을 죽였으므로
모든 적은 당신 아버지 엔릴의 발 앞에 무릎꿇었다.

---

284 누스쿠와 비르두는 이 문헌 외에 잘 알려지지 않은 신이다(역주).

당신은 완전한 지배를 획득하였고, 모든 신들의 권능 전체를
  (얻었다)
누가 당신 같이, 땅의 질서를 창조하리오? (125)
그들은 운명의 신들의 가장 높은 자리를 당신께 함께 드렸다.
그들은 당신의 정결례 때문에 당신을 니다바(Nidaba)라고[285]
  불렀다.
땅의 풍요로움 때문에 그들은 당신의 이름을 닌기르수
  (Ningirsu)라고[286] 불렀다.
그들은 당신에게 인간을 다스릴 목자의 지위를 드렸다.
그들은 임금의 직위 때문에 당신에게…라는[287] 이름을 드렸다. (130)
그들은 당신에게 엘람 쿠랍틸(Elam Huurabtil)이라는[288]
  이름을 드렸다.
수사에서 그들은 당신을 슈쉬낙(Šušinak)이라고[289] 불렀다.
아누를 대신하는 당신의 이름으로서,
  그들은 '비밀의 주인'이라고 불렀다.

(이 다음에도 계속해서 이름이 이어질 것으로 추측한다. "에누마 엘리쉬"에 따라, 니누르타의 이름뿐 아니라, 아쉬타르 등 다양한 신의 이름이 이어졌을 것이다. 토판의 끝은 아쉽게도 정확히 알 수 없다.)

---

285 니다바는 수메르의 여신으로 곡식을 관장하고 필경사의 신이었다(역주).
286 닌기르수는 "기르수(Girsu)의 주인"이란 뜻으로, 도시 국가 기르수에서 섬기던 풍우신(風雨神)이었다. 훗날 니누르타가 그 역할을 이어받는다(역주).
287 본문이 손상되어 이름을 정확히 알 수 없다(역주).
288 쿠랍틸은 라크라틸(Lachratil)이라고 하는 엘람의 신으로서, 니누르타와 동일시되었다(역주).
289 슈쉬낙은 엘람의 신이다(역주).

ANET³, 517-18

10. 바빌로니아 신통기: 하랍 신화
| 원역자: 그레이손(A. K. Grayson)

현재 런던 대영박물관에 보존되어 있는(BM 74329) 이 신화는 후기 바벨론어로 적혀 있지만, 그 기원은 훨씬 고대로 거슬러 올라간다. 초창기 연구에서는 운문으로 보았고 "바벨론의 신들의 탄생"(A Babylonian Theogony)으로 불리기도 했으나, 최근에는 산문으로 보고 있다. 제이콥슨이 1984년에 붙인 이름에 따라 여기서는 "하랍 신화"로 옮긴다.[290]

태초에 [하랍이][291] 땅과 결혼했을 때,[292]

[그는 그의 뜻에 따라] 지배[하였다].

"우리는[293] 황무지를 쟁기의 땅으로 바꾸겠다!"

쟁기와 쟁기날을 써서…바다를 만들겠다.

[고랑은] 스스로 슈무칸(Shumukan)을[294] 낳으리라.

그는 아주 오래된 둔누(Dunnu)에[295] 신뢰하는 [도시] 두 개를
  세웠다.

[카]랍은 스스로 둔누의 지배를 맡았다.

---

290 A. R. Millard, CT 46 (Nr. 43), W. G. Lambert-P. Walcot, "A New Babylonian Theogony and Hesiod", *Kadmos* 4 (1966) p.64-72; Th. Jacobsen, *Sources from the ancient near east*, vol. 2-3, (Malibu 1984). K. Hecker, "5. Der Charab-Mythos", *TUAT* vol. III, Lf. 4 (2005), p.610-611. W. G. Lambert, *Babylonian Creation Myths* (Winona Lake, Indiana: Eisenbrauns, 2013), 387-395(역주).

291 하랍(Harab)이란 신에 대해서는 거의 아는 바가 없다. 쐐기문자로 신을 의미하는 한정사와 함께 쓰여 신의 이름이란 점만 확실할 뿐이다. 쟁기가 신격화된 것이라 추측하기도 한다(역주).

292 앞 부분은 10행 이하의 내용을 바탕으로 손상된 곳을 재구성했다(역주).

293 '우리'는 하랍과 땅을 가리킬 것이다(역주).

294 슈무칸은 아마칸두(Amakandu)라고도 하는데 수메르 신으로서 강의 신으로도 나오지만, 여기서는 가축의 신으로 쓰인 것 같다. 아버지는 태양신 샤마쉬로 나오기도 한다(역주).

295 둔누는 아카드어로 '농가'(農家)를 뜻하는데, 잘 알려지지 않은 신이다. 이신(Isin) 근처의 지명으로 보기도 한다(역주).

[땅은] 눈을 들어 그의 아들 슈무칸을 보고
그에게 말했다. "오라, 나는 너를 사랑하리라."
슈무칸은 그의 어머니 땅과 결혼했다.   (10)
그는 그의 [아버지] 하랍을 죽였다. 그리고
그가 사랑하던 둔누에 [그를] 장사지냈다.
그리고 슈무칸은 그의 아버지의 지배권을 [이어받]았다.
그는 누나인 바다와 결혼했다.
슈무칸의 아들 가주(Gaju)가 나왔다.
그는 슈무칸을 죽이고 둔누에
있는 그의 아버지의 무[덤]에 그를 장사지냈다.
그는 그의 어머니인 바다와 결혼했다.
그리고 바다는 그녀의 어머니 땅을 죽였다.
키슬림(Kislim)[296] 월 16일에 그는 왕권을 물려 받았다. (20)
가주의 아들 [가주는] 그의 누이 이두(Idu)와[297] 결혼했다.
그는 아버지 가주와 그의 어머니 바다를 죽이고
그들을 무[덤에] 웅크리고 눕게 하여 장사지냈다.
테벳(Tebet)[298] 월 1일에 그는 왕국을 취했고, 스스로 다스렸다.
개주의 아들 쿠쉬(Kush)는[299] 그의 누이
　우아-일닥(Ua-Ildag)과[300] 결혼했다.
그는 땅의 [소출]을 풍부하게 했다.
　　　(27-29행은 소실되어 거의 알아볼 수 없다)
이두는 그는 가주와 그의 어머니 이두를 죽이고   (30)
그들을 [무덤]에 장사지냈다.

296　바벨론 월력의 9월로서, 현재의 11월이나 12월에 해당한다(역주).
297　이두는 수메르어로 '강'을 의미한다(역주).
298　바벨론 월력의 10월로서, 현재의 12월이나 1월에 해당한다(역주).
299　토판이 손상되어 이곳에서 쿠쉬를 알아볼 수 없지만, 이어지는 내용을 근거로 추론하여 복원한 것이다. 쿠쉬는 수메르어로 '목자의 종'이라는 뜻이다. 누비아인을 뜻하는 성경 히브리어의 '쿠쉬'와는 상관없는 이름이다(역주).
300　잘 알려지지 않은 신이다(역주).

[샤바트(Shabat) 월…일에][301] 그는 지배권과 왕국을 스스로
    [이어받았다].
쿠쉬의 아들 하하르눔(Haharnum)은[302] 그의 누이
    벨에쩨리(Beletseri)와[303] 결혼했다.
그는 쿠쉬와 그의 어머니 우아-일닥을 죽이고
그들을 [무덤에] 장사지냈다.
[아다르(Addar) 월][304] 16일에 그는 왕국과 지배권을
    [이어받았다].
하하르눔의 아들 [하야슘(Hayyashum)은]
그의 누이 […]와 결혼했다.
그는 [신년 축제]에서 그의 아버지의 지배권을 이어받았다.   (40)
[그러나] 그는 그를 죽이지 [않았고…]

(이후 토판이 심하게 소실되어 잘 알아볼 수 없다. 다만 몇몇 단어만 알아볼 수 있는데, 닙푸르의 주신 엔릴의 이름이 자주 나온다.)

---

301 바벨론 월력의 11월로서, 현재의 1월이나 2월에 해당한다(역주).
302 카카르눔과 그의 아들 카야슘은(37행) 잘 알려지지 않은 신이다(역주).
303 벨에쩨리는 '초원의 여주인'이란 뜻으로 저승신의 하나다(역주).
304 바벨론 월력의 12월로서, 윤달이 끼지만 않으면, 이 달이 끝난 다음날 신년축제가 열릴 수 있다(역주).

CHAPTER III

히타이트 신화

원역자: 괴체(Albrecht Goetze)

1. 텔레피누 신화[1]

ANET, 126-28

이 신화는 아나톨리아의 민족들이 가장 사랑하고 즐겨 사용한 모티프를 담고 있다. 신이 분노하여 사라졌기 때문에 온 자연계는 고통을 겪는다. 다양한 신들이 등장하여 결국 주인공 신이 귀환하자 자연계가 다시 조화를 이룬다는 줄거리를 담고 있다. 이 모티프는 아나톨리아의 다양한 신화에서 다양하게 반복된다. 텔레피누 신화는 크게 세 가지 판본이 전한다. 여기서는 가장 널리 사용되는 "첫째 판본"(Erste Version)을 옮긴다. 마차트(Maṣat)라는 작은 고장에서 발견되었다.[2]

---

1 이 번역은 *ANET*의 괴체 번역 대신, 주원준 박사가 Amet Ünal 번역을 기초로 재편역한 것이다(역주).

2 A. H. Sayce, "The Legend of Telibinus", *Journal of the Royal Asiatic Society of Great Britain and Ireland* (London 1930), p. 301-319.; H. Otten, *Die Überlieferungen des Telipinu-Mythus* (Leipzig 1942); Th. H. Gaster, *The Oldest Stories in the World* (Boston 1959), p. 99ff.;E. Laroche, *Textes mythologiques hittites en transcription* (Paris 1965), p.89ff.; H. G. Güterbock, "Hittite Mythology", in: S. N. Kramer (ed.), *Mythologies of the Ancient World* (New York 1961), p. 143ff.; C. Kühne, in: W.

1) 신의 분노, 신의 사라짐, 그리고 그 결과들[3]

(i)

(1) 텔레피누는[4] [분노했다] (2) "다시는 공포에 떨지 말지어다!" [그는 그의 오른쪽 신발을 벗어] (3) 왼 [발에] 신고, 왼쪽 [신발을 벗어 그의 오른쪽 발에 신었다. (4) 그리고 그는 사라졌다].

(5) *안개가 어둠을 채우고, 연기가 집을 채웠다.* (6) 화덕에서 장작불이 꺼졌고. 제단에서 (7) 신들이 질식했다. 울타리에서 양 떼가 그렇게 되었고, 구유에서 (8) 소들이 질식했다. 어미 양은 새끼 양을 거부하고 (9) 어미 소는 송아지를 거부했다.

(10) 텔레피누는 앞으로 나아갔다. 곡식, 동물의(?) 풍요, (11) 풍요(?), 성장(?) 배부름 등이[5] 그와 함께 나왔다. (12) 땅에, 목초지에 그리고 사람이 살지 않는 황야에. 텔레피누는 앞으로 나아갔다. 황야에서 (13) 그는 스스로 웅크렸다. 그 위로 담쟁이 덩쿨(?)이 자랐다. 그리고 나서 (14) 곡식과 밀이 더 이상 자라지 않았다. 소들과 염소와 사람들은 (15) 더 이상 임신할 수 없었다. 그들 가운데 임신한 것들은 새끼를 낳을 수 없었다.

(16) 산들이 말랐고 나무들이 말라서, 어떤 싹도 (17) 트지 못했다.

Beyerlin (Hg.), *Religionsgeschichtliches Textbuch zum Alten Testament* (Göttingen 1975) p. 181-186; V. Haas, *Magie und Mythen im Reiche der Hethiter* (Hamburg 1977), p. 81ff.; H. G. Güterbock, "A Religious Text From Maşat", *Anadolu Araştırmaları*10 (1986), p. 205-214; G. Kellermann, *FS Güterbock* 2 (Chicago 1986), p. 115-123; A. Goetze, "Der Telipinu-Mythos, CTH 324", *TUAT*, Bd. III, Lf. 4, p.815-821.; A. N. Asan, *Der Mythos vom erzürnten Gott. Ein philologischer Beitrag zumreligionshistorischen Verständnis des Telipinu-Mythos und verwandter Texte* (Wiesbaden 1988); H. A. Hoffner, *Hittite Myths* (Atlanta 1990), p. 14ff(역주).

3 텔레피누가 분노하여 사라진다. 그러자 지상의 풍요가 함께 사라져 버렸다(역주).

4 텔레피누는 농경과 가축의 풍요를 담당하는 신으로서, 히타이트 만신전에서 풍우신(風雨神)의 아들이다(역주).

5 신을 의미하는 한정사가 들어간 루비어 단어가 연속으로 쓰였는데, 그 의미에 대해서는 논란이 분분하다(역주).

황야도 말랐고, 샘도 말랐고 대지에서 (18) 기근이 발생했다. 배고픔 때문에 사람도 신도 멸망한다. (19) 위대한 태양신은 잔치를 열어 천 명의 신을 초대했다. 그들은 먹었지만 (20) 배부르지 않았다. 그들은 마셨지만 목마름이 해소되지 않았다.

2) 사라진 텔레피누에 대한 수색[6]

풍우신(風雨神)은[7] 그의 아들 텔레피누를 걱정했다. "텔레피누여, 나의 아들아, 여기 없구나. 그는 성미도 급하게, 모든 좋은 것을 차버렸다." 크고 작은 신들이 모두 텔레피누를 찾기 시작했다.

태양신은 민첩한 독수리에게 일을 맡겼다. "가라 저 높은 산들을 찾아보아라! 깊은 골짜기를 찾아보아라, 푸른 파도를 찾아보아라!" 독수리는 날았지만, 그를 찾지 못했다. 그는 태양신에게 이렇게 소식을 전했다. "저는 텔레피누를 찾을 수 없습니다. 그 존귀하신 신을 (찾을 수 없습니다.)"

풍우신은 한나한나(Hannahanna)에게[8] 말하였다. "이제 우리는 어떻게 할까? 우리는 배고픔으로 멸망할 것이다." 한나한나는 풍우신에게 말하였다. "당신은 무엇인가를 해야 합니다. 당신, 풍우신이여, 가서 직접 텔레피누를 찾으십시오!"

이제 풍우신은 텔레피누를 찾기 시작했다. 그는 그의[9] 도시의 성문에 다다랐다. 그러나 그는 열 수 없었다. 그는 그의 망치와 쐐기로 부수었다. 풍우신은 [문을 열고?], 닫은 다음 앉았다. 한나한나는 [꿀벌을 보냈다]. "가라, 그리고 텔레피누를 찾아라!"

---

6   첫째 칼럼이 끝날때까지 *ANET*는 행의 수를 제시하지 않았다(역주).

7   풍우신(영어: storm god, 독일어: Wettergott)은 '비바람의 신'으로서 수메르 시대부터 고대 근동에서 정치적으로 중요한 신이다. 많은 지역에서 최고 신의 지위에 올랐고, 지역과 시대에 따라 개성이 강하다(역주).

8   한나한나는 표의문자로 NIN.TU 또는 MAH로 쓰여있는데, 신들의 어머니이다. 한나한나를 '운명의 여신'으로 언급하는 문헌이 있다.

9   '그'는 텔레피누를 의미한다(역주).

[풍우신은 한나한나에게 말하였다. "크고 작은 신들이 그를 찾았지만 그를 [발견할 수 없었다. 이 (작은) 꿀벌이] 이제 가서 [그를 찾을까?] 그들의 날개는 참으로 작고, 그들 스스로 역시 작은데 말이다. 그들이 신들을 이해할까?[10]

한나한나는 풍우신에게 말하였다. "충분하지! (벌은) 가서 그를 찾을 것이다." 한나한나는 작은 벌들을 보냈다. "가라! 텔레피누를 찾아라! 네가 그를 찾으면 그의 손과 발을 쏘아라! 그가 그의 발을 보게 만들어라! 밀랍을 그의 눈과 발에 발라라! 그를 정화하여 그를 내 앞에 데려와라!

벌은 나가서 찾았다…흐르는 강과 통곡하는 봄을 찾았다. 꿀도 밀랍도 동났다. 결국 리흐지나(Lihzina)의 초원 지대에서 그를 발견했다. 그는 그의 손과 발을 쏘았다. 그러자 그는 그의 발을 보았다. 밀랍을 그의 눈과 발에 발랐다. 그를 [정화하고 […]

[텔레피누는…] 외쳤다. "나는 스스로 분노하여 [멀리 나갔다]. 네가 [감히 어찌] 내 잠에서 [나를 깨우느냐?] 네가 어찌 감히 분노한 나에게 말을 하게 만드느냐?" 그는 [더욱 분노하였다]. 그는 봄에게 통곡하지 못하게 하였다. 그는 강물의 흐름을 바꿔놓고 강둑에 물이 넘치게 하였다. 그는 진흙 (채굴?)을 [막아 버렸고], 그는 [창문]들을 부수었고, 그는 집들을 부수었다.

그는 사람을 죽였고, 양과 소를 죽였다. 그러자 [절망한] 신들이 (물었다). "[왜] 텔레피누가 [이토록 분노하였는가? 우리가 [무]엇을 해야 하리? 우리가 [무엇을] 해야 하리?

[위대한 태양신(??)이 외쳤다. "사람을 [잡아라!], 암무나(Ammuna)[11] 산의 뛰는 핫타라(Hattara)를 잡게…! (사람이) 그를 움직이게 하자! 독수리의 날개로 그를 움직이게 하자! 그를 움직이게 하자! 독

---

10 39행에 쓰인 낱말을 정확히 모르기 때문에 여러가지 해석이 가능하다. "그들은 너무 잘게 토막나지 않았는가?", "신들이 그들보다 크다는 것을 알까?" "그들은 조금 다른가?" 등의 해석이 있다(역주).

11 암마나는 지명으로 쓰였는데, 정확한 위치는 불확실하다. 참고로, 같은 이름의 히타이트 임금이 있다(역주).

수리의 날개로 [(사람이) 그를 움직이게 하자!

3) 의례[12]

(1) 탄원

(ii)

보라, 여기 뱀즙이[13] 있다. (10) [그는] 텔레피누의 기분을 [부드럽게 해 주어야 하리] 그래야 그가 (다시) 임금의 자리에 좋은 기분으로 [오를 수 있을 것이다]

보라, 갈락타르(galaktar)가[14] 있다. [그것을 통해 그의 기분이] 고요해질 것이다!

보라, 파르후에나(parhuena)[15] 열매가 있다. 그것의 과육으로, 텔레피누여, 맹세해 주오!

보라, 참깨가 있다. [그 모습을] 볼 수 있다.

보라 [무화과가 있다] 얼마나 달콤한지, 이제 텔[레피누여, 네 기분을] 이렇게 달콤하게 하라.

올리브 나무가 기름을 [내듯, 포도나무가] (20) 포도즙을 내듯, 그렇게 텔레피누여, 마음에 좋은 것을 품으소서.

보라 리티(liti)[16] 나무가 있다. 그 (기름)으로 텔레피누의 [기분을] 바르리라. 맥아와 맥주빵이 서로 섞이듯이, [텔레피누여] 당신의 기분과 인간의 기회와 섞이게 하라. [밀이] 정결하듯, 그렇게 텔레피누의 기분도 정결히 되소서. 벌꿀[이] 달콤하듯, 좋은 기름이 부드럽듯이, 그

---

12 텔레피누가 돌아오게 만드는 의례를 묘사한다. 1-8행은 소실되어 옮기기 힘들다(역주).
13 본문의 *walḫešnaš watar*를 정확히 알 수 없지만, 뱀으로 만든 음료로 추측한다(역주).
14 기분을 풀어주는 수단일 것이다(역주).
15 의미를 명확히 모르는 단어로, 열매로 추정할 뿐이다(역주).
16 의미를 명확히 모르는 단어로, 기름이 나는 나무로 추정할 뿐이다(역주).

렇게 텔레피누의 기[분도] 달콤하고 부드럽게 되소서.

보라, 텔레피누여, 당신의 길에 내가 좋은 기름을 뿌려 놓았다. 이제 텔레피누여 걸으라, (30) 좋은 기름을 뿌려 놓은 길을. *샤히*(*šahi*) 나무와 *합푸리야샤*(*happuriyaša*) 나무가[17] 향기로 봉사하리라. 갈대와 잡초는[18] 잘 휘어지므로, 당신 또한, 텔레피누여, 유순해 지소서.

텔레피누는 분노에 싸여 왔다. 천둥과 비바람으로 그는 어두운 땅을 쳤다. (35) 캄루셰파(Kamrušepa)가[19] 그를 보자, 독수리의 날개가 그를 안으로 데리고 갔다.

(2) 캄루셰파의 의례[20]

(iii)

그 안에서[21] 분노가 일었고, 그 안에서 화가 일었다. [큰 욕망이]그 안에서 일었고, 원망이 그 안에서 일었다.

캄루셰파는 신들에게 말했다. "오라, 신들이여, 보라 하판탈리(Hapantali)가[22] 어떻게 태양신의 양을 치[는지]. (5) 이제 열 두 마리 양을 (무리에서) 떼어내어, 내가 텔레피누의 카라스(*karas*)로 다룰 수 있다.[23] 나는 천 개의 눈 가운데 하나의 체(sieve)를 취하여 카라스와 캄루셰파의 양을 섞으리라.[24]

이제 나는 텔레피누를 위해 여기 저기서 그것들을 태워버렸다. 나

---

17 의미를 명확히 모르는 단어로서, 향나무처럼 좋은 향이 나는 나무로 추정할 뿐이다(역주).
18 의미를 명확히 모르는 단어로서, 풀의 일종으로 추정할 뿐이다(역주).
19 캄루셰파는 히타이트의 여신으로서, 치유, 의학, 마술을 맡는다(역주).
20 텔레피누의 화를 가라앉히는 캄루셰파의 의례가 거행된다(역주).
21 "그 안에서"는 둘째 칼럼에 속했다(역주).
22 캄루셰파와 함께 자주 등장하는 신인데, 본디 하트인의 신이었을 것으로 본다(역주).
23 카라스는 곡식의 일종으로 보이는데, 이 문장의 정확한 뜻을 알기는 힘들다(역주).
24 이 문장도 정확한 뜻을 알기 어려워 여러가지 해석이 존재한다(역주).

는 그것들을 태워버렸다. 그럼으로써 나는 텔레피누의 (10) 몸에서 악을 제거했다. 나는 그의 큰 욕망을 제거했다. 그의 분노를 제거했다. 원망을 나는 제거했다. 나쁜 기분을 제거했다. 그의 화를 제거했다.

텔레피누는 화가 났다. 그의 기분과 [그의] 마음은 화덕에서 타버렸다. 이제 나무장작이 (15) 타버리듯, 텔레피누의 화, 분노, 큰 욕망, 원망이 다 타버리소서. 맥아가 매우 작듯이, 깃털에 태울 수 없듯이, 종자로 쓸 수도 없고, 그것으로 빵을 구울 수 없고, (20) (그 대신) 창고에 보관하듯이, 그렇게 텔레피누여 화, 큰 욕망, 원망을 작게 하소서.

텔레피누는 화가 나셨습니다. 그의 기분과 [그의 마음은] 타오로는 불과 같았습니다. 이 불이 [꺼지듯], 그렇게 텔레피누여 화, 분노, 원망을 [끄소서].

텔레피누여, 화를 내려 놓으소서, 분노를 [내려 놓으소서], (25) 원망을 [내려 놓으소서]. 물받이의 (물이) [거슬러] 흐르지 않듯, 그렇게 텔레피누여, 화, 분노, 원망을 돌아오지 [않게 하소서].

신들은 총[회 장소] 흰 가시 아래에 [모여있다]. 흰 가시 아래 긴 [그늘]이 있다. (30) (그곳에) 모든 신들이 앉았다. 이를테면 [파파야(Papaya)], 이쉬투쉬타야(Ištuštaya), 굴샤(Gulša), 한나한나, 할키(Halki), 미야탄지파(Miyatanzipa), 이나르(Inar), 하판탈리야(Hapantaliya)이다.[25] 신들 사이에 긴 날들이 있다. [이들을] (34) 나는 다루었다. 그리고 그를[26] 나는 정결히 하였다.

(3) 인간의 의례[27]

(iv)

황소가 너의[28] 아래를 지나가면, 너는 그 털을 쥐어 뜯으리라. 양이

---

25 여기 열거되는 신은 대부분 잘 알려져 있지 않다(역주).
26 텔레피누를 의미한다(역주).
27 텔레피누가 귀환하고, 인간의 기쁨과 의례를 묘사한다. 앞이 일부 손상되었다(역주).
28 셋째 칼럼 29행의 '흰 가시'를 의미할 것이다(역주).

너의 아래를 지나가면 그 양털을 쥐어 뜯으리라. 이제 (그렇게) 텔레피누의 화, 분노, 큰 욕망, 원한을 쥐어 뜯어 가라. 풍우신이 분노에 차서 도착하면, 풍우신의 사제가 그를 데려와 (5) 침착하게 만들리라. 솥에서 국이 끓어 넘칠 때, 국자로 저으면 멈추게 되듯이. 오 인간아! 내 말이 텔레피투의 화, 분노, 원한 등을 멈추게 하라!

텔레피누의 화, 분노, 해코지하고 싶은 기분, 원한 등을 나가게 하라. 그 집은 그들을 풀어주어라. 안의 문은 (10) 그들을 풀어주어라. 창(窓)은 그들을 풀어주어라. 문지기 천사는 그들을 풀어주어라, 문은 그들을 풀어주어라, 성문은 그들을 풀어주어라. 임금의 대로는 그들을 풀어주어라. 그들은 풍요로운 들로, 과수원으로, 농장으로 들어가지 말아라. 그 대신 태양신의 땅 길로 가라.[29]

문지기는 (이미) 일곱 개의 문짝을 열었고, 일곱 개의 나무열쇠를 다시 꽂았다. (15) 땅 아래 어두운 곳에 구리 솥이 있었다. 그 뚜껑은 납으로 만들었고, 손잡이는 쇠로 되었다. 그 안에 한 번 빠져들어가면 다시 나올 수 없고, 그 안에서 사라진다. 그러므로 텔레피누의 화, 분노, 해코지하고 싶은 기분, 원한을 그 안에 가두어 두고, 다시는 나오지 못하게 하자."

4) 신들의 귀향

(20) 텔레피누는 집으로 돌아와서, 땅을 보살폈다. 안개가 창문을 떠나고, 연기가 집을 떠났다. 제단들이 신들을 위해 준비되었고, 화덕은 (다 타버린) 나무장작을 버렸다. 울타리 안의 (불임이) 소들을 떠났다. 엄마는 아기들을 받고, 어미 양은 새끼 양을 받고 (25) 어미 소는 송아지를 받고 텔레피누는 임금과 여왕을 (받고) 그들의 인생, 건강, 미래를 계속해서 보살핀다.

텔레피누는 임금을 보살핀다. 텔레피누 앞에 노간주나무가 서 있다. 그 노간주나무에는 모피가 걸려 있다. 그리고 양의 기름이 있다.

---

29 저승으로 사라지라는 의미이다(역주).

그리고 곡식, 기르(GÌR) 신(神),[30] (30) 포도주가 있다. 그리고 소, 양이 있고 (31) 장수와 많은 후손이 있다. (32) 그리고 그곳에 부드러운 품성의 양이…그곳에…. (34) 그곳에 오른쪽 관절이, 그곳에 (35) [성장이?, 번[성이?…]

(이 아래로 본문이 소실됨)

2. 엘쿠니르샤 신화

AENT³, 519

히타이트의 수도 핫투샤에서 발견된 이 신화는 서부 셈족에서 기원한 신화이다. "엘쿠니르샤"는 이 밖에도 다수의 히타이트 문헌에 등장하는 신이다.[31]

(i)

"[…내게 돌아오시면] 나도 당신께 돌아가겠소. 나는 내 말씀으로 당신을 괴롭히고, [내 물]레로 당신을 찌르고 […] 당신을 노엽게 하겠소." 풍우신이 이 말을 들었다. (5) 그는 길을 가서 말라(Mala) 강에 있는 샘물에 다다랐다. 그는 아셰르투(Ašertu)의[32] 남편인 엘쿠니르샤(El-kunirša)에게[33] 갔다. 그는 엘쿠니르샤의 천막에 들어갔다.

엘쿠니르샤는 풍우신을 보고 물었다. "[왜] 내게 오셨소?" 그러자 풍우신이 답했다. "내가 당신 집에 들어서자, (10) 아셰르투는 여종을 보내어 내게 말하였소. '오라, 나와 함께 잠자리에 들자!' [그때에] 나는 거절하였는데, 그녀는 나를 공격하고 이렇게 말하였소. '내게 돌아오

---

30 기르는 히타이트의 수도 핫투샤의 성소인 야즐르카야(Yazılıkaya)에 묘사된 저승신이다(역주).
31 H. Otten, "Ein kanaanäischer Mythus aus Bogazköy", *MItteilungen des Instituts für Orientforschung*, vol. 1 (1953), p.125-150.; H. Otten, "Kannanäische Mythen aus Ḫattuša-Bogazköy" *MItteilungen der Deutschen Orient-Gesellschaft*, vol. 85 (1953), p.27-38; P.D. Miller, Jr., "El, the Creator of Earth", BASOR 239 (1980) 43-45(역주).
32 구약성경의 '아세라'의 여성형으로 풍요와 다산의 여신이다(역주).
33 '땅을 만든 신'이란 뜻으로 창 14:19, 22의 호칭과 매우 유사하다. 본디 서부 셈족의 신인데, 훗날 히타이트 등에도 널리 확산된 신이다(역주).

시면 나도 당신께 돌아가겠소. (그렇게 하지 않으면) 나는 내 말씀으로 당신을 괴롭히고 (15) 내 물레로 당신을 찌를 것이오.' 그래서 내가 여기 왔소, 내 아버지여. 만일 내가 이런 소식을 듣고 오지 않았다면, 나는 내 스스로 당신께 찾아왔을 것이오. 아세르투는 당신의 정력을 비난하고 있소. 비록 그녀가 당신의 부인이지만, 그녀는 '오라, 나와 함께 잠자리에 들자!'는 메시지를 계속해서 보내고 있소." 엘쿠니르샤는 풍우신에게 대답하였다. (20) "가라, 그녀와 함께 잠자리에 들어라! 내 부인과 함께 누워서 그녀를 비참하게 만들어라!"

　　풍우신은 엘쿠니르샤의 말에 귀를 기울였다. 그는 아세르투와 잤다. 풍우신은 아세르투에게 말했다. "내 아들을 나는 77번 죽였다. 나는 88번 죽였다. 아세르투는 (25) 풍우신의 이런 끔찍한 말을 듣고 그에 반항하는 마음이 일어났다. 그녀는 곡하는 여인을 두어 7년 동안 곡하게 했다. 그들은 먹고 마시며…

(이하 손실됨)

(ii?)

"[…나는 들으리…그리고 나는 너와 함께 자겠다." [그때에 엘쿠니르샤가] 이 말을 듣고 그의 아내에게 말했다. "[…] 풍우신…그가 당신을 보도록 하겠소. (5) 당신이 즐겁게 해 주고, 그와 [거래를 하시오!"

　　이쉬타르가 이 말을 들었다. 그녀는 엘쿠니르샤의 손에 들린 잔이 되었다. 그녀는 하푸피쉬(hapupish) 새가 되어 그의 담장에 앉았다. 남편과 아내가 하는 모든 말을 이쉬타르는 (10) 엿들었다. 엘쿠니르샤와 그의 아내는 그녀의 침대로 올라가 함께 잠들었다. 그러자 이쉬타르는 새처럼 빨리…그리고 풍우신을 찾아서….

(이하 소실됨)

CHAPTER IV

우가릿 신화

원역자: 긴즈버그(H. L. Ginsberg)[1]

1. 바알 신화

ANET, 129-35, 138-42

1929년부터 북시리아 지중해변의 항구 미네트엘베이다(*Minet el-Beida*)와 인근의 라스샴라(*Ras Shamra*)에서 프랑스인 샤페르(C.F.A. Schaffer)가 이끄는 발굴단은 고대 도시 국가를 발굴하였다. 발굴 초기부터 다양한 고대 유물이 풍성하게 출토되었는데, 1931년 발견된 토판에서 니크마두 말쿠 우가릿(*nqmd mlk ugrt*) 곧 '우가릿의 임금 니크맛두'가 발견되어 고대의 우가릿임이 확인되었다.

이 도시 국가는 이스라엘에서 멀지 않은 곳에 있고, 우가릿어는 고대 히브리어와 매우 유사하다. 출토된 토판은 구약성경에 등장하는 신들을 자주 언급하고 있으며, 특히 바알 신화가 원형 그대로 발굴되었다. 그래서 우가릿 발굴은 처음부터 유럽 학계의 뜨거운 주목을 받았다. 바알을 언급하는 수많은 토판 가운데 아래 6개(KTU 1.1-1.6)는 모두 "대사제의 집"이라는 한 건물에서 발견되었고, 완성도가 높은 단일 작품을 이룬다고 인정된다.

---

[1] 여기에 실린 번역은 *ANET*의 긴즈버그 번역을 *TUAT*의 디트리히와 로레츠(Manfried Dietrich und Oswald Loretz)의 번역에 근거해 토판 순서를 고쳐 번역한 것이다(역주).

출토된 문헌들은 처음에 RS(Ras Shamra)라는 식별기호가 붙었는데, 이후에 학자들은 PRU, CTA, KTU 등의 다양한 식별기호를 사용하게 되었다. *ANET* 영문판과 달리, 이 번역에서는 국제 학계에서 표준으로 인정받는 KTU 분류법에[2] 따라서 우가릿어 본문을 직역하고 각 단이 시작할 때 간략한 설명을 덧붙일 것이다.[3]

KTU 1.1 = CTA 1 = VI AB = RS 3.361

KTU 1.2 = CTA 2 = III AB B C A = RS 3.367 + 3.346

KTU 1.3 = CTA 3 = V AB = RS 2.[014] + 3.363

KTU 1.4 = CTA 4 = II AB = RS 2.[008] + 3.341 + 3.347

---

2 KTU 분류법에 따르면, 'KTU 1.6:i:10'은 '신화문헌(KTU 1.x) 여섯째 토판(KTU x.6), 첫째 단(i), 열째 행(10)'을 의미한다(역주).

3 S. A. Kapelrud, *Baal 'in the Ras Shamra Texts* (Copenhagen 1952); G. R. Driver, *Canaanite Myths and Legends* (Edinburgh 1956), p.72-120; J. Aistleitner, *Die mythologischen und kultischen Texte aus Ras Schamra* (Budapest 1959), p.14-54; J. C. de Moor, *The Seasonal Pattern in the Ugaritic Myth of Ba'lu according to the Version of Ilimilku*, AOAT 16 (1971); A. Caquot/M. Sznycer, "Le cycle de Ba'al, Ba'al et la Mort", *Textes ougaritiques I. Mythes et légendes* (Paris 1974), p.101-221, 239-289; L. L. Grabbe, "The Seasonal Pattern and the »Baal Cycle«", *Ugarit Forschung* 8 (Münster 1976), p.57-63; C. H. Gordon, "How Baal Won the Kingship from Yamm, Baal's Palace of Silver, Gold and Lapislazuli, Death and Resurrection, Baal and the Heifer", in: *Poetic Legends and Myths from Ugarit*, Berytus 25 (1977), p.67-74, 75-102, 103-117, 117-121; J. C. L. Gibson, "Baal and Yam, The Palace of Baal, Baal and Mot", *Canaanite Myths and Legends* 2 (Edinburgh 1978), p.37-81; G. Del Olmo Lete, "Ciclo mitológico de Ba'lu-'Anatu (KTU 1.1-6)", *Mitos y leyendas de Canaan. Segun la tradicion de Ugarit, Fuentes de la Ciencia Biblica* 1 (Valencia 1981), p.157-235; K. Spronk, *Beatific Afterlife in Ancient Israel and in the Ancient Near East*, AOAT 219 (1986); J. C. de Moor, "Baal", *An Anthology of Religious Texts from Ugarit* (Leiden 1987), p.2-100; O. Loretz, *Ugarit und die Bibel. Kanaanäische Götter und Religion im Alten Testament* (Darmstadt 1990); M. S. šSmith, *The Ugaritic Baal Cycle vol. 1. Introduction with Text, Translation & Commentary of šKTU* 1.1-1.2, (Brill 1994); M. Dietrich/O. Loretz/J. Sanmartín, *The Cuneiform Alphabetic Texts from Ugarit, Ras Ibn Hani and Other Places* (1995); M. Dietrich/O. Loretz, "Der Baal-Zyklus KTU 1.1-1.6", *TUAT* (2005), Bd III, Lf. 6, p.1091-1198; M. S. Smith, *The Ugaritic Baal Cycle vol. 1. Introduction with Text, Translation & Commentary of KTU* 1.3-1.4 (Brill 2009)(역주).

KTU 1.5 = CTA 5 = I* AB = RS 2.[022] + 3.[565]

KTU 1.6 = CTA 6 = I AB = RS 2.[009] + 5.155

KTU 1.1 (VI AB)[4]

ii[5]

(첫머리에 부지런히 오는 신은 셋째 단의 내용으로 미루어 볼 때 코싸루와하시수일[6] 것이다.)

"서둘러라, 조급히 굴어라, 재촉해라,　　　　　　　(1)
　　내게 네 발로 달려와야 한다.
내게 네 다리로 내달려와야 한다.[7]
　　후르샤누(Hurshanu) 산[8] 한가운데로…!
나는 네게 소식을[9] 말해 주리라.
　　너를 괴롭히는 자 위에…을 놓아라.
　　　　(이 아래로 10행 정도 본문이 손상됨)
…

…인부부(Inbubu) 산으로[10]　　　　　　　　　　(14)

4　*ANET*의 긴즈버그의 번역에는 KTU 1.1이 간단한 줄거리 설명으로 대체되어 있으나, *TUAT*에 근거해 보충해 놓았다(역주).
5　첫째 토판은 아쉽게도 첫째 단과 마지막 단이 훼손되어 전혀 읽을 수 없고 군데군데 읽기 힘든 부분도 적지 않아서 내용을 온전히 파악하기 힘들다. 그래서 현재의 순서, 곧 (i)-ii-iii-iv-v-(vi)와 정반대로, 곧 (vi)-v-iv-iii-ii-(i)로 읽을 가능성을 배제할 수 없다(역주).
6　KTU 1.3:iii:2의 해설을 보라(역주).
7　위 내용은 KTU 1.3:iii:18-20을 참고해서 복원한 것이다(역주).
8　정확한 장소는 알 수 없다(역주).
9　"소식"으로 번역한 *thm*은 "지혜로운 결정"이란 뜻도 있다(역주).
10　정확한 이름(특히 모음)과 장소 등에 대해서는 의견이 분분하다(역주).

천 개의 집 보다 (많이)…

그는 아나투(Anatu)의[11] 발치에 몸을 굽혀 엎드렸다.[12]

그는 충성을 표시하고 존경을 드렸다.

그는 소리 높여 외쳤다.

"황소 엘의, 곧 네 아비의 알림이다.

네 주인님의 명석한[13] 말씀이다.

'대지에 구운 것을 가져와라,

흙에 열매를 두어라. (20)

대지의 심장에 평화를 부어라,

들의 심장에 사랑의 충만을!

서둘러라, 조급히 굴어라, 재촉해라,

내게 네 발로 달려와야 한다.

내게 네 다리로 내달려와야 한다.

후르샤누 산 한가운데로…!'"

(이 아래로 5행 이상 손상됨)

iii

(둘째 단과 셋째 단 사이에 대략 5행 정도가 훼손되었다. 이 신화에서 중요한 등장 인물인 장인신(匠人神)이 소개된다.)

"갑돌엔[14] 그의 왕좌가 (있고)[15] (1)

멤피스는 그의 상속지(이다).

천 길(보다), 만 리보다 더 멀찍이서,

---

11 아나투는 흔히 "전쟁의 여신"으로 불린다. 구약성경에도 인명이나 지명 등에 이 여신의 이름이 전한다. 렘 1:1, 수 19:38 등(역주).
12 "떨어졌다"로 직역할 수 있다(역주).
13 "명석한"으로 번역한 laṭ(a)pānu는 전통적으로 "선한, 좋은, 친절한" 등으로 해석되었다(역주).
14 크레타 섬을 의미하는 갑돌은 구약성경에 따르면 팔레스타인과 깊은 관계가 있다(역주). 렘 47:4; 암 9:7.
15 1-5행까지는 병행하는 KTU 1.3:vi:12-24를 참고하여 복원하였다(역주).

코싸루의[16] 발치에,

몸을 굽혀 엎드려라!

그에게 충성을 표하고 존경을 드려라!

그리고 코싸루와하시수에게 말하라!

재주있는 손을 지닌 하이누에[17] 거듭(말)하라![18]

'황소 엘의, 곧 네 아비의 알림이니

네 주인님의 명석한 말씀이다.

오 신전 건축의 최고수 코싸루여!

⋯의 건물을 드디어 지어라!

⋯가 사는 산들 안에 세워라!

서둘러라, 조급히 굴어라, 재촉해라! (10)

내게 네 발로 달려와야 한다.

내게 네 다리로 내달려와야 한다.

후르샤누 산, 카수(Kassu) 산맥 한가운데로!

그런데 제게 소식이 하나 있으니 당신께 말해 주려 합니다.

말씀이 하나 있으니 당신께 되풀이하려 합니다.

"나무의 울부짖음과[19] 속삭임을 나는 이해한다네[20]

하늘의 한숨을 땅과 함께

심연의 (한숨을) 별들과 함께

사람들이 알지 못하는 말을

---

16 "코싸루"(Koṯaru) 또는 "코싸루와하시수"(Koṯaru-wa-Ḥasisu)는 "솜씨 좋고 슬기롭다"의 뜻으로 장인신(匠人神)이다(역주).

17 '하이누'(Hayyinu)는 코싸루와하시수의 별칭으로 등장하는데, 어떤 직책이나 호칭의 일부일 수도 있다(역주).

18 "거듭하라"로 직역할 수 있다. 이 말 뜻은 엘이 전령에게 한 말 그대로 전령이 가서 말해야 된다는 뜻이다(역주).

19 앞에서 "소식", "말씀"으로 번역한 rigmu이지만, 병행구로 사용된 tunt(한숨)때문에 이렇게 옮긴다. rigmu는 동물이 짖는 소리를 의미하기도 한다(역주).

20 인간은 자연의 신비로운 소리를 이해하지 못하지만 신은 완전히 소통한다는 모티프는 다음과 비교하라. 시 19:2-5; 42:8, 96:12; 욥 28:13; 37:5(역주).

　　　　　땅의 무리들이 알지 못하는 (말을)
　　오라! 그러면 내가 너에게 그것을 드러내주리니…"
그러자 코싸루와하시수는 대답했다.
"가라!, 가라! 신들의 종이여!
　　너는 반드시 머물러야 한다.
　　하지만 나는 반드시 가야 한다.
갑돌에서 신들의 저 먼 곳으로
　　멤피스에서 신들의 저 먼 곳으로
밭고랑 사이 두 개의 뜀거리를 지나서.　　　　　　　　　　(20)
　　골짜기 (사이) 세 개의 달음질거리를 지나서.
자! 정말! 얼굴을 (보여)다오!²¹
　　선하시고 자비로우신 엘에게²²
후르샤누 산 한가운데로
　　카수 산 (한가운데로)…"
그는 엘의 앞뜰에 나타났다.
　　그는 임금이신 슈넴의 아버지의 방으로²³ 들어갔다.
엘의 발치에 몸을 굽혀 엎드렸다.
　　그는 충성을 표하고 존경을 드렸다.
그의 아버지 황소 엘은 대답하였다.
"오, 코샤루여
　　서둘러, 집을 지어라!
서둘러 신전을 세워라!
　　사본 산²⁴ 한가운데에

21　급하게 서두르라는 말이다(역주).
22　"착하고, 마음이 있는 엘"이라고 직역할 수 있는데, 엘의 관용화된 호칭이다. 출 4:6; 욘 4:2; 시 86:15, 103:8; 145:8(역주).
23　이 엘의 호칭은 "해(年)의 아버지"로도 번역 가능하며, 이 경우 가장 나이 많은 신이란 뜻이다(역주).
24　사본 산으로 번역된 우가릿어는 '차파누'로 음역될 수 있으며, 이것은 히브리어 '차폰/짜폰'과 똑같이 '북쪽'을 의미한다. 사본 산은 우가릿 북쪽 약 40km에 위치한 산으로, 현대의 터키와 시리아 국경 근처의 "제벨 알

다간의 아들[25], 바알의 산 위에"

(셋째 단과 넷째 단 사이에 대략 50-70행 정도 생략되었다.)

iv

(넷째 단은 훼손된 글자가 많고 병행구도 부족하기 때문에 그 내용을 정확히 알기 매우 힘들다. 9행까지는 간신히 몇 글자만 알아볼 수 있을 뿐이다.)

…

그의 두 손에 술잔을 (10)
    빨리 서둘러 문질러라…

…

황소 엘은 그의 아들을…
…[26]

선하시고 자비로우신 엘이 대답했다.

"…내 아들의 이름은 야우라네,[27] 오 여신이여!
    얌무(Yammu)의[28] 이름을 선포하라!"

여주인 아세라가[29] 대답했다.

"우리를 잘 돌보기 위해서…

아크라 산"이다(역주).
25 "다간의 아들"은 바알의 칭호다(역주).
26 13행의 시작이 분명하기 때문에 여기까지 내용적으로 어떤 단락이 마무리된다고 볼 수 있다(역주).
27 엘의 아들로 소개되는 "야우-"(*yaw*) 신은 성경학자들의 주목을 끌기에 충분하다. 하지만 이 단어는 야훼의 단축형(언제나 *yh*로 쓴다)과는 관련이 없고, 오히려 바로 아래 얌무와 관련되는 것 같다. 즉, *ym*와 *yw*로 일종의 말놀이를 하는 것이다(역주).
28 얌무는 바다의 신으로 혼돈을 상징한다(역주).
29 본문은 알아볼 수 없지만 14행 마지막의 '여신'과 동사가 어미변화 여성형인 점, 그리고 문맥을 참고하여 엘의 배우자인 아세라를 주어로 첨가한다. 아세라는 구약성경에서 아세라로 등장한다(역주).

당신이 주인으로 선포되어야 합니다!"
"나 선하고 자비로운 엘은[30]
    내 손에…
얌무를 네 이름으로 선포한다. (20)
    엘의 사랑 받는 자가 네 이름이다.
…내 은(銀)의 집을…
    위대하신 바알의 손으로…
…왜냐하면 그가 우릴 무시했기에…
그의 왕국의 왕좌에서 그를 쫓아내라!
    그의 평안에서, 그가 지배하는 왕좌에서!
    둥지에서 새를 쫓아내듯 그를 쫓아내라!
그리고 만일 진실로…하지 않는다면
    그가 너를…처럼 칠 것이다."
엘은…를 쳤고
    그의 아들의 이름을 불렀다.
그는 소들을 잡았다. 또한 작은 가축도, (30)
    그는 황소들을 죽였다. 그리고 가장 살진 숫양들도
한 살 된 송아지들도
    가려 뽑은 어린 양들과 새끼염소도

(넷째 단과 다섯째 단 사이에 대략 5행 정도가 훼손되어 알아볼 수 없다.)

    v

(다섯째 단의 상태도 그리 좋지 못하여 정확한 문맥을 알기 힘들다.)

…

---

30 엘의 직접화법을 이끄는 말이 없다(역주).

그리고 한 날, 두 날이 흘러갔다.

　…한 달이 지났다.

바알의 영혼은…

　그에게[31] 다가갔다…

…사본 산에…

　…몽둥이를…

그때에…바알이 대답했다.

"나는 아주 똑똑히 알고 있다.

　…당신은 나를 옭매려 한다.

…당신은 묶어두려 한다.　　　　　　　　　　　　　(10)

…돌들…

…그리고 내 허리를 보호하라!

…당신은…

…그는 그의 허리를 보호했다.

…그리고 한 날, 두 날이 흘러갔다.

한 달이 갔다.

…의 영혼은

…하다드(Haddu)[32]는 그에게 다가갔다.

사본 산에…를

…암사슴을…

…샘의 샘물을…　　　　　　　　　　　　　　　　(20)

그때에 바알이 대답했다.[33]

"나는 아주 똑똑히 알고 있다.

　당신은 나를 옭매려 한다. 황소 엘이여

31　문맥상 '그'는 엘을 가리키는 듯하다(역주).

32　"하다드"는 지역에 따라 '앗다'(Adda) 또는 "하다두"(Hadadu)라고 하는데, 대표적인 풍우신이다. 우가릿의 임금 니크맛두(nqm-add)에도 이 신의 이름이 쓰이는 우가릿 문헌에도 친숙한 신이다. 때때로 바알은 "하다드의 아들", "바알-하다드"로 불린다. 따라서 이 문맥에서 하다드는 바알을 가리킨다(역주).

33　7행을 참고하여 이렇게 삽입한다(역주).

두 돌들 사이에 나를 묶어두려 한다.

…

…그리고 내 허리를 보호하라!

당신은…

너는 높이 (올라) 들어올 것이며

…찾을 것이다…

…땅으로…

(이 아래로 손상됨)

KTU 1.2 (III AB)[34]

ii (III AB B)

(얌무는 신들의 총회에 전령을 보내고, 바알은 비굴한 신들을 꾸짖는다. 엘은 얌무 편을 든다. 첫째 단의 첫머리는 10행 정도 심하게 훼손되었다.)

사진 136

위대하신 바알이 [말했다…]

"네가 왕의 자리에서 쫓겨나기를…

[네 권]력[의 자리에서] ⟨쫓겨나기를⟩

…[…]

아유무르가[35] 너의 정수리를! [오 얌무여!]

[야그루쉬가[36] 네 등을][37] 오 판관 나하루(Naharu)여[38]

---

34 (첫째 토판이 여섯 단인데 비해, 둘째 토판은 모두 네 단이다. 그 대신 둘째 토판은 한 행 한 행이 긴 편이다. 이 토판의 순서는 아래와 같이 읽을 수도 있지만, iii-i-ii-iv로 읽자는 주장도 있다(역주).

35 "쫓아내는 자"를 의미하는 곤봉의 이름. 신은 아래 KTU 1.2:iv:18를 보라.

36 "추격자"를 의미하는 곤봉의 이름.

37 코싸루는 KTU 1.2 iv에서 그가 사용하게 될 곤봉 두 개를 이미 바알에게 약속한 듯하다.

38 나하루는 '강'(江)이란 뜻으로, '판관 나하루'는 얌무의 별칭이다(역주).

[호론이] 부수기를, [오 얌무여],

　　[호론이] 너의 머리를 [부수기를!]

　　[바알의 이름] 아스타르트가³⁹, [네 정수리를]!…

…] 네가 […] 떨어지기를…　　　　　　　　　　(10)

　　…[…].”

얌무는 전령을 보냈다.…

　　　　(다음 두 행은 훼손되어 해석될 수 없음.)⁴⁰

"나아가라, 두 종이여! 지체하지 마라!

　　자 이제 나아가라!⁴¹

신들의 총회를⁴² 향해,

　　랄라(lala) 산⁴³ 한가운데로,

엘의 발치에 엎드리지 마라,

　　총회에 경의를 표시하지 마라,

일어서서 전하여 말하라,

　　너희의 지식을 되풀이하라!

황소 엘, 내 아버지에게 말하라.

　　총회에 되풀이하라!

'너희의 주인이신 얌무님의 말씀이다.

　　너희의 주인이신 판관 나하루님의 (말씀이다).

내어놓아라, 신들아, 너희들이 보호하는 그를!

　　너희들이 보호하는 자를, 무리들아!⁴⁴

39　아카드의 이쉬타르에 해당하는 신으로, 구약성경에는 '아스다롯'(삿 2:13, 10:6, 삼상 7:3-4, 12:10, 31:10; 왕상 11:5, 왕하 23:13)으로 등장한다. 사랑과 전쟁의 여신이다(역주).

40　*TUAT*은 다음과 같이 옮긴다. 커다란 환호 속에 하늘로 날아올랐다/…그들의 코를 꺾었다(?)(역주).

41　직역하면 "…로 얼굴을 주어라"이다. 다음과 비교하라. 창 31:21, 단 11:18(역주).

42　신들이 우주를 경영하는 회의.

43　여기서 '랄라 산'으로 옮긴 ll을 '밤'으로 봐서, '어둠속의 신들의 총회'로 옮길 수도 있다(역주).

44　*ANET*는 이 행을 이렇게 번역한다. "따르는 무리가 있는 그 신을 내어놓

바알을 내어 놓아라! 내가 그를 종 삼을 것이다.[45]

다간의 아들을! 내가 그의 금을 차지하리라!"[46]

종들은 갔다. 그들은 지체하지 않았다.

자 이제 그들은 나아갔다. (20)

랄라 산 한가운데로,

신들의 총회를 향해.

그때에 신들이 먹기 위해 앉아 있었다.

신의 아들들이[47] 썰기 위해 (앉아 있었다).

바알은 엘 곁에 서 있었다.

보라, 신들은 그 둘을 보았다.

그들은 얌무의 전령들을 보았다.

판관 나하루의 사자들을.

신들은 그들의 고개를 숙였다.

그들의 무릎까지 닿도록

그들 다스림의 보좌 위로 〈고개를 숙였다.〉

그들을 바알이 꾸짖었다.

"왜 머리를 숙이느냐, 신들아!

왜 무릎까지 닿도록!

왜 너희 다스림의 보좌 위로 〈머리를 숙이느냐!〉

나는 신들이 얌무 전령의

메시지에 대한 공포로, 판관 나하루의

사자들에 대한 〈공포〉로 움츠리는 것을 본다!

아라 / 대중들이 숭앙하는 그를!"(역주).

45 이 단어가 불분명해서 학자들 간에 의견이 분분하다. *TUAT*은 "바알을 그의 종들과 함께 내어놓아라"로 해석한다(역주).

46 이 우가릿어 어근에(yrṯ) 해당하는 히브리어(yrš)는 '차지하다'는 뜻과 함께 '상속하다'는 뜻도 지닌다. 만일 '상속하다'로 옮겨보면, '내가 그의 금을 상속하리라'가 되는데, 바알과 얌무가 최고신 엘의 상속권(또는 권좌)를 놓고 다투는 상황으로 이해할 수 있다. 이렇게 해석해도 문맥에 잘 맞는다(역주).

47 '거룩한 분의 아들들'이나 '쿠드슈의 아들들'로 옮길 수도 있다(역주).

신들아, 너희들의 머리를 들라!⁴⁸
  너희들의 무릎에서
  너희 다스림의 보좌로부터!
내가 몸소 얌무의 전령에게 대답하리라,⁴⁹
  판관 나하루의 사자에게"
신들은 그들의 머리를 들었다.
  그들의 무릎에서,
  그들 지도자의 권좌에서
잠시 후 얌무의 전령이 도착했다.   (30)
  판관 나하루의 사자가.
엘의 발치에 엎드리지도 않았고
  총회에 경의를 표시하지도 않았다.
일어나 전하여 말하였다. 그들의 지식을 되풀이 하였다.
  불꽃 하나를, 불꽃 둘을 그들은 내뱉었다.
  그들의 혀는 벼린 칼이었다.⁵⁰
그들은 황소 엘, 그의 아버지에게 말하였다.
"너희들의 주인이신 얌무님의 말씀이다.
  너희들의 주인이신 판관 나하루님의 〈말씀이다.〉
'내어놓아라, 신들아, 너희들이 보호하는 그를!
  너희들이 보호하는 자를, 무리들아!
바알을 내어 놓아라! 내가 그를 종 삼을 것이다.
  다간의 아들을! 내가 그의 금을 차지하리라!'"
그러자 황소 엘, 그의 아버지가 대답했다.
"바알은 너의 종, 오 얌무여,

---

48 고개를 드는 것은 기쁨의 표지였다. 시 3:4(역주).
49 "낮추리라"로도 번역 가능.
50 여기서 사용된 비유는 성경에서 매우 익숙한 것이다. 사도행전에서 말씀이 불꽃에 비유된 장면은 유명하다. 출 3:2; 삿 13:20; 왕상 2:11; 시 104:4; 살전 1:8 등에서는 하나님의 뜻을 전해 주는 전령이 불꽃에 비유된다. 그리고 사 30:27; 잠 16:27; 약 3:5-6에서는 말이 불꽃에 비유된다(역주).

바알은 너의 종, 나하루여,
다간의 아들은 네 포로다.
　　그는 너에게 선물로 바쳐질 것이다.
다른 신들처럼 네게 공물을 그는 바쳐야 한다.
　　신의 아들들처럼 네게 제물을 〈바쳐야 한다〉."
그러자 영도자 바알은 분노로 떨었다.
그는 한 손에 도끼를 잡고,
　　그의 오른손으로 무기를 잡고
　　그는 두 종들을 치기 위해 손을 뻗었다.
그때 아나투는 그의 오른손을 붙잡고　　　　　　　　　　(40)
　　아스타르트는 그의 왼손을 붙잡았다.
"어떻게 당신은 얌무의 전령을 짓부술 수 있습니까,
　　판관 나하루의 사자를?"
그 전령은 짐을 안고…

　　　　　　(이 아래로 손상되어 불확실하다.)

　iii (III AB C)[51]
(엘은 '솜씨좋고 슬기로운' 신 코싸루와하시수에게 궁전을 지으
라고 명령한다. 아스타루와 태양신은 바알 편을 든다.)

…

[갑돌에서 신들의 저 먼 곳으로,
　　멤피스에서 신들의 저 먼 곳으로
밭고랑 사이 두 개의 뜀거리를 지나,
　　골짜기 (사이) 세 개의 달음질거리를 지나],
자! 그는 서둘러 갔다.　　　　　　　　　　　　　　　　(3)

51　두 번째 단은 거의 다 손상되었다. 대략 115행 정도가 소실된 것으로 보
   인다. 셋째 단과 넷째 단은 보존상태가 비교적 좋다(역주).

두 강의 원천(에 있는) 엘에게

　　　두 심연의 강바닥에 있는 (엘에게).[52]

그는 엘의 앞뜰에 나타났다.

　　　그는 왕의 방으로 들어갔다.

　　　슈넴의 아버지의[53] (방으로)

엘의 발치에

　　　그는 몸을 굽혀 엎드렸다.

　　　그는 충성을 표하고 존경을 드렸다.

그러고 나서 엘이 말하였다.[54]

"코싸루와하시수여, 나아가라!

　　　얌무를 위한 집을 지어라!

판관 나하루를 위한 궁전을 일으켜라!

　　　심연의 한가운데

나아가라, 코싸루와하시수여!

　　　영도자 얌무를 위한 집을 지으려무나,

판관 나하루를 위한 궁전을 일으키려무나,

　　　물의 한가운데에

서둘러 집을 지어주게나,　　　　　　　　　　　　　　　(10)

　　　서둘러 궁전을 일으켜 주게나,

그 집은 천 길을 에워싼다,

　　　그 궁전은 만 리를.

얌무는 어둠 속의 집을 원한다.

사진 138

52　여기서 엘의 거처는 산꼭대기가 아니라 물속이다. 여기서 '강'과 '심연'이 각각 쌍수로 쓰인 점에 주목해서, 저마다 하늘의 물과 땅속의 물을 지칭한다고 볼 수도 있다. '강'(나하루)과 '심연'(타하무)은 각각 신의 이름으로도 사용되기도 한다(역주).

53　엘의 호칭 중 하나; 발음은 분명하지 않다. 어떤 학자들은 "해의 아버지"로 옮긴다.

54　본문이 훼손되어 '엘이 말하였다'는 말을 알아볼 수 없지만, 문맥과 내용으로 볼 때, 이런 말을 할 수 있는 존재는 최고신 엘뿐이다(역주).

거친 바다의 바닷속 (집을)!⁵⁵

[바알은] 깊은 바다 속에서 죽었다."⁵⁶

아스타루가 그에게 맞섰다.

"…

붉은…

　　나는 [그의 신전에] 불을 놓으리라,

불을…그들이 들고 가리라.

…

…아들"

신들의 빛인 샵슈(Shapshu)⁵⁷가 대답했다.

　　그가 그의 목소리를 높여 외쳤다.

"귀 기울여 들어라!

황소이신 엘님, 네 아버지께서

　　영도자 얌무를 *선호하신다*⁵⁸….

황소이신 엘님, 네 아버지께서 네 말을 들으면

　　반드시 네 왕좌의 기둥을 뽑아버리실 것이요,

그렇소! 그분은 네 왕국의 권좌를 쓰러뜨리실 것이요,

　　반드시 그분은 네 재판장의 지팡이를 짓부수실 것이다."

그러자 [아스타루가] 대답했다.

　　"오, 내 아버지 황소이신 엘님!

내게는 다른 신들 [같이] 내 집이 (없네),

[거룩하신 분]의 아들들과 달리 살 곳이 (없네).　　　　　　　　　(20)

(이 아래로 소실됨)

55　이 두 행의 내용은 불확실하다(역주).
56　직역하면 "바알은 바다의 바다 속에서 죽었다"이다(역주).
57　샵슈는 태양신으로서, '신들의 빛'이 그의 호칭이다.
58　"얌무에게 복수하실 것"이라고도 번역 가능하다(역주).

iv (III AB A)[59]

(바알이 얌무와의 싸움에서 밀리자 코싸루와하시수가 바알에게 무기를 만들어 준다. 그 무기로 바알은 얌무를 물리친다.)

땅으로 내 힘이 떨어진다.   (5)
    흙으로 내 권능이
그녀의 입에서 말이 간신히 흘러 나왔다.
    그녀의 입시울에서 그녀의 말씀이.
그녀는[60] 소리를 내었다.
"그는 영도자 얌무의 권좌아래로 가라 앉으리라!"
그러자 코싸루와하시수가 대답하였다.
"진정으로 제가 당신께, 영도자이신 바알께 말씀드립니다.
    구름을 타고 달리시는 분께 되풀이합니다.
이제, 당신의 적을 오 바알이여!   시 92:9
    이제 당신의 적을 치소서,
    이제 당신의 적수를 무찌르소서!
영원히 당신의 왕국을 취하소서,
세세 대대로 영원 무궁히!"   (10)   시 145:13
코싸루는 무기[61] 두 개를 깎아 만들었다.
    그리고 그들의 이름을 선포했다.
"너의 이름은 바로 야그리슈(Yagrishu)![62]
야그리슈! 얌무를 내쫓아라!
    얌무를 그의 자리에서 내쫓아라!
    나하루를 통치하는 권좌에서!

---

59 셋째 단과 넷째 단 사이에 대략 20행에서 30행이 소실되었고, 4행까지는 거의 알아볼 수 없다(역주).
60 동사의 형태로 볼 때 여성형이 분명한데, 본문이 손상되어 어느 여신인지 알기 힘들다(역주).
61 또는 "곤봉." 내던지는 무기의 일종으로 추측한다(역주).
62 여기서 첫째 무기의 이름인 '야그리슈'는 '내쫓아 버려라'란 뜻이다(역주).

왕하 9:24

바알의 손에서 날렵히 빠져나가라!
 마치 독수리처럼 그의 손가락에서.
영도자 얌무를, (그의) 어깨를 쳐라!
 판관 나하루를! (그의) 두 팔 사이를!"
그 무기는 바알의 손에서 날렵히 빠져나갔다.
 마치 독수리처럼 그의 손가락에서
그것은 영도자 얌무의 어깨를 쳤다.
 판관 나하루의 두 팔 사이를.[63]
얌무는 강했다.
 그는 가라앉지 않았다.
그의 척추는 흔들리지 않았다.
 그의 형체는 비틀거리지 않았다.
코싸루는 무기 두 개를 깎아 만들었다.
 그리고 그들의 이름을 선포했다.
"너의 이름은 바로 아유무루(Ayyumurru)![64]
아유무루! 얌무를 몰아내라!
 얌무를 그의 자리에서 몰아내라!
 나하루를 통치하는 권좌에서!   (20)
바알의 손에서 날렵히 빠져나가라!
 마치 독수리처럼 그의 손가락에서.
영도자 얌무의 정수리를 쳐라!
 판관 나하루의 두 눈 사이를![65]
얌무는 추락할 것이요

그는 땅으로 떨어질 것이다!"
그 무기는 바알의 손에서 날렵히 빠져나갔다.

---

63 두 팔사이는 등을 지칭함.
64 둘째 무기의 이름인 '아유무루'는 '누구든 몰아내라'란 뜻이다(역주).
65 '이마'를 가리킴.

마치 독수리처럼 그의 손가락에서
그것은 영도자 얌무의 정수리를 쳤다.
　　판관 나하루의 두 눈 사이를.   출 13:9, 16; 신 6:8;
얌무는 추락했다.   11:18; 단 8:5
　　그는 땅으로 떨어졌다.
그의 척추는 흔들렸다.
　　그의 형체는 비틀거렸다.
바알은 (얌무를) 쫓았다.
　　그리고 얌무를 찢어버렸다.
　　판관 나하루를 끝장내버렸다.
아스타르트는 이름을 불러대며 비난하였다.
"결국 위대하신 바알이 죽여버렸구나,
　　결국 구름 타고 달리는 자가 죽여버렸구나.
이제 포로구나, 영도자 얌무는
　　이제 포로구나, 판관 나하루는　　　　　　　　　　(30)
[그 말이 그녀의 입]을 떠나자 마자
　　위대하신 바알이 부끄….

　　　　　　(이 아래로 소실됨)

KTU 1.3 (V AB)

i

(세 번째 토판은 도입부에 대략 5행 정도가 훼손되었다. 바알의 잔치판이 벌어지고 바알의 딸들이 등장한다.)

엎드리지 마소서!… (1)

그래서 라드마누(Rdmn)는[66] 위대하신 바알께 봉사했다.

    그는 영도자이시자 땅의 주인님을 모셨다.[67]

그는 일어서 식탁을 펼쳐 음식을 준비했다.

    그는 자기 앞에서 새끼 양을[68] 잘게 잘랐다.

    소금으로 닦은 칼로 살진 짐승의 고깃덩어리를.

그는 서서 식사와 마실 것을 준비했다.

    그는 그의 손으로 잔을 주었다. (10)

    그의 두 손으로 성배(聖杯)를.

힘센 우두머리의 성작(聖酌)을,

    하늘의 별의 리톤잔을.[69]

거룩한 잔, 그건 어떤 여성도 보지 못한 것을,

    성배, 그건 아세라가 봐서는 안 되는 것을,

거품 이는 술이 든 천 개의 잔을 그는 집었다.

    만 개를 향료에 섞었다.[70]

그는 일어나 연주하였고 노래하였다.

    사랑스러운 이의 손에 심벌즈를,

---

66 이 신에 대해선 자세히 아는 바가 없다(역주).

67 이렇게 "위대하신 바알"과 "영도자이시자 땅의 주인님"은 바알의 호칭으로서 여러 번 병행한다(역주).

68 본문엔 "젖" 또는 "젖가슴"이라고 옮겨야 할 td 뿐이다. 이 단어는 "젖먹이"또는 "젖먹이 짐승"을 의미하는 mrgtm td로 쓰이는데, 아주 어린 양을 뜻한다(역주).

69 동물이나 사람의 머리 모양으로 만든 술잔을 뜻한다(역주).

70 고대 근동에서는 포도주에 흔히 향료를 타서 마시곤 했다(역주).

젊은이가 고운 소리로 노래하였다. (20)
　　사본 산의 정상에 있는 바알을,
바알이 그의 딸들 모습으로[71] 나타났다.
　　그는 피드라이(Pdry), 곧 빛의 딸을 보았다.
또한 탈라이(Ṭly), 곧 이슬비의 딸도.
"피드라이, 너는 분명히 안다.
　　숭배하올 신부들[72]…

　　　　(이 아래로 대략 12-14행이 소실됨)

　　ii
(둘째 단의 도입부에 약 5행이 훼손되었다. 전쟁의 여신 아나투의 전투 장면이 이어진다. 그녀는 전쟁에서 승리하고 신전으로 돌아온다.)

헤나꽃으로 딸 일곱 명을 (치장하고) (1)
　　고수풀의 향기와 고둥의 붉은 색으로
아나투는 집의 문들을 닫았다.[73]
　　산기슭에서 젊은이들과 맞섰다.
보라, 아나투는 골짜기에서 싸웠다.
　　두 도시[74] 사이에서 겨루었다.
바닷가에서 백성을 쳤다.

71　우가릿 신화에서 바알의 딸들로 나오는 여신은 모두 셋인데, 이 둘과 '아르차이'(Arṣy)이다. 이 세 이름의 의미에 대해 의견이 분분하지만, 풍우신 바알의 현현, 곧 비를 내리고 천둥치는 기상현상과 관련 있음은 확실한 것 같다(역주).
72　바알의 딸들의 별칭이다(역주).
73　신전의 문을 닫고 밖으로 나왔다는 뜻이다(역주).
74　두 도시는 우가릿(라스샴라)과 그 항구(미네트엘베이다)를 뜻할 것이다(역주).

신 32:41-42;
시 68:22, 110:6

해 뜨는 곳에서 사람들을 침묵시켰다.[75]
그녀 아래에 머리가 공(球)들처럼 (쌓였고),
　　그녀 주위에 손이 메뚜기 떼처럼　　　　　　　　(10)
　　　전사들의 손이 잘려 산더미처럼[76]
그녀는 머리를 등에 고정시켰고
　　두 손으로 (허리)띠를 묶었다.
군인들의 피에 그녀는 두 무릎을 담갔다.
　　전사들의 내장에 엉덩이를.
고통 받는 자들을 막대기로 몰아냈다.
　　싸우는 자들을 활시위로
그리고 보라, 아나투는 그녀의 집에 다다랐다.[77]
　　신들은 그녀의 신전으로 갔다.
그러나 그녀는 골짜기에서의 싸움에 만족하지 않았다.
　　두 도시 사이에서의 겨룸에 (20)
전사의 의자들을 그녀는 세웠다.
　　군대를 위해 탁자를 세웠다.
　　　영웅을 위해 발판을
거세게 그녀는 싸웠고 보았다.
　　아나투는 겨루었고 눈여겨 보았다.
그녀의 간(肝)은 웃음에 부풀었다.
　　그녀의 심장은 기쁨으로 충만했다.
　　　아나투의 간은 승리로
오! 군인들의 피에 그녀는 무릎을 담갔다.
　　전사들의 내장에 엉덩이를
그녀가 만족할 때까지 그녀는 집에서 싸웠다.
　　두 탁자 사이에서 겨루었다.　　　　　　　　　(30)

75　바닷가는 서쪽을, 해 뜨는 곳은 동쪽을 뜻한다. 곧 서쪽에서 동쪽에 이르는 넓은 지역의 적들을 모두 물리쳤다는 뜻이다(역주).
76　이 세 행은 모두 아나투의 승리를 묘사한다(역주).
77　싸움을 끝내고 신전으로 귀환했다는 뜻이다(역주).

집에서 군인들의 피를 그는 지워버렸고
    그릇에서 평화의 향유를 부어버렸다.[78]
젊은 여인 아나투는 그녀의 손을 씻었다.
    씨족의 미망인(ybmt limm)이[79] 그녀의 손가락을
그녀는 군인들의 피에 그녀의 손을 씻었다.
    전사들의 내장에 그녀의 손가락을
그는 의자를 의자에 맞춰 정렬했다.
    탁자를 탁자에 맞추어
그녀는 발판을 발판에 맞추어 정렬했다.
그녀는 물을 떠서 씻었다.
    하늘의 이슬을, 땅의 기름을
구름을 타는 이의 이슬비를   (40)
    하늘이 내려준 이슬을
    별들이 내려준 이슬비를

iii

(셋째 단의 시작부에 대략 20행이 손상되었다. 바알은 아나투에 메시지를 전하는데, 엘보다 위대한 그의 신적 권능을 드러낸다. 아나투는 바알의 전령 앞에서 약한 모습을 보인다.)

…

그녀는 고등의 붉은 색으로 치장했다.   (1)
    천 길이나 먼 바다에서 나는 (고등으로)
"그녀는 그녀의 가슴에 수금을 놓는다.
    위대하신 바알의 사랑을 노래한다.
빛의 딸 피드라이의 사랑을,
    이슬비의 딸 탈라이의 애정을,

---

78 기름을 붓는 행위는 비가 내림을 의미하는 전례행위로 보인다(역주).
79 아나투의 별칭 '씨족의 미망인'은 다양한 해석이 존재한다(역주).

　　　　　　　흐르는 물의 딸 아르차이의 사랑을
자, 젊은이들이여 들어와라.
　　　　　아나투의 발치에 몸을 굽혀 엎드려라. (10)
경의를 표하고 충성을 드려라.
　　　　　그리고 젊은 여인 아나투에 말하라.
　　　　　씨족의 미망인에게 되풀이하여라.
'위대하신 바알의 소식이다.
　　　　　가장 강한 영웅의 말씀이다.
땅에 구운 것을 바쳐라.
　　　　　흙에 합환채를 놓아라.
대지의 심장에 평화의 향유를 부어라.
　　　　　들의 심장에 사랑의 충만을
서둘러라, 조급히 굴어라, 재촉해라.
　　　　　내게 네 발로 달려와야 한다.
　　　　　내게 네 다리로 내달려와야 한다. 　　　　　(20)
그런데 내게 소식이 하나 있어 말하려 한다.
　　　　　말씀이 하나 있어 네게 되풀이 하려 한다.
나무의 울부짖음과 속삭임을 나는 이해한다네.
　　　　　하늘의 한숨을 땅과 함께
심연의 (한숨을) 별과 함께
　　　　　하늘이 알지 못하는 천둥을 나는 이해한다네.
사람들이 알지 못하는 말을
　　　　　땅의 무리들이 알지 못하는
　　　　　오라! 그러면 내가 그것을 드러내 주리니
내 거룩한 산 차파누의 한가운데서
　　　　　성소에서, 내 상속지인 산에서[80] 　　　　　(30)
　　　　　사랑 안에서, 승리의 언덕 위에서'"
보라, 아나투는 두 신들을 본다.

출 15:17;
신 32:8-9;
시 78:54

80　신의 상속지를 산에 비유한 것으로 다음이 있다(역주).

그녀의 두 다리가 떨었다.[81]
　뒤쪽으로 허리가 꺾였고
　　　그녀의 얼굴 위로 땀이 흘렀다.
　그녀의 등뼈는 흔들렸고
　　　그녀의 뒤로는 엉덩이가 〈흔들렸다.〉
　그녀는 소리를 높여 외쳤다.
　"왜 납시었나, 구파누와우가루(Gupanu-wa-Ugaru)?[82]
　　　어떤 적이 바알에 맞서 일어났나?
　(어떤) 원수가 구름을 타시는 이에 맞서?
　　　내가 엘의 사랑 받는 얌무를 치지 않았나?
　내가 대신(大神) 나하루를 끝장내지 않았나?
　　　내가 바다괴물을 파괴하지 않았나?…
　그를…　　　　　　　　　　　　　　　　　　　　(40)
　머리 일곱 달린 샬야트(Šlyt)를[83]
　　　내가 엘의 사랑받는 아리슈(Ariš)를[84] 쳤다.
　내가 엘의 황소, 아티쿠('Atiku)를 파괴했다.[85]
　　　내가 엘의 암캐, 이샤투(Išatu)를 쳤다.[86]
　내가 엘의 딸 두바부(Ḏubabu)를 끝장냈다.[87]

81　"그녀 곁에서 두 다리가 떨었다"로 직역할 수 있다(역주).
82　'구파누'는 '포도덩굴'이란 뜻이고 '우가루'는 '들'이란 뜻이다. 지명 우가릿은 곧 '들'이나 '벌'을 뜻하는 말에서 유래한 것이다. 여기서 '구파누와우가루'를 복합명으로 봐서 하나의 신으로 볼 수도 있지만, 문맥상 두 신으로 보는 게 나을 것 같다(역주).
83　머리가 일곱 개 달린 괴물의 이름이 무엇을 뜻하는지 아직 규명되지 않았다(역주).
84　아리슈는 거의 알려지지 않은 신이다. 다만 39행에서 '바다괴물'로 옮긴 말은 '툰나누'(tunnanu)인데, 43행의 '아리슈'와 함께 복합명을 이루어 '툰나누와아리슈'(Tunnanu-wa-Arišu)로 등장하기도 한다.
85　거의 알려지지 않은 신이다(역주).
86　'이샤투'는 '불'(火)이란 뜻이다(역주).
87　두바부의 의미에 대해서는 다양한 의견이 맞선다. '바알 즈붑'(왕하 1:2)과 관련된다고 보기도 한다(역주).

iv

(셋째 단과 넷째 단의 연결부는 잘 보존되었기에 자연스레 이어진다. 아나투는 앞으로도 바알을 위해 싸울 것을 맹세하고 바알에게 간다. 바알은 그녀를 환대하는 자리에서 신전이 없다고 탄식한다.)

나는 은을 위해 싸우리라, 금을 차지하리라. (iii:47)
    차파누의 꼭대기에서 바알을 내쫓는 자들(의 은과 금을) (iv:1)
그의 둥지에서 새처럼 쫓아버리는 자들의
    그의 왕국의 권좌에서 내쫓아버리는 자들의
    그의 안식에서, 그의 통치의 권좌에서 〈내쫓아버리는
        자들의 은과 금을〉.
어떤 적이 바알에 맞서 일어났나?
    어떤 원수가 구름을 타시는 이에 맞서?"
두 젊은이가 대답했다. 그들이 대답했다.
"바알을 맞서 적들이 일어나지 않았다.
    원수가 구름을 타시는 이에 맞서 (일어나지 않았다).
위대하신 바알의 소식이다.
    가장 강한 영웅의 말씀이다.
대지에 구운 것을 바쳐라.
    흙에 합환채를 놓아라.
대지의 심장에 평화의 향유를 부어라. (10)
    들의 심장에 사랑의 충만을!
서둘러라, 조급히 굴어라, 재촉해라.
    내게 네 발로 달려와야 한다.
    내게 네 다리로 내달려와야 한다.
그런데 내게 소식이 하나 있으니 말하려 한다.
    말씀이 하나 있어 들려주려 한다.
나무의 울부짖음과 속삭임을 나는 이해한다네.
    사람들이 알지 못하는 말을

땅의 무리들이 알지 못하는
　　하늘의 한숨을 땅과 함께
심연의 (한숨을) 별들과 함께
　　하늘이 알지 못하는 천둥을 나는 이해한다네.
오라! 그러면 내가 그것을 드러내 주리니
　　내 거룩한 산 차파누의 한가운데서
　　성소에서, 내 상속지인 산에서"　　　　　　　　　　(20)
그러자 젊은 여인 아나투가 대답했다.
　　씨족의 미망인이 되풀이 했다.
"대지에 구운 것을 내가 어디에서 바칠까?
　　흙에 열매를 내가 (어디에) 놓을까?
대지의 심장에 평화의 향유를 (어디에) 부을까?
　　들의 심장에 사랑의 충만을 (어디에)?
바알은 하늘에 그의 돌무기를[88] 두신다.
　　구름을 타시는 분은 그의 뿔을 불 붙인다.
나는 직접 대지에 구운 것을 바치리라.
　　흙에 열매를 놓으리라.
대지의 심장에 평화의 향유를 부으리라.　　　　　　　　(30)
　　들의 심장에 사랑의 충만을!
또한 내가 할 말이 하나 더 있다.[89]
가라, 가라, 신들의 종이여,
　　너희는 반드시 머물러야 하지만
　　나는 반드시 가야 한다.
산에서 신들의 저 먼 곳으로
　　인븝에서 신들의 저 먼 곳으로
밭고랑 사이 두 개의 뜀거리를 지나
　　골짜기 (사이) 세 개의 달음질거리를 지나"

88　석기의 일종인데, 돌로 만든 무기로 추측한다(역주).
89　"더욱이 두 번째 말을 나는 하리라"로 직역할 수 있다(역주).

	이제 그녀는 향했다.
	사본 산 꼭대기의 바알을 향해.
	천 길보다 만 리보다 더 멀리
아 4:9, 잠 7:4	자신의 누이가[90] 오는 것을 바알은 보았다.
	자기 아버지의 딸의 걸음을. (40)
	그는 그 여인을 자기 앞에 거리를 두고 있으라 했다.
	그는 그녀 앞에 황소를 한 마리 두었다.
	그녀 바로 앞에 살진 짐승을
	그녀는 물을 떠서 씻었다.
	하늘의 이슬을, 땅의 기름을
	하늘이 내려준 이슬을
	별들이 내려준 이슬비를
	그녀는 고둥의 붉은 색으로 치장했다.
	천 길이나 먼 바다에서 나는 (고둥으로)
	"자, 바알에겐 다른 신들과 달리 집이 없네.
	아세라의 아들들처럼 살 곳이,
	엘의 집은 그 아들들이 묵는 곳.
	(그건) 여주인 바다의 아세라의 집이요,
	빛의 딸 피드라이의 집이요, (50)
	이슬비의 딸 탈라이가 묵는 곳이요,
	흐르는 물의 딸 아르차이의 집이요,
	숭배하올 신부들의 집이다."

v

(넷째 단과 다섯째 단의 연결부는 잘 보존되었기에 자연스레 이어진다. 전쟁의 여신 아나투는 감히 최고신 엘을 쓰러뜨려서라도 바알 신전을 짓겠다고 다짐한다. 엘은 그녀의 말을 경청하고, 아나투는 거침이 없다.)

---

90 '누이'는 사랑하는 사람을 에둘러 표현하는 것이라 볼 수도 있다(역주).

그러자 젊은 여인 아나투가 대답했다. (iv:54)

"황소 엘 내 아버지께서 내게 돌아오시면,

    곧, 그분이 내게 돌아오시면, 나도 그분께 돌아가리라.

나는 그를 쳐 새끼 양처럼 땅에 쓰러뜨리고 말리라. (v:1)

    그의 흰머리로 피가 흐르게 하리라.

    그의 흰 수염으로 (흐르게)

···그래서 그분은 바알에게 다른 신처럼 집을 줄 것이다.

    아세라의 아들들처럼 살 곳을!"

그녀는 발을 들어 땅을 이리저리 돌아다녔다.[91]

    이제 그녀는 향하였다.

두 강의 원천(에 있는) 엘에게,

    두 심연의 강바닥에 있는 (엘에게).

그녀는 엘의 앞뜰에 나타났다.

    임금의 방으로 그녀는 들어갔다.

    슈넴의 아버지의 (방으로)

···창조주의 앞뜰에 들어갔다.

    신들의 주인의[92] (앞뜰에)

그녀의 목소리를 황소 엘, 그녀의 아버지는 들었다. (10)

    일곱 개의 방에 있는 엘은 대답하였다.

    여덟 개의 닫힌 방에[93] 있는 (엘은)

···

        (8행 정도 훼손됨)

···

그러자 젊은 여인 아나투가 대답했다.

"당신 집들의 아들들은, 오! 엘이여 (20)

    당신 집들의 딸들은 즐거워하지 못하리라.

슥 1:3, 말 3:7;
대하 30:6

---

91 "그녀는 땅을 박차고 올라 땅위를 날았다"로 직역할 수 있다(역주).
92 직역하면 "신들의 아들들의 주인"이다(역주).
93 낱말과 구문이 분명하지 않은데, 아마 일종의 건축관련 전문용어라 추측할 뿐이다(역주).

그들은 큰 신전에서 즐거워하지 못하리라.
나는 반드시 내 오른팔로 그들을 붙잡으리.
　　내 긴 팔로…
나는 너의 정수리를 치리라.
　　나는 네 흰머리에 피가 흐르게 하리라.
　　네 흰 수염에 창자가 (흐르게)"
일곱 개의 방에 있는 엘은 대답하였다.
　　여덟 개의 닫힌 방에 있는 (엘은)
"나는 너를 안다. 내 딸아, 네가 남자 같음을,[94]
　　신들 가운데 너를 업신여기는 자가 없음을,
무엇을 원하는가, 오! 젊은 여인 아나투여"
그러자 젊은 여인 아나투는 대답하였다.
"당신의 소식은, 오 엘이여, 지혜로워라.　　　　　　　　(30)
　　당신의 지혜는 영원무궁하여라.
　　운명의 선포가 당신의 소식이다!
우리의 임금은 위대하신 바알

사 33:22; 시 95:3

　　우리의 판관이요, 그분보다 높은 이는 없다.[95]
우리 모두는 그분께 그릇을 가져가리라.
　　우리 모두는 그분께 잔을 가져가리라."
황소 엘, 그녀의 아버지는 탄식하고 울부짖고 말았다.
　　그녀를 만든 임금, 엘이
아세라와 그녀의 아들들이 울부짖었다.
　　신들과 그들의 피붙이 무리들이
"자, 바알에겐 다른 신들과 달리 집이 없네.
　　아세라의 아들들처럼 살 곳이,
엘의 집은 그 아들들이 묵는 곳.　　　　　　　　　　　　(40)
　　(그건) 여주인 바다의 아세라의 집이요,

94　여신 아나투의 호전적인 성격을 이렇게 표현하는 것 같다(역주).
95　"그분 위에 아무도 없다네"로 직역할 수 있다(역주).

빛의 딸 피드라이의 집이요,

 이슬비의 딸 탈라이가 묵는 곳이요,

 흐르는 물의 딸 아르차이의 집이요,

 숭배하올 신부들의 집이다."

vi
(여섯째 단은 앞에 대략 10행이 훼손되었다. 바알 편인 아세라는 코싸루와하시수를 데려오라고 명한다.)

"내 소식을 네 머리에 실어라.   (2)

 내 말씀을 네 두 눈 사이에[96]

바다의 천 길을 가로질러라.

 강의 만 리를

산을 가로질러라 언덕을 가로질러라.

 수평선의 섬들을 가로질러라.[97]

(그곳으로) 이끌라, 오, 아세라의 어부여   (10)

 다다르라, 오 쿠드슈암루루(Qudšu-Amruru)여[98]

보라, 자 이제 향하여 나아가라.[99]

 모든 거룩함의 멤피스로,

그가 앉을 왕좌가 있는 갑돌로,

 그의 상속지 멤피스로!

 천 길보다 만 리보다 더 멀리

코싸루의 발치에 몸을 굽혀 엎드려라.

 충성을 표하고 존경을 드려라.   (20)

이 말을 코싸루와하시수에게 말하라.

---

96 지금부터 하는 말을 똑똑히 기억하라는 뜻이다(역주).
97 직역하면 "하늘 언덕의 섬들을 가로질러라"이다(역주).
98 아세라의 종인 이 신은 '거룩하고 강한'이라고 옮길 수 있다(역주).
99 직역하면 "자 이제 향하라!"이다(역주).

손재주 있는 하야누에게 되풀이하라.
'위대하신 바알의 말씀이다.
…'"

(이 아래로 20행 정도 소실됨)

KTU 1.4 (II AB)

i

(넷째 토판의 첫째 단은 대략 20행이 소실되었다. 아세라는 제물을 바치라고 신들에게 명령하고, 코싸루와하시수는 엘의 허가 없이 바알 신전을 세우기 시작한다. 성전을 짓는 이 부분의 운율과 내용을 정확히 파악하기가 힘들기 때문에, 학자마다 첫째 단의 문장을 다양하게 이해하는 형편이다.)

…

슬프다!
[그가] 그의 [아버지] 황소 엘에게 (5)
    엘, 그를 낳은 자, 임금에게 외쳤다.
아씨라[투와 그녀의 아들들에게]
    그 여신과 친척들 무리에게 외쳤다.
"보라. (다른) 신들과 달리 바알에겐 집이 없다! (10)
    아세라의 아들들과 달리 살 곳이 (없다).[100]
엘의 집은 그의 아들들이 사는 곳
    여주인, 바다의 아세라의 집은
    온전한 신부들의 집이요,
그것은 아루의 딸 피드라이의 집이요,

---

100 본디 '…처럼'을 뜻하는 km와 k를 우리말의 부정문에 맞추어 '…와 달리'로 옮겼다(역주).

라부의 딸 탈라이가 사는 곳이요,

야이브다루의 딸 아르차이의 집이다.[101]

또한 두 번째 말씀을 내가 하겠다. (20)

여주인 바다의 아세라에게 큰 선물을 준비하라.

신들을 만든 여신(qnyt ilm)에게[102] 제물을!"

하야누는[103] 두 개의 풀무 위로 올라갔다.

하시수의 손엔 연장이 (있었다).

그는 은을 부었고

금을 (녹여) 흐르게 했다.

은을 부어 천 개(의 제물을),

금을 부어 만 개를 (만들었다).

그는 부었다. 천개(天蓋)와 쉴 자리를,

이만 (二萬 세켈?) 나가는 천상의 어좌를 〈만들었다〉. (30)

은으로 덮힌 천상의 어좌를

흐르는 금으로[104] 칠한 (어좌를) 〈만들었다〉.

천상의 권좌를, 금으로 만든 휴식처를,

대리석으로 덮힌 천상의 발판을 〈만들었다〉.

끈으로 맨 천상의 신발을[105]

금띠로 그 위를 (묶은 것을) 〈만들었다〉.

그득 찬 천상의 탁자를

땅바닥의 온갖 짐승들로[106] (채워진) 〈탁자를 만들었다〉. (40)

사진 126
시 89:15, 97:2

---

101 바알의 딸들의 이름을 번역하면 "빛의 딸, 섬광, 응축의 딸, 이슬…의 딸 흠"이다. 이들을 바알의 아내이거나 딸들이며, 바알은 비와 이슬의 신이며, "땅의 주, 왕자"의 호칭으로 불린다.

102 이 표현을 직역하면 "신들의 창조녀"이다. 아세라가 신들을 낳은, 신들의 어머니라는 뜻이다(역주).

103 KTU 1.1:iii:4-5에서 보았듯이, '하야누'는 코싸루와하시수의 별칭으로 "능숙함"의 의미이다.

104 '흐르는 금'으로 옮긴 말의 직역은 '금의 피'이다. 금을 녹여 칠했다는 것으로 이해한다(역주).

105 '천상의 신발'로 옮겼지만 '천상의 가구'로 옮길 수도 있다(역주).

106 이 번역이 옳다면 그 그릇은 다양한 동물 문양을 가졌을 것이다.

아무루(의 그릇과) 똑같은 천상의 그릇을

야완의 땅[107](의 그릇과)과 같은 모양의

그 안에 들짐승 만(萬) 마리가 채워진 〈그릇을 만들었다〉[108]

ii

(둘째 단의 첫 16행 정도가 소실되었다. 아세라가 준비한 잔치에 바알과 아나투가 도착하여 즐긴다. 코싸루와하시수가 준비한 제물 앞에서 아세라는 기뻐한다.)

그녀는[109] 손에 물렛가락을 들었다.[110]   (4)

쉬지 않고 도는 물레를 그녀의 오른손에

그녀의 옷, 덮개, 그녀의 몸을 (씻었다).

그녀는 물에 그녀의 옷을 빨았다

그녀의 옷 두 벌을 강에 (빨았다).

그녀는 불에 솥을 걸었다.

솥을 밝게 타는 목탄 위에

그녀는 황소, 자비로우신 엘을 보살필 것이다.   (10)

피조물의 창조주에게 봉사할 것이다.

그녀는 눈을 들어 보았다.[111]

바알이 다가옴을 아세라[112]는 진정코 보았다.

처녀 아나투가 다가옴을

---

107 아나톨리아반도 서쪽을 중심으로 지중해 동쪽 해안에 널리 퍼져 살던 이오니아인들을 가리키는 말로, 주전 천 년경의 고대문서에 그리스인들을 가리키는 이름으로 널리 쓰였다. 이 이름은 후대로 갈 수록 '헬라'로 대치된다. 성경에도 자주 등장한다. 창 10:2-4; 대상 1:5; 겔 7:13; 사 66:19 등(역주).

108 그릇 안쪽에 수많은 짐승을 묘사한 그림이나 부조가 있었을 것 같다(역주).

109 여주인 바다의 아세라를 지칭한다.

110 직역하면 "그녀는 그녀의 손에 그녀의 물렛가락을 들었다"이다. 고대 근동의 여신들과 '물레'의 모티프는 친숙하다(역주).

111 "그녀의 눈을 들자 그녀가 보았다"로 직역할 수 있다(역주).

112 본문엔 아스타르트로 되어 있지만, 아세라로 교정한다(역주).

　　　　　　씨족의 미망인의 발걸음을 (보았다).
　　그녀의 두 다리가 떨었다.[113]
　　　　뒤쪽으로 허리가 꺾였고
　　그녀의 얼굴 위로 땀이 흘렀다.
　　　　그녀의 등뼈는 흔들렸고
　　　　그녀의 뒤로는 엉덩이가 흔들렸다.[114]　　　　　　　　(20)
　　그녀는 목소리를 높여 외쳤다.
　　"어떻게 전능하신 바알이 오셨는가?
　　　　어떻게 처녀 아나투님이 오셨는가?
　　내 자녀들이 죽였고 서로를 죽였고,
　　　　내 친척들이 서로를 멸하였는가?"[115]
　　하지만 아세라가 은으로 된 [선물]을,
　　　　은으로 된 선물과 금으로 된 [⋯]을 보았을 때,[116]
　　여주인, 바다의 아세라는 기뻐하였다.
　　　　그녀의 종에게 큰 소리로 외쳤다.
　　"보라, 능숙한 자여, [들으라][117],　　　　　　　　　　　(30)
　　　　여주인 아세라의 어부여!
　　네 손으로 그물을,
　　　　네 두 손에 큰 [후릿그물]을 잡아라!
　　[그것을] 엘의 사랑하는 자 [얌무에게][118]
　　　　[유]순한 자 엘의 바다로

113　"그녀 곁에서 두 다리가 떨었다"로 직역할 수 있다(역주).

114　아세라는 예상치 못한 손님들이 나쁜 소식을 가져올 것을 염려한다(참조 겔 21:11-12). 이것은 예상치 못한 방문에 대한 여자 주인공의 전형적인 반응이다.

115　TUAT, "나의 곤봉, 보라, 내 아들의 곤봉이다 / 보라, 내 친척들 무리의 파괴자다!"(역주).

116　TUAT, "은의 그늘에서 아세라는 진정코 보았다 / 은의 그늘에서 금의 광채를." 은의 그늘에서 금의 광채를 보았다는 말은, 금은으로 만든 화려한 제물의 광채를 표현하는 수사법이다(역주).

117　TUAT, "바다 바닥에서 성공한 자여"(역주).

118　얌무는 엘의 사랑받는 자로 불린다.

엘의 [깊음 속]으로 던져라…[…]…"

(이 아래로 대략 15행 정도 소실됨)

iii

(셋째 단의 첫머리에 12행 정도는 완전히 소실되었고, 9행 정도는 간신히 몇 글자만 알아볼 수 있을 뿐이다. 바알은 신들에게 화를 낸다. 바알과 아세라와 아나투는 잔치를 즐긴다.)

전능하신 바알이 찾아 온[다]. (10)
    구름을 타시는 분이 *다가온다*.
그는 일어나 서서 *모욕한다*.
    신들의 모임 한가운데서
    그는 일어나 침뱉는다.
"*부[정한 제물]*이 내 식탁에 놓여있다.
    잔에 든 상한 것을 나는 마셔야 했다.
정말로 두 가지 희생제물을 바알은 싫어한다.
    세 가지를 구름을 타는 이가 (싫어한다).[119]
부끄러운 희생제물과 질이 낮은 희생제물 (20)
    그리고 여종의 수치의[120] 희생제물이다.
그것에서 부끄러움이 진정 드러나고
    그것에서 여종의 수치가 (드러난다)."
전능하신 바알이 도착하고 난 다음
    처녀 아나투가 도착하였다.
그들은 여주인 바다의 아세라에게 선물을 바쳤고
    신들을 낳으신 분을 보살폈다.

---

119 잠 30:15-33; 암 1:3-15등에서 볼 수 있는 이른바 '수(數)잠언'의 수사학으로 보인다. 특히 잠언 6:16과 비교하라(역주).
120 "여종의 수치"는 성적 수치와 관련 있을 것이다(역주).

그러자 여주인 바다의 아세라가 답하였다.
"왜 너희는 여주인 바다의 아세라에게 선물했는가?
    신들을 낳으신 분을 보살폈는가? (30)
자비로우신 엘에게 너희들은 선물했는가?
    피조물을 지으신 분을 과연 (왜) 보살폈는가?"
그러자 처녀 아나투가 대답했다.
"정녕 여주인 바다의 아세라에게 우리는 선물했고
    신들을 낳으신 분을 보살폈다.
그리고 나서 우리는 그분을 보살필 것이다."
전능하신 바알이 앉았고
    여주인 바다의 아세라가 앉았고
    처녀 아나투가 앉았다.
신들은 함께 먹고 마셨다. (40)
    그들은 젖을 빠는 새끼를 먹었고[121]
소금으로 닦은 칼로 살진 짐승의 고깃덩어리를
    포도주를 잔으로 마셨다.
금 잔에 (포도)나무의 피를[122] (마셨다).

(이 아래로 8행 정도 소실되었다. 이 부분에서 바알과 아나투는 아세라에게 바알의 신전 건축에 대해 청탁한다. 그녀가 엘에게 신전 건축 허가를 받아 주도록 부탁한다.)

iv

(넷째 단은 앞에 대략 12행이 소실되었다. 잔치가 끝나고 신들은 떠났다. 바알은 사본 산으로 가고, 아세라와 아나투는 엘의 거처를 향한다. 엘은 아세라를 맞이하여 성대히 대접하지만, 그

---

121 직역하면 "젖의 새끼를 얻었고"이다. 젖먹이 짐승을 잡아 가장 여리고 부드러운 고기를 먹었단 뜻이다(역주).
122 (포도)나무의 피는 포도주를 의미한다(역주).

너는 엘의 면전에서 바알이 임금임을 선포하고 신전이 필요하다고 외친다.)

여주인 바다의 아세라가 대답하였다. (1)
"들어라, 오, 쿠드슈와암루루여,
    오, 여주인 바다의 아세라의 어부여!
[당나귀에 안장을 올리고]
    수탕나귀에 마구(馬具)를 채워라,
은으로 [만든 마구를 걸쳐라].
    황금으로 만든 [밧줄을],
    [네] 암탕나귀를 마구로 묶어라."
쿠드슈와암루루는 순종한다.
    그는 당나귀에 안장을 올렸고
    수탕나귀에 마구를 채웠다.
은으로 만든 마구를 걸쳤고 (10)
    황금으로 만든 밧줄을 매었고,
    그녀의 암탕나귀를 마구로 묶었다.
쿠드슈와 암루루는 (그녀를) 감싸 안고.
    당나귀의 등에 아세라를,
    아름답게 장식된 숫탕나귀 등 위에 〈그녀를〉
        올려놓았다.[123]
쿠드슈는 고삐를 잡았다.
    암루루는 별처럼 앞으로 (나아갔다).
그 뒤로 처녀 아나투가 (따랐다).
    한편 바알은 사본 산의 꼭대기를 향해 갔다.
그녀는[124] 앞으로 곧장 나아갔다. (20)
    두 강의 원천에 있는 엘에게

---

123   직역하면 "숫말 등의 아름다운 것들에"이다(역주).
124   아세라를 지칭.

두 심연의 강바닥에 있는 (엘에게)
그녀는 엘의 앞뜰에 나타났다.
그녀는 임금이신 슈넴의 아버지의 방으로 들어갔다.
엘의 발치에 그녀는 몸을 굽혀 엎드렸다.
그녀는 충성을 표하고 존경을 드렸다.
그러자 엘이 그녀를 보았다.
그는 관자놀이를 찢어 웃었다.[125]
그의 발을 발걸이에 올려놓고
그의 손가락으로 손춤을 추었다.[126] (30)
그는 소리를 높여 외쳤다.
"어찌하여, 여주인 바다의 아세라께서 도착하셨는가?
어찌하여 신들을 만든 여신께서 오시었는가?
너는 분명히 배가 고플 것이다. (멀리) *여행했*으므로.
보라, 너는 분명히 목이 마를 것이다. (오래) *방랑했*으므로
어서, 먹어라. 그래, 마셔라.
식탁 위에 (놓인) 빵을 먹어라!
잔으로 포도주를 마셔라!
금잔에 (포도)나무의 피를!
자! 임금이신 엘의 굄이 너를 깨운다.
황소 엘의 사랑이 너를 자극한다!"[127]
그러자 여주인 바다의 아세라가 대답하였다. (40)
"엘이여, 당신의 말씀은 지혜로워라.
영원한 지혜가 당신의 분깃이다.
당신의 말씀은 〈이와 같다〉. 우리의 임금은 위대하신 바알

---

125 "관자놀이를 찢어 웃었다"는 즐거움을 표현하는 관용어구다(역주).
126 발을 발걸이에 올리고 손춤을 추는 것도 기쁨의 표시다. 엘의 이런 환대에는 성적인 의미도 있는 듯하다(역주).
127 우리말 '굄'은 '사랑'의 비슷한 말이다. 본문에 사용된 *yd*와 *ahbt*는 모두 '사랑'으로 옮길 수 있는 비슷한 뜻이라서 위와 같이 옮겼다. 한편 '굄'으로 옮긴 말은 '남성의 성기'로 번역할 수도 있다(역주).

이다. 보다 높은 이가 없는, 우리의 주권자이다.

우리 모두는 그분의 선[물]을 날라야 한다.

우리 모두는 그분의 돈지갑을[128] 날라야 한다."

[그러나 슬프다!]

그는[129] 황소 엘, 그의 아버지에게 울부짖는다.

그를 낳은 자, 임금, 엘에게 〈울부짖는다〉.

그는 아세라와 그녀의 아들들에게도 울부짖는다.

그 여신과 그 피붙이 무리들에게도 〈울부짖는다.〉 (50)

"지금 바알에겐 (다른) 신들과 달리 집이 없네.

아세라의 아들들처럼 살 곳이 〈없네〉

엘의 집은 그의 아들들이 묵는 곳이며,

여주인 바다의 아세라의 집은

온전한 신부들의 집이요,

아루의 딸 피드라이의 집이요,

라부의 딸 탈라이가 묵는 곳이요,

야이브다루의 딸 아르차이의 집이다."

그러자 선하시고 자비로우신 엘이 대답하였다.

"내가 종이고, 아세라의 보조자인가?

내가….을 처리하는 종인가?[130] (60)

아니면, 아세라가 벽돌을 만드는 여종인가?

v

(넷째 단과 다섯째 단의 연결부는 자연스레 이어진다. 엘은 바
알 신전의 건축을 허가한다. 아세라와 아나투는 기쁨에 겨워 바

---

128 그에게 가져가는 조공을 지칭한다(*ANET*). 그러나 이 번역은 확실하지
    않다. *TUAT*은 이 행에서 "그릇"과 "잔"은 언급하는데, 이것이 보다 정확
    한 번역이다(역주).
129 그는 바알이며, 아세라가 바알의 탄원을 엘에게 전하고 있는 것이다(역주).
130 "나는 작은 괭이 한 자루일 뿐이다"로도 번역 가능하지만 분명지는 않
    다. "벽돌틀 한 개"로 옮기기도 한다(역주).

알을 찬미한다. 아나투는 기쁨의 소식을 바알에게 알린다. 바알루는 장인신을 대접한 다음에 신전의 완성을 다그친다.)

다른 신들처럼 바알에게 집이,
    아세라의 아들들처럼 사는 곳이 지어질 것이다."
그러자 여주인 바다의 아세라가 대답하였다.
"당신은 크시다. 오 엘이여, 정녕 지혜롭도다.
    당신의 흰 수염은 당신을 지혜롭게 하고[131]
    당신의 가슴엔 사랑스러운 혼이 〈있네〉.
이제 비가 올 때를 바알이 정하신다.
    눈(雪)이 내릴 때도 〈바알이 정하신다〉.
〈그가〉 구름에서 천둥을 만들 것이며   (70)
    땅에 벼락을 때릴 것이다.
향백나무 집--*그로 그것을 불태우게 하라*.
    그래, 벽돌 집--*그것을 없애라*.
위대하신 바알께 고하라.
'당신 집으로 풀들을 부르라!
    당신의 신전 안으로 *향초를* 〈부르라〉.[132]
산들은 당신께 많은 은을,
    언덕들은 값비싼 금을 보내야 하리!
    그들은 당신께 *화려한 청금석을* 보내야 하리!
그들은 금과 은으로 (된) 집들을,   (80)
    순수한 청금석의 집을 지을 것이다.'"
처녀 아나투가 기뻐하며,
    두 다리로 땅을 *구르자*, 땅이 *흔들린다*.

---

131 "당신을 가르치고"로 직역할 수 있다. 흰 수염은 연륜과 지혜의 상징이다(역주).
132 이 번역이 옳다면, 이것은 바알이 전에 어떤 종류의 집을 가졌는데, 그것은 얌을 무찌르면서 획득한 바알의 지위에는 합당한 것이 아니었다.

보라, 이제 그녀는 발걸음을 뗀다.[133]

 사본 산 꼭대기의 바알을 향해

 천 길보다 만리보다 더 멀리

처녀 아나투는 웃었다.

 그녀의 목소리를 높여 외쳤다.

"바알이여! 그대에게 가져오는 기쁜 소식을 받으라.

그대에게 그대의 형제들처럼 집이,   (90)

 또한 그대의 피붙이들처럼 안뜰이 지어질 것이다.

당신 집으로 풀들을 가져오게 하라!

 당신의 신전 안으로 향초를 (가져오게 하라).

산들은 당신께 많은 은을,

 언덕들은 값비싼 금을 보내야 하리!

 그들은 당신께 *화려한* 청금석을 보내야 하리!

그들은 은과 금으로 (된) 집들을,

 순수한 청금석의 집을 지을 것이다."

위대하신 바알은 기뻐하였다.

그는 그의 집으로 풀들을,

 그의 신전 안으로 향초를 가져오게 했다.

산들은 그에게 많은 은을,   (100)

 언덕들은 값비싼 금을 보냈다.

그들은 그에게 화려한 청금석을 보냈다.

 그리고 그는 코싸루와하시수를 부르러 〈사람을〉 보냈다.

―――――――――――――

 (두 전령이 파견된 이야기로 돌아가시오.)[134]

―――――――――

133 직역하면 "그녀는 두 다리를 준다"이다(역주).

134 이 곳에 두 행이 가로로 주욱 그어져 있고, 그 사이에 있는 말을 직역하면 "두 전령이 보내지는 설명을 계속한다"이다. 아마 이 이야기를 대중에게 낭독할 때 참고하라는 "편집 표시"(editorial note)일 것이다. 이 서사시가 종교적 집회 등에서 대중에게 낭독하는 데 사용되었음을 알려주는 증거라 할 수 있다(역주).

이일 후, 코싸루와하시수가 도착한다.
그 앞에 황소 한 마리가 놓였다.
    살진 짐승이 그의 몫으로 (놓였다).
보좌가 설치되고 그가 앉았다.
    위대하신 바알의 오른편에.[135]   (110)
오랫동안 두 신은 먹고 마셨다.
그때 *위대하신* [바알이] 말하였다.
    [*구름을 타는 자가*] 대답했다.
"자 빨리, 집을, 코싸루여,
    빨리! 신전[을] 세워라.
빨리! 너는 집을 지을 지니라.
    빨리! 사본 산의 정상 한가운데에
    신전을 세울지니라.
그 집⟨의 크기⟩는 천 길,
    그 신전⟨의 크기⟩는 만 에이커에 달한다."
그러자 코싸루와하시수가 답했다.   (120)
"오 위대하신 바알이여 들으소서,
    구름을 타시는 이여 귀기울여 주소서,
제가 그 집에 구멍을 내겠습니다.
    그 신전 가운데 창을 내겠습니다.[136]
그러나 위대하신 바알이 대답하였다.
"너는 그 [집에] 구멍을 내지 말아야 한다.
    그 [신전 가운데 [창을 (내지 말아야 한다)."

---

135 다음과 비교하라. 시 45:10; 110:1; 마 26:64(역주).
136 신전 건설의 핵심 주제는 신전의 천장과 벽에 창을 내지 말아야 한다는 것이다. 바알은 비바람의 신이므로 그의 신전에 구멍이 나면 온 세상에 비를 내리게 될 것이다. 창 7:11-12(역주).

(2-3행 정도 소실됨?)

vi

(다섯째 단과 여섯째 단의 연결부는 잘 보존되었기에 자연스레 이어진다. 코싸루와하시수는 바알의 뜻을 재차 확인하고, 창을 내지 않는다. 그는 일주일 만에 신전을 완성한다. 바알은 기쁨의 잔치를 벌인다.)

그러자 코[싸루와하시수가 대답하였다.   (1)
"바알! 당신은 [내 말을 듣게 될 것입니다."
코싸[루와]하시수는 다시 말하였다.
　"들으소서, 제발, 오 위[대]하신 바알,
제가 그 집에 구멍을 낼 것입니다.
　그 신전 가운데 창을 〈낼 것입니다.〉
그러나 위대하신 바알이 대답하였다.
"너는 그 집에 구멍을 내지 말아야 한다.
　그 신전 가운데 창을 (내지 말아야 한다).
아루의 딸 [피드라이가] [〈외인의〉 눈에 들지 않도록!   (10)
　이슬비의 딸 탈라이가 응시되지 않도록!
　엘의 사랑 받는 이 얌무[…]"
[…]가 모욕하며,
　[…] 침뱉었다.
코싸루[와하시수]가 대답하였다.
　"바알! 당신은 내 말을 듣게 될 것입니다."
[바알!] 그의 집이 지어진다.
　[하다드!][137] 그의 신전이 세워진다.
그들은 레바논으로부터 그 나무들,

137　바알의 다른 이름.

시론으로부터[138] 귀중한 향백나무를 […]했다.

[…] 레바논으로부터 그 나무를, (20)

　　[시론]으로부터 귀중한 향백나무를 […].

그 집에는 불이 놓여졌고

　　그 신전에는 화염이

보라! 첫날과 이튿날

　　불이 집을,

　　화염이 신전을 먹는다.

사흗날, 나흗날

　　불이 집을, (30)

　　화염이 신전을 먹는다.

닷샛날, 엿샛날

　　불이 집을,

　　화염이 신전을 먹는다.

보라! 이렛날에

　　불이 집을,

　　화염이 신전을 먹는다.

은은 얇은 판이 되었고

　　금은 벽돌이 되었다.[139]

위대하신 바알은 기뻐하였다.

"나는 은으로 내 집을,

　　금으로 내 신전을 지었다!"

바알은 그의 집에 비품을 놓았다.

하다드는 그의 신전에 비품을 놓았다. (40)

그는 황소들과 함께 작은 짐승을 잡았다.

　　황소와 살진 숫양을 도살했다.

　　한 살 된 어린 소를

138　"시론"은 헤르몬을 가리킬 것이다. 시편 3:9; 29:6(역주).

139　불을 피워 금은세공을 하는 과정을 묘사하는 듯하다(역주).

    뛰는 양과[140] 새끼염소를
  그는 그의 형제들을 그의 집으로,
    그의 피붙이들을 그의 신전 한가운데로 불렀다.
    그는 아세라의 아들 일흔 명을 불렀다.
  그는 숫양의 신들에게 포도주를 바쳤다.[141]
    그는 양의 여신들에게 포도주를 바쳤다.
  그는 황소의 신들에게 포도주를 바쳤다.
    그는 암소의 여신들에게 포도주를 바쳤다.   (50)
  그는 권좌의 신들에게 포도주를 바쳤다.
    그는 자리의 여신들에게 포도주를 바쳤다.
  그는 성작의 신들에게 포도주를 바쳤다.
    그는 그릇의 여신들에게 포도주를 바쳤다.
계속해서 신들은 먹고 마셨다.
    그들은 새끼 양을 먹었다.
    소금으로 닦은 칼로 자른 살진 짐승의 고깃덩어리를
      먹었다.
그들은 포도주를 잔으로,
    금 잔에 (포도)나무의 피를 마셨다.[142]

(사 60:16; 66:11)

      (이 뒤로 대략 9-10행이 소실됨)

  vii
(다행히 소실된 부분은 없지만, 앞의 몇 행은 알아보기 힘들다.
바알은 왕국을 돌아보고 와서 신전의 창을 내라고 명령한다. 그
리고 바알은 죽음의 신 모투에게 시선을 맞춘다.)

---

140 "뛰는 양"의 뜻이 분명치 않다. '가려 뽑은 양'또는 '쓰러진 양'으로 옮길 수도 있다(역주).
141 "바쳤다"를 모두 "부었다"로 볼 수 있다(역주).
142 천상 잔치는 다음을 비교하라. 사 60:16; 66:11(역주).

>   …청금석들… (1)
>
>>   …위대하신 바알이여
>
>   …엘의 사랑 받는 이 가운데…
>
>>   얌무…그의 정수리 위로…
>
>   하다드의 신은 산에서 멀리 떠나(는 동안)
>
>>   신들은 사본 산에서 앉아 있었다.
>
>   그는 도시에서 도시들로 돌아다녔고
>
>>   성벽에서 성벽으로 돌아왔다.
>
>   육십에 육을 더한 도시를 차지했고
>
>>   칠십칠의 성벽을 (차지했다). (10)
>
>   바알은 [사본 산의 정상에서 팔십을 (쳤고)
>
>>   바알은 [정상]으로부터 구십을 쫓아냈다.
>
>   [바알이] *그의 집에*,
>
>>   바알이 집 한가운데에서 *거한다*.
>
>   그리고 위대하신 바알이 답하셨다.
>
>   "코싸루, 나는 오늘 만들리라.
>
>>   코싸루, 바로 지금 〈만들리라〉.
>
>   그 집에 창문을 열지어다.
>
>>   성전의 한가운데 구멍을 〈낼지어다〉.
>
>   그래, 나는 구름의 한가운데에 틈을 열 것이다.[143]
>
>>   코싸루와하시수여, *너의 말대로*." (20)
>
>   코싸루와하시수는 웃었다.
>
>>   그는 목소리를 들어 외쳤다.
>
>   "제가 당신께 말하지 않았던가요, 오 위대하신 바알이여?
>   바알께서 제 말을 듣게 될 것이라고."
>
>   그는 집에 창문을 내었다.
>
>>   성전의 한가운데에 구멍을 내었다.

---

143 하늘의 창문을 통해 비가 쏟아진다는 모티프는 다음과 비교하라.
창 7:11; 8:2; 왕하 7:2,19; 사 24:18; 말 3:10(역주).

바알은 [구]름의 틈을 열었다.
바알은 그의 거룩한 음성을 울렸다.
바알은 입술의 말을 발했다. (30)
그의 거룩한 음성은 땅을 [떨게 했다].…산들이 진동하고…
동과 서, 땅의 높은 곳들이 흔들렸다.
바알의 적은 숲으로 도망했다.
하다드의 증오자는 깊은 산속으로 도망했다.
위대하신 바알은 대답하였다.
"하다드의 적들이여 왜 너희들은 떨고 있는가?
왜…너희들은 떨고 있는가?"[144]
참나무 곤봉이 그의 오른손에서 회전할 때,
바알은 그의 손이 (칠) 곳을 바라보았다.
자 이제 바알은 그의 집에 거한다.
"임금인가? 임금이 아닌가?[145]
다스리는 땅을 세워야 하는가?[146]
나는 선물을 모투 신에게[147] 보내지 않을 것이다.
사자를 엘의 사랑 받는 자 영웅에게 〈보내지 않을 것이다.〉
모투는 그의 영혼에서 크게 소리 지를 것이다.
그 사랑 받는 자는 그의 마음으로 생각할 것이다.
'나만이 신들을 다스리는 자이다. (50)
오, 신들과 인간들을 살찌우는 자이다.
땅의 무리를 배불리는 자이다.'"
그의 종들에게 바알은 소리를 질렀다.
"보라! 구파누와우가루여!

---

144 "왜 너희들은 다마라누에게 무기를 드는가?"로도 번역될 수 있음(역주).
145 진정한 임금이 누구인지를 물어보는 질문이다(역주).
146 의미가 불분명함. COS는 "바알이 다스리는 땅에서 자신을 세울 왕이 있는가 없는가?"로 해석함(역주).
147 모투는 죽음의 신이다(역주).

컴컴함의 아들들은 날을 덮는구나[148]

어둠의 아들들은…

　　　　　(이 아래로 7행 정도 소실됨)

viii

(여덟째 단은 계속되는 바알의 명령으로 시작한다. 바알은 전령에게 자세하게 지시한다.)

보라, 자, 곧장 향하거라! 　　　　　　　　　　　(1)

　　타르구후지자 산으로

타루메기 산으로[149]

　　땅의 가장자리의 두 언덕으로 향하거라.

네 손 위로 산을,

　　두 손바닥 뒤로 언덕을 들어라.

그리고 땅의 깊음 속으로 내려가거라!

　　땅 속으로 내려간 사람들 중 하나가 되거라.

보라, 자, 곧장 향하거라. 　　　　　　　　　　　(10)

　　'구덩이'[150] 도시로 가거라.

그가 앉은 왕좌가 있는 '낮음'으로

　　그가 유업으로 받은 땅 '진흙'으로 가거라.

그러나 주의하라, 신들의 종이여!

　　엘의 아들 모투에게 가까이 가지 마라!

그가 너희를 그의 입의 양처럼 만들지 못하도록,

　　그의 목구멍의 염소처럼 너희가 부서지지 않도록! 　(20)

하늘의 궁창 위를 다니는

　　신들의 빛, 샵슈도

148　의미 불명확함(역주).

149　이 두 산은 히타이트와 후르 신화에서 저승의 입구로 이따금 등장하는데, 아직 자세히 알려지지 않았다(역주).

150　우가릿어 "하브라이"(역주)

　　　　　엘의 사랑받는 자, 모투의 손에 있다!¹⁵¹
천 길보다 만 리 떨어진 곳에서
모투의 발에 몸을 굽혀 엎드려라.
　　　　충성을 표하고 존경을 드려라.
엘의 아들 모투에게 이 말을 하여라.　　　　　　　　　　(30)
　　　　모투의 사랑받는 용사에게 되풀이하여라.
'위대하신 바알의 말씀이다.
　　　　영웅 중에 가장 위대하신 분의 말씀이다.
나는 내 집을 은으로 지었네.
　　　　나는 내 궁전을 금으로 일으켰네.
[나는 내 형제와 씨족을 초청했고
　　　　내 형제를 내 건물에 들였다.　　　　　　　　　　(40)
　　　　내 씨족을 궁전의 한가운데에
그리고 나는 거룩한 모투를 불렀다.
거룩한 모투는 스스로 만족하리
　　　　엘의 사랑받는 용사는 살이 올랐을 것이다."'
구파누와우가루는 길을 떠났다].¹⁵²
　　――――――――――――――――――　¹⁵³

　　――――――――――――――――

그러자 모투가 대답하였다.
　　　　　　(이 아래로 16행 정도 소실됨)

　　　"일리말쿠, 우가릿의 임금 니크맛두의 비서가 쓰다."¹⁵⁴

151　이 행의 의미는 정확하지 않다(역주).
152　모투에 대한 바알의 메시지는 소실되었다. 이 번역은 *TUAT*의 추측 번역이다(역주).
153　가로로 주욱 그은 두 개의 선은 역시 편집표시일 것이다. 구파누와우가루가 길을 가는 익숙한 장면이 반복되어 묘사되기에 생략했을 것으로 추측한다(역주).
154　이 토판의 왼쪽 여백에 쓰여있는 말로서, 여섯째 토판의 말미에 쓰여 있는 서기관을 언급한다(역주).

KTU 1.5 (I *AB)

i

(다행히 다섯째 토판의 첫머리는 잘 보존되었다. 바알의 말과 모투의 말이 이어진다. 넷째 토판의 말미가 손상되어 정확한 문맥을 알기 힘들지만, 현재 남아 있는 토판의 내용만으로도 두 신의 적개심은 충분히 확인할 수 있다.)

"...

오, 너는 로탄, 도망치는 뱀을 쳤다.   시 74:14; 사 27:1
    너는 구불거리는 뱀을 파괴했다.
    머리가 일곱 달린 샬야트(Šlyt)를 〈파괴했다.〉[155]
너는 하늘을 마치 옷감처럼 낮추어 보고 무시했다.[156]
나는 너를 쳐서(?) 먹으리
    조각 내어 내장들을 한 뼘씩!
오 너는 내려가리라, 네 영혼으로, 엘의 아들 모투여,
    엘의 사랑받는 영웅이여!"
두 신은[157] 나아갔다. 지체하지 않았다.
보라, 그들은 사본 산 꼭대기의 바알에게 향했다.   (10)
구파누와우가루가 말하였다.
"엘의 아들 모투의 말씀이다.
    엘의 사랑받는 자, 용사의 알림이다.
그래서, 내 목구멍은 광야의 사자의 목구멍
    보라, 바다에 사는 고래의 식도이다.[158]

---

155 이 괴물을 잘 모른다. 바닷괴물은 다음과 비교하라. 시 74:14; 사 27:1(역주).
156 하늘을 옷감처럼 보는 모티프는 다음과 비교하라. 사 40:22; 시 18:12; 97:2(역주).
157 구파누와우가루를 지칭(역주).
158 죽음의 신 모투의 무기는 저승으로 떨어지는 큰 구멍이다(역주).

보라, 들소들이 연못을 찾듯이,
　　암사슴이 샘을 구하듯이,[159]
보라, 진실로 진실로
　　내 목구멍이 엄청난 양을 먹으며,
　　그래, 진실로 나는 그 두 배를 먹는다!
보라, 그릇에 담긴 내 몫 칠 인분이 담겼고,
　　보라, 그들은 (온) 강을 내 잔에 섞었다.[160]　　　　　(20)
오, 바알! 내 형제들과 함께 나를 초대해라!
　　하다드여! 내 피붙이들과 함께 나를 부르라.
그리고 그는 내 형제들과 빵을 먹고
　　내 피붙이들과 포도주를 마셔라.
그래서, 바알, 너는 내가 너를 죽여 버릴 수 있음을 잊었는가?
…"

　　　　　　　(이 아래로 대략 30행이 소실됨)

2. ii
(둘째 단의 첫머리에 약 12행이 소실되었다. 소실된 부분을 몰라 정확한 문맥을 알기 힘들지만, 바알이 전투에서 패배하는 것은 확실해 보인다.)

한 입술은 땅으로 한 입술은 하늘에 [닿는다].
[그는] 혓바닥을 별들까지 [뻗었다].
바알이 그 입으로 들어왔다.
　　바짝 마른 올리브처럼 그를 향해 내려갔다.
　　땅의 소출과 나무의 과일 (처럼).

159　이 곳의 단어와 구문이 불명확하여 20행까지 정확한 뜻을 알기 힘들다 (역주).
160　모투의 엄청난 식욕을 지칭하는 표현들임(역주).

위대하신 바알은 두려웠다.

　　구름을 타시는 이는 무서웠다.

"나아가라, 엘의 아들 모투에게 말하여라.

　　엘의 사랑받는 이, 용사에게 되풀이하여라.

'위대하신 바알의 소식이다.　　　　　　　　　　　　　　　(10)

　　가장 강한 영웅의 말씀이다.

은혜를 베푸소서. 모투 신이여!

　　나는 당신의 종, 영원히 당신을 위해 일하리라.'"

두 신은 나아갔다. 지체하지 않았다.

　　보라, 그들은 엘의 아들 모투를 향해 간다.

그 '구덩이' 도시로 갔다….

　　그가 앉은 왕좌가 있는 '낮음'으로

　　그가 유업으로 받은 땅 '진흙'으로 갔다.

그들은 소리를 높여 외쳤다.

"위대하신 바알의 소식이다.

　　가장 위대하신 분의 말씀이다.

은혜를 베푸소서. 모투 신이여!

　　나는 당신의 종, 영원히 당신을 위해 일하리라."　　　　　(20)

엘의 아들 모투는 기뻐하였다.

　　그의 목소리를…외쳤다.

"보라! 바알이 내 형제와 함께 나를 외치는구나.

　　하다드가 내 형제와 함께 나를 부르는구나."

　　　　　　(이 아래로 약 20-25행 손상됨)

3. iv

(셋째 단은 첫머리에 약 10-12행이, 말미에 약 20행이 소실되었다. 남아 있는 부분도 손상이 심하여 내용을 거의 짐작할 수 없기 때문에 굳이 옮기지 않는다. 넷째 단은 첫머리에 약 20행이 완전히 소실되었고, 11행까지는 거의 알아볼 수 없다. 해독

할 수 있는 12-21행은 신들의 잔치를 묘사하는 듯하다.)

계속해서 신들은 먹고 마셨다. (12)
    그들은 새끼 양을 먹었다.
소금으로 닦은 칼로 살진 짐승의 고깃덩어리를
    그들은 포도주를 잔으로 마셨다.
금 잔에 (포도)나무의 피를
    은잔을…
    잔을…
…
    엘의 집으로 신들은… (21)

(이 아래로 약 10행이 소실됨)

4. v

(다섯째 단의 첫머리에 약 4행을 알아보기 힘들다. 문맥으로 바알에 대한 모투의 말이 이어짐을 알 수 있다. 그는 바알을 저승에 가두고 조롱한다.)

"…
나는 (그를?) 땅의 신들의 구덩이에 놓으리.
그러나 너는 너의 구름을 취하라.
    너의 바람, 너의 뇌석, 너의 비를 (취하라).
너와 함께 일곱의 네 종을
    (너와 함께) 여덟의 네 *조력자*를
너와 함께 파드라유, 아루의 딸 (10)
    너와 함께 탈리유, 라부의 딸을 〈데려와라〉.
자, 이제 칸카니야(knkn) 산[161] 한가운데로

---

161 이 산에 대해서 자세히 알려진 바가 없다(역주).

향해 가거라.

네 손 위로 산을 들어라.

    두 손바닥 뒤로 언덕을

그리고 땅의 깊음 속으로 내려가거라.

    땅의 깊음 속으로 내려간 사람들 중 하나가 되어라.

그리하여 신들은 네가 죽었음을 알리라."

위대하신 바알은 순응한다.

그는 두브루에서 암소를[162]

    죽음의 강가의 들의 암송아지를 사랑했다.

그는 그녀와 칠십 번에 일곱 번 눕고,   (20)

    그녀는 팔십 번에 여덟 번 그를 올라탔다.

그녀는 임신하여 마트(Math)를 낳았고[163]

..."

        (이 아래로 11행 이상 소실됨)

5. vi

(여섯째 단은 첫머리에 약 30행 소실되었다. 전령이 엘에게 바알의 죽음을 알린다. 최고신 엘은 슬픔에 겨워 천상에서 내려왔고, 전사 아나투는 저승으로 내려갔다.)

[그들은[164] 엘의 들에 도착하여 들어왔다.   (1)

---

162 긴즈버그는 "다브루"를 고유명사로 처리하였다. 그러나 그것은 "목초지"나 "전염병"을 의미할 수 있다. 전자라면, 죽음을 앞둔 바알이 지구의 가장 아름다운 곳에서 짝짓기 하는 모습이다. 주원준은 이 부분도 모투의 연설의 일부로 이해하여, 힘센 황소 바알이 전염병이 든 비천한 암소와 짝짓기를 하라는 조롱으로 파악한다(역주).

163 *TUAT*, 그녀는 임신하여 한 사내 아이를 낳았다/ 위대하신 바알은 그를 옷 입혔다(역주).

164 쌍둥이 신, 구파누와우가루를 지칭함.

슈넴의 아버지, 임금의 뜰에
[그들은 소리를 높여 외쳤다].
"우리는 갔습니다 […],
　심연의 경계까지.
그리고 우리는 사랑스런 다브루-땅에
　아름다운 실메마트-밭에[165] 도착했습니다.
우리는 바알을 발견했습니다.
　그는 땅으로 넘어져 있었습니다.
위대하신 바알은 죽었습니다!
　땅의 주인, 영도자께서 멸망하셨습니다!"　　　　　　　　(10)
그러자 선하시고 자비로우신 엘은 내려오셨다.
　권좌에서 발판으로 앉으시고
　그리고 발판에서 땅으로 앉으셨다.
그의 머리에 슬픔의…던졌다.
　그의 정수리에…의 먼지를
　그는 허리끈 옷을 입었다.[166]
피부를 돌로 상처냈고
　…로 자상을…
그의 두 볼과 턱을 상처냈고,
　그의 팔의 상박을[167] 쟁기질했다.　　　　　　　　　　　(20)
마치 정원처럼 가슴을[168]
　마치 언덕처럼 늑골을 쟁기질했다.
그가 소리를 높여 외쳤다.
"바알이 돌아가셨다! 그 백성은 어떻게 될 것인가?

왕상 18:26, 28

165　"실메마트"로 음역된 우가릿어 šḥlmmt는 šḥl mmt로 분리해 읽어, "저승의 강"이나 "죽음 세계의 입구"로 번역될 수도 있다. 이곳은 여전히 이승의 영역이며, 바알이 짝짓기 한 장소를 가리키기도 한다(역주).
166　허리끈 옷을 입는 행위는 슬픔의 표현인 듯하다(역주).
167　직역하면 "팔의 갈대"(역주).
168　직역하면 "심장의 코"(역주).

다간의 아들이 〈죽었다!〉 그 대중들은 어떻게 될 것인가?

바알을 따라 나도 저승으로 내려가리라!"

그때에 아나투도 나가 헤멘다…

모든 산(에서) 땅의 속[169]까지,

모든 언덕(에서) 들의 속까지.

그녀는 사랑스러운 다브루-땅에 도달하였고

아름다운 실메마트-땅에 〈도착하였다〉. (30)

그녀는 바알을 발견했다.

그는 땅에 넘어져 있었다.

그녀는 허리끈 옷을 입는다.

KTU 1.6 (I AB)

i

(다섯째 토판의 마지막 단과 여섯째 토판의 첫단은 잘 보존되었기에 자연스레 이어진다. 아나투는 일루와 비슷한 슬픔의 의식을 거행한다. 아나투는 태양신의 도움으로 바알을 사본 산으로 날라 장례를 치른 다음, 엘을 찾아간다. 엘은 바알을 대신하여 지상을 다스릴 신을 찾지만 여의치 않다.)

("바알"과 관련된 이야기)[170] (1)

그녀는 피부를 돌로 상처내고

…로 자상을…

그의 두 볼과 턱을 상처냈고,

---

169 "땅의 속"은 "땅의 내장"으로 직역할 수 있다(역주).
170 이것은 표제어이다. 우가릿 전치사 'l'는 다양하게 해석 가능하다. 여기서는 현재의 토판이 "바알" 이야기에 속함을 가리키는 듯하다. 과거에 시편의 "레다비드"(ldwd)를 저자의 개념만으로 보았는데, "레바을리"(lb'l)라는 표현 때문에 보다 다양한 해석의 길이 열리게 된 것이다(역주).

　　　　　그의 팔의 상박을[171] 쟁기질했다. (20)
마치 정원처럼 가슴을[172]
　　　　　마치 언덕처럼 늑골을 쟁기질했다.
"바알이 돌아가셨다! 그 백성은 어떻게 될 것인가?
　　　　　다간의 아들이 〈죽었다!〉 그 대중들은 어떻게 될 것인가?
바알을 따라 우리도 저승으로 내려갈 것이다!
　　　　　그와 함께 신들의 빛 샵슈도 내려 갈 것이다."
그녀는 만족할 때까지 울었다. (10)
　　　　　마치 포도주처럼 깊은 눈물을 마셨다.[173]
그녀는 신들의 빛
　　　　　샵슈에게 소리를 외쳤다.
"제발 위대하신 바알을
　　　　　내게 들어주세요!"
신들의 빛 샵슈는 그 말을 듣고,
　　　　　위대하신 바알을 들어
　　　　　아나투의 어깨로 그를 놓았다.
사본 산의 정상으로 그녀는 그를 데리고 올라갔다.
　　　　　그녀는 울었고 그를 묻었다.
　　　　　땅의 신들의 구멍에 그를 놓았다.
그녀는 칠십의 들소를 잡았다.
　　　　　위대하신 바알을 위한 제물로
그녀는 칠십 마리의 황소를 잡았다. (20)
　　　　　위대하신 바알을 위한 제물로
그녀는 칠십 마리의 작은 가축을 잡았다.
　　　　　위대하신 바알을 위한 제물로
그녀는 칠십 마리의 사슴을 잡았다.

171　직역하면 "팔의 갈대"(역주).
172　직역하면 "심장의 코"(역주).
173　다음과 비교하라. 사 5:14; 시 42:4; 80:6; 141:7(역주).

위대하신 바알을 위한 제물로
그녀는 칠십 마리의 산양을 잡았다.
　　　위대하신 바알을 위한 제물로
그녀는 칠십 마리의 수탕나귀를 잡았다.
　　　위대하신 바알을 위한 제물로
[그녀의 가족에게] 아나투는 [⋯]을 [놓았다]. 　　　　　　(30)
　　　[그녀의 영웅이 신들과 수혼제[174]를 올릴 수 있도록][175]
이제, 그녀는 방향을 돌려
　　　두 강의 원천에 있는 엘에게
　　　두 심연의 바닥 한가운데로
그녀는 엘의 앞뜰에 나타나 들어갔다.
　　　그녀는 임금이신 슈넴의 아버지의 방으로
엘의 발치에 몸을 굽혀 엎드려
　　　그녀는 충성을 표하고 존경을 드렸다.
그녀는 소리를 높여 외쳤다.
"아세라와 그녀의 아들들은 지금 기뻐할지어다! 　　　　　　(40)
　　　신들과 그녀의 친척의 무리들은!
위대하신 바알이 죽었으니!
　　　땅의 주인이신 영도자께서 멸망하셨으니!"
엘은 여주인, 바다의 아세라에게 그의 목소리를 외쳤다.
"들어라 오 여주인, 바다의 아세라여!
　　　네 아들 가운데 하나를 주면 내가 그를 임금으로 만들리"
그러자 여주인, 바다의 아세라가 대답하였다.
　　　"야디 얄한(ydʻ ylḥn)을 임금으로 세워야 하지 않으리?"[176]

174　아나투가 죽은 바알에게 수혼제를 올리는 것은 당시 고대 근동의 관습에 따른 것이다. 하지만 이것을 바알의 부활 의식으로 해석하기도 한다(역주).
175　이 부분의 번역은 매우 불확실하다(역주).
176　ANET는 우가릿어 Ydʻ ylḥn을 고유명사로 파악했지만, 많은 학자는 보통 명사로 이해한다. "똑똑함을 아는 이" 혹은 "비를 통해 풍요를 가져다 줄 수 있는 이" 등의 번역이 제안되었다(역주).

그러자 선하시고 자비로우신 엘은 대답하였다. (50)

"그는 너무 힘이 약해서 바알과 경쟁할 수 없고,

영광-면류관 다간의 아들과 나란히 창을 던질 수도

없다!"[177]

그러자 여주인, 바다의 아세라는 대답하였다.

"두려운 아스타루를 임금으로 세워야 하지 않겠는가?

두려운 아스타루는 임금이 되리!"

이에 두려운 아스타루는 올라갔다.

사본 산의 정상에 앉았다.

위대한 바알의 권좌에 앉았다.

그러나 그의 발은 발걸이에 닿지 않았고 (60)

그의 머리는 위끝에 닿지 않았다.[178]

그러자 두려운 아스타르트가 말하였다.

"나는 사본 산의 정상에서 다스리지 않을 것이다."

두려운 아스타루는 내려왔다.

위대하신 바알의 권좌에서 내려왔다.

그리고 그는 엘의 땅 전부를[179] 다스렸다.

…잔을 지었고

…병을 지었다.

---

177 다음과 같이 해석될 수도 있다. "바알에 창을 박을 수 없다 / 다간의 아들에 맞서 녹아버리리"(역주).

178 권좌에 어울리지 않는 모습은 그 자리에 적당한 신이 아님을 의미한다(역주).

179 우가릿어 il klh는 앞서 코싸루와하시수의 고향인 멤피스와 동격으로 쓰인 구절이기도 하다. ANET는 "땅"과 il을 연계관계로 보고 해석한 것이나, "엘의 땅 전부"라는 것의 의미가 문맥상 어색하다. 따라서 il klh가 땅과 동격으로 쓰였을 가능성을 배제할 수 없다. 아스타루는 산에서 다스리는 것을 포기하고, '평지'를 다스리는 일에 만족하는 것이다. 즉, 사본 산이 신계와 인간계를 모두 다스리는 권좌라면, 아스타루는 단지 인간계, 특히 평지 농업에 영향을 주는 신이 된 것이다(역주).

ii

(둘째 단의 첫머리에 약 30행이 소실되었다. 아나투는 바알을 사랑하는 마음에 모투를 찾아가 그를 죽인다.)

...

하루가 그리고 이틀이 지나갔다. (4)
   아나투의 자궁은 그를 찾았다.
암소의 마음이 그녀의 수송아지를 향하듯
   어미 양의 마음이 그녀의 양을 향하듯
   아나투의 마음은 바알을 따랐다.
그녀는 모투의 옷자락을 잡았다.
   그녀는 옷자락의 끝(을 잡고) 그를 위협했다. (10)
아나투는 그녀의 목소리를 높여 외쳤다.
   "너, 모투여, 내 형제를 (돌려) 달라!"
그러자 거룩한 아들 모투가 답하였다.
   "무엇을 원하는가, 처녀 아나투여,
나는 방랑하였고 떠돌았다.
   모든 산(에서) 땅의 속까지
   모든 언덕(에서) 들의 속까지
내 목구멍에 사람들의 아들이 없다.
   내 목구멍에 땅의 무리들이 (없다).[180]
나는 사랑스러운 아브루-땅에 도달하였고
   아름다운 실메마트-들의 도달했다. (20)
나는 위대하신 바알에 씹어버렸고
나는 그를 내 입안에 들어온 양처럼 만들었다.
   내 식도 속의 새끼염소처럼 그를 부수어 버렸다.
심지어 하늘의 궁창 위를 다니는

---

180 모투는 이 땅에 자신이 삼킬 사람이 남지 않게 되었음을 한탄하고 있다 (역주).

신들의 빛, 샵슈도

엘의 사랑받는 자, 모투의 손에 있다!

하루가, 이틀이 지나고,

날들이 달들이 되고,

소녀 아나투는 그를 찾았다.

암소의 마음이 그녀의 수송아지를 향하듯

어미 양의 마음이 그녀의 양을 향하듯

아나투의 마음은 바알을 따랐다. (30)

엘의 아들 모투를 그녀는 잡았다.

칼로 그녀는 그를 잘랐다.

키로 그녀는 그를 까부렀다.

불로 그녀는 그를 태워버렸고

맷돌로 잘게 갈았다.

들에 그녀는 그를 뿌렸다.

그의 고기를 새들이 먹었고

신체의 마디를 조류(鳥類)가 먹으며,

이 살에서 저 살로 옮겨 다녔다.[181]

iii

(셋째 단의 첫머리에 약 40행이 소실되었다. 화자는 분명하지 않지만 바알의 부활을 염원하는 외침이 있고, 엘은 바알의 부활을 선포한다.)

"...

영도자, 땅의 주인께서 멸망하셨도다! (1)

그러나 만일 위대하신 바알이 살아계시면,

---

[181] 이 구절은 해석하기 어렵다. 우선 "살은 살에게 외쳤다"(cf. 창 4:10)로 직역될 수 있다. 혹은 "육식자(살을 먹는 자)가 살을 먹고 살지게 되었다"로도 번역 가능하다. 후자라면 새가 시체를 먹고 살이 찌는 모습을 보여 준다(역주).

　　　　만일 영도자, 땅의 주인께서 계시면,
선하시고 자비로우신 엘의 꿈에서
　　　피조물을 창조하신 분의 환영에서
하늘은 기름을 내리고
　　　골짜기는 꿀을 흐르게 하라!
그러면 내가 알리라,
위대하신 바알께서 살아 계심을
　　　영도자, 땅의 주인께서 계심을!"
선하시고 자비로우신 엘의 꿈에서　　　　　　　　　　(10)
　　　피조물을 창조하신 분의 환영에서
하늘은 기름을 내리고
　　　골짜기는 꿀을 흐르게 하였다.
선하시고 자비로우신 엘은 기뻐하셨다.
　　　그는 그의 발을 발걸이에 얹고
그는 관자놀이를 찢고 웃었다.
　　　그는 그의 목소리를 높여 외쳤다.
"나는 이제 앉아서 쉬노라.
　　　내 가슴의 영혼을 쉬게 하노라.
위대하신 바알은 살리니　　　　　　　　　　　　　　(20)
　　　영도자, 땅의 주인은 있을 것이다!"
엘은 소리쳐 처녀 아나투를 불렀다.
"들으라, 오, 처녀 아나투여!
　　　신들의 빛 샵슈에게 말하라!

　　iv
(셋째 단과 넷째 단의 연결부는 잘 보존되었기에 자연스레 이어진다. 엘은 아나투를 불러 부활한 바알을 불러오라고 명령한다. 아나투는 태양신과 함께 엘의 명령을 수행한다.)

'들의 밭고랑이 메말랐다. 아, 샵슈여

훌륭한 들의 밭고랑이 메말랐다.
바알이 쟁기 밭을 소홀히 해 왔다.
위대한 바알은 어디 계신가?
영도자, 땅의 주인은 어디 계신가?"
처녀 아나투는 떠났다. (30)
신들의 빛, 샵슈를 향했다.
그녀는 그녀의 목소리를 들어 외쳤다.
"너희들의 아버지 황소 엘의 소식이다.
선하신 자 너를 낳은 자의 말씀이다.
'들의 밭고랑이 메말랐다. 아, 샵슈여
훌륭한 들의 밭고랑이 메말랐다.
바알이 쟁기 밭을 소홀히 해 왔다.
위대한 바알은 어디 계신가?
영도자, 땅의 주인은 어디 계신가?'" (40)
그러자 신들의 빛 샵슈가 대답하였다.
"샘물을 잔에 부어라.
화관을 네 가족에 주어라[182]
그러면 나는 위대하신 바알을 찾으리"
그러자 여주인 아나투가 대답하였다.
"어디로 또는 저기로? 오 샵슈여
어디로 또는 저기로? 엘은 너를 지키리.
평화롭게 너를 지키리….
(이 아래로 35행 정도 소실됨)

v

(부활한 바알이 권좌에 돌아오자 모투는 분노했다.)

바알은 아세라의 아들들을 잡았다.

---

182 이 말의 정확한 문맥적 의미는 불확실하다(역주).

큰 놈들의 등을 쳤다.
작은 것들을 곤봉으로 쳤다.[183]
　　…그가 땅으로 넘어졌다.
바알은 그의 왕국의 권좌에 앉았다.
　　그의 지배의 권좌에, 그 자리에
날들에서 달들로, 달들에서 해들로 〈바뀐다.?
　　보라 일곱 해가 〈지나는구나?!
신들의 아들, 모투는 [분노했다].
　　위대하신 바알에 대해서 분노했다.　　　　　　　　　　(10)
그는 소리를 높여 외쳤다.
"너 때문에 바알이여, 나는 굴욕을 겪었네.
　　너 때문에 나는 보았네 칼로 까불림을
너 때문에 나는 보았네, 불로 태워버림을
　　너 때문에 나는 보았네, 맷돌로 갈아버림을
너 때문에 나는 보았네, 채로 까불림을
　　너 때문에 나는 보았네, 들에….
너 때문에, 나는 보았네 바다에 씨 뿌림을"

　　　　　　　(이 아래로 30행 이상 소실됨)

　　vi
(여섯째 단 첫머리의 8행 정도를 정확히 읽을 수 없다. 죽음의 신 모투와 생명과 풍요의 신 바알 간 최후 결투가 펼쳐진다.)

…
그러자 엘의 아들 모투가 답하였다.

183　*ANET*는 "큰 놈들"을 "라빔"으로 번역하고 "작은 것들…얌무"는 "도크얌"으로 번역한다. 이 둘 모두 아세라의 졸개들이다(역주).

"자, 보라, 내 형제들을, 바알이 나의 먹이로 (내가 먹으라고)
　　주었다.　　　　　　　　　　　　　　　　　　　　　　　(10)
　　내 어머니의 아들들을 내가 끝내버리라고"
모투는 사본 산 정상에 바알에게 돌아갔다.
　　그는 그의 목소리를 높여 외쳤다.
"내 형제들을 바알이 내 먹이로 주었다.
　　내 어머니의 아들들을 끝내버리라고 [주었다]."
그들은[184] 힘센 말처럼 서로를 보았다.
　　모투는 강했고 바알은 강했다.
그들은 들소처럼 서로 찔렀다.
　　모투는 강했고 바알은 강했다.
그들은 뱀처럼 서로를 물었다.
　　모투는 강했고 바알은 강했다.　　　　　　　　　　　　　(20)
그들은 짐승처럼 서로를 찔렀다.
　　모투가 넘어졌고 바알도 넘어졌다.
위에서 샵슈가 모투에게 외쳤다.
"들어라, 제발, 오 엘의 아들, 모투여
어찌 너는 위대하신 바알을 치려느냐?
　　어찌 너는 네 아버지 엘의 황소께 순종하지 않느냐?
반드시 그는 네 권좌의 지주를 뽑아버리리라.
　　반드시 그는 네 왕국의 자리를 전복시키리.
반드시 그는 네 재판장의 지팡이를 짓부술 것이다."
엘의 아들 모투는 두려웠다.　　　　　　　　　　　　　　　(30)
　　엘의 사랑받는 용사는 무서웠다.
모투는 두려워 소리를 내었다.[185]
　　그는 그의 목소리를 높여 외쳤다.
"바알은 그의 왕국의 권좌에 앉아야 하리.

184　바알과 모투를 의미함(역주).
185　직역하면 "모투는 그의 소리를 통해 두려워했다"이다(역주).

그의 지배의 권좌에서 휴식을 취하리."

(이 아래로 8행 정도 심하게 손상되었다. 바알의 승리를 축하하는 잔치가 이어진다.)
...

  고기는 신선하다.   (43)
자, 진실로, 제물의 빵을 먹고
  헌작의 포도주를 진실로 마셔라.
샤슈는 라피우마를[186] 지배하리.
  샤슈는 신들을 지배하리.
(보라!) 네 백성은 신들이다.
  보라, 용사들이 네 백성이다.
코싸루는 네 벗이요.
  하시수는 네 지인이다.   (50)
바다에는 아리슈와 툰나누가 있지만
  코싸루와 하시수가 때려 눕히리.

―――――――――――――――[187]

아텐의 학생, 푸룰리니, 대사제, 대목자, 우가릿의 임금 니크맛두의 비서, 야르가부의 주인, 타루메니의[188] 주인인 슈반 사람 일리밀쿠(Ilimilku)가 썼다.

---

186 '치유자'란 의미로 주로 죽은 조상들을 일컫는다(역주).
187 토판에 긴 줄이 가로로 그어져 있고, 그 밑에 서기관의 정식 명칭과 이름이 쓰여 있다(역주).
188 서기관의 공식 직책과 관련된 몇몇 단어를 정확히 알 수 없다(역주).

ANET, 149-55

2. 아크하투 이야기

아크하투와 다니일루가 주인공인 이 이야기는 세 개의 토판에 전하는데, 일부 토판의 보존상태가 좋지 못하지만 다행히 전체적인 이야기를 이해할 수는 있다. 이 이야기의 주인공 아크하투는 자식이 없는 다니일루가 조상에게 기원하여 얻은 아들로서, 그의 이야기를 통해 고대 레반트 지역 왕가(王家) 계승의 일면을 엿볼 수 있다.

사진 68

아크하투 이야기의 기원과 문학적 발전에 대해서는 다양한 견해가 존재한다. 또한 이 이야기에 대한 해석들도 다양하다. 서부 셈족 왕가의 조상숭배 이야기로 보기도 하지만, 예측할 수 없는 신들의 행위에 맞선 인간의 자유에 관한 이야기로 보기도 한다. 아크하투 이야기는 우가릿의 대표적인 문학 작품으로서, 이 이야기를 적은 서기관은 바알 신화를 적은 일리밀쿠이다. 아마도 그는 우가릿 궁전의 대표 서기관이었을 것이다. 이 이야기도 국제적으로 학계에서 인정받는 KTU 분류에 따라 번역한다. *ANET* 원본과의 대조는 아래를 참조하라.[189]

KTU 1.17 = AQHT A
KTU 1.18 = AQHT B
KTU 1.19 = AQHT C

---

[189] A. Caquot/M. Sznycer, *Textes ougaritiques I. Mythes et légendes* (Paris 1974), p.419-458; C. H. Gordon, *Poetic Legends and Myths from Ugarit*, Berytus 25 (1977), p.8-29; J. C. L. Gibson, *Canaanite Myths and Legends* 2 (Edinburgh 1978), p.103-122; G. Del Olmo Lete, *Mitos y leyendas de Canaan. Segun la tradicion de Ugarit, Fuentes de la Ciencia Biblica* 1 (Valencia 1981), p.367-401; J. C. de Moor, *An Anthology of Religious Texts from Ugarit* (Leiden 1987), p.224-265; B. Margalit, *The Ugaritic Poem of Aqhat*, BZAW 182 (1989); S. B. Parker, *The Pre-Biblical Narrative TraŽdition. Essays on the Ugaritic Poems Keret and Aqhat* (Atlanta, Georgia 1989); M. Dietrich/O. Loretz/J. Sanmartín, *The Cuneiform Alphabetic Texts from Ugarit, Ras Ibn Hani and Other Places* (1995); M. Dietrich/O. Loretz, "Das Aqhat-Epos", *TUAT* (2005), Bd III, Lf. 6, p.1254-1305(역주).

KTU 1.17 (AQHT A)

i

(이 토판은 셋째 단과 넷째 단이 소실되어 현재 첫째, 둘째, 다섯째, 여섯째 단만 남아 있다. 첫째 단은 맨 앞의 10행 정도 소실되었다. 후사가 없어 근심하는 임금 다니일루는 최고신 엘에게 아들을 내려 달라고 빈다. 엘은 그의 청을 들어주겠다고 약속한다.)

그때 라파우족 사람[190] 다니일루는[191]　　　　　(1)	삼하 21:16, 18, 20,
용맹한[192] 하르나미야[193] 사람은	22; 창 14:5; 신 2:11,
신들에게 먹을 제물을 바쳤다.	20; 3:11, 13
거룩한 이들에게 마실 제물을 바셨다.[194]	
그는 겉옷을 던지고 그 위에 올라가 누웠다.	
그는 [허리 천]을 〈던지고 그 위에 올라가〉 밤을 보냈다.	
보라, 하루가 그리고 이틀이 (지나갔다).	
다니일루가 신들에게 제물을 바쳤다.	
신들에게 먹을 제물을 바쳤다.	
거룩한 이들이 마실 제물을 바쳤다.	

190　"라파우"라는 말은 가나안의 거인 종족을 가리킨다.
191　다니일루는 '엘은 정의로우시다' 또는 '엘이 판단하신다'를 뜻하는데, 구약성경과 외경 등에 '다니엘'로 자주 등장한다. 겔 14:14, 20; 28:3. 다니일루은 과부나 고아의 정의에 관심이 많다(v: 4-8). 그의 아내는 자신의 이름과 같은 어근에서 유래한 다나타이(v:16, 22)이다.
192　*ANET*는 우가릿어 gzr를 고유명사로 이해하고 "가지루"로 번역하고 있으나, 그것이 다니일루오 동격으로 쓰이는 점을 고려하면, 보통명사로 보고 "용맹한 사람"혹은 "장부"정도로 이해하는 것이 좋다(역주).
193　"하르나미야"(*hrnmy*)는 이집트 문서에 증거된 시리아 지명을 가리킨다. 오늘날 레바논의 헤르멜(*Hermel*)을 가리키는 지명인 듯하다.
194　*TUAT*: "그는 신들의 제물을 먹고, 거룩한 아들들의 제물을 마셨다." *COS*: "끈 옷을 두르고, 신들에게 빵을, 끈 옷을 두르고, 거룩한 이들에게 음료를 드렸다."어느 번역을 채택하든지 다니일루의 행위는 신의 호의를 이끌어내기 위해 의도된 듯하다(역주).

셋째 날과 넷째 날이 (지나갔다).

　　다니일루가 신들에게 제물을 바쳤다. (10)

신들에게 먹을 제물을 바쳤다.

　　거룩한 이들이 마실 제물을 바쳤다.

다섯째 날과 여섯째 날이 (지나갔다).

　　다니일루가 신들에게 제물을 바쳤다.

신들에게 먹을 제물을 바쳤다.

　　거룩한 이들에게 마실 제물을 바쳤다.

다니일루가 겉옷을

　　그는 겉옷을 던지고 그 위에 올라가 누웠다.

　　[허리 천]을 〈던지고 그 위에 올라가〉 밤을 보냈다.

보라, 일곱째 날에

　　바알이 호의를 지니고 나타나셨다.

"불행한 네가 라피우족 사람 다니일루냐?

　　통곡하는 네가 용맹한 하르나미야 사람이냐?

그는 형제들과 달리 아들이 없다. (20)

　　그는 친척들과 달리 후손이[195] 없다.

그는 신들에게 먹을 제물을 바쳤다.

　　거룩한 이들에게 마실 제물을 바쳤다.

오 황소 엘, 나의 아버지여, 그에게 복을 내리소서.

　　피조물의 창조주여, 그에게 힘을 주소서!

오, 그의 집에 그의 아들이 있어야 하리라,

　　그의 궁전 가운데 후손이 있어야 하리라.

(아들이 있다면) 그의 조상신의 석상을 세우고

　　그 성소에 부족의 기념물을[196] (세우리)

그의 영혼을 땅으로부터 자유롭게 하며,

195　우가릿 원문을 직역하면 "뿌리"(역주).

196　우가릿어 ztr의 정확한 의미는 알려져 있지 않다. *ANET*는 부족의 "보호 부적물"로 번역한다(역주).

흙으로부터 그의 발걸음을 보호해 주리라.[197]

그를 업신여기는 자들의 험담을 물리치고

    그에게 악행을 저지르는 자들을 내쫓으리라.

취할 때 그의 손을 잡고 (30)

    포도주를 흠뻑 마셨을 때 그를 업으리라.[198]

바알 신전에서 그의 몫을 먹고

    엘 신전에서 그에게 할당된 분량을 먹으리라.

그는 새는 천장을 진흙으로 바르고

    더러워진 그의 물건을 씻으리라."[199]

그러자 엘이 〈그의 손에 잔을,

    그의 오른손에 사발을 들었다.

그는 그의 종에 복을〉 내렸다.

    그는 라파우족의 영웅 다니일루에게 복을 내렸다.

    그는 용맹한 하르마니야 사람에게 힘을 주었다.

"생명을 주는 숨으로 라파우족 사람 다니일루는 살지어다!

    내 생명으로! 용맹한 하르마니야 사람은 (살지어다)!

[생명-숨으로] 그는 정력을 얻는다.[200]

    그로 침대에 오르게 하라[…]. (40)

그의 아내에 입맞출 때, [그녀는 잉태하리라].

    그녀를 안으면 그녀는 임신이 될 것이다.

그녀는 잉태하고 임신하여 (아기를) 낳으리니

    [남자-아이를 라파족 사람 다니일루에게 낳아줄 것이다.]

---

197 *TUAT*: "저승으로 그의 분향이 내려가게 하고, (저승의) 흙으로 가는 길을 보호해 주리라." *COS*: "그의 분향이 땅에서 올라가게 하며, 진토로부터 그 집의 노래가 〈올라가게 한다.〉"(역주).

198 전례에서 사용된 포도주를 취하도록 마신 아버지를 아들이 모셔가는 장면은 사 51:17-18에도 볼 수 있다(역주).

199 모든 동사의 주어, 즉 행동의 주체는 아들이며, 그 행동의 수혜자는 아버지이다. 아버지와 아들 모두 다 3인칭 단수 대명사 "그"로 표현되었다(역주).

200 이것은 지금까지 다니일루의 정력이 평균이하였음을 보여 준다.

이렇게 그의 집에는 아기가 있으리니
    그의 궁전 한가운데 [후손이] 있으리라.
(아들이 있다면) 그의 조상신의 석상을 세우고
    그 성소에 부족의 기념물을 (세우리)
그의 영혼을 땅으로부터 자유롭게 하며,
    흙으로부터 그의 발걸음을 보호해 주리라.[201]
그를 업신여기는 자들의 험담을 물리치고
    그에게 악행을 저지르는 자들을 내쫓으리라.
취할 때 그의 손을 잡고
    포도주를 흠뻑 마셨을 때 그를 업으리라.
바알 신전에서 그의 몫을 먹고 (50)
    엘 신전에서 그에게 할당된 분량을 먹으리라.
새는 천장을 진흙으로 바르고
    더러워진 그의 물건을 씻으리라."

(이 아래로 약 4행이 소실됨)

ii

(둘째 단 첫머리의 10행 정도 소실되었다. 엘의 확답을 들은 바알이 직접 또는 그의 종을 시켜 다니일루에게 아들의 탄생을 고지하고, 다니일루는 기뻐하며 출산의 여신에게 큰 제물을 바치고 아들을 얻는다.)

"오, 너의 집에는 아기가 있으리니
    너의 궁전 한가운데 후손이 있으리라.
(아들이 있다면) 그의 조상신의 석상을 세우고
    그 성소에 부족의 기념물을 (세우리).

---

201 *TUAT*: "저승으로 그의 분향이 내려가게 하고, (저승의) 흙으로 가는 길을 보호해 주리라." *COS*: "그의 분향이 땅에서 올라가게 하며, 진토로부터 그 집의 노래가 〈올라가게 한다〉."(역주).

그의 영혼을 땅으로부터 자유롭게 하며, (1)
　　흙으로부터 그의 발걸음을 보호해 주리라.
그를 업신여기는 자들의 험담을 물리치고
　　그에게 악행을 저지르는 자들을 내쫓으리라.
　　네가 취할 때 그의 손을 잡고
　　포도주를 흠뻑 마셨을 때 너를 업으리라.
그는 바알 신전에서 너의 몫을 먹고
　　엘 신전에서 너에게 할당된 분량을 먹으리라.
그는 새는 천장을 진흙으로 바르고
　　더러워진 너의 물건을 씻으리라."
다니일루의 얼굴에 기쁨이 넘쳤고
　　그의 머리에서는 빛이 났다.
그는 관자놀이를 찢어 웃었고 (10)
　　발판에 발을 디뎠다.
그는 목소리를 높여 외쳤다.
"이제 나는 앉아서 고요히 쉬리라.
　　내 영혼이 내 가슴 안에서 평안하다.
내 형제들처럼 내게도 한 아이가 태어나리라.
　　내 부족들처럼 후손이 (태어나리라).[202]
(아들이 있다면) 그의 조상신의 석상을 세우고
　　그 성소에 부족의 기념물을 (세우리)
그의 분향이 저승으로 내려가게 하고
　　(저승의) 흙으로 가는 길을 보호해 주리라.
나를 업신여기는 자들의 험담을 물리치고
　　나에게 악행을 저지르는 자들을 내쫓으리라.
　　내가 취할 때 나의 손을 잡고
　　포도주를 흠뻑 마셨을 때 나를 업으리라. (20)
그는 바알 신전에서 나의 몫을 먹고

202　사 7:14; 9:5; 렘 20:15; 룻 4:17; 마 1:21; 눅 1:31(역주).

엘 신전에서 나에게 할당된 분량을 먹으리라.
그는 새는 천장을 진흙으로 바르고
더러워진 나의 물건을 씻으리라."
다니일루는 그의 집으로 왔다.
그는 그의 궁전으로 들어갔다.
그의 집에 숙련된 여인들이[203] 들어왔다.
제비인 기쁜 소리의[204] 딸들이 〈들어왔다.〉
그리고 라파우족 사람 다니일루는 (소를) 잡았다.
용맹한 하르나미유 사람은
숙련된 여인들을 위해서 소를 잡았다.
그는 숙련된 여인들에게 음식을 바쳤다.   (30)
제비들인 기쁜 소리의 딸들에게 마실 것을 (드렸다).
보라, 하루가 그리고 이틀이 (지나갔다).
그는 숙련된 여인들에게 음식을 바쳤다.
제비들인 기쁜 소리의 딸들에게 마실 것을 (드렸다).
셋째 날과 넷째 날이 (지나갔다).
그는 숙련된 여인들에게 음식을 바쳤다.
제비들인 기쁜 소리의 딸들에게 마실 것을 (드렸다).
다섯째 날과 여섯째 날이 (지나갔다).
그는 숙련된 여인들에게 음식을 바쳤다.
제비들인 기쁜 소리의 딸들에게 마실 것을 (드렸다).
보라, 일곱째 날에
그의 집에서 숙련된 여인들이 일어났다.   (40)
제비들인 기쁜 소리의 딸들이 떠났다.

---

203 고유명사로 번역하면 "코샤로투"(Kōšarōtu)가 된다. 이는 출산의 여신이다(역주).

204 우가릿어 hll에 대해서는 크게 두 가지로 이해할 수 있다. 첫째는 고유명사로 보는 것이다. 그러면 달(月)의 신 힐랄루(Hilalu), 엔릴(Hll = Illil, Enlil), 혹은 에마르의 신 훌렐이 될 수 있다. 둘째는 일반 명사로 보는 것이다. 이 경우 '밝음' 혹은 ANET의 번역처럼 "기쁜 소리"로 번역 가능하다(역주).

[임신] 침대의 우아함….
    출산 침대의 아름다움.
다니일루는 앉아서, 달(月)을 셌다.
    한 달, 두 달이 지나갔다.
    석 달, 넉 달이 (지나갔다).
다섯째(여섯째?) 달에,
    그는 […의 성소로 갔다.

(이 아래로 10행 정도 훼손되었다. 그리고 셋째 단과 넷째 단이 모두 소실되었다.)

v

(셋째 단과 넷째 단에서 대략 150-160행 정도 소실되었다. 아마도 아들이 탄생하고, 이름을 주고, 축복하고, 어린 시절을 묘사하는 내용이 쓰여 있었을 것이다. 아마 활과 화살에 대해서도 언급되었을 것이다. 다섯째 단은 첫머리의 12행 정도 훼손되었다. 장인[匠]시신에게 활과 화살을 얻고 사냥을 나간다.)

…(약간의 문자 흔적을 빼고 모두 소실됨)　　　　　　　　(1)
"나는[205]…활을 하나 가져 와서
    사방(四方)의 화살을 챙기리라."
그리고 보라, 일곱째 날에,
즉시 라파우족 사람 다니일루가
    곧바로 용맹한 하르나미야 사람이
몸을 일으켜 성문 앞에 앉았다.
    타작 마당의 웅장한 *나무* 아래서[206]

왕상 22:10,
욥 29:7

---

205 화자가 누구인지는 알 수 없다. 그러나 이후의 이야기에서는 활과 화살을 가져오는 것은 코싸루와하시수이다(역주).
206 "타장마당에서 높은 분들 사이에서"로도 번역 가능하다(역주).

그는 과부의 송사를 판결했다.
　　그는 고아의 송사를 해결해 주었다.
그가 눈을 들어 보니
　　천 길을 넘어 만 리를 건너[207]
오 그는 코싸루가[208] 오는 것을 보았다. (10)
　　그는 하시수의[209] 발걸음을 보았다.
보라, 그는 활을 들고 온다.
　　보라, 그는 사방(四方)의 화살을 지녔다.
즉시 라파우족 사람 다니일루는
　　곧바로 용맹한 하르나미야 사람은
큰소리로 그의 아내를 불렀다.
"들어라, 오 다나티야여!
　　양 한 마리를 무리에서 (골라) 준비하라.
코싸루와하시수가[210] 고픈 배를 위해.
　　장인(匠人), 하이누가[211] 허기진 식욕을 위해.
그 신에게 음식과 마실 것을 드려라.
　　그를 섬기고 존경하여라. (20)
　　거룩한 (도시) 멤피스 전체의 주인을!"
다나티야 부인은 순종하였다.
　　그녀는 양 한 마리를 준비하였다.
코싸루와하시수의 고픈 배를 위해.
　　장인(匠人), 하이누가 허기진 식욕을 위해.
코싸루와하시수가 도착했다.
그는 다니일루의 손에 활을 주었다.
　　그의 무릎 위에 화살을 놓았다.

207　즉, "멀리서."
208　"능숙한 자"의 의미임. 장인신의 이름.
209　"지혜로운 자"의 의미임. 장인신의 다른 이름.
210　"능숙하고 지혜로운 자."
211　"손재주 있는 자"의 의미.

그러자 다나티야 부인은 드렸다.

 그 신에게 음식과 마실 것을 (드렸다).

그녀는 섬기고 존경하였다.   (30)

 거룩한 (도시) 멤피스 전체의 주인을.

코싸루는 그의 천막으로[212] 갔다.

 하이누는 그의 거처로 갔다.

즉시, 라파우족 사람 다니일루는

 곧바로, 용맹한 하르나미야 사람은

그 활을 […]

 그는 아크하투(Aqhatu)에게 […].[213]

"오, 아들이여, 네 첫째 사냥물을

 네 첫째 사냥물을 내게 가져 오라,

보라, 이게 네 첫째 사냥물이다."[214]

   (이 아래로 11행 정도 훼손됨)

vi

(여섯째 단의 첫머리에 대략 9행이 소실되었다. 아크하투가 활을 쏘는 모습을 보고 여신 아나투가 흠모한다. 청년 아크하투가 아나투의 호의를 거절하고, 아나투가 최고신 엘에게 하소연하는 이야기는, 길가메쉬가 이쉬타르의 청혼을 거절한 모티프와 비교될 수 있다.)

…

---

212 "그"가 다니일루라면 "그의 천막으로부터"로 번역돼야 할 것이다(역주).

213 *TUAT*: "그 활을 축복했고 / 그것을 '아크하투'라고 이름붙였다." 무기에 주인의 이름을 붙이는 것은, 그 무기에 특별한 의미를 부여하는 행위다(역주).

214 아마 다니일루는 그의 아들에게 신에게 사냥물의 일부를 드리는 의무를 가르치는 것 같다(*ANET*). 아들이 사냥물을 통해 아버지를 잇는 모티프는 다음을 보라. 창 27:2-4.25-29(역주).

그 빵을 먹으라.
  그리고 그 포도주를 마시라."
신들은 다시 먹고 마셨다.
  날카로운 칼로 고기를 썰었다.
그들은 은잔(銀盞)에 신선한 포도주를[215] 마셨다.
  금 잔으로 포도주를 (마셨다).
그들은 포도나무들의 피로 채웠고
  잔에 잔을 더했다.
포도즙…
  …
아크하투는 화살로 공격준비를 했다.
  코싸루의 피조물인 화살에 걸었다.
그녀가 눈을 들어 보았다.   (10)
  아나투는 그가 활을 구부리는 것이 얼마나 빼어나게
    아름다운지를 (보았다).
그의 화살은 마치 번개 같았다!
  …
  마치 번개처럼 해심(海深)을 떨게 만들었다.
아나투는 화살을 쏘고 싶었다.
  코싸루와하시수의 피조물인 활을 원했다.
  양쪽 끝이 마치 뱀처럼 구부러진 (활을 원했다).
그녀는 그녀의 그릇을 내던졌다.
  그녀의 잔을 흙에 부어버렸다.
그녀는 목소리를 높여 외쳤다.
"잘 들어라, [전사 아크하투여]!
은을 원하면 내가 그것을 주겠다.
  금(을 원하면), 내가 그것을 주겠다.[216]

215　직역하면 "햇포도주를"이다(역주).
216　신이 부요함을 제안하는 모티프는 다음을 비교하라. 왕상 3:5, 11; 시

그러므로 네 활을 [처녀 아나투]에게 넘겨라.

　　네 화살을 야바마트-리임밈에게[217] (넘겨라).

그러자 전사 아크하투가 대답했다. 　　　　　　　　　　(20)

"*내가* 레바논에서 나오는 가장 훌륭한 물푸레나무를

　　들소의 가장 좋은 힘줄을 *바치겠다.*

내가 산양의 가장 좋은 뿔을

　　황소 발꿈치의 가장 좋은 힘줄을 바치겠다.

내가 매우 두꺼운 (축에 속하는) 가장 좋은 갈대를 바치겠다.

　　(이것들을) 코싸루와하시수에게 주어라.

그가 너에게 활을 만들어 줄 것이다!

　　야바마트-리임밈에게 화살을 줄 것이다!"[218]

그러자 처녀 아나투가 말하였다.

"삶을 희망하는가, 용감한 아크하투여

　　생명을 원하면 내가 네게 주겠다.

　　내가 네게 불사(不死)를 주겠다!

너로 하여금 바알과 함께 해(年)를 세게 하겠다. 　　　(30)

　　엘의 아들과 함께 달(月)의 수를 (세게 하겠다).[219]

진실로 바알이 살게 할 것이요, 그가 잔치에 초대할 것이다.

　　생명 얻은 자를 초대하여 마실 것을 줄 것이다.

바알은 그를 인하여 놀고 춤을 출 것이며

　　그에게 사랑스런 노래를 불러줄 것이다.

이렇게 나는 전사 아크하투에게 생명을 줄 것이다!"

　　21:3-5(역주).

217　이것은 아나투의 다른 별칭이다(*ANET*). *ANET*가 고유명사처럼 번역한 ybmt limm은 다양하게 해석될 수 있다. "씨족의 미망인"(*TUAT*) 혹은 "리무의 처제/동서"(*COS*)(역주).

218　활을 달라고 하는 아나투에게 아크하투는 자신이 활을 만드는 재료를 직접 공급해 주겠다고 한 후, 그 재료들을 코싸루와하시수에게 주라고 말하고 있는 것이다. 그러면 그가 똑같은 활과 화살을 만들어 줄 것이라는 뜻이다.

219　바알이나 엘의 아들들처럼 불멸의 존재로 만들어 주겠다는 뜻임.

그러자 전사 아크하투가 대답하였다.

"오 처녀여, 나를 속이지 마소서.

    보소서, 당신의 거짓말은 대장부에게 *역겨운 것이오*!

영생--어떻게 사람이 그것을 얻을 수 있겠소.[220]

    어떻게 사람이 불사를 얻을 수 있다는 말이오?

유약이 내 머리에 부어질 것이며,

    석회가 그의 정수리에 (부어질 것이오).[221]

그럼에도 나는 모든 다른 사람들처럼 죽으리라.

    그렇소, 나는 반드시 죽을 것이오.

그리고 대답을 하나 더 드리겠소.

내 활은 전사를 위한 [도구라오]

    여자가 [그것으로] 사냥할 수 있겠소?"[222]   (40)

아나투는 크게 웃었다.

    그리고 그녀는 마음속에 나쁜 계획을 품었다.

"내 말을 잘 들어라,[223] 전사 아크하투여,

    너 자신을 위해 내 말을 잘 들어라.

만일 내가 너를 불법(不法)의 길에서 만난다면,

    나도 너를 오만함의 길에서 만난다면,

너를 내 발 아래로 쓰러뜨리고

    너를 갈아버리리, 오 사랑스러운 자, 남자들 가운데 가장

        강한 자여!"

그녀는 발을 디뎌 땅에서 날아올랐다.

    그리고 두 강의 원천(에 있는) 엘에게

        두 심연의 강바닥에 있는 (엘에게) 향했다.

시 18:39; 110:1;
마 22:44

---

220 *TUAT*: "영웅에게 미래란 무엇이란 말이오?"(역주).
221 "내 머리가 백발이 될 것이요."
222 *TUAT*: "활은 전사를 위한 도구요/ 일반 사람들이 그것으로 사양할 수 있겠소?"(역주).
223 우가릿어 tb l는 …에게 돌아오라는 뜻이다. 아마 아나투는 자신의 말을 잘 숙고해서, 그 말에 따르라고 말하는 것 같다. 이것을 *ANET*는 의역한 것이다(역주).

그녀는 엘의 안뜰에 나타나 들어갔다.
  임금이신 슈넴의 아버지의 방으로   (50)
엘의 발치에 그녀는 몸을 굽혀 엎드렸다.
  그녀는 충성을 표하고 존경을 드렸다.
그녀는 전사 아크하투를 비방했다.
  그녀는 라파우족 사람, 다니일루의 아이를 헐뜯었다.
그리고 처녀 아나투는 말하였다.
  그녀는 목소리를 높여 외쳤다.
"이…
  아크하투는…"

(이 아래로 10행 정도 소실되었다. 왼쪽 여백에 다음과 같이 쓰여 있다.)

아텐의 학생, 푸룰리니,[224] 슈반 사람 일리말쿠가 썼다.

KTU 1.18 (AQHT B)

  i

(두 번째 토판은 첫째 단과 넷째 단만 보존되었고, 첫째 단의 첫 머리는 10행 정도 훼손되었다. 여전사 아나투가 엘을 협박하여 승락을 받아냈다.)

…

"나는 그의 활을 부수리라."   렘 49:35; 호 1:5;
그러자 그녀의 아버지 황소 엘이 답하였다.   2:20; 슥 9:10
"내 딸, 처녀 아나투여, 매우 화가 났는가?"

---

224 바알 신화의 마지막 간기에도 등장하는 말로 14세기 우가릿 왕, 니크마두 아래 있던 제사장들 중 하나였을 것임. '점술가'를 뜻하는 후리어에서 유래한 말임.

처녀 아나투가 대답하였다.

"오 엘이여, 당신 건물의 아들들이,
  당신 건물의 딸들이 기뻐할 수 없으리라.
당신 궁전의 아이들이 기뻐할 수 있게 하소서!
나는 그들을 내 오른손으로 직접 잡으리라.
  나는 나의 길고 강한 팔로 그들을 직접 치리라!   (10)
나는 당신의 정수리를 치리라.
  당신의 흰 머리 위로 피가 흐르게 하리라.
  당신의 흰 수염 위로 (피가) 흐르게!
그래서 오 엘이여, 아크하투가 당신을 구원해야 하리라.
  내 아버지여, 다니일루의 아들이 당신을 구원하리라.
  오 엘이여, 그가 처녀 아나투의 힘에서 (벗어나도록) 당신
    을 도우리라!"

선하고 자애로운 엘이 대답했다.
"내 딸아, 내 기억에는 너는 부드러웠다.
  거친 말을 모르는 여신이었다.
그런데, 내 딸이 *망가졌구나*!
  [이제 네가 원하는 것을 가져라.
너는 네가 노리는 것을 얻을 것이며,
  너를 방해하는 자는 부서질 것이다."[225]

[처녀] 아나투는 [기뻐한다].   (20)
곧 전사 아나투를 향해
  천 길을 (건너), 만 리를 넘어
  여행한다.
  그러자 처녀 아나투는 웃었다.

---

225 *TUAT*: 그러자 선하시고 자비로우신 엘이 대답하였다 // "가라, 내 딸이여! / 나는 너를 안다. 내 딸이여, 너는 너무도 남성적이구나. / 여신들 가운데 너의 업신여김은 비교할 수가 없구나. // 가라, 내 딸이여! / 네 마음의 끔찍한 (생각이) 너를 이끈다 / 네 속에 있는 그대로 하라! // 네 마음에 있는 그것을 행하라! / 네 적을 두들겨 부서지리 / 너의…오 처녀 아나투여!"(역주).

그녀는 소리를 높여 외쳤다.

"자 들어라 오, 전사 아나투여!

    너는 내 형제가 되고 나는 네 누이가 되리라![226]

너는 네 피붙이 일곱을 데려오지만

    그들은 내 아버지의 집에 접근하지 못하리라.[227]

나는 내 아버지의 집에서 달아났다.

    나는 아빌루마(Abiluma)에서[228] 산다.

오라, 너는 사냥하러 와야 하리라.

    …

그리고 나는 네게 사냥하는 법을 알려 주리라.

    …   (30)

아빌루마 도성으로 오라,

    영도자 야리쿠(Yariḫu)의[229] 도성 아빌루마로.

…

…나는 너를 열리라.

…아크하투여

나는 다니일루의 아들을 두고 맹세하리라."

        (이 아래로 20행 정도 소실됨)

iv

(둘째 단과 셋째 단은 소실되었다. 넷째 단의 첫머리도 20행 정도 소실되었다. 소실된 내용을 몰라 정확한 문맥을 알기는 힘들지만, 아나투가 음모를 꾸며서, 결국 아크하투를 살해하는 것을 알 수 있다.)

---

226 청혼의 표현 또는 함께 잠자리를 하자는 요청으로 이해할 수 있다. 아가 8:1(역주).
227 결혼식에 친척을 초대해도 소용없다는 말이다(역주).
228 정확한 위치를 알 수 없는 곳으로서 신화적 장소로 이해한다(역주).
229 야리쿠는 달(月)의 신이다(역주).

...

처녀 아나투는 출발했다.

[그녀는 길을 떠났다.]

[술(취한) 군인][230] 얏투파누(Yattupanu)에게[231] (갔다).

그녀는 목소리를 높여 외쳤다.

"얏투파누, 남자 아크하투는 야빌루마 도성에 남을 것이다.

영도자 야리쿠가 다스리는 도성, 아빌루마에

어떻게, 야리쿠는 부활하지 않는가?

그의 왼쪽 뿔에서

그의 오른쪽 뿔에서 (10)

그의 정수리에서 가장 친근한 뿔에서!"

그러자 [술취한 군인], 얏투파누가 대답하였다.

"들으소서, 오 처녀 아나투여

그의 활 때문에 당신은 그를 쳐야 합니까?

그의 화살 때문에 그를 쳐야 합니까?

그를 [살려두어서는 안됩]니까?

사랑스러운 그 전사는 고기와 [음료]를 차려놓았습니다.

그 사람은 들에 홀로 있습니다 그리고…[…]."[232]

그러자 처녀 아나투가 대답하였다.

"잘 들어라, 얏투파누여! 너에게 내가 말하는 바를

⟨잘 들어라⟩!

나는 내 자루에 너를 마치 독수리처럼 숨기리라.

내 주머니 안에 매처럼 (숨기리라).

---

230 *TUAT*은 이부분을 [여주인의 전사로 복원 번역한다(역주).

231 정확한 의미를 알기 힘들다. 문맥으로 볼 때, 맹금류의 일종으로 추측한다(역주).

232 *TUAT*: "그의 부하들은 우리들이 그와 결혼식을 축하할 수 있도록 대기실에 남겨져 있습니다." *TUAT*의 번역은 아낫의 청혼이 아크하투와 독대할 상황을 만들기 위한 계략이었음을 보여 준다. 투앗의 번역이 옳으려면, 아나투의 청혼을 처음에 거부했던 아크하투가 결국 청혼을 받아들였다는 가정을 해야 한다(역주).

아크하투가 앉아서 먹으면
　　다니일루의 아들이 식사하러 (앉으면)
독수리들은 그 위로 날아 다니리라.
　　매의 무리는 *그 위를 배회하리라.*　　　　　　　　(20)
독수리들 사이로 나도 날아 다니리라.
　　나는 아크하트 위로 너를 보내리라!
그의 정수리를 두 번 쳐라!
　　그의 귀를 세 번 (쳐라)!
살인자처럼, 그의 피를 흐르게 하여라,
　　도살자처럼 그의 무릎을 (꺾어라)!
바람처럼 그의 숨은 꺼버리라.
　　그의 생기가 마치 한숨처럼 (사라지게 하라).
　　그의 코에서 그의 코에서 숨이 연기처럼 나오게 하라.
나는 그를 살려두지 않으리라!"
그녀는 여주인의 전사 얏투파누를 잡아서
　　그녀의 자루에 마치 독수리처럼 숨겼다.
　　그녀의 주머니에 마치 매처럼 (숨겼다).
아크하투가 앉아서 먹자
　　다니일루의 아들이 식사하자　　　　　　　　　　(30)
그의 위로 독수들이 날아 다녔다.
　　매의 무리가 그 위를 배회했다.
독수리들 사이로 아나투가 날아 다녔고
　　그녀는 아크하투 위로 그를 보냈다.
그는 그의 정수리를 두 번 쳤고
　　그의 귀를 세 번 (쳤다).
살인자처럼, 그의 피를 흐르게 하였다.
　　도살자처럼 그의 무릎을 (꺾었다).
그의 숨은 바람처럼 꺼졌다.
　　그의 생기는 마치 한숨처럼 (꺼졌다).
　　그의 코에서 숨이 연기처럼 나왔다.

…아나투는…그의 심장을 없애고
…아크하투의…
다니일루의 종들이 울었다.
"…나는 다시 세울 수 없다… (40)
그렇다. 나는 너의 활 때문에 너를 쳤다.
　　너의 화살 때문에 너를 살려두지 않았다!
…
너를 친 새들은 멸망하리라!"

KTU 1.19 (AQHT C)

　i

(다행히 토판의 보존상태가 비교적 좋아서, 두 번째 토판에서 세 번째 토판으로 이야기가 자연스럽게 이어진다. 아크하투의 죽음을 두고 슬픔의 노래가 울려 퍼지는데, 이 사실을 모르는 다니일루는 바알에게 풍요를 달라고 기도한다.)

(1) 아크하투 토판[233] (1)

[아나투는] 위기에 빠졌다.
　　[그녀는] [영]도자들[234] 사이로 떨어졌다.
아나투는…떨어졌다.
활은 부서졌다.
　　수금(手琴)도 부서졌다.
그곳에서 처녀 아나투는 울었다.
　　그녀는 땅 위에 앉아 있다.

---

233 토판의 처음에 표기된 레아크하티(l'qht)는 토판의 이름 또는 문서보관소의 표식일 것이다. 비슷한 것(lbʻl)이 바알 신화의 여섯 번째 토판의 시작에도 등장한다(역주).
234 천상의 존재들을 가리키는 것 같다(역주).

"외쳐라, 오 두려움이란 '얼마나 쓰디 쓴가'!"
그의 손들은 마치 가수처럼 수금을 (뜯고)
    그의 손가락들은 마치 석수의 것과 같다.
그녀의 말로 그녀는 그의 이(齒)를 잡았고
    포식자는 형체를 갖추었다.
    신들의 개는 사라졌다.[235]   (10)
양측의 젊은이 두 명은 (슬픔의 노래를) 읊었고
    그 두 남성은 아크하투를 위한 노래를 (불렀네).
그들은 말하였다.
"얼마나 쓴가, 아, 얼마나 쓴가!
어떻게 거대한 뱀이 담 위에 (있을 수가)
    어떻게 내가 일탈한 개를 치는가!
그래서 나는 그의 활 때문에 그를 쳤고
    그의 화살 때문에 살려둘 수 없었다!
    그렇게 그의 활이 나에게 주어졌다![236]
그의 죽음으로 어린 곡식이 말라 죽었다.
    여름 과일의 만물이 떨어졌다.
    이삭들은 껍질 안에 (머물렀다)."
즉시 라파우족 사람 다니일루가 일어났다.   (20)
    곧바로 용맹한 하르나미유 사람이
일어나 성문 앞에 앉았다.
    타작마당에 있던 웅장한 나무 아래 (앉았다).
그는 과부의 송사를 [판결하고]
    고아의 송사를 [해결해 주었다].
[그가 눈을 들어 보니
    천 길을 건너, 만 리를 넘어

---

235 여기까지 다섯 행의 의미가 분명하지 않다. 죽은 아크하투를 두고 아나투가 저주 또는 마술을 하는 것이라고 이해하기도 한다(역주).

236 *TUAT*은 반대로 해석한다. "그렇다 그 활이 네게 주어지지 않았었다!" (역주).

서두르며 (오는) 푸가투(Puġatu)를 진정 보았다.

　　푸가투가 오는 것을 보았다.[237]

　　그녀는 눈을 들어 보았다.

타작마당의 보리는 말랐다. (30)

　　이삭은 고개를 숙였고

　　포도밭의 과일들은 시들었다.

그녀의 아버지의 집 위로 독수리들은 날아 다녔고

　　맹금류 무리들이 상공을 배회했다.

푸가투는 마음으로부터 울었다.

　　그녀는 속으로부터 눈물을 쏟았다.

그녀는 라파우족 사람 다니일루의 옷을 찢었다.

　　하르나미유의 영웅, 전사의 옷을 (찢었다).[238]

그러자 라파우족 사람 다니일루가 먹구름이 (오길)

　　기도했다.[239]

　　(뜨거운) 열기 한가운데 이른 비를[240] (기도했다). (40)

"여름 과일 수확철에 비가 내리게 하소서.

　　포도에 이슬이 내리게 하소서!

바알이 일곱 해 동안 없었고,

　　구름을 타는 이가 여덟째 해에도 없었다.

이슬도 없었고,

　　이슬비도 없었고,

삼하 1:21
창 7:11

깊음으로부터의[241] 홍수도 없었다.

237　완전히 훼손된 25-28행에 대한 *TUAT*의 복원 번역이다(역주).

238　푸가투는 땅의 병충해와 가뭄이 어떤 무고한 생명이 흘린 피 때문임을 직감하였다. 이런 의미에서 그녀는 점술가의 재능을 가진 것 같다. 아래를 보라(역주).

239　'저주했다' 또는 '맹세했다'로 옮기기도 한다(역주).

240　시리아 지역의 이른 가을비를 의미한다. 때때로 9월에 오기도 한다.

241　우가릿어, 타하마투(tahāmatu)에 대한 번역. 샘에서 나오는 물을 지칭함; 다니일루는 여기서 예언 혹은 소원을 말하고 있다. 사울과 요나단이 죽은 길보아 산에 대한 다윗의 애가를 참조하라.

바알의 달콤한 음성도 없었다."²⁴²

진실로, 라파우족 사람, 다니일루의 옷은 찢겨졌다.

    하르나미유의 영웅, 전사의 옷이 (찢겨졌다).

큰 소리로 다니일루는 그의 딸에게 외쳤다.

    ii

(다행히 첫째 단에서 둘째 단은 자연스레 이어진다. 다니일루는 아들이 죽은 줄 모르고 있었지만, 전령이 도착하여 아크하투의 죽음을 전한다.)

"들어라, 푸가투, 물을 관찰하는 여인이여   (50)

    물방울로부터 이슬을 연구하는

    별들의 길을 아는 여인이여!²⁴³

당나귀에 안장을 올려라, 수탕나귀의 고삐를 매어라.

    〈그곳에〉은 장신구를 붙여라.

    내 금 장신구를 붙여라."

물을 관찰하는 여인 푸가투는 순종했다.

    물방으로부터 이슬을 연구하는 여인은 (순종했다).

    별들의 길을 아는 여인은 (순종했다).

그녀는 당나귀에 안장을 올리고,

    수탕나귀의 고삐를 매었다.

그리고 그녀는 그녀의 아버지를 들어 올려

    당나귀의 등에 앉혔다.

    그 수탕나귀의 멋진 등 위에 〈앉혔다.〉   (60)

오, 야디넬은²⁴⁴ 그의 *야채 밭으로*²⁴⁵ 들어선다.

---

242 바알은 비와 번개의 신이다.
243 *TUAT*: "물을 긷는 여인이여/ 모피로 밧줄을 만드는 여인이여/ 별의 길을 아는 여인이여(역주).
244 다니일루에 대한 오기일 가능성이 있음.
245 "야채 밭"이라는 *ANET*의 번역은 오역에 가깝다. *TUAT*과 *COS*가 제안

그는 *야채* 밭에서 올라운 *새순*을 보았다.

모판 밭에서[246] 올라온 *새순*을 보고 그는

그 *새순*을 [껴안]고 입을 맞추었다.

"오, 그것이 *새순*이라면

야채-밭에서 그 새순이 자라도록 하라!

모판 밭에서 그것이 성장하도록 하라!

식물이여, 전사 아크하투의 손이 너를 모으리라.

그 (손들이) 창고 한가운데에 너를 두리라!"

다니일루는 그의 곡식 밭으로[247] 들어선다.

그 곡식 밭에서 그는 옥수수 이삭을 하나 보았다.

황무지에서 [옥수수] 이삭을 보고

그는 그 이삭을 껴안고 입을 맞추었다.

"오, 그것이 [옥수수] 이삭이라면,

황무지에서 옥수수 이삭이 패이기를! (70)

모판 밭에서 이삭이 패이기를!

식물이여, 영웅 아크하투의 손이 너를 모으리라.

그 (손들이) 창고 한가운데에 너를 두리라!"

그러나 그 말이 그의 입에서 거의 나오자마자

그의 입술에서 (나오자마자)

그는 눈을 들어 보았다.

젊은 남자들이 오는 걸음에 기쁨이 없었다![248]

그는 혼자 나왔다.

그렇다. 그는 혼자 나왔는가, 아니면 나오지 않았는가?

그는 정수리를 두 번 쳤다.

귀를 세 번 (쳤다).[249]

한대로 "갈라진 땅"(aufgerissene Land; cracked field)이 옳다(역주).

246 *TUAT*: "시든"(나무/식물); *COS*: "약한 새순들"(역주).

247 *TUAT*: "뭉친 밭"(klumpiges Land); *COS*: "황량한 밭"(desolate fields)(역주).

248 전령들이 나쁜 소식을 들었음을 암시한다.

249 전령들은 아크하투가 죽은 방식을 그대로 흉내내고 있다(역주).

그들의 머리털이 붙어 있지 않았다.

　　머리 결이 묶음에서 떨어졌다.

　　오, 머리 묶음을 다 깎아 버렸다.[250]

그들은 진정 눈물을 쏟았다.

　　분의 세켈만큼이나 (눈물을 흘렸다).

"사본 산의 손으로, 보라, 우리는 승리하였다.

　　사본 산을 통해, 보라, 승리가 있다![251]

내 임무는 힘든 것이다.

　　다니일루여, 내가 당신께 좋은 것을 선포해야 할까?

　　〈아나투가 아크하투의〉 관자놀이를 쳤다는 사실을?

아나투의 (발치) 아래로 그는 넘어졌다.

　　그녀는 그를 도와 일으켜주지 않았다.[252]

그녀는 그의 숨을 바람처럼 꺼지게 했다.

　　그의 생기를 마치 한숨처럼 (꺼지게 했다).

　　그의 코에서 숨이 연기와 같이 나오도록 (만들었다)!"

그들이 도착했다.

　　그들은 소리를 높여 외쳤다.

"들으로서, 오, 다니일루, 라파우족 사람이여!　　　　　　　(90)

전사 아크하투는 죽었다!

"처녀 아나투가 그의 숨을 바람처럼 꺼지게 했다.

　　그의 생기를 마치 한숨처럼 (꺼지게 했다).

　　그의 코에서 숨이 숨을 연기처럼 나오게 (만들었다)!"

그의 두 다리가 떨기 시작했다.

　　위로 그의 얼굴은 땀을 흘렸고

250　전령들은 슬픔에 머리를 쥐어 뜯거나 깎아버렸다. 다음의 다양한 모티프와 비교하라. 신 14:1; 레 19:27; 21:5; 렘 16:6 등(역주).

251　사본 산은 바알이 사는 산이므로, 전령은 의례적으로 바알을 칭송하는 것으로 이해할 수도 있다.

252　아나투가 그녀의 적에게 자비를 베풀지 않았다는 이야기다. 아나투가 저승에 내려간 아크하투를 다시 높이 끌어 올릴 권능이 있지만, 그렇게 하지 않았다는 말로 이해해서는 안된다(역주).

뒤로 그의 등은 굽었다.
그는 그의 척추를 떨었고
　　그가 앉았던 자리도 (떨었다).

　　　　　　(이 아래로 대략 7행이 소실됨)

　　iii
(다니일루는 아들의 죽음을 슬퍼한다. 그는 복수를 원하고, 바알은 그의 청을 들어준다. 다니일루는 아들을 죽인 독수리를 찾고 통곡하고 저주한다.)

그는 목소리를 높여 외쳤다.　　　　　　　　　　　　　(107)
"독수리들의 날개를 부수소서 바알이여!
　　바알이여, 그들의 날개를 (부수소서)!
그들은 내 발치에 떨어져야 하리라.[253]
　　내가 그들의 속을 열어 확인하리라.　　　　　　　　(110)
그 안에 〈아크하투의〉 지방이 있다면,
　　〈아크하투의〉 뼈가 있다면
나는 그를 위해 통곡하고 묻어주리라.
　　(그를) 저승신들의 구덩이에 놓으리라."
그 말이 그의 입에서 나오자마자,
　　그의 입술에서 (나오자마자),
바알은 그 독수리들의 날개를 부수었다.
　　바알은 그들의 날개를 부수었다.
그들은 그의 발치로 떨어졌다.
　　그는 그들의 속을 열어 확인했다.
지방도 없었고
　　그 (속엔) 뼈도 없었다.

253　다니일루가 복수를 염두에 두고 있음을 알 수 있다(역주).

그는 목소리를 높여 외쳤다.
"이 독수리들의 날개를, 바알이여, 회복시켜 주소서.
    바알이여, 그들의 날개를 회복시키소서!
    이 독수리들은 날개를 치고 날아야 하리라!"   (120)
그는 눈을 들어 보았다.
    그는 독수리들의 아버지 하르가부(Hargabu)를[254] 보았다.
그는 목소리를 높여 외쳤다.
"하르가부의 날개를 부수소서 바알이여!
    바알이여, 그의 날개를 부수소서!
그는 내 발치에 떨어져야 하리라!
    나는 그의 속을 열어 확인하리라.
그 안에 〈아크하투의〉 지방이 있다면,
    〈아크하투의〉 뼈가 있다면,
나는 그를 위해 통곡하고 묻어주리라.
    저승신들의 구덩이에 (그를) 놓으리라."
그 말은 그의 입에서 나오자마자,
    그의 입술에서 (나오자마자),
바알은 하르가부의 날개를 부수었다.
    바알은 그의 날개를 부수었다.
그는 그의 발치에 떨어졌다.   (130)
    그는 그의 속을 열어 확인했다.
지방도 없었고
    그곳엔 뼈도 없었다.
그는 목소리를 높여 외쳤다.
"하르가부의 날개를, 바알이여, 회복시켜 주소서,
    바알이여, 그의 날개를 회복시키소서!
    하르가부는 날개를 치고 날아야 하리라!"
그는 눈을 들어 보았다.

---

254 이 이름의 정확한 의미를 아직 잘 모른다(역주).

그는 독수리들의 어머니 차말루(Ṣamalu)를²⁵⁵ 보았다.
그는 소리를 높여 외쳤다.
"차말루의 날개를 부수소서, 바알이여,
    바알이여 그녀의 날개를 부수소서.
그녀는 내 발치로 떨어져야 하리라.
    나는 그녀의 속을 열어 확인하리라.
그 안에 〈아크하투의〉 지방이 있다면,
    〈아크하투의〉 뼈가 그곳에 있다면, (140)
나는 그를 위해 울고 묻어주리라.
    저승신들의 구덩이에 그를 놓으리라."
그 말이 그의 입에서 나오자마자
    그의 입술에서 (나오자마자),
바알은 차말루의 날개를 부수었다.
    바알은 그녀의 날개를 부수었다.
그녀는 그의 발치에 떨어졌다.
    그는 그녀의 속을 열어 확인했다.
그러자 〈아크하투의〉 지방이 있었다.
    〈아크하투의〉 뼈가 있었다!
그러자 그는 그녀로부터 아크하투를 취하였다.
    그는 통곡하였으나 (아크하투는) 깨어나지 않았다.
    그는 울었고 그를 묻었다.
그는 그를 어두운 곳에 묻었다.
    그를 움푹 파인 곳에 놓았다.²⁵⁶
그는 소리를 높여 외쳤다.
"그 독수리들의 날개를 부수소서, 바알이여, (150)
    바알이여, 그들의 날개를 부수소서!
보소서, 그들은 내 아들의 무덤 위로 날고 있습니다.

---

255 '잘 익은 무화과'란 뜻으로, 여성의 풍만한 가슴을 빗대는 표현이다(역주).
256 "그는 그를 킨네렛 호숫가 연못에 묻었다"로 옮기기도 한다(역주).

그들은 그를 잠에서 빼앗고 있습니다!"²⁵⁷

임금은 코르-마이마(Qōr-Mayīma)를 저주했다.²⁵⁸

"코르-마이마여 그대에게 화로다.

    영웅 아크하투를 살해(한 책임)이 네 위에 놓이리라!

    영원히 엘의 집에 낯선 이로 살 것이다!

지금부터 영원히 〈피난민이〉 될 것이다.

    지금부터 세대에 세대를 걸쳐!"²⁵⁹

그는 손에 막대기 끝을 잡고

    미라르투-타갈릴루-비누리(Mirartu-taġallilu-bi-nûri)

        에게²⁶⁰ 갔다.

그는 목소리를 높여 외쳤다.

"미라르투-타갈릴루-비누리여! 그대에게 화로다!

    영웅 아크하투를 살해(한 책임)이 네 위에 놓이리라!

네 후손들은 땅 위로 올라오지 못할 것이며,

    그들의 머리는 사람들의 손으로 쥐어뜯길 것이다.

지금부터 영원히 〈피난민이〉 될 것이다.

    지금부터 세대에 세대를 걸쳐!"

그는 손에 막대기 끝을 잡고

iv

(다니일루 임금은 이제 집으로 가서 통곡한다. 슬픔은 일곱 해 동안 지속된다. 상이 끝나자, 다니일루는 집을 정비하고, 푸가투를 앞세워 복수를 계획한다.)

---

257 잠은 죽음을 뜻하므로, 이 말은 편안히 잠들지 못하게 훼방한다는 의미다(역주).

258 '물의 샘'이란 뜻이다. 이름으로 볼 때, 지명이 확실하다. 죽은 장소를 저주하는 모티프는 다음을 보라. 사 29:1; 렘 13:27; 마 11:21(역주).

259 구약성경의 '도피성읍'과 비슷한 모티프인 듯하다. 출 21:14; 민 35:9-34(역주).

260 정확한 뜻은 알기 힘든데, '불에 던져진 담낭' 혹은 "멍에를 멘 복 있는 사람"으로 번역될 수 있다.

그는 도성 아빌루마로 갔다.

영도자 야리쿠마가 다스리는 도성, 아빌루마로 갔다.

그는 소리를 높여 외쳤다.

"도성 아빌루마여! 그대에게 화로다!

영웅 아크하투를 살해(한 책임)이 네 위에 놓이리라!

바알은 너를 눈멀게 만드실지어다!

지금부터 영원히 〈피난민이〉 될 것이다.

지금부터 세대에 세대를 걸쳐!"

그는 손에 막대기 끝을 잡고

다니일루는 그의 집으로 갔다. (170)

다니일루는 그의 궁전으로 향했다.

그의 집에는 통곡하는 이들이 들어왔다.[261]

그의 궁전에는 곡하는 여인들이[262] (들어왔다).

그의 안뜰에는 (스스로) 피부를 긁는 이들이[263] (들어왔다).

그들은 전사 아크하투를 위해 울었다.

라파우족 사람 다니일루의 아이를 위해 눈물을 쏟았다.

날이 달로, 달이 해로 (바뀌었다).

그렇게 일곱 해 동안[264]

그들은 전사 아크하투를 위해 울었다.

라파우족 사람 다니일루의 아이를 위해 눈물을 쏟았다.

보라, 일곱째 해에 (180)

라파우족 사람 다니일루가 답했다.

---

261 무덤이 아니라 죽은 이의 집에서 곡하는 모티프는 다음을 보라. 창 23:2; 마태 9:23(역주).

262 곡하는 남성과 여성은 다음을 보라. 암 5:16; 전 3:4; 7:2; 대하 35:25; 삼하 1:24; 렘 9,16,19; 겔 32:16; 마 9:23(역주).

263 스스로 몸에 상처내는 것은 슬픔의 표시였다. 레 19,28; 1,5; 신 14,1; 1 왕 18,28; 렘 16,6; 41,5; 47,5; 48,37; 미카 4,14. *ANET*는 "몸에 상처 내는 여인들"을 다니일루의 궁전이름으로 오해하여 번역했다(역주).

264 이스라엘의 경우, 일주일 곡하는 풍습이 있었다. 삼상 31:13; 대상 10:12; 집회서 22:12; 유딧 16:24(역주).

용맹한 하르나미유 사람이 응답하였다.
그는 소리를 높여 외쳤다.
"내 집에서 나가라, 통곡하는 이들이여,
    곡하는 여인들이여 내 궁전에서 (나가라),
    피부를 긁는 이들이여 안뜰에서 (나가라)."
그리고 그는 신들에 제물을 바쳤다.
    그는 *부족 제사가*[265] 하늘로 높이 올라가게 하였다.
    하르나미유의 *부족 제사*가 별들에까지 (올라가게 하였다).
다니일루는 아이를 칭송하였다.
    …는 아이를 칭송하였다.
그는 집에 타악기가 돌아오게 하였다.
    기름 바른 춤꾼이 그의 집에 (돌아오게 하였다).
그러자 흐르는 물을 관찰하는 여인 푸가투가 말했다.   (190)
"아버지는 신들에 제물을 바쳤습니다.
    부족-제물이 하늘로 올라가게 하셨습니다.
    하르나미유의 부족-제물이 별들에까지 (올라가게
        하셨습니다.)
나를 축복해 주소서, 내가 축복 속에 가리다.
    내게 힘을 주소서, 내가 힘있게 가리다.
나는 내 오라비의 살해자를 치겠습니다.
    내 부족의 후손을 멸망시킨 자를 멸망시키겠습니다!"
그러자 라파우족 사람 다니일루가 답하였다.
"내 생명을 걸고 (맹세한다)! 푸가투여 만세!
    물을 관찰하는 여인 푸가투여
    물방울로부터 이슬을 연구하는 여인이여   (200)
    별들의 길을 아는 여인이여 성공할지니라!"[266]

---

265 "부족 제사"로 번역된 우가릿어의 정확한 의미는 모른다. *TUAT*은 "제사 향기"(Weihrauch)로 번역한다(역주).

266 날씨 지혜의 형태들일 것임. 점술에 가까운 능력이다.

그녀는 오라비를 친 자를 칠 것이고,

　그녀는 그녀의 후손을 멸망시킨 자를 멸망시키리라!"

…

그녀는 씻고 붉은 치장을 했다.

　그녀는 바다 달팽이로 붉은 치장을 했다.

　천 길, 만 리를 떨어진 곳에서 (바다 달팽이로)

　　〈치장했다.〉

그녀는 〈바다에서〉 올라와, 남자 옷을 입고,[267]

　쇠 주머니에 단도를 꽂았다.

칼집에 칼을 (꽂았다).

　그 위에 그녀는 여성 옷을 입었다.[268]

신들의 빛 샵슈가 올라갈 때,

　푸가투는 [들 한복판에 있었다].　　　　　　　　　　　　　(210)

신들의 빛 샵슈가 내려갈 때

　푸가투는 그의 천막에 들어갔다.

얏투파누에게 다음의 말이 전달되었다.

"우리들의 고용인이[269] 그대의 지역에 도착하셨다.

　아나투가 〈그대의〉 천막에 도착하셨다."

[술취한] 전사[270] 얏투파누가 대답하였다.

"그녀로 하여금 내 손에 잔을 놓게 하라.

　내 오른손에 사발을 놓게 하라."[271]

267　*TUAT*은 아랫도리에 남자 옷을 입은 것으로 번역하고 있다(역주).

268　여신 아나투의 모습으로 변장하고 있다(역주).

269　아크하투를 죽이도록 지시한 책임이 아나투에 있음을 알려주는 표현으로 보인다(역주).

270　*TUAT*과 *COS*는 모두 얏투파누의 별명을 "여주인의 전사"로 옮기고 있다(역주).

271　*ANET*는 아나투로 변장한 푸가투에게 수청을 요청하는 것처럼 번역하고 있지만, *TUAT*은 얏투파누가 아나투에게 대접하는 장면으로 번역한다. "(잔을) 들고 진정 포도주를 드소서 / 제 손에서 잔을 가져가소서 / 내 오른(손)에서 그릇을!"(역주).

푸가투는 (잔을) 들고 그에게 포도주를 대접한다.
그녀는 그의 손에서 잔을 놓고
그의 오른(손)에 사발을 둔다.
그러자 [술취한] 전사 얏투파누가 말하였다.
"포도주를 통하여, 오, 여주인이여, 나는 힘을 드리리라.
나는 앞자리를 차지한 그의, 곧 엘의 명예를
훼손하리라!"[272]
남자 아크하투를 쳤던 손은
여주인의 적을 천 명을 치리라!"
그녀는 천막에 마술을 걸었다.
그리고…그녀의 마음속 기원을…
그가 그녀(의 잔)에 포도주를 다시 채우자
그녀는 이 혼합주를 두 번째로 마셨다.
그녀는 마셨다.…

(이 아래로 소실되었다. 아마도 푸가투가 얏투파누를 죽이는 이야기가 이어졌을 것이다.)

3. 부록: 키르타 이야기 | 원역자: 파르디(Dennis Pardee)

1930-31년에 고대 도시 우가릿에서 행해진 발굴에서 k-r-t로 명명된 어떤 왕에 대한 이야기가 발견되었다. 그 이름의 정확한 발음은 알려져 있지 않지만, 통상적으로 케렛 혹은 키르타로 발음된다. 모두 세 개의 토판(KTU14-16)에 담긴 이 이야기는 주인공 키르타에게 갑자기 찾아온 고통에 대한 서술로부터 시작한다. 한편 이야기의 배경은 우가릿이 위치한 시리아가 아니라, 이스라엘의 활동무대와 겹치는 팔레스타인이다. 많은 학자가 오늘날 우리가 셰익스피어나

---

272 이 행은 이해하기 어렵다. *COS*: "이 포도주는 여주인의 신, 장막 집을 창조했던 엘도 마시는 것이오."

톨스토이를 아는 것처럼, 왕정 시대의 이스라엘인들은 키르타 이야기를 고전 문학으로 인식하고 있었다고 주장한다.

KTU 1.14

	토판의 표제	(i 1)
	키르타 (본문)[에 속함]	
	…	
	키르타가 형제들과 아내들을 잃음	(i 7-25)
왕하 9:8	왕의 집이 멸망했다.	
	일곱 형제를 가진,	
삿 8:19; 시 69:9	여덟 피붙이를 가진 (왕의 집이 멸망했다).	
말 1:4	키르타-(그의) 가족이 깨졌고,	
	키르타-(그의) 가정이 파괴되었다.	
	그는 합법적 아내를,	
잠 18:22	적법한 배우자를 얻지 못했다.	
	그가 결혼한 여자는 도망가 버렸고,	
레 18:6	그에게 속하게 된 친족 여인도 그리하였다.	
욥 21:23	세 번째 배우자는 건강했는데 (갑자기) 죽었고,	
	네 번째 (배우자는) 병으로 죽었다.	
욥 5:7	다섯 번째 (배우자는) 라샤프가[273] 데려갔고,	
	여섯 번째는 얌무의[274] 아들들이 (데려갔다).	
욜 2:8	마지막 일곱 번째 배우자는 칼에 의해 쓰러졌다.	
	키르타는 그의 가족(의 멸망)을 보았다.	
	그는 가족이 깨지는 것을 보았다.	
	그의 보금자리가 완전히 파괴되는 것을 보았다.	

---

273 지하세계의 신(역주).
274 바다의 신(역주).

그의 가족이 완전히,
    상속자들이 전부, 멸망했다.

키르타가 애곡하다 잠들어 꿈을 꾼다   (i 26-51)
그는 그의 방에 들어가 울었다.
    (자신의) 슬픔을 말하면서, 눈물을 흘렸다.
그의 눈물이 쏟아졌다.
    세겔 추처럼 땅으로
    다섯 (세겔 추)처럼 침대로 (쏟아졌다).
그는 울다가 잠들었다.
    눈물을 흘리다가 졸았다.   욥 33:15
잠이 그를 덮쳤으므로 그는 누웠다.
    졸음(이 그를 덮쳤고) 그는 몸을 웅크러누웠다.
꿈 가운데 엘이[275] 내려왔다.
    환상 가운데 '인류의 아버지'가[276] (내려왔다).
그는 키르타에게 다가와서 물었다.
    키르타가 왜 그리 우는가?
    엘의 착한 소년이 왜 눈물을 흘리는가?
그가 아버지, 즉 황소의[277] 왕권을 원하는가?
    인류의 아버지의 주권을 원하는가?

키르타는 재산을 원치 않고 자녀를 원한다고 말함   (i 52-ii 8)
[왜 내가 은을
    노란 금을
    광산째로 원하겠습니까?]
왜 내가 영원한 [종을]   신 15:17; 욥 40:28

---

275 가나안 만신전의 최고신(역주).
276 엘의 별명(역주).
277 엘의 별명(역주).

시 86:16	세 필의 [말을] 뜰의 전차를 여종의 아들을 원하겠습니까? 내게 아들을 얻도록 [해 주소서]! 내게 많은 [자녀를] 가지도록 [해 주소서]!

엘의 대답: 자녀를 낳을 아내를 얻는 법　　　　　(ii 59-iii49)

　　황소, 그의 아버지 엘이 [대답했다].
　　키르타가 울 때 [타이르는 말로]
　　엘의 착한 소년이 눈물을 흘릴 때 [엘이 대답했다].

제사　　　　　　　　　　　　　　　　　　　(ii 9-26)

씻고 화장하라.
　　팔꿈치까지 손을 씻어라.
　　어깨까지 손가락을 씻어라.

삼하 6:17 삼상 16:2	[(네) 장막 안으로] 들어가라. 　　[네 손에] 어린 양을, 　　(네) 오른손에 희생 양을, 　　양 손에 염소 새끼를 　　네가 가진 최고의 음식을 취하라. 새, 희생 가금을 잡아라. 　　포도주를 은잔에, 　　꿀을 금 사발에 부어라. 성루의 꼭대기로 올라가라. 　　그래, 성루의 꼭대기로 올라가라, 　　(성)벽의 정상으로 오르라. 손을 하늘을 향해 들고, 　　엘, 당신의 아버지, 황소에게 제사를 드려라. 네 제사로 바알을,

네 제물로 다간의 아들을[278] 강림하게 하라.

원정을 위한 준비 (ii 27-31)

그 다음에 키르타는 지붕에서 내려와야 할 것이다.
    도시를 위한 음식을 준비해야 한다.
    벧-후부르를[279] 위한 곡식을 (준비해야 한다).
그는 다섯 번째 (달)을 위한 빵을 구워야 한다.
    여섯 번째 달을 위한 음식을 (만들어야 한다).

원정 군대 묘사 (ii 32-42)

한 무리가 준비되어 행군할 것이다.
    힘센 한 무리가 준비될 것이며,
    한 무리가 나아갈 것이다.
네 군대는 많은 무리가 될 것이다.
    삼백만(의 무리)
    셀 수 없는 군인들
    무수한 궁사들이 있을 것이다.
그들은 구름처럼 천천(千千)으로 나아갈 것이며,
    비처럼 만만(萬萬)으로 나아갈 것이다.
둘 다음에 둘이 (가며),
    셋 다음에 모두가 갈 것이다.

군면제자들도 징집됨 (ii 43-49)

독자도 자기 집을 걸어 잠그고 (나아가야 할 것이고)
    과부는 (누군가를) 고용해서라도 (보내야 할 것이다).
병든 자도 자기 침대를 들고 (나가야 할 것이고)
    장님도 더듬으며 가야 할 것이다.

---

278 바알의 별명(역주).
279 키르타가 다스린 도시의 이름(역주).

갓 결혼한 남자도 나갈 것이다.
> 자기 아내를 다른 사람에게,
> 사랑하는 자를 제3자에게 맡겨야 할 것이다.

군사 원정 (ii 50- iii 19)

메뚜기들처럼 너는 들판을,
> 여치들처럼 스텝의 변두리를 침공할 것이다.

하루, 이틀을 가라.
> 사흘, 나흘을
> 닷새, 엿새를 가라.

그리고 이레 해 질 때,
> 너는 큰 도시 우두무에,[280]
> 물이 풍성한 우두무에 도착할 것이다.

도시들을 점령하라.
> 마을들을 공격하라.

나무를 모으는 여인들은 들로부터,
> 짚을 모으던 여인들은 타작 마당으로부터 피할 것이다.

물을 긷던 여인들은 샘으로부터,
> (항아리를) 채우던 여인들은 우물가로부터 피할 것이다.

그 다음 하루, 이틀,
> 사흘, 나흘,
> 닷새, 엿새 동안

도시로 활을 쏘지 마라,
> 성루로 돌을 던지지 마라.

(포위) 일곱째 날, 해 질 녘에
> (그 도시의) 왕 파빌이 잠을 이룰 수 없을 것이다.

그는 황소들의 울음 소리 때문에,
> 당나귀들이 내는 소음 때문에,

삿 6:5; 7:12;
나 3:15-17

---

280 성경의 에돔(역주).

일 소들의 음매 울음 소리 때문에,

사냥개들의 짖는 소리 때문에 (잠을 이룰 수 없을 것이다).

우두무의 왕이 포위 공격에 반응할 것임 (iii 19-32)

그는 너에게 전령을 보낼 것이다.

장막에 있는 키르타에게 (보낼 것이다).

파빌 왕의 메시지:

은을, 노란 금을, 광산째로 가져라.

영원한 종을

세 필의 말을

뜰 안의 전차를

여종의 아들을 취하라.

키르타여, 많은 평화의 선물을 받고

왕이여, 내 집을 떠나라.

키르타여, 내 뜰에서 나가라.

큰 도시 우두무의 포위를,

물이 풍부한 도시 우두무의 포위를 풀어라.

우두무는 엘이 준 것이다.

인류의 아버지의 선물이다. 신 32:8; 전 3:13

키르타의 대답 (iii 33-49)

너는 그 전령들을 다음의 대답과 함께 돌려 보내라.

왜 내가, 은과 노란 금이 광산째 필요한가?

왜 내가 영원한 종이

세 필의 말이,

뜰 안의 전차가

여종의 아들이 필요한가?

오히려, 너는 내 집에 없는 것을 주어라.

내게 후라야 아가씨를 주어라.

네 첫 후손, 가장 좋은 딸을 주어라.

그녀의 선함은 아낫의 그것과 같고,
　　그녀의 아름다움은 아세라의 그것과 같다.
그녀의 동공은 순수한 청옥이고,
　　그녀의 눈은 루비로 장식된
알라배스터 그릇과 같다.
그녀의 눈빛에 쉬고 싶구나.
　　엘이 내 꿈에 보여 준 자이다.
　　인류의 아버지가 환상 가운데 보여 준 자이다.
그녀는 키르타를 위해 후손을 낳아 줄 것이며,
　　엘의 소년을 위해 사내를 나을 것이다.

키르타가 꿈에서 깬 후 지시대로 행함　　　　　　　　(iii 50-끝)
키르타가 둘러 보니, 꿈이었다.
　　엘의 소년(이 둘러보니) 환상이었다.
그는 씻고 화장했다.
　　팔꿈치까지 손을,
　　어깨까지 손가락을 씻었다.
(그의) 장막 그늘로 들어가서,
　　그의 손에 희생 양을,
　　두 손에 염소 새끼를,
　　자신의 최고 음식을 취했다.
그는 가금, 희생 조류를 잡았고,
　　포도주를 은잔에 부었고,
　　꿀을 황금 사발에 (부었다).
그는 성루의 꼭대기까지 올랐고,
　　성벽의 정상에 올라갔다.
그의 손을 하늘로 들고,
　　엘, 그의 아버지, 황소에게 제사했다.
그의 제사로 [바알을],
　　그의 제물로 다간의 아들을 강림하게 했다.

키르타는 [지붕]에서 내려왔고,
　　도시를 위해 음식을,
　　벤-후부르를 위해 곡식을 준비했다.
그는 다섯 번째 (달)을 위한 빵을 구웠다.
　　여섯 번째 달을 위한 좋은 음식을 (만들었다).
한 무리가 준비되어 행군했다.
　　힘센 한 무리가 준비되어,
　　한 무리가 나아갔다.
그의 군대는 많은 무리가 되었다.
　　삼백만(의 무리가 되었다).
그들은 구름처럼 천천으로 나아갔으며,
　　비처럼 만만으로 나아갔다.
둘 다음에, 둘이 (갔고),
　　셋 다음에 모두가 갔다.
독(자)도 자기 집을 걸어 잠그고 (나아갔고)
　　과부는 누군가를 고용해 (보냈다).
병든 자도 자기 침대를 들고 (나갔고)
　　장님도 더듬으며 길을 갔다.
갓 결혼한 남자도 (자기 신부를) 버리고 갔다.
그의 아내를 다른 사람에게 맡겼다.
　　사랑하는 자를 제3자에게 (맡겼다).
메뚜기들처럼 그들은 들판을,
　　여치들처럼 스텝의 변두리를 침공하였다.

키르타가 서원하다　　　　　　　　　　(iv 31-206)

그들이 하루를, 또 하루를 갔다.
　　삼 (일째), 해 질 녘에,
그는 두로의 아세라 성소에,
　　시돈 여신의 (성소)에 도착했다.
그곳에서 존귀한 키르타가 서원했다.

두로 아세라의 선물,

    시돈 여신의 선물은 (이것이다).

내가 (성공적으로) 후라야를 내 집으로 데려오면,

    그 소녀를 내 안뜰로 들이면,

그녀 (몸무게)의 두 배를,

    그녀 (몸무게의) 세 배를 드릴 것이다.

(그 다음에) 그는 하루, 이틀을 갔다.

    사흘, 나흘을 갔다.

나흘째, 해 질 녘에

    그는 큰 (도시) 우두무에,

    물이 풍성한 (도시) 우두무에 도착했다.

그는 도시들을 점령했고,

    마을들을 공격했다.

나무를 모으는 여인들은 들로부터,

    짚을 모으던 여인들은 타작 마당으로부터 피했다.

물을 긷던 여인들은 샘으로부터,

    (항아리를) 채우던 여인들은 우물가로부터 피했다.

그 다음에 하루, 이틀을,

    사흘, 나흘을,

    닷새, 엿새를 (갔다).

〈그들은 도시에 화살을 쏘지 않았고,

    성루에 돌을 던지지 않았다.〉

(포위) 일곱째 날, 해 질 녘에

    (그 도시의) 왕 파빌이 잠을 이룰 수 없었다.

그의 황소들의 울음 [소리 때문에],

    당나귀들이 우는 소음 때문에,

    일 소들의 [음매 울음 소리 때문에],

    사냥개들의 짖는 소리 때문에 (잠을 이룰 수 없었다).

그러자 파빌 [왕]은

    이렇게 큰 소리로 외쳤다.

들어라….

이제 [떠나]라.

   (자기의) 진영에 있는 [키르타]에게로 (떠나라).

   존귀한 [키르타]에게 말해라.

[파빌 왕의] 메시지:

[은을, 노란] 금을, [광산째로 가져라].

[영원한] 종을

   [세 필의] 말을

   뜰 안의 [전차를]

   여종의 아들을 취하라.

키르타여, 많은 평화의 선물을 받고

   왕이여, 내 집을 떠나라.

   키르타여, 내 뜰에서 나가라.

큰 (도시) 우두무의 포위를,

   물이 풍부한 (도시) 우두무의 포위를 풀어라.

우두무는 엘이 준 것이다.

   인류의 아버지의 선물이다.   신 32:8; 전 3:13

왕이여 내 집을 떠나라.

   키르타여, 내 뜰로부터 나가라.

…

[그러자 전령들은 주저 없이 떠났다.

그들은 자기 진영에 있던

키르타에게로 향했다.

그들은 [목소리를] 높여 [크게 말했다].

[파빌 왕의] 메시지:

[은을, 노란] 금을, [광산째로 가져라].

[영원한] 종을

   [세 필의] 말을

   뜰 안의 [전차를]

   [여종의 아들을] 취하라.

	키르타여, 많은 [평화의 선물을] 받고
	큰 (도시) 우두무의 포위를,
	물이 풍부한 (도시) 우두무의 포위를 풀어라.
	우두무는 엘이 준 것이다.
신 32:8; 전 3:13	인류의 아버지의 선물이다.
	왕이여 내 집을 떠나라.
	키르타여, 내 뜰로부터 나가라.
	존귀한 키르타가 대답했다.
	왜 내가, 은과 노란 [금이] 광산 채 필요한가?
	왜 내가 영원한 종이
	세 필의 말이,
	뜰 안의 전차가
	여종의 아들이 필요한가?
	오히려, 너는 내 집에 없는 것을 주어라.
	내게 후라야 아가씨를 주어라.
	네 첫 후손, 가장 좋은 딸을 주어라.
	그녀의 선함은 아나투의 그것과 같고,
	그녀의 아름다움은 아세라의 그것과 같다.
	그녀의 동공은 순수한 청옥이고,
	그녀의 눈은 루비로 장식된
	알라배스터 그릇과 같다.
	그녀의 눈빛에 쉬고 싶구나.
	엘이 내 꿈에 보여 준 자이다.
	인류의 아버지가 환상 가운데 보여 준 자이다.
	그녀는 키르타를 위해 후손을 낳아 줄 것이며,
	엘의 소년을 위해 사내를 나을 것이다.
	전령들은 주저없이 떠났고,
	파빌 왕을 향해 출발했다.
	그들은 목소리를 높여 크게 말했다.
	존귀한 키르타의 메시지,

[엘의] 착한 [소년]의 말씀이다.

KTU 1.15

후라야에 대한 찬양 (i 1-7)

[그녀는 배고픈 자를] 손 잡아 [일으키고],
　　목마른 자를 손 잡아 일으킨다.
[후라야가] 진영에 있는 키르타에게
　　갔을 때, [우두무의 상황이 이러했다].
암소가 송아지를 향해 울고,
　　어린 새끼가 어미를 향해 울듯이,
우두무 백성들은 그녀를 향해 슬피운다.

키르타의 대답 (i 8-ii 훼손 부분까지)

존귀한 키르타가 대답했다.
…(이 훼손 본문 안에 키르타의 연설, 후라야를 데리고 집으로
돌아온 사건이 기술되었을 것임.)

신들을 위한 잔치 (ii 1-11)

…
존귀한 키르타가 자기 집에서 [잔치]를 베풀었다.
…
[그 후] 신들의 무리가 도착했다.

엘의 축복 (ii 12-iii 19)

권능의 바알이 말했다.
은혜의 신이여, 자애로[신이여], 당신이 출발해야 하지
　　않습니까?
　　당신이 (가서서) 존귀한 [키르타를] 축복해야 하지
　　　　않습니까?

엘의 착한 [소년] 위에 축복을 선포해야 하지 않습니까?
[엘]이 (자기의) 손에 컵을
  [(자기의) 오른손에] 잔을 들었다.
그는 [그의 종을] 축복하였다.
  엘은 [존귀한] 키르타를 축복하였다.
  '엘의 착한 소년' 위에 [축복을 선포하였다].
키르타여, 네가 취한 여자,
  네가 네 집에 들인 여자,
  네 뜰에 들어온 소녀,
그녀는 너에게 일곱 아들을 낳아 줄 것이고,
  너를 위해 여덟 (딸?)을 생산할 것이다.
그녀는 '소년' 야쭈부를[281] 낳을 것이고,
  그는 아세라의 젖을 먹을 것이며,
  처녀 신 아나투의 가슴을 빨 것이다.
…
키르타는 땅의 그림자
신들 가운데 디타누 회의[282]의
모임 가운데 크게 높아지리라.
그녀의 때가 오면, 너를 위해 딸들도 낳을 것이다.
  그녀는 딸 […]를 낳을 것이며,
  그녀는 딸 […]를 낳을 것이며,
  그녀는 딸 […]를 낳을 것이며,
  그녀는 딸 […]를 낳을 것이며,
  그녀는 딸 […]를 낳을 것이며,
  그녀는 딸 […]를 낳을 것이다.
[키르타는] 땅의 그림자

281　야쭈부의 별명은 '소년'임(역주).
282　우가릿의 조상들을 통칭하는 표현(역주).

신[283]들 가운데 디타누 무리의
모임 가운데 크게 높아지리라.

키르타 자녀의 탄생 (iii 20-25)

그녀의 때가 왔고, 그녀는 그를 위해 아들을 낳았다.
    그녀의 때가 왔고, 그녀는 그를 위해 (두) 아들을 낳았다.
7년 동안,
    키르타의 아들들이 (엘의) 약속대로,
    후라야의 딸들도 (엘의 약속대로) 태어났다.

아세라가 맹세를 기억하다 (iii 25-?)

그때, 아세라가 키르타의 맹세를 기억했다.
    그 여신이[…].
그녀는 목소리를 높여 [소리쳤다].
    키르타…
    그는 맹세에 대해 일구이언하였다!
나도 […]을 취소할 것이다.
…

키르타가 잔치를 준비하다 (iv 1-13)

그는 크게 [아내에게 소리쳤다].
들어라, [후라야 부인]:
너의 [가축 중] 가장 좋은 것을 도살하라.
    포도주 항아리를 열라.
내 황소 70마리를 초청하라.
    사슴 80마리를,[284]
    큰 (도시) 후부르의 황소들을

---

283 죽은 조상들의 혼(역주).
284 '황소'와 '사슴'은 귀족들에 대한 은유임(역주).

[물이 많은] 후부르의 (황소들)을 초청하라.

...

후라야가 순종하다 (iv 14-vi)

후라야 부인이 순종했다.
그녀는 가축 중 가장 좋은 것을 도살했고,
  포도주 항아리를 열었다.
그녀는 그에게 황소들을 데려왔고,
  그에게 사슴들을,
  큰 (도시) 후부르의 황소들을
  물이 많은 후부르의 (황소들을) 데려왔다.
그들이 키르타의 집으로 들어간다.
[…]의 거처로,
  유향의 장막으로 그들이 나아간다.
그녀는 그릇에 손을 뻗고,
  칼로 고기를 잘랐다.
후라야 부인이 말한다.
  나는 먹고 마시라고 그대들을 초청했습니다.
  키르타 그대들의 주인[…].
….
그녀는 손을 사발에 뻗고,
  [칼로] 고기를 잘랐다.
후라야 부인이 [말한다].
  나는 먹고 마시라고 그대들을 초청했습니다.
    ...
키르타를 위해] 울어 주세요.
...
키르타는 태양이 지는 곳으로 갈 것입니다.
  태양이 뜨는 곳으로 우리들의 주인이 (갈 것입니다).
그러면 야쭈부가 우리를 다스릴 것입니다.

…
들으세요 […]:
    다시 먹고 마시세요.
후라야 부인이 말한다.
나는 먹고 마시라고 그대들을 초청했습니다.
    당신의 주인 [키르타의 희생 잔치로 (초청했습니다).
그들은 키르타를 위해 울었다.
    그들의 울음 소리는 황소들의 그것과 같았다.
꿈에서…키르타는…

KTU 1.16

키르타 본문[에 속함]

    일루하우가[285] 아버지 죽음에 대해 생각함　　　　　　(i 2-23)
개처럼 우리는 당신의 집에서,
    견공처럼 당신의 뜰에서 늙고 싶습니다.
아버지, 당신도 유한한 인간들처럼 죽어야 합니까?
    당신의 뜰이 통곡 (바다)로 변하고,
    (통곡하는) 여인들의 통제에 넘어가야 합니까? 사랑스런
        아버지여.
키르타는 엘의 아들이고,
    은혜로운 자, 거룩한 자의 후손이라고 해서,
아버지, 당신을 위해 바알의 산이 울어 줄까요?
    거룩한 요새, 사본 산이,
    힘 센 요새, 난나야가,
    넓게 퍼진 요새가 (당신을 위해) 울어 줄까요?
일루하우는 아버지(의 방)에게 들어가

---

285 키르타의 아들의 이름(역주).

울고, 이를 갈며
소리를 높여 울었습니다.
아버지여, 당신이 살아야 우리가 기쁩니다.
당신이 죽지 않아야 우리가 행복합니다.
개처럼 우리는 당신의 집에서,
견공처럼 당신의 뜰에서 늙고 싶습니다.
아버지, 당신도 유한한 인간들처럼 죽어야 합니까?
당신의 뜰이 통곡(의 바다)로,
(통곡하는) 여인들의 통제에 넘어가야 합니까? 사랑하는
아버지여.
어떻게 (이것이) 사실일 수 있나요? 사람들이 말합니다.
'키르타는 엘의 아들이며,
은혜로운 자, 거룩한 자의 후손이다.
신들도 죽는가,
은혜로운 자의 후손은 살지 않는가?'

키르타가 대답하며, 티트마나투를 부른다   (i 24-45)
존귀한 키르타가 대답했다.
내 아들아, 울지 마라,
나를 위해 애통하지 마라.
내 아들아, 내 눈의 샘을 비우지 마라,
내 머리에서 나오는 물, 눈물을 (비우지 마라).
내 누이 티트마나투를 불러라.
…가 강한 딸,
그녀가 나를 위해 애통하며, 울 것이다.
(내) 자식아, 네 누이에게 (즉시) 말할 필요는 없다.
네 누이에게 애곡하라고 말할 필요는 없다.
나는 그녀가 정이 많음을 안다.
그녀가 눈물을 들에 쏟지 않도록 해라.
그녀가 (애곡) 소리를 산에서 (쏟지 않도록 해라).

위대한 자, 태양의 오름[…],

    위대한 빛의 광채…

네 누이 티트마나투에게 말하라.

'키르타가 희생 잔치를 준비했다.

    왕이 연회를 배풀었다.'

네 탬버린을 손에 들고,

    […]을 오른손에 들고.

내 주가 (살고 있는) 산에 머무르라.

    [은]을 선물로,

    모든 이를 위해 금을 가져가라.

일루하우가 응하다 (i 46-ii?)

그 용맹한 일루하우가

    한 손에 창을,

    오른손에…을 들었다.

TRẒẒ로[286] 불리는 곳에 접근했다.

    그곳에 도착했을 때, 어두워지고 있었다.

그의 누이가 물을 길으러 나왔다.

    그는 산에 창을 꽂아 두었다.

그녀의 얼굴이 문 밖으로 나왔다.

    그때 그의 오빠를 보았다.

그녀의 […]는 땅에서 깨졌다.

    그녀의 오빠[…], 그녀는 울었다.

왕 [그분이] 아픈가요?

    당신의 아버지 키르타가 […]?

용감한 일루하우가 [대답했다].

왕이 아프지 [않다?]

    당신의 아버지 키르타가 […].

---

286 발음을 알 수 없음(역주).

[…]가 희생 잔치를 준비했고,
　　[…]가 연회를 베풀었다.
…

티트마나투가 사실을 알게 된다　　　　　　　　　　(ii 79-?)
그녀가 오빠에게 접근해 [말했다].
　　[오빠는 왜 나를]…로 이끄나요?
몇 달 동안 그가 [아팠나요?]
　　얼마나 오래 키르타가 병들었나요?
용감한 [일루하우]가 대답했다.
석 달 동안 그가 아팠고,
　　넉 달 동안 키르타가 병들었다.
아마 키르타는 이미 (세상을) 떠났을 것이다.
네가 무덤[…]

티트마나투가 아버지를 잃을 수도 있다는 생각에
애곡한다　　　　　　　　　　　　　　　　　　(ii 97-111)
그녀는 울며, 이를 갈았다.
　　목소리를 높여 울었다.
아버지 당신이 살아야 우리가 기뻐합니다.
　　당신이 죽지 않아야 우리는 행복합니다.
개처럼 당신의 집에서,
　　견공처럼 당신의 뜰에서 늙어 가고 싶습니다.
아버지 당신도 유한한 사람들처럼 죽어야 합니까?
　　당신의 뜰이 통곡으로,
　　여인들의 통제에 빠져야 합니까? 사랑스런 아버지.
신들도 죽나요?
　　은혜로운 자의 후손은 살지 않습니까?
키르타가 [엘]의 아들이며,
　　은혜로운 자, [거룩한] 자의 후손이라 해서,

아버지, 바알의 산이 당신을 위해 운답니까?

거룩한 요새, 사본 산이

힘센 요새 난나야가

넓게 퍼진 요새가 (당신을 위해) 운답니까?

티트마나투가 아버지를 방문함 (ii 112-?)

울며 그녀는 [아버지의 방에] 들어갔다.

그녀는 […]로 들어갔다.

땅이 식물을 내지 않음 (iii)

기름이 [그릇에서] 고갈되었다.

(누군가가) 하늘과 땅이 흔들리는 것을 보았다.

그는 땅 끝까지 여행했다.

땅의 물 많은 곳에 가 보았다.

땅을 위한 샘은 바알의 비이고,

높은 자의 비는 밭을 위한 (샘)이다.

땅을 위해 좋은 것은 바알의 비이고,

높은 자의 비는 밭을 위해 좋다.

그것은 정원의 밀을 위해 좋고,

경작된 토지의 호밀을 위해서,

산 위의 […]을 위해서 좋다.

농부들은 머리를 높이 들었다.

곡식을 일구는 사람들은 (머리를) 높이 들었다.

바구니의 빵이 고갈되었고,

저장 가죽의 포도주가 고갈되었으며,

[그릇에 담긴] 기름도 고갈되었다.

…

키르타를 고치기 위해 신들의 계획이 시작됨 (iv)

…

너는 엘처럼 지혜롭고,
　　은혜로운 자, 황소처럼 (지혜롭다).
엘의 전령, 일수(Ilšu)를 부르라.
　　〈바알의 집의 전령〉 일수와
　　〈여신들의 전령〉 그의 아내를 부르라.

…

그는 엘의 전령, 일수를 불렀다.
　　바알의 집의 전령 일수와
　　여신들의 전령 그의 아내를 불렀다.
은혜로운 자, 친절한 신이 대답한다.
들으라, 엘의 전령, 일수여.
　　바알의 집의 전령, 일수여,
　　그리고 여신들의 전령, 네 아내여.
건물의 꼭대기로…
　　높은 테라스로 올라가라.

엘이 신들 가운데 치유자를 구한다 (v 10-22)

…

은혜로운 자, [친절한 신이, 물었다].
신들 중에 [누가 병을 쫓아낼 것인가?]
　　질병을 없앨 것인가?
[신들 중 누구도] 그에게 답하지 않았다.
[두 번, 세 번] 그가 말했다.
[신들 중에] 누가 병을 [쫓아낼 것인가?]
　　[질병을] 없앨 것인가?
신들 중 누구도 [그에게] 답하지 않았다.
[네 번] 다섯 번 그가 말했다.
[신들 중에 누가] 병을 쫓아낼 것인가?

[질병을] 없앨 것인가?
신들 중에 누구도 [그에게] 답하지 않았다.
여섯 번, 일곱 번, 그가 말했다.
신들 중에 [누가] 병을 쫓아낼 것인가?
　　질병을 없앨 것인가?
신들 중에 누구도 그에게 답하지 않았다.

엘이 치유자를 창조한다　　　　　　　　　　　　(v 23-?)
그러자 은혜로운 자, 친절한 신이 대답하여 말했다.
내 아들들아, 가서 네 자리에,
　　네 왕의 보좌에 앉아라.
내가 직접 빚고 만들 것이다.
　　병을 쫓아낼 여인을 만들 것이다.
　　질병을 없앨 여인을 만들 것이다.
그는 [손을] 진흙으로 채우고,
　　[오른손을] 가장 좋은 흙으로 채웠다.
[…]을 떼어내어…

치유자, 샤티카투에 대한 엘의 연설　　　　　　(vi 1-2)
오 사망이여, 부서져라.
　　오 샤티카투여, 강하라.

샤티카투가 임무를 수행함　　　　　　　　　　(vi 2-14)
　샤타카투가 출발했다.
　키르타의 집에 도착했다.
　애곡하는 소리 가운데 도착해 들어갔다.
　고통 소리 가운데 그녀가 입장했다.
그녀는…도시들의 위를 날고,

　　　　…마을들의 위를 지났다.[287]
　…
　　　　그의 머리로부터 병을…
그녀는 돌아와서, 그의 땀을 닦아 주며,
　　　그의 목을 열어, (음식을) 먹을 수 있게 했다.
　　　그의 목구멍을 (열어) 식사할 수 있게 했다.
죽음이 부서졌고,
　　　샤티카투가 강했다.

키르타가 회복됨　　　　　　　　　　　　　　(vi 14-24)
존귀한 키르타가 명령했다.
　　　목소리를 높여 큰 소리로 말했다.
들으라. 후라야 부인이여,
내가 먹을 수 있도록 어린 양을 잡고,
　　　내가 식사할 수 있도록 살진 양을 잡아라.
후라야 부인이 순종했다.
그녀는 어린 양을 잡았고, 그는 먹었다.
　　　그녀가 살진 양을 잡고 그는 식사했다.
하루 그리고 이틀,
　　　키르타가 보좌의 방으로 돌아왔다.
　　　왕의 옥좌에 앉았고,
　　　통치의 좌에, (통치의) 단에 앉았다.

불안한 야쭈부의 쿠데타 시도　　　　　　　　(vi 25-끝)
　　　야쭈부도 궁으로 돌아왔다.
　　　그곳에서 그의 속마음이 그에게 가르쳤다.
야쭈부여, 네 아버지에게 가라,
　　　네 아버지에게 가서 말하라

287　이 비행의 의미는 잘 모른다(역주).

네 주인, 키르타에게 말하라.
'잘 들으십시오. [그대의 귀를] 기울이십시오.
[약탈자들이] [약탈을] 자행하고,
    채권자들이 [채무자를 감금했을 때]
그대는 네 힘을 쓰지 않았고,
    과부의 사건을 재판하지 않았고,
    억압받는 사람들을 위해 판결해 주지 않았습니다.
병이 그대의 침상 친구가 되었고,
    질병이 침대에서 그대와 언제나 함께하였습니다.
이제 그대의 왕권에서 내려오세요. 내가 다스리겠습니다.
    그대의 권좌에서 내려오세요. 내가 앉겠습니다.'
소년 야쭈부는 떠나,
    아버지 방에 들어갔다.
그는 목소리를 높여 크게 말했다.
'들으세요. 존귀한 키르타여.
    잘 들으시고, 귀를 기울이세요.
약탈자들이 약탈을 자행하고,
    채권자들이 (채무자를) 감금했을 때,
당신은 힘을 쓰지 않았고,
    과부의 사건을 재판하지 않았고,
    억압받는 사람들을 위해 판결해 주지 않았습니다.
    가난한 사람을 이용하는 사람들을 쫓아내지도 않았습니다.
앞에서 고아들을 먹이지도,
    뒤에서 과부들을 (돌보지 않았습니다).
병이 당신의 침상 친구가 되었고,
    질병이 침대에서 당신과 언제나 함께 하였습니다.
그러니, 당신의 왕권에서 내려오세요. 내가 다스리겠습니다.
    당신의 권좌에서 내려 오세요. 내가 앉겠습니다.'

키르타가 야쭈부를 저주함 (vi 54-58)

존귀한 키르타가 대답했다.

내 아들아, 호라누가[288] (너를) 부수기를,

    호라누가 네 머리를 부수기를,

    "바알의 이름" 아스타르트가 네 두개골을 부수기를…

너는 분명히 망할 것이고

    …비천해질 것이다.

서기관: 일리밀쿠, 타이유.[289]

---

288 지하의 신, 뱀과 흑마술사를 이기는 능력이 있음(역주).
289 관직 이름(역주).

CHAPTER V

법률 문서

가. 메소포타미아의 법전들

1. 에쉬눈나 법전 | 원역자: 괴체(Albrecht Goetze)

ANET, 161-63

텍스트: 이라크박물관(Iraq Museum) 51059, 이라크박물관 52614(이라크 고대 유물 발굴팀에 의해 바그다드 근처 텔 아부 하르말[1]에서 발굴된 아카드어 텍스트. 함무라비 시대 이전의 지층에서 발견됨.)

---

1 아부 하르말(Abu Harmal)은 에쉬눈나 왕국의 영토에 속하는 지역이었다 (현재 바그다드 동쪽 디얄라[Diyala] 지역). 에쉬눈나 왕국은 우르 제3왕조가 쇠락하던 시기(주전 약 2000년)와 함무라비 제국이 형성되던 시기 사이에 부흥기를 누렸다. 당시 아모리족이 지배했던 국가가 많이 있었는데, 에쉬눈나 왕국도 아모리족이 다스렸던 도시들 중의 하나였다. 에쉬눈나 도시 자체는 텔아스마르(Tell Asmar)에 위치해 있었는데, 시카고대학의 고대 근동연구소에 의해 발굴이 이루어졌다.

1: 보리 1쿠르(kur)[2]는 은 1세겔(shekel)[3]; "고급 기름" 3카(qa)[4]는 은 1세겔; 참기름 1수투(sūtu)[5] 2카는 은 1세겔; 돼지기름 1수투 5카는 은 1세겔; "강기름"(river oil)[6] 4수투는 은 1세겔; 양털 6마나(manā)[7]는 은 1세겔; 소금 2쿠르는 은 1세겔; xxx 1쿠르는 은 1세겔; 구리 3마나는 은 1세겔; 정제된 구리 2마나는 은 1세겔(의 가치)이다.

2: 니스하툼(nisḫatum)-참기름[8] 1카는 보리 3수투; 니스하툼-돼지기름 1카는 보리 2수투 5카; 니스하툼-"강기름"[9]은 보리 8카(의 가치)이다.

3: 수레와 함께 황소와 수레꾼을 대여하는 대여비는 보리 1판(pan)[10] 4수투이다. 만약 은으로 (지불하려면), 대여비는 3분의 1세겔이다. 수레꾼은 하루 종일 수레를 몰아 주어야 한다.

4: 배 대여비는 (적재량) 1쿠르에 2카이다. 뱃사공 대여비는 1수투 1카이다. 뱃사공은 하루 종일 배를 몰아 주어야 한다.

5: 만약 뱃사공의 부주의로 배가 침몰하였다면, 뱃사공은 침몰로 인해 초래된 모든 손실을 배상해야 한다.

---

2 쿠르(kur)는 곡식의 계량 단위로서, 1쿠르는 300카(qa)와 같다. 히브리어로는 "고르"(kor)이다. 도량형 명칭은 해당 언어에서 사용되는 단어를 한글로 음역하였다.

3 아카드어로는 "쉬킬"(šiqil)이지만, 본 번역에서는 구약성서를 통해 널리 알려진 히브리어 "세겔"(shekel)이 예외적으로 사용되었다. 1쉬킬(세겔)은 무게 단위로 사용될 때 60분의 1마나(manā)이고, 부피 단위로 사용될 때는 6분의 1카(qa)이다. 약 8그램의 무게이다.

4 카(qa)는 건량 단위로서, 4분의 3쿼트(quart)보다 약간 많은 양이다. 1쿠르(kur)=5판(pan)=300카(qa).

5 부피를 재는 단위로서, 1수투(sūtu)는 10카(qa)와 같다. 구약성서 히브리어로는 "세아"(seah)이다.

6 혹은 "역청"(bitumen)을 지칭할 수도 있다(역주).

7 마나(manā)는 무게 단위로서 약 480그램이다. 1마나는 60세겔과 같다. 이 단어는 고대 그리스 화폐 단위 "므나"(mina)와도 연관되어 있다.

8 여기서 니스하툼(nisḫatum)의 의미는 분명하지 않지만, 아마도 보통 제품보다 더 농축된 상태의 제품을 지칭하는 용어로 사용되었을 것이다(역주).

9 혹은 "역청"(bitumen)을 지칭할 수도 있다(역주).

10 1판(pān)은 60카(qa)와 같다.

6: 만약…한[11] 어떤 사람이 자신의 소유가 아닌 배를 취했다면, 그 사람은 은 10세겔을 지불해야 한다.

7: 추수꾼의 임금은 보리 2수투다. 만약 은으로 (지불하려면), 그의 임금은 은 12우뗏(uṭṭet)[12]이다.

8: 타작꾼의 임금은 보리 1수투다.

9: 만약 한 사람이 은 1세겔을 주고 추수를 위해 일꾼을 고용했는데, 그가(즉, 고용된 일꾼이) 고용주의 지시에 따르지 않고 어느 곳에서도 추수 작업을 완성하지 않았다면, 그 일꾼은 은 10세겔을 지불해야 한다. 만약 일꾼이 품삯으로 (보리) 1수투 5카를 받았다면, 그 [보리] 할당량을 남겨두고, 기름과 의복(품삯)도 되돌려져야 한다.[13]

10: 당나귀 대여비는 보리 1수투이고, 당나귀 몰이꾼 대여비도 보리 1수투이다. 몰이꾼은 하루 종일 당나귀를 몰아야 한다.

11: 일꾼의 임금은 은 1세겔이다. 그의 식량은 보리 1판이다. 그는 한 달 동안 일해야 한다.

12: 낮에 *무쉬케눔*(muškēnum)[14]의 밭의 곡물 단에 있다가 붙잡힌 사람은 은 10세겔을 지불해야 한다. 밤[에] 곡물 단에 있다가 붙잡힌 사람은 사형되어야 하고, 살아서 갈 수 없다.

13: 낮에 *무쉬케눔*의 집에서 붙잡힌 사람은 은 10세겔을 지불해야 한다. 밤에 집에서 붙잡힌 사람은 사형되어야 하고, 살아서 갈 수 없다.

14: xxx[15]의 수수료-만약 그가 은 5세겔을 가져오면 수수료는 은 1세겔이고, 만약 그가 은 10세겔을 가져오면 수수료는 은 2세겔이다.[16]

---

11 가능한 문구로서, "큰 위기에 처한."
12 우뗏(uṭṭet)은 아주 적은 양의 무게 단위로 180분의 1세겔(약 0.0648그램)에 해당한다(역주).
13 이 조항의 마지막 문장에 대한 다른 해석으로, "낮의 대여비는 (보리?) 1수투 5카이고, 망가진 날(?)은 그것의 [주인에게] 되돌려져야 한다"(역주).
14 *무쉬케눔*(muškēnum)은 특정 사회 계층을 지칭하는 말이다. 에쉬눈나에서 *무쉬케눔*은 왕궁이나 신전과 밀접하게 연관된 사람들이었던 것 같다.
15 이 자리에 "대금업자"나 "상인"을 지칭하는 단어가 있었을 것이다.
16 본문에 대한 보다 최근의 연구에 의하면 이 조항은 다음과 같은 내용이

15: 상인(tamkārum)[17]과 주모(sābītum)[18]는 노예 남성이나 노예 여성으로부터 은이나 보리나 양털이나 참기름을 투자 명목으로[19] 받아서는 안 된다.

16: 아직 자신의 상속몫을 받지 못한 상속인이나 노예에게는 대출금이 제공될 수 없다.

17: 만약 한 사람[20]의 아들이 (그의) 장인의 집에 결혼예물[21]을 전달했는데, 그 둘[22] 중의 하나가 사망했다면, 그 돈은 원래 소유주에게 되돌려져야 한다.

18: 만약 그가 그녀(해당 처녀)를 아내로 맞이하여 그녀가 그의 집에 들어간 후에 그 젊은 여인이 사망했다면, 그(남편)는 그가 (자신의 장인에게) 전달한 자금을 되돌려 받을 수 없지만, 초과분[23]은 그가 (그

다. "재양꾼(직물에 풀을 먹이고 말려서 마무리 작업을 하는 사람-역주)의 임금: 은 5세겔 가치의 의복에 대한 그의 임금은 은 1세겔이고, 은 10세겔 (가치의 의복)에 대한 그의 임금은 은 2세겔이다"(역주).

17 여기에서 상인(tamkārum)은 공식적인 "재정 관료"로서, 특정 상거래에 대해서 국가의 독점권을 가지고 있는 사람을 지칭한다.

18 여기에서 주모(酒母)라고 번역된 아카드어 사비툼(sābītum)은 주류 거래를 맡은 술집 여주인을 지칭한다.

19 여기에서 "투자 명목으로"라고 번역된 아카드어 문구 "아디 마딤"(adi mādim)의 의미는 여전히 논의의 대상이다. 이 문구는 몇 가지 사물이 열거된 다음에 그 외의 유사한 것도 포함한다는 의미의 표현으로, 국어의 "기타 등등" 정도로 이해될 수도 있다. 즉, "은이나 보리나 양털이나 참기름이나 여타 다른 것을 받아서는 안 된다"라고 해석될 수 있다(역주).

20 여기에서 "사람"에 해당하는 아카드어 아윌룸(awīlum)은 크게 두 가지 의미로 사용될 수 있다. 첫째는 인간을 통칭하는 용어로 모든 사회 계층을 포괄하는 "사람"을 의미할 수 있고, 둘째는 노예 계급이나 무쉬케눔 계급과 구별되는 사회 계급으로 "자유인" 또는 "자유 시민"을 의미할 수 있다. 만약 이 조항에서 둘째 의미로 사용되었다면, "한 사람의 아들"보다는 "자유인 계급에 속한 사람"으로 번역하는 것이 더 바람직하다(역주).

21 여기에서 결혼예물에 해당하는 아카드어 단어 테르하툼(terḫatum)은 신랑이 신부의 집에 가져가는 예물을 말한다(역주).

22 즉, 신랑과 신부(역주).

23 여기에서 초과분이 무엇을 지칭하는지는 분명하지 않다. 다만 조항 17번과 비교할 때, 조항 17번은 약혼의 단계를 다루고 있고, 조항 18번은 결혼식이 실제로 이루어진 후의 경우를 다루고 있다. 즉, 조항 18번은 약혼 단계에서 결혼예물(테르하툼)이 신부의 집에 전달된 이후에 결혼식 전이나 결혼식 당시에 다른 종류의 결혼선물이 추가적으로 오고 간 상황

의 손에) 가질 수 있다.

18A: (은) 1세겔에 대한 이자는 은 6분의 1세겔과 6우뗏이고, (보리) 1쿠르에 대한 이자는 1판 4수투이다.[24]

19: 동일한 상품으로 되돌려 받기로 하고 빌려주는 사람은 (채무자로 하여금) 타작마당에서 지불하게 할 것이다.

20: 만약 한 사람이 대출을 해 주었는데 은의 가치를 보리로 환산하여 갚게 하고자 한다면, 그는 추수 때에 보리와 그에 대한 이자, 즉 1쿠르에 1판 4(?)수투를 주는 비율로 이자를 받을 것이다.[25]

21: 만약 한 사람이 은을 대출해 주었다면, 그는 그 은과 함께 이자, 즉 1(세겔)에 6분의 1세겔과 [6우뗏을 주는 비율로 이자를 받을 것이다.[26]

22: 만약 한 사람이 (다른) 사람을 상대로 어떠한 청구권이 없음에도 불구하고 그 (다른) 사람의 여자 노예를 압류하였다면, 그 여자 노예의 주인은 "당신은 나에 대한 어떠한 청구권도 없다"라고 맹세하여 선언하고, 그[27]는 그[28]에게 여자 노예에 대한 보상으로 은을 지불해야 한다.

23: 만약 한 사람이 (다른) 사람을 상대로 어떠한 청구권이 없음에도 불구하고 그 (다른) 사람의 여자 노예를 압류하고, 자신의 집에 억류하고, (그녀를) 죽게 하였다면, 그는 그 여자 노예의 주인에게 두 명의 여자 노예를 보상해 주어야 한다.

24: 만약 한 사람이 한 *무쉬케눔*을 상대로 어떠한 청구권이 없음에

    을 전제하고 있다. 대표적인 예로서, 혼인 때에 신부가 신랑의 집에 들어가면서 가져가는 지참금이 있다. 또는 신랑이 신부에게 추가적인 결혼선물을 전달했을 가능성도 배제할 수 없다. 따라서 이 조항에서 "초과분"은 약혼 때 신랑이 신부의 집에 전달한 결혼예물(테르하툼) 이 외에 추가로 오고간 선물 및 자금을 지칭하는 것 같다(역주).

24 .따라서 은의 이자율은 20%이고, 보리의 이자율은 33%이다(역주).
25 조항 18A 참고(역주).
26 조항 18A 참고(역주).
27 여자 노예를 압류한 사람(역주).
28 여자 노예를 압류당한 사람(역주).

도 불구하고, 그 *무쉬케눔*의 아내나 자녀를 압류하고 (그들을) 죽게 하였다면, 이는 사형에 해당하는 범죄이다. 압류한 사람은 사형되어야 한다.

25: 만약 한 사람이 (자신의) 장인의 집에 청혼하고, 장인은 그를 *종살이의 신분으로 받아들였는데* 장인이 자신의 딸을 [다른 사람]에게 주었다면, 그는 그가 받은 결혼예물의 2배를 환급해 주어야 한다.

26: 만약 한 사람이 다른 사람의 딸에 대하여 결혼예물을 주었으나 제 삼자가 그 딸의 부모의 승낙도 요구하지 않은 채 강제로 그녀를 취하여 처녀성을 빼앗았다면, 이는 사형에 해당하는 범죄로서 그는 사형되어야 한다.

27: 만약 한 사람이 다른 사람의 딸을 그녀 부모의 승낙을 요구하지 않은 채 취하고, 그녀의 부모와 공식적인 결혼 계약을 맺지 않았다면, 그녀는 1년 동안 그의 집에 살아도 되지만, 아내가 된 것은 아니다.

28: *반면에*, 만약 그가 그녀의 부모와 공식적인 결혼 계약을 맺고 그녀와 동거하였다면 그녀는 아내이다. 그녀가 다른 사람과 함께 있는 것이 발각되면 그녀는 사형되어야 하고 살아서 갈 수 없다.

29: 만약 한 사람이 외부의 공습이나 침략 시에 포로가 되어 외[국]으로 강제 이주되어 거기에서 [오랜] 시간을 [살게 되었는데], 다른 사람이 그의 아내를 취하고 그녀는 그 사람과 아들을 낳았다면, 원래 남편이 돌아왔을 때 그는 그의 아내를 되[찾을 것이다].

30: 만약 한 사람이 그의 마을과 그의 주인을 싫어하여 망명자가 되었는데, 다른 사람이 그의 아내를 취하였다면, 그가 돌아왔을 때 그는 그의 아내를 요구할 권리가 없다.

31: 만약 한 사람이 다른 사람의 여자 노예의 처녀성을 빼앗았다면, 그는 은 3분의 1마나를 지불해야 한다. 그 여자 노예는 그녀의 주인의 소유로 남는다.

32: 만약 한 사람이 자신의 아들을 수유와 양육을 위해 (유모에게) 위탁해 놓고, 그녀에게 유모의 몫인 보리와 기름과 양털을 3년 동안 지급하지 않았다면, 그는 (그녀에게 은) 10마나를 양육비로 지불하고 그의 아들을 도로 데려 가야 한다.

33: 만약 한 여자 노예가 사실을 숨긴 채 자신의 아들을 다른 사람의 딸에게 넘겨주었는데, 나중에 그 (아이)가 성장하고 그 (아이)의 주인이 그를 알아보게 되었다면, 그(주인)는 그(아이)를 붙잡아 데려올 수 있다.

34: 만약 왕궁에서 일하는 여자 노예가 자신의 아들이나 딸을 한 *무쉬케눔*에게 입양시켰다면, 왕궁은 그 여자 노예가 맡겨놓은 아들이나 딸을 되찾아올 수 있다.

35: 또한, 왕궁에서 일하는 여자 노예의 아이를 입양한 사람은 그 아이와 동등한 가치의 (다른 노예로) 왕궁에 보상해야 한다.

36: 만약 한 사람이 자신의 재산을 xxx에게 공탁하였는데, 그 집이 도둑맞지도 않았고, 문설주[29]가 무너지지도 않았고, 창문이 훼손되지도 않았음에도 불구하고 그가 맡긴 재산이 사라졌다면, 그(수탁인)는 그(공탁인)의 소유물을 보상해 주어야 한다.

37: 만약 그 사람(수탁인)의 집이 무너졌거나 도둑을 맞았고, 이로 인해 자신의 재산 및 공탁인이 맡긴 재산에 손실이 발생하였다면, 그 집의 주인은 티쉬팍(Tishpak)[30]의 문에서 맹세하여 "당신의 재산과 나의 재산에 손실이 발생하였다. 그러나 이 일에 나는 조금도 부당하거나 부정한 일을 하지 않았다"라고 말할 것이다. 만약 그(수탁인)가 그(공탁인)에게 이렇게 맹세하면, 그(공탁인)는 그(수탁인)를 상대로 배상 청구권을 가질 수 없다.

38: (공동의 재산을 소유하고 있는) 몇 명의 형제들이 있는데, 그 중의 한 명이 자신의 몫을 팔고자 하고 그의 형제가 그것을 사고자 한다면, 그는 xxx을 지불할 것이다.[31]

39: 만약 한 사람이 곤궁에 처하여 그의 집을 매각하였다면, 그는 구매자가 나중에 그 집을 팔고자 내놓았을 때 그것을 다시 구입할 권

---

29 여기서 문설주로 번역된 아카드어 단어 시푸(sippu)는 문이나 문 근처에 세워지는 가옥의 일부분이다.
30 에쉬눈나의 주신.
31 마지막 문장은 일종의 거래 우선권이나 특혜를 포함하는 내용이 있었을 것이다.

리를 가진다.

40: 만약 한 사람이 남자 노예나 여자 노예나 황소나 기타 값진 물건을 구입하였으나 판매자의 신원을 (합법적으로) 확인해 줄 수 없다면, 그는 도둑이다.

41: 만약 한 *우바룸*(ubārum)이나 *나프따룸*(napṭarum)이나 무둠(mudūm)이[32] 그의 맥주를 판매하고자 한다면, 주모(sābītum)는 그에게 유통 가격으로 맥주를 판매해야 한다.

42: 만약 한 사람이 (다른) 사람의 코를 물어뜯었다면, 그는 은 1마나를 지불해야 한다. 눈에 대하여는 은 1마나; 치아에 대하여는 2분의 1마나; 귀에 대하여는 2분의 1마나; 뺨을 때렸다면 은 10세겔을 지불해야 한다.

43: 만약 한 사람이 (다른) 사람의 손가락을 절단했다면, 그는 은 3분의 2마나를 지불해야 한다.

44: 만약 한 사람이 논쟁 중에 (다른) 사람을 밀쳐 넘어뜨리고 그의 손을 부러뜨렸다면, 그는 은 2분의 1마나를 지불해야 한다.

45: 만약 그가 그의 발을 부러뜨렸다면, 그는 은 2분의 1마나를 지불해야 한다.

46: 만약 한 사람이 (다른) 사람을 공격하여 그의 xxx을 부러뜨렸다면, 그는 은 3분의 2마나를 지불해야 한다.

47: 만약 한 사람이 *실수로* 다른 사람을 *때렸다면*, 그는 은 10세겔을 지불해야 한다.

48: 그리고, 벌금이 3분의 2마나에서 1마나 사이에 해당되는 사건에 관해서는 재판관들이 공식적으로 그를 심리할 것이고, 사형에 해당하는 범죄는 왕이 심리한다.

49: 만약 한 사람이 도난 당한 남자 노예나 도난 당한 여자 노예를 데리고 있다가 발각되면, 그는 남자 노예는 남자 노예로, 여자 노예는 여자 노예로 돌려주어야 한다.

---

32 이 세 명칭은 맥주 보급을 받을 권한이 부여된 사회 계층들을 뜻하는 것 같다. 그들은 일반적인 사회와 법률의 보호망에서 소외된 계층일 수 있다.

50: 만약 군대 지휘관이나 하수관리 감독이나 다른 어떤 관료가 왕궁이나 *무쉬케눔* 소유의 남자 노예나 여자 노예나 황소나 나귀가 분실된 것을 발견하게 되었는데 에쉬눈나로 데려오지 않고 자신의 집에 둔다면, 비록 그는 7일[33] 동안의 시간을 가질 수 있지만, 왕궁은 그를 절도 혐의로 심문해야 한다.

51: 에쉬눈나의 남자 노예나 여자 노예 중에 *칸눔*(kannum)이나 *마쉬카눔*(maškanum)이나 *압부툼*(abbuttum)[34]으로 표시된 노예는 주인의 허락 없이 에쉬눈나의 성문을 떠날 수 없다.

52: (외국) 사절의 관리 하에 에쉬눈나의 성문을 들어온 남자 노예나 여자 노예는 칸눔이나 마쉬카눔이나 압부툼으로 표시해야 하지만, 여전히 그의 주인[35]의 관리 하에 남는다.

53: 만약 한 황소가 (다른) 황소를 들이받아 죽게 하였다면, 양측 주인들은 살아 있는 황소의 가격과 죽은 소의 가치를 나눠 가져야 한다.

54: 만약 황소가 들이받는 습관이 있고, 당국 관계자가 이 사실을 주인에게 알렸음에도 불구하고 그 주인이 황소의 뿔을 잘라내지 않았고, 그 황소가 사람을 들이받아 죽게 하였다면, 그 황소의 주인은 은 3분의 2마나를 지불해야 한다.

55: 만약 그 황소가 노예를 들이받아 죽게 하였다면, 그는 은 15세겔을 지불해야 한다.

56: 만약 개가 사납고 당국 관계자가 이 사실을 주인에게 알렸음에도 불구하고 그 주인이 그 개를 단속하지 않아 개가 사람을 물어 죽게 하였다면, 그 개의 주인은 은 3분의 2마나를 지불해야 한다.

57: 만약 그 개가 노예를 물어 죽게 하였다면, 그는 은 15세겔을 지불해야 한다.

58: 만약 벽이 무너질 위험에 있고 당국 관계자가 이 사실을 주인

---

33 어떤 본문에는 "한 달의 기간"이 기록되어 있다(역주).

34 손쉽게 제거될 수 있는 표식들로서, *칸눔*(kannum)은 띠나 천조각 묶음 같은 표식이고, *마쉬카눔*(maškanum)은 차꼬나 족쇄를 말하고, *압부툼*(abbuttum)은 노예가 하는 머리장식이나 헤어스타일을 뜻한다.

35 이 조항에서 외국 사절과 노예의 주인은 각각 다른 개인들이다(역주).

에게 알렸음에도 불구하고 그 주인이 벽을 보강하지 않았고, 그 벽이 붕괴되어 이로 인해 자유인이 사망하였다면, 이는 사형에 해당하는 범죄이다. 왕의 심리를 받아야 한다.

59: 만약 한 사람이 자녀를 낳은 자신의 아내와 이혼하고 [다른 여자를 아내로 취한다면, 그는 그의 가문과 그의 소유로부터 추방될 것이고, 그는 그를 받아주는 사람을 따라가도 된다.[36]

(60과 61은 심하게 훼손되어 이해하기 불가능함.)

2. 함무라비 법전 | 원역자: 미크(Theophile J. Meek)

ANET, 163-64, 166-77

함무라비(또는 함무라피)[37]는 고대 바벨론 왕국[38]의 11명의 왕들 중에 6번째 왕이다. 가장 최근의 연대 추정에 의하면, 그의 통치 기간은 주전 1728년부터 1686년까지 43년에 이른다. 그의 통치 2년째 되던 해는 기록상에서 "그가 그 땅의 법률을 반포한 해"라고 일컬어지는데, 이는 그가 자신의 통치 초기에 그의 유명한 법전을 공포하였다는 것을 말해 준다.

그러나 현재 우리가 가지고 있는 함무라비 법전은 그렇게 초기에 기록된 것은 아닐 가능성이 크다. 왜냐하면 법전 서문에 그의 통치 후기에 일어난 일들이 언급되어 있기 때문이다.

사진 59

우리에게 알려진 함무라비 법전은 섬록암 석비에 기록되어 있는 아카드어 텍스트이다. 석비의 꼭대기 부분에는 얕은 양각으로 함무라비 왕과 태양신 샤마쉬(Shamash)의 모습이 새겨져 있다.

---

36 이 조항의 마지막 부분은 일부 훼손되어 있고, 그 의미 또한 매우 모호하다. 그러나 가문에서 쫓겨난 사람이 자신의 가정과 소유를 떠나야 한다는 대략의 문맥은 쉽게 예상될 수 있다(역주).

37 함무라비(Hammurabi)는 처음 이 인물이 소개될 때부터 지금까지도 널리 통용되는 철자이다. 그러나 최근의 많은 학자는 함무라피(Hammurapi)가 보다 정확한 철자라고 생각한다. 함무라피는 아모리식 이름인 아무라피('Ammurāpi - 'Ammu["친족, 민족"] + rāpi["치료자"])에 대한 아카드어식 표기이다.

38 고대 바벨론 왕국, 즉 첫 번째 바벨론 왕국(The First Babylonian Dynasty)은 아모리인에 의해서 세워졌다(역주).

함무라비는 태양신이자 정의의 신인 샤마쉬로부터 법전을 기록하라는 임무를 하달 받고 있는 것처럼 묘사되어 있다. 이 석비는 엘람인(Elamite) 침입자(분명히 주전 1207-1171년의 슈트룩-나훈테[Shutruk-Nahhunte])에 의해 전리품의 하나로 고대 엘람 제국의 수도인 수사(Susa - 구약성경 에스더와 다니엘에서 수산[Shushan]으로 표기됨)로 옮겨졌다.

기원후 1901년에서 1902년으로 넘어가는 겨울에 프랑스 고고학자들에 의해 발굴된 이 석비는 그들에 의해 고고학적 기념물로서 프랑스 파리 루브르(Louvre) 박물관으로 옮겨지게 되었다. 앞면 칼럼 16의 77행부터 끝까지에 적혀 있었던 법조항들(법조항 65번의 마지막 부분에서 법조항 100번의 시작 부분)은 엘람인들에 의해 지워졌다. 그러나 이 조항들은 대체로 함무라비 법전의 다른 필사본들을 통해 복원될 수 있다.

1) 법규들

1: 만약 한 자유인[39]이 다른 자유인을 살인죄 혐의로 고소했으나 그의 범죄를 입증하지 못했다면, 고소인은 사형에 처해질 것이다.

신 5:20; 19:16-21; 출 23:1-3

2: 만약 한 자유인이 다른 자유인을 주술을 행한 혐의로 고소했으나 그의 범죄를 입증하지 못했다면, 주술 혐의를 받은 피고인은 강[40]에 가서 물에 뛰어 들어야 한다. 만약 강물에 피고인이 제압당하면, 고소인은 피고인의 재산을 취할 것이고, 만약 강물이 피고인의 무죄를 입증하여 그가 무사히 강물에서 나온다면, 피고인을 주술 혐의로 고소한 사람은 사형에 처해질 것이고, 강물에 몸소 뛰어 들어갔던 사람은 고소인의 재산을 취할 것이다.

3: 만약 한 자유인이 소송에서 위증을 하고 그가 한 말을 입증하지

---

39 아카드어 단어 *아윌룸*(*awilum*)은 적어도 세 가지 의미로 사용되는 것 같다. (1) 높은 계층에 속한 사람을 지칭할 때, 즉 귀족을 말할 때; (2) 어떤 계층에 속하든지 상관없이 자유인을 지칭할 때; (3) 때때로 인간을 통칭할 때(왕에서 노예까지). 나는 원어의 모호함을 고려하여 아카드어 단어 아윌룸을 다소 일반적인 용어인 "자유인"으로 번역하였다.

40 여기서 강(유프라테스 강)은 소송에서 재판장 역할을 하는 신으로 여겨진다.

못했다면, 그리고 그 소송이 사람의 목숨에 관련된 것이라면, 그 자유인은 사형에 처해질 것이다.

4: 만약 그가 곡식이나 돈과 관련된 소송에서 위증을 한 것이라면, 그는 그 소송에서 선고되는 처벌을 받을 것이다.

사진 57

5: 만약 판사가 재판을 하여 판결을 내리고 봉인된 문서로 저장하였는데 나중에 그의 판결을 변경했다면, 그들은 그 판사가 판결을 변경하였다는 것을 입증해야 하고 그 판사는 그 소송에서 선고된 청구액의 12배를 지불해야 한다. 뿐만 아니라, 그들은 그 판사를 의회에 있는 그의 재판석으로부터 쫓아낼 것이고, 그 판사는 다시는 소송에서 다른 판사들과 함께 앉아 (재판할) 수 없다.

6: 만약 한 자유인이 신전이나 왕궁의 재산을 도둑질하면, 그 자유인은 사형에 처해질 것이다. 그의 손으로부터 장물을 받은 자도 사형에 처해질 것이다.

7: 만약 한 자유인이 다른 자유인의 아들이나 노예의 손에서 은이나 금이나 남자 노예나 여자 노예나 황소나 양이나 나귀나 어떤 것이라도 구입하거나 보관을 목적으로 수령하였는데 증인이나 계약서가 없다면, 그는 도둑이므로 사형에 처해질 것이다.

출 20:15;
신 5:19; 22:1-4;
레 19:11, 13

8: 만약 한 자유인이 황소나 양이나 나귀나 돼지나 배를 도둑질하였는데 그것이 신전이나 왕궁의 소유였다면, 그는 30배의 배상을 해야 한다. 만약 그것이 일반 시민[41]의 소유였다면, 그는 10배로 배상해야 한다. 만약 그 도둑이 배상할 재산이 없다면, 그는 사형에 처해질 것이다.

9: 한 자유인이 그의 재산을 분실했다가 다른 자유인의 소유[42]에서 그 분실된 재산을 찾았을 때, 만약 분실된 재산을 가지고 있던 자유인이 "판매자가 (이것을) 나에게 판매했고, 나는 증인들 앞에서 구입하였다"고 선언하고, 분실 재산의 주인 역시 "나는 나의 분실 재산을 입증

---

41 아카드어 *무쉬케눔*(*muškēnum*)은 통상 중간 계층의 사람, 평민을 지칭한다. 그러나 여기에서 이 단어는 분명히 신전이나 왕궁에 속속된 사람과 구별되는 일반 시민을 가리키는 말이다.

42 직역하면, "손에서"(역주).

해 줄 증인들을 세우겠다"고 선언하고, 구매자가 그에게 물건을 팔았던 판매자가 구입 당시 현장에 있었던 증인들을 데려 왔고, 분실 재산의 주인도 그의 분실 재산을 입증해 줄 증인을 데리고 왔다면, 판사들은 그들의 증거를 조사할 것이고, 구입 당시 현장에 있었던 증인들과 분실 재산을 확인해 줄 증인들은 신 앞에서 그들이 알고 있는 것을 증언해야 한다. (그러면), 판매자가 도둑이므로 그는 사형에 처해질 것이다. 분실 재산의 주인은 자신의 재산을 가져갈 것이고, 구매자는 자신이 지불한 돈[43]을 판매자의 재산으로부터 얻을 것이다.

10: 만약 구매자가 자신에게 판매했던 판매자와 구입 당시 현장에 있었던 증인들을 데리고 오지 못했고, 분실 재산의 주인은 그의 분실 재산을 입증해 줄 증인을 데리고 왔다면, 구매자가 도둑이므로 그는 사형에 처해질 것이고, 분실 재산의 주인은 그의 분실 재산을 취할 것이다.

11: 만약 분실 재산의 주인이 분실 재산을 입증해 줄 증인들을 데리고 오지 않았다면, 그는 사기꾼이고 거짓 모함을 퍼뜨렸으므로 그는 사형에 처해질 것이다.

12: 만약 판매자가 사망하였다면,[44] 구매자는 해당 소송의 배상 청구액의 5배를 판매자의 재산에서 취할 것이다.

13: 만약 자유인의 증인들이 당장 소환될 수 없다면, 판사들은 그를 위해 6개월의 기간을 정해 놓을 수 있는데, 만약 그가 자신의 증인들을 6개월 안에 데리고 오지 못했다면, 그 자유인은 사기꾼이므로 그 소송에서 내려지는 처벌을 받아야 한다.

14: 만약 한 자유인이 다른 자유인의 젊은 아들을 유괴하였다면, 그는 사형에 처해질 것이다.

출 21:16; 신 24:7

15: 만약 한 자유인이 왕궁의 남자 노예나 여자 노예, 혹은 일반 시

43　여기서 "지불한"이라고 번역된 아카드어 동사(šaqālum)를 직역하면 "(무게를) 달아 주다"이다. 함무라비 시대에는 동전 화폐가 없었다. 보통 은이라고 지칭되는 돈은 저울에 그 무게가 측정되었다. 그래서 당시에 "돈을 지불하다"라는 말은 "돈을 달아 주다"라는 표현으로 쓰였다.

44　아카드어 표현을 직역하면, "(자신의) 운명으로 갔다면"이다 (역주).

민의 남자 노예나 여자 노예가 성문을 통과하여 도망치는 것을 도와주었다면, 그는 사형에 처해질 것이다.

16: 만약 한 자유인이 왕궁이나 일반 시민의 소유였다가 도망친 남자 노예나 여자 노예에게 거처를 제공해 주고 전령의 수배 공고에 그를 내놓지 않았다면, 그 집주인은 사형에 처해질 것이다.

17: 만약 한 자유인이 도망친 남자 노예나 여자 노예를 들판에서 잡아 그의 주인에게 돌려주었다면, 노예의 주인은 그 자유인에게 은 2세겔[45]을 주어야 한다.

18: 만약 그 노예가 자신의 주인의 이름을 밝히지 않았다면, 그 자유인은 그 노예를 왕궁으로 데리고 가서 그의 신원이 조사되게 할 것이다. 그들은 그를 그의 주인에게 되돌려 보내야 한다.

19: 만약 자유인이 자신의 집에 그 노예를 감금해 두었다가 나중에 그 노예가 그의 소유에서[46] 발견되었다면, 그 자유인은 사형에 처해질 것이다.

20: 만약 그 노예가 자신을 붙잡은 사람의 손에서 도망하였다면, 그 자유인은 신 앞에서 노예의 주인에게 맹세할 것이고, 그는 면책될 것이다.

출 22:2-3

21: 만약 한 자유인이 가택을 침입하였다면, 그들은 그를 죽이고 그가 침입했던 틈 앞에 그를 매달아 놓을 것이다.

22: 만약 한 자유인이 도둑질을 하고 잡혔다면, 그 자유인은 사형에 처해질 것이다.

23: 만약 그 도둑이 잡히지 않았다면, 도둑을 맞은 자유인은 신 앞에 자신의 손실 재산을 신고할 것이고, 그리고 절도가 발생한 지역 및 구역의 도시와 시장은 그의 손실 재산을 배상해 줄 것이다.

24: 만약 (절도 사건에서) 인명 피해가 있었다면, 그 도시와 시장은 그의 유족들에게 은 1마나[47]를 지불해야 한다.

신 21:1ff.

---

45 약 8그램의 무게이다. .
46 직역하면, "손에서"(역주).
47 약 480그램이고, 1마나는 60세겔과 같다.

25: 만약 한 자유인의 집에 화재가 발생하였는데, 불을 진압하러 온 자유인이 그 집 주인의 물건을 향해 눈을 들어 그 집 주인 소유의 물건을 가졌다면, 그 자유인은 바로 그 불에 던져질 것이다.

26: 만약 병사나 식량보급관[48]이 왕의 군사원정에 배치되었으나 자신이 가지 않고 대체인을 고용하여 자신을 대신해 보냈다면, 그 병사나 식량보급관은 사형에 처해질 것이고, 그에 의해서 고용된 사람은 그의 재산을 취할 것이다.

27: 병사나 식량보급관이 왕의 군역 중에 포로로 잡혀 간 경우, 만약 그의 실종[49] 후에 그들이 그의 밭과 과수원을 다른 사람에게 주고 〈밭과 과수원을 받은〉 그가 그의 공역 의무[50]를 수행하였는데, 만약 그[51]가 돌아와 그의 도시에 도착하였다면, 그들은 그의 밭과 과수원을 그에게 돌려주어야 하고 그 스스로가 공역 의무를 수행할 것이다.

28: 병사나 식량보급관이 왕의 군역 중에 포로로 잡혀 간 경우에, 만약 그의 아들이 공역 의무를 수행할 수 있다면, 밭과 과수원은 그에게 주어질 것이고 그는 그 아버지의 공역 의무를 수행할 것이다.

29: 만약 그의 아들이 너무 어려서 그의 아버지의 공역 의무를 수행할 수 없다면, 밭과 과수원의 3분의 1을 그의 어머니에게 주어서 그의 어머니가 그 (아들)을 양육할 수 있게 할 것이다.

30: 만약 병사나 식량보급관이 공역 의무에 대한 부담 때문에 그의

48　여기에서 쓰인 군대 용어인 레둠(rēdûm)과 바이룸(bā'erum)이 무엇을 지칭하는지는 분명하지 않다. 레둠의 문자적인 의미는 "따라가는 사람"(졸개)로서 보통 보병을 지칭할 때 쓰인다. 바이룸의 문자적인 의미는 "어부, 사냥꾼"이기에 여기에서는 "식량보급관"(commissary)으로 번역하였다. (바이룸은 그물을 무기로 사용하여 전투하는 병사들을 지칭할 수도 있다. 그물이 고대 전투에서 무기로 사용된 사실은 잘 알려진 사실이다. 에누마 엘리쉬에서 마르둑이 티아맛을 사로잡을 때 사용한 것이 바로 그물이다. 고대 그리스와 로마 시대에도 그물은 무기로 사용되었다. 따라서 바이룸이 "식량보급관"이 아니라면, 그물을 이용하여 전투하는 병사들을 뜻할 수 있다-역주).

49　포로로 잡혀간 상황을 가리킴(역주).

50　여기서 "공역 의무"로 번역된 아카드어 단어 일쿰(ilkum)은 개인이 공공의 영역에서 수행해야 할 의무로서 군역이나 부역을 지칭한다.

51　즉, 포로로 잡혀갔던 병사나 식량보급원(역주).

밭과 과수원과 집을 내버려 두고 도피하였고, 그의 도피 후에 다른 사람이 그의 밭과 과수원과 집을 인수하고 공역 의무를 3년 동안 수행하였다면, 그가 돌아와 그의 밭과 과수원과 집을 요구한다 할지라도 그들은 그에게 돌려주지 말아야 한다. 밭과 과수원과 집을 인수하고 공역 의무를 수행한 바로 그가 계속 공역 의무를 감당할 것이다.

31: 만약 그가 단지 1년 동안 도피하였다가 돌아왔다면, 그의 밭과 과수원과 집은 그에게 되돌려질 것이고, 그는 자신의 공역 의무를 수행할 것이다.

32: 만약 왕의 군사원정에 동참했다가 포로로 잡혀간 병사나 식량보급관이 있는데, 상인이 그를 속량하여 그의 도시로 돌아가게 하려 한다면, 만약 포로 자신의 집에 충분한 재산이 있다면 그는 스스로 속전을 내고 석방될 것이고, 만약 그의 집에 충분한 재산이 없다면 그는 그의 도시의 신전에 의해 석방될 것이고, 만약 그의 도시의 신전에 충분한 재산이 없다면 왕궁이 그를 석방시킬 것이다. 그러나 그의 밭과 과수원과 집은 그의 석방을 위해서 양도될 수 없다.

33: 만약 부사관이나 장교가 이탈자가 생기게 한다든지, 고용된 대체인을 받아 왕의 군사원정에 보냈다면, 그 부사관이나 장교는 사형에 처해질 것이다.

34: 만약 부사관이나 장교가 병사의 사유 재산을 유용하고, 병사를 괴롭히고, 병사를 대여해 주고, 병사를 법정 소송에서 유력한 사람에게 내어 주고, 왕이 병사에게 내린 하사품을 착복하였다면, 그 부사관이나 장교는 사형에 처해질 것이다.

35: 만약 한 자유인이 군인으로부터 왕이 그 군인에게 하사한 소나 양을 구입하였다면, 그는 그의 돈을 몰수당할 것이다.

36: 어떠한 경우에도 병사나 식량보급관이나 간부[52]에게 속한 밭이나 과수원이나 집은 판매될 수 없다.

37: 만약 한 자유인이 병사나 식량보급관이나 간부에게 속한 밭이나 과수원이나 집을 매입하였다면, 그의 계약서는 파기되어야 하고,

---

52 또는, 일종의 장교.

그는 그의 돈을 몰수당할 것이고, 밭이나 과수원이나 집은 원래 주인에게 되돌려질 것이다.

38: 어떠한 경우에도 병사나 식량보급관이나 간부는 그의 영지에 속한 밭이나 과수원이나 집의 일부를 그의 아내나 딸에게 양도할 수 없고, 어떠한 경우에도 자신의 의무를 대체하기 위해서 그것을 내어줄 수도 없다.

39: 그는 그가 구입하여 소유한[53] 밭이나 과수원이나 집의 일부는 그의 아내나 딸에게 양도할 수 있다. 그리고 그는 자신의 의무를 대체하기 위해서 그것을 내어줄 수 있다.

40: 신전 여제사장[54]과 상인과 특별 관료는 그의 밭이나 과수원이나 집을 판매할 수 있다. 다만 구매자는 그가 구매한 밭과 과수원과 집에 할당된 의무를 수행해야 한다.

41: 만약 한 자유인이 물물교환으로 병사나 식량보급관이나 간부에게 속한 밭이나 과수원이나 집을 취득하였다면, 그리고 또한 추가적인 값을 지불하였다면, 그 병사나 식량보급관이나 간부는 자신의 밭이나 과수원이나 집을 다시 소유할 것이고, 그에게 지불된 추가적인 값 또한 가질 것이다.

42: 만약 한 자유인이 경작을 위해 밭을 임대하였으나 밭에서 곡식을 재배하지 않았다면, 그들은 그가 아무 노동도 하지 않았다는 것을 증명해야 하고, 그는 주변 밭의 생산량에 근거하여 밭의 주인에게 곡식을 지불해야 한다.

43: 만약 그가 밭을 경작하지 않고 방치해 두었다면, 그는 주변 밭의 생산량에 근거하여 밭의 주인에게 곡식을 지불할 것이다. 또한 그는 그가 방치한 밭을 곡괭이로 개간하고 쟁기질하여 원래 주인에게 돌려줄 것이다.

44: 만약 한 자유인이 개발을 위해 휴경지를 3년 동안 임대하였으

---

53 즉, 나라의 영지에 속한 것이 아니라 개인에게 영구적인 토지 상속권이 있는 부동산을 지칭한다.
54 여기에 쓰인 아카드어 단어는 나디툼(nadītum)인데, 그 정확한 의미는 알려지지 않는다. 그러나 이 단어는 일종의 종교적인 직함을 지칭한다.

나 그가 태만하여 그 밭을 개발하지 않았다면, 그는 4년 째 되는 해에 밭을 곡괭이로 개간하고 쟁기질하여 원래 주인에게 돌려줄 것이다. 또한 그는 매 18이쿠(iku)^{55}의 면적마다 곡식 10쿠르(kur)^{56}를 측량하여 주어야 한다.

45: 만약 한 자유인이 자신의 밭을 소작농에게 세를 주고 그의 밭의 세를 이미 받았는데, 나중에 아다드(Adad)^{57}가 밭을 홍수에 잠기게 하였거나 홍수가 밭을 폐허로 만들었다면, 그 손실에 대한 책임은 소작농에게 있다.

46: 만약 그가 (수확의) 절반 혹은 3분의 1을 받기로 하고 밭을 세놓아서 그 밭의 세를 아직 받지 않은 경우라면, 그 소작농과 밭의 주인은 밭에서 생산된 남은 곡식을 합의된 비율에 따라서 분배할 것이다.

47: 만약 그 소작농이 직전 년도에 그가 투자한 만큼 밭에서 수확을 얻지 못한 이유로 (이듬 해에) 다른 소작농에게 그 밭을 경작할 것을 요청하였다면, 그 밭의 주인은 이를 반대할 수 없다. 그의 새로운 소작농은 밭을 경작할 것이고, 그^{58}는 추수 때에 그의 계약에 따라 곡식을 받을 것이다.

48: 만약 자유인에게 지불되어야 할 빚이 남아 있고, 아다느(Adad)가 밭을 홍수에 잠기게 하였거나 홍수가 밭을 폐허로 만들었거나 가뭄 때문에 그 밭에서 곡식이 생산되지 못하였다면, 그 해에는 그가 채주에게 곡식을 되돌려주지 않아도 된다. 그는 그의 계약서를 파기하고^{59} 해당 년에 대한 이자를 지불하지 않아도 된다.

49: 한 자유인이 곡식이나 참깨^{60}를 심기 위해 준비된 밭을 담보로

---

55 이쿠(iku)는 토지의 면적을 나타내는 단위로서 약 8분의 7에이커에 해당하는 크기이다.
56 쿠르(kur)는 곡식의 계량 단위로서 5판(pān)보다 약간 더 많은 양이고, 1쿠르는 300카(qa)와 같다.
57 아카드 문학에서 아다드(Adad)은 풍우신이다. 수메르에서는 이쉬쿠르(Iškur), 아람에서는 하닷(Hadad)으로 불린다(역주).
58 즉, 주인(역주).
59 직역하면, "그는 씻어 버릴 것이다."
60 또는 아마씨(역주).

상인에게 돈을 빌렸는데, 만약 그가 상인에게 "밭을 경작하고 추수하여 재배된 곡식이나 참깨를 취하라"라고 말하였고, 그 경작인[61]은 그 밭에 곡식이나 참깨를 생산하였다면, 추수 때에 밭에서 생산된 곡식이나 참깨를 취할 수 있는 사람은 오직 그 밭의 주인이고, 그는 그가 빌린 돈에 대해서 상인에게 이자와 함께 곡식을 지불할 것이고, 또한 경작 비용에 대해서도 지불할 것이다.

50: 만약 그가 이미 곡식이나 참깨가 심어진 밭을 담보로 주었다면, 밭에서 생산된 곡식이나 참깨를 취할 수 있는 사람은 오직 그 밭의 주인이고, 그는 그가 빌린 돈에 대해서 상인에게 이자와 함께 갚아야 한다.

51: 만약 그가 갚을 돈이 없다면, 그가 상인으로부터 빌린 돈에 대해서 그는 왕에 의해서 책정된 비율[62]에 따라 시장가격으로 그 상인에게 곡식이나 참깨를 이자와 함께 갚아야 한다.

52: 만약 경작인[63]이 그 밭에서 곡식이나 참깨를 생산하지 않았다면, 그는 그의 계약을 변개할 수 없다.

53: 만약 한 자유인이 너무 나태하여 자신의 밭의 제방을 보강하지 않고 보수하지 않았는데 그의 제방에 균열이 생겨 물이 (다른) 경작지를 폐허로 만들도록 방치했다면, 그 자유인은 그가 손실을 입힌 곡식에 대하여 보상해야 한다.

54: 만약 그가 손실된 곡식을 보상할 능력이 없다면, 그들은 그와 그의 재산을 팔 것이고, 물로 인해 피해를 입은 농부들은 (그 수입을) 나눠가질 것이다.

55: 만약 한 자유인이 관개를 위해 자신의 수로의 한쪽을 열었는데 그가 부주의하여 물이 인근 밭에 흘러 들어가게 하여서 밭을 폐허로 만들었다면, 그는 인근 밭의 수확량에 근거하여 곡식을 측량해 줄 것이다.

---

61 즉, 밭을 경작한 상인(역주).
62 고대 메소포타미아에서 은(당시의 돈) 대비 각종 상품에 대한 비율은 국가에 의해서 책정되었다.
63 즉, 밭을 경작한 상인(역주).

56: 만약 한 자유인이 수로 문을 열어 물이 인근 밭에 흘러 들어가게 하여 그 밭의 경작을 망치게 하였다면, 그는 매 18이쿠 면적마다 곡식 10쿠르를 측량하여 주어야 한다.

57: 만약 한 목자가 밭의 주인과 아직 합의에 이르지 않았는데 밭 주인의 동의 없이 그 밭에서 양에게 풀을 먹였다면, 그 밭의 주인이 추수할 때에, 밭주인의 동의 없이 밭에서 양에게 풀을 먹였던 그 목자는 매 18이쿠의 면적마다 곡식 20쿠르를 측량하여 밭주인에게 주어야 한다.

58: 만약 양이 공동 목초지에서 올라온 후 전체 가축 떼가 성문 안에 가둬졌을 때,[64] 목자가 양을 밭으로 몰아 그 밭에서 풀을 먹였다면, 그 목자는 그가 양의 풀을 먹였던 그 밭을 돌봐야 하고, 추수 때 매 18이쿠의 면적마다 곡식 60쿠르를 측량하여 밭주인에게 주어야 한다.

59: 만약 한 자유인이 (다른) 자유인의 과수원에서 그의 동의 없이 나무를 베었다면, 그는 은 2분의 1마나를 지불해야 한다.

60: 만약 한 자유인이 과수원을 만들기 위해 정원사에게 밭을 주었고, 그 정원사는 과수원을 세웠다면, 그는 4년 동안 과수원을 가꾸어야 하고, 5년째에 과수원 주인과 정원사는 동등하게 몫을 나눠야 한다. 과수원 주인에게 우선적으로 자신의 몫을 선택할 권리가 있다.

레 19:23-25

61: 만약 정원사가 밭 전체에 과수원을 세우지 않고 일부분을 그대로 두었다면, 그들은 그 방치된 부분을 그의 몫으로 정할 것이다.

62: 만약 그가 그에게 주어진 밭을 과수원으로 만들지 않고 방치했는데, 그 밭이 경작지였다면, 그 정원사는 밭이 방치된 연수 동안의 대여비를 인근 밭의 대여비를 근거로 밭주인에게 지불해야 한다.[65] 또한 그는 그 밭에 (필수적인) 작업[66]을 수행한 후에 주인에게 되돌려

---

64 여기에서 성문이 언급된 것은 분명히 야간에 가축 떼를 도시나 마을의 보호소로 데려오는 고대 근동 지역의 관습을 반영하는 것이다. 이러한 관습은 현재 중동 지역에서도 관찰된다.

65 직역하면, "측량하다"로서, 대여비가 곡식의 무게를 달아 전달되었던 것을 의미한다.

66 위의 법조항 42번 참조(역주).

주어야 한다.

63: 만약 그 밭이 휴경지였다면, 그는 그 밭에 (필수적인) 작업을 수행한 후에 주인에게 되돌려줄 것이다. 또한 그는 매 18이쿠의 면적마다 곡식 10쿠르를 측량하여 주되 방치된 연수만큼 주어야 한다.

64: 만약 한 자유인이 정원사에게 자신의 과수원을 주어 수분[67]을 하게 하였다면, 그 정원사는 자신이 그 과수원에 있는 동안 과수원 수확량의 3분의 2를 과수원 주인에게 주어야 하고, 정원사 자신은 3분의 1을 가질 것이다.

65: 만약 정원사가 과수원에서 수분을 하지 않아 수확량이 줄어들게 했다면, 그 정원사는 과수원 수확량을 인근 과수원을 근거로 측량하여 [과수원 주인에게] 주어야 한다.

66: 한 자유인이 상인으로부터 돈을 빌렸는데, 그의 상인이 담보권을 행사했지만 그에게 돈을 갚을 것이 없을 때, 만약 그가 수분이 이루어진 그의 과수원을 그 상인에게 주고, "당신의 돈에 대해서 과수원에서 생산된 대추를 있는 대로 가져가시오"라고 말했다 할지라도 그 상인은 그럴 권한이 없다. 과수원 주인이 과수원에서 생산된 대추를 취할 것이고, 그의 계약서에 기록된 합의대로 그는 그 상인에게 돈과 이자를 지불해야 한다. 따라서 과수원의 주인은 과수원에서 생산된 나머지 대추를 가질 것이다.

67: 만약 한 자유인이 집을 지었다면, 그의 이웃…

68: (훼손됨)

70: …그는 그에게 줄 것이다.

71: 만약 그가 이웃의 부동산 중에 영지에 해당하는 부동산을 사고자 하여 곡식이나 돈이나 물건을 지불하려 한다면, 그는 그가 지불한 것이 무엇이든지 상관없이 몰수당할 것이고, 그 부동산은 원래의 주인에게 되돌아갈 것이다. 만약 그 부동산이 공역 의무를 포함하지 않는 부동산이라면, 그는 그 부동산을 구입할 수 있다. 그는 부동산에

---

67 여기에서 언급되는 과수원은 대추야자 과수원이기 때문에(법조항 66번 참조), 인공적으로 수분을 해 주어야 한다.

대해서 곡식이나 돈이나 물건을 지불해도 된다.

72-77: (단어 몇 개만 보존되어 있는데, 주택 건설과 관련된 내용으로 추정된다.)

78: [만약 한 자유인이 (다른) 자유인에게 집을 임대해 주었고, 임차한 자유인은 그해 임대료를 집 주인에게 완납하였는데, 임대기간이 (아직) 끝나지 않은 때에 집 주인이 임차인에게 "나가라"고 말했다면, 그 집 주인은 임대기간이 여전히 남은 때에 임차인을 그의 집에서 나가도록 했기 때문에 임차인이 지불했던 돈을 몰수당할 것이다.

79-87: (훼손됨)

88: 만약 상인이 이자를 받고 곡식을 빌려 주었다면, 그는 곡식 1쿠르에 60카를 이자로 받을 것이다.[68] 만약 그가 이자를 받고 돈을 빌려 주었다면, 그는 은 1세겔에 6분의 1세겔과 6우뗏을 이자로 받을 것이다(즉, 5분의 1세겔).[69]

89: 만약 빚을 지고 있는 한 자유인이 그것을 갚을 돈은 없지만, 곡식을 가지고 있다면, 상인은 왕에 의해 책정된 비율에 근거하여 그의 돈과 이자를 곡식으로 받을 것이다.

90: 만약 상인이 이자를 곡식 1쿠르에 60카 이상이나 은 1세겔에 6분의 1세겔과 6우뗏 이상으로 올려 받았다면, 그는 그가 빌려 준 어떤 것이든지 몰수당할 것이다.

91: 만약 상인이 이자를 받고 곡식을 [빌려 주었고], 그 곡식에 대하여 이자와 함께 돈을 받았다면, 그 돈과 함께 곡식은 [대출 장부에서 삭제될 것이다].

92: (훼손됨)

93: [만약 상인이]…, 또는 그가 이미 받은 곡식을 공제하지 않고 새로운 계약서를 작성하지 않았다면, 또는 그가 원금에 이자를 더했다면, 그 상인은 그가 받은 곡식의 2배를 되돌려 주어야 한다.

94: 만약 상인이 이자를 받고 곡식이나 돈을 빌려 줄 때 중량 미달

---

68 1쿠르는 300카와 같기 때문에, 이자율은 20%이다.
69 1세겔은 180우뗏과 같기 때문에, 이자율은 20%이다.

의 추를 사용하여 돈을 주거나 분량 미달의 계량기를 사용하여 곡식을 주어 놓고, 되돌려 받을 때는 제대로 된 추와 계량기를 사용하여 돈과 곡식을 받았다면, 그 상인은 그가 빌려 준 어떤 것이든지 몰수당할 것이다.

95: 만약 상인이 이자를 받고 [곡식이나 돈을 빌려 주었고],…주었다면, 그는 그가 빌려 준 어떤 것이든지 몰수당할 것이다.

96: 만약 한 자유인이 상인으로부터 곡식이나 돈을 빌렸는데 갚을 곡식이나 돈은 없지만, 다른 물건을 가지고 있다면, 그는 그가 소유하고 있는 무엇이든지 그 상인에게 줄 것이다. 그는 증인들 앞에서 그것을 가지고 올 것이고, 상인은 거부하지 않고 그것을 받을 것이다.

97:…, 그는 사형에 처해질 것이다.

98: 만약 한 자유인이 다른 자유인에게 동업 관계로 돈을 주었다면, 그들은 발생한 이익이나 손실을 신 앞에서 공평하게 나눌 것이다.

99: 만약 상인이 무역상[70]에게 교역이나 구매를 위해 이자를 받고 돈을 빌려 주고 그를 보냈다면, 그 무역상은 그에게 맡겨진 돈을 도중에서…할 것이다.

100: 만약 그가 간 곳에서 이익을 얻었다면, 그는 그가 빌린 돈에 대한 이자를 기록해 둘 것이다. 그들은 무역상이 돈을 대출한 일수를 계산하고, 그는 그의 상인에게 되갚을 것이다.

101: 만약 그가 간 곳에서 이익을 얻지 못했다면, 그 무역상은 그가 빌려온 돈의 2배를 상인에게 갚을 것이다.

102: 만약 상인이 호의로[71] 무역상에게 돈을 빌려 주었는데, 무역상이 그가 간 곳에서 손해를 발생시켰다면, 그는 상인에게 원금을 갚을 것이다.

103: 만약 그 무역상이 가는 도중에, 원수(즉, 강도나 도적)가 그가 가지고 있는 모든 것을 내놓게 했다면, 그 무역상은 신에게 맹세할 것이고 그는 (무혐의로) 풀려날 것이다.

---

70 즉, 제품을 싣고 여기저기 다니면서 판매하는 행상을 말한다.
71 즉, 이자를 받지 않고 빌려 줌.

104: 만약 상인이 무역상에게 곡식이나 양털이나 기름이나 다른 물건을 빌려 주어 판매하도록 했다면, 그 무역상은 그 가치를 기록해 두어 상인에게 갚아야 한다. 무역상은 그가 상인에게 지불한 돈에 대하여 봉인된 영수증을 수령해 두어야 한다.

105: 만약 무역상이 부주의하여 그가 상인에게 지불한 돈에 대하여 봉인된 영수증을 받아 두지 않았다면, 봉인된 영수증이 없는 돈은 최종 계산서에 반영되지 않을 수 있다.

106: 만약 무역상이 상인으로부터 돈을 빌렸는데 그가 빌린 사실에 대하여 나중에 상인에게 이의를 제기했다면, 그 상인은 신과 증인들 앞에서 무역상이 돈을 빌려갔다는 것을 증명해야 하고, 그 무역상은 그가 빌린 돈의 3배를 상인에게 갚아야 한다.

107: 상인이 무역상에게 어떤 것을 위탁하였고, 그 무역상이 상인이 그에게 주었던 것을 되돌려 주었는데, 만약 상인이 무역상이 되돌려 준 것에 대하여 이의를 제기했다면, 그 무역상은 신과 증인들 앞에서 반증을 해야 하고, 상인은 그가 무역상에게 이의를 제기했기 때문에 그가 받은 것의 6배를 무역상에게 보상해 주어야 한다.

108: 만약 주모가 술값으로 곡식을 받는 대신에 큰 무게[돌]로 측량된 돈을 받아서 술의 가치가 곡식의 가치보다 낮아지게 되었다면, 그들은 그 주모에 대한 증거를 제시해야 하고 주모를 물에 내던져야 한다.

109: 만약 한 주모의 술집에 범죄자들이 모였는데 그가 그 범죄자들을 잡지도 않고 그들을 왕궁으로 데리고 가지도 않았다면, 그 주모는 사형에 처해질 것이다.

110: 만약 수도원에서 생활하지 않는 여제사장이나 여성 수도사[72]가 음주를 위해 술집(의 문)을 연다든지 술집에 들어갔다면, 그들은 그 여자를 화형시킬 것이다.

111: 만약 주모가 술 한 통을 신용거래로 주었다면, 그는 추수 때에 곡식 50카를 받을 것이다.

---

72 이 단어를 지칭하는 아카드어 표의문자(ideogram or logogram)는 "신의 여인"을 뜻한다.

112: 한 자유인이 무역 여행에 동참하여 그가 소유한 은이나 금이나 귀금속이나 다른 물건을 다른 자유인에게 주어 운반하도록 위탁하였는데, 만약 그 자유인이 옮기기로 되어 있는 것을 옮기기로 한 장소로 운반하지 않고 오히려 그것을 전용하였다면, 옮기기로 되어 있는 물건의 주인은 옮기기로 되어 있었지만 옮기지 않은 물건과 관련하여 그 다른 자유인의 혐의를 증명할 것이고, 그 다른 자유인은 옮기기로 되어 있던 물건의 주인에게 그가 받은 것의 5배를 지불해야 할 것이다.

113: 만약 한 자유인이 다른 자유인에게 곡식이나 돈을 빌려 주었는데, 〈곡식이나 돈을 빌려준〉 자유인이 곡물 창고나 타작마당에서 곡식 주인의[73] 동의 없이 곡식을 가져갔다면, 그들은 그 자유인이 곡물 창고나 타작마당에서 곡식 주인의 동의 없이 곡식을 가져갔다는 것을 입증할 것이고, 그는 그가 가져간 곡식 전량을 되돌려 주어야 하고, 또한 그가 빌려 준 모든 것을 몰수당할 것이다.

114: 만약 한 자유인이 다른 자유인에게 곡식이나 돈을 빌려주지 않았는데도 그가 어떤 사람을 그의 담보로 압류하였다면, 그는 담보로 잡은 한 사람 당 은 3분의 1마나를 지불할 것이다.

115: 만약 한 자유인이 다른 자유인에게 곡식이나 돈을 빌려 주었고, 어떤 사람을 그의 담보로 압류하였는데 그 담보로 잡힌 사람이 잡혀간 집에서 자연사하였다면, 이 경우는 소송이 성립되지 않는다.

116: 만약 그 담보로 잡힌 사람이 잡혀간 집에서 구타나 학대로 사망했다면, 그 압류된 사람의 원래 주인은 그 상인의 과실을 입증할 것이다. 만약 사망한 사람이 그 주인의 아들이었다면, 그들은 상인의 아들을 사형에 처할 것이고, 만약 사망한 사람이 그 주인의 노예였다면, 상인은 은 3분의 1마나를 지불하고, 그가 빌려 주었던 모든 것을 몰수당할 것이다.

117: 만약 한 자유인의 부채가 상환 기한이 되어 그가 자신의 아내나 아들이나 딸을 팔거나 채무노예의 신분으로 넘겨주었다면, 그들은

---

73 곡식이나 돈을 빌린 자유인.

출 21:2-11;
신 15:12-18

그들의 구매자나 채권자의 집에서 3년 동안 노역할 것이고, 4년째에 그들의 해방이 이루어질 것이다.

118: 만약 그가 남자 노예나 여자 노예를 채무노예의 신분으로 넘겨주었다면, 그 상인은 노역기간을 (3년보다) 연장할 수 있고, 그 노예를 팔 수 있고, 그 노예에 대하여 반환 요구는 이루어질 수 없다.

119: 만약 한 자유인의 부채가 상환 기한이 되어 그가 자신에게 자녀를 생산해 준 여자 노예를 팔았다면, 그 여자 노예의 주인은 그 상인이 지불했던 금액을 지불하여 그 여자 노예를 되찾을 수 있다.

120: 만약 한 자유인이 그의 곡식을 다른 자유인의 집에 보관하였는데, 곡물 창고에서 손실이 생겼다든지, 아니면 그 집 주인이 저장함을 열어 곡식을 취하였다든지, 아니면 그가 그의 집에 보관해 둔 곡식(을 받은 것)에 대하여 완전히 부인했다면, 곡식의 주인은 자신의 곡식(에 대한 영수증)을 신 앞에 펼쳐 놓을 것이고, 집의 주인은 그가 받았던 곡식의 2배를 곡식의 주인에게 주어야 한다.

출 22:7-9

121: 만약 한 자유인이 그의 곡식을 다른 자유인의 집에 보관하였다면, 그는 곡식 1쿠르에 곡식 5카의 보관료[74]를 1년에 한 번씩 지불해야 한다.

122: 만약 한 자유인이 은이나 금이나 다른 어떤 물건을 다른 자유인에게 보관을 목적으로 주고자 한다면, 그는 증인들에게 그가 주고자 하는 것을 보여 줄 것이고, 계약서를 작성하고, 물건을 위탁 보관할 것이다.

123: 만약 그가 증인들과 계약서 없이 물건을 위탁하였는데 그들이 그가 물건을 맡겼다는 사실을 부정한다면, 이 경우는 소송이 성립되지 않는다.

124: 만약 한 자유인이 은이나 금이나 다른 어떤 물건을 다른 자유인에게 보관을 목적으로 증인들 앞에서 주었는데 그[75]가 그에 대하여 (그 사실을) 부인했다면, 그들은 (물건을 수령한) 그 자유인의 혐의를 입

---

74 1쿠르는 300카이므로 보관료는 약 1.66%이다.
75 즉, 물건을 수령한 자유인(역주).

증할 것이고, 그는 그가 부인했던 물건의 2배를 지불할 것이다.

125: 만약 한 자유인이 보관을 목적으로 그의 재산을 맡겼는데 그가 그의 재산을 맡겨둔 곳에서 (도둑이) 벽을 뚫거나 벽을 타고 넘어 도둑을 맞아 그의 재산과 그 집 주인의 재산이 함께 도난당했다면, 태만한 그 집의 주인은 그가 보관하기로 하고 맡았지만 도난당하게 한 것을 그 재산의 주인에게 보상해 주어야 한다. 그 집 주인은 자신의 손실 재산을 면밀히 살피고, 그것을 도둑으로부터 받아야 한다.

126: 만약 그 자유인의 재산이 도난당하지 않았는데도 그가 '나의 재산이 없어졌다'고 신고하여 그의 시의회를 속였다면, 그의 시의회는 신 앞에서 그의 재산이 없어지지 않았다는 것을 입증할 것이고, 그는 그가 그의 시의회에서 도난당했다고 신고했던 것의 2배를 지불해야 한다.

룻 3:11, 4:10

127: 만약 한 자유인인 여성 수도사나 다른 자유인의 아내를 지목하여 비난하였는데 증거를 제시하지 못했다면, 그들은 그 자유인을 재판관 앞에 끌고가서[76] 그의 머리카락 절반을 자를 것이다.

128: 만약 한 자유인이 아내를 얻었는데 그 여자를 위해 혼인계약서를 작성하지 않았다면, 그 여자는 아내가 아니다.

129: 만약 한 자유인의 아내가 다른 남자와 잠자리를 하다가 잡혔다면 그들은 그 아내와 남자를 결박하여 물에 내던질 것이다. 만약 그 아내의 남편[77]이 그의 아내를 살려주고자 한다면, 왕은 그의 신민[78]을 살려 줄 수 있다.

신 22:22

130: 만약 한 자유인이 다른 남자의 약혼한 아내, 즉 아직 남자를 알지 못하고[79] 그녀의 아버지 집에 거주하던 약혼녀를 강제로 눕혀 강간하였는데 그들이 그를 붙잡았다면, 그 자유인은 사형에 처해질 것

신 22:23-27

---

76 이 번역은 아카드어 동사를 나둠(nadûm "내던지다")으로 이해하였다. 그러나 아카드어 동사 나툼(naṭûm "때리다, 채찍질하다")으로 이해하는 것도 가능하다(역주).
77 직역하면, "아내의 주인"(역주).
78 즉, 간음을 저지른 다른 남자(역주).
79 즉, 여자가 아직 남자와 성관계를 한 경험이 없는 상태를 말한다(역주).

이고, 그 여자는 풀려날 것이다.

131: 만약 남편이 자신의 아내를 (간통으로) 고소하였는데 그 아내가 다른 남자와 잠자리를 하는 현장에서 붙잡히지 않았다면, 그녀는 신 앞에서 맹세할 것이고, 그녀의 집으로 돌아갈 것이다.

132: 만약 한 자유인의 아내가 다른 남자와의 관계 때문에 지탄을 받고 있는데 그녀가 다른 남자와 잠자리를 한 현장에서 붙잡히지 않았다면, 그녀는 자신의 남편을 위하여 스스로 강물에 뛰어 들어야 한다.[80]

민 5:11-31

133: 만약 한 자유인이 포로로 잡혀갔는데 그의 집에 먹고 살기에 충분한 양식이 있다면, 그의 아내는 [그 집을 떠나지 말고 자신의 몸을 지켜 다른 남자의 집에] 들어가지 [않아야 한다].[81]

133a: 만약 그 여자가 자신 몸을 지키지 않고 다른 남자의 집에 들어갔다면, 그들은 그녀의 혐의를 입증하고 그녀를 물에 내던질 것이다.[82]

134: 만약 그 자유인이 포로로 잡혀갔는데 그의 집에 먹고 살기에 충분한 양식이 없다면, 그의 아내는 다른 남자의 집에 들어가도 되며 그 여자는 어떠한 처벌도 받지 않을 것이다.

135: 만약 한 자유인이 포로로 잡혀갔는데 그의 집에 먹고 살기에 충분한 양식이 없었고, 그의 아내는 그 남편이 돌아오기 전에 다른 남자의 집에 들어가서 자녀들도 낳았는데 나중에 그녀의 남편이 귀환하여 그의 도시에 돌아왔다면, 그 여자는 그녀의 첫째 남편에게 돌아갈 것이고, 그 자녀들은 그들의 아버지를 따라갈 것이다.

136: 만약 한 자유인이 자신의 도시를 버리고 도망하였고 그가 떠난 후에 그의 아내가 다른 남자의 집에 들어갔는데, 그 자유인이 귀환하여 자신의 아내를 되찾고자 한다면, 그는 자신의 도시를 거부하고

---

80 즉, 강물 재판을 받는 것이다. 여기서 강은 재판관 역할을 하는 신으로 여겨진다.
81 즉, 다른 집에 들어간다는 의미는 그 집에 들어가 다른 남자의 아내로 산다는 것을 말한다.
82 즉, 물에서 익사되도록 하는 처형이다.

도망한 것이기 때문에 그 도망자의 아내는 그녀의 남편에게로 돌아가지 말아야 한다.

137: 만약 한 자유인이 자신에게 자녀들을 낳아준 슈기툼(šugītum)[83]이나 자신에게 자녀를 갖게 해 준 나디툼(nadītum)[84]과 이혼하기로 결심하였다면, 그들은 그녀의 지참금[85]을 그 여자에게 돌려주고, 밭과 과수원과 재산의 절반을 그녀에게 주고, 그녀는 그녀의 자녀들을 양육해야 한다. 그녀가 그녀의 자녀들을 기른 후에, 그들은 그녀의 자녀들에게 주어진 상속 재산으로부터 상속인 한 명이 받을 몫을 그녀에게도 주어야 하고, 그녀가 마음에 가장 좋아하는 남자[86]가 그녀와 결혼할 것이다.

138: 만약 한 자유인이 자신에게 자녀를 낳아주지 못한 첫째 아내와 이혼하고자 한다면, 그는 그녀에게 결혼예물[87]에 해당하는 금액을 주고, 또한 그녀가 자신의 아버지의 집으로부터 가져온 지참금을 보

---

83 여기서 사용된 아카드어 슈기툼(ŠU.GE4-tum[šugītum])의 정확한 뜻은 알려지지 않는다. 그러나 이 단어는 여제사장의 한 종류를 지칭할 때 쓰인다.

84 여기서 사용된 아카드어 나디툼(LUKUR[nadītum])의 정확한 의미는 슈기툼의 경우와 마찬가지로 분명하지 않다. 일반적으로 이 단어는 신전 여제사장을 지칭하는 것으로 알려져 있다. 그러나 해당 법조항을 이해하는 데에 있어서 슈기툼과 나디툼을 여성 성직과 관련하여 이해하는 것은 반드시 타당한 것은 아닐지도 모른다. 슈기툼의 일차적인 의미는 "결혼할 수 있는 여성, 결혼하여 임신할 수 있는 여성"이고, 나디툼의 일차적인 의미는 "임신이 불가능한 여성"이다. 즉, 이 법조항은 두 종류의 여성 사제들을 다루는 것이 아니라, 아기를 직접 낳을 수 있는 가임여성(슈기툼)과 아기를 직접 낳을 수 없지만 첩을 제공하여 후손을 잇게 해 주는 불임여성(나디툼)을 다루는 것으로 이해할 수 있다(역주).

85 여기서 지참금에 해당하는 아카드어 단어 셰릭툼(šeriktum)은 신부가 신랑의 가정으로 가지고 들어가는 재산 및 돈을 말한다. 그러나 함무라비 법전에서는 지참금이 셰릭툼(šeriktum)이라는 단어로 언급되지만, 흥미롭게도 실제 법률 문서에서는 한 번도 셰릭툼(šeriktum)으로 언급되지 않고, 누둔눔(nudunnûm)으로 표현된다. 또한 누둔눔은 함무라비 법전에서 지참금이 아닌 다른 형태의 결혼선물을 지칭한다. 이처럼 고대 바벨론 시대의 결혼선물에 대한 용어들은 그 용례가 법전과 실제 법률 문서에서 각각 차이가 있다(역주).

86 직역하면, "남편"(역주).

87 여기서 아카드어 단어 테르하툼(terḫatum)은 신랑이 신부나 신부의 집에 주는 결혼예물 말한다. 에쉬눈나 법조항 17, 25, 26 참조(역주).

상해 주고 나서 그녀와 이혼해야 한다.

139: 만약 결혼예물이 없었다면, 그는 그녀에게 이혼 합의금으로 은 1마나를 주어야 한다.

140: 만약 그가 무쉬케눔이라면, 그는 그녀에게 은 3분의 1마나를 주어야 한다.

141: 만약 한 자유인의 아내가 그의 집에서 사는데, 떠나가기로 결심하고 물건들을 전용하고, 그녀의 집 재산을 낭비하고, 그녀의 남편을 무시하였다면, 그들은 그녀의 혐의를 입증할 것이고, 만약 그녀의 남편이 그녀와 이혼할 의사를 밝혔다면, 그는 그녀와 이혼할 수 있고, 그는 그녀가 떠날 때 그녀의 이혼 합의금으로 아무것도 주지 않아도 된다. 만약 그녀의 남편이 그녀와 이혼하지 않기로 의사를 밝혔다면, 그녀의 남편은 다른 여자와 결혼할 수 있고, 그 (문제의) 여자는 그녀의 남편 집에서 여자 노예처럼 살 것이다.

142: 만약 한 여자가 그녀의 남편을 싫어하여 "당신은 나와 부부생활을 할 수 없다"라고 선언하였다면, 그녀의 상황이 그녀의 도시 의회에서 조사될 것이다. 만약 그녀가 신중하며 잘못이 없고, 그녀의 남편은 제멋대로 하며 그녀를 심하게 무시했다면, 그 여자는 어떠한 처벌도 받지 않을 것이고, 그녀는 지참금을 받아서 그녀의 아버지의 집으로 떠날 것이다.

143: 만약 그녀가 신중하지 않고, 밖으로 나돌아다니며, 그녀의 집 재산을 낭비하며, 그녀의 남편을 무시하였다면, 그들은 그 여자를 물에 내던질 것이다.

144: 만약 한 자유인이 나디툼[88]과 결혼하였는데 그 여성이 자신의 남편에게 여자 노예를 주어 그 여자 노예가 자녀를 제공하였으나 그 자유인이 슈기툼[89]과 결혼하기로 결심하였다면, 그들은 그 자유인이 그렇게 하도록 허락하지 말 것이고, 그는 슈기툼과 결혼할 수 없다.

145: 만약 한 자유인이 나디툼과 결혼하였는데 그녀가 그에게 자

---

88 위의 법조항 137의 각주들 참조(역주).
89 위의 법조항 137의 각주들 참조(역주).

녀를 갖게 하지 않아서 그가 슈기툼과 결혼하기로 결심하였다면, 그 자유인은 슈기툼과 결혼하여 그녀를 그의 집으로 들여올 수 있다. 그러나 그 슈기툼은 나디툼과 비교하며 대적할 수 없다.

146: 만약 한 자유인이 나디툼과 결혼하였고 그녀가 그녀의 남편에게 여자 노예를 주어 그녀가 자녀를 낳았는데, 나중에 그 여자 노예가 그녀의 여주인과 맞먹고자 하였다면, 그녀(여자 노예)가 자녀를 낳았기 때문에 그녀의 주인은 그녀를 팔지 못할 것이지만 그녀에게 노예식별 머리 모양을 하게 할 것이고, 그녀를 여자 노예 중의 하나로 여길 것이다.

147: 만약 그녀(여자 노예)가 자녀를 낳지 않았다면, 그녀의 여주인은 그녀를 팔아도 된다.

148: 만약 한 자유인이 한 여자와 결혼하였는데 그녀가 라붐이라는 질병[90]에 걸렸고 그는 다른 여자와 결혼하기로 결심하였다면, 그는 결혼해도 되지만 라붐에 걸린 그녀의 아내와 이혼해서는 안 된다. 그녀는 그가 세운 집에서 살 것이고, 그는 그녀가 살아 있는 동안 그녀의 생계를 계속 지원해 주어야 한다.

149: 만약 그 여자가 그녀의 남편의 집에서 사는 것에 동의하지 않는다면, 그는 그녀에게 그녀가 자신의 아버지의 집에서 가져온 지참금을 보상해 줄 것이고, 그녀는 떠날 것이다.

150: 만약 한 자유인이 그녀의 아내에게 밭이나 과수원이나 집이나 재산을 주었고 그녀에게 봉인된 문서를 남겨 두었다면, 그녀의 남편이 사망한 후에 그녀의 자녀들은 그녀에 대하여 소송을 제기할 수 없다. 어머니는 자신의 유산을 그녀가 사랑하는 자녀에게 줄 수 있지만, (가족) 외의 사람에게는 줄 수 없다.

151: 만약 한 자유인의 집에서 사는 여자가 자신의 남편으로 하여금 남편의 채주가 그녀를 잡지 못하도록 동의하게 하고 문서[91]를 남겼

---

90   여기서 라붐(la'bum)은 전염성이 있는 피부병의 일종을 지칭하는 것 같다 (역주).

91   직역하면, '토판.'

다면, 만약 남편의 빚이 그가 그 여자와 결혼하기 전에 있었던 것이라면, 그의 채주들은 아내를 잡을 수 없다. 만약 여자의 빚이 그녀가 그 자유인의 집에 들어오기 전에 있었던 것이라면, 그녀의 채주들은 남편을 잡을 수 없다.

152: 만약 빚이 그 여자가 그 자유인의 집에 들어온 후에 발생한 것이라면 그 둘이 그 상인[92]에게 갚아야 한다.

153: 만약 한 자유인의 아내가 다른 남자 때문에 자신의 남편을 죽게 했다면, 그들은 그녀를 처형대에 못박아야 한다.

154: 만약 한 자유인이 자신의 딸을 알았다면(동침하였다면), 그들은 그를 도시에서 떠나게 할 것이다.

155: 만약 한 자유인이 자기 아들을 위하여 신부를 선택하였고 그 아들은 그녀와 동침하였는데, 나중에 그 자신이 그녀와 동침하다가 붙잡혔다면, 그들은[93] 그 자유인을 결박하여 물에 내던질 것이다.

156: 만약 한 자유인이 자기 아들을 위하여 신부를 선택하였고 그 아들이 아직 그녀와 동침하지 않았는데, 그 자신이 그녀와 동침하였다면, 그는 그녀에게 은 2분의 1마나를 측량해 줄 것이고, 그녀가 친정 아버지 집으로부터 가져온 무엇이든지 보상해 주어야 하고, 그녀의 마음에 드는 사람[94]이 그녀와 결혼할 것이다.

157: 만약 한 자유인이 그 아버지가 죽은 후에 어머니와 동침하였다면, 그들은 그 둘 모두를 화형시킬 것이다.

158: 만약 한 자유인이 그 아버지가 죽은 후에 (아버지에게 다른) 자녀를 낳아 준 수양모[95]와 동침하였다면, 그 자유인은 아버지의 집으로부터 상속권을 박탈당할 것이다.

레 18:6-18;
20:10-21;
신 27:20; 22-23

---

92 즉, 대출업자.
93 불특정의 "그들"(they). 즉, 이 문장을 수동태로 해석해도 좋다(역주).
94 직역하면, "남편"(역주).
95 이 번역은 수정된 본문을 반영한 것이다. 원래 본문에는 라비티슈 (rabītišu, 직역하면 "그의 첫째 여인", 즉 그 사망한 아버지의 첫째 아내를 지칭함)가 기록되어 있다. 그러나 몇몇 학자들은 이 단어를 무라비티슈 (murabbītišu, 직역하면 "그를 양육한 여인", 즉 그 자유인을 기른 수양모를 뜻함)로 수정하여 읽고자 한다(역주).

159: 만약 한 자유인이 (미래의) 장인의 집에 혼인선물[96]을 보내고 결혼예물도 주었는데, 그가 다른 여자에게 관심을 돌리고 "나는 당신의 딸과 결혼하지 않겠다"라고 말했다면, 그 딸의 아버지는 자신에게 보내진 모든 것을 소유할 것이다.

160: 만약 한 자유인이 (미래의) 장인의 집에 혼인선물을 보내고 결혼예물을 주었는데, 그 딸의 아버지가 "나는 나의 딸을 당신에게 줄 수 없다"고 말했다면, 그는 자신에게 보내진 모든 것의 2배를 되돌려 줄 것이다.

161: 만약 한 자유인이 (미래의) 장인의 집에 혼인선물을 보내고 결혼예물을 주었는데, 그의 한 친구가 그를 비방하여 (미래의) 장인이 그 (미래의) 남편에게 "당신은 나의 딸과 결혼하지 못할 것이다"라고 말했다면, 그는[97] 자신에게 보내진 모든 것의 2배를 되돌려줄 것이고, 그의 친구는 그의 아내와 결혼하지 못할 것이다.

162: 만약 한 자유인이 아내를 얻었고 그녀가 그에게 자녀를 낳아주었는데 그 여자가 사망하였다면, 그녀의 아버지는 그녀의 지참금에 대하여 어떠한 요구권도 없고, 그녀의 지참금은 그녀의 자녀들에게 속하게 된다.

163: 만약 한 자유인이 아내를 얻었고 그녀는 그에게 자녀를 갖게 하지 못했는데 그 여자가 사망하였다면, 만약 그의 장인이 그 자유인이 자신의 집에 보내온 결혼예물을 그에게 돌려주었다면, 그녀의 남편은 그 여자의 지참금에 대하여 어떠한 요구권도 없고, 그녀의 지참금은 그녀의 아버지의 집에 속하게 된다.

164: 만약 그의 장인이 결혼예물을 돌려주지 않았다면, 그는 결혼예물에 해당하는 금액을 그녀의 지참금에서 제할 것이고, (나머지) 그녀의 지참금을 그녀의 아버지의 집에 돌려줄 것이다.

165: 만약 한 자유인이 그의 장남, 즉 그의 눈에 가장 드는 자에게

---

96 여기서 혼인선물(biblum)은 지참금(šeriktum)이나 결혼예물(terḫtum)과는 구별되는 혼인과 관련된 선물을 지칭한다(역주).

97 즉, 장인은(역주).

밭이나 과수원이나 집을 선물로 주고, 그에게 봉인된 문서를 작성해 주었다면, 아버지가 사망한 후에 형제들이 (유산을) 나눌 때, 그 (장남)은 아버지가 그에게 준 선물을 가질 것이고, 그 선물과는 별개로 그들은 아버지 집의 재산을 공평하게 분배할 것이다.

166: 만약 한 자유인이 그에게 있는 그의 아들들을 위하여 아내를 얻어 주었는데, 그의 막내아들을 위해서는 아내를 얻어주지 못했다면, 아버지가 사망한 후에 형제들이 (유산을) 나눌 때, 그들은 아직 결혼하지 않은 막내 동생을 위하여 그의 상속 재산에 더하여 결혼예물에 해당하는 금액을 배정할 것이고, 그로 하여금 아내를 얻게 해야 한다.

167: 만약 한 자유인이 아내를 얻었고 그녀가 그에게 자녀들을 낳아 주었고 그 여자가 사망하였고, 그녀 후에 그가 다른 여자와 결혼하였고 그녀가 자녀들을 낳았다면, 아버지가 사망한 후에 자녀들은 어머니에 따라서 재산을 분배하지 말고, 자신들의 어머니의 지참금을 취할 것이고, 아버지 집의 재산을 공평하게 분배할 것이다.

168: 만약 한 자유인이 그의 아들을 폐적하기로 결심하였고 재판관들에게 "나는 내 아들을 폐적하겠다"라고 말하였다면, 재판관들은 그의 상황을 조사할 것이고, 만약 그 아들이 상속권 박탈에 해당하는 중대한 죄를 짓지 않았다면, 아버지는 그의 아들의 상속권을 박탈해서는 안 된다.

169: 만약 그가 그의 아버지에게 상속권 박탈에 해당하는 중대한 죄를 지었다면, 첫 번째에는 그를 용서할 것이지만, 만약 중대한 죄를 두 번째 짓는다면 그 아버지는 그의 아들의 상속권을 박탈할 것이다.

170: 만약 한 자유인의 첫째 아내가 그에게 자녀를 낳았고 그의 여자 노예도 그에게 자녀를 낳았는데, 그 아버지가 살아생전에 여자 노예가 낳은 자녀에게 "나의 자녀들"이라고 말했고 첫째 아내가 낳은 자녀들과 같이 여겼다면, 그 아버지가 사망한 후에 첫째 아내의 자녀들과 여자 노예의 자녀들은 아버지 집의 재산을 공평하게 분배할 것이지만, 첫째 아내의 장남은 몫을 선택하고 취할 우선권을 가진다.

171: 그러나, 만약 그 아버지가 살아생전에 여자 노예가 낳은 자녀에게 "나의 자녀들"이라고 말하지 않았다면, 그 아버지가 사망한 후에

여자 노예의 자녀들은 아버지 집의 재산을 첫째 아내의 자녀들과 분배하지 못할 것이다. 그 여자 노예와 그 자녀들의 자유는 보장될 것이고, 첫째 아내의 자녀들은 여자 노예의 자녀들에 대하여 예속 관계를 주장할 수 없다. 첫째 아내는 자신의 지참금과 그녀의 남편이 그녀에게 주고 증서를 작성해 놓은 결혼선물[98]을 취해 갈 것이고, 그녀 남편의 주택에 계속 거주할 수 있고, 그녀가 사는 동안 그 집의 혜택을 누릴 수 있지만 매각할 수는 없다. 왜냐하면 그녀가 물려받은 것은 그녀의 자녀들에게 속한 것이기 때문이다.

172: 만약 그녀의 남편이 결혼선물을 그녀에게 주지 않았다면, 그들은 그녀의 지참금을 그녀에게 회복시켜 줄 것이고, 그녀는 그녀 남편 집의 재산 중에서 상속인 한 명에 해당하는 몫을 받을 것이다. 만약 그녀의 자녀들이 그녀가 집에서 떠나도록 그녀를 괴롭힌다면, 재판관들은 그녀의 상황을 조사하고 그 자녀들에게 처벌을 내릴 것이고, 그 여자는 남편의 집에서 나가지 않아도 된다. 만약 그 여자가 스스로 떠나기로 결심하였다면, 그녀는 남편이 그녀에게 주었던 결혼선물을 자녀들을 위해서 남겨둘 것이고, 그녀는 친정 아버지 집에게 가져왔던 지참금을 도로 가져갈 것이고, 그녀의 마음에 드는 남자[99]가 그녀와 결혼할 것이다.

173: 만약 그 여자가 나중 남편의 집에서 그에게 자녀를 낳아 주었다면, 그 여자가 사망한 후에 그녀의 먼저 자녀들과 나중 자녀들은 그녀의 지참금을 공평하게 분배해야 할 것이다.

174: 만약 그녀가 나중 남편에게 자녀를 낳지 않았다면, 그녀의 첫째 남편의 자녀들이 그녀의 지참금을 가져갈 것이다.

---

98 여기서 "결혼선물"은 아카드어 누둔눔(nudunnûm)에 대한 번역이다. 이는 신랑이 신부에게 직접 주는 선물이다. 함무라비 법전에서 쓰인 결혼 관련 선물에 대한 용어는 다음과 같다. (1) 셰릭툼(šeriktum): 신부가 신랑의 집으로 가지고 가는 "지참금" (2) 테르하툼(terḫtum): 신랑이 신부의 집에 주는 "결혼예물" (3) 비블룸(biblum): 신랑이 신부의 집에 주는 "혼인선물" (4) 누둔눔(nudunnûm): 신랑이 신부에게 주는 "결혼선물"(역주).

99 직역하면, "남편"(역주)

175: 만약 왕궁의 노예나 평민[100]의 노예가 자유인의 딸[101]과 결혼하여 그녀가 자녀를 낳았다면, 그 노예의 주인은 자유인의 딸의 자녀들에 대하여 어떤 예속 관계의 권한도 가지지 않는다.

176: 그리고 만약 왕궁의 노예나 평민의 노예가 자유인의 딸과 결혼을 하고, 그가 그녀와 결혼할 때 그녀가 그녀 아버지의 집의 지참금을 가지고 그 왕궁의 노예나 평민의 노예의 집으로 들어갔고, 그들이 함께 산 이래로 가정을 세우고 재산을 모았다면, 왕궁의 노예나 평민의 노예가 사망한 후에 자유인의 딸은 자신의 지참금을 받을 것이고, 그들은 그녀의 남편과 그녀가 함께 산 이래로 모은 모든 것을 반으로 나눌 것이고, 절반은 노예의 주인이 가져갈 것이고, 다른 절반은 자유인의 딸이 그녀의 자녀들을 위하여 가져갈 것이다.

176a: 만약 자유인의 딸이 지참금을 가지고 있지 않았다면, 그들은 그녀의 남편과 그녀가 함께 산 이래로 모은 모든 것을 반으로 나눌 것이고, 절반은 노예의 주인이 가져갈 것이고, 다른 절반은 자유인의 딸이 그녀의 자녀들을 위하여 가져갈 것이다.

177: 만약 한 과부가 자녀들이 아직 어린데 다른 사람의 집에 들어가기로 결심하였다면, 그녀는 재판관들(의 사전 허가) 없이는 들어갈 수 없다. 그녀가 들어가기 원하는 경우, 재판관들은 그녀의 전 남편의 재산을 조사하여 그 재산을 그녀의 나중 남편과 그 여자에게 위탁할 것이고, 그들로 하여금 그 재산을 보호해야 하고, 그 어린 자녀들을 양육하겠다는 취지의 증서를 남겨두어야 한다. 그들은 가구나 가재도구를 판매할 수 없고, 과부 자녀들의 가구나 가재도구를 구입하는 구매자는 그의 돈을 몰수당할 것이고, 그 물건은 그것의 주인에게 반환될 것이다.

---

100 아카드어 무쉬케눔(muškēnum)은 통상 중간 계층의 사람, 평민을 지칭한다. 아윌룸(awilum)은 자유인으로서 무쉬케눔보다 사회적으로 상위 계층이다(역주).

101 여기서 아카드어 마라트 아윌림(mārat awīlim)을 직역하면 "자유인의 딸"이다. 그러나 "딸"(mārat)을 문자적으로 해석하지 않고 그 계층에 속하는 여성 개별자를 지칭하는 것으로 이해하면 "자유인 계층에 속하는 여자"라고 번역될 수 있다(역주).

178: 만약 여성 수도사(ugbabtum)이나 신전 여제사장(nadītum)이나 여자 헌신자(sekretum)[102]의 아버지가 그녀에게 지참금을 주고 그녀를 위해 증서를 작성해 주었는데, 그녀에게 작성해 준 증서에 그녀의 재산을 그녀가 원하는 누구에게나 줄 수 있다고 기재하지 않았고 그녀로 하여금 그녀의 마음에 원하는 대로 하도록 (허락)하지 않았다면, 아버지가 사망한 후에 그녀의 형제들은 그녀의 밭과 과수원을 가질 것이고, 그녀의 상속 재산의 크기에 따라서 그들은 그녀에게 식량과 기름과 의복을 줌으로써 그녀의 마음을 만족하게 해야 한다. 만약 그녀의 형제들이 그녀의 상속 재산의 크기에 따라 그녀에게 식량과 기름과 의복을 주지 않아 그녀의 마음을 만족하게 하지 않았다면, 그녀는 그녀의 밭과 과수원을 그녀가 원하는 소작농에게 줄 수 있고, 그녀의 소작인은 그녀의 생계를 지원할 것이다.

179: 만약 여성 수도사이나 신전 여제사장이나 여자 헌신자의 아버지가 그녀에게 지참금을 주고 그녀를 위해 증서를 작성해 주었는데, 그녀에게 작성해 준 증서에 그녀의 재산을 그녀가 원하는 누구에게나 줄 수 있다고 기재했고 그녀로 하여금 그녀의 마음에 원하는 대로 하도록 했다면, 아버지가 사망한 후에 그녀는 그녀의 재산을 그녀가 원하는 사람에게 줄 것이요, 그녀의 형제들은 그녀에 대해서 소송을 제기하지 못할 것이다.

180: 만약 아버지가 수도원 생활을 하고 있는 여제사장이나 여자 헌신자인 딸에게 지참금을 주지 않았다면 아버지가 사망한 후에 그녀는 상속자 한 명에 해당하는 몫을 아버지의 재산으로부터 취할 것이고 그녀가 살아 있는 한 그녀는 그것의 혜택을 누릴 권리를 가질 것이다. 왜냐하면 그녀가 물려받은 것은 그녀의 형제들의 것이기 때문이다.[103]

181: 만약 아버지가 (자신의 딸을) 신에게 여제사장(nadītum)이나

---

102 세 용어가 정확히 어떠한 종류의 사람을 지칭하는지는 분명하지 않다. 여기서 제시된 한글 번역은 임시적인 것이다(역주).

103 딸이 살아 있는 한, 아버지 유업을 받고, 그것을 사용할 권리를 가지지만, 그것의 '소유권'을 가지는 것은 아니다(역주).

신전 여자 봉사자(qadištum)나 신전 창기(kulmasītu)로 바쳤는데 그녀에게 지참금을 주지 않았다면, 아버지가 사망한 후에 그녀는 아버지 집의 재산 중에서 상속인 한 명 몫의 3분의 1을 그녀의 상속재산으로 취할 것이다. 그러나 그녀가 살아 있는 동안에만 그녀는 그것의 혜택을 누릴 것이다. 왜냐하면 그녀가 물려받은 것은 그 형제들의 것이기 때문이다.

182: 만약 아버지가 바벨론의 신 마르둑(Marduk)에게 바쳐진 여제사장인 자신의 딸에게 지참금을 주지 않았고 그녀에게 공인된 증서를 작성해 주지 않았다면, 아버지가 사망한 후에 그녀는 아버지 집의 재산 중에서 상속인 한 명 몫의 3분의 1을 그녀의 형제들과 함께 그녀의 상속재산으로 취할 것이나 그녀에게 공역의 의무가 발생하지는 않는다. 왜냐하면 마르둑에게 바쳐진 여제사장은 재산을 자신이 원하는 사람에게 줄 수 있기 때문이다.

183: 만약 아버지가 슈기툼[104]인 자신의 딸에게 지참금을 주었고 그 딸을 한 남자에게 주면서 그녀에게 봉인된 증서를 작성해 주었다면, 아버지가 사망한 후에 그녀는 아버지 집의 재산 중에서 어떠한 몫도 받지 못할 것이다.

184: 만약 한 자유인이 슈기툼인 자신의 딸에게 지참금을 주지 않았고, 그 딸을 한 남자에게 주지 않았다면, 아버지가 사망한 후에 그녀의 형제들은 아버지 집의 형편에 맞게 지참금을 그녀에게 줄 것이고 그들은 그녀를 한 남자에게 줄 것이다.

185: 만약 한 자유인이 갓난아이를 입양해서 그를 양육했다면, 그 입양아는 다시 반환될 수 없다.

186: 만약 한 자유인이 어린 아이를 입양하였는데 그 아이를 데리고 왔을 때 그 아이가 그의 아버지와 어머니를 찾았다면, 그 입양아는 그의 아버지의 집으로 돌아갈 것이다.

187: 왕궁 대신인 관료의 (입양된) 아들이나 여자 헌신자의 (입양된) 아들은 반환될 수 없다.

---

104 위의 법조항 137 참조.

188: 만약 기술공[105]이 어린 아이를 입양하여 그에게 자신의 손기술을 가르쳤다면, 그 아이는 반환될 수 없다.

189: 만약 그가 그의 손기술을 가르치지 않았다면, 그 입양아는 그의 아버지의 집으로 돌아갈 수 있다.

190: 만약 한 자유인이 자기가 입양하여 양육한 어린 아이를 자기의 자녀들 중의 하나로 여기지 않았다면, 그 입양아는 그의 아버지의 집으로 돌아갈 수 있다.

191: 만약 한 자유인이 자기가 입양하여 양육한 어린아이를 가지고 자기의 가정을 세웠는데 나중에 자기의 자녀를 얻은 후에 그 입양아에게서 상속권을 박탈하기로 결심하였다면 그 어린 아이는 빈손으로 떠나지 못할 것이고 그를 양육한 그 아버지가 재산의 3분의 1을 그에게 상속한 후 그 (아이)는 떠날 것이다. 그러나 아버지는 그 입양아에게 밭이나 과수원이나 집의 어떠한 부동산도 주지 말 것이다.

192: 만약 왕궁 대신의 (입양된) 아들이나 여자 헌신자의 (입양된) 자녀가 자신을 양육한 아버지에게나 어머니에게 "당신은 나의 아버지가 아니다"라고 하거나 "당신은 나의 어머니가 아니다"라고 말했다면, 그들은 그의 혀를 자를 것이다.

193: 만약 왕궁 대신의 (입양된) 자녀나 여자 헌신자의 (입양된) 자녀가 그 아버지의 집을 알게 되었고 자신을 양육한 아버지나 어머니를 거부하고 자신의 아버지 집으로 떠났다면, 그들은 그의 눈을 뽑을 것이다.

194: 만약 한 자유인이 그의 아들을 유모에게 주었는데 그 아이가 그 유모의 손에서 죽었고 그 유모는 그 아이의 아버지와 어머니(의 동의) 없이 다른 아이를 맡기로 계약했다면, 그들은 그녀를 기소할 것이고 그녀가 그 아이의 아버지와 어머니(의 동의) 없이 다른 아이를 맡기로 계약하였기 때문에 그들은 그녀의 가슴을 잘라낼 것이다.

195: 만약 자녀가 자신의 아버지를 구타하였다면, 그들은 그의 손

출 21:15

---

105 문자적으로, "기술자의 아들"(mār ummânim). 하지만 이 법조항에서처럼, 셈족어에서 "아들"은 특정 계층이나 그룹에 속한 개별자를 지칭할 때도 쓰인다.

을 잘라낼 것이다.

196: 만약 한 자유인이 귀족[106]의 눈을 멀게 하였다면, 그들은 그의 눈을 멀게 할 것이다.

197: 그가 다른 자유인의 뼈를 부러뜨렸다면, 그들은 그의 뼈를 부러뜨릴 것이다.

출 21:23-25;
레 24:19-20;
신 19:21

198: 만약 그가 평민의 눈을 멀게 하였거나 평민의 뼈를 부러뜨렸다면 그는 은 1마나를 달아 줄 것이다.

199: 만약 그가 자유인의 노예의 눈을 멀게 하였거나 자유인의 노예의 뼈를 부러뜨렸다면, 그는 그 노예의 가격의 2분의 1을 달아 줄 것이다.

200: 만약 한 자유인이 다른 자유인의 이를 부러뜨렸다면, 그들은 그의 이를 부러뜨릴 것이다.

201: 만약 그가 평민의 이를 부러뜨렸다면, 그는 은 3분의 1마나를 달아 줄 것이다.

202: 만약 한 자유인이 자신보다 높은 신분의 자유인의 뺨을 때렸다면, 그는 의회 앞에서 황소가죽 채찍으로 60대를 맞을 것이다.

203: 만약 한 자유인이 자신과 신분이 동등한 다른 자유인의 뺨을 때렸다면, 그는 은 1마나를 달아 줄 것이다.

204: 한 평민이 다른 평민의 뺨을 때렸다면, 그는 은 10세겔을 달아 줄 것이다.

205: 만약 한 자유인의 노예가 자유인의 뺨을 때렸다면, 그들은 그의 귀를 잘라낼 것이다.

206: 만약 한 자유인이 논쟁 중에 다른 자유인을 때려서 그에게 상해를 입혔다면, 가해한 자유인은 "나는 고의적으로[107] 때리지 않았다"라고 맹세할 것이고, 그는 의사에게 (치료비를) 지불할 것이다.

---

106 문자적으로, "자유인의 아들"(mār awīlim). 그러나 여기서도 "아들"은 특정 계층이나 그룹에 속한 개별자를 지칭하는 표현일 수 있고, "자유인"은 "귀족, 고관"의 의미로 받아들여질 수 있다. 이것이 아니라면, 여기서 "아들"은 공격한 사람보다 어린 사람임을 의미할 수도 있다.

107 직역하면, "내가 (그것을) 의식하는 가운데."

207: 만약 그의 폭행으로 인해 사람이 사망하였다면, 그는 맹세할 것이고[108] 만약 사망자가 자유인 계급에 속한 사람이라면 그는 은 2분의 1마나를 달아 줄 것이다.

208: 만약 그 사망자가 평민이라면 그는 은 3분의 1마나를 달아 줄 것이다.

209: 만약 한 자유인이 다른 자유인의 딸(자유인 계급에 속한 여성)을 구타하여 그녀로 하여금 태아를 유산하게 하였다면,[109] 그는 그 태아에 대하여 은 10세겔을 달아 줄 것이다.

출 21:22-25

210: 만약 그 여자가 사망하였다면, 그들은 그의 딸을 사형에 처할 것이다.

211: 만약 그가 구타로 평민의 딸로 하여금 태아를 유산하게 하였다면, 그는 은 5세겔을 달아 줄 것이다.

212: 만약 그 여자가 죽었다면, 은 2분의 1마나를 달아 줄 것이다.

213: 만약 그가 자유인의 여자 노예를 구타하여 그녀로 하여금 태아를 유산하게 하였다면, 그는 은 2세겔을 달아 줄 것이다.

214: 만약 그 여자 노예가 죽었다면 그는 은 3분의 1마나를 달아 줄 것이다.

215: 만약 의사가 자유인에게 청동 랜싯(lancet)[110]으로 대수술을 수행하여 그 자유인을 치료하였거나 청동 랜싯으로 자유인의 관자놀이를 열어 자유인의 눈을 치료하였다면, 그는 은 10세겔을 받을 것이다.

216: 만약 환자가 평민 계급의 사람이라면, 그는 은 5세겔을 받을 것이다.

217: 만약 환자가 자유인의 노예라면 그 노예의 주인은 은 2세겔을 의사에게 지불할 것이다.

218: 만약 의사가 자유인에게 청동 랜싯으로 대수술을 수행하여

---

108 앞의 법조항 206에 기록된 맹세와 동일한 내용의 맹세가 이 법조항에도 전제되어 있다.
109 직역하면, "그녀로 하여금 그녀의 자궁의 것(즉, 태아)을 떨어뜨리게 하였다."
110 수술용 작은 칼(역주).

그 자유인의 죽음을 초래하였거나 청동 랜싯으로 자유인의 관자놀이를 열어 그 자유인의 눈을 멀게 하였다면, 그들은 그의 손을 잘라낼 것이다.

219: 만약 의사가 평민의 노예에게 청동 랜싯으로 대수술을 수행하여 그 노예의 죽음을 초래하였다면, 그는 사망한 노예에 상응하는 가치의 다른 노예로 배상할 것이다.

220: 만약 그가 청동 랜싯으로 평민의 노예의 관자놀이를 열어 그의 눈을 멀게 하였다면, 그는 그 노예의 가치의 절반에 해당하는 은을 달아 줄 것이다.

221: 만약 의사가 자유인의 부러진 뼈를 낫게 하거나 부상당한 근육을 치료하였다면, 그 환자[111]는 은 5세겔을 의사에게 줄 것이다.

222: 만약 환자가 평민 계급이라면, 그는 은 3세겔을 줄 것이다.

223: 만약 환자가 자유인의 노예라면, 그 노예의 주인은 은 2세겔을 의사에게 줄 것이다.

224: 만약 수의사가 황소나 당나귀에게 대수술을 수행하여 낫게 하였다면, 그 황소나 당나귀의 주인은 은 6분의 1 (세겔)을 의사에게 치료비로 지불할 것이다.

225: 만약 그가 황소나 당나귀에게 대수술을 수행하여 그것의 죽음을 초래하였다면, 그는 그 가치의 4분의 1을 황소와 당나귀의 주인에게 줄 것이다.

226: 만약 이발사가 자신에게 속하지 않은 노예의 노예 식별 머리 모양을 그 노예 주인의 허락 없이 잘라내었다면, 그들은 그 이발사의 손을 잘라낼 것이다.

227: 만약 한 자유인이 이발사에게 잘못된 정보를 주어 그가 자신에게 속하지 않은 노예의 노예 식별 머리 모양을 잘라내었다면, 그들은 그 자유인을 사형에 처할 것이고, 그를 그 자신의 출입구에 매달 것이다. 그 이발사는 "내가 고의로 그것을 잘라낸 것이 아니다"라고

---

111 여기서 아카드어 표현은 벨 심밈(bēl simmim)으로, 직역하면 "부상의 주인"이다.

맹세할 것이고 그는 풀려날 것이다.

228: 만약 건축업자가 한 자유인을 위하여 집을 건축하여 완성하였다면, 그는 집 한 *사르*[112]에 은 2세겔을 건축업자에게 그의 대가로 줄 것이다.

229: 만약 건축업자가 한 자유인을 위하여 집을 건축하였는데 그의 일을 견고하게 하지 않아서 그가 건축한 집이 무너지고 (그 사고로) 집주인이 사망하였다면, 그 건축업자는 사형에 처해질 것이다.

230: 만약 (그 사고로) 집주인의 아들이 사망하였다면, 그들은 그 건축업자의 아들을 죽일 것이다.

231: 만약 (그 사고로) 집주인의 노예가 사망하였다면, 그 (건축업자)는 그 노예의 가치에 상응하는 노예를 그 집주인에게 줄 것이다.

232: 만약 (그 사고로) 재산이 파손되었다면, 그 (건축업자)는 그가 파손되게 한 어떤 것이든지 배상해 줄 것이다. 또한 그는 그가 건축한 집을 견고하게 하지 않아서 집이 무너진 것이기 때문에 그는 자신의 재산으로 무너진 집을 재건축할 것이다.

233: 만약 건축업자가 한 자유인을 위하여 집을 건축하였는데 그의 일을 설계에 따라서 수행하지 않아서 벽이 기울어졌다면, 그 건축업자는 자신의 돈으로 그 벽을 보수할 것이다.

234: 조선공이 한 자유인을 위하여 60쿠르 적재량의 선박에 방수작업을 했다면, 그는 은 2세겔을 조선공에게 그의 보수로 줄 것이다.

235: 조선공이 한 자유인을 위하여 배에 방수작업을 하였으나 그의 작업을 철저하게 완성하지 못하여 그 해에 배가 만곡되거나 결함을 보였다면, 그 조선공은 그 선박을 해체할 것이고, 자신의 재산으로 그것을 보강하여 배의 주인에게 튼튼한 배를 줄 것이다.

236: 만약 한 자유인이 자신의 배를 항해사에게 대여해 주었는데 그 항해사가 부주의하여 배가 침몰되게 하거나 분실되게 하였다면, 그 항해사는 배의 주인에게 배를 배상해 줄 것이다.

237: 만약 한 자유인이 항해사와 배를 임대하였고 그것에 곡식이

---

112 면적 단위로서 1사르(sar)는 3.53km^2.

나 양털이나 기름이나 대추나 다른 적재물을 선적하였는데 항해사가 부주의하여 배가 침몰하게 하거나 적재물이 분실되게 하였다면, 그 항해사는 그가 침몰시킨 배나 그가 분실한 적재물을 배상할 것이다.

238: 만약 한 항해사가 한 자유인의 배를 침몰시켰으나 그것을 인양하였다면, 그는 배 가치의 절반에 상당하는 은을 지불할 것이다.

239: 만약 한 자유인이 항해사를 고용하였다면, 그는 항해사에게 1년에 곡식 6쿠르를 지불할 것이다.

240: 만약 노로 젓는 배[113]가 돛을 단 배[114]와 충돌하여 그 배(돛을 단 배)를 침몰시켰다면, 침몰된 배의 주인은 그의 배에서 분실된 모든 것을 신 앞에 (신고)할 것이고, 노로 젓는 배, 즉 돛을 단 배를 침몰시킨 배의 선장은 상대방의 배와 그의 분실된 재산을 배상해 줄 것이다.

241: 만약 한 자유인이 한 황소를 압류하였다면, 그는 은 3분의 1 마나를 달아 줄 것이다.

242, 243: 만약에 한 자유인이 (황소를) 1년 동안 임대한다면, 쌍끌이 용도로 황소를 임대할 경우, 소주인에게 곡식 4쿠르를 줄 것이고, 외끌이 용도로 황소를 임대할 경우 곡식 3쿠르를 (그것의 주인에게 줄 것이다).

244: 만약 한 자유인이 황소나 당나귀를 임대하였는데 사자가 그것을 들에서 죽였다면, (책임은) 그것의 주인에게 있다.

245: 만약 한 자유인이 황소를 임대하였는데 부주의나 학대로 인하여 죽게 하였다면, 그는 그 황소의 주인을 위하여 동등한 가격의 황소로 배상할 것이다.

246: 만약 한 자유인이 황소를 임대하였는데 그것의 다리를 부러뜨리거나 그것의 목힘줄을 끊었다면, 그는 황소의 주인을 위하여 동등한 가격의 황소로 배상할 것이다.

247: 만약 한 자유인이 황소를 임대하였는데 그것의 눈을 멀게 하였다면, 그 황소의 주인에게 그것의 가치의 절반에 해당하는 은을 지

---

113 또는 "강물을 거슬러 올라가는 배"(역주).
114 또는 "강을 따라 내려오는 배"(역주).

불할 것이다.

248: 만약 한 자유인이 황소를 임대하였는데 그것의 뿔을 부러뜨리거나 그것의 꼬리를 자르거나 그것의 발목 힘줄을 상하게 하였다면, 그는 그 황소 가치의 4분의 1에 해당되는 은을 지불할 것이다.

249: 만약 한 자유인이 황소를 임대하였는데 신이 그것을 쳐서 죽게 하였다면, 그 황소를 임대한 사람은 신에게 맹세할 것이고, 그는 (무혐의로) 풀려날 것이다.

250: 만약 황소가 길을 지나가다가 한 자유인을 들이받아 죽게 하였다면, 이 경우는 소송이 제기될 수 없다.

출 21:28-36

251: 만약 한 자유인의 황소가 들이받는 소이고 그의 도시 당국자들이 들이받는 소라고 그에게 알려 주었으나 그것의 뿔을 깎지 않고 그의 소를 제어하지 않아서 그 소가 자유인 계급에 속한 사람을 들이받아 죽게 하였다면, 그는 (주인은) 은 2분의 1마나를 지불할 것이다.

252: 만약 (죽은 사람이) 자유인의 노예였다면, 은 3분의 1마나를 지불할 것이다.

253: 만약 한 자유인이 자신의 밭을 관리 감독하기 위하여 다른 자유인을 고용하였고, 그에게 사료용 곡물을 맡기고 가축을 위탁하였고 밭의 경작을 위하여 그와 계약을 맺었는데, 만약 그 자유인이 씨나 사료를 훔쳤고 그것이 그의 소유[115]에서 발견되었다면, 그들은 그의 손을 자를 것이다.

254: 만약 그가 사료용 곡물을 전용하여 가축을 쇠약하게 하였다면, 그는 그가 받은 곡식의 2배를 보상해야 한다.

255: 만약 그가 그 자유인의 가축을 임대로 내주거나 종자 씨를 훔쳐서 그 밭에서 수확을 내지 못했다면, 그들은 그 사람을 기소할 것이고 그는 추수 때에 매 1부르 면적마다 곡식 60쿠르를 달아 줄 것이다.

256: 만약 그가 그의 (보상의) 의무를 다할 수 없다면, 그들은 그가 그 밭에서 그 가축에 의해 끌려 다니게 할 것이다.

257: 만약 한 자유인이 농부를 고용하였다면, 그는 그에게 1년에

---

115 직역하면, "손에서"(역주).

곡식 8쿠르를 줄 것이다.

258: 만약 한 자유인이 소몰이꾼을 고용하였다면, 그는 그에게 1년에 곡식 6쿠르를 줄 것이다.

259: 만약 한 자유인이 공공 경작지에서 쟁기를 훔쳤다면, 그는 쟁기의 주인에게 은 5세겔을 줄 것이다.

260: 만약 그가 곡괭이나 써레를 훔쳤다면, 그는 은 3세겔을 줄 것이다.

261: 만약 한 자유인이 가축이나 양을 치기 위해 목자를 고용하였다면, 그는 그에게 1년에 곡식 8쿠르를 줄 것이다.

262: 만약 한 자유인이 황소나 양을 xxx에게…

263: 만약 그가 그에게 맡겨진 황소나 양을 분실했다면, 그는 그 주인을 위하여 그 황소의 가치에 상응하는 황소를, 또는 그 양의 가치에 상응하는 양을 배상할 것이다.

264: 만약 한 목자에게 돌볼 가축이나 양이 주어졌고, 그가 온전한 임금을 받고 만족하고 있으면서, 가축의 수가 줄어들게 하고, 양의 수가 줄어들게 하고, (새끼) 출산율이 줄어들게 했다면, 그는 그의 계약서의 합의대로 새끼와 이익(의 감소를 보전해) 주어야 한다.

265: 만약 한 목자에게 돌볼 가축이나 양이 주어졌는데, 그가 속임수를 사용하여 인식표를 바꾸고 팔아 버렸다면, 그들은 그를 기소할 것이고 그는 주인에게 그가 훔친 가축이나 양의 10배를 보상할 것이다.

출 22:10ff.

266: 만약 가축우리에 전염병[116]이 발생했거나 사자가 살해했다면, 목자는 신 앞에서 자신이 무죄함을 증명할 것이고, 가축우리의 주인은 그로부터 우리에서 살해된 사체를 받을 것이다.

267: 만약 목자가 부주의하여 가축병[117]이 우리에 발생하게 하였

---

116 여기서 전염병으로 번역된 아카드어 표현 리핏 일림(lipit ilim)의 문자적 의미는 "신의 재앙, 공격"이다(역주).

117 여기서 가축병으로 번역된 아카드어 피싸툼(pissatum)이 정확히 어떤 병을 지칭하는지는 명확하지 않다. 불구로서 비틀거리는 상태의 병인지, 아니면 옴과 같이 피부에 서식하면서 퍼지는 벌레나 해충에 의한 가축병인지 분명하지 않다(역주).

다면, 그 목자는 자신이 우리에 발생하게 한 가축병의 피해에 대하여 가축의 주인에게 보상을 지불해야 한다.

268: 만약 한 자유인이 타작을 위하여 소를 임대하였다면, 그것의 임대료는 곡식 20카이다.

269: 만약 그가 타작을 위하여 당나귀를 임대하였다면, 그것의 임대료는 10카이다.

270: 만약 그가 타작을 위하여 염소를 임대하였다면, 그것의 임대료는 1카이다.

271: 만약 한 자유인이 가축과 수레와 수레꾼을 임대하였다면, 그는 하루에 곡식 180카를 지불할 것이다.

272: 만약 한 자유인이 수레만 임대하였다면, 그는 하루에 40카를 지불할 것이다.

273: 만약 한 자유인이 일꾼을 고용하였다면, 그는 연초부터 다섯째 달까지 하루에 은 6우뗏을 지불할 것이고, 여섯째 달부터 연말까지 은 5우뗏을 지불할 것이다.

274: 만약 한 자유인이 기술공을 고용하려고 한다면, 그는…의 임금으로 하루에 은 5[우뗏]을 지불할 것이다. 직물공의 임금으로 은 5우뗏; 리넨(linen)직공(?)의 [임금]으로 은…[우뗏]; 석공의 [임금]으로 은…[우뗏]; 보석세공인의 [임금]으로 은…[우뗏]; 대장장이의 [임금]으로 은…[우뗏]; 목수의 [임금]으로 은 4우뗏; 무두장이의 임금으로 은…우뗏; 바구니 제조인의 임금으로 은…우뗏; 건설인의 [임금]으로 은…우뗏.

275: [만약] 한 자유인이 긴 배(long-boat)를 임대하였다면 그것의 임대료는 3-우뗏이다.

276: 만약 그가 노로 젓는 배를 임대하였다면, 그는 그것의 임대료로 하루에 은 2와 2분의 1우뗏를 지불할 것이다.

277: 만약 한 자유인이 60쿠르 적재량의 배를 임대하였다면, 그는 그것의 임대료로 하루에 은 6분의 1세겔을 지불할 것이다.

278: 만약 한 자유인이 남자 노예나 여자 노예를 구입하였고 그의 1개월 기간이 다 지나지 않았는데 간질이 그에게 발병했다면, 그는

그의 판매자에게 돌아갈 것이고 그 구매자는 그가 달아 주었던 은을 가져올 것이다.

279: 만약 한 자유인이 남자 노예나 여자 노예를 구입하였는데 나중에 소송이 제기되었다면, 그의 판매자는 그 소송에 책임을 져야 한다.

280: 만약 한 자유인이 외국에서 다른 자유인의 남자 노예나 여자 노예를 구입한 후 귀국하였는데, 그 남자 노예나 여자 노예의 주인이 그의 남자 노예나 여자 노예를 알아 보았다면, 또한 만약 그들, 즉 그들 남자 노예와 여자 노예가 그 나라 출신이라면, 그들의 해방은 어떠한 대가도 없이 시행되어야 한다.

281: 만약 그들이 다른 나라 출신이라면, 구매자는 그가 달아 준 금을 신 앞에서 신고할 것이고 그 남자 노예나 여자 노예의 주인은 그가 달아준 금을 상인에게 줄 것이고, 그는 그 남자 노예나 여자 노예를 되찾을 것이다.

282: 만약 노예가 그의 주인에게 "당신은 나의 주인이 아니다"라고 말했다면, 그는 그가 그의 노예라는 것을 입증할 것이고 그의 주인은 그의 귀를 자를 것이다.

3. 우르남무 법전 | 원역자: 핀켈슈타인(Jacob J. Finkelstein)

ANET[3], 523-25

우르남무(주전 2112-2095년)는 우르 제3왕조를 건국한 통치자이다. 그는 또한 고대 메소포타미아에서 가장 잘 보존된 지구라트를 건설한 인물이기도 하다. 그의 통치와 함께 수메르 문예창작의 마지막 번영기가 도래하였다. 최근에 닙푸르(Nippur)에서 이루어진 발굴작업을 통해 이 시기의 문학 작품들이 많이 발견되기 시작하였다. 그러나 이 시기의 문학 작품이나 학문적 문서들은 대부분 원작보다 200-300년 나중인 주전 1800-1700년경 닙푸르와 우르 지역에 있던 서기관 학교에서 제작된 사본들을 통해서 더 많이 알려져 있다. 우르남무 법전은 수메르어로 기록된 텍스트이다.

(1-23행은 파손되었거나 일부분만 남겨져 있음.) (24-30)…지역의…,

매달마다, 그가 보리 90구르(gur)[118], 양 30마리, 그리고 버터 30실라(sila₃)[119]를 정기 봉헌물로 제정하였다.

(31-35) 아누(Anu)와 엔릴(Enlil)이 우르의 왕권을 난나(Nanna)에게 넘겨준 후에, (36-40) 그때에 여신 닌순(Ninsun)의 아들 우르남무(Ur-Nammu)가 그를 낳아준 그의 사랑하는 어머니를 위하여, (41-42) 그의(즉, 난나의) 정의와 진리의 원칙을 따라,…(43-72행은 파손되었거나 일부분만 남겨져 있음.).

(칼럼 2, 73-74) 그는 7개의…을 세웠다. (75-78) 그는 라가쉬(Lagash)의 통치자, 남마니(Nammahni)를 살해했다. (79-84행) (우르) 도시의 주인 난나의 능력으로 그는 난나의 마간-배(Magan-boat)를 경계선(을 표시하는 수로)로 옮겼고, (85-86) 마간-배를 우르에서 유명하게 만들었다.

(87-96) 그때에 땅은 니스쿰-관리들이[120] 통제하였고, 해상무역은 항해사 감독관이 통제하였고, (칼럼 3) 목자들은 황소, 양, 당나귀 통제관이 관리하였다.

(97-103행은 파손됨) (104-113) 그때에 나,[121] 우르남무, 강한 용사, 우르의 왕, 수메르와 아카드의 왕은 (우르) 도시의 주인 난나의 능력으로, 우투(Utu)의 진실한 말씀에 따라 그 땅에 정의를 세웠고, (114-116) 저주와 폭력과 반목을 몰아냈다. (117-122) 항해사 감독관으로부터 해상무역을 해방시키고, 황소, 양, 당나귀 통제관으로부터 목자들을 해방시킴으로써 나는 (123-124) 수메르(Sumer)와 아카드

---

116 수메르어 구르(gur)는 부피 단위로서, 1구르는 300실라(sila₃)와 같다. 수메르 단위 구르와 실라는 각각 아카드어 쿠르(kur)와 카(qa)와 같다(역주).

119 여기서 실라(sila₃)는 액체의 양을 측정하는 단위로 약 30리터에 해당한다. 143-144행 참조(역주).

120 여기서 아카드어 단어 니스쿰(nisqum)은 "엄선된 최상, 최고의 품질, 고위"를 뜻한다. 니스쿰 관리들이 정확히 어떤 직책과 직함인지는 알 수 없지만, 그들은 아마도 고위층에 속했을 것이다(역주).

121 J. J. 핀켈슈타인은 이 문장의 주어를 3인칭으로 번역하였지만, 이 문장과 이어지는 문장의 동사들은 모두 1인칭으로 이해하는 것이 더 정확하다(역주).

(Akkad)에 자유를 확립했다.

(125-129) 그때에 나는 마라드(Marad)와 카잘루(Kazallu)의…(130-134) 나의 주, 난나의 능력으로…(135-142) 구리…, (목재)…(3개의 행이 없어짐), 구리…, 목재…, [이들] 7개…, 표준화시켰다. (143-144) 나는 청동 *실라*-추를 제작하였고, (145-149) 나는 무게 단위 *1 마나*(manā)[122]를 표준화하였고, 은 1긴(gin₂)[123]의 무게를 마나로 환산하여 표준화하였다.[124]

(150-152) 그때에 티그리스 강의 제방, 유프라테스 강의 제방…(153-160행은 파손됨) (161) 왕(또는 "주인")은 대표 정원사를 세웠다.

(162-168) 고아는 부자에게 넘겨지지 않았고, 과부는 유력한 사람에게 넘겨지지 않았고, 1긴을 가지고 있는 사람은 1마나를 가지고 있는 사람에게 넘겨지지 않았다.

(169-205행에 해당하는 A-본문은 거의 완전히 파손되었다. 법조항들은 토판 앞면 칼럼 4의 끝부분, 아니면 토판 뒷면 칼럼 5의 시작 부분에서 시작되는 것 같다. 토판에 있는 글자의 흔적들은 법조항이 196행에서 시작되었을 것을 암시한다. 따라서 196-205행에 법조항 1번이 기록되어 있었을 것이다.)

2: (206-215)…그는 그를 위하여 씨를 심을 것이고, 그의…그 심어진…사과나무와 삼나무…[그는] 주인이 알지 못하는 가운데 […], 그는…들여올 것이다.

3: (216-221행, 파손됨)

4: (222-231행 = B-텍스트, 조항 1번) 만약 한 사람의 아내가 *자신의 미모를 이용하여*[125] 다른 남자를 따라가서 그가 그녀와 동침했다면, 그들은(즉, 당국자들은) 그 여자를 사형에 처할 것이나 그 남자는(즉, 그 다른 남자는) 무죄 석방될 것이다.

---

122 1마나는 60긴(=세겔)과 같다(역주).
123 수메르 무게 단위인 긴(gin₂)은 약 8그램이고, 아카드어 쉬킬(šiqil)이나 히브리어 세겔(shekel)과 동등한 단위이다.
124 1마나는 60세겔이다(역주).
125 직역하면, "자신 스스로, 의도적으로, 자발적으로"(역주).

5: (232-239행 = B-텍스트, 조항 2번) 만약 한 사람이 강제로 다른 사람의 여자 노예의 처녀성을 빼앗았다면, 그 사람은 은 5긴을 지불해야 한다.

6: (대략 240-244행 = B-텍스트, 조항 3번) 만약 한 사람이 자신의 정실 아내와 이혼한다면, 그는 은 1마나를 지불할 것이다.

7: (대략 245-249행 = B-텍스트, 조항 4번) 만약 그가 이혼한 사람이 이전에 과부였다면, 그는 은 2분의 1마나를 지불할 것이다.

8: (250-255행 = B-텍스트, 조항 5번) (그러나) 만약 그 사람이 그 과부와 어떠한 결혼 계약 없이 동거하였던 것이라면, 그는 그녀에게 어떠한 돈도 지불할 필요가 없다.

9: (= 256-269행은 대부분 파손됨)

10: (270-280) 만약 한 사람이 다른 사람을…의 죄목으로 고소하여 그가(즉, 고소인이) 그로 하여금(즉, 피고로 하여금) 강물 재판을 받게 하였고, 강물 재판 결과 그가(즉, 피고가) 무죄로 판명되었다면, 그를 데려온 사람은(즉, 고소인은) 그에게 은 3긴을 지불해야 한다.

11: (281-290행 = B-텍스트, 조항 10번) 만약 한 사람이 다른 사람의 아내를 간통으로 고소하였는데 강물 (심판) 결과 그녀가 무죄로 판명되었다면, 그녀를 고소한 사람은 은 3분의 1마나를 그녀에게 지불할 것이다.

12: (291-301행 = B-텍스트, 조항 11번) 만약 한 (예비) 사위가 자신의 (예비) 장인어른의 집에 들어갔는데, 나중에 그의 장인이 [그의 딸(즉, 예비 신부)]를 다른 사람에게 주었다면, 그는(즉, 장인어른은) 그가(즉, 그 버림받은 사위가) 가져왔던 결혼예물의 2배를 그에게 되돌려줘야 한다.

13: (302-312행 = B-텍스트, 조항 12번) (글자의 흔적들만 남아 있음.)

14: (313-323, B-텍스트에서는 생략됨) 만약 […] 여자 노예 [혹은 남자 노예가 *주인의 집에서 도망하여* 그 도시의 경계를 벗어났는데 어떤 사람이 그녀를 [혹은 그를] 데리고 돌아왔다면, 그 노예의 주인은 노예를 데리고 돌아온 사람에게 은 2긴을 지불할 것이다.

15: (324-330행 = B-텍스트, 조항 13번과 21번) 만약 한 [사람이 다

른 사람의] 발[126]을 잘랐다면, 그는 은 10긴을 지불할 것이다.

16: (331-338행, B-텍스트에서는 생략됨) 만약 한 사람이 격투 중에 몽둥이로 다른 사람의 팔이나 다리를 상해하였다면, 그는 은 1마나를 지불할 것이다.

17: (339-344행 = B-텍스트, 조항 22번) 만약 어떤 사람이 *구리칼*로 다른 사람의 코를 베어버렸다면, 그는 은 3분의 2마나를 지불할 것이다.

18: (345-?행= B-텍스트, 조항 23번) 만약 한 사람이 […]을 가지고 다른 사람의 […]를 잘랐다면, 그는 은 [x긴을] 지불할 것이다.

19: (B-텍스트, 조항 24번과 16번) 만약 그가 […]을 가지고 그의 치아를 부러뜨렸다면, 그는 은 2긴을 지불할 것이다.

20: (없음) (토판에 대략 30행 정도가 기록될 만한 크기의 간격이 있다. 여기에 법조항 세 개 남짓이 기록되었을 것으로 추정되는데, 법조항 20번, 21번, 그리고 21′번의 처음 부분이 이 간격에 들어 있었을 것이다.)

21′: (B-텍스트, 조항 28번)…그는 반드시 가져올 것이다. 만약 그에게 여자 노예가 없다면, 그는 반드시 은 10긴을 지불해야 한다. 만약 그에게 은이 없다면, 그는 그가 가지고 있는 어떤 재산으로든지 그에게 보상해야 한다.

22′: (B-텍스트, 조항 29번) 만약 한 사람의 여자 노예가 자신을 여주인과 경쟁하여 맞서면서 그녀에게 (혹은 그에게) 무례하게 말했다면, 그녀의 입은 1실라의 소금으로 세탁되어야 한다.

23′: (B-텍스트, 조항 30번) 만약 한 사람의 여자 노예가 자신을 여주인과 경쟁하여 맞서면서 그녀를 가격했다면,….

24′: (이 부분에서 토판에 거의 완전히 사라진 틈이 있는데, 법조항 하나 이상이 기록되었을 크기의 간격이다.)

25′: (B-텍스트, 조항 34번) 만약 한 사람이 (소송에서) 증인으로 출두하였는데 그가 위증인으로 밝혀졌다면, 그는 은 15긴을 지불할 것이다.

26′: (B-텍스트, 조항 35번) 만약 한 사람이 (소송에서) 증인으로 출

---

[126] 또는 "사지", 즉 팔이나 다리로 기록되어 있는 본문이 있기도 하다.

두하였는데 서약하기를 거부하였다면, 그는 그 소송과 관련된 처벌 및 보상에 대해 책임져야 한다.

27′: (B-텍스트, 조항 36번) 만약 한 사람이 다른 사람 소유의 경작지에 강제로 들어가서 쟁기질을 하였는데 그가(즉, 땅 소유주가) 소송을 제기하였으나 그가(즉, 불법점유자가) 무시했다면, 그 사람은 그의 모든 비용을 몰수당할 것이다.[127]

28′: (B-텍스트, 조항 37번) 만약 한 사람이 다른 사람의 밭이 물에 잠기게 하였다면, 그는 땅 1이쿠(iku)에 보리 3구르를 (그에게) 달아 줄 것이다.

29′: (B-텍스트, 조항 38번) 만약 한 사람이 경작지를 다른 사람에게 경작하도록 임대해 주었는데, 그가(즉, 임차인이) 땅을 쟁기질하지 않아 땅이 황무지가 되었다면, 그는 땅 1이쿠에 보리 3구르를 (땅 주인에게) 달아 줄 것이다.

(나머지 부분은 대부분 훼손되었다.)

4. 수메르 법조항 모음
| 원역자: 핀켈슈타인(Jacob J. Finkelstein)

1) 예일 바빌로니아 컬렉션(Yale Babylonian Collection, YBC 2177)　　　　　　　　　　　　　　　　　ANET³, 525-26

1912년에 이 텍스트가 처음으로 출판된 이래로 이 텍스트는 함무라비 왕 이전에 살았던 어떤 알려지지 않은 통치자가 반포한 "법전"의 일부분이라고 여겨졌다. 그러나 사실 이 텍스트는 고대 바빌론 시대, 아마도 주전 약 1800년경, 메

127　또 다른 가능한 해석은 다음과 같다. "만약 한 사람이 다른 사람 소유의 경작지에 강제로 들어가서 쟁기질을 하였는데, 그가(즉, 불법점유자가 자신의 농작물에 대한 권리를 보호하기 위하여) 소송을 제기하여 그가(즉, 땅 소유주가) 그 땅을 버려두었었다고 (주장했다면), 그 사람은 그의 모든 비용을 몰수당할 것이다"(역주).

소포타미아 남부, 즉 수메르의 한 서기관 학교에서 학생이 연습을 위해 만든 실습 텍스트였을 것이다. 토판의 앞면은 매우 파손되어 있어서 한번도 출판된 적이 없지만, 그 다음 부분부터는 읽을 수 있는 정도로 보존되어 있다. 판독 가능한 부분을 근거로 볼 때, 이 텍스트는 상당 부분이 몇 가지 주제(대출 담보와 가축의 손실)에 관한 독립된 법률 문구나 문장들로 이루어졌음이 확인된다. 또한 이 텍스트에는 유사한 법조항이 반복되는 것도 주목할 만한 부분이다.

(뒷면의 칼럼 4) 1: 만약 (한 사람이 실수로) 자유인 계급의 여자를 밀쳐서 그녀로 하여금 유산을 하게 하였다면, 그는 은 10긴을 지불할 것이다.

2: 만약 (한 사람이 고의로) 자유인 계급의 여자를 때려서 그녀로 하여금 유산하게 하였다면, 그는 은 3분의 1마나를 지불할 것이다.

3: 만약 (*선장이*) 그가 동의한 항로를 어기고 (그럼으로써) 배의 손실을 초래하였다면, 그는 배의 주인에게 배가…한 만큼 달아 줄 것이고, 선박대여비….

4: 만약 (한 아들이) 그의 아버지와 어머니에게 "당신은 나의 아버지가 아니고, 당신은 나의 어머니가 아니다"라고 말했다면, 그는 집과 밭과 과수원과 노예와 (그 밖의) 재산(에 대한 그의 상속권)을 박탈당할 것이고, 그들은 그를 (노예신분으로서) 그의 합당한 가격을 받고 팔 것이다.

5: (만약) 그의 아버지와 어머니가 "너는 우리의 아들이 아니다"라고 (말한다면), 그들은 부동산을 몰수당할 것이다.

6: (만약) 그의 아버지와 어머니가 "너는 우리의 아들이 아니다"라고 (말한다면), (칼럼 5) […]…[…] 몰수당할 것이다.

7: 만약 (한 사람이) 길에서 자유인의 딸의 순결을 빼앗았는데 그녀의 아버지와 어머니가 (그녀가 길에 있었다는 것을) 몰랐고, 그녀가 그녀의 아버지와 어머니에게 "*내가 강간당했다*"고 말했다면, 그녀의 아버지와 어머니는 그녀를 (강제로) 그에게(즉, 강간한 사람에게) 아내로 줄 수 있다.

8: 만약 (한 사람이) 길에서 자유인의 딸의 순결을 빼앗았는데 그

녀의 아버지와 어머니가 (그녀가 길에 있었다는 것을) 알았고, 그녀의 순결을 빼앗은 사람은 (그녀가 자유인 계급에 속한 사람이었다는 것을) 알지 못했다고 신전 문에 서서 맹세하였다면, 그는 무죄로 풀려날 것이다.

9: 만약 사자가 길을 잃고 *배회하는* 소를 잡아먹었다면, 그는(즉, 목자나 그 소를 임대한 사람은) 소의 주인에게…전체를 넘겨 주어야 한다.

10: 만약 한 소가 길을 잃고 *배회하는* 다른 소를 죽게 했다면, 소는 소로…(텍스트의 나머지 부분은 보존되어 있지 않음.)

5. 암미사두카의 칙령

| 원역자: 핀켈슈타인(Jacob J. Finkelstein)

ANET³, 526-28

메소포타미아에서 왕들이 집권 초기와 그 후 7년이나 그 이상의 해가 지난 다음에 "정의" 또는 "공평"(수메르어로 니그₂.시.사₂[níg.si.sá] = 아카드어로 미샤룸[mīšarum])의 칙령을 선포하는 것은 고대 바벨론 시대의 관습이었다. 이 관습은 아마도 그 기원이 수메르 초기 왕조 시대(Early Dynastic times)의 후기로까지 거슬러 올라갈지도 모르는 오래된 관습이었다. 그러한 칙령은 주로 빚이나 여타 의무를 면제해 주는 것과 토지를 원래 소유주에게 반환하는 일과 관련된 내용이었다. 지금까지는 왕의 통치년을 지칭하는 문구에 그러한 칙령 반포가 언급된 경우를 통해서, 또는 사적인 법률 문서에 언급된 사례를 통해서 칙령 반포가 있었던 사실을 확인할 수 있었다. 그러나 바벨론 함무라비 왕조의 10번째 왕인 암미사두카(Ammisaduqa, 주전 1646-1626년)의 칙령은 칙령의 내용 자체를 담고 있는 현전하는 유일한 텍스트이다. 암미사두카의 증조부인 삼수일루나(Samsuiluna, 주전 1749-1712년)에 의해 반포된 유사한 칙령이 발견되긴 하였지만 텍스트의 일부분만 전해질 뿐이다. 하지만 "정의" 또는 "공평"의 칙령이 중요한 이유는 우르남무(Ur-Nammu) 법전이나 리핏-이쉬타르(Lipit-Ishtar) 법전이나 에쉬눈나(Eshnunna) 법전이나 또 그 유명한 함무라비 법전과 같은 초창기의 법전들이 이러한 칙령을 기초로 일부 조항들을 추가하면서 법전의 형태로 발전되었을 것이라고 믿을 만한 타당한 이유가 있기 때문이다. 우루카기나

(Urukagina)는 수메르의 초기 왕조 시대에 라가쉬(Lagash)를 다스리던 마지막 왕인데(주전 약 2350년), 그의 잘 알려진 "개혁" 문서는 원래 왕의 칙령이 나중에 법조항으로 구체화되면서 발전된 법전의 대표적인 사례로 인정되고 있다.

1: (C-텍스트) 왕이 땅에 *정의*(*misharum*)를 반포했을 때에 땅이 준수해야 할 법령의 문서.

2: (5) 농업자와 목자와 지방의 *슈시쿠*(*šusikku*)-(관리)[128]와 여타 왕의 직할 공납자의 부채, 즉 그들의 *협약서*와 *약속 어음*의…, 그들의 지불…은 이제 면제되었다. (10) 세금 관리는 왕의 직할 공납자를 상대로 지불금에 대하여 고소하지 않을 것이다.

3: 바벨론의 "시장", 지방의 "시장", …토판에…한 *라이바눔*(*rā'ibānum*)-(관리)[129]는 세금 관리에게…한다. -- (15) "암미디타나(Ammiditana) 왕이 그 땅이 지불하기로 정했던 빚을 면제해 준 해(암미디타나 즉위 21년)"로부터 "엔릴(Enlil)이 암미사두카 왕의 (20) 당당한 지배권을 확대하여 암미사두카 왕이 샤마쉬(Shamash)처럼 (A-텍스트) 그의 땅에서 결연히 일어나서 그의 백성을 위해 정의를 실행한 해(암미사누카 왕의 즉위 원년)"의 니산(Nisan) 월까지 생겨난 그들의 부채--왕이 땅에 *정의*를 반포하였으므로 (25) 세금 관리는 지불금에 대하여…을 고소하지 않을 것이다.

4: 누구든지 이자가 발생하는 대출의 형태나 *멜케툼*(*melqētum*)[130]의 형식이나 (30) […]으로 아카드인이나 아모리인에게 보리나 은을 주고 계약서를 작성해 두었다면, 왕이 땅에 *정의*를 반포하였으므로 그의 계약서는 효력이 없다. (35) (C-텍스트) 그는 그의 계약서에 근거하여 보리나 은을 징수하지 않을 것이다.

---

128 동물의 사체 처리를 담당하는 관리(역주).
129 라이바눔(rā'ibānum)-(관리)가 어떤 직책을 지칭하는지 분명하지 않다(역주).
130 멜케툼(melqētum)의 의미는 분명하지 않지만, 일상적인 이자율에 근거한 대출이 아닌 다른 형태의 초과 이익을 발생시키는 대출을 지칭하는 것 같다. 아마도 단기 자금 대출(call loan)이 하나의 예가 될지도 모른다(역주).

5: 그러나 만약 그가 "암미디타나 왕이 담키일리슈(Damqiilishu)가 건설했던 우디님(Udinim) 성벽을 파괴했던 해(암미디타나 즉위 37년)"의 아달 II(Addar II) 월부터 (40) 강제로 징수했다면, 그는 그가 징수하여 받은 것을 환급해 줄 것이다. (45) 왕의 법령에 따라 환급을 실행하지 않은 자는 사형에 처해질 것이다.

6: 누구든지 이자가 발생하는 대출의 형태나 *멜케톰*의 형식으로 아카드인이나 아모리인에게 보리나 금을 주고도 그가 작성한 계약서에 (50) 허위로 기재하여 판매나 공탁으로 계약서를 꾸며 이자 수령을 관철시켰다면, 그는(즉, 채무자는) 자신의 증인들을 제시할 것이고 그들은 그를(즉, 채권자를) 이자 수령 혐의로 고발할 것이다. 그가(즉, 채권자가) 자신의 계약서에 허위를 기재하였으므로 그의 계약서는 무효가 될 것이다.

(55) 채권자는 아카드인이나 아모리인에게 대출해 준 것에 대하여 그의 집을 상대로 고소하지 않을 것이다. 그가 지불금에 대하여 고소한다면, 그는 사형에 처해질 것이다.

7: (A-텍스트) 만약 어떤 사람이 이자가 발생하는 대출의 형태로 보리나 은을 주고, 계약서를 작성했지만, 그것을 자신만 가지고, "분명히 나는 이것을 당신에게 이자가 발생하는 대출의 형태나 *멜케톰*의 형식으로 준 것이 아니다. 내가 당신에게 준 보리나 은은 구입에 대한 (선금으로), 또는 이익 발생에 대해, 또는 다른 목적에 대한 (선금으로) 준 것이다"라고 말했다면, 그 채권자로부터 보리나 은을 받은 사람은 임대인이 부인하고 있는 계약서 내용을 입증해 줄 수 있는 증인들을 제시할 것이고 그들은 신 앞에서 (그들의 증언을) 말할 것이다. (칼럼 2, 40) 채권자가 자신의 계약서에 허위를 기재하였고 일의 사실관계를 부인하였으므로 그는 (임차인에게 그가 빌려 준 액수의) 여섯 배를 지불해야 한다. 만약 그가(즉, 채권자가) 그의 보상책임을 이행할 수 없다면, 그는 사형에 처해져야 한다.

8: (칼럼 3) 아카드인이나 아모리인이 판매 행위를 위한 상품으로서 또는 이익 창출을 위한 공동 사업을 위하여 보리나 은이나 (다른) 물건을 받았다면, (5) 그의 계약서는 ("정의/공평" 법령에 의해) 무효가

되지 않는다. 그는(즉, 임차인은) 그의 계약서의 조항에 따라 갚아야 한다.

9: 누구든지 아카드인이나 아모리인에게 구입이나 판매 행위나 이익 창출을 위한 공동 사업에 대해 (선금으로) 보리나 은이나 (다른) 물건을 주고 (10) 계약서를 작성했는데, (그러나) 채권자가 그가 이미 작성한 계약서에 계약 기간이 지나면 이자가 발생할 것이라는 규정을 (추가로) 기재하였거나, (15) 또는 그가 다른 추가 조항을 덧붙였다면, 그는(즉, 채무자는) 그 (추가된) 조항에 근거하여 상환하지 않고 단지 [(기본) 계약서에 근거하여] 보리나 은을 갚을 것이다. 아카드인이나 (20) 아모리인에게 부과된 추가 조항의 의무는 면제된다.

10: [⋯]⋯바벨론에게, [⋯의 시장], 보르시파(Borsippa)의 시장, [⋯의 시장], 이신(Isin)의 시장, [⋯의 시장], 라르사(Larsa)의 시장, (25) [].. -[의 시장], 말기움(Malgium)의 시장, [만키]슘([Mankilsum)의 [시장], 쉬툴룸(Shitullum)의 시장, [⋯] (그들의) 투자금액의 절반은 왕궁의 상품(의 형태로) [그들에게] 주어졌다. -나머지 절반은 그들에 의해(즉, 해당 도시의 시장 연합회에 의해) 채워질 것이다. (30) 그러한 상품은 개별 도시의 시장가격으로 왕궁으로부터 그들에게 지불될 것이다.

11: 만약 왕궁의 상품을 통상적으로 취급하는 (국가) 무역상이 마치 그가 왕궁으로부터 (어떤) 상품을 실제로 받았고, 이에 대해 왕의 직할 공납자의 (지급) 증서를 수령한 것처럼 왕궁에 유리하고, (징수해야 할) 왕의 직할 공납자의 부채에는 불리하게 계약서를 작성하였다면, 즉 어떠한 상품도 그의 계약서에 기록된 것처럼 왕궁으로부터 그에게 실제로 주어진 사실이 없고 (어떠한 자금도) 왕의 직할 공납자로부터 받은 사실이 없었다면, (40) 왕이 왕궁 직할 공납자의 부채를 면제하였으므로 (칼럼 4) 그 상인은 신에게 맹세하기를 "(나는) 내가 왕궁 직할 공납자로부터 이 계약서에 기록된 것같이 어떤 것도 납부 받지 않았다는 것을 (맹세한다)"라고 말할 것이다. (이렇게) 선언한 후에, (5) 그는 왕궁 직할 공납자의 (지급) 증서를 제시할 것이고, 그들은(즉, 당국 관리들과 당사자들은) 계산을 함께 정리할 것이다. 그들은 계약서에

상인이 왕궁에 유리하도록 기재했던 상품으로부터 (지금) 증서에 왕궁 직할 공납자가 상인에게 유리하도록 기재했던 것의 액수만큼 (10) 상인을 대신해서 면제해 줄 것이다.

12: (15) 통상적으로 신 앞에서 왕궁의 가축 목자, 양 목자, 염소 목자로부터 동물의 사체를 받고, (21) 암소 사체에 대해서는 그 가죽과 함께 힘[줄] 하나 (분량)을 지불하고, 암양 사체에 대해서는 그 가죽과 함께 곡식 6분의 1(세겔)[131]과 양털 1과 4분의 3마나를 지불하고, 염소 사체에 대하여는 은 6분의 1(세겔)과 염소털 3분의 2마나를 지불하는 그 지역[132]의 *슈식쿠*(*šusikku*)-관리는, 왕이 땅에 *정의*를 시행하였으므로, 그들의 부채는 징수되지 않을 것이다. 그 지역의 *슈식쿠*-관리의 xxx는 (25) 지급되지 않을 것이다.

13: 세금 관리의 세금징수를 위해 임명된 짐꾼들의 부채는 면제될 것이다. 그 부채는 징수되지 않을 것이다.

14: (30) 수후(Suhu) 지방의 부채, 즉 *쉽슘*(*šibšum*)-임대료[133]와 (또는) 절반(half-share)-임대료[134]에 관해서는, 왕이 땅을 위해 *정의*를 시행하였으므로, 그 부채는 면제될 것이고, 징수되지 않을 것이다. (35) 그는(즉, 세금 관리는) 세금 징수에 대하여 수후 지방의 가구들을 상대로 소송을 제기하지 않을 것이다.

15: 통상적으로 왕궁 직할 공납자나 xxx이나 왕실 가족이나 보병(*rēdûm*)이나 부사관(*bā'erum*)[135]이나 다른 특별 의무가 부과된 사람이

---

131 아카드어로는 "쉬킬"(šiqil)이지만, 본 번역에서는 구약성서를 통해 널리 알려진 히브리어 "세겔"(shekel)이 사용되었다. 1쉬킬(세겔)은 무게 단위로 사용될 때 60분의 1마나(manā)이고, 부피 단위로 사용될 때는 6분의 1카(qa)이다. 약 8그램의 무게이다(역주).

132 즉, 바벨론(역주).

133 토지임대료를 지칭하는 것으로서 생산량의 일정 비율을 지불하는 형식의 임대료이다. 어떤 학자들에 의하면, 쉽슘은 수확량의 3분의 1을 지불하는 임대료였다(역주).

134 수확량의 2분의 1을 지불하는 임대료(역주).

135 여기에서 쓰인 군대 용어인 레둠(rēdûm)과 바이룸(bā'erum)이 무엇을 지칭하는지는 분명하지 않다. 레둠의 문자적인 의미는 "따라가는 사람"(졸개)으로서 보통 보병을 지칭할 때 쓰인다. 바이룸의 문자적인 의미는

소유한 밭에서 (재배된) [보리], 참깨, 또는 다른 수확물에 대해 작물 세금을 징수하는 세금 관리에 관해서는, (칼럼 5) 왕이 땅을 위해 *정의*를 시행하였으므로, 작물세는 면제될 것이고, 작물 세금이 부과되지 않을 것이다(즉, 각 수확물에 대한 작물세가 징수되지 않을 것이다). (그러나) 판매나 수익을 위하여 정해진 보리는 통상적인 세율에 따라 작물세가 부과될 것이다.

16: (5) 통상적으로 왕궁에 은이나 보리를 납부하는 지역의 주모(들)에 관해서는, 왕이 땅에 *정의*를 시행하였으므로 세금 관리는 (10) 그들의 부채 납부에 대하여 고소하지 않을 것이다.

17: 맥주나 보리를 대출해 준[136] 주모는 그녀가 대출로 빌려준 것의 어떤 것도 수금하지 않을 것이다.

18: …무게를 속인 주모나 상인은 사형에 처해질 것이다.

19: [⋯땅을] 3년 동안 임차하였으나 [⋯] 의무를 수행하지 않은 보병이나 부사관에 관하여는, (20) 왕이 땅에 정의를 시행하였으므로 그는 금년에 그의 도시에서 (통용되고 있는) 비율에 따라…, 즉 (수확의) 3분의 1이나 절반을 지불할 것이다.

20: (25) 만약 눔히아(Numhia)나 에무트발룸(Emutbalum)이나 이다마라스(Idamaras)나 우룩(Uruk)이나 이신(Isin)이나 키수라(Kisurra)나 말기움(Malgium)의 시민과 관련하여 (부채에 대한) 의무가 결국 압류로 이어져서 그가 돈 때문에 그 자신이나 그의 아내나 (30) 그의 자녀를 채무노예의 신분으로 [넘겨 주거나] 담보로 [넘겨 주었다면], 왕이 땅에 *정의*를 시행하였으므로 그는 풀려날 것이고 그의 해방은 (35) 시행될 것이다.

21: 만약 눔히아(Numhia)나 에무트발룸(Emutbalum)이나 이다마

"어부, 사냥꾼"이지만, 이 단어가 군대에서 어떠한 직책을 지칭하는지는 분명하지 않다. 함무라비 법전에도 같은 단어가 등장한다(조항 26번과 그곳의 각주 참조). 미크(Meek)는 이 단어를 "식량보급관"(commissary)으로 번역하였고, 핀켈슈타인(Finkelstien)은 여기서 "부사관"(sergeant)으로 번역하였다(역주).

136 즉, "외상으로 준"(역주).

라스(Idamaras)나 우룩(Uruk)이나 이신(Isin)이나 키수라(Kisurra)나 (칼럼 6) 말기움(Malgium)의 시민의 집에서 태어난 여자 노예나 남자 노예의 가격이…인데, 그가 돈 때문에 팔려갔거나 (5) 채무노예의 신분으로 넘겨졌거나 또는 담보로 맡겨졌다면, 그의 해방은 시행되지 않을 것이다.

22: (10) *라이바눔*(rā'ibānum)-관리나 지역 총독이 보병이나 부사관의 "가정"을 (15) 강제로 추수 노동이나 여타 다른 노동에 동원하고 보리나 은이나 양털을 주었다면, 그는 사형에 처해질 것이다. (동시에 해당) 보병이나 부사관은 그에게 주어진 것을 소유해도 (문자적으로, "가져가도") 된다.

나. 실제 법률의 시행을 보여 주는 문서들

1. 메소포타미아의 법률 문서들

ANET, 219-20

| 원역자: 미크(Theophile J. Meek)

1) 누지(Nuzi) 아카드어 문서

(1) 토지 매매를 위한 입양[137]

카르미쉐(Karmishe)의 아들인 쿠주(Kuzu)에게 귀속되는 입양 문서: 그(즉, 쿠주)는 푸히쉔니(Puhishenni)의 아들인 테히프틸라(Tehip-tilla)를 입양하였다. 그(테히프틸라)의 상속 몫[138]으로, 쿠주는 테히프틸라

---

137 토지 매매를 위한 입양(Sale-Adoption)은 가족 이외의 사람에게 땅을 판매하는 것을 금지하는 법의 규제를 피하기 위해 누지(Nuzi)에서 이용된 법적인 장치이다. 즉, 토지의 주인은 토지 구매자가 자신의 가족이 아닐 때 그 구매자를 먼저 입양하여 자신의 가족으로 만들고, 입양된 구매자는 가족의 신분으로서 땅을 구매하는 것이다. 누지 문서는 시기적으로 주전 15-14세기 정도의 것이다.

138 여기에서 사용된 아카드어 단어 지투(zittu)는 장남 몫인 2배의 상속분

에게 이프후쉬(Iphushshi) 지역에 있는 땅 40이메르(imer)[139]를 주었다. 만약 그 땅에 대한 소유권을 청구하는 사람이 생긴다면, 쿠주가 이를 정리하고 테히프틸라에게 되돌려줄 것이다. 테히프틸라는 이에 대한 사례비로 은 1마나를 쿠주에게 주었다. 누구든지 의무를 이행하지 않는 사람은 은 2마나와 금 2마나를 지불해야 한다.

(증인으로 14명의 사람들 및 문서 작성인의 서명과 이름이 각각 차례대로 기록되어 있다.)

(14명 중 한 사람의 이름과 문서 작성인의 이름 앞에는 "…의 인장"이라는 문구가 적혀 있다.)

(2) 토지 매매를 위한 입양

아르쉔니(Ar-shenni)의 아들인 나슈위(Nashwi)에게 귀속되는 입양 문서: 그는(즉, 나슈위는) 푸히쉔니의 아들인 울루(Wullu)를 입양하였다. 나슈위가 생존하는 한, 울루는 양식과 의복을 제공해야 하고, 나슈위가 사망하면 울루는 상속인이 될 것이다. 만약 나슈위가 자신의 아들을 갖게 된다면, 그(즉, 나슈위의 소생)는 울루와 공평하게 (재산을) 나누어 가질 것이지만, 나슈위의 신들은 나슈위의 아들이 가져갈 것이다. 그러나 만약 나슈위가 자신의 아들을 갖게 되지 않는다면, 울루는 나슈위의 신들도 가져갈 것이다.[140] 더욱이 그(나슈위)는 자신의 딸 누후야(Nuhuya)를 울루에게 아내로 주었는데, 만약 울루가 다른 아내를 얻는다면 그(울루)는 나슈위의 토지와 건물을 몰수당할 것이다. 누구든지 의무를 이행하지 않는 사람은 은 1마나와 금 1마나를 보상

창 31:26ff.

을 의미한다.
139 1이메르(imer)는 약 4.5에이커(acre)에 해당하는 면적이다.
140 가문의 신들을 이어받는 것은 그 사람이 가족의 합법적인 상속인이라는 것을 나타내 주었다. 구약성경 창세기에서 라반이 벧엘로 돌아가는 야곱의 행렬을 쫓아가서 그의 가족신들(테라빔)을 되찾고자 했던 장면은 이러한 고대 메소포타미아의 문화적 배경에서 이해될 수 있다. 또한 위의 텍스트에서 나슈위는 울루에게 그의 딸을 아내로 주었는데, 울루가 다른 여자와 결혼하지 못하도록 제한되는 내용은 창세기 31장 50절에서 라반이 야곱에게 했던 요구와 동일하다.

해야 한다.

(증인으로 5명의 사람들 및 문서 작성인의 서명과 이름이 각각 차례대로 기록되어 있다.)

(5명 중 네 사람의 이름과 문서 작성인의 이름 앞에는 "…의 인장"이라는 문구가 적혀 있다.)

(3) 실제 입양

악쿠야(Akkuya)의 아들인 [지케(Zike)]에게 귀속되는 입양 문서: 그 (즉, 지케)는 그의 아들 쉔니마(Shennima)를 슈리하일루(Shuriha-ilu)에게 입양시켰다. 쉔니마와 관련하여 슈리하일루는 모든 토지와 xxx 와 그의 각종 수입에서 상속인 한 명에 해당하는 상속 몫을 쉔니마에게 주었다. 만약 슈리하일루가 자신의 아들을 갖게 된다면, 그(즉, 슈리하일루의 소생)는 우선 (상속인)으로서 2배의 몫을 가질 것이고, 쉔니마는 그 다음으로 그의 정당한 몫을 취할 것이다. 슈리하일루가 생존하는 한, 쉔니마는 그를 공경할 것이다. 슈리하일루가 [사망하면], 쉔니마는 상속인이 될 것이다. 또한 켈림니누(Kelim-ninu)가 쉔니마의 아내로 주어졌다. 만약 켈림니누가 (자녀를) 낳는다면, 쉔니마는 다른 아내를 취하지 못할 것이다. 그러나 만약 켈림니누가 자녀를 낳지 못한다면, 켈림니누는 쉔니마를 위하여 룰루(Lullu) 지역의 여자를 아내로 얻어 주어야 하고, 켈림니누는 그 자녀들을 쫓아내서는 안 된다. 켈림니누의 몸[141]에서 쉔니마에게 태어난 아들들에게는 [모든] 토지와 각종 건물이 주어질 것이다. 그러나 만약 켈림니누가 아들을 낳지 못한다면, 그녀의 딸은 토지와 건물에서 상속인 한 명에 해당하는 상속 몫을 취할 것이다. 그리고 슈리하일루는 쉔니마 외에 다른 사람을 상속할 수 없다. 이들 중에 누구든지 의무를 이행하지 않는 사람은 은 1마나와 금 1마나를 보상해야 한다.

이에 더하여 얄람파(Yalampa)가 켈림니누의 여종으로 주어지고,

---

141 문자적으로, "자궁에서"(역주).

샤팀니누(Shatim-ninu)는 공동 양육자가 되었다. 그녀(켈림니누)가 생존하는 한, 그녀(알람파)는 그녀(켈림니누)를 존중할 것이고, 샤팀니누는 [공동 양육 합의]를 철회할 수 없다.

만약 켈림니누가 자녀를 낳았음에도 불구하고 쉔니마가 다른 아내를 취한다면, 그녀는 그녀의 지참금을 가지고 떠나도 된다.

(증인으로 9명의 사람들 및 문서 작성인의 서명과 이름이 각각 차례대로 기록되어 있다.)

지케의 나머지 아들들은 상기인이 소유한 토지와 건물에 대하여 상속 재산의 몫을 청구할 수 없다.

이 문서는 선포 후에 기록된 것이다.

(8명의 이름으로 봉인되어 있는데, 그 중 일곱 명은 이미 언급된 증인들이다.)

(4) 소송

후야(Huya)의 아들인 타르미야(Tarmiya)는 후야의 소생이며 그의 형제인 슈크리야(Shukriya)와 쿨라후피(Kula-hupi)와 함께 여기 누지에(술룰리이쉬타르[Sululi-Ishtar])와 관련된 소송에서 누지의 재판관들 앞에 출두하였다. 거기에서 타르미야는 재판관들 앞에서 말하기를, "나의 아버지 후야는 병환으로 인해 침상에 누으셨고, 그때 나의 아버지는 나의 손을 잡고 '너의 다른 형들은 아내를 얻었지만 너는 아내를 얻지 못했으니 내가 너에게 여기 술룰리이쉬타르를 너의 아내로 준다'라고 말씀하셨다"고 진술하였다. 이에 재판관들은 타르미야에게 증인을 요구했고, 타르미야는 재판관들 앞에 그의 증인들을 출두시켰다. 후르샤야(Hurshaya)의 아들인…, 익키야(Ikkiya)의 아들인…, 이트루샤(Itrusha)의 아들인…, 하만나(Hamanna)의 아들인…[이들 타르미야의 증인들은 재판관들 앞에서 심문을 받았는데, 거기에서 재판관들은 슈크리야와 쿨라후피에게 "타르미야의 증인들에 반대한다면, 가서 신들 앞에 맹세하라"고 요구였다. 슈크리야와 쿨라후피는 신들 앞에서 위축되었고,[142] 타르미야는 승소했고, 재판관들은 그 여자 노예 술룰리이쉬타르를 타르미야에게 주었다.

(세 사람의 이름이 기록되어 있고, 각각의 이름 앞에는 "…의 인장"이라는 문구가 적혀 있다.)

일리야(Iliya)의 서명

(5) 히브리 노예 문서

마르이디글랏(Mar-Idiglat)은 아시리아에서 온 히브리인으로서, 자의에 의해 푸히쉔니(Puhi-shenni)의 아들인 테히프틸라(Tehip-tilla)의 집에 노예로 들어갔다.

(증인으로 11명의 사람들 및 문서 작성인의 이름과 서명이 각각 차례대로 기록되어 있다.)

(2명의 증인과 문서 작성인의 이름 앞에는 "…의 인장"이라는 문구가 적혀 있다.)

(6) 히브리 노예 문서

신발티(Sin-balti)는 히브리인으로서, 자의에 의해 테히프틸라(Tehip-tilla)의 집에 노예로 들어갔다. 이제 만약 신발티가 의무를 이행하지 않고 다른 사람의 집에 들어가면, 테히프틸라는 신발티의 눈을 뽑고 그녀를 팔 것이다.

(증인으로 9명의 사람들 및 문서 작성인의 이름과 서명이 각각 차례대로 기록되어 있다.)

(2명의 증인과 문서 작성인의 이름 앞에는 "…의 인장"이라는 문구가 적혀 있다.)

---

142 즉, 그들은 진실이 아닌 것에 대해 신들 앞에서 맹세하기를 두려워하며 거부함으로써 그들 스스로가 옳지 않았음을 보여 준 것이다.

2) 그 밖의 메소포타미아 법률 문서
| 원역자: 핀켈슈타인(Jacob. J. Finkelstein)

ANET³, 542-47

(1) 살인죄 재판

루수엔(Lu-Suen)의 아들인 난나식(Nanna-sig), 이발사 쿠난나(Ku-Nanna)의 아들인 쿠엔릴라(Ku-Enlilla), 그리고 과수원지기 아다칼라(Adda-kalla)의 아들인 엔릴엔남(Enlil-ennam)은 *니샤쿠(nishakku)*-성직자 루갈우루(Lugal-uru)의 아들인 루인안나(Lu-Inanna)를 살해하였다.

(6) 루갈우루의 아들 루인안나가 살해된 후에, 그들(즉, 살인자들)은 루니누르타(Lu-Ninurta)의 딸이자 살해된 루인안나의 아내인 닌다다(Nin-dada)에게 알렸다. (13) 루니누르타의 딸인 닌다다는 입을 열지 않고 그것을 비밀로 지켰다. 그들의 사건은 이신(Isin)¹⁴³으로 (보내져) 왕 앞에 접수되었다. 왕 우르니누르타(Ur-Ninurta)¹⁴⁴는 이 사건이 닙푸르(Nippur) 의회에 의해 심문되도록 명령하였다.

(20) 루칼이빌라(Lugal-ibila)의 아들인 우르굴라(Ur-gula), 새자이누누(Dudu), 무쉬케눔 계급¹⁴⁵의 알리엘라티(Ali-ellati), 루수엔의 아들인 푸주(Puzu), 티즈카르에아(Tizqar-Ea)의 아들인 엘루티(Eluti), 토기장인 쉐쉬칼라(Sheshkalla), 과수원지기인 루갈캄(Lugal-kam), 수엔안둘(Suen-andul)의 아들인 루갈아지다(Lugal-azida), 그리고 샤라하르(Shara-HAR)¹⁴⁶의 아들인 쉐쉬칼라가 의회에 호소하였다. "그들은 사람을 죽인 사람들로서, 살아서는 안 됩니다. 그 세 명의 남자와 그 여자는 *니샤쿠*-성직자 루갈우루아들인 루인안나의 (집무) 보좌 앞에서 사형에 처해져야 합니다"라고 그들은 말했다. (35) 니누르타의 보병에서 에린갈갈(ÉRIN-GAL-GAL)인 슈칼릴룸(Shuqalilum)과 과

---

143 이신은 도시 이름이다. 이 도시의 주신은 니누르타이다(역주).
144 이신의 왕으로서 그의 통치 기간은 주전 1923-1896년이다.
145 여기서 무쉬케눔은 사회 계급으로서 왕실 가족으로 구성되어 있었다.
146 다른 본문에서는 HAR-abi로 기록되어 있다.

수원지기 우바르수엔(Ubar-Suen)이 뒤이어 호소하였다. "루니누르타의 딸인 닌다다와 관련하여, 그녀가 자신의 남편을 죽였다고 하더라도, (40) 여자가 무엇을 할 수 있기에 사형에 처해져야 합니까?"[147] 라고 그들은 말했다. 닙푸르 의회에서, 그들은[148] 다음과 같이 [대답하여] 말하였다. "자신의 남편을 소중히 여기지 않는 여자에 관하여, (45) 그녀는 분명히 다른 남자와 잠자리를 했을지도 모르고, 그리고 나서 그는 그녀의 남편을 살해했을 것이다. 그리고 그가 그녀의 남편이 죽었다고 알려주니 그녀가 그[149]에 대해서 비밀을 지키지 않을 이유가 없지 않는가? (50) 그녀의 남편을 죽인 사람은 바로 그녀이다. 그녀의 죄는 (실제로) 그 사람을 죽인 그들의 범죄보다 크다"라고 그들이 말했다.

닙푸르 의회가 이처럼 소송을 해결한 후에,

루수엔의 아들인 난나식, 이발사 쿠난나의 아들인 쿠엔릴라, 과수원지기 아다칼라의 아들인 엔릴엔남, 그리고 루니누르타의 딸이자 루인안나의 아내인 닌다다는 사형을 선고 받았다.

(비고:) 닙푸르 의회에 접수된 소송

(2) 동업관계의 파기

고대 아시리아 시대, 주전 19세기, 카파도키아(Cappadocia).

아무르이쉬타르(Amur-Ishtar)와 그의 아들들인 수인레움(Su'-in-re'um), 일리바니(Ilibani), 앗수르니슈(Ashurnishu), 그리고 슐라반(Shulaban)의 부동산을 맡아 (5) 관리하는 수탁인 앗수르필라

---

147 즉, 그녀는 범죄에 직접 가담했다기보다는 방조자 역할에 해당한다는 취지의 발언이다.
148 아마도 여기에서 "그들"은 처음 의견을 제시했던 9명의 사람들이었을 것이다. 그들은 해당 의회의 "장로들"이었을 가능성이 매우 높다.
149 아마도 14행에서 그녀가 남편의 살해 소식을 숨겼다고 하는 것으로 봤을 때, 여기에서 "그"는 살인자를 말하는 것이 아니라 그녀의 살해된 남편을 말하는 것 같다.

(Ashurpilah)는 그들의 권리 행사를 위해 (출두하여) 아무르이쉬타르의 딸인 압샬림(Abshalim)과 그들의 형제인 잇딘아다드(Iddin-Adad)를 대리한다.

푸슈켄(Pushuken)의 아들들인 앗수르무탑빌(Ashurmuttabbil), 부자주(Buzazu), 그리고 이쿠파냐(Ikupasha)는 그들의 권리 행사를 위해 (출두하여) 그들의 자매이며 여자수도원 대원장인 아하하(Ahaha)와 그들의 형제인 슈에아(Shue'a)를 대리한다.

그들(즉, 양측 관계자들)은 그들의 상호 의무를 존중하면서 우리를 (재판관으로) 지명하였다. (15) 그들은 그 "도시"(즉, 앗수르)를 걸고 맹세하였고, 우리는 그들의 소송을 종결지었다. 즉, (과거에) 아무르이쉬타르가 푸슈켄의 (합법적인) 대행인 역할을 했든지 아니면 푸슈켄이 (20) 아무르이쉬타르의 대행인 역할을 했든지, 한쪽이 다른 쪽에 물건을 공탁했든지, 한쪽이 아직 전달되지 않은 거래에 대해서 돈을 (25) 이미 받았든지, 둘 중 한쪽의 인장으로 봉합된 문서에 있는 어떤 사업이든지, 운반 중에 있는 어떤 것이든지, 한쪽이 다른 한쪽의 창고에 저장해 둔 어떤 것이든지, 그것이 (30) 그 "도시"(즉, 앗수르) 안에 있는지 아니면 "지방"(즉, 중앙 아나톨리아)에 있든지 상관없이, 아무르이쉬타르의 아들들과 여자수도원 대원장인 아무르이쉬타르의 딸이나 푸슈켄의 아들들과 여자 대수녀원장인 푸슈켄의 딸 중에 (35) 어떤 사람도 어떤 이유로든지 상대방에 대하여 법적인 제소를 하지 못할 것이다. 아무르앗수르(Amur-Ashur)의 아들인 우사눔(Usanum), 앗수르이밋티(Ashur-imitti)의 아들인 쿨루마아(Kuluma'a), (40) 앗수르이밋티의 아들 후니아(Huni'a), 앗수르이디(Ashur-idi)의 아들인 탑실앗수르(Tabsil-Ashur), 엔나앗수르(Enna-Ashur)의 아들인 푸주렌나(Puzurenna), 알라훔(Alahum)의 아들인 앗수르타클라쿠(Ashurtaklaku), 슈앗수르(Shu-Ashur)의 아들인 벨라눔(Belanum), 단앗수르(Dan-Ashur)의 아들 이디앗수르(Idi-Ashur). 이상의 사람들은 이 소송을 종결지은 사람들이다.

(3) 부모의 부채에 대한 책무 인정

고대 아시리아 시대, 주전 19세기.

앗수르탑(Ashurtab)은 앗수르라맛시(Ashurlamassi)에 대하여 우리를 (재판관으로) 지명하였다. 앗수르탑은 앗수르라맛시에게 다음과 같이 말하였다. (5) "이 토판에 당신의 아버지의 인장이 찍혀 있습니까? 아니면 당신의 아버지의 인장이 찍혀 있지 않습니까?" 앗수르라맛시는 다음과 같이 말하였다. "(이 토판에는) 나의 아버지의 인장이 찍혀 있습니다. 나는 (부채) 완납에 대한 증거를 (10) 6개월 안에 제출할 것입니다. 만약 내가 (6개월 안에 그 증거를) 제시하지 못한다면, 내가 그 빚을 떠맡을 것입니다. (15) 엔나수인(Enna-Su'in)의 부속 통치자의 즉위년, 샤사라테(Sha-sarate) 월. 증인(즉, 재판관): 슈수인(Shu-Su'in)의 아들인 아부지야(Abuziya), 앗수르샤마쉬(Ashur-Shamash)의 아들인 […], 슈에라(Shu-Erra)의 아들인 아니나(Anina).

(4) 결혼 계약

고대 아시리아 시대, 주전 19세기.

라키품(Laqipum)은 에니쉬루(Enishru)의 딸인 하탈라(Hatala)와 결혼하였다. 그 지방(즉, 중앙 아나톨리아)에서 라키품은 (5) 다른 (여자와) 결혼할 수 없다. (그러나) 그 도시(즉, 앗수르)에서 그는 신전 여제사장과 결혼해도 된다. 만약 2년 내에 그녀(즉, 하탈라)가 자녀를 낳지 못한다면, (10) 그녀는 직접 여자 노예를 구입할 것이고, 나중에 그녀(즉, 여자 노예)가 그에게 자녀를 낳은 후에 그는 그가 원하는 곳에 그녀를 팔아 내보낼 수 있다. 만약 라키품이 그녀(본문: "그")와 이혼하기로 선택하였다면, 그는 (그녀에게) 은 5마나를 지불해야 한다. (20) 만약 하탈라가 그와 이혼하기로 선택하였다면, 그녀는 (그에게) 은 5마나를 지불해야 한다. 증인: 마사(Masa), 앗수르이쉬티칼

(Ashurishtikal), (25) 탈리아(Talia), 슈피아니카(Shupianika).

(5) 사제직의 계승

고대 바벨론 시대, 닙푸르(Nippur).

난나루티(Nanna-lu-ti)의 아들인 시나부슈(Sinabushu)는 주술 사제직의 승인된 권한과 그의 유산을 *니샤쿠*-사제인 난나툼(Nannatum)의 소유로 예전에 승계해 주었는데, (7) 시나부슈가 사망한 지 2년이 지난 후에, 아바엔릴딤(Aba-Enlil-dim)이 이 승인된 권한을 난나툼의 손으로부터 취득하였다.
향후에 (이) 승인된 권한과 관련된 어떠한 소송도 아바엔릴딤에 의해서 처리될 것이다.
증인의 이름: 삼수일루나(Samsuiluna) 즉위 13년째 해, 아달 월.

(6) 신전 특전의 매매

고대 바벨론 시대, 라르사(Larsa).

다무(Damu)[150] 신전의 기름 붓는 사람, 술양조자, 요리사의 근무기간은 연중 14일, 즉 마르헤쉬반(Marcheshwan) 월 중 14일 동안인데, (5) 이는 아나다무타클라쿠(Ana-Damu-taklaku)의 아들인 다미킬리슈(Damiqilishu)의 성직록[151]으로서, 입쿠니사바(Ibku-Nisaba)의 아들인 푸주르굴라(Puzur-Gula)는 그 특전을 (10) 다미킬리슈로부터 구입했다. 그는 그것의 가격으로 은 15세겔을 지불하였다. 향후에 (15) 다미킬리슈와 그의 상속자들은, 상속자들이 몇 명이 되든지 상관없이, 이 성직록에 대해서 어떠한 소송도 제기하지 않을 것을 그가(즉,

---

150 다무는 치료의 신으로서 그의 신전은 도시 이신(Isin)에 위치해 있었다.
151 성직록은 성직 수행에 대해 사례로 주어지는 토지나 보수를 말한다(역주).

다미킬리슈가) 왕 앞에서 맹세하였다.

증인 목록. 림신(Rim-Sin) 즉위 45년째 해.

(7) 유산 소송

고대 바벨론 시대.

A-텍스트

신전 여제사장 라맛시(Lamassi)의 집에 인접해 있는 수도원[152] 내에, 3분의 1사르(sar)[153] 크기의 주택 부지, 즉 수파품(Supapum)의 딸인 아마트샤마쉬(Amat-Shamash)가 전에 공동으로 소유했던 재산에서[154] (5) 그녀의 (입양된) 딸, 즉 신에리밤(Sin-eribam)의 소생에게 유산으로 물려주었던 상속몫에 관하여, 잇디누님(Iddinunim)의 아들들인 니드누샤(Nidnusha)와 샤마쉬아필리(Shamash-apili)는 (10) 신에리밤의 딸에 대하여 소송을 제기하며 다음과 같이 말하였다. "아마트샤마쉬는 당신에게 어떠한 주택도 유산으로 물려주지 않았고 당신 앞으로 어떠한 증서도 작성해 두지 않았다. 그녀가 사망하자 당신은 당신 자신이 (그러한 문서를) 작성한 것이다." (15) 이것이 그들이 말한 것이다. 그들(즉, 소송 당사자들)은 수무아크샤크(Sumu-Akshak)[155] 앞에서 변론하였다. 그녀(즉, 피고)의 남자와 여자 증인들의 증언을 듣기 위하여, 샤마쉬의 기(旗)와 샤마쉬의 톱니와 (20) 이쉬하라(Ishhara)

---

152 도시 십파르(Sippar)에 있는 태양신 샤먀쉬(Shamash)와 그의 배우자 여신인 아야(Aya)의 숭배자를 위한 주거 시설.
153 약 12.36m².
154 여기서 텍스트의 세 번째 행에 대한 해석이 다소 난해하다. 그러나 문맥과 동일한 표현에 대한 후대의 용례를 고려할 때, 이 부분의 일반적인 의미를 파악하는 것은 크게 문제가 되지 않는다. B-텍스트에서 4명의 피고인, 즉 라맛시, 벨타니, 일타니, 신에리밤의 딸이 거론되는데, 이들이 공동으로 소유한 재산이 소송의 대상이 되고 있다.
155 십파르의 시장이고(B-텍스트 참조), 그 도시의 최고 사법 권위자이다.

의 독사[156]가 수도원 안에 입장하였다. 그녀의 남자와 여자 증인들이 (25) 그녀가[157] 살아 생전에 (피고에게) 주택을 유산으로 물려주었고 증서를 작성했다고 증언한 후에, 재판관들은 재판을 진행했다. 재판관(들)은 그들(즉, 원고)에게 처벌을 선고하였고, 재판관들은 그들에게…를 내렸다. (30) 니드누샤와 샤마쉬아필리, 그리고 아마트샤마쉬의 형제들은, 전에 공동으로 소유했던 재산에 대해서 얼마나 많은 사람이 그 몫을 가지고 있든지 상관없이, 신에리밤의 딸에 대하여 또 다시 소송을 제기할 수 없다. 만약 아마트샤마쉬의 형제들 중에 어느 누가 (35) 소송을 제기한다면, 그들의 소송이 종결되었으므로, 책임을 져야 할 사람은 그들(즉, 원고들)이다.

샤마쉬 앞에 제소된 법률소송. 3-4명의 재판관들의 이름.

B-텍스트

(시작 부분은 남아 있지 않음)…잇디누님의 [아들들인 니드누샤와 그의 형제 샤마쉬아필리는 소송을 제기하고, 재판관들은 그 사건을 샤마쉬 신전에서 심문하여 (5) 라맛시와 벨타니(Beltani)와 일타니(Iltani)와 신에리밤의 딸에게 유리한 확정판결문을 작성한 (후에), 이디누님의 아들인 니드누샤는 다시 한 번 소송을 제기하였다. 십파르의 시장인 수무아크샤크와 (10′) 십파르의 재판관들은 법적인 절차를 진행하였다. 즉, 그는 정당하게 작성된 확정판결문에 도전하여 다시 소송을 제기하였기 때문에 그들(즉, 법집행 당국자들)은 그의 머리털 절반을 잘라냈고, (15′) 그에게 코뚜레를 하였고, 그의 팔을 벌려 뻗게 하여 도시 주위를 돌게 하였다. 그의 이의신청과 소송은 종결되었다. (20′) 잇디누님의 아들인 니드누샤는 수파품(Supapum)의 딸이며 샤마쉬의 숭배자인 아마트샤마쉬가 푸주르아크샤크(Puzur-Akshak)의 딸이며 샤마쉬 숭배자인 라맛시, 마니움(Manium)의 딸이며 샤마쉬

---

156 증인들의 증언을 엄숙한 가운데 진행하기 위해 세 개의 상징물이 그들의 사원이나 신전으로부터 수도원으로 이동 배치되었다.
157 즉, 아마트샤마쉬(Amat-Shamash).

숭배자인 벨타니, 이라가밀(Irra-gamil)의 딸이며 샤마쉬 숭배자인 일타니, 그리고 신에리밤의 딸에게 (25′) 유산으로 물려준 어떤 것이라도, (즉) 겨에서 금에 이르기까지, 그들을 상대로 절대 다시 소송을 제기하지 못할 것이다. 그는 "내가 이 사실을 잊고 있었다"라고 변명할 수 없다. 아마트샤마쉬의 형제들 중에 어느 누구도 그들을 상대로 소송을 제기할 수 없다. 니드누샤가 그들의 소송을 (30′) 종결했기 때문에 니드누샤는 그들의 (향후) 이의신청과 소송에 대해서 책임을 져야 할 것이다.

그들은 샤마쉬와 마르둑(Marduk)과 신무발릿(Sin-muballit)과 십파르 도시를 걸고 맹세하였다.

증인들의 이름 (대부분 파손됨).

(8) 결혼 계약

고대 바벨론 시대.

입바툼(Ibbatum)의 딸, 사비툼(Sabitum); 그녀의 아버지 입바툼은 그녀를 그녀의 시아버지 일루슈이브니(Ilushu-ibni)의 집으로 보내 (5) 그의 아들 와라드쿠비(Warad-kubi)의 아내로 주었다. 침대 2개, 의자 2개, 탁자 1개, 바구니 2개, 맷돌 1개, 절구 1개, 수투(sūtu)-그릇[158] 1개, (10) 제분 사발 1개를 비롯한 입바툼이 그의 딸 사비툼에게 준 이 모든 물건들을 그녀는 그녀의 시아버지 일루슈이브니의 집으로 가져 갔다. (15) 입바툼은 은 10세겔에 달하는 그녀(사비툼)의 결혼 예물을 받았다. 그는 그녀에게 (작별의) 입맞춤을 하고, (그 돈을) 그녀의 딸 사비툼의 시씩투(sissiktum)[159]로 묶었다. 이렇게 그 돈은 (20) 와

---

158 수투(sūtu)는 용량을 재는 용기이다. 나무나 진흙이나 구리로 만들어지며, 보통 약 10카(qa)에 해당한다(역주).

159 의복의 가장자리를 지칭하는데, 이혼 시 법적, 상징적 의미가 있다. 이 사례에서 알 수 있듯이, 결혼예물(terḫatum)은 신부의 아버지를 통해 신부에게 전달되었다. 그 금액은 그녀의 남편이 유용하도록 하기 위한 것

라드쿠비에게로 되돌아갔다.

만약 사비툼이 그녀의 남편 와라드쿠비에게 "(당신은) 나의 남편이 아니다"라고 말한다면, 그들은 그녀를 묶어 물에 집어 던질 것이다. (25) 그리고 만약 와라드쿠비가 그의 아내 사비툼에게 "(당신은) 나의 아내가 아니다"라고 말한다면, 그는 위자료로 은 3분의 1마나를 달아 줄 것이다. 그녀의 남자 형제인 에무크아다드(Emuq-Adad)가 (30) 그녀의 말에 대해 책임을 질 것이다.

문서 작성인을 비롯하여 5명의 증인. 날짜: 암미디타나(Am-miditana) 즉위 모년(某年), 티쉬리(Tishre) 월 15일.

(9) 법원 명령에 의한 상속권 박탈

고대 바벨론 시대.

(시작 부분은 남아 있지 않음)…(2′) 다음과 같이 단언하며 말하였다. (3′) "샤마쉬나찌르(Shamash-nasir)는 나의 형제가 아니다 나의 아버지인 아윌나비움(Awil-Nabium)은 (4′) 그를 입양하지 않았다"라고 그는 발언하였다. (5′) 샤마쉬나찌르는 그에게 다음과 답변하며 말하였다. (7′) "나의 아버지인 아윌나비움은 내가 어린 아이였을 때 나를 입양하여 양육하였다. (9′) (이 사실에 대하여) 나는 내 증인을 제시할 수 있다"라고 그는 말하였다. (10′) 재판관들 앞에서 서로를 비난하며 변론하였다. (11′) 재판관들은 그들의 사건을 심리하고 (12′) 그에게 증인을 요구하였다. 증인들은 (13′) 재판관들 앞으로 인도되었고, 재판관들은 (14′) 주의깊게 그들의 증언을 경청하였다. (15′-16′) 재판관들은 그들을 샤마쉬 신전으로 보내서 그들의 증언에 대해서 맹세하게 하였다. (뒷면, 1-2) 샤마쉬 신전에서 증인들은 샤마쉬의 전령인 황금 깃발[160] 앞에 서서 (3) 다음과 같이 그들의 증언을 진술하였다. (4-5)

이지만, 원금은 궁극적으로 그 아내의 재산으로 남는다.
160 황금 깃발는 샤마쉬의 상징인데, 도시 씹파르에 있는 샤마쉬의 신전 에

"아윌나비움은 샤마쉬나찌르가 어린 아이였을 때 입양하여 (6) 키웠다. 우리가 그가 양육되었다는 것을 보증할 수 있다"라고 말하였다. (7) [심리 절차]는 다시 재판관들에게 돌아가서 (8) [재판관들은] 샤마쉬나찌르를 아윌나비움의 아들로 복권하였고, (9) 그의 형제와…나찌르, 그들은 상속권이 박탈되었고, (10) […](은/는) 그에 대하여 추가적인 처벌을 내리지 않았다.

(증인들의 이름이 기록되어 있음. 날짜는 사라짐.)

(10) 수사(Susa)에 있는 한 집에 대한 소송

고대 바벨론 시대.

총독 템티랍타쉬(Temti-raptash)와 시장 쿠두줄루쉬(Kuduzulush) 시대에 아비일리(Abi-ili)가 쿡아다르(Kuk-Adar)에게 제 값을 받고 팔았던 집에 관하여, (5) 아비일리의 아들인 푸주르템푸나(Puzur-Teppuna)와 그의 상속인들은 (쿡아다르의 아들인) 이키슈니(Iqishuni)에 대하여 소송을 제기하며 다음과 같이 말하였다. "우리 아버지의 집은 당신의 아버지에게 매각되지 않았다. (10) 당신의 증서는 위조된 것이다"라고 말하였다. 많은 사람이 출석하여 재판관 역할을 하였는데, 그들은 이키슈니에게 신 앞에서 맹세할 것을 요구하였다. 인안나(Inanna)의 신전에서 이키슈니는 (15) 서약을 하며 말하였다. "오, 인안나! 당신은 내가 증서를 위조하지 않았다는 것을 아십니다. 그리고 나의 아버지가 이 증서를 저에게 물려주었다는 것을 아십니다."이키슈니가 맹세를 한 후에 (20) 그들은 그를 위하여 그 집(에 대한 그의 권리)를 확인해 주었다. (21-47) 증인들의 이름. (48행 이후) 이상 34명의 증인들 앞에서 이키슈니는 인안나 신전에서 맹세하였으나 푸주르템푸나와 [그의 상속인들은] 그를 […] 맹세하게 하였고, 그들(즉, 재판

밥바르(Ebabbar) 안에 비치되어 있다. 맹세의 절차가 그 앞에서 진행되었다.

관들)은 그를 위하여 그 집(에 대한 권리)를 확인해 주었다.

(11) 폭행에 대한 재판

고대 바벨론 시대, 디얄라(Diyala) 지역.

아모리 보병인 비르일리슈(Bir-ilishu)가 아후쉬나(Ahushina)의 아들인 아필일리슈(Apil-ilishu)의 뺨을 때렸는데, 그가 이 사실을 부인하며 "나는 (그를) 때리지 않았다"라고 말했다. (6) 총독과 재판관들은 그를 이쉬타르의 문으로 보내 그가 거기에 서서 그가 (부인하는 내용을) 맹세하도록 돌려보냈다. (11) (그러나) 그는 거부하였다. 그는 (자발적인 보상을) 지불하려 하지 않고, (서약 절차 중에) 서서 맹세하지도 않았으므로 그는 은 3과 3분의 1세겔을 지불해야 한다.
4명의 증인.

(12) 절도에 대한 재판

고대 바벨론 시대.

일루슈나찌르(Ilushunasir)와 벨슈누(Belshunu)는 타리붐(Taribum)이 일루슈나찌르(Ilushunasir)의 집에…(5) 무단 침입을 했기 때문에 그를 체포하였다. …의 아들인 타리붐은 도시의 원로들 앞에서 "나는 도둑이다"라고 자백하였다. (10) 그는 "내가 절도를 저질렀다"라고 고백했고, 훔친 물건은 그의 소유에서 발견되었기에, 도시 원로들은 신(Sin)의 도끼와 이샤르키딧수(Isharkidissu)의 철퇴 앞에서 그를 처벌에 의한 노예신분으로 일루슈나찌르에게 넘겨 주었다.
총독(šakkanakkum)을 포함하여 17명의 증인들.

(13) 입양

고대 바벨론 시대, 마리(Mari).

야핫티엘(Yahatti-el)은 힐랄룸(Hillalum)과 알리툼(Alitum)의 아들이다. 그는 그들의 기쁨에 동참할 것이고, (5) 그들의 슬픔에도 동참할 것이다. 만약 그의 아버지 힐랄룸과 그의 어머니 알리툼이 그들의 아들인 야핫티엘에게 "너는 우리의 아들이 아니다"라고 말한다면, (10) 그들은 집과 재산을 몰수당할 것이다. 만약 야핫티엘이 그의 아버지 힐랄룸과 그의 어머니 알리툼에게 "당신은 나의 아버지가 아니고, 당신은 나의 어머니가 아니다"라고 말한다면, 그들은 그를 삭발하고 팔아 버릴 것이다. 힐랄룸과 (20) 알리툼에 대하여, 그들이 얼마나 많은 아들을 얻게 되든지 상관없이 야핫티엘이 우선 상속인이고, 그는 그의 아버지 힐랄룸의 유산에서 2배의 상속몫을 받을 것이다. (25) 그의 동생들은 (나머지 유산에서) 동등한 몫으로 나눠 가질 것이다. (형제들 중에) 누구든지 그에 대해 이의를 제기하는 사람은 샤마쉬(Shamash), 이투르메르(Itur-Mer), 샴시아다드(Shamash-Adad), 야스마아다드(Yasmah-Adad)의 금기를 범한[161] 것으로 간주될 것이고, (30) 살인죄 소송에서 선고되는 처벌인 은 3과 3분의 1마나를 지불할 것이다.

8명의 증인들. 아스쿠둠(Asqudum)의 통치 원년, 히비르툼(Hibirtum)[162] 월 28일.

---

161 문자적으로는, "먹은"(역주).
162 고대 마리의 월명인 히비르툼은 히브리 월력의 아브 월, 바벨로니아 월력의 아부 월에 해당하며, 현대 달력으로는 7-8월에 해당한다(역주).

(14) 유산 소송

알라락(Alalakh), 고대 바벨론 시대.

암무라피(Ammurapi)의 아내의 유산에 관하여, 압바엘(Abba'el)은 그의 누이 비타티(Bittatti)에 대해 법률소송을 제기하며 다음과 같이 진술하였다. "집 전체는 오로지 나의 소유이다. 비타티 당신은 이 집에 대해서 (상속인으로) 여겨지지 않는다." 이에 비타티가 다음과 같이 대답하였다. "[…] 수하루와(Suharuwa) 시에서 […] 나는 (진실로) 나의 어머니[의 유산에 대해서 (상속인으로) 여겨진다. 왜 당신은 그 유산에서 추가로 몫을 챙기느냐? 당신과 나는 우리 아버지의 집을 동등하게 분배해야 한다."

그들은 니크메파(Niqmepa) 왕 앞에서 법률소송을 시작하였다. 니크메파 왕 앞에서 아비아두(Abiadu)는 비타티가 그 유산에서 상속몫(에 대한 권리)를 가지고 있다고 증언하였다. 그러자 왕은 "압바엘로 하여금 우선 상속몫으로서 그 집의 재산 중 그가 원하는 부분을 취하게 할 것이고, 비타티는 그 집의 재산 중 그가 사절한 부분을 취할 것이다"라고 선언하였다. 이것이 왕이 말한 것이다.

왕실 관료들인 기밀앗두(Gimil-Addu)와 니와리아두(Niwariadu)에게 집의 분배를 처리하는 임무가 맡겨졌다. 압바엘은 자신의 우선 상속몫으로서 다락방이 달린 집의 윗부분을 택하였고, 집의 아랫부분은 그의 누이 비타티의 몫으로 남겨 두었다. 오늘부터 이제는 압바엘이 비타티를 상대로 비타티의 몫이 된 집에 대하여 소송을 제기하지 못할 것이고, 비타티도 압바엘을 상대로 소송을 제기할 수 없다. 누구든지 그런 소송을 제기하는 사람은 금 500세겔을 왕궁에 지불할 것이고, 자신의 상속몫을 몰수당할 것이다.

9명의 증인들.

날짜: 니크메파 왕이 도시 아라지크(Arazik)를 점령했던 해, 이잘리(Izalli) 월 13일.

(15) 결혼 계약의 파기(3.101a)

알라락(Alalakh), 주전 15세기.

니크메파(Niqmepa)의 인장(이드리미[Idrimi]의 인장쇄).[163]
 루바(Luba)의 시민인 주와(Zuwa)의 아들 샤투와(Shatuwa)는 아프라(Apra)에게 그의 딸을 자신의 며느리로 줄 것을 요청하였다. (5) 알레포(Aleppo)의 법규에 따라서 그(샤투와)는 그(아프라)에게 결혼예물을 보냈다. 후에 아프라가 반역죄를 저질러 그의 범죄로 처형되었고, (10) 그의 부동산은 왕궁에 의해 몰수되었다. 샤투와는 그(아프라)의 재산에 대한 자신의 권리와 관련하여 나섰다. 즉, 그는 6개의 구리 주형과 2개의 청동 단검을 도로 되찾았다. (15) 오늘 현재 니크메파는 샤투와에게 만족할 만큼 변제(한 것으로 여겨진다.) 향후에 샤투와는 그(아프라)의 재산과 관련하여 어떠한 법적 소송도 제기하지 않을 것이다.
 문서 작성인을 포함하여 7명의 증인들.

(16) 노예해방과 결혼

우가릿.

오늘부로, 증인들 앞에서, 여왕의 궁전 대신인 길벤(Gilben)은 (5) 그의 하녀인 엘리야웨(Eliyawe)를 후궁들 중에서 해방시킨다. 그는 그녀의 머리에 기름을 바름으로써 그녀를 해방시키며 (말하였다). (10) "내가 그녀에게서 자유로운 것처럼, 그녀도 나에게서 영원히 해방되었다."
 또한 *나무*(namū)-관료인 부리야누(Buriyanu)가 그녀를 그의 아내

---

163 니크메파(Niqmepa)는 이드리미(Idrimi)의 아들로서, 이 두 왕은 주전 15세기 초반에 알라락(Alalakh)을 통치하였다.

로 삼았고, (15) 그녀의 남편인 부리야누는 은 20세겔을 길벤의 손에 넘겨주었다. 4명의 중인들.

(봉인에 새겨진 글:) 만약 부리야누가 내일이나 내일 모레 일리야웨와 부부 합방하는 것을 거부한다면-

(17) 유언장

우가릿.

오늘부로, 증인들 앞에서, 야리마누(Yarimanu)는 다음과 같이 말했다. "이제 그러므로 (5) 내가 소유한 모든 것과 비다웨(Bidawe)가 나와 함께 취득한 것들, (즉) 나의 큰 가축, 작은 가축, 나귀, 남자 노예, 여자 노예, 청동 그릇, 청동 솥, (10) 청동 물단지, 바구니, 그리고 라아바니(Ra'abani) 개울 옆에 있는 빈하라시나(Bin-Harasina)의 밭을 나는 나의 아내 비다웨에게 유산으로 물려주는 바이다.

그러므로 이제 나의 두 아들들, (15) 형 야틀리누(Yatlinu)와 아우 얀하무(Yanhamu), 이들 중에 누구든지 비다웨에 대하여 소송을 제기한다든지 (20) 그의 어머니인 비다웨를 학대하는 사람은 은 500세겔을 왕에게 지불할 것이다. 그는 그의 외투를 문빗장에 놓고 길거리로 나갈 것이다. 그러나 그들 중에 누구든지 그의 어머니인 비다웨를 공경하는 사람에게는 그녀가 (소유를) 유산으로 물려줄 것이다.

5명의 증인 및 문서 작성인의 이름.

(18) 살인사건 재판

우가릿, 주전 13세기.

타르후다쉬쉬(Tarhudashshi)의 왕을 섬기는 상인 아리쉬미가(Arishimiga)와 우가릿의 시민들이 갈그미스(Carkemish)의 왕 이니테슙(Ini-Teshup) 앞에서 소송으로 만났다. 아리쉬미가는 다음과 같이 진술하였다. (5) "우가릿 시민들이 타르후다쉬쉬 왕의 상인을 살해하였다." 그리고 아리쉬미가는 우가릿에서 살해된 그 상인이 소유했던 물건들 중에 어떤 것도 되찾지 못했다. 왕은 (10) 그들의 소송에 대해서 다음과 같이 판결하였다. "아리쉬미가는 (자신의 진술에 대하여) 맹세할 것이고, 우가릿 시민들은 그 살해된 상인에 대하여 충분한 보상금을 지급할 것이다." (15) 이에 아리쉬미가는 맹세하였고, 우가릿 시민들은 은 180세겔의 보상금을 타르후다쉬의 왕을 섬기는 아리쉬미가에게 지급하였다. 향후에 아리쉬미가는 (20) 그 살해된 상인과 관련하여 우가릿 시민들을 상대로 더 이상의 소송을 제기할 수 없고, 우가릿 시민들도 그들이 보상금으로 지급한 은 180세겔에 관하여 아리쉬미가를 상대로 소송을 제기할 수 없다. 소송을 제기하는 어느 측이든지 (25) 이 문서가 그에 대하여 효력을 발생할 것이다.

(19) 매춘부 아들의 입양

신바벨론.

나부아헤슐림(Nabu-ahhe-shullim)의 아들인 인닌슘이브니(Innin-shum-ibni)는 나부아헤슐림의 딸이자 자신의 누이인 발타(Balta)에게 나아가 다음과 같이 말했다. (5) "너의 17세 된 아들 단누아헤이브니(Dannu-ahhe-ibni)를 내게 주어라. 내가 그를 양육할 것이고 그는 나의 아들이 될 것이다." 발타는 그에게 동의하였고 자신의 17세 된 아들 단누아헤이브니를 그에게 입양시켰다. 그는 자신의 소생인 라바쉬(Labashi) 다음의 상속인으로 그를 입적하였다. 발타가 (10) 매춘을 지속하는 동안은 단누아헤이브니는 그녀의 책임 아래 양육될 것이다. 발타가 덕망있는 시민의 집으로 가게 되면 그(즉, 인닌슘이브니)는 단누아헤이브니의 양식과 양육을 위하여 빵, 맥주, 소금, 냉이, 그리고 무찝툼(muṣiptum)-의복과 함께 은 3분의 1세겔을 발타에게 지불할 것이다.

(16) 인닌슘이브니는 아누(Anu)와 이쉬타르(Ishtar) 앞에서 맹세하

였다. "진실로, 충실한 신의로, (너의) 형제로서, 나는 단누아헤이브니를 나의 형제인 나부제르리쉬르(Nabu-zer-lishir)나 나의 누이인 에쉬르투(Eshirtu)에게 넘겨주지 않을 것이다. 단누아헤이브니는 라바쉬와 함께 왕과 "우룩(Uruk)의 여왕"을 시중들 것이다.

증인: 문서 작성인의 이름을 비롯하여 6명의 이름.

날짜: 느부갓네살 즉위 32년째 되던 해(주전 573/2년), 담무스(Tammuz) 월 9일. 아누와 이쉬타르와 바벨론의 왕 느부갓네살의 준엄한 서약이 이 협약을 변개하는 사람의 파멸을 명령할지어다.

(20) 신전 성직록[164]의 판매

셀레우코스 시대.

쿠주(Kuzu)의 후손으로서 아누아헤잇딘(Anu-ahhe-iddin)의 손자이자 파라크아누(Parak-Anu)의 아들인 나나잇딘(Nana-iddin)은 매월 1일에서 13일까지 "하루의 12번째 부분", (즉) 아누(Anu), 안툼(Antum), 이쉬타르(Ishtar), 나나(Nana), 벨리트샤비트레쉬(Belit-sha-bit-resh), 샤리야히툼(Sharriyahitum)을 비롯한 신당의 모든 신들 앞에 있는 술양조자 직책에 대해 일년 내내 매월 주어지는 그의 보수, 매월 축제일에 드려지는 *국카누*(*guqqanu*)-제물, 그 외에 (그가) 그의 형제 및 다른 사람들과 공동으로 (소유하고 있는) 성직록에서 발생하는 모든 것을 에쿠르자키르(Ekur-zakir)의 후손으로서 아누아흐우샤브쉬(Anu-ah-ushabshi)의 손자이자 누르(Nur)의 아들인 파라크아누(Parak-Anu)에게 자의에 의해 영구적으로 순은 6분의 5마나를 안티오쿠스(Antiochus)의 스타테르(stater)[165]로 받고 판매하였다. 나나잇딘은 파라크아누의 손에서 이 모든 성직록의 가격인 6분의 5마나를 받았다. 지불 완료. 만약 향후에 이 성직록에 관하여 소송이 제기된

---

164 성직록은 성직 수행에 대해 사례로 주어지는 토지나 보수를 말한다(역주).
165 고대 그리스의 금화 혹은 은화(역주).

다면, 파라크아누의 아들인 나나잇딘, 즉 이 성직록의 판매자가 누르의 아들인 파라크아누(Parak-Anu)에게 12배의 돈을 지불함으로써 소송을 처리해야 한다. (뒷면 15) 이 성직록에 대한 다른 주장들을 제거하고 그것이 누르의 아들인 파라크아누의 소유임을 확증할 공동 책임은 이 성직록의 판매자인 나나잇딘과 그의 아들인 파라크아누에게 항상 있다. 술제조 작업에 대한 보수인 "하루의 12번째 부분"은 에쿠르자키르(Ekur-zakir)의 후손으로서 아누아흐우샤브쉬의 손자이자 누르의 아들인 파라크아누의 영원한 소유이다. (19-27) 증인들 목록.[166]

(28) 우룩(Uruk), 144년 담무스(Tammuz) 월 12일 — 안티오쿠스 (IV) 왕 — 주전 168년 7월 21일.

토판의 옆면에 5명의 증인의 인장쇄. 뒤이어:

상기 성직록의 판매자, 나나잇딘의 인장;

보증인, 그의 아들 파라크아누의 인장.

2. 엘레판틴에서 출토된 아람어 파피루스 사본

ANET, 222-23

| 원역자: 긴즈버그(H. L. Ginsberg)

1) 미브타히야(Mibtahiah)의 첫 번째 결혼

주전 459년의 결혼 계약 증서. 재산 환수에 관한 내용. 원문: Sayce-Cowley, C; Cowley, 9.

키슬레브 월 21일, 즉 메소레 월[167] 1일, 아닥사스다 왕 6년, 엘레판틴 유대인, 하우마다타(Haumadata) 분대 소속, 마세이아 벤예도니야(Mahseiah b. Yedoniah)가 같은 분대 소속의 예자니야 벤우리

---

166 모든 증인과 거래의 주체들은 성직자들이고 성직 가문의 후손들이다.
167 이집트의 달 이름.

야(Jezaniah b. Uriah)에게 다음과 같이 말했다. "너의 집 서쪽에 내게 속한 집터가 있다. 나는 그것을 네 아내이자 내 딸인 미브타히야(Mbṭhyh)에게 주었고, 그것에 관한 땅문서도 만들어 주었다. 그 집의 크기는 표준자로 가로 8규빗 한 뼘, 세로 11규빗이다. 이제 나, 마세이아가 너에게 말하노라. 그곳에 집을 짓고 살림을 갖추어…그곳에서 네 아내와 함께 살아라. 그러나 그 집을 팔거나 다른 사람에게 선물로 주어서는 안된다. 내 딸 미브타히야를 통한 자녀들만이 너희 둘이 죽은 후 그것에 대해 권리를 행사할 것이다. 내일 혹은 다른 날에 [168] 네가 이 땅에 집을 지었으나, 내 딸이 너와 이혼하고 너를 떠날 때, 그[내 딸]는 그것을 네게서 빼앗을 수 없을 뿐 아니라, 다른 사람에게 주지도 못할 것이다. 미브타히야(10)를 통한 너의 자녀들만이 그것에 대해 권리를 가진다. 이것은 네가 고생한 것에 대한 보상이다. 한편 그녀가 '너로부터 회복될 필요가 있다'면,[169] 그는 집의 반을 차지할 수 있고, 나머지 반은 네가 임의로 처분할 수 있다. 이것은 네가 그 집을 짓기 위해 투자한 노동력에 대한 대가이다. 그리고 너의 몫에 대해서는 미브타히야를 통한 네 자녀들이 네가 죽은 후에 권리를 행사할 것이다. 내일이나 다른 날에 내가 너에 대해 법정을 열고, '내가 너에게 집 지으라고 이 땅을 주지 않았고, 땅문서도 쓰지 않았다'고 고소하면, 나는(15) 너에게 왕궁 저울로 10에 2R의[170] 비율로 10카르신을 주어야 한다. (그리고 이에 대한 추가적) 법정이나 소송은 없을 것이다. 이 문서는 아타르슈리 벤나부제르이브니('Atharshuri b. Nabuzeribni)가 마세이아의 지시로 스엔 성에서 작성한 것이다. 증인들은 다음과 같다(서명).

---

168 불특정 미래를 지칭하는 아람어숙어(역주).

169 이 구절은 "내가 그녀와 이혼하게 되는 경우"의 의미이다. 그 경우 그녀가 먼저 이혼하자고 말하는 경우와 달리 모든 권리를 빼앗기지는 않는다. 본문 중 일부가 훼손되었을 가능성이 있다.

170 R은 4분의 1세겔을 의미하는 루빈(rub'in)의 약칭이다. 2/4X10(=1/5)가 합금의 비율인가?

2) 미브타히야의 두 번째 결혼을 종료하면서

본서 19장의 아람어 편지 중, 엘레판틴 유대인들의 편지 가운데, "맹세를 통한 분쟁 해결"을 참고할 것.

3) 미브타히야의 세번째 결혼 계약

원문: Sayce-Cowely, G: Clowley, 15. 주전 440년경.

[아르타크세르크세]스 왕 [⋯년], 에피피 월 6일, 즉 티슈리 월 2[5]일에, 왕궁 건축가 아솔 벤[세호](Ashor b. Seho)가[171] 스옌의 [아람인 마]세이아에게 다음과 같이 말했다. '내가 당신의 집에 [온] 것은 당신이 내게 당신의 딸 미브⟨타⟩히야를 시집보내도록 하기 위함이오. 이 날부터 영원히 그녀는 나의 아내요 나는 그녀의 남편이요. 당신의 딸 미브타히야의 신부값으로 (5) 왕궁 무게로 (모두) 5세겔을 당신에게 주겠소. 당신이 그것을 수령했고, 당신의 마음은 그것에 만족하고 있소.'[172] (6-16행에는 미브타히야의 지참금에 대한 내용이 담겨 있다.) (17) 아솔이 내일이나 [다른] 날에 그의 아내, 미[브타히]야를 통한 자식―아들이든 딸이든―도 없이 죽게 된다면, 미브타히야는 아솔의 집, 재산, 모든 물건들에 대한 권리를 가진다. (20) 내일[이나] ⟨다른⟩ 날에 미브타히야가 그녀의 남편 아솔에 의한 자식―아들이든 딸이든―없이 죽게되면, 아솔은 그녀의 재산과 물건을 유업으로 받게 될 것이다. 내일이나 다른 날에 [미브타히야가 회중 가운데 일어나, 나는 내 남편 아솔과 이혼한다고 말하면 이혼의 비용은 그녀의 머리 위에 있다. 그

---

171 아솔의 아버지 이름(šḥ)이 다른 문서에 보존되어 있다. 그것과 아솔의 이름은 모두 이집트식 이름이다. 그러나 아솔은 결국 히브리 이름인 나단을 채택한다.

172 신부값은 일반적으로 신부의 지참품에 더해진다. 이어지는 단락에서 지참품들의 가치와 그것의 총액이 주어진다. 그러나 후자는 지참품들의 가치의 총합보다 큰데, 그 차액이 신부값이다.

너는 저울 옆에 앉아서 [아솔에게 모두 7세겔, 2R[173]을 지불할 것이다. 그러나 그녀가 가져온 (25) 모든 것은 종이조각이나 실까지 가지고 나갈 것이며, 소송이나 신고 절차 없이 원하는 곳에 갈 수 있다. 내일이나 다른 날에 아솔이 회중 가운데 일어나, 나는 내 [아]내 미브타히야와 이혼합니다고 말하면, [그는] 신부값을 잃게 될 것이며, 그녀는 (시집올 때) 가져온 모든 것을 한 날 한꺼번에 종이조각이나 실 하나까지 가지고 나갈 것이며, 소송이나 신고 절차 없이 원하는 곳에 갈 수 있다. 미브타히야에 대항하여 (30) 그녀를 아솔의 집, 재산, 물건들로부터 몰아내려는 [누구나] 그녀에게 총 20카라스를[174] 줄 것이며, 이 문서의 법은 그녀에게 […] 할 것이다. 그리고 나는 미브〈타〉히야 이외에 다른 아내 혹은 미브타히야가 내게 나아준 아이들 외에 다른 자녀들을 가질 권리를 포기할 것이다. 만약 내가 미브타히야와 그 자녀 외에 다른 자녀들이나 아내가 있다고 말하면, 나는 미브타히야에게 왕궁 도량으로 총 20카라스를 지불할것이다. (35) 아울러 나는 내 재산과 물건을 미브타히야로부터 빼앗을 권리를 가지지 않을 것이다. 내가 그것들을 그녀로부터 빼앗는다면(훼손됨), 나는 미브타히야에게 왕궁 도량으로 [총] 20카라스를 줄 것이다. [이 문서는 [아]솔의 명령으로] 나탄 벤아나니야(Nathan b. Ananiah)에 의해 작성되었다. 증인들: (서명).

ANET³, 548-49

4) 여성 노예와 그 딸의 해방, 주전 427년 6월 12일

(1) 시반 월[175] 20일, 아닥사스다[176] 왕 38년, 파메노트 월[177] 7일─이 때에,(2) 엘레판틴 성의 유대인, 아르파쿠(Arpakhu) 분대 소속의

---

173 이 금액은 정확히 아솔이 신부에게 지불한 신부값의 1½이다(5행).
174 1카라스는 무거운 세겔 열 개 혹은 가벼운 세겔 스무 개에 해당하는 무게임.
175 바빌로니아 달 이름. 페르시아도 이 월력을 채택했음.
176 아닥사스다 2세.
177 Phamenoth, 이집트 달 이름.

자쿠르(Zakkur)의 아들 메슐람(Meshullam)이 그의 노예[178] 타프뭇(Tapmut)〈이라 하는〉 여자(3)—그녀의 오른손에는 "메슐람의 소유"라는 표식이 있었음—에게 다음과 같이 말했다. 나는 내 평생 너를 좋게 (4) 생각해 왔다. 이제 내가 죽을 때 너를 풀어주기를 선언하노라. 또한 네가 나에게 낳아준 딸 여호이스마(Yehoyishma)도 (5) 풀어주기를 선언하노라. 내 아들이나 딸, 가깝거나 먼 친척, 혹은 내 부족 사람 중 누구도 (6) 너와 네가 내게 낳아준 딸 여호이스마에 대한 권리를 가지지 않는다. 누구도 너에게 (7) 소유인장을 찍거나 너를 지불 수단으로 넘겨 줄 수 없다. 너와 네가 나에게 낳아 준 딸 (8) 여호이스마에게 그런 행위를 하려는 자는 누구나 너에게 왕궁 도량으로 50카르스의 은을 지불해야 한다. 너는 (9) 네 딸 여호이스마와 함께 음지에서 양지로 풀려났다. 너와 (10) 네 딸 여호이스마는 이제 자유다. 너는 하나님 때문에 해방되었다.

(11) 타프뭇과 그 딸 여호이스마는 다음과 같이 선언했다. 우리는 아들이나 딸이 그 아버지를 부양하듯이 당신이 살아 있는 동안 (12) 당신을 섬길 것입니다. 그리고 당신이 죽을 때, 우리는 당신의 아들 자쿠르를 부양할 것인데, 아들이 아버지를 부양하듯 할 것입니다. (13) 당신이 살아있을 때 줄곧 그랬던 것처럼 말입니다. 우리가 "〈아들이 아버지를 모시듯〉 당신과 〈당신이 죽은 후에〉 당신의 아들 자쿠르를 부양하지 않을 것입니다"라고 말하면, (14) 우리는 당신과 당신의 아들 자쿠르에게 (15) 소송이나 행정 절차 없이 왕궁 도량으로 50카르스의 정제된 은을 지불해야 할 것입니다.

자쿠르의 아들 (16) 메슐람의 불러 준 것을 엘레판틴의 서기관 학개가 받아 씀. 증인은 다음과 같다. 증인 메디아 사람 니사이(Nisai)의 아들 (17) 아타르파란(Atarparan); 증인 아히오(Ahio)의 아들 미가야(Micaiah); 증인 미프타(Miptah)의 아들 베레키아(Berechiah); 증인 가둘(Gaddul)의 아들 달라(Dalah).

---

178 주인과 그녀의 남편 사이의 계약에 의해 22년 전에 그녀가 남편에게 시집갔고(Brooklyn,2), 그 결혼에서 딸이 태어났지만, 법적으로 그녀는 여전히 그 주인의 노예이며, 그녀의 딸도 태어나면서부터 노예이다.

(이서) 자쿠르의 아들 메슐람이 타프뭇과 여호이스마에게 작성해 준 권리 포기 문서.

5) 파라모네의 소유인 어떤 노예 소녀의 결혼 계약, 주전 420년.

(1) 다리우스 왕 제4년,[179] 티쉬리 월,[180] 즉 에피피 월[181] (초하루)에 엘레판틴 성에서, 엘레판틴 성의 아람인, (2) [잇딘]나부(Iddin-nabu) 분대 소속의 학개의 아들 아나니아가 스엔의 아람인, 같은 분대 소속의 메[슐람]의 아들 자쿠르에게 다음과 같이 말한다. (3) 나는 네 [집]에 와서 네 누이, 여호이슈마로 불리는 아가씨와 결혼하게 해 달라고 부탁했다. 그리고 너는 그녀를 나에게 주었다. (4) 오늘부터 영원토록 그녀는 나의 아내고 나는 그녀의 남편이다. 나는 네 누이 여호이슈마에 대한 신부값으로 1카르스의 (5) 은을 지불했다. 너는 그것을 받았고 [만족했다]. 네 누이 여호이스마는 내 집으로(6a) 2카르스, (두 개의) 2세겔과 5할루르(hallur)의[182] 은을 가져왔다…(6b-13은 손상되었다. 아마 12개의 모(毛)와 삼베 상품을 그것의 가치와 함께 나열한 듯하다. 13b-15a는 5개의 구리 상품이 그것의 가격과 함께 나열되었고, 15b는 완전히 훼손되었다.) (15c) [의복과 구리 물품] 그리고 현금과 신부값: 왕궁 도량으로 일곱 (즉 7) 카르스, 여덟 (즉 8)세겔, 5할루르의 은, 10에 2R 비율의 은. (17b-21aa, 야자 잎, 갈대, 목재, 돌을 담은 상자들, 다양한 종류의 기름이 나열됨. 가치는 표기되지 않음.)

(계속 21) 앞으로 어떤 날 아나니야가 회중 가운데 일어나, "나는 내 아내 여호이스마와 이혼합니다. 그녀는 더 이상 내게 아내가 아닙니다"(22)라고 선언하면, 그는 이혼 위자료를 낼 의무가 있다. 〈그녀가

---

179 다리우스 2세(423-405).
180 바빌로니아의 달 이름. 페르시아도 이 월력을 채택했음.
181 이집트의 달 이름.
182 무게의 단위. 정확한 크기는 알려져 있지 않음(역주).

지불한 신부값은 포기해야 한다.) 그는 그녀가 시집올 때 가져온 모든 재산을 그녀에게 내주어야 한다. (23) 7카르스, [여덟 세겔, 다섯 할루르]의 은 값어치인 그녀의 신부 지참금과 옷, 그리고 (위에) 열거된 나머지 물품들을 (24a-b) 한날에 한꺼번에 건네 주어야 한다. 그리고 그녀는 [그를 떠나 그녀가 원하는 곳으로 갈] 수 있다…

(24c) 만약 여호이스마가 남편 아나니야와 이혼하기 위해 (25) 그에게 "나는 당신과 이혼합니다. 나는 더 이상 당신의 아내가 아닙니다"라고 말한다면, 그녀는 이혼 위자료를 낼 의무가 있다. [ ]. (26) 그녀는 저울 옆에 앉아서 남편 아나니아에게 7세겔 2R의 은을 내어 줄 것이다. (27) 그러나 시집올 때 가져온 [7카르스, 5+3세겔], 5할루르 값어치의 현금과 그녀의 소지품, (28) 아울러 위에 열거된 나머지 물건들에 대해서는 아나니야가 한날에 한꺼번에 그녀에게 건네 주어야 한다. 그리고 그녀는 아비의 집을 향해 떠날 것이다.

아나니야가 [여호이]스마를 통한 남자 혹은(29) 여자 후손 없이 죽으면, 여호이스마는 그의 [부]동산, 그의 집, 물건, 소지품, (30) 그가 가진 모든 것의 [소유주]가 될 것이다. 여호이스마를 그의 집, [물건, 소지품] 그리고 그가 가진 모든 것으로부터 추방하려[는 사람은] 그녀에게 (32) 왕궁 도량, 즉 10에 2R 비율의 은으로 이십 카르스를 지불해야 하며, 소송 없이 이 계약서에 따라 그녀의 몫을 주어야 한다. (33) 그러나 여호이스마는 아나니아 외의 남편을 *취해서*는 안된다. (34) 그렇게 하면 이혼으로 간주되며, [이혼에 대한 규정]이 그녀에게 적용될 것이다. (마찬가지로) [여호이스마가 남]편] 아나니아를 통한 [남자] 혹은 여자 후손 없이 죽으면, [아나니야는 그녀의][현금], 물건, 소지품, (36) 그녀가 가진 모든 것을 상속받을 것이다. [아나니야도] 마찬가지로 [그의 아내 여호이스마] 이외의 다른 여자와 결혼할 수 없다. (37) 그럴 [경우, 이혼으로 간주되며], 이혼에 관한 [규정]이 그에게 [적용된다].

또한, 아나니야는 (38) 그의 친구들의 아내들이 모두 가지는 권리를[183] 그의 아내 여호이스마에게 주는 것을 잊어서는 안된다. (39) 그럴 경우, 그것은 이혼으로 간주될 것이며, 그는 이혼을 위한 조항들을 이행해야 한다. 여호이스마도 (40) 모든 (남편)들의 권리를[184] 남편 아나니야에게 주는 것을 잊어서는 안된다. 그것을 남편에게 주지 않으면, 그것은 이혼에 해당한다.

또한 (41) 자쿠르는 [그의] 누[이]에 관해 "나는 그 [물건들을 여호이스마에게 대가 없이 주었다. 이제 그것들을 돌려 받아야겠다"고 말할 수 없다. [그렇게] 말하면, 그는 무시될 것이며, 잘못은 그에게 있다.

이 문서는 나단의 아들 마우지아(Ma'uziah)가 학개의 아들 아나니야와 메술람의 아들 자쿠르의 지시로 작성한 것이다. 증인들은 다음과 같다. (여섯 명 증인의 이름과 그들의 아버지의 이름이 나열된다. 모두 12개의 이름이 있었는데, 그 중 9개의 이름만 보존되었다. 보존된 이름 모두는 유대식 이름이며, 그 이름은 모두 *서기관의 필체*로 적혀 있다.)

---

183 '잠자리의 권리'를 가리킴.
184 '잠자리의 권리'를 가리킴.

CHAPTER VI

조약 문서

가. 히타이트 조약 | 원역자: 괴체(Albrecht Goetz)

1. 숩필룰리우마스와 아무루의 아지라스의 조약 ANET³, 529-30

서언

이것은 풍우신이 총애하는 자, 용맹한 자, 하티1 땅의 왕, 위대한 왕, 태양 숩필루리우마스(Suppiluliumas)의 말씀이다.

(공백)

역사적 서론

태양인 내가 [너를 나의 종속 왕으로 삼았다]. [아지라스여], 네가

---

1 히타이트의 다른 이름(역주).

[하티 땅의 왕, 너의 주인을 "보호하면"], 하티 땅의 왕, 너의 주[인도 너를 "보호할 것"]이다. (5) 네 자신의 [영혼, 네 자신의 인격, 네 자신의 몸, 네 자신의 땅을 "보호하듯"]이, [왕의 영혼, 왕의 인격], 왕의 몸, [하티] 땅[도] ["보호하라."] [너, 아지라스여], 앞으로 [하티 땅의 왕과] 하티 땅, 그리고 [내 아들들과 손자들]을 "보호해라. 매년 300세[겔의 정제된 금] (10) 즉 일등급 순금이 하티 땅의 왕에게 바쳐져야 할 것이다. 하티 땅 [상인들의 무게 돌로] 그것을 측량해 바쳐라. 그리고 [너, 아지라스여! 일 년에 한 번 하티 땅으로 태양⟨을 보러⟩와야 한다.

전에 이집트 땅의 왕, (15) 후리 땅의 왕, […]의 왕, [킨자(Kinza)국 (國)의 왕], 누하사(Nuhassa)국의 [왕], 니야(Niya)국의 왕, […]국의 왕, [무키스(Mukis)국의 왕], 할바(Halba)국의 왕, 갈그미스(Kargamis)국의 왕—이 모든 왕들이 [태양에게] 적대적이었다. 그러나 [아무루] 땅의 왕, 아지라스는 이집트의 문에서 나와 [하티의 왕, 태양에게 복속되었]다. (20) 그리고 태양, 위대한 왕은…아지라스가 태양의 발에 엎드린 것을 [매우 기뻐했다]. 아지라스가 이집트의 문에서 나와 (25) [태양의 발에] 엎드렸다. 나, 태양, 위대한 왕은 아지라스를 [종속 왕으로 받아들였고] 그를 형제국 중 하나로 추가했다.

그때 아[지라스]…[태양, 위대한 왕], 그의 주에게 그는 다음과 같이 말했다. ["…내 집과 함께 […] (30) 나는 […]…을 바쳤습니다.

(공백)

군사적 의무들

(ii)…. 태양과 [평화롭게 사는] 자는 (10) 너와도 평화할 것이다. 태양과 원수인 자는 [너에게도] 원수가 될 것이다. [하티] 땅의 왕이 [후리] 땅에서, 이집트 땅에서, [카라두니야스(Karaduniyas)의 땅에서], [혹은 아스타타(Astata) 국에서, 혹은 알시(Alsi) 국에서 (15)—이들은 너의 영토와 접하지만, [태양의 적국들이며, (너와) 평화하지만 [너의 영토]와 국경을 마주한 나라들임—원정하면, [킨자국], 누하사국이 배반하여 [하티국]과 [전쟁하]면, (20) [하티 땅의 왕이] 그런 나라와 [전투할

때]—아지라스여 네가 자발적으로 군대(와) 전차들을 동원하지 [않으면], 자발적으로 〈하티 왕을 위해〉 전투하지 [않으면]—

(25) [혹은] 나 태양이 너, 아지라스에게 왕자 혹은 귀족을 그의 군대와 전차들과 [함께] 원군으로 보낼 때, 혹은 내가 (그들을) 다른 나라에 보내어 공격하게 할 [때], [그리고] (그때) 아지라스가 자발적으로 (30) 군대(와) 전차들을 출정시키지 않으면—네가 [다음과 같이 말하며 반역]을 저지르면: "참으로 나는 [적법하게 맹세된] 조약에 매여 있는데, 그가 그 적을 물리쳐야 하는지, 그의 적이 그를 물리칠 것인지, (35) 이것을 나는 전혀 알 수 [없다]", [그리고] 네가 [그] 적에게 "[보아라], 하티 땅의 [군대(와) 전차들이 (너를) 공격해 오고 있다]. 주의해라!"라고 편지하면—너는 맹세를 위반하는 것이다.

(40) 하티 땅의 군대(와) 전차들 [가운데] 하티 땅[…] 그들 중 한 사람도 붙들어서는 안된다. 네 자신의 결정으로 [네가] 그를 놓아주려 하지 않고, 하티 땅의 왕에게 (45) 그를 넘겨주지 않으면, 너는 맹세를 위반하는 것이다.

하티 땅의 왕에 대항해[…] 또 다른 적이 일어나 [하티] 땅을 [헤집으면], 하티 [땅의 왕에 대항해 누군가가 반란하면] (50) [그리고 네] 아지라스가 [그것에] 관해 듣고도 자발적으로 [군대(와) 전차들을 가지고] 돕기 위해 서둘러 오지 않으[면]—[만약] 아지라스 네 자신이 오기 힘들면, [네 아들 중 하나] 혹은 네 형제 중 하나를 군대와 (55) [전차들]과 함께 보내 하티의 [왕]을 도우라.

(iii) [누군가가 아지라스를 강하게 압박하거나…누군가가 반란을 시작하면, (그때) 하티 땅의 왕에게 편지[하라]: "군대(와) 전차들을 보내 나를 도우시오!"(5) 〈그러면〉 나는 [너를] 위해 그 적들을 공격할 것이다.

[…] 아지라스가…태양의 속국으로 돌아왔기 때문에, 나 태양은 하티 땅의 귀족들, 군대(와) 전차들을 하티 땅[으로부터] 아무루 땅까지 파견하였다. (10) 그들이 네 마을들을 지날 때, 그들을 환대하고 그들

에게 생필품들을 제공하라. 그들이 [아무루 땅]을 형제처럼[2] 다니도록 하라![히타이트인들을] 잘 대우하라! 만약 어떤 히타이트인이 (15) [잘 못 행동하고] 아지라스에 대해 악한 의도를 보이고, 그의 마을이나 그의 땅의 (일부)를 빼앗으려 하면, 그는 맹세를 어기는 것이다.

외국인들에 대한 처분 등

태양이 유배보낸 유배자들—후리 땅의 유배자들, 킨자국의 유배자들, 니야국의 유배자들, 누하시(Nuhassi)국의 유배자들—이 〈자기 유배지를 탈출하여 네 나라로 오면〉 혹은 만약 하투사로부터 누군가가, 남자든 여자든, 도망하여 네 나라로 오면, (25) 너는 다음과 같이 말하면 안된다. "[나는] 적법하게 맹세된 조약에 매여 있지만 나는 이 (사람들)이 내 나라의 어디에 [숨어 있는지] 알 수 없소." 오히려, 너 아지라스는 [그들을 적극적으로] 체포해 (30) [그들을] 하티 땅의 왕에게 건네주어야 할 것이다.

아지라스, 네 앞에서 누군가가, 그가 [귀족이든 (일반) 백성이든], 태양에 관한 나쁜 말을] 했음에도 불구하고, 너 아지라스가 [그를] 체포하여 (35) 그를 하티 땅의 왕에게 넘겨주지 않으면, 너는 맹세를 어기는 것이다.

하티 땅에 거주하는 아무루 사람들—그가 귀족이든 아지라스 나라의 (일반) 백성이든—을 (40) 너는 하티 땅의 [백성]으로 간주하라. 하티 땅의 왕이 그를 너에게 [돌]려주면, 그를 가질 수 있다. 그러나 하티 땅의 왕이 돌려주지 않았음에도 불구하고, 그가 도망하여 너에게 갔는데, (45) 너 아지라스가 그를 체포하여 [그를 하티의 왕에게 건네주지 않으면, 너는 맹세를 어기는 것이다].

　　(작은 공백)

(iv) 만약 히타이트인이 도망자로 […] [너의 나라로] 들어오고[…] […]로 돌아오면, [너는 그를 체포하여] 하티 땅]의 왕에게 그를 [건네주

---

[2] "자기 집처럼"(역주).

어야 할 것이다…].

　　　(공백)

(네 번째 열의 나머지 부분은 너무 훼손되어 번역하기 힘들다. 그러나 이 조약의 마지막에 신들의 이름들이 증인으로 언급되고 있음을 알 수 있다.)

나. 시리아와 아시리아의 아카드어 조약문들
| 원역자: 라이너(Erica Reiner)

에살핫돈과 봉신들의 조약이 발견되기 전에는 메소포타미아의 군주들이 부과한 조약문들은 그 수가 얼마되지 않고 그 보존상태도 좋지 않았다. 새롭게 발견된 에살핫돈의 조약문은 실제로 사용가능한 본문들의 양을 늘렸을 뿐 아니라, 이전에 편본문 형태로 알려졌던 조약문들을 재구성하고 더 잘 이해하는 데에도 도움을 주었다. 성경본문과 비교할 수 있는 구절들 때문에 이에 대한 많은 연구도 이루어졌다.

1. 알라락의 니크메파와 툰입의 이르아두(Ir-^{d}IM)[3]의 조약

ANET^3, 531-32

서두

툰입의 왕 이르아두의 인장

전문

신들에 대한 맹세로 재가되고 무키쉬(와 알라락)의 왕인 니크메파

3　쐐기문자 IM은 풍우신을 가리키는데 지역에 따라 다른 이름으로 불렸다. 이 조약이 맺어진 지역에서 풍우신은 '아두'라는 이름으로 불리었는데 이 이름은 성경의 '하닷'과 동일한 이름이다. COS 2.128 참조(역주).

와 툰입의 왕인 이르아두 사이에 맺어진 (협정의) 본문; 니크메파와 이르아두는 다음과 같이 [이 협정을] 수립하였다.

1. [만일 누구든지] 그가 [상]인이던 수투 사람이던…[판매하고자 하면], 그것이 보리든, 밀이든, 기름이든…[그는 허가 없이 그것들을] 판매[하면 안 된다].

2. [만일 네 영토에서 나에 대해 반란을 모의]하거나 [그들이…할 때 네가 그것에 대해 알게 된다면] 너는 그들을 찾아야 하며, [만약] 그들이 "우리는 무키쉬의 [시민]이다"라고 말하면 너는 그들을 죽이지 말고 [추방하여야 한다].

3. 만일 내 땅에서 온 누군가가 [나에 대해 반란을 모의한다면], 그리고 네가 그 사실에 대해 알게 되었다면 너는 […] 해서는 안되며 그것을 나에게서 숨기지 말아야 한다. 만일 그가 네 땅에 있다면 그를 추방해야 한다.

4. 만일 내 땅에서 나온 전리품이 네 땅에서 팔리고 있으면 너는 그 물건을 압수하고, 그 물건을 판매한 사람과 함께 내 땅으로 보내야 한다.

5. 만일 남자든 여자든 노예가 내 땅에서 네 땅으로 도주하면 너는 그 노예를 잡아서 나에게 보내야 한다. (혹은) 다른 사람이 그 노예를 잡아서 너에게 데리고 오면 [너는 그를] 너의 감옥에 [잡아두어야 하며], 그 *주인이* 나타나면 너는 그 노예를 [그에게] 돌려주어야 한다. 만일 (그 노예를) 찾을 수 없다면 너는 그 노예의 주인에게 사람을 붙여, 그 (노예 주인)이 (그 노예가) 발견된 도시에서 그를 잡을 수 있도록 해야 한다. 그 노예가 발견되지 않은 (도시들에서는) 도시의 통치자와 다섯 명의 장로가 나와 다음과 같이 맹세하여야 한다. "당신의 노예는 우리와 함께 있지 않으며 우리는 그를 숨기지 않습니다"– 만일 이들이 이런 맹세를 하려 하지 않았지만, (나중에) 노예를 되돌려준다면 [이들에게 죄를 묻지 않는다]. 하지만 이들이 맹세를 하였으나 나중에 [이들 가운데에서] 그 노예가 발견된다면, 이들은 도적질한 자로 간주될 것이며, 그들은 그들의 손이 잘릴 것이며, (또한) 6000(세겔의) 구리도 왕궁에 지불해야 한다.

6. 만일 남자나 여자나 황소나 나귀나 말이 어떤 사람의 집에서 [발견되었는데] (그 주인이) 그것을 *확인*하였으나 (이것이 발견된 집의 주인이) "내가 이것을 구입했다"고 선언하였을 경우, 만일 그가 (그것을 판매한) 상인을 데리고오면 그는 풀려나지만, 상인을 데리고 오지 못할 경우에는…그것을 확인한 사람이 맹세할 것이다. ["이것은 나의…이다."] 하지만 맹세하지 않으면 [그가 도적질한 자로 그의 손을 잘라야 한다].

7. 만일 네가 어떤 사람을 데리고 보호하고 있으면 그 사람은 […] 사람을 위해 (또는…사람과 함께) (강제) 노역을 할 수도 있지만, 만일 그 사람이 그의 족쇄를 [풀고] 그 노예의 머리를 밀어버리고 […] 그가 잡히면 그는 도적질한 것이다. 만일 그가 ["이 사람은 나의 소유이다"]라고 선언하면 그는 다음과 같이 맹세할 것이다. [이 사람은 나의 소유임을 (맹세한다)"]; 만일 그가 맹세하지 않으면 [그는 도]둑 […]. 만일 그 *범인*이나 남자, 여자, 소년이 그의 집에서 (강제) 노역을 하다가 (그 주인이?) 그를 잡으면 그는 도적질한 것으로 그의 (그 범인의) 주인이 그를 데려다 "내가 이 사람을 들판에서 직접 잡았습니다"[…] 라고 맹세하게 해야 할 것이다.

8. 만일 네 땅에서 온 자가 내 땅에서 도적질을 하거나 집이나 도시에 침입하여 그가 잡혀서 감옥에 갇히게 될 경우 그 (도둑)의 주인이 [그를 데리고 가려 하면], (침입당한) 집의 주인은 "그가 침입하여 들어오고 있을 때에 내가(!) 그를 잡았습니다"라고 맹세하고 증인을 데려오면 그는 유죄이며 그를…. 그러나 종들에게 〈증인의〉 맹세를 강요해서는 안 되며, 〈그럴 경우〉 그(도둑)는 풀려날 것이다.

9. 만일 네 땅의 [어떤 가족이] 내 땅에 들어와 살고자 한다면 너는 그들을 네 땅에 잡아두고 *먹을 것*을 주어야 한다. 그러나 그들이 내 땅으로 돌아오고자 하면 너는 언제든지 그들을 [내 땅]으로 보내야 하고 네 땅에 누구도 잡아 두어서는 안 된다.

10. 만일 네 땅의 누군가가 살고자 하여 "나의 도시에는 [먹을] 것이 [하나도 없다]"라고 말하면 […] 만일 그가 범죄자라면 […].

11. 만일 한 도시나 […] 있는데 그들이 내 도시[에서] 살고, […]…너

는 그들을 잡아야 하며…너는 그들을 잡으면 [안 된다].

12. [만일] 우리 주의 후리인 봉신이 후리의 왕의 적이 된다면, 나는 나의 주인 후리의 왕과 맺은 맹세를, 나의 주가 나를 그 맹세로부터 풀어주지 않는 한, 깨뜨리지 않을 것이다.

76. 알라락의 왕 니크메파의 인장.

77. 누구든 이 조약을 위반하는 자는 […] 아다드와 심판의 주이신 샤마쉬, 그리고 신과 위대한 신들이 그를 망하게 할 것이며, 그의 이름과 그의 자손이 땅으로부터 [사라지게 할 것이며], 그가 그의 왕위와 홀을 잃도록 할[…]….

2. 이드리미와 필리야의 조약

1. 조약의 토판

2. 필리야와 이드리미가 신들의 이름으로 맹세하고 상호 간에 서약한 이 조약을 맺을 때에: 그들은 도망자들을 서로에게 보내어야 한다. (즉) 만일 이드리미가 필리야로부터 도망하는 자를 잡으면 그는 이 자를 필리야에게 보내어야 하고, 만일 필리야가 이드리미로부터 도망하는 자를 잡으면 그는 이 자를 이드리미에게 보내어야 한다. 누구든 도망하는 자를 잡아 그 주인에게 돌려주는 자에게는 그 주인이 보상금으로, 남자일 경우 500(세겔의) 구리를, 여자일 경우 1000(세겔)을 주어야 한다. 그러나 만일 필리야로부터 도망한 자가 이드리미의 땅에 들어왔으나 아무도 그를 잡지 못하고 그 도망한 자의 주인이 그를 잡으면 그 주인은 누구에게도 보상금을 줄 필요가 없다. 어떤 도시에서든 도망자를 숨기고 있다(는 의심이 있으면), 시장과 다섯 명의 장로들이 맹세하고 선언하여야 한다. 바랏타르나가 이드리미와 더불어 (이) 맹세를 한 그날에, 바로 그날로부터, 도망자는 모두 돌아가야 한다는 법령이 내려졌다.

이 조약을 어기는 자는 누구든지, 아다드,[4] 샤마쉬, 이쉬하라, 그리고 모든 (다른) 신들이 그를 파멸할 것이다.

3. 앗수르의 앗수르니라리 5세와 아르밧의 마티일루의 조약

ANET³, 532-33

(i)

(깨짐)

마티일루 […] 그의 자녀들과 신하들 […] 모두 […이 되며], 그의 땅들이 모두 황무지가 되며, 그의 토지가 1규빗의 벽돌과 같이 [좁아져], 그의 아들과 [딸들, 신하들, 그리고 그의 땅의 백성들이] 서 있을 수도 없게 되기를. 마티일루와 [그의 아들들], 딸들, 신하들, 그리고 그 땅의 백성들이…와 같이 [되며], 그 자신은 그의 땅의 백성들과 함께 석고처럼 깨어지기를.

(10) 이 어린 양은 제물로 바치기 위함도, 잔치를 하기 위함도, 물건을 구입하거나 아픈 사람을 (위해 점치기)위함도, […]을 위해 죽이기 위함도 아니다. 어린 양을 여기에 데리고 온 것은 앗수르니라리와 마티일루 사이의 조약을 위해서이다. 만일 마티일루가 신들에 대한 맹세로 맺어진 (이) 조약을 위반하는 범죄를 저지른다면, 이 어린 양이 우리에서 끌려나와 그 우리로 다시 돌아가지 못하고 그 우리를 다시 볼 수 없는 것처럼 마티일루가 그의 아들, 딸들과 신하들, 그 땅의 백성들과 함께 그의 나라에서 [쫓겨나게] 되어 다시는 돌아오지 못하고 그 땅을 다시 볼 수 없게 될 것이다. 이 머리는 양의 머리가 아니라 마티일루의 머리이며, 그의 아들들과 신하들 그리고 그의 땅의 백성들의 머리이다. 만일 마티일루가 이 조약을 위반하면 이 어린 양의 머리가 잘리고 그 무릎이 입에 놓여진 것과 같이 […] 마티일루의 머리도 잘리고 그의 아들들 […] 될 것이다. 이 어깨는 어린 양의 어깨가 아니

---

4 풍우신, 쐐기문자는 dIM로 표기됨(역주).

고 마티일루의 어깨이며, 그의 아들들과 신하들, 그리고 그 땅의 백성들의 어깨이다. 만일 마티일루가 이 조약을 위반하면 이 어린 양의 어깨가 잘리고 […] 마티일루의 어깨 그리고 그의 아들들과 신하들과 그 땅의 백성들의 어깨가 잘려서 […]될 것이다.

(iii)

(1-9행 깨짐) […] 만일 네가 (그를/그것을) 숨기(거나) 보호하면, 만일 그것을 다른 나라로 보내거나, 만일 네가 앗수르니라리에게 충성하지 않으면, 만일 네 마음을 앗수르의 왕 앗수르니라리에게 헌신하지 않으면, 너와 너의 아들들, 네 땅의 백성들 […]

(iv)

(만일 앗수르 군대가) 앗수르의 왕 앗수르니라리의 명령에 따라 전쟁하러 나갔는데 마티일루와 그의 신하들, 군대와 전차가 충성하여 (그 전쟁에) 나서지 않는다면 하란의 위대한 주 신(Sin)이 마티일루와 그의 아들들, 신하들과 그 땅의 백성들이 나병으로 옷을 입은 것과 같이 되어 광야를 배회하게 하며 그가 자비를 배풀지 않을 것이다. 그의 땅에 황소와, 나귀와 양과 말들에게 먹일 우유가 없게 될 것이다, 하늘과 땅의 수로 조사관인 아다드가 마티일루와 그의 나라와 그의 땅의 백성들이 배고픔과 빈곤, 기근으로 멸망하게 할 것이며 그래서 그들이 자녀들의 살을 먹게 되고 그것이 어린 양의 살처럼 그들에게 달콤하게 될 것이다. 그들에게 아다드의 천둥이 치지 않고 비가 내리지 않게 될 것이다. 먼지가 그들의 음식이 되고, 역청을 몸에 바르며, 나귀의 소변을 마시게 되고, 명석이 그들의 옷이 되며, (벽의) 구석에서 잠을 자게 될 것이다. 만일 마티일루와 그의 아들들, 또는 그의 고관들이 이 조약을 위반하면 그의 땅 농부들이 들판에서 추수 노래를 부르지 못하게 될 것이며, 식물들이 들판에서 자라지 못하여 햇빛을 보지 못할 것이며 […]는 샘에서 물을 긷지 못할 것이며 […]이 그들의 음식이 되고 […]이 그들의 마실 물이 되며 […].

(v)

만일 우리의 죽음이 너의 죽음이 되지 않고, 우리의 생명이 너의 생명이 되지 아니하며, 네가 앗수르니라리와 그의 아들들, 그리고 그의 신하들의 생명을 위해 네 자신의 생명처럼 노력하지 않으면, 신들의 아버지이며 왕권을 하사하는 앗수르가 너의 땅을 황무지로 만들고 네 백성을…가 되게 하며 네 도시는 폐허더미가 되고 네 집은 폐허가 되도록 할 것이다.

(8) 만일 마티일루가 앗수르의 왕 앗수르니라리와 맺은 이 조약을 위반하면 마티일루는 창기가 되고 그의 군인들은 여자가 되며 그들이 자신들의 도시의 광장에서 창기처럼 [선물을] 받으며 그들 다음에 어떤 한 나라가…; 마티일루의 (씨)가 노새의 씨가되며, 그의 부인들은 출산할 수 없게 될 것이며, 남자들의 여신이며 여자들의 주인인 이쉬타르가 그들의 "활"을 빼앗아가며, 그들이 아이를 가질 수 없게 하며…그들이 "아! 우리가 앗수르의 왕 앗수르니라리의 조약을 위반하는 범죄를 저질렀구나"라고 말하게 될 것이다 [깨짐].

(vi)

[메뚜기]들이 와서 그의 땅을 집어삼킬 것이며, [...]가 그들의 눈을 멀게 할 것이며; 일천 개의 집이 하나로 줄어들며, 일천 개의 장막이 하나의 장막이 되며, 그 도시에서 한 사람만 살아남아 이 일들을 전하게 될 것이다.

(6) 천지의 왕인 앗수르; 아누와 안투; 엔릴과 닌릴; 에아와 담키나; 신과 닌갈; 샤마쉬와 아야; 아다드와 샬라; 마르둑과 자르파니투; 나부와 타쉬메투; 니누르타와 굴라; 우라쉬와 닌에갈; 자바바와 바우; 네르갈과 라즈; 마다누와 닌기르수; 훔훔무와 이슘; 기라와 누스쿠; 니느웨의 여주 이쉬타르; 아르벨라의 여주 이쉬타르; 쿠르바일의 아다드; 알렙의 아다드; 선두에서 행진하는 팔릴; 전투의 신인 일곱 신들…의 이름으로 명한다.

(깨짐)

4. 에살핫돈과 두로의 바알의 조약

(i)

아시리아의 왕이며 […]의 첫째 아들 [에살핫돈]이 두로의 왕 바알과…(깨짐).

(ii 깨짐)

(iii)

…에살핫돈…에살핫돈, 아시리아의 왕…이 도시들…

(6) 내가 네 위에 세운 [왕의 대리인]…네 나라의 장로들…왕의 대리인 […] 그들과 함께…배들…그의 말을 듣지말고 왕의 대리인 없이 […하지마라]; 또한 내가 보낸 편지를 왕의 대리인이 없이는 열어서도 안된다. 만일 왕의 대리인이 없으면 그가 오기를 기다려서 열고…하지 마라.

(15) 바알의 배나 두로 사람들의 배가 블레셋 사람들의 땅(의 해안)이나 아시리아 영토의 어디에서든지 난파되면 그 배에 있는 모든 것은 아시리아의 왕 에살핫돈의 것이지만 배 위에 있는 사람들은 해치지 말아야 하며 그들의 이름을 기[록]하여 [아시리아의 왕에게 알려야 한다].

(18) 아시리아의 왕 에살핫돈이 그의 종인 바알에게 [허락한] 항구와 교역로는 다음과 같다. 악고와 도르 주변 지역, 블레셋의 전 지역, 아시리아 영토 내의 해변에 있는 모든 도시들, 비블로스, 레바논 산지에 있는 모든 도시들, 아시리아의 왕 에살핫돈이 바알[에게] 그리고 두로의 백성들[에게] 하사한 모든 도시들…[…], 그들의 배에 또는 건너가는 모든 사람들, [바알]의 도시들, 그의 영지들, 그의 항구들 […] 변두리 지역에 있는 모든[…] 까지, 이전처럼 […] 그들은…누구도 그들의 배에 해를 끼쳐서는 안된다. 내륙지역과 그의 영역과 그의 영지들…(깨짐)

(iv)

[니느웨의 닌릴이][5] 날쌘 검을 "네게 붙여 주기를". [아르벨라의] 이 쉬타르가 네게 [자비와 용서를 베풀지 않기를]. 위대한 의사인 굴라가 네 [심장에] [질병과 피곤함을], 네 몸속에 치료될 수 없는 통증을 [주고], [겨울처럼 네 피에 몸을 담그도록 하기를. 전사의 신들인 일곱 신들이 그들의 [가혹한] 무기로 너를 파괴시키기를. 벨엘과 아낫벨엘이 너를 사람을 잡아먹는 사자에게 보내기를. 천지의 위대한 신들과 앗수르의 신, 아카드의 신들, 그리고 에베르나리의 신들이 지울 수 없는 저주로 너를 저주하기를. 바알샤멤과 바알말라게, 바알짜폰이 너의 배들에게 사악한 바람을 일으켜 그 묶어놓은 줄을 풀며 그 묶어놓은 기둥을 찢어버리며 강한 파도가 그 배들을 바다에 잠기게 하며 사나운 물결이 너에게 […]. 멜카르트와 에쉬문이 네 땅을 파괴하며 네 백성을 강제 이주시키기를, 네 땅으로부터 […]. 네 입에서 음식이, 네 몸에서 옷이, 네 몸에 바르는 기름에서 기름기가 사라지게 하기를. 아스타르트가 치열한 전투중에 네 활을 꺾으며 네 원수 앞에서 너를 엎드리게 하며 적들이 네 소유를 나누게 하기를.

두로의 바알과 맺은 조약의 토판.

5. 에살핫돈의 종주 조약

ANET³, 534-41

서두

신들의 왕이며 온 땅의 주이신 앗수르의 불변의 인장
위대한 통치자, 신들의 아버지의 논란의 여지가 없는 인장

---

[5] 쐐기문자 '닌릴(NIN.LIL)'으로 쓰여진 신명이 '물리수'로 읽혀진다는 것이 밝혀졌다. 물리수가 보다 정확한 신명이다(역주).

전문

1. (1) (이것은) 세계의 왕이며 아시리아의 왕인 에살핫돈, 또한 세계의 왕이며 아시리아의 왕인 산헤립의 아들이 우라카자바누의 통치자인 라마타야, 그리고 그의 아들들과 손자들, 우라카자바누의 모든 백성들(그의 통치 아래에 있는 모든 사람들) 젊은이들과 늙은이들, 해 뜨는 데부터(동쪽) 해 지는 데까지(서쪽), 아시리아의 왕 에살핫돈이 왕과 주로 군림하는 모든 자들과; 너와 네 아들들과 네 손자들과 이후에 살 모든 사람들과 맺은 조약이다.
(그가 아시리아의 왕 에살핫돈의 아들인 왕세자 앗수르바니팔을 위해 너희와 함께 맺은 조약)

2. (13) 그가 목성과 금성, 토성, 수성, 화성, 시리우스 앞에서 너와 함께 맺은 조약; 앗수르와 아누, 엔릴, 에아, 신, 샤마쉬, 아다드, 마르둑, 나부, 누스쿠, 우라쉬, 네르갈, 닌릴, 쉐루아, 벨렛일리, 니느웨의 이쉬타르와 아르벨라의 이쉬타르; 천지의 모든 신들, 앗수르의 신들, 수메르와 아카드의 신들, 모든 (이방) 나라들의 신들.

3. (25) 신들의 아버지이며 모든 땅의 주이신 앗수르의 이름으로 너희에게 명한다.
아누와 엔릴, 에아의 이름으로 너희에게 명한다.
신, 샤마쉬, 아다드, 마르둑의 이름으로 너희에게 명한다.
나부, 누스쿠, 우라쉬, 네르갈의 이름으로 너희에게 명한다.
닌릴, 쉐루아, 벨렛일리의 이름으로 너희에게 명한다.
니느웨의 이쉬타르와 아르벨라의 이쉬타르의 이름으로 너희에게 명한다.
앗수르의 모든 신들의 이름으로 너희에게 명한다.
니느웨의 모든 신들의 이름으로 너희에게 명한다.
칼라의 모든 신들의 이름으로 너희에게 명한다.
아르벨라의 모든 신들의 이름으로 너희에게 명한다.
칼지의 모든 신들의 이름으로 너희에게 명한다.
하란의 모든 신들의 이름으로 너희에게 명한다.

아시리아의 모든 신들의 이름으로 너희에게 명한다.

바벨론과 보르시파와 닙푸르의 모든 신들의 이름으로 너희에게 명한다.

수메르와 아카드의 모든 신들의 이름으로 너희에게 명한다.

모든 땅의 모든 신들의 이름으로 너희에게 명한다.

천지의 신의 이름으로 너희에게 명한다.

4. (41) (이것은) 아시리아의 왕 에살핫돈이 하늘과 땅의 위대한 신들 앞에서 너희의 주이시며 아시리아의 왕인 에살핫돈이 후계자로 지정한 그의 아들 앗수르바니팔을 위하여 맺은 조약이다. 아시리아의 왕 에살핫돈이 산자들로부터 떠나게 될 때에 너희는 왕세자인 앗수르바니팔을 왕위에 앉히고 그는 아시리아의 왕권과 주권을 너희에게 행할 것이다. (만일) 너희가 그를 들과 도시에서 섬기지 않으면, 그를 위하여 싸우고 죽기까지 하지 않으면, 그에게 항상 진실을 말하지 않으면, 완전한 충성으로 그에게 조언하지 않으면, 모든 면에서 그의 길을 바르게 하지 않으면; 만일 그를 왕위에서 내리고 그의 형제를 아시리아의 왕으로 세우면, 아시리아의 왕 에살핫돈의 명령을 변경하거나 다른 사람이 그것을 변경하도록 하면, 만일 아시리아의 왕 너희의 주 에살핫돈의 아들이자 왕세자인 앗수르바니팔에게 복종하지 않고 그리하여 그가 너희 위에 왕권과 주권을 행사할 수 없게 하면-

5. (62) 만일 너희가 아시리아의 왕 에살핫돈이 네게 주어 (섬기라고) 명하고 그를 위해 이 조약을 맺는 왕세자 앗수르바니팔을 섬기지 않으면, 만일 그에게 범죄를 행하고, 악한 의도로 그에게 손을 들거나, 그에 대해 반란을 일으키거나 옳지 못하고 악한 계략을 가진다면, 만일 그를 왕위에서 내리고 그의 형제를 아시리아의 왕위에 세우는 것을 돕거나 다른 왕이나 다른 주를 너희 위에 세우고 충성의 서약을 다른 왕이나 주에게 한다면-

6. (73) 만일 너희가 왕세자 앗수르바니팔의 왕위에 적합하지 않거나 해가 되는, 잘못되거나 부적절한 계략에 대해 듣고, 그런 말을 하는 자가 그 형제나 아버지의 형제들, 친척들이든지 그의 아버지 쪽의

어떤 가족들이든지, 혹은 그의 신하들이나 총독들, 내시이거나 그렇지 않은 왕실 사람들, 그의 군대나 그 어떤 사람이든지, 그 들은 것을 숨기거나 왕세자 앗수르바니팔에게 와서 보고하지 않으면-

7. (83) 만일 에살핫돈이 그의 아들들이 아직 어린 나이일 때에 산 자들에게서 떠나게 되면, 너희는 왕세자 앗수르바니팔이 아시리아의 왕위를 계승하는 것을 돕고 그의 형제이며 바벨론의 왕세자인 샤마쉬슘우킨을 바벨론의 왕위에 앉게 하고 수메르, 아카드, 카르두니아쉬의 모든 통치를 그에게 맡기며 아시리아의 왕인 그의 아버지 에살핫돈이 그에게 준 모든 선물들을 가지고 있지 말고 그가 가지도록 해야 한다.

8. (92) 만일 너희가 아시리아의 왕 에살핫돈이 너희에게 세운 왕세자 앗수르바니팔에게나 그를 위하여 아시리아의 왕 에살핫돈이 너희와 이 조약을 맺는 왕세자 앗수르바니팔과 같은 어미에게서 난 형제들에게 완전한 진실을 말하지 않는다면; 만일 너희가 그들에게 충성하지 않거나 진실된 마음으로 말하지 않고 그들을 들에서나 도시에서 섬기지 않는다면-

9. (101) 만일 너희가 아시리아의 왕 에살핫돈이 네게 주어 (섬기라고) 명하고 그를 위해 이 조약을 맺는 왕세자 앗수르바니팔에게와 왕세자 앗수르바니팔과 같은 어미에게서 난 형제들에게 범죄를 행하고, 악한 의도로 그에게 손을 들거나, 그에 대해 반란을 일으키거나 옳지 못하고 악한 계략을 가진다면-

10. (108) 만일 (너희들 중) 누구든 아시리아의 왕 너희의 주 에살핫돈의 아들 왕세자 앗수르바니팔의 왕위에 적합하지 않거나 해가 되는, 잘못되거나 부적절한 계략에 대해 듣고, 그런 말을 하는 자가 적이거나 동맹이거나, 그의 형제들이거나 그의 아들들이거나, 그의 딸들이거나, 그의 형제나 아버지의 형제들, 친척들이든지 그의 아버지 쪽의 어떤 가족들이든지, 혹은 너희의 형제들이나 아들, 딸들, 혹은 예언자들, 황홀경 예언자들, 해몽가들이나 그 어떤 사람이든지, 그 들은 것을 숨기거나 아시리아의 왕 에살핫돈의 아들 왕세자 앗수르바니팔에게 와서 보고하지 않으면-

11. (123) 만일 너희가 아시리아의 왕 에살핫돈이 너희에게 (섬기라고) 명령한 왕세자 앗수르바니팔에 대해 옳지 않은 행동이나 악한 행동을 하면, 만일 너희가 그를 잡아서 죽이거나 적에게 넘긴다면, 만일 너희가 그를 아시리아의 왕위에서 내리고 충성의 서약을 다른 왕이나 주에게 한다면-

12. (130) 만일 누가 너희를 아시리아의 왕 에살핫돈이 그를 위해 너희와 이 조약을 맺는 왕세자 앗수르바니팔에게 대해 반란이나 반역을 부추겨 그를 살해하고 해를 입히거나 파멸시키려 할 때에 너희가 그러한 것을 듣고도 그것을 부추기는 자를 잡지 아니하고 그들을 왕세자 앗수르바니팔에게로 데려오지 않으면, 만일 너희가 그들을 잡아서 죽일 수도 있는데 그렇게 하지 않고 그들의 이름과 후손들을 그 땅에서 지우지 않거나 그들을 잡아서 죽일 수 없는 경우에는 왕세자 앗수르바니팔에게 알리지 않고 그의 편에 서지 않고 그 반란을 부추기는 자를 잡아서 죽이지 않으면-

13. (147) 만일 너희가 많든 적든 반란을 모의하는 자들과 한패가 되어 좋은 것이든 나쁜 것이든 무엇을 들었는데 그것을 보고하지 않고, 아시리아의 왕 에살핫돈의 아들 왕세자 앗수르바니팔에게 와서 그에게 완전한 충성을 하지 않으면, (만일) 너희가 (증인으로) 있는 신들 앞에서 이 조약을 맺고 차려진 식탁에서 컵으로 마시며, 불을 붙임으로, 물과 기름으로, 서로의 가슴을 침으로 맹세하지만 아시리아의 왕 네 주 에살핫돈의 아들 왕세자 앗수르바니팔에게 와서 보고하지 않으며 반란을 책동하는 자와 범죄인을 잡아서 죽이지 않으며 그들의 이름과 후손들을 그 땅에서 지우지 아니하면-

14. (162) 만일 아시리아 사람이나, 아시리아 사람에게 속한 자나, 내시와 그렇지 않은 자를 포함한 왕실에 속한 자들, 또는 다른 나라의 시민이나 어떤 사람이든지 왕세자 앗수르바니팔을 들에서나 도시에서 사로잡아 반란이나 반역을 도모하는데 너희가 왕세자 앗수르바니팔의 편에 서지 아니하고 그를 섬기지 않으며 반역을 도모하는 자들을 죽이지 아니하고 왕세자 앗수르바니팔과 같은 어미에게서 난 형제들을 구하지 않으면-

15. (173) 만일 누가 너희를 아시리아의 왕 에살핫돈이 그를 위해 너희와 이 조약을 맺는 왕세자 앗수르바니팔에게 반역을 하며, 만일 그 반역자들이 너희를 강제로 잡았을 때에 너희가 탈출하여 왕세자 앗수르바니팔에게 오지 않으면—

16. (180) 만일 너희가 (이) 나라에서 *후라두*(*hurādu*)-군인이나… 로 거주하면 또는 *피루*(*pirru*)-부대로 오게 되었는데 너희 마음에 왕세자 앗수르바니팔에 대하여 악한 마음을 품어 그에게 반역하거나 그에게 반역이나 악한 마음을 가지게 되면—

17. (188) 만일 아시리아의 왕 에살핫돈이 산 자들로부터 떠나는 날에 에살핫돈의 아들 왕세자 앗수르바니팔이 아직 너희의 왕이나 주가 아니라면, 만일 그가 강한 자를 낮아지게 할 수 없고 낮은 자를 높일 수 없으며 죽어 마땅한 자를 죽일 수 없고 살아 마땅한 자를 살릴 수 없으며 그가 명령하는 것을 너희가 듣지 아니하고 그의 명령대로 행하지 않으며 다른 왕이나 주를 그 위에 앉히려고 한다면—

18. (198) 만약 왕궁의 누군가가 아시리아의 왕 에살핫돈에 대해 반란을 시작한다면, 그것이 낮이든 밤이든, 왕이 원정 중이든 나라 안에 있든, 너희는 그 〈반란자〉의 말을 들어서는 안 된다. (혹은) 낮이든 밤이든 적절하지 않은 때에 전령이 왕궁으로부터 왕세자에게로 와서 "존하의 아버지께서 존하를 (왕좌로) 높이셨습니다. 폐하께서는 오시옵소서"라고 말한다면, 너희는 그를 가게 하지 말고 그는 가지 말아야 하며, 너희는 경비를 삼엄하게 하여 너희들 중 네 주에게 헌신되며 그의 주의 집을 염려하는 자에게 가서, 왕궁에 있는 왕에 대하여 직접 확인하여야 하며, 그 후에야 너희는 너희의 주 왕세자를 왕궁으로 따를 수 있다.

19. (212) 만일 너희가 모여 너희 중 하나에게 왕위를 주기로 서로 맹세한다면—

20. (214) 만일 너희가 그의 형제들 중 하나나 그의 아버지의 형제들, 친척 또는 부계의 누구든, 그가 아시리아에 살던지 타국으로 도주한 자던지 혹은 근처의 왕궁에서 온 자든…, 혹은 멀리 있는 왕궁에서 온 자든…, 혹은 크고 작은…에서, 혹은 어리거나 나이가 많거나, 유

복한 시민이거나 귀족에게 기대어 있는 자든, 내시이든 아니든 왕궁의 신하든, 노예든, 팔려 온 종이든, 아시리아 사람이든 혹은 타국의 시민이든, 혹은 살아있는 자 중 누구든지 왕위에 오르는 데에 도움을 주고 그에게 아시리아의 왕권과 주권을 주며, 너희가 왕세자 앗수르바니팔이 아시리아의 왕위에 오르는 것을 돕지 않아 그가 아시리아의 왕권과 주권을 행하지 못하도록 한다면-

21. (229) 만일 너희가 아시리아의 왕 에살핫돈의 아들 왕세자 앗수르바니팔을 위하여 싸우지 않으면, 너희가 그를 위하여 죽지 않으면, 너희가 그에게 선을 행하려 하지 않으면, 만일 너희가 그에게 옳지 못한 행동을 하고 그에게 좋은 조언을 하지 못하며 그를 안전하지 못한 길로 인도하며 그에게 충성스럽게 하지 않으면-

22. (237) 만일 에살핫돈이 그의 아들들이 아직 어린 나이일 때 산 자들에게서 떠나게 되고 내시이든 그렇지 않든 왕실의 누군가가 왕세자 앗수르바니팔을 죽이고 아시리아의 왕권을 찬탈한다면, 만일 너희가 그와 한편이 되고 그에게 속하여 그에게 반란하지 않고 적대적인 행위를 하지 않으며 모든 다른 나라들이 그에게 적대적인 행위를 하도록 하지 않으며 그에 대한 반란을 유도하지도 않으며 그를 잡아서 죽이지도 않으며, 왕세자 앗수르바니팔의 아들을 아시리아의 왕위에 올리지 않으면-

23. (249) 혹은, 만일 그 아기가 아직 태어나지 않았는데, 너희가 아시리아의 왕 에살핫돈의 홀로 남겨진 부인에게나 왕세자 앗수르바니팔에게 복종하지 아니하고 그 (아기)가 태어났을 때 그를 키우지 아니하며 그를 아시리아의 왕위에 앉히지 않고 그에게 반역하는 자들을 잡아서 죽이지 않으며 그들의 이름과 후손들을 그 나라에서 지우지 않고 피를 피로 갚지 않고 왕세자 앗수르바니팔의 원수를 갚지 않으면; 만일 너희가 아시리아의 왕 너희의 주 에살핫돈의 아들 왕세자 앗수르바니팔에게 독초를 주어 먹거나 마시거나 몸에 바르게 하면, 만일 그에게 주술을 행하고 그의 개인 신과 여신의 화를 그에게 불러온다면-

24. (266) 만일 너희가 아시리아와 에살핫돈의 아들 왕세자 앗수

르바니팔을 너희 자신의 생명과 같이 사랑하지 아니하면, 만일 너희가 왕세자 앗수르바니팔과 같은 어미에게서 난 형제들을 그 앞에서 험담하거나 그들에 대해 악한 말을 하며 그들의 집에 손을 들며 그들에게 범죄를 행하며 그들의 아버지 아시리아의 왕 에살핫돈이 그들에게 준 것이나 그들이 얻은 것들을 빼앗아가면, 만일 아시리아의 왕 에살핫돈이 그의 아들들에게 준 들과 집, 과수원, 사람들, 도구들, 말, 노새, 나귀, 우양 등의 선물이 그들의 것으로 남아 있지 않게 된다면, 만일 너희가 왕세자 앗수르바니팔 앞에서 그들에 대해 호의적으로 말하지 않아서 그들이 그의 왕궁에서 살 수가 없고 너희와 함께 어울릴 수 없게 한다면―

25. (283) 아시리아의 왕 에살핫돈이 너희와 맹세로 맺어 효력이 있으며 왕세자 앗수르바니팔과 그와 같은 어미에게서 난 그의 형제들을 위하여 맺은 이 조약은

―(만일) 너희가 이 조약 이후의 미래에 살 너희 아들들과 손자들, 후손들과 자손들에게 "이 조약을 지키고 너희와 맺은 이 조약을 위반하지 마라. 그래서 너희가 생명을 잃거나 너희 땅이 파괴되도록 하거나 네 백성이 포로로 잡혀가는 일이 없도록 하라. 신과 인간에게 받아들여질 만하고 또한 너희에게도 받아들여질 만한 이 명령이 너희에게도 즐거운 것이 되도록 하라. 왕세자 앗수르바니팔이 그 땅과 그 백성 위에 주가 되고 이후에는 그가 왕위를 얻도록 하라. 너희 위에 다른 왕, 다른 주를 앉히지 마라"라고 말하지 않는다면―

26. (302) 만일 누구든 아시리아의 왕 에살핫돈에 대해 반란이나 반역을 꾀하여 자신을 왕위에 앉히며, 만일 너희가 그의 (찬탈) 왕위를 기뻐하며 그들 잡아서 죽이지 않으면, 만일 그를 잡아서 죽일 수 있는데 그의 왕위를 받아들이고 그에게 봉신 서약을 하며 그에게 반역하지 않고 그와 싸우지 않으며 다른 모든 나라들을 그에게 적대적으로 만들지 않으며 그를 공격하여 패배시키지도 않으며 그의 이름과 후손들을 그 나라에서 제거하지 아니하고 왕세자 앗수르바니팔이 그의 아버지의 왕좌를 계승하도록 돕지 않는다면―

27. (318) 만일 그의 형제들이나, 그의 아버지의 형제들, 사촌들이

나 친족 또는 부계의 누구든지 혹은 선왕들의 후손이나 군주, 아시리아인이나 외국인 총독 중 하나가 너희와 계략을 꾸며 "왕세자 앗수르바니팔에 대해 그의 아버지에게 비난하고 나쁘고 악한 말을 하라"라고 말한다면, (만일) 너희가 (이와 같이) 그와 그의 아버지 사이를 이간질하고 서로 미워하도록 만든다면—

28. (328) 네게 명령을 하거나 선동을 하는…가 "나는 그의 아버지 앞에서 선동하는 그의 형제들이나 수행원들을…할 수 있으며, 그의 아버지에게 그를 비난할 수 있다"라고 말하며 —앗수르와 (샤마쉬,…)가 말씀하신 것이 이루어졌으며, 앗수르와 샤마쉬가 없이…너희의 아버지…너희의 형제를 존중하여 너희 생명을 보존하라.

29. (336) 만일 그의 형제들이나, 그의 아버지의 형제들, 사촌들이나 친족 또는 부계의 누구든지, 혹은 내시와 내시가 아닌 왕궁의 사람들, 아시리아인이든 외국인이든, 혹은 살아있는 자들 중 누구든지 너희와 계략을 꾸며 "같은 어미에게서 난 그의 형제들을 그에게 비난하고 그들이 서로 싸우게 하며 그들을 이간질하라"라고 말할 때에 너희가 그 말을 듣고 그의 형제들에 대하여 그에게 나쁜 말을 하며, 그의 형제들을 이간질한다면, 만일 너희가 이와 같은 말을 한 자를 그냥 놓아준다면, 만일 너희가 왕세자 앗수르바니팔에게 가서 "존하의 아버지께서 우리와 맹세하여 조약을 맺었습니다"라고 말하지 않는다면—

30. (353) 만일 너희가…를 보며 왕세자 앗수르바니팔과 그의 형제들…왕위…그리고 너희는 스스로 그에게 적대적으로 되지 말며 그들 사이에 "너희의 아버지가 (이에) 관하여 맹세하여 조약을 맺었다"라고 말하며 […] 하지 말아야 한다—

31. (360) 만일 너희가 아시리아의 왕 너희의 주 에살핫돈이 산 자들로부터 떠나고 왕세자 앗수르바니팔이 왕위에 오른 후에 그의 형제들이나 그의 [친애하는] 형제들에 대해서 그들의 형제에게 나쁘게 말하며 "네 손을 그들에게 들어라"라고 말하며 그들을 *부추기면*, 만일 너희가 그들을 왕세자 앗수르바니팔에게서 멀어지게 하고 왕세자 앗수르바니팔에게서 그들에 대한 나쁜 소문을 말하며 왕세자 앗수르바니팔에게 아시리아의 왕 에살핫돈이 그들에게 준 지위가 [적합하지]

않으니 그것을 없애버려야 한다고 말한다면-

32. (373) 만일 너희가 맹세의 저주를 피하기 위해 얼굴이나, 손, 목을 신들의 눈에 (바르는) *샤푸루*(šapuhru)와 같은 붉은 흙을 바르거나 그것을 네 옷자락에 바른다면-

33. (377) 만일 너희가 그 *저주*를 바꾸려 하거나 맹세의 저주를 피하려 하며 그 저주를 바꾸기 위해 술수를 쓰거나 맹세의 저주를 피하려 한다면 너희와 미래에 살 너희의 아들들은 너희의 주 에살핫돈의 아들 왕세자 앗수르바니팔을 위하여 오늘부터 이 조약 이후까지 효력이 있게 될 맹세에 묶이게 될 것이다.

34. (385) 만일 너희가 이 맹세가 (서약되는) 이 땅에서 (오직) 말과 입술로만 맹세하고 너희의 전심을 다하여 하지 않으며 이 조약 이후의 시대를 살아갈 너희의 아들들에게 그것을 가르치지 않으면, 만일 너희가 이 *저주*를 너희 자신에게 취하나 왕세자 앗수르바니팔을 위하여 아시리아의 왕 에살핫돈의 조약을 지키려고 하지 않으면 미래에 그리고 영원히 너희의 아들들과 손자들이 이로 인하여 너희의 신 앗수르와 너희의 주 왕세자 앗수르바니팔을 두려워할 것이다

35. (397) 이 문서의 내용을 변경하거나 소홀히 하거나 위반하고 지우며…를 위조하고,…맹세 […] 이 조약의 […] 하는 자는…(만일) 너희가 신들의 왕인 앗수르와 나의 주이신 위대한 신들을 너희 자신들의 신으로 섬기지 않으면 […] 혹은 아시리아의 왕 에살핫돈의 상이나 왕세자 앗수르바니팔의 상, 혹은…의 상, 인장 […] 왕세자 [앗수르바니팔]-[…] 신들의 왕이신 앗수르의 인장으로 봉인되어 너희들 앞에 놓여진 [이 문서]-

36. (410) 만일 너희가 이것을 제거하거나 불에 던지거나 물에 던지거나 흙 속에 묻거나 교묘한 속임수로 파괴, 훼손하거나 뒤집으면-

37. (414) 신들의 왕이며 운명을 결정하는 앗수르가 너희에게 악하고 불길한 운명을 내리며 너희가 자식을 얻지 못하며, 만수를 누리지 못하며…장수하지 못하게 할 것이다.

38. (417) 그 (앗수르)의 사랑하는 부인 닌릴이 앗수르가 너희에게 악을 선포하도록 하게 할 것이며 닌릴은 너희를 위해 중재해 주지 않

을 것이다.

38A. (418 ff.) 신들의 왕인 아누가 너희의 집 위에 질병과 피곤함, 디우(di'u)-병, 불면증, 근심을 주고 건강하지 않게 할 것이다.

39. (419) 하늘과 땅의 밝은 빛인 신이 너희를 나병으로 옷 입히고 (그래서) 너희가 신과 왕 앞에 나아가지 못하게 하며 야생 나귀나 들사슴처럼 들판을 배회하게 할 것이다.

40. (422) 하늘과 땅의 빛인 샤마쉬가 너희에게 공평하고 정대한 판결을 내리지 않으며 너희의 시력을 빼앗아가 어둠 가운데 다니게 할 것이다.

41. (425) 신들의 우두머리인 니누르타가 맹렬한 화살로 너를 넘어뜨리며 너희의 주검으로 들판을 채우며 너희의 살을 매와 독수리에게 주어 먹게 할 것이다.

42. (428) 가장 밝은 별인 금성이 너희의 부인들을 너희 눈앞에서 적들의 품에 안기게 하며 너희 아들들이 너희 집의 소유를 얻지 못하며 외국의 적이 너희 소유를 나누게 될 것이다.

43. (431) 신들의 높은 주인 목성이 너희가 벨[6]의 에사길라[7] 입성을 보지 못하게 하며 너희 생명이 끝나게 할 것이다.

44. (433) 첫아들인 마르둑이 무거운 심판과 지울 수 없는 저주를 너희의 운명으로 정할 것이다.

45. (435) 후손과 자손을 주는 자르파니투가 너희 후손들과 자손들을 땅에서 지워버릴 것이다.

46. (437) 만물의 여주인인 벨렛일리가 너희 땅에서 출산이 멈추어지게 하여 너희 가운데 유모들이 거리에서 아기들의 울음소리를 들을 수 없게 될 것이다.

47. (440) 하늘과 땅의 수로 조사자인 아다드가 너희 땅에서 [초목이] 사라지게 하며 그가 너희의 목초지를 *피하며* 너희 땅에 심한 폭우

---

6 '벨'은 성경의 '바알'과 같은 어근의 단어로 '주인'을 뜻하는데 여기서는 '마르둑' 신을 가리킨다(역주).

7 '마르둑' 신의 신전의 이름(역주).

를 내려칠 것이며 땅의 (소산을) 줄어들게 하는 메뚜기가 너희 작물을 [집어삼키게] 할 것이며 너희 집에 맷돌이나 화덕의 소리가 나지 않게 할 것이며 빻아야 할 보리를 사라지게 하여 보리 대신에 너희의 뼈와 너희 자녀들의 (뼈를) 빻게 할 것이며 손가락 (끝)마디조차도 밀가루 반죽에 담그지 못하게 되며 […]가 네 구유에서 그 밀가루 반죽을 먹도록 할 것이다. 어미는 그 딸에게 [문의 빗장을 내리며] 너희는 너희 배고픔으로 인해 너희 자녀들의 살을 먹게 될 것이며 결핍과 기근으로 인해 이 사람이 저 사람의 살을 먹게 되며 이 사람이 저 사람의 가죽을 입게 될 것이다. 개와 돼지가 너희 살을 먹게 하며, 네 혼령[8]을 돌보아주고 그에게 관제드릴 자가 없도록 할 것이다.

48. (453) 전쟁의 여주 이쉬타르가 치열한 전투 중에 너희 활을 꺾으며 너희가 적들의 발 앞에 꿇어 엎드리게 할 것이다.

49. (455) 신들의 전사인 네르갈이 무자비한 검으로 너희 생명을 끊어버리며 너희 가운데 학살과 역병이 있게 할 것이다.

50. (457) 니느웨의 닌릴이…날쌘 검을 너희에게 붙일 것이다.

51. (459) 아르벨라의 이쉬타르가 너희에게 자비와 용서를 주지 않을 것이다.

52. (461) 위대한 의사 굴라가 질병과 피곤함을 [너희의 심장에] 줄 것이며 너희 몸에 치료될 수 없는 상처가 나게 하여 너희가 [너희 피에] 물과 같이 몸을 담그게 될 것이다.

53. (464) 전투의 신들인 일곱 신들이 그들의 가혹한 무기로 너를 멸망시킬 것이다.

54. (466) […]가 너희를 사람을 잡아먹는 사자에게 보낼 것이다.

55. (469) […]의 이쉬타르와 갈그미스의 이쉬타르가 네 심장에 극심한…가 있게 하여 너희의 피가 비같이 땅에 떨어지게 할 것이다.

56. (472) 모든 세계를 채운 이 문서에 거명된 하늘과 땅의 위대한 신들이 너희를 치고 너희를 좋지 않게 보며 너희를 저주할 것이며 이

---

8 고대 메소포타미아인들은 망자의 사후에 혼령이 남아서 후손들이 그 혼령을 돌보아야 한다고 믿었다(역주).

땅에서는 너희를 산 자들로부터 뽑아내고 아래에서는 너희의 혼령에게서 (관제)를 빼앗아 갈 것이며 너희를 음지에서나 양지에서 몰아내어 피할 곳이 없게 할 것이며 음식과 물이 너희를 *피하며* 배고픔, 결핍, 기근과 역병이 너희를 절대로 떠나지 않으며 개와 돼지가 앗수르의 광장에서 너희의 젊은 여자들의…와 젊은 남자들의…를 너희 눈앞에서 끌고 다닐 것이며 땅에 네 주검을 매장하지 못하게 되고 개와 돼지의 배 속에 묻힐 것이며 너희의 날들은 음침하며 너희의 해들은 어둡게 되고 너희에게 무자비한 어두움을 내릴 것이며 너희 생명이 한숨과 불면중 가운데에 끝나며 거역할 수 없는 큰 대홍수가 지구의 배 속으로부터 올라와 너희를 파괴할 것이며 모든 좋은 것들이 너희에게 끔찍한 것이 되며 모든 악한 것들이 너희에게 주어지며 타르와 역청이 너희의 음식이 되며 나귀의 오줌이 너희의 마실 물이 되며 나프타를 몸에 바르고 강의 풀들이 너희의 이불이 되며 악령과 악마와 사악한 것들이 너희의 집을 (자신들의 집으로) 삼게 될 것이다.

57. (494) "만일 우리가 아시리아의 왕 에살핫돈이나 왕세자 앗수르바니팔 혹은 왕세자 앗수르바니팔과 같은 어미에게서 난 형제들에게 반란이나 반역을 하면, 혹은 우리가 왕세자 앗수르바니팔이나 같은 어미에게서 난 또 다른 형제들에 대하여 반란이나 반역을 하면, 신들이 보게 될 것이다. 만일 우리가 그의 적들과 모의하거나, 선동자, 모의자, 악하고 옳지 않은 자, 나쁜 계획을 계획하는 자들과 반역적이고 충성스럽지 못한 자들의 말을 듣고도 그것을 우리의 주 왕세자 앗수르바니팔에게서 숨기고 보고하지 않으면, 만일 우리와 우리 아들들, 손자들이 살아있을 때에 왕세자 앗수르바니팔이 우리와 왕과 주가 되지 못하게 하고, 만일 우리가 다른 왕, 군주를 우리와 우리 아들들, 손자들 위에 세우면–(여기에) 거명된 모든 신들이 우리와 우리 자손들과 후손들에게 책임을 물을 것이다."

58. (513) 만일 너희가 [너희의] 주 아시리아의 왕 에살핫돈이 왕세자 앗수르바니팔과 같은 어미에게서 난 그의 형제들과 아시리아의 왕 에살핫돈에게서 난 다른 아들들을 위하여 맺은 이 조약에 대해 범죄하면 신들의 아버지인 앗수르가 가혹한 무기로 너희를 칠 것이다.

59. (519) 선두에 선 주 팔릴이 매와 독수리로 너희의 살을 먹게 할 것이다.

60. (521) 압수의 왕이며 샘물의 왕인 에아가 죽음의 물을 너희에게 주고 너희에게 수종이 생기게 할 것이다.

61. (523) 하늘과 땅의 위대한 신들이 물과 기름이 너희의 저주가 되게 할 것이다.

62. (524) 젊은 자와 늙은 자에게 음식을 제공하는 기라가 너희의 후손과 자손들을 불태울 것이다.

63. (526) (상동, 상동). 이 조약의 문서에 거명된 모든 신들이 너희의 토양이 벽돌과 같이 작아지게 하며 너희의 땅이 철처럼 되어 거기에 이랑을 만들 수 없게 할 것이다.

64. (530) 구리로 된 하늘에서 비가 내리지 않는 것처럼 네 땅과 목초지 위에 비와 이슬이 내리지 않게 되며 활활 타는 석탄이 이슬 대신에 너희 땅 위에 내리게 될 것이다.

65. (534) 납이 불에게 저항하지 않듯이 너희도 너희의 적들에게 저항하지 않고 너희 자녀들의 손을 잡고 (도망가게 될 것이다),

66. (537) 노새에게 후손이 없듯이 너희 이름과 자손, 후손이 이 땅에서 사라질 것이다

67. (540) [쟁기의 "뿔"이 (흙) 안에 있으나 밭의 *이랑*을 자르지 않고 […] 이 그 […] 에게 돌아가지 않는 것처럼 너희 후손과 너희 자녀들의 후손이 이 땅의 표면에서 사라지게 될 것이다.

68. (545) 샤마쉬가 너희 도시들과 지역들을 철 쟁기로 쟁기질할 것이다.

69. (547) 이 암양의 배가 갈리고 그 새끼의 살이 그 입에 놓여진 것처럼 그 (샤마쉬)가 너희가 너희 형제 자녀들의 살을 먹도록 만들 것이다.

70. (551) (이) 일 년된 양과 어린 양의 암컷, 수컷이 배가 갈리고 그 내장이 그 다리에 감긴 것처럼 너희 자녀들의 내장도 너희의 다리에 감기게 될 것이다.

71. (555) 뱀과 몽구스가 같은 굴에 들어가 거기에 살지 않고 서로

의 목을 물려고 하는 것처럼 너희와 너희 여자들이 같은 집에 들어가지 않고 (같은 잠자리에 들지 않고) 서로의 목을 물려고 하게 될 것이다.

72. (560) 빵과 포도주가 배 속에 들어가듯이 그들(신들)도 이 맹세가 너희의 배와 너희 자녀들의 배에 들어가게 할 것이다.

73. (563) 너희가 물을 빨대 밖으로 불어낼 수 있는 것처럼 그들도 너희와 너희 여자들, 자녀들을 불어내며 그들이 너희의 강과 샘물, 우물이 거꾸로 흐르게 할 것이다.

74. (567) 그들이 너희 땅에서 빵이 금같이 비싸지게 만들 것이다.

75. (568) 꿀이 단 것과 같이 너희 여자들과 자녀들의 피가 너희 입에서 달게 될 것이다.

76. (570) 지렁이가…를 먹는 것과 같이 너희가 아직 살아있는 동안에 너희의 살과 너희 여자들과 자녀들의 살을 먹을 것이다.

77. (573) 그들이 너희 활을 부수고 너희를 적들의 발 앞에 꿇어 엎드리게 하며 네 손이 활을 당길 수 없게 만들며 너희 전차를 뒤로 돌릴 것이다.

78. (576) 수사슴이 쫓기어 죽임을 당하듯 너희에게 복수하려는 자들이 너희와 형제 자녀들을 찾아서 죽일 것이다.

79. (579) 나비가 자기 자신 안으로 들어갈 수 없고 번데기로 다시 돌아갈 수 없듯이 너희도 너희 집의 여자들에게로 돌아갈 수 없게 될 것이다.

80. (582) 덫을 놓아 새를 잡듯이 그들이 너희와 너희 형제 자매들을 너희에게 복수하려는 자들에게 넘겨줄 것이다.

81. (585) 그들이 너희의 피부/살을 어둡게 만들며 너희 여자들과 형제 자녀들의 피부/살을 […]와 역청과 나프타로 어두워지게 할 것이다.

82. (588) 상동. *하루슈(harushu)*-짐승이 덫에 잡히듯 너희와 너희 형제자매들이 적들의 손에 잡힐 것이다.

83. (591) 너희의 살과 너희 여자들과 형제자매들의 살이 카멜레온의 살처럼 아주 늙어버릴 것이다.

84. (594) 벌집에 구멍들이 많이 있는 것과 같이 너희가 살아있는

동안 너희의 살과 너희 여자들, 형제자녀들의 살에도 많은 구멍이 있을 것이다.

85. (599) 그들(신들)이 이, 송충이와 다른 들의 벌레들로 너희의 땅과 지역들을 메뚜기처럼 먹게 할 것이다.

86. (601) 그들이 너희를 적들의 손에서 파리처럼 으깨어지게 하며 너희 적들이 너희를 부스러뜨리게 될 것이다.

87. (603) 이 빈대가 악취가 나는 것과 같이 너희의 숨결도 신과 왕, 사람들 앞에서 악취를 풍기게 될 것이다.

88. (606) 그들이 너희와 너희의 여자들과 자녀들의 목을 밧줄로 조를 것이다.

89. (608) 밀랍 인형을 불에서 태우고 진흙 인형을 물에서 녹이듯이 그들이 너희 인형을 불에 태우고 물속에 담그게 될 것이다.

90. (612) 이 전차가 그 바닥까지 피로 물든 것과 같이 그들이 너희의 전차를 너희 적들 가운데에서 너희 피로 물들게 할 것이다.

91. (616) 그들이 너희를 방추와 같이 돌게 하고 너희의 적들 앞에서 여자들과 같이 되게 할 것이다.

92. (618) 그들이 너희와 너희 형제자녀들을 게와 같이 뒤로 걷게 할 것이다.

93. (621) 그들이 너희를 사악한 불과 같이 둘러싸게 할 것이다.

94. (622) (이) 기름이 네 살 안에 들어가듯이 그들이 이 맹세가 너희 살과 너희 형제자녀들의 살 안에 들어가게 할 것이다.

95. (626) 신이나 주의 이름을 더럽히는 자들의 손과 발을 자르고 눈을 멀게 하는 것과 같이 그들이 너희를 파멸시키고 늪의 갈대와 같이 흔들리게 하며 적의 상처를 꿰맨 곳에서 나오는 피처럼 너희를 뜯을 것이다.

96. (632) 만일 너희가 아시리아의 왕 에살핫돈이나 왕세자 앗수르바니팔을 저버리고 좌우로 흩어지면 우로 가는 자를 검이 칠 것이고 좌로 가는 자도 검이 칠 것이다.

96A. 그들이 너희와 너희 여자와 형제자녀를 어린 염소과 같이 [살육할 것이다].

97. (637) 이 문 기둥이 삐걱거리듯이 너희와 너희의 여자와 자녀들이 쉬지도 못하고 잠들지도 못하며 너희 뼈조차도 함께 있지 못하게 될 것이다.

98. (641) (이) 구멍의 속이 빈 것처럼 그들이 너희의 속도 비게 할 것이다.

99. (643) 적들이 너희를 찌를 때 너희의 상처를 감쌀 밀랍이나 기름, *진자루(zinzaru)*나 향나무 기름들이 없게 될 것이다.

100. (646) (이) 쓸개즙이 쓴 것처럼 너희와 너희 여자들과 자녀들이 서로에게 씁쓸한 존재가 될 것이다.

101. (649) 샤마쉬가 그 청동 덫을 너희 위에 죄고 너희를 빠져나갈 수 없는 덫에 던지며 (거기서) 꺼내어 주지 않을 것이다.

102. (652) 이 가죽부대에 구멍이 나서 물이 흘러나오는 것과 같이 너희의 가죽부대도 기근과 갈증이 있는 곳에서 구멍이 나고 너희는 물이 없어 죽게 될 것이다.

103. (656) (이) 신발이 찢어진 것과 같이 너희의 [신발도] 찔레가 있는 곳에서 찢어지게 될 것이다.

104. (662) 왕좌의 주인 엔릴이 너희의 왕좌를 [던져버릴 것이다].

105. (663) 신들의 운명의 토판을 갖고 있는 나부가 너희 이름을 지우며 너희 자손과 후손들이 그 땅에서 사라지게 할 것이다.

106. (665) 문이 네 앞에서 [...]하며 너희 문들이 [...]

날짜 (669) 이얄 월(3-4월) 16일 코르사바드의 총독 나부벨우쭈르의 연명(年名). 아시리아의 왕세자 앗수르바니팔과 바벨론의 왕세자 샤마쉬슘우킨에 관하여 (에살핫돈이) 맺은 조약.

THE ANCIENT NEAR EAST

An Anthology of Texts & Pictures

◆◆◆

CHAPTER VII

이집트 역사 문서들

원역자: 윌슨(John A. Wilson)

1. 힉소스의 축출

ANET, 233-34

이집트에서 힉소스 축출에 관한 가장 좋은 당대의 사료가 나일 강 배의 선장이자 상이집트의 비교적 평범한 시민의 자서전적 기록에 남아 있다는 것은 역사의 아이러니이다. 아모세 1세(주전 1570-1545년)와 투트모세 1세(주전 1525-1495년)의 군사 원정에 참여한 이야기를 전하면서, 에벤이라는 여자의 아들인 아모세는 이집트에 있는 힉소스를 잇따라 공격한 일과 뒤이은 아시아 군사 원정에 대해 말해 주고 있다.

에벤의 아들, 선원의 대장, 승리자 아모세는 말한다.

나는 당신들이 내가 받은 은총을 알도록 당신들, 즉 모든 사람들에게 말한다. 나는 온 땅 앞에서 일곱 번이나 금을 수여받았고, 마찬가지로 남녀 노예들을 받았으며, 많은 들판도 받았다.[1] 용맹스러운 사람

---

1 아모세의 무덤에는 그의 전리품이었던 9명의 남자와 10명의 여자 노예들의 목록이 있다.

의 명성은 그가 행한 일로부터 주어지며, 이 땅에서 영원히 소멸되지 않는다.

그가 이렇게 말한다.

사진 42

나는 엘카브(el-Kab) 마을에서 자랐다. 내 아버지는 상하이집트의 왕 승리자 세크넨레(Seqnen-Re)의[2] 군인이었고, 그의 이름은 베베였으며, 여자 로오넷의 아들이었다. (5) 그때 나는 두 땅의 주 승리자 네브페티레(Neb-pehti-Re)의[3] 시대에 "야생 황소"라는 배에서 그를 대신하여 군복무 중이었다. 당시 나는 아직 소년이었고, 아내를 얻기 이전이었으며, 아직 그물 해먹에서 잠을 잤다.[4]

그러나 내가 가정을 이룬 후, 나는 "북쪽"이라는 배를 탔다. 나는 용감한 사람이었기 때문이다. 그렇게 나는 주권자(생명과 번영과 건강이 있기를!)가 전차를 타고 갈 때 도보로 동행했다.[5] 아바리스(Avaris)가 포위되었을 때, 나는 폐하 앞에서 용맹스러운 발을 선보였다. 그래서 나는 "멤피스에 나타남"이라는 배에 임명되었다. 그러자 아바리스의 파제드쿠(PaDjedku) 운하에서 수중전이 발생했다. 나는 한 명을 잡아서 (10) 그의 손을 가지고 왔다.[6] 이 일이 왕의 전령관에게 보고되었다. 그리고 금 훈장이 내게 수여되었다. 그 장소에서 또 전투가 있었다. 나는 이번에도 한 명을 잡아서 그의 손을 가지고 갔다. 그리고 또 다시 금 훈장이 내게 수여되었다.

이 마을의 남쪽 이집트에서 전투가 있었다.[7] 나는 한 남자를 생포해 왔다. 나는 물로 들어가서 물을 건너 그를 데려갔다. 그는 마을 옆쪽에서 생포되었기 때문이다.[8] 왕의 전령관에게 보고가 올라갔다. 나

---

2 제17왕조의 파라오들 중 하나인 세크넨레
3 아모세 1세
4 아마도, "나는 아직 남근 가리개를 붙인 채로 잤다"?
5 이집트인들이 처음으로 말과 전차를 사용한 것이다. 힉소스인들은 이집트에 이 전쟁 도구를 들여왔다.
6 이집트 군대는 죽은 적의 손을 잘라서 적 죽인 증거로 사용하곤 했다.
7 아바리스 남쪽. 이집트인들이 일시적으로 후퇴한 것처럼 보인다.
8 마을 옆, 그러나 이집트 진영에서는 물 건너서

는 다시금 금을 수여받았다.

아바리스를 파괴했다. 나는 거기에서 전리품을 챙겼다. 남자 한 명, 여자 세 명, 모두 네 명이었다. 폐하께서는 그들을 내게 노예를 주셨다.[9]

그때 (15) 샤루헨이 3년간 포위되었다.[10] 폐하께서 그곳을 파괴하셨다. 나는 거기에서 두 여자와 손 하나를 전리품으로 가져왔다. 그리고 금 훈장이 내게 수여되었고, 내 전리품은 내 노예로 주어졌다.

수 19:6

폐하께서 아시아인들을 살육한 후에 누비아 유목민들을 죽이기 위해 남쪽 켄티헨네페르(Khenti-hen-nefer)로 배를 타고 갔다.

이 일 후에 투트모세 1세는 외국을 다니며 그의 마음을 달래기 위하여 레테누로[11] 갔다. 폐하께서는 나하린에[12] 이르렀다. (37) 그리고 폐하(생명과 번영과 건강이 있기를!)께서는 전투대열을 지휘하면서 그 적을[13] 발견했다. 폐하께서는 그들 중에 많은 사람을 학살했다. 폐하께서 승리로 데려온 생존 포로들의 수가 셀 수 없을 정도였다. 나는 우리 군대의[14] 선봉에 있었고, 폐하께서 나의 용맹스러움을 보셨다. 나는 전차, 말, 그 안에 있는 자를 생포했다. 그것들은 폐하께 바쳐졌다. 그리고 나는 다시 금을 받았다.[15]

---

9   아모세의 "전리품 남녀노예들의 목록"에 보면, 19명의 이름 대부분이 이집트식 이름이다. 그러나 파암(Pa-'Aam) "아시아인", 아모스와 유사한 여성형 이름 타무취(T'amutj), 그리고 이쉬타르움미(Ishtar-ummi) "이쉬타르는 나의 어머니"라는 이름도 나온다.

10 시므온 지파 지역의 가나안 땅 남서쪽 끝단에 있다. 아마도 오늘날의 텔 엘파라(Tell el-Far'ah)일 것이다.

11 시리아 팔레스타인 지역

12 "두 강들", 유프라테스 굽이 지역

13 "그 넘어진 자", 주요 적국을 흔히 가리키는 표현

14 제18왕조 첫 세기의 애국적 충정의 연장선상에서만 이집트인들은 군대를 파라오의 것으로 말하는 대신에 "우리 군대"라는 표현을 사용했다.

15 마아사라의 채석장에는 신전들을 위해 사용된 돌을 위해 채석장을 다시 열었다는 기록이 있다. 이 기록의 일부는 이렇다. "펜쿠 땅 전역에서 그의 승리가 가져온 소들이 돌을 끌었다." 함께 있는 사진에는 아시아인들이 소를 모는 장면이 있다. 자히와 펜쿠는 남팔레스타인보다 훨씬 북쪽 내륙과 팔레스타인으로 이어지는 페니키아 해안가에 있다.

2. 투트모세 3세의 아시아 군사 원정

1) 므깃도 전투

투트모세 3세(주전 1490-1436년)는 거의 한 세기 동안 이집트 제국의 기초를 튼튼히 만든 정복자 파라오였다. 그는 20년간 거의 매년 아시아 군사 원정을 단행했다. 이 원정들 중에는 격렬한 전투도 있었고, 일부는 그저 권력 과시용 행진이었다. 이 문서에는 가나안의 도시 므깃도의 아시아 저항군을 공격한 그의 첫 번째 원정(주전 1468년경)에 대한 상세한 정보가 남아 있다.

투트모세 3세의 군사 원정 "기록물"은 아몬레가 승리를 주었음을 인정한다는 의미로 카르나크 신전 벽에 새겨져 있다.

호루스 힘센 황소, 테베에 나타나는…(투트모세 3세).

폐하께서는 개개의 원정, (5) 폐하께서 가져온 전리품, 그의 아버지 레가 그에게 준 외국의 조공들과 함께 그의 아버지 아몬이 그에게 준 승리가 폐하께서 그의 아버지 아몬을 위해 세운 신전의 기념비에 기록되도록 명령하셨다.

22년 두 번째 계절의 네 번째 달 25일.[16] 폐하께서는 용기, 승리, 힘, 정당함으로 이집트의 국경을 확장시킨 승리의 첫 원정에서 실레(Sile)의[17] 요새를 지났다. 오랜 시간이었다…(10) 모든 사람이 [조공을 *바치는*]…약탈…그러나 이우르사(Iursa)부터 그 땅의 바깥 끝까지[18] 폐하께 반역하는 동안, 거기에 있는 요새가 나중에 샤루헨에 있게 되었다.

23년 세 번째 계절의 첫째 달 4일. 왕의 대관식 축젯날, 시리아 이름으로는 가사(Gaza)인 "통치자가 점령한" 마을까지 〈도착함〉.[19]

---

16 아마도 주전 1468년 4월 16일 므깃도 전투. 정확한 날짜는 고대 이집트인들의 "초승달"이 무엇을 의미하느냐에 달렸다.
17 또는 현대의 칸타라 근방의 이집트 국경 주둔지 챠루.
18 남팔레스타인부터 북시리아까지
19 보르하르트(Borchardt)의 이해에 따르면, 이집트인들은 9일 또는 10일에

[23년] (15) 세 번째 계절의 첫째 달 5일. 적을 사로잡으라는 용감한 승리자 그의 아버지 아몬레의 명령을 따라, 사악한 적을[20] 무찌르고 이집트의 국경을 확장하기 위하여 용기, 승리, 힘, 정당함으로 이곳에서 출발.

23년 세 번째 계절의 첫째 달 16일.[21] 예헴(Yehem)에 〈도착〉. 폐하께서 승리하는 그의 군대의 회합을 소집하여 다음과 같이 말씀하셨다. "저 가데스의 사악한 적이 (20) 와서 므깃도로 들어갔다. 그는 지금 거기에 있다. 그는 나하린, 미타니, 후루, 코데 등 이집트에 충성했던 모든 외국의 왕자들과 그들의 말, 군대, 백성들을 불러 모으고 이렇게 말했다. '나는 여기 므깃도에서 (25) 폐하와 싸우려고 기다릴 것이다.' 너희들 마음에 무엇이 있는지 말해 보겠느냐?"[22]

그들은 폐하 앞에서 말했다. "좁아지는 이 길을 가는 것이 무엇과 같겠습니까? 적군이 저기 외곽에서 기다리고 있고, 그들의 수가 점점 많아지고 있다고 합니다. 말이 말을 따라가야 하고, 군대와 (30) 백성들도 그리해야 하지 않겠습니까? 우리의 선봉이 싸우고 후방은 여기 아루나(Aruna)에서 싸우지도 않고 기다려야 합니까?[23] 이제 두 길이 여기에 있습니다. 보소서, 하나는 우리 동쪽으로 타아낙(Taanach)으로 나아갑니다. 보소서, 다른 하나는 제프티(Djefti)의[24] 북쪽으로, 우

사진 99

삿 5:19

150마일을 가는 놀라운 속도로 행진하여 1468년 4월 25일 가사에 도착했다. 이 날은 투트모세 3세의 대관식 기념일이므로, 햇수는 22에서 23으로 넘어갔다.

20 가데스(Kadesh)의 왕자는 이집트에 대항하는 연합군의 리더였다.
21 1468년 5월 7일(보르하르트). 이집트가 차지한 도시 가사를 떠난 후에 군대의 행진 속도는 저항하거나 저항의 가능성이 있는 지역을 지나면서 눈에 띄게 느려졌다. 아마도 11일 또는 12일에 80마일 정도를 가는 속도였을 것이다. 예헴(Yehem; 아마도 자흐마이)은 넬슨에 의해 갈멜 산맥 남쪽 엠마(Yemma)에 위치한 것으로 알려졌다.
22 이 연합군의 성격과 투트모세의 이어지는 원정으로 판단해 보면 가데스는 오론테스(Orontes)에 있는 도시였을 것이다.
23 므깃도 남쪽에서 넓어지는 좁은 길로 직진하면, 그들은 한 줄로 늘어서야만 하고, 그러면 특히 공격에 취약해질 위험이 있다.
24 더 안전한 두 개의 산길이 대안으로 제기되었다. 하나는 므깃도 남동쪽 4-5마일 지역 타아낙에서 넓어지는 길이고, 다른 하나는 므깃도 북서쪽

리는 므깃도의 북쪽으로 나가게 됩니다. 승리의 주께서 그의 마음에 만족한 길로 나아가시되, 저희가 어려운 길을 가지 않게 하시옵소서."

그 사악한 적에 대한 전갈들이 들어왔고, 이전에 말한 문제에 대한 의논이 계속 이어졌다. 폐하(생명과 번영과 건강이 있기를!)의 궁정에서 말해진 것—[25] "내가 맹세한다. (40) 레가 나를 사랑하고, 내 아버지 아몬이 내게 은총을 베풀고, 내 콧구멍이 생명과 만족으로 새로워지오니, 나는 아루나 길로 나아갈 것이다. 너희 중에 원하는 자는 너희가 말하는 이 길들로 가고, 너희 중에 원하는 자는 나를 따라 오너라! 레가 혐오하는 이 적들이 말할 것이다. '보라, 폐하가 우리를 두려워하여 다른 길로 가지 않았느냐?' 그들이 이렇게 말할 것이다."

그들이 폐하 앞에서 말했다. "카르나크를 다스리고, 두 땅의 보좌의 주이신 당신의 아버지 아몬께서 당신이 원하는 대로 행하시기를. 보소서, 종이 그의 주인을 따르는 것이니 저희는 폐하께서 가시는 곳이면 어디든 따라가겠습니다."

그러자 폐하께서 전군에게 명령했다. (50) "좁아지는 그 길에서 너희의 승리의 주의 발걸음을 따르라. 보아라, 폐하가 맹세하여 말한다. '나는 이곳에서 내 승리의 군대가 나보다 앞장서도록 하지 않겠다!'" 이제 폐하께서 자기 자신이 군대의 머리가 되어 나가겠다고 결심한 것이다. 모든 사람이 (55) 그의 진군 명령을 알게 되어 말이 말을 뒤따라 갔으며, 폐하는 그의 군대의 선봉에 섰다.

23년 세 번째 계절의 첫째 달 19일.[26] 아루나의 '생명과 번영과 건강'(파라오)의 텐트에서 생명 가운데 깨어남. 북쪽으로 진군하면서 두 땅의 보좌의 주, 내 아버지 아몬레가 내 앞에서 길을 열어주도록 그를 데리고 간다.[27] 하르아크티(Har-akhti)는 내 승리의 군대의 마음을 굳건하게 하고 (60) 내 아버지 아몬은 나의 팔을 강하게 한다….

민 10:33; 신 1:33

알려지지 않은 곳에서 넓어지는 길이다.
25 즉, 왕좌에서 말하는 것이다. 궁정은 파라오와 함께 이동했다.
26 예헴에 도착한지 3일 후
27 아몬의 깃발이 행군을 이끈다.

그러자 폐하께서는 많은 열로 준비된 그의 군대의 선봉에서 나아갔다.[28] 그는 적 한 명도 만나지 않았다. 그들의 남쪽 끝은 타아낙에 있었고, 그들의 북쪽 끝은 키나(Qina) 계곡 남쪽에 있었다.[29] 그러자 (65) 폐하는 그들을 조롱하며 말했다. "그들이 무너졌다. 그 사악한 적…너희는 그에게 찬양을 드려라 (70). 폐하의 힘을 찬송하라. 그의 팔은 어느 왕의 것보다 위대하다. 그것이 아루나에서 폐하의 군대의 후방을 보호하였다!"

폐하의 승리의 군대의 후방이 아직 아루나에 있을 때, 선봉이 키나 계곡으로 나가서 이 계곡의 입구를 채웠다.

그들이 폐하(생명과 번영과 건강이 있기를!)에게 말했다. (75) "보소서, 폐하께서 그의 승리의 군대와 앞서 나가셨고, 그들이 계곡을 채웠습니다. 승리의 주께서 이번에는 저희의 말씀을 들으셔서, 우리 주께서 우리를 위하여 그의 군대와 백성의 후방을 지키소서. 군대의 후방이 우리를 위하여 넓은 곳으로 나오면, 그때 우리가 이 외국인들과 싸우겠습니다. 그러면 우리가 우리 군대의 후방에 대해 염려하지 않을 수 있을 것입니다."(80)

폐하께서는 외곽에서 잠시 머물고, 거기에 앉아서 그의 승리의 군대의 후방을 지켰다. 그림자가 돌자,[30] 장군들은 이 길로 가는 것을 끝마쳤다.

그리고 폐하를 위하여 그곳에 진지를 구축했고, 전군에 명령이 내려졌다. "준비하라! 무기를 준비시켜라. 아침에 저 사악한 적과 그분께서[31] 전투를 벌이실 것이다. 왜냐하면 그분은…!"

---

28 므깃도 평야로 이어지는 길로부터

29 키나는 아직도 므깃도 남쪽에 흐르는 시내로 대표된다. 그가 "그들이 무너졌다"라고 말했을 때, 그는 아시아인들의 멸망을 기대하고 있었다. 그들은 길목을 지키는 데 실패한 것이기 때문이다.

30 정오가 되어서 그림자 시계가 방향을 돌린 것이다. 이집트 선봉대는 군대 후방이 나타나기 일곱 시간 전에 므깃도 평야에 도착했고, 투트모세는 진영으로 들어갈 수 있었다.

31 파라오

생명, 번영, 건강의 울타리 안에서 휴식함.[32] 관리들에게 제공함. 수행원들에게 배급을 줌. 군대의 보초병들을 세움. 그들에게 말함. "강건하라, 강건하라! 경계하라, 경계하라!" 생명, 번영, 건강의 천막에서 생명 안에서 깨어남. 그들이 폐하께 와서 말했다. "사막은 이상 없으며, 남쪽과 북쪽의 요새들도 그렇습니다."

23년 세 번째 계절의 첫째 달 21일. 진정한 초승달의 축제일.[33] 새벽에 왕이 등장했다. 전군에게 지나갈 것이…명령 하달되었다. (85) 그의 아버지 아몬이 그의 팔을 강하게 하는 동안, 폐하께서는 테베의 몬투와 같은 행위의 주, 위대한 팔 호루스처럼 무기로 치장된 순금 전차를 타고 나아갔다. 폐하의 군대의 남쪽 부대는 키나 시내 남쪽 언덕에, 북쪽 부대는 므깃도 북서쪽에 있었다. 폐하는 그들 중앙에 있었으며, 아몬이 그 혼동 속에서 그를 보호하고, 세트의 힘은 그의 팔과 다리에 충만했다.

폐하는 그의 군대의 선봉에서 그들을 제압하였다. 폐하가 그들을 제압하는 것을 보자 그들은 두려움에 질린 얼굴로 므깃도로 서둘러 도망갔다. 그들은 누군가가 이 마을로 끌고가서 그들의 옷으로 들어올릴 수 있도록 말과 금은 전차를 버려두었다. 그 백성들은 이 마을을 봉쇄했으나, 그들은 그것들을 이 마을로 들어올리기 위해 그들의 옷을 내려놓았다. 폐하의 군대가 적의 소유물들을 가져가려는 그들의 마음을 포기하지 않았더라면, 그들은 이때에 므깃도를 약탈했었을 것이다. 가데스의 사악한 적과 이 마을의 사악한 적이 그들의 마을에 들어가기 위해 급히 끌려가는 동안 폐하에 대한 두려움이 그들의 몸에 들어갔고, 그들의 팔은 약해졌으며, 뱀이 달린 그의 왕관이 그들을 압도했다.

그들의 말과 금은 전차는 쉽게 노략물이 되었다. 그들은 마치 그물고리에 걸린 물고기들처럼 줄로 늘어서 그들의 등을 바닥에 대고 있었고, 폐하의 승리의 군대는 그들의 소유물을 세고 있었다. 은으로 만

---

32 왕의 울타리는 의심할 바 없이 정교한 천막이었다.
33 보르하르트는 전투 날을 1468년 5월 12일로 보았다.

들어진 사악한 적의 텐트가 점령되었다….

전군이 기뻐하고 오늘 아몬이 그의 아들에게 준 승리로 인하여 그를 찬양하였다. 그들은 폐하와 그의 승리를 칭송하였다. 그리고 그들은 그들이 취한 노략물을 내어놓았다. 사람의 손들,[34] 생포한 죄수들, 말들, 색칠된 금은 전차들 (90)…

폐하께서 그의 군대에게 이렇게 명령하셨다. 점령하라, 나의 승리의 군대여! 보아라, 모든 외국 나라들은 오늘 레의 명령에 의하여 이 마을에 놓여 있다. 모든 북쪽 나라의 왕자들이 이 안에 갇혀 있으므로, 므깃도를 잡으면 천 개의 마을을 잡는 것이다. 확실히 점령하라, 확실히!…"

군대 장군들에게 자기 부대원들의 필요한 것들을 제공하고, 각자의 위치를 파악하도록 명령이 하달되었다. 그들은 해자로 둘러 보호되어 있고, 모든 좋은 나무의 신선한 목재로 둘러싸인 이 도시를 측량했고, 폐하는 지켜보며…이 마을 동편 요새에 있었다. 벽으로 둘러싸인…벽으로 둘러싸인…그 이름은 "멘케페르레는 아시아인들의 울타리"이다. 폐하의 진영에 경비병들이 배치되었고, 그들에게 명령이 내려졌다. "강건하라, 강건하라! 경계하라, 경계하라!"…폐하…그들 중 아무도 그들의 요새 성문에 노크 소리를 듣고 나가는 것 이외에는 이 벽 뒤에서 밖으로 나가는 것이 허락되지 않았다.[35]

폐하가 이 마을과 저 사악한 적과 그 사악한 군대에게 행한 모든 것이 각 날에, 개개의 원정대로, 개개의 군대 장군들에 따라서 기록되었다…그것들은 가죽 두루마리에 기록되어 현재 아몬 신전에 있다.

이 외국의 왕자들이 허리를 숙이고 바닥에 입을 맞추며 폐하의 영광 앞으로 나아와서 그들의 콧구멍에 숨을 쉴 수 있도록 요청하였다. 그의 팔은 위대하고, 아몬의 능력은 모든 외국 위에 위대했기 때문이다. (95)…폐하의 능력이 데려온 모든 왕자들이 은, 금, 청금석, 터키

---

34 전쟁 성취의 징표로 죽은 적에게서 잘라 가져온 손들
35 포로가 된 아시아인들은 이집트인들이 그들을 호출해야만 나갈 수 있었다는 의미?

석, 곡식, 포도주, 크고 작은 소들을 가지고 왔고, 그들 중 한 무리는 조공을 가지고 남쪽을 향했다. 그러자 폐하는 모든 마을에 왕자들을 새롭게 임명했다…

사진 93

폐하의 군대가 므깃도에서 취한 전리품의 목록은 다음과 같다. 포로 340명과 손 83쪽, 말 2,041필, 망아지 191마리, 종마 6마리, …수망아지들, 금으로 치장되고 금 몸체가 있는 적에게 속한 전차 1대, 금으로 치장된 멋진 므깃도의 왕자의 전차 1대…그 사악한 군대의 전차 892대, 총 924대, 적에게 속한 멋진 청동 쇠사슬 갑옷 1벌, 므깃도의 왕자에게 속한 멋진 청동 쇠사슬 갑옷 1벌, 그 사악한 적에게 속한 가죽 쇠사슬 갑옷 200벌, 활 502개, 은으로 치장된 적의 장막의 메루(meru) 나무 장대 7개.

폐하의 군대는 소…387…암소 1,929마리, 염소 2,000마리, 양 20,500마리를 가져갔다.

이후에 왕이 야노암, 누게스, 헤렌케루에[36] 있는 적의 가정과 그에게 굴복한 마을들의 재산에서 가져온 물건의 목록이다.

그들에게 속한 마르야누 38명,[37] 적과 그와 함께 있던 아기들 0[명], 그에게 속한 마르야누 5명, 남녀 노예 1,796명과 그들의 아이들, 굶주려서 적으로부터 빠져나온 사면된 사람 103명, 총 2,503명, 그 외에 값비싼 돌과 금으로 만든 그릇, 다양한 용기들, (100)…커다란 시리아식 아쿠누 단지, 단지, 그릇, 접시, 다양한 음료용 용기, 큰 주전자, 나이프 17개 등 1,784데벤(약 91그램)이다.[38] 제작 중인 금 원반, 많은 은 원반이 966데벤과 1키뎃(1/10 데벤),[39]…의 형태인 은 신상 한 개, 금 머리를 가진 동상…사람 머리를 가진 지팡이 3개, 상아, 흑단, 카롭

사진 4

---

36 "상 레테누"라는 의미로 북팔레스타인과 남시리아의 산지를 적절히 대표하는 용어이다. 야노암은 훌레 호수 지역에 있었던 것 같다. 따라서 이 세 마을들은 그 지역 어딘가에 있었을 것이다.

37 마르야누(maryanu)는 이 당시 아시아에서 전사 또는 장교급이었다.

38 목록의 것들은 은으로 환산하면 약 435트로이 파운드의 금속의 가치가 된다.

39 약 235트로이 파운드. 은으로만인지, 아니면 금과 은을 합쳐서인지 정확하지 않다.

나무와 금으로 장식된 적의 이동용 의자 6개, 그들에게 속한 발받침 6개, 상아와 카롭 나무로 만든 탁자 6개, 카롭 나무와 금과 각종 귀한 돌로 만들고 전부 금으로 치장된 그 적에게 속한 케르커[40] 양식의 침대 1개, 흑단으로 만들고 금으로 장식되었으며 머리는 청금석인…거기에 있던 적에게 속한 동상 1개, 청동 그릇, 그 적의 많은 옷.

이제 들판이 경작지가 되었고, 수확을 위하여 왕궁(생명과 번영과 건강이 있기를!)의 조사관들에게 배정되었다. 폐하께서 므깃도 땅에서 거두어들인 수확물의 목록이다. 폐하의 군대에 의하여 사료로 베어낸 것을 제외하고 207,300포대의 밀,[41]

3. 세티 1세의 북팔레스타인 원정

ANET, 253-54

아마르나 혁명은 내부적, 외부적으로 이집트 제국에 심각한 타격을 남겼다. 국내의 조직 재정비가 우선 시급했다. 그 후 세티 1세(주전 1318-1301년)는 파라오가 되었을 때, 다시 아시아 원정을 시작했다. 팔레스타인 땅에서 출토된 이 석비는 아시아 왕자들의 연합군에 대처하는 그의 열정에 대해 간략히 말한다.

1년 세 번째 계절의 세 번째 달 10일,[42] 호루스여 사소서: 힘센 황소, 테베에서 나타나는 자, 두 땅을 살게 하는 자; 두 여신들: 반복해서 출산하는 자, 팔이 강한 자, 아홉 활들을 무찌르는 자; 금 호루스: 반복해서 나타나는 자, 모든 땅에서 강한 활; 상하 이집트의 왕, 두 땅의 주: 멘마아트레 이르엔레; 레의 아들, 왕관의 주: 세티 메르네프타, 위대한 신 레하르아크티의 사랑받는 자. 그의 팔에 힘이 있으며, 몬투처럼 영웅적이고 용감하며, 포로가 많고, (5) 그의 손을 어떻게 놓는지 알고 있으며, 어디에서든지 기민한 선한 신; 그의 입으로 말하고, 그

---

40 알려지지 않은 나무 물건
41 약 450,000부셀 정도
42 약 1318년 5월 하순.

의 손으로 행하고, 그의 군대의 용감한 리더, 전쟁의 한가운데 용감한 전사, 전투에서 무시무시한 바스텟,[43] 아시아인들 군중 사이로 침투해 들어가서 그들을 복종시키는 자, 레테누의 왕자들을 짓밟는 자, 그의 길을 거역하는 자의 (10) 마지막에 다다르는 자. 그는 입의 모든 자랑이 대단한 시리아의[44] 왕자들을 물러나게 한다. 땅 끝의 모든 외국 나라들, 그들의 왕자들이 말한다. "우리가 어디로 갈까?" 그들은 속으로 "그것을 보아라, 그것을 보아라!"라고 말하며, 밤새 그의 이름으로 증언한다. 그에게 용기와 승리를 선언하는 것은 그의 아버지 아몬의 힘이다.

이 날,[45] 한 사람이 폐하께 와서 말했다. (15) "하맛[46] 마을에 있는 사악한 적이 벧산을 점령하면서 많은 사람을 모으고 있습니다. 그리고 그들과 함께 한 파헬의 동맹군이 있을 것입니다. 그는 르홉의 왕자가 밖으로 나가는 것을 허락하지 않고 있습니다."[47]

그러자 폐하께서는 "강한 활"이라고 불리는 아몬의 첫째 군대를 하맛으로, "용기가 넘치는"이라고 불리는 레의 첫째 군대를 벧산으로, "센 활"이라고 불리는 세트의 첫째 군대를 야노암으로 보냈다,[48] 하루가 지나서 그들은 상하 이집트의 왕, 멘마아트레, 레의 아들, 세티 메

---

43 이집트의 고양이 여신, 전쟁의 암사라 여신 세크멧과 겹합되었다.
44 카루, 시리아 팔레스타인을 일반적으로 가리키는 말
45 명문의 시작 날
46 꼭 하맛의 왕자일 리는 없다. 아마도 북쪽에서 온 왕자일 것이다. 세티가 북쪽 야노암으로 군대 한 사단을 보낸 것을 주목하라.
47 고대 벧산은 현대 베이산의 북서쪽 텔 엘후츤이다. 하맛은 베이산 남쪽 10마일 정도의 텔 엘함메가 거의 확실하다. 파헬 또는 펠라는 베이산 남동쪽 7마일 요르단 건너 키르벳 파힐이다. 르홉은 아마도 베이산 남쪽 3마일 텔 에츠싸렘일 것이다. 이 도시들은 모두 좁은 지역에 모여 있다. 하맛과 파헬이 벧산과 르홉에 맞서 행동하는 듯하다.
48 세티 1세의 파병은 신속하고 효과적이었다. 여기서 한 가지 문제는 불만 세력의 핵심부에서 상당히 북쪽에 떨어진 야노암에 왜 군대를 보냈냐 하는 것이다. 야노암은 훌레 호수 북쪽, 베이산에서 거의 50마일 북쪽에 있는 현대 텔 엔나아메일 것이다. 아마도 이집트의 진짜 반대세력은 히타이트에 의해 지배되고 있는 북쪽에 있었을 것이다. 북쪽에서의 증원군을 차단함으로써 세티 1세는 벧산 주위의 지역 반역 세력들을 외부의 개입 없이 처리할 수 있었을 것이다.

르네프타, 생명이 주어진 자, 폐하의 영광 앞에 고꾸라졌다.

4. 국경 관리의 보고

학생들을 위한 견본으로 사용되던 편지들 중에서 한 편지는 이집트의 동쪽 국경에 있는 한 관리가 아시아인들이 삼각주의 목초지로 이동한다고 보고하는 양식을 갖추고 있다.

ANET, 259

(51) 서기관 이네나는 그의 주 재무부의 서기관 카[가부]…(생명과 번영과 건강이 있기를!)에게 보냅니다. 내 주께 알리는 편지입니다. 내 주께 알리는 또 다른 편지입니다.

나는 내게 주어진 임무를 강철과 같이 굳고 강하게 수행하였습니다. 나는 게으르지 않았습니다.

내 주께 알리는 또 다른 편지입니다. 우리는 에돔의 베두인 부족들이 체쿠에[49] 있는 (56) 메르네프타 호텝히르마아트(생명과 번영과 건강이 있기를!) 요새를 지나 체쿠에 있는 메르네프타 호텝히르마아트의 페르아툼[50] 연못[51]으로 가도록 하는 것을 마쳤습니다. 이는 8년 윤일 5일째, "세트의 탄생" 날에[52] 그들과 그들의 소가 모든 땅의 선한 태양인 파라오(생명과 번영과 건강이 있기를!)의 카(ka)를 통하여 살 수 있도록 하기 위함입니다. 나는 체쿠에 있는 메르네프타 호텝히르마아트(생명과 번영과 건강이 있기를!) 요새가…할 때, 내 주가 있는 곳으로 그 보고문의 사본과 다른 날들의 이름들을 가져오도록 했습니다.

창 46:28; 47:1

출 1:11

---

49 위치는 "고센 땅", 즉 와디 투밀랏의 동쪽 끝이다. 메르네프타 요새는 국경 요새였다. 체쿠, 또는 테쿠는 숙콧(Succoth)일 가능성도 희박하게 있고, 아마도 그 지역을 광범위하게 일컫는 말일 것이다.
50 "아툼의 집"이라는 의미의 페르아툼은 아마도 성경의 비돔일 것이다.
51 셈어 단어 비르케가 사용되었다.
52 "세트의 탄생"은 연말 윤일 3번째 날이었다. 주전 1215년 6월 중순 이후가 될 것이다.

ANET, 260

5. 시리아의 지도자 공백기

제19-20왕조 사이에 한동안 이집트는 혼란스러운 상황 속에 있었고, 그 중 일부 기간은 시리아의 지배를 받았다. 이 일에 대해 우리가 아는 모든 것은 다음의 문서에서 나온다.

'대파피루스 해리스'(Great Papyrus Harris)는 테베에서 나왔으며 람세스 3세(주전 약 1164년) 말기의 것으로 그에 대한 마지막 유언이나 증거와 같은 것이다. 여기에 그가 묘사하고 있는 문제는 제19왕조 마지막 왕의 통치(주전 약 1205년)와 람세스 3세의 아버지 세트나크트(주전 약 1197년)의 재위 초기의 일이다.

위대한 신,[53] 우세르마아트레 메리아몬[54](생명과 번영과 건강이 있기를!)께서 그 땅의 관리들과 리더들, 보병, 전차부대, 셰르덴,[55] 많은 궁수, 모든 이집트의 영혼에게 말씀하셨다.

들으라, 내가 백성들의 왕으로 있을 때 내가 행한 은총을 알게 할 것이다. 이집트 땅은 모두 스스로가 옳은 기준이 되어 황폐화되었다. 이전의 다른 시기까지 수년간 주요 대변인도 없었다. 이집트 땅은 관리들과 시장들이었고,[56] 높은 자든, 낮은 자든 서로 자신의 동료를 살해했다. 그 후로 빈 햇수 동안[57] 다른 시기들이 찾아왔다. 그리고…[58] 한 시리아인이 (5) 왕자가 되었다. 그는 모든 땅을 그 앞의 공물로 삼았다. 서로 힘을 합쳐 그들의 재산이 약탈되도록 하였다. 그들은 신들을 인간처럼 대했고, 신전에서 제사도 바쳐지지 않았다.

그러나 신들이 돌이켜 자비를 나타내고, 정상 상태처럼 그 땅을 올바르게 만들었을 때, 그들은 그들의 몸에서 나온 그들의 아들을 그들의 위대한 보좌 위에 온 땅의 통치자(생명과 번영과 건강이 있기를!)로

---

53 이 명칭은 일반적으로 왕이 이미 죽었음을 의미한다.
54 람세스 3세(주전 약 1195-1164년)
55 지중해 연안에서 데려온 이집트 포로 또는 용병 부대
56 즉, 왕이나 중앙 정부가 없이 지방 통치 하로 쪼개졌다.
57 체계적인 통치가 없거나, 또는 빈 해들, 즉 경제적 궁핍함의 해들
58 그 외에 알려지지 않은 시리아인(호리족)의 통치가 분명하다.

세웠다. 우세르카레 세템엔레 메리아몬(생명과 번영과 건강이 있기를!) 레의 아들: 셋나크트 메르에르레 메리아몬(생명과 번영과 건강이 있기를!). 그는 화가 날 때 케프리세트이다. 그는 반란을 일으킨 온 땅에 질서를 가져왔다. 그는 이집트에 있었던 불평분자들을 죽였다. 그는 이집트의 위대한 보좌를 깨끗하게 했다.

6. 해양 민족들과의 전쟁

ANET, 262-63

주전 2천년대 후반에는 지중해 동편에서 거대한 움직임이 있었다. 거처를 잃은 무수한 사람들이 무리를 이루어 바다와 해안가를 천천히 지나 이동하면서 본래 정착해 있던 사람들을 대체하거나 그들과 결합하기도 했다. 이러한 대규모 이주들이 크레타에서 미노스 문명을 끝냈고, 역사적으로 그리스와 이탈리아의 인구 형성에 기여했으며, 히타이트 제국을 멸망시켰고, 블레셋인들을 가나안에 이주시켰으며, 이집트 해안가까지 이르렀다. 람세스 3세의 재위 8년(주전 약 1188년)에, 파라오는 나일의 풍요로운 땅으로 밀고 들어오려는 그들을 저지했다. 그러나 그 승리는 제한적인 것에 불과했다. 곧 아시아에 대한 이집트 패권이 끝난다. 다음의 이 전쟁에 대한 이야기는 테베에 있는 메디네트 하부의 람세스 3세의 신전에 있는 것이다.

사진 7

사진 92

(1) 람세스 3세 폐하 8년…

(16)…외국 나라들이 그들의 섬에서 음모를 꾸몄다. 소동(騷動) 속에서 땅들이 한꺼번에 사라지고 흩어졌다. 그들의 무력 앞에서 하티, 코데, 갈그미스, 아르자와, 알라시야[59] 등이 일시에 잘려나가 남은 땅이 없었다. 아모르의[60] 한 곳에 진지가 세워졌다. 그들은 그 백성들과 그 땅을 완전히 황폐화시켜, 마치 그곳에 아무것도 없었던 것처럼 만

사진 95

---

59 하티는 히타이트 제국, 코데는 실리시아 해안과 북시리아, 갈그미스는 유프라테스의 도시, 아르자와는 실리시아 안 또는 근처, 알라시야는 아마도 깃딤일 것이다.
60 아마도 북시리아 평원 또는 코일레 시리아

들었다. 그들은 이집트로 오고 있었으며, 그들 앞에는 불길이 준비되었다. 그들 연맹에는 블레셋, 체커, 셰켈레시, 덴옌, 웨셰시[61] 등의 나라들이 참여하였다. 그들은 지구 둘레만큼의 땅들에 손을 댔고, 그들의 마음은 확신과 자신감이 넘쳤다. "우리의 계획이 성공할 것이다!"

이제 신들의 주, 이 신의 마음이 준비되었고, 그들을 마치 새처럼 낚아 챌 준비를 했다…나는 쟈히[62]에 내 경계를 조직하고, 그들 앞에서 왕자들, 요새의 장군들 (20) 마르야누들을 준비시켰다. 나는 강 입구들을[63] 완전 무장한 전투함, 갤리선, 연락선 등으로 강한 성벽처럼 준비시켰다. 그 배들은 뱃머리부터 선미까지 무기를 든 용사들로 채워졌다. 군대는 이집트인들 중 *선발된 자*들로 구성되었다. 그들은 산 꼭대기에서 으르렁거리는 사자 같았다. 전차 부대는 달리기 잘하는 자, 선발된 자, 뛰어나고 능력 있는 모든 전차 전사들로 구성되었다. 말들은 온 몸을 떨며 그들의 발굽으로 적군들을 짓밟을 준비가 되었다. 나는 용감한 몬투이다.[64] 그들의 머리에 바로 서서 그들이 내 손이 무찌르는 것을 보도록 할 것이다…

내 육지 국경에 다다른 자들은 그들의 씨가 없고, 그들의 마음과 영혼은 영원히 끝장났다. 바다로 함께 나아온 자들에게는 강 입구에서 그들 앞에 완전한 불길이 있었으며, 창으로 된 방책이 해안가에서 그들을 둘러쌌다.[65] 그들은 끌려가고, 둘러싸이고, 바닷가에서 엎드려

---

61 블레셋을 제외하고는 이 이름들은 이집트 글에 가깝게 옮겨졌다. 체커에 대해서는 웬아몬 이야기를 참고하라. 셰켈레시는 시켈로스, 덴옌(설형문자로는 다누나)은 다나오이일 것이다. 웨셰시는 후대의 어느 민족과도 쉽게 연결지을 수 없다.

62 팔레스타인으로 내려가는 페니키아 연안. 람세스 3세의 지배에 대해 아는 약간의 지식으로는 그의 방어선은 팔레스타인 북쪽이 아니었다. 해양 민족들과의 육상전은 아시아에서 있었고, 해상전은 이집트 해안가에 있었을 가능성이 있다.

63 일반적으로 삼각주의 나일 지류들의 입구에 사용된다. 그러므로 이집트의 방어선일 것이다. 가능성 있는 것은 이 단어는 아시아 해안가의 항구들을 가리키는 말로 확대되었을 수 있다.

64 전쟁의 신

65 한 무리는 육지에서(쟈히에서?), 그리고 다른 한 무리는 바다에서(삼각주?) 마주쳤다. 해양 민족들의 배들과 소달구지, 여자, 어린이, 물건들이

지고, 죽었고, 꼬리에서 머리까지 더미를 이루었다. 그들의 배와 물건들은 마치 물에 빠진 듯했다.

나는 땅들이 이집트를 언급하는 것조차 못하게 하였다. 그들이 그들의 땅에서 내 이름을 발음하면, (25) 그들은 불타버렸다. 나는 하르아크티의 보좌에 앉았고, 주술에 위대한 자는[66] 레처럼 내 머리에 고정되었으므로, 나는 외국 나라들이 아홉 활들에게[67] 자랑하기 위하여 이집트의 국경을 처다보도록 허락하지 않았다. 나는 그들의 땅을 가져갔고, 그들의 변방은 내 것에 포함되었다. 그들의 왕자와 부족민들은 기쁘게 내 것이 되었다. 나는 모든 주, 내 위엄, 신성한 아버지, 신들의 주의 계획의 길에 있었기 때문이다.

7. 므깃도 상아 작품들

ANET, 263

팔레스타인 므깃도의 왕궁에서 많은 수의 "페니키아 상아들"이 발굴되었다. 조각된 디자인들은 범세계적으로 고대 근동의 다양한 문화를 반영하는 것들이다. 발굴자는 제작 연대를 주전 1350-1150년 정도로 추정한다. 상아 작품들 중에서 이집트 상형문자를 포함하고 있는 것은 다섯 개이다. 한 이집트의 외국 사절의 필통에는 람세스 3세(주전 약 1195-1164년)의 이름이 새겨져 있어서 이 작품들의 가능한 가장 늦은 연대를 알려준다.

사진 29-31, 90

스 2:65

느 7:67

가구 장식에 사용되었을 세 개의 판에는 "그의 벽의 남쪽," 두 땅의 생명의 주, "프타의 가수"의 이름과 아스켈론의 위대한 왕자 케르커의 이름이 새겨져 있다.

땅으로 이동하는 장면들이 남아 있다.
66 왕권의 상징인 우아레우스 뱀.
67 이집트의 전통적인 적들

ANET, 263-64

왕상 14:25-26;
대하 12:2-9

사진 94

8. 셰숑크 1세의 원정

셰숑크 1세(주전 약 945-924년)는 구약성경의 "시삭"이다. 이집트 문서들이 그의 팔레스타인 원정에 대한 성경의 기록에 추가적으로 도움이 될 만한 정보를 제공해 주지 못한다는 것은 안타까운 일이다. 사실 그는 그가 정복했다고 주장하는 팔레스타인과 시리아 도시들의 목록을 남겼다. 그리고 이 목록을 기반으로 그의 여정을 재구성하기도 한다. 그러나 이 파라오의 원정에 대한 서술체 이야기는 없다. 그의 명문에 나오는 "시리아 땅의 조공" 또는 "먼 외국 나라들의 아시아인들"에 대한 승리와 같은 언급들은 모호하고 일반적인 것이다. 그의 거창한 주장들이 얼마나 비역사적인지는 아몬 신이 그 파라오에게 한 다음의 말에서 분명히 나타난다. "나는 너를 위하여 미타니 군대의 아시아인들을 굴복시켰다." 국가로서의 미타니가 멸망한지는 이미 400년도 더 되었다.

도시들의 목록 이외에도 두 문서들이 아시아 땅에 있었던 셰숑크의 이름을 증거해 주고 있다. 팔레스타인의 므깃도에서 셰숑크 1세의 이름이 있는 기념 석비의 조각이 발견되었다. 아마도 그가 거기에 승전비를 세웠을 것이다. 비록 승리의 상징물이라기보다는 왕자의 선물이었을 가능성이 높지만 페니키아 비블로스의 좌상의 의자에도 그의 이름이 등장한다.

마지막으로 미국 볼티모어의 월터스 미술관에는 제22왕조의 것으로 추정되는 "가나안과 팔레스타인으로의 사절, 아피의 아들 파디에셋"이라는 한 이집트인의 현무암 석상이 있다. 이 작품은 정복이 아닌, 외교적 관계와 관련이 있다.[68]

---

[68] 슈타인도르프(G. Steindorff)는 아버지의 이름이 가나안 기원이라는 사실을 지적한다.

9. 이집트 가정의 아시아인들

ANET³, 553-54

제13왕조(주전 18세기 중반)에는 이집트 가정에서 봉사하던 아시아인들이 무수히 많았다는 증거가 있다. 그들이 노예라고 불렸을 가능성이 있기는 하지만 명확한 것은 아니다. 아시아인들을 군사력으로 잡아왔다는 당대의 증거가 없기 때문에, 요셉이야기(창 37:28, 36)가 그 해답을 제시해 줄 수도 있다. 즉 아시아인들 스스로가 아시아인들을 이집트로 파는 일에 관여했을 가능성이 있다.

이 문서는 한 테베의 가정에 80명 이상의 종들이 있다고 언급한다. 그들 중 40명 이상이 아시아인들이다. 남자보다는 여자가 훨씬 많다. 남자들 중에는 요리사, 맥주양조자, 가정교사 등 "집안 남자들"이 있었다. 여자들 대부분은 방직실에서 일했다. 어른들은 주로 아시아식 이름에다 뒤에 이집트 이름이 나오는 방식으로 목록에 기록되어 있다. 요셉의 두 이름에 빗대어 생각해 보면 적절하다. 한 아시아인은 이집트식 이름만 가지고 있다. 그 뒤에 "이것이 그의 이름이다"라는 항목이 나온다. 어린이들은 보통 이집트식 이름만 가진다. 속박된 신분으로 태어났기 때문인가?

(viii 1) 왕의 종, 레네스세네브의 아들, 앙쿠. 그는 헤즈리라고 불린다. 가사 노동자
여종, 이이의 딸, 삿게메니. 이것이 그녀의 이름이다. 미용사
그녀의 딸, 레네스세네브. 이것이 그녀의 이름이다. 어린이
왕의 종, 이우스니의 아들, 아샤우. 이것이 그의 이름이다.
  농장 노동자
(5) 왕의 종, 이이의 아들, 이부. 이것이 그의 이름이다. 농장 노동자
아시아인, 세넵레스세네브. 이것이 그의 이름이다. 요리사
아시아 여자, 레후이. 그녀는 카이푸네비라고 불린다. 날실을 거는 사람
그녀와 네푸의 아들, 레스세네브, 그는 레네프레스라고 불린다.
  어린이.
아시아인, 아프라레쉬푸. 그는…방직공
아시아 여자, 므나헴. 그녀는…방직공

아시아인, 수…—그는 앙쿠세네브이라고 불린다. 요리사

아시아 여자, 세크라투[69]. 그녀는 웨르딧니누브이라고 불린다.
　　　방직공

아시아 여자, 임미수크루. 그녀는 세네브센우세르트라고 불린다.
　　　방직공

(15) 아시아 여자, 아두투. 그녀는 누브…방직공

아시아 여자, 세크라투. 그녀는 세네브…방직공

(ix 17) 아시아 여자, 아카티메르. 그녀는 헤누티푸와젯이라고
　　　불린다. 날실을 거는 사람

아시아인, 투티우잇. 그는 앙크엠헤숫이라고 불린다. 가사 노동자

아시아인, 쿠이…이것이 그의 이름이다. 가사 노동자

(20) 왕의 종, 이이…이것이 그의 이름이다. 가사 노동자

아시아 여자, 셰프라.[70] 그녀는 세네브헤누테스라고 불린다. 방직공

아시아 여자, 수크라이푸티. 그녀는 메릿누브라고 불린다. 날실을
　　　거는 사람

아시아 여자, 아셰르. 그녀는 웨르인테프라고 불린다. 방직…

그녀의 딸, 세네브티시. 이것이 그녀의 이름이다. 어린이

(25) 아시아 여자, 아낫…그녀는 누브엠메르키스라고 불린다.
　　　방직공

아시아 여자, 샤마쉬투. 그녀는 세네브헤눗이라고 불린다. 날실을
　　　거는 사람

아시아인 이시브투. 그는 아멘엠…가정교사

여종, 웨위의 딸, 이릿. 이것이 그녀의 이름이다…

아시아 여자…이후티…그녀는 멘헤숫이라고 불린다…

(30) 그녀의 딸, 데뎃뭇…이것이 그녀의 이름이다. 어린이

그녀의 아들, 앙쿠세네브…어린이

아시아 여자, 아크…직물…

69　잇사갈과 연관된 이름
70　삽비라와 연관됨

(x 33) 아시아 여자, 아두나. 그녀는 세네브헤눗…

그녀의 아들, 앙쿠. 그는 헤즈루라고 불린다. 어린이

(35) 아시아 여자, 바알투야. 그녀는 와레스세네브라고 불린다.
　　　작업 직원

그녀의 딸, 세네브티시. 이것이 그녀의 이름이다. 어린이

아시아 여자, 아카바.[71] 그녀는 레스세네브와라고 불린다. 날실을
　　　거는 사람

여종, 세나이이브의 딸, 렌세네브. 이것이 그녀의 이름이다. 정원사

그녀의 딸, 헤누티푸. 이것이 그녀의 이름이다. 어린이…

(xi 58) 그녀의 아들, 앙쿠. 그는 파아무라고 불린다. 어린이

아시아 여자, 아낫…그녀는 이운에르인이라고 불린다. 날실을
　　　거는 사람

(60) 여종, 이이티. 그녀는 베비셰릿의 딸, 이잇…방직…

아시아 여자, 로이넷. 그녀는 세네브헤누테스라고 불린다. 방직공

아시아 여자, 히아비일루. 그녀는 네니엠카숫이라고 불린다.
　　　교화소 노동자

그녀의 아들, 아비…그는 세네브네베프라고 불린다.

(xii 64) 아시아 여자,…바알. 그녀는 네체리엠사이라고 불린다.
　　　날실을 거는 사람

…하우. 이것이 그녀의 이름이다. 날실을 거는 사람

그녀의 아들, 레스세네브. 이것이 그의 이름이다.

아시아 여자, 사카르. 그녀는 누브에르디스…

왕의 종, 레스세네브. 이것이 그의 이름이다. 가사 노동자

아시아 여자, 채나티시. 그녀는 페티멘티라고 불린다.
　　　교화소 노동자…

71 야곱과 연관된 이름

ANET³, 554-55

10. 힉소스와의 전쟁

이미 알려진 명문(銘文)을 잇는 새로운 발견이 나타났다는 것은 행운이다. 카모세의 힉소스 공격은 처음 한 학생의 점토판을 통하여 알려졌고, 석비의 일부분에서도 발견됨으로써 기념비적 작품으로 인정받게 되었다. 이제 이 석비는 카르나크에 세워진 한 쌍의 석비 가운데 첫 번째 것으로 알려진다. 1954년, 라빕 하바치(Labib Habachi)는 카르나크의 신상들 아래에 사용된 바닥 슬래브들 중에서 카모세 이야기의 이어지는 내용과 결론을 담고 있는 원형이 그대로 있는 석비 하나를 발견했다.

이 석비는 전통적인 형태로 윗부분이 둥글고 날개 달린 태양원반이 위에 있다. 그러나 첫 행은 이전에 알려졌던 석비의 사라진 마지막 행의 문맥을 잇는다. 바닥 구석에는 "최고 재무 담당자 네쉬(Neshi)"(본 문서 1.37행에 언급되기도 한다)라는 이름이 적힌 한 남자의 모습이 새겨져 있다.

(1)⁷² "당신 마을로부터 참담한 대답을…그러나 당신은 당신 군대에서 떨어져 나갔다. 당신이 나를 '왕자'로 만들고 자기 자신을 '통치자'라고 말한 것은 비열한 짓이었다. 마치 스스로 처형대에 떨어지길 비는 듯한 행동이로다. 사악한 자여, 당신의 등이 보였다. 내 군대가 당신을 추격하고 있다. 아바리스의 여자들은 임신하지 못할 것이다. 내 군대의 전쟁 함성 소리가 들릴 때 그들의 심장은 그들의 몸에서 *열리지* 못할 것이다."

나는 페르제드켄에 정박했고, 내 마음이 기뻤다. 왜냐하면 나는 레테누의⁷³ 왕자, 아포피스가 비참한 시간을 보내도록 만들었기 때문이다. 그는 팔이 약한 자요, 그의 마음에 많은 것을 계획했으나 이루어지지 않았다. 나는 남쪽으로 가는 (5) 정박지에 도착했다. 나는 그

---

72 이 문서는 다른 석비의 기록을 이어서 문장 중간부터 시작한다. 분명 카모세는 힉소스 통치자 아포피스에게 편지를 보냈으나 모욕적인 응답을 받았던 것 같다. 앞에 "당신은 내게 보냈습니다"와 같은 말을 집어넣으라.

73 시리아 팔레스타인을 일반적으로 가리키는 말. 그러나 여기서는 이집트에 있는 힉소스 통치자를 파생적으로 가리키는 데 사용되었다.

들에게 말하기 위해 그들에게로 지나갔다. 나는 줄지어 늘어선 함대를 조직했다. 한 배의 뱃머리를 다른 배의 후미에 놓았고, 내 경호원은 마치 매처럼 강 위를 날고 있었다. 금으로 된 내 배는 선봉에 섰다. 그것은 그들 앞에서 신적인 매와 같았다. 나는 용맹스러운 메크 배(mek-ship)를 사막 경계 지역으로 탐사보냈고, 마치 아바리스의 쟈트 땅을 유린하는 솔개처럼 쟈트 배(djat-ship)가 그 뒤를 따르게 했다. 나는 옥상에 있는 그의 여인들이 내 소리를 들을 때 몸을 움직이지도 못하고 구멍으로 바닷가를 훔쳐보고 있는 것을 보았다. 그들은 구멍 안에서 인헷(inhet) 동물의 새끼처럼 벽에 코를 대고 내다보고 있었다. 나는 이렇게 말했다. "공격이다! (10) 내가 여기에 있노라. 나는 성공할 것이다. 남은 것은 내 손에 있다. 내 운수는 행운이다. 용감한 아몬이 도와주시니 나는 너를 떠나지 않을 것이다. 내가 너의 위에 있지 않는 한, 나는 너의 발을 들판에 허락하지 않을 것이다. 이렇게 너의 희망은 무너졌다. 비참한 아시아인이여! 보라, 나는 내가 사로잡은 아시아인들이 나를 위해 짜낸 너의 포도밭의 포도주를 마실 것이다. 내가 너의 여인들을 배의 창고에 가둔 후에, 나는 너의 거처를 무너뜨리고 너의 나무를 벨 것이다. 나는 전차 부대를 차지할 것이다." 나는 금, 청금석, 은, 터키석, 셀 수 없는 철제 전쟁용 도끼, 모링가 오일, 향, 동물 지방, 꿀, 이트렌 나무, 세세젬 나무, 널빤지, (15) 모든 좋은 목재들은 물론, 레테누의 모든 좋은 물건들로 가득 찬 수백 척의 삼나무 배 아래에 널빤지조차 남기지 않았다.[74] 나는 그것들 모두를 취했다. 나는 아바리스에 아무것도 남기지 않았다. 그곳은 아시아인들이 사라지고 텅 비었다.

너의 희망은 무너졌다. 비참한 아시아인이여! 너희들은 이렇게 말하곤 했지. "나는 견줄 데가 없는 주이다. 헤르모폴리스로부터 하토르의 집에[75] 이르기까지 두 강에서 아바리스로 조공을 가져오는구나."[76]

---

74 수백 척의 배와 다양한 물품들은 힉소스의 활발한 무역활동을 보여 준다.
75 아마도 파티리스(Pathyris), 상이집트에 있는 현대의 헤벨레인일 것이다.
76 삼각주 지역의 두 개의 나일 지류들?

나는 그 마을을 파괴하고, 사람들이 있지 못하도록 황폐화시켜 놓을 것이다. 그들의 여주인이 이집트를 버린 후 아시아인들을 섬겼던 그들이 이집트에 가한 피해들로 인하여 나는 그들의 거처들을 불태우고, 영원히 붉은 언덕으로 만들 것이다.

나는 남쪽 구스(Cush)로 가는 길의 오아시스 근처에서 파피루스 편지에 적힌 그의 메시지를 가로챘다. 아바리스의 통치자로부터 보내는 말들이 거기에 기록되어 있었다.

(20) "레의 아들, 아아우세르레: 아포피스가 내 아들 구스의 통치자에게 인사를 보낸다. 왜 너는 네게 알리지 않고 통치자로 등극했는가? 너는 이집트가 내게 행한 것을 보았느냐? 그곳의 통치자 강한 자, 생명이 주어진 자, 카모세가 내가 그를 공격하지 않았음에도 불구하고 그가 너에게 한 모든 것처럼 내 땅에서 나를 공격했다. 그는 내 땅과 너의 땅을 박해하기로 결심했다. 그는 그것들을 파괴했다. 북쪽으로 오거라. 흔들리지 말아라. 보라, 그가 내 손아귀에 있고, 이집트에는 너를 기다리는 자가 아무도 없다. 보라, 나는 네가 도착하기까지 그를 떠나지 못하게 할 것이다. 그러면 우리는 이 이집트의 마을들을 나누고, 우리의 두 땅은 기쁨으로 행복할 것이다."

상황을 통제하는 자, 생명을 얻은 자, 강한 자, 와즈케페르레-(25) 외국 땅들이 내게 주어졌다. 두 땅이 내 아래에 있고, 강들도 그러하다. 나를 대적할 적대자에겐 길이 없고, 나는 내 군대를 등한시하지 않았다. *북쪽 사람의 얼굴이 돌려지지 않았다.* 그는 내가 남쪽으로 항해할 때 우리가 싸우기 이전에, 내가 그에게 다다르기 전에 나를 두려워했다. 그는 나의 불꽃 화염을 보았고, 자신을 방어하기 위하여 구스까지 메시지를 보냈다. 나는 그것을 도중에 가로챘고, 그곳에 도달하지 못하도록 했다. 나는 그것을 아트피[77] 근처 동편에 남겨진 그에게 되돌려 보냈다. 내 능력이 그의 가슴을 파고들었고, 그의 사신이 그에

---

77 동편 둑의 아프로디토폴리스는 상이집트의 북쪽 끝 지점으로 카이로 남쪽 55마일 근처이다. 그곳은 카모세의 지배하에 있었음이 분명하다.

게 내가 그의 소유였던 시노폴리스 놈(Cynopolis Nome)에게[78] 행한 일을 알려주자 그의 몸은 피폐해졌다. 나는 바하리야의 오아시스를 파괴하기 위하여 강력한 여단을 육상으로 배치해 보냈다. 나는 내 뒤편에 반역자가 있지 못하도록 (30) 사코에[79] 머물렀다.

나는 강한 마음, 기쁨으로 가는 길에 있는 모든 반역자들을 물리치며 남쪽으로 항해했다. 그 앞에 군대를 둔 통치자(생명과 번영과 건강이 있기를!)에게 남쪽으로 가는 길이 얼마나 행복한가! 그들 중 아무도 잃지 않았고, 아무도 그의 동료를 잃지 않았다. 내가 범람의 계절에 테베 행정구역으로 일어나 움직일 때, 그들의 마음은 울지 않았다. 모든 얼굴이 밝았고, 땅은 풍요로웠으며, 강둑은 자연 그대로이며, 테베는 축제 가운데 있었다. 남녀가 나를 보러 왔다. 모든 여자는 그녀의 동료를 끌어안았다. 눈물을 흘리는 얼굴이 없었다. 나는 내부 성소와 "좋은 것들을 받아라"라고 불리는 곳에서, 그가 아몬의 아들(생명과 번영과 건강이 있기를!), 영원한 왕, 와즈케페르레, 레의 아들, 강한 자, 생명을 얻은 자 (35), 남쪽을 정복하고, 북쪽을 뒤엎었으며, 능력, 주어진 생명, 안정과 만족으로 땅을 차지한 카모세에게 칼을 주셨듯이, *아몬에게 향을 피워드렸다.* 그의 마음은 레처럼 영원토록 그의 카와 함께 기뻐하였다.

폐하께서는 세습 왕자, 재판관, 왕궁의 추밀 고문관, 온 땅의 수장, 하이집트 왕의 인장소지자, 두 땅의 키잡이, 지도자, 수행원들의 감독관, 최고 재무책임자, 팔이 강한 자, 네쉬에게 명령을 내리셨다. "폐하께서 능력으로 하신 모든 것들을 테베 놈에 있는 카르나크의 자리의 석비에 영원토록 기록되게 하라." 그러자 그는 폐하께 말했다. "저는 내 주께서 제게 명령하신 대로 행하겠나이다." 왕의 현존의 은총이 선언되었다.

---

78 상이집트의 17번째 놈. 카이로 남쪽 110마일, 현대 마가가 근처이다.

79 시노폴리스 놈의 현대의 엘카이스. 카이로 남쪽 125마일 근방. 바하리야는 이곳의 서쪽 100마일 지점에 있다.

THE ANCIENT NEAR EAST

An Anthology of Texts & Pictures

CHAPTER VIII

앗수르와 바벨론에서 나온 역사 문서들

원역자: 오펜하임(A. Leo Oppenheim)

1. 야흐둔림의 샤마쉬 신전 헌당

ANET³, 556-57

앙드레 페로가 1953년에 마리(Mari)에서 벽돌 아홉 장을 발견했는데, 다섯 단에 걸쳐 147-157행의 글이 남아 있어서 지금까지 메소포타미아 지방에서 발견된 벽돌 명문 중 가장 길다. 이 글은 샤마쉬 신전을 지어 바친 일을 기록하고 있는데, 짐리림의 아버지 야흐둔림이 지중해까지 원정을 가서 유목민족 동맹군을 물리치고 돌아온 직후에 건설된 것이다.

(i) 샤마쉬, 하늘과 지하세계의 왕, (다른) 신들과 사람들에게 명령하고 결정을 내리는 분, 정의를 (널리 펴고) 올바른 것을 (보호하는) 일을 맡은 분, 머리가 검은 모든 사람들의 목자, 유명한 신, 살아있는 모든 존재들의 재판관, 탄원에 응답하는 분, 서약을 들어주시는 분, 기도를 받는 분, 자기를 예배하는 자에게 장수와 복을 주시는 분께, 마리의 영주 야흐둔림(Yah-dun-lim), 야기드림의 아들, 마리와 하나의 왕, 수로를 파고, 성벽을 짓고, (자기) 이름이 적힌 비석을 세우고, 그의 백성들을 풍성히 먹이고, 그의 나라에 (필요한) 모든 것을 공급하는

이, 강한 왕, 유명한 영웅이 탄원을 드리자, 샤마쉬가 응답하고 그의 기도를 들으셨다.

샤마쉬가 진실로 야흐둔림을 돕기 위해 오셨다. 마리에 거하던 다른 왕들이 그 옛날부터, 신이 마리를 지으신 날 이후에 아무도 (지중해) 바다까지 다다른 일이 없었으며, (ii) 삼나무의 산, 회양나무의 산 (이라 불리는) 거대한 산에서 나무를 넘어뜨린 적이 없었지만, 야기드림의 아들 야흐둔림, 힘센 왕, 모든 왕들 중 야생 수소와 (같은) 그가 그 해변까지 행진해 나아가는 비길 데 없는 위업을 이루었고, 그의 용사들이 대양에서 몸을 씻는 동안 그의 왕권에 (어울리는) 희생 제사를 대양에 바쳤다. 그가 거대한 산, 삼나무 산과 회양나무 산에 들어가서 회양나무와, 삼나무, 편백나무, 엘람막쿠 나무들을 베었다. 이 원정을 통해 그의 명성을 굳건히 쌓았고 그의 힘을 과시했다. 그가 해변에 위치한 (모든) 지역들을 복속시키고, (그의) 명령 아래 통일하였으며, 그를 위해 군사를 제공하도록 만들었다. (iii) 그가 정기적인 공물을 그곳에 과세하였고, 그들은 조공을 계속 바치게 되었다.

같은 해에 반란을 일으킨 왕들이 있었으니, 삼마눔과 우브라 사람들의 왕인 라움, 툿툴과 암나눔의 왕인 바흘루쿨림, 아밧툼과 라부 사람들의 왕인 아얄룸이었다. 얌핫의 수무에푸흐가 그들을 도우려고 유목민들의 중심지인 삼마눔으로 군대를 파견하였고 그(야흐둔림)에게 대항하려고 모여 들었다. (그러나) 그는 큰 전투에서 이 유목민들의 왕 세 명을 물리쳤다. 그는 그들의 군대와 또 원병으로 온 군대를 완패시키고 크게 살육하였다. 그가 그들의 시체로 산을 만들었다. 그는 그들의 성벽을 무너뜨렸고, 폐허로 만들었다. 하나 사람들(Haneans)의 족장들이 건설한 그들의 수도 하만도 무너뜨렸고 (iv) 폐허로 만들었다. 그가 (그곳의) 왕인 카수리할라를 잡았고, (하나 사람들의) 나라를 점령하였다.

그 후 그가 (마리에) 유프라테스 강둑을 건설하였고, 자기가 복을 받으려고 그의 주인이신 샤마쉬의 신전을 건축하였다. 그가 그(샤마쉬)를 위해 숙련된 솜씨로 그의 신성에 어울리는 완벽한 건물을 지었고, 이 장엄한 거처에 바알과 그(샤마쉬)의 신상을 안치하였다. 그가 이 신전을 에기르잘란키라고 이름 지었으니, 이는 "하늘과 지하세계의 자랑이 되는 집"이라는 뜻이다.

"이 신전에 거하시는 샤마쉬 신께서 이 신전을 지은 야흐둔림, 그가 사랑하는 왕의 강한 무기가 적들을 물리치도록 (도와주시고), 길고 행복한 통치 기간과 영원히 풍성하고 행복한 날들이 (계속되도록) 허락하시기를 기원합니다."

누구든지 이 신전을 모독하거나, 사악하고 적당치 않은 목적으로 사용하거나, 그 기초를 보강하지 않거나, 무너진 곳을 증축하지 않거나, (v) 이곳에 바쳐야 할 제물을 바치지 않거나, (이 비문에 새겨진) 내 이름을 지우거나, 그런 명령을 내리거나, 원래 적혀 있지도 않은 자기 이름을 새겨 넣거나, 그런 명령을 내리거나, (여기 적힌) 저주 때문에 (이런 일들을 하라고) 다른 사람을 부추기면, 그가 왕이든, 장군이든, 시장이든, 혹은 누구라도 (모든) 신들의 운명을 결정하시는 엔릴 신이 이 사람의 나라가 모든 다른 왕들의 나라보다 작게 만드시리라. 형제 신들 중 큰 형님이신 신(Sin)께서 "큰 저주"를 그에게 내리시리라. 전쟁의 신이신 네르갈께서 그의 무기를 꺾으시고, (그가 싸우다가) 전사하여 (지하세계에 나타났을 때) 그를 받아주지 않으시리라. 운명의 주인(왕)이신 에아께서 그의 운명을 불운하게 만드시리라. 위대한 여신이며 신부이신 아야께서는 샤마쉬 앞에서 그의 삶에 관해 나쁘게 말씀하시리라. 샤마쉬의 위대한 신하 부네네(Bunene)께서 그의 목숨을 끊으시고 그의 모든 자손을 제거하셔서, 해(샤마쉬) 아래에 그의 자손이나 후예가 절대 살지 못할 것이다.

ANET³, 557-58

2. 알라락의 왕, 이드리미의 이야기

알라락의 왕 이드리미가 왕좌에 앉아있는 모습을 담은 동상이 1939년 시리아의 앗샤나(Atchana)에서 발견되었으나 전쟁이 계속되는 바람에 1949년까지 발표되지 못했다.[1] 101행의 명문(銘文)이 왕의 모습 전면을 불규칙하게 덮고 있으며, 후기 세 행도 왕의 턱수염과 콧수염 위에 남아 있다.

나는 일림일림마의 아들 이드리미이며, 아다드와 헤팟,[2] 그리고 알라락의 여신이자 내 주인이신 이쉬타르의 종이다.

내 가족이 살던 할랍에 사악한 일이 생긴 후 우리는 내 어머니의 형제들인 에마르(Emar) 사람들에게 피신하였고, 에마르에 정착하였다. 나보다 나이가 많은 내 형제들도 나와 함께 살고 있었지만 누구도 나와 같은 계획을 가진 자는 없었다. 나는 "자기 가족의 우두머리인 사람은 […] (그러나) 그렇지 못한 사람은 에마르 사람들이 보기에 노예와 다를 바 없다"고 생각하였다. (그래서) 나는 내 말과 마차, 그리고 내 마부를 데리고 떠나서 사막을 건너 수투인 용사들이 사는 땅으로 들어갔다. 나는 그들과 하룻밤을 보냈고 내 […] 마차, […] 그러나 그 다음 날 더 멀리 떠나 가나안 땅으로 갔다. 내가 가나안 땅 암미아에 머물렀는데, 암미아에는 할랍, 무키슈히, 니(Ni')라는 나라 사람들과

---

1 Smith, S. 1949. The Statue of Idri-Mi. Occasional Publications of the British Institute of Archaeology in Ankara 1. London; Greenstein, E. 1976. "The Akkadian Inscription of Idrimi," JANES 8, 59-96; Dietrich, M. and O. Loretz. 1981. "Untersuchungen zu Statue und Inschrift des Königs Idrimi von Alalah: Die Inschrift der Statue des Königs Idrimi von Alalah," Ugarit-Forschungen 13, 201-268; Klengel, H. 1981. "(…) Historischer Kommentar zur Inschrift des Idrimi von Alalah," Ugarit-Forschungen 13, 269-278; Mayer-Opificius, R. 1981. "(…) Archäologischer Kommentar zur Statue des Idrimi von Alalah," Ugarit-Forschungen 13, 279-290(역주).

2 헤팟(Hepat/Heba)은 후르 사람들의 대모신으로 "모든 살아있는 존재들의 어머니"라고 불린다. 헤팟은 테슙(Teshub)의 아내이며, 사루마(Sarruma)와 알란주(Alanzu)의 어머니이고, 용신 일루얀카(Illuyanka)의 딸을 며느리로 삼고 있다(역주).

아매 땅에서 온 용사들도 살고 있었다. 그들은 내가 자기 주군의 아들이라는 것을 알고 내 주위로 모여 들었다. 거기서 내가 자랐고 오랜 세월 동안 거주하였다. 칠 년 동안 내가 하비루 사람들 가운데 살았다. (그리고 나서) 내가 새들을 날려서 (싸우는 것을 보았고) 양의 (장기를) 관찰하였더니, 아다드 신께서 내게 좋은 징조를 보여 주셨다. 그래서 내가 배를 짓고, […]를 만들고, 군사를 태우고 바다를 건너 카시아 산기슭 해안을 통해 무키슈히 땅에 도착했다. 내가 해안에 도착하자 온 나라가 내가 도착했다는 소식을 듣고 소와 양들을 가져왔다. 그리고 어느 날 니, 아매, 무키슈히, 그리고 나의 도시 알라락 사람들이 마치 한 사람처럼 내게 나아왔다. 내 형제들도 (이 사실을) 듣고 나를 찾아왔다. 나는 그들과 화해한 후 곧 그들을 내 형제로 확정하였다.

그러나 강한 왕, 후리 용사들의 왕, 바랏타르나는 칠 년 동안 나를 적으로 취급하였다. 제 칠 년에 내가 아누안다를 (후리) 용사들의 왕 바랏타르나에게 (사신으로) 보내어, 내 선조들의 일에 관해 말했다. 내 선조들이 그들(왕들)을 섬기고 있을 때 우리가 후리 용사들의 왕들에게 제시한 조건에 만족하여 그들이 엄숙한 맹세를 하고 서로 동맹을 맺었다고 말했다. 그 강한 왕이 우리가 선대에 그들을 섬겼던 사실과 우리가 서로 맹세를 했다는 사실을 들었다. 그들이 그 맹세문을 주의 깊게 읽었고, 우리가 맡았던 일을 (목록까지) 점검했다. 그가 내 사신(인사)을 인정하여 영접했다. 나는 내 충성심을 보여 주기 위해 공물을 늘려서 풍성히 보냈고, 그를 (떠났던) 가족들도 돌려보냈다. 나는 충성스런 봉신이 되겠다고 엄숙하게 맹세했다.

그래서 내가 알라락을 다스리는 왕이 되었다. 남쪽과 북쪽 나라에서 왕들이 축하하러 왔다. 내 선조들에게 선물 위에 선물을 가져다주었듯이 […] 내가 그들이 (그것들을 내게) 가져오라고 명했고 […] 내가 그들을 […] 했다.

내가 군사를 […] 취했고 헷 사람들의 나라로 올라갔다. 내가 요새 일곱 개를 파괴했다. 성벽이 있는 요새들 […] 팟샤혜, 다마룻레이, 훌라한, 지세, 이에, 울루지나와 자루나이다. 헷 사람들의 나라는 (군사를) 모병하지 않았고, 나에게 대항하여 나서지도 않았으며, 나는 내가 원하는 것은 무엇이든 할 수 있었다. 나는 포로들을 잡았고, 그들의 부와 소유물과 재물을 약탈했으며, 내 군사들과 내 지원병들, 내 형제들, 그리고 친구들에게 나누어 주었다. 나도 그들과 똑같은 양을 나누어 가졌다. 그러고 나서 무키슈히 나라로 돌아왔고 (승전가를 부르며) 나의 성 알라락에 돌아왔다.

헷 사람들의 나라에서 내가 데려온 포로들과 공물들, 부, 소유물, 그리고 재물을 가지고 궁전을 건축했다. 내가 내 의자를 왕들의 왕좌처럼 만들고, 내 형제들을 왕의 형제들처럼, 내 자식들을 왕의 자녀들처럼, 내 근위병들을 그들의 근위병처럼 만들었다. 내 나라에 사는 수투 사람들은 안전한 거주지에 살도록 했고, 그 거주지에 살고 싶어 하지 않는 사람들은 원하는 대로 가게 해 주었다. 그리고 내 나라를 굳건한 기초 위에 세웠고 내 마을들을 그 전에 […] 했던 것처럼 만들었다. 알라락의 신들이 정하신 제의 규칙들과 우리 선조가 그들에게 바쳤던 제사와 제물들을 나도 예전에 했던 그대로 거행하였고 내 아들 아다드-니라리에게 (그 책임을) 위임하였다.

내가 세운 이 동상을 훔치는 자가 바치는 제물은 하늘의 신께서 제거해 버리시기를. 그를 저주하고 그의 아들과 자손들 […] 종들도 제거해 버리시기를. 하늘과 지하세계의 신들이 그의 나라와 왕좌를 파괴하시기를. 하늘과 지하세계의 주인이신 아다드와 (모든) 위대한 신들이 이 (명문을) 수정하거나 지우는 자의 아들과 후손들을 그 나라에서 사라지게 하시기를.

샤루와가 필자이며 […]

하늘과 지하세계의 신들이 이 동상의 (명문을) 기록한 필자 샤루와에게 건강을 주시고 보호해 주시기를. 그들이 그의 […] 되시기를. 땅 위와 아래에 사는 모든 것들의 주인이시며 죽은 자들의 영혼의 주인이신 샤마쉬 신께서 그의 보호자가 되시기를.

(동상 오른쪽 뺨에 새겨진 후기) 내가 왕으로 삼십 년을 다스렸다. 내 위업을 내 동상에 새겨 넣었으니, (모든) 사람들이 [이것을 읽고 [나를] 축복]하기 바란다].

3. 앗수르나찌르팔 2세(883-859): 레바논 원정

ANET, 275-76

앗수르나찌르팔 2세가 칼라(Calah)에 새 왕도를 정하고 니누르타 신전을 건축하였는데, 그 신전에서 발견된 거대한 포석 위에 새겨진 연대기 중 일부는 다음과 같다.

사진 118

(iii 84-90)

그때 내가 레바논 산을 전부 점령했고 아무루 땅에 있는 큰 바다까지 도달했다. 내 무기들을 그 깊은 바다에 씻었고 (모든) 신들께 양을 희생제사로 바쳤다. 두로와 시돈, 그발, 마할라타, 마이자, 카이자, 아무루, 그리고 바다 한가운데 (섬인) 아르바드 등 해변에 거주하는 자들이 공물을 가져왔다. 금, 은, 주석, 구리, 구리 그릇, 알록달록한 장식이 달린 아마포 옷가지들, 크고 작은 원숭이들, 흑단, 회양목, 바다 코끼리 엄니에서 나온 상아, 즉 바닷가에서만 나는 물건들 등 그들의 공물을 내가 받았고 그들이 내 발을 껴안았다.

내가 아마누스 산(Amanus = 아카드어 Hama-ni)에 올라 삼나무, 잣소나무, 편백나무, (그리고) 소나무를 베어내고, 내 신들께 양을 바쳐 제사를 지냈다. 내 영웅적인 업적을 (기리는) 비석을 조각하여 거기에 세웠다. 아마누스 산에서 가져온 삼나무 목재는 에샤라(Esarra) 신전에 보내어 빛을 비춰 주시는 신들, 신(Sin)과 샤마쉬의 신전을 위해 여는 축제가 진행되는 야스마쿠(iasmaku) 신전을 (짓게 했다).

4. 앗수르나찌르팔 2세의 잔치

ANET³, 558-60

1951년 칼락에 있는 앗수르나찌르팔의 궁전 알현실 현관 근처에서 돋을새김으로 새겨진 그림과 특이하게 배치된 명문(모두 154행)이 남아 있는 사암 덩어리를 발견하였다. 조금 어색하게 늘어놓은 신들의 상징 아래 지팡이를 짚고 서 있는 왕의 모습은 비석 윗부분 중앙에 있고 그 좌우와 아랫부분에 명문이 기록되어 있다. 전형적인 왕의 호칭들과 간단한 역사 회고를 제외하면 명문의 대부분이 새 왕도 칼락과 왕궁 정원을 건설한 일과 궁전 완공식 축제를 거행한 사실을 다루고 있다.

(i)

(이것이) 앗수르나찌르팔의 궁전이다. 그는 앗수르 신의 사제요, 엔릴과 니누르타가 선택한 자요, 모든 신들 중에서 파괴력이 가장 큰 아누와 다간이 총애하는 자요, 정당한 왕, 전 세계의 왕, 앗수르의 왕이다. 위대한 왕이요, 정당한 왕, 전 세계의 왕, 앗수르의 왕이신 투쿨티-니누르타의 아들이요, 위대한 왕, 정당한 왕, 전 세계의 왕, 앗수르의 왕 아다드-니라리의 손자이다. 그의 주인이신 앗수르 신이 주셔서 신뢰할 수 있는 계시만을 따라 움직이는 영웅적인 전사이시니 (세상) 사방의 지배자들 중에 상대할 자가 없다. 모든 인간들의 목자요, 전투를 두려워하지 않으니 절대 대항할 수 없이 돌진하는 홍수이시다. 절대 복종하지 않는 자들을 복종시키는 왕이요, 모든 인간을 다스리는 분이다. 그의 주인이신 위대한 신들이 주셔서 신뢰할 수 있는 계시만을 따라 행하는 왕이시니 모든 나라들을 직접 점령하셨다 산지의 통치권을 쟁취하시고 그들의 공물을 받으셨다. 포로도 잡으시고 티그리스 강 너머에서부터 레바논과 대해 사이에 있는 모든 나라들과 싸워 이기셨다. 라케와 수후 지역, 라피쿠 마을 근처에 있는 모든 나라들을 복종시키시고, 수브낫 강 수원지부터 우라르투에 이르기까지 (모든 지역을) 점령하셨다.

내가 내 나라 땅으로 돌아오니, 키루레(Kirrure)에서 길자니(Gilzani)까지 (이르는) 길로부터, 아래 잡강(Lower Zab River) 너머 자무아(Zamua) 땅 상류에 있는 틸바리(Til-bari)를 거쳐, 틸샤압타니(Til-sha-abtani)와 틸샤삽타니(Til-sha-sabtani), 카르두니아쉬(Karduniash = Babylonia) 국경 요새 히리무(Hirimu)와 하루투(Harrutu)를 지나 돌아왔다. 바비테 산(Mt. Babite)과 하쉬마르(Hashmar) 지역 길에 (사는 사람들을) 내 나라 백성으로 선포하였다.

앗수르, 위대한 주님께서 나를 선택하셨고 내가 세계를 지배하리라는 결정을 그의 거룩한 입으로 선포하셨다. "앗수르나찌르팔이 왕이 될 것이며 그의 명성이 자자할 것이다!"

지하수의 왕이신 에아(Ea) 신께서 내게 주신 지식과 마음속 지혜를 따라 내가 칼라를 다시 취했고, 오랫동안 쌓여있던 돌덩이들을 치웠다. 내가 지하수 층까지 땅을 파 내려갔고, 지하수 층에서 윗부분까지 벽돌을 120층으로 쌓아 지반을 다졌다. 그 위에 내 왕궁과 내 즐거움을 위해 쓰려고 아름다운 건물 여덟 채를 지었으니(혹은 일곱 채), (지붕은) 회양목과, 마간-물푸레(Magan-ash) 나무, 삼나무, 편백나무, 테레빈 나무, 타르피우(tarpi'u) 나무, 메흐루(mehru) 나무로 덮었다. 현관문은 삼나무와 편백나무, 노간주나무, 회양목, 마간-물푸레 나무에 청동 띠를 입혀 만들어서 출입구마다 매달았고, 문마다 문양이 새겨진 청동 빗장을 질렀다. 나의 영웅적인 업적을 선포하기 위하여 그 (왕궁) 벽에 내가 산악 지대와 외국 땅과 바다를 넘어 행진한 일과 그 모든 나라를 점령한 것을 선명한 푸른색으로 그렸다. 청금석 색깔로 유약을 바른 벽돌을 만들어 (건물) 입구를 만들었다. 나는 내가 직접 점령하고 다스리는 나라에서 사람들을 데려다가 그 성(칼라)에 살게 하였으니, 수히(Suhi) 땅에 사는 사람과 큰 […] 사람들, 자무아(Zamua) 온 땅, 비트자마니(Bit-Zamani)와 키루레(Kir]rure) 땅, 유프라테스 강 너머 시르쿠(Sirqu) 시, 라케(Laqe), 시리아(Syria), 루바르나(Lubarna) 사람들, 그리고 하티나(Hattina)의 지배자를 정착시켰다.

나는 위 잡강(Upper Zab River)부터 (칼라까지) 수로를 팠다. 나는 산을 똑바로 뚫었고, (이 수로를) 파티헤갈리(Patti-hegalli "풍요의 수로")라고 불렀다. 내가 티그리스 강을 따라 저지대에 관개 시설을 해주었고, 이 지역 마을 주변에 온갖 과일 나무를 심어 과수원을 조성하였다.

내가 포도를 눌러 짰고 그 첫 열매(로 짠 술을) 내 주 앗수르 신과 내 나라에 있는 모든 신전에 헌물로 바쳤다. 그리고 나는 그 도시도 내 주 앗수르에게 헌납했다.

내가 행군해 갔던 나라와 넘었던 산, 어디든 내가 발견한 곳에서 [내가 모아온] 나무와 (초목의) 씨를 [내 정원에 심었으니], 삼나무와 편백나무, 쉼메샬루(shimmeshallu)-향나무, 부라슈(burashu)-노간주나무, 몰약이 나오는 나무, 다프라누(dapranu)-노간주나무, 견과류가 달리는 나무, 대추종려나무, 흑단, 마간(Magan)-물푸레나무, 감람나무, 타마린드 나무, 떡갈나무, 타르피우(tarpi'u)-테레빈 나무, 루두(luddu)-콩이 달리는 나무, 피스타치오, 산딸나무, 메흐루(mehru) 나무, 쉐무르(SHE.MUR) 나무, 티야투(tijatu) 나무, 카니쉬(Kanish) 떡갈나무, 버드나무, 사다누(sadanu) 나무, 석류, 자두나무, 전나무, 잉기라슈(ingirashu) 나무, 카메쉐루(kamesheru)-배나무, 수푸르-길루(supur-gillu) 나무, 무화과나무, 포도넝쿨, 앙가슈(angashu)-배나무, 향기로운 숨랄루(sumlalu) 나무, 티팁(titip) 나무, 힙푸투(hip/butu) 나무, 잔잘리쿠(zanzaliqqu) 나무, 늪-사과나무, 함부쿠쿠(hambuququ) 나무, 누후르투(nuhurtu) 나무, 우르지누(urzinu) 나무, 수지가 나오는 카낙투(kanaktu) 나무 […칼라]에 있는 정원에서 이 (나무들이) 서로 향기로 경쟁하고, [정원 안] 산책로는 [잘 가꾸어져 있었으며, 수로 둑은 [물을 공평하게 나누어 주었고, 즐거움의 정원 안에서 석류는 밤하늘의 별처럼 빛났으며, 넝쿨에 달린 포도처럼 서로 엉켜있었고, […] 그 즐거운 공원 안에 […] 그 행복의 정원 안에서 삼나무처럼 우거지게 자랐다. […]

(ii)

나는 칼라에 내 왕권의 중심지를 건설하고 전에 없었던 신전들을 마치 엔릴(Enlil)과 니누르타(Ninurta)의 신전처럼 일으켰다. 내가 그 중에 에아샤루(Ea-sharru)와 담키나(Damkina)의 신전, 아다드(Adad)와 샬라(Shala), 굴라(Gula), 신(Sin), 나부(Nabu), 벨렛낫히(Belet-Nathi), 시빗투(Sibittu), (그리고) 이쉬타르키드무리(Ishtar-kidmuri)의 신전을 재건하였다. 그 안에는 나의 신성한 주인님들을 위하여 그들의 (거룩한) 대좌를 설치하였다. 내가 이것들을 호화롭게 장식했다. 내가 삼나무 목재로 지붕을 덮었고, 거대한 삼나무 문을 만들었으며, (이 문에) 청동 띠를 입혀서 출입구마다 달았다. 나는 빛나는 청동으로 동상들을 만들어 출입구마다 세워 놓았다. 내가 위대한 신들(의 모습을) 붉은 금과 빛나는 보석으로 화려하게 만들었고, 내가 전리품으로 빼앗아 온 금 장신구와 다른 귀금속들을 그들에게 많이 바쳤다.

나는 내 주 니누르타의 안쪽 신전을 금과 청금석으로 줄을 지어 장식했고, 오른쪽과 왼쪽에 모두 청동으로 만든 임(IM)을 설치했으며,[3] 그의 제단 앞에는 무시무시한 우슘갈루(ushumgallu)-용을 금으로 만들어 세웠다. 내가 샤바투(Shabatu, XI)와 엘룰(Ululu, VI) 월에 그의 축제를 성대하게 치렀다. 뿌려드리는 제사와 향기로 드리는 제사(에 필요한 제물들을) 준비했고, 샤바투 월에 여는 그의 축제가 성대하게 진행되도록 노력했다. 나는 붉은 금과 빛나는 보석으로 내 모습과 똑같은 왕의 동상을 만들어서 내 주 니누르타 앞에 세웠다.[4]

내가 내 아버지 치하에 버려져서 돌무더기가 된 마을들을 재건했고, 사람들을 많이 모아 거기에 정착시켰다. 내 나라 곳곳에 위치한 오래된 궁전들을 내가 제대로 재건했고, 보리와 짚을 거두어 저장해 놓았다.

나를 대제사장으로 사랑하시는 니누르타와 팔릴(Palil) 신께서 내게 모든 들짐승들을 주셨고, 그것들을 사냥하게 하셨다. 내가 큰 사자들을 450마리나 죽였다. 곧바로 돌진해 오는 야생 소 390마리를 맞아 지배자답게 지붕 없는 전차를 타고 사냥했다. 마치 집에서 기르는 새들처럼 타조 200마리의 목을 쳤다. 내가 함정을 파서 코끼리 30마리를 잡았다. 내가 야생 소 50마리와 타조 140마리, 큰 사자 20마리를 내 […]와 막대기로 산 채로 잡았다.

(iii)

나는 수후(유프라테스 강 중류에 있는 Suhu) 총독과 룹다(아라비아 동

---

3 니누르타 신전을 장식한 '임'(IM)이 무엇인지 분명치 않다. 쐐기문자 IM은 '진흙, 토판; 비'라는 뜻인데, 전쟁의 신 니누르타와 연관된 말은 아마 토판일 것이다. 안주(Anzu)라는 새가 엔릴 신에게서 훔쳐간 "운명의 토판"을 니누르타가 찾아온 일이 있는데, 신전에 설치된 것은 청동으로 만든 판에 어떤 글이 적혀 있는 것으로 상상할 수 있다(역주).

4 기도자가 신상 앞에 자신의 동상을 만들어 세우는 이유는 본인 대신 기도문이 새겨진 그 동상이 신 앞에 서서 끊임없이 기도를 드리게 하려는 것이다(역주).

남쪽 Lubda) 총독이 공물로 바친 코끼리 다섯 마리를 산 채로 받았다. 이들은 나와 함께 군사 원정에 참여했던 자들이다.

나는 야생 황소들과 사자, 타조 떼들, 그리고 원숭이 수컷과 암컷들을 모아서 (가축) 떼처럼 사육했다.

내가 앗수르 영토를 넓혔고, 그 주민들을 내 백성으로 삼았다.

앗수르의 왕, 앗수르나찌르팔이 칼라에 궁전을 완성했을 때, 기쁨의 궁전 그리고 뛰어난 기술로 지은 궁전을 개관했을 때, 그는 위대한 주인이신 앗수르와 자기 나라에서 섬기는 다른 모든 신들을 초청했다. 기름진 소 천 마리와 송아지 천 마리, 양 만 마리와 어린 양 만 오천 마리를 내어 (잔치를 베풀었다.)[5] 나의 여주인 이쉬타르 신을 위해서만 소 이백 마리 시후(sihhu)-양 천 마리를 (잡았다). 그리고 봄에 태어난 어린 양 천 마리, 수사슴 오백 마리, 가젤 영양 오백 마리, 오리 천 마리, 거위 오백 마리, 쿠르쿠(kurku)-거위 오백 마리, 메수쿠(mesuku)-새 천 마리, 카리부(qaribu)-새 천 마리, 비둘기 만 마리, 수카누누(sukanunu)-비둘기 만 마리, 그 외 작은 새들이 만 마리, 생선 만 마리, 날쥐 만 마리, (다양한) 새 알 만 개, 빵 만 덩어리 맥주 만 (하아리), 포도주가 가죽 부대로 만 개, 깨 기름에 슈(šu'u)-씨를 섞은 것이 밑바닥이 뾰족한 그릇으로 만 개, 짜르후(ṣarhu)-조미료가 작은 그릇으로 만 개, 채소가 나무 상자로 천 상자, 기름 삼백 (병), 소금 뿌린 씨앗이 삼백 (그릇), 락쿠테(raqqute)-채소 섞은 것이 삼백 그릇, 쿠딤무(kudimmu)-향신료 친 것이 백 (그릇), […] 백 (그릇), 볶은 보리 백 (그릇), 푸른 아바쉰누(abahšinnu)-줄기 백 (그릇), 고급 혼합 맥주 백 (병), 석류 백 개, 포도 백 송이, 다양한 잠루(zamru)-과일 백 개, 피스

---

5 아직까지 분명하게 밝혀지지 않은 낱말들이 많이 포함되어 있지만, 여기 나오는 거대한 메뉴판은 왕궁 잔치에 어떤 음식들을 내었는지 잘 보여 준다. 이 목록은 다음과 같은 차례로 작성되었다. (1) 고기 요리(양, 소, 사냥한 동물들, 작은 새나 물새 종류의 조류 요리), 어류나 날쥐 요리도 비슷한 양으로, 그리고 여러 가지 알 요리도 다수 (2) 빵 (3) 비슷한 양의 맥주와 포도주 (4) 절이거나 양념을 한 과일, 견과류, 그리고 양파로 만든 반찬들 (5) 후식(과일, 콩, 꿀과 치즈)과 아직 정체를 분명히 알 수 없는 향기로운 음식들이 준비되었다. 음식 목록 뒤에는 향유와 향료들도 언급되었다.

타치오 백 그릇, 슈쉬(šuši)-나무 열매가 든 백 (그릇), 마늘이 든 백 (그릇), 양파가 든 백 (그릇), 쿠니프후(kuniphu)-(씨앗이) 든 백 (그릇), […]가 백 (그릇), 순무가 […], 힌힌누(hinhinnu)-향신료가 든 백 (그릇), 부두(budu)-향신료가 든 백 (그릇), 꿀이 든 백 (그릇), 갓 만든 버터가 든 백 (그릇), 구운 […] 백 (그릇), 보리 […] 구운 슈(šu'u)-씨앗이 든 백 (그릇), 카르카르투(karkartu)-채소가 백 (그릇), 티아투(ti'atu)-나무 열매가 백 (그릇), 카수(kasu)-채소가 백 그릇, 우유가 든 백 (그릇), 치즈가 든 백 (그릇), "섞은 것"이 백 항아리, 절인 아르숩푸(arsuppu)-곡식 백 (그릇), 껍질 깐 룻두(luddu)-견과 열 호메르, 껍질 깐 피스타치오 열 호메르, 슈슈(šušu)-나무 열매 열 호메르, 합바-쿠쿠(habba-ququ)-나무 열매 열 호메르, 대추 야자 열매 열 호메르, 티팁(titip)-나무 열매 열 호메르, 쿠민 열 호메르, 사후누(sahhunu) 열 호메르, 우리아누(urianu) 열 호메르, 안다슈(andahšu)-구근 열 호메르, 쉬샨닙베(šišanibbe)-채소 열 호메르, (iv) 심부루(simburu)-나무 열매 열 호메르, 백리향 열 호메르, 향기나는 기름 열 호메르, 달콤한 향료들이 열 호메르, […] 열 호메르, 나쭈부(naṣubu)-나무 열매 열 호메르, 짐짐무(zimzimmu)-양파 열 호메르, 감람 열매 열 호메르를 베풀었다.

 내가 칼라 궁전 낙성식을 거행했을 때 전국에서 올라온 남녀 축하객 47,074명에게 음식과 술을 열흘간 대접했다. (그리고) 수후, 힌다나, 하티나, 하티, 도르, 시돈, 구르굼마, 말리다, 후바슈카, 길자나, 쿠마, 무사시르에서 파견한 사절단 5,000명, 각계각층의 칼라 주민 16,000명, 내 궁전에서 일하는 신하들 1,500명; 이렇게 모든 나라에서 초청받아 온 손님들과 칼라 주민들 도합 69,574명을 대접했다. (그 외에도) 손님들이 깨끗이 씻고 기름을 바를 수 있도록 준비해 주었다. 나는 그들에게 합당한 경의를 표했고 건강하고 즐겁게 자기 나라로 돌아갈 수 있도록 조치했다.

ANET, 277-81

5. 살만에셀 3세(858-824): 아람 연합군과 전투

1) '모놀리스 비문'에 따른 첫 해

(i 49-54)

그때에 내가 (모든) 위대한 신들에게 경의를 표했고, 나를 왕(의 모습으로 새겨 넣은) 비석을 제작하여 앗수르와 샤마쉬 신들의 영웅적인 업적을 찬양하는 말을 후대에 남기도록 했다. 이 비석에 나의 영웅적인 행위와 전투에서 내가 세운 위업을 적어서 아마누스(KUR ḫa-ma-ni) 산맥 기슭에 흐르는 살루아라(ÍD sa-lu-a-ra) 강 수원지 옆에 세웠다. 아마누스 산을 출발해서 오론테스(ÍD.a-ra-an-tu) 강을 건너 하티나 사람 사팔룰메(ᵐsa-pa-lu-ul-me KUR pa-ti-na-a-a)가 다스리는 요새 도시 알리무쉬(URU a-li-ṢIR)에 도달했다. 하티나의 사팔룰메는 자기 목숨을 구하려고 아디니 사람 아후니(ma-ḫu-ni DUMU a-di-ni), 갈그미스 사람 상가라(ᵐsa-an-ga-ra URU gar-ga-miš-a-a), 사말 사람 하야누(ᵐḫa-a-a-nu KUR sa-ma-'a-la-a-a), 쿠에 사람 카테(ᵐka-te-a KUR qu-ú-a-a), 힐룩카 사람 피히림(ᵐpi-hi-ri-im KUR ḫi-lu-ka-a-a), 야스부크 사람 부르아나테(ᵐbur-a-na-te KUR ia-as-bu-qa-a-a), […]의 아다[…에게 원군을 요청했다]. 앗수르 […]

(ii 1-13)

내가 [그의/그들의 군대를] 쫓아버렸고, 돌진하여 그 도시를 점령했다. […] 멍에를 질 수 있도록 훈련된 말들을 내가 전리품으로 빼앗아 왔다. […] 내가 칼로 죽였다. […] 이 전투에서 내가 [야스부크 사람] 부르아나테를 직접 사로잡았다. 하티나에 있는 큰 도시들(URU ma-ḫa-zi.MEŠ GAL.MEŠ)을 내가 점[령]했다. […] 나는 아무루 땅(KUR a-mur-ri)에 있는 윗바다 혹은 서쪽 바다의 […] 뒤집어엎었고, 홍수가 (쓸고 지나간) 폐허처럼 만들었다. 나는 해안 지방 왕들에게 공물을 받았다. 내가 더 이상 방해를 받지 않고 […] 넓은 해변을 지나 앞으로 진군했다. 나를 대군주의 모습으로 새긴 비석을 제작하여 바닷가 근처에 세[워] 내 이름이 영원히 지속되도록 만들었다. 내가 아마누스

산에 올라 삼나무와 소나무 재목들을 베었다. 나는 아눔히르비(AN-ḫi-ir-bi) 동상이 서 있던 아탈루르 산지로 행군하였고, 그 동상 옆에 (내) 동상을 만들어 세웠다. 나는 바닷가를 떠[나서] 하티나 영토인 타야, 하자주, 눌리야와 부타무를 점령하였다. 전투 경험이 많은 [그들의] 군사들을 2,900명이나 죽였고, 14,600명을 포로로 잡았다. 구시 사람 아라메(ᵐa-ra-me DUMU gu-ú-si)가 내게 조공을 바쳤으니, 은과 금, 크고 [작은] 가축들, 포도주, 그리고 금과 은으로 (장식된) 보좌를 가져왔다.

2) 모놀리스 비문에 따른 제6년

(ii 78-102)

다얀앗수르의 해,[6] 이얄 월,[7] 14일에 내가 니느웨를 떠났다. 티그리스 강(ÍD.ḪAL.ḪAL)을 건너 발릭 강(ÍD.KASKAL.KUR.A) 근처 기얌무라는 자가 다스리는 마을들을 향해 다가갔다. 그들이 대군주인 내가 뿜어대던 위엄과 내 날카로운 무기에 비친 광채를 두려워하여 자기들의 지배자 기얌무를 죽였다. 나는 사흘랄라와 틸샤투라히에 입성하였고, 내 신들을 그의 궁전 안으로 모셔 들였다. 내가 그의 궁전에서 타쉴투(ta-ši-il-tu) 축제를 거행했다. 내가 그의 보고를 열고 무엇을 숨겨 놓았는지 검사했고, 그의 재산을 전리품으로 빼앗아 내 도시 앗수르로 가져왔다. 나는 사흘랄라를 떠나 카르살만에셀로 향했다. 나는 홍수로 범람한 유프라테스 강을 (부풀린) 염소 가죽을 (부착한) 뗏목을 이용해서 두 번째 건넜다. 나는 유프라테스 강 건너 사구루 강가에 있는 이나-앗수르-우티르-아쯔밧에서, 즉 하투 사람들

---

6 아직 역법이 발달하지 않았던 고대 앗수르에서는 매년 그 해를 대표할 사람을 뽑아 그 사람의 이름으로 그 해를 불렀다(아카드어로 림무[limmu]라는 제도). 왕과 주요 관직을 맡은 신하들, 그리고 지방 총독들의 이름을 순서에 따라 혹은 제비를 뽑아 그 해 이름으로 사용했다(역주).

7 고대 서아시아 월력을 따라 봄부터 시작하여 둘째 달을 '아루' 혹은 '아야루'라고 부르며, 현대 달력으로 4월 중순에서 5월 중순에 해당한다(역주).

이 피트루라고 부르는 도시에서 유프라테스 강 저편에 사는 왕들이 바치는 공물을 받았다. 갈그미스의 상가라(ᵐsa-an-gar URU gar-ga-miš-a-a), 콤마게네의 쿤다슈피(ᵐku-un-da-áš-pi URU ku-mu-ḫa-a-a), 구시 사람 아라메(ᵐa-ra-me DUMU gu-si), 멜리드의 랄리(ᵐlal-li URU me-li-da-a-a), 가바루 사람 하야니(ᵐḫa-ia-ni DUMU ga-ba-ri), 하티나의 칼파루다(ᵐqàl-pa-ru-da KUR pa-ti-na-a-a), (그리고) 구르굼의 칼파루다(ᵐqàl-pa-ru-da KUR gúr-gu-ma-a-a)가 바친 은, 금, 주석, 구리(혹은 청동), 구리 그릇들이다. 나는 유프라테스 강둑을 떠나 알레포(URU ḫal-man)로 접근하였다. 그들은 (나와 맞서) 싸우기가 두려워서 (엎드려) 내 발을 붙잡았다. 나는 그들로부터 은과 금을 공물로 받았고, 알레포의 신 아다드 앞에 제사를 바쳤다. 나는 알렙포를 떠나 하맛의 이르훌레니(ᵐir-ḫu-le-e-ni KUR a-mat-a-a)가 다스리는 도시들을 향해 행진했다. 나는 아덴누와 파르가, (그리고) 그의 왕도 아르가나를 점령했다. 이곳에서 내가 전리품을 많이 취했고, 그의 왕궁에서 그의 재산들을 빼앗았다. 나는 그의 궁전에 불을 질렀다. (그 후) 나는 아르가나를 떠나 카르카르에 접근했고, 그의 왕도 카르카르를 파괴하고 무너뜨리고 불로 태웠다. 그는 원군으로 다메섹(Imērišu)의 아다드이드리(곧 하닷에셀)로부터 전차 1,200승, 마병 1,200명, 보병 20,000명; 하맛의 이르훌레니로부터 전차 700승, 마병 700명, 보병 10,000명; 이스라엘의 아합(ma-ḫa-ab-bu KUR sir-'i-la-a-a)으로부터 전차 2,000승, 보병 10,000명; 그발(곧 그발)로부터 보병 500명; 무쯔루(이집트?)로부터 보병 1,000명; 이르카나타로부터 전차 10승, 보병 10,000명; 아르바드의 마티누바알리로부터 보병 200명; 우사나타로부터 보병 200명; 쉬아나의 아두누바알리로부터 전차 30승, 보병 1[0?],000명; 아라비아의 긴디부로부터 낙타(를 타는) 병사 1,000명; 암몬의 루후비의 아들 바아사로부터 보병 […]000명; 모두 열두 명의 왕으로부터 원군을 청해 왔다. 그들이 나를 대항하여 결전[을] 벌였다. 나는 앗수르 신이 내게 주셨던 강하신 힘으로 그들을 맞서 싸웠고, 내 주 네르갈 신이 하사하신 강한 무기를 들고 나아갔다. 내가 카르카르와 길자누 사이에서 그들에게 결정적인 공

삼하 8:3

왕상 16:29

격을 가했다. 나는 그들의 보병 14,000명을 칼로 베었고, 마치 아다드 신처럼 그들 위에 폭풍우를 흩뿌렸다. 내가 그들의 시체를 온 들판에 가득 채웠고, 칼로 엄청나게 많은 군사를 쓰러뜨렸다. 전투 중에는 내가 그들의 피를 강같이 흐르게 만들었다.[8] 그 들판은 그들의 영혼을 (모두) 누이기에 너무 좁았고,[9] 그들을 묻기 위해 (훨씬 더) 넓은 들이 필요했다. 그들의 시체를 가지고 내가 오론테스 강에 전에 없었던 다리를 놓았다. 전투가 끝나기도 전에 나는 그들의 전차와 멍에를 매도록 훈련된 말들을 빼앗았다.

3) 연대기 문서 파편을 따른 제18년

내가 통치한 지 제18년에 나는 16번째로 유프라테스 강을 건넜다. 다메섹(Imērišu)의 하사엘이 자기가 거느린 큰 군대를 믿고 레바논 맞은편에 있는 산, 사니르(Sa-ni-ru) 산을 요새로 삼아 그의 병사들을 모두 불러 모았다. 나는 그와 싸웠고 결정적인 공격을 가했으며 경험이 많은 병사 16,000명을 칼로 죽였다. 전차 1,121승, 말 470마리, 그리고 그의 야영 천막을 빼앗았다. 그는 자기 목숨을 구하려고 도주했으나 나는 그를 추적했고 그의 왕도 다메섹(Di-maš-qi)을 포위했다. 내가 (성 외곽에 있는) 그의 과수원을 파괴했다. 나는 하우란 산(šadê KUR Ḫa-ú-ra-ni)까지 진군하면서 그 사이에 있는 마을들을 수도 없이 파괴하고 허물고 불로 태웠고, 셀 수 없이 많은 전리품을 빼앗았다. 나는 (또) 바닷가 낭떠러지에 있는 바알리라쉬(Ba'li-ra'si) 산까지 행군하여, 나를 왕의 모습으로 새긴 비석을 세웠다. 그때 두로와 시돈 거민들, 오므리의 아들 예후(Ia-ú-a DUMU Ḫu-um-ri-i)로부터

---

8 이 행(ii 99) 끝부분이 깨어져 나갔다. "ÚŠ.MEŠ-šú-nu ḪAR pa(?) lu(?) šál[x x]"(역주).

9 이 표현은 마치 죽은 영혼이 지하로 내려가기 위해서는 지면에 있는 어떤 구덩이나 구멍을 이용해야 하는 것처럼 말하고 있다. 그래서 전투가 벌어진 들이 죽은 사람들을 위해 구멍을 만들기에는 턱없이 좁다고 표현하고 있다.

공물을 받았다.

4) 대리석 구슬에 새겨진 명문

다메섹(Imērišu)의 하사엘의 왕도, 말라하 마을에 있는 쉐루 신전에서 온 전리품(kišitti)으로 앗수르바니팔의 아들 살만에셀이 립비알리로 가져왔다.[10]

왕하 8:7-15;
암 1:4

5) 그 외 명문들

살만에셀 3세가 남긴 다양한 그림과 명문들 중 다음 다섯 가지를 이 책에 골라 실었다. 그림을 설명하는 명문들을 위주로 번역하였다.

(1) 발라와트에서 발견된 청동 성문

(제3번 청동 띠-페니키아, 두로, 시돈, 가사)
나는 두로와 시돈 주민들이 배에 실어 (가져온) 공물을 받았다.

사진 98

(제13번 청동 띠-시리아)
나는 하티의 이르훌레니의 왕도 아쉬타마쿠, 그리고 (다른 성읍) 86개를 점령하였다.

(2) 블랙 오벨리스크

II

왕상 19:16-17
사진 100

오므리(Ḫu-um-ri)의 아들 예후(Ia-ú-a)의 공물; 그로부터 은, 금, 금제 사플루(saplu)-주발, 바닥이 뾰족한 금제 꽃병, 금제 컵, 금제 양동이, 주석, 왕이 드는 홀, (그리고) 목제 푸루후(puruḫu)

---

10 립비알리(libbi-āli)라는 이름은 도시 앗수르의 중심부를 가리킨다.

6. 아다드니라리 3세(810-783): 팔레스타인 원정

ANET, 281

1) 석판, 칼라에서 발견된 부러진 석판

(1-14)

위대한 왕, 합법적인 왕, 전 세계의 왕, 앗수르의 왕, 아다드니라리의 소유. 이기기의 왕 앗수르 신이 그가 어렸을 때 이미 왕으로 선택하셨고, 경쟁자 없는 왕자의 자리에 임명하셨으며, 그의 통치는 앗수르 백성들의 마음에 들어 마치 생명나무 (향기) 같았고, (신들이) 그의 왕좌를 굳게 확립하셨다. 그는 에사라(é.šár.ra) 신전을 섬기는 거룩한 대제사장이자 지칠 줄 모르는 관리인이며, 그 신전 제의를 잘 지키고, 그의 주, 앗수르 신이 (계시하신) 신뢰할 수 있는 신탁을 받아 행동하는 자이며, (앗수르 신이) 온 세상의 왕자들을 그의 발 앞에 항복시키셨다. 해가 떠오르는 실루나 산부터, 사반, 엘리피, 하르하르, 아라지아쉬, 메수, 메대인들의 나라, 기질분다 전역, 문나, 페르시아(Parsua), 알라브리아, 압다다나, 나이리 전역, 저 멀리 피트후 산지에 있는 안디우 전역, 두로, 시돈, 이스라엘(KUR Ḫu-um-ri), 에돔, 블레셋(Pa-la-aš-tu), 해가 지는 큰 바다 해변까지, 내가 모든 나라들을 내 발 앞에 항복시켰고, 그들에게 공물을 부과했다.

제5년: 아카드의 왕이 그의 나라에 머물렀다. 그가 그의 전차와 말들을 정비했다.

제6년, 키슬레브 월:[11] 아카드의 왕이 그의 군대를 하티 땅으로 이동시켰다. 하티 땅에서 그의 군대를 파견하여 사막 지역을 습격했고, 아랍 사람들의 땅에서 전리품을 많이 취했으며, 그들의 가축과 신상들도 많이 빼앗아 왔다. 아달 월에[12] 왕이 그의 나라로 돌아왔다.

제7년, 키슬레브 월: 아카드의 왕이 그의 군대를 하티 땅으로 이동

---

[11] 바벨론 월력에서 아홉 째 달이며 현대 달력으로 11월 중순에서 12월 중순에 해당한다(역주).

[12] 바벨론 월력에서 열두 째 달이며 현대 달력으로 2월 중순에서 3월 중순에 해당한다(역주).

시켜, 유다(Ia-a-ḫu-du)의 도시를 포위했고, 아달 월 2일에 왕이 그 도시를 함락시켰다. 그는 본인 마음에 드는 (새) 왕을 대신 임명하였고, 전리품을 많이 빼앗아 바벨론으로 가져왔다.

제8년, 테벳 월:[13] 아카드의 왕이 하티 땅 갈그미스까지 가서 […]로부터 […] 그리고 쉬밧 월에[14] 자기 나라로 돌아왔다.

ANET³, 564-66

7. 앗수르 왕명록

(i)

투디야, 아다무, 양기, 키틀라무, 하르하루, 만다루, 임수, 하르수, 디다누, 하누, 주아부, 누아부, 아바주, 벨루, 아자락, 우쉬피야, 아피아샬—천막에 살던 왕들이 모두 17명

아마누는 일루카브카비의 아들(이었다). 일루카브카비는 야즈쿠르일루의 아들, 야즈쿠르일루는 야크메니의 아들, 야크메니는 야크메씨의 아들, 야크메씨는 일루메르의 아들, 일루메르는 하야니의 아들, 하야니는 사마누의 아들, 사마누는 할레의 아들, 할레는 아피아샬의 아들, 아피아샬은 우쉬피야의 아들—선조이신 왕들이 모두 10명

아미니의 아들, 술릴루, 킥키야, 아키야, 푸주르앗수르 (1세), 샬림아헤, 일루슈마—벽돌 (명문에) [언급된] 왕들이 모두 6명; 그들의 연호 목록은 발견되지 않았다.

일루슈마의 아들, 에리슈 (1세): 그는 […]; 그는 40년 동안 왕으로 다스렸다.

에리슈의 아들, 이쿠누: 그는 [x년 동안] 왕으로 다스렸다.

---

13 바벨론 월력에서 열 째 달이며 현대 달력으로 12월 중순에서 1월 중순에 해당한다(역주).
14 바벨론 월력에서 열한 번 째 달이며 현대 달력으로 1월 중순에서 2월 중순에 해당한다(역주).

이쿠누의 아들, 샤루-킨 (1세): 그는 [x년 동안] 왕으로 다스렸다.

샤루킨의 아들, 푸주르앗수르 (2세): 그는 [x]년 동안 왕으로 다스렸다.

푸주르앗수르의 아들, 나람신: 그는 [x]년 동안 왕으로 다스렸다.

나람신의 아들, 에리슈 (2세): 그는 [x]년 동안 왕으로 다스렸다.

일루카브카비의 아들, 샴시아다드 (1세)는 나람신 치하에 바벨론으로 갔다. 이브니아다드가 연호였을 때에 샴시아다드가 바벨론에서 돌아왔다. 그가 에칼라테를 점령했고, 에칼라테에 삼 년 동안 머물렀다. 아타마르이쉬타르가 연호였을 때에 샴시아다드가 에칼라테에서 나아 나람신의 아들 에리슈를 왕위에서 제거하였고,

(ii)

왕위를 (대신) 차지하여, 33년 동안 왕으로 다스렸다.

샴시아다드의 아들, 이쉬메다간 (1세): 그는 40년(혹은 50년) 동안 왕으로 다스렸다.

아무의 아들도 아닌 앗수르두굴은 왕위에 오를 권리가 없었다. 그가 6년 동안 왕으로 다스렸다.

아무의 아들도 아닌 앗수르두굴 생전에 역시 아무의 아들도 아닌 (다음) 여섯 왕들도 일 년도 되지 않는 기간 동안 다스렸다. 앗수르아플라이디, 나쩌르신, 신나미르, 이브키이쉬타르, 아다드살룰루, (그리고) 아다시

아다시의 아들, 벨바니: 그가 10년 동안 왕으로 다스렸다.

벨바니의 아들, 리바야: 그가 17년 동안 왕으로 다스렸다.

리바야의 아들, 샤르마아다드 (1세): 그가 12년 동안 왕으로 다스렸다.

샤르마아다드의 아들, 이브타르신: 그가 12년 동안 왕으로 다스렸다.

이브타르신의 아들, 바자야: 그가 28년 동안 왕으로 다스렸다.

아무의 아들도 아닌 룰라야: 그가 6년 동안 왕으로 다스렸다.

바자야의 아들, 키딘니누아: 그가 14년 동안 왕으로 다스렸다.

키딘니누아의 아들, 샤르마아다드 (2세): 그가 3년 동안 왕으로 다스렸다.

키딘니누아의 아들, 에리슈 (3세): 그가 13년 동안 왕으로 다스렸다.

에리슈의 아들 샴시아다드 (2세): 그가 6년 동안 왕으로 다스렸다.

샴시아다드의 아들, 이쉬메다간 (2세): 그가 16년 동안 왕으로 다스렸다.

이쉬메다간의 아들, 키딘니누아의 아들인 샤르마아다드 (2세)의 형제, 샴시아다드 (3세): 그가 16년(혹은 15년) 동안 왕으로 다스렸다.

이쉬메다간의 아들, 앗수르니라리 (1세): 그가 26년 동안 왕으로 다스렸다.

앗수르니라리의 아들, 푸주르앗수르 (3세): 그가 [x]년(혹은 14/24년) 동안 왕으로 다스렸다.

푸주르앗수르의 아들, 엔릴나찌르 (1세): 그가 13년 동안 왕으로 다스렸다.

엔릴나찌르의 아들, 누르일리: 그가 12년 동안 왕으로 다스렸다.

[누르일리]의 아들, 앗수르샤두니: 그가 한 달 동안 왕으로 다스렸다.

엔릴나찌르의 아들, 앗수르라비 (1세)가 [앗수르샤두니를] 제거하였고 (대신) 왕좌를 차지하였으며 [x년 동안 왕으로 다스렸다].

앗수르라비의 아들 앗수르나딘아헤 (1세): [그가 x년 동안 왕으로 다스렸다.

(iii)

그의 형제 엔릴나찌르 (2세)가 [그를] 왕좌에서 제거[하고] 6년 동안 왕으로 다스렸다.

엔릴나찌르 (1세 혹은 2세)의 아들, 앗수르니라리 (2세): 그가 7년 동안 왕으로 다스렸다.

앗수르니라리의 아들, 앗수르벨니쉐슈: 그가 9년 동안 왕으로 다스렸다.

앗수르벨니쉐슈의 아들, 앗수르림니쉐슈: 그가 8년 동안 왕으로 다스렸다.

앗수르림니쉐슈의 아들, 앗수르나딘아헤 (2세): 그가 10년 동안 왕으로 다스렸다.

앗수르벨니쉐슈의 아들, 에리바아다드 (1세): 그가 27년 동안 왕으로 다스렸다.

에리바아다드의 아들, 앗수르우발릿 (1세): 그가 36년 동안 왕으로 다스렸다.

앗수르우발릿의 아들, 엔릴니라리: 10년, 상동.

엔릴니라리의 아들, 아리크덴일리: 12년, 상동.

아리크덴일리의 형제, 아다드니라리 (1세): 그가 32년 동안 왕으로 다스렸다.

아다드니라리의 아들, 슐마누아샤레드 (1세): 30년, 상동.

슐마누아샤레드의 아들, 투쿨티니누르타 (1세): 37년, 상동.

투쿨티니누르타가 아직 […]할 때에 그의 아들 앗수르나딘아플리가 그의 왕좌를 차지했고, 3년(혹은 4년) 동안 다스렸다.

앗수르나딘아플리의 아들, 앗수르니라리 (3세): 그가 6년 동안 왕으로 다스렸다.

투쿨티니누르타의 아들, 엔릴쿠두르우쭈르: 그가 5년 동안 왕으로 다스렸다.

일리이핫다의 아들이며 에리바아다드의 후손인 니누르타아플리에쿠르가 바벨론으로 갔다. 그가 바벨론에서 돌아와 왕위를 차지하였고, 3년(혹은 13년) 동안 왕으로 다스렸다.

니누르타아플리에쿠르의 아들, 앗수르단 (1세): 46년(혹은 36년), 상동.

앗수르단의 아들, 니누르타투쿨티앗수르: 그가 일 년이 안 되는 기간 동안 왕으로 다스렸다.

그의 형제 무탁킬누스쿠가 그와 싸워 이겼고, 그가 그를 바벨론으로 보냈다. 무탁킬누스쿠가 일 년이 안 되는 기간 동안 왕위를 지켰고, (그 후) 영원히 사라졌다.[15]

무탁킬누스쿠의 아들, 앗수르레쉬이쉬 (1세): 그가 18년 동안 왕으로 다스렸다.

앗수르레쉬이쉬의 아들 투쿨티아필에샤라 (1세): 그가 39년 동안 왕으로 다스렸다.

투쿨티아필에샤라의 아들, 아샤레드아필에쿠르: 그가 2년 동안 왕으로 다스렸다.

투쿨티아필에샤라의 아들, 앗수르벨칼라: 그가 18년 동안 왕으로 다스렸다.

앗수르벨칼라의 아들, 에리바아다드 (2세): 2년, 상동.

---

15 마지막 말은 "e-mid"로 아카드어 동사 emēdu에서 나온 말이다. "기대다,

(iv)

투쿨티아필에샤라의 아들, 샴시아다드 (4세)가 바벨론에서 왔다. 그가 앗수르벨칼라의 아들 에리바아다드를 왕위에서 제거했고, 자기가 왕좌를 차지하였다. 그가 4년 동안 왕으로 다스렸다.

샴시아다드의 [아들, 앗수르나찌르아플리 (1세)]: 19년, 상동

앗수르나찌르아플리의 아들, 슐마누아샤레드 (2세): 그가 12년 동안 왕으로 다스렸다.

슐마누아샤레드의 아들, 앗수르니라리(4세): 6년, 상동

앗수르나찌르아플리의 아들, 앗수르라비(2세): 41년, 상동

앗수르라비의 아들, 앗수르레쉬이쉬(2세): 그가 5년 동안 왕으로 다스렸다.

앗수르레쉬이쉬의 아들, 투쿨티아필에샤라(2세): 그가 32년 동안 왕으로 다스렸다.

투쿨티아필에샤라의 아들, 앗수르단(2세): 그가 23년 동안 왕으로 다스렸다.

앗수르단의 아들, 아다드니라리(2세): 그가 21년 동안 왕으로 다스렸다.

아다드니라리의 아들, 투쿨티누르타(2세): 7년, 상동

투쿨티누르타의 아들, 앗수르나찌르아플리(2세): 그가 25년 동안 왕으로 다스렸다.

앗수르나찌르아플리의 아들, 슐마누아샤레드(3세): 그가 35년 동안 왕으로 다스렸다.[16]

슐마누아샤레드의 아들, 샴시아다드(5세): 그가 13년 동안 왕으로 다스렸다.

샴시아다드의 아들, 아다드니라리(3세): 그가 28년 동안 왕으로 다스렸다.

닿다, 놓다" 등의 뜻 이외에 "사라지다"라는 뜻도 있지만, 왕명록에 자주 등장하지 않는 말이기 때문에 정확하게 어떤 정치적 상황을 가리키는지 알 수 없다. 자연사했을 가능성도 배제할 수 없다(역주).

아다드니라리의 아들, 슐마누아샤레드(4세): 그가 10년 동안 왕으로 다스렸다.

슐마누아샤레드의 형제, 앗수르단(3세): 그가 18년 동안 왕으로 다스렸다.

아다드니라리의 아들, 앗수르니라리(5세): 그가 10년 동안 왕으로 다스렸다.

(고대 사본은 이 지점에 주석이 나오면서 끝난다).
앗수르에서 나온 필사본이다. 아르벨라에 있는 신전 서기, 칸달라누가 앗수르 도시의 총독인 아다드벨우킨의 해, 그의 이름이 붙은 둘째 해, 룰루부월, 20일에 (필사하였다).

(후대 필사본은 더 계속된다.)
앗수르니라리(5세)의 아들, 투쿨티아필에샤라(3세): 그가 18년 동안 왕으로 다스렸다.[17]

투쿨티아필에샤라의 아들, 슐마누아샤레드(5세): 그가 5년 동안 왕으로 다스렸다.

원본과 비교하여 기록하고 검사하였다. 앗수르 출신이며 마슈마슈(mašmašu)-제사장인 벨슙잇딘의 토판이다. (이 토판을) 제거하는 자는 샤마쉬 신께서 제거하시기를!

8. 디글랏빌레셀 3세(744-727): 시리아, 팔레스타인 원정

ANET, 282-84

사진 119

1) 점토로 만든 건축 명문으로 유사한 사본이 많다.

(56-63)

내가 이디빌리를 무쭈르 국경에 선봉장으로 삼았다. […]한 모

---

16 일반적으로 살만에셀 3세로 알려진 왕이다(역주).
17 일반적으로 티글랏필에셀 3세로 알려진 왕이다(역주).

든 나라에서 […] 쿰무후(Kummuḫu)의 쿠슈타슈피, 쿠에(Que)의 우릭, 그발의 시빗티벨, […] 하맛의 에닐, 사말(Sam`al)의 파남무, 굼굼(Gumgum)의 타르홀라라, 밀리테네의 술루말, […] 타발(Tabal)의 와쑤르메, 투나(Tuna)의 우쉬힛티, 투하나(Tuhana)의 우르발라, 이쉬툰다(Ishtunda)의 투함메, […] 아르바드(Arvad)의 [마]탄벨, 비트암몬(Bit-Ammon)의 사니푸, 모압(Moab)의 살람마누, […] 아스글론(Ashkelon)의 미틴티, 유다의(Ia-ú-da-a-a) 여호아하스(Ia-ú-ḫa-zi), 에돔의(Ú-du-mu-a-a) 카우쉬말라쿠, 무쭈리[…], 가사의(Ḫa-za-at-a-a) 한노(Ḫa-a-nu-ú-nu)로부터 공물을 [받았으니], 금과 은, 주석, 철, 안티몬[18], 끝자락을 색색으로 물들인 아마 옷가지, 각 나라 전통의 상으로 짙은 보라색 모직으로 […] 바다나 내륙에서 생산해 낸 여러 가지 귀한 물품들, 각 지역의 특산품들, (자기) 왕들의 보물들, 멍에를 질 수 있는 말과 노새들 […]

2) 날짜 불명

(150-57)

내가 쿰무후(Kummuḫu)의 쿠슈타슈피, 다메섹(Ša-imērišu)의 르신(Ra-ḫi-a-nu), 사마리아의 므나헴(Me-ni-ḫi-im-me alSa-me-ri-na-a-a), 두로의 히람(Ḫi-ru-um-mu), 그발의 시빗티빌리(Sibitti-bi'li), 쿠에의 우릭키(Urikki), 갈그미스의 피시리스, 하맛의 이닐(I'nil), 사말의 파남무, 구르굼(Gurgum)의 타르홀라라, 밀리테네의 술루말, 카스카의 다딜루, 타발의 와수르메, 투나의 우쉬힛티, 투하나의 우르발라, 이쉬툰다의 투함메, 후비슈나의 우림메, (그리고) 아라비아의 여왕 자비베에게[19] 공물을 받았으니, 금, 은, 주석, 철, 코끼리 가죽, 상아, 끝

왕하 15:17

---

18 이 말은 아카드어로 abaru이며(수메르어로는 A.BAR) 매우 희귀한 금속인데 마그네사이트인 것으로 보인다. 이유는 분명치 않지만 이 금속이 제의용 숟가락이나 도끼 등 작은 물건이나 도구를 만드는 데 사용되었다.

19 아랍 부족들을 다스리는 여성 지도자들은 이렇게 티글랏필에셀 3세부터 시작해서 앗수르바니팔까지, 혹은 나보니두스까지 나타난다.

자락을 색색으로 물들인 아마 옷가지, 파란 색 모직, 보라 색 모직[20], 흑단 목재, 회양목 목재, 왕의 보고에 들여도 좋을 귀중품들, 보라색으로 물들인 양 가죽, 푸른색으로 깃털을 물들인 새들,[21] 말, 노새, 크고 작은 가축들, (수)낙타, 암낙타와 새끼들을 받았다.

3) 날짜 불명인 연대기 조각에 기록된 명문

[…] 하타릭카와 사우와 산까지 […마을들:] 비블[로스,…] 시미라, 아르카, 지마라, […] 우즈누, [시안누], 리바바, 리시수, […] 윗바다의 […] 마을들 […] 내가 내 지배하에 두었다. 내 관리들 여섯 명을 그들을 다스릴 총독으로 임명했다. 윗바다 해변에 있는 [마을 라쉬푸나, […] 갈자, 이스라엘과 가까운 아빌락카, [그리고…]리의 넓은 (땅) 전체를 내가 앗수르에 통합시켰다. 내 관리들을 그들 위에 총독으로 임명했다.

가사의 한노(Ḫa-a-nu-ú-nu ᵃˡḪa-az-za-at-a-a)는 내 군대 앞에서 도망하여 이집트로 피신하였으니, 가사 마을을 [내가 점령했고…] 그의 재산, 그의 동상들 […] 내 […모습을…신들과] 나의 국왕 동상을 그의 궁전에 [세웠고,…]를 (앞으로) 그 나라의 신들로 선포하였다. 내가 그들 [위에 조공을] 부과했다. [므나헴은 내가] 그를 [눈보라처럼 제압하였고, 그는 마치 새처럼 […] 혼자 도망했고, [내 발 앞에 엎드려 절했다(?)]. 내가 그를 자기 자리에 재임명했고 [그에게 조공을 부과했다]. 금, 은, 끝자락을 색색이 물들인 아마 옷가지, […] 거대한 […]를 내가 그로부터 받았다. 이스라엘(Bit Ḫumria 오므리 왕조) […] 그 모든 거주민들과 그들의 재산을 앗수르로 끌고 갔다. 그들은 자기들의 왕 베가(Pa-qa-ḫa)를 폐위시켰고, 내가 그들 위에 호세아(A-ú-si-')를 왕으로 임명했다. 그들로부터 금 10달란트, 은 1000(?)달란트를 조공으로

왕하 15:30

---

20 여기서 색깔을 묘사한 두 가지 말은 takiltu와 argamannu로 전자는 좀 더 짙은 색이고 후자는 붉은 빛이 도는 보라색을 가리킨다.
21 이 독특한 표현은 아마도 장식한 박제 새를 가리키는 것으로 보인다.

받았고, 앗수르로 가져왔다.

9. 사르곤 2세(721-705): 사마리아 멸망

ANET, 284-87

1) 일반적인 기록들

(1) "현관 보도"(Pavédes Portes), 4번, 31-44행

(앗수르의 왕, 사르곤의 재산이니) 사마리아(Sa-mir-i-na)와 이스라엘(Bit Ḫu-um-ri-a) 전국을 정복한 자, 아스돗과 쉬누흐티를 약탈한 자, 물고기처럼 바다 한가운데 사는 그리스인들을 사로잡은 자, 카스쿠와 타발리, 길리기아(Ḫilakku) 전체를 파괴한 자, 무스쿠의 왕 미다스(Mi-ta-a)를 쫓아낸 자, 라피후에서 무쭈르(Mu-ṣu-ri)를 패전시킨 자, 가사의 왕 한노로부터 전리품을 빼앗은 자, 바다 한가운데 이레 길을 가야 있는 깃딤(Ia-ad-na-na)의 영토, 이야(Ia')의 일곱 왕들을 복속시킨 자이다.

사진 120

왕하 18:9-10

2) 연대기 보고서들

연대기와 전시용 명문(Display Inscription)들. 연대기는 다음의 책에서 인용되었다. A.G. Lie, *The Inscriptions of Sargon II, King of Assyria*, Part 1, The Annals (Paris, 1929).

(1) 제1년

(10-17)

내 지배 초기에 내가 [⋯사마리아 사람들의 [도시를 포위하여 점령했다. (약 두 행 정도가 파괴되어 남아 있지 않다.)] 내게 승리를 주신 [신을 위해⋯] 내가 포로로 [거주민 27,290명을] 잡아 왔고, [그들] 중에

[군사들을 무장시켜] 나의 군대에 전차 50승을 [···그 도시를 내가] 이전보다 낫게 재[건했고], 그곳에 [내가] 직접 [점]령했던 다른 나라 주민들을 [정착시켰다]. 내 관리를 그들 위에 총독으로 임명했고, 앗수르 사람이라면 (납부해야 할) 공물을 부과했다.

(2) 전시용 명문

(23-26)

내가 사마리아(Sa-me-ri-na)를 포위하여 점령했고, 포로로 27,290명을 잡아왔다. 그들 중 일부를 통해 마차 50승을 타는 부대를 조직하였고, 남은 (거주민들이) 원래 사회적 지위를 지키며 살 수 있도록 해 주었다. 그들 위에 내 관리를 임명했으며, 그들이 그 이전 왕이 납부하던 것과 같은 양의 조공을 부과했다. 가사 왕 한노와 이집트(Mu-ṣu-ri)의 군대장관(turtan) 시베(Sib'e)가 나를 대항하여 결전을 벌이기 위해 라피후로 나아왔다. (그러나) 내가 그들을 물리쳤다. (진군하는) 내 군대의 발자국 소리만 듣고 겁이 난 시베는 도주하여 그 자취를 찾아 볼 수 없었다. 한노는 내가 직접 생포하였다. 나는 무쭈르의 피루(Pir'u), 아라비아의 여왕 삼시(Samsi), 사바족 이타마르로부터 금가루, 말과 낙타를 공물로 받았다.

왕하 17:4ff.

(3) 제14번방에서 발견된 연대기

(11-15)

아스돗의 야마니(Iamani)는 (진군해 오는) 내 군대(혹은 무기)가 무서워서 자기 아내와 자식들을 버리고 멜루하(즉, 에디오피아)가 다스리던 무[쭈]르 국경으로 도망했고, 좀도둑처럼 거기 숨었다(혹은 거했다). 그의 방대한 나라 전체와 부유한 거주민들을 다스리기 위해 내 관리 한 명을 총독으로 임명했고, 신들의 왕 앗수르에게 속한 영토를 넓혔다. 내 주 앗수르의 무시무시한 엄위하심에 압도되어 멜루하의 왕은 그(야마니)의 손과 발을 사슬로 묶어서 앗수르에 (돌아온) 내게 보내왔다. 나는 쉬누흐투와 사마리아, 온 이스라엘(Bit Ḫu-um-ri-ia)을 점령하고 폐허로 만들었다. 나는 서해 한가운데 사는 그리스인들(이오니아인들)을 물고기 잡듯 잡았다.

(4) 전시용 명문

(33-37)
하맛의 야우비디(Ia'ubidi)는 왕족이 아닌 평민으로 저주받은 히타이트 출신인데, 계책을 써서 하맛의 왕이 되었다. 그는 아르바드, 시미라, 다메섹(Di-maš-qa^ki)과 사마리아를 충동질하여 나를 배신하게 만들었으며, 그들이 서로 힘을 합하여 군대를 조직하도록 하였다. 나는 앗수르 신의 군대를 모두 소집하여 그와 그의 군대가 모여 있는 카르카르(Qarqar)를 포위하였다. 내가 (그 도시를) 점령하고 불로 태워 버렸다. 그는 내가 잡아 가죽을 벗겼고, 역도들도 모두 사형에 처했으며, 평화와 안정을 정착시켰다. 하맛 주민들을 (차출하여) 전차 200승과 기마병 600명으로 이루어진 부대를 조직했고, 내 군대에 배치시켰다.

(5) 제7년

(120-25)
나의 주 앗수르 신을 의지하여 저 멀리 사막 가운데 살며 지도자도 관리도 없고 지금까지 그 어느 왕에게도 공물을 바쳐본 적이 없는 아랍 족속들, 즉 타무드, 이밧디, 마르시마누, 그리고 하야파 부족들을 괴멸시켰다. 그 남은 자들을 포로로 잡아다가 사마리아에 정착시켰다.

무쯔루의 왕 피루(Pir'u), 아라비아 왕비 삼시, 사바 부족 이타므라, 즉 해변과 사막에 사는 왕들로부터 공물을 받았으니, 금가루, 보석, 상아, 흑단 씨앗,[22] 다양한 향료, 말과 낙타를 받았다.

---

22 흑단 씨앗은 메소포타미아에서 약재로 사용되었다.

(6) 제11년, 전시용 명문에 의거하여

(90-112)

사 20:1

아스돗 왕 아주리(Azuri)가 더 이상 공물을 바치지 않으려고 계략을 꾸미며 주위 나라 왕들에게 앗수르에 대해 적의가 가득한 편지들을 보냈다. 그가 저지른 행위를 벌하기 위해 자기 나라 백성들을 다스리는 지배권을 빼앗았고, 그 대신 그의 동생 아히미티(Ahimiti)를 백성들 위에 왕으로 임명했다. 그러나 이 헷 족속들은[23] 언제나 사악한 일을 획책하고 그의 지배를 미워하여, 자기들과 똑같이 (나의) 권위를 존경하지 않으며 왕위에 오를 자격이 없는 야마니(Ia-ma-ni)를[24] 자기들의 왕으로 삼았다. 극도로 분노한 나는 내 군대가 모두 모이고 진영이 충분히 준비되기도 전에 아스돗을 향해 떠났고, 평소 안전한 지역에서도 절대 내 곁을 떠나지 않는 용사들만 나를 따랐다. 야마니는 내가 원정을 온다는 소식을 미리 듣고 에디오피아 치하에 있던 무쯔루 영토로 도망해서 누구도 그의 은신처를 찾을 수 없었다. 나는 아스돗, 가드, 그리고 아스돗얌무를 에워싸고 점령했다. 그의 동상, 그의 아내와 자식들, 왕궁에 있던 재산과 보물들, 그 나라 백성들을 내가 모두 전리품으로 삼았다. 내가 그 도시들을 재조직했고, 내가 직접 점령한 동부 지역 주민들을 정착시켰다. 그들 위에 내 관리 중 한 사람을 임명했고, 그들을 앗수르 백성으로 삼았으며, 그들이 모두 나를 위해 일하게 했다.[25] 도저히 도달할 수 없고 길이 […먼 나라에 사는] 에디오피아 왕은 그의 조상들도 먼 옛날부터 지금까지 한 번도 내 선왕

---

23 여기서 앗수르 기록은 아스돗 거주민들을 헷 족속, 즉 하티 사람이라고 부르는데, 이 이름은 소아시아에 있던 히타이트 제국과 직접적인 관련은 없으며, 앗수르 사람들이 유프라테스 강 서쪽에 사는 사람들을 관습적으로 부르는 이름이다(역주).
24 야마니라는 이름은 그리스 출신의 사람을 가리켜 부르는 말과 발음이 같기 때문에 혹자는 여기서 그리스인을 왕으로 삼았다고 번역하기도 한다 (역주).
25 원문에서는 "그들이 모두 (내 멍에를 끄는) 행을 끌었다"라고 표현되었다 (역주).

들의 건강을 비는 사신을 보낸 적이 없다. (그러나) 그가 멀리서 앗수르와 나부, 마르둑의 권능에 관한 소식을 들었다. 내 왕권이 발하는 장엄한 빛이 그의 눈을 멀게 만들었다. 그가 그를(야마니) 족쇄와 수갑, 쇠사슬에 묶었고, 먼 거리를 여행하여 그를 앗수르로 데려왔다.

3) 부서진 각기둥 명문

(1) 부서진 각기둥 A

아스돗의 [왕, 아지루…이 범죄] 때문에 […]로부터 […] 아니미티 […] 그의 동생을 [그들] 위에 내가 왕으로 임명했다. […] 공물 […] 그 [선]왕들처럼 내가 그에게 부과했다. [그러나 이] 저주받을 [헷 족속들은] 공물을 바치지 않을 [계략을] 꾸미고 자기 지도자에 대항하여 반역을 [시작하였다]. 그들이 그를 쫓아내고 […왕위에 오를 자격이 없는 평]민 야마니(Ia-ma-ni)를 자기들의 왕으로 [삼고], 그의 (전) 지도자의 [왕좌에] 앉혔다. [그들이…] 자기 도시를 공[격…(3행이 훼손되어 없음)] 그 주위, 해자를 20(혹은 그 이상의)큐빗 깊이로 [그들이 준비했으니…] 이것은 […] 하기 위해 지하수 층까지 미쳤다. 그때 나의 주 앗수르 신에게 공물과 타마르투(tâmartu) 예물을 (정기적으로) 바치는 블레셋(Pi-liš-te), 유다(Ia-ú-di), 에돔, 모압, 그리고 (섬에 사는) 왕들에게 [그가] 수없이 많은 사악한 거짓말을 [퍼뜨려서] 나와 불화하게 만들고, 그들을 구원할 능력이 없는 군주, 무쭈르 왕, 피루(Pir'u)에게 뇌물을 보내어 동맹을 맺고자 하였다. 그러나 정통성 있는 지도자, 나부와 마르둑의 결정에 헌신하는 자, 앗수르의 명령을 지키는 자, 나 사르곤은 봄철 범람이 가장 심할 때 티그리스와 유프라테스를 마치 마른 땅처럼 건너 내 군대를 인도하였다. 자기 자신의 힘을 믿고 (신께서 허락하신) 내 왕권에 복종하지 않았던 그들의 왕 야마니는 (아직 내가) 멀리 있을 때에 내 군대가 진군해 온다는 소식을 들었고, 내 주 앗수르 신의 위엄이 그를 압도하여 […] 그가 도주했다. […]

(2) 님루드 명문

(8)

(사르곤의 재산, 등) 저 멀리 있는 유다(Ia-u-du) 땅을 정복한 자, 하맛을 뿌리째 뽑은 자, 그 지도자 야우비디(Iau'bidi)를 직접 잡은 자![26]

ANET, 287-88

10. 산헤립(704-681): 예루살렘 포위

1) 산헤립의 각기둥 명문

(ii 37-iii 49)

나의 3차 원정 때 나는 하티(Hatti) 땅으로 진군하였다. 시돈의 왕 룰리(Luli)는 나의 왕권이 발하는 장엄한 빛에 압도되어 바다를 건너 멀리 도주하여 사라졌다. 나의 주 앗수르 신의 무기가 발하는 장엄한 빛이 그의 도시들을 제압했으니, 큰 시돈, 작은 시돈, 비트짓티, 자립투, 마하리바, 우슈(두로의 내륙 지역), 아크집, 악고 등 성벽이 있고 군대를 위한 음식과 물이 잘 준비된 요새들이었으며, 그들이 내 발 앞에 나와 엎드렸다. 내가 그들 위에 엣바알(Tuba'lu)을 왕위에 임명했고, (그의) 대군주인 내게 매년 빠지지 말고 바칠 공물을 부과하였다.

아무루(Amurru)의 모든 다른 왕들, 즉 삼시무루나의 므나헴(Mi-in-ḫi-im-mu), 시돈의 엣바알(Tuba'lu), 아르바드의 아브딜리티, 그발의 우루밀키, 아스돗의 미틴티, 벧암몬의 부두일리, 모압의 캄무순 아브디, 에돔의 아야람무가 귀한 예물(igisû)과 원래 무겁던 타마르투(tâmartu)-공물을 네 배나 더 가져와서 내 발에 입을 맞추었다. 그러나 아스글론 왕 찌드키아(Sidqia)는 내 멍에를 기꺼이 매려 하지 않아서 내가 그를 포로로 잡아 앗수르로 보냈고, 그의 집안 신들과 그는

사진 102

---

26 카르카르에서 야우비디에게 승전을 거둔 사르곤은 이와 유사한 기념비를 여러 곳에 세웠다.

물론 그의 아내, 자식들, 형제들, 모든 남자 친척들도 이송하였다. 선왕이었던 루킵투의 아들 샤룰루다리(Sharruludari)를 내가 아스글론 주민들 위에 세웠고, (정기적인) 공물과 대군주인 내게 (바치는) 카트루(katrû)-예물을 부과했으며, 그는 나를 위해 일하게 되었다!

나는 원정을 계속하여 내 발 앞에 엎드리지 않던 찌드키아의 도시들, 벧다곤, 욥바, 바나이바르카, 아주루를 포위하였고, 점령한 뒤 (많은) 전리품을 빼앗았다. 에그론의 관리들과 귀족들, (일반) 백성들은 [27] 앗수르 신 앞에서 (맺은) 맹세를 성실히 지킨다는 이유로 그들의 왕 파디(Padi)를 폐위시키고 쇠사슬에 묶어 유다 사람 히스기야(Ḫa-za-qi-a-ú ᵃᵐᵉˡIa-ú-da-ai)에게 넘겼다. 그는 파디가 마치 원수나 된 것처럼 불법적으로 감옥에 가두어두었다. (그러나) 겁이 난 그는 이집트(Muṣuri)의 왕들과 에디오피아(Meluḫḫa) 왕에게 (원군으로) 궁수와 전차 부대, 기마병들을 요청했다. (그러자) 셀 수 없이 많은 군사를 이끌고 원군이 도착했다. 엘테케(Al-ta-qu-ú) 들판에서 그들이 무기를 날카롭게 갈았고 전열을 정비하였다. 나는 내 주 앗수르 신이 (주신) 계시를 믿고 그들과 싸워 큰 승리를 거두었다. 전투를 벌이는 도중에 내가 직접 이집트 왕자들을 태운 전차병들과 에디오피아 왕의 전차병들을 사로잡았다. 내가 엘테케와 딤나(Ta-am-na-a)를 포위하여 점령하고 전리품들을 빼앗았다. 내가 에그론으로 돌아가서 반역을 저지른 관리들과 귀족들을 죽이고 그 시체를 장대에 매달아 성을 둘러싸며 세웠다. 죄를 지은 (일반) 백성들은 포로로 잡았다. 그 외 다른 범죄나 나쁜 행위를 저지르지 않은 백성들은 풀어주었고, 예루살렘(Ur-sa-li-im-mu)에서 돌아온 파디를 다시 왕위에 앉혀 대군주인 내게 공물을 바치도록 명령했다.

왕하 18:21, 24

유다 사람 히스기야는 내 명에를 매려 하지 않았다. 나는 그의 도시 46개, 즉 성벽이 있는 요새를 포위했고 그 주위에 있는 셀 수 없이 많은 작은 마을들을 점령했는데, 단단하게 밟아 만든 경사면과 (성벽) 가까이 밀어올린 파성퇴, 보병 부대, 땅굴 파기, 구멍 뚫기, 그리고 다

---

27 이 표현에서 당시 에그론에 형성되어 있던 사회계급이 드러난다.

른 공병 공사를 통해 점령했다. 젊거나 늙은 남녀 포로 200,150명, 말, 노새, 당나귀, 낙타, 크고 작은 가축들을 셀 수 없이 빼앗아 전리품으로 삼았다. 내가 그를 죄수로 선포하고 그의 수도 예루살렘에 새장에 갇힌 새처럼 가두었다. 누구든 그의 성문에서 나오는 자를 사로잡기 위해서 흙벽을 세워 그를 에워쌌다. 내가 점령한 그의 도시들을 그의 영토에서 떼어내어 아스돗 왕 미틴티, 에그론 왕 파디, 가사 왕 실리벨에게 주었다. 이렇게 내가 그의 영토를 축소시켰고, 원래 내던 조공에 더 많은 조공과 카트루(katru)-예물을 그의 대군주인 내게 매년 바치도록 그에게 부과하였다. 히스기야는 내 왕권이 발하는 장엄한 빛에 압도되어 자신이 가진 비정규군과 특수부대를 그의 수도 예루살렘 안으로 불러 들여 방어하려 했으나 그들이 그를 버리고 떠났다.

왕하 18:15

나중에 그는 나의 장대한 도시 니느웨로 금 30달란트, 은 800달란트, 보석, 안티몬,[28] 붉은 돌덩이, 상아로 장식한 침상들, 역시 상아로 장식한 니메두(nîmedu)-의자들, 코끼리 가죽, 흑단, 회양목, 온갖 종류의 보물, 그의 딸들, 첩들, 남녀 음악가들을 보내왔다. 이런 조공을 바치며 노예의 신분으로 경의를 표하기 위해 그의 사신을 함께 보냈다.

사진 121

2) 라기스 점령 장면을 새긴 부조 명문

왕하 18:14
왕하 19:8

전 세계의 왕, 앗수르의 왕, 산헤립이 니메두(nîmedu)-왕좌에 앉아 라기스(La-ki-su)에서 빼앗은 전리품을 검열하고 있다.

---

28 이 광석은 눈 화장에 사용되는 휘안광을 가리키는 것으로 보인다(아몬드 껍질을 태운 재처럼 싸구려 화장품이 아니다). 안티몬은 쉽게 닳아 없어지며, 이 금속은 수메르 문명 시대부터 메소포타미아에서 가끔 발견된다.

11. 에살핫돈(680-669): 시리아, 팔레스타인 원정

1) 각기둥 B(Prism B)　　　　　　　　　　　　　　　　　　　　　ANET, 291

　　　(v 54-vi 1)

내가 하티(Hatti) 땅과 강(유프라테스) 건너에 사는 모든 왕들을 소집했으니, 두로 왕 바알루(Ba'lu), 유다(Ia-ú-di) 왕 므낫세(Me-na-si-i), 에돔 왕 카우스가브리, 모압 왕 무쭈리, 가사 왕 실벨, 아스글론 왕 메틴티, 에그론 왕 이카우스, 그발 왕 밀키아샤파, 아르바드 왕 마탄바알, 삼시무루나 왕 아비바알, 벧암몬 왕 푸두일, 아스돗 왕 아히밀키, 이렇게 해변에 사는 왕이 모두 12명이다.　　　　　　대하 33:11

에디일(Edi'il = Idalion) 왕 에키쉬투라, 키트루시(Kitrusi = Chytros) 왕 필라구라(Pilagura = Pythagoras), 실루우아(Sillu'ua = Soli) 왕 키수, 팝파(Pappa = Paphos) 왕 이투안다르, 실리 왕 에리수, 쿠리(Kuri = Curium) 왕 다마수, 타메시 왕 아트메수, 카르티하다스티(Qarti-hadasti = Carthage) 왕 다무시, 리디르(Lidir = Ledra) 왕 우나사구수, 누리아 왕 부수수, 이렇게 깃딤(Iadnana = Cyprus)과 바다 한가운데 사는 왕들이 모두 10명이며, 하티 땅과 해변, 섬들에 사는 왕들이 모두 22명이다.

내가 이들을 보내어 나의 왕도 니느웨에 내 궁전을 짓기 위해 건축 자재들을 정성껏 실어오게 하였으니, 거대한 통나무, 긴 재목, 삼나무와 소나무 널빤지로 모두 시라라(Sirara)와 레바논(Lab-na-na) 산지에서 오랫동안 자라서 크고 강한 목재로 자란 것들이다. 그 산에 있는 채석장으로부터 아슈난(ašnan)-돌로 만든 수호신상들(즉, Lamassû와 Shêdu), 압자즈투(abzaztu) 신상, 석회석과 아슈난(ašnan)-돌, 크고 작은 각력암, 알랄루(alallu)-돌, (그리고) 기린힐리바(gi.rin.hi.li.ba)-돌로 만든 문지방을 가져오게 했다.

ANET, 301

12. 팔레스타인에서 온 조공 영수증

대영박물관에 보관된 K 1295는 팔레스타인에서 가져온 조공 영수증이다.

비트암몬(^{mat}Bit-Am-man-na-a-a) 백성들이 보내온 금 2미나; 모압(^{mat}Mu-'-ba-a-a) 백성들이 보내온 금 1미나; 유다(^{mat}Ia-ú-da-a-a) 백성들이 보내온 은 10미나; [에돔](^{mat}[U-du-ma]-a-a) 백성들이 보내온 은 […미]나 […]

(뒷면)

[…] 그발 백성들 […] 내 주 왕의 지방관들이 가져왔다.

ANET, 304-5

13. 니느웨 함락

존 개드, 『새로 발견된 바벨론 연대기 21,901번』(C. J. Gadd, *The Newly Discovered Babylonian Chronicle*, No. 21,901, in the British Museum, London, 1923)에 음역과 번역이 실려 있다. 다음 글은 나보폴라살(Nabopolassar) 제14년에 관한 기록이다.

(뒷면)

[제14년:] 아카드의 왕이 자기 군대를 소[집했]고, 움만만다 족속(Umman-manda)의 왕 [키약사]레스도 아카드 왕에게 나아왔다. […에서] 그들이 서로 만났다. 아카드의 왕은 […] 그리고 [키약사]레스는 […] 그가 나룻배로 건너서 티그리스 강의 강둑을 따라 (강 상류로) 행진했다. […] 니느웨 성 앞에 [진을 쳤다…] 시반 달부터 아부(Abu) 월까지 세 번의 전[투가 있었고, 그 후] 그들이 성을 향한 총공격을 감행했다. 아부 월 […날에 성을 포위하고 그가 (그 성의) 온 [백성들과 싸워 큰 승전을] 거두었다. 그날에 앗수르 왕 신샤르이쉬쿤(Sin-shar-ishkun)은 [도주하여…] 그 성에서 수많은 포로를 잡아들였다. 그 성은 [그들이 폐허와 쓰레기 더미로 만들어 버렸다. 그 왕과] 앗수르 군

대는 도주하였으나 (아카드) 왕과 아카드 왕의 [군대] 앞에 [···] 엘룰(Ululu) 월 20일에 키약사레스와 그의 군대가 자기 나라로 돌아갔다. 그 후 아카드 왕이 [···] 나찌빈(Na-ṣi-bi-ni = Nisibis)까지 행진하였다. [···]와 루짜푸(Ruṣapu)로부터 조공과 포로들(ga-lu-tu)을 니느웨에 있는 아카드 왕에게 잡아 왔다. [···월에] 앗수르-우발릿(Ashur-uballit)이 [···] 앗수르 왕이 되려고 하란(Harran)에서 왕위에 올랐다. [···] 월까지 [···아카드 왕이] 니느웨에 [머물렀고···타슈리투(Tashritu)] 월 20일에 [아카드 왕이 ···] 같은 타슈리투 월에 [···] 마을에서 [···]

14. 예루살렘 함락

이 글은 느부갓네살 2세 제7년에 관한 기록으로 도널드 와이즈만, 『갈대아 왕들의 역대기』에서 인용하였다(D. J. Wiseman, *Chronicles of Chaldaean Kings <626-556 B.C.> in the British Museum*, London, 1956). 토판 B.M. 21946은 도판 V와 XIV 이하, 그리고 66쪽 이하를 참조하라.

(뒷면 11-13)

제7년: 키슬레브(Kislimu) 월에 아카드 왕이 자기 군대를 소집하였고, 하투(Hattu = Syria) 땅으로 행진해 갔다. 그가 유다의 도시(URU Ia-a-ḫu-du) 앞에 진을 치고, 아달(Adar) 월 2일에 그 성을 포위하였다. 그가 그 왕을 사로잡았다. 그는 자기가 선택한 왕을 대신 임명했다. 그가 거기서 많은 전리품을 빼앗았고 이를 바벨론으로 보냈다.

사진 58

ANET³, 563-64

15. 예루살렘 점령

나보폴라살의 통치 마지막 해(제21년)부터 그의 아들이자 후계자였던 느부갓네살 2세 제11년까지를 기록한 토판 중에서 예루살렘 점령 전후사에 관련된 부분을 다음과 같이 번역하였다. 이 사건 이전에 나보폴라살과 그의 아들은 하티(Hatti) 땅과 서쪽 영토로 자주 원정을 나갔으며(예를 들어 제1년에 아스글른 점령), 이 사건 이후로는 엘람 원정(제9년), 소규모 반란(제10년), 그리고 또 다른 하티 땅 원정이 기록되어 있다.

제4년: 아카드 왕이 그의 군대를 파견하여 하티(Hatti) 땅으로 진군하였다. 하티 땅에서 [그들의 행진에] 맞서는 자는 아무도 없었다. 키슬레브 월에 그가 그의 군대를 이끌고 이집트로 행군하였다. 이집트 왕이 (그 소식을) 듣고 군대를 보냈다. 그들은 넓은 들판에서 전투를 벌였고, 양측이 서로에게 큰 피해를 입혔다. 아카드 왕은 그의 군대를 돌려 바벨론으로 [돌아왔다].

제5년: 아카드 왕이 자기 나라에 (머물렀다). 그가 자기 전차와 말들을 재정비하였다.

제6년, 키슬레브 월: 아카드 왕이 그의 군대를 하티 땅으로 이동시켰다. 그가 하티 땅에서 그의 군대를 파병하여 사막을 급습하고 아랍인들의 땅에서 전리품을 많이 빼앗았다. 그들의 가축과 신상들도 수없이 많이 약탈하였다. 아달 월에 왕이 자기 나라로 돌아왔다.

제7년, 키슬레브 월: 아카드 왕이 그의 군대를 하티 땅으로 이동시켰고, 유다(Ia-a-ḫu-du)의 도시를 포위하였다. 아달 월 2일에 왕이 그 성을 점령하였다. 그는 자기 마음에 드는 새 왕을 임명하였고, 무거운 조공을 거두어 바벨론으로 돌아왔다.

제8년, 테벳 월: 아카드 왕이 하티 땅으로 (진군하여) 갈그미스까지 […]부터 […] 그리고 쉬밧 월에 그가 자기 나라로 돌아왔다.

16. 느부갓네살 2세(605-562)

ANET, 308

바벨론에서 발견된 행정 문서에서 유다 왕 여호야긴의 운명에 관련된 정보를 얻을 수 있다. 이 쐐기문자 토판들은 전쟁 포로이거나 혹은 다른 이유로 왕궁에 귀속되어 있는 사람들에게 기름을 배급한 사실에 관한 목록을 만들어 기록하였다. 이 장부는 사람들을 그들의 이름, 직업, 그리고 국적으로 구분하였다. 지금까지 출판된 토판 두 개는 유다 사람들 외에도 아스글론, 두로, 그발, 아르바드, 그리고 멀리 이집트, 메대, 페르시아, 리디아, 그리스 사람들까지 언급하고 있다.

왕하 25:27-30

렘 52:31-34

    (바벨론 28122, 앞면 29-33)

[…] 여호야긴(Ia-'-ú-kin) […]의 왕에[게…]

[…]의 키푸투(qîpūtu)-가문에게 […]

[…] 샬람야무 […]에게 […]

[…] 두로 사람 126명에게 […]

[…] 리[디아인] 자비랴에게 […]

    (바벨론 28178, 앞면 ii 38-40)

10 (실라의 기름을) […여]호야긴(Ia]-'-kin) 유[다](Ia[…])의
   왕에게 […]

2½ 실라 (기름을) 유다(Ia-a-ḫu-du) 왕의 [아들들에게 […]

4 실라를 유다 사람들(amelIa-a-ḫu-da-a-a) 8명에게 […]

    (바벨론 28186, 뒷면 ii 13-18)

1½ 실라 (기름을) 아르바드인 목수 3명에게, 각자 ½ 실라씩

11½ 실라를 그발인 상동 8명에게, 각자 1 실라 […]

3½ 실라를 그리스인 상동 7명에게, 각자 ½ 실라씩

½ 실라를 목수 나부-에티르(Nabû-êṭir)에게

10 (실라를) 야쿠키누(Ia-ku-ú-ki-nu), 유다(Ia-ku-du)의
   왕의 아들에게

2 ½ 실라를 카나(Qana'a)를 통해 유다(Ia-ku-du) 왕의 아들 다섯 명에게 […]

다양한 사료 조각(BrM 78-10-15, 22, 37, 38)

(13-22)

[…] 제37년[에] 바[벨론]의 왕 느부갓네살이 전쟁을 벌이려고 이집트(Mi-ṣir)로 진[군해 갔다. 이집트의 [아마시스([…]-a?-su)는 [그의 군]대를 [소집하였다.…] 푸투야만(Putu-Iaman) 마을로부터 […] 바다 한가운데 (섬에 있는) 먼 지역까지 […] 많은 […] 이집트에 있는 […] 무기와 말들, [전]차를 [가]지고 있는 […] 그가 자기의 지원군으로 소집하였고 […] 그의 앞에 […] 그가 신뢰하였다. […] (다음에 나오는 7-8 행은 맨 처음과 끝에 있는 문자들만 읽을 수 있다.)

17. 나보니두스의 어머니

ANET³ 560-62
사진 265

하란에서 1906년과 1956년에 각각 발견된 석비 두 개는 문체를 놓고 볼 때 나보니두스가 어머니를 기리는 같은 묘비의 서로 다른 사본이다. 그러나 이런 석비 두 개가 가까운 거리에서 발견되었기 때문에 이 석비들은 일반적인 기념비와는 다른 용례로 사용되었을 가능성이 높다. 이 석비들은 나보니두스가 세운 또 다른 석비 두 개(뒤에 나오는 "나보니두스와 그의 신"이라는 글을 참조)와 함께 하란 신전 내부 혹은 그 근처에 건축학적인 계획에 따라 세워졌을 것이다. 두 석비의 가장 중요한 주제는 바로 이 신전 증축이다.

(i)

나는 아다드구피(SAL.dIŠKUR-gu-up-pi-'i)[29], 나보니두스의 어미이

---

29 아다드구피(Adad-guppi'i)라는 인명을 어떻게 읽어야 할지 분명하지 않다. 특히 뒷부분의 첫 자음이 g인지 혹은 q인지 결론을 내리기 쉽지 않다. 아람어 *gaph*=아카드어 kappu는 "날개, 팔"그리고 "힘"이라는 뜻이 있다

며, 내가 어릴 때부터 경배했던 나의 신들, 신(Sin), 닌갈, 누스쿠와 사다르눈나를 섬기는 예배자(pa-li-ih-tu)이다.[30] 당시 바벨론의 왕 나부아플라우쭈르(ᵈPA-A-ŠEŠ) 제16년에[31] 신들의 왕 신(Sin)이 그의 도시와 그의 신전을 향해 진노하셔서 하늘로 올라가시니, (그) 도시와 그의 백성들은 폐허 속에서 쇠퇴해 갔다. 나는 신전들을 찾아다니며 신, 닌갈, 누스쿠와 사다르눈나를 경배했고, 그들의 신성(DINGIR-ut-su-un)을 끊임없이 섬겨왔다. 신(들)의 왕 신(Sin)으로 말하자면(šá ᵈXXX šàr DINGIR), 나는 밤낮으로 그의 옷자락을 잡았고, 날마다 멈추지 않고 그의 위대한 신성을 경배했다. 신, 샤마쉬, 이쉬타르와 아다드 신들은 내가 살아 있는 한 하늘이든 땅이든 내가 그들의 경배자가 될 것이다. 그들이 주신 나의 평화(šal-mu-u-a)와 내 복(dam-qa)은 내가 날마다, 밤마다, 달마다, 그리고 해마다 그들에게 갚아드렸다 (ad-din-šú-nu-tú).

내가 신들의 왕 신(ᵈXXX šàr DINGIR.MEŠ)의 옷자락을 붙잡았고, 밤낮으로 내 눈은 그를 향하고 있었으며, 기도하고 고개를 숙이고 그들 앞에 무릎을 꿇어왔다. (내가) 기도하기를, "당신이 당신의 도시로 꼭 돌아오시기를 바라며, 검은 머리의 백성들(ni-ši ṣal-mat qaq-qa-du)이 당신의 위대한 신성을 경배하게 되기를 바랍니다." 나의 신과 여신의 마음을 평안하게 해 드리려고 나는 내 몸을 고운 옷, 보석, 은, 금, 새 옷, 향수들과 향기로운 기름으로 치장하지 않았다. 찢어진 옷을 입어 왔고 (거친) 상복을 (입었다). 나는 찬양받아 마땅하신 그들을

(*gappu* and *agappu* in NA; CAD K 185a). 이 말이 사용되었다면 이 이름의 뜻은 "아다드 신은 나의 힘"이라고 해석할 수 있다(역주).

30 신(수메르어 Nanna=아카드어 Sîn) 신은 달의 신이다. 닌갈(수메르어 Nin.gal=아카드어 외 Nikkal은 신(Sin)/난나의 부인이며 우투(Utu)의 어머니로 우르(É.NUN=Ur)의 수호신이다. 누스쿠(ᵈPA-UŠ4, ᵈPA-TÚG, Enšadu=Nusku)는 바벨론에서는 엔릴(Enlil)의 아들이며 니누르타(Ninurta)의 형제(참고, Girra/Gibil), 하란에서는 달의 신과 닌갈의 아들이며, 부인은 사다르눈나(Sadarnunna)이고, 엔릴 신의 신하(sukkal-mah)이다(참고, Bauer, Asb. 38:9). 사다르눈나는 누스쿠의 아내로 닙푸르(Nippur)에 신전 (É.Paddannus "chosen house of the woman")이 있다(역주).

31 주전 610년(역주).

노래로 찬양했다. 나의 도시와 내 여신을 내 마음속에 모셨고, 그들의 (뜻을) 지키기 위해 노력했다(EN.NUN-tì-šú-nu aṣ-ṣur). 내 소유 중 좋은 물건은 아낌없이 그들 앞에 바쳤다.

내가 태어난 후 앗수르의 왕 앗수르바니아플리 제20년부터 앗수르바니아플리 제42년까지, 그의 아들 앗수르에틸루일리 제3년, 나부아플라우쭈르 제21년, 나부카두리우쭈르 제43년, 아윌-마르둑 제2년, 네르갈샤르우쭈르 제4년, 95년 동안 내가 그 위대한 신성을 (모신) 신전들을 (찾아) 경배했던 하늘과 땅의 신들의 왕이신 신(Sin)께서 나의 선한 행위를 기쁘게 바라보시고(ha-diš ip-pal-sa-an-ni-ma), 내 기도를 들으셨다(su-pi-e-a iš-mu-u). 내 소원을 승낙하셨다(im-gu-ru qi-bi-tú).

그가 마음의 분노를 누그러뜨리셨고, 하란(URU.KASKAL)에 있는 신(Sin)의 신전, 에훌훌(É.HÚL.HÚL),[32] 그의 마음이 기뻐하시는 장소에 대한 분을 푸시고 자비를 베푸셨다. 신들의 왕 신(Sin)께서 나를 바라보시고, 나보니두스(1dPA.I), 내 속에서 나온 하나 밖에 없는 아들을 왕좌로 부르셨고, 수메르와 아카드(KUR.šu-me-ri u KUR.URI.KI)의 왕권, 이집트(KUR.mi-ṣir)의 경계인 윗바다부터 아래 바다까지 모든 나라들을 그의 손에 넘겨주셨다. 나는 내 두 손을 신(들)의 왕 신(Sin)께 들고 경건하게 기도했다. "[내 속에서 나온 나보니두스, 그의 어미의 사랑을] 당신이 왕좌로 부르셨고 그의 이름을 선포하셨습니다."

(ii)

"당신의 위대한 신성에서 나온 명령을 따라 위대한 신들이 그의 양 옆을 지켜주시기를 바랍니다(i-da-a-šú lil-li-ku). 그들이 그의 적을 쓰러뜨리기를 바랍니다. 기초부터 완전히 완공될 때까지 에훌훌을 잊지 마십시오." 내 꿈속에서 그의 두 손을 얹으시며 (신들의) 왕이

---

32 참고로 수메르어 에훌훌(É.HÚL.HÚL)은 아카드어로 šubat hidāti, 즉 '즐거움의 거처'라는 뜻이다(RlA IV 124)(역주).

신 신(Sin)께서 내게 말씀하셨다. "너 때문에 신들의 귀환과 하란의 거처를 너의 아들 나부나이드의 두 손에 맡기겠다. 그가 에훌훌을 지을 것이며 그의 임무를 완성할 것이다. 하란을 그 전보다 더 크게 완성할 것이며, 그 원래 자리에 재건할 것이다. 그는 신(Sin), 닌갈, 누스쿠와 사다르눈나의 손(ŠU.II)을 잡을 것이며, 에훌훌로 인도해 들일 것이다." 나는 내게 말씀하신 신들의 왕이신 신(Sin)의 말씀을 존중하였고 주의해서 들었다.

나부나이드(1.dPA.NÍ.TUK), 내 속에서 나온 하나밖에 없는 아들이 신(Sin), 닌갈, 누스쿠와 사다르눈나의 잊힌 제의(par-ṣi ma-šu-ti)를 완성시켰다. 그가 에훌훌을 새롭게 지었고 그의 임무를 완성하였다. 그가 하란을 그 전보다 더 낫게 완성하였고 원래 자리에 재건하였다. 신(Sin), 닌갈, 누스쿠와 사다르눈나의 손이 슈안나로부터 (나와) 그의 왕도를 붙들었으며, 그가 하란 한복판에 (있는) 에훌훌, 그들의 마음이 기뻐하는 자리에 기쁨과 즐거움으로 그들을 정착시켰다.

신(들)의 왕 신(Sin)이 이전에 (그렇게) 행한 적도 없고 누구에게도 허락하지도 않은 일이다. 내가 그의 신성을 섬기고 그의 옷자락을 붙드니, 나를 사랑하셔서 신(들)의 왕 신(Sin)께서 내 머리를 드셨고, (온) 땅 위에 뛰어난 이름을 내게 주셨다. 많은 날과 마음 편한 해들을 내게 더하셨으며, 앗수르의 왕 앗수르바니아팔 시절부터 바벨론의 왕 나보니두스, 내 속에서 나온 아들, 제9년까지 104년의 좋은 세월을 신들의 왕 신(Sin)을 예배하면서 건강하게 살 수 있도록 허락하셨다. 나로 말하면 내 두 눈은 (아직) 깨끗하고 귀도 잘 들린다. 손과 두 발도 아직 튼튼하고 말도 분명하게 할 수 있다. 고기와 술을 좋아하고, 내 살과 피부도 건강하며, 내 마음은 기쁘다. 내 고조손까지 4대손이 모두 건강한 것을 보았고 나는 충분히 장수를 누렸다.

"오, 신들의 왕 신(Sin)이시여! 당신께서 나를 어여삐 보시고 장수를 허락하셨습니다. 바벨론의 왕 나보니두스, 내 아들을 내 주 신(Sin)에게 바칩니다. 그가 살아있는 동안 당신께 죄를 짓지 않기를 원합니다. 내게 주셔서 장수를 누리게 해 주신 행운의 '쉐두'(dALAD2 = šēdu)와 '라마쑤'(dLAMA2 = lamassu) 수호신을 그에게 주시고, 당신의 위대한 신성에 죄를 짓는 손들로부터 구원하시고, 그가 당신의 위대한 신성을 경배하게 해 주십시오."

바벨론의 왕 나부아플라우쭈르의 21년, 나부아플라우쭈르의 아들 나부카두리우쭈르의 43년, 바벨론의 왕 네르갈샤르우쭈르의 4년 동안 그들이 왕권을 행사할 때, 68년 동안 나는 온 마음으로 그들을 경배했고 그들의 (뜻을) 지키고 또 의무를 다했다. 나보니두스, 내 속에서 나온 아들을 나부아플라우쭈르의 아들 나부카두리우쭈르와 네르갈샤르우쭈르, 바벨론의 왕 앞에 세웠으며, 그는 밤낮으로 그들의 (뜻을) 수행하였고, 언제나 그들이 기뻐하는 일이라면 무엇이든 해 내었다. 그가 그들 앞에서 내 이름이 귀하게 여겨지도록 행동했고, 마치 그들의 [속에서 나온 딸처럼 내] 머리를 들게 해 주었다.[33]

(9행이 훼손되어 없음.)

(iii)

[나는] 그들의 제사를 받들었고, 향기로운 분향과] 좋[은] 향기를 [끊임]없이 [그들에게 바쳤고, 그들]앞에 떨어지지 않게 했다.

바벨론의 왕 [나보니두스] 제9년에 그녀의 [운명이] [그녀를 찾아] 왔고, 바[벨론]의 왕 나보니두스, 그녀의 속에서 나온 아들, [그의 어머니에게 사랑받는 자]가 그의 시신을 수습하였다. 훌륭한 [예복들], 번쩍이는 외투 […] 금, 번쩍이는 […] 아름다운 돌들, [보]석들, 값비싼 돌들 […] 향기로운 기름으로 그녀의 시신에 [바르고] 비밀스러운 장소에 안치했다. 그 앞에서 [소들과] 양들, 살진 가축들을 [잡았다]. 바벨론과 보르시파, 먼 곳에 사는 [사람들과 왕들, 왕자들], 총독들을 그가 소집했으니, 이집트 경계인 윗바다로부터 아래 바다까지 그가 [올라오라고 명했다]. 그가 울며 통곡했고, 그들이 [흙/재?]를 머리에 뒤집어썼으며, 칠 일 낮과 칠 일 밤 동안 […] 그들이 스스로 […] 잘랐고, 그들의 옷을 내어 던졌다(?). 제 칠 일이 되던 날에 모든 나라에서 온 사람들이(?) 그들의 머리털을(?) 잘랐고 […] 그들의 옷을 […] 그 옷의 […] 장

---

33 비슷한 표현이 시편에도 사용되었다. "여호와여 주는…나의 머리를 드시는 자이시니이다"(시 3:3)(역주).

소에 […] 그들이 […] 고기를(?) […] 정제된 향수를 그가 […] 향기로운 향수를 [사람들의] 머리에 부었으며, 그들의 마음이 […] 그가 기쁘게 해 주었고, 그가 그들의 마음을 […그들의 집으로 가는] 길을 그가 막지 않았다(?). […] 그들이 집으로 돌아갔다.

"그대가 왕이든 왕자이든 간에 […] 하늘과 땅의 (신들을) 예배하라. 그들에게 기도하라. 신(Sin)과 그의 여신의 입에서 나온 [명령을 무시하지] 마라. […] 안전하게 지켜라. […] 너의 후손이 […] 영원토록 […]"

18. 나보니두스와 그의 신

ANET³ 562-63

1956년 데이빗 스톰 라이스 박사는 하란에 있는 모스크(the Great Mosque) 폐허에서 원위치에서 옮겨져 포석으로 사용되고 있던 나보니두스의 석비 두 개를 발견하였다. 두 석비는 모두 반원형으로 머리 부분을 다듬은 전형적인 모습이었으며, 해와 달과 별(이쉬타르) 상징 앞에 왕이 찬양하는 모습으로 서 있는 부조가 새겨져 있었다. 석비 아랫부분에는 명문이 각 50행씩 3단으로 기록되어 있다.

(i)

신들과 여신들 중 가장 위대하신 신(Sin) 신을 모시는 법을 아무도 알지 못했으니, 이미 오래전부터 이것이 땅위에 전해져 내려오지 않았고, 이 땅의 사람들이 이를 보고도 토판에 기록하여 미래를 위해 준비하지 않았다. "(당신은) 신(Sin), 하늘에 사는 신들과 여신들의 주인이시며, 하늘로부터 바벨론의 왕 나보니두스 앞에 오셨습니다." 나는 나보니두스다. (나는) 외아들이어서 아무도 (기댈) 사람이 없고, 왕위에 오르려는 마음도 없었다. (그러나) 신들과 여신들이 나를 위해 기도를 하셨고, 신(Sin) 신이 나를 왕좌로 부르셨다. 그날 밤 그가 내게 꿈을 꾸게 하시며 말씀하시기를, "하란에 있는 신(Sin)의 신전, 에훌훌을 서둘러서 지어라. (그리하면) 내가 네 손 안에 온 땅을 주겠다."

바벨론과, 보르시파, 닙푸르, 우르, 에렉, 라르사 사람들, 제사장들,

아카드 주요 도시 거주민들은 그의 위대한 신성에 대항하여 죄를 지었다. 그들이 추구하는 것이 (무엇이든) 그들이 사악하게 행동했다. 그들은 신들의 왕, 난나르의[34] 진노를 알지 못했고, 그들의 의무를 잊어버렸다. 그들은 '충성심'이 아니라 '배반'에 관해 논의했으며, 마치 개처럼 서로 삼키려 하였다. 그들 때문에 디우(di'u) 병과 기근이 닥쳐왔고, 이로 인해 이 땅의 백성들이 줄어들었다. 그러나 나는 내 성 바벨론으로부터 멀리 떠나 테마(Temâ), 다다누(Dada〈nu〉), 파닥쿠아(Padakku), 히브리야(Hibrya), 야디후(Iadihu)로 가는 길을 따라 야트리부(Iatribu)까지 여행하였다. 10년 동안 이 지역들을 돌아다녔고, 내 성 바벨론으로 돌아가지 않았다.

신들의 왕, 만주의 주, 신(Sin)의 명령에 하늘에 거주하는 신들과 여신들이 순종하며, 거룩한 난나리의 말에 샤마쉬, 이쉬타르, 아다드, 그리고 네르갈이 나를 보호하고, (내가) 평안하고 건강하도록 돌보았다. 그 해 니산 월과 티쉬리 월에 아카드 백성과 하티 땅 사람들이 농산물과 해산물들을 받았고, 한여름, 즉 시반 월, 담무스 월, 아브 월, 엘룰 월, 티쉬리 월에도 끊임없이 (공급받았다). 신(Sin)의 명령을 받아 하늘과 땅의 수리(水利)시설 통제자인 아다드가 그들에게 비를 내려 마시게 하였으니, 그들이 재물과 재산을 스스로 내 앞에 가져왔다. 이 땅 위에서 적개심과 평화를 지배하고 그로 인해 무기가 만들어지는 전쟁의 여신 이쉬타르가 신(Sin)의 말씀 때문에 손을 펴서 그들 위로 뻗었다. 그리고 이집트 땅의 왕과 [메]대 [땅], 아랍인들의] 땅, [그리고 (내게) 반감을 품은 모든 왕들이 평[화와 우호 관계를 강화하려고 내] 앞에 (사신들을) [보내왔다]. 무기를 […아랍인들의 땅 거주자들은 […] 아카드 땅의 […전리품과] 재물을 약탈하려고 그들이 몰려왔고 […]

　　　　　(ii)
신(Sin)의 말씀을 따라 네르갈 신이 그들의 무기를 산산이 부수셨고 그들 모두가 내 발 앞에 고개를 숙였다. 신탁의 주인이시며 그가

---

34 난나르는 달의 신 신(Sin)/난나를 부르는 다른 이름이다(역주).

아니면 어떤 입도 열리거나 닫히지 않는 샤마쉬 신께서 자신을 만드신 아버지 난나르의 명령을 따라 (그동안) 내게 범죄를 저지르던 아카드와 하티(Hatti) 땅의 백성들이 내게 참된 입과 마음을 가지도록 허락하셨다. 그래서 그들이 나를 보호하였고, 내가 여행하는 곳이면 땅 끝이건 멀고 먼 길이건 (가리지 않고) 내 명령을 수행하였다. 그렇게 10년이 지났고, 정해진 기한이 찼다. 신들의 왕 난나르 신께서 말씀하셨던 날이 되니 티쉬리 월 17일이었고, "신(Sin) 신이 허락하신 날"이라고 신탁이 나온 날이었다.

"신(Sin), 신들의 주인이시며, (그 달) 1일에 그의 이름이 '아누(Anu) 신의 무기'이신 분이여! 당신이 하늘을 치고 땅을 부수셨습니다. 아누의 역할을 통합하는 자, 엔릴의 역할을 완성하는 자, 에아의 역할을 취하는 자, 그의 손에 하늘의 모든 역할을 쥔 자, 신들의 엔릴, 왕 중의 왕, 만주의 주, 그의 명령은 절대 철회되지 않으며 누구도 토를 달지 않습니다. 그의 위대한 신성에서 나오는 위엄이 하늘과 땅을 가득 채웁니다. 그의 얼굴빛이 하늘과 땅을 덮습니다. 당신 없이 누가 무슨 일이든 할 수 있겠습니까? 당신이 원하시는 대로 지으신 땅에 당신의 위대한 신성을 두려워하는 마음을 심으셨으니, 그 기초가 영원히 안전할 것입니다. (그러나) 당신이 파괴하고자 하신 땅에는 당신을 두려워하는 마음을 사라지게 하셨으니, 장차 그 땅을 뒤집어엎으실 것입니다. 하늘의 거주자인 모든 신들과 여신들이 그의 입에서 나온 말에 주목하고, 그들을 지으신 아버지 난나르의 명령을 실천합니다. 하늘과 땅의 모든 일들을 완성하시는 자여, 날마다 하늘에서 선포되는 그의 존귀한 명령이 없다면 땅은 기초 위에 서지 못하고 땅에 빛이 비춰지 않을 것입니다. 신들이 갈대처럼 떨며 흔들리고, 아눈나키(Anunnaki)가 절대 바뀌지 않는 그의 위대한 신명 앞에서 […] 산들이 […]"

(iii)

그 해몽이 절대 틀리지 않는 점쟁이(šā'ilu) 앞에 내가 누워 (잠들었다). 그날 밤 꿈이 매우 어지러웠는데 그 말이 […] 해가 찼고, [난나]리가 [말씀하셨던] 그 정해진 때가 왔다. 테마 성으로부터 내가 [돌아왔다(?)…] 내 왕권의 본거지인 바벨론으로 [내가 들어갔다(?)…] 그들이 (나를) 보고 […] […]를 문안 [예물과 선물로] 내게 [가져왔고], 근처 지역의 왕들이 [와서] 내 발에 입을 맞추었으며, [먼 곳에 사는 자들은] (이 소식을) 듣고 그의 위대한 신성을 두려워하였다. 흩어져서 멀리 떠났던 [신들과] 여신들이 [돌아왔고] 나를 축복하는 말을 해 주었으며, [점쟁이(bārû)는] 장기를 읽어 내게 호의적인 점괘를 읽어냈다. 내가 먼 [땅에 사는] 내 백성들이 풍성함과 재산, 풍부함을 누리게 해 주었고, 내 영토로 돌아오는 동안에 아무 방해도 받지 않았다.

그의 위대한 신명에 내가 끊임없이 주목하였으며, 절대 게으름을 피우지 않았고, 혼란스러웠던 적도 없으며, 태만하지도 않았다. 아카드와 하티 땅 백성들, 즉 윗바다 이집트 국[경부터] 아래 바다에 이르기까지 신들의 왕 신(Sin)이 내 손에 맡기신 자들을 내가 소집했다. 신(Sin)의 신전 에훌훌을 내가 새[로] 지었고, 그 공사를 완성하였다. 신(Sin)과 닌갈, 누스쿠, 사다르눈나의 손을 [잡고 나의] 왕성 슈안나(Šuanna)³⁵로부터 (인도하여), 기[쁨과 즐거움으로 그들을 영원한 성전에 거하실 수 있도록 모셔 들였다. 내가 거룩[한] 제사를 그들 [앞에] 바쳤고 수없이 [많은 예물을] 드렸다. 내가 첫 추수 [열매(?)를 에훌]훌에 드[렸고] (신전) 사람들의 [마음에 즐거움을 선사했다].

내가 [신들의 왕], 만주의 주, [신들의 하늘에] 거하는 자이며, [하늘의 신들]이 그의 이름을 높이는 [신(Sin)의 명령을] 시행[했다]. (그리고) [그들보다] 뛰어나신 난나르의 [명령을] 실[천하는] 샤마쉬, [누스쿠, 이쉬타르], 아다드, 네르갈의 이름도 (높였다). 언제든 내가 무기를 들고 전투에 나설 때에도 나는 난나르의 명령을 실천하는 일을 최우선 과제로 삼았다.

네가 누구든 신(Sin)이 왕좌로 불러 "오, 내 아들아"라고 말씀하신 자여], 하늘에 거하시며, 그의 명[령이 절대 바뀌지 않으며, 그의 말에 누구도 토]를 달지 않는 신(Sin)의 [신전을…]

---

35 수도 바벨론을 가리키는 말이다(역주).

19. 바벨론 멸망

ANET, 306-7

제11년: 왕이 테마에 (머물렀다).[36] 왕세자와 신하들, 그의 군대는 아카드에 (있었다). 왕이 니산 월 (축제에) 바벨론으로 돌아오지 않았다. 나부 신이 바벨론으로 오지 않았고, 벨[37] 신이 (행진하기 위해 에사길라에서) 나가지 않았다. 신년축제가 거행되지 않았으나, 바벨론과 보르시파의 신들에게 온전한 (제의)를 따라 제사를 바쳤다.

(iii 뒷면)

[…] 티그리스 […] 아달 [월에] 우룩(Uruk)의 이쉬타르 (신상이) […] 해상 왕국(the Sea Land)의 […군대가 공]격을 해 왔다.[…]

[제17년:…] 나부 신이 보르시파를 떠나 [벨]의 행진을 위해 […로 갔고, 벨도 나왔다]. 테벳 [월에] 왕이 에투르칼람마(é.tùr.kalam.ma) 신전으로 들어갔고, 그 신[전]에서 […][38] 그가 포도주를 따랐고 […] 벨이 (행진을 하려고) 나왔고, 그들이 온전한 (제의를) 따라 신년축제를 거행하였다. […] 월에 [루갈마라다(Lugal-Marada)와] 마라드(Marad) 성의 [다른 신들], 키쉬(Kish)의 자바바(Zababa)와 (다른) 신들, 후르사그칼람마(Hursagkalama)의 여신 닌릴[과 다른 신들이] 바벨론으로 들어왔다. 엘룰 월 말까지 […] 위에 있는 […] 아래에 있는 […] (모든) 아카드의 신들이 […] 바벨론으로 들어왔다. 보르시파, 쿠타, 그리고 십파르의 신들은 (바벨론으로) 들어오지 않았다. 티쉬리 월에 고레스가 아카드 군대를 티그리스 강가 오피스(Opis)에서 공격했을 때, 아카드 사람들이 후퇴하였다. 그가 전리품을 약탈하였고 사람들은 살육하였다. (그 달) 14일에 싸우지도 않고 십파르가 함락되었으며, 나보니두스는 도망하였다. 16일에 구티움(Gutium)의 총독 고브리야스(Ugbaru)와 고레스의 군대가 전투 없이 바벨론에 입성하였다. 거기서 후퇴했

---

36 나보니두스가 테마에 너무 오랫동안 머물렀기 때문에 이를 비판하는 기록들이 작성되었다.
37 바벨론의 수호신 마르둑의 다른 이름으로 "주인"이라는 뜻이다(역주).
38 이 사건은 신년축제 기간에 일어났던 것으로 보인다.

던 나보니두스는 나중에 (그들 손에) 생포되었다. 그 달 말까지 방패를 든 구티인들이 에사길라 안에 머물렀지만 아무도 에사길라와 그 부속 건물들 안에서 무기를 소지하지는 않았으며, (제사를 드릴) 때를 거르지도 않았다. 마르헤쉬반 월 제3일에 고레스가 바벨에 입성했는데, 그 앞에 녹색 어린 가지들을 깔았고, 성 전체에 '평화(šulmu)'가 선포되었다. 고레스가 바벨론에 안부를 전했고, 그의 총독 고브리야스는 바벨론에 (새) 관리들을 임명하였다. 키슬레브 월부터 아달 월까지 나보니두스가 바벨론에 모아 놓은 아카드의 신들이 […] 자기들의 거룩한 도시로 되돌아갔다. 마르헤쉬반 월 11일 밤에 고브리야스가 죽었다. [마르헤쉬반] 월 […일에] 왕의 [아]내가 죽었다. 마르헤쉬반 월 27일부터 니산 월 3일까지 아카드에 (공식) 애도 기간이 선포되었고, 모든 사람들이 머리를 풀어 헤치고 (다녔다). 제4일에 고레스의 아들 캄비세스가 에기드리칼람마숨마(É.níg.pa.kalam.ma.sum.mu) 신전에 왔고, 나부 신의 에파(lúÉ.PA)-제사장들이 […] 황소 […] 그들이 엘람 사람들 때문에 […] 나부의 손을 […] 창들과 화살통을 […]부터 왕세자가 […] 나부를 에사길라로 […] 벨 앞에 그리고 벨의 아들 […]

(iv 뒷면)

(훼손된 부분 뒤로는 9행이 뒷부분만 남아 있다.)

ANET, 315-16

사진 195

20. 고레스(557-529)

점토 원통 위에 새겨진 명문

(한 행이 훼손되어 있다.)

[…]할 때 […]세계 […] 하층민을 그의 땅에 대제사장 직(enūtu)에[39]

---

[39] 고대 수메르어 호칭이 여기서 지배자의 실제적인 정통성과 그 땅의 발전 사이에 긴밀한 연관성이 있다는 원시적인 관념을 보여 주고 있는데, 이런 관념은 당시 바벨론 종교인들 사이에 아직도 정당한 정치적 사상으로 인정받고 있었다.

임명하였고 [···] 그들 대신 임명하라고 그가 명령했다. 에사길라와 유사한 신전을 그가 [지었고···] 우르(Ur)와 신전 벽에 [···] 부적절한 제의법, [부정한] 제[물···그가] 두려워하지 [않았고], 매일 (옳지 않은 기도를) 반복해서 말했으며, 사악하게도 정기 제사를 방해하라고 명령했고, [제의를] 파괴하였으며··· 끊임없이 신전에 [정]착시켰다. 신들의 왕 마르둑 신께 드리는 예배를 취소하였고, 그의 도시를 향한 악질적인 일을 매일 저질렀으며 [···] 그의 [백성들에게] 멍에를 메워 쉴 새 없이 고생시켰다.

그들의 하소연 때문에 신들의 엔릴[40]이 극도로 진노하셨는데 [···] 그들의 영토 중심에 사는 신들이 화가 나도록 자기 신전에서 끌어내어 바벨론(šu.an.na[ki])으로 가져왔다. 제[명하신] 마르둑, [신들의 엔릴]께서 그들이 거주하던 세상을 어여삐 여기셨으니, 수메르(Šumer)와 아카드(Akkad) 백성들이 시체와 같았기 때문이다. 그가 [그의] 마음을 돌이키시고, 자비를 베푸셨다. 그가 전 세계 온 땅을 찾으시고 살피셔서, 의로운 왕, 그의 마음에 드는 자, 그의 손을 잡을 자를 끊임없이 찾으셨다.[41] 고레스(Kūraš), 안샨(Anšan)의 왕을 그가 전 세계의 왕으로 부르셨고, 그의 이름을 지목하셨다. 쿠투(Qutū)와 움만만다(Ummān-manda)를 모두 그의 발아래 복속시키셨다. 검은 머리를 가진 사람들이 그의 선행과 고결한 성품을 기쁜 마음으로 바라보았[다]. 그가 그의 도시 바벨론(Ká.dingir.ra)으로 가라고 명령하셨다. 그가 바벨론(TIN.TIR[ki])으로 가는 길을 취하도록 만드셨고, 마치 친구나 동료처럼 그의 옆에서 동행하셨다. 마치 강물처럼 셀 수 없이 많은 그의 군사들이 무기를 갖추고 그와 함께 행군했다. 한 번의 전투나 전쟁도 없이 그가 그의 도시 바벨론에 입성하도록 하셨고, 바벨론을 재난에서 구원하셨다. 그를 두려워하지 않던 왕 나보니두스(Nabû-na'id)를 그의 손에 넘기셨다. 바벨론의 온 주민들, 수메르와 아카드의 온

---

40 수메르 시대에 엔릴이 최고신이었기 때문에 '신들의 엔릴'이라는 호칭은 곧 신들의 왕이라는 뜻이다(역주).
41 신년축제에서 마르둑 신상의 손을 잡고 행진할 왕을 가리킨다(역주).

땅들, 왕족과 관리들을 그가 자기 밑으로 모아들였다. 그들이 그의 발에 입을 맞추었고, 그의 왕권을 기뻐했으며, 그들의 얼굴이 밝게 빛났다. 주님의 도움으로 그가 죽은 자들을 살려냈고, 고난과 걱정에서부터 모두를 건져내어, 그들이 끊임없이 그를 축복하고 그의 이름을 찬양했다.

나는 고레스, 전 세계의 왕, 위대한 왕, 강력한 왕, 바벨론의 왕, 수메르와 아카드의 왕, 동서남북의 왕이다. 위대한 왕, 안샨의 왕, 캄부지야(Kambuziya)의 아들이며, 위대한 왕, 안샨의 왕, 고레스의 손자이고, 위대한 왕, 안샨의 왕, 테이스페스의 증손자로 벨과 나부가 그의 통치를 사랑하며 그의 왕[권]을 진심으로 기뻐하는 왕족 출신이다.

내가 평화롭게 바벨론 성 [안으로] 들어갔을 때, 기쁘고 즐겁게 내 거처를 왕궁에 정하였다. 위대한 주, 마르둑 신께서 바벨론을 사랑하는 넓은 마음과 그의 상징을 내게 주셨고, 나는 매일 그를 예배하였다. 수많은 내 군사들도 바벨론 성 안에 평화롭게 머물렀다. 나는 [수메르]와 아카드 온 땅에 절대 위협이 되는 일이 일어나지 않도록 조심했다. 아카드와 바벨론, 그리고 그 모든 신전들을 내가 평화롭게 방문하였다. 바벨론 주민들은 [⋯신]의 의지에 반대되는 멍에를 [⋯] 그들의 부적절한 상징을 설치하려고 [⋯] 내가 그들이 더 이상 파손되지 않도록 하였다. 내가 그들의 손이 쉬도록 해 주었다. 위[대]한 주, 마르둑 신께서 [나의 선한] 행위를 기뻐하셨고, 그를 예배하는 왕, 나 고레스와 [내] 후계자이자 아들, 캄비세스(Kambuziya), [그리고] 내 모[든] 군사들에게 극진하게 복을 주셨고, 우리는 [그의] 고귀한 [명령을 따라] 그 앞에서 평화롭게 준[행하였다].

윗바다로부터 아래 바다까지 동서남북 온 땅의 왕좌에 앉은 모든 왕들과 아무루(Amurru) 땅의 왕들, 천막에 거주하는 자들[42]이 풍성한 조공을 바벨론으로 가져왔고, 내 발에 입을 맞추었다. [바벨론]으로부터 앗수르, 슈시(Šuši), 아카드, 에쉬눈나(Ešnunna) 땅과, 잠반

---

42 이 표현은 도시 생활과 반대되는 유목민이나 혹은 매우 미개한 생활방식을 가진 부족들을 가리키는 말이다.

(Zamban), 메투르누(Me-Turnu), 데르(Dēr), 쿠티(Qutî) 땅 국경에 이르기까지, (그리고) 티그리스(Idiglat) 강 [저편] 강둑에 있는 오랫동안 버려졌던 신전들로 내가 신(상)들을 각각 자신이 기뻐하는 장소로 돌려보냈고, (그곳에) 영원히 거주하도록 허락했다. 그 모든 백성들을 내가 소집하였고, 그 거주자들과 나보니두스가 신들의 주님이 품으신 분노에도 불구하고 바벨론으로 모셔왔던 수메르와 아카드 땅의 신들을 돌려보냈다. 위대한 주, 마르둑 신의 명령을 따라 내가 그들을 평화롭게 자기들이 기뻐하는 거주지인 신전에 정착시켰다.

내가 자기들 신전에 정착시킨 모든 신들이 매일 벨과 나부 신 앞에서 내가 장수하도록 빌어주시길! 그들이 끊임없이 나에 관해 좋은 말로 기도해 주시길! 그들이 마르둑 신께 "고레스가 바로 왕이요, 당신을 예배하는 자이며, 그의 아들 캄비세스가 […]"라고 말씀해 주시길! […] 바벨론 백성들이 끊임없이 축복하기를! 내가 온 땅 위에 왕권이 평안하도록 만들었고 […거]위, 오리 2마리, 비둘기 10마리를 거위, 오리, 비둘기에 더하여 […] […]날마다 내가 풍족하게 바쳤다. 내가 바벨론에 있는 거대한 성벽 임구르엔릴(Imgur-Enlil)을 든든히 지키도록 끊임없이 노력하였고 […] 수로 제방마다 구운 벽돌로 포구를 지었으니, 내 선왕이 건설을 [시작하였으나 완]성하지 못하였던 그 일을 […그가 도시를 (충분히) [방어하지 않았으니], 그가 짓지 않았던 도시 외부 벽을 […] 그의 일꾼들과 토지[세를] 바벨론 안으로…역청과 구운 벽돌로 내가 새로 건설하였고, [그 일들]을 [완성하였다.…고귀]한 [삼나무 성문들과] 청동 덮개, 포석, 문 부속, 내가 모든 [현관문에 (설치한) 구리 부속들…그 안에서 발견된 나의] 선왕이신 앗수르바니팔 왕의 [명]문을 [내가 보]았다. […영]원히 […]

ANET³, 566

21. 우룩 왕명록: 칸달라누부터 셀레우코스 2세까지

[…] 년 […]

　다른 이름: […]

21년: 칸달라누

1년: 신슘리쉬르 그리고 신샤르이쉬쿤

21년: 나보폴라살

43[년]: 느부갓네살(2세)

2[년]: 아멜마르둑

[…] + 2년 8개월: 네리글리살

[…] 3개월: 라바쉬마르둑

[…] + 15년: 나보니두스

[9년: 고레스

[8년: 캄비세스

[36년: 다리우스

　　　　　　(깨진 틈)

　(뒷면)

[그의] 둘째 이름은 니딘-[벨]

5[년]: 다리우스(3세)

7년: 알렉산더

6년: 필립

6년: 안티고노스

31년: 셀레우코스(1세)

22년: 안티오코스(1세)

15년: 안티오코스(2세)

20[년]: 셀레우코스(2세)

　　　　　　(깨진 틈)

22. 셀레우코스 왕명록

ANET³, 566-67

[…] 알렉산더 (대왕) […]

필립, 알렉산더의 형제 […]

[…]년 동안 그 땅에 왕이 없었다. 군대 사령관 안티고노스가 […] 알렉산더의 아들, 알렉산더가 6년 동안 (왕이 되었다).

제7년은 (셀레우코스의) 첫 해이다. 셀레우코스(1세, 니카토르)가 왕이 되었다. 그가 25년 동안 다스렸다.

제31년, 엘룰 월: 셀레우코스(1세) 왕이 서부에서 살해당했다.

제32년: 셀레우코스(1세)의 아들, 안티오코스(1세, 쏘테르)가 왕이 되었다. 그가 20년 동안 다스렸다.

제51년, 이얄 월, 16일: 위대한 왕 안티오코스(1세)가 죽었다.

제52년: 안티오코스(1세)의 아들, 안티오코스(2세, 테오스)가 왕이 되었다. 그가 15년 동안 다스렸다.

제66년, 아브 월: 다음과 같은 (소문이) 바벨론에 들렸다. 위대한 왕, 안티오코스(2세)가 [죽었다].

(뒷면)

제67[년]: 셀레우코스(2세, 갈리니쿠스) […]

[…]

제87[년]: 셀레우코스(3세, 쏘테르) […]

제90[년]: 안티오코스(3세, 대왕)가 왕위에 올[랐다]. 그가 35년 동안 다스렸다.

제102년[부터] 119년까지, 안티오코스 […] 그리고 안티오코스 그의 아들들이 왕으로 다스렸다.

제125년, 시반 월: 다음과 같은 (소문이) 바벨론에 들렸다. 안티오코스(3세) 왕이 엘람에서 살해되었다.

같은 해, 그의 아들 셀레우코스(4세, 필리파토르)가 왕위에 올랐다. 그가 12년 동안 다스렸다.

제137년, 엘룰 월, 10일: 셀레우코스(4세) 왕이 죽었다. […] 같은

달에 그의 아들 안티오코스(4세, 에피파네스)가 왕위에
올랐다. 그가 11년 동안 다스렸다.

같은 해, 마르헤쉬반 월: 안티오코스(4세)와 그의 아들
안티오코스가 왕이었다.

제[1]42[년], 아브 월: 안티오코스 왕이 그의 아버지,
안티오코스 (4세) 왕의 명령에 따라 사형에 처해졌다.

제[14]3[년]: 안티오코스가 왕이 되었다.

[제148년], 키슬레브 월: 안티오코스(5세, 에우파토르)
[왕이 죽었다는 소식이] 들렸다.

[…]

[…]

왼쪽 테두리: 데메트리오스의 아들 데메트리오스 […]
아르사케스 왕 […]

CHAPTER IX

팔레스타인 비문들

원역자: 올브라이트(W. F. Albright)

1. 게셀 월력

ANET, 320

게셀에서 1908년, 마칼리스터(R.A.S.Macalister)에 의해 발견된 이 짧은 명문(銘文)은 부드러운 석회암 토판—학생들의 연습용 토판—에 새겨져 있었다. 오랜 세월 동안, 게셀 월력의 연대가 불확실했지만, 최근의 연구들은 그것이 10세기 후반이나 9세기 초반 정도에 제작된 것으로 본다. 구체적으로는 대략 주전 925년의 것으로 지금까지 발견된 어떤 히브리어 명문보다도 오래된 것이다. 이 명문은 표준적인 성경 히브리어로 되어있으나 철자법은 옛 철자법이다. 그리고 운문으로 되어 있는데, 이는 어린이들의 암기를 돕기위한 것으로 보인다.

사진 65

　　　그 두 달은[1] (올리브) 수확기이며,　　　　　　(3행시, 2:2:2)
　　　　그 두 달은 (곡식)을 파종하며,
　　　　　그 두 달은 늦은 파종 기간이다.

1　히브리어 *yrḥw* (역주).

그 (한) 달은² 아마를 파내며,	(3행시, 3:3:3)
그 (한) 달은 보리 수확기며,	
그 (한) 달은 수확과 축제의 기간³이다.	
그 두 달은 포도나무를 손질하며,	(2행시, 2:2)
그 (한) 달은 여름 열매(의 달)이다.	

ANET, 320-21

2. 모압 석비

사진 74

이 중요한 비문은 1868년에 온전한 모습으로 발견되었으나, 후에 아랍인들에 의해 파손되었다. 1873년 이래, 루브르박물관에 소장되어 있다.

모압 석비의 연대는 모압 왕 메사(왕하3:4)에 대한 언급에 근거해 대략 주전 849년 이후의 것으로 여겨진다. 그러나 석비의 내용이 그 왕의 통치 말기에 발생한 것이므로, 석비의 보다 정확한 연대는 주전 840-820년 사이의 것, 대략 830년으로 볼 수 있다.

나는 메사, 그모스―[…]의⁴ 아들, 모압의 왕, 디본 사람(이다)―내 아버지는 모압을 30년 동안 다스렸고, 내 아버지를 이어 나도 모압의 왕이 되었다. 그모스가 나를 열왕들로부터 구원했고, 모든 원수들을 이기도록 했기 때문에 […] 나는 카르호에 그모스를 위한 산당을 지었다. 이스라엘의 왕 (5) 오므리에 관해서 (말하면), 그는 여러 해⁵ 동안 모압을 억압하였다. 이는 그모스가 자신의 땅에 진노했기 때문이다. 그를 계승한 아들도⁶ "나는 모압을 억압하리라"고 말했다. 내 시대에 그가 (그렇게) 말했으나, 나는 그와 그의 가문을 무찔렀고, 반면에 이스라엘은 영원히 멸망당했다! 오므리가 메드바(Medeba) 땅을 점령했

---

2 히브리어 *yrh*(역주).
3 "축제의 기간" 대신 "측량의 기간"이라고 번역 가능하다(역주).
4 모압 신 그모스가 언급된 메사 아버지의 이름(역주).
5 직역하면 "여러 날."
6 아합을 지칭함(역주).

고, 그의 통치 기간 동안 (이스라엘)이 그곳에 거주했었다. 그의 아들의 통치 기간의 절반 동안도 (이스라엘이 그곳에 거주했었음을 고려하면 모두) 40년 동안 (메드바가 이스라엘에 의해 지배당했다). 그러나 내 시대에는 그모스가 그곳에 (돌아와) 살게 되었다.[7]

나는 바알-메온(Baal-meon)을 건설하고 그 안에 저수지를 만들었다. 그리고 카르야텐(Qaryaten)도 (10) 건설했다. 갓 사람들이 아다롯 땅에 항상 살았고, 이스라엘의 왕도 그들을 위해 아다롯을 건설했지만,[8] 나는 그 마을을 공격하여 점령하였다. 그리고 그모스와 모압이 만족스럽도록 마을 사람들을 모두 죽였다. 그리고 그곳에서 마을 수장인 아렐(Arel)를 잡아,[9] 그리옷의 그모스 앞으로 끌고 왔다. 나는 샤론의 사람들과 마하릿 사람들을 그곳에 정착시켰다. 그 후 그모스가 나에게 말했다. "가서, 이스라엘에게서 느보(Nebo)를 빼앗아라!" (15) 따라서 나는 밤에 이동해 새벽 동틀 때부터 정오까지 느보를 공격하여, 그것을 점령하고 모두 7천명의 남자와 어린 소년, 여자와 어린 소녀, 여종들까지 죽였다. 나는 그들을 아스타르그모스(Athtar-Kemosh)를 위해 진멸하였다. 그리고 그곳에서 야훼의 […]를 취해, 그모스 앞에 가져왔다. 이스라엘 왕은 야하스(Jahaz)를 건설하여 그곳에 거하면서, 나와 전쟁하였었다. 그러나 그모스는 그를 내 앞에서 쫓아내었다. (20) 나는 모압으로부터 200명의 군사—모두 정예 부대—를 차출하여 야하스로 보내어 그것을 점령하고, 디본(Dibon)에 편입시켰다.

카르호(Qarhoh)와 숲의 벽, 그리고 요새의 벽을 건설한 것도 나다. 나는 그것의 성문도 지었고, 방어탑도 지었고, 왕의 집도 지었다. 마을 안에 두 개의 물 저수지도 만들었다. 카르호의 마을에 물 탱크가 없었기 때문에, 나는 모든 백성들에게, (25) "너희 각자가 자기 집

---

[7] 그모스가 진노해서 모압 땅에서 떠났을 때 외세가 점령하는 수모를 겪었으나, 이제 그모스가 화를 풀고 모압 땅으로 돌아와 다시 모압인들이 자기 땅에서 살 수 있게 되었다는 의미(역주).

[8] 아다롯 땅에 도시를 건설했다는 의미(역주).

[9] 혹은 오리엘(Oriel).

에 물 탱크 하나를 만들어라!"라고 명하였다. 나는 이스라엘 포로들을 활용해 카르호 건설을 위한 목재들을 잘랐다. 나는 아로엘(Aroer)을 건설하였고, 아르논 (계곡)에 대로를 건설하였다. 파괴되었던 벧바못(Beth-bamoth)도 건설하였다. 디본 사람 50명과 함께 파괴된 채 남아 있던 베셀(Bezer)도 건설하였는데, 모든 디본은 이제 (나에게) 충성스런 속지이다.

나는 (모압) 땅에 편입한 수백 개의 마을을 [평화롭게] 다스렸다. 그리고 (30) 메드바[…]와 벧디블라텐(Beth-diblathen), 벧바알므온(Beth-baal-meon)을 건설하였고, 그곳에 땅의 […]을 설치하였다. 하우로넨(Hauronen)에 관해서는, 그 안에[…]가 살고 있었는데, 그모스가 내게 "내려가 하우로넨과 싸워라"라고 말했다. 그래서 나는 내려가 [싸워 그 마을을 점령하였다]. 그모스는 나의 통치 기간 동안 그곳에 거하였다.

ANET, 321

3. 사마리아 도편 문서

"사마리아 도편 문서"라는 이름은 1910년, 라이스너(G. A. Reisner)가 사마리아 궁전 건축 제2기의 초기 유적층에서 발견한 63개의 동질적 도편 문서들에 적용된다. 처음에는 계산 오류로, 이 유적층이 아합 때의 것으로 여겨졌다. 그러나 후에 크로우푸트(J. W. Crowfoot)와 그의 동료들은 그 도편 문서들이 여로보암 2세(주전 786-746년) 시대의 것임을 새로이 밝혀내었다. 도편 문서에 언급된 4개의 통치 연수는 여로보암 9년에서 17년 사이에 걸친 시기를 가리킨다(주전 778-770년). 이 문서들은 비록 각각 간단한 내용을 담고 있지만, 서체, 철자법, 인명, 지명, 종교, 행정 제도, 당시 부족 분포 등에 관한 연구에 매우 중요한 정보를 제공한다.

사마리아 도편 문서, 1번

통치 제10년. 브엘얌 출신의 샤마르야후(쉐마리야)에게 오래된 포도주 한 동이(를 주었다). 엘리샤(의 아들) 페가에게 두 (동이를 주었다); …(의 아들) 웃사에게 한 (동이를 주었다); 엘리바에게 한 (동이를 주었다); 엘리샤(의 아들) 바알라에게 한 (동이를 주었다); 예다야에게 한 (동이를 주었다).

사마리아 도편 문서, 2번

통치 제10년. 아조로부터 갓디야에게. 아비바알, 2; 아하스, 2; 세바, 1; 메립-바알 1.

사마리아 도편 문서, 18번

통치 제10년. 하세롯으로부터 갓디야에게. 고급 기름 한 동이.

사마리아 도편 문서, 30번

통치 제15년. 쉐미다로부터 갓디야우의 (아들) 힐레스에게. 한니압(의 아들) 게라.

사마리아 도편 문서, 55번

통치 제10년. 예하우엘리의 포도원으로부터. 고급 기름 한 동이.

사마리아에서 출토된 보리 주문 문서.

1932년에 몇 개의 도편 문서가 사마리아에서 추가적으로 발견되어, 수케닉(E. L. Sukenik)에 의해 출판되었다. 그 중 하나가 그 길이와 완성도에 있어 두드러진다. 서체는 8세기 후반에 속하는 것으로 그 시대의 다른 이스라엘 문서에서처럼 라메드, 멤, 눈과 같은 글자가 특이하게 긴 것이 특징이다. 이 문서는 매우 어려워, 아래의 번역은 잠정적인 것이다.

샬룸(의 아들) 바룩 […]

오 바룩…주의를 기울여 임나(의 아들)…에게] 보리 두 (혹은 셋) 도량을 [주어라].

4. 실로암 명문

ANET, 321

사진 73

예루살렘 성전 지구 남쪽 히스기야 터널의 입구 하단 벽에서 1880년에 우연히 발견된 이 명문은 지금 이스탄불고대근동박물관에 소장되어 있다. 현존하는 6행은 명문을 위해 준비된 표면의 하반부에 위치하고 있기 때문에 학자들은 상반부에 새겨졌던 글은 사라졌다고 추정한다. 남아 있는 글의 내용과 서체로 볼 때, 이 명문의 연대는 히스기야의 통치 기간(주전 약 715-687년)에 작성된 것이 확실하다. 왕하 20:20과 특히 대하 32:30을 참조하라.

(터널)이 뚫리던 [때…].[10] 이것이 그것이 관통되던 때의 상황이다. […]들이 각자가 서로에게 도끼를 여전히 […]하고 있었다. 관통 전까지 아직 3규빗이 남았을 때, 한 사람이 다른 사람을 부르는 소리가 [들렸다]. 벽에 오른쪽과 [왼쪽에] 틈이 있었다. 터널이 뚫리는 순간 광부들이 서로를 향해 (도끼를 휘둘러) 바위를 깨고 있었고, 도끼와 도끼가 (부딪혔을 때), 물이 샘으로부터[11] 저수지까지 흘러, 1200규빗이나[12] 되었다. 광부들의 머리 위 바위의 높이는 100규빗이었다.

---

10 [날…]로 복원하기도 한다(역주).
11 기혼 샘을 가리킴(역주).
12 1규빗을 0.48미터로 계산하면, 1200규빗은 576미터의 길이임(역주).

5. 요시아 시대의 편지(메사드 하샤브야후 도편 문서)

ANET³, 568

사진 236

1960년에 나베(J. Naveh)가 얌니아에서 북서쪽으로 7킬로미터, 와디 루빈 (나할 소렉) 입구에서 남으로 3킬로미터 지점에 있는 지중해 연안의 한 요새를 발굴하였다. 그때 그곳에 붙여진 이름은 이 도편 문서에 대한 잘못된 독해에 근거한 것이었다. 요새의 생명은 그리 길지 않았다. 그곳에서 포로 전기 말의 도자기와 초기 이오니아 도자기가 발견된 것 등을 고려하면, 그 요새는 주전 630년경의 것으로 보인다. 즉, 아시리아 왕 앗수르바니팔의 죽음 직후에서 이집트의 프삼메티쿠스 왕이 블레셋 평원을 점령하기 전까지의 기간에 그 요새가 기능한 것이다. 도편 문서의 서체는 불행히도 매우 깔끔하지 못하여, 7세기의 것이라는 것 정도만 알 수 있다. 문서 언어의 질은 균일하지 않고, 철자법의 일관성도 결여되었지만, 전체적으로 포로 전기 말의 히브리어를 잘 반영한다.

내 주인되신 사령관이 그의 종의 사정을 듣게 하라! 당신의 종에 대해 말하자면, 당신의 종은 하자르수심(Hazarsusim?)에서 수확 중이었습니다. 늘 그러듯이 안식일 전에 사람들이 곡식의 저장을 끝내려 하기 때문에, 당신의 종도 (여전히) 수확 중이었습니다. 당신의 종이 그의 수확 일꾼들과 함께 곡식 저장을 마무리하고 있을 때, 쇼바이(Shobai)의 아들 호샤이아가 와서 당신의 종의 겉옷을 가져가 버렸습니다. 내가 나의 수확 일꾼들과 (일을) 마치려 할 때, 그 사람이 아무 이유 없이 당신의 종의 겉옷을 가져가 버린 것입니다. (이 점에 대해) 모든 나의 친구들이 나를 위해 증언할 것입니다. 즉, 더위(?) 가운데 나와 함께 수확했던 사람들[…] 모든 나의 친구들이 나를 위해 증언해 줄 것입니다! 내가 죄가 없다면, [그로 하여금] 내 겉옷을 [돌려주도록 하십시오]. 내가 죄가 있다면, 여전히 사령관에게는 [내 사정]을 들으시고 (?)] 그에게 [전갈을 보내어 그가] 당신의 종의 겉옷을 [돌려주도록 (요청하실)] 권한이 있으십니다. [종의] 탄원이 그분께[13] 언짢은 것이 되지 않기를!…

---

13 사령관을 지칭함(역주).

ANET³, 568-69

6. 아라드에서 발굴된 세 편의 도편 문서

유다 고원의 최남단, 헤브론의 남쪽, 브엘세바의 북동쪽에 위치한 아라드를 발굴하는 과정에서 1962년 이후, 수백 점의 히브리어와 아람어 도편 문서들이 출토되었다. 1964년에 발견된 7개의 도편 문서는 이 중 가장 중요한 발견으로 여겨진다. 이들은 모두 보존 상태가 양호하며, 586/7년 늦은 겨울 갈대아인들과 그 연합군이 유다를 점령하기 직전에 작성된 것으로 보인다. 이 연대는 에돔의 공격에 대비할 것을 주문하는 또 하나의 도편 문서의 발견으로 추후로 확인되었다. 이 문서는 당시의 정치, 행정, 특히 종교의 역사를 이해하는 데 매우 가치가 있다. 이것은 주전 9-6세기의 야훼 산당의 발견에 버금가는 발견이다.

A

사진 235

나의 주인 엘리아쉽에게: 야훼가 그대에게 평화 주시기를! 이제, 쉐마리아에게 반 아루라의 땅을 주고, 케로시에게는 사분의 일 아루라의 땅을 주며, 성소에는 당신이 내게 권했던 것을 (주시오). 샬룸 말인데, 그는 야훼의 성전에 머물 것이오.

B

엘리아쉽에게—이제: *키티*임에게 포도주 세 바트를[14] 주고 정확한 날짜를 기록하시오. 나머지 묵은 밀 일 (고르)를 갈아 그들을 위해 빵을 만드시오. 포도주는 동이 그릇으로 대접하세요.

C

나훔에게, 지금: 오시야후의 아들, 엘리아쉽의 집으로 가세요. 그에게서 기름 일 바트를 받고, 내 인장으로 봉한 후 급히 그것을 내게

---

14 25.75리터(역주).

보내세요.

그 달 24일에 나훔이 기름을 키티의 손에 전달했습니다.

7. 라기스 도편 문서

ANET, 321-22

이 도편 문서들은 팔레스타인의 남부 텔 에드두웨이르(Tell ed-Duweir)의 마지막 정착 성층에서 발견되었다. 텔 에드두웨이르는 성경의 라기스일 가능성이 매우 높다. 1935년에 18개의 문서가 스타르키(J. L. Starkey)에 의해 발견되었고, 나머지 세 개의 도편이 1938년에 추가적으로 발견되어, 지금까지 모두 21개의 라기스 도편 문서가 발견된 셈이다. 대부분의 문서가 편지이며, 일부는 이름들이 적힌 명부이다. 이 중 삼분의 일 정도는 보존 상태가 양호해, 전체의 내용을 그럭저럭 이해할 수 있다. 거의 모든 문서는 이스라엘의 성문탑이 보존된 정착 성층, 즉 가장 후대의 성층에서 발견되었다. 이 때문에 학자들은 이 문서의 연대를 라기스가 바벨론 군대에 의해 포위되기 직전, 즉 주전 589(588)년 가을로 본다. 이 문서는 고전 히브리어 산문으로 쓰여진 유일한 자료이므로, 학자들은 이 문서들이 예레미야 시대에 던져주는 빛 이외에도 그것들이 가지는 언어학적 중요성에도 주목한다.

라기스 도편 문서 II

나의 주인 야오쉬에게: 야훼께서 나의 주인이 바로 오늘, 바로 오늘 평화의 소식을 듣도록 해 주시기를! 당신의 종이 무엇이길래, 한갓 개에 불과한 당신의 종을 주께서 기억하셨습니까? 야훼께서 당신이 모르는 (나쁜) 소문을 퍼(뜨리는) 사람들을 벌하시기를!

삼하 9:8

라기스 도편 문서 III

당신의 종 호샤이아가 내 주인 야오쉬에게 전갈을 보냈습니다. 야훼께서 내 주인이 평화의 소식을 듣도록 해 주시기를! 당신이 편지를 보냈지만, 내 주께서 어제 저녁 당신이 보낸 편지에 대해 당신의 종에게 알려주지 않았습니다. 당신이 당신의 종에게 편지하지 않았기 때문에 당신 종의 가슴이 아팠습니다. 내 주께서 편지에서 "너는 알지 못하느냐?—서기관을 불러라"라고 쓰셨는데, 야훼의 살아계심으로 맹세하는데, 아무도 나를 위해 서기관을 불러주지 않았습니다. 내게 왔었을 서기관에 관해서 말하자면, 나는 그를 부르지 않았으며, 그를 위해 무엇인가를 줄 생각도 없습니다!

당신의 종에게 다음의 사실이 보고되었습니다. "군대 사령관 엘나탄의 아들 고니야가 이집트로 내려가기 위해 들렀다. 그리고 아히야의 아들 호다비야와 그의 부하들에게 사람을 보내 그로부터…을 얻으려 하였다."

선지자를 통해 야두아의 아들 샬룸에게 보내진 왕의 종, 토비야의 편지에 관해 말하면, 그 편지에는 "조심하라"는 선지자의 말이 들어 있었습니다. 그리고 당신의 종이 그것을 내 주께 보냈습니다.

사진 80 | ### 라기스 도편 문서 IV

야훼께서 내 주인이 바로 오늘 좋은 소식을 듣게 하여주시기를! 내 주께서 쓰신 모든 것대로 당신의 종이 시행하였습니다. 내 주께서 내게 쓰신 모든 것대로 나는 문 위에 글을 썼습니다. 내 주께서 *벧하라피드* 문제에 관하여 쓰신 것에 대해 대답드리면, 그곳에 아무도 없습니다.

쉐마키아에 관해서 (말씀드리면), 쉐마이야가 그를 잡아서 도시로 데려왔습니다. 당신의 종인 나는 [오늘(?)] 그곳으로 누구도 보내지 않았습니다. [그러나] 내일 아침 [사람을 보낼 것입니다].

(내 주)여, 내 주께서 주신 모든 지시를 따라서 우리가 라기스의 신호를 주의하여 보고 있음을 아십시오. 우리가 아세가를 지금 볼 수 없기 때문입니다.

라기스 도편 문서 V

야훼께서 내 주인이 바로 오늘, 바로 오늘 [평화의 소식], 좋은 소식을 듣게 하시기를! 당신의 종이 무엇이길래, 한갓 개(같은) 당신의 종에게 [편지들을] 보내셨습니까?…이제 당신의 종은 내 주인께 답장을 보냈습니다. 야훼께서 당신으로 하여금 […]을 보게 하시기를! 당신의 종이 어떻게 왕에게 유익을 주거나, 왕을 해칠 수 있습니까?

라기스 도편 문서 VI

내 주 야오쉬에게: 야훼께서 내 주인이 이번 계절을 좋은 건강 가운데 지내게 하시기를! 당신의 종이 무엇이길래, 내 주인께서 왕의 편지와 왕자들의 편지를 한갓 개(같은) 당신의 종에게 보내셨습니까? 그 편지에는 "기도하고, 읽어라. 보라, 왕자들의 말이 좋지 않다. 우리의 손을 약화시키고, 그것들에 대해 잘 아는 [사람들의 손에 힘을 [빼]기 위한 것이다"라고 쓰여 있었습니다. […이제] 내 주인이여, 그들에게 (다음처럼) 편지를 써주시겠습니까? "왜 너는 예루살렘에서 그렇게 하느냐? 보아라. 너는 왕과 [그의 가문]에 이 일을 하고 있다." 야훼, 당신의 하나님의 살아계심을 두고 맹세합니다. 당신의 종은 그 편지를 읽었기 때문에, 당신의 종에게는 [평화]가 없습니다…

렘 38:4

라기스 도편 문서 VIII

야훼께서 내 주인이 바로 오늘 좋은 소식을 듣게 해 주시기를! […]. *주께서 당신 앞에서 나를 겸손하게 만드셨습니다. 네다비야는* 산으로 도망했습니다[…]. 참으로 나는 거짓말하지 않습니다. 내 주는 그곳으로 (사람을) 보내야 합니다.

라기스 도편 문서 IX

야훼께서 내 주인이 평화의 [소식]을 듣게 하시기를! […] 그는 […] 열다섯[…]을 보내야 합니다. 당신의 종에게 쉘르미야 편으로 내일 할 일에 대해 답장을 주십시오.

CHAPTER X

가나안과 아람어 비문

원역자: 로젠탈(Franz Rosenthal)

가. 건축 비문들

1. 비블로스의 예히밀크

ANET, 499

이 비문은 새 건물—신전일 가능성이 있음—을 봉헌하는 글이다. 주전 10세기의 것으로 여겨지며, 1929년 비블로스에서 발견되었다.

비블로스의[1] 왕 예히밀크가 건축한 집[2]: 그는 이 집들의 모든 폐허들을 복원하였다.

바을샤멤과[3] 비블로스의 주,[4] 그리고 비블로스의 거룩한 신들의 회

---

1 성경의 "그발"(역주).
2 집으로 번역된 *bt*는 모든 종류의 건물을 포괄할 수 있는 용어임(역주).
3 "하늘의 주"(역주).
4 "비블로스의 여주인"(Lady of Byblos)으로 고치자는 제안이 있었다. "비블로스의 여주인"은 비문에서 자주 언급되는 신이다.

의가⁵ 비블로스에서 예히밀크의 수명을 길게 해 주시기를 기원한다. 그는 참으로 의롭고 비블로스 거룩한 신들⁶ 앞에 올바른 왕이다!

ANET, 499-500

2. 아다나의 아지타와다

이례적으로 긴 이 비문은 제이한 강(Jeyhan River) 근처 마라쉬의 남서쪽 38마일 상에 위치한 카라테페(Karatepe)에서 출토되었다. 1946-47년에 걸쳐 세 개의 페니키아어 버전(version)과 몇몇 히타이트어 버전이 발견되었다. 아지타와다가 자신이 세운 도시와 요새를 봉헌하는 자리에서 작성한 것으로 그의 자서전적 내용을 담고 있다. 이 비문의 정확한 연대는 아직 확실하지 않고, 이를 위해 고고학적, 역사적 증거들에 대한 좀더 면밀한 연구가 필요하다. 일단, 킬라무와 비문(no.3을 보라)에 서술된 사건들보다 선행하는 것처럼 보이지만, 현재로서는 훨씬 후대인 8세기에 작성되었을 가능성도 배제할 수는 없다.

비문의 한 버전은 석비의 사면에 4단 문서로 쓰였다. 다른 버전의 명문은 성문 사자에서 시작하여 그것을 지지하는 두 돌판에까지 이어진다. 3단 문서로 된 또 다른 명문은 네 개의 돌판에서 시작하여 네째 돌판 하단을 지나 옆 성문 사자의 돌판까지 이어진다.

나는 바을의⁷ 축복자,⁸ 바을의 종, 아지타와다이다. 다눈 사람들의 왕 아우리쿠가⁹ 나를 강력하게 만들었다.

바을은 나를 다눈 사람들의 아버지와 어머니로 만들었다. 나는 다눈 사람들을 회복시켰고, 아다나를 해뜨는 곳으로부터 해지는 곳까지 확장하였다. 나의 통치 기간 동안 다눈 사람들은 모든 선한 것, 풍부

---

5 "신들의 회의"는 우가릿을 포함한 가나안 문헌에서 자주 언급된다(역주).
6 가나안 문헌에서만 신들이 "거룩"(qdš)으로 특징지워진다(역주).
7 성경의 "바을"이 지역마다 조금씩 다르게 발음되었음(역주).
8 "바을의 수석 관료"(habarakku).
9 아우리쿠는 아지타왓다의 아버지였을 가능성이 높다.

한 먹거리, 그리고 행복을 가졌다. 나는 파알의[10] 곳간들을 채웠고, 바알과 신(엘)들 덕분에 말에 말을, 방패에 방패를 군대에 군대를 더했다. 나는 악한 자들을 부수고 나라 안의 모든 악을 제거했다. 내 주의 집들을 멋있게 건설했고, 내 주권의 뿌리들에 대해 친절히 행했다.[11]

나는 내 아버지의 보좌 위에 앉았고, 모든 왕들과 화친을 맺었다. 그렇다! 모든 왕들이 나의 의로움과 지혜, 선한 마음을 알고, 나를 자신의 아버지로 여겼다.

나는 악한 놈들, 도적 두목들이 있는 곳, 국경 지역의 모든 거점들에 요새들을 건축하였다. 그 놈들은 한번도 무프쉬의 왕조에[12] 복속된 적이 없지만, 나 아지타와다는 그들을 내 발 아래 굴복시켰다. 그들이 사는 곳에 요새들을 건설해 다눈 사람들이 마음 평화롭게 살 수 있게 했다.

나는 선왕들이 정복하지 못했던 서부 지역의 강국들을 정복했다. 나 아지타와다가 그들을 정복했다. 그들 주민들을 굴복시키고 내 국경의 동쪽으로 이주 정착시켰다. 그리고 그곳(서쪽 지역)에는 다눈 사람들을 이주 정착시켰다. 나의 통치 기간에 해뜨는 곳에서 해지는 곳까지 아다나의 모든 국경 안에서, 심지어 전에는 두려움의 대상이었던 곳, 즉 남자가 무서워 길을 걷지 못하였던 곳에서도, 나의 통치 기간에는 바알과 신들(엘) 덕분에 평화의 일이[13] 있어, 심지어 여자들도 (자유롭게) 길을 걸을 수 있게 되었다. 내 통치 기간 내내 다눈 사람들과 아다나 전체가 풍부한 먹거리와 행복, 좋은 환경, 마음의 평화를 가지게 되었다.

나는 이 도시를 건설하고 아지타왓디야라는 이름을 붙였다. 바알

---

10 길리기아 섬에 있던 고대 도시. 그리스인들은 몹수에스티아(Mopsuestia)로 불렀다(역주).
11 "뿌리"는 국가의 거주 혹은 행정 도시들을 가리키거나, 왕의 후손들을 가리킬 수 있다.
12 아지타와다가 소속된 왕조 이름(역주).
13 "평화의 일"을 직역하면 "물레 일"(아카드어 *dullu*)이다.

과 '레세프-Ṣprm'께서[14] 나에게 그것을 건설할 사명을 맡겼기 때문이다. 바알의 덕으로 그리고 '레세프-Ṣprm'의 덕으로 나는 풍부한 먹거리, 행복, 좋은 환경, 마음의 평화를 가진 그 도시를 지어 아다나 평원과 무프쉬 왕조의 보호(거점)가 되게 하였다. 내 통치 기간에 아다나 평원은 풍부한 먹거리와 행복을 가졌으며, 다눈 사람들은 내 통치 기간에 *한 번도 밤*을 가져 본 적이 없었다.

　이 도시를 짓고, 아지타왓디야라는 이름을 붙인 후 나는 '바알-Krntryš'를[15] 그 안에 건설했다. 모든 녹여 만든 우상들을 예배하기 위한 제사 (규정)을 확립하였다. 매년제를 위해서는 소, 파종 [때에]는 양, 그리고 추수 때에 양을 바치도록 하였다.

　'바알-Krntryš'께서 아지타와다에게 생명, 평화, 모든 왕을 이기는 권세를 주시기를 기원한다. '바알-Krntryš'와 도시의 모든 신들이 아지타와다에게 장수의 복, 건강하게 사는 복, 강한 권위, 모든 왕을 이기는 권세를 주기를 원한다! 이 도시도 풍부한 먹거리, (마실) 포도주를 가지며, 그 안에 사는 백성들도 소, 가축, 풍부한 먹거리, (마실) 포도주를 가지기를 기원한다! 그들이 바알과 신(엘)들의 덕으로 많은 자녀를 두며, 숫자적으로 강하며, 아지타와다와 무프쉬 왕조를 잘 섬기기를 원한다!

　어떤 왕이라도, 어떤 군주라도 혹은 남자로 불리는[16] 어떤 남자라도 이 성문에서 아지타와다의 이름을 지워버리고 자기 자신의 이름을 적으면, 그가 이 도시에 대해 아무리 좋은 의도를 가지고 아지타와다가 만든 이 성문을 제거하고 (새) 문을 위한 (새) 틀을 세우고, 자기 이름을 그 위에 새기면, 그가 이 성문을 좋은 의도로 혹은 미움이나 악으로 제거했는지 상관없이, 바알샤멤과 엘, 지구의 창조자, 영원한 태양, 그리고 신(엘)들의 모든 자녀들이 그 지배자, 그 왕, 남자로 불리는 그 남자를 확 쓸어버릴 것이다! 그러나 아지타와다의 이름은 태양

14　레세프 신의 현현인 Ṣprm은 "숫염소", "새" 혹은 "숫사슴" 등으로 이해되어 왔다(역주).
15　Krntryš의 발음은 잘 모른다(역주).
16　"명성을 가진 남자"라는 의미(역주).

과 달의 이름처럼 영원히 지속될 것이다!

3. Y'dy-사말의 킬라무와

ANET, 500-501

궁전 봉헌을 기념해 작성된 이 자서전적 비문은 1902년 북서 시리아 진지를리(Zinjirli)에서 발견되었다. 주전 9세기 후반의 것으로 추정되는 이 비문은 두 부분으로 구성되어 있다. 첫 번째 부분에서 킬라무와 왕은 자신의 성공적인 외교 정책을 자랑하고, 두 번째 부분에서는 자신의 대내적 업적을 찬양한다. 비문에서 그는 무슈카빔(mškbm)으로 불리는 억압받던 정착민들의 지위를 개선시켰다. 그 지역의 평화가 그 정착민들과 바리림(b'rrm)으로 불리는 '야성' 목축민들과의 순조로운 관계에 달려있었기 때문이다.

발음이 확실하지 않은 Y'dy(유아디야? Cf. 아지타와다-아지타와디야)는 그 나라 수도의 이름으로 나중에 사말로 알려지게 된다. 그러나 사말은 그보다 큰 지역이나 국가 이름이었을 가능성도 있다.

나는 하야의 아들, 킬라무와다.[17] 가바르가 Y'dy의 왕이 되었으나 잘 다스리지 못했다. Bmh가[18] 왕이 되었으나, 역시 잘 다스리지 못했다. 내 아버지 하야가 왕이 되었으나, 역시 잘 다스리지 못했다. 내 형제 샤일이 왕이 되었으나 역시 잘 다스리지 못했다. 나 킬라무와, Tm의[19] 아들은 선(왕)들이 이룩하지 못한 것을 이룩하였다.

내 아버지의 집은 강한 왕들 가운데 있었다. 모든 사람들이 손을 내밀어 그것을 먹으려 하였다. 그러나 나는 왕들의 손에 수염을 태우는 불과 같았고, 손을 태우는 불과 같았다. 다눈 사람들의 왕이 나를

---

17 이름이 "쿨라무와"로 발음되기도 한다. 이 경우 그 이름의 의미는 "무서운 군사력을 가진 자"이다(역주).
18 Bmh도 발음을 알 수 없는 사말의 전 통치자임(역주).
19 Tm을 설명하려는 많은 시도가 있었으나, 현재 가장 개연성이 높은 가설은 그것을 킬라무와의 어머니 Tammat로 파악하는 것이다. 이 경우 철자가 Tmt로 수정되어야 한다.

제압하려 (했으나) 나는 양으로 여종을 사고, 옷으로 남자를 사듯이[20] 아시리아 왕의 도움을 빌어 (그를 물리쳤다).

하야의 아들, 나 킬라무와는 내 아버지의 보좌에 앉았다. 전 선왕 때에 무슈카빔(mškbm)이 개처럼 (꼬리 내리고) 다녔지만, 나는 그들을 때로는 아버지, 때로는 어머니, 또 때로는 형제와 같이 대해 주었다. 양의 얼굴을 한 번도 보지 못한 사람에게 양 무리의 주인이 되게 해 주었다. 소의 얼굴 한 번 보시 못한 사람을 소 떼의 주인이 되게 하였고, 은과 금을 가지도록 하였다. 어려서부터 아마포 한 번 보지 못한 사람이 나의 통치 기간에는 비수스를[21] 두르게 되었다. 나는 무슈카빔의 손을 잡아 주었고, 그들은 고아가 어머니를 대하듯, (나를) 대해 주었다.

내 자리에 앉을 내 후손 중 누구라도 이 비문을 훼손하면, 무슈카빔이 바리림(bʻrrm)을 존중하지 않을 것이며, 바리림이 무슈카빔을 존중하지 않을지니라!

이 비문을 부수는 사람은 그의 머리가 가바르에 속한 바을-사마드에 의해 부서질 것이며, Bmh에 속한 바을-함만과 왕조의 주, 라카벨에 의해 부서질 것이다!

ANET, 501

4. Yʾdy-사말의 바르라카브

사진 127

앞서 언급된 킬라무와의 먼 후계자의 비문이 1891년 진지를리에서 발견되었다. 그것은 주전 730년에 세워진 것으로 추정된다.

나는 파나무의 아들, 사말의 왕, 디글랏빌레셀의 종, 지구의 네 구역의 주인인 바르라카브이다.

---

20 킬라무와는 싸게 물건을 샀을 때 사용되는 잠언을 인용하고 있다. 그는 아시리아 왕의 도움을 얻을 수 있었을 뿐 아니라, 그것도 매우 값싸게 얻을 수 있었다.
21 최고급 아마포(역주).

내 아버지의 의와 내 자신의 의 때문에 내 주 라카벨과 내 주 디글 랏빌레셀이 내 아버지의 보좌에 나를 앉혔다. 내 아버지의 왕조는 누구보다도 많은 이득을 보았다.[22] 그리고 나도 은과 금의 소유자들, 강한 왕들 가운데, 내 주, 아시리아의 왕의 수레 곁에서 열심히 달려 왔다. 나는 내 아버지의 왕조를 이어받아 그것을 강한 왕들의 왕조보다 더 번성시켰다. 내 형제들, 즉 (강한) 왕들이 내 왕조의 번성 때문에 질투할 정도다.

내 아버지들, 사말의 왕들은 좋은 궁전을 가지지 못했다. 그들은 겨울 별장과 여름 별장으로 쓰이는 킬라무의 집을 가졌을 뿐이다. 그러나 나는 이 궁전을 지었다.

나. 제사 비문들

1. 다메섹의 벤하닷

ANET, 501

이 비문이 적힌 석비는 1939년에 알레포 북쪽 4마일 지점의 고대 무덤에서 발견되었다. 최초 발견자가 그것을 본래의 자리에서 그곳에 옮겨 놓은 듯하다. 그럼에도 불구하고 그 석비가 최초 세워졌었던 곳은 알레포 근처일 가능성이 높다. 주전 860년경의 것으로 추정된다.

사진 139

아람 왕 [하지온의 아들], 태브림논의 아들, 바르하닷이 그의 주인 멜카르트를[23] 위해 세운 석비임. 그는 멜카르트에게 서원하였고, 그는 바르하닷의 목소리를 들었다.

---

22 "더 많은 것을 성취하였다"라고도 해석될 수 있음(역주).
23 멜카르트는 두로의 수호신이었다. 이 당시 아람과 페니키아인들 사이에 매우 밀접한 관계가 있었음을 암시한다(역주).

ANET, 501

2. Y'dy-사말의 킬라무와

진지를리에서 발견된 황금 칼집

하야의 아들, 킬라무와가 라카벨을 위해 만든 smr(칼집 혹은 홀?). 라카벨이 그에게 장수(의 축복)을 주시기를!

ANET, 501-2

3. 하맛과 루아쉬의 자키르

주전 8세기 초의 것으로 추정되는 이 역사 비문은 하닷의 화신, 일루-웨르(Ilu-Wer)의 신상을 봉헌할 때 작성된 것이다. 1904년에 알레포에서 남동쪽으로 25마일 지점의 한 장소에서 발견되었다. 그 발견지는 오늘날 아피스(Afis)로 불리는 지역으로 이 비문에서는 아피쉬(Apish)로 언급되었다.

하맛과 루아쉬의[24] 왕 자키르가[25] [그의 신] 일루-웨르를[26] 위해 세운 석비.

나는 하맛과 루아쉬의 왕 자키르다. 나는 겸손한 사람이며, 베엘샤마인이[27] [나를 도와] 내 곁에 섰다. 베엘샤마인이 나를 하타리카(하드라크)의 왕이 되게 했다.

아람 왕 하사엘의 아들 바르하닷이 열 명의 동맹 왕들 중 다음의 일곱 왕들과 함께 나를 공격했다. 바르하닷과 그 군대; 바르구쉬와 그 군대; 길리기아의 왕과 그 군대; 움크의 왕과 그 군대; 구르굼의 왕과 그 군대; 사말의 왕과 그 군대; 밀리드의 왕과 그 군대. [바르하닷이 나를 대적하기 위해 모은 이 모든 왕들은] 이 일곱 왕들과 그의 군대들

---

24 알레포 남서쪽에 있는 도시. '누하쉬쉐'로도 불림.
25 "자쿠르"로 발음될 수 있음(역주).
26 시리아 북부에서 "날씨의 신"으로 알려짐(역주).
27 '하늘의 주.'"베엘"이라고 발음된 신은 바알이다(역주).

이었다. 이 모든 왕들이 하타리카를 포위했다. 하타리카의 벽보다 더 높은 벽을 만들었다. 그 성의 해자보다 더 깊은 해자를 팠다. 그때 나는 베엘샤마인을 향해 손을 들었고 베엘샤마인은 내 기도를 들었다. 베엘샤마인이 선지자, 점술가를 통해 나에게 [말했다].[28] 베엘샤마인이 [다음과 같이 나에게 말했다]. [나는] 너를 포위[하고 이 해자와 벽을 [만든] 이 모든 왕들을 [멸할 것이다]…

[…]전차와 기마병들[…] 그 가운데 왕[…]. 나는 하타리카를 [확대하여] […]의 전 지역을 병합하였고, 그를 국[경] 내의 모든 거점들[…] [왕]으로 삼았다.

나는 내 나라 안의 모든 곳에 신들을 위한 집을 지었다. 나는 […]과 아피쉬[…] 그리고 […]의 집을 건설했다.

나는 일루-웨르를 위해 이 석비를 세웠고, 그 위에 내 업적[…]을 적었다. 누구든지 하맛과 루아쉬의 왕 자키르의 업적에 대한 (이 기록)을 일루-웨르를 위해 세워진 이 석비로부터 제거하고, 원래 장소로부터 그것을 없애버리거나, 누구든지 그의 손을 […]에 뻗치면, 베엘샤마인과 [일루-웨르…]와 샤마쉬와 샤르[와…], 그리고 하늘의 신들, 땅의 [신들], 베엘-[…]가 [그의] 머리를 [없애버리고], 그의 뿌리를 […]할 것이다. 자키르의 이름과 [그의 집]의 이름이 [영원히 지속되기를!]

4. 비블로스의 예하브밀크

ANET, 502

이 서원 비석은 1869년부터 알려졌지만, 비석의 오른쪽 하단 부분 조각이 발견된 것은 그로부터 60년이 지난 후였다. 주전 5세기 혹은 4세기 비석으로 추정된다. 예하브밀크가 그의 여신에게 봉헌하는 세 개의 물건 중 두 번째 것이 정확히 무엇인지는 아직까지 분명하지 않다. 그러나 글을 새긴 물체보다는 문 (door)에 더 가까운 것 같다.

사진 130

---

28 삼상 9:6-9; 삼하 5:17-25; 왕상 22:1-28(역주).

나는 예하르-바을(*Yehar-ba'l*)의 아들, 우리밀크(Urimilk)의 손자, 비블로스[29] 왕 예하브밀크(Yehawmilk)다.[30] 비블로스의 여신, 여주인이[31] 나를 비블로스의 왕으로 세웠다.

나는 비블로스의 여신 나의 여주인의 (이름을) 불렀으며, [그녀는 내 소리를 들었다]. 그러므로 나는 비블로스의 여신 내 여주인을 위해 이 [뜰] 안에 청동 제단을, 내 비문 앞에 황금 *부조*[32]—이 황금 *부조* 위에 (보)석으로 세팅한 황금 새(?)가 있음—를, 그리고 지붕과 기둥, 주두가 구비된 이 현관을 만들었다. 나 비블로스의 왕, 예하브밀크는 (이것들을) 내 여주인 비블로스의 여신을 위해 만들었고, 나는 내 여주인, 비블로스의 여신을 불렀다. 그녀는 내 목소리를 듣고, 나에게 친절을 베풀었다.

비블로스의 여신이 비블로스의 왕 예하브밀크를 축복하고 보호하시기를, 그리고 비블로스에서 그의 날과 해가 길게 하시기를! 그는 의로운 왕이다. 비블로스의 여신, [그의 여주인]이 [그로 하여금] 신들과 이 나라의 사람들 앞에 사랑을 받아, 그가 이 나라의 사람들을 기뻐할 수 있도록 해 주시기를 기원한다.

이 제단, 이 황금 새긴 물건, 그리고 이 현관에 계속 일하는 [네가 누구든지 상관없이] 통치자든지 [평]민이든지, [너는 그 물건들에 너의 이름과 더불어 내 이름, 비블로스의 왕 예하브밀크를 [기록해야 한다]. 만약 네가 내 이름을 너의 이름과 더불어 기록하지 않으면, 혹은 네가 이 [물건을 제거하고 이 물건을] 이 장소로부터 [뿌리째 제거해 옮기면], 비블로스의 여신, 나의 여주인이 그 사람과 그 후손을 비블로스의 모든 신들 앞에서 [멸할 것이다].

---

29 성경에서 "그발", 아시리아 문서에서는 구발(Gubal)로 불림(역주).

30 이 이름의 의미는 "밀크 신이 살게 해 주시기를"이다(역주).

31 주전 16세기 비문에 이미 여주인 신(*b'lt*)이 언급된다. 그리스 여신 아프로디테와 연결된다(역주).

32 원문 pth는 번역하기 힘들다. 제안된 번역으로는 "문" 혹은 "새긴 물건" "부조 장식" 등이 있다. cf. 출 28:11, 36(역주).

5. 마르세유 세금 문서

이 문서를 포함한 두 개의 석비가 1845년, 마르세유에서 발견되었다. 석비의 재료가 된 돌은 카르타고 지역에서 생산된 것으로 알려져 있다. 따라서 그 문서가 본래 카르타고의 한 신전에서 작성되었을 가능성이 높다. 그러나 비슷한 종류의 돌이 마르세유 근처에서 채석되었을 가능성이 여전히 존재한다. 비문의 연대는 확실하지 않으나 주전 3세기 혹은 주전 2세기 초의 것으로 추정된다. 비문 자체는 정교하게 새겨졌다. 제목이 있고, 새 문단은 새로운 열에서 시작하여 이전 문단과 구분되게 하였다.

ANET, 502-3

1) 바알-[짜폰]의 신전

> 보드에쉬문(Bodeshmun)의 아들, 보드타닛(Bodtanit)의 아들, 집정관 [힐레스]바알(Hillesba'l)과 그들의 동료들, 보드에쉬문의 아들, 보드타닛의 아들, 집정관 힐레스 바알,[33] [주들의] 시대(the time of the Lords)에 지불을 [담당한 사람들에 의해] 제정된 지불 세금.

온전 제물 혹은 *대체 제물* 혹은 완전한 온전 제물로 사용되는 소 한 마리당, 제사장들은 열-10-개의 은(괴)를 거둘 것이다. 대체 제물인 경우 제사장들이 목과 어깻죽지를 취할 것이나, 희생을 바치는 사람은 살, *갈비*, 다리, 나머지 고기를 취할 것이다.

뿔이 아직 완전히 자라지 않고…한 송아지 그리고 온전 제물 혹은 *대체 제물*, 혹은 완전한 온전 제물로 사용되는 사슴은 한 마리당 제사장들이 다섯-5-개의 은괴를 취할 것이다. 온전 제물의 경우, 이 금액 이외에 백오십-150-무게 나가는 고기도 취할 것이다. 반면 *대체 제물*인 경우 제사장들이 목과 어깻죽지를 취하고, [희생을 바친 사람은] 피부, 갈비, 다리, 그리고 [나머지 고기를] 취할 것이다.

---

33 이름들의 반복이 주는 의미는 잘 알려져 있지 않음(역주).

온전 제물 혹은 *대체* 제물, 혹은 완전한 온전 제물로 사용되는 숫양이나 염소는 한 마리당 제사장이 일-1-세겔의 은과 2zr의[34] 돈을 취할 것이다. *대체* 제물의 경우, [이 금액 이외에 목]과 *어깻죽지*를 제사장이 취할 것이며, 희생을 바치는 사람은 피부, *갈비*, 다리, 나머지 고기를 취할 것이지.

온전 제물 혹은 *대체* 제물, 혹은 완전한 온전 제물로 사용되는 어린 양, 어린 염소, 혹은 어린 사슴의 경우, [한 마리당] 제사장들은 ¾의 은(괴)와 [2]zr의 돈을 가질 것이다. 대체 제물의 경우, 이 금액 이외에 *목과 어깻죽지*를 취할 것이나, [희생]을 바치는 사람은 피부, *갈비*, 다리, 그리고 나머지 고기를 취할 것이다.

완전한 온전 제물 혹은 šṣf-제물, 혹은 ḥzt-제물로 사용되는 'gnn-새 혹은 ṣṣ-(새)의 경우, 한 마리당 제사장들이 ¾의 은괴와 2zr의 돈을 취할 것이다. [희생을 바치는 사람은 고기를 취할 것이다.

다른 새 혹은 거룩한 봉헌, 사냥 제물 혹은 기름 제물의 경우, 개체당 제사장들이 10'a의 은을 취할 것이다.

신께 가져가야 하는 *대체* 제물의 경우, 제사장들이 목과 어깻죽지를 취하며, […]하는 대체 제물인 경우 […].

누군가가 음식 제물로 바쳐야 하는 떡[35] 위에, 우유 위에 그리고 다른 제물 위에 [제사장들은 …할 것이다]

소나 가금을 바칠 수 없는 가난한 사람들이 바치는 제물에 관해서, 제사장들은 아무것도 취하지 마라.

시민, (귀족)의 자녀, 신을 위한 잔치의 참여자, […]희생을 드리는 자, 이런 사람들은 […에 제정된] 문서에 명시된 대로 제물당 일정액을 지불해야 한다.

이 비문에 명시되지 않는 세금 지불은 보드에쉬문의 아들 힐레스바을과 그들의 동료들과 [보드타닛의 아들 헬리스바을 아래…제정된]

---

34 zr는 작은 동전을 부르는 말이다. 아마 다음에 나오는 아(ʾa)는 zr보다 작은 단위의 동전에 대한 약어일 가능성도 있다.

35 bll은 히브리어에서 "사료"를 의미한다. 이렇게 그것을 사료로 이해하면, "사료"는 신전에서 키우는 짐승을 위해 바쳐졌을 가능성이 있다.

문서에 따라 이루어져야 한다.

이 비문에 명시된 것과 어긋나게 세금을 받는 제사장은 […] 벌금형에 처해질 것이다.

[이 비문에 명시된] 액수의 [돈]을 내지 않고 희생을 드리려는 사람은 누구나 […]할 것이다.

6. 카르타고 세금 문서

ANET, 503.

1858년을 기점으로 수년 동안 마르세유 세금 문서와 내용면에서 유사한 편문서들이 카르타고에서 발견되었다. 이 편문서들 중 세 개가 차봇(J.-B. Chabot)에 의해 동일한 문서에 속한 것으로 확인되었고, 이 번역은 차봇이 재구성한 본문을 근거한 것이다. 카르타고 세금 문서의 연대는 마르세유 세금문서의 그것과 유사하다.

[세금 징수를 담당한 사람들이] 정한 징수할 세금들

[소를 온전한 제물 혹은 대체 제물로 드릴 때에] 제사장들은 가죽을 [가질 것이며] 희생을 바치는 사람은 *기름 부위*를…

사슴을 [온전한 제물이나 대체 제물로 드릴 때에] 제사장은 가죽을 [가질 것이며] 희생을 바친 사람은 *기름 부위*를…

숫양이나 염소를 온전한 제물이나 대체 제물로 드릴 때에, 제사장은 염소의 가죽을 가질 것이며, 희생을 바치는 사람은 *갈비*[…]를 가질 것이다.

온전한 제물이나 대체 제물로 어린 양, 새끼 염소, 새끼 사슴을 드릴 때, 제사장은 가죽[…]을 가질 것이다.

가축이 별로 없는 가난한 사람이 바친 제물에 대해서 제사장은 아무것도 취하지 말지니라.

'gnn-새나 ṣṣ-(새)를 바칠 때에는 각각에 대해 2zr[을 지불해야 한다].

신에게 가져갈 [대체 제물]인 경우, 제사장이 목과 어깻죽지[…]를 취할 것이다.

거룩한 [관제], 사냥 제물, 기름 제물인 경우…

떡, 우유(기름), 음식 제물로서의 희생, […]에 대해서는

이 문서에 기록되지 않는 세금은 […문서에 따라] 지불할 것이다.

[…]을 취하는 제사장은…

[…]하는 제물을 바치는 누구나…

[…]을 바꾸고, […] 이 토판을 부수는 누구나…

Pds,³⁶ 에쉬문힐레스의 아들[…].

다. 기타 비문들

ANET³, 657

1. 게달의 왕

이 비문은 1950년경 이집트 이스마일리아 서쪽 12마일 지점의 텔 엘마스쿠타에서 발견된 네 개의 은 그릇에 새겨진 명문들 중 하나이다. 이것은 주전 5세기 것으로 추정된다.

게달의 왕, 가쉼의 아들, 카이누가 한-일랏에게 바침.

ANET³, 658

2. 카르타고의 서원 비문

이 석비의 첫 두 조각이 1945년과 1950년 사이 살람보(Salammbo)에서 발견되어, 페브리에르(J.-G. Février)가 *CIS*, 제1권, 본문 번호 5684와 5685, 그리고 사진 번호 xcviii와 xcix로 출판하였다. 이것은 지금까지 알려진 카르타고 비

---

36 에쉬문힐레스의 아들 pds의 발음을 알려져 있지 않음(역주).

문 중 가장 오래된 것 중 하나로 보인다. 연대는 주전 약 600년경으로 추정된다. 훨씬 후대의 비문 두 개가 1950년에 콘스탄틴의 엘호프라(El-Hofra)에서 발견되어, 베르티에르(A. Berthier)와 샬리에르(R. Charlier)에 의해 *Le Santuaire punique d'El-Hofra* (Paris, 1955)의 문서 번호 28과 55, 페이지 번호 29-31, 49-51, 사진 번호 II A와 VII A로 출판되었다. 이들 모두는 지난 150년 동안 수백 개의 표본들—이들 모두는 기본적으로 동일한 내용을 담고 있음—을 통해 알려진 동일한 종류의 비문에 속한다. 본문 중 몇몇은 모종의 제시를 가리키는 제의 용어였던 *mlk*를 포함한다. Mlk는 때때로 'mr "어린 양", 'dm "사람"(?), b'l("바알" 혹은 "시민", 아니면 "어린이 대신에"를 의미)에 의해 수식된다. 종종 다른 제의 표현이 더해지는 것을 발견하는데, 예를 들어, *bashrm btm*—이중 첫 번째 요소는 그 의미를 알 수 없음—는 인간(유아) 제사를 가리키는 것으로 여겨져 왔다. 이들의 정확한 의미가 무엇이든 간에, 이 석비들과 그 안에 포함된 비문들이 가나안 제의 관행들—구약성경에서는 몰렉 혹은 토펫으로 불림—과 가지는 연관성은 매우 잘 확립되었고, 광범위하게 논의되었다.

a. 멜카르트가드의 아들 보디시가 주 바알하몬을 위해 만든 *mlkt b'l*의 석비.

b. 한노(Hanno)의 아들 마곤이 바알하몬에게 바친 *mlk b'l*의 석비.

c. 주를 위해 바알하몬을 위해, 그가 그의 목소를 듣고 그를 축복했기 때문에 아피쉬쉬하르(Afishshihar)가 온전히 맹세한 *mlk 'dm bshrm*.

d. 주를 위해, 바알 하몬을 위해[…]의 딸 아크보랏이 서원한 서원, *mlk 'mr* (몰-코모르).

ANET³, 658

3. 아슬란 타쉬의 부적

이 비문을 포함한 석회암판은 1933년, 고대 하닷투에서 구입되었다. 그때 구입된 토판은 둘이었는데, 그 중 하나만 현재 출판되었다. 비문의 언어는 가나안어의 한 방언으로 서체는 아람어 서체이다. 주전 7세기경의 것으로 추정된다. 아래에 제시된 해석에 따르면 이 비문에는 ssm(아나톨리아나 아집트의 신화적 존재로 그 석회암판 뒷변에 새겨진 것과 같은 완전한 신은 아님)으로 이름 붙여진 주문이 적혀 있다. 이 비문은 날개 달린 스핑크스와 인간을 잡아먹는 암늑대를 쫓아내는 주문이다. 그 스핑크스와 암늑대는 석회암의 앞면에 새겨져 있고, 둘 다 "목조르는 자들", 즉 유아나 영아의 죽음을 유발한다고 여겨지는 여자 귀신들로 불린다. 이 귀신들에 대한 저주를 담은 이 비문은 아이의 탄생을 돕고, 신생아가 "목조르는 자들"에게 희생되지 않도록 의도되었다. 마지막에 위치한 핵심 구절이 종종 "그녀의 자궁이 열려 아이를 낳기를…태양이 떠오를 때, 산고하며 출산하라!"라고 번역되는데, 이런 해석은 비문에 훼손된 부분을 잘못 복원한 결과이며, 비문에 대한 확실하지 않은 보정에 근거한 것이다.

날으는 여자 귀신에 대한 주문. Pdrh(?)의 아들, ssm의 "결박."

*이것들*을 취하여 목을 조르는 여인들에게 말하라. 내가 들어가는 집에 너는 들어가지 못할 것이며, 내가 밟는 마당을 너는 밟지 못할지니라. 영원한 결박이 우리를 위해 확정되었다. 아쉬슈르(Ashshur)가 우리 그리고 모든 신들과 거룩한 자들의 대다수를 위해 확정하였다. 하늘과 땅의 결박을 통해, 땅의 주 바알의 결박을 통해, 말씀이 순결한 하우론의 아내의 결박을 통해, 그녀의 일곱 동료 아내들과 바알의 여덟 아내들….

(스핑스크에 관해:) 어두운 방을 나는 여자 귀신에게 (말하라): 지나가라, 다시, 릴리(Lili)여!

(암늑대에 관해:) 강탈하고 죽이는 여자에게 (말하라): 떠나가라.

(그 신 주변에서:) *Sz zt*, 그의 [입이] 열리지 않기를(?)…태양으로 영원히 영원히 뜨게 하라!

4. 우룩 주문

ANET³, 658-59

우룩(에레크)에서 기원한 쐐기문자 비문이 1913년에 루브르 박물관에 의해 소장되었다. 그 비문의 첫 번째 편집자인 투로당겡(Thureau-Dangin)이 그 비문의 언어를 아람어로 잠정 결론 내렸다. 비문의 연대는 불확실하지만, 주전 3세기경의 것으로 추정된다.

성 문지방으로부터, 조용히 나무 지붕으로부터 나는 마술 결박을 얻었다. 그것을 내 혀 밑에 두었다. 나는 말(words)로 가득한 집에, 혀로 묶인 테이블에, 독이 (가득한) 그릇에 들어갔다. 그들이 나를 보았을 때, 말로 가득한 집은 조용해졌고, 혀로 묶인 테이블은 뒤집어졌고, 독이 (가득한) 그릇은 엎어졌다.

나는 성공했다. 나는 성공했다…어른과 아이, 여자와 남자…그리고 아무개 앞에서 성문에 모여 앉은 사람들이여…

없애라. 고통을 몰아내라. 결점있는 자여, 온전해져라. 다리저는 자여. 뛰어라. 친구들을 만나라, 지나친 자여! 마지막으로 (너희 모두는) 일어나라!

말하라, 벙어리여! 일어나라, 침묵하는 자여!

누가 화났느냐, 누가 분노하느냐, 누가 진노의 옷을 입고 있느냐, 누가 그 입에 불을 가지며, 혀 아래 (침) 혼합을 가지느냐? 아무개의 아들, 아무개는 화가 났고, 분노하며, 진노의 옷을 입고, 그 입에 불을 가지며, 혀 아래 (침) 혼합을 가진다. 나는 지혜롭고…[…].

나는 [문지방?]으로부터 소리없이 (마술) 매듭을, [지붕 (아래)] 방으로부터 취했다. 나는 아무개 앞으로 들어갔다…[…]. 나는 그로 하여금 진노의 옷을 벗게 했다.…의 옷을 입혔다. 나는 그의 입에서 불을, [그 혀 밑에서] (침) 혼합을 제거했다. 나의 좋은 것들이 그의 입에서 [나오며], 나의 나쁜 것들이 그의 뒤에서[…], 어른과 아이, 여자와 남자, […] 그리고 성문에서 아무개 앞에 모여 앉은 사람들이여…

[없애라, 고통을 몰아내라!] 결점있는 자여, [온전해져라!] 다리 저는 자여, 뛰어라. 친구들을 만나라, 지나친 자여! 마지막으로 (너희 모두

는) 일어나라!

말하라, 벙어리여! 일어나라, 침묵하는 자여!

5. KTK와 아르밧 사이의 조약

ANET³, 659-61

이 조약을 포함하는 비문은 알레포 남동쪽 16마일 지점에 있는 세피르 근처 수진(Sujin)이라 하는 곳에서 나왔다고 주장된다. 하지만 좀더 개연성 높은 이야기는 그 비문이 세피르 마을 자체에서 나왔다는 설이다. 세피르 비문 I이라 칭해지는 조약 부분을 담은 현무암 돌판은 수평으로 부서져 두 조각으로 존재하며, 조각의 이음매에 있던 몇 행의 글이 훼손되었다. 그 돌판의 앞 뒤(각각 I A, I B로 불리는데, 실제로는 어느 것이 앞이고 어느 것이 뒤인지 확실치 않음)로 새겨진 글 이외에, 측면에도 글이 새겨져 있다(세피르 I C). 같은 내용의 다른 버전의 글이 부분적으로 보존되었다(세피르 II). 이 글은 수많은 파편을 재구성한 돌에 새겨져 있었다. 이 조약의 또 하나의 버전이 9개의 비문 조각으로부터 재구성되었다(세피르 III). 이 경우 돌판의 한 쪽, 즉 뒤쪽에만 글이 보존되어 있었다.

이 조약은 주전 750년경의 것이다. Ktk는 카티카(알트)로 발음되며, Ktk의 정체는 확인되지 않았다. 지금까지 제안된 가설은 카스쿠 혹은 우라르투(두퐁솜머), 하타리카-하드라크(랜즈버거), 아시리아(도신), 키식으로 불리는 지명(노트) 등을 포함한다.

(세피르 I A)

Ktk의 왕, 바르가야가 [아르밧의 왕, 아타르사마크의 아들, 마티엘과 맺은 조약; 바르가야의 아들들이 마티엘의 아들들과 맺은 조약; 바르가야의 아들들의 아들들과 아르밧의 왕, 아타르사마크의 아들, 마티엘의 후손들과 맺은 조약; Ktk가 아르밧과 맺은 조약; Ktk의 주민들이 아르밧의 주민들과 맺은 조약; […]가 …모든 아람, 무쯔르(Musr), 그리고 그 다음에 올라올 그의 (마티엘의) 아들들, 그리고 왕궁을 드[나]드는 모두와, 그리고 위 아람과 아래 아람…이 조약을 세운 모든 자들과 맺은 조약.

바르가야가 체결한 이 조약은 [···]앞에, 물레쉬(?) 앞에, 마르둑과 제르파닛 앞에, 나부와 타쉬멧 앞에, 이라와 누스크 앞에, 네르갈과 라스(Las) 앞에, 샤마쉬와 누르 앞에, [신과 니칼] 앞에, 니칼과 Kd'h 앞에, Rḥbh와 'dm의 모든 신들 앞에, 알레포의 [하닷···앞에, 시빗티 앞에, 엘과 엘욘 앞에, 하늘과 [땅] 앞에, 심연과 근원 앞에, 낮과 밤 앞에 [세워졌다]. [너] 모든 신들이여 [그것에 대한] 증인되소서. 당신의 눈을 열어 바르가야가 [아르밧의 왕 마티엘과] 맺은 조약을 보소서!

만약 [아르밧의] 왕 아타르사마크의 아들 마티엘이 [이 조약의 신들]에게 거짓하면, 그리고 마티엘의 후손들이 [···에게] 거짓하면, [(몇 줄의 글이 훼손됨)···. 일곱 양이] 한 암양과 [교배한다 해도], 암양은 임신하지 못할 것이다. 일곱 유모가 [그들의 젖을] 짜내어 아이에게 젖을 준다 해도, 그는 만족하지 못할 것이다. 일곱 암말이 망아지에게 젖을 물려도, 만족하지 못할 것이다. [일곱] 암소가 송아지에게 젖을 물려도 만족하지 못할 것이다. 일곱 암양이 새끼 양에게 젖을 물려도 [만족하지 못할 것이다]. 일곱 딸들이 음식을 찾아다녀도, (사람들의) 관심을 일으키지 못할 것이다.

만약 마티엘이 [바르가야와] 그의 아들, 그리고 그의 후손에게 거짓하면, 그의 왕국은 모래 왕국, (아니), 불처럼 사라지는 꿈 (같은) 왕국이 될 것이다. 하닷이 하늘과 땅에 모든 악과 모든 고통을 [부으시기를]. 아르밧에 위박들을 내리기를. 칠 년 동안 메뚜기들이 먹고, 칠 년 동안 벌레들이 먹을 것이다. 칠 년 동안 병충해가 그 땅을 뒤덮을 것이고, 풀이 자라지 않아 초록색의 것은 전혀 보이지 않으며, 식물들이 [없어질] 것이다. 수금(cithara) 소리가 아르밧 사람들 사이에 들리지 않으며 오직 그리고 오직 [애곡 소리]와 슬픔의 노래만이 들릴 것이다. 신들이 온갖 종류의 해충들을 아르밧과 그 주민들에게 보낼 것이다. 뱀의 입이 [삼킬 것이며], 전갈의 입, 곰의 입, 흑표범의 입, 나방과 벼룩들의 입이 삼킬 것이다. 잎사귀 하나 [남지 않을 것이다]. 그 땅은 황폐하여 벌거숭이가 될 것이다. 식물이 익지 않을 것이다. 아르밧은[···]와 사슴, 여우, 토끼, 야생 고양이, 부엉이, [···], 참새를 위한 황폐한 산이 될 것이다. [이] 마을과 Mdr', Mrbh, Mzh, Mblh, Shrn,

Tw'm, Byt'l, Bynn, […], 'rnh, Ḥzz, 'dm은 그 후로 사람들에게 기억되지 않을 것이다.

이 비문의 잉크가 불로 소멸될 때, 아르밧과 [그 위성 도시들]도 모두 소멸될 것이다. 하닷은 그곳에 소금과 물냉이들을 뿌릴 것이다. 그것은 그 후 기억되지 않을 것이다.

이 무리와 […]은 마티엘이다. 그것은 그 자신이다.

이 잉크가 불로 소멸될 때, [마티엘]도 불로 소멸될 것이다.

이 활과 화살이 부러질 때, 이누르타(니누르타)와 하닷은 [마티엘의 활]과 그 귀족들의 화살을 부술 것이다.

이 비문을 쓴 사람이 장님이 될 때, 마티엘도 장님이 될 것이다.

이 송아지가 각이 떠질 때, 마티엘과 그 귀족들도 각이 떠질 것이다.

…할 때, 마티엘의 아내들, 그 후손들의 아내들, 그 귀족들의 아내들은 노예가 될 것이다.

[…]하고, 그것의 얼굴이 가려지면…[…].

(세피르 I B의 윗부분은 I A와 아주 유사하다. 나머지 부분은 세피르 III처럼 조약 당사자들에게 부과된 의무들을 상세히 나열한다. 그중 서너개의 문단만이 비교적 명확하게 이해될 수 있다.)

(세피르 I C)

[만약…] 그들이 이렇게 말하고 [나, 마티엘]이 내 [후에] 올 내 아들과 내 아들의 [아들]을 위해 비망록을 기록하면, [그들은] 태양 [앞에서] 형통하게 될 것이며, [어]떤 해악도 내 [왕가에 [미치지 않을 것이다]. [그리고 마티엘]의 집은 ….

이 [석비에 기록된 말을 지키는 자는] 신들이 그의 날과 그의 집을 보호하시기를! 이 석비에 새겨진 말을 지키지 않고, '나는 그 말을 지울 것이다' 혹은 '나는 좋은 것들을 뒤집어, 악한 것들을 기록할 것이다'라고 말하면, 그가 그렇게 하는 날에, 그 사람과 그 가정, 그리고 그 안에 있는 모든 것은 신들에 의해 뒤집히고, 그것(그의 집)은 거꾸로 뒤집힐 것이며, 그 (사람)도 이름을 얻지 못할 것이다!

(세피르 II C)

(세피르 II A와 B의 대부분은 세피르 I과 III을 근거로 본문이 복원될 수 있는 곳에서만 번역이 가능하지만, 결론 부분은 매우 명확하다.)

[…그들이] 이 비문을 성소에서 제거하려 하면서 '나는 비문을 파괴할 것이고 내일 Ktk와 그 왕을 파괴할 것'이라고 말하지만, 정작 자신은 비문을 성소로부터 제거하기를 두려워 제3자에게 '내가 (너를) 고용한다"라고 말하며, 그에게 비문을 성소로부터 제거하라 명령하면…[…].

[그러나 그들이 이 조약…을 지키면], 이 비문에 있는 조약의 신들이 마티엘과 그의 아들, 그의 아들의 아들, 그의 후손, 아르밧의 모든 왕들, 그의 귀족들, 그들의 백성들의 집과 삶을 [지킬 것이다].

(세피르 III)

[…]혹은 네 아들, 혹은 네 후손, 혹은 아르밧의 왕들 중 하나에게 […]하고 범인이 열받아 욕을 내뱉듯이 나와 내 아들, 내 아들의 아들, 내 후손을 비난하면, 너는 그가 나와 [내 아들을] 욕하며 한 말을 용납하지 마라. 너는 그들을 내 손에 넘겨야 하며, 너의 아들은 그들을 내 아들에게 넘겨야 한다. 너희 후손들은 (그들을) 내 후손들에게 넘기며, 아르밧의 왕들의 후손은 (그들을) 내게 넘겨야 한다. 나는 그들에게 내 눈에 좋은 것을 행할 것이다. 네가 그리하지 않으면, 이 비문의 신들에게 거짓하는 것이다.

내 부하 중 하나가, 내 형제 중 하나가, 내 환관 중 하나가, 내 통제 아래 있는 사람들 중 하나가 나에게서 달아나 도망자가 되어 알레포로 가면, 너는 그들을 위해 음식을 제공하거나 그들에게 '네 집에서 평화롭게 있으라'고 말해서는 안 된다. 너는 그들이 나에게 불손하도록 자극해서도 안 된다. 그들을 달래서 내게로 돌려보낼지어다. 네가 그들을 꼬득여 나에게 불손하게 하고, 그들에게 음식을 주며 '네가 있는 곳에 머물고 그에게 신경쓰지 마라'라고 말하면, 너는 이 조약을 배반한 것이다.

내가 내 주변의 왕들 중 누구에게나 혹은 내 친구인 누구에게나 인사 혹은 내 사업을 위해 내 사자를 보낼 때, 혹은 그가 그의 사자를 내게 보낼 때, 길을 내주어야 한다. 이때 내게 통제권을 행사해서는 안 되고 그것의 사용을 반대해서도 안 된다. 그렇지 않으면 너는 이 조약을 어긴 것이다.

내 형제들 중 하나 혹은 내 아버지의 집들 중 하나, 혹은 내 아들 중 하나, 혹은 내 부하 중 하나, 혹은 내 적들 중 하나가 나를 죽이려 내 머리를 원하거나 내 아들과 내 후손을 죽이려 하면, 그리고 그들이 죽이려는 것이 나라면, 너는 와서 내 적들의 손으로부터 내 피를 복수해야 한다. 너의 아들이 와서 내 아들의 적들로부터 그의 피를 복수해야 한다. 네 아들의 아들이 와서 그의 피를 복수해야 한다. 그것이 도시면, 너는 그것은 검으로 죽여야 한다. 그것이 내 형제들 중 하나이거나, 내 종들 중 하나, 혹은 내 부하들 중 하나이거나, 내 통제 아래 있는 사람들 중 하나라면, 너는 그와 그의 후손, 그의 지지자들, 혹은 그의 친구들을 검으로 죽여야 한다. 네가 그렇게 하지 않으면, 너는 이 비문의 조약의 신들 모두에게 거짓하는 것이다.

나를 죽일 생각이 네 생각에 떠올라 그것을 너의 입술에 내면, 그리고 내 아들의 아들을 죽일 생각이 네 아들의 아들의 생각에 떠올라 그것을 그의 입술에 내면, 혹은 내 후손을 죽일 생각이 네 후손의 생각에 떠올라 그것을 그들의 입에 내면, (그런) 생각이 아르밧의 왕의 생각에 떠오른 결과 누군가가 죽으면, 너는 이 비문의 모든 신들에게 거짓하는 것이다.

내 보좌에 앉을 [내] 아들이 그의 형제들과 싸우거나 그를 미워하면, 너는 그들 가운데 혀를 놀려 '네 형제를 죽여라 혹은 그를 감옥에 넣고 놓아주지 말아라!'라고 말하지 마라. 네가 그들 사이에 평화를 중재하면 그는 죽임을 당하지 않고 투옥되지도 않을 것이다. 그러나 네가 그들 가운데 평화를 중재하지 않으면, 너는 이 조약을 배반하는 것이다.

내게서 도망한 죄인이 내 [주위]의 왕국 중 하나로 도망하거나 그들에게서 도망한 죄인이 나에게로 올 때, 그들이 내 도망자를 돌려준다면 나는 [그들의 도망자를 돌려줄 것이다. 너는 나를 방해하려 해서는 안 된다. 네가 그러지 않으면 이 조약을 어긴 것이다.

너는 내 집에서, 내 아들 가운데, 내 형제들 가운데, 내 후손 가운데, 내 백성 가운데 혀를 놀려 그들에게 '네 주를 죽여 그의 자리를 차지해라. 네가 그보다 낫다'라고 말해서는 안 된다. 그러면 누군가가 [내 피를 복수할 것이다. 네가 나를 배반하거나, 내 아들과 내 후손을 배반하면 너는 이 비문의 조약의 모든 신들에게 거짓하는 것이다.

[Tl'y]m, 그 마을들, 그 주민들, 그리고 그 영토는 내 아버지의 그의 [집에 영원히] 속한다. 신들이 [내 아버지의] 집을 몰아낼 때, 그것은 다른 사람의 것이 되었다. 이제 신들이 [내 아버지의] 집을 회복시키셔서…내 아버지와 Tl'ym이 […]에게 돌아왔고, 그의 아들과 그의 아들의 아들에게, 그리고 그의 후손에게 영원히 돌아왔다. [만약…] 내 아들과 내 후손이 [네 후손과] Tl'ym과 그 마을들, 그 주민들을 놓고 싸우면, 누가 아르밧의 왕들…일으키든지, 너는 이 조약을 배반한 것이다.

만약…그들이 아름다운[…] [좋]은 모든 것…어떤 왕에게 뇌물을 주면….

6. 비블로스의 아히람

ANET³, 661

1923년에 발견된 이 비문은 여기에 번역된 문서 중 가장 오래된 것으로 주전 10세기 초의 것으로 추정된다. 이 비문이 기술적으로는 부족하지만, 이것이 무덤 비문이라는 점을 고려해야 한다. 왜냐하면 무덤 비문은 종종 다른 종류의 비문보다 기술적인 완성도가 떨어지기 때문이다.

비블로스의 왕, 아히람의 아들, [잇]토바을이 자신의 아버지 아히람을 위해 제작한 석관—그의 영원한 〈거〉처.

비블로스의 어떤 왕이나, 어떤 지방관이나, 어떤 장군이 이 석관을 열면, 그의 홀이 부러질 것이며, 그의 보좌가 넘어질지어다. 평화가 비블로스에서 떠날 것이며 그 자신도 멸절될 것이다!

(… 앞에서?) 작성됨.

7. 아그바르, 네랍의 달신 제사장

ANET³, 661

1891년, 알레포 주변의 나이랍에서 발견된 비문으로 주전 7세기경의 것이다.

네랍에, 사흐르의 제사장, 아그바르의 것임.
이것이 그의 형상이다.

그 앞에서 내가 의로웠기 때문에 그는 나에게 좋은 이름을 주었고, 내 수명도 늘려주었다. 내가 죽던 날, 내 입이 닫혀 말 못하는 일이 없었다. 내 눈은 무엇을 보았던가? 4세대의 손자들이 처절히 나를 위해 우는 모습이다.

그들은 은이나 동 그릇을 내게 놓지 않았다. 장래에 내 침대가 제거되지 않도록 (여기에) 내 옷을 놓았다.

누구든지 나를 옮기는 잘못을 하면, 사하르, 니칼, 누스크가 그로 하여금 비참한 죽음을 죽게 할 것이며, 그의 후손도 멸망할지어다!

8. 시돈의 타브닛

ANET³, 662

1887년에 발굴된 이 비문은 역사, 고고학적 이유로 주전 5세기 초, 즉 페르시아 시대의 것으로 여겨진다.

아스타르트 제사장, 시돈 왕, 에쉬문아자르의 아들이자, 아스타르트 제사장, 시돈 왕인 나, 타브닛은 이 석관에 누워있다.

이 석관을 발견하는 사람은 절대로 열어 나를 방해하지 마라. 어떤 은도 내게 주어지지 않았다. 어떤 보석도 내게 주어지지 않았다. 오직 나만이 이 석관에 누워있다.

절대로 열어 나를 방해하지 마라. 그것은 아스타르트가 매우 미워하는 것이다. 그러나 네가 그것을 열어, 나를 방해하면 〈너는〉 해 아래 산 자들 가운데 어떤 후손(seed)도 가지지 못할 것이며, 죽은 자들 사이에서도 안식처를 가지지 못할 것이다.

9. 시돈의 에쉬문아자르

ANET³, 662

에쉬문아자르의 석관은 1855년 시돈 근처에서 발견되었다. 시돈의 타브닛 비문보다 약 14년 정도 앞 선 것으로 추정된다.

시돈 왕 타브닛의 아들, 시돈 왕 에쉬문아자르의 통치 14년, 불(bul) 월에, 시돈왕 에쉬문아자르는 다음과 같이 말했다.

나는 내 때가 되기 전에 데려감을 당했다. 과부의 아들이자, 고아였으며 짧은 생을 살다간 아들이다. 나는 내가 (손수) 만든 이 무덤에, 이 관에 누워있다.

네가 통치자이든 (평)민이든 이 안식처를 열지 마라. 무엇인가를 찾으려 뒤지지도 마라. 그 안에는 아무것도 넣지 않았다. 내가 쉬고 있는 관을 가져가지 마라. 이 안식처에서 다른 안식처로 나를 옮기지 마라. 사람들이 너를 꼬드겨도, 그들의 말을 듣지 마라. 이 안식처를 열거나 내가 쉬고 있는 관을 가져가거나, 나를 이 안식처에서 옮기는 자는 누구든지 죽어서도 안식을 얻지 못할 것이며, 무덤에도 묻히지 못하며, 그들을 대신할 아들이나 후손을 가지지 못할 것이다! 거룩한 신들이 이 안식처를 열거나 이 관을 옮기려는 통치자나 평민들을 강한 군주에게 넘겨 그들 자신과 그 통치자의 후손 그리고 그 평민들의 후손까지 잘라내도록 할 것이다! 그들이 아래에는 뿌리가 없게 될 것이며, 위로는 과일이 없을 것이며, 해 아래, 산 자들 가운데 저주 받을 것이다. 나는 참으로 불쌍하다. 내 때가 이르기 전에 데려감을 당했고, 과부의 아들이자, 고아며, 짧은 생을 살다 간 아들이기 때문이다.

시돈의 왕 에쉬문아자르의 손자이며 시돈의 왕 타브닛 왕의 아들인 나—시돈의 왕 에쉬문아자르—와 나의 어머니이자 아스타르트 제사장이며, 우리 여왕님이고, 시돈의 왕 에쉬쿤아자르 왕의 딸인 아모아쉬타르트는 신들의 집, [아스타르트]의 집을 바닷가 시돈에 건설했다. 또한 우리는 샤멤아딜림에 아스타르트 (신상)을 세웠다. 거룩한 왕자 에쉬문을 위한 집을 산 속 Ydll 샘에 지은 것도 우리며, 그의 (신상)을 샤멤아디림에 세운 것도 우리다. 또한 우리는 바닷가 시돈에 시돈 신들을 위한 집들과 시돈의 주신(Lord)을 위한 집, 아스타르트셈바을을 위한 집도 지었다. 그러자 우리가 행한 중요한 업적에 대한 (보상으로), 왕들의 주인이 샤론 평야에 있는 다곤의 힘센 나라들, 도르와 욥바를 우리에게 주었다. 그리고 우리는 그 나라들을 국경 안에 포함시켰다. 그들은 영원히 시돈에 속할 것이다.

 네가 통치자이든 (평)민이든 그것을 열지 마라. 나를 열거나 이 안식처에서 옮기지 마라. 내가 쉬고 있는 이 관을 옮기지 마라. 그렇게 하면 이 거룩한 신들이 그들을 버릴 것이며, 그 통치자와 그 사람들, 그리고 그들의 후손을 영원히 잘라낼 것이다!

CHAPTER XI

남부 아라비아 비문

원역자: 야메(A. Jamme)

현재의 예멘 서북부에 주전 1천 년경부터 기원후 3세기에 걸쳐 '스바'(Šbaʾ)라는 소왕국이 존재했다(왕상 10장). 그 북쪽에는 주전 6-1세기에 '마인'(Maʿin) 왕국이, 남쪽에는 주전 4세기부터 '카타반'(Qatabân 또는 Ḵataban) 왕국이 존재했고, 카타반 왕국의 동쪽에는 주전 7백 년경부터 '하드라무트'(Hadramout 또는 Hadramawt) 왕국이 있었다. 언어적이고 역사적으로 밀접한 이들 소왕국들은 이른바 사이하드(Sayhad) 문명을 이루어 고대 남부 아랍어 문화를 꽃피웠다.

1. 스바어 비문
ANET³, 663-65

1. 스바의 수도 마렙(Mâreb)의 서쪽에는 큰 댐이, 동남쪽에는 아왐(ʾAwwâm) 신전이 유명했다. 아래 문헌은 성벽 외곽에 새긴 것으로서 신전의 외벽 건설에 대해 언급한다.

스바의 *무카립*(mukarrib)인[1] 숨후알라이(Sumhu'alay)의 아들 야다일 다리(Yada''il Dharih)[2]는 아스타르에게 제사를 지낼 때, 그리고 신, 보호자, 계약, 그리고 [비밀] 조약에 의해 연합된 공동체를 창설[하면서], 일룸쿠(Ilumquh)의[3] 신전, 아왐의 담을 쌓았다. 아스타르와 아우바스 그리고 일룸쿠에 의함.

2. (마렙 근처의) 제벨 엘팔락(Jebel el-Falag)의 정상에 있는 봉헌 석비에 '좌우교대 서식(書式)'으로[4] 쓰여진 문헌으로서, 중요한 건물의 이전을 허락받은 사람이 그 봉헌 석비를 세운 이유를 설명한다.

바라홈 씨족(에 속한) 할릴(Halil) 가문의 일카왐('Ilqawwâm)의 아들인 비아스타르(Bi'attar)는, 숨후알라이께서 계획하시고 강화하시려는 계획대로, 그분의 신전을 옮기라는 명령을 받고, 아스타르와 사미(Samî') 다트 힘얌과 왓둠(Waddum)의[5] 돌기둥을 세웠다.

3. 마렙의 북북서 방향인 마립(Ma'rib)에 있는 돌기둥으로서 역시 좌우교대 서식으로 돌기둥의 건립과 그것을 기념한 사냥을 기념한다.

스바의 *무카립*인 숨후알라이의 아들 야타아마르 바인(Yata''amar

---

1 무카립은 임금이 생겨나기 이전의 고대 남부 아랍의 부족 지도자로서, 종교적이고 정치적인 권력을 행사했다(역주).
2 숨후알라이의 아들 야다일은 주전 670년경 스바 왕국을 이끈 임금이다. '야다일'은 히브리어 '여다야'에 해당하는 이름이다(왕상 9:10; 24:7; 겔 2:36; 느 7:39; 11:10; 12:6, 7 등)(역주).
3 알마카로도 알려진 이 신은 스바 왕국의 주신(主神)으로서, 달(月)의 신이다(역주).
4 첫 행은 오른쪽에서 왼쪽으로 쓰다가 둘째 행으로로 행이 바뀔 때, 바로 이어 왼쪽에서 오른쪽으로 써 나가는 옛날 서식(역주).
5 뒤에 나올 마인 왕국의 주신(主神)으로서, 달(月)의 신이다(역주).

Bayyin)은, *아스타르*와 구덩이⁶ 사냥할 때,⁷ 누뭄(Nûmum)⁸의 두 길에 돌기둥을 세웠다.

4. 고대 아라비아 남부에서는 죽은 이를 위한 비석을 세우는 것이 일반적이었다. 1947년에 마렙에서 발견된 이 비석 머리 부분에는 사람의 머리가 부조로 묘사되어 있고, 그 아래에 그 사람의 이름이 새겨져 있다.

1) 가이란(Ga'irân) [가문의] 하윰(Hay(û)m)

5. 고대 스바어 금석문에는 헌정하는 내용을 담은 것들이 많다. 마렙에서 발견된 이 문헌은 청동상을 바치는 내용이다. 아마도 이 글의 주인공은 음모에 휘말렸다고 호소하는 듯하다. 신에게 누군가를 벌주라고 호소하는 내용도 함께 적혀 있다.

(2) 아왐('Awwâmm') 신전의 주, 일룸쿠(Ilumquh) 타완(Thahwan)⁹에게 바쳐진 (1)…(3) 이 청동 신상은 찬미받을 지어다. 왜냐하면 (4) 일룸쿠 타완님께서 (5) 당신의 종 야스바(Yasbah)와 그의 형제들에게 (4) 내려 주시고 (5) 그분이 손수 칙령을 내려 지원해 주셨기 때문이다. 그때 그분은 (6) 하울란(Ḥaulan)¹⁰ 족의 아우숨('Awsum)으로 하여금 그들의 주인 임금을 거스도록 (5) 시도하고 자극했다. (7) 그리고 또한 일룸쿠님은 (8) 당신의 종 야스바에게 은총을 쏟아주심으로서 (7) 내려 주시고 지원해 주셨다. 왜냐하면 그가 (11) 쉬바눔(Šibânum)¹¹ 도성의 (10) 카브안(Kab(g)ân)의 아브와파이('Abwafay)

---

6 *TUAT* "카르왐(Karwam)에서." 카르왐에 대해서는 잘 알려진 것이 없다. 사냥 의례와 관련된 맥락에서 나온다(역주).
7 아마도 사냥과 관련된 의례를 행했을 것이다(역주).
8 지명으로 보이는데, 정확한 위치를 알 수 없다(역주).
9 일룸쿠의 호칭으로 자주 이렇게 사용된다(역주).
10 남부 아랍족의 이름으로서, 성경의 하윌라 족일 것이다(창 10:29; 왕상 1:23)(역주).
11 오늘날 예멘의 쉬밤시(Shibam 市)를 가리킨다(역주).

라는 계집을 (9) 벌주고 쫓아 보내기 위해 그분께 빌었기 때문이다. (11) 또한 일룸쿠님은 (12) 당신의 종 야스바가 당신께 청하는 호의를 (11) 계속해서 내려 주소서. (13) 그리고 당신은 당신의 호의와 은총을 (16) 스바와 라이단의 임금인 (15) 일샤라 야흐둡(Ilšarah Yahdub)과 야질 바인(Ya'zil Bayyin)의[12] 아들인 (14) 스바와 라이단의 임금 나샤카립 유민 유하립(Naša'karib Yu'min Yuharhib)에게 (13) 내려 주소서. (16) 그리고 그들의 사람들을 보호해 주소서. (17) 그리고 원수들의 적의와 사악함에서 그들을 (16) 지켜 주소서. (17) 일룸쿠에 의해 (이루어지소서).

6. 고대 아라비아 남부에서는 공개적으로 고백하는 관행이 있었다. 메디네트 하람(Medînet Haram)에서 발견된 이 청동판에 새겨진 문헌은, 성적 일탈을 종교적으로 고백하는 내용을 담고 있다.

(1) 타우반의 아들 하림은 (2) 두사마위(Dû-Samâwî)[13] 신께 (1) (공개적으로) 맹세하고 속죄했다. (3) 왜냐하면 그가 여성의 금지된 기간에[14] (2) 젊은 여인에 가까이 가서 (3) 월경하는 여인을 안았기 때문이다. (4) 또한 그가 산모와[15] 통교하였기 때문이고, (5) 또한 그가 정결례를 하지 않고 통교하였기 때문이고,[16] 정결례를 하지 않고 그의 옷에서 사랑했기 때문이고,[17] (6) 그가 월경하는 여인과 접촉했기 때문이고, (7) 씻지 않았기 때문이고, 또한 그의 (8) 옷에 정액을 뿌렸기 때문이다. 그는 스스로 추락하였고 (9) 부끄럽게 되었다. 그리고 그는 (벌금)형을 선고받았다. (신은) 그 대가를 치르게 하소서.

---

12 야질 바인은 일샤라 야흐둡의 형제인데, 형제가 함께 스바 왕국을 다스린 시기는 주전 3세기경이다(역주).
13 아미룸(Amīrum) 부족이 믿던 유목민의 신으로, 하람(Haram)시에서 섬겼다(역주).
14 레 15:24; 18:19(역주).
15 레 12:1-5(역주).
16 레 15:18(역주).
17 레 15:21(역주).

7. 신께 바치는 제물은 때로 신의 신탁에 따른 것이었음을 잘 보여 주는 문헌이다.

(2) 가다눔(Gadanum)[18] 부족(에 속한), 와합아타트(Wahab'atat)의 고위관료, (1) 하이탄(Haytân)의 (아들), 카립아타트(Karib'atat)는 (3) 아왐 도성의 주인이신 일룸쿠 타완에게 (4) 이 고귀한 신상을 바칩니다. 왜냐하면 (8) 신탁에서 (7) 알려주신 대로, 숨카립(Sumkarib)의 (6) 아들 나샤카립(Naša'karib)의 세월 동안 그가 고통받았던 병에서 (5) 일룸쿠께서 일으켜 세워 주시고 생명을 지켜 주셨기 때문입니다. (8) 또한 일룸쿠께서는 (9) 당신의 종 카립아타트에게 (10) 그가 당신께 원하는 (9) 모든 은총을 계속해서 쏟아내려 주소서. (11) 그리고 당신께서는 그를 모든 질병과 원수의 적의와 사악함(을 이기도록) (10) 북돋아 주시고 지켜주소서. (12) 아스타르('Attar)와 일룸쿠와 다트 힘얌과 히란(Hirrân)의 루브(Rub')에 의해 (이루어지소서).

2. 마인어 비문

ANET³, 665-67

8. 엘엘라(El-'Ela)에서 발견된 마인어 금석문 조각들에는 히브리 성경의 레위기와 남부 아라비아 비문 사이의 병행 본문이 들어있다는 주장이 있지만, 아래 문헌을 볼 때, 그런 주장의 설득력은 떨어진다.

(1) …그리고 그의 아들 아우스('Aws)… (2) 그리고 그가 왓둠(Waddum)[19] 신에게 맹세한 것들… (3) 왓둠 신을 노하게 하여… (4) …그를 복종시키셨고 그리고… (5) 그를 없애려는 모든 자들을 대항하여 아우스는 왓둠에게… (6) 신전에… (7) 아흐람('Aḥram) 부족의 야드쿠르일(Yadkur'il)…

---

18 예맨에 오래된 부족 이름이다(역주).
19 이 신은 마인 왕국의 주신(主神)으로서, 달(月)의 신이다(역주).

9. 고대의 수도 마인(Maʾin)에서 20분 정도 떨어진 엘미흐야르(el-Miḥyar)에서 할레비(J. Halévy)는 4면 모두 글이 새겨진 돌기둥을 발견했다. 그러나 그 일부만을 탁본하였다.

(Glaser 1278:) 니스와르(Niswar) 부족의 하즈만(Hazmân) 가문의 아와이스(ʾAways)의 아들 하유(Hayû)는 그의 아내이자 리흐얀(Lihyân)의[20] 자유민인 그의 아내 마스키(Masqî)를 지명하여(?) 격리했다(?)[21]

(Glaser 1256:) 가바안(Gabaʾân) 부족의 남한(Namhân) 가문의 하유의 아들 일와합(Ilwahab)은 가사(Gaza) 출신의 압바(ʾAbbaʿ)를 지명하여(?) 격리했다(?)

(Glaser 1252:) 가바안 부족의 라다(Radaʿ) 가문의 야함일(Yahamʾil)의 아들 와합일(Wahabʾil)은 시돈 출신의 압사미(ʾAbsamî)를 지명하여(?) 격리했다(?).

10. 엘 미흐야르에 위치한 신전 문 위에 새겨진 명문으로서, 마인의 임금이 신전을 개축한 것을 언급하고 있다. 본문의 좌우 끝에 상징물이 새겨져 있다.

(1) 마인의 임금 아브야다(ʾAbyadaʿ)의 아들 할카립 사둑(Halkarib Saduq)은, 캅둠(Qabdum) 신전의 주인이신[22] 아스타르[23]의 신전 리사품(Risâfum)을 건설하고 개축하였고, (2) 리사품 신전을 아스타르 샤르칸(ʾAttar Šarqân)[24]과 부족의 모든 신들에게 바쳤다. (우리 부족은) 신과 수호신과 조약과 밀약으로 하나 되어, 이것을 변경하는 모든 이에게 맞서고, (3) 이것을 끝장내는 모든 이에게 맞서고, 이것을 벗겨내려는 모든 이에게 맞서고 리사품 신전에서 역겨운 짓을 하는 모든 이

---

20 주전 6-4세기에 존재했던 북서아랍 부족의 소왕국이다(역주).
21 정확한 의미를 알기 힘들다(역주).
22 자주 나오는 표현인데, 직역하면 "캅둠 신전의 '그분'이신"이다(역주).
23 메소포타미아의 이쉬타르에 해당하는 신이다(역주).
24 '샤르칸'은 아스타르 신의 별칭으로서 자주 이렇게 쓰인다(역주).

들에게 맞선다. 전쟁에서나 평화시에나, 하늘에서나 땅에서나 (그러할 지어다).

11. 아래 문헌은 거대한 명문(銘文)으로서, 고대 마인 왕국의 수도인 마인 성읍의 서쪽 성문 근처 벽에 새겨졌다. 성탑, 교신용 참호, 임금이 내린 넓은 경작지의 농업과 마인 왕국의 귀족회의를 언급한다.

(1) 마인 왕국의 임금 아브야다 야타('Abyada'Yata')의 사랑을 받는 가바안 부족에 속한 야위실(Ya'wis'il), 야드쿠릴(Yadkur'il), 사아딜(Sa'ad'il), 와합일 그리고 야스밀(Yasmi''il)의 아버지인 하다르(Had'ar) 가문(에 속한) 암카립('Ammkarib)의 아들 알만('Alman)은, 캅둠의 주인이신 아스타르와 왓둠과 나크라훔(Nakrahum)[25]에게, 이 윗 건물과 여섯 개의 교신용 참호의 벽 지지대와 (2) 카르나우(Qarnawu)[26] (1) 성벽의 여섯 개의 탑을 성화하고 짓고 바치노라.

(2) (카르나우 성읍에는) 판관들이 지으신 성탑에서 성읍의 교차로까지 이르는, 람사우 지역의 수로가 (지나간다. 이 참호와 성탑은) 알만이 지었고 세웠으며, 나무와 절단한 쇠로 지붕을 덮었다. 맞은편 건물의 꼭대기부터 해자를 통해 물이 흐르는 홈을 (만들었다). 캅둠[27]의 주인이신 아스타르께서 그[28]에게 부과한 세금과, 그가 신들에게 바치려고 딴 첫 과일과 그가 그의 소유에서 보탠 것으로 (비용을 충당했다). 그때에

(3) 그는 왓둠에게 향수를, 캅둠의 주인이신 아스타르에게 희생제물을, 신전 재판소의 희생자들을 왓둠에게 바쳤다. //15// 그리고 그때에 마인 왕국의 임금이신 아브야다 야타와 마임의 의회와 귀족회의는 알만에게 전쟁시나 평화시에나 그의 신과 그의 수호신과 그의

---

25 마인 왕국에서 섬기던 태양신의 이름이다(역주).
26 마인 왕국의 수도이다. 이 이름은 (2)에 쓰여 있다(역주).
27 캅둠은 이곳과 여러 곳에서 단축형인 *Qabd*로 쓰였다(역주).
28 아마도 알만을 가리킬 것이다(역주).

임금과 그의 부족을 위한 명령을 [이루는 데 필요한] 행정과 조직을 제공하였다. 그리고 그때에 그들은 그에게 신전 봉헌을 위해 땅에서 농사짓게 하였는데,

(4) 임금의 회전 방앗간에서 (그 농산물을 처리해서) 얻은 수입은 (높이는) 사십 칠 자(cubit)요, // 47 // 넓이는 십칠 자에 //17// (이르는 창고에 쌓고), 마인 왕국의 공적 곡물 배분법에 의해서 얻은 수입으로 사십 칠 zbr[29]를 삼기 위해서이다. 그리고 (그 땅의) 경계와 방향은 이러하다. 한다르(Handar) 씨족이 보수한 강둑에서 하와르(Hawar) 씨족의 수로의 물을 따라서,

(5) 그리고 가나드(Ganad) 씨족이 수리한 농사용 수로를 (따라서), 그리고 타누프(Tanuf)의[30] 땅의 방향으로, 즉 서쪽으로, 그리고 아맘('Amam) 씨족의 두 개의 수로 물 방향으로, 즉 야틸(Yatil)쪽으로, 그리고 아샤르('Ašar) 씨족의 수로 (방향이다). 이는 문서보관소의 문헌과 일치한다. 아스타르 샤르칸에 의해, 캅둠의 아스타르에 의해, 왓둠과 나크라훔에 의해 유하리크(Yuhariq)[31] 신전의 주인이신 아스타르에 의해, 마인과 야틸의 모든 신들에 의해, 그리고 (6) 마인 왕국의 (5) 임금 아브야다 야타에 의해,

(6) 그리고 마인과 야틸의 부족들에 의해 (맹세한다). 그리고 알만과 그의 아들들은 그들의 봉헌물과 그들의 농사와 그들의 사용권을, 아스타르 샤르칸과 캅둠의 주인이신 아스타르와, 왓둠과 나크라훔과 마인과 야틸과 히란(Hirrân)의 모든 신들에 바치고, 왓둠의 격류(激流)가 그것들과 그 문헌을 하늘과 땅에서 변경하려는 모든 이들에 맞설 것이다.

---

29 아마도 부피의 단위일 것이다(역주).
30 태양의 여신이다(역주).
31 아스타르 신전이 있던 곳의 지명이다. 이 신전은 특히 'Athtar Dhu-Yuhariq로 각별한 섬김을 받았다(역주).

12. 1944년 하리바트 마인(Haribat Maʾîn)에서 발견된 금석문으로서, 건물에 바쳐진 몇 가지 소유물과 동물을 언급한다. 이것들은 달신 왓둠을 섬긴 한 고위 성직자 가문에 의해 다양한 신들에게 바쳐진 것이다.

(1) 왓둠의 두 사제 나바트 카립 리얌(Nabat karib Riyyâm)과 일사둑(ʾIlsaduq)과 그들의 아들들인 할야파 리얌(Halyafaʿ Riyyâm)과 사아드일(Saʿadʾil)과 아브카립(ʾA(b)karib)과 암사미(ʿAmmsamî)와 야다 씨족의 아버지인 아브카립(ʾAbkarib)의 아들인 할야파 파이쉬(Halyafa ʿFayš)는 왓둠의 사제로서 (2) 캅둠의 주인이신 (1) 아스타르와

(2) 왓둠과 나크하룸에게 야히르(Yahir) 성탑과 라타(Rataʿ) 통행로의 모든 건물과, 나무와 절단한 쇠를, 기초부터 꼭대기까지, 문설주에서 두하드르(Dû-Hadr)에게 바친 성탑까지 (1) 성화하고 바친다. (2) 그때에 그는 캅둠의 주인이신 아스타르에게

(3) 네 가지 제물을, 저마다 마흔 네 (단위씩), (2) 바쳤다. (3) 그리고 그때에 그는 마인의 이름으로 검은 소와 어린 송아지를 신들께 바쳤다. 자유인과 일꾼과 종들과 감독관들이 (모두 함께 바쳤다). 또한 그때에 그는 캅둠의 주인이신 아스타르와

(4) 왓둠에게 신전 재판소의 희생자들을 (3) 바쳤다. (4) 또한 그때에 그는 유하리크 신전의 주인이신 아스타르와 나크라훔에게 절단한 쇠로 (만든) 석 자 (길이의) 야틸 성벽을 기초부터 꼭대기까지 드렸다. 그리고 그는 그의 신인 캅둠의 주인이신 아스타르에게 그의 소유물을 바쳤다.

ANET³, 667-69

3. 카타반어 비문

13. 카타반의 무카립은 그의 직위에 대해 설명한다. 그의 직위는 달신과 달신의 신전과 땅의 재화와 관련된다. 그리고 그는 그의 소유물 일부를 달신 안바이('Anbay)에게 바친다. 와디 바이한(WâdîBeihân)에서 출토.

(a 2) 아마르('Amar)와 샤마르(Šamar)의 주인이신 안바이와 하우쿰(Hawkum)의[32] 맏아들이자, 카타반의 (a 1) 무카립인 야다압(Yada''ab)의 아들…샤하르 힐랄(Šahar Hilâl)은 (b 1) 암뭄 탄툼('Ammum Tantum)의 사제직의 대리자이자, (b 2) 암 라얀('Amm Ray'ân)의 사제요 행정관이고, (b 3) 다바흐툼(Dabahtum)에서 측정한 소유물의 주인이고 (b 5) 하우란(Hawrân) 부족이 소유한 (b 4) 소유지의 돌우물을 (소유한 자로서), (b 7) 고난에(?) (b 6) 대비하여, 그의 소유물을 축제의 주인이신 (b 5) 안바이님께 바쳤다.

14. 이 문헌은 카타반 왕국의 주신(主神)인 암('Amm)이 명령하고 아우스암('Aws'amm)이 길을 낸 일을 언급한다. 아우스암은 카타반의 무카립의 명령에 따라 메블라카(Meblaqah) 통행로를 연 사람이다. 4-7행 좌우로 소머리뼈가, 문헌 위에는 특별한 상징이 있다.

(2) 카타반의 무카립인, 샤하르(Šahar)의 아들 (1) 야다압 두바인(Yada''ab Dubayyin)과, (3) 암('Amm)의 모든 자녀들과, 아우산('Awsân)과 카히드(Kahid)와 (4) 다하숨(Dahasum)과 타브나우(Tabnaw)와 야르파(Yarfa')와, 남부인들과 (5) 북부인들은 뚫고 구멍내어 산길을 내고, (6) 샤크르(Šaqr)의 주인인 암의 명령에 따라 자룸(Zarrum)으로 가는 길을 냈다. 암에 의해 (7) 안바이에 의해, 그리고 라이마툼(Raymatum) 신전의 주인인 암에 의해 샤크르의 주인인 암에 의해 (8) 하우쿰에 의해, 다트산툼(Dât-Santum)에 의해, 다트자흐란(Dât-

---

32 늘 안바이와 함께 등장하는 신이다(역주).

Zahrân)에[33] 의해, 그리고 다트라흐반(Dât-Rahbân)에 의해 (보호받았다). (9) 마다훔(Madahum) 가문의 야수르암(Yasurr'amm)의 아들 아우스암이 (10) 그의 주인인 (11) 야다아브의 (10) 명령에 따라 자룸으로 가는 길을 뚫고 포장하는 일을 (9) 모두 지도하고 감독하였다.

15. 오늘날 예멘의 하자르 헤누 엣지레이르(Hajar Henu ez-Zireir) 북쪽의 제벨 샤키르(Jebel Šaqir) 바위에 새겨진 명문으로서, 본디 산길을 내는 일을 언급한 것 같다. 그는 평범한 사람으로서 이 길을 냈고, 그와 자식 등을 위해 이 길을 몇몇 신에게 바쳤다.

(1) 다라안(Dara'ân) 부족에 속한 야카흐말릭(Yaqahmalik)의 아들 나바트암(Nabat'amm)은 높고 험한 산 (2) 두마우자둠(Dû-Mawzadum) 산 (1) 꼭대기를 (2) 두다라아트(Dû-Dara'at)님과 두아티라트(Dû-'Atirat)님을 위해 (1) 뚫고 구멍내었다. (2) 그리고 그는 아스타르와 샤크르의 주인인 암과 (3) 하우쿰과 다트라흐반에게, 그와 그의 자녀들과 그가 통지하는 백성을 위해, 바친다. (3) 아스타르에 의해, 암에 의해, 그리고 (4) 샤크르의 주인인 암에 의해, 안바이에 의해, 하우쿰에 의해, 그리고 다트라흐반에 의해, 샤흐르 힐랄, 그리고 그의 아들이자 (5) 역시 카타반의 임금인 나바트암에 의해 (확인되었다).

16. 카타반의 임금이 신전에 바친 봉헌물과 관련하여 몇몇 사람을 칭찬하고 직위를 내린다. 고대의 딤나(Timna')인 하야르 콜란(Hajar Kohlân) 출토.

(1) 카타반의 임금인 야다아브의 아들 샤흐르 힐랄 유한임(Šahar Hilâl Yuhan'im)은 다우아눔(Dawanum)의 주인인 암('Amm)의 신전 하타붐(Hatabum) (건립과) 관련하여, 그리고 (2) 안바이 샤이만('Anbay Šaymân)의 (1) 신전 리사붐 (건립과) 관련하여, (2) 그리고 샴스(Šams)와 루브 샤하르(Rub'Šahar)에게 복종하는 의미로, 그의 백성인 하이바

---

33 다트산툼과 다트자흐란은 태양의 여신이다(역주).

르(Haybar)의 두 아들인 암야다('Ammyada')와 후푸눔(Hufnum)에게, 그리고 하이바르 (3) 아반(Haybar 'Abân)의 (2) 아들 하우프일(Hawf 'il)에게, (3) 하유(Hayû)의 아들 라아아브암(Ra'ab'amm)에게, 라바(Rabah)의 두 아들 알라윰('Alayum)과 야쉬리흐암(Yašrih'amm)과 그 형제들, 즉 라바의 주인인 암의 행정관들에게, 그리고 그들의 여성 친척들과 (4) 자녀들에게도 (1) 다음과 같이 하사하여 선언한다. (그들은) [이전 몫과 관련해] 임차한 몫과 [확정된 부분], 그리고 압수품, 또한 수입의 일부를 사용해 암과 아씨랏에게 제사, 선물, 서원물의 값을 치를 수 있다. (5) 그리고 이 규정과 양해 조항에 따라, 그것은 라바의 주인인 암의 행정관과 그 여성 친척들과 아들들과 딸들에게 고지될 것이다. (6) 그리고 샤하르 (임금)은 그의 사람인 라바의 주인 암의 행정관들과 그들의 여성 친척들과 그들의 아들들에게 이 규정과 양해 조항들과 (7) [돌에 새긴] 문장에 따라 특권을 내린다. (7) 그리고 샤하르 (임금)은 그의 사람인 라바의 주인 암의 행정관들에게 라바 계곡(의 돌)에 이 문장을 쓰고 새기도록 명령한다. (8) 또한 (같은 문장을) 두가일룸(Dû-Gaylum)에 있는 라바의 주인 암의 신전에 (7) 따로 방을 두어 (놓게 하고) (8) 야구르(Yagur)의 주인이신 샤하룸(Šaharum)의 조상 두딤나(Dû-Timna')월에, 딤나에 있는 두사다우(Dû-Śadaw) (신전)의 입구에 (놓게 한다). (9) 그리고 라바의 주인 암의 행정관들은 이 규정과 이 양해 조항과 샤하르 야굴(Šahar Yagul)이 그들에게 써 준 양해 조항들에 복종하고 공정히 행할 것이다. 그리고 샤하르 (임금)이 직접 서명한다.

17. 딤나의 공동묘지 하이드 빈 아킬(Heid bin 'Aqîl)에서 발굴된 비문으로, 맹세 제물로 바친 상을 언급한다.

(1) 히란 씨족과 (2) 다라안 씨족에 속한 (1) 와합일 가문의 여성 아브사둑 아림은 (3) 리사품에서 (2) 안바이 샤이만에게 (3) 그녀의 맹세 제물을 (2) 바쳤다. (4) 그녀는 이 장소에서 그것을 제거하려는 모든 이들에 맞서, (3) 이 여성상을 안바이의 보호 가운데 맡겼다.

18-19. 여행지 건물(proscynemata) 기초에서 발견된 것으로, 대표자의 '신원증' 역할을 한 것 같다. 윗면에 새겨져 있던 것인데, 현재는 거의 알아볼 수 없게 되었다.

(30-47-28 = *RÉS* 4569) 파카드(Faqad) 가문의 야티움(Yati'um)

(30-47-30 = *RÉS* 4571) 와카쉬(Waqaš) 가문의 나암뭄(Na'ammum)

4. 하드라무트 비문

ANET³, 669-70

20. 청동판에 부조로 새긴 문헌으로서 하드라무트의 주신인 달신에 바친 봉헌물을 언급한다. 그리고 몇몇 신에게 눈동자의 빛과 마음의 생각이라는 특별히 귀한 제물 두 개를 바친 일을 언급한다. 샤브와(Šabwa)에서 출토.

(2) 일샤라('Ilšarah)의 (1) 아들이자, 하드라무트 임금님의 재무 장관인 사둑다카르 바란(Saduqdakar Barrân)은 (2) 일룸('Ilum) 신전의 주인인 신(Sin)[34]에게 청동판을 바치오니 (3) 그 무게는 진실되고, 붉은-갈색 청동판입니다. (4) 그것은 신(Sin)께서 신탁을 통해 그에게 명령하신 대로 (3) 그가 약속한 것을 드린 것입니다. (4) 그리고 사둑다카르는 (5) 일룸의 주인인 신(Sin)과 그의 아버지이신 아스타르와 일룸 신전의 여신들과 (6) 샤브와 도성의 신들과 여신들에게 (4) 복종하며 (6) 그의 인격과 그의 이해와 그의 (7) 자녀들과 그의 소유와 그의 눈의 빛과 그의 마음의 생각을 겸손과 (8) 마땅히 동의할 복종의 표시로 (4) 성별하여 (드립니다).

(청동판의 뒷면에는 다음과 같은 표시가 있다.)

---

34 고대 근동에 널리 퍼진 달(月)신이다.

"사아드샴숨"(Sa'adšamsum)[35]

21. 하드라무트의 임금은 신전 재건과 그가 천도한 도시의 성벽 재건을 경축한다. 이를 계기로 사냥 축제를 여는데, 매우 성공적이었다. 샤브와 서쪽 15km 지점에 우클라('Uqla)라고 하는 절벽에 새겨져 있다.

(1) 유합이르(Yuhab'ir)의 자유인이자 랍샴스(Rabbšams)의 아들인 하드라무트의 임금 야다일 바인(Yada''il Bayyin)은 샤브와트(Šabwat) 도성을 개조하고 바꾸었고 (2) 신전을 돌로 재건하고 성벽의 지붕과 벽면을 새로 발랐다. 신전과 성벽은 무너졌었다. 그때에 그들은 안와둠('Anwadum) 숲에서 소 서른 다섯 마리와 어린 낙타 여든 두 마리와 영양 스물 다섯 마리와 치타 여덟 마리를 죽였다.

22. 앞과 같은 절벽에 연속해서 쓰여 있는 명문으로서, 하드라무트 임금과 함께 숲 속에 들어가서 임금에게 명예를 받은 사람들이 나열되었다.

(1) 나하둠(Nahadum)의 아들 나스룸(Nasrum), (2) 아드마르('Admar)의 아들 (1) 라크슘(Raqšum), (3) 유알리드(Yu'allid)의 (2) 아들 와일룸(Wa'ilum) (3) 바킬룸(Baqilum)의 아들 와일룸(Wa'ilum), 왓둠(Waddum) 가문에 속한 아브카립('Abkarib)은 (6) 암다하르('Ammdahar)의 아드님이시자 (5) 하드라무트의 임금이신 그들의 주인 일아드 얄루트('Il'add Yalut)께서 (7) 안와둠 (6) 숲에 들어가 (7) 머무르시면서 직위를 주실 때 (4) 동행하였다.

23. 베이트인(Beitîn)에서 발굴된 점토판 조각에 새겨진 문장으로서, 켈소(James L. Kelso)가 1957년에 발견했다. 넓이는 7x8cm, 두께는 1.5cm. 하드라무트의 쉬밤(Šibam)에서 동남쪽으로 62km 지점에 있는 알아슈하드(al-Mašhad)에서 벤트(Th. Bent)가 발견한 것과 거의 같다(A 727, Glaser collection).

---

35 의미는 불분명하다.

두 개의 인장은 조금 다르다는 고서체 전문가의 견해가 있긴 하지만, 실제로 거의 동일하게 보인다. 베이트인에 살던 하드라무트의 "대리인"의 인장이다. 그는 들고 나는 물건에 권위 있는 인장을 찍었다.

1 [···하]
2 미얀(Hamiyân), 대
3 리인

24. 바위에 새겨진 명문으로서, 반 레슨(M. D. Van Lessen) 소령이 예멘의 국경 지대 무케이라스(Mukayras) 근처 소아메스 언덕(Soames Hill)에서 발견하였다. 본문에는 그동안 알려지지 않았던 신의 이름이 들어 있는데, '*lyn*로 쓰여진 이 신은 구약성경의 하나님의 칭호인 엘룐(*ĕlyôn* 신명 32,8 등)과 비교될 수 있는 이름이다.

(1) 하지얀 아이잔 (2) 라하이(Hazîyân 'Ayizân Lahay)가 (3) 백년(百年)의 주인이신 (2) 알리얀('Aliyân)님을 존경하여 (여기에) 쓰다.

THE ANCIENT NEAR EAST

An Anthology of Texts & Pictures

CHAPTER XII

이집트 저주 문서들

원역자: 윌슨(John A. Wilson)

1. 아시아 왕자들에 대한 저주

ANET, 328-29

중왕국 시대 이집트인들은 그들의 실제적 또는 잠재적 적들에 대하여 저주하는 주술을 행하였다. 베를린박물관에는 저주당한 적들의 이름이 적혔다가 박살 내 버려진 도자기 그릇 조각들이 소장되어 있다. 카이로와 브뤼셀박물관에 있는 명문이 기록된 인형들도 유사한 저주 문구들을 담고 있다. 그들은 그러한 도자기들을 박살 내 버리면서 그들의 적들의 힘도 무력화시킬 수 있다고 생각했던 것이다. 저주받은 자들 중에는 누비아인들, 아시아인들, 리비아인들, 적대적인 이집트인들, 악한 세력들 등이 있다. 아래는 베를린 자료 일부를 옮긴 것으로서, 아시아인들, 일부 이집트인들, 악한 세력들에 대한 것이다.

사진 153;
렘 19:10-11

1) 아시아인들

(e1) 이이아나크의[1] 통치자 에룸과 그와 함께 있는 모든 하인들[2]; 이이아나크의 통치자 아비야미무와 그와 함께 있는 모든 하인들; 이이아나크의 통치자 아키룸과 그와 함께 있는 모든 하인들;

(4) 슈투의[3] 통치자 아야붐과[4] 그와 함께 있는 모든 하인들; 슈투의 통치자 쿠샤르와 그와 함께 있는 모든 하인들; 슈투의 통치자 자불라누와[5] 그와 함께 있는 모든 하인들;…

(23) 아스카누의[6] 통치자 칼루킴과 그와 함께 있는 모든 하인들;…

(27) 예루살렘의 통치자 야카르암무와 그와 함께 있는 모든 하인들; 예루살렘의 통치자 세트아누와 그와 함께 있는 모든 하인들;…[7]

(31) 이이시피의 모든 통치자들과 그들과 함께 있는 모든 하인들;

(f1) 비블로스, 울라카, 슈투의 이이아나크, 이이무아루, 케헤르무, 르훕,[8] 야리무타, 인히아, 아키, 아르카타,[9] 야리무타, 이시누,[10] 아스카누, 데미티우, 무트일루, 아크뭇의 예루살렘, 이아헤누, 이이시피의 모든 아시아인들;

(g1) 그들의 강한 남자들, 그들의 빠른 달리는 자들, 그들의 동맹국들, 그들의 동료들, 아시아에 있는 멘투들[11];

민 24:17

신 2:10

1 여기에 나오는 많은 지명은 알려지지 않은 것들이며, 다른 것들도 대부분 추정일 뿐이다. 이 이름은 가나안 정복 당시 가나안 땅에 있던 아나킴(거인들)과 관련이 있을 것이다.
2 이집트 말로 "신뢰받는 자"를 의미하는 단어로 여겨짐. 아마도 창세기 14:14의 히브리어 *하닉과 같은 단어일 것이다.
3 아마도 모압
4 욥; 설형문자로는 아얍(Ayyab)
5 스불론의 설형문자 표기와 유사하다.
6 아스글론; 설형문자로 아쉬칼루나.
7 브뤼셀과 카이로에 있는 인형들에는 확인 가능한 더 많은 이름이 있다.
8 아마도 여러 르훕들 중 하나.
9 또는 이라크툼, 페니키아의 아르카타의 또 다른 이름
10 벧샨과 비교되어 왔다.
11 "멘투는 세텟이다"는 이집트의 북동쪽에 인접한 이웃들을 가리키는 옛 표

(h1) 이 온 땅에서 반역할 자들, 음모를 꾸밀 자들, 전쟁을 일으킬 자들, 전쟁을 말할 자들, 또는 반역을 말할 자들.

2) 이집트인들

(m1) 모든 남자들, 모든 사람들, 모든 남성들, 모든 환관들, 모든 여자들, 모든 관리들,

(n1) 이 온 땅에서 반역할 자들, 음모를 꾸밀 자들, 전쟁을 일으킬 자들, 전쟁을 말할 자들, 또는 반역을 말할 자들, 그리고 반역을 말하는 모든 반역자들.

수 1:18

(o1) 싯바스텟의 가정교사, 싯하토르의 수상, 네프루의 딸, 아메니는 죽을 것이다.[12]

싯이피의 가정교사, 싯하토르의 딸, 케투라고 불리는 센우세르트, 작은 자는 죽을 것이다. 그리고 싯이피의 가정교사, 싯아메니의 딸, 이이메넷의 수상, 싯하토르의 딸…

(8) 헤텝에게 태어난 자요 센우세르트의 아들, 아메니는 죽을 것이다.

3) 사악한 세력들

(p1) 모든 악한 말, 모든 악한 연설, 모든 악한 비방, 모든 악한 생각, 모든 악한 음모, 모든 악한 전쟁, 모든 악한 싸움, 모든 악한 계획, 모든 악한 것, 모든 악한 꿈, 모든 악한 잠.

현이다.
12 구체적으로 이름이 언급된 이 이집트인들에 대하여는 중요한 점 두 가지가 있다. 첫째, 이 이름들은 제12왕조 왕가의 특징적인 이름들이다. 둘째, 그들 중 여럿은 공주나 왕비로 보이는 여자들의 직원들이다. 이러한 저주의 배경으로 하렘의 음모를 생각해 볼 수 있을 것이다.

THE ANCIENT NEAR EAST

An Anthology of Texts & Pictures

이집트의 찬송시들

원역자: 윌슨(John A. Wilson)

1. 아톤에게 드리는 찬송시

ANET, 369-71

파라오 아멘호텝 4세는 이집트의 기성 종교를 깨뜨리고 태양 원반이며 생명의 원천인 아톤 숭배를 도입했다. "아마르나 혁명"은 이집트의 전통적이고 변함없는 종교적, 정치적, 예술적, 문학적 삶의 양식으로부터 완전히 벗어난 단절을 시도하였다. 파라오는 그의 이름을 아크엔아톤[1](아마도 "아톤에게 쓸모 있는 자")으로 바꾸고, 수도를 테베에서 텔 엘 아마르나로 옮겼다. 이 신에 대한 파라오의 태도는 아래에 이어지는 유명한 찬송시에 잘 나타나 있다. 이 찬송시는 창조하고 재창조하는 태양 원반의 보편성과 은혜를 분명히 보여 준다. 시편 104편과 사상과 언어가 유사하다는 점이 종종 주목받고 있으며, 둘 사이의 직접적인 연관성이 주장되기도 한다.[2] 아크엔아톤은 이 신에게만 헌신된 사람이었으므로 아마르나 종교는 유일신교적이라고 한다. 하지만 이것은 논쟁의 여지가 있다.

---

1 이 이름은 한국에서는 일반적으로 '아케나톤' 혹은 '아크나톤'으로 알려져 있다(역주).

2 J. H. Breasted, The Dawn of Conscience (New York, 1933), 281-86.

사진 108, 110

조금 보수적 입장으로 보면 아크엔아톤과 그의 가족만이 아톤을 경배했고, 아크엔아톤의 신하들은 아크엔아톤을 숭배했으며, 대부분의 이집트인들은 이 새로운 신앙에 무관심했거나 적대적이었던 것이 현실이다.

레 하르아크티에 대한 찬양, 그는 지평선에서 즐거워하고, '아톤 원반[3] 안에 있는 슈'라는 그의 이름 안에서 영원토록 산다. 기념제의 살아있는 위대한 아톤, 아톤이 둘러싼 모든 것들의 주, 하늘의 주, 땅의 주, 아켓아톤에[4] 있는 아톤의 집의 주; 그리고 상하이집트의 왕에 대한 찬양, 그는 진리 안에 살고, 두 땅의 주, 네페르케페루레 와엔레; 레의 아들, 진리 안에 살고, 왕관의 주: 아크엔아톤, 그의 생명이 길도다. 그리고 왕의 최고 아내에 대한 찬양, 그의 사랑받는 자, 두 땅의 여주인: 네페르네페루아톤 네페르트이티, 살아있는 자, 영원토록 건강하고 젊은 자; 왕의 오른손의 부채 든 자…눈. 그가 말한다.

> 당신은 하늘의 지평선에 아름답게 나타납니다.
> 당신은 살아있는 아톤, 생명의 시작!
> 당신이 동쪽 지평선에 떠오를 때,
> 당신은 모든 땅을 당신의 아름다움으로 채웁니다.
> 당신은 은혜롭고, 위대하고, 번쩍이며, 모든 땅 위에 높습니다.
> 당신의 광선은 당신이 만든 모든 것의 한계까지 땅들을
>   아우릅니다.
> 당신은 레이므로, 당신은 그들의 끝까지 이릅니다.[5]
> 당신은 당신의 사랑하는 아들을[6] 위하여 그들을 굴복시킵니다.
> 비록 당신은 멀리 있지만, 당신의 광선은 땅에 있습니다.
> 비록 당신은 그들의 얼굴에 있지만, 아무도 당신이 가는 것을

---

3 아톤은 레, 지평선의 하르, 슈, 이렇게 세 개의 오래된 태양신들을 포함한 왕의 카투쉬(cartouche) 안에 기록된 교리적인 이름을 지니고 있다.
4 아켓아톤(Akhet-Aton)은 텔 엘 아마르나의 수도의 이름이다.
5 언어유희: 라 "레", 에르-라 "끝까지"
6 아크엔아톤

알지 못합니다.

당신이 서쪽 지평선에 저물 때,
땅은 죽음과 같이 어둠 속에 있습니다.
그들은 머리를 동여매고 방에서 잠을 잡니다.
한 눈이 다른 눈을 보지 못합니다.
그들의 머리 아래에 있는 그들은 모든 것들은 도적질
　당합니다.
그러나 그들은 인식하지 못합니다.
모든 사자는 그 굴에서 나옵니다.
모든 기어 다니는 것들은 침을 쏩니다.
어둠은 장막이 되고, 땅은 고요합니다.
그들을 만든 자가 그의 지평선에서 쉬고 있기 때문입니다. ── 시 104:20-21

동이 트고 당신이 지평선에서 떠오를 때,
당신이 낮에 아톤으로 빛날 때,
당신은 어둠을 몰아내고, 당신의 광선을 내뿜습니다.
두 땅은 깨어서 그들의 발로 일어나서
날마다 축제를 벌입니다.
당신이 그들을 일으켜 세웠기 때문입니다.
몸을 씻고, 옷을 입고　　　　　　　　　　　(5)
그들의 팔은 당신의 모습에 찬양 가운데 들어 올려집니다.
모든 세상, 그들이 일을 합니다. ── 시 104:22-23

모든 짐승들은 그들의 목초지에 만족합니다.
나무와 식물들이 울창해집니다.
둥지에서 날아가는 새들,
그들의 날개는 당신의 카를 향해 찬양 가운데 펼쳐집니다.
모든 짐승들은 발로 뛰어 오릅니다.
모든 날고 내려앉는 것들,

시 104:11-14	그들은 당신이 그들을 위해 떠오를 때 살아납니다.
	배들은 북쪽과 남쪽으로 항해합니다.
	모든 길은 당신의 모습을 향해 열려 있습니다.
	강의 물고기는 당신의 얼굴 앞에서 쏜살같이 움직입니다.
시 104:25-26	당신의 광선은 위대한 녹색 바다 한가운데에 있습니다.
	여자의 씨의 창조자,
	남자의 액을 만든 자,
	어머니의 자궁의 아들을 유지시키는 자,
	울음을 그치도록 하는 것으로 그를 달래는 자,
	당신은 자궁에서 젖을 먹이고,
	그가 만든 모든 것을 유지시키기 위해 숨을 불어 넣습니다.
	그가 자궁에서 숨을 쉬려고 내려갈 때,
	그가 태어난 날에,
	당신은 그의 입을 완전히 열고,
	당신은 그의 필요를 공급합니다.
	달걀의 병아리가 껍질 안에서 말할 때,
	당신은 그를 유지시키기 위해 숨을 불어 넣습니다.
	당신이 그가 온 힘을 다해 달걀 안에서 그것을 깨뜨리도록 할 때,
	그는 그의 완전한 때에 달걀에서 나와서 말합니다.
	그가 거기서 나올 때 그는 그의 다리로 걷습니다.
시 40:5	당신이 만든 것이 얼마나 다양한지요!
	그것들은 (사람의) 눈으로부터 숨기어 있습니다.
	오 유일한 신이여, 그와 같은 자는 없습니다!
시 104:24	당신이 혼자였을 때,
	당신은 당신의 뜻에 따라 세상을 창조했습니다.
	모든 남자, 소, 들짐승,
	발로 가는 땅에 있는 모든 것,

날개로 나는 높은 곳에 있는 것들을.

시리아와 누비아 나라, 이집트 땅,

당신은 모든 사람을 그 자리에 놓습니다.

당신은 그들의 필요를 공급합니다.

모두가 각자의 음식을 갖고, 그의 생애의 시간이 시 90:10
   계산되었습니다.

그들의 언어는 말을 할 때 구별되고, 시 104:27

그들의 본성들도 그러합니다.

그들의 피부도 구분됩니다.

당신이 외국 사람들을 구별했기 때문입니다.

당신은 지하에 나일을 만듭니다.

당신은 당신이 원하는 대로 그것이 내뿜도록 만듭니다.

이집트 사람들을 유지하기 위하여.[7]

당신이 자신을 위하여 그들을 만든 대로,

그들을 위해 스스로를 지치게 만드는, 그들 모두의 주,

그들을 위해 떠오르는, 모든 땅의 주,

낮의 아톤, 위대한 폐하.

모든 먼 외국 나라들, 당신은 그들의 삶도 만듭니다.

당신은 나일을 하늘에 두서서,

그것이 그들을 위해 내려와서 산들에 파도를 만들고,   (10) 시 104:6,10

마치 위대한 녹색 바다처럼,

그들 마을의 들판에 물을 줍니다.[8]

당신의 계획이 얼마나 효과적입니까! 오 영원한 주여!

하늘의 나일, 그것은 외국 사람들과

---

7 이집트인들은 그들의 나일이 그들이 눈(Nun)이라고 부르는 땅 속 물에서 나온다고 믿었다.

8 외국 나라들의 비는 마치 비가 잘 오지 않는 이집트의 나일과 같다.

	발로 걷는 모든 사막의 짐승들을 위한 것입니다.
	이집트를 위해서는 진짜 나일이 땅 아래에서 올라옵니다.
	당신의 광선은 모든 목초지에 젖을 먹입니다.
	당신이 떠오르면, 그들이 살고, 당신을 위하여 자라납니다.
시 104:19	당신은 당신이 만든 모든 것들을 키우기 위하여 계절을 만듭니다.
	그것들을 시원하게 하도록 겨울을,
	그리고 그들이 당신을 맛볼 수 있는 뜨거움을.
	당신이 만든 모든 것을 보기 위하여
	당신은 먼 하늘을 만들고 그 안에서 떠오릅니다.
	당신이 혼자였을 때,
	살아있는 아톤의 형태로 떠오르고,
	나타나고, 빛을 비추고, 물러나거나 다가옵니다.
	당신은 수백만 개의 당신 자신만의 모습을 만듭니다.
	도시, 마을, 들, 길, 강,
	모든 눈이 서로 당신을 바라봅니다.
	당신은 땅 위에서 낮의 아톤이기 때문입니다….
	당신은 제 마음에 있습니다.
	당신을 아는 다른 자는 없습니다.
	당신의 아들 네페르케페루레 와엔레를[9] 구하소서
	당신이 그를 당신의 계획과 능력에 정통하도록 만들었기 때문입니다.[10]
	당신이 만들고자 하는 대로

---

9 비록 이 찬미가는 관리 아이에 의하여 낭송되었지만, 그는 아크엔아톤만이 아톤을 알고 있다고 말한다.

10 파라오는 이집트인들과 신들 사이의 공식적인 중재자였다. 아마르나 종교는 이 원칙을 바꾸지 않았다.

세상은 당신의 손에 의하여 존재하게 되었습니다.

당신이 떠오를 때 그들이 살고,   시 104:30

당신이 질 때 그들은 죽습니다.   시 104:29

당신 자신은 생애입니다.

사람이 당신을 통해서만 살기 때문입니다.

당신이 질 때까지 눈들은 아름다움에 고정되어 있습니다.

당신이 서쪽으로 질 때 모든 일은 중지됩니다.

그러나 당신이 다시 떠오를 때,

모든 것은 왕을 위하여 번성합니다….

당신이 땅을 세웠고,

당신의 몸에서 나온

당신의 아들을 위하여 그들을 들어 올렸습니다.

상하이집트의 왕…아크엔아톤…왕의 최고 부인…네페르트

이티, 영원토록 건강하고 젊은 자.

2. 메르네프타의 승리의 찬송시 ("이스라엘 석비")   ANET, 376, 378

이 기념 찬송시(또는 연속되는 찬송시들)의 연대는 메르네프타가 재위 5년(주전 약 1230)의 봄에 리비아인들에 대하여 승리를 거둔 사건과 관련이 있다. 그러나 그 내용은 이 승전에 대한 다른 두 기록들과 같이 역사적인 성격의 것이 아니고, 우주적 승리의 파라오에 대한 시적 찬사라고 할 수 있다. 그러므로 이 찬송시의 말미에 아시아 민족들에 대한 그의 실제적, 또는 상징적 승리가 언급되는 것을 이해할 수 있다. 그 문맥에서 우리는 고대 이집트의 문서에서 "이스라엘"이라는 이름을 만나는 유일한 기회를 갖게 된다.

...

왕자들은 엎드려서 말한다. "자비!"¹¹

　　아홉 활들 중에서 누구도 그의 머리를 들지 않았다.

테헤누에게는 멸망이 있고, 하티는 제압되었다.

　　모든 악한 가나안은 약탈당했다.

아스글론은 옮겨졌고, 게셀은 사로잡혔다.

　　야노암은 존재하지 않는 것처럼 되었다.¹²

이스라엘은 폐허가 되었고, 그의 씨는 더 이상 없다.¹³

　　후라는¹⁴ 이집트를 위하여 미망인이 되었다.

모든 땅들이 함께 제압되었다.

들썩이던 모든 자들은 상하이집트의 왕 바엔레 메리아몬, 레의 아들 메르네프타 호텝히르마아트, 레처럼 날마다 생명이 주어지는 자에 의하여 사로잡혔다.

사진 96;
렘 49:10;
애 1:1

---

11 또는 "평화!" 가나안어 샬롬이 여기에 사용되었다.
12 하티는 히타이트 땅이다. 야노암은 북팔레스타인의 중요한 도시이다.
13 이 문맥에서 이스라엘이라는 단어에는 땅이 아닌 사람을 가리키는 한정사가 붙어 있다는 사실에 대하여 많은 논의가 이루어졌다. 팔레스타인 내에 또는 근처에 이스라엘인들이 있었던 것으로 보이나, 아직 정착한 사람들은 아니었던 것 같다. 이는 이스라엘의 가나안 정복의 연대 측정에 있어서 중요한 의미를 가지며, 유요한 논증이 된다. 상형문자의 한정사는 의미가 있고, 동일한 문맥에서 나타나는 한정사들을 비교하는 것이 중요하다. 이 석비는 레부, 테메, 하티, 아스겔론 등과 같은 정착 민족들에게는 나라를 의미하는 한정사를 붙이지만, 마조이, 나우, 테크텐과 같이 자리를 잡지 못한 무리에게는 사람들을 의미하는 한정사를 붙인다. 이 논증은 훌륭하지만 결정적이지는 못하다. 후기 이집트 서기관들의 악명 높도록 주의 깊지 않은 필기 특징과 이 석비에 나타나는 여러 실수들 때문이다. "씨" 곧 이스라엘의 후손이 제거되었다는 말은 이 시기에 권력을 강조하는 전통적인 표현이다.
14 성경의 호리족의 땅, 또는 넓은 의미의 팔레스타인.

CHAPTER XIV

메소포타미아의 찬송시

가. 수메르어 찬송시 | 원역: 크래머(S. N. Kramer)

1. 식물의 신 니누르타(Ninurta) 찬송시

ANET³, 576-77

이 시는 다소 희귀한 유형의 서정시 같은 찬양시로서, 여기에서 니누르타는 풍요와 다산 및 식물생장을 관장하는 신으로 묘사되고 있다.[1] 이 찬양시의 첫째 연은 4행으로 이루어져 있는데, 이는 수메르 찬양시의 전형적인 구조이다. 첫째 연에서 처음 두 행과 나중 두 행은 똑같은 표현을 반복한다. 다만 처음 두 행에

---

[1] 니누르타(Ninurta)는 다소 상반된 두 가지 모습을 가진 신으로 여겨지고 숭배되었다. 먼저는, 남풍을 주관하는 신으로서, 니누르타는 반역하는 땅을 파괴하는 전쟁의 신이다. 현전하지는 않지만 몇몇 수메르 신화들에서와 마찬가지로 니누르타는 자신의 아버지 엔릴(Enlil)의 원수를 갚는다. 또 다른 모습으로, 니누르타는 "엔릴의 농부"이고, 물론 그러한 묘사는 니누르타를 풍요와 다산, 그리고 장수의 신으로 그리고 있다. 위의 찬양시 저자는 니누르타의 이 두 번째 특징, 즉 풍요와 다산의 신으로서의 니누르타를 서정시 형식으로 찬양하고 있다.

서는 별칭이 사용되는데, 뒤의 두 행에서는 그 별칭이 말하고 있는 대상의 고유 명사가 사용된다. 첫째 연 다음에 적어도 세 개의 연이 이어지는데, 각 연은 3행으로 구성된다. 각 행은 간단하지만 여전히 문학성 있는 반복 패턴을 보여 주고 있다.

(앞면)
생명을 주는 정액, 생명을 주는 씨앗, (1)
엔릴에 의해 지명된 왕,
생명을 주는 정액, 생명을 주는 씨앗,
엔릴에 의해 지명된 니누르타.

나의 왕이시여, 나는 당신의 이름을 선포하고 또 선포합니다.
니누르타, 나는 당신의 사람, 당신의 사람.
나는 당신의 이름을 선포하고 또 선포합니다.

나의 왕이시여, 암양이 새끼 양을 낳았습니다.
암양이 새끼 양을 낳았습니다. 암양이 건강한 양을
   낳았습니다.
나는 당신의 이름을 선포하고 또 선포합니다. (10)

나의 왕이시여, 암염소가 새끼 염소를 [낳았습니다].
[암염소가 새끼 염소를] 낳았습니다. [암염소가 새끼 염소를]
   낳았습니다.
[나는 당신의 이름을 선포하고 또 선포합니다].
   (앞면의 나머지 부분은 훼손되어 있다.)

(뒷면)
… (1)
왕…
그가 왕인 한…

강에, [신선한 물이 흘렀다].

밭에, 풍성한 곡식이 자랐다.

바다는 잉어와…물고기로 가득 차 있었다.

대나무 밭에는 "옛" 가지와 새 가지가 함께 자랐다.

삼림들은 사슴과 야생 염소들로 가득 차 있었다.

대초원에는 *마쉬구르(mašgurum)*-나무가 자랐다.

물댄 동산들은 꿀과 술로 가득 차 있었다. (10)

왕궁에는 장수가 "자랐다."

이것이 *발발레(balbale)*-노래이다.

2. 분노의 신 니누르타 찬송시

ANET³, 577

이 작품은 니누르타를 분노의 신으로 찬양하고 있다. 이 찬송시에서 니누르타는 역병의 신 이라(Irra)처럼 밤에 돌아다니며 전쟁에 전념하는 신으로 묘사되고 있다. 니누르타는 기괴한 용이며 맹독을 가진 독사로서, 악하고 반역적인 땅을 부서뜨린다. 그는 재판관으로서 그의 판결은 탁월하다. 그는 원수와 반대자와 반항자에게 파멸을 가져온다. 구조적으로 이 시는 2행으로 된 연들로 이루어져 있다. 그리고 각 행은 절반으로 나눠질 수 있다. 각 연에서 두 개의 행은 똑같은 표현을 반복하고 있다. 다만 첫째 행은 "나의 왕"으로 시작하고, 둘째 행은 "주, 니누르타"로 시작하는 것이 다를 뿐이다.

[나의 왕], …

　　[이라(Irra)처럼 밤에 돌아다니시는 분],

[주, 니누르타], …

　　이라(Irra)처럼 밤에 돌아다니시는 분.

[나의 왕], 이라처럼 영웅다움을 완성하시는 분,

　　사자의 "앞발"과 독수리의 *발톱*을 가진 용.

주, 니누르타, 이라처럼 영웅다움을 완성하시는 분,
　　사자의 "앞발"과 독수리의 *발톱*을 가진 용.

나의 왕, 반역하는 땅의 집들을 파멸시키는 분,
　　엔릴의 위대한 주,
　　당신은 능력으로 옷 입으셨습니다.
주, 니누르타, 반역하는 땅의 집들을 파멸시키는 분,
　　엔릴의 위대한 주,
　　당신은 능력으로 옷 입으셨습니다.

나의 왕, 당신의 마음이 (진노에) 사로잡혔을 때,
　　당신은 독사처럼 독을 뱉으셨습니다.
주, 니누르타, 당신의 마음이 (진노에) 사로잡혔을 때,
　　당신은 독사처럼 독을 뱉으셨습니다.

나의 왕, 악한 땅을 갈아엎는, 날이 세워진 *곡괭이*,
　　반역하는 땅을 부수는 화살.
주, 니누르타, 악한 땅을 갈아 엎는, 날이 세워진 *곡괭이*,
　　반역하는 땅을 부수는 화살.　　　　　　　　　　　　　(10)

나의 왕, 당신의 판결은 형언할 수 없이 위대한 판결이고,
　　당신의 말씀은 어떤 신도 쳐다볼 수 없습니다.
주, 니누르타, 당신의 판결은 형언할 수 없이 위대한 판결이고,
　　당신의 말씀은 어떤 신도 쳐다볼 수 없습니다.

나의 왕, 당신이 원수에게 다가갈 때 당신은 그를 잡풀 같이
　　흐트러 버리십니다.
　　당신은 그에게…을 부과하십니다.
주, 니누르타, 당신이 원수에게 다가갈 때 당신은 그를 잡풀
　　같이 흐트러 버리십니다.

    당신은 그에게…을 부과하십니다.
  [나의 왕], 원수의 집에 대하여 당신은
    그 집의 대적이 되십니다.
    그의 도시에 대하여 당신은 그 도시의 적대자가 되십니다.
  주, 니누르타, 원수의 집에 대하여 당신은
    그 집의 대적이 되십니다.
    그의 도시에 대하여 당신은 그 도시의 적대자가 되십니다.

  [나의 왕], 반대자와 반항자의 집에 대하여 당신은
    그 집의 대적이 되십니다.
    그의 도시에 대하여 당신은 그 도시의 적대자가 되십니다.
  주, 니누르타, 반대자와 반항자의 집에 대하여 당신은
    그 집의 대적이 되십니다.
    그의 도시에 대하여 당신은 그 도시의 적대자가 되십니다.

3. 엔헤두안나의 찬양 기도: 우르의 인안나 숭배

ANET^3, 579-82

이 작품은 놀랍게도 사실상 본문 전체가 온전하게 남아 있다. 작품은 두 부분으로 나뉠 수 있는데, 각각의 분량이 동등하지는 않다. 142행으로 되어 있는 첫 부분은 훨씬 긴 부분으로, 인안나(Inanna)를 향한 찬양 기도이다. 이 찬양 기도는 아카드 왕조의 건국자 사르곤(Sargon) 대왕의 딸인 엔헤두안나(Enheduanna)에 의해 드려졌다고 알려진다. 사르곤 대왕은 엔헤두안나를 '엔'(en) 곧 도시 우르(Ur)의 수호신인 난나(Nanna, 신[Sin]이라고도 알려짐)의 여대제사장으로 임명하였다. 찬양 기도의 두 번째 부분은 불과 7행으로 매우 짧다. 이 부분에는 저자의 해설이 있다. 여기서 저자는 엔헤두안나의 기도를 인안나가 받아들였다고 선언한다. 이로써 인안나는 난나와 그의 아내 닌갈(Ningal)에 의해 도시 우르에서 환영을 받게 된다. 안타깝게도 이 작품은 내용의 적잖은 부분이 애매모호하지만, 수메르의 종교사와 정치사의 관점에서 매우 중요한 작품이다.

엔헤두안나는 인안나를 향한 자신의 기도를 시작한다. 여기서 인안나는 창조 당시에 모든 우주적, 문화적 존재들에게 부여된 신성한 기준과 의무와 능력, 즉 수메르 용어로 '메'(me)를 주관하는 신으로, 이 모든 것이 조화롭고 영속적으로 작동하게 한다(1-8행). 계속해서 엔헤두안나는 인안나의 잔인하고, 파괴적이고, 징벌적인 모습을 묘사한다. 즉, 여기서 인안나는 독을 품어 내고, 우레처럼 진동시키며, 홍수와 불을 내리는 신이다. 인안나의 섭리는 측량할 수 없다(9-16행). 또한 인안나는 가공할 풍우신으로서, 모든 인류는 그녀 앞에서 요동하며 떤다(17-28행). 인안나는 잔인하고 완고하며 분노하는 전쟁의 여신으로서, 위대한 신들조차도 그녀 앞에서 두려워 도망한다(26-42행). 인안나는 에비 산(Mt. Ebih)과 그곳의 반역적인 사람들을 잔인하게 진압하는 무서운 정복자이다(43-50행). 인안나는 전쟁의 여신일 뿐만 아니라 사랑의 여신으로서 복종하지 않는 도시에는 모든 생산과 재배를 허용하지 않는다(51-57행).

　　인안나를 위대하고 지혜롭고 자비롭고 생명을 주는 여신으로 찬송하는 짧은 노래가 드려진 다음에(58-65행), 긴 단락이 시작된다. 그 긴 단락에서 엔헤두안나는 자신에게 닥친 불행과 고통을 묘사한다(66-108행). 바로 이 단락에서 몇몇의 정치적 사건에 대한 언급으로 이해될 수 있는 표현이 여기 저기 흩어져 있다. 이 단락이 끝나고 나면, 엔헤두안나의 짧은 기도가 뒤따른다. 여대제사장은 그녀의 존귀하고 능력 있는 여왕인 인안나에게 비통한 난국에서 자신을 건져달라고 기도한다(109-121행). 다음 부분에서 엔헤두안나는 인안나의 헤아릴 수 없는 능력을 칭송하는 찬미의 노래를 되풀이하며 인안나를 부른다. 그리고 경건하고 독실한 숭배자인 엔헤두안나 자신에게 인안나의 자비로운 마음을 향해 줄 것을 간구한다(122-142행). 결론적으로 엔헤두안나의 간구가 인안나에 의해 받아들여진다(143-150행). 마지막으로 이 작품의 저자는 인안나에 대한 세 줄짜리 요약적 찬양으로 전체 작품을 마무리하고 있다(151-153행).

　　　　모든 '메'(me)를 주관하는 여왕, 광채나는 빛,　　　　　　　(1)
　　　　생명을 주는 여인, 안(An)과 우라쉬(Urash)의 사랑을 받는 분,
　　　　안(An)의 신전 여제사장, 화려하게 장식한 분,
　　　　생명을 주는 여왕관(tiara)을 사랑하는 분, '엔'(en)-지위에
　　　　　합당한 분,
　　　　일곱 '메'를 손에 거머쥔 분,

나의 여왕, 모든 위대한 '메'의 수호자이신 당신,

당신은 '메'를 들어올리셨고, '메'를 당신의 손에 묶으셨고,

'메'를 모으셨고, '메'를 당신의 가슴에 붙이셨습니다.

당신은 용처럼 땅을 독으로 채우셨습니다.

당신이 이쉬쿠르(Ishkur)처럼 큰 소리를 내시면,
  식물의 성장은 멈춥니다. (10)

당신은 산에서 홍수가 나게 하시는 분,

당신은 절대자, 하늘과 땅의 인안나(Inanna),

당신은 타오르는 불을 땅에 비처럼 내리시는 분,

당신은 안(An)으로부터 '메'를 부여받으신 분, 들짐승을
  타고 다니시는 여왕,

당신은 안(An)의 거룩한 명령에 따라 (신의) 말씀을
  공포하시는 분,

누가 당신의 위대한 의례를 헤아릴 수 있겠습니까!

이방 땅들을 파괴하시는 분, 당신은 폭풍에 날개를
  주었습니다.

엔릴((Enlil))의 사랑을 받는 분, 당신은 땅에 그것(폭풍)이
  휘몰아치게 하였습니다.

당신은 안(An)의 지시를 수행하였습니다.

나의 여왕이여, 이방 땅들이 당신의 고함에 위축됩니다. (20)

남풍(South Wind)에 대한 두려움과 공포 속에 인류는

당신에게 그들의 괴로워하는 절규를 드립니다.

그들의 괴로워하는 아우성을 당신 앞에 가져 갑니다.

당신 앞에서 통곡의 눈물을 흘립니다.

도시의 거리들에서 "큰" 애가를 당신 앞에 가져 갑니다.

전쟁의 선두에서 모든 것은 당신 앞에 급습을 당했습니다.

나의 여왕이여, 당신은 당신의 능력으로 모든 것을

삼켜버립니다.
당신은 맹렬한 폭풍처럼 계속 맹공을 가합니다.
당신은 울부짖는 폭풍보다 더 (크게) 계속 휘몰아칩니다.
당신은 이쉬쿠르(Ishkur)보다 더 (크게) 계속 호통을 치십니다. (30)
당신은 악한 바람들보다 더 (크게) 거친 소리를 발하십니다.
당신의 발은 지치지 않습니다.
당신은 통곡이 "애가의 수금"에 맞춰 나오게 하셨습니다.

나의 여왕이여, 위대한 신들 아눈나(Anunna)가
푸드덕거리는 박쥐들처럼 당신 앞에서 도망하였습니다.
그들은 당신의 장엄한 얼굴 앞에 설 수 없었습니다.
그들은 당신의 엄위한 이마에 다가설 수 없었습니다.
누가 당신의 성난 마음을 진정시킬 수 있습니까!
당신의 파괴적인 마음은 진정될 수 없습니다!
여왕이여, "간"에서 행복하고, 심장에서 기뻐하는 분, (40)
(그러나) 당신의 분노는 진정될 수 없습니다.
　　신(Sin)의 딸이여,
여왕이여, 이 땅에서 절대적인 분, 누가 (도대체) 당신에게
　　(충분한) 경의를 표했다고 하겠습니까!

당신에게 경의 표하기를 거부했던 산에서는 식물이 저주를
　　받았습니다.
당신은 그 산의 거대한 문들을 불태워 버리셨습니다.
당신 때문에 그 산의 강물들은 피로 물들어 흘러갔고,
　　그 산의 사람들은 마실 물이 없게 되었습니다.
그 산의 군대들은 자진해서 (포로 상태로) 당신 앞에
　　인도되었습니다.
그 산의 병력들은 자진해서 당신 앞에서 해체하였습니다.
그 산의 유력자들은 자진해서 당신 앞에 집합하여
　　정렬하였습니다.

그 산의 도시들에 있는 유원지들은 소란으로 가득 찼습니다.
그 산의 성인 남성들은 당신 앞에서 포로로 쫓겨났습니다. (50)

"땅은 당신의 것입니다"라고 말하지 않는 도시에 대하여,
"땅은 당신을 낳으신 아버지의 소유입니다"라고 말하지 않는
   도시에 대하여,
당신은 당신의 거룩한 말씀을 약속하셨습니다. 당신은
   그것(도시)으로부터 돌아서셨습니다.
당신은 그것(도시)의 자궁으로부터 당신의 거리를 두셨습니다.
그것(도시)의 여자는 그녀의 남편과 사랑을 말하지 않았습니다.
깊은 밤에 그녀는 그에게 (부드럽게) 속삭이지 않았습니다.
그녀는 그에게 그녀 마음의 "신성함"을 드러내지 않았습니다.

격노한 야생 암소, 신(Sin)의 큰 딸,
여왕, 안(An)보다 위대한 분, 누가 (도대체) 당신에게
   (충분한) 경의를 표했다고 하겠습니까!
당신, 여왕 중의 여왕, 당신은 생명을 주는 '메'에 따라서 (60)
당신을 낳은 당신의 어머니보다 더 위대하게 되었습니다.
   당신은 그 거룩한 자궁에서 나왔습니다.
전지하고 지혜로운 온 땅의 여왕,
당신은 모든 생물과 민족들을 번성하게 하십니다.
내가 당신의 거룩한 노래를 선포합니다.
생명을 주는 여신, '메'에 합당한 분, 당신에 대한 환호가
   드높습니다.
자비롭고 생명을 주는 여인, 마음에서 광채가 나는 분, 나는
이것을 '메'에 따라서 당신 앞에서 선포합니다.

나는 나의 거룩한 수도원 회랑 안에서 당신 앞에
   들어갔습니다.
나, '엔', 엔헤두안나는

마삽(masab)-바구니를 들고 기쁨의 노래를 불렀습니다.
(그러나 지금) 나는 더 이상 당신이 마련해 주신 아름다운
   곳에 살고 있지 않습니다.
낮이 오고 태양이 나를 그을려 죽게 하였습니다. (70)
(밤의) 어두움이 이르러 남풍이 나를 뒤덮었습니다.
나의 꿀같이 달콤한 목소리는 귀에 거슬리는 소리가
   되었습니다.
나에게 기쁨이 되었던 것들도 이제는 먼지가루로 변해
   버렸습니다.

오, 신(Sin), 하늘의 왕이여, 나의 (비통한) 운명을
안(An)에게 알려 주십시오. 안(An)이 나를 구해 줄 것입니다.
안(An)에게 이것을 알려 주시길 간구합니다. 그가 나를
   구해 줄 것입니다.

하늘의 왕권이 그 여인(인안나)에 의해 움켜 쥐어졌습니다.
그녀의 발 아래에는 홍수에 뒤덮인 땅이 있습니다.
그렇게 높임을 받으신 여인(인안나), 나를 그 도시 (우르)와
   함께 벌벌 떨게 만드신 분,
그녀를 만류하여, 나로 인하여 그녀의 마음이 가라앉게
   하십시오. (80)
나 엔헤두안나는 그녀에게 간구를 드릴 것입니다.
달콤한 음료처럼 나의 눈물을
나는 거룩한 인안나에게 바칠 것입니다. 나는 그녀에게
   평화의 문안을 올릴 것입니다.
아쉼밥바르(Ashimbabbar = 신[sin])를 귀찮게 하지 마십시오.

그녀(인안나)가 거룩한 안(An)의 의례를 완전히 바꾸었습니다.
그녀가 안(An)으로부터 에안나(Eanna)를 빼앗았습니다.
그녀는 그 위대한 안(An)을 두려워하지 않습니다.

그 집 (에안나)의 매력은 거부할 수 없고, 그 집의 유혹은
　　끊이지 않는데,
그녀는 그 집을 파멸로 바꾸었습니다.
그녀가 그곳에 오게 한 그녀의 …는 …　　　　　　　　　(90)
나의 거친 암소 (인안나)는 그것의 사람들을 공격하고,
　　그들을 사로잡았습니다.

나, 살아있는 피조물 가운데 내가 무엇이기에!
안(An)으로 하여금 당신(인안나)의 난나(Nanna)를 싫어하는
　　반역의 땅을 처벌하게 하소서,
안(An)으로 하여금 그것의 도시들을 갈기갈기 쪼개게 하소서,
엔릴로 하여금 그것을 저주하게 하소서,
그것의 슬픈 운명의 자녀가 어머니에 의해 위로받지 못하게
　　하소서,

오, 애가를 제정하신 여왕이여,
당신의 "애가의 배"는 한 완악한 땅에 정박하였습니다.
거기에서 나는 거룩한 노래를 부르면서 죽을 것입니다.
나에 관하여는, 나의 난나가 나를 돌보지 않으셨습니다.　　(100)
나는 가장 잔인하게 공격을 당했습니다.
아쉼밥바르는 나에 대한 판결을 내려 주지 않았습니다.
그러나 그가 판결을 말했든지 안 했든지 뭐가 중요합니까!
승리만 알았던 나는 나의 집에서 쫓겨났습니다.
나는 강제로 제비처럼 둥지에서 달아나게 되었습니다.
　　나의 목숨은 삼켜졌습니다.
나는 산의 가시덤불 속을 거닐게 되었습니다.
나는 생명을 주는 '엔'-직의 여왕관을 빼앗겨 버렸습니다.
환관 내시들이 나에게 배정되었습니다. "이들이 너에게
　　잘 어울린다"라는 말이 나에게 들렸습니다.

친애하는 여왕이시여, 안(An)의 사랑받는 분이시여,
당신의 거룩하고 고귀한 마음이 나에게 다시
   돌아오게 하소서, (110)
우슘갈란나(Ushumgalanna = 두무지[Dumuzi])의 사랑받는
   부인이시여,
지평선과 하늘 꼭대기의 위대한 여왕이시여,
아눈나(Anunna)가 당신 앞에 부복하였습니다.
비록 태어났을 때 당신은 어린 누이였으나,
당신은 그 위대한 신 아눈나보다 얼마나 훨씬 더 위대하게
   되었습니까!
아눈나는 당신 앞에서 땅에 입맞춤을 합니다.

지금까지 이루어진 일들은 나에 대한 판결이 아닙니다. 이상
   한 판결이 나에 대한 판결로 둔갑했습니다.
풍성한 침대는 파기되었습니다.
(그래서) 나는 닌갈(Ningal)의 명령을 남자에게 실행하지
   못했습니다.
난나의 빛나는 '엔'인 나를 위해, (120)
당신의 마음이 진정되소서, 안(An)의 사랑받는 여왕이시여,
"당신은 알려져 있습니다. 당신은 알려져 있습니다."
   나는 지금 이것을 난나에 대해서 하는 말이 아닙니다.
     나는 바로 당신에 대해서 이 말을 합니다.
"하늘처럼 높은 당신의 위대함으로 당신은 알려져 있습니다.
대지처럼 넓은 당신의 광대함으로 당신은 알려져 있습니다.
반역하는 땅을 파괴하심으로 당신은 알려져 있습니다.
(그 땅 거민을) 도륙하심으로 당신은 알려져 있습니다.
그 시체를 개처럼 삼키심으로 당신은 알려져 있습니다.
당신의 성난 얼굴을 들어올리심으로 당신은 알려져 있습니다.
당신의 불꽃 같은 눈으로 당신은 알려져 있습니다. (130)
당신의 거스르심과 반항으로 당신은 알려져 있습니다.

당신이 거둔 수많은 승리로 당신은 알려져 있습니다."
나는 지금 이것을 난나에 대해서 하는 말이 아닙니다.
  나는 바로 당신에 대해서 이 말을 합니다.
나의 여왕이시여, 나는 홀로 높임을 받으실 당신을
  찬양합니다.
안(An)의 사랑받는 여왕이시여, 나는 당신의 연단을
  세웠습니다.
나는 석탄을 쌓아놓고, 의식을 거행하였습니다.
나는 당신을 위해 신혼첫날밤을 치를 방을 준비하였습니다.
부디 나를 위해 당신의 마음이 진정되소서,
위대한 여왕이시여, 나는 당신을 위해 충분한 정도 이상으로
많은 새로운 것을 준비하였습니다.
내가 이 깊은 밤에 당신에게 기도하는 것을
갈라(gala)-가수가 한 낮에 당신을 위해 반복할 것입니다.   (140)
사로잡힌 당신의 남편과 당신의 아들 때문에
당신의 진노가 그토록 크고, 당신의 마음은 그토록 진정되지
  않습니다.
최고의 여왕, *의회*의 기둥은
그녀의 기도를 받으셨다.
인안나의 마음은 회복되었고,
날은 그녀에게 호의적이 되었고, 그녀는 아름다움으로
  옷 입었고, 명랑한 매력으로 가득 차게 되었다.
그녀가 그녀의 아름다움을 어떻게 나타내는가?
  떠오르는 달빛처럼!
놀라움 속에 나온 난나와 그녀(인안나)의 어머니 닌갈은
  그녀(인안나)에게 기도를 올렸다.
그들은 (신전의) 문지방에 나와 그녀에게 인사하였다.   (150)
신전 여제사장(즉, 인안나), 그 명령이 숭고하신 분,
이방 땅의 파괴자, 안(An)에 의해 '메'를 부여받은 분,
나의 여왕, 매력으로 옷 입은 분, 오, 인안나를 찬양하라!

ANET³, 584-86

4. 도로(道路)의 왕: 스스로를 칭송하는 슐기의 찬송시

이 찬양시는 부분적으로 이야기적인 성격을 띄고 있다는 점에서 다소 일반적이지 않은 작품이다. 이 작품은 두 가지 측면에서 매우 중요하다. 첫째로, 이 찬양시는 수메르 왕권 제도의 본질과 역할을 보여 주기 때문이다. 둘째로, 수메르의 문화생활에서 잘 알려지지 않은 측면, 즉 교통망이나 탁월한 운동 능력에 대한 관심을 보여 주기 때문이다.

이 찬양시는 슐기(Shulgi)의 능력과 재능을 과장된 어조로 열거하면서 시작된다. 수메르의 왕실 찬양시 작품들에서 전형적으로 나타나듯이, 이 시에서도 슐기는 위대한 신들의 마음에 드는 사람으로서 많은 능력과 재능을 부여받은 것으로 묘사된다. 다만 그의 능력과 재능들 중에 도로에 대한 애정과 속도에 대한 열정이 포함된 것은 다소 놀랄 만하다(1-19행). 더욱이 전형적인 찬사의 단락이 짧게 이어진 다음에(20-26행), 슐기는 도로망에 대한 자신의 큰 관심을 자세하게 설명한다. 즉, 슐기는 자신이 땅의 모든 도로가 항상 잘 유지 보수되록 심혈을 기울였고, 지친 여행자들이 쉴 수 있는 휴게소들을 건설하였다고 주장한다(27-35행). 이어서 그는 그가 "두 시간"(double-hour)이 15번 소요되는 거리(약 160km)인 닙푸르(Nippur)에서 우르(Ur)까지의 여행을 마치 "두 시간"이 1번 소요되는 거리처럼 다녀왔다고 주장함으로써 최고의 경주자로서의 자신의 이름과 명성을 확립하고자 했다(36-45행). 많은 군중의 박수 갈채 속에서 우르에 도착한 슐기는 명성이 널리 퍼진 그 유명한 신(Sin)의 신전인 에키쉬누갈(Ekishnugal)에서 음악 및 노래와 함께 대규모 제사를 드렸다(46-54행). 그의 왕궁에서 휴식하고 씻고 음식을 먹은 후에 그는 심한 우박 폭풍에도 불구하고 닙푸르로 복귀하였다. 이로써 그는 에쉐쉬(ešeš) 축제를 우르와 닙푸르에서 같은 날에 기념할 수 있었다(55-78행). 더욱이 닙푸르에서 그는 태양신 우투(Utu)와 그(슐기)의 여신 배우자인 다산의 신 인안나와 함께 연회를 열었다(79-85행). 또한 거기에서 안(An)은 슐기에게 왕관을 수여하였다. 이로써 슐기는 온 세계에서 그의 능력과 영광이 높임을 받는 위대한 왕이 되었다(86-101행).

나, 왕, 나는 모태에서부터 영웅이다. (1)
나, 슐기, 나는 출생 때부터 위대한 사람이다.

사나운 눈을 가진 사자, 나는 우슘갈(ushumgal)의 소생이다.
나는 온 세계의 왕이다.
나는 민중의 목자이고 목양인이다.
나는 신뢰할 만하고, 모든 땅들의 신이다.
나는 닌순(Ninsun)에게서 태어난 아들이다.
나는 거룩한 안(An)의 마음에서 지명되었다.
나는 엔릴(Enlil)의 축복을 받은 자이다.
슐기, 나는 닌릴(Ninlil)의 사랑받은 자이다. (10)
나는 닌투(Nintu)에 의해 신실하게 양육 받았다.
나는 엔키(Enki)에 의해 지혜를 부여받았다.
나는 난나(Nanna)의 위대한 왕이다.
나는 우투(Utu)의 입 벌린 사자이다.
슐기, 나는 인안나(Inanna)의 생식기를 위해 선택되었다.
나는 길을 나설 준비가 다 된 위엄있는 당나귀이다.
나는 대로에서 꼬리를 흔드는 준마이다.
나는 경주로에 오르길 열망하는 수무간(Sumugan)의 당당한
 당나귀이다.
나는 니다바(Nidaba)의 지혜로운 서기관이다.

나의 영웅다움처럼, 나의 능력처럼, (20)
나는 지혜에서도 통달하였다.
나는 그것(지혜)의 진실한 말에 필적한다.
나는 정의를 사랑한다.
나는 악을 사랑하지 않는다.
나는 사악한 말을 미워한다.
나, 슐기, 나는 위대한 왕, 최고의 왕이다.
나는 "허리"를 즐거워하는 능력 있는 남자이기 때문에,
나는 인도를 확장하였고, 땅의 대로들을 곧게 하였다.
나는 여행을 안전하게 하였고, 거기에 "큰 집들"을 건설하였다.
그들(큰 집들) 주변에 정원을 두었고, 휴식 공간을 만들었다. (30)

거기에 친절한 사람들을 배치하였다.
(그래서) 아래에서 오는 자든지 위에서 오는 자든지
그것의 시원한 (그늘)에서 쉼을 얻게 하였다.
밤에 대로를 여행하는 여행자가
잘 건설된 도시에서처럼 피난처를 거기에서도 찾을 수 있게
    하였다.

그래서 나의 이름이 먼 훗날까지 남겨지도록,
    (사람들의) 입에서 내 이름이 떠나지 않도록,
나에 대한 찬양이 땅에 널리 퍼지도록,
내가 모든 땅들에서 칭송되도록,
나, 경주자는 나의 힘으로 일어서고, 경주에 오를 모든
    준비가 되어 있다.
(그리고) 닙푸르에서 우르까지 (40)
나는 오가며 여행하기를 마치 "두 시간"(danna)이 1번
    소요되는 거리처럼 돌아다녔다.

활력이 지칠 줄 모르는 사자처럼 나는 일어났다.
내 허리에 허리띠를 둘렀다.
뱀에게서 필사적으로 도망치는 비둘기처럼 나는 나의 팔을
    휘저었다.
산을 향하여 눈을 든 인두구드(Indugud)-새처럼 나는
    무릎을 넓게 뻗었다.
내가 땅에 건설한 도시들의 거주자들은 내 주변으로 모두
    몰려들었다.
암양 떼처럼 무수한 나의 백성들이 나를 보고 놀랐다.
피난처로 빠르게 가는 산 염소 새끼처럼,
인간의 거주지에 그의 큰 빛을 흘려 보내주는 우투처럼,
나는 에키쉬누갈(Ekishnugal)로 들어갔다. (50)
위대한 가축우리, 신(Sin)의 집을 풍요함으로 가득 채웠고,

거기서 황소들을 도살하고, 양의 (도살을) 무수하게 하였고,
거기서 드럼과 탬버린 소리가 울려 퍼지게 하였고,
거기서 듣기 좋은 티키(tigi)-음악이 들리게 하였다.

나, 슐기, 자비가 풍성한 나는 빵 제물을 거기에 드렸고,
사자 같은 나의 보좌로부터 엄위를 떨쳤고,
니네갈(Ninegal)의 높은 왕궁에서
나는 내 무릎을 쉬게 하였고, 신선한 물에서 목욕하였고,
무릎을 꿇고 빵을 먹었다.
올빼미와 매같이 나는 일어났고, (60)
나의 … 안에서 닙푸르로 돌아갔다.
그날에 폭풍이 불었고, 폭풍우가 휘몰아쳤다.
북풍과 남풍이 극렬하게 윙윙 소리를 내며 불었고,
번개가 일곱 바람과 함께 하늘을 집어 삼켰고,
귀를 멀게 하는 폭풍은 땅을 진동시켰고,
이쉬쿠르(Ishkur)는 하늘 궁창 전체에 천둥을 쳤고,
높이 있는 바람들이 아래 있는 물들을 감싸 안았고,
그것(폭풍우)의 작은 알갱이들과 큰 덩어리들이
내 등을 세차게 때렸다.

(그러나) 나, 왕은 두려워하지 않았고, 겁먹지 않았다. (70)
튀어오를 준비를 하고 있는 어린 사자처럼 나는 내 몸을
　뿌리쳐 흔들며 자유로운 상태가 되게 하였다.
대초원의 당나귀처럼 나는 나의 …을 감싸 덮었다.
행복으로 가득 찬 나의 마음은 노정을 즐겼다.
혼자서 여행하는 당당한 당나귀처럼 달리면서,
집으로 (오기를) 열망하는 우투처럼,
나는 "두 시간"이 15번 소요되는 (거리의) 여정을 통과해
　갔다.

나의 사구르삭(sagursag)² 이 놀라움으로 나를 쳐다보았다.
왜냐하면 내가 똑같은 당일에 우르와 닙푸르에서
　　에쉐쉬(ešeš)-축제를 치렀기 때문이다.

나의 형제이고 친구인 용맹한 우투와 함께,
안(An)이 건설한 왕궁에서 독주를 마셨다. 　　　　　　　　(80)
나의 음유시인들은 나를 위해 일곱 개의 티기-노래를 불렀다.
나의 배우자, 즉 소녀, 여왕, 하늘과 땅의 "생식기"인 인안나
　　옆자리에
나는 그것(왕궁)의 연회에 참석하였다.
그녀는 나에 대한 판결을 (최후의) 판결로 말하지 않았다.
어디든지 내가 나의 눈을 드는 곳에, 나는 그곳으로 간다.
어디든지 나의 마음이 나를 움직이는 곳에, 나는 곳으로
　　나아간다.

안(An)이 신성한 왕관을 내 머리에 씌웠다.
그는 나로 하여금 "청금석"(lapis-lazuli) 에쿠르(Ekur)³에서
　　궤를 잡게 하였다.
빛나는 연단 위에서 그는 견고하게 지어진 보좌를 하늘 높이
　　들어 올렸다.
거기서 그는 나의 왕권의 능력을 칭송하였다. 　　　　　　　　(90)
나는 모든 땅을 정복하였고, 그 사람들을 안전하게 해 주었고,
온 세계, 모든 사람들이 한 목소리로 나의 이름을 부른다.
신성한 노래를 부른다.
나의 칭송을 선포한다.

---

2 신전이나 행사에서 제사를 주관하는 사제(역주).
3 "산의 신전"(mountain houses)을 뜻하는 에쿠르(Ekur)는 닙푸르에 있는 엔릴의 신전 이름이다(역주).

"그는 고귀한 왕권의 능력을 부여받은 분,
에키쉬누갈로부터 신(Sin)에 의해
영웅다움과 능력과 행복한 삶을 수여 받은 분,
누남니르(Nunamnir)에 의해 당당한 능력이 주어진 분,
슐기, 모든 이방 땅들의 파괴자, (수메르의) 모든 사람을
   안전하게 지키는 자,
우주의 '메'(me)에 부합하는 분,   (100)
슐기, 안(An)의 신임 받는 아들(즉, 신[Sin])에게 귀히 여김
   받는 자!"
오, 니다바, 찬양하라!

나. 아카드어 찬송시 | 원역자: 스티븐즈(Ferris J. Stephens)

1. 이쉬타르 찬송시

ANET, 383

이 찬송시는 이쉬타르의 매력과 능력을 찬양한 다음에 이쉬타르가 암미디타나(Ammiditana) 왕에게 수여한 축복들을 나열하면서 끝난다. 이 축복들은 마치 이미 성취된 사실처럼 묘사되지만, 이 표현들은 그 복들이 마침내 실현되기를 바라는 암미디타나 왕의 소망을 나타내는 것으로 해석될 수 있다. 이 텍스트의 토판이 어디에서 발견된 것인지 그 출처는 밝혀지지 않는다. 이 찬송시는 고대 바벨론 왕국의 후반, 즉 주전 약 1600년경에 기록되었다. 텍스트: *RA*, XXII, 170-71; 번역: *RA*, XII, 174-77; 아카드어 본문: *ZA*, xxxviii, 19-22.

그 여신, (즉) 여신들 중에 가장 엄위하신 여신을 찬양하라.
민족들의 여주인이자 이기기(Igigi)[4]-신들의 가장 위대한
   분이 숭배받게 하라.

---

4 하늘의 위대한 신들에 대한 집합 명칭.

이쉬타르, (즉) 여신들 중에 가장 엄위하신 여신을 찬양하라.
민족들의 여주인이자 이기기-신들의 가장 위대한 분이
   숭배받게 하라.

아 4:1-3
그녀는 즐거움과 사랑스러움으로 옷 입고 있다.
그녀는 활력과 매력과 관능미로 채워져 있다.
이쉬타르는 즐거움과 사랑스러움으로 옷 입고 있다.
그녀는 활력과 매력과 관능미로 채워져 있다.

그녀는 입술이 달콤하다. 그녀의 입 안에는 생명이 있다.
그녀의 모습에 기쁨이 가득 차 있다. (10)
그녀는 영광스럽다. 면사포가 그녀의 머리 위로 씌워져 있다.
그녀의 모습은 아름답다. 그녀의 눈은 반짝반짝 빛난다.

그 여신, 그녀와 함께 모략이 있다.
모든 것의 운명을 그녀가 그녀의 손에 쥐고 있다.
그녀가 한번 보아주면, 기쁨이 생겨나고,
능력과 위엄과 행운과 신의 보호(가 생겨난다).

그녀는 자비와 친절에 관심을 쏟으며, 그 안에 거한다.
더욱이 그녀는 진실로 기분 좋은 친밀함을 소유하고 있다.
여자 노예든지, 미혼 여성이든지, 어머니든지, 그녀는 그들을
   보호한다.
여자들이 그녀에게 기도하고, 그녀의 이름을 부른다. (20)

누가, 누가 그녀의 위대함에 필적하겠느냐?
그녀의 명령은 강력하고, 고귀하고, 빛난다.
이쉬타르, 누가 그녀의 위대함에 필적하겠느냐?
그녀의 명령은 강력하고, 고귀하고, 빛난다.
그녀는 신들 가운데 추앙되며, 그녀의 자리는 최고의

자리이다.
그녀의 말씀은 존중된다. 그것(말씀)은 그들(신들) 위에
    절대적이다.
이쉬타르는 신들 가운데, 그녀의 자리는 최고의 자리이다.
그녀의 말씀은 존중된다. 그것(말씀)은 그들(신들) 위에
    절대적이다.

그녀는 그들의 여왕이다. 그들은 계속 그녀의 명령이
    실행되도록 한다.
그들 모두는 그녀 앞에 절한다. (30)
그들은 그녀 앞에서 그녀의 빛을 받는다.
여자들과 남자들이 진실로 그녀를 경외한다.

그들[5]의 의회에서 그녀의 말씀은 힘이 있고, 탁월하다.
그들의 왕 아눔(Anum) 앞에서 그녀는 전적으로 그들을
    지원한다.
그녀는 지식과 총명과 지혜 안에 자리를 잡고 있다.
그녀와 그녀의 주,[6] 그들은 함께 상의한다.

진실로 그들[7]은 보좌가 있는 왕실을 함께 차지한다.
신전에 있는 방, (즉) 기쁨의 거주지에서,
신들은 그들 앞에서 시중들고 서 있다
그들[8]의 귀는 그 입들[9]이 명령하는 것을 기다리고 있다. (40)

---

5 신들(역주).
6 아눔(Anum)을 지칭한다(역주).
7 이쉬타르와 아눔(역주).
8 신들(역주).
9 이쉬타르와 아눔의 입(역주).

왕, 그들[10]이 좋아하는 자, 그들의 마음이 사랑하는 자가
그의 정결한 제물을 그들에게 아낌없이 드린다.
암미디타나(Ammiditana), 그의 손의 정결한 제사로서,
그들 앞에 살진 소들과 사슴들을 드린다.

그녀(Ishtar)의 남편인 아눔(Anum)으로부터, 그녀는 기꺼이
    그[11]를 위하여
장수를 요구하였다.
많은 연수의 생명을 암미디타나에게
그녀가 주었다. 이쉬타르가 주기로 결정하였다.

그녀의 명령으로 그녀는 그에게
온 세계를 주어 그의 발아래 있게 하였다.
그리고 모든 민족 전체를
그녀가 그의 멍에에 붙이기로 정하였다.

---

10 이쉬타르와 아눔(역주).
11 암미디타나(역주).

CHAPTER XV

교훈과 지혜 문학

가. 이집트의 교훈들
| 원역자: 윌슨(John A. Wilson)

1. 수상 프타호텝의 가르침
ANET, 412-14

이집트인들은 성공적 삶으로 안내하는 슬기로운 격언들의 모음집을 좋아했다. 그들이 말하는 "지혜"란 바로 이 격언 모음집이었다. 이러한 모음집들 중 가장 초기의 것들 중 하나가 제5왕조(주전 약 2450년)의 왕 이제지(Izezi)의 수상(Vizier)이었던 프타호텝(Ptah-hotep)의 것으로 알려져 있다. 이 고대의 고관은 그의 아들이요 후계자에게 국가의 성공적 관리가 되기 위한 행동과 태도에 대하여 교훈을 내린다. 다음은 이 문헌에서 발췌한 내용이다.

…그가 그의 아들에게 말했다.

너의 지식으로 인하여 네 마음이 자랑하지 않도록 하라. 네가 지혜로운 사람이라는 이유로 자만하지 마라. 지혜로운 자뿐 아니라 무지

잠 2:4 한 자의 조언도 구하라. 기술의 (완전한) 한계에는 도달할 수 없고, 아무리 기술 있는 자도 완전한 장점을 갖추지는 못한다.[1] 훌륭한 말은 에머랄드보다 더 감추어져 있다. 그러나 그것은 맷돌…여종에게서 발견될 수 있다.

만일 네가 많은 사람의 일을 지휘하는 지도자라면 (85), 너 자신의 일이 잘못 없다고 말할 때까지 네 스스로가 자비로운 행동을 자원하라. 정의는 위대하며, 그 타당함은 지속된다. 그것을 만든 자의 시대 이후로 그것은 훼방된 적이 없으나, 그 법을 어기는 자에게는 형벌이 있다. 그것은 아무것도 모르는 자 앞에 올바른 길이 된다. 잘못된 행위는 그 일을 항구로 가져갈 수 없다. 사기를 통하여 부를 얻을 수는 있겠으나, (95) 정의의 힘은 지속된다. 이런 말이 있다. "그것은 내 아버지의 재산이다."…

잠 23:1-3 만일 네가 너보다 높은 사람의 식탁에 앉거든 (120), 그가 네게 주는 것이 네 코 앞에 놓일 때 받아라. 너는 네 앞에 있는 것을 응시하라. 많은 시선으로 그를 뚫어지게 보지 말아라. 그에 대한 그러한 공격적 행위는 카[2]에게 혐오스러운 것이다. 그가 네게 말할 때까지 너의 얼굴을 내리고 있고, 그가 너에게 말할 때만 말해라. (130) 그가 웃으면 웃어라. 그러면 그의 마음이 흐뭇해 할 것이고, 네가 하는 일이 그 마음에 기쁨이 될 것이다. 마음속에 무엇이 있는지 알 사람은 없다.

위대한 사람이 식탁에 앉았을 때, 그의 의도는 그의 카의 지시에 순응하는 것이다. 그는 그가 선호하는 자에게 베풀 것이다. (140) 위대한 사람은 그가 도달할 수 있는 자에게 베풀지만, 카는 그의 팔을 늘일 수 있다. 빵을 먹는 것은 신[3]의 계획 아래에 있다. 어리석은 자만이 그것에 대해 불평을 한다.

---

1 마아트("정의" 또는 "진리")는 유전되는 가치이다.
2 카(ka)는 보호하고 안내하는 사람의 생명력이므로 그의 사회적 조언자가 된다.
3 이 지혜 문학에서 신은 때로는 왕, 때로는 최고 또는 창조의 신, 때로는 적절한 행동을 요구하는 힘을 가리킨다. 이 힘은 명확히 정의되지는 않지만, 아마도 지역의 신을 말하는 것 같다.

만일 네가 위대한 자가 다른 사람에게 보내는 측근이라면, 그가 너를 보낼 때 완전히 믿음직하도록 해라. 그가 말한 그대로 그의 심부름을 수행하라. (150) 그가 네게 말한 것에 대해 망설이지 말고, 잊는 것이 없도록 주의하라. 진리를 붙잡고, 그것을 넘어서지 마라. *단순한 만족은 반복되어서는 안 된다.* 말을 나쁘게 만들지 않도록 노력하라. 천박한 말로 인하여 위대한 자가 다른 자에게 적대적이 되지 않도록 하라. (160) 위대한 자, 작은 자, 카가 혐오하는 것…[4]

잠 25:13

(175) 만일 네가 신과 함께 동행하는 뛰어난 자를 따르는 가난한 사람이라면, 그의 이전의 무가치함을 생각하지 마라. 네가 이전에 그에 대하여 알았다는 이유로 그에 대하여 자만하지 마라. 그에게 쌓인 것들에 맞게 그를 존중해라. 재산은 스스로 오는 것이 아니다. 이것은 그들을 소망하는 자를 위한 그들의 법칙이다. *도를 넘는 자는 두려움의 대상이다.* 사람의 능력을 만드는 것은 (185) 신이고, 그는 그가 잠든 중에라도 그를 보호한다…

만일 네가 청원을 받는 사람이라면, (265) 청원자의 말을 들을 때 차분하라. 그가 그의 몸을 쏟아내기 이전, 또는 그가 온 이유를 말하기 이전에 그를 묵살하지 마라. 청원자는 그가 온 목적을 성취하는 것보다 그의 말에 주의를 기울여 주는 것을 더 좋아한다. 그는 그의 말이 이루어지기 이전에도 경청될 때에 누구보다도 더 기뻐한다. 청원자를 묵살하는 자에 대하여 사람들은 말한다. "대체 그는 왜 이러는가?" (275) 그가 청원한 모든 것이 이루어져야 할 필요는 없다. 그러나 경청은 마음을 달래어 준다.

만일 네가 주인으로, 형제로, 친구로 관계 맺는 집에서, 또는 네가 가는 어느 장소에서든 지속되는 우정을 쌓고 싶으면 여자들에게 접근하는 것을 조심하라. 그것(지속적인 우정을 쌓는 일)은 그것(여자들에게 접근하는 것)이 행해지는 곳과 잘 어울리지 않는다. *나누는 것에 의하여 그 얼굴은 기민하지 못하다.*[5] 천 명의 남자들이 그들 자신의 이

잠 6:29; 6:24; 7:5

---

4 부당한 구분을 짓지 마라?
5 아마도, 여자를 찾아 헤매는 눈은 기민할 수 없다.

잠 7:27	익으로부터 *멀어질 수 있다*. (285) 파양스의 가지로 인하여 사람은 어리석은 자가 된다. 그녀가 거기에 서있으면 홍옥수가 된다. 단순히 사소한, 꿈과 같은 것, 그녀를 앎으로 인하여 사람은 죽음을 얻게 된다…그것을 하지 마라. 그것은 혐오스러운 것이다. (295) 너는 날마다 마음의 고통에서 벗어나야 한다. 그것을 탐하는 것에서 벗어나는 자에게는 모든 일이 번영할 것이다…
잠 15:27	나눌 때 탐욕을 부리지 마라. 너 자신의 몫이 아니면 욕심내지 마라. 너의 친척에 대하여 욕심부리지 마라. 강한 자보다 온유한 자에 대한 존경이 더 크다. (320) 친척을 폭로하는 자는 야박한 사람이다.[6] 그에게는 *대화의 열매가* 없을 것이다. 사람이 욕심내는 것은 그것이 작은 것이라도 잠잠한 사람을 논쟁하는 사람으로 바꾼다.
잠 31:10-12, 31 잠 12:4	만일 네가 지위 있는 사람이면, 너는 너의 가정을 세우고, 집에서 적절하게 네 아내를 사랑하라. 그녀의 배를 채우고, 그녀의 허리에 옷을 입혀라. 연고가 그녀의 몸에 맞는 처방이다. 네가 사는 동안 그녀의 마음을 기쁘게 해라. (330) 그녀는 그녀의 주인을 위한 수익성 있는 들판이다.[7] 너는 법률 문제로 그녀와 다투지 말고, 그녀가 주도권을 잡지 못하게 하라…그녀의 눈은 그녀의 폭풍이다. 그녀의 마음을 네게 쌓이는 이득으로 달래어 주어라. 네 집에서 그녀가 오랫동안…
전 6:2	만일 네가 이전에 중요하지 않았다가 이제 중요한 사람이 되어서 네가 아는 마을에서 궁핍함 이후에 (430) 이전의 네 운명과 달리 무언가를 할 수 있게 되었다면, 신의 선물로 네게 쌓인 네 부를 가지고 인색하지 마라. 너는 비슷한 일이 생긴 너와 같은 다른 사람보다 못하지 아니하다…[8]
	만일 아들이 그의 아버지가 말한 것을 받아들이면, (565) 그의 계획은 실패하지 않을 것이다. 네가 순종하는 아들로 가르친 자는 관리의 마음에 합당할 것이고, 그의 말은 그가 받은 가르침대로 인도될 것

---

6 야박한 자는 그의 친척의 아래로 들어가는 자이다.
7 동방에서 자녀, 특히 남아를 출산하는 것에 대한 기대는 항상 있었다.
8 못하거나 앞서지 아니하고, 동일하다?

이며, 순종하는 자로 여겨지는 자는…그러나 귀를 기울이지 않는 자의 입문은[9] 실패할 것이다. 현명한 자는 자신을 세우기 위하여 아침에 일찍 일어나지만, 어리석은 자는 스스로를 선동하기 위하여 아침에 일찍 일어난다.

2. 아멘엠오펫[10]의 가르침

ANET, 421-24

이집트와 히브리 문학 사이에는 사상이나 구조의 전반적인 유사성이 흔히 나타난다. 그러나 직접적인 문학적 관계를 규명하는 것은 어려운 일이다. 이러한 이유로 카나크트의 아들, 아멘엠오펫의 가르침에 특별한 주의를 기울이는 것인데, 이 작품은 잠언, 특히 22:17-24:22과 밀접한 관련을 지니고 있다. 아멘엠오펫의 가르침은 겸손하고, 보다 순응적이며, 덜 물질적인 세계관을 보인다는 점에서 이전의 이집트의 지혜의 책들과는 다르다.[11]

신관문자(hieratic)로 된 문서가 대영박물관 파피루스 10474에 있고, 부분적으로 기록된 판이 토리노에 있다. 이 파피루스는 테베에서 나온 것으로 알려진다. 이 파피루스 사본의 연대는 논란거리이다. 분명 이집트 제국 이후의 것이다. 주전 10-6세기 사이 어느 연대나 가능한데, 7-6세기 쪽에 좀 더 비중을 둘 수 있다. 서두 부분은 아래에서 생략했다.

    그가 말한다. 제1장
귀를 기울여라. 말하는 것들을 들어라.
네 마음이 그것들을 이해하도록 하라. (10)
그것들을 네 마음에 두는 것은 가치가 있다.
그러나 그것들을 무시하는 자에게는 손해가 있을 것이다.
    네 배의 상자에 그것들을 두어

잠 22:17-18a

---

9 관직으로의 입문?
10 "아메네모페"로도 불린다(역주).
11 나일이 흐르는 경로의 변경은 새로운 땅을 만들어 내었다. 분명 이는 왕의 영역에 속한 일이었다.

잠 22:18-19	네 마음의 열쇠가 되도록 하라.	
	말의 회오리바람이 있을 때에	(15)
	그것들이 네 혀의 계류 말뚝이 될 것이다.	
	만일 네가 이를 마음에 두고 시간을 보낸다면	
	너는 성공을 찾을 것이다.	
	너는 내 말이 삶의 보물임을 알 것이다.	(iv 1)
	그리고 땅에서 네 몸이 강건할 것이다.	

　제2장

잠 22:22	억압받는 자를 빼앗지 않도록	
	무능한 자를 엿듣지 않도록 네 자신을 지켜라.	(5)
	네 손을 뻗어 연로한 자의 접근을 막지 말며,	
	나이든 자의 말(speech)을 훔치지 말아라.	
	위험한 심부름에 스스로 가지 말며,	
	그것을 수행하는 자를 사랑하지 마라.	
	네가 공격한 자에 대해 소리쳐 항의하지 말고,	(10)
	네 자신을 위해 그에게 대답하지도 마라.	
	악을 행하는 자는 강독이 그를 버릴 것이고,	
	홍수가 그를 옮겨버릴 것이다.	
	북풍이 그의 시간을 끝내려고 내려오며,	
	그것은 폭풍우와 합쳐진다.	(15)
	천둥소리는 크고, 악어들은 악하다.	
	너는 뜨거운 남자,[12] 이제는 어떠한가?	
	그는 울부짖고, 그의 목소리는 하늘에 미친다.	
	오 달이여,[13] 그의 범죄를 확증하소서!	
	악한 자를 선하게 만들 수 있도록 하라.	(v 1)

---

12 뜨거운 남자는 조용하거나 겸손한 신의 있는 사람과 반대로, 열정적인 또는 충동적인 남자이다.

13 토트는 신들의 변호사였다.

우리는 그처럼 행하면 안 되기 때문이다.
그를 올려주고, 그에게 도움을 주어라.
그를 신의 팔 안에 두어라.
그의 배를 네 빵으로 채워라. (5) 잠 25:21-22
그가 배불러서 부끄러움을 느끼도록.
신의 마음에 좋은 또 다른 행동은
말하기 전에 잠시 멈추는 것이다….

제4장
신전에서 화난 사람에 대하여는 (vi 1) 시 1편; 렘 17:5-8
그는 야외에서 자라는 나무와 같다.
한순간이 끝나면 나뭇잎이 떨어진다.
그 결말은 조선소에 이른다.
그것은 자신의 자리에서 멀리 표류하고, (5)
불길이 그것의 수의가 될 것이다.
그러나 참으로 잠잠한 사람은 자기 자신을 구별되게 한다.
그는 정원에서 자라는 나무와 같다.
그것은 번창하여 열매를 두 배로 맺는다.
그것은 자신의 주 앞에 선다. (10)
그 열매는 달고, 그 그늘은 쾌적하다.
그리고 그 결말은 정원에 있다…

제6장
경작지의 경계에 있는 경계석을 옮기지 말고,
측량줄의 위치를 건드리지 마라.
땅 한 규빗을 위하여 욕심부리지 말고,
과부의 경계를 침해하지 마라. (vii 15) 잠 22:28; 23:10
들의 경계를 침해하는 것을 막아서
끔찍한 일이 내게 생기지 않도록 하라. (viii 10)
사람은 주님의 뜻으로 신을 만족하게 한다.

잠 23:11	경작지의 경계를 정하는 사람은…
	들판에서 쟁기질을 하여 네 필요를 찾고, (17)
	네 타작마당의 빵을 얻도록 하라.
	신이 네게 주는 한 줌이
	불법으로 취한 오천보다 낫다.
	그들은 곡물창고나 헛간에서 한 날도 보내지 않으며, (ix 1)
	그들은 맥주 단지를 위한 어떤 음식도 만들지 않는다.
	그들이 창고에서 머무는 전(全) 시간은 한순간에 끝날 뿐이다.
	날이 밝으면 그들은 시야에서 사라져 가라앉는다.
	신의 손에서의 가난이 (5)
	창고의 부유함보다 낫고,
잠 15:16-17	마음이 행복할 때의 빵이
	슬픔으로 가득 찬 부유함보다 낫다.

　　제7장
부를 추구하는 데 네 마음을 두지 마라.　　　　　　　　　　(10)
운명과 행운은¹⁴ 무시할 수 없기 때문이다.
외적인 것에 네 마음을 두지 마라.
모든 사람에게는 그의 정해진 시간이 있기 때문이다.
무리하게 더 가지려 하지 마라.
네가 가진 것에 만족하라.　　　　　　　　　　　　　　　(15)
강도짓으로 네게 부가 축적된다면,
그러한 것은 너와 함께 밤을 보내지 않을 것이다.
날이 밝으면 그것은 네 집에 있지 않을 것이다.
그것이 있던 장소는 보이지만, 그것은 있지 않을 것이다.
땅이 그 입을 벌려…그것을 삼켜 버려서,
지하세계로 가라앉힐 것이다.　　　　　　　　　　　　　(x 1)

14　남신 샤이와 여신 레네눗은 신격화된 두 개의 개념들로, 이 시대에 특히 중요한 역할을 했었다.

또는 그것들은 창고에 자신의 크기만한 거대한 구멍을
    만들어서

그 아래로 꺼져버릴 것이다.

또는 거위처럼 날개가 생겨서

하늘로 날아가 버린다.   (5)   잠 23:4-5

강도짓으로 얻는 부로 인하여 기뻐하지 말고,

가난으로 인하여 애통해하지 마라.

선봉에 있는 궁수가 너무 멀리 가면,

그의 분대가 그를 포기한다.

탐욕스런 자의 배는 진흙탕에 박히지만,   (10)

잠잠한 자의 배는 순풍을 만난다.

너는 아톤이 떠오를 때 그에게 이렇게 기도하라.

"제게 번영과 건강을 주소서."

그는 네게 이 생애에서 필요한 것들을 주실 것이며,

너는 두려운 일로부터 안전할 것이다…

    제9장

성난 사람과 사귐을 갖거나,   잠 22:24

대화하기 위하여 그를 방문하지 마라.

네 혀로 상급자에게 말대꾸하지 말고,   (xi 15)

그를 매도하지 않도록 주의해라.

그의 말이 너를 밧줄로 옭아매지 않도록 하고,

네 답이 지나치게 자유하지 않도록 하라.

너는 너와 비슷한 크기의 사람과만 답을 의논하고,

성급하게 그것에 덤벼들지 않도록 주의하라.

마음이 상처받았을 때 말은   (xii 1)

*상류수*의 바람보다 빠르다…

그것을 잡으려고 뛰지 말고,   잠 22:25

당황해서 이성을 잃지 않도록 주의해라.

	제10장	(xiii 10)
	성난 네 대적을 폭력으로 맞이하지 말고,[15]	
	그것으로 네 자신의 마음을 다치게 하지 마라.	
	두려움이 네 뱃속에 있는데,	
	그에게 거짓으로 "안녕하세요" 하고 인사하지 마라.	
잠 12:22	사람과 위선적으로 말하지 마라.	(15)
	신께서 혐오하시는 일이다.	
	네 마음을 네 혀에서 떼어내지 말아서	
	네 모든 일이 성공적이 되도록 하라.	
	일반 사람들 앞에서 진실하라.	
	사람은 신의 손 안에서 안전하기 때문이다.	(xiv 1)
	신은 거짓말을 하는 자를 싫어한다.	
	그가 가장 혐오하는 것은 싸우기 좋아하는 배(belly)이다.	
	제11장	
	가난한 사람의 재산을 탐내거나,	(5)
	그의 빵을 갈구하지 마라.	
	가난한 자의 재산은 목구멍을 막는 것이고,	
	〈그것을 삼킨〉 식도에 구토를 일으킨다.	
	만일 거짓 맹세로 그것을 얻었다면,	
잠 23:6-7	그의 마음은 그의 배에 의하여 왜곡된 것이다….	(xiv 10)
	입안 가득한 빵은 삼키거나 토해 내기에 너무 크고,	(xiv 17)
잠 23:8	너의 좋은…빼앗길 것이다.	
	제13장	
	사람을 파피루스 위의 펜과 혼동하지 마라.[16]	(xv 20)

---

15 COS: "성난 사람에게 억지로 인사하지 마라." 속은 부글부글하면서 겉으로 대적에게 인사하지 말라는 의미(역주).

16 COS: "문서 위의 펜을 〈가지고〉 사람을 속이지 마라"(역주).

이는 신이 혐오하는 것이다.		
거짓말로 증거를 대지 말고,	(xvi 1)	잠 14:15
네 〈거짓〉 혀로 다른 사람을 지지하지도 마라.		
아무것도 가지지 않은 자를 회계함으로,		
네 펜을 거짓으로 만들지 마라.		
만일 네가 가난한 자에게 큰 빚을 지면,	(5)	잠 22:26-27
그것을 셋으로 나누어		
둘을 없애고, 하나만 남게 하라.		
너는 그것이 삶의 방식들과 같다는 것을[17] 발견할 것이다.		
너는 눕고 편히 잘 것이다. 아침에		
너는 그것을 좋은 소식으로 듣게 될 것이다.	(10)	
사람을 사랑하는 자라는 칭찬을 듣는 것이		
창고의 부유함보다 낫다.		잠 16:8
마음이 행복할 때의 빵이		
슬픔으로 가득 찬 부유함보다 낫다.		

제16장

저울에 *기대지* 말고, 무게추를 속이지 말며,		
측정추들에 손상을 가하지 마라.		잠 20:23
시골의 척도를 바라지 말고,	(xvii 20)	
국고의 척도를 무시하라.		
원숭이가[18] 저울 옆에 앉아 있고,		
그의 마음이 추이다.	(xviii 1)	
이러한 일들을 발견하고 만들어 내는		
토트와 같이 위대한 신이 누구일까?		
결함이 있는 무게추를 만들지 마라.		

17　COS: "너는 그것이 삶의 길임을 발견하게 될 것이다." 그것이 사는 방법임을 깨닫게 될 것이라는 뜻(역주).
18　올바른 측량의 신인 토트에게 신성한 동물.

잠 16:11	그것들에는 *신의 뜻에 의하여* 비통함이 많다….

제18장 (xix 10)

	내일을 두려워하며 밤을 보내지 마라.	
잠 27:1	날이 밝으면 내일은 어떨까?	
	사람은 내일이 어떠할지 알지 못한다.	
	신은 항상 성공하지만,	
	인간은 실패한다.	(15)
잠 19:21	사람이 말하는 것과,	
	신이 말하는 것은 별개이다.	
잠 20:9	이렇게 말하지 마라. "나는 아무런 잘못이 없다."	
	싸우려고 애쓰지 마라.	
	잘잘못은 신이 판단하는 것이다.	(20)
	그것은 그의 손가락으로 인봉해진다.	
	신의 손에는 성공이 없으나,	
	그 앞에는 실패도 없다.	
	만일 그가[19] 성공을 찾아 무리하면,	(xx 1)
	한순간에 그는 그것을 망칠 것이다.	
	네 마음을 꾸준히 하고, 네 가슴을 확고히 하라.	
	네 혀로만 조종하지 마라.	
	만일 사람의 혀가 배의 키라면,	(5)
	모든 것의 주는 그 조종사이다….	

제20장

	법정에서 사람을 혼동하지 말고,	
	의로운 사람을 호도하지 마라.	
	흰 옷을 입은 사람에게만[20] 주의를 기울이지 말고,	(xxi 1)

---

19 "사람이"
20 *COS* "옷을 잘 입은 사람"

단정하지 못한 사람을 고려하지 마라.

강한 자의 뇌물을 받지 말고,

그를 위하여 장애인을 압제하지 마라.

정의는 신의 가장 큰 보상이다. (5)

그는 그가 원하는 자에게 그것을 준다….

장부에서 소득을 속이지 말고,

신의 계획을 망치지 마라.

너 자신을 위하여 신의 뜻을 발견하려 하지 말고, (15)

운명과 행운에게 상의함 없이…

　제21장

너는 이렇게 말하지 마라. "나는 나보다 힘센 사람을 찾았다. (xxii 1)　　잠 20:22

네 도시에 있는 남자가 내게 상해를 입혔기 때문이다."

너는 이렇게 말하지 마라. "나는 보호자를 찾았다.

나를 미워하는 자가 내게 상해를 입혔기 때문이다."

네가 진실로 신의 계획을 알지 못하는 것은 (5)

내일 네가 부끄럼 당하지 않도록 하기 위함이다.

신의 팔에 거하라. 　　잠 20:22; 27:1

너의 침묵이 그들(네 적들)을 제압할 것이다….

모든 사람에게 내 속을 다 보이지 마라.

(그리하여) 너에 대한 존경심에 해를 입히지 마라.

네 말을 사람들에게 퍼뜨리지 말고, 　　잠 20:19; 23:9

마음을 지나치게 드러내는 자와 친하게 지내지 마라.

말을 그의 배속에 두는 자가 (15) 　　잠 12:23

말을 모욕적으로 내뱉는 자보다 낫다.

사람은 성공을 향해 서둘러서는 안 되고,

던져서[21] 스스로 망치는 일이 없도록 해야 한다….

---

21 "던지다"를 COS는 "움직이다"로 번역한다. 아마도 이 단어는 "서두르다"와 평행법을 이루는 단어로 보인다. 이 교훈은 서두른다고 성공에 이르는 것이 아니며, 자칫 잘못 움직이다가는 성공은커녕 일을 그르치게 된다는

	제23장	
	귀족 앞에서 빵을 먹지 말고,	
	먼저 네 입에 놓지 마라.	
	만일 네가 거짓으로 씹는 것에 만족하다면,	(xxiii 15)
	그것은 네 침을 위한 소일거리일 뿐이다.²²	
잠 23:1-3	네 앞에 놓인 컵을 보라.	
	그리고 그것이 네 필요를 채우도록 하라.	
	귀족이 그의 지위에 있어 지엄하다.	
	마치 물을 풍부히 길을 수 있는 우물과 같다….	
	제25장	
	맹인을 비웃지 말고, 난쟁이를 괴롭히지 말며,	
잠 17:5	다리 저는 자의 일에 손상을 입히지 마라.	(xxiv 10)
	신의 손에 있는 자를²³ 괴롭히지 말며,	
	그가 실수할 때 그를 무서운 얼굴로 대하지 마라.	
시 103:14	사람은 진흙과 밀짚이요,	
	신은 그를 만든 자이다.	
	그는 날마다 허물고 짓는다.	(15)
	그가 그의 생명의 시간에 있을 때에	
	그는 원하기만 하면 천 명을 가난하게 만들고,	
	천 명을 감독관으로 만든다.	
	서쪽에 도달하는 자는 얼마나 즐거운가!	
	그가 신의 손에 안전하게 있을 때…²⁴	

뜻 같다(역주).
22 COS: "만일 배가 부르다면, 음식을 씹는 척하며 네 침에 만족하라."
23 미친 사람.
24 죽음은 이 세상의 무력함에서 사람을 해방시킨다.

제28장

들에서 과부를 만나거든 그녀를 못 본척하고,²⁵

그녀의 대답을 관대히 받아 주어라.　　　　　　　(xxvi 10)

네 기름병(으로) 낯선 사람을 무시하지 마라.

그러면 그 기름병이 네 형제들 앞에서 두 배가 될 것이다.

신은 높은 자를 찬양하기보다는

가난한 자를 존중해 주기를 바란다…. 　　　　　잠 22:22-23

제30장

이 30개의 장을 보라.

그것들은 흥미를 유발하고, 교훈하고,

모든 책들 중에서 가장 중요하며,

무지한 자를 깨닫게 한다.　　　　　　　　　　 (xxvii 10)

만일 그것들을 무지한 자 앞에서 읽는다면,

그는 그것들로 인하여 정화될 것이다.

너 자신을 그것들로 채우고, 네 마음에 담아두어라.

그리고 그것들을 해석할 줄 알고,

선생으로서 그것들을 해석해 줄 수 있는 사람이 되어라.　(15)

그의 지위에서 경험이 있는 서기관은　　　　　　잠 22:29

조신이 될 자격이 있음을 발견하게 될 것이다.

　　(기록자의 서명)

이렇게 끝이 났다.

신의 아버지 파미우의 아들, 세누의 글이다.²⁶　　　(xxviii 1)

25　문자 그대로는, "과부를 찾지 마라"이다. 들에서 이삭줍기를 잘 못하는 것을 말한다.

26　세누는 이 사본을 기록한 서기관이다.

나. 수메르의 교훈과 지혜 문학

ANET³, 589-91

1. 사람과 그의 신: "욥" 모티브의 수메르어 버전[27]
| 원역자: 크래머(S. N. Kramer)

원저자 자신이 "개인의 신에게 드리는 애가"라고 부른 이 작품은 자신에게 책임이 없는 것 같아 보이는 불행한 일을 당한 사람이 가져야 할 올바른 태도와 행동을 가르칠 목적으로 쓰여진 교훈적인 작품이다. 시간을 초월하여 모든 사람이 그런 것처럼 수메르인들도 인간의 고통의 문제, 특히 그 불가사의한 원인과 해결책에 관해 고민했다. 그들의 선생들과 현자들은 인간의 불행은 그 자신의 죄와 잘못 때문이라는 가르침을 전했다. 그리고 그들은 잘못이 없는 사람은 없다고 믿었다. 이 수메르의 시인이자 신학자인 저자는 "죄 없는 아기가 그 어미에게 태어난 적이 없다"고 썼다. 그러므로 겉으로는 그런 것 같아 보이지 않지만 실은 불합리하거나 이유 없는 인간의 고통은 없는 것이다. 항상 사람이 잘못한 것이지 신들은 잘못이 없다는 것이다.

하지만 이러한 신학적인 전제와 결론은 항상 명확한 것은 아니며 고통이 다가올 때 신들의 공평함과 정당함을 의심하고 그들을 모독했던 사람은 언제나 존재했다. 이와 같이 신에게 분노하는 일을 막고 신들의 질서에 대해 문제를 제기하는 일을 방지하고자 수메르의 학교라고 할 수 있는 에두바의 현자들 중 한 명이 이 교훈적인 작품을 기록하였다고 할 수 있다.

이 작품의 주요 주제는 고통과 고난을 당하는 자는 아무리 그것이 불공평하다고 느끼더라도 단 한 가지 해결책이 있을 뿐인데, 그것은 신을 계속해서 찬양하며 신이 그 기도를 들어줄 때까지 계속해서 탄원하며 애곡하는 것이라는 것을 알려주는 것이다. 이 신은 고통을 당하는 자의 "개인" 신인데, 수메르인들의 믿음에 의하면, 이 개인 신은 신들의 모임에서 그 사람을 대변하는 역할을 한다. 자신의 주장을 증명하기 위해 저자는 철학적인 사유나 신학적 논증에 의존하지

---

[27] 수메르어 원문은 http://etcsl.orinst.ox.ac.uk/cgi-bin/etcsl.cgi?text=c.5.2.4 에서 볼 수 있다(역주).

않고, 전형적인 수메르인들의 실용적인 방법을 사용한다.

그것은 사례를 이용하는 것인데 이름이 알려지지 않은 한 사람, 부유하고 지혜로우며 정의로워 보이는 사람이며 많은 가족과 친구를 가진 자를 이용한다. 하루는 그가 병이 들어 고통스러워하게 되었다. 그는 신에게 잘못을 하였는가? 그렇지 않다! 그는 겸손하게 눈물과 애통함으로 그의 신 앞에 나아가 기도로 자신의 마음을 내어 놓는다. 그 결과 그의 신은 기분이 좋아졌고 불쌍히 여기는 마음을 가지게 된다. 신은 그의 기도를 들었고 그를 고난에서 구원하며 그의 고통을 기쁨으로 바꾸어 준다.

이 시는 구조상 다섯 개 부분으로 나눌 수 있다. 첫째, 사람은 그의 신을 찬양하고 애가로 신을 위로해야 한다는 간략한 가르침의 내용이 서론으로 등장한다(1-9행). 둘째, 병들어 고통 받는 이름 없는 한 사람이 눈물과 기도로 자신의 신을 부르는 장면이 나온다(10-20행 이후). 셋째, 시의 대부분을 이루는 부분으로 고통 받는 자의 탄원이 나온다(26행 이전-116행). 즉 친구와 적들을 포함한 주위 사람들이 그에게 행하는 부당한 처사들을 나열한다(26-55행); 그의 고통스러운 운명에 대해 애통해하며 가족들과 노래하는 자들에게도 그렇게 하라고 한다(56-95행); 자신의 죄를 고백하고 도움과 구원을 요청하는 간청으로 끝을 맺는다(96-116행). 넷째, 마지막은 "해피 엔딩"으로 끝이 나는데 신들이 주인공의 기도를 들었고 응답하여 그를 고통으로부터 구원하는 내용이다(117-129행). 이 모든 것은 당연히 자신의 신을 더욱 찬양하는 내용으로 연결된다(130-끝).

> 누구나 끊임없이 자신의 신의 위대함을 선포할지어다.
> 젊은이는 그의 신의 말씀을 꾸밈없이 찬양할지어다.
> 정의로운 땅에 사는 주민들은 〈고통으로〉 *신음할지어다*.
> 하프를 연주하는 자는 그의 이웃과 친구들을 위로하라.[28]
> 그들의 마음을 위로하도록 하라.
> …를 가지고 오고…를 말하라.
> …*의 크기를 재어라*.

---

28 *ANET*의 번역은 다음과 같은데, 이해하기 어렵다. "[노래]의 집에서 그는 그의 여자 친구와 남자 친구에게…을 *해석할지어다*"(역주).

그의 애가가 그의 신의 마음을 위로하도록 하라.

신이 없는 사람은 먹을 것을 얻을 수 없기 (때문이다).

이 젊은이-그는 남을 속이는 자리에서 악한 일을 위해
　　힘쓰지 않는다.　　　　　　　　　　　　　　　　　　(10)

(그러나)…질병과 고통이 그를…하였다.

…운명…그에게로…가지고 왔다.

지독한…혼란시키고…그의…를 덮었다.

…악한 손을 그에게 올리고 그를…하게 했다.

…그의 신의…

그의…가운데…울었다.

그는…를 향하게 했다.

[눈물을 흘리며] 그에게 자신의 고통을 이야기했다.

…그의…고통 가운데

…들　　　　　　　　　　　　　　　　　　　　　　　　(20)

(약 5행 깨짐)

"나는 젊은이, 지혜로운 자, (그러나) 나를 존중하는 *자는*
　　성공하지 않습니다.

내 의로운 말은 거짓이 되었고

거짓을 말하는 자가 나를 남풍(으로) 감싸고 나는 그를
　　섬기게 (되었습니다).

나를 존중*하지* 않는 자가 당신 앞에서 나를 부끄럽게
　　하였습니다.

당신은 내게 고통을 계속해서 나누어주었습니다.　　　　(30)

나는 집에 들어갔고, 내 마음은 무겁습니다.

나, 젊은이는 거리로 나갔고, 내 마음은 눌렸습니다.

나, *용맹한* 자에게 나의 정의로운 목자는 화가 났고 나를
　　악하게 바라보았습니다.

나의 목부(牧夫)는 적이 아닌 나에게서 악을 찾으려
　　하였습니다.

내 동무는 나에게 바른 말을 하지 않았습니다.
내 친구는 나의 바른 말을 거짓으로 만들었습니다.
속이는 자는 나를 모욕하는 말을 했습니다.
(그리고) 당신, 나의 신은 그를 막지 않았습니다.
당신은 내 지혜를 가져가 버렸고
악한 자가 나를 모욕했고   (40)
당신을 화나게 하고 폭풍처럼 악한 일을 계획했습니다.
나, 지혜로운 자는 왜 저 무지한 젊은이들에게 당하는가?
음식이 사방에 있으나 나의 먹을 것은 배고픔입니다.
모두에게 운명이 주어지던 날, 내게 주어진 운명은
    고통이었습니다.

형제는…다투었고 [악을] 계획했다.
[그는…] 나의…
…
…가 자라나게 했고
…를 가지고 가버렸다.   (50)
진흙 위에…를 써라…지혜로운 자…
여행의…를 찾아라.
길 위의…를 나무처럼 자른다.
그 관리자를…
그 관리인을…

나의 신 [나는 당신 앞에 [설 것입니다].
당신에게…를 말할 것입니다. 내 말은 애원입니다.
당신에게 그것을 말할 것입니다. 내 길의 비참함을 탄원할
    것입니다.
…의 혼란을 애통해 할 것입니다.
지혜로운 자가 내 계획을…애가가 그치지 않을 것입니다.   (60)
나는 내 친구에게…

나는 내 동무에게…

나를 낳으신 내 어머니가 당신 앞에서 나의 애가를 멈추지
  않게 하소서.
내 자매가 즐거운 노래를 [부르지] 않게 하소서.
그녀가 당신 앞에서 나의 불행을 눈물로 말하게 하소서.
내 아내가 내 고통을 통곡하게 하소서.
노래하는 자가 나의 비참한 운명을 한탄하게 하소서.

나의 신이여, 날은 땅 위에 밝았지만 제게 날은 어둠입니다.
밝은 날, 좋은 날은…처럼…
눈물과 애통, 고통과 암울함이 제 안에 자리를 잡았습니다.   (70)
고통이 울기만 하는 자처럼 저를 사로잡았습니다.
운명(의 악령)이 그 손으로 저를…내 생명의 숨을 가지고 가
  버렸습니다.
악한 병마가 제 몸 안에서 몸을 씻습니다.
제 길의 비참한, [제…]의 악[함]…
…친절하게…
…불안한…

…의…가 아닌 저는
…의…가 아닌 저는
저는…처럼 당신 앞에서
            (80-94행 대부분 깨짐)
…저는 울지 않습니다.

나의 신이여, 나를 낳으신 나의 아버지, 제 얼굴을 [듭니다].
순진한 암소*처럼* 연민 가운데…애곡…
얼마나 더 저를 버려두시고 보호하지 않으실 것인지요?
황소처럼…

(얼마나 더) 저를 인도하지 않으실 것인지요?   (100)
그들을 말합니다—지혜로운 자들—정의롭고 올바른 말을:
'죄 없는 아기가 그 어미에게 태어난 적이 없다
…죄 없는 *일꾼*은 옛부터 없었다.'
나의 신이여, 제가 당신에게…했던 파괴의…
제가 당신 앞에서 준비한…의…
그것들이 *지혜로운* 사람을…하지 말게 하소서; (나의 신이여)
그에게 *자비의* 말을 하소서.
날이 아직 *밝지* 않았을 (때에), 나의…에서 나의…에서 제가
당신 앞에서 걷게 하소서.
나의 정결하지 않음과 순결하지 않음이…그들의…를 만지게…
진노의 날에 당신이…했던 그에게 *자비의* 말을 하소서.
그날에 당신이…했던 – *그에게* 즐거움을 선포하소서.   (110)
나의 신이여 이제 당신이 제게 제 죄가 무엇인지 보여
    주었으므로
…의 문에서 나는…을 말하겠습니다.
나, 젊은이는 당신 앞에서 나의 죄를 고백하겠습니다.
그 회합 위에 구름처럼…*비*를 내리시기를.
당신의 *방*에서 나의 통곡하는 어머니를…하시기를.
나, 용맹한 자를 당신께서…지[혜로…내] 통곡을…"

…
그 사람의 간절한 울음을 그의 신이 들으셨다.
그를 가득 채우던 애통과 눈물이 그 젊은이를 향한 그의 신의
    마음을 흡족하게 했을 때
그 의로운 말, 그 꾸밈없는 말을 그의 신이 들었다.   (120)
그 젊은이가 기도로 고백한 그 말들이
그의 신의…살을 기쁘게 했으며 그의 신은 악한 말로부터
    그의 손을 거두었다.
그 마음을 짓누르는…그는…을 안았다.

그 날개를 펴고 감싸는 병마를 그는 *치워버렸다*.

그를…처럼 쳤던…를 그는 소멸시켰다.

그에게 내려진 *선고*에 따라 거기에 놓인 운명의 악령을 그는
  옆으로 치웠다.

그는 그 젊[은]이의 고통을 기쁨으로 바꾸었다.

그는 그의 곁에 선한 수호신을 지키는 자로 세우고

그에게 람마(Lamma)를 주었다.[29]

그 젊은이는 그의 신의 위대함을 끊임없이 찬양하였다.   (130)

그는…을 가지고 오고…을 알렸다.

  (132-137행 깨짐)

"…그가 나를 위해 돌아오기를

…그가 풀어주기를

…그가 나를 위해 바르게 하기를."   (140)

개인 신에게 드리는 애가의 에르샤네사[30](*eršagneša*) 노래.

2. 메소포타미아 잠언들 | 원역자: 파이퍼(Robert H. Pfeiffer)

ANET, 425

K4347

(20) 어떤 일이든 나쁘게 처리하지 않으면 [후]회가 네 가슴에 [떨어질 일도 없다. (21) 악한 일을 행하지 [않으면] 계속하여 [후]회할 일도 없을 것이다. (27) 여자가 성관계 없이 임신하는 것은 먹지도 않

---

29 *ANET* 번역은 다음과 같다. "그에게…친절한 수호 요정을 주었다."
30 '에르샤네사'는 제의에서 노래를 담당하는 '갈라'라는 전문 가수들이 부르는 노래들 중의 한 장르로 애가의 일종으로 생각된다. *ANET*는 이 단어를 "교송"(antiphone)으로 번역한다(역주).

고 살찔 것과 같다.³¹ (28) 성관계는 가슴이 젖을 낼 수 있도록 한다.³² (29) 내가 노동하면 그들이 (내 결실을) 가지고 간다. 내가 더욱 더 노력하면 누가 내게 무엇이라도 줄 것인가? (34) 강한 자는 그의 보수로 먹고, 약한 자는 그의 자식의 가격(또는 보수)으로 먹는다. (37) (좋은) 옷을 입는 자는 모든 일에 운이 좋다. (38) 걸어가는 황소의 얼굴을 끈으로 때리느냐? (39) 내 무릎은 계속해서 걷고 내 발은 지치지 않지만 지혜가 없는 사람은 슬픔으로 나를 쫓는다. (40) 나는 순혈 준마이지 않은가? 하지만 나는 당나귀와 함께 마구에 채워져 갈대 실은 마차를 끈다. (44) 나는 역청과 흙벽돌로 만들어진 집에 살지만 흙이…내 위로 쏟아진다.³³ (50) 엊그제의 생명은 어느 날의 생명과도 같다. (54) 네가 강에 들어가면 그 물은 악취가 나기 시작하고; 네가 과수원에 가면 그 대추야자는 쓴 맛이 나게 된다.³⁴ (55) 싹이 올바르지 않으면 가지도 나지 않고 씨도 생기지 않을 것이다. (56) 익은 곡식이 더 자라는가? 어떻게 아는가? 말라버린 곡식이 자라는가? 어떻게 아는가? (57) 곧 죽을 사람은 "(가진 모든 것을) 먹어 버릴 것이다"(라고 말한다). 곧 회복될 사람은 "아껴야겠다!"(라고 말한다). (60) 방비가 철저하지 않은 성문 앞에서는 적들을 무찌를 수 없다. (64) 너는 가서 적의 땅을 차지하라; 적이 와서 네 땅을 차지할 것이다.

전 9:11

전 1:9-10

사 22:13

다음 수메르어 잠언들은 닙푸르와 우르에서 발견된 초기 고바벨론 시대 토판에 기록되어 있다. 아래 번역은 펜실베니아대학교 박물관 바벨론 섹션의 연구원인 에드먼드 고든이 번역하였다.

---

31 불가능한 일을 가리킨다. 아모스 6:12a 참고. 수메르어 원문은 다음과 같다. "그가 너와 함께 산 일이 없는데 네가 임신할 수 있느냐? 그가 너를 먹인 일이 없는데 네가 뚱뚱해질 수 있느냐?"
32 인과 관계를 가리킨다.
33 수메르어로는 "흙벽돌에서 역청을 빼낸 집에서; …지난해에는 지붕에 물이 셌다."
34 계속해서 운이 나쁜 사람이거나 혹은 '악한 눈'에 의해 타인에게 불행을 가져다주는 자를 말한다.

(1) 말 안 듣는 아이는―그 어미가 낳지 않았어야 했다. 그의 (개인) 신은 그를 창조하지 않았어야 했다! (2) 막대기를 가진 여우는 "누구를 칠까?"라고 한다. 법전을 가진 여우는 "누구를 고소할까?"라고 한다. (3) 황소를 피하자 암소가 나타났다! (4) 그가 살아있는 동안에는 그의 친구이지만, 그가 죽는 날에는 가장 나쁜 적이 된다. (5) 의견을 모을 수가 없었다. 여자들은 서로 떠들기만 했다! (6) 입이 열려 있으면 파리가 거기로 들어간다! (7) 불임의 암소처럼 너는 존재하지 않는 네 송아지를 찾고 있다.[35] (8) 말이 그 탄 자를 던져버린 후에 말했다. "내 짐이 항상 이와 같다면 나는 쇠약해질 것이다!" (9) 개는 "이것을 집어!"라는 말은 알아듣지만 "내려놓아!"라는 말은 모른다.

다. 아카드의 교훈과 지혜 문학

ANET, 437-38

1. 삶에 대한 관조: 주인과 종의 비관적인 대화

| 원역자: 파이퍼(Robert H. Pfeiffer)

(I) "[종아], 내게 복종하라." 네, 내 주여, 알겠습니다. "[지금 당장 내게] 수레를 [가져다] 준비하라. 왕궁으로 갈 것이다." [가소서, 내 주여, 가소서! 당신이 원하는 바가] 이루어질 것입니다. 왕은 당신을 잘 대해 줄 것입니다. (5) "아니다. 종아, 나는 왕궁[에] 가지 않을 것이다. [가지 마소서], 내 주여, 가지 마소서. [왕궁으로…] 그가 당신을 보낼 것입니다. 당신이 알지 [못하는 나라에서] 당신이 포로가 되게 할 것입니다. [낮과] 밤으로 당신이 고난을 당하게 할 것입니다.

(II) (10) "종아, 내게 복종하라." 네, 내 주여, 알겠습니다. 손 씻을 물을 당장 내게 가지고 [오너라]: 내가 식사를 하겠다." [식사 하소서],

---

35 다음처럼 번역될 수도 있다. "새끼를 낳을 수 없는 암소처럼 네가 찾는 수소는 없다."

내 주여, 식사 하소서. 규칙적으로 식사를 하는 것은 마음을 여는 것 (즉, 기쁨을 가져 오는 것)입니다. 깨끗이 씻은 손으로 즐겁게 먹는 [식사에는] (태양의 신) *샤마쉬*가 찾아옵니다. "아니다. [종아], 식사를 하지 않을 것이다."(15) 식사를 하지 마소서, 내 주여, 식사를 하지 마소서. 배가 고파서 먹고, 목이 말라 마시는 것은 (모든) 사람에게 찾아오는 것입니다.

(III) "종아, 내게 복종하라." 네, 내 주여, 알겠습니다. "지금 당장 내게 수레를 가져다 준비하라. 광야로 갈 것이다." 가소서, 내 주여, 가소서. 도망자는 배부릅니다. (20) 사냥개가 뼈를 부술 것이며; 도망치는 *하후르*(ḫaḫur)-새는 둥지를 짓고; 이리 저리 뛰어다니는 야생 나귀는…"아니다. 종아, 광야로 가지 않겠다." 가지 마소서, 내 주여, 가지 마소서. (25) 도망자의 마음은 변합니다. 사냥개의 이빨은 부러질 것이고; 도망치는 하후르-새의 집은 벽 [구멍] 안에 있으며; 이리 저리 날뛰는 나귀의 집은 광야입니다.

(IV) "종아, [내게 복종하라." 네, 내 주여, 알겠습니다]. (20-31) (깨짐)…악한 자의 침묵이 완전하게 됩니다. "[내 적을] 잡아서 *재빨리* 그들에게 족쇄를 채울 것이다. 나의 대적들을 숨어서 기다릴 것이다." (35) 숨어서 기다리소서, 내 주여, 숨어서 기다리소서…당신은 집을 짓지 않을 것입니다. [성급히] 나가는 자는 그 아버지의 집을 부숩니다.

(V)…"나는 집을 짓지 않을 것이다." 당신은 짓지 않을 것입니다.

(VI) "[종아, 내게 복종하라." 네, 내 주여, 알겠습니다]. "[내 대적의 말에 나는 조용히 있을 것이다]. (40) 조용히 있으소서, 내 주여, [조용히] 있으소서. [침묵이 웅변보다 낫습니다]. "아니다. 종아, [내 대적의 말에 나는 조용히 있지 않을 것이다.] 조용히 있지 마소서, 내 주여, [조용히 있지 마소서]. 당신이 입으로 말하지 않으면…당신의 대적이 당신에게 화를 낼 것입니다.

(VII) "종아, 내게 복종하라." 네, 내 주여, 알겠습니다. (45) "나는 반란을 일으킬 것이다." (그렇게) 하소서, 내 주여, [(그렇게) 하소서].

잠 24:21-22

당신이 반란을 일으키지 않으면 당신의 흙[36]은 어떻게 되겠습니까? 당신의 배를 채울 것을 누가 줍니까? "아니다. 종아, 나는 폭력을 행사하지 않을 것이다. [하지 마소서, 내 주여, 하지 마소서]. 폭력을 행사하는 자는 죽임을 당하거나, [나쁜 대접을 받거나] 불구가 되거나 잡혀서 감옥에 던져집니다.

(VIII) "종아, 내게 복종하라." 네, 내 주여, 알겠습니다. (55) "내가 한 여자를 사랑하겠다." 네, 사랑 하소서, 내 주여, 사랑하소서. 한 여자를 사랑하는 남자는 고통과 고생을 잊습니다. "아니다. 종아, 내가 한 여자를 사랑하지 않을 것이다." [사랑하지 마소서], 내 주여, [사랑]하지 마소서. 여자는 우물이며, (60) 남자의 목을 베는 날카로운 쇠칼입니다.

(IX) "종아, 내게 복종하라." 네, 내 주여, 알겠습니다. "지금 당장 내게 손 씻을 물을 가지고 오너라. 내가 나의 신에게 제물을 바치겠다." 드리소서, 내 주여, 바치소서. 그의 신에게 제물을 바치는 자는 돈 위에 돈을 벌 것입니다. "아니다. 종아, 나의 신에게 제물을 바치지 않을 것이다." 바치지 마소서, 내 주여, 바치지 마소서. 신이 당신에게 "네게 예배를 (드리라)"고 하거나 "(신탁)을 물어보지 마라"라고 할 때에 당신은 그 신이 개처럼 당신을 따르도록 만들 수 있습니다.

(X) "[종아], 내게 복종하라." 네, 내 주여, 알겠습니다. (70) "우리나라에 식량을 좀 주어야겠다." 주소서, 내 주여, 주소서. [그의 나라에] 식량을 주는 [사람]-보리는 자신의 것으로 (남아 있겠지만) 이자로 벌어들일 수입은 엄청날 것입니다. "[아니다. 종아], 우리나라에 먹을 것을 주지 않을 것이다." [주지 마소서, 내 주여], 주지 마소서. 주는 것은…을 사랑하는 것과 같고 아들을 낳는 것과도 같습니다. (75)…그들이 당신을 저주할 것입니다. [그들이] 당신의 보리를 [먹고] 당신을 파멸시킬 것입니다.

(XI) "종아, 내게 복종하라." 네, 내 주여, 알겠습니다. "내 나라에 도움이 되는 뭔가를 해야겠다" 하소서. 내 주여, 하소서. 그 나라를 위해

---

36 "당신의 흙"은 "당신의 몸"을 의미한다(창세기 2:7 참조).

도움이 되는 일을 하는 자—그의 돕는 행동들은 마르둑의 그릇에 저장될 것입니다.[37] (80) "아니다, 종아, 내 나라에 도움이 되는 일을 하지 않겠다"하지 마소서, 내 주여, 하지 마소서. 옛 성읍의 폐허에 올라 걸어 다녀 보소서: 이전 (사람들의) 뼈를 보소서; (그들 중) 누가 악한 자이며 누가 선을 행한 자이니까?

(XII) "종아, 내게 복종하라." 네, 내 주여, 알겠습니다. "이제 무엇이 선한가? (85) 내 목을 꺾고, 네 목도 꺾어 (둘 다) 강에 던지는 것이다—(그것이) 선한 것이다." 누가 하늘에 닿을 만큼 큽니까? 누가 땅을 모두 감쌀 만큼 넓습니까? "아니다, 종아, 내가 너를 죽여서 나보다 앞서 보낼 것이다." (그러면) 내 주께서는 내가 가고 난 후 삼 일이라도 살기를 (바라십니까?) (후기) 원본과 동일하게 기록된 것으로 확인하였음.

2. 아카드의 우화 | 원역자: 빅스(Robert D. Biggs)

ANET³ 592-93

버드나무와 대추야자나무의 논쟁

I

버드나무가 입을 [열어 말했다]. (3)
"[네] 속살에 비교하면 내 속살은…]
내 소중하고 좋은 벨트를 너는 […]
[너]는 여주인을 배[반]하는 여종 같다."

[대추야자나무가 자랑스럽게 대답했다.
…막대기로 네 꼬투리를…
우리가 신을 부를 때에 [네] 속살은 죄를 벌한다는 점에서[만 좋을 뿐이다].[38]

---

37 인간의 행위를 기록하는 토판들은 마르둑의 그릇에 보관되었다.
38 "good against sin"

버드나무는…의 가장 좋은 것이나 […]의 가장 좋은 것을
    알지 못한다."

상동 (버드나무가 말한다). "모든 기술에 통달한 자여,
    나는 너보다 더 낫다. 농[부…] (11)
농부가 가진 것이라고는 나로 만들어진 갈고리뿐 […]
그는 내 몸통으로 삽을 만들고 나로 만들어진 삽으로
농수로를 열어서 논에 물을 댄다. 나는 […]
땅의 수분을 위해 곡식은…[…] (15)
나는 타작하며 사람들이 먹는 곡식을 나는 타작한다."

상동 (대추야자나무가 말한다). "모든 기술에 통달한 자여,
    나는 너보다 더 낫다. 농부 […] (17)
그가 가진 것이라고는 여러 동물들을 위한 고삐, 채찍,
    밧줄과 씨뿌리[는 쟁기] 뿐이며
마구;…;…를 위한 밧줄, 수레에 쓸 그물 […]
…농부의 장구들, 그 모든 것…[…]" (20)
상동 (버드나무가 말한다). "왕의 궁전에서 나로 만들어진
    기구들을 생각해 보아라. 어떤 […] (21)
왕의 집[에서] 왕은 나로 만들어진 접시로 먹으며, [나로 만들
어진] 컵으로 [왕비는 마신다].
나로 만들어진 숟가락으로 장수들은 먹고, 나로 만들어진
    구유에서 […]
(그리고) 빵 굽는 사람은 밀가루를 뜬다. 나는 실을 [쳐서]
    베를 짜는 자
나는 사람들에게 옷을 입히고 […] (25)
신의…나는 퇴마사로 신전을 (제의로) 새롭게 한다. [나는] 정
말로 좋은 물건이며
대적할 자가 없다."

(후면)

상동 (대추야자나무가 말한다). "신(Sin)에게 제물을 드리는

    곳에서…고귀한 신(Sin) […] (1)

왕은 내가 없는 곳에서…헌주를 드릴 수가 없다.

제의는 나와 함께 드려지며 내 잎사귀들은 땅에 쌓여있고…

    […]

그때 야자는 또한 맥주를 만드는 자이다."

상동 (버드나무가 말한다). "오너라, 너와 나,

    키쉬로 함께 가자 […] (5)

학자들이 있는 곳에는 나로 만들어진 표지가 있다. […]는

    […와…]로 가득 차 있지 않다.

향으로 가득 차 있지 않았다. 카디쉬투[39] 여인은 물을 뿌리고

    […]

[…]을 취하고 그들은 예배하며 절기를 지킨다. 그때 […]

…은 푸줏간 도살자를 위한 것이고 그 잎사귀는…[…]"

상동 (대추야자나무가 말한다). "오너라, 너와 나, […]로 함께

    가자 […] (10)

죄가 있는 곳에는 어디든지 네가 할 일이 있다.

    오 버드나무여. 목수는 […]로

그는 나를 존중하며 매일 [나를] 칭찬한다."

(버드나무가 말한다). "누가…[…] (13)

나는 짚어진다. 양치기 소년이 [나의] 큰 널판을 [이용하여]

…를 가르고, […] 하는 갈대로 일하는 자와 같이

나는 내 강한 힘으로 인해 즐거워할 것이며 […]

나는 너를 쓸 만하고 아주 강하며 […] 것으로 만들었다."

(대추야자나무가 말한다). 내가 너보다 더 낫다. 나는 너보다

    여섯 배 더 뛰어나며, 일곱 배 더 […] (18)

---

39 신전 창기로 알려져 있던 아카드어 단어인데 그 존재에 대하여 논쟁이 있다(역주).

나는 곡물의 신(니사바)과 교대로 석 달 동안은 […]

고아 소녀, 과부, 가난한 자, […]

나의 대추야자를 부족함 없이 먹으며 […]

     (나머지 깨짐)

 II

오래전 날에, 오래전 해에

운명은 강들을 만들었다.

땅의 신들과 아누, 엔릴, 에아는 회의를 소집했다.

엔릴과 다른 신들은 조언을 들었고,

그들 가운데 샤마쉬가 앉아있었고   (5)

신들의 위대한 여주(女主)가 그들 가운데 앉아있었다.

전에 땅에는 왕권이 없었고

통치는 신들에게 주어졌었다.

     (2 행 읽을 수 없음.)

왕은 야자나무를

그 왕궁에 심었다.

그와 함께 왕은…버드나무를 심었다.

버드나무 그늘 아래에 저녁 식사가

차려졌고 야자나무 그늘 아래   (15)

…

…가 열린 곳…왕의 길.

서로의 가치를 [모욕했다].

버드나무와 대추야자나무는 [논쟁을 했다].

대추야자나무는 다음과 같이 (말했다). "나는 대단히… (20)

만일 대추야자나무가 그렇게 좋다면…"

"너 버드나무는 쓸모없는 나무다.

네 가지들은 무엇이냐? 단지 과일을 맺지 않는 목재일 뿐이다!

내 과일은…

…

정원을 가꾸는 자는 나를 칭찬하며

종과 신하들 모두에게 쓸모가 있다.

어린 아기가 내 열매를 먹고 자라며,

성인도 (또한) 내 열매를 먹는다."

"…왕과 동일한…" (30)

왕궁에 있는 기구들-

나로 만들어진 어떤 것들이 왕궁에 있는가?

왕은 나로 만들어진 *식탁*에서 먹으며

왕비는 나로 만들어진 *컵*으로 먹는다.

나는 베를 짜며 실을 친다. […]

나는 퇴마사이며 [집을] 정결하게 한다.

(나머지 깨짐)

3. 지혜의 충고 | 원역자: 빅스(Robert D. Biggs)   ANET³ 595-96

(시작 부분은 심하게 훼손됨)

[남을 헐뜯는 자와] 말하지 마라. (21)

게으른…[…]에게 충고를 구하지 마라.

네 좋은 점들로 인해 너는 그들에게 *본보기*가 될 것이다.

그러면 네 일이 줄어들고 네 길을 버리게 되며

네 현명하고 적절한 의견들이 거짓으로 오해될 것이다.

네 입을 삼가고 네 말을 지켜라.

(그것이) 사람의 자랑이다-네 말을 가치 있는 것으로
   만들어라.

오만과 모독이 네가 싫어하는 것이 되도록 하라.

모독하는 말이나 부당한 언행을 하지 마라.

남을 헐뜯는 자는 경멸당한다. (30)

모임 가운데에 자주 가지 마라.

논쟁이 있는 곳에 어슬렁거리지 마라.

그들은 너를 그 논쟁의 옵서버(observer)로 삼으려고 할
  것이기 때문이다.
그러면 너는 그들에게 증인이 될 것이고
너와 상관없는 일에 관한 송사에 말려들게 될 것이다.
논쟁이 있으면 거기에서 벗어나고 무시하라.
네가 관련된 논쟁이 심해지면 진정시켜라.
논쟁은 숨겨진 함정이고
그 적들 위에 덮여있는…벽이다.
잊어버린 것을 생각나게 하고 다른 사람을 고발한다. (40)
네 적에게 악을 되돌려주지 마라.
네게 악을 행하는 자에게 선으로 되돌려주고
네 적을 위해 정의를 지키며
네 적에게 미소를 지어라.

(몇 행 훼손됨)

먹을 음식과 마실 맥주를 주어라, (61)
요구하는 것을 주고 존중함으로 내어 주어라.
신은 이러한 일을 즐거워한다.
샤마쉬는 이러한 일을 즐거워하며 선한 것으로 되돌려줄
  것이다.
좋은 일을 행하며 네 모든 날 동안 선을 행하라.
네 집에 있는 여종에게 잘해 주지 마라.
그녀가 아내처럼 [네] 침실을 지배해서는 안 된다.
…, 네 스스로 여종[에게] 가지 마라.
만일 그녀가 네…에 올라오면, 너는 내려가지 못할 것이다.
네 백성들 [가운데] 다음과 같이 말하라. (70)
"여종이 지배하는 집안은 잘 되지 않는다."
창녀와 결혼하지 마라, 그 남편들이 무수히 많으며,
신에게 봉헌된 이쉬타리투-여자,
그…이 많은 쿨마쉬투-여자.
네가 고난 중에 있을 때 그녀는 너를 돕지 않을 것이다.

네가 논쟁에 휘말릴 때 그녀는 조롱하는 자가 될 것이다.
그녀에게는 존경함이나 복종함이 없다.
집안에서 그녀가 힘이 있더라도 그를 내어 보내라,
그녀는 다른 사람의 발자국 소리에 귀를 기울이기 때문이다.
다른 사본에는: 그녀가 (아내로) 어떤 집에 들어가게 되든지
   그 집은 흩어지고 그녀와 결혼하는 자는 안정을 얻지 못
      할 것이다. (80)

내 아들아, 만일 통치자의 뜻으로 네가 그의 신하가 되고
그의 소중히 간직된 인장이 네게 주어진다면
그의 보물 창고를 열고 들어가 보아라,
오직 너만이 그렇게 할 수 있기 때문이다.
무수히 많은 보물을 그 안에서 찾을 것이지만
그것들 중 아무것도 탐내지 말고,
은밀한 범죄에 내 마음을 두지도 마라,
나중에 사람들이 그 일들을 조사하게 될 것이며
네가 저지른 비밀스런 범죄도 드러나게 될 것이다.
통치자가 그것을 듣고 […] 하며, (90)
그의 행복한 얼굴은 […]

      (몇 행 훼손됨)

나쁜 말을 하지 말고, (오직) 좋은 말만 하라. (127)
악한 말을 하지 말고, 사람들에 대해 좋게 말하라.
나쁜 말을 하며 악을 말하는 자는 –
샤마쉬에게 진 빚 때문에 사람들이 그를 불러 세울 것이다. (130)
아무렇게나 말하지 말고 네 말을 조심하라.
혼자 있을 때에도 가장 깊은 마음의 생각을 표현하지 마라.
서둘러 말한 것은 나중에 *후회*하게 될 것이다.
네 말을 삼가도록 노력하라.

네 신을 매일 섬겨라.

분향할 때에는 희생 제물과 (거룩한) 말들을 함께해야 한다.

네 신에게 자원하는 제물을 드려라,

이것이 신에게 알맞은 일이기 때문이다.

기도와 간구, 엎드려 절하는 것

매일 드려라, 그리하면 네 기도를 들어주실 것이고 (140)

너는 네 신과 조화롭게 지낼 것이다.

너는 지식이 있으니 토판을 읽어 보아라.

"숭배는 선함을 낳고

희생제물은 삶을 낫게 하며

기도는 죄악을 몰아낸다.

신을 예배하는 자는 […]가 멸시하지 않으며

아눈나키를 예배하는 자는 [그날이] 길어질 것이다."

친구나 동료와 [악한 것들을] 말하지 마라.

가치 없는 것들을 말하지 말며 선한 것을 [말하라].

만일 무언가를 약속했으면 […] 주어라 (150)

누군가에게 신뢰를 주었으면, […] 하도록 하고

동료의 소원을 [이루어 주어라].

친구가 너를 신뢰하게 [했다면] […]

너는 지식이 [있으니] [토판을 읽어 보아라].

(나머지 깨짐)

4. 루들룰 벨 네메키[40]: 지혜의 주를 찬양하리라
| 원역자: 빅스(Robert D. Biggs)

토판 I

    나는 지혜의 주, [생각이 깊은(muštalum)] 신을 찬양하리라.   (1)

    밤에는 노하나 해가 뜨면 노여움을 푸신다.

    마르둑, 지혜의 주, 생각이 깊은 신

    밤에는 노하나 해가 뜨면 노여움을 푸신다.

    그의 화는 폭풍처럼 그를 감싸나

    그의 미풍은 아침에 부는 약한 바람과 같이 즐거우며

    그의 분노는 돌이킬 수 없고 그의 진노는 파괴하는 홍수이나

    그 마음은 자비로우며 그 심중은 너그러우며

    그 손이 치는 것을 하늘이 막을 수가 없으나

    그 부드러운 손은 죽어가는 자를 살린다.   (10)

    마르둑, 그 손이 치는 것을 하늘이 막을 수가 없으나

    그 부드러운 손은 죽어가는 자를 살린다.

    그 분노로 인해 무덤이 열리나[41]

    그 후에 쓰러진 자를 재앙으로부터 구하며

    그가 인상을 쓰시면 수호신들이 물러나고

    그가 쳐다보시면 그를 떠난 신이 다시 그에게로 돌아오게

---

[40] 고대 메소포타미아에서는 문학작품의 첫 단어들을 그 작품 전체의 제목처럼 사용하였다. "루들룰 벨 네메키"(Ludlul Bēl Nēmeqi)는 "지혜의 주를 찬양하리라"라는 뜻을 가진 첫 세 단어로 이 작품의 제목으로 사용되었는데 현대 학자들이 이 제목을 그대로 사용하고 있다. 이 본문은 2010년까지 새롭게 확인된 사본들을 추가하여 새롭게 편집출판되었다. A. Annus and A. Lenzi, *Ludlul Bel Nemeqi*, SAACT 7, Helsinki, 2010. 본 번역서에서는 *ANET*의 번역자인 로버트 빅스의 본문 이해를 최대한 반영하면서 새롭게 발견된 사본들을 가능한 한 많이 포함시키려고 하였다(역주).

[41] 13행부터 40까지는 *ANET*에는 없고 Annus와 Lenzi의 2010년 출판에 수록되어있다(역주). 각주 40참조.

된다.

그의 처벌은 견디기 어려우나

그가 자비를 보이시면 어머니와 같이 되신다.

그 사랑하는 자에게는 다정하시고

송아지와 함께 있는 암소처럼 돌보아 주신다. (20)

그는 날카롭게 쳐서 몸에 구멍을 내지만

상처를 감싸서 남타르-악령에게 고난 받는 자를 살리신다.

그는 말하시고 죄지은 자를 벌하시지만

정의를 베푸시는 날에는 책임과 죄를 용서해 주신다.

그는 사람에게 [날]뛰는 악령을 주지만

그 주문으로 추위와 떨림이 [사라지게도 하신다.

에라(Erra)의 공격 ⟨수단⟩인 아다드의 파괴력을 약하게 하고

분노한 신과 여신을 사람과 화해시키기도 하신다.

주, 그는 신들의 마음에 있는 [모]든 것을 보시나

[신들 중 아무]도 그의 길을 알지 못한다. (30)

마르둑, 그는 신들의 마음에 있는 [모]든 것을 보시나

어떤 신도 그의 계획을 알 수가 없다.

그의 손이 무거운 것과 같이 그의 마음은 자비로우시며

그의 무기가 살인적인 것과 같이 그는 삶을 지키고자 하신다.

그의 승낙 없이 누가 그의 공격을 누그러뜨릴 수 있는가?

그의 계획 없이 누가 그의 손을 막을 수 있는가?

물고기처럼 진흙을 먹는 나는 그의 분노를 찬양할 것이다.

그는 죽은 자를 되살리신 것처럼 재빨리 선을 보이셨다.

나는 사람들에게 ⟨그가⟩ 선을 보이실 때가 가까이 왔음을
　　알릴 것이다.

그의 선하[심이] 그들의 죄악을 씻기를. (40)

벨이 나에게 벌을 내리신 날로[부터]

마르둑이 내[에게] 노하신 날로부터

나의 신은 나를 저버리시고 사라지셨고

나의 여신은 떠났고 내 곁에서부터 사라지셨다.

내 곁에 있는 행운의 [수호]신은 떠났고
나를 보호하시는 신은 두려워서 다른 사람을 찾아갔다.
내 존귀함은 사라졌고 내 용맹한 모습은 희미해졌다.
내 자신감은 꺾이어 숨어버렸으며
내게 무서운 점이 처졌고
나는 내 집에서 쫓겨나 바깥을 돌아다녔다. (50)
내 점괘는 혼란스러웠고 매일 매일 불확실하였으며
점성술사나 해몽가들이 내 신탁을 결정하지 못했다.
내가 거리에서 들은 것들은 내게 흉한 것이었다.
내가 밤에 누울 때는 두려운 꿈을 꾸었다.
신들의 육체이며 백성들의 태양이신 왕,
그의 마음이 (내게) 분노하였으며 그 분노는 달랠 수가 없었다.
나는 *기도하며* 서 있었으나 그들은 나를 음해하였다.
그들은 모여서 해서는 안 되는 말들을 하였다.
첫 번째 사람이 말했다. "나는 그로부터 삶의 의욕을 빼앗아
　　갔다."
두 번째 사람이 말했다. "나는 그로 하여금 그의 자리를
　　떠나게 했다." (60)
이와 같이 세 번째 사람도,
　　"내가 그 자리를 차지할 것이다"라고 하였다.
네 번째는 "나는 그 집을 차지할 것이다."
다섯 번째는 [...사람의 생각을 뒤집었다].
여섯 번째와 일곱 번째는 [그의 수호신을] 가까이 따랐다.
이 일곱 명의 무리는 그들의 힘을 모았다.
폭풍 악령과 같이 무자비하게 그들은...
그들은 하나의 목표를 향해 뭉친 [하나의 몸이었다].
그들의 마음은 나를 향해 분노하였고 불처럼 이글거렸다.
그들은 함께 나를 모략하고 거짓을 말하였다.
그들은 나의 존엄한 입을 막으려 하였다. (70)
끊임없이 말하는 내 입은 조용해졌다.

내 마음의 외침은 침묵으로 바뀌었고
내 자랑스러운 머리는 땅을 향해 숙여졌다.
두려움 때문에 내 용맹한 가슴이 연약해지고
어린 자들조차 내 넓은 가슴에 등을 돌렸다.
(전에) 강했던 내 팔들은…
고귀한 자처럼 걷던 나는 조용히 다니는 것을 배웠다.
나는 존엄한 자였으나 노예가 되었다.
나의 많은 친족으로부터 소외되었다.
내가 거리를 걸을 때는 손가락질을 당했고, (80)
내가 왕궁에 들어가면 얼굴을 찌푸렸다.
내가 사는 도시는 나를 적으로 대하였고,
나의 나라는 다른 나라처럼 적이 되었다.
내 형제는 모르는 자가 되었고
친구는 악인와 악령이 되었다.
내 동지는 분노 가운데 나를 비난하고
내 동무는 자신의 무기를 피 흘림으로 더럽힌다.
내 친한 친구는 내 생명을 위험에 빠뜨리고,
내 좋은 모임 가운데서 공공연히 나를 저주하며
내 여종은 군중들 앞에서 내 명예를 실추시킨다. (90)
나를 아는 자가 나를 보면 숨어버리고
내 가족은 나를 마치 가족이 아닌 것처럼 대한다.
나를 칭찬하는 자에게는 무덤이 준비되어있고
나를 욕하는 자는 인정받는다.
나를 음해하는 자는 신의 도움을 받고,
"자비!"를 외치는 자에게는 죽음이 서둘러왔고
도움을 주지 않는 자에게는 생명이 그의 수호신이 되었다.
내 곁에는 아무도 없고 나를 이해하는 자는 아무도 없었다.
그들은 내 소유를 아무에게나 나누어주었고
내 수로를 흙으로 막아버렸다. (100)
내 밭에서 즐거운 추수의 노래를 멈추게 했고

나의 도시를 적의 도시와 같이 조용하게 만들었다.
다른 자가 와서 내 종교적인 공무(parṣu)를 빼앗아가
(내가 참석해야 할) 의례에 다른 자가 참석하도록 하였다.
낮에는 한숨이, 밤에는 애가가
매월 울음이, 매년 비참함이 있었다.
나는 비둘기처럼 하루 종일 신음하였고
노래 부르는 자처럼 내 애가를 불렀다.
계속하여 흐르는 울음 때문에 내 눈은⋯
내 아래 눈꺼풀은 [계속하여 흐르는] 눈물로 인해 부었다. (110)
내 얼굴은 마음의 근심으로 인해 어두워졌고
공포와 두려움은 내 살을 창백하게 했다.
내 내장은 계속되는 두려움으로 떨고[42]
나는 타는 불과 같이⋯
내 기도는 끊임없이 불타는 불꽃이며
내 기도는 전쟁과 같은 싸움이다.
나는 내 입술을 달콤하게 하였으나 그들은 어둠과 같이
   희미했다.
내가 신랄하게[43] 말하려고 하면 내 말이 막혔다.
동이 틀 때면 어쩌면 내게 행운이 다가올 수 있을 것이다.
새 달이 뜰 때에 어쩌면 나의 태양이 내게 비췰 수 있을 것이다.(120)

토판 II

나는 그 다음 해까지 살아남았고, 정해진 시간은 지났다. (1)
주위를 돌아보았으나 악으로 가득했다.
내 불행은 더해져갔고 나는 옳은 것을 찾을 수 없었다.

---

42 *ANET*에는 빠져있는 113-120행은 Annus와 Lenzi의 2010년 출간본에서 번역하였다. 각주 40 참조(역주).
43 아카드어 원문은 "소금과 같이"(역주).

내 신께 외쳤으나 그 얼굴을 보여 주시지 않았다.
내 여신께 외쳤으나 그 머리를 드시지 않았다.
점치는 자조차 점술로 알아낼 수가 없었다.
꿈을 해몽하는 자들이 관제[44]로도 알아낼 수가 없었다.
꿈을 관장하는 신에게도 기도했으나 그는 내 귀를 열어주지
　　않았다.
퇴마사는 그 제의로 나에 대한 신들의 진노를 누그러뜨릴 수
　　없었다.
모든 곳에 이해할 수 없는 상황들이 있었다.　　　　　　　(10)
내 뒤에는 압제와 고난이 있다.
자신의 신에게 관제를 드리지 않고
여신에게 제물을 드리지 않은 자처럼
엎드려 경배하지 않고 절하는 것을 본 적도 없는 자
기도와 간구가 그 입에서 멈춘 자
자신의 신의 날을 버리고 절기를 무시하는 자
그들의 의례를 등한시하고 경시하는 자
백성들에게 신들을 경외하고 순종하는 것을 가르치지 않은 자
식사를 할 때에 그의 신을 부르지 않은 자
그의 여신을 버리고 밀가루 제물을 드리지 않은 자　　　　(20)
소리 지르며 자신의 주(主)를 잊어버리고
그의 신의 엄숙한 맹세를 가볍게 여긴 자. 나는 (이러한 자)와
　　같았다.
나 자신을 위하여 기도와 간구에 주의를 기울였다.
나는 신중히 기도를 드렸고 제사는 나의 규칙이었다.
신께 예배드리는 날은 내 마음에 기쁨이 있었다.
여신 행차의 날은 나에게 풍요롭고 넘치는 날이었다.
왕의 축복―그것은 나의 기쁨이었고
그에 함께하는 음악은 나에게 즐거움이었다.

44　'액체로 된 제물을 부어 드리는 제사'(역주).

나는 내 나라가 신의 의례를 지키도록 했고
내 백성이 여신의 이름을 소중히 여기도록 했다. (30)
나는 신에게 하듯 왕을 찬양하였고
백성들에게 왕궁을 존경하게 하였다.
이러한 일들이 신을 즐겁게 하는 일임을 알았더라면!
자신에게 좋은 일이 신에게는 죄악일 수도 있으며
자신의 생각에 올바르지 않은 것이 신에게는 좋은 것일 수도
    있다.
누가 하늘에 있는 신들의 뜻을 알 수 있는가?
누가 지하에 있는 신들의 계획을 알 수 있는가?
사람은 어디에서 신의 법도를 배우는가?
어제 살아있던 자는 오늘 죽어있다.
한순간 걱정하다가 갑자기 즐거워하며 (40)
한순간 즐거운 노래를 부르다가
이후에는 곡하는 자처럼 운다.
그들의 상태는 눈을 깜빡이는 것처럼 (빠르게) 변한다.
굶주릴 때에는 시체와 같이 되다가
배가 부를 때는 그들의 신에 반대한다.
좋은 때에는 하늘에 오르는 이야기를 하다가
어려운 때에는 지하에 내려가는 이야기를 한다.
이러한 일은 당혹스러웠고 그 의미를 이해할 수가 없었다.
곤고한 나를 폭풍이 쫓고 있다!
쇠약하게 하는 질병이 나에게 찾아왔고 (50)
지평선[에서] 악한 바람이 나에게 불어왔다.
지하세계의 표면에서 두통이 올라오고
악한 기침이 압수를 떠났으며
거역할 수 없는 악령(utukku)이 에쿠르를 떠났고
산의 한가운데서 라마쉬투가 내[려왔다.
홍수와 함께 추위가 왔고
쇠약하게 하는 질병이 식물들과 함께 땅을 쳤다.

이들이 모두 합하여 나에게 찾아왔다.
그들은 [내 머리를 둘러싸고 내 두개골을 감쌌다.
[내] 모습은 우울했고 내 눈은 눈물로 가득 찼다.   (60)
그들은 내 목을 비틀어서 축 늘어지게 했다.
그들은 [내 심장]을 치고 내 가슴을 쳤다.
그들은 내 등을 잡고 나를 떨게 만들었다.
그들은 내 심장에 불을 붙였다.
그들은 내 내장을 뒤흔들고 내 창자를 꼬았으며
[내] 폐에 기침과 가래가 생기게 하며
내 팔과 다리를 피곤하게 하고 내 배를 메스껍게 만들었다.
내 큰 키를 벽과 같이 허물었고
내 건장한 체구를 멍석처럼 뭉개 버렸다.
나는 말라버린 무화과처럼 던져졌고 내 얼굴 위에 던져졌다.   (70)
알루-악령이 옷처럼 내 몸에 입혀졌고,
잠이 그물처럼 나를 덮는다.
내 눈은 앞을 바라보지만 볼 수 없고,
내 귀는 열려있지만 들을 수 없다.
내 온 몸은 약해졌고
질병이 내 몸을 쳤다.
내 팔은 뻣뻣해졌고
내 무릎은 약해졌고
다리는 움직임을 잊어버렸다.
발작이 일어나고 쓰러진 자처럼 숨이 막혔다.   (80)
죽음이 다가와 내 얼굴을 덮었다.
누가 나를 염려해도 나는 대답조차 할 수 없었다.
그들이 "[우-!]"라고 외쳐도 나는 없는 자와 같았다.
내 입에는 덫이 쳐졌고
빗장이 내 입술을 막고 있다.
내 "문"은 닫혔고 "물을 마시는 곳"은 막혔다.
내 배고픔은 [길]어지고 내 목[구멍]은 폐쇄되었다.

내가 먹는 곡식은 아주 나쁜 것이었고

사람의 양식인 맥주는 그 좋은 맛을 잃었다.

나는 정말 오랫동안 병을 앓아왔다. (90)

먹지 못하여 내 모습은 낯설게 되었고

내 살은 탄력을 잃었고 내 피는 말랐으며

내 뼈는 [피]부를 덮고 있는 것이 보일 정도가 되었다.

살에는 염증이 생기고 황달(또는 괴저)[45] 병이 나를 괴롭혔다.

나는 병상에 구속되었고 밖에 나가는 것이 큰 고통이었다.

내 집은 나의 감옥이 되었다.

내 팔은 힘을 잃고-내 살이 족쇄가 되었다.

내 발은 평평해지고-나는 쇠고랑이 되었다.

내 고통은 극심하고 상처는 아주 심했다. (100)

나를 찌르는 막대기에는 가시가 있었다.

나를 괴롭히는 자는 하루 종일 [나를] 괴롭히고

밤에는 한순간도 편히 숨을 쉬도록 두지 않았다.

내 관절들은 비틀어져 벌어졌고

팔과 다리는 틀어져 매달려 있었다.

소처럼 나 자신의 인분에서 밤을 보내고

양처럼 나 자신의 대변에서 뒹굴었다.

퇴마사도 내 증상을 알 수 없었고

내 점괘는 점술사들이 이해하지 못했다.

퇴마사들은 내 병을 진단할 수 없었고 (110)

점술사들은 내 병이 언제 끝날지 알지 못했다.

나의 신은 나를 구하러 오지도 않으시고 내 손을 잡지도

---

45 아카드어 단어 *uriqtu*는 이곳에서만 유일하게 나오는 단어로 정확한 의미를 알기 어렵지만 푸른색-노란색을 가리키는 어근을 가지기 때문에 이러한 의미를 유추할 수 있다. 실제로 이 본문에는 다른 텍스트들에서 잘 나오지 않는 질병 이름들이 많이 나오는데 이로보아 이 본문의 저자는 의학 지식이 풍부했음을 알 수 있다. CAD U/W 227 참조. 당시 서기관 교육을 받은 자들이 문학, 종교, 의료 등 많은 영역에서 활동하였던 것을 생각하면 특이한 일은 아니다(역주).

않으셨다.
내 여신은 나를 불쌍히 여기지도 않으시고 내 곁에 오지도
  않으셨다.
내 무덤이 기다리고 있었고 내 장례식은 준비되었다.
내가 죽기도 전에 나를 위한 애가는 이미 끝이 났다.
내 나라의 모든 자들은 "그는 얼마나 안 되었는가!"라고
  하였다.
이것을 들을 때 멸시하던 자들의 표정은 밝아졌다.
멸시하던 여자들이 이것을 알았을 때 그들은 즐거워했다.
내 모든 가족에게 어두운 날이었다.
내 친구들 가운데 그들의 태양은 빛을 잃었다.

토판 III

그의 손은 너무 무거워 나는 견딜 수가 없었다.   (1)
나는 그를 너무 두려워하여 내가…
그의 분노에 찬 바람은 파괴하는 홍수를 [가지고 왔다].
그의 발걸음은…[…]
…지독한 질병은 나를 [떠나지] 않는다.
나는 *깨어있는* 것을 잊어버려 [내 마음의] 길을 잃었다.
밤낮으로 나는 신음하며
깨어있으나 꿈을 꿀 때나 나는 비참했다.
건장한 체구의 훌륭한 젊은이
새 옷을 입은 우월한 육체―   (10)
깨어나자 그 외모는 형체를 잃[었다].
광채를 입고 놀라움으로 둘러 쌓인
[그는 들]어와 내 [위에] 올라섰다.[46]

---

46 *ANET*에 없는 13-20행은 Annus와 Lenzi의 2010년 출간본에서 번역하였다. 각주 40참조(역주).

[내가] 그를 [보았을] 때 [내] 육체는 마비되었다.

"[네] 주가 [나를] 보내었다"라고 [그는 말하였다].

…

네가 누구인지 [밝히라] 내가 말하리라….

그는 [나를(?)] 왕[에게] 보내었다.

그들은 말을 잃었고…하지 않으며…

그들은 내 말을 듣고… (20)

두 번째로 [나는 꿈을 꾸었다].

밤에 꾼 꿈에서

한 제사장이 […]

한 손에 정결의식을 위한 버드나무를 들고 있었다.

"닙푸르의 랄루라림마

그가 나를 네게 보내어 정결하게 하도록 했다."

그가 가지고 있던 물을 내게 붓고

생명을 되살리는 주문을 외우며 [내 몸을] 문질렀다.

세 번째로 나는 꿈을 꾸었다.

밤에 꾼 꿈에서 (30)

빛나는 형체를 가진 한 여자 (30a)

인간과 같이 옷을 입[었으나] 신과 같[은] (31)

백성들의 여왕…[…]

그녀는 들어와 [앉았다…]

그녀는 나의 구원을 말하고 […]

"두려워 마라 내가 [너를…하리라]"라고 말하였다.

그가 꿈에서 본 것…

"네 불행으로부터 구원받아라.

밤에 꿈을 꾼 자가 누구든지"라고 그녀는 말하였다.

꿈에서 우르닌딘루가가…

머리에 관을 쓴 수염이 난 젊은 남자

토판을 들고 있는 퇴마사,

"*마*르둑이 나를 보내었다.

나는 쉬메쉬레샤칸에게 번영(혹은 치료)을 가져왔다.
나는 마르둑의 정결한 손으로부터 번역(혹은 치료)를 가지고
　　왔다."
그(마르둑)는 나를 보좌하는 자의 손에 맡기[었다].
깨어나는 시간[에] 그는 메시[지]를 보내고
내 백성에게 좋은 징조를 보여 주셨다.
나는 내 병에서 깨어났고 뱀 한 마리가 기[어갔다].
내 병은 곧 사라졌고 나의…는 깨졌다.
내 주의 마음이 잠잠해진 후에 　　　　　　　　　　(50)
자비로우신 마르둑의 가슴은 즐거워하였다.
그가 내 기도를 받으신 [후에…]
그의 돌보심은 달콤하고…
[그는] 나의 구원을 [말씀하셨다].
그는 완[전히 소진되]었다."[47]
…선포하는 것…
…예배하며…
…나의 죄악…
…나의 범죄…
…나의 잘못… 　　　　　　　　　　　　　　　　(60)
그는 나의 과실들이 바람에 씻겨가게 하였다.

　　Si 55

그는 악을 몰아내는 주문을 [외웠다]. 　　　　　　(4)
[그는] 악한 바람을 지평선 너머로 [몰아]내었다.
지하세계의 표면으로 [두통을] 보내버리고
사악한 기침을 압수로 보내었다.
거역할 수 없는 악령을 에쿠르로 보내고

---

[47] *ANET*에 없는 55-61행은 Annus와 Lenzi의 2010년 출판에서 번역하였다. 각주 40 참조(역주).

라마쉬투 악령을 잡아 산으로 보내고
추위를 흐르는 물과 바다로 보내었다.
쇠약하게 하는 질병의 뿌리를 식물인양 뜯어내었고 (10)
수면장애와 잠이 쏟아지게 하는 병을
하늘에 가득 채워진 연기처럼 멀리 보냈다.
"우아"와 "아아"라고 외치는 외침…안개처럼 들어서
　　지하세계에 [놓았다].
[맷돌처럼 무[거운] 지속되는 두통을
[밤]의 이슬처럼 나에게서 쫓아내었다.
죽음과 같은 장막으로 덮인 내 희미해진 눈은-
그 (덮인 것)을 멀리 쫓아내어 [내] 시력이 다시 돌아오게
　　하였다.
귀머거리와 같이 막힌 내 귀는-
그 막힌 것을 없애고 다시 들을 수 있게 하였다.
열 때문에 [숨쉬는 것이 막혀버린 내 코는- (20)
치료하여 이제 [자유롭게] 숨을 쉴 수 있다.
아무렇게나 말하던 내 입술은-
그 두려움과 속박하던 것을 없앴다.
닫혀있어서 말하기가 어[려웠던] 내 입은-
구리처럼 닦아내고 그 먼지를 [닦아냈다].
꽉 다물어져서 붙어버린 내 이들은-
막고 있던 것을 열고 그 뿌리를…
묶여서 말을 할 수 [없었던] 내 혀는-
…를 닦아내자 내 말이 또렷해졌다.
흙덩이로 막힌 것처럼 팽팽하게 조르던 내 목구멍은 (30)
그가 회복시키자 갈대피리처럼 노래를 불렀다.
부어서 [음식]을 삼킬 수가 없었던 내 식도는-
그 부은 것이 가라앉아 그 막힌 것이 열렸다.
(남아 있는 세 행은 불완전하다. 토판 III의 나머지는 몇몇 행들
만 고대 주석들에 인용되어 전해지는데 여기에 행 번호가 아닌

알파벳을 붙여 모았다.)

항상 음식이 없어서 비어있고 갈대 상자처럼 꼬여있던
　　대장은　　　　　　　　　　　　　　　　　　　　(a)
음식과 물을 받아들였다.　　　　　　　　　　　　　(b)
축 늘어져 아래에서부터 구부러져 있던 내 목은-　　(c)
단단하게 하고 나무처럼 곧게 서게 만들었다.　　　　(d)
내 몸을 완벽한 힘을 가진 자의 몸과 같이 만들었다.　(e)
내 손톱은 *마치 금지된 여자를 쫓아내는 것처럼* 잘라내었다.　(f)
그들의 피로를 몰아내고…를 좋게 하였다.　　　　　(g)
부쭈-새처럼 잡혀서 속박된 내 무릎은　　　　　　　(h)
그 몸의 골격을…[…]　　　　　　　　　　　　　　(i)
…를 씻어내고 그 더러운 것을 씻어내었다.　　　　　(j)
우울하던 내 외모는 밝아졌다.　　　　　　　　　　(k)
사람들의 판결이 이루어지던 강 옆에서는　　　　　(l)
내 몸의 절반이 고통당했으나 나는 노예의 속박을 벗었다.　(m)
…　　　　　　　　　　　　　　　　　　　　　　　(n)
나는 (고통에서 벗어나) 쿠누쉬-카드루 거리를 걸었다.　(o)
에사길라 신전에 죄를 지은 자는 나에게서 배워라!　(p)
나를 잡아먹던 사자의 입에 망을 씌운 것은 마르둑이었다.　(q)
나를 쫓아오던 자의 물매를 빼앗아 그 물맷돌을 되돌려 준 이
　　는 마르둑이다.　　　　　　　　　　　　　　　(r)

　　(나머지 본문은 심하게 훼손되거나 손실되었다.)

토판 IV[48]

주는 나를 [위로 하셨다. (1)
주는 내 상처를 돌보아주셨다.
주는 나를 내 발 위에 세우셨다.
주는 내 건강을 회복하시고
그는 나를 [구덩이에서] 건지시고
파멸[에서부터] 나를 부르셨으며
[…] 나를 후부르 강에서 건지시고
[…] 내 손을 잡으셨다.
(이전에) 나를 치셨던
마르둑이 (이제) 나를 일으키셨다. (10)
나를 친 자들의 손을 치시고,
그 무기를 버리도록 하신 분은 마르둑이다.

(몇 행이 파손되고 손실되었다.)

바벨론 사람들의 축제…[…] (27)
내가 […] 축제에서 만들었던 무덤…
바벨론 사람들은 [마르둑]이 어떻게 건강을 회복시키셨는지
   보았다.
모든 입들이 [그의] 위대함을 선포한다. (30)
누가 그가 그의 태양을 볼 것이라고 생각했겠는가?
누가 그가 거리를 걷게 될 것이라고 생각했겠는가?
마르둑 외에 누가 죽어가는 자의 생명을 회복시킬 수
   있겠는가?
짜르파니툼 외에 어떤 여신이 생명을 줄 수 있는가?

---

48 네 번째 토판의 텍스트들이 어떤 순서로 배열되는지의 문제는 아직 해결이 되지 않고 있다. 이 번역에서 1-12행, 27-48행, 76-101행으로 크게 세 부분으로 나눌 수 있는 본문의 순서는 W. G. Lambert가 제시한 것으로 *ANET*에서 그대로 따르고 있다. 이 문제에 관심이 있는 독자는 Annus와 Lenzi의 2010년 출판된 책 xiii-xvi 페이지를 참조하기 바란다. 각주 40 참조.

마르둑은 이미 무덤에 있는 자에게도 생명을 되돌릴 수 있으며

짜르파니툼은 파멸로부터 구원할 수 있다.

땅이 놓여있고 하늘이 펼쳐져 있는 곳에서

태양의 신이 빛나고 불의 신이 이글거리는 곳에서

물이 흐르고 바람이 부는 곳에서,

아루루가 흙으로 빚어 만든 피조물들아, (40)

걸어 다니는 생명이 있는 것들아,

모든 인간들아, 마르둑을 찬양하라!

[…]…말을 하는 자…

[…] 그가 모든 사람을 다스릴지어다.

[…] 모든 살아있는 자들의 목자.

[…] 깊은 곳에서 나오는 좋은 물…

[…] 신들의 성소 […]

[…] 하늘과 [땅]이 펼쳐진 곳…

(몇 행들이 훼손됨)

[…] 나의 기도로 […] 하는… (76)

[나는] 엎드려 기도[하며] 에사길라 신전으로 들어갔다.

무덤에 [내려갔던 나는] "[일출]의 문"으로 돌아왔다.

"풍요의 문"[에서는] 풍요가 [나에게] 주어졌다.

"…수호신의 문"[에서는] 수호신이 [나에게] 왔다. (80)

"안녕의 문"[에서] 나는 안녕을 찾았다.

"생명의 문"에서 나는 생명을 얻었고

"일출의 문"에서 나는 산 자 가운데 계수되었으며

"반짝이는 놀라움의 문"에서 나에 관한 점괘는 명확했으며

"죄악 해방의 문"에서 나는 나의 속박으로부터 풀려났으며

"경배의 문"에서 내 입은 질문하였고

"한숨으로부터 풀려남의 문"에서 내 한숨은 사라졌고

"정결한 물의 문"에서 정결의 물이 나에게 뿌려졌고

"안녕의 문"에서 나는 마르둑과 대면하였으며

"호사스러움의 문"에서 나는 짜르파니툼 여신의 발에
　　입을 맞추었다. 　　　　　　　　　　　　　　　　(90)
나는 그들 앞에서 꾸준히 기도하였고
향기로운 향으로 분향하였으며
제물과 선물과 공물을 드렸으며
살찐 소와 살찐 양을 잡고
꿀을 넣은 맥주와 순수한 포도주를 계속하여 드렸다.
수호신과 보호하는 신들, 에사길라의 벽돌건물을 보좌하는
　　신들은
관제로 그들의 기분을 즐겁게 하였으며
넉넉한 [먹을 것으로] 그들의 마음을 흡족하게 하였다.
[문지방과 빗]장을 거는 곳과 문이 막대에
기름과 버터와 최상급 곡식을 [바쳤다].　　　　　(100)
[에]지다와 제의들과 신전의 의례들…

5. 바벨론 신정론[49] | 원역자: 빅스(Robert D. Biggs)　　　ANET³, 601-4

　이 작품은 스물 일곱 개의 연(聯)으로 이루어진 두운적 운문(acrostic poem)으로 각 연(聯)은 열한 개의 행으로 이루어져있고 모든 행들이 다 보존되어 있지는 않으며 대화의 형식을 취하고 있다. 이 운문의 두음들은 a-na-ku sa-ag-gi-il-ki-[i-na-am-u]b-bi-ib ma-aš-ma-šu ka-ri-bu ša i-li ú šar-ri "나 퇴마사 시길키남우빕(Saggil-kīnam-ubbib)은 신과 왕을 위해 기도하는 자이다"로 읽혀진다.

49　이 본문은 2013년까지 새롭게 확인된 사본들을 추가하여 새롭게 편집되어 출판되었다. Takayoshi Oshima, *The Babylonian Theodicy*, SAACT 9, Helsinki, 2013. 본 번역에서는 *ANET*의 번역자인 로버트 빅스의 본문 이해를 최대한 반영하면서 새롭게 발견된 사본들을 가능한 한 많이 포함시키려고 하였다(역주).

고난 당하는 자 I

오 지혜로운 자여 […] 오시오, 당신에게 말 [하리다]. (1)
당신에게 알려 [주리다].
[…]…[…]…네 배 속에.
나는 큰 고난 중에 있으나 당신을 숭배하기를 멈추지
　　않겠습니다.
당신과 같이 지혜로운 자가 어디에 있습니까?
당신과 겨룰 수 있는 학자가 어디에 있습니까?
내 고난을 들어 줄 조언자는 어디에 있습니까?
나는 끝났습니다. 고통이 나에게 와 있습니다.
내가 아직 어릴 때에 운명이 내 아버지를 데리고 갔습니다.
나를 낳은 어머니는 다시 돌아올 수 없는 곳으로 갔습니다. (10)
내 아버지와 어머니는 나를 돌보아 줄 사람을 남겨놓지 않고
　　떠났습니다.

친구 II

친애하는 친구여, 자네 이야기는 슬프네.
사랑하는 친구여, 자네는 *마음*에 악한 것을 두었네.
자네의 지혜로움을 무능한 자처럼 만들어 버렸네.
네 밝은 얼굴은 어두워졌고
우리의 선조들은 절망하고 죽음의 길을 가버렸네.
그들이 후부르 강[50]을 건넜다는 것은 옛말이 되어버렸네.
네가 모든 사람들을 볼 때에
가난한 자의 맏아들이 부자가 된 것이…이지 않은가?
누가 부자를 더 좋아하는가? (20)
자신의 신을 바라보는 자는 수호신을 얻으며;
자신의 여신을 두려워하는 겸손한 자는 재물을 얻을 것이다.

50　메소포타미아에서 저승과 이승 사이에 있다고 믿어지는 강(역주).

고난 당하는 자 III

친구여, 자네의 마음은 깊이를 알 수 없는 샘이며
가라앉지 않는 바다의 높은 파도네.
한 가지 물어 볼테니 내 말을 들어보게나.
잠시만 주의해서 내 말을 들어보게나.
내 몸은…배고픔은 내 두려움이네.
내 성공은 사라졌고 나는 *안정*을 잃었네.
내 힘은 약해지고 내 부는 사라졌으며
통곡과 근심이 내 모습을 어둡게 만들었네.   (30)
내 들판의 곡식은 [나를] 만족시키지 못하고
사람의 양식인 맥주는 내게 *충분하지* 않네.
행복한 삶은 주어질 수 있는 것인가? 내가 그 방법을
　　알았으면!

친구 IV

내 말은 참되고 [내] 충[고]는 산과 같이 확실하다.
하지만 자네는 자네의 균형 잡힌 생각을 횡설수설로 만들어
　　버렸네.
[자네의…]를 산만하고 말도 안 되게 만들어 버렸네.
자네의 심사숙고한…를 맹인과 같이 만들어 버렸네.
자네가…를 고집스럽게 바라는 것은 […]
[이전의] 안전은…기도로 이루어진 […]
만족한 여신은 […]를 되돌릴 것이다.   (40)
[…] 일을 바로잡지 않고 […]을 불쌍히 여기며
정의의 [올바른 기준을] 항상 추구하라.
자네의…강한 자는 친절을 베풀 것이며
[…] 자비를 베풀 것이다.

고난 당하는 자 V

내 친구여, 나는 자네에게 절하고 자네의 충[고]를

받아들이네.
소중한 [대]화와 [네] 말들
[…]…자네에게 [지혜에 관해 말해] 주겠네.
야생 나귀와 당나귀가…를 배불리 먹으면
신탁을 *전해 주는 자*에게 귀를 기울이는가?
가장 좋은 고기를 먹은 사나운 사자가 (50)
신의 노여움을 달래기 위해 밀가루 제물을 드리는가?
재산이 많은…고귀한 자가
마미 여신에게 금을 바치는가?
[내가] 제물을 안 드렸는가? 내 신에게 기도했네.
여신의 정기적인 제물 위에 축복했네.
…

친구 VI
부유함을 가져다주는 대추야자나무, 내 소중한 형제여
모든 지혜를 갖춘 […]의 보석
자네는 땅만큼이나 동요하지 않지만 신들의 계획은 알기
    어렵구나.
[들판]의 야생 당나귀를 보아라.
밭을 짓밟는 자에게 활이 돌아갈 것이다. (60)
자네가 얘기한 사자, 가축들의 적을 한 번 생각해 보게.
사자가 행한 일로 인해 구덩이가 그 사자를 기다리고 있네.
재물을 쌓아놓는 부유한 자
그는 그의 때가 오기 전에 왕이 불살라 죽일 걸세.
이러한 자들이 간 길을 자네는 가고 싶은가?
이러한 것들 보다는 (자네의) 신의 영원한 보상을 바라게나.

고난 당하는 자 VII
자네의 마음은 사람들을 위한 즐거운 미풍인 북풍일세.
친애하는 친구여, 자네의 충고는 좋구나.

자네 앞에 단 한 가지 말만 하고 싶구나.

신을 좇지 않는 자는 부유함의 길을 가지만　　　　　　　　(70)

여신에게 기도하는 자는 가난하고 빈궁해지는구나.

젊은 시절 내 신의 뜻을 알려고 노력했네.

엎드려 기도하며 내 여신을 찾았네.

하지만 나는 쓸모없는 노역의 멍에를 매고 있었네.

나의 신은 (나에게) 부가 아닌 가난을 정하셨네.

불구자도 나보다 낫고 굼벵이도 나보다 앞서가네.

악한 자들은 높아지고 나는 낮아졌네.

　　친구 VIII

정의롭고 유식한 친구여, 자네 생각은 옳지 않네.

자네는 지금 정의를 저버리고 신의 계획을 모독하고 있네.

자네는 마음속으로 신의 계획을 무시하고 있네.　　　　　　(80)

신과 여신의 올바른 의례를 무시하는 건가?

신의 훌륭한 계획은 하늘의 한가운데와 같이 […]

신과 여신의 명령은 들리[지] 않는다네.

사람들은 의례들을 잘 배웠다네.

사람들을 향한 그들의 생각 […]

여신의 길을 이해하는 것 […]

그들의 (인간의) 생각은 가까우나 […]

…[…]

　　　(아홉 번째에서 열한 번째 연까지 훼손됨)

　　친구 XII[51]

그는 힘을 잃고 두려워…

[…] 나는 자네의 마음에 [귀를 기울이고…

51　XII연은 *ANET* 출판 이후에 새로 확인된 사본에서 발견된 부분으로 타카요시 오시마의 2013년 출간서적(각주 49 참조)을 참고하여 아카드어 원전에서 번역하였다(역주).

[…] 주가 없이는…[…]

나는 내가 막은 것을 가지고 […]

[그는] 긴 […]을 부수었고 […]

불이 […]을 파괴 […]

그는 (또는 나는) 그 후손들을 돌보았고 […]

그는 (또는 나는) 그 백성들을 부수었고 […]

[나]는 자궁(모신)에게 선택 받았으며…

나는 신들에게 귀를 기울였고…

[…]을 찾았고…

고난 당하는 자 XIII

나는 내 집을 버릴 것이며 […] (133)

나는 재산을 바라지 않을 것이며 […]

나는 내 신의 명령들을 무시하며 그의 의례들을 발로 밟을 것이다.

나는 송아지를 잡고 그 음식을…할 것이다.

나는 길을 떠나 먼 길을 갈 것이다.

나는 우물을 파서 홍수처럼 쏟아지게 할 것이다.

나는 강도처럼 멀리 있는 광야를 쏘다닐 것이다.

내 배고픔을 없애기 위해 이 집 저 집 찾아다닐 것이다. (140)

구걸하는 자처럼 나는 […]안으로 […]

행복은 멀리 있고…[…]

(열네 번째 연은 심하게 훼손됨)

고난 당하는 자 XV

그 딸이 어머니에게 [정의롭지 않은 것들을] 말한다. (159)

[그 그물을] 펼친 새 사냥꾼은 넘어졌다. (160)

결국 어떤 사람이 성공[하는가]?

…하는 많은 들짐승 […]

그들 중 누가 […]?

내가 아들과 딸을 […] 찾아야 하는가?

내가 찾은 것을 잃어버리지 않기를…[…]

친구 XVI

겸손하고 복종하는 자는…[…]

자네의 뜻은 […] 가장 소중하며…

[…] 자네의 마음…떨어진 […]

(이 연의 나머지는 훼손됨)

고난 당하는 자 XVII

왕세자는 [누더기]를 걸치고 있고   (181)

빈곤하고 헐벗은 자의 아들은 [훌륭한 옷을 입고

맥아가 (마르는 것을) 지켜보는 자는 금을 [얻는다].

붉은 금을 계산하는 자는 […]을 메어야 하고

야채만 먹던 자는 고귀한 자의 식사를 [하고]

고귀한 자와 부유한 자는 캐럽 나무만 먹는다.

부자는 떨어졌고 [그의 부는] 멀리에 있다.

친구 XVIII[52]

주인이여, 맹세를 하는 것은 […]

[…]의 가운데에 있는 자들은 […]

[…] 하지 않는 이름…

그날이 길어지고 […]

[…]

그는 […] 잘려지고 […]

…[짐승들…

…[…] 다른 것들…

---

52 열여덟 번째와 열아홉 번째 연은 *ANET* 번역에서는 빠졌으나 이후 새로 확인된 사본들에서 발견되었다. 타카요시 오시마의 2013년 출간서적(각주 49 참조)의 아카드어 원전에서 번역하였다(역주).

…[…] 자비로운…

…[…] 여신…

그것이 [옛적]부터 부한 자와 가난한 자의 법이다.

고난 당하는 자 XIX

…[…] 총명함…

자네는 모든 지혜를 얻었고 사람들에게 조언을 했네.

…[…] 는 멀고

새 사냥꾼의 […] 는 가져갔고

내 마음은 […] 덮여졌고

내 입술은 복되며 현명하고 잘 가르쳐졌네.

서기관의 교육뿐만 아니라 토[판들] 또한…

나를 즐겁게 하는 글을 쓰는 현명한 […]

막힌 자들을 묶는 것으로 즐거움을 삼으며

복된 길은 가까이 있으니

[…]…이른 추수를 위해 나는 거리를 어슬렁거리네.

친구 XX

자네의 교활한 마음은 옳지 않은 방향으로 향하고 있네. (212)

[…] 자네는 지혜를 멸시하고

[…] 올바른 것을 경시하며 지켜야 할 것들을 모욕하는
  것일세.

[…]…벽돌을 운반하는 통은 그에게서 멀리 있다네.

[…] 는 힘이 있는 자가 되고

[…] 는 지혜로운 자라고 불리네.

그를 돌보는 자가 있고 그는 원하는 것을 얻는다네.

신들의 길을 따르고 그 의례들을 *지키도록 하게*.

[…] 는 올바른 것이라네. (220)

고난 당하는 자 XXI[53]

[…]…불량한 자의 소유…

[…]…그들 모두는 악한 자들…

"[…] 하는 장로들…"이라고 말하며 그 재산들을 모았고…

[…] 네 것들…

[그 경계, […]…의 길

지식이 있는 통치자 […]이 (내) 피난처가 되기를.

나는 [신들의 계]획에 귀를 기울[이며…]

그를 인도하고 […]

수치심,…[…]

그것을 대신하여 조롱…[…]

나는…[…] 로 던져졌고…

친구 XXII

자네를 도와주기를 바라는 그 불량한 자들은   (235)

그의…곧 사라진다네.

신들의 뜻에 반하는 [방법으로] 부를 모은 악한 자들은

살인자의 무기로 죽임을 당할 것일세.

자네가 신의 뜻을 구하지 않는다면 어떤 성공을 가질 수

  있겠는가?

그의 신의 멍에를 메는 자는 음식이 부족할 수는 있어도 결코

  없지는 않을 것이다.   (240)

신의 순조로운 숨결을 구하라.

그러면 자네가 일 년 동안 잃은 것을 한순간에 얻을 걸세.

고난 당하는 자 XXIII

내가 이 세계를 둘러보았으나 잘못된 경우들이 많았다네.

---

53 스물 한번째 연은 *ANET* 번역에서는 빠졌으나 이후 새로 확인된 사본들에서 발견되었다. 타카요시 오시마의 2013년 출간서적(각주 49 참조)의 아카드어 원전에서 번역하였다 (역주).

신은 악령의 길조차도 막지 않는다네.
아버지가 수로에서 배를 끄는 동안
아들은 침대에 누워있고
첫째 아들이 사자처럼 그의 길을 만들어 가는 동안
둘째 아들은 나귀를 치며 즐거워하며
(첫째) 아들이 부랑자처럼 거리를 쏘다니는 동안
둘째 아들은 가난한 자들에게 주고도 남을 음식을
    갖고 있다네. (250)
내가 나의 신에게 경배하여 무슨 이득이 있는가?
나는 나보다 낮은 자에게조차 고개를 숙여야 하며
부유한 자들은 나를 가장 어린 형제처럼 대하며 경멸한다네.

    친구 XXIV

현명한 자여, 지식을 연마한 지혜로운 자여
자네 마음은 강퍅해져서 신을 부당하게 비난했네.
신의 마음은 하늘의 한가운데와 같이 멀다네.
그것을 알기는 아주 어렵지; 사람들은 그걸 알 수 없다네.
아루루가 만든 모든 생명체 가운데
왜 인간만이 귀를 기울이지 않는가?
암소는 첫째 송아지가 약하면 (260)
둘째 송아지는 첫째의 두 배가 된다네.
첫째 아들이 약하면
둘째는 힘센 장수라고 불린다네.
신의 뜻을 아는 것이 가능하다고 해도 사람들은 그 방법을
    모르지.

    고통 당하는 자 XXV

친구여, 귀를 기울이고 내 생각을 들어보게나.
신중하게 고른 내 말들을 들어보게나.
사람들은 살인하는 것을 배운 강한 자의 말은 귀담아 듣지만

아무 잘못도 없는 약한 자의 말은 무시하지.
그들은 멸시하여야 할 것을 올바른 것으로 여기는
　　악한 자들을 긍정하지만
그의 신에게 귀 기울이는 정직한 자는 쫓아낸다네.　　　　　(270)
그들은 압제하는 자의 [곳간의] 금으로 채우지만
거지의 창고에서는 그 먹을 것들을 다 치워버리지.
그들은…이 죄악 된 힘 있는 자들을 감싸주지만
약한 자들은 억누르고 힘없는 자들은 짓밟지.
약한 자인 나는 부유한 자가 계속하여 괴롭힌다네.

　　친구 XXVI
신들의 왕이며 인간을 창조한 나루
그리고 그것을 위해 흙을 떼어낸 위대한 줄룸마르
그리고 그들을 만들어 낸 여신 마미
이들은 인간들에게 뒤틀린 말을 했다네.
진실이 아닌 거짓말을 그들에게 영원히 주었고　　　　　　(280)
부유한 자에 대해 좋은 것들을 말하며
"그는 왕이다. 부는 그의 것이다"라고 했다네.
하지만 그들은 가난한 자를 도둑과 같이 여기고
그에 대해 나쁜 말만 하며 그를 죽이려 하고
그가…이 없기 때문에 범죄자 같이 그가 모든 악한 것들로
　　고통 받게 하며
두려움 가운데 그에게 종말을 가져다주며, 활활 타는 석탄과
　　같이 그를 꺼버리지.

　　고난 당하는 자 XXVII
친구여, 자네는 자비로우니 내 고난을 한 번 보고
나를 도와주게나; 내 고통을 살펴보면 알게 될 것일세.
나는 비록 겸손하나 지혜롭고 열심히 기도하지만
한순간도 도움이나 자비를 받아본 적이 없다네.　　　　　(290)

조용히 내 도시의 광장을 다니고

목소리를 높이지 않고 조용히 말하며

머리를 들지 않고 땅을 쳐다보았다네.

노예였을 때에도 나는 내 동료들과 함께 예배드리지
  못했다네.

나를 버린 신이 나에게 도움을 주시기를

나를 [버린] 여신이 내게 자비를 베풀기를

사람들의 태양인 목자가 신과 같이 (그의 가축 떼를)
  먹이기를.

라. 아람의 잠언과 교훈

ANET, 427-30

1. 아히카르의 잠언 | 원역자: 긴즈버그(H. L. Ginsberg)

본문은 1906-7년, 독일의 고고학자들이 상이집트에[54] 있는 엘레판틴을 발굴하는 과정에서 발견되었다. 이 본문이 실린 팔림프세스트는[55] 주전 5세기 후반의 것이지만, 본문 자체는 그보다 오래된 것이다. 첫 네 개의 파피루스(모두 다섯 칼럼의 본문)는 1인칭으로 서술된 아히카르의 이야기를 담고 있다. 나머지 일곱 개(모두 아홉 칼럼의 본문)는 아히카르의 잠언을 담고 있다. 이 본문은 그것을 담고 있는 사본보다 적어도 100년은 빠른 것으로 추정된다.

고대 아람어 본문이 발견되기 전에 아히카르의 잠언은 몇몇의 번역본으로 알려져 있었다. 그중 가장 오래된 것은 시리아어 역본이다. '아히카르'라는 인물은 토빗에서도 언급된다(1:22; 14:10; etc).

…

(vi 79-94) [무엇이 우는 나귀보다 강한가?

---

54 Upper Egypt, 나일 강 상류 지역, 지도상에서는 이집트 남부(역주).
55 원래의 글 일부 또는 전체를 지우고 다시 쓴 문서(역주).

짐이다. 훈육과 교육을 받고 발을 어거한 아들은 [형통할 것이다]. 네 아들에게서 매를 거두지 마라. 그렇지 않으면 [그를 악으로부터] 구하지 못할 것이다. 내 아들아, 내가 너를 때릴 지라도 너는 죽지 않을 것이다. 그러나 내가 너를 내 마음대로 놓아 두면, [너는 살지 못할 것이다]. 남종에게 구타, 여종에게 *꾸중*, 그리고 너의 모든 종에게 훈[육]. 도망 [중]인 노예[나] 도벽있는 여종을 사는 [자는 *그의 재산을 낭비하게 되고* 자신의 헤픈 습성 때문에 그의 아비와 후손의 이름을 욕되게 한다.—전갈은 빵을 [발견해도] [*기뻐하지*] 않을 것이다. 그러나 [그가] 나쁜 어떤 것을 [발견하면] 그가 [배불리] 되는 것보다 더 기뻐한다. 사자는…에 숨어서 사슴을 *기다릴 것이고*…그 피를 흘려, 그 살을 먹을 것이다. [*사람*]들의 만남도 그러하다. —…사자…. [*자신의 짐을* 놓고 *나르지* 않는 나귀는 다른 나귀의 짐도 떠 안아, [자기 짐과 더불어 남의 짐도 나르게 되어, 결국 낙타의 짐[처럼 많은 짐을] 지도록 강요될 것이다. 나귀는 암나귀를 사랑하여 그녀에게 무릎 [꿇는다]. 그리고 새들은[…]. 두 가지는 합당하고 세 번째 것은 샤마쉬가 기뻐하는것이다. 포도주를 [마시고, 권하는 자, 지혜를 지키는 자, 말을 듣고 말하지 않는 자.—보라, 그것은 샤마쉬[에게] 소중하다. 그러나 포도주를 마시고 [권하지 않는 자], 지혜를 유실한 자, [그리고]…가 보인다. ---[…지혜…].

(vii 95-110) 신들에게도 그녀는 소중하다. [언제]나 왕국은 [그녀의 것이다. 하[늘]에 그녀가 세워진 것은 거룩한 자들의 주님이 [그녀를] 높였기 때문이다.—[내 아들아! 너무 많이 [수]다하지 마라. 네 마음에 떠오르는 모든 [말]을 말하는 것이 아니다. 사람들의 (눈)과 귀가 도처에서 네 입에 (집중하고)있다. 그것이 [너의] 멸망이 되지 않도록 주의하라. 조심할 것 중에서도 너의 입을 조심하라. [네가] 듣*는 것에 대해*] 네 마음을 단단히 [단속]하라. 말은 새와 같다. 한번 날아가면 누구도 다시 [*잡을 수 없다*]. 먼저 네 입의 *비밀*들을 계수하라; 그 다음에 네 [말]을 하나하나 내놓아라. 입의 교훈이 전쟁의 *교훈*보다 강한 것이다. 왕의 말을 가볍게 대하지 마라: 그것이 네 [육체]의 치료가 되게

잠 4:23

잠 4:22; 16:24

	하라. 왕의 말은 부드럽다. (그러나) 그것은 [양]날 칼보다 날카롭고 강하다. 네 앞을 보아라: 왕의 얼[굴]에 굳은 표정은 "지체하지 마라"를 (의미한다). 그의 진노는 번개처럼 빠르다. 네 자신에 대해 조심하라.
전 8:2-3	그가 네 말에 대해 진노하지 않도록 해라. [그렇지 않으면] 너는 제 명에 죽지 못할 것이다. 왕의 [노]는 타는 불이다. 명을 받으면 즉시 순종하라. 그것이 너에게 붙어 네 손을 태우지 않도록 하라. 마음의 너울
전 6:10	로 왕의 말씀을 [감]싸라. 왜 나무가 불과 싸우며, 고기가 칼과, 인간이 [왕과 다투느냐? 나는 쓴 모과를 맛보았고, 꽃상추도 [먹어보았다]. 그
잠 25:15	러나 가난보다 더 쓴 것은 없다. [왕]의 혀는 부드럽지만, 용의 갈비뼈를 부러뜨린다. 그것은 보이지 않는 전염병과 같다.—네 마음이 많은 자식으로 기뻐하지도 말고, 적은 자식으로 [슬퍼하지도] 마라. 왕은 *은혜로운 자*와 같다. 신이 함께하는 자 이외에 누가 왕 앞에 서겠느냐? 왕은 보기에 아름답고, 그는 땅을 [자유]인으로 걷는 사람들에게 고귀하다. 좋은 그릇은 그 마음에 말을 [감]추고, 부서진 그릇은 그것을 내뱉는다. 사자는 [나귀에게] 접근하여, "그대에게 평화가 있기를" 이라고 [인사한다]. 나귀는 사자에게 대답하여 이르기를….
잠 27:3; 욥 6:2-3	(viii 111-25) 나는 모래를 들어 보았고, 소금도 날라 보았으나, [진노]보다 더 무거운 것은 없다.
	나는 멍든 지푸라기를 들어 보았고, 겨도 날라 보았으나, 객보다 가벼운 것은 없다.[56] 좋은 *친구*들 사이의 전쟁은 잔잔한 물을 요란케 한다. 어떤 사람이 작았다가 커지면, 그의 말이 그 위로 *비상한다*. 그
잠 16:1	가 입을 열면 신들의 말씀이다. 그가 신들에게 사랑을 받으면, 그들은 그의 입에 좋은 것을 두어 말하게 할 것이다. 많은 사람이 이름 없는
사 40:26; 시 147:4	[하늘의] 별이다. 마찬가지로 누구도 "인류"를 알지 못한다.
	바다에는 사자가 [없다]. 그러므로 사람들은 홍수를 '라부'라고[57] 부

---

56 즉, "가장 존경을 받지 못한다"는 의미.
57 바다 괴물의 이름(역주).

른다. 표범이 추위하는 염소를 만났다. 표범이 그 염소에게 대답하여 말했다. "와라, 내가 너를 내 가죽으로 감싸 줄게." 염소는 표범에게 [대답하여] 말했다. "*내 주여!* 내가 왜 그것이 필요합니까? 내 가죽을 빼앗지나 마십시오." 표범은 사슴의 피를 빨려고 할 때를 제외하고는 그에게 인사도 하지 않기 때문이다.[58] 어린 양들에게 갔다. "너희 중 하나를 달라. 그러면 나는] 만족할 것이다." 그 양들이 그에게 대답하여 말했다. "우리 중에 원하는 것을 취하라. 우리는 [당신의] 어린 양들이다." 참으로 신들이 없다면 사람들은 손가락 하나 움직일 능력도 없다.—좋은 것이 사람들의 입에서 나온다면, [그것은 그들에게 좋은 일이다], 그러나 나쁜 것이 그들의 입에서 [나온다면, 신들이 그들에게 재앙을 내릴 것이다.—신이 인간을 지킨다면, 그(인간)은 보지 않고도 어둠 속에서 나무를 자를 수 있다. [밤에] 집을 침입하는 도둑처럼…(ix 123-41) 의로운 사람에게 활을 당겨 너의 화살을 쏘지 마라. 그러면 하나님이 그를 도우사 그 화살을 너에게 돌리신다. 내 아들아, [배가 고프면] 열심히 노력*하고*, 열심히 노동하라. 그러면 먹고 배부를 것이며, 네 자녀들에게도 줄 수 있을 것이다. [네가 활을 굽혀 의인에게 네 화살을 쏘면, 너로부터는 화살이 나가지만, 신으로부터는 인도하심이 나간다. 내 아들아, 네가 [궁핍하면], 옥수수와 밀을 빌려, 네가 먹고 만족하고, 네 자녀에게도 주어라. 악인에게서 무거운 빚을 지지 마라. 네가 빚을 진다면, 그것을 [갚을 때까지] 쉬지 마라. 빚은 […]처럼 달콤하지만, 그것을 갚는 것은 고통이다. 내 [아들아] [거짓말하는 사람]에게 귀를 [귀울이지 마라]. 정직은 사람의 매력이나, 그 입의 거짓은 그를 혐오하게 한다. [처음에는 왕관이 거짓말하는 자를 위해 [세워지나], 결국에는 사람들이 그의 거짓말을 알게 되고, 그의 얼굴에 침을 뱉는다. 거짓말쟁이의 목은 잘릴 것이다. 그는 눈에 잘 [띄지] 않는…처녀와 같고, 신의 뜻을 거스르며 재앙을 일으키는 사람과 같다.—네 몫을 [경멸하지 말며], 네게 주어지지 않는 재물을 탐하지 마라. 부를 [늘리지 말며] 네 마음을 교만하게 마라. [누구든지] 그 아비

---

58 염소가 우연히 사슴으로 바뀐 듯하다.

잠 20:20	와 어미의 이름을 부끄러워하면, [태]양이 [그에게] 비추지 않을지어다. 그는 악한 놈이다. [내 자신으로부터] 내 불행이 시작되었다면, 내가 누구와 송사하리요?—내 몸의 자식이 내 집을 정탐하였거늘, 내가 남들에게 무엇을 말하리요? [내 아들이] 내게 대하여 거짓 증거를 하는데, 누가 나를 변호해 주리요? 내 집에서 진노가 나가면, 내가 누구와 싸우리요? 내 친[구]들 앞에서 네 [비]밀을 드러내지 마라. 그들이
잠 25:9-10	네 이름을 경멸할 것이다. (x 142-58) 너보다 더 존귀한 자와 *다투지 마라*. 너보다 더 강하고…한 자와 [*싸우지 마라*]; [그가] 네 몫의 일부를 [취하여], 자신의 것으로 [만들 것이다]. 보라, [큰 자와 (다투는) 작은 자도 그와 같을 것이다. 너로부터 […] 지혜를 제거하지 마라. 너무 많이 응시하지 마라. 네 시[력]이 나빠질 것이다. 너무 친절(달콤)하지 마라. 사람들이 너를 [삼킬] 것이다. 너무 [인상쓰지 마라. [사람들이 너를 뱉어낼 것이다]. 내 아들아, [존귀하게 되기를] 원하면, [하나님 앞에 너를 낮추라]. 신은 [존귀한 자를 낮추시고, [겸손한 자를 [존귀하게 하신다]. 사람들의 [입]이 하는 저주를 신은 하지 않는다. (152-155열은 너무 훼손되어 여기서 생략되었다.) 신은 (사실을) 왜곡하는 자의 입을 뒤트시사 [그의] 혀를 찢어 내신다. 좋은 [눈]이 어두워지지 않도록 하라. [좋은] 귀[가 막히지 않도록 하라. 좋은 입이] 진리를 사랑하고 말하게 하라. (xi 159-72) 마음이 선하고 행위가 바른 사람은 [신에 *위치한* 강력한 도시와 같다. 누구도 [그를 끌어 내릴 수 없다]. 사람이 신과 함께 거하지 않으면, 어떻게 자기의 [나쁜 생각]에서 보호받을 수 있겠는가?…, 그가 신과 함께 있으면, 누가 그를 내던질 수 있겠는가? (162열은 해석이 어려워 생략되었다.) 사람은 이웃의 마음에 있는 것을 [알지 못한다]. 그래서 선한 사람이 [악]한 사람을 보면, 그를 조심해야 한다. 악인과 함께 여행하지 말고, 그와 이웃되지 마라.—선한 사람은 악한 사람과 함께 이웃하지 마라. 가시나무가 석류나무에 [편지를] 보내어 다음과 같이 말한다. "가시나무가 석류나무에게: '네 열매를 만지는 사람에게 너의 많은 가시가 무슨 소용이 있니?…" 석류나무가 [대답하여] 말했다. "너를 만지는 사람에게 너는 가시뿐이잖아!" 의인과 만나게 되는 모든 이는 그의 편이 된다. 악인의 [도시]는 바람 부는

날에 부서질 것이고, 그는 성문에서 낮아질 것이다. 그는 의인의 전리품이 될 것이다.—내가 당신을 향해 든 눈, 당신에게 지혜로 드린 마음을 당신은 [경멸하셨습니다]. 당신은 내 이름을 수치스럽게 만드셨습니다. 악인이 네 의복을 잡으면, 그것을 그 손에 남겨라. 그리고 샤마쉬에게 나아오라. 그가 그의 의복을 취하여 너에게 주실 것이다.

(xii 173-90) (모든 행의 뒷부분과 일부 행의 앞부분이 유실되었다. 188행만이 온전하다. "배고픔은 쓴 것을 달게 하고, 목마름은 [신 것을 달게 한다]." 191-207행에서는 몇몇 구절만이 의미를 이해할 수 있을 정도로 보존되었다.)

잠 27:7

…네 주인이 너에게 물을 주면서 지키라고 하였는데, [네가 그것을 충실하게 수행했다면] 그가 너에게 금을 남길 것이다…[어떤 사람이] 어느 [날] 야생 나귀에게 다음과 같이 말했다. "나를 태워 주어라. 그러면 내가 너를 돌볼 것이다[…]." 그 야생 나귀가 대답했다. "너의 돌봄과 너의 건초는 너나 가져라. 나는 네가 [나를] 타는 것을 허락하지 않을 것이다."—부자가 다음과 같이 말해서는 안된다. "나는 내 재물 때문에 영광스럽다."

렘 8:23

(xiv 208-23은 보존된 부분이 거의 없다. 그중 하나의 격언은 다음과 같은 것으로 추정된다. "아랍인에게 바다를 [보여] 주거나, 시돈 사람에게 사[막]을 보여 주지 마라; 왜냐하면 그들의 일이 다르기 때문이다.")

THE ANCIENT NEAR EAST
An Anthology of Texts & Pictures

CHAPTER XVI

신탁과 예언

가. 이집트의 신탁과 예언

1. 네페르로후의 예언[1] | 원역자: 윌슨(John A. Wilson)

ANET, 444-46

이집트 고왕국 시대(Old Kingdom)의 뒤를 이은 내전과 무정부상태("제1중간기")로부터 이집트를 구한 것은 중왕국(Middle Kingdom)이었다. 제1중간기의 혼란과 그것이 중왕국에 의해 궁극적으로 해결되는 과정을 통해 사람들 사이에 메시아적 구원에 대한 의식이 생겼다. 그리고 중왕국 초기의 파라오들은 자신들의 이익을 위하여 이것을 더욱 조장하였다. 비록 가장 오래된 사본이 약 5세기 후인 제18왕조 것들이지만, 이 문서는 이 행복한 해방의 시기에 지어졌음이 분명하다. 이 문서는 제4왕조의 왕 스네프루(Snefru)가 유흥을 추구한 이야기, 한 예언자가 고왕국의 몰락과 제12왕조의 초대 왕 아멘엠헷 1세에 의한 질서의

---

[1] 최근에는 네페르로후(Nefer-rohu)가 아니라 네페르티(Neferti)로 읽는다 (역주).

재확립을 예언한 이야기를 전해 준다.

상하이집트의 왕 폐하, 승리자, 스네프루는 이 온 땅의 자비로운 왕이었다. 어느 날, '거주 도시'의 공의회원들이 '위대한 집'[2](생명과 번영과 건강이 있기를!)에 들어와 인사를 했다. 그리고 매일의 일상을 따라 그들은 나가서 다른 곳에서 인사를 건넸다. 그러자 폐하(생명과 번영과 건강이 있기를!)께서는 그의 옆에 있는 인장-소지자에게 말했다. "가서 오늘 인사를 드리러 여기서 나간 '거주 도시'의 공의회원들을 내게 데려오라." 그러자 그들이 즉시 그에게 (5) 불려왔다. 그리고 그들은 폐하의 현존 앞에 두 번째로 엎드렸다.

그러자 폐하(생명과 번영과 건강이 있기를!)께서 그들에게 말씀하셨다. "내 백성들아, 보라. 내가 너희들을 부른 것은 나를 위하여 너희의 지혜로운 아들이나 능력 있는 형제나, 훌륭한 일을 한 친구 중, 내가 들을 때에 아주 흥미를 느낄 수 있는 멋진 말과 뛰어난 이야기를 내게 해 줄 수 있는 사람을 찾아오라고 하기 위함이다."

그러자 그들은 폐하(생명과 번영과 건강이 있기를!)의 현존 앞에 한 번 더 엎드렸다. 그리고 그들이 폐하(생명과 번영과 건강이 있기를!)께 말했다. "바스텟의 위대한 낭송 사제,[3] 주권자, 우리의 주, (10) 그의 이름은 네페르로후, 그는 팔에 용기가 있는 시민이요, 손가락에 능력이 있는 서기관이며, 어느 동료들보다 더 많은 재산을 가진 지위가 있는 사람입니다. 그가 폐하를 알현하게 하면 어떠하시겠습니까?" 그러자 폐하(생명과 번영과 건강이 있기를!)께서 말씀하셨다. "가서 그를 내게로 데려오라."

그러자 그가 즉시 그에게로 불려왔다. 그리고 그는 폐하(생명과 번영과 건강이 있기를!)의 현존 앞에 엎드렸다. 그러자 폐하(생명과 번영과 건강이 있기를!)께서 말씀하셨다. "네페르로후, 내 친구여, 이리 와서

---

2 왕궁을 지칭(역주).

3 낭송 사제(lector-priest, 문자 그대로는 "제의를 집행하는 자")는 거룩한 글과 관련되어 사제, 선견자 겸 주술사였다. 바스텟은 삼각주 동편 부바스티스의 고양이 여신이었다.

내가 들을 때에 아주 흥미를 느낄 수 있는 멋진 말과 뛰어난 이야기를 내게 해 주거라!" 그러자 낭송 사제 네페르로후가 말했다. "이미 일어난 일을 말씀드릴까요, 아니면 앞으로 일어날 일을 말씀드릴까요? 주권자(생명과 번영과 건강이 있기를!), 내 주여?"(15) 그러자 폐하(생명과 번영과 건강이 있기를!)께서 말씀하셨다. "앞으로 일어날 일이 좋겠다. 이미 오늘 일어난 일이라면, 지나가라."[4] 그리고 그는 글쓰기 도구가 있는 상자에 손을 뻗어 파피루스 한 두루마리와 팔레트를 꺼내서 거기에 글을 쓰기 시작했다.[5]

아시아인들이 강한 팔로 다니며, 추수 중인 사람들의 마음을 어지럽히고, 쟁기질 중인 소들을 잡아갈 때, 즉 그가 동쪽의 상황을 기억했을 때, 이 땅에 무슨 일이 일어날지 심사숙고하면서, 동쪽의 현자, 바스텟에게 속한 자, 헬리오폴리스 놈(Heliopolitan nome)[6]의 소생, 낭송 사제 네페르로후가 말한 것이다. (20) 그가 말했다.

생각해 보아라, 오 내 심장이여,[7] 네가 시작된 이 땅을 애도하라. 침묵하는 것은 *억압이다*. 보라, 사람들이 두려운 것이라고 말하는 무언가가 있다. 보라, 위대한 자는 네가 시작된 땅에서 죽은 것이 되었다. 헤이해지지 마라. 보라, 그것이 네 얼굴 앞에 있다. 네 앞에 있는 것에 대항하여 일어나라. 보라, 비록 위대한 자들이 이 땅에 대한 관심을 가지지만, 일어난 것은 일어나지 않은 것처럼 되었다. 레는 땅의 기초를 처음부터 다시 시작해야 한다. 땅은 완전히 멸망해서 아무것도 남지 않았고, 손톱의 검은 부분마저 운명 지어진 일로부터 살아남지 못했다.[8]

사 24:3

이 땅은 너무 손상되어서 아무도 관심을 갖지 않고, 아무도 말하지

---

4 비록 말이 애매모호하지만 일반적인 의미일 것이다. 과거가 아닌 미래에 대한 이집트인의 관심은 일반적이지는 않다. 그러나 미래가 과거를 회복시킨다고 약속하는 예언은 받아들여졌을 것이다.
5 파라오 자신이 예언을 받아 적는 것이다. 이집트 문헌은 스네프루를 친근하고 접근 가능한 통치자로 묘사한다.
6 지금은 부바스티스에서 일하고 있으나 그는 헬리오폴리스 놈에서 태어났다.
7 이집트인들은 "심장"에 생각하는 능력이 있다고 믿었음(역주).
8 이집트의 "검은 땅"의 대부분이 손톱 아래 만큼처럼 살아남지 못했다.

	않으며, 어느 눈도 눈물을 흘리지 않는다. 이 땅이 어떠한가? 태양 원반은 가려졌다. (25) 그것은 더 이상 빛나지 않아서 사람들은 볼 수 없다. 구름이 태양을 덮을 때 아무도 살 수 없다. 그리고 모두가 그것이 없어서 귀가 들리지 않는다.
암 8:9	

나는 내 얼굴 앞에 있는 것을 말할 것이다. 아직 일어나지 않은 것을 미리 예고할 수는 없다.

사 19:5; 겔 30:12   이집트의 강들이 말라 물을 걸어서 건널 수 있다. 사람들은 배를 띄워 항해할 물을 찾는다. 강줄기는 모래언덕이 되었다. 모래언덕은 홍수에 *맞서고*, 물이 있는 장소는 홍수에 *맞선다*—물과 모래언덕의 장소 모두.[9] 남풍은 북풍에 반대하고, 하늘은 더 이상 바람 한 점도 불러일으키지 않는다.[10] 북쪽 땅의 늪에서는 이상한 새가 태어난다. 그것은 사람들 옆에 (30) 둥지를 만들고, 사람들은 그것이 신기하여 접근하도록 허용한다.[11] 그 좋은 것들이 손해를 입었다. 물고기와 새들

사 19:8 로 넘쳐나며 물고기를 손질하는 사람들이 있는 그 양어장들이 모두 손해를 입었다. 모든 좋은 것들이 사라지고, 땅 전체에 퍼진 아시아인들, 즉 그 음식으로[12] 인한 고통으로 인해 땅이 넘어졌다.

사 19:18   적들이 동쪽에서 일어나고, 아시아인들이 이집트로 내려왔다…수호자는 듣지 않고…사람들은 요새로 들어갈 것이다. 눈에서 잠이 사

습 2:15 라지고, (35) 나는 밤을 지새운다. 사막의 야수들이 이집트의 강물을 마시고, 그들을 쫓을 자가 없어서 강둑에서 편히 쉰다.

이 땅은 허둥지둥거리고, 말하는 것, 보는 것, 듣는 것에서 감추어져서 아무도 일어날 결과를 알지 못한다. 침묵이 닥쳐서 얼굴은 귀를 먹었다. 나는 네게 뒤죽박죽인 땅을 보여 준다. 전에 일어나지 않았

---

9 잘못 번역했을지 모르지만 강둑이나 강바닥도 생명을 주는 물의 범람을 얻지 못한다는 개념을 반영하도록 시도해 보았다.
10 쾌적한 북풍이 정상적인 이집트의 바람이다.
11 이상한 구절임. 고통스러운 때에 자연의 비자연적 현상을 강조하거나, 또는 아시아인들이 삼각주로 침투해 들어오는 것을 완곡히 강조하는 표현일 수 있다.
12 아시아인들은 이집트인들에게 고통스러운 음식이었다?

던 일이 일어났다. 사람들은 전쟁무기를 들고, 땅은 혼란 속에 (40) 놓인다. 사람들은 금속 화살을[13] 만들 것이고, 피의 빵을 갈구할 것이며, 병자의 웃음으로[14] 웃을 것이다. 죽음으로 인하여 우는 사람이 아무도 없다. 죽음으로 인하여 밤에 깨어 금식하는 자가 아무도 없다. 사람의 마음은 자기 자신만을 좇는다. (머리를 헝클린 채 행하는) 애도는 오늘 더 이상 행해지지 않고, 마음은 완전히 그로부터 단절된다. 한 사람이 다른 사람을 죽이는 동안, 사람은 그의 등을 돌린 채로 구석에 앉아 있다. 나는 아들이 적과 같고, 형제가 원수와 같고, 사람이 (45) 그의 아버지를 죽이는 것을 네게 보여 준다.

사 19:2

모든 입에 "나를 사랑하라"는 말이 가득 차 있고, 모든 좋은 것들은 다 사라졌다. 마치 법에 의하여 정해진 것처럼 땅은 멸망했다. 이루어진 것이 손상을 입고, 발견된 것이 비어 있으며,[15] 행해지지 않은 것이 행해졌다. 사람들이 다른 사람의 재산을 빼앗고, 그것을 외부에서 온 사람에게 준다. 너는 재산 소유자가 곤경에 빠지고, 외부인은 만족하게 됨을 볼 것이다. 자기 자신을 위해 가득 채우지 않았던 자가 이제 텅텅 비었다.[16] 사람들은 동료 시민을 증오하여, 그 입이 말하는 것을 침묵케 한다. 만일 답을 하면, 막대기를 쥔 팔이 나가고, 사람들은 "그를 죽여라"라고 말한다. 마음의 말이 마치 불과 같다. (50) 사람들은 사람의 입에서 나온 것을 견디지 못한다.

땅은 약해졌으나 그 관리자는 많아졌고, 헐벗었으나 그 세금은 많아졌으며, 곡식은 적으나 도량형은 커졌고, 넘쳐흐르는 수준에 맞추어져 있다.[17]

레는 인류로부터 분리되었다. 그가 비춘다 해도 한 시간뿐이다. 그

---

13 금속 화살촉은 이집트에서 제11왕조(주전 약 2100년) 때 처음 만들어졌다.
14 히스테리
15 이집트인들의 신앙적 책무 중 하나는 "비어 있는", 즉 손상되거나 빈 곳이 생긴 조상의 비문을 복원하는 것이다. 현재의 불안정한 상황에서 비어 있는 것이 그대로 비어 있는 상태로 버려져 있는 것이다.
16 아마도 자기 자신을 위해 최상의 것을 요구할 필요가 없을 정도였던 자가 이제 바닥을 긁고 있다는 의미.
17 더 작아지고 가난해진 땅에 더 많은 관리와 높은 세금이 생겨났다.

의 그림자가 구별되지 않으므로, 정오가 언제인지 아무도 모른다.[18] 그를 볼 때 밝은 얼굴이 없고, 그가 달처럼 하늘에 있을 때 눈이 물기로 촉촉한 사람도 없다. 그의 정해진 시간은 실패하지 않는다. 그의 빛은 이전처럼 사람들의 얼굴에 있다.

사 24:1 나는 네게 뒤죽박죽인 땅을 보여 준다. 팔이 약한 자가 이제는 팔의 소유자가 되었다. (55) 이전에 경례를 하던 사람이 이제는 사람들에게서 경례를 받는다. 나는 네게 가장 낮은 자가 이제는 위에 있다는 것을 보여 준다. 내 배가 뒤집힌 것과 마찬가지로 뒤집힌 것이다. 사람들은 공동묘지에서 산다. 가난한 사람이 부를 얻고…극빈자가 제물로 바친 음식을 먹으며, 종들이 환호한다. 모든 신의 탄생지인 헬리오폴리스 놈은 더 이상 지상에 없다.

그때 남쪽에 속한 한 왕, 승리자, 이름은 아메니(Ameni)인 자가 올 것이다. 그는 누비아 땅 여인의 아들이며, 상이집트에서 태어난 자이다.[19] 그는 흰 왕관을 쓸 것이고, 붉은 왕관을 쓸 것이다. (60) 그는 두 위대한 자들을[20] 통합할 것이다. 그는 두 주인들을[21] 그들이 원하는 것으로 만족시킬 것이다. 들판을 도는 도구가 그의 손에 있고, 노가…[22]

기뻐하라, 그의 시대의 백성들이여! 사람의 아들이 영원토록 그의 이름을 낼 것이다. 악으로 기울고 반역을 꾀하던 자들은 그가 두려워 그들의 말을 가라앉혔다. 아시아인들은 그의 칼에 쓰러지고, 리비아인들은 그의 화염에 쓰러질 것이다. 반역자들은 그의 진노의 대상이 되고, 마음에 거짓된 자들은 (65) 그의 위엄을 맛볼 것이다. 그의 이마에 있는 왕관의 뱀은 마음이 거짓된 자들을 잠잠하게 한다.

통치자(생명과 번영과 건강이 있기를!)의 벽이[23] 지어질 것이고, 항상

---

18 그림자 시계에 나타나는 태양의 그림자가 정오의 시간을 결정한다.
19 아메니는 아멘엠헷의 축약된 이름이다.
20 상하이집트의 두 수호 여신들이 이중 왕관으로 연합된다.
21 호루스와 세트
22 대관식의 한 장면에서 파라오는 노와 또 다른 물건을 손에 잡고 들판을 네 바퀴 돌며 그 들판을 바친다.
23 시누헤 이야기에서 보듯이 동쪽 경계 지역을 따라 지어진 요새들

그랬던 것처럼 아시아인들은 가축의 마실 물을 위하여 이집트로 내려오는 것이 허용되지 않을 것이다. 정의가 자기 자리를 차지할 것이며, 악행은 사라질 것이다.[24] 기뻐하라, 이것을 본 자와 (70) 왕을 섬기는 자여!

학식 있는 자가 내가 한 말이 이루어지는 것을 보면 나를 위하여 물을 부을 것이다.[25]

이렇게 성공적으로 끝이 났다. 서기관⋯에 의하여

나. 아카드의 신탁과 예언

1. 마리와 앗수르 편지들에 나타난 계시

| 원역자: 모란(William L. Moran)

ANET³, 623-26
629-32

(j)를 제외한 모든 편지들은 마리의 문서보관소에서 출토되었다.

편지들은 계시의 수신자에 따라 분류되어 있다. 개인(a-d), 황홀경 예언자(e-g), 아필룸(*āpilum*, 또는 *aplûm*, 여성형 *āpiltum*)(h-i), 여예언자(j).

a

이 편지의 저자는 하부르 강 상류 지역의 나훌(창 11:26 나홀)의 총독으로도 알려져 있고 마리 왕실의 신하로도 알려져 있다. 저자는 마리 왕실의 신하의 자격으로 이 편지를 짐리림 왕에게 보낸 것 같은데, 이로 보아 짐리림 왕은 이 때 마리에 없었음을 알 수 있다. 그러므로 이 토판은 보내지지 않은 편지 혹은 보내진 편지의 복사본이라고 볼 수 있다.

---

24 각 파라오의 대관식은 옛 질서인 마아트(정의)를 재확립하고 속임수를 축출해 낸다.
25 무덤에서의 헌주

내 주에게 말하라: 당신의 종 이투르아두가 (다음과 같이 말합니다). (5) 제가 이 문서를 내 주에게 보낸 날에 샤카에서 온 한 사람 말릭다간이 다음과 같이 제게 말하였습니다. "꿈에서 내가 (10) 어떤 사람과 함께 상부 지역의 사가라툼 요새에서 마리로 걸어가고 있었습니다. 가는 도중에 테르카에 들어가게 되었는데 거기서 다간 신의 신전에 들어가서 경배하였습니다. 경배하던 중 다간 신이 입을 열어 다음과 같이 저에게 말하였습니다. "야만 족속의 왕들과 그 군대가 이곳에 올라온 짐리림의 군대와 평화 협정을 맺었느냐?" 저는 "그들이 평화협정을 맺지 않았습니다"라고 대답했습니다. 제가 거기서 나오려고 할 때에 다간 신이 다음과 같이 말하였습니다. "왜 짐리림의 사자들은 계속하여 나를 섬기지 않고 짐리림은 나에게 보고를 하지 않는가? 짐리림이 그렇게 했다면 나는 오래전에 야만 족속의 왕들을 그의 손에 넘겼을 것인데. 이제 가라. 내가 너를 보낸다. 짐리림에게 다음과 같이 말하라: '네 사자들을 나에게 보내어 보고하도록 하라. 그리하면 내가 야만 족속의 왕들을 어부의 막대기에 꽂아 구워서 너의 앞에 가져다 놓아 주겠다.'"

이 사람이 이와 같이 꾼 꿈을 나에게 전해 주었습니다. 이제 이와 같이 나의 주에게 씁니다. 나의 주께서는 이 꿈에 대답하셔야 합니다. 더욱이 나의 주께서 원하신다면 다간 신에게 보고하고 사자들을 다간 신에게 계속하여 보내시기를 바랍니다. 제게 이 꿈을 알려준 사람은 다간 신에게 *파그룸*(pagrum)-제물을 드리려고 하고 있었기 때문에 그를 보내지는 않았습니다. 그리고 이 사람은 신뢰할 만한 자이기 때문에 그의 머리카락이나 외투의 술도 취하지 않았습니다.

b

이 편지의 발신자는 테르카의 총독이며 수신자는 짐리림이다.

나의 주에게 다음과 같이 말하라: 당신의 종 키브리다간(이 다음과 같이 말합니다). 다간과 이크룹엘은 안전하고 평안합니다. 테르카와 그 지역도 안전하고 평안합니다. (보존 상태가 좋지 않은 한 행 후에 여섯

행 가량이 깨어졌음) (후면) 그는 다음과 같은 (꿈을) 보았습니다. "너희들은 이 버려진 집을 재건하여서는 안된다. 만약 이 집을 재건하면 내가 다시 허물어서 강에 던져지게 할 것이다." 그가 이 꿈을 꾼 날에는 아무에게도 이야기하지 않았습니다. 그 다음 날 그는 다시 다음과 같이 꿈을 꾸었습니다. "그것은 신이었다. '너희는 이 집을 재건하여서는 안된다. 만약 이 집을 재건하면, 내가 다시 허물어서 강에 던져지게 할 것이다.'" 이제 제가 나의 주에게 이 사람의 외투의 술과 머리카락을 보냅니다. 그날로부터 [이] 종은 병들었습니다.

c

위의 편지 b와 동일한 발신자와 수신자.

게다가, 어떤 사람이 그 [꿈]을 이야기 했습니다…[x] 천 명의 사람들…(10')[마리, 테르카, [샤가라툼에서…(보존 상태가 좋지 않은 세 행). (16') [이 사람은] 그 꿈을 [이야]기 하고 제게 그것을 기록하도록 했습니다. "[왕]에게 보고하시오." 그래서 제가 주에게 이를 보고합니다.

d

위의 편지 b, c 와 동일한 발신자와 수신자이지만 서문에 신과 도시에 관한 언급이 빠져있다.

(5) 내가 이 문서를 내 주에게 보낸 날에 어떤 사람의 부인이 산이 어두워지기 전에 (일몰 전에) 제게 와서 (10) 바벨론에 관해 다음과 같이 말하였습니다. "다간 신이 나를 보내었습니다. 당신의 주에게 보고하세요. 그는 걱정할 것이 없고, 또 앞[으로] 전혀 걱정할 것이 없을 것이다. (15) 바벨론의 왕 [함]무라비…(나머지는 해독 불가).

e
위의 편지 b-d와 동일한 발신자와 수신자; 일반적인 서문

그리고 제가 이 문서를 내 주에게 보낸 날에 다간 신의 한 [황]홀경 예언자가 (10) 제게 와서 다음과 같이 말하였습니다. "신이 [나를] 보내었다. 서둘러서 [왕]에게 편지를 보내어 야흐둔[림]의 혼[령]에게 제사를 드리도록 하라." 이 황홀경 예언자가 이와 같이 (20) 제게 말하였고 이와 같이 제가 주에게 보고합니다. 주께서는 주의 뜻대로 하옵소서.

f
위의 편지 b-e와 동일한 발신자와 수신자; 일반적인 서문

저는 그 지역의 보리를 추수하여 보관하는 일을 소홀히 한 적이 없습니다. (10) [그리고] 새 문을 건축하는 일과 관련하여 […] 전에 그 황홀경 예언자가 왔었고, [그 일은 (15) 시작되었고, [우리는] 그 [문의] [건축을 시작하였습니다. [이제] 제가 이 편지를 내 주에게 보내던 [날에] (20) 그 [황홀경 예언자가 돌아와서 다음과 같이 제게 [말]하였습니다. "만일 너희가 이 문을 건축하지 않는다면, (25) [애]가를 듣게 될 것이다! 너희의 숫자는 충분하지 않다!" 그 황홀경 예언자는 [이]와 같이 제게 말하였습니다. 그리고 저는 추[수]를 [걱]정합니다. (30) 저는 제 [목]을 돌릴 수가 없습니다. 주께서는…말하지 [마시기를…]

g
위의 편지 b-f와 동일한 발신자와 수신자; 7-12행은 유프라테스 강변에 있는 야민 족속의 양 떼에 관한 내용이다.

(13) [제가 이] 편지를 내 주에게 [보내던 날에] 다간의 [황홀경 예언자가 제게] 다음과 같이 [말]하였습니다. "다간이 [죽은 자들]에 드리는 제사로 인해 [나를] 보내었다. (20) 당신의 주에게 다음 달 십사 일에 죽은 자들에게 드리는 제사를 지내야 한다고 보고하라. 어떠한 경우

에도 이 제물을 드리지 않는 일은 없어야 한다." 이 사람이 이와 같이 제게 말하였습니다. (25) 그래서 이렇게 주께 보고합니다. 주께서는 주의 뜻대로 하시옵소서.

b

예의나 문법에 맞지 않는 언어, 철자법의 실수 등으로 보아 이 편지는 변방 서기관이 쓴 것 같다.

(시작 부분 깨짐) 아비[…]가 주하드님(zu-Hadnim) 앞에서 "그 주크룸(zukrum)[26]과 소 떼들을 내게 보내라"고 제게 말하였던 그 주크룸과 소 떼들에 대해 내 주께서는 그것들을 [왕]에게 가지고 오라고 말씀하셨고 "앞으로 그는 나와의 약속을 어기면 안 된다"고 말씀하셨습니다. 제게 이에 대하여 증거할 증인이 있습니다. 내 주께서는 이것을 아시기 바랍니다.

점괘[27]에서 칼라수의 주인 아다드가 다음과 같이 말하였다. "내가 (10) 그를 내 무릎 사이에서 키우고 그 조상의 왕좌에 회복시킨 칼라수의 아다드이지 않느냐? 그를 그 조상의 왕좌에 회복시킨 후에 또 다시 그에게 살 집을 주었다. 이제 내가 (15) 그를 그 조상의 왕좌에 회복시켰기 때문에 나는 그의 상속 재산을 받아야 한다. 만일 내게 (그것을) 주지 않으면, 왕좌와 영토와 도시의 주인인 나는, 내가 준 것을 다시 빼앗을 것이다. 그렇지 아니하고, (20) 만일 그가 내 요구대로 한다면 나는 그에게 왕좌 위에 왕좌를 더하고, 집 위에 집을 더하며, 영토 위에 영토를, 도시 위에 도시를 더할 것이다. 그에게 동쪽에서부터 서쪽까지의 땅도 줄 것이다." 아필룸 예언자들이 이와 같이 말하였습니다. 그리고 (25) 이들은 점괘를 보는 곳에 계속해서 나타나며 칼라수의 주 아다드의 아필룸 예언자들이 이제는 알라흐툼의 *타작마당*을

---

26 이 아카드어 단어는 이곳에서만 나오는 단어로 정확한 의미를 알 수가 없다(역주).
27 제물로 드린 양의 간의 모양을 보고 미래를 예측하는 점을 말한다(역주).

상속 재산으로 지키고 있습니다. 내 주께서는 이를 아셔야 합니다.

(30) 전에 제가 마리에 살 때에는 아필룸 예언자들과 여자 아필룸 예언자들이 말하는 곳을 내 주께 보고했습니다. 이제 저는 다른 곳[에] 있지만 내 주께 그들이 말하고 제가 듣는 것을 알리는 것이 마땅하지 않습니까? (35) 앞으로 잘못된 일이 생기면 내 주께서는 "너는 어찌하여 내게 아필룸 예언자가 한 말과 그가 네 *타작마당*을 지키고 있는 것을 보고하지 않았느냐?"라고 말할 것이지 않습니까? 이제 제가 (40) 내 주께 보고합니다. 내 주께서는 이것을 아시기 바랍니다.

그리고 할랍(알레포)의 주 아다드의 아필룸 예언자가 [아부]할룸에게 와서 "네 주에게 (깨짐)를 보고하라"고 말하였습니다. (토판 옆면) "그에게 [동쪽에서부터] 서쪽까지 […]를 줄 자는 바로 나다." 할랍(알레포)의 주 아다드가 아부할룸의 앞에서 이와 같이 말하였습니다. 내 주께서는 이것을 아시기 바랍니다.

i

발신인은 마리의 고관이며, 수신인은 짐리림이다.

내 주에게 말하라: 당신의 종 무카니슘이 (다음과 같이 말합니다). (5) 제가 내 주의 생명을 위하여 다간에게 제사드릴 때에 투[툴]의 다간의 아필룸 예언자가 일어나 다음과 같이 말하였습니다. "오 바벨론이여! 너를 어떻게 해야 하겠는가? (10) 내가 너를 그물에 모아…내가 일곱 연맹의 집들과 그 소유를 짐리림에게 넘겨줄 것이다." 그리고, 다[간]의 아필룸 예언자가 다음과 같이 말하였습니다 (나머지 깨짐)

j

발신자는 에살핫돈 왕에게 보낸 다른 보고서들을 통해서 잘 알려진 사람인데 여기서는 일종의 대사의 역할을 하고 있다. 수신자는 에살핫돈 왕.

내 [주] [왕에게] 당신의 종 [마르이쉬타르[28]]가 (다음과 같이 말합니다). 내 주 왕에게 [평안이 있기를]. [나부와 벨이] 내 주 [왕]을 축복하기를! [위대한 신들께서] [장수와] 건강과 행복을 (5) 내 주 왕에게 내려주시기를! 아카드[29]의 대제사장의 아들 [담키], 앗수르와 바벨론의…가 전 세계를 통치합니다. 그와 [그의 왕비가]…; (10) 내 주 왕의 대리왕[30], [왕대비] 샤마쉬슘우킨의…그들을 구하기 위해 그는 (그의) 운명에게로 갔습니다.[31] 저희는 무덤을 만들고 그와 그 왕비는 (15) 옷과 보석으로 장식하여 장엄한 의식 가운데에 매장하였으며 그들을 애도하였습니다. (작은 조각상을) 태우는 의식도 행했고; 모든 (악한) 징조들을 무력하게 만들었으며; (악한) 징조들에 대항하기 위한 다음과 같은 여러 의식들, "(제의적인) 정결을 위한 집", "물에 담그는 예식을 위한 집" 등과 다른 주문 의식들과 신들을 달래기 위한 애가 등의 의식들을 (20) 서기관들의 전통적인 전례에 의거하여 철저히 행하였습니다. 내 주 왕에게 알리기 위해 보고합니다.

이 (즉위) 의식들을 행하기 전에 그 여예언자가 대제사장의 아들 담키에게 다음과 같이 예언하였습니다. (25) "너는 나의 왕권을 짊어질 것이다." (후면) 그리고 그 여예언자는 백성들이 모여 있는 자리에서 그에게 말하였습니다. "나는 내 주의…를 나타내었고 너를 (그 모임에) 넘겨주었다."

흉조를 피하기 위한 (5) 의식을 완벽하게 행하였습니다. 내 주 왕

---

28 신명 이쉬타르는 신아시리아 시대에는 이사르로 발음되었기 때문에 '마르이사르'로 음역하는 것이 더 정확하나, 신명의 요소를 더 명확히 할 수 있는 이점이 있기 때문에 '마르이쉬타르'로 남겨둔다. 마르이쉬타르는 바벨론에서 에살핫돈 왕의 대리인으로 활동하였는데 그가 에살핫돈 왕에게 보낸 스무 개 이상의 편지가 남아 있다(역주).

29 원래 아카드는 주전 2300년경의 사르곤 대왕의 아카드 제국을 가리키는 말인데 이 편지가 쓰여진 주전 7세기에는 바벨론을 가리키는 이름으로 사용되었다. 한 지역의 옛날 지명을 이용하여 그 지역을 지칭하는 것은 비교적 흔한 현상이었다(역주).

30 왕에 대해 불길한 징조가 있을 때에 잠시 동안 평민을 대리왕으로 삼아 왕이 불길한 일을 피하도록 한 제도가 있었다(역주).

31 아카드어에서 죽음을 가리키는 완곡어법이다(역주).

께서는 아주 기뻐하셔도 좋습니다. (당연히) 아카드인들은 두려워하였지만 저희가 그들을 안심시켰습니다. (또한) 아카드의 대제사장들과 신전의 고위 성직자들도 두려워하였다고 들었습니다. (10) (이와 같이) 벨과 나부와 모든 위대한 신들이 내 주 왕의 생명을 길게 해 주었습니다. 그러나 해와 달의 식이 있는 동안과 신들이 합하는[32] 기간에는 왕께서는 (왕궁의?) 바깥으로 나가지 않으셔야 합니다.

내 주 왕께서 괜찮으시다면 (15) 이전에 한 것과 같이 평민을 대제사장의 자리에 앉혀야 합니다. 그가 대제단 앞에서 매일 제사를 드리고; 월별 의례와 "신전의 평안"(축제)에서 아카드의 여주 앞에서 향단에 향을 놓으면 월식이 있을 것이고 아카드에 영향을 미칠 것입니다. (20) [...] 그는 대리왕이 되어야 합니다. (21-25행 깨짐) 내 주 왕의 마음에 드는 자는 누구든지 담키 대신에 임명하여야 합니다.

k

발신자는 알레포의 야림림의 딸로서 야림림은 마리의 짐리림이 왕위를 회복하는 데에 도움을 준 사람이다. 야림림의 딸은 이 편지와 뒤에 나오는 l-o, t 를 그 남편에게 보냈다. 이 편지에 자주 언급되는 이름이 밝혀지지 않은 남자와 여자의 말이 신탁으로 여겨졌다는 것은 이 말들이 신탁의 의미를 내포하는 아카드어 이게룸(igerrûm, 6, 10행)으로 불린다는 것과 "징조, 전조"(4행) 등의 단어들을 볼 때에 거의 확실하다. 그러나 왜 이 말들이 중요하게 여겨졌는지는 확실하지 않다.

내 주께 말하라: 당신의 여종 쉽투가 (다음과 같이 말합니다). 내 주께서 벌이고 있는 전쟁에 관하여 제가 (5) 어떤 남자와 여자에게...징조에 대해 물어보았을 때에 그 (신탁의) 말은 내 주에게 길한 것이었습니다. 또한 그 남자와 여자에게 이쉬메다간에 관하여 물어보았을 때에 (10) 그 (신탁)의 말은 흉조였습니다. 그에 관한 예언에서 그는 내 주의 발 아래에 놓였습니다. 그리고 그들이 다음과 같이 (말하였습니

---

32 천문 현상을 가리키는데 특정 행성들의 위치에 관한 것이다(역주).

다): "내 주께서 *후마슘*(humāšum)을 이쉬메다간에게 올려주며 말했습니다. '내가 후마슘과의 (시합에서) 너를 이길 것이다. 씨름 시합에서 내가 너를 이길 것이다.'" 그래서 제가 (말하였습니다): "내 주께서 전쟁을 할 것인가?" 그들이 (대답하였습니다): (20) "싸움은 없을 것이다. (전쟁터에) 도착하자마자 그의 (이쉬메다간의) 예비 군사들은 흩어질 것이며 (25) 그들이 [이쉬메]다간의 머리를 잘라서 내 주의 발 아래에 놓을 것이다. (내 주는) 다음과 같이 (말할 것이다): '이쉬메다간의 군사는 많고 내가 [도]착할 때에 그의 예비 군사들이 그에게서 흩어질 것인가? 그들이 나의 예비 군사들을 둘러싸고 있었다.' 내 주의 곁에서 함께 가는 신들은 다간, 아다드, 이투르메르, 벨렛에칼림 등이다. 그리고 아다드는 재판의 주이시다. (35) 내 주께서는 '나는 무기로 그들을 [무찌를 것이다.]'라고 말하지 마옵소서.

(저는 그들이 말하[도록] 시키지 않습니다. 그들은 스스로 말하며 서로 일 [치합니다]). (40) 그들은 다음과 같이 (말하였습니다): "이쉬메다간의 예비 군사는 포로들(로 이루어져) 있다. 그들은 항상 반란과 반역으로… 그들은 […]를 받아들이지 않는다. 내 주 [앞]에서 그의 군대는 흩어질 것이다."

l

다른 곳에서는 알려지지 않은 한 제의 음악가가 아누니툼 여신으로부터 왕의 대적(바벨론의 함무라비?)에 관하여 계시를 받은 것 같다. 이 계시는 길조였고 동시에 똑같은 질문에 대해 왕비가 간점을 치는 자들로부터 따로 받은 대답과도 일치하는 것이었다. 이와 같이 일치하는 신탁은 그 정확함을 확인하는 목적으로 사용된다.

내 주께 말[하라]: 당신의 여종 쉽투가 (다음과 같이 말합니다). 왕궁은 안전합니다. (5)…의 제의 음악가인 일[리카스]나야…에서 [아누니툼의 신전에] 들어왔고 […의 사람에 관해 그 여신은] (10) 그를 [나의 주가 있는 여기로 [보내었습니다]. [여신은 다음과 같이 말하였습니다. "나는…] (깨짐) (후면)…내가 물었고 그 남자는 이 나라를 위해 많은 일을 결정하고 있었습니다. 그는 성공하지 않을 것입니다. (5') 내 주께서는 여신께서 이 남자에게 어떻게 하실지를 보시게 될 것입니다. 당신은 그를 정복할 것이고 그의 위에 서게 될 것입니다. 그의 날은 짧습니다. 그는 살아남지 못할 것입니다. 내 주께서는 이것을 아시기 바랍니다. (10') 그 달 닷새에 아누니툼이 여기로 보낸 일리카스나야의 보고가 있기 전에 제가 따로 물어보았을 때에 아누니툼이 당신에게로 보낸 예언과 (15) 제가 받은 예언이 완벽하게 일치합니다.

m

이것은 공공장소에서 선포된 예언인데 ARM(Archives Royales de Mari 시리즈[33]) 10권에 출판된 새로운 증거들에 비추어 볼 때 이러한 경우에는 머리칼과 외투의 술을 법적인 표징으로 사용되었다는 것을 알 수 있다. 이 편지의 23행 이후와 다음에 나오는 편지 m, p, w 를 참조하라. 이 편지와 다음 편지를 통해 볼 때에 신전에서 일어나는 예언 행위는 특별히 심령적인 현상과 관련되어 있다는 것을 알 수 있다. 예언을 매개하는 자가 자신과 주위 환경에 대해 완전히 의식을 잃지 않은 상태에서 초월 상태에 있을 수 있는 유형이 있음을 보여 준다.

내 주께 말하라: 당신의 여종 쉽투가 (다음과 같이 말합니다). 왕궁은 안전합니다. (5) 아누니툼의 신전에서 (그 달) 사흘에 셀레붐이 초월 상태에 들어갔습니다. 아누니툼이 (다음과 같이) 말하였습니다. "오 짐리림이여! (10) 그들이 반란으로 너를 시험할 것이다. 스스로를 지켜야 한다. 네 곁에 네가 사랑하는 신하들과 관리자들을 두어라. (16) 그들이 너를 지킬 수 있도록 하라. 홀로 다니지 않도록 하라. (20) 너를 [시험하는] 자들은 내가 네 손에 붙여줄 것이다." 이제 제가 내 주에게 (25) 그 제[의 음악가의 머리[칼과 옷의 술을 보냅니다.

---

33 마리에서 출토되는 문서들을 공식적으로 출판하는 출판물이다(역주).

n

내 주께 말하라: 당신의 여종 쉽투가 (다음과 같이 말합니다). (5) 그 도시의 아누니툼의 신전에서 다간-말릭의 종 아카툼이 초월상태에 들어가 다음과 같이 말하였습니다. "오 짐리림이여! 비록 너는 나를 멸시하였으나 (10) 나는 너를 안아줄 것이다. 네 적을 네 손에 넘겨줄 것이고 (15) 샤라키야의 사람들을 벨렛에칼림과 함께 파괴할 것이다. 그 다음 날 (20) 제사장 아쿰이 머리칼과 외투의 술과 (함께) 이 보고를 보내왔고 저는 이 보고서를 기록하고 머리칼과 (25) 외투의 술을 봉인하여 내 주께 보냅니다.

o

[내 주께 말하라:] 당신의 여종 쉽투가 (다음과 같이 말합니다). 신전과 신들과 왕궁과 작업장들은 안전합니다. (5) 그리고 카칼리디는 이투르메르의 신전에서 다음과 같은 환상을 보았습니다. 두 개의 거대한 운송수단이 강을 막고 있고 왕과 그 군대는 (10) 이미 그 가운데 있었습니다. 오른편과 왼편에 있는 자들이 [외]치며 말합니다. "왕권과 [홀]과 왕좌와 상부 지역과 하부 지역이 짐리림의 것이다." 그리고 군사들은 한 남자에게 말하였습니다. "이들은 짐리림에게만 주어진 것이다." 이 운송수단들은 왕궁의 문으로…(깨짐).

p

이 편지의 발신자는 마리 왕실에서 상당한 재력과 높은 지위를 가진 여자로 알려졌다. 몇 년 전에 꾸었던 흉한 꿈을 다시 꾸게 되었고 이는 최근에 한 황홀경 예언자가 왕이 위험에 처해있다고 경고한 것과 맞물려 더욱 더 불길한 분위기를 조성하게 된다.

내 주께 말하라: 당신의 여종 앗두두리가 (다음과 같이 말합니다). 당

신의 아버지의 집에 평화가 있은 후에 이 꿈을 다시 꾼적이 없었습니다. 이것은 제가 이전에 보았던 징조입니다. 꿈에서 저는 벨렛에칼림의 신전에 들어갔는데 벨렛에칼림은 (10) 그곳에 없었고 그 신상도 없었습니다. 그리고 저는 이 이상을 보고 계속하여 울었습니다. 이 꿈은 초저녁 경계 때였습니다. 또 다시 (저는 꿈을 꾸었고) 이쉬타르피쉬라의 제사장 다다가 벨렛에칼림의 문을 지키고 있을 때에 "돌아오세요, 오 다간이시여! (20) 돌아오세요, 오 다간이시여!"라고 외치는 불길한 목소리를 들었습니다. 이 외침은 계속해서 들렸습니다. 그리고 아누니툼의 신전에서 황홀경 예언자가 일어나 다음과 같이 말했습니다. "오 짐리림이여! 전쟁에 나가지 말아라. (25) 마리에 머물러 있으라. 내가 홀로 책임질 것이다." 내 주께서는 스스로를 지키는 데에 소홀히 하지 마셔야 합니다. (30) 제가 직접 제 머리칼과 외투의 술을 봉인하여 내 주에게 보냅니다.

q

내 주에게 말하라: 이투르메르의 제사장인 앗두두리가 (다음과 같이 말합니다). 잇딘일리가 다음과 같은 꿈을 꾸었습니다. 그가 (말합니다): "꿈에 벨렛비리가 나에게 다가와 (10) 다음과 같이 말하였다. 그녀가 다음과 같이 (말한다): '···는 [그의] 왕[권]이며 통치는 그의 영원한 소유이다. (15) 그는 왜 계속하여 조상들의 집(family-house)에 오는가? 그는 스스로를 지키도록 하라.'" 이제 내 주께서는 스스로를 지키시는 데에 소홀하지 않으셔야 합니다.

r

여성인 발신자는 마리의 봉신국인 일란쭈라의 왕궁에서 왕의 딸과 함께 살았던 사람으로 보인다.

내 주 [별[34]에게 말하라]: [당신의 여종] 시바[툼]이 (다음과 같이 말합니다)…(후면) (5') 그 꿈은 다음과 같습니다. […]의 한 사람이 와서 (말하였습니다): "…파힘의 딸, 타기드나테를 불러라." 그가 나에게 이렇게 말하였습니다. 이제 (10') 내 주께서는 간[점]을 보는 자를 불러 이 일을 조사하도록 하소서. 만일 이 꿈이 확인되면 내 주께서는 이 소녀를 신뢰할 수 있으니 그를 부르도록 하소서. 내 주의 건강이….

s

내 주께 말하라: 당신의 여종…나나가 (다음과 같이 말합니다). 제가 가니바툼에 살 때에 (5) 쿠킴키야를 루벤에게 보냈는데 도중에 그녀가 잡혀가 버렸습니다. 그러나 당신의 주 다간께서 저를 보호하셔서 아무도 저를 해치지 못했습니다. 다간이 저에게 이렇게 말씀하셨습니다. (10) "네 머리는 들려져 있느냐 내려져 있느냐?" 저는 (말했습니다): "내려져 있습니다. 그리고 제가 여기 왔지만 제 여자 아이를 찾지 못했습니다. (15) 내 주께서 안다릭에 오셨을 때에 제 여자 아이의 형상이 삼메타르와 함께 나타났고 저는 그에게 가서 그의 동의를 받아냈습니다. (20) 그러나 또 다시 그는 약속을 지키지 않았고 제 여자 아이를 제게 돌려주지 않았습니다." 다간이 제게 이렇게 말씀하셨습니다. "짐리림이 네 여자 아이를 풀어줄 때까지는 아무도 (25) 그녀를 네게 풀어주지 않을 것이다." 이제 내 주께서는 다간의 진노함을 보시고 내 여자 아이를 붙들지 마소서.

---

34 같은 발신자가 보낸 다른 편지에서 왕을 '별'로 부르고있다(역주).

t

내 여주 아두두리에게 말하라: 당[신]의 여종 팀루가 (다음과 같이 말합니다). …할 때에 이것이 증표가 되도록 하라. (5) 야립아바가 카사파에서 저를 몰아내고 저는 당신에게 와서 [이렇게] 말하였습니다. "제가 당[신]에 관해 [꿈]을 꾸었는데 (10) 그 [꿈]에서 아눔이…"

u

내 주에게 말하라: 당신의 여종 쉽투가 (다음과 같이 말합니다). 왕궁은 안전합니다. (5) 디리툼의 예언자인 키쉬티디리툼이 (그 달) 이틀에 왕궁 문에 [와서] 제게 이렇게 [보고]하였습니다. "마[리]의 왕좌 앞에 (10) 아무도…짐리림에게 *알라이툼*(ala'ītum)이[35] 주어졌[다]. …의 창(lance)." 이것이 [그가 당신에게 보낸] 메시지입니다. (15) 그리[고…] (깨짐) (후면)…(8') [그는] 에아에게 그것을 [말하였습니다]. 아수문이 [에아에게 말한 것을 저는 듣지 못했습니다. 그는 일[어나서 다음과 같이] 말하였습니다. "우리가 [그 맹세를] 말하기 전에 그들이 [흙을] 취하게 하고 [마리의] 문들을…그 후에 [우리가] 그 맹세를 [하겠습니다.]" (15') 그들은 먼지와 마리의 문들을 취하여 (그것을) 물에 녹였습니다. 그리고 신들과 여신들이 그것을 마셨습니다. 에아가 다음과 같이 (말하였습니다): "[너희는 [마리의] 건물들이나 신하들을 해치지 않겠다고 신들에게 맹세하라." 신들과 여신들은 "우리는 마리의 건물들과 신하들을 해치지 않겠습니다"라고 [맹세하였다].

v

내 주[에게] [말]하라: 당신의 [여]종 아두두리가 (다음과 같이 말합니다). (5) 이찌아쿠라고 불리는 [한 예]언자가 [키]샤메툼의 신전에

---

35 의미를 알 수 없는 단어이다(역주).

서 [일]어나 다음과 같이 (말하였습니다): "너를 [따]르는 자들만이 너의 [양]을 먹고 (10) 네 [컵]을 [마]실수 있다…너의 [적]들은…오[직 나]만이 제압할 수 있다."(깨짐).

w

이니브쉬나는 짐리림의 딸이며 아다드 신에게 드려진 우그바브투-(ugbabtu)[36] 여제사장이었다. 비록 어떤 신전에 대한 언급도 없지만 이 신탁은 아마도 공공장소에서 선포되었던 것 같다. 위의 편지 n을 고려할 때에 이 여제사장에게 신탁을 준 신은 아마도 아누니툼으로 생각된다.

별[37]에게 말하라: 이니브쉬나가 (다음과 같이 말합니다). 여제사장 인니바나가 (5) 일어나 다음과 같이 말하였습니다. "오 짐리림이여! 그 도시 샤라키야를 (10) [내가] 적들과 그 [포]위하는 자들에게 [넘겨주겠다]…(16) 여기에 내 머리칼과 외투의 술을 함께 보낸다. 이로 인해 (나는) (법적인 책임이) 없다." 제가 이제 (20) 그 머리칼과 외투의 술을 별에게 보냅니다. 별께서는 직접 점괘를 보시고 그에 따라 행동하시기를 바랍니다. 별께서는 스스로를 지키시기 바랍니다.

x

별에게 말하라: 이니브쉬나(가 다음과 같이 말합니다). 전에 제의 음악가 셀레붐이 (5) 제게 전해 준 신탁을 제가 당신께 보고하였습니다. 이제 테르카의 다간 신의 *카마툼*(qamatum)이[38] 여기에 와서 다음과 같이 말하였습니다. (10) "에쉬눈나 사람의 화평 제안은 새빨간 거짓이다. '짚 아래에는 물이 흐른다'[39]라고 하지만 (15) 나는 단단히 붙잡

---

36 남신에게 드려진 여제사장을 가리키는 아카드어 단어이다(역주).
37 왕을 가리킨다. 각주 34 참조.
38 의미를 알 수 없는 아카드어 단어이다(역주).
39 속담으로서 정확한 의미는 알기 어렵지만 아마도 '고요한 물이 깊다'는 의미인 것 같다(역주).

는 그물로 그를 잡을 것이다. 나는 그의 도시를 끝장낼 것이고 고대로부터 한 번도 파괴된 적이 없는 그의 재산을 파괴할 것이다." (20) 이와 같이 그녀가 제게 말하였습니다. 이제 스스로를 지키시기를 바랍니다. 징조가 없이는 그 도시에 들어가지 마시기를 바랍니다. (25) 제가 들은 것은 다음과 같습니다. "그는 홀로 계속하여 움직인다." 당신은 혼자서 움직이는 일이 없기를 바랍니다!

ANET³, 605

2. 에살핫돈과 관련한 신탁들[40]
| 원역자: 빅스(Robert D. Biggs)

(i 5) 온 땅의 왕 [에살핫돈이여 두려워 마라! 네게 부는 저 바람은—내가 한마디만 하면 끝낼 수 있다. 네 적들은 시반 월의 (어린) 야생 돼지[41]처럼 네 앞에서 도망갈 것이다. 나는 위대한 벨렛—나는 아르벨라의 이쉬타르, (15) 네 적들을 네 앞에서 물리친 자이다. 나의 명령들 중 어떤 것을 네가 의지할 수 없었는가? 나는 아르벨라의 이쉬타르다! (20) 내가 너의 대적들을 기다리고 있다가 네게 넘겨줄 것이다. 나 아르벨라의 이쉬타르는 네 앞과 뒤에서 함께 갈 것이다. (25) 두려워 마라! "울음 가운데에서만 일어서거나 앉을 수 있다"고 말하는 너 몸이 마비된 자여.

(이 신탁은) 아르벨라의 (남자?[42]) 이쉬타르라타쉬야트(Ishtar-la-tashiat)의 입에서 나온 말이다.

---

40 이 본문은 아카드어의 신아시리아 방언으로 기록되어 있는데 이 방언에 대한 연구는 지난 수십 년간 아주 많은 발전이 있었다. 본 번역에서는 로버트 빅스의 본문에 대한 이해를 최대한 반영하면서 신아시리아 방언에 대한 새로운 이해들을 가능한 한 많이 포함시키고자 하였다(역주).

41 최근의 번역들에서는 이 단어를 '사과'로 이해한다(역주).

42 아카드어 인명에는 남녀를 구분할 수 있는 표시를 하는데 이 이름 앞에는 여성 인명을 나타내는 쐐기문자가 지워진 흔적 위에 남성 인명을 가리키는 쐐기문자가 기록되어 있다. 그래서 아마도 이 예언자는 남성일 것으로 생각된다(역주).

아시리아의 왕이여, 두려워 마라! 아시리아의 왕의 대적을 내가 도살할 것이다.

(1957년 번역에서 빅스는 i 34-50 과 ii 1-8 은 보존 상태가 좋지 않아 번역할 수 없다고 했지만 파르폴라의 1997년 출판에서〈SAA 9, p.5〉조금 더 많은 해독을 시도했다. 여기서부터 이 신탁의 끝까지는 파르폴라가 해독한 내용이다.)

[내가] 너를 안전하게 지키며 네 "통치의 집"에서 너를 [크게 만들 것이다]. 나는 위[대한 여주이다. 나는] 아르벨라의 [이쉬타르이다]. 그 가운데서 […] (깨짐) 내가 어떤 […] 네 말을 듣지 않았는가? [적들…] 목에 [칼을…] 조공을] 바치는 [봉신들]; 내가 [단번에] 네 적들을 무찔렀다. 나는 네게 신뢰를 주었고, (가만히) 앉아있지 않았다!

(이 신탁은) 아르벨라의 (여자) 신키샤아무르(Sin-qisha-amur)의 입에서 나온 말이다.[43]

(11) 나는 나의 왕 에살핫돈으로 인해 즐거워한다. 아르벨라는 즐거워한다! (이 신탁은) (15) 산지에 있는 다라후야의 (여자) 리무테알라테(Rimute-allate)의 입에서 나온 말이다.

(16) 두려워 마라, 에살핫돈이여! 나 벨이 네게 말한다. (20) 나는 너를 낳은 어미가 보듯이 네 속을 본다. 위대한 신들 육십이 나와 함께 서서 너를 지킨다. 신은 네 좌편에 샤마쉬는 네 우편에 있다. (25) 위대한 신들 육십이 전투를 위해 내 주위에 둘러서 있다. 사람을 의지하지 마라! 네 눈을 들어 나를 보아라! (30) 나는 아르벨라의 이쉬타르다. 내가 너를 앗수르와 화해시켰다. 네가 어릴 적에 나는 너를 *택했다*. 두려워 마라! 나를 찬양하라! 내가 잠잠히 있는 동안 너를 *공격한* 적들이 어디 있느냐? 앞으로의 것은 이전 것과 동일할 것이다. 나는

---

43 이 하나의 토판에 여러 개의 신탁들이 수집되어 있으며 각각의 신탁들은 그 신탁을 전한 예언자의 이름으로 끝을 맺고 다음 신탁과 구분하기 위해 선이 그어져있다. 이 번역에서는 각 신탁들 사이에 한 행을 띄어 구분한다(역주).

문학의 주 나부(Lord of Stylus, Na bu)이다. 나를 찬양하라!

(40) (이 신탁은) 아르벨라의 바야(Baia)의 입에서 나온 말이다.

(이 신탁은 빅스의 번역에는 없는 부분으로 파르폴라가 해독한 부분이다. SAA 9 p. 7)

(iii 2) 나는 [⋯] 할 것이다. 너는 [⋯] 해야 한다. 나는 물[리수⋯]

(이 신탁은) 앗수르[44]의 (여자) 일루사아무르(Ilussa-amur)의 입에서 나온 말이다.

(몇 행이 훼손됨)

(iii 15) 나는 아르벨라의 이쉬타르다. 아시리아의 왕 에살핫돈이여! 앗수르, 니느웨, 칼라, 아르벨라에서 나는 네게 많은 날과 끝없는 해를 허락할 것이다. 나는 (네가 태어날 때에 도움을 준) 위대한 산파, (25) 네게 젖을 물린 유모, *광대한* 하늘 아래 많은 날과 끝없는 해 동안 네 통치를 허락해 주었다. 하늘 한가운데의 금으로 치장된 방에서 너를 지켜볼 것이다. 나는 아시리아의 왕 에살핫돈을 위해 호박의 불빛을 켤 것이다. (35) 나는 내 머리의 왕관처럼 그를 지켜볼 것이다. 두려워 마라 왕이여! 내가 네게 (신탁으로) 말하였기 때문에 (40) 나는 너를 버리지 않을 것이다. (iv 1) 내가 네게 용기를 주었기 때문에 나는 네가 부끄러움을 당하지 않게 할 것이다. 나는 네가 안전하게 강을 건너도록 도울 것이다. (5) 오 에살핫돈이여! 정당한 후계자, 닌릴의 아들! 나는 너를 위해⋯내 손으로 네 적들을 (10) 물리칠 것이다. 잿물로 채워진 컵, 두 세겔짜리 도끼! 에살핫돈이여! 앗수르에서 나는 네게 많은 날들과 끝없는 해들을 줄 것이다. 에살핫돈이여! 아르벨라에서 나는 너의 믿을 만한 방패다. 에살핫돈이여! 정당한 후계자, 닌릴

---

44 아카드어로 "그 도시의 심장"이라고 적는 이 도시명은 앗수르를 가리킨다. 원래는 메소포타미아 남부에 있는 도시 닙푸르에 쓰이던 이름인데 닙푸르의 신인 엔릴과 아시리아의 신 앗수르를 동일시하는 신학적인 작업의 일환으로 닙푸르의 표기에 사용되던 철자를 도시 앗수르에 사용하게 되었다(역주).

의 아들, 나는 [너를] 내 마음에 둔다. 나는 [너를] 아주 많이 사랑한다. 내가 너를 광대한 하늘에서 네 *머리카락*으로 잡고있다. 네 좌편에서 연기가 올라오게 하고 네 우편에서 불이 나게 한다. 왕권은…에서 탄 [탄]하다. (깨짐. 예언자 이름 없음.)

(v 1)…는 그에게서 […]를 받지 못할 것이다. 나는…모욕하는 자들을 그 앞에서 잘라낼 것이다. 너(여성)[45]는 너다. 그 왕은 나의 왕이다! (10) (이 신탁은) (여자) 이쉬타르벨리다야니(Ishtar-beli-dayani)의 입에서 나온 말이다.

(12) 나, 아르벨라의 여주는 왕대비에게 (말한다): "네가 '우편과 좌편에 앉은 자는 당신의 무릎에 앉히지만 나의 후손은 어디에 있나요? 당신은 그가 광야에서 (보호받지 못한 채로) 돌아다니게 했어요'라고 내게 불평하였기 때문이다." 이제 왕이여 두려워 마라! 왕권은 네 것이다! 권력도 네 것이다. (24-25) (이 신탁은) 아르벨라의 (여자) 벨릿아비샤의 입에서 나온 말이다.

(26) 아시리아의 왕 에살핫돈에게 평안을! 아르벨라의 이쉬타르는 광야로 나가서 그녀의 송아지[46]에게 평안(의 신탁)을 전해 주었다. (깨짐. 예언자 이름 없음.)

(vi 1) [나는 아르벨라의 [여주다]. 아르벨라의 이쉬타르가 그 가슴을 '뛰어남'(dug3, favor)으로 가득 채운 에살핫돈이여! 너는 내가 이전에 보낸 신탁에 의지하지 않았느냐? 이제 내가 말하는 이 신탁도 또한 의지하도록 하여라. 나를 찬양하라! 해가 질 때에 횃불을 들어라! 그 앞에서 나를 찬양하라! (20) 나는 내 왕궁에서 두려움을 몰아낼 것

---

45 이 여성 2인칭 대명사가 누구를 가리키는지 정확히 알기는 어렵다. 파르폴라는 이 여성 2인칭 대명사를 에살핫돈의 어머니인 나키아를 가리키는 것으로 본다(역주).
46 왕을 가리킨다(역주).

이다. 너는 안전한 음식과 물을 먹고 마실 것이며 네 왕궁에서 안전할 것이다. 네 아들과 손자가 니누르타의 무릎 위에서 왕으로서 통치할 것이다.

(30) (이 신탁은) (남자) 라다갈일리(La-dagal-ili)의 입에서 나온 신탁이다.

ANET³, 605-6

3. 앗수르바니팔에게 보낸 편지
| 원역자: 빅스(Robert D. Biggs)

본문은 마르둑슘우쭈르가 앗수르바니팔(재위 주전 668-633년)에게 보낸 편지다.

(7) 꿈에서 앗수르 신이 내 주 왕의 할아버지 (산헤립), 지혜로운 자에게 [다음과 같이] 말하였습니다. "오 왕이여, 왕들의 주여, 지혜로운 자와 아다파의 후손…네 지혜는 압수[47]와 모든 지혜로운 자들보다 더 크다." (10) 내 주 왕의 아버지(에살핫돈)께서 이집트에 가셨을 때에 하란 지역에서 삼나무로 만들어진 신전을 보았습니다. 막대기 위에 기대어 있는 신은 그 머리에 두 개의 왕관을 쓰고 있었습니다. 누스쿠는 그 앞에 서 있었습니다. 내 주 왕의 아버지께서는 거기에 들어가셨고 그 (누스쿠)는 그의 머리 위에 [왕관 하나를 씌우고 말하였습니다. "너는 가서 여러 나라를 정복할 것이다." (15) 그는 떠났고 정말 이집트를 정복했습니다. 아직 앗수르와 신에게 복종하지 않는 다른 나라들을 왕들의 주인 왕께서 정복할 것입니다. (나머지는 해석 불가).

---

47 지혜의 신으로 알려진 엔키/에아가 거주하는 곳으로 그 신전의 이름이기도 하다(역주).

4. 앗수르바니팔과 관련한 신탁 꿈

| 원역자: 빅스(Robert D. Biggs)

ANET³, 606

(v 46) 이쉬타르 여신은 나의 두려운 한숨을 듣고 "두려워 마라!"라고 하였으며 "네가 손을 들어 기도하며 네 눈에 눈물이 가득찼을 때부터 나는 자비로운 마음을 가졌다"고 말하여 나를 격려하였다. 내가 그녀 앞에 나아가던 그날 밤에 (50) 한 *샤브루*(sabru) 제사장이 꿈을 꾸었다. 그는 갑자기 놀라서 깨어났고 이쉬타르는 그에게 밤의 이상을 보여 주었다. 그는 나에게 다음과 같이 보고하였다. "아르벨라의 이쉬타르 여신이 왔다. 오른쪽과 왼쪽에는 화살통이 매달려 있었습니다. 손에는 활을 들고 있었으며 (55) 날카로운 칼이 전투를 하기 위해 달려 있었습니다. 당신은 그녀 앞에 서 있었고 그녀는 당신에게 진짜 어머니처럼 이야기하고 있었습니다. 이쉬타르는 당신을 불렀고 신들 중에서 가장 높은 그녀는 당신에게 다음과 같이 지시하였습니다. '공격을 기다려라; 네가 어디로 가려고 하든지 나는 너와 함께 갈 것이기 (때문이다).' 당신은 그녀에게 말하였습니다. '당신이 어디로 가든지 나는 당신과 함께 가겠습니다. 오 여신들 중의 여신이여!' 그녀는 당신에게 다음과 같이 명령하였습니다. '너는 네가 있어야 하는 곳 여기에 머물러라. (65) 내가 가서 네가 원하는 바를 얻도록 도와줄테니 너는 먹고, 포도주를 마시며, 즐겁게 지내고 나를 찬양하라. 내 얼굴은 창백해질 필요가 없고 네 발을 떨 이유도 없으며 전투의 한가운데서 (식은) 땀을 닦을 필요도 없다.' 그녀는 당신을 포대기에 감싸서 당신의 몸을 보호해 주었습니다. 그녀의 얼굴은 불같이 빛났습니다. 그때에 [그녀는 무섭게 나아가서] 당신의 적을 무찔렀습니다. (75) 그녀가 화가 난 엘람의 왕 테우만을 향해."

ANET³, 606-7

5. 예언들 | 원역자: 빅스(Robert D. Biggs)

(ii)

[그 통치자의 날은 짧]을 것이다. 그 나라[는 다른 통치자를
  가지지 못할 것이다]. (1)

[한 통치자가 일어날 것이며], 그는 십팔 년 동안
  [다스릴 것이다].

그 나라는 안전하게 살고, 그 내부는 행복하며, 그 백성들은
  [풍]족함을 누릴 것이다.

신들이 그 나라를 위해 좋은 결정들을 하며, 좋은 바람이
  [불 것이다].

대추야자와 이랑은 좋은 결실을 낼 것이다.

(좋은) 비와 많은 물이 있을 것이며 그 땅의 백성들은 절기를
  지킬 것이다.

그 통치자는 반란으로 살해당할 것이다.

한 통치자가 일어나서 십삼 년 동안 다스릴 것이다. (8)

엘람이 아카드를 공격하는 일이 있을 것이고

아카드에서 전리품을 갖고 갈 것이다.

위대한 신들의 신전들이 파괴될 것이고, (신들은) 아카드의
  패배를 운명으로 정할 것이다.

그 땅에 혼란과, 혼돈, 불행한 일들이 있을 것이며

그 통치의 (권력은) 줄어들고, (후계자로) 지명되지 않은 다른
  사람이 일어날 것이며

왕으로서 왕좌를 차지하고 그의 신하들을 죽일 것이다.

그는 투플리아쉬(Tupliash)의 낮은 지역들을 그 군대 절반의
  *시체*로 덮을 것이며

평탄한 지역들

그 땅의 백성들은 극심한 기근을 겪을 것이다.

한 통치자가 일어날 것이나 그의 날은 짧고

그 땅을 통치하지 못할 것이다. (19)

한 통치자가 [일어나] 삼 년 동안 다스릴 것이다. (20)

[그 땅의] 수로들이 진흙으로 덮이게 될 것이다.

(칼럼의 나머지는 깨졌다.)

(iii)

[한 통치자가 일어나…년 동안 다스릴 것이다].

(여러 행 깨짐)

그 왕이 모든 지역을 [다스릴 것이다]. (2)

그 백성들은 풍요로움을 [누리며]…

이기기 신들에게 드리는 정기적인 제물을 다시 드리게 할
    것이며 신들은…

좋은 바람이 불어서 풍요로움이 [있을 것이며, 그 땅에는]… (5)

소 떼들은 넓은 곳에 안전하게 [누울 것이고]

겨울의 초목이 여름까지 [있을 것이며] 여[름]의 초목이
    [겨울까지 있을 것이다].

한 통치가자 일어나 팔 년 동안 다스릴 것이다.

(전면의 나머지 부분 깨짐)

(iv)

한 통치자가 일어나 삼 년 동안 [다스릴 것이다].

나머지 백성들은 [그들의 집으로 돌아갈 것이다]. (2)

버려진 도시들에 사람들이 다시 거주하며 […]

반란이 있을 것이고 그 후에 […]

아카드에 반목[이 있으며…]

에쿠르와 닙푸르의 제의들은 [다른] 나라로 [옮겨지게] 될
    것이다.

엔릴의…는 닙푸르로 [돌아올] 것이다.

그 통치자는 아무루 땅을 [정복할 것이다].

한 통치자가 일어나 팔 년 동안 [다스릴] 것이다. (10)

[왕의] 조언에 따라 신들의 신전이 [회복될 것이며]
위대한 신들의 예배들이 [회복될 것이다].
(좋은) 비와 풍족한 물이 그 땅에 [있을 것이다].
악을 경험한 백성들은 [선한 것을 경험할 것이다].
부한 자가 가난하게 되고, 가난한 주가 부하게 될 것이다[…].
부했던 자들은 가난한 자들에게 손을 벌릴 것이다.
…어머니는 그 딸에게 옳은 것을 말할 것이다.
[그 장로들은] *앉아서* 그 땅에 조언을 할 것이다.
[메뚜기 떼가 일]어나 그 땅을 삼키며 왕은 그 땅에 고난의
   시간을 [가지고 올] 것이다.

            (나머지는 해석 불가)

CHAPTER XVII

연애시

가. 이집트의 연애시
| 원역자: 윌슨(John A. Wilson)

ANET, 467-69

여러 사랑 노래 모음집이 후기 이집트 제국(주전 1300-1100)으로부터 전해진다. 이 노래들은 특정한 악기에 맞추어 불러졌던 것이 분명하다. 이것들은 자연과 야외의 즐거움을 표현한다. 성경의 아가와 같이 연인들은 "내 형제"와 "내 누이"로 불린다.

a

제비의 소리가 이야기하고 말한다.
"땅이 밝았네. 당신의 길은 무엇인가요?"[1]
오 새여, 당신은 나를 방해하지 마소서!

아 2:12-13

---

1 아침 일찍 어디를 걷고 있는가?

내 마음은 아직 더 기쁘다네.

그가 내게 이렇게 말할 때.

"나는 멀리 가지 않으리.

내 손이 당신 손 안에 있고,

나는 천천히 산책할 것이며,

나는 모든 즐거운 장소에서 당신과 함께 있을 것이오."

그는 나를 여자들 중 최고로 만드네.

그는 내 마음에 상처를 주지 않네.

끝.

b

제7연[2]

아 2:5; 5:8

어제까지 칠 일간 나는 내 누이를 보지 못했네.

외로움이 나를 침입했네.

내 몸은 무겁고,

내 자신을 잊었네.[3]

만일 의사들의 수장이 내게 온다 하더라도,

내 마음이 그들의 치료에 만족하지 않네.

낭송 사제들,[4] 그들에게도 출구는 없네.

내 외로움은 이유가 밝혀지지 않네.

내게 말하기를, "여기에 그녀가 있다"는 말이 나를
　소생시키고,

그녀의 이름이 나를 들어 올리리라.

그녀의 전달자들이 오고 가는 것이

내 마음을 소생시킬 것이네.

2　여기서 "일곱"이라는 단어는 언어유희로 사용되었다.
3　종종 의식을 잃는다는 의미로 사용됨
4　병 치료를 위해 주문을 읽어주는 자

어떠한 치료보다 더 내게 도움이 되는 것은 누이네.

그녀는 글 모음보다 내게 더 큰 의미가 있네.

내 건강은 그녀가 밖에서 들어오는 것,

내가 그녀를 보면, 나는 만족스럽네.

만일 그녀가 눈을 뜨면, 내 몸은 다시 젊어지고,

만일 그녀가 말하면, 나는 다시 강해지네.

내가 그녀를 안으면, 그녀는 내게서 나쁜 것을 몰아내네.

그러나 그녀는 칠 일간이나 내게서 떠나갔네.

c

네가 누이에게 신속히 오기를,

마치 왕의 말처럼,   아 1:9

수천 필의 말들 중에서 선택된,

말들 중에서 가장 뛰어난!

구별된 사료를 먹고,

주인이 그의 속도를 안다.

만일 그것이 채찍 소리를 들으면,

그것은 지체함을 알지 못하네.

샤수르(chasseurs)[5] 중에서

그것을 잡고 그 앞에 서 있을 수 있는 자가 누군가?

누이의 마음이

그가 누이로부터 멀리 있지 않음을 알면 얼마나 좋을까!

끝.

---

5 테헤르, 전차를 탄 전사를 의미하는 외국어(아마도 히타이트어).

나. 수메르의 연애시

| 원역자: 크래머(S. N. Kramer)

ANET³, 638

1. 두무지와 인안나: 기파르에서의 사랑[6]

이 내러티브 시는 사기드다암(sa-ĝid-da-àm, 25행)이라는 표제에 의해 두 개의 연으로 나뉜다. 첫 여섯 행은 의미가 불확실하다. 첫 번째 부분의 나머지는 인안나가 다양한 보석과 보화, 장식물들로 몸에 장식하는 내용이 자세히 기록되어 있는데, 그 보석들은 "대추야자"를 모으는 예배자들이 가지고 온 보물 더미에서 인안나가 고른 것들이다. 두 번째 연은 보석으로 몸을 장식한 인안나와 두무지가 에렉의 에안나에서 만나는 장면인데, 여기서 인안나는 격정적인 욕정에 사로잡혀 자신의 아버지에게 (달의 신인 신[Sin]) 전령을 보내어 자신의 집을 "길게" 만들어 인안나와 그 연인이 거기서 좋은 시간을 보낼 수 있도록 해 달라고 요청한다.

…,
거룩한 인안나 …
대추야자를 모으는 자, … 대추야자
대추야자를 모으는 자, … 인안나를 위한 대추야자
그는 그녀에게 물을 가져다주었다. 그는 그녀에게 물을 가져다주었다. 까만 밀 씨앗.
그는 인안나에게 하얀 씨앗을 위해 물가로 (보석) 더미를
    가져다 주었다.
그는 그녀에게 가져다주었다. 그는 그녀에게 가져다주었다.
그는 그녀가 보석들을 고를 수 있는 보석 더미를
    가져다주었다.

---

6 수메르어 원문은 http://etcsl.orinst.ox.ac.uk/cgi-bin/etcsl.cgi?text=c.4.08.20#에서 볼 수 있다(역주).

그는 인안나에게 가져다주었다. 그는 그녀가 보석들을
   고를 수 있는 보석 더미를 가져다주었다.
그 더미에서-그는 청금석을 그 "가슴"에 모았다.
그 더미에서 그는 인안나를 위해 청금석을
그 "가슴"에 모았다. (10)
그녀는 엉덩이 모양 보석을 집어 엉덩이에 붙였고
인안나는 머리 모양 보석을 집어 머리에 붙였고
두루(*duru*)-청금석을 집어 목덜미에 붙였고
금 *리본*을 집어 머리카락에 붙였고
좁은 금 귀걸이를 집어 귀에 붙였고
청동 귀걸이를 집어 귓볼이 붙였고
"꿀을 내는 것"을 집어 얼굴에 붙였고
"고귀한 집을 *가리는* 것"을 집어 코에 붙였고
"… 하는 집"을 집어 입에 붙였고
향나무, 회양목, 사랑스런 나무들을 집어 배꼽에 붙였고 (20)
"꿀의 샘"을 집어 허리에 붙였고
밝은색의 설화석고를 집어 항문에 붙였고
검정 … 버드나무를 집어 성기에 붙였고
장식된 샌들을 집어 발에 붙였다.

이것은 *사깃다*(*Sagidda*)이다.

그녀를 위해 쌓아둔 청금석 더미-엔[7]-제사장은 그녀를
   만났다.
인안나를 위해 쌓아둔 청금석 더미-두무지는 그녀를 만났다.
"하늘의 *배꼽*", 엔릴의 집에서 엔-제사장은 그녀를 만났다.
에안나에서 엔릴의 목동 두무지는 그녀를 만났다.

---

7 수메르어 '엔'(en)은 '주'를 뜻하는데 여기서는 제사장을 가리킨다. 시대에 따라 '엔'은 정치적 역할이나 종교적 역할을 가졌다. 여기서는 종교적 예식에서 '엔' 제사장이 두무지의 역할을 맡았다(역주).

기파르의 청금석 문에 서서 기다리던 그녀를-
　엔-제사장이 만났다. (30)
에안나의 창고의 좁은 문에서 있던 그녀를 두무지는 만났다.
그 더미의 "가슴"으로 그녀가 그것들을 돌려주었을 때
인안나가 그 더미의 "가슴"으로 그것들을 돌려주었을 때
그 여자는 일루람마-노래를 …
그 처녀는 노래하며 그녀의 아버지에게 전령을 보냈다.
인안나는 춤추며 그녀의 아버지에게 전령을 보냈다.
"나의 *집*, 나의 *집*, 그가 그것을 나를 위해 '길게' 만들어
　주기를,
나 여왕-나의 *집*, 나의 *집*, 그가 그것을 나를 위해 '길게'
　만들어 주기를,
나의 기파르-집을 그가 나를 위해 '길게' 만들어 주기를,
사람들이 꽃으로 장식된 내 침대를 만들어 줄 것이다. (40)
그들이 그것을 두루-청금석 (색깔의) 풀로 덮을 것이며
나는 나의 연인을 거기로 데려갈 것이다.
나는 아마우슘갈안나(Amaushumgalanna)를 거기로 데려갈
　것이다.
그는 그의 손을 내 손에 놓을 것이고
그의 심장을 내 심장 위에 놓을 것이다.
그의 손을 내 손에 놓는 것-그 잠은 상쾌하며
그의 심장을 내 심장 위에 놓는 것-그 기쁨은 달콤하다."

ANET³, 639-40

2. 두무지와 인안나: 사랑의 황홀함

다정하고 격정적인 이 사랑의 노래의 형식적인 구조는 특이하다. 인안나와 두무지 사이의 짧은 대화가 인안나의 두 개의 독백 사이에 끼여 있다. 첫 번째 독백과 뒤 따라 나오는 대화가 사긷다(sagidda)라고 불리는 첫 번째 부분을 이루며 사가라(sagarra)라고 불리는 두 번째 부분은 두 번째 독백 전체로 이루어져 있

다. 인안나의 첫 번째 독백에서 (1-8행) 아무런 사심없이 춤추며 노래하는 중에, 아마도 하늘에서 두무지가 그녀에게 와서 손을 잡고 끌어 안았다고 말한다. 이후의 그 둘 간의 대화에서 인안나는 두무지에게 자신을 보내달라고 간청하는데 (9-12행) 왜냐하면 인안나는 집에 돌아가서 어머니에게 거짓말을 해야 하는데 어떻게 해야 할지 몰랐다. 그래서 두무지는 인안나에게 광장에서 여자친구들과 함께 시간을 보내고 있었다고 말하라고 한다(13-22행). 그렇게 하여 그 둘이 달빛 아래서 밤새 사랑을 나눌 수 있도록 하려는 것이었다. 인안나의 두 번째 독백에 보존되어 있는 부분은 아주 간략하고 명확하지 않은데 인안나가 두무지와 함께 그 어머니 닌갈의 "문"에 도착하였다는 선포로 시작한다. 두무지는 닌갈에게 "그것을 말할 것이다"라고 되어 있는데 그 내용은 닌갈에게 그녀의 딸의 손을 요청하는 것이다(후면 4-13행); 시는 인안나의 남편이 될 자와 그 신성결혼식의 결과로 따라올 다산을 찬양하는 내용으로 끝난다(후면 14-21행).

(전면)
지난 밤, 나 여왕이 밝게 빛나고 있을 때에
지난 밤, 나 하늘의 여왕이 밝게 빛나고 있을 때에
내가 밝게 빛나고 있을 때에, 내가 춤추고 있을 때에
내가 다가오는 밤을 밝히며 노래할 때에
그가 나를 만났다. 그가 나를 만났습니다.
주 쿨리안나가 나를 만났습니다.
주가 그 손을 내 손에 놓았고
우슘갈안나가 나를 안았습니다.

"이제, 야생 황소여, 나를 놓아 주세요, 나는 집에 가야 해요.
쿨리안나여, 나를 놓아 주세요, 나는 집에 가야 해요.　　　(10)
내 어머니를 속이기 위해 뭐라고 말해야 하나요!
내 어머니 닌갈을 속이기 위해 뭐라고 말해야 하나요!"

"내가 네게 알려주마, 내가 네게 알려주마
여자들 중에서 가장 잘 속이는 인안나여, 내가 네게 알려주마.

'내 여자 친구가 나를 데리고 광장으로 갔어요.
그녀가 음악과 춤으로 나를 즐겁게 해 주었지요.
그녀는 달콤한 노래를 내게 불러주었지요.
달콤한 즐거움 가운데 거기서 시간을 보내었어요.' –
네 어머니를 이렇게 속여라.
우리가 달빛 아래에서 (우리의) 욕망을 채우는 동안   (20)
나는 당신을 위하여 깨끗하고 달콤하며 고귀한 침대를
　　(준비하고)
즐거운 성취감 가운데에 당신과 함께 달콤한 *시간을*
　　보내겠소"

이것은 사긷다이다.

　　　　(전면의 나머지와 후면의 첫 세 행은 없어졌다)

　　(후면)
나는 우리 어머니의 문앞에 왔습니다.
나, 나는 기쁨 가운데 걷습니다.
나는 닌갈의 문앞에 왔습니다.
나, 나는 기쁨 가운데 걷습니다.
나의 어머니에게 그가 그것을 말할 것입니다,
그는 향나무 기름을 땅에 뿌릴 것입니다.
나의 어머니 닌갈에게 그가 그것을 말할 것입니다.   (10)
그는 향나무 기름을 땅에 뿌릴 것입니다.
향기로운 곳에 사는 그
말에서 깊은 즐거움을 가져오는 그

내 주는 거룩한 무릎에 적절하며
아마우슘갈안나, 신의 사위
주 두무지는 거룩한 무릎에 적절하며

아마우슘갈안나, 신의 사위

내 주여, 당신의 풍족함은 달콤합니다.

당신의 식물과 들의 풀은 맛있습니다.

아마우슘갈안나, 당신의 풍족함은 달콤합니다. (20)

당신의 식물과 들의 풀은 맛있습니다.

이것은 사가라이다. 인안나의 티기(Tigi)-노래.

3. 인안나와 왕: 혼인식 날의 축복

ANET³, 640-41

이 시는 에메살 방언으로 기록된 혼인식 축가로 어떤 의미에서 잇딘다간 왕과 인안나 사이의 신성결혼식를 축하하는 인안나 찬가의 마지막 연와 짝을 이루는 작품이라고 볼 수 있다. 시인은 기빌이 인안나를 위해 에안나 신전에 "위대한 신전"을 정결하게 했고 왕은 제단을 세우고 인안나를 위해 정화의식을 행했다는 내용을 인안나에게 알리는 내용으로 시를 시작한다(칼럼 i, 1-12행); 그 다음에는 "날이 잠들러 가는" 저녁에 그 여신이 왕이 좋아하는 곳에서 "주를 어루만지"는 시간이 되었을 때 왕에게 생명과 홀과 갈고리[8]를 주어야 한다는 내용의 기도가 나온다(칼럼 i 13-17 행). 그리고 "마음을 즐겁게" 하고 "무릎을 달콤하게" 하는 왕과 여왕이 "잘 곳"을 준비하는 내용이 뒤따른다(칼럼 i 18-31행). 본문이 깨진 부분이 나온 후에 인안나는 왕(?)에게 "생명의 말, 장수의 말"을 한다(칼럼 ii 1-3행). 다음으로 닌슈부르가 왕의 오른팔(?)을 잡고 인안나의 무릎으로 데리고 가서 왕에게 필요한 모든 것으로 축복해 달라고 부탁한다–좋은 통치, 견고한 왕좌, 잘 다스리기 위한 막대기, 수메르와 아카드, 그리고 그 너머에 있는 나라들을 다스리기 위한 홀과 갈고리 등(칼럼 ii 4-18행); 또한 "그(왕)가 농부와 같이 밭을 정돈하고, 믿음직스러운 목동처럼 양의 우리가 늘어나게" 할 수 있도록 부탁한다(칼럼 ii 19-20행); 그래서 그의 통치 아래에 땅이 필요로 하는 모든 것을 가질 수 있도록: 식물과 곡식, 강물의 넘침, 밭의 늦은 곡식, 습지의 물

---

8 왕권을 상징하는 물건들이다(역주).

고기와 새들, 갈대숲의 어린 갈대와 오래된 갈대들, 들의 마쉬구르 나무, 숲의 사슴과 들염소, 물 댄 정원의 꿀과 포도주, 이랑의 채소들, 왕궁의 만수무강, 제방과 밭들에 물을 댈 수 있는 티그리스와 유프라테스의 홍수, 니다바 여신이 높이 쌓는 곡식 더미들(칼럼 ii 18행-칼럼 iii 4행). 닌슈부르가 왕이 인안나의 무릎에서 오랜 시간 지낼 수 있도록 부탁하는 장면(칼럼 iii 5-6행) 이후에 왕이 "머리를 높이 들고" 인안나의 무릎으로 가서 안긴다(칼럼 iii 7-12행).

(칼럼 i)

"…,

에리두의 집-그 감독

신의 집-그 광채

에안나-그 거주지

그 집-(네게) 주어졌다.

구름처럼 떠 있는 나의 영원한 집(에서)

진실된 그의 이름은 좋은 환상이며,

기빌이 너를 위해서 위대한 성소를 정결하게 하였고

'여왕'에게 잘 어울리는 그,   (10)

주는 그의 *제단*을 *쌓았다*.

너를 위해 정결하게 한 *갈대로 가득 찬 집에서*

해는 잠들었고 날은 *지났다*

네가 침대에서 그를 (사랑스럽게) 볼 때에

네가 주를 쓰다듬을 때에

홀과 갈고리를 주에게 주어라.

그녀는 갈망한다. 그녀는 갈망한다. 그녀는 침대를 갈망한다.

그녀는 즐거운 가슴의 침대를 갈망한다. 그녀는 갈망한다.

그녀는 달콤한 무릎의 침대를 갈망한다.

그녀는 침대를 갈망한다.   (20)

그녀는 왕의 침대를 갈망한다. 그녀는 침대를 갈망한다.

그녀는 여왕의 침대를 갈망한다. 그녀는 침대를 갈망한다.

그의 달콤한, 그의 달콤한, 그의 달콤한 침대에서

그의 즐거운 가슴의 달콤한 침대에서, 그의 달콤한 침대에서

그의 달콤한 무릎의 달콤한 침대에서, 그의 달콤한 침대에서

그의 왕의 달콤한 침대에서, 그의 달콤한 침대에서

그의 여왕의 달콤한 침대에서, 그의 달콤한 침대에서

그는 그녀를 위해 [침대를] … 덮고, 그녀를 위해 침대를 덮고

그는 그녀를 위해 [침대를] … 덮고, 그녀를 위해 침대를 덮고(30-31)

　(칼럼 ii)

왕[에게] …

그 *사랑받는 자*는 그의 달콤한 침대에서 말한다.

그에게 생명의 말, "장수"의 말을 한다.

에안나의 믿음직한 관리인 닌슈부르는

그의 오른팔을 잡고

인안나의 무릎으로 행복하게 데리고 갔다.

"네가 (네) 가슴으로 오게 한 주

왕, 네 사랑하는 남편이 네 거룩하고 달콤한 무릎에서 장수를

　　누리기를

그에게 순조롭고 영광스러운 통치를 주어라.

영원한 기초 위에 놓인 왕권의 왕좌를 그에게 주어라.　　　　　　(10)

그에게 사람들을 인도하는 막대기와 홀과 갈고리를 주어라.

그에게 영원한 왕관, 머리를 고귀하게 하는 관을 주어라.

해 뜨는 곳에서부터 해 지는 곳까지

남에서 북까지

윗바다에서 아래 바다까지

할룹-나무가 (자라는 곳)에서부터 삼목이 (자라는 곳)까지

수메르와 아카드 모든 땅 위에 홀과 갈고리를 그에게 주었다.

그가 모든 곳에 거주하는 검은 머리 사람들 위에 목동이

　　되기를

그가 농부처럼 밭을 기름지게 하기를
그가 믿을 만한 목동처럼 양 우리가 늘어나게 하기를 (20)

그의 통치 동안 식물이 있으며 곡식이 있기를
강에는 넘쳐흐름이 있으며
들에는 늦은 곡식이 있고
늪지에는 물고기와 새들이 많은 말을 하기를
갈대숲에는 '오래된' 갈대와 어린 갈대가 높이 자라기를
들에서는 마쉬구르-나무가 높이 자라기를
숲에서는 사슴과 들염소가 늘어나기를
물 댄 정원에는 꿀과 포도주가 있기를
이랑에서는 상추와 냉이가 있기를
왕궁에는 만수무강이 있기를 (30)

(칼럼 iii)
티그리스와 유프라테스에 물이 넘침이 있기를
그 강변에 풀들이 높이 자라나 녹초지로 덮이기를
거룩한 초목의 여신이 곡식 더미를 높이 쌓기를
나의 여왕, 전 세계의 여왕이여, 전 세계를 아우르는 여왕이여
그가 [당신의 거룩한] 무릎에서 만수무강 하기를."
왕은 머리를 높이 들고 [그 거룩한 무릎에] 갔다.
그는 머리를 들고 [인안나의] [거룩한] 무릎으로 갔다.
[머리를 들고 가는] 왕은
머리를 들고 나의 여왕에게 가는 (10)
…로부터
그 거룩한 여인을 안는다.

4. "꿀-남자"(Honey-man): 왕에게 드리는 사랑의 노래

ANET³, 645

이 노래도 루쿠르-여제사장이 신성결혼식에서 부른 노래인데, 왕의 이름은 본문에 언급되어 있지 않다. 대신에 왕은 육감적이고, 구체적이며, 다산의 이미지로 나타난다. 그는 물 가에 심은 상추이며 풍성한 정원이며, 이랑에 가득 찬 곡식, 과실을 맺는 사과나무, 무엇보다 "꿀-남자"로서 루쿠르-여제사장, 즉 이 여제사장이 대리하는 인안나를 달콤하게 적신다. 이 시는 구조적으로 세 부분으로 나뉜다. (1) 처음 네 행의 첫 번째 연은 "초목"의 상징이 등장하며 그중 세 행에는 동일한 후렴구가 등장한다. (2) 네 행의 "꿀-남자" 연과 그중 세 행에 등장하는 동일한 후렴구; (3) 첫 번째 연에 나타나는 후렴구로 끝을 맺는 두 행으로 이루어진 요약하는 연.

> 그는 싹이 나서 자라는 물가에 심은 상추
> 나의 … 동산의 풍성한 정원, 내 *자궁*의 총애를 받는 자
> 그 이랑에 가득 찬 나의 곡식—그는 물가에 심은 상추
> 꼭대기까지 열매를 맺는 나의 사과나무—그는 물가에 심은 상추
>
> "꿀-남자", "꿀-남자"는 항상 나를 달콤하게 적시네
> 나의 주 신들의 "꿀-남자" 내 *자궁*의 총애를 받는 자
> 그 손은 꿀, 그 발은 꿀, 나를 항상 달콤하게 적시네
> 그 손발은 달콤한 꿀, 나를 항상 달콤하게 적시네
>
> … *배꼽*을 달콤하게 적시는, [내 *자궁*의 총애를 받는 자]
> 내 아름다운 허벅지의 …, 그는 [물가에 심은] 상추.   (10)
>
> 인안나의 발발레(balbale).

ANET³, 645

5. "나를 놓아주오, 내 여동생이여": 만족한 연인

이 시의 보존된 부분으로부터 판단하건대 이 시는 세 개의 대화로 이루어져 있다. 21-22행에서 어떤 한 여신이 인안나에게 인안나가 가진 미덕과 특권들을 알려주는 대화 내용이 끝난다. 그 다음에 "인안나와 두무지: 사랑의 환희"를 떠올리는 내용의 인안나의 독백이 나오는데 여기에서 인안나는, "오라버니"와 "잘생긴 얼굴의 오라버니"로 불리는 그녀의 연인을 만나 그와 사랑으로 연합하여 그가 "만족하게" 되는 내용을 노래한다(23-34행). 시의 나머지에서(35-38행) 그 연인이 인안나에게 "놓아달라고" 요청하는데 그녀와 함께 왕궁으로 돌아가 아버지에게 "어린 딸"이 될 수 있도록 해 달라고 한다.

"…, 달콤한 매력,
나의 거룩한 인안나, 당신에게 바칩니다."

"내 눈이 사랑하는 …
내 연인이 나를 만났고
나에게서 즐거움을 취하고 나와 *함께* 즐거워했네.
오라버니는 나를 그의 집으로 데리고 가서
나를 그 … 꿀 침대에 눕히고
내 소중하고 달콤한 그가 내 심장 옆에 누워
함께, '사랑-만들기'에 있어 함께
잘 생긴 얼굴의 나의 오라버니는, 50회를 했네.   (30)
나는 그를 위해 *약한 자*처럼 …
나는 …에서 그를 위해 …와 함께 땅으로부터 그것을 지었고
분노로 … 하는 나의 오라버니는
나의 소중하고 달콤한 그는 나로 인해 만족했네."

"나를 놓아주오, 나의 여동생이여, 나를 놓아주오.
내 사랑하는 여동생이여 나는 왕궁으로 가겠고
당신은 내 아버지 앞에서 어린 딸이 되고

나는 당신을 위해 … 를 놓아주겠소."

인안나의 발발레.

THE ANCIENT NEAR EAST
An Anthology of Texts & Pictures

기타 문학

가. 도시 라암셋을 찬양하는 이집트 시

| 원역자: 윌슨(John A. Wilson)

ANET, 470-71

제19왕조의 파라오들은 나일 삼각주 북동쪽에 라암셋(창 47:11; 출 1:11, 12:37; 민 33:3, 5)을 세워 그곳에 거주하였다. 이 새 수도의 영광은 다음과 같은 시들을 통해 찬양되곤 했다.

서기관 파이베스(Pai-Bes)가 그의 주, 서기관 아멘엠오펫에게 보낸다. 생명과, 번영과, 건강이 있기를! 내 주가 알도록 보내는 편지이다. 내 주에게 보내는 다른 교신에, 구체적으로 말하자면.

나는 페르람세스(Per-Ramses)에 이르러서 그것이 (ii 1) 매우 좋은 상태에 있고, 테베의 양식을 따른 아름다운 구역(district)이며, 그와 같은 것이 없음을 알았다. 그것을 세운 자는 레 자신이었다.

거주지는 살기에 쾌적하고, 그 밭은 모든 좋은 것으로 가득하다. 그곳은 날마다 물자와 음식이 가득하며, 그 연못은 물고기로, 그 호수

|민 11:5| 는 새로 가득하다. 그 목초지는 풀로 푸르고, 그 둑은 대추야자를 맺으며, 모래에는 메론이 풍부하다…그 창고는 보리와 에머로 가득하여 하늘 가까이까지 미친다. 양파와 리크(leek)가 (5) 음식으로, 정원의 상추, 석류, 사과, 올리브, 과수원의 무화과, 꿀을 능가하는 달콤한 '이집트의 카'(Ka-of-Egypt)¹의 포도주, 연꽃에 사는 '거주 도시' 수로의 붉은 웨즈(wedj)-물고기, 하리(Hari)-바다의 베딘(bedin)-물고기…

|수 13:3| 시호르(Shi-Hor)²는 소금을 가지고 있고, 헤르 수로는 천연 탄산소다를 가지고 있다. 그 배들이 나갔다가 정박을 위해 다시 돌아와서 물자와 (10) 음식이 날마다 그 안에 있다. 그 안에 거하는 자는 즐거워하고, 아무도 그것에 대하여 "제발 이러이러했으면…"³하는 사람이 없다. 그 안에 작은 자는 위대한 자와 같다.

계절들의 시작에, 와서 하늘의 축제와 다양한 축제를⁴ 즐기자.

갈대 덤불은⁵ 파피루스를 가지고 온다. 골풀이 있는 시호르…(iii 1)…"위대한 승리"의 젊은이들은 날마다 옷을 차려입고, 머리에 향기로운 기름을 바르고, 머리를 새로 단장한다. 우세르마아트레 세텝엔레(생명과 번영과 건강이 있기를!), 두 땅의 몬투가 들어오는 날에, 코이아크(Khoiakh) 축젯날 아침에 (5) 그들은 그들의 문 옆에 서서, 꽃, 하토르의 집의 화초, 헤르 수로의 아마를 손에 들고 있다. 청원을 하는 데 있어서 모든 남자는 그의 동료와 마찬가지이다.

"위대한 승리"의 맥주는 달콤하다…항구로부터 오는 다데의⁶ 맥주, 포도밭의 포도주. 세그베엔 바다의 연고와 정원의 화관은 향기롭다. 멤피스에서 교육받는 "위대한 승리"의 가수들은 듣기 좋다.

---

1 삼각주의 널리 알려진 포도원
2 성경의 시홀(Shihor) 또는 "호루스의 바다." 아마도 소금 평지가 있는 나일의 타니스 지류일 것이다.
3 아무도 도시 라암셋에서 부족함을 느끼지 못한다.
4 하늘의 축제는 달의 변화 단계와 같이 천문학적으로 정해져 있다. 계절의 축제는 대관식, 시리우스의 나타남, 오펫 축제 등이다.
5 이 단어는 히브리어에서 "갈대 바다"(전통적으로 "홍해"로 번역됨)로 나타난다.
6 코데 또는 케디는 시실리아까지 이어지는 북부 페니키아 해안이다.

그러므로 혼란을 일으키지 말고 마음에 만족하고 자유롭게 거하소서, 오 우세르마아트레 세텝엔레(생명과 번영과 건강이 있기를!), 두 땅의 몬투, 람세스 메리아몬(생명과 번영과 건강이 있기를!) 신이여! 끝.

나. 수메르 문학
| 원역자: 크래머(S. N. Kramer)

1. 아가데의 저주[7]: 에쿠르의 복수

ANET³, 646-51

이 텍스트는 특이하다 할 만한 "역사서술" 문서로서 (아마도) 주전 2000년경에 깊고 독창적인 생각을 가진 한 수메르의 신학자이자 시인인 누군가가 처음으로 기록하였던 것 같으며 종교 사상사적으로 중요한 의미를 가진다. 주요 주제는 인간의 순종하지 못하는 행동으로 인해 신이 노하게 되고 그 직접적인 결과로 일어난 국가적인 재난이다. 수메르의 경우는 이 재앙은 자그로스 산맥으로부터 야만적이고 무자비한 구티인들이 침입하여 모욕과 파괴를 일으키는 것으로 나타나는데 이 결과로 땅에는 약 한 세기 동안의 혼란과 무정부 상태가 지속되게 되었다. 이러한 비참한 사건들로 인해 수메르인들 중 사고와 지식을 가진 자들은 그들의 세계관의 틀안에서 이에 대한 설명을 필요로 하게 되었다. 이와 같이 만족할 만한 합리화에 대한 필요 때문에 종교심이 깊은 시인은 이와 같은 작품을 기록하게 된 것 같은데 그 시인은 순종하지 않는 왕이 수메르의 거룩한 신전들을 모욕한 것 때문에 이 재앙이 왕의 도시와 그 땅 전체에 오게 된 것

---

[7] 수메르어 문헌의 해석은 문법과 어휘에 대한 지식의 한계로 인해 아직 분명하지 않은 부분이 많은데 크래머가 이 본문을 번역한 이후로 수메르어 연구에 많은 발전이 있었고 새롭게 발견된 사본들도 많이 있다. 이 우리말 번역에서는 최대한 크래머의 수메르어 원문에 대한 이해를 반영하면서 동시에 새롭게 추가된 사본들도 가능한 한 많이 추가하려고 하였다. 수메르어 원문은 http://etcsl.orinst.ox.ac.uk/cgi-bin/etcsl.cgi?text=c.2.1.5#에서 볼 수 있다(역주).

이라고 생각하게 되었다.

　　이 재난을 일으킨 장본인은, 이 본문에 의하면, 아카드 왕조의 네 번째 왕이며 아직 위치가 확인되지 않은 도시인 아가데에서 통치했던 나람신이다. 이 왕조의 시조는 나람신의 할아버지인 사르곤 대왕이다. 본문에 의하면 사르곤이 왕위에 오르게 된 것은 수메르의 최고신 엔릴의 덕인데 엔릴은 주요한 정치적 중심지인 키쉬와 에렉이 그의 노여움으로 인해 파괴된 후에 수메르의 세속적인 권력과 종교적인 권력 모두를 뒤집었다(1-6행). 그러나 아가데를 풍요롭고 부유한 도시로 만들어 수메르와 당시 고대 세계 전체에 도전할 수 없는 지위를 가지게 한 것은 인안나였으며 나람신이 왕위에 오를 때에는 그 전성기였다고 할 수 있다 (7-53행).

　　그러나 그때 인안나는 "에쿠르의 명령", 즉 엔릴의 명령에 따라 아가데의 인안나 신전인 에울마쉬를 버리고 아가데에 적대적으로 되었다(54-65행). 동시에 니누르타, 우투, 엔키 등 다른 신들도 아가데에 그들이 주었던 권력과 힘을 빼앗아갔고 아가데는 쇠약해졌다(66-84행). 본문에 의하면 나람신은 처음에는 이 비참한 운명을 겸손과 굴욕으로 받아들였는데 그가 에쿠르와 관련된 신비한 환상을 본 이후로는 더욱 더 그랬다(85-90행). 하지만 칠 년 동안 반성하는 태도를 보인 후에 닙푸르의 에쿠르에서 신탁을 구했으나 원하는 결과를 얻지 못했을 때 그의 겸손은 저항으로 바뀌었다(91-98행). 나람신은 군대를 일으켜 에쿠르를 파괴하고 성소들을 모독하고 그 소유들을 약탈했다(97-144행).

　　본문에 의하면 이 일 직후 진노한 엔릴은 그 사랑하는 에쿠르에 대해 복수하려 한다. 엔릴은 미개하고 통제불능이며 메뚜기처럼 온 땅에 퍼져있는 무수히 많은 구티인을 산지에 있는 그들의 소굴에서 불러내어 육지와 바다의 모든 통행을 막았다(145-169행). 도시들은 파괴되고 들과 정원들은 버려졌으며 기근이 만연했고 죽음이 수메르인들을 따라다녔다(170-191행). 땅에서는 울음과 통곡이 가득찼고 머리를 쥐어뜯으며 몸에 상처를 내는 일들이 있었지만 엔릴은 사람들의 울음소리를 듣지 않고 방으로 들어가 잠만 잤다(192-208행). 그때 수메르의 높은 신들 중 일부가 엔릴을 달램으로써 수메르가 완전히 파괴되는 것을 막기로 하였다. 이에 아가데에 끔찍한 저주를 퍼붓고, 아가데를 닙푸르보다 더 나쁜 운명에 빠뜨렸다. 아가데는 인간의 우정이 없고 울음과 통곡으로 가득 찬 도시가 되고; 그 모든 성소들이 파괴되면 굶주림과 파괴가 만연한, 사람이 살 수 없는 도시로 될 것이다(209-269 행). 그리고 본문에 의하면, 아가데는 바로 그렇게 되었다. 그 도시는 파괴되었고 사람이 살 수 없는 폐허가 되었다.

엔릴의 찌푸린 이마가
키쉬(의 주민들을) "하늘의 황소"처럼 죽인 후에
그가 에렉의 집을 거대한 황소와 같이 먼지로 만든 후에
때가 되어 아가데의 왕 사르곤에게
엔릴이 아래로부터 위로
그에게 주권과 왕권을 준 후에
그때 거룩한 인안나는 아가데의 성소를
그 고귀한 집으로 만들었고
에울마쉬에 그 왕좌를 잡았다.

(그의) 집을 새로 짓는 "작은 사람"처럼, (10)
그 (부인의) 집을 세우는 젊은 아들처럼-
모든 것이 창고에 (안전하게) 보관되도록 하기 위해
그들의 도시가 견고하게 선 거주지가 되기 위해
그 백성이 "믿을 만한" 음식을 먹기 위해
그 백성이 "믿을 만한" 물을 마시기 위해
머리를 씻은 자들이 안뜰을 기쁘게 하기 위해
백성들이 절기의 장소들을 아름답게 만들기 위해
그 도시의 남자들이 함께 "먹을"수 있기 위해
외국인들이 "미지의" 새들처럼 황급하게 달려가기 위해
마르하시가 흙이 되기 위해 (20)
미래에 거대한 코끼리와 *아흐자자*(*ahzaza*)와 먼 곳의 짐승들이
길 한가운데서 모두 함께 돌아다니기 위해
(또한) "고귀한" 개, 엘람의 개, 산의 "노새들",
    털이 긴 *알룸*(*alum*)-양들,
인안나는 잠들지도 않았다.

그때 아가데는 금으로 가득 차 있었고

그 밝게 빛나는 집들은 은으로 가득 차 있었다.

구리, 납, 청금석이 창고들을 가득 채웠고

그 곡식 저장고는 옆이 불룩하며

그 늙은 여자들은 조언을 잘 하고

그 늙은 남자들은 말을 잘 했으며   (30)

그 젊은 남자들은 "무기의 힘"을 받았고

그 어린 아이들은 즐거운 마음을 가졌으며

유모가 키우는 지도자의 아이들은

알가르수르-악기를 연주하고

안에서는 그 도시는 *티기*-음악으로 (가득 차 있고)

바깥에는 갈대피리와 *잠잠*-음악이 (가득 차 있으며)

배들이 정박하는 항구는 활기가 넘치고

모든 나라들은 평온하게 살며

그 백성들은 행복한 삶만 경험하였다.

그들의 왕 목자 나람신이   (40)

태양처럼 아가데의 거룩한 왕좌로 나아왔고

그 벽들은 산처럼 하늘에 닿았다.

그 문들—바다를 향하여 그 물을 비우는 티그리스처럼

거룩한 인안나가 그 문들을 열었다.

수메르인들은 물건으로 가득 찬 배들을 그곳 (아가데)를 향해
   열심히 몰았고

농사를 모르는 산지의 마르투(Martu)는

온전한 소들과 양들을 거기로 가지고 왔고

검은 땅의 사람들인 멜루카인들은

거기로 (이국적인) 물건들을 가지고 왔으며

엘람인들과 수바루인들은 짐을 옮기는 당나귀처럼

   (온갖 종류의) 물건을 가지고 왔다.   (50)

      지도자들과 신전관리인들과

구에데나의 관리들은
(아가데로) 매달의 선물과 새해 선물을 보냈다.

아가데의 문에는 대단한 피곤함이 있었다.[8]
거룩한 인안나는 그 선물들을 받지 않았고
…하는 고귀한 아들과 같이 인안나는 그 부를 *나누지* 않았다.
"에쿠르의 명령"이 (죽음의) 침묵과 같이 그 위에 있었고
아가데는 두려워 떨었으며
울마쉬는 무서웠다.
그곳에 살던 그녀는 그 도시를 떠났고 (60)
자신의 침실을 떠나는 처녀처럼
거룩한 인안나는 성소 아가데를 떠났다.
자신의 무기를 성급히 찾는 전사처럼
그녀는 그 도시와 싸우기 위해 왔고
그 도시가 적인 것같이 싸웠다.

5일도 지나지 않고 10일도 지나지 않아
주권의 보화와 왕권의 관

왕권의 상징과 왕좌를
니누르타가 그의 에슈메샤[9]로 가지고 갔고
우투는 그 도시의 "웅변"을 가지고 갔으며 (70)
엔키는 그 지혜를 *쏟아부었다*.
하늘에 닿은 그 위대함은
안(An)이 하늘로 가지고 가버렸고
잘 만들어진 그 배들은
엔키가 압수로 [가지고 내려갔으며]

---

8 혹은 "아가데의 성문에는 엄청난 조공 행렬이 있었다."(역주).
9 닙푸르에 있는 니누르타의 신전(역주).

그 무기들은 인안나가 가지고 갔다.
성소 아가데의 목숨은 깊은 물에 사는 작은 잉어처럼 끝이
　　났고
모든 도시들이 그것을 보았다.
거대한 코끼리처럼 그 목을 아래로 내렸고
힘센 황소처럼 다른 도시들은 그들의 뿔을 높이들었다.
죽어가는 우슘갈[10]처럼 그 머리를 땅에 끌었고　　　　　　　　　(80)
전쟁에서는 참혹한 운명이 [주어졌다].
아가데의 왕은 엎드려졌고
그 미래는 지극히 불행했으며
"월가"(month house)에는 보물들이 흩어져있었다.

(그때) 나람신은 꿈에서…
그는 그 꿈을 혼자만 알고 있고 입 밖에 내지 않았으며 그에
　　대해 누구와도 이야기하지 않았다.
에쿠르 때문에 그는 마대를 입고 입었고
그 전차를 배를 덮는 매트로 덮었고
그의 배에…를 채웠으며
왕권에 어울리는 모든 것을 버렸다.　　　　　　　　　　　　　(90)

칠 년 동안 나람신은 견고히 있었다.
왕은 "칠 년 동안 머리 위에 손을 올리고 있어야 한다!"는
　　것을 누가 알았겠는가.
(그러나 그때) 그 집에서 신탁을 구할 때에
그 "지어진" 집에 신탁이 없었다.[11]
두 번째로 그 집에서 신탁을 구할 때에

10　뱀처럼 생긴 신화적인 동물. 용이나 사자의 모습으로 상상된다(역주).
11　또는, "그 신전의 건축에 관한 신탁이 없었다." 수메르어에서 '집'과 '신전'
　　은 같은 단어이다(역주).

그 "지어진" 집에 신탁이 없었다.
그가 그의 행동을 바꾸려고 (할 때에)
그는 엔릴의 명령을 지키지 않고
그 (엔릴)에게 복종한 자들을 부수었으며
자신의 군대를 일으켜 (100)
억압하는 (행동에) 익숙한 힘이 센 자처럼
에쿠르를 눌렀다.
(그의 몸의) 힘을 업신여기는 달리기 선수처럼
그는 *기구나*(*giguna*)를 30세겔처럼 다루었다.
도시를 약탈하는 강도처럼
그는 큰 사다리를 그 집에 놓았다.
큰 배처럼 에쿠르를 파괴하기 위해서
은을 캐어낸 산처럼 먼지로 만들기 위해서
청금석 산처럼 산산조각내기 위해서
이쉬쿠르[12]가 파괴한 도시처럼 넘어뜨리기 위해서 (110)
삼나무가 베어진 산이 아닌 집을
거대한 도끼로 찍었다.
양날이 선 "파괴의 도끼"를 갈고
그 끝에 뾰족한 구리 못을 달고
땅의 "기초"에까지 깔아뭉갰으며
그 꼭대기를 도끼로 찍어
그 집은 (전투에서) 죽은 사람처럼 "목이 땅에 닿은 채로"
　엎드렸다.
그는 그 *메스*(*mes*)-나무들을 뜯어냈고
그 먼지가 하늘 높이에 이르렀다. (120)
그는 그 문기둥들을 쳤고 그 땅의 활기를 끝내었으며
"곡식 베기 금지의 문"에서 곡식을 베자
그 땅의 "손"에서 곡식이 끊어졌다.

12　수메르의 풍우신. 성경의 하닷과 동일한 신이다(역주).

곡괭이로 그 "평화의" 문을 부수자
평화는 그 땅에서 멀어져갔으며
"고귀한" 밭과 넓은…에서부터

에쿠르-그는 장작으로 그 청동 못들을 만들었으며
빛을 모르는 그 집의 내부를 (이제) 사람들이 보게 되었고
아카드 사람들은 신들의 거룩한 기명들을 보았다.
그 집에 서 있는 라하마(laḫama)와 두블라(dubla)를   (130)
금지된 음식을 먹은 자들 중의 하나가 아님에도
나람신은 불에 던졌다.
삼나무, 향나무, 자발룸-나무, 회양목
기구나-나무를 가루로 만들었고
그 금은…에 넣고
그 은은…가죽 부대에 넣었으며
그 구리는 운반할 (준비가 된) 거대한 곡식 (더미)처럼 항구에
    쌓았고
은 가공 장인은 그 은을 가공하고
보석 장인은 그 보석들을 가공했으며
대장장이는 그 구리를 쳤다.   (140)
(이 모든 것들은) 약탈당하는 도시의 소유가 아니었지만
그는 그 집 옆에 있는 항구에 큰 배들을 대었고
엔릴의 집 옆에 있는 항구에 큰 배들을 대고
그 도시에서 그 소유들을 실어갔으며
(그러나) 그 도시의 소유를 실어가는 것과 함께
조언들도 그 도시에서 떠나갔고
배들이 그 항구에서 떠날 때에 아가데의 훌륭한 양식은
    어리석음이 되었다.
모든 땅들을 정복하는 포효하는 폭풍, 엔릴
대적할 수 없고 걷잡을 수 없는 홍수
그 사랑하는 에쿠르가 당한 공격 때문에 엔릴이 어떤 파괴를

가져왔는지! (150)
그는 구빈(Gubin) 산을 향하여 눈을 들었고
"광대한" 산을 하나로 *모았으며*
그 복종할 줄 모르고, 그 거민들이 셀 수 없이 많은 나라
통제를 용납하지 않는 구티인
인간의 지능을 가졌지만 개의 형상과 언어를 가진 이들을
엔릴이 산지에서 데리고 왔다.
메뚜기처럼 거대한 숫자로 땅을 덮었고
그들의 "팔"은 들판에서 *짐승을 잡기위한 덫처럼* 뻗었으며
아무것도 그들의 "팔"을 피할 수 없고
누구도 그들의 "팔을" *벗어날* 수 없었다. (160)
전령은 다니지 않았고
특사들은 강에 배를 띄우지 않았으며
우리에서 뛰쳐나온 엔릴의⋯-염소들-그들의 목동이 그를
　따르게 했고
외양간에서 나온 암소들을 그 소치는 목동이 그를 따르게
　했다.
강변의 *나무*들 위에는 파수꾼이 섰고
강도들이 길을 차지했다.
그 땅의 출입구에는 문들이 흙속에 (깊이) 묻혔고
모든 땅들은 그 성벽에서 비통한 울음을 울었으며
그 도시들의 안은 들판이 아니고 바깥은 광활한 들이
　아님에도 거기에 이랑이 생겼다.

그 도시들이 지어진 후에, 그 도시들이 무너진 후에 (170)
넓은 벌판과 토지들은 곡식을 생산해 내지 않았고
홍수로 넘친 토지에는 물고기가 없었으며
물 댄 정원에는 꿀과 포도주가 없었고
짙은 구름들은 비를 내리지 않았고 마쉬구르 나무들은
　자라지 않았다.

그때에 일 세겔어치 기름은 반 실라밖에 되지 않았고

일 세겔어치 곡식은 반 실라(half a sila)밖에 되지 않았고

일 세겔어치 양털은 반 미나(half a mina)밖에 되지 않았고

일 세겔어치 물고기는 한 반(one ban)밖에 되지 않았다.

그 도시들의 상품들은 좋은 "말들"(words)처럼 가져와졌고

지붕에서 자던 자들은 지붕에서 죽었고 (180)

집 안에서 자던 자들은 땅에 묻히지 못했고

사람들은 배고픔으로 지쳤다.

엔릴의 "큰 장소"인 키우르에서

삼나무를 자르는 자는 (죽음과 같은) 침묵 속에서 (그) 말을 멈추었고

그 가운데 사람이 둘 씩 잡아먹히고

그 가운데 사람이 셋 씩 잡아먹였고

코는 부수어지고 머리는 깨졌으며

입은 부수어지고 "머리"는 씨가 되었다.

신실한 "종들"은 거짓을 말하는 "종들"이 되었고

용기있는 자들은 용기 있는 자들의 머리 위에 올라섰고 (190)

거짓을 말하는 자들의 피는 신실한 자들의 피 위에 흘렀다.

그때에 엔릴이 그의 거대한 성소를

작은 갈대 성소로 만들었고

해 뜨는 데부터 해 지는 데 까지 그 곳간은 줄어들었고

날로부터 차단된 늙은 여자들과

날로부터 차단된 늙은 남자들과

해로부터 차단된 갈라[13]-가수들은

칠 일 낮, 칠 일 밤 동안

"지평선에 서있는 일곱 하프[14]"와 같이 그(엔릴)를 따랐고

---

13 신전의 절기나 의례에서 애가를 전문적으로 부르는 가수(역주).
14 수메르어로 '발랑'이라고 불리는 이 악기는 오늘날 하프와 비슷하게 생겼

이쉬쿠르처럼 그를 위해 솀, 메지, 릴리스[15] 등의 악기를
    연주했다. (200)

그 늙은 여자들은 "오! 나의 도시"라고 (외치는 것을) 멈추지
    않았고
그 늙은 남자들은 "오! 그 남자들"이라고 (외치는 것을)
    멈추지 않았고
그 갈라-가수들은 "오! 에쿠르"라고 (외치는 것을) 멈추지
    않았고
그 처녀들은 (그들의) 머리 뜯기를 멈추지 않았고
그 젊은이들은 수척해 갔으며
그들의 눈물, 엔릴의 어머니들과 아버지들의 눈물을
그들은 거룩한 엔릴의 두려움으로 가득찬 두쿠[16]로 계속해서
    가져왔으며
이 모든 것으로 인해 엔릴은 (그의) 거룩한 성소로 들어와
    식음을 전폐하고 앉았다.
그때에 신, 엔키, 인안나, 니누르타, 이쉬쿠르(와) 우투,
    위대한 신들
엔릴의 마음을 진정시키고 달래는 이들이 기도를 올렸다. (210)
"오 엔릴이여! 당신의 도시를 파괴한 그 도시가 당신의 도시
    같이 되게 하소서.
당신의 *기구나*를 무너뜨린 (그 도시가) 닙푸르처럼 되게
    하소서.
아, 그 도시여! 그 우물들에 머리들이 가득하기를
거기서 서로 아는 사람을 찾을 수 없게 하소서.

    으며 아마도 '팔랑팔랑'거리는 악기의 소리를 따라 이름이 지어진 것으로 생각된다(역주).
15 이 악기들은 신전 의례에서 사용된 여러 종류의 타악기들이다(역주).
16 수메르어로 '거룩한 언덕'을 뜻하며 신전 내부에 있는 한 장소로 신화적으로는 신들이 모여서 운명을 결정하는 곳이다(역주).

형제가 형제를 알아보지 못하게 하소서.

그 처녀는 그 침실에서 자신을 채찍질하고

그 아버지는 그의 죽은 아내의 집에서 비통하게 울며

그가 비둘기가 그 집에서 우는 것 같이 통곡하고

좁은 틈에 있는 제비처럼 그가 몸부림치고

두려움에 찬 비둘기처럼 허둥지둥 다니게 하소서." (220)

또 다시 신, 엔키, 인안나, 니누르타, 이쉬쿠르, 우투,
  누스쿠(와) 니다바, 위대한 신들이

그들의 얼굴을 그 도시로 향하고

아가데를 저주하였다.

"감히 에쿠르를 공격한 너 도시여-(네가 공격한 것은)
  엔릴이다.

감히 에쿠르를 공격한 너 아가데여-(네가 공격한 것은)
  엔릴이다.

너희 거룩한 높은 성벽에 울음 소리가 울릴 것이다.

네 *기구나*는 먼지같이 높이 쌓일 것이며

두블라에 서 있는 네 라하마는

포도주에 취해 쓰러진 거대한 전사처럼 엎드러질 것이며

  네 흙은 압수로 돌아가서 (230)

엔키에게 저주를 받을 것이며

네 곡식은 그 이랑으로 다시 돌아가서

아쉬난에게 저주받은 곡식이 될 것이며

네 나무들은 숲으로 돌아가서

닌일두에게 저주받은 나무들이 될 것이며

소를 도살하는 자는 (대신) (자신의) 아내를 도살할 것이며

양을 도살하는 자는 (대신) 자신의 자녀를 도살할 것이며

너의 가난한 자들은 그의 소중한 자녀들을 물에 던지고

창녀들은 그 형제들의 문에서 몸을 펴고 있으며

너의 창기 어머니와 창녀 어머니가 그 자녀들을 되돌려 주며 (240)

네 금이 은처럼 팔리며
네 은은 자하(zaḫa)-금속처럼 팔리고
네 구리는 납처럼 팔리게 되기를.

아가데여, 네 강한 자들이 힘을 잃고
그가 가죽 부대도 들 수 없게 되며…
네 전사들이 그 힘으로 인해 즐거워하지 아니하며 '어둠'
   가운데에 앉고
기근이 그 도시의 (거민들을) 죽이며
가장 좋은 빵만을 먹던 고귀한 아이들이 풀밭에 누워있게
   되며
첫 과일들을 먹던 네 남자들은 그 식탁의 남은 음식들을 먹게
   되며
그의 아버지 집의 문의 가죽끈을   (250)
그 이로 씹어먹게 되기를,
기쁨 가운데 지어진 네 왕궁이 고통 가운데 폐허가 되며
악한 자들, '조용한 곳들'의 혼령들이 (거기에서) 항상
   울부짖기를,
정화의식을 위해 만들어진 네 우즈가[17] 위에서
'폐허의 여우'가 그 꼬리를 문지르기를,
그 땅에 (견고하게) 자리 잡은 네 큰 문들에서
'고통에 찬 가슴의 우쿠쿠-새들'이 그 둥지를 틀고
네가 (더 이상) 티기-음악(의 소리를 들으며) 잠들지 않는
   네 도시에서
네가 (더 이상) 즐거운 마음으로 침실로 가지 않는 그곳에서
마굿간을 채우던 난나의 황소가   (260)
'조용한 장소들'을 배회하는 혼령들처럼 항상 신음하기를,

---

17 정확한 의미는 알기 힘들지만 아마 신전 내에 있는 어떤 성소를 가리키는 용어이다(역주).

네 수로의 배를 끄는 길 위에 키 큰 풀들만 자라기를
네 우마차 길에는 '통곡의 풀'들만 자라기를,
또한 네 수로의 배를 끄는 길 위에, 수로가 좁아지는 곳에서는
야생 염소들과 '산의 날쌘 뱀들' 가운데 걷는 자가 아무도
    없기를,
좋은 풀들이 자라는 네 들판에는
'눈물의 갈대들'만 자라나기를
담수가 흐르는 아가데에 (그 대신에) 염수가 흐르기를
"나는 그 도시에서 잠을 자리라"라고 말하는 자가 그곳에서
    좋은 거주지를 찾지 못하기를
"나는 아가데에서 잠을 자리라"라고 말하는 자가 그곳에서
    좋은 잠 잘곳을 찾지 못하기를　　　　　　　　　　(270)

(그리고) 이제 우투가 새날이 오도록 했는데,
    그렇게 이루어졌다!
네 수로의 배를 끄는 길 위에 키 큰 풀들만 자라났고
네 우마차 길에는 '통곡의 풀'들만 자라났다.
또한 네 수로의 배를 끄는 길 위에, 수로가 좁아지는 곳에서는
야생 염소들과 '산의 날쌘 뱀들' 가운데 걷는 자가 아무도
    없었고
좋은 풀들이 자라는 그 들판에는
'눈물의 갈대들'만 자라났다.
담수가 흐르는 아가데에 (그 대신에) 염수가 흘렀고
'나는 그 도시에서 잠을 자리라'라고 말하는 자가 그곳에서
    좋은 거주지를 찾지 못했고
'나는 아가데에서 잠을 자리라'라고 말하는 자가 그곳에서
    좋은 잠 잘곳을 찾지 못했다.
아가데는 멸망하였다! 인안나를 찬양하라.

2. 우아-아우아[18]: 수메르 자장가

ANET³, 651-52

이 작품은 고대 근동에서 발견된 것들 중에서는 유일한 자장가로 아마도 우르 제3왕조의 훌륭한 왕으로 오랜 기간 동안 왕위에 있었던 슐기의 왕비가 불렀던 노래인 것으로 생각된다. 슐기의 왕비는 아마도 그 아들들 중 하나의 좋지 않은 건강 때문에 걱정이 심했던 것 같다. 어머니의 자장가이기 때문에 아마도 어머니가 아기에게 직접 부른 노래일 것으로 생각할 수 있겠지만 실제로는 모든 부분이 다 그런 것은 아니다(6-11, 19-23, 39-63, 92-100행이 그러함). 다른 부분들에서는 어머니가 아들에 대해서 3인칭으로 독백을 하는 것 같으며(1-5, 24-38, 64-91행), 한 곳에서는 의인화된 '잠'에게 말을 한다(12-18행). 작품의 내용은 다음과 같다.

이 시는 어머니가 자신의 아들이 자라서 튼튼하게 될 것이라는 것이라고 스스로에게 확신시키려 하는, 다소 동경적이고 염원적인 독백으로 시작한다(1-5행). 그 후에는 돌보아 주겠다는 약속과 곧 잠이 든다는 사실로 아들의 기분을 좋게 해 주려고 한다(6-11행). 잠을 언급하고 난 후에는 잠에게 직접 이야기하며 아들의 감기지 않는 눈과 계속 말하려는 혀를 닫아 달라고 말한다(12-18행). 그 후에 자신의 아픈 아들에게로 관심을 돌려 그를 치료해 줄 수 있는 작고 달콤한 치즈를 주겠다고 약속을 하는데 그 아들은 바로 슐기의 아들이다(19-23행). 그는 또한 물을 잘 준 상추도 먹을 것이다(24-26행). 그리고 아들에게 사랑하는 아내와 즐거운 유모들이 잘 보살펴주는 사랑스러운 아이를 가질 수 있도록 해 주는 자신의 모습을 노래한다(27-38행).

이제 아들의 병에 대한 두려움이 분위기를 지배하며 그 다음 독백에서는 자신의 아들이 죽어서 통곡하는 자들의 모습과 기어다니는 벌레들이 통곡을 하는 모습을 상상하며 아들에게 직접 이야기한다(39-50행). 그 이후에 나오는 깨어진 부분에서는 잠이 다시 언급되고(51-56행) 어머니는 아내와 아들, 풍족한 곡식과, 좋은 천사, 행복하고 즐거운 통치들로 아들을 축복한다(57-63행). 또 다시 깨지고 불명확한 부분은 야자나무를 언급하는 두 행으로 끝나고(64-91행) 어머

---

18 수메르어 원문은 http://etcsl.orinst.ox.ac.uk/cgi-bin/etcsl.cgi?text=c.2.4.2.14에서 볼 수 있다(역주).

니는 다시 자신의 아들이자 미래의 왕인 아기에게 우르와 에렉(Erech)의 곁에 서고 아기를 물어서 찢어버릴 수 있는 개와 적들을 잡아서 묶으라고 조언한다 (92-100행).

우아! 아우아!
나의 즐거운 노래 가운데-그는 튼튼해질 것이다.
나의 즐거운 노래 가운데-그는 크게 자랄 것이다.
이리나 나무처럼 그 뿌리가 튼튼해질 것이며
샤키르 풀처럼 그 가지가 넓어질 것이다.

주는 이로부터 우리가 어디에 있는지 아신다.
강 위로 자라는 사과나무 가운데
…하는 자가 그 손을 네게 펼쳐줄 것이며
거기에 누워있는 자가 그 손을 네게 들 것이다.
내 아들아, 잠이 네게 다가올 것이고   (10)
잠이 네 위에 앉을 것이다.

잠아 오너라, 잠아 오너라.
내 아들에게 오너라.
잠아 내 아들에게 서둘러 오너라.
그 피곤한 눈을 잠들게 하고
네 손을 그의 반짝이는 눈 위에 놓고
그의 소리내는 혀는
그 소리가 (그의) 잠을 방해하지 않게 하라.

그는 네 무릎을 밀로 채울 것이고
나-나는 너를 위해 작은 치즈를 달콤하게 만들 것이며   (20)
사람을 치료하는 이 작은 치즈들
사람의 치료자, 주의 아들
주 슐기의 아들.

내 정원은 물을 잘 준 상추
그것은 *가쿨(gakkul)*-상추…
주가 그 상추를 먹을 것이다.
나의 즐거운 노래 가운데-나는 그에게 아내를 줄것이다.
[나는] 그에게 [아내를] 주며, 나는 그에게 [아들을] 줄 것이다.
유모는 즐거운 마음으로 그와 대화하며
유모는 즐거운 마음으로 그에게 젖을 먹일 것이다.   (30)
나-나는 내 아들을 위해 아내를 [취할] 것이고
그녀는 아주 귀여운 아들을 [낳을] 것이며
그 아내는 그의 따뜻한 무릎에 누울 것이고
그 아들은 그의 편 팔에 누울 것이며
그 아내는 그와 함께 행복할 것이고
그 아들은 그와 함께 행복할 것이며
그 젊은 아내는 그의 무릎에서 즐거워하고
그 아들은 그의 달콤한 무릎 위에서 자랄 것이다.
너는 고통 가운데 있고
나는 걱정한다   (40)
나는 할 말을 잃어 별들을 쳐다보고
초승달 빛이 내 얼굴 위에 비치고
네 뼈들은 벽에 걸릴 것이고
그 "벽의 사람"은 너를 위해 눈물을 흘릴 것이고
몽구스는 너를 위해 하프를 연주하며
도마뱀붙이는 너를 위해 뺨에 상처가 나며
파리는 너를 위해 수염을 뽑을 것이며
도마뱀은 너를 위해 그 혀를 물것이며
애통함을 "생기게 하는 자"는 너에 관해 애통함이 생겨나게
　　할 것이며
애통함을 퍼지게 하는 자는 너에 관해 애통함을 퍼뜨릴
　　것이다.   (50)
(51-56행 깨짐)

아내가 너를 지원하는 자가 되며
아들이 네 몫이 되며
키질한 곡식이 네 신부가 되며
아쉬난, 쿠수-여신이 네 편이 되며 (60)
네게 좋은 말을 해 주는 수호신이 있고
네게 좋은 날들의 통치가 있으며
네 잔치가 이마들을 밝게 만들기를.
(64-91행 깨짐)
그리고 너는 누워서 자거라!
네 야자나무 가지들을 놓으면
그것이…처럼 너를 기쁘게 할 것이다.
우르의 곁을 훌두바 악령처럼 지키고
에렉의 곁을…악령처럼 지켜라.
…악령처럼 개의 입을 잡고
그의 "팔"을 갈대처럼 묶어라.
개가 네 앞에서 몸을 숙이게 하여
네 등을 자루같이 찢지 않도록 하라.
(나머지 깨짐)

CHAPTER XIX

편지들

가. 아카드어 편지들

1. 마리 편지들 | 원역자: 올브라이트(W.F.Albright)　　　ANET, 482-83

　　1935-38년 사이에 앙드레 빠로(André Parrot)가 텔 엘하리리(Tell el-Hariri)에 있는 짐리림(Zimri-Lim) 왕의 궁전을 발굴하였는데, 이곳이 바로 유프라테스 강 중류에 위치한 마리(Mari)라는 고대 도시였다. 이곳에서 발견된 20,000여 토판들 중에 약 5,000점이 편지로 밝혀졌으며, 이 편지들은 바벨론어로 기록되었으나 북서 셈족이었던 아모리 족속 사람들이 사용하던 서(西)셈어 낱말들과 문법 구조가 섞인 특이한 문체를 가지고 있다. 이 편지에 나타난 사람 이름, 언어적 특징, 그리고 생활 관습은 창세기에 나오는 족장 시대와 깊은 관련이 있다.

a

도쌩이 처음으로 발표하였다(G. Dossin, *Revue d'assyriologie et d'archéologie orientale* XXXV (1938), pp. 178).

내 주께 말하라! 당신의 종, 반눔(Bannum)으로부터.

어제 (5) 나는 마리(Mari)를 떠나 주루반(Zuruban)에서 묵었습니다. 베냐민 사람들이 온통 봉화를 올렸습니다.[1] (10) 사마눔(Samanum)에서 일룸물룩(Ilum-Muluk)까지, 일룸물룩에서 미슐란(Mishlan)까지, 모든 베냐민 도시들이 (15) 테르카(Terqa) 지역에서 봉화로 답하고 있지만, 아직 그 봉화가 무슨 뜻인지 파악하지 못했습니다. 이제 내가 (20) 그 의미를 파악하는 대로 그것이 이런 뜻인지 혹은 아닌지 내 주께 편지를 쓰겠습니다. 마리 수비병을 강화하시기 바라며, (25) 내 주께서는 성문 밖으로 출입하지 마시기 바랍니다.

렘 6:1

b

쟝이 처음으로 발표하였다(C.F. Jean, *Archives royales de Mari* 11, No. 22). 다음은 교정본이며, 번역 원본은 *Revue d'assyriologie et d'archéologie orientale* XXIX, pp. 64 이하를 참조하라.

내 주께 말하라! 당신의 종, 이발피일(Ibal-pi-Il)로부터.

(5) 함무라비가 내게 다음과 같이 말했습니다. "중무장한 군대가 적의 대열을 공격하기 위해 출정하였으나 진 칠 곳을 찾지 못하고 빈손으로 돌아왔으며 적들은 방해를 받지 않고 계속 진군 중이다. 즉시 보병을 출정시켜서 적의 대열을 공격하고 정보원을 생포하라." 함무라비가 내게 이렇게 말했습니다.

나는 사키룸(Sakirum)과 군사 300명을 샤바줌(Shabazum)으로 보냅니다. (20) 내가 보낸 군사 중 150명은 [하누(Hanu)인이며], 50명은

---

[1] 고대인들은 봉화를 통해 먼 거리에 있는 사람과 빠르게 연락을 취할 수 있었다.

수후(Suhu)인이고, 100명은 유프라테스 유역에 사는 사람들입니다. 그리고 바벨론 군대 300명도 있습니다. 내 주의 군대 선봉에는 내 주의 신하이며 예언자인[2] 일루나찌르(Ilu-naṣir)가 섰으며, (25) 또 다른 바벨론 예언자 한 명이 바벨론 군대와 동행하였습니다. (현재) 이 군사 600명은 샤바줌에 진을 치고 있으며, 예언자들은 신탁을 구하고 있습니다. 점괘를 읽은 결과가 (30) 좋게 나오면 150명이 출정하고 150명이 보충될 것입니다.

민 22-24장

(이와 같이) 내 주께 보고 드립니다. 내 주의 군대는 (지금까지) 무사합니다.

c

쟝이 처음으로 발표하였고(C.F. Jean, *Archives royales de Mari* 11, No. 37), *Revue des études sémitiques*, 1944, pp. 10 이하에 번역본이 있다. 다음은 교정본이다.

내 주께 말하라! 당신의 종 이발일(Ibal-Il)로부터.
이발아다드(Ibal-Adad)가 아슬락카(Aslakka)에서 보낸 토판이 (5) 내게 도착해서, 내가 하누(Hanu)와 이다마라(Idamara) 사이에 "나귀를 자르기"[3] 위해 떠났습니다. 그들이 "강아지와 상추"를 가져왔으나, 나는 내 주의 말씀에 순종하여 (10) "강아지와 상추"를 주지 않았습니다. 내가 나귀 새끼를 잡게 하였고, 하누와 이다마라 사이에 평화를 정착시켰습니다. (15) 후라(Hurra)와 온 이두마라에서 하누가 승리하여 누구도 대항할 자가 없는[4] 승리자가 되었습니다. 내 주께서 기뻐하

슥 9:9

---

2 아카드어로 barum이라는 말이며, 주로 희생제사로 바친 양의 간이 어떻게 생겼는지 관찰하여 점을 친다. 후대에 발람이 바로 이런 baru였다.

3 이 말은 전형적인 아모리 인들의 표현으로 아카드어로는 hayaram qatalum으로 번역되었는데(히브리어 qatol 'air), "조약을 체결하다"라는 뜻이다. 어린 나귀를 희생 제물로 바쳐서 엄숙히 거행하였으며, 후대 성 닐루스 시대에 사라센들이 낙타를 제사로 드린 것과 같은 행위이다.

4 이 표현은 아카드어로 jabi'um gerem ul išu라고 읽고, 하누(마리에서 가장

시기 바랍니다. 나의 이 토판은 (20) 라타스파툼(Rataspatum)에 계신 내 주께 배달을 시킬 것입니다. 이 토판이 도착한 후 3일 후에 내 주께 도착할 예정입니다. 진영(陣營)과 바누심알(Banu-Sim'al)은 무사합니다.

1) d

쟝이 처음으로 발표하였고(C.F. Jean, *Archives royales de Mari* 11, No. 131), 번역은 *Revue des études sémitiques*, 1944, pp. 26 이하에 실려 있다. 다음은 교정본이다.

내 주께 말하라! 당신의 종, 마슘(Mashum)으로부터.
(5) 신티리(Sintiri)가 도움을 청하는 편지를 보내와서 내가 군사를 이끌고 슈밧샤마쉬(Shubat-Shamash)로 갔습니다. 다음날 적군에 대한 소식을 (10) 전해 들었는데, "야팍아다드(Yapah-Adad)가 유프라테스 강 이편 강둑에 있는 잘룰(Zallul) 마을을 그 땅의 하비루(Hapiru) 군대 2,000명으로 무장시켰다"고 하였습니다. 이 소식이 내게 전해졌고, 슈밧샤마쉬에서 내가 지휘하는 군대와 신트리가 지휘하는 군대로 (20) 히무쉬(Himush) 마을을 무장시켜서 잘룰에 대항하였습니다. 두 도시 (25) 사이의 (거리는) 30 "들판" 정도 됩니다. 내가 히무쉬에서 대비태세를 갖추었을 때, 온 땅이 나를 돕기 위해 서두르는 것을 그가 보았고, (30) 봉화를 올렸습니다. (강) 건너 우르슘(Ursum) 땅의 모든 도시들이 이 신호를 보았습니다. 벽돌로 쌓은 성 안에 주둔해 있는 군사들은 수를 셀 수 없이 많았고, (35) 그 군사들을 모두 쓸어버리기 전에는 그 도시에 가까이 갈 수 없었습니다. 이 토판은 유프라테스 강둑에서 내 주께 보냅니다. 군대와 가축은 모두 무사합니다.

렘 6:1

강한 부족)가 남동쪽 군사 원정에서 그들의 적과 맞서 싸워 피를 흘리지 않고 거둔 승리를 가리킨다고 해석한다.

2. 아마르나 편지 | 원역자: 올브라이트(W.F.Albright)

ANET, 483-90

1887년 어느 이집트 농부가 주전 14세기 초 아크엔아톤(Akh-en-Aton)이 이집트 중부에 건설한 수도 텔 엘아마르나(Tell el-Amarna)에서 쐐기문자로 기록된 토판들을 발견하였다. 이 토판들은 유럽 박물관과 유물 상인들에게 팔려 나갔는데, 어떤 것들은 거의 30년 동안 누가 소유하고 있는지 몰랐던 것들도 있다. 그 후 진행된 발굴을 통해 발견된 토판까지 합치면 지금까지 모두 377개가 세상에 알려졌다. 토판의 거의 대부분이 아멘호텝(Amen-hotep) 3세와 그의 아들 아크엔아톤의 궁중서고에 보관되어 있던 편지였다. 그중 팔레스타인과 페니키아, 시리아 남부에 사는 가나안 서기들이(가끔은 이집트 서기들) 기록한 편지가 300 통에 달하고, 그중 절반이 팔레스타인에서 기록되었다. 이 편지들은 가나안 방언의 문법과 낱말들이 뒤섞여 있는 구어(口語)적 아카드어로 기록되었다. 거의 가나안 방언으로 기록하고 아카드어 문형과 상형문자가 아주 가끔 등장하는 편지들도 있다. 편지가 기록된 시기는 아멘호텝 3세의 통치 말부터 그의 후계자의 통치 기간 중으로 추정되며, 아크엔아톤의 사위이자 후계자였던 스멘케레(Smenkhkere)가 잠깐 동안 다스렸을 때에 기록된 편지도 몇 통 발견되었다.

사진 107

다음 번역은 윌리엄 폭스웰 올브라이트와 죠지 에머리 멘덴홀(George E. Mendenhall)이 초역하고 윌리엄 램버트 모란(W.L. Moran)이 수정한 것이다.

EA, 234번[5]

하늘의 태양신이신 내 주, 왕에게 말하라! 당신의 종, 왕의 신하이며, (5) 그 두 발 (밑의) 때요, 그가 밟는 땅바닥과 같은 악고(^{URU}Ak-ka^{KI})[6]의 지배자 사타트나(mSá-ta-at-na)로부터. 하늘의 태양신이신 내

---

[5] 이 편지는 아켄아톤 치하에 썼다. 슈타(Shuta)는 이집트 관리였는데, 아마도 람세스(Ramses) 2세의 증조부일 것이다. 비르야와자(Biryawaza)는 한때 남야와자로 잘못 읽었었는데, 이집트 치하에 있던 다메섹의 왕이었다. 수타를 제외한 다른 모든 이름들은 인도-아리아 식이다.

[6] ^{URU}Ak-ka^{KI}는 악고의 아카드어 음역이다. 이와 같이 이후 등장하는 아카드어 음역들을 괄호 안에 표기하였다(역주).

주, 왕의 두 발 앞에 내가 일곱 번 엎드리고 일곱 번 누워서 절합니다.

(10) 내 주, 왕께서 그의 종이 하는 말을 들어주시기를 바랍니다. [지르]담야슈다([Zir]damyashda)가 비르야와자([ᵐBlir₅-ia-wa-za)로부터 후퇴하였습니다. [그가] 왕의 [종], 슈타(Shuta)와 함께 (15) [⋯] 마을에 있었는데 [⋯] 그는 그에게 아무 말도 하지 않았습니다. 내 주, 왕의 군대도 출발하였습니다. 그가 군대를 거느리고 므깃도(ᵁᴿᵁMa-gíd-d[aᴷᴵ])에 머물렀습니다. (20) 나는 그에게 아무 말도 하지 않았고, 그가 나에게 투항하였으며, 슈타가 내게 편지를 보냈습니다. (25) "지르담야슈다를 비르야와자에게 보내시오! "그러나 나는 그를 보내는데 동의하지 않았습니다. 보십시오. 악고는 이집트에 있는 믹돌(ᵁᴿᵁMa-ag-da-liᴷᴵ)만큼 (30) (이집트 편입니다). 그러나 내 주, 왕께서는 [슈]타가 내게 등을 돌렸다는 사실을 듣지 못하셨습니다. 내 주, 왕께서 (35) 당신의 장관을 보내어 그를 잡아가시기를 바랍니다.

출 14:2

EA, 244번[7]

내 주, 왕, 나의 태양신께 말하라! 왕의 충실한 종, 비리디야(ᵐBi-ri-di-ya)로부터. (5) 내 주, 왕 (곧) 내 태양신의 발 앞에 일곱에 일곱 번씩 엎드립니다.

왕께서 아셔야 할 일은 (10) 궁수들이 (이집트로?) 돌아간 이후 랍아유(ᵐLa-ab-'a-ya)가 내게 (노골적으로) 적대심을 표시하고 있다는 사실입니다. 우리는 양털을 깎지도 못하고, 랍아유 때문에 성문 밖으로 나갈 수도 없으니, 이는 랍아유가 당신께서 더 이상 (20) 궁수들을 파병하지 않으신다는 사실을 알게 되었기 때문입니다. 이제 그는 므깃도를 점령하려고 마음을 먹었습니다. (30) 그 도시는 전염병과 역병

---

7 비리디야(Biridiya)는 아멘호텝 3세 통치 말기와 아켄아톤 초기에 므깃도의 지배자였다. 당시 팔레스타인 북부를 다스리던 지도자들이 대부분 그랬듯이 그의 이름은 인도-아리아 식이었다. 랍아유(Lab'ayu; 가나안 말로 "사자처럼"이라는 뜻으로 짐작)는 중앙 산악 지대 세겜의 지도자였으며, 이웃 영지와 대상들을 끊임없이 공격하고 있었다.

으로 죽음의 도시가 되었습니다. 제발 왕께서 (35) 주둔군 100명을 파견하셔서 랍아유가 그 도시를 점령하지 못하도록 해 주십시오. 랍아유는 다른 아무 목적도 없으며, 므깃도를 파괴하려 할 뿐입니다.

EA, 245번[8]

[…] 그래서 내가 내 형제에게 말했습니다. "만약 우리 주, 왕의 신들이 (5) 랍아유를 생포하도록 허락하신다면, 우리가 그를 산 채로 우리 주, 왕께 데려가리라." 그러나 내 말이 화살을 맞고 쓰러졌고, 나는 (그 말에서) 내려 (10) 야슈다타(^{m}Ya-aš-da-ta)와 함께 (말을) 타고 갔습니다. 그런데 내가 도착하기도 전에 그들이 그를 살해하였습니다. (15) 진실로 야슈다타는 당신의 신하이며, 그는 나와 함께 전투에 참여했습니다. 그리고 진실로 […] (20) 내 [주], 왕의 목숨[과 …] 모든 […] 내] 주, 왕의 […] 그리고 수라타(^{m}Sú-ra-t[a])가 (25) 랍아유를 므깃도에서 쫓아내고 나에게 말했습니다. "내가 그를 배에 실어 (30) 왕께 보내겠다." 그러고 나서 수라타가 그를 잡았는데 한나톤(Hannathon)에서 그를 놓아주었으니, 이는 수라타가 그의 몸값을 (35) 받았기 때문입니다.

내가 내 주, 왕께 무슨 죄를 지었기에 그가 나를 이렇게 무시하고 내 동생을 존중합니까? 수라타가 랍아유를 놓아주었고, 수라타가 바알루미히르($^{m.d}$IŠKUR-me-her)도 석방하였습니다. 내 주, 왕께서 (이 사실을) 아시기 바랍니다.

---

8 이 편지는 므깃도의 비리디야가 보낸 다음 편지의 뒷부분이다(앞부분은 남아 있지 않다). 비리디야가 배신자라고 비난하는 주라타(Zurata)는 악고의 지도자이다.

RA, XIX, p. 97⁹

내 주, 왕 (곧) 나의 태양신께 말하라! 왕의 진정한 종, 비리디야로부터. (5) 내 주, 왕, 내 태양신의 발 앞에 내가 일곱에 일곱 번씩 엎드립니다. 왕께 그의 종과 그의 도시에 관해 보고를 드립니다. (10) 보소서. 내가 슈나마(Shunama) 마을에서 일하는 중이며, 부역민들을 동원하였습니다. (15) 그러나 나와 함께 있는 총독들은 나처럼 일하지 않습니다. 그들은 (20) 슈나마 마을에서 일하지도 않고, 부역민을 데려오지도 않습니다. 나만 (25) 야푸(Yapu)에서 부역을 위해 사람들을 동원하였습니다. 어떤 이들은 슈나마에서 왔고 누립다(Nuribda)에서도 왔습니다. (30) 왕께서 그의 도시에 관해 알고 계시기 바랍니다.

창 49:15

EA, 250번¹⁰

내 주, 왕께 말하라! 당신의 종, 바알루카라두(ᵐ·ᵈ·IM-UR.SAG)로부터. 내 주, 왕의 발 앞에 일곱에 일곱 번씩 엎드립니다.

내 주, 왕께서 아시기를 원하니 (5) 왕께 대항하던 반역자의 두 아들, (즉) 랍아유의 두 아들이 자기 아버지가 죽은 후 내 주, 왕의 땅을 파괴하려고 결심을 하였습니다. 내 주, 왕께 알려드립니다. (10) 랍아유의 두 아들이 나를 오랫동안 비난하여 말합니다. "너는 왜 우리 아버지 랍아유가 소유하던 도시 기티파달라(Giti-padalla)를 네 주, 왕의

---

9 이 편지는 므깃도의 지배자가 보냈는데, 당시 이즈르엘 평야에서 왕을 위해 일해야 했던 부역에 관하여 매우 유익한 정보를 제공하고 있다. 부역에 동원된 도시와 마을들이 자세히 언급되었다. 부역에 해당하는 히브리어 낱말은 '마스'이며, 후대에 잇사갈 지파가 바로 이 지역에서 부역에 동원된다.

10 이 편지를 쓴 사람은 팔레스타인 해안 평야 북부 갈멜산 남쪽에 있는 지역을 다스리는 지배자였다. 그 내용을 보면 랍아유의 아들들이 자기들 부친처럼 침략행위를 계속하고 있다고 증언한다. 이런 침략에 대응하기 위해서 비르야와자의 도움이 필요하다고 주장하고 있는데, 그는 다메섹의 왕이다. 밀키일루(Milkilu)는 게셀의 왕으로 그의 영토가 바알루-카라두의 영토 남부에 닿아있다.

손에 넘겼느냐?" (15) 그리고 랍아유의 두 아들이 내게 또 말했습니다. "케나(KUR gi-na) 거주민들에게 전쟁을 선포하여라. 그들이 우리 아버지를 살해했으니, 만약 네가 전쟁을 선포하지 않으면, 우리가 너를 괴롭힐 것이다."

그러나 나는 그들에게 대답했습니다. (20) "내 주, 왕의 신께서 나를 지키셔서 내 주, 왕의 신하인 케나 거주민들을 대항하여 전쟁을 벌이지 않게 해 주소서!" 그러므로 내 주, 왕께서 그의 신하들 중 하나를 비르야와자에게 보내셔서 (25) 그가 그에게 (다음과 같이) 말할 수 있도록 허락해 주십시오. "너는 랍아유의 두 아들을 치는 공격에 동행하겠느냐 아니면 왕께 대항하여 반란을 일으키겠느냐?" 그를 (보내고) 나서 내 주, 왕께서 내게도 [⋯] 보내시고 [⋯] 네 주, 왕의 명령 [⋯] 랍아유의 두 아들에 대항하여 [⋯] 밀키일루(^{m}Mil-ki-li)가 그들에게 갔느냐? ⋯] (35) [⋯] 내 주, 왕의 땅 [⋯] 밀키일루와 랍아유가 죽은 후 그들과 함께 [⋯] (40) 그리고 랍아유의 두 아들이 말하기를, "우리 아버지처럼 네 주, 왕을 대적하여라. 그가 슈나마와 부르쿠나(Burquna), 하라부(Harabu)를 공격했을 때, (45) 그 장소들을 모두 파괴하였다. 그가 기티리무니(Giti-rimuni)를 점령하였고, 너의 주, 왕의 조력자들을 배신하였다."

그러나 나는 그들에게 대답하였습니다. "내 주, 왕의 신께서 나를 지키셔서 내 주, 왕에 대항하여 전쟁을 벌이지 않게 해 주소서. 나는 내 주, 왕을 섬기고, 내 말에 순종하는 내 형제들도 (그리합니다)." 그러나 밀키일루의 사신들이 하루 종일 랍아유의 두 아들에게서 떠나지 않았습니다. (55) 보소서. 밀키일루가 내 주, 왕의 땅을 멸망시킬 계책을 꾸미고 있습니다. 그러나 나는 그럴 의도가 전혀 없습니다. 나는 내 주, 왕을 섬기고 내 주, 왕의 명령에 순종할 뿐입니다.

EA, 252번[11]

내 주, 왕께 말하라! 당신의 종, 랍아유로부터. 내 주의 발 앞에 내가 엎드립니다.

(5) 당신께서 편지에 "그 도시를 점령한 사람들이 강하더냐? 그 사람들이 어떻게 사로잡혔느냐?"라고 물으셔서, (10) "제가 (이집트) 관리와 함께 맹세를 하여 평화조약을 맺었으나, (그들이) 싸움을 걸어와서 그 성읍을 점령하였습니다. 그 도시와 내 신이 사로잡혔기 때문입니다. (15) 내 주, 왕 앞에서 제가 중상모략을 당하였습니다"(라고 대답합니다).

개미들도 공격을 당하면 가만히 앉아서 당하지 않고 그들을 공격하는 사람의 손을 뭅니다. (20) 제 성읍을 두 개나 빼앗긴 이 날에 제가 어떻게 망설이기만 하겠습니까?

또한 당신께서 편지에 (25) "그들 뒤에 서라. 그들이 너를 공격하게 놓아두어라"라고 말씀하신다고 해도, 나는 내 성읍과 내 신을 강탈한 내 적을 쫓아내고 (30) 내 아버지를 약탈한 놈들을 격퇴할 것입니다.

EA, 254번[12]

내 주, 왕, 나의 태양신께 (말하라!) 당신의 종이며 당신이 밟으시는 티끌과 같은 랍아유로부터. 내 주, 왕, 나의 태양신의 발 앞에 (5) 일곱에 일곱 번씩 내가 엎드립니다.

내가 왕께서 내게 쓰신 편지를 읽었습니다. 내가 누구기에 왕께서 나 때문에 그의 영토를 잃으신단 말입니까? (10) 보소서, 나는 왕의

---

11 이 편지는 쐐기문자를 사용했으나 거의 가나안어로 썼으며 최근까지 정확하게 해독할 수 없었다. 랍아유는 자기가 이집트 관리 앞에서 맹세한 조약을 어기고 근처 도시들을 공격한 유일한 사람이라는 누명에 억울하다고 항변하고 있다(세겜은 그의 수도였기 때문에 제외).

12 이 편지에서 랍아유는 자신에게 돌려진 모든 누명을 부인하면서 이집트 왕(아멘호텝 3세)에게 자신이 불만을 토로하는 모든 다른 이웃 왕들보다 더 충성스런 신하라고 강조하고 있다.

충성스런 종이며, 내가 반란을 일으키지도 죄를 짓지도 않았고, 내가 (바쳐야 할) 조공을 거르지도 않았으며, (15) 내 감독자의 요구를 거절하지도 않았습니다. 이제 그들이 사악하게 나에 관한 중상모략을 일삼으니, 왕께서는 내게 (억울한) 반역죄를 돌리지 마시기 바랍니다!

더구나 (20) 내가 (저지른) 범죄는 게셀(Gezer)에 들어가 사람들 앞에서 (25) "왕이 내 재산을 압수하고, 밀키일루의 재산은 그냥 두시겠느냐?"라고 말한 것입니다. 나는 밀키일루가 내게 했던 행위들을 잘 기억하고 있습니다.

(30) 그리고 왕께서 내 아들에 관하여 편지를 쓰셨습니다. 나는 내 아들이 하비루(LÚ.MEŠ SA.GAZ)와 어울려 다녔다는 사실을 알지 못했고, (36) 내가 그를 앗다야(ᵐAd-da-[ila)의 손에 넘겼습니다.

만약 왕께서 내 아내에 관해 편지를 보내신다면, (40) 내가 어떻게 그녀를 감싸겠습니까? 만약 왕께서 내게 편지를 보내시고, "청동 검을 내 심장에 꽂아 넣고 (45) 죽으라"고 하신다면, 내가 어떻게 왕의 명령을 실천하기를 거절하겠습니까?

EA, 256번[13]

내 주, 얀하무에게 말하라! 당신의 종 뭇바알루(Mut-Baʻlu)로부터. 내 주의 두 발 앞에 내가 엎드립니다.

어째서 당신 앞에 (5) "뭇바알루가 도주하였고, 아얍이 숨겨 주었다"는 (소문이) 보고되었습니까? 어떻게 펠라의 왕이 (10) 내 주, 왕의 감독관 앞에서 도망할 수 있겠습니까? 내 주, 왕이 사심에 (맹세하는데) 아얍은 펠라에 머물지 않습니다. 보소서. 그는 두 달 동안 (여기에) 온 적이 없습니다. (15) 정말 벤일리마(ᵐBé-in4-i15-lí-ma)에게 물어

---

13 뭇바알루(Mut-Baʻlu "바알의 남자/사람")는 요단강 계곡 지대 벳산 맞은편에 있는 펠라의 왕이다. 아얍(Ayyab, 히브리어로 욥)은 바산 지방에 있는 아슈타르투(Ashtartu, 성경의 아스다롯)의 왕이다. 가루(Garu) 땅은 골란 고원 위 펠라와 아슈타르투 사이에 있다. 편지를 받는 얀하무(Yanhamu)는 가나안(혹은 히브리인) 출신 이집트 고위 관리이며, 아켄아톤 치하에서 팔레스타인을 다스리는 이집트 총독이었던 것으로 보인다.

보십시오. 타두와(^{m}Ta-du-a)에게 물어 보십시오. 야슈야(^{m}Ya-šu-ia)에게 물어보십시오. (20) 슐룸마르둑(^{m}DI-^{d}AMAR.UTU) 가문의 경우, 아슈타르투(URU aš-tar-ti) 성이 (나를) 도우려고 와 주었으니, 그때 가루(KUR ga-ri) 땅의 모든 성읍들, (즉) 우두무, 아두루, (25) 아라루, 메슈쿠, 막달루, 에니-아나부와 사르쿠가 (내게) 적대적이었고, 하야누와 야빌리마가 그들에게 점령당했었습니다.

보소서. (30) 당신께서 내게 편지를 보내신 후, 내가 그에게 편지를 보냈습니다. 당신께서 대상을 거느리고 도착하기 전에, 그가 펠라에 도착할 것이며, 그가 (당신의) 말을 들을 것입니다.

EA, 270번[14]

내 주, 왕, 나의 (모든) 신들이 되시는 분(DINGIR.MEŠ-ia), 나의 태양신께 말하라! 당신의 종, (5) 당신 발 (밑의) 티끌인 밀키일루로부터. 내 주, 왕, 나의 (모든) 신들이 되시는 분, 나의 태양신의 발 앞에 일곱에 일곱 번씩 내가 엎드립니다.

(10) 내가 내 주, 왕을 뵙고 떠난 직후에 얀하무가 내게 한 일을 내 주, 왕께서 아시기를 바랍니다. 이제 그는 내게 (15) 은 2000 (세겔을) 요구하며 말합니다. "네 아내와 (20) 네 자식들을 내어 놓아라. 그러지 않으면 내가 공격하겠다." 왕께서 이 사실을 아시고, 내 주께서 내게 (26) 전차들을 보내주시기 바랍니다. 나를 왕께 데려가시지 않으면 나는 여기서 죽고 말 것입니다!

---

14 밀키일루(히브리어로 말키엘)는 게셀의 왕이었다. 얀하무에 관한 정보는 위 편지를 보라.

EA, 271번[15]

내 주, 왕, 나의 (모든) 신들이 되시는 분, 나의 태양신께 말하라! 당신의 종, (5) 당신 발 (밑의) 티끌인 밀키일루로부터. 내 주, 왕, 나의 (모든) 신들이 되시는 분, 나의 태양신께 일곱에 일곱 번씩 내가 엎드립니다.

내 주 왕께서 (10) 나와 슈바르다타(^{m}Šu-wa-ar-da-ta)가 얼마나 심하게 공격을 당하고 있는지 아시기를 바랍니다. 내 주, 왕께서 당신의 땅을 (15) 아피루(LÚ.MEŠ. SA.GAZ.MEŠ)의 손으로부터 보호하시기를 바랍니다. 아니면 내 주, 왕께서 전차를 보내서서 (20) 우리를 데려가 주십시오. 우리 신하들이 우리를 공격할 지경입니다.

내 주, 왕께서 (25) 그의 종, 얀하무에게 그의 땅에서 무슨 일이 벌어지는지 물어 보시기를 바랍니다.

RA, XXXI, 125-36쪽[16]

게셀의 왕, 밀키일루에게 (말하라!) 왕으로부터.

내가 네게 이 토판을 보내어 명령한다. 보라. (5) 내가 궁사 부대장 한야(^{m}Ha-an-ia)에게 물품을 주어 보내니, 아름다운 여인들, 즉 베 짜는 여인들을 조달하기 위해서다. 은, 금, (아마포) 옷들, (10) 터키석, 모든 (종류의) 보석들, 흑단으로 만든 의자, 그 외 모든 좋은 물품들의 합계가 60데벤이다. 여인들이 모두 40명으로 각 첩의 가격이 은 40

---

15 밀키일루에 관한 정보는 위 편지를 보라. 슈바르다타(인도-유럽식 이름)는 남부 산지 헤브론 지역 왕이었고, 밀키일루와 관련하여 자주 언급된다. 하비루(아피루 혹은 하피루)는 강한 군사력을 가진 반유목민 부족이었거나 시리아와 팔레스타인 지역의 어떤 사회 계층이었을 것이다. 이 사람들을 족장 시대의 히브리인들이라고 생각해도 큰 무리는 없으나, 정확하게 어떤 사람들을 하비루 혹은 히브리인이라고 불렀는지는 아직 분명하지 않으며 어떤 역사적 의미를 가졌는지 확정할 수 없다.

16 파라오가 게셀의 왕 밀키일루에게 보낸 이 편지로 가나안 왕들이 아시아에서 벌어지는 이집트의 국제 무역에 어떤 역할을 했는지 알 수 있다. 이집트 토산품과 공산품들을 최고 품질의 여자 노예들과 맞바꾸고 있다.

(세겔)이다. (15) 그러니 아무 흠이 없는 매우 아름다운 여인들을 골라 보내라. (19) 네 주, 왕이 네게 "좋구나. 네게 생명을 선포하노라"라고 말하게 하라. (25) 왕은 태양신처럼 평안하시다는 사실을 알라. 그의 군대와 그의 전차들, 그의 말들도 모두 평안하다. 보라. 아몬(^{d}A-ma-nu) 신께서 상이집트와 (30) 하이집트, 해가 뜨는 땅과 해가 지는 땅을 모두 왕의 두 발 아래 주셨다.[17]

EA, 280번[18]

내 주, 왕, 나의 (모든) 신들이 되신 분, 나의 태양신께 말하라! (5) 당신의 종, 당신 발 (밑)의 티끌과 같은 슈바르다타로부터. 내 주, 왕, 나의 (모든) 신들이 되신 분, 나의 태양신의 발 앞에 일곱에 일곱 번씩 엎드립니다.

(9) 내 주, 왕께서 나를 보내어 그일라([U]RU.qé-el-te)에서 전투를 벌이도록 하셨습니다. 내가 나가 싸웠고 승리하였습니다. 그러나 그가 내 성읍을 다시 빼앗았습니다. (15) 압두헤바(^{m}ÌR-he-ba)는 왜 그일라 사람들에게 편지를 써서 "(내) 은을 받고 (20) 나를 따르라"고 말합니까? 내 주, 왕께서 압두헤바가 그 성읍을 내 손에서 빼앗아 갔다는 사실을 아시기 바랍니다.

(25) 왕께서 이 사실을 조사하시기 바랍니다. 만약 내가 그로부터 사람 한 명, 황소나 나귀 한 마리라도 받았다면 그가 의로운 사람이 될 것입니다.

(30) 우리 성읍을 점령했던 랍아유는 죽었습니다. 그러나 보소서. 압두헤바가 또 다른 랍아유가 되었고 (35) 그가 우리 성읍을 점령하고 있습니다! 그러므로 왕께서는 이 일과 관련하여 그의 종들을 살펴

---

17 상이집트는 남쪽, 하이집트는 북쪽, 해가 뜨는 땅은 동쪽, 해가 지는 쪽은 서쪽을 가리킨다(역주).
18 헤브론 지역 왕 슈바르다타가 파라오 아크엔아톤에게 항의하며 예루살렘 왕 압두헤바(ʿAAbdu-Heba)가 아무도 불쌍히 여기지 않는 랍아유만큼 호전적이라고 주장하고 있다.

주십시오! 왕께서 그의 종에게 답장을 보내주실 때까지 나는 아무 일도 하지 않겠습니다.

RA, XIX, 106쪽[19]

내 주, 왕, 나의 태양신, 내 (모든) 신들이 되신 분께 말하라! 당신의 종, 왕의 신하, (5) 그리고 그 발 (밑의) 티끌, 당신이 밟는 흙(과 같은) 슈바르다타로부터. 내 주, 왕, 하늘에 계신 태양신의 발 앞에 일곱에 일곱 번씩 내가 (10) 앞뒤로 엎드립니다.

내 주, 왕께서 다음과 같은 사실을 아시기 바랍니다. 하비루 부족장이 (무기를 들고) 일어나 내 주, 왕의 신이 내게 하사하신 땅을 공격하였습니다. (16) 그러나 내가 그를 물리쳤습니다. 또한 내 주, 왕께서 나의 다른 형제들이 모두 나를 버리고 떠났으며 (20) 오직 나와 압두헤바만 하비루 부족장을 맞아 싸웠다는 사실을 아시기 바랍니다. 오직 악고의 왕 수라타(Zurata)와 악삽의 왕 인다루타(Indaruta)가 (25) 전차 50승을 가지고 나를 도우러 달려왔으니, 이는 내가 (하비루에게) 약탈을 당했기 때문입니다. 그러나 보소서. 그들이 나를 대항해서 싸움을 걸어옵니다. 그러니 내 주, 왕께서 허락하신다면 얀하무를 보내셔서 우리가 제대로 전쟁을 할 수 있게 해 주십시오. 그래서 내 주, 왕의 영토가 (원래)대로 회복되게 하십시오!

---

19 이 편지는 아켄아톤 통치 초기에 썼으며, 당시 팔레스타인 정황을 매우 자세하게 묘사하고 있다. 그러나 자존심 강한 이집트 속국왕들이 반유목민 하비루 족장의 이름을 언급하는 것을 싫어했기 때문에 우리는 이 편지에 나오는 존경받을 만한 하비루 부족장이 누구인지 알지 못한다. 그러나 그가 얼마나 위험했던지 평소 원수지간이었던 압두헤바와 슈바르다타가 동맹을 맺었고, 팔레스타인 북부 해안평야에 있던 악고와 악삽 지배자들에게 전차 50승을 보내게 만들었다. (당시 팔레스타인 왕들에게는 엄청난 원군이었다.) 게셀의 밀키일루와 세겜의 랍아유가 전혀 언급되지 않았기 때문에 이들이 하비루에 가담하지 않았나 의심하는 사람도 있다.

EA, 286번[20]

내 주, 왕께 말하라! 당신의 종 압두헤바[21]로부터. 내 주, 왕의 발 앞에 내가 일곱에 일곱 번씩 엎드립니다.

(5) 내가 왕께 무슨 잘못을 저질렀습니까? 그들이 왕 앞에서 나를 비난하며 "압두헤바가 그의 주, 왕께 반란을 일으켰습니다"라고 말합니다. 보소서. 나를 이곳에 보낸 사람은 내 아버지도 아니고 (10) 내 어머니도 아닙니다. 강하신 왕의 팔이 나를 내 아버지 집에 데려오셨습니다. 내가 왜 내 주, 왕께 (15) 범죄를 저지르겠습니까? 내 주, 왕께서 사시는 한 나는 내 주, 왕의 감독관에게 "왜 당신은 하비루를 두둔하고 (왕의) 총독들을 반대하는가?"라고 말할 것입니다. 바로 이런 이유 때문에 (21) 내가 내 주, 왕 앞에서 비난을 받고 있습니다. "내 주, 왕의 땅들을 빼앗겼습니다"라는 소식이 들렸기 때문에 내가 내 주, 왕 앞에서 비난을 받는 것입니다. (25) 그러나 내 주, 왕께서 주둔군을 파견하셨을 때 얀하무가 이들을 모두 해산시켰다는 사실을 아시기 바랍니다. [그리고 … 궁수(?)] 부대 (30) […] 이집트 땅 […] 오 내 주, 왕이여, 지금 (여기는) 주둔군이 없습니다. [그러니] 왕께서 그의 땅을 보호하시기 바랍니다! (35) 왕께서 그의 땅을 보호하시기 바랍니다. 왕의 [영]지들이 모두 반란을 일으켰고, 일리밀쿠(Ili-milku)가 왕의 영토를 모두 빼앗기고 있습니다. 그러므로 왕께서 그의 땅을 보호하시기 바랍니다. 내가 계속해서 "나로 내 주, (40) 왕을 가 뵈올 수 있게 해 주십시오. 내가 내 주, 왕의 두 눈을 보게 해 주십시오"라고 말하고

---

20 이 편지는 예루살렘의 왕 압두헤바가 하비루와 전쟁을 계속하기 위해서 이집트의 원군을 끊임없이 요청하던 여러 편지들 중 하나다. 그런데 다른 편지 내용을 보면 그는 하비루와 다른 가나안 지도자들을 구분하지 않고 모두 그의 적으로 묘사하고 있는 것을 볼 수 있다. 35행에 나온 일리밀쿠(Ilimilku 혹은 엘리멜렉)가 하비루 부족장의 이름인지, 랍아유의 아들들 중 하나인지, 아니면 게셀의 밀키일루인지 확신할 수 없다. (서기의 실수로 자리를 바꾸어 썼을지도 모른다.)

21 압두-헤바('Abdu-Heba)라는 이름은 '헤바 신의 종'이라는 뜻이다. 헤바(Heba, Hebat, Khebat) 여신은 후리인들이 섬기는 신으로 테슙 신의 아내이며 모든 생명의 어머니로 알려져 있다(역주).

있습니다. 그러나 나를 적대하는 세력이 너무 강하여 내가 내 주, 왕을 면대하지 못하고 있습니다. 그러므로 왕께서 허락하신다면 (45) 내게 특별 부대를 보내주시고 내가 가서 내 주, 왕을 뵈올 수 있도록 해 주십시오. 내 주, 왕이 사심에 맹세하오니, 감독[관들이] 오면 나는 "왕의 영토를 모두 빼앗겼습니다! (50) 내가 하는 말을 듣지 못합니까? 모든 총독들이 배신하였습니다. 내 주, 왕께서 (더 이상 아무) 총독도 거느리지 못하고 계십니다!"라고 말하겠습니다. 왕께서 궁수들에게 명령을 내리시고, 내 주, 왕께서 (55) 궁수들의 부대를 보내시기 바랍니다. 왕께서 모든 영토를 잃고 계십니다. 하비루가 왕의 모든 땅들을 약탈하고 있습니다. 만약 올해 왕의 궁수들이 (여기에) 있었다면, 내 주, 왕의 땅들이 무사했을 것입니다. 그러나 왕의 궁수들이 없으면, 내 주, 왕의 땅은 (영원히) 빼앗기고 말 것입니다!

내 주, 왕의 서기에게: 당신의 종, 압두헤바로부터. 내 주, 왕께 지혜로운 말로 아뢰어 주십시오. 내 주, 왕의 땅들을 모두 빼앗기고 있습니다!

EA, 287번[22]

내 주, [왕께 말하라!] 당신의 종, 압두헤바[로부터]. 내 주의 [발 앞에] 일[곱에 일곱 번씩 내가 엎드립니다].

[내 왕께서 이] 일에 대해 [아시기를 원합니다. 밀키일루와 타구(?)

---

[22] 이 편지에서 예루살렘 왕은 다른 편지에서도 언급된 몇 가지 사건에 대해 불만을 토로하고 있다. 첫째, 그는 게셀의 밀키일루와 북부 해안평야에 사는 타구가 므깃도와 다아낙 남서쪽 지역에 있는 루부투를 공격하고 있다고 강하게 비난하고 있다. 둘째, 그는 왕이 그의 신하들에게 명령을 내려서 블레셋 평야와 샤론 평야에 있는 궁수들을 보강하여 물이 모자라는 예루살렘으로 물길을 돌리는 공사를 완성하고자 한다. 그는 또한 예루살렘에 주둔하고 있는 이집트의 누비아(구약성경의 구스) 출신 노예 부대(혹은 용병 부대)에 대해서도 불평하는데, 이들이 압두헤바 자신의 집까지 와서 강도질을 하고 거의 그를 죽일 뻔 했다고 말한다. 마지막으로 그가 왕에게 바치는 조공과 포로들을 운반하던 대상이 아얄론 근처에서 공격을 당했는데, 아마도 게셀의 밀키일루나 랍아유의 아들들이 저지른 일로 보인다고 불평하고 있다.

가 (5) [루부투(?) 성읍에 그들의 군대를] 주둔시켰습니다. [밀키일루(?)가] 한 행위를 [보소서. 활과] 구리 화살들 [… 그가 주었고 …] 명령 [… (10) … 루부투(?)] 성 안으로 그들이 들여놓았습니다. 왕께서는 평안한 땅에 거하지만 나는 전쟁을 겪고 있다는 사실을 아시기 바랍니다. 그러니 왕께서 그의 땅을 보호하시기 바랍니다!

보소서. 게셀([UR]U.[glaz-ri.KI)과 아스글론(URU.aš-qa-lu-na.KI), (15) 그리고 라기스(URU.lla-ki-ši.KI)가 모두 그들에게 곡식, 기름, 그리고 그들이 필요한 모든 물품들을 주었습니다. 왕께서 그의 궁수들을 보호시기를 바랍니다. 내 주, 왕께 범죄를 저지르는 자들을 (벌하기 위하여) 궁수들을 보내시기 바랍니다. (20) 만약 올해 궁수들이 (여기) 있었다면 그 영지들과 총독들이 (아직도) 내 주, 왕의 치하에 있었을 것입니다. [그러나] 궁수들이 없으면 그 영지들과 총독들이 (더 이상) 왕의 명령에 순종하지 않을 것입니다! (25) 이 예루살렘 땅을 보소서. (이 땅을) 내게 준 사람은 나의 아버지도 아니고 나의 어머니도 아니며, 위대하신 왕의 팔이 내게 주셨습니다.

보소서. 이것이 바로 밀키일루가 한 일이며 (30) 랍아유의 아들들이 저지른 행위이니, 왕의 영지들을 모두 하비루에게 넘겨주었습니다. 내 주, 왕이여 보소서. 내 말이 옳습니다!

누비아 사람들에 관하여 왕께서 감독관들에게 물으셔서 내 가문이 정말 강한지 알아보시기 바랍니다. (35) 그들이 엄청난 범죄를 저질렀습니다. 그들이 자기 무기를 들고 들어와서 […]의 지붕으로 [… 만약] 그들이 [예루살렘] 지역에 주둔군으로 파견된다면, 그들이 (40) 정규군 [이집트 장교]와 함께 올 수 있도록 해 주십시오. [내 왕께서] 그들에게 신경을 써주시지 않으면 [온] 땅이 그들 때문에 가난해질 것입니다. [그리고] 왕의 감독관 파우루(pa-ú-ru)가 예루살렘에 올 때까지 (45) 왕께서 그들을 위해 곡식과 기름, 옷들 등 많은 보급품을 조달해 주시기 바랍니다.

아다야(ᵐald-da-ia)가 내 왕께서 주셨던 군대와 (이집트) 장교와 함께 떠났습니다. 왕께서 아시기를 원합니다. 아다야가 (50) "나는 떠나지만, 너는 (이 도시를) 떠나지 마라!"라고 말했습니다. 그러므로 올[해는] 내게 주둔군을 보내 주시고, 감독관도 보내주십시오, 왕이여. 내 주, 왕께 내가 [선물(?)도] 보냈습니다. […] 포로들과 [은] 5,000 (세겔), (55) 왕의 대상을 위한 짐꾼 8명을 […] (그러나) 그들이 아얄론 평야에서 사로잡혔습니다. 내 주, 왕께 내가 대상을 보낼 수 없는 상태라는 것을 왕께서 아시기 바랍니다!

(60) 보소서, 왕께서 그의 이름을 예루살렘 지역에 영원히 두셨습니다. 그러므로 예루살렘을 버리실 수 없습니다!

왕하 21:4, 7

내 주, 왕의 서기에게 말하라! 당신의 종, 압두헤바로부터. 당신의 두 발 앞에 내가 엎드립니다. 나는 당신의 종입니다. 내 주, 왕께 지혜로운 말로 아뢰어 주십시오. 나는 왕의 미천한 관리일 뿐입니다. 나는 당신에 비해서 아무것도(?) 아닙니다!

그러나 누비아 사람들이 나에게 사악한 짓을 저질렀습니다. 나는 (75) 내 집안에서 누비아 사람들에게 살해당할 뻔했습니다. 왕께서 그들을 [불러] (조사하시기) 바랍니다. 일곱에 일곱 번씩 내 주, [왕께서] 내 [복수(?)를] (해 주시기를) 바랍니다!

창 4:24

EA, 288번[23]

내 주, 왕, 나의 태양신께 말하라! 당신의 종, 압두헤바로부터. 내 주, 왕의 두 발 앞에 일곱에 일곱 번씩 엎드립니다.

(5) 보소서. 내 주, 왕께서 해 뜨는 땅에서부터 해 지는 땅까지 그의 이름을 세우셨습니다! (그러나) 그들이 내게 한 짓은 매우 불쾌합니다. 나는 총독도 아니고 (10) 내 주, 왕의 하위 관료도 아닙니다. 보소서. 나는 왕의 목동이며, 왕의 조공을 나르는 짐꾼입니다. 나의 아버지도 아니고 나의 어머니도 아니며, 오직 위대한 왕의 팔이 (15) 나

---

23 앞 편지에 이어 계속해서 같은 불평을 하고 있는데, 아켄아톤 통치 초기의 혼란스러운 정황을 매우 생생하게 전하고 있다. "썰루(Silu)의 문"이 언급되었다는 사실은 이집트의 통치(pax Aegyptiaca)를 위협하는 사태가 이집트 국경 앞까지 미치게 되었음을 의미한다. 썰루는 현대 칸타라 Qantarah로 추정한다.

를 내 아버지 집에 들여 놓으셨습니다. […] 내게 왔습니다. […] 내가 [그의] 손[에] 노예 10명을 넘겨주었습니다. 왕의 감독관 슈타(ᵐšu-ú-ta)가 (20) 내게 왔습니다. 내가 여인 21명과 포로 80명을 내 주, 왕께 바치는 선물로 슈타에게 주었습니다. 나의 왕께서 그의 영지에 주의를 기울여 주시기를 바랍니다. 왕의 땅을 잃어가고 있습니다. 내가 (영지들을) 통째로 (25) 빼앗겼습니다. 세일(še-e-ri.KI) 땅과 가드갈멜(gín-ti-ki-ir-ma-il) 지역까지 나를 대항하는 전쟁이 벌어지고 있습니다. 모든 총독들이 평안히 거하지만 나만 전쟁을 맞고 있습니다. 내가 마치 하비루와 같은 신세가 되었고, (30) 내 주, 왕을 뵐 수가 없으니, 전쟁이 벌어지고 있기 때문입니다. 나는 마치 바다 한가운데 떠있는 쪽배처럼(GIŠ.MÁ i-na lìb-bi A.AB.BA) 되었습니다. 위대한 왕의 팔이 (35) 나하라임(na-ah-ri-ma.KI)과 구스(ka-a-si.KI) 땅을 정복했지만, 이제는 하비루가 왕의 도시들을 점령하고 있습니다. (40) 내 주, 왕께 남은 총독은 아무도 없습니다. 모든 사람이 사라졌습니다. 보소서. 투르바주(ᵐtu-ur-ba-zu)가 실루의 문(KÁ.GAL U[R]U sí-lu-ú)에서 살해당했으나 왕은 아무런 조치를 취하지 않으셨습니다. 짐리다(ᵐzi-im-ri-da)가 (잘 있는지) 보소서. (이제는) 하비루가 되어버린 라기스(URU l[a-ki-si.KI) 출신 노예들이 그를 살해하였습니다. (45) 얍틱하다드(ᵐia-ap-ti-ih-adda)도 실루의 문에서 살해당했으나 왕은 아무런 조치를 취하지 않으셨습니다. [무슨 이유로 왕께서는] 그들을 생각해 주시지 않습니까? [제발] 왕께서 그의 영지를 지켜주시기 바랍니다. [그리고] 왕께서 결단을 내리셔서, 그의 영지에 (50) 궁수들을 보내주시기를 바랍니다. 만약 올해 궁수들이 (여기) 없다면, 내 주, 왕의 땅들은 모두 빼앗기고 말 것입니다. 그들이 내 주, 왕께 잘못 아뢰어, (55) 내 주, 왕의 영지가 이미 다 빼앗겼고 모든 총독들이 다 죽었다고 보고하지 않기를 바랍니다. 만약 올해도 (보내주실) 궁수들이 없다면, 왕께서 감독관이라도 보내 주셔서, 그가 나와 (60) 내 형제들을 데리고 떠나, 내 주, 왕과 가까운 곳에서 죽게 해 주십시오.

내 주, 왕의 서기관[께]. 당신의 종, 압두헤바[로부터. 당신의] 두 발 앞에 내가 엎드립니다. [내 주], 왕께 지혜로운 말로 아뢰어 주십시오.

나는 [당신의] 종이[며] 당신의 아들입니다.

EA, 289번[24]

내 주, 왕께 [말하라!] 당신의 종, 압두헤바로부터. 내 주, 왕의 두 발 앞에 일곱에 일곱 번씩 내가 [엎드립니다].

(5) 보소서. 밀키일루(ᵐMil-ki-lim)가 랍아유의 아들들과 또 아르사와(ar-sà-wa)의 아들들과 (맺은 동맹을) 파기하지 않고 있으니, 이는 왕의 땅을 탐내고 있기 때문입니다. (이런) 행위를 저지른 총독에게 (10) 왕께서는 왜 주의를 기울이지 않으십니까? 밀키일루와 타구(ᵐta-gi)를 살펴보십시오! 그들이 저지른 행위는 곧 그들이 루부투 성읍을 점령한 것입니다. 예루살렘에 대해서 말하자면, (15) 보소서, 이 땅은 왕께 귀속되었습니다. 왜 이 땅에 가사(ᵁᴿᵁha-za-ti) 성읍처럼 왕께 충성을 다합니까? 가드갈멜 성읍을 보십시오. 그곳은 타구에게 속했고, 가드 사람들은 (20) 벧산(É-sa-a-ni)에 군대를 주둔시켰습니다. 세겜(KUR ša-ak-mi) 땅을 하비루에게 내어준 랍아유처럼 우리도 행동해야 되겠습니까? (25) 밀키일루가 타구와 (랍아유의) 아들들에게 편지를 써서 "너희들은 내 가족이다. 그들의 모든 요구를 그일라 사람들에게 넘기고, 예루살렘과 (맺은) 동맹을 깨뜨리자!"라고 말했습니다. (30) 당신께서 미야레의 아들 하야(ᵐha-ia DUMU mi-ia-re-e)와 함께 보낸 군대는 앗다야가 (중간에) 가로채어 자기 도시 가사에 배치하였고, 20명은 이집트로 (35) 돌려보냈습니다. 내게는 왕의 군대가 없다는 사실은 내 왕께서 알아주십시오. 그리고 왕이 사심에 (맹세하노니) 감독관 파우루(ᵐpu-ú-ru)는 나를 떠났고 (40) 가사에 머물고 있습니다. 왕께서 찾아보시기 바랍니다! 그리고 왕의 땅을 지키기 위해서 군사 50명을 보내주시기를 구합니다! 왕의 영지들이 모두 반란을 일으킵니다. (45) 내게 얀하무를 보내시고 그가 왕의 땅을 지키도록 해

---

24 앗다야는 이집트 사람으로 팔레스타인 총독이었고, 가사(Gaza)에 거주하고 있었다.

주십시오!

　[내 주], 왕의 서기에게. [당신의] 종, 압두헤바로부터. 왕께 지혜로운 말로 아뢰어 주십시오. 나는 당신에 비하여 미천한 존재이며, 당신의 종입니다.

EA, 290번[25]

　내 주, 왕[께] 말하라! 당신의 종, [압두]헤바로부터. 내 주, [왕]의 두 발 앞에 일곱에 일곱 번씩 엎드립니다.
　밀키일루와 슈바르다타가 내 주, 왕의 영지에 범한 짓을 보소서! 그들이 게셀의 군대, 가드의 군대와 (10) 그일라의 군대를 선동하여 루부투 땅을 점령하였습니다. 왕의 영지가 하비루의 손에 넘어갔습니다. 그러나 이제 (15) 예루살렘 지역에 있는 성읍, 비트라흐미(É^{d}NIN.URTA), 왕께 속한 도시가 그일라 사람들 쪽으로 넘어갔습니다. 왕께서는 당신의 종, 압두헤바의 말을 들으시고, (20) 왕을 위해 궁수들을 보내어 영지를 회복할 수 있도록 허락해 주십시오. 만약 (파견할) 궁수들이 없으시다면, 왕의 땅이 하비루 사람들에게 넘어갈 것입니다. (25) 이 모든 일이 밀키일루와 슈바르다타의 명령으로 이루어졌으며 […] 왕께서 (30) [그의] 땅을 보호해 주시기 바랍니다!

EA, 292번[26]

　내 주, 왕, 나의 (모든) 신들이 되신 분, 나의 태양신께 말하라! 당

25　이 편지 15째 행 이후에 베들레헴에 대한 언급이 나오는데, 세계 역사에 처음으로 등장하는 셈이다. 그일라는 헤브론 지역 왕인 슈바르다타의 거주지일 수도 있다.
26　바알루쉽티는 밀키일루가 죽고 난 후 게셀의 왕이 되었으며, 이 편지는 아켄아톤 통치 중반에 기록된 것이다. 마야는 아켄아톤 왕궁의 고위 관리였으며, 팔레스타인에서 이집트 군대 지휘자였다. 모친의 이름은 가나안식(?)이지만 이집트 식 이름을 쓰는 페야는 이집트 하위 관리로 보인다.

신의 종, 당신 두 발 (밑의) 티끌인 바알루쉽티(^{m}dIM.DI.KU5)[27]로부터.(5) 내 주, 왕, 나의 (모든) 신들이 되신 분, 나의 태양신의 발 앞에 일곱에 일곱 번씩 내가 엎드립니다.

내가 이쪽을 쳐다보고 내가 저쪽을 쳐다봐도 (10) 빛이 보이지 않습니다. 내 주, 왕을 향해 눈을 드니 빛이 보입니다. 벽돌은 다른 벽돌 밑에서 빼어낼 수 있을지 모르나 (15) 나는 내 주, 왕의 두 발 밑에서 절대 움직이지 않을 것입니다. 내 주, 왕께서 그의 종에게 쓰신 편지를 내가 읽었으니, (20) "네 감독관과 네 주, 왕의 도시들을 지키라"라고 하셨습니다. 보소서. 내가 지키고 있습니다. 보소서, 나는 (25) 밤낮으로 내 주, 왕의 말씀에 순종합니다. 그러나 내 주, 왕께서 그의 종(이 하는 일) 아시기 바랍니다. 산지에 나를 대적하는 세력이 강하여 내가 (30) 요새를 지었고, 그 이름을 만하투(URU ma-an-ha-ti7)라 하였습니다. 내 주, 왕의 궁수들을 위해 미리 준비한 것입니다. 그러나 마야(^{m}ma!-a-ia)가 (이 요새를) 빼앗아 갔고 (35) 그의 감독관을 파견하여 (살게) 하였습니다. 그러므로 나의 감독관 레아납(^{m}re-a-na-ap)에게 명령하셔서 이 요새를 내게 돌려주시고, 내가 내 주, 왕의 (40) 궁수들을 맞을 준비를 하도록 허락해 주십시오.

또한 굴라티의 아들 페야(^{m}pé-e-ia DUMU ^{Mf}gu-la-t[i7])가 게셀에 저지른 행위를 보소서. 내 주, 왕의 여종과 같은 이 도시를 그가 여러 날 약탈하였고, 이 성읍은 그 자 때문에 빈 가마솥처럼 변했습니다. 산지에서 사람 한 명당 30(세겔)이면 구할 수 있는데, 페야는 은 100(세겔)을 요구합니다. 당신의 종이 하는 이 말들을 들으시기 바랍니다!

출 21:32

---

27 이 사람 이름은 앗다다누(Adda-danu)라고 읽을 수도 있다. W.L. Moran, *The Amarna Letter*, 1992, p. 335 참조(역주).

EA, 297번[28]

내 주, 왕, 내 (모든) 신들이 (되신 분), 나의 태양신께 말하라! 당신의 종, 당신 두 발 (밑의) 티끌인 야파후(ᵐia-pa-ḫi)로부터. (5) 내 주, 왕, 내 (모든) 신들이 (되신 분), 나의 태양신의 발 앞에 일곱에 일곱 번씩 내가 엎드립니다.

내 주, 왕께서 내게 하신 모든 말씀을 (10) 내가 주의 깊게 잘 들었습니다.

한편 내가 (15) 수투 사람들(LÚ.MEŠ KUR su-ti7.MEŠ)에게 진 빚 때문에 텅 빈 청동 가마솥처럼 되었었으나, 이제 왕의 향기로운 숨소리를 들으니, 모든 (걱정이) 다 (20) 나를 떠나고, 내 마음이 편안해졌습니다.

EA, 298번

내 주, 왕, 내 (모든) 신들이 (되신 분), 나의 태양신, 하늘의 태양신께 (말하라!). 당신 두 발 (밑의) 티끌이며 당신의 마부인 (5) 게셀의 왕, 야파우로부터. 내 주, 왕, 하늘의 (10) 태양신의 두 발 앞에 일곱에 일곱 번씩 내가 앞뒤로 엎드립니다.

내 주, 왕께서 내게 명령하신 (15) 모든 것을 내가 주의 깊게 잘 들었습니다. 나는 왕의 종이며 당신 두 발 (밑의) 티끌입니다. (20) 내 주, 왕께 보고 드리니, 내 동생이 나를 배신하고 묵하주(URU mu-úḫ?-ḫa-zi) 땅에 들어가더니, 하비루 부족장에게 항복하고 말았습니다. 이제 […] 안나 [땅도] 내게 적대적입니다. (30) 당신의 영토에 주의를 기울여 주시기를 바랍니다! 내 주께서 이 사건에 관련하여 그의 감독관에게 편지를 써 보시기 바랍니다.

---

28 야파후는 밀키일루 다음으로 게셀 왕이 된 사람이다. 수투(Sutu) 인들은 다른 사료에서 이집트를 위해 일하는 셈족 출신의 부족으로 나온다.

EA, 320번[29]

내 주, 왕, 나의 (모든) 신들이 (되신 분), 나의 태양신, 하늘에 계신 태양신께 (말하라!) (5) 당신의 종, 당신 발 (밑의) 티끌, 당신의 마부인 아스글론(URU aš-qa-lu-na.KI) 왕, 이디야(ᵐYi-id-ia)로부터. (10) 내 주, 왕의 발 앞에 일곱에 일곱 번씩 내가 (15) 앞뒤로 엎드립니다.

지금 나는 왕의 영토에 거주하면서 이를 지키고 있으며, 내 주, 왕께서 내게 보내신 편지는 어떤 것이든 (20) 내가 매우 주의 깊게 듣고 순종합니다. 자기 주인이시며, 왕이시고, 태양신의 아들이 하신 말씀을 듣지 않을 개가 어디 있겠습니까?

텔 엘헤시에서 발견된 편지[30]

(이집트) 관리께 말하라! [파푸(Pa'pu)로부터. 당신 발 앞에 내가 엎드립니다.

당신께 보고합니다. (5) 쉽티바알루(Shipti-Ba'lu)와 짐리다가 공개적으로 음모를 꾸몄고, 쉽티바알루가 짐리다에게 "야라무(Yaramu)의 왕이 내게 편지를 하여 활 6개, 단검 3자루, 장검 3자루를 달라고 했다. (15) 자기가 가서 왕의 땅을 공격할 것이며, 나와 동맹군이 되겠다고 했다"라고 말했습니다. 그러나 그는 (20) 반역을 꾸몄다는 (혐의를) 부인하며 "왕께 반역을 획책한 사람은 파푸이다. 그를 데려와서 나와 대면하게 해 달라"고 말합니다. [이제] 내가 라비일루(Rabi-ilu)를 보내어 이 문제를 (조사할 수 있도록) 그를 (당신께) 보내겠습니다.

---

29 아스글론 왕이 인도-아리아식 이름을 가진 것에 유의하라. 그는 가사에 있는 이집트 관리와 친하게 지내고 다스리는 영지도 작기 때문에 매우 유약하고 비굴한 언사를 사용한다.

30 이 편지는 아켄아톤 통치 초기에 팔레스타인에서 서로 의심하고 배신하며 살던 정황을 생생하게 표현하고 있다. 짐리다는 라기스(Tell ed-Duweir)의 왕이었고, 쉽티바알루는 그의 후계자이다. 이름에서 알 수 있듯이 파푸는 이집트 관리이며, 아마도 라기스에서 감독관으로 일하고 있었던 것 같다.

세겜에서 발견된 편지

비라쉬쉐나(Birashshena)에게 말하라! 바니티-[…]로부터.

3년 전부터 지금까지 (5) 당신께서 내게 세금을 내라고 요구하셨습니다. 거기는 내게 보낼 곡식도 기름도 포도주도 없습니까? 내가 무슨 죄를 지었기에 당신은 내게 아무것도 보내지 않습니까? (10) 나와 함께 있는 아이들은 계속 배우고 있습니다. 내가 언제나 그들의 아비이고 어미입니다. […(15)…] 이제 [보소서. 내 주의] 발밑에 있는 것이 무엇이든지 내게 [보내시고, (20)] 내게 알려 주시기 바랍니다.

다아낙, 1번[31]

왕상 18:19ff.

레와슈샤에게 말하라! 굴리아다드(Guli-Adad)로부터. 안녕하십니까? (5) 신들께서 당신과 당신 가문, 그리고 당신의 자식들의 행복을 돌보시기를 바랍니다! 당신께서 내게 은에 관해 편지를 보내셨습니다. (10) 보소서. 내가 은 50(세겔을) 납부할 것입니다. 꼭 내겠습니다!

만약 (20) 거기 아세라의 마법사가 있다면, 우리의 길흉을 점치게 하시고 내게 즉시 알려주십시오. 그리고 신탁과 그 해석도 내게 보내 주십시오.

(25) 루부투 성읍에 있는 당신의 딸이 잘 지내는지 내게 알려주십시오. 그 아이가 (잘) 자라고 있다면 당신은 그 아이가 *가수*가 되도록 도와주거나 (30) 아니면 남편을 (찾아) 주어야 할 것입니다.

---

31 에른스트 젤린(Ernst Sellin)이 팔레스타인 북부 므깃도 남동쪽 8km 지점에 있는 다아낙에서 이 편지와 또 다른 편지들을 발견했다. 주전 15세기에 기록되었으며 아마르나 토판들보다 3세대 정도 먼저 쓰였다. 레와슈샤는 다아낙 왕이었고, 그가 이집트식 이름을 가졌다는 사실은 이집트가 팔레스타인을 점령하고 100년이 지나면서 그 문화가 얼마나 깊게 침투했는지 보여 준다. "마법사"라고 번역된 아카드어 낱말은 '움마누'(ummanu)이며 나중에 히브리어의 '옴만'(omman), 페니키아어의 '암문'(ammun)으로 정착했고, 언제나 '박식하고 숙련된 전문가'라는 뜻으로 사용되었다. 아세라의 마법사들은 엘리야 시대에 '아세라의 예언자들'로 나타났고, 우가릿의 바알 신화에도 등장한다.

3. 대리 왕 | 원역자: 모란(William L. Moran)

ANET³, 626

제16 장 j 편지에 관한 서문을 참조하라.

(5) 그 [대리] 왕이 제14일 저녁에 왕[위]에 앉았다가 15일 밤을 [앗수리] 왕궁에서 보냈습니다. 월식의 영향 아래 있던 자가 (10) 제20일 저녁에 무사하고 안전하게 아카드에 돌아와서 자기 왕위에 앉았습니다. 날이 밝았을 때 나는 그가 서기 조합에서 (공인된) 전통적인 주문을 낭송하게 했습니다. 그는 하늘과 땅에 (나타난) 모든 점괘를 받았고, 우주 전체를 다스릴 패권을 수여 받았습니다. 내 주, 왕께 보고합니다.

(15) 테벳 월에 나타난 이번 월식은 아무루(Amurru) 땅과 관련되어 있습니다. 아무루 땅의 왕이 죽을 것이며, 그의 나라는 멸망할 것이고, 혹은 다른 해석에 의하면 그냥 사라질 것입니다. 학자들이 내 주, 왕께 확실히 말씀드릴 수 있으니 (20) 아무루 땅에서 무슨 일이 (일어날 것입니다). 아무루 땅이란 히타이트와 수투 부족의 땅을 말하며, 혹은 다른 해석에 의하면 갈대아인들의 땅을 가리킵니다. 히타이트 땅이나 갈대아 땅, (뒷면) 혹은 아랍인들의 땅에서 왕이나 혹은 누군가가 이 점괘의 (영향을) 받게 될 것입니다. 내 주, 왕에 관련해서는 (점괘들이) 만족스럽습니다. 내 주, 왕께서는 바라는 바를 성취하실 것입니다. 내 주, 왕의 제사와 기도들은 (5) 모두 신들이 기뻐하십니다. 구스의 왕이나 [두로], 혹은 무갈루의 왕이 정해진 죽음을 맞게 될 것입니다. (10) 혹은 내 주, 왕께서 [그를] 사로[잡고], 내 주, 왕께서 그의 나라를 멸망시키며, 그의 궁전 시녀들이 [내 주] 왕을 모시게 될 것입니다. 내 주, 왕께서는 기뻐하십시오.

그러나 내 주, 왕께서도 유의하시고 또 조심하셔야 합니다. 액막이 제사와 (신들을) 위로하는 만가들, 말라리아와 (다른 형태의) (15) 전염병을 막는 주문 낭송을 내 [주, 왕]과 왕의 아들들을 위해 시행해야 합니다. (다음 문장들은 부서져서 해독할 수 없다.)

ANET³, 626-27

4. 행복한 치세 | 원역자: 모란(William L. Moran)

[내 주] 왕께 (말하라!) 당신의 종 아다드슘[우쭈르](Adad-shum-[uṣur])로부터. [내 주] 왕께 평안을. 나부와 마르둑 신께서 [내 주] 왕을 (5) 풍성하게 축복하시기 바랍니다. [신들의 [왕이신]] 앗쉬르 신께서] 내 주, [왕]의 이름을 불러서 앗수르 땅 위에 왕으로 삼으셨습니다. 샤마쉬와 아다드 신께서 내 주, 왕을 위해 영험한 신탁을 주셨으니, 그가 많은 나라를 다스리고 행복한 치세를 (누릴 것입니다). 정의로운 (10) 날들, 공평한 해들을 주시고, 비는 충분히 오고, 강물은 수량이 풍부하고, 상업은 번영할 것입니다. 신들은 모두 만족하였고, 그들을 위한 제의는 널리 퍼졌으며, 신전들은 모두 부유합니다. 하늘과 땅의 모든 위대한 신들이 이런 (복을) 주셨으니 (15) (모두) 내 주, 왕의 치하에서 (일어난 일입니다).

늙은이는 춤추고, 젊은이는 노래하네.
여인들과 처녀들은 기[뻐하고] 즐거워[하네].
그들이 취한 아내들은 귀[걸]이로 치장하였네. (20)
아들과 딸을 낳았으니, 후손들을 잘 가르쳤네.
사형을 받을 죄인도 내 주, 왕께서 살려주시네.
여러 해 동안 갇혀있던 죄수들도 해방되었네.
오랫동안 병에 걸려있던 자들도 회복되었네. (뒷면)
배고픈 자들이 배부르고, 이가 들끓던 자들이 기름을 바르고,
벗었던 자들이 옷을 입었네.

5. 공평 칙령 | 원역자: 모란(William L. Moran)

ANET³, 627

이 편지를 쓴 사람은 함무라비의 아들이며 그의 후계자였다.

에텔피마르둑(Etel-pi-Marduk)에게 (말하라!) 삼수일루나(Samsu-iluna)로부터.

내 부친, 왕께서 [편찮으시다]. (5) 그 땅을 […]하기 위해서 내가 [내 아버지] 가문의 [왕위에] (스스로) 올랐다. 소작[농들을] 보[조하기] 위하여 [내가 …]의 (10) 연체금을 면제해 주었다. […] 소작농들과 [목동들을 …] 군인들과 어부들, 무슈케누(muškēnu)들의 [빚]문서를 내가 파기해 버렸고, 이 땅 위에 공평을 확립했다. […] 땅에서는 누구도 군인과 어부, 혹은 무슈케누의 집을 취하려 하지 않는다. (20) 네가 내 편지를 읽[는] 대로 곧 너와 네가 지배하는 땅의 장로들이 이리로 올라와서 나를 알현하라.

6. 신께 바치는 편지 | 원역자: 모란(William L. Moran)

ANET³, 627

내 주, 이다(Ida)께 말하라! 당신의 종, 짐리림(Zimri-Lim)으로부터.[32] 내가 여기 황금 잔을 내 주께 바칩니다. 그 전에 내가 내 주께 말씀드렸던 바와 같이 내 주께서 징조를 보여 주셨습니다. 내 주께서 (10) 보여 주셨던 징조를 [나를] 위해 실현시켜 주십시오. 그리고 내 주께서 내 생[명]을 보호하는 일을 소홀히 하지 마시고, 내 주께서 [그의 얼]굴을 다른 곳으로 돌리지 마시며, (15) 나 외에는 어떤 다른 사람의 사정도 듣지 마시기를 바랍니다.

---

32 강의 신, 이다(수메르어 ID)는 고대 서아시아에서 신성 재판을 주관한다. 죄를 지은 사람을 강물에 던져서 살아나오면 이다가 무죄로 판결하고 살려주신 것이고, 강물에 가라앉으면 유죄이기 때문에 처벌을 받은 것으로 간주한다. 짐리림은 주전 18세기에 유프라테스 강 중류에 있는 마리(Mari)를 다스리던 왕이다.

ANET³, 627-28

7. 화형과 신성재판 | 원역자: 모란(William L. Moran)

편지를 쓴 사람은 갈그미스(Carchemish)의 왕이었다.

짐리림(Zimri-Lim)께 말하라! 당신의 아들[33], 야타르아미(Yatar-Ami)로부터.

(5) 내가 납수나앗두(Napsuna-Addu)와 함께 보낸 두 사람에 관한 언급을 이리드(Irrid) 성읍에 대한 보고서에서 찾을 수 있습니다. "그들이 (10) 부누마앗두(Bunuma-Addu)의 신하, 메비사(Mebisa)와 대화를 나누었고, 이미 그 사실에 관해 알고 있었다"고 기록되어 있습니다. 그러므로 내가 그들을 이다의 손에 맡겼습니다. (15) 그들을 고소한 자는 여기 감옥에 가두어 놓았습니다. 당신께서 신뢰하는 신하가 납수나앗두와 함께 이 사람들을 (20) 이다에게로 데려가야 할 것입니다. 만약 이 사람들이 목숨을 건진다면, 내가 그들을 고소한 자를 불에 태워버리겠습니다. 만약 이들이 (25) 죽는다면, 내가 그들의 집과 가족들을 고소한 자에게 줄 것입니다. 내 아버지께서 그들에 관해 (할 말이 있으시다면) 내게 말씀하시기 바랍니다.

ANET³, 628

8. 조약과 동맹 | 원역자: 모란(William L. Moran)

이 편지를 쓴 사람은 약흐둔림(Yahdun-Lim) 왕조를 마리(Mari)에서 쫓아낸 앗수르 왕이다. 그는 동쪽 자그로스(Zagros) 산맥에 있는 쉠샤라(Shemshara, 현대 지명은 Shusharra) 분봉왕에게 편지를 쓰고 있다. 편지는 쉠샤라에서 발견되었다.

---

33 고대 서아시아 외교서신에서 맹주는 아버지로 분봉왕은 아들로 부르는 것이 관례였다(역주).

a

쿠와리(Kuwari)에게 말하라! 샴시아다드(Shamshi-Adad)로부터.

너도 분명히 (5) 악흐자 출신(Ahzaean) 야슈브앗두(Yashub-Addu)가 반란을 일으켰다는 사실을 알고 있을 것이다. 그 전에 그는 쉬무라 사람들(Shimurraeans)을 따랐으나, 쉬무라 사람들을 버리고 티룩카 사람들(Tirukkaeans)에게로 갔다. 그는 티룩카 사람들도 버리고 (10) 야일아눔(Ya'ilanum) 부족을 따랐다. 그가 (다시) 야일아눔을 버리고 나를 따랐다. (그러나) 그가 나도 버리고 칵크무(Kakmu) 사람들을 따르고 있다. 그는 (15) 이 모든 왕들에게 충성을 맹세하며 다녔다. 그가 이 모든 왕들과 동맹을 맺었다가 다시 적이 되는데 3년이 걸리지 않았다.

그가 (나와) 동맹을 맺었을 때, (20) 그는 아랍하(Arrapha)에 있는 아다드 신전에서 내게 맹세를 했다. 그 후 잡(Zab) 강변에 있는 아인눔(A'innum)에서 내게 다시 맹세했다. 그리고 나도 그에게 맹세를 하였다. 그가 내게 두 번이나 충성을 맹세한 것이다. (25) 그때부터 그가 내 옷자락을 붙들었고, 내가 그의 땅에서는 은이나 황소, 양, 곡식을 거두지 않았다. (30) 내가 그의 땅에 있는 성을 하나도 취하지 않았다. (그럼에도 불구하고) 그는 이제 내 적이 되어 칵크무 사람들을 따르고 있다. 그가 한 왕의 동맹이 되어 (35) 맹세를 하고, (그 후) 다른 왕의 동맹이 되어 또 맹세를 하며, 자기가 처음 동맹을 맺었던 왕의 적이 되고 있다. 동맹을 맺었다가 동맹을 맺은 왕을 배신하는 일이 두 달 안에 [다 일어났다]. 나와는 [그가 …]달 동안 [동맹을 맺었었고], 지금은 그가 적[이] 되었다. (45) 내가 지금 (여기) 도착하여 머문 것이 […]달이 되었는데, 그는 내게 아무런 도움도 주지 않았다. 그가 (전쟁을) 일으킬 때, 너는 내가 그의 땅에서 행하는 모든 일들을 듣[게] 될 것이다.

b

다음 문서는 짐리림에게 보낸 편지의 일부분이다. 함무라비가 고대 서아시아 지방에 바벨론의 지배를 확립하기 직전 정황을 잘 보여 준다.

(22) 내 주께서 이 곳 왕들에게 편지를 보내서서 "이쉬타르 제사에 모두 참석하라"고 말씀하셨고, 내가 왕들을 샤르마네(Sharmaneh)로 모아 그들에게 왕의 뜻을 전했습니다. 지금 (이곳에는) 자기 힘으로 독립할 수 있는 왕은 없습니다. 왕들 중 10-15명은 (25) 바벨론 사람 함무라비를 따릅니다. 라르사(Larsa)의 림신(Rim-Sin)도 그렇고, 에쉬눈나(Eshnunna)의 이발피엘(Ibal-pi-El)도 신렇고, 카타눔(Qatanum)의 아뭇피엘(Amut-pi-El)도 그렇습니다. (다른) 왕들 20명은 얌하드(Yamhad)의 야림림(Yarim-Lim)을 따릅니다.

ANET³, 628-29

9. "내 조상들의 하느님" | 원역자: 모란(William L. Moran)

시리아에 있는 카트나(Qatna)의 왕이 마리(Mari)의 야스마앗두(Yasmaʻ-Addu)의 형이고 샴시아다드(Shamshi-Adad)의 후계자인 앗수르 왕 이쉬메다간(Ishme-Dagan)이 주고받은 편지들이다. 이 편지가 앗수르가 아니라 마리에서 발견된 이유는 야스마앗두가 편지를 먼저 검열하고 자기 형의 보복이 두려워서 편지를 전달하지 않았기 때문일 수도 있고, 아니면 이쉬메다간이 편지를 읽고 난 후 동생에게 보내어 그 내용을 다시 생각하게 했기 때문일 수도 있다. 야스마앗두는 카트나 왕의 사위였다.

이쉬메다간(Ishme-Dagan)에게 말하라! 당신의 형제, 이쉬히앗두(Ishhi-Addu)로부터.
(5) 이런 말은 입에 담으면 안 되지만, (맺힌) 감정을 풀기 위해서라도 이 문제에 관해 말해야겠다. 당신은 위대한 왕이다. 당신이 내게 말 두 마리를 요구했고, 내가 (말들을) 당신에게 보냈다. 그러나 당신은 내게 (10) 주석 20미나를 보냈다! 나와 공식적인 계약을 맺지 않고

도 당신은 (당신이 원하는 바를) 얻었는데, 당신은 내게 주석을 이 만큼만 보냈다. 만약 (15) 당신이 내게 아무것도 보내지 않았다면, 내 조상들의 하느님께 맹세코 나는 전혀 감정이 상하지 않았을 것이다. 이 말들의 가격은 우리가 사는 여기 카트나에서 (20) 은 600세겔인데, 당신은 내게 주석 20미나를 보냈다! 누가 이 소식을 들으면 뭐라고 하겠는가? 그가 우리를 비방하지 않겠는가? (25) 내 집은 당신 집과 같다. 형제가 다른 형제에게 무언가를 요구한다면 당신 집에서 주지 못할 것이 무엇인가? 만약 당신이 (30) 내게 주석을 보내지 않았다면, 나는 전혀 감정이 상하지 않았을 것이다. 당신은 위대한 왕이 아니다! 왜 당신은 이렇게 행동하는가? 내 집은 당신 집과 같지 않은가?

10. 대출과 이자 | 원역자: 모란(William L. Moran)

ANET³, 629

감독관 무아리후(Muarihu)에게 말하라! 안녕하십니까?
당신이 보내신 편지에서 "그가 네 노예를 헤헤아(Hehea)에게서 은 400세겔에 샀는데, 그중 내 돈 140세겔이 (10) 미지불 상태로 남아 있다. 그런데 그가 이제 신전에 들어가서 맹세하기를 사실 네 노예를 남겨 받지 못했다고 한다. (그리고) 내가 (아직) (15) 그들의 몸값을 가지고 있다"라고 말씀하셨습니다. 내가 당신이 개인적으로 지출하신 돈을 배상하겠습니다. 그가 내 노예를 내게 돌려주었습니다. 그러므로 (20) 당신이 80세겔을 내게 주시고 그 (대출에) 이자를 붙이지 마십시오. 우리는 모두 점잖은 사람들입니다.

11. 소년이 그의 어머니에게

ANET³, 629

| 원역자: 모란(William L. Moran)

이 편지를 쓴 사람의 아버지는 샤마쉬하지르(Shamash-hazir)로 함무라비 시대 라르사(Larsa)에서 일하던 고위 관리이다. 서체가 매우 서툴고 실수가 많은

문체를 볼 때 구어체를 사용하였고, 불평하는 내용은 시대와 상관없이 언제나 존재했던 것 같다.

지누(Zinu)에게 말하라! 잇딘신(Iddin-Sin)으로부터. 샤마쉬와 마르둑, 일라브랏(Ilabrat) 신들이 나를 위하여 (5) 당신의 평안을 영원히 지켜 주시기 바랍니다.

점잖은 사람들은 해마다 (외모가) 좋아집니다. (10) (그러나) 어머니는 제 옷을 해마다 더 싸구려로 만드십니다. 내 옷을 싸구려로 만들고 절약해서서 어머니는 부자가 되셨습니다. 우리 집에서 양모는 빵처럼 흔한데, 어머니는 내 옷을 싸구려 (천으로) 만드십니다. 아다드잇딘남(Adad-iddinam)의 아들은 (20) 자기 아버지가 우리 아버지 밑에서 일하고 있는데도 (올해) 옷 두 벌을 [받]았습니다. (그러나) 어머니는 제게 옷 한 벌만 주시기를 고집하고 계십니다. 어머니는 (25) 나를 낳으시고 그의 어머니는 그를 입양해서 [얻]었지만, 그의 어머니는 그를 사랑하시고 어머니는 나를 사랑하지 않으십니다.

나. 아람어 편지
| 원역자: 긴즈버그(H. L. Ginsberg)

ANET, 491-92

1. 엘레판틴 유대인들의 편지

1) "유월절 파피루스"

훼손 정도가 심한 파피루스 낱장. 양면에 글이 새겨져 있다. 원문: Sachau, 6; Ungnad, 6; Cowley, 21. 연대: 주전 419년경.

내 [형제들] [예도]니야(Yedoniah)와³⁴ 그의 동료들, [유]대인 부대, 네 형제 하나니[야에게].³⁵ 하나님이 네 형제들의 평화를 [언제나 구하시기를 원한다]. 올해, 즉 다리우스 왕 5년에, [다음과 같은] 명령이 왕으로부터 아르사[메스]에게³⁶ 보내졌다. "[유대인 [부대를 위해 *무교병 축제를 허락하라*]." 따라서 너는 [니산 월, 14일을] 계수하여, [*유월절을*³⁷ 지키고, [니산 월] 15일로부터 21일까지 [무교병 축제를 지키]라. (제의법에 맞게) 정결하도록 주의하라. [15일이나 21일에는] 일하[지 말고, 니산 [월 14일] 일몰로부터 21일까지 [맥주를]³⁸ 마시거나 누룩이 들어간 것은 [먹지] 마라. [7일 동안 누룩이 너희 가운데 있어서는 안 된다]. 그것을 너희 집에 들여서는 [안 되며], 이 날짜 사이에는 (그릇에) 봉인해 두어야 한다. [*다리우스 왕의 명령이다*]. 내 형제들, 예도니야와 유대인 부대, 너의 형제 하나니[야에게].

2) 야호 신에 바쳐진 헌물들

일곱 칼럼의 아람어 본문으로 된 매우 넓은 파피루스; 팔림프세스트 문서. 원문: Sachau, 17-19; Ungnad, 19; Cowley, 22. 연대: 주전 419년 혹은 400년.³⁹ *Kedem*, 1, 47-52쪽에 실린 U.Cassuto의 연구를 참조하라.

(통치) 5년, 파메노트⁴⁰ 월 3일. 이것은 유대인 부대 중, 야호 신에게

---

34 엘레판틴 유대 공동체(군사적 식민지)의 제사장이자 지도자.
35 아르사메스에게 유대 문제에 대해 자문하는 조수.
36 주전 455/4년부터 적어도 407년까지 이집트의 지방관이었음.
37 엘레판틴에서 출토된 두개의 도편 문서에 언급된 단어 *psh*'는 유월절(제물)을 의미할 수 있다.
38 "맥주"라는 말은 하나니야의 전통이 "누룩"에 발표된 옥수수는 포함하지만, 발효된 과일(포도주)은 포함하지 않았을 때, 정확한 것이다. 사마리아인들은 "누룩"에 대한 보다 엄격한 견해를 가졌다.
39 5년이 다리우스 2세의 통치 연수인지 이집트 왕 아미르타이우스의 것인지에 따라 달라진다.
40 이집트 월명

돈을 바친 (사람들의) 이름이다. 각각 [2세겔씩 바쳤다].

(2-119열과 126-135열은 헌금한 123명의 남녀의 이름을 나열한다.)

(120-125) 파메노트 월 같은 날에 예도니야가 가져온 (총)헌금: 31카라스, 8세겔. 야호 신을 위해서는 12카라스, 6세겔이며;[41] 이슘베델을[42] 위해서는 7카라스; 아낫베델을[43] 위해서는 12카라스이다.

3) 맹세를 통한 분쟁 해결

원문: Sayce-Cowley, F: Cowley, 14. 연대: 주전440년.

유대인 여자 미브타히야(Mbṭhyh)는 이집트인 피(Piʾ)와 결혼했었지만, 후에 그 결혼이 붕괴되었다. 결혼할 때, 미브타히야는 유대인 사회에서 나와 이집트 사회로 입양되었었다. 이 모든 것을 취소할 때에도 그녀는 이집트 신을 통해 맹세할 필요가 있었다. 이 문서에 대한 증인들은 유대인도 이집트인도 아니다.

아닥사스다 25년, 파혼스 월 19일, 즉 아브 월 14일에, *파히*(Phy)의 아들 피(Piʾ)가 바리자타 분대에 속한 스엔의 아람인 예도니야의 아들 마세이야의 딸, 미브타히야에게 (다음과 같이) 말했다. 우리가 스엔에서 취한 행동에 따라, 은, 곡물, 옷, 청동, 철, 모든 물품과 소유물, 결혼 계약을 *분배하자*. 그때, 맹세가 너에게 부여되었고, 너는 내게 여신 사티(Sati)의 이름으로 그것들에 관해 맹세했다. 이제 나는 이날부터 영원히 너에 대한 모든 주장을 철회한다.

---

41 1카르스가 20세겔과 같으므로, 이것은 각자 2세겔씩 123명의 헌물의 총합에 대한 올바른 수치이다. 다른 두 신들에 대한 헌금은 비유대인에 의한 것이다. 예도니야는 엘레판틴의 모든 아람인들을 위해 재무관이나 은행원의 역할을 수행한다.

42 남자 신

43 여자 신

4) 야호 성전을 재건하기 위해 허락을 구함

매우 잘 보존된 파피루스 문서. 양 쪽에 모두 글이 적혀 있다. 예루살렘으로 보낸 편지에 대한 복사본으로 보인다. 원문: Sachau, 1-2; Ungnad, 1; Cowley 30. 연대: 주전 407년. (이 본문을 가진 다소 훼손된 또 하나의 사본을 보려면 Sachau, 3; Ungnad, 2; Cowley 31을 참조할 것.)

우리 주 바고아스, 유다의 총독에게 당신의 종들, 즉 예도니야와 그의 동료들, 엘레판틴 요새에 있는 제사장들이 (편지합니다). 하늘의 하나님이 우리 주의 안녕을 언제나 돌보시기를 기원합니다. 또한 다리우스 왕과 귀족들 앞에서 당신에게 지금보다 천 배나 은혜 베푸시기를 기원합니다. 언제나 행복하고 건강하시기를 바랍니다. 이제 당신의 종 예도니야와 그의 동료들이 다음과 같이 증언합니다. 다리우스 14년[44] 담무스 월에, 아르사메스가 (5) 떠나 왕에게 갔을 때, 엘레판틴에 있는 크눕 신의 제사장들이 이곳의 사령관 비다라낙과 모의하여 야호 신의 성전을 엘레판틴 요새에서 없애려 했습니다. 그래서 그 한심한 비다라낙은 스엔 요새에 있는 주둔지를 통제하는 그의 아들 네파얀에게 다음과 같은 명령을 내려보냈습니다. "엡(Yeb)[45] 요새에 있는 야호[46] 신전이 파괴되어야 한다." 그러자 네파얀은 다른 군대들과 함께 이집트인들을 지휘했습니다. 무기를 들고 엘레판틴 요새에 도착한 그들은 신전으로 들어가 그것을 완전히 파괴하였습니다. 그곳에 있던 돌기둥을 부수었습니다. (10) 신전에 있던 다섯 개의 "큰" 성문—다듬은 돌로 건설됨—도 파괴하였습니다. 그러나 문짝은 그곳에 *남아 있습니다.* 그 문짝의 돌추는 청동으로 되어 있습니다. 그들은 잣나무로 된 지붕은 물론 남은 것은 무엇이나 불로 살랐습니다. 금과 은 대야들, 그리고 신전에 있던 다른 물품들은 그들이 가지고 가

---

44 주전 410년
45 엘레판틴의 고대 이름(역주).
46 신성사문자 "여호와"에 대한 아람인들의 발음(역주).

서 자기 것으로 삼았습니다.—이집트 왕국 때에 우리 조상들이 엘레판틴 요새에 이 성전을 지었습니다. 캠비세스가 이집트에 왔을 때, 그는 이미 지어진 성전을 보았습니다. 그들이 이집트의 모든 신전을 파괴했지만, 이 신전은 해하지 않았습니다. (15) 그러나 이 일(성전 파괴)이 발생했을 때, 우리와, 우리의 아내들, 자녀들은 베옷을 입고, 금식하며, 하늘의 주, 야호에게 기도하였습니다. 그분은 우리로 하여금 그 비다라낙에 대해 복수하도록 허락했습니다. 개들이 그의 발로부터 족쇄를 취했고[47], 그가 얻은 재산은 없어졌고, 이 성전에 악을 행하려던 사람들은 모두 살해당하거나 우리가 그들에게 복수하였습니다.—또한 우리는 이 재앙이 우리에게 임했을 때, 우리의 주님과 대제사장 요하난, 그리고 예루살렘에 있는 그의 동료 제사장, 또한 아나니의 형제 오스타네스, 유대 귀족들에게 편지를 보냈습니다. 그러나 그들은 우리에게 한 통의 답장도 하지 않았습니다. 또한 다리우스 14년, 담무스 월로부터 (20) 오늘날까지, 우리는 베 옷을 입고, 금식하였고, 우리의 아내들은 과부처럼하고 기름을 바르거나 포도주를 마시지도 않았습니다. 그때부터 지금, 즉 다리우스 17년까지[48], 제사, 분향, 번제가 이 성전에서 드려지지 않았습니다. 이제 당신의 종들, 예도니야와 그 동료들, 엘라파틴에 거주하는 유대인들이 모두 이렇게 말합니다. "우리 주가 기뻐하신다면, 이 성전이 재건되도록 고려하십시요. 그들은 그것을 허용하지 않았습니다. 여기 이집트에 있는 당신의 동지들과 친구들을 돌보세요. 야호 성전에 관해 당신에 그들에게 편지를 하십시요. 전에 성전이 건축된 것처럼 엘레판틴 요새에서 (25) 성전이 건축될 수 있도록 (편지를 보내세요). 그러면, 제사, 분향, 번제물이 당신의 이름으로 드려질 것이고, 우리는 언제나 당신을 위해 기도할 것입니다. 당신이 성전이 건축되도록 편지해 주시면, 우리와 우리 아내들, 그리고 우리 자녀들, 여기 있는 모든 유대인들이 그리할 것입니다. 그리고 하늘의 신 야호 앞에서 상급을 받을 것입니다. 은이나 금

느 12:22-23;
대상 3:24

---

47 아마 "그의 발을 족쇄로부터"를 잘못 표현한 것 같다.
48 주전 407년

천 달란트 가치의 제물과 제사를 태워 드리는 사람보다 더 많은 상급을 받을 것입니다. 이것을 말하려고 당신에게 편지를 씁니다. 또한 우리는 우리의 이름으로 사마리아의 총독, 산발랏의 아들들, 즉 들라야와 셀레미야에게 보낸 편지에서 이 모든 것을 말했습니다. (30) 또한 아르사메스는 우리에게 일어난 일에 대해 전혀 몰랐습니다. 다리우스 17년 마르헤쉬반 월 20일.

느 2:19

5) 유다와 사마리아의 총독들이 엘레판틴의 유대인들에게 보낸 조언

원문: Sachau, 4; Ungnad, 3; Cowley, 32.

바고아스와 들라야가 내게 말한 것의 기록이다. 이것이 이집트에 있는 너에 대한 지시가 된다. 너는 하늘 하나님의 제사의 집(이것은 엘레판틴 요새에 캄비세스 이전부터, (5) 즉 옛적부터 존재했었고, 다리우스 14년, 그 한심한 비다라낙이 파괴했던 집)에 관해 아르사메스 앞에서 말하라. 그 신전을 전에 있던 장소에 다시 지어라. 전처럼 그 제단에서 제사와 분향이[49] (10) 이루어지도록 하라.

6) 엘레판틴 유대인들이 아르사메스에게 보낸 청원서

원문: Sachau, 4; Ungnad, 4; Cowley, 33.

당신의 종들, 그마랴의 아들 예도니야, 이름 1, 나단의 아들 마우지, 이름 [1], 학개의 아들 세마이야, 이름 1, 야톰의 아들 호세아, 이름 1 (5) 나둔의 아들 호세아, 이름 1, 모두 다섯 명의 남자들, 모두 엘레판틴 요새에 집을 가지고 있는 쉬엔 사람들이 다음과 같이 말한다.

---

49 번제에 대한 언급이 없었다면 조로아스터교도인 아르사메스는 더욱 호의적으로 반응했을 것이다. 번제는 죽은 시체와 접촉에 의해 불을 더럽히는 것을 수반하기 때문이다.

당신의 주권이 호의적이고, 야호 우리 하나님의 신전이 엘레판틴 요새에 전처럼 [재건되고] (10) 양, 소, 염소가 번제로 드려지지 않고, 분향, 음식, [관제만]이 드려진다면, 그리고 당신의 주권이 [그런 취지로] 명령을 내린다면, 우리는 당신의 집에 […]과 보리 1천 아르다브스(ardabs)를 지불할 것입니다.

ANET³, 633

2. 주전 410년 이집트 반란 때 버려진 땅을 임대주에게 할당하기

이것은 루드비히 보르찰트가 이집트에서 얻은 일군의 문서(이 문서는 가죽 문서로 가죽 가방안에 보관되어 있었음) 중 하나이다.

이 편지를 보낸 사람, 아르사메스는 주전 5세기 마지막 20년 동안 이집트의 페르시아 지방관이었다. (그는 바빌로니아와 유프라테스 건너 지역의 지방관이었을 가능성도 있다.) 이 편지는 그안에 언급된 반란이 있은 지 일 년 이내에 쓰여졌고, 다른 편지들에 몇 번 언급된 바벨론에서 보내졌을 가능성이 있다. 아르사메스는 반란 동안 그리고 반란 후 몇 년 간 이집트에 없었던 것으로 알려진다.

(외면)
(1) 아르사메스로부터 감사관 낙크트호르와 이집트에 있는 그의 동료 회계사들에게.
(내면)
(1) 아르사메스로부터 감사관 나크트호르와 그의 동료들에게.

이제, 페토시리(Petorisi), 산림관, 내 종이 나에게 다음과 같이 편지했다. "[내 아버지] 파문(Pamun)에 관한 일입니다. (2) 이집트에서 반란이 일어났을 때, 방금 언급된 내 아버지 파문이 죽었고, 그가 소유한 농장—30 아르다브스의 파종 곡물이 필요한 만큼의 크기—이 버려졌습니다. 우리의 식구들은 모두 죽었습니다. 따라서 그들로 하여금 (3) 내 아버지 파문의 농장을 내게 [할당하도록] 하라. 나를 생각해서, 그들로 하여금 내게 그것을 할당하도록 하라."

그러므로 아르사메스는 다음과 같이 명한다. 만약 페토시리가 그 아버지 [파문]에 관해 내게 편지한 내용이 사실과 일치하면, (4) 즉 이 집트에서 반란이 일어났을 때, 그가 다른 식솔들과 함께 죽었다면 [그리고] 그 아버지 파문의 농장—30아르다브스의 파종 곡물이 필요한 만큼의 크기—이 버려졌다면, (5) 그리고 그것이 [내 재산]으로 편입되지 않았고, 내가 그것을 다른 종에게 할당하지 않았다면, 나는 파문의 농장을 페토시리에게 할당한다. 너는 그에게 (다음과 같이) 조언하라: 그는 그것을 차지하고, (6) 전에 그 아비 파문이 지불했던 것처럼 내 땅에 대한 토지세를 지불할 것이다.

(7) 아르토히는 이 명령을 알고 있다. 라쉬트는 서기관이다.

월명 비교표

히브리 및 바벨론 월명

	히브리 월명	바벨론 월명	현대력
1	니산(ניסן)	니산누(Nisannu)	3-4월
2	이얄(אייר)	아야루(Ayyaru)	4-5월
3	시반(סיון)	시마누(Simanu)	5-6월
4	담무스(תמוז)	두우주(Duʾūzu)	6-7월
5	아브(אב)	아부(Abu)	7-8월
6	엘룰(אלול)	엘룰루(Elūlu)	8-9월
7	티쉬리(תשרי)	타쉬리투(Tašrītu)	9-10월
8	마르헤쉬반(מרחשון)	아락삼나(Araḫsamna)	10-11월
9	키슬레브(כסלו)	키슬리무(Kislīmu)	11-12월
10	테벳(טבת)	테베투(Ṭebētu)	12-1월
11	쉬밧(שבט)	샤바투(Šabāṭu)	1-2월
12	아달(אדר)	아다루(Addaru)	2-3월

구약성경의 히브리 월명은 포로기 이후 바벨론 월명을 차용한것이다. 랍비전승에 의하면 바벨론 포로에서 귀환한 자들이 바벨론 월명을 가지고 와서 사용한 것으로 전해진다(예루살렘탈무드, 로쉬하샤나 1:2, 56d). 본서에서는 모든 월명을 히브리 월명으로 통일하여 표기하였다.

용어 해설

갈그미스(Carcemish)
현대 터키와 시리아 국경 지역 있는 고대 도시로 히타이트, 미타니, 신아시리아 제국 등에 속한 도시였다. 유프라테스 강 서안에 위치하여 상업과 교통의 요지였다.

겝(Geb)
이집트의 대지의 신으로 헬리오폴리스의 엔네아드에 속한 신이며 하늘의 신 누트의 남편이다. 이집트인들은 겝이 웃을 때 지진이 일어나며, 그의 허락으로 작물이 땅에서 올라온다고 믿었다.

구스(Kush)
성경에 따르면 노아의 아들, 함의 장자이며, 이집트, 가나안을 형제로 두었으며, 니므롯이 그의 아들이다. 구스는 전통적으로 이집트 남부에 위치한 누비아 왕국의 시조로 이해된다.

굴라(Gula)
바빌로니아의 치료의 여신으로 바빌로니아 남부 지역의 도시 이신에서 주로 섬겨졌으며 니누르타의 아내로 여겨졌다.

그모스(Chemosh)
요단강 동편의 모압 왕국의 국가신으로 구약성경(민수기 21:29 등)과 메사 비문에 등장한다.

길가메쉬(Gilgamesh)
제3천년기 초반 메소포타미아의 도시 국가 우룩의 왕. 그를 주인공으로 한 이야기에 따르면 그는 초인적인 힘을 가진 반신반인의 존재로, 친구 엔키두가 죽자, 불멸을 찾아 우트나피쉬팀을 찾아간다.

나람신(Naram-Sin)
고대 아카드 왕국의 세 번째 왕(주전 2254-2218년). 아카드 제국의 전성기를 이루었고, 살아있는 동안 자신을 신격화한 최초의 메소포타미아 왕이었다. "네 모서리의 왕"으로 불리었다.

나보니두스(Nabonidus)
신바빌로니아 왕조의 마지막 왕(주전 556-539년). 월신인 신(Sin) 종교를 장려하여 마르둑 제사장들의 미움을 받았다. 수도 바벨론을 떠나 한동안 아라비아의 테마에서 지내기도 하였다.

나부(Nabu)
바벨론의 지혜와 서기관들의 신으로 바빌로니아인들이 마르둑의 아들로 숭배하였다. 본래는 아모리인들의 신이었으나, 후에 보르시파에서 주로 숭배되었다. 마르둑의 아들로서 바벨론의 신년 축제(아키투)에서 중요한 역할을 하였다.

난나(Nanna)
수메르의 달신. 엔릴과 닌릴 사이에 태어난 아들로 바빌로니아의 신(Sin)과 동일시된다. 난나의 신전은 남부 메소포타미아의 우르와 북부 메소포타미아의 하란에 있었다.

남타르(Namtar)
메소포타미아의 신화에서 엔릴과 닌릴 사이에 태어난 신으로, 질병과 역병을 퍼뜨리는 지하세계의 귀신이며 지하세계의 여왕인 에레쉬키갈의 남편으로 여겨졌다. 남타르는 수메르어로 '운명'을 뜻한다.

네르갈(Ngergal)
쿠타에 신전을 둔 네르갈은 때로는 태양신으로, 때로는 지하세계의 신으로 여겨진다.

전자일 때, 네르갈은 정오의 태양이나 하지 때의 태양과 동일시되는데, 메소포타미아에서 한 여름의 태양은 죽음을 상징한다. 지하세계의 신으로 네르갈은 죽은 자들을 다스리는 특별 회의를 주재한다.

네페르트이티(Nefertiti)
이집트의 왕 아크엔아톤의 아내로서 남편과 함께 이집트의 다신교를 아텐만을 섬기는 유일신교로 개혁하였다. 일부 학자들에 따르면 남편이 죽은 후, 투탄카문이 왕위에 오르기 전 네페르네페루아텐의 이름으로 잠시 이집트를 다스리기도 했다.

노아(Noah)
구약성경의 대홍수에서 살아남은 인물. 메소포타미아의 홍수 이야기들과 달리 노아는 대홍수 이후에 영원한 생명을 얻지 않았다.

누딤무드(Nudimmud)
바빌로니아의 신 엔키의 다른 이름. '엔키'를 보라.

눈(Nun)
이집트의 원시 바다의 신으로 신들의 아버지로 불린다. 대초의 혼돈을 상징하는 여덟 신 중의 하나이다.

누트(Nut)
이집트의 하늘신으로 공기의 신 슈의 딸이며 대지의 신 겝의 아내이다.

느부갓네살 2세(Nebuchadnezzar II)
신바빌로니아 왕조를 일으킨 나보폴라살의 아들(604-562)로 유다 왕국을 무너뜨렸다.

니누르타(Ninurta)
바빌로니아의 전쟁의 신으로 엔릴의 아들이며 니푸르에 신전이 있었다. 수메르의 신 닌기르수와 동일시되었다.

니사바(Nisaba)
바빌로니아의 곡물의 여신이며 또한 서기관들의 수호신이기도 하다.

닌투(Nintu)
바빌로니아의 어머니 여신의 한 이름. '마미'를 보라.

닌후르삭(Ninhursag)
바빌로니아의 여신. '마미'를 보라.

닙푸르(Nippur)
수메르의 전통적인 종교 중심지로 신들의 우두머리인 엔릴과 그의 아들 니누르타의 신전이 있었다.

다간(Dagan)
'다곤'을 보라.

다곤(Dagon)
원래는 아모리인의 곡물신이었으며 메소포타미아 여러 지역에서 숭배되었다. 우가릿이나 페니키아, 팔레스타인에서도 숭배되었는데 동일한 풍요의 기능을 가진 가나안인의 바알에게 압도당했다. 구약성경에서는 블레셋인들이 다곤을 최고신으로 섬겼다.

다니일루(Danilu)
우가릿 신화에서 아카투의 아버지. 자식이 없던 다니일루는 신에게 간구하여 아들 아카투를 얻는다. 그러나 아카투는 여신 아나투의 부탁을 거절한 벌로 살해당하고, 다니일루는 큰 슬픔에 빠진다. 특히 과부와 고아들에게 정의를 베푼 인물로 유명하다.

두무지(Dumuzi)
수메르의 목동의 신으로 인안나를 대신하여 지하세계에 남아 있게 되는 전승이 있으며 수메르의 성혼례 예식에서 수메르의 왕이 두무지가 되어 인안나와 결혼을 하기도 한다. 담무스는 동일한 이름의 셈어 형태이며 구약성경에도 나온다(겔 8:14).

디글랏빌레셀 3세(Tiglath-Pileser III)
신아시리아 제국의 왕(745-727). 구약성경에 '앗수르 왕 불'(왕하 15:19)로 등장한다. 앗수르의 강력한 군대와 아시리아 제국의 팽창에 중요한 역할을 하였다.

딜문(Dilmun, Tilmun)
오늘날의 바레인 지역으로 수메르 신화에서 낙원의 이미지로 나타난다. 걸프만을 통한 해상 무역에서 중요한 역할을 담당하였다.

레(Re, Ra)
이집트의 태양의 신으로 후대에 호루스, 아문/아몬 등과 동일시되기도 하였으며 아크엔아텐 왕이 다른 태양신인 아텐의 종교를 장려할 때에는 레의 숭배가 억압되기도 하였으나 아크엔아텐의 사후 곧 회복되었다.

레네누(Renenu)
이집트의 수확의 여신으로 뱀의 모습으로 형상화된다.

로제타스톤(Rosetta Stone)
주전 2세기 이집트의 왕 프톨레마이오스 5세가 발표한 법령이 이집트어 상형문자, 이집트 민중문자, 고대 그리스어의 세 가지 언어로 기록되어 있는 비문으로 고대 이집트어의 해독에 중요한 실마리를 제공하였다.

로탄(Lotan)
우가릿의 바다의 괴물로 바알과 싸운다. 뱀의 모습을 한 괴물로 여겨졌으며 구약성경의 욥기에 리워야단으로 나온다.

루갈딤메란키아(Lugal-Dimmer-Ankia)
수메르어로 "하늘과 땅의 신들의 왕"을 뜻하며 "에누마 엘리쉬"에서 마르둑의 50개 이름 중 하나로 나온다. 주전 1천년 대에는 마르둑의 아들 나부의 이름으로 사용되기도 하였다.

마르둑(Marduk)
바벨론의 신으로서 주전 2천년대 후반 이후부터 바벨로니아의 최고신으로 여겨졌다. "에누마 엘리쉬"에서 마르둑이 티아맛을 무찌르는 이야기는 니누르타와 안주의 이야기를 토대로 하고 있다.

마리 편지(Mari Letters)
유프라테스 강 중류, 시리아와 이라크의 국경 지역에 있는 텔 하리리(고대 지명 마리)의 왕궁 문서 보관소에서 발견된 아카드어 문서들로, 그중 약 3,000개 이상이 편지다. 바벨론의 함무라비 왕(1792-1750)과 동시대의 문서이다.

마미(Mami)
아루루, 닌마흐, 닌투, 닌후르삭, 벨렛일리 등과 함께 어머니 여신으로 여겨진다. 아트라하시스 신화에서 진흙으로 인간을 만든다.

메사(Mesha)
주전 9세기 모압왕국의 왕으로 이스라엘의 여로보암과 전쟁을 한 기록이 열왕기하 3장과 메사석비에 기록되어 있다.

메사석비(Mesha stele)
모압의 왕 메사가 이스라엘의 왕과 벌인 전쟁 및 건축 활동이 기록된 비문으로 현재 프랑스의 루브르박물관에 전시되어 있다.

모압(Moab)
요단강 동편에 이스라엘과 이웃하고 있는 왕국으로 구약성경에는 이스라엘 백성이 가나안에 들어가기 이전(민수기 21-24장)부터 페르시아 시대까지(스 9:1; 느 13:1, 23) 이스라엘과 관계를 가진 것으로 기록되고 있다.

므깃도 전투(The battle of Megiddo)
주전 609년 이집트 왕 느고가 바빌로니아 군대에 맞서 갈그미스에서 싸운 전투. 구약 성경 열왕기하 23장에 의하면 이 전투에서 유다의 왕 요시야가 전사한다.

미타니(Mitanni)
주전 1500년에서 1350년경 사이에 후리인들('호리족', 창 36:20)이 북부 메소포타미아 지역을 장악하고 형성한 국가 연합체로 오늘날의 북부 이라크 지역에서 지중해 연안에 이르는 광범위한 지역에 영향력을 미쳤다.

바빌로니아(Babylonia)
지리적으로 오늘날의 이라크 바그다드 지역에서부터 남쪽을 가리키는 용어로 이 지역은 다시 니푸르 지역을 경계로 북쪽의 아카드와 남쪽의 수메르로 나눌 수 있다. 정치적으로는 고바벨론 왕조의 함무라비가 메소포타미아 남부 지역을 아우르는 왕국을 건설한 이후 나보니두스 왕(555-539)이 페르시아의 고레스에게 패할 때까지 지속되었다.

바벨론(Babylon)
아카드 왕조의 사르곤 왕(2334-2279)이 바벨론을 세운 이후 작은 도시에 불과하던 바벨론은 함무라비 이후 바빌로니아 왕국의 수도가 되었다.

바스텟(Bastet)
이집트의 고양이 여신으로 태양신 레의 딸로 여겨졌다. 델타 지역의 부바스티스(이집트어로 '바스텟의 집'을 뜻함)에서 섬겨졌다.

바알(가나안의 신, 비와 바람의 신)
가나안의 풍우신으로 우가릿 신화에 의하면 시리아의 사본 산에 거하는 것으로 알려져 있다. 셈어로 주인을 뜻하는 바알은 가나안의 여러 도시들에서 숭배되었다.

사르곤 2세(Sargon II)
신아시리아 제국의 왕(721-705)으로 이스라엘 왕국을 멸망시켰다. 구약성경 이사야 20:1에 사르곤이 아스돗을 취하는 기록이 있다(주전 711년).

사마리아(Samaria)
북이스라엘 왕국의 수도. 구약성경에 의하면 이스라엘의 왕 오므리가 세멜에게서 사마리아 산을 사서 이스라엘 왕국의 수도로 만들었다(왕상 16장).

사말(Samal)
오늘날 터키 남부의 진지를리(Zincirli)에 위치한 고대 도시로 아람어로는 야우디(Yaudi)로 불렸다. 최근까지도 발굴이 계속 진행되어 페니키아어, 아람어, 아카드어로 기록된 많은 비문이 발견되었다.

사자의 서(Book of the Dead)
고대 이집트의 장례문서이다. 망자가 사후세계로 여행을 잘 할 수 있도록 돕는 주문들로 이루어져 있으며 천 년이 넘는 시간 동안 수많은 이집트 제사장에 의하여 기록되었다.

사해문서(Dead Sea Scrolls)
이스라엘 사해 근처의 키르벳 쿰란 근처 지역의 열한 개의 동굴에서 1947년 이후 발견된 문서들로 히브리어, 아람어, 그리스어 등으로 기록되어 있고 구약성경과 유대교 초기 기독교 연구에 있어서 중요한 자료들이 된다.

산헤립(Sennacherib)
신아시리아 제국의 왕(705-681)으로 701년 유다 왕 히스기야 때에 유다 왕국을 침공한 기록이 구약성경(왕하 18-19장)과 산헤립 왕의 왕실 비문에 의해 알려져 있다.

살만에셀 3세(Shalmaneser III)
신아시리아 제국의 왕(859-824)으로 842년 이스라엘의 왕 예후에게서 공물을 받은 기록이 예후 왕이 살만에셀 왕 앞에 엎드려 있는 장면과 함께 블랙 오벨리스크에 등장한다.

샤마쉬(Shamash)
바벨론의 태양의 신으로 수메르의 우투와 동일시되었다. 바빌로니아 남부의 라르사와 북부의 십파르에서 숭배되었다. 가나안에서는 태양신이 여신인 것과 달리 메소포타미아의 태양신은 남신이다.

샤이(Shay)
이집트의 운명을 주관하는 신으로 때때로 남신 또는 여신의 모습으로 표현되었다. 운명의 신으로서 인간의 수명을 결정하였고 사후세계에서 영혼의 무게를 달기도 한다.

샵슈(Shapshu)
우가릿의 태양신으로 바빌로니아의 태양신 샤마쉬가 남신인 것과 달리 우가릿의 샵쉬는 여신이다.

세크멧(Sekhmet)
이집트의 전쟁의 여신으로 태양신 레의 딸, 프타신의 아내로 여겨진다. 테베의 태양신인 아문의 아내 무트와 동일시되기도 하였다. 암사자의 머리를 가진 사람의 모습으로 그려진다.

세트(Seth)
이집트의 신 겝과 누트의 아들이며 혼돈과 전쟁의 신이다.

수메르(Sumer)
주전 2천년대 말까지 남부 메소포타미아 지역에 있었던 문명을 총칭하는 말로 이후 바빌로니아의 문화에 큰 영향을 남겼다. 수메르인들이나 수메르어의 기원에 관하여는 아직도 알려지지 않은 부분이 많다.

수투인(Suteans)
주전 2천년대 중반 마리, 아마르나, 알랄락, 에마르 등의 문헌에서 언급되는 사람들로 일정한 주거지가 없이 옮겨 다니는 반유목민이었을 것으로 추정된다.

슈(Shu)
이집트의 공기의 신으로 홍수를 막는 역할을 한다. 겝과 누트의 아버지이다.

스핑크스(Sphinx)
이집트에서 사자의 몸을 하고 인간의 머리를 가진 신화적 동물. 다양한 크기의 스핑크스가 아직 남아 있으나 그중 기자의 스핑크스가 가장 큰 규모로 잘 알려졌다.

신(Sin)
수메르의 달의 신. 수메르어로 EN.ZU 로 기록되었다. '난나'를 보라

아가데(Agade)
사르곤 1세가 주전 3천년대 후반에 세운 아카드 왕조의 수도로, 정확한 위치는 아직 알려지지 않고 있다.

아나투(Anatu)
우가릿 신화에서 전쟁의 여신으로 나타나며 바알의 아내이다.

아누(Anu)
하늘을 뜻하는 수메르어 '안'의 아카드어 형태로 바빌로니아의 하늘의 신이다. 신들의 아버지로 여겨지지만 신화에서 중요한 역할을 하거나 인간의 모습으로 형상화되는 일은 거의 없었다.

아누비스(Anubis)
이집트에서 무덤을 지키는 역할을 하였던 신으로 개 혹은 자칼의 모습으로 형상화되었다. 망자의 심장을 저울에 다는 모습으로 그려지기도 한다.

아눈나키(Anunnaki)
이기기 신들과 함께 바빌로니아 신들을 통칭하는 말. 수메르어로 '고귀한 자의 후손들'이라는 뜻을 가진다. "에누마 엘리쉬"에 의하면 하늘의 300 아눈나키 신들이 있다고 전해진다.

아다드(Adad)
바빌로니아의 풍우신으로 번개를 손에 쥐고 있는 모습으로 형상화된다. 수메르의 이쉬쿠르 신과 동일시되었으며, 아람어, 히브리어 등의 서셈어에서는 하다드로 불린다.

아다드니라리 3세(Adad-Nirari III)
신아시리아 왕조의 왕(810-783)으로 이스라엘과 유다 왕국을 침공한 기록이 전해진다.

아다파(Adapa)
메소포타미아에서 인간에게 문명을 전해 주기 위해 에아가 대홍수 이전에 보낸 일곱 현자 중의 첫 번째. 아마르나와 니느웨에서 전해지는 아다파 이야기에서는 영원한 생명을 얻을 기회를 놓친 사람으로 나온다.

아닥사스다 1세(Artaxerxes I)
페르시아의 왕(465-424). 구약성경 에스라 7장에서 아닥사스다 왕이 에스라가 예루살렘으로 돌아가도록 명령을 내린다.

아마르나 편지(Amarna Letters)
이집트의 18왕조의 왕 아크엔아텐이 건설한 아마르나의 왕실 문서 보관소에서 발견된 편지들로 주전 14세기 경 이집트의 왕과 바벨론과 히타이트 및 가나안의 왕들이 아카드어로 주고 받은 편지다. 당시 가나안의 언어와 역사, 외교 등을 연구할 수 있는 중요한 사료가 된다.

아멘엠헷 1세(Amen-em-het)
이집트의 제20왕조의 왕(1991-1962). 이집트 중왕조의 황금기를 이끈 왕으로 평가된다. 시누헤 이야기와 네페르로후의 예언에 등장한다.

아모세(Ahmose I)
이집트 제18왕조의 첫 번째 왕(1539-1514). 이집트에서 힉소스를 몰아낸 왕으로 전해진다.

아몬레(Amon-Re)
이집트의 최고 신으로서 아몬은 힉소스를 몰아낸 제18왕조의 아모세의 통치 때에 그 중요성이 더해져서 태양신 레와 동일시되어 아몬레로 나타난다.

아세라(Asherah)
페니키아, 블레셋, 메소포타미아, 이집트, 이스라엘 등의 여러 지역의 문헌에서 언급되는 여신. 아스타르트(성경의 '아스도렛')와는 다른 여신이다. 구약성경에서는 이스라엘의 400명의 아세라의 예언자(왕상 18:19)가 언급된다. 우가릿 신화에서는 엘의 아내로 둘 사이에 칠십 명의 아들이 있었다고 전해진다.

아스도렛(Ashtoreth)
'아스타르트'를 보라

아스타르(Ashtar)
주전 3천년대부터 메소포타미아와 시리아 지역의 문헌들에서 등장하는 신으로 금성을 주관하는 신이거나 혹은 농업에 필요한 물을 제공하는 역할을 하는 신으로 여겨진다. 여신 아스타르트의 남성형이다.

아스타르그모스(Ashtar-Chemosh)
메사 비문에 나오는 신으로 아스타르트와 동일한 신으로 여겨진다.

아스타르트(Astarte)
아세라와는 다른 여신으로 메소포타미아의 이쉬타르와 동일한 여신이다. 구약성경(삼상 7:3 등), 페니키아, 우가릿, 이집트 등지의 문헌에서 폭넓게 등장한다.

아시리아(Assyria)
지리적으로는 메소포타미아 북부 지역을 일컫는 말로 수바르투라고도 불린다. 주전 3천년대 후반 이래 종교적/정치적 수도인 앗수르를 중심으로 정치 세력을 형성한 이후 주전 7세기 말 바벨론과 엘람에 의해 멸망될 때까지 국가를 유지하였다.

아켄아톤(Akhenaton)
'아크엔아톤'을 보라

아크엔아톤(Akh-en-aton)
이집트 제18왕조의 왕(1353-1336). 아멘호텝 4세로 왕위에 올랐으나 수도를 새로 건설한 아케타텐(Akhetaten)으로 옮긴 후에 이름을 아크엔아톤으로 바꾼다. 태양신 아톤의 제의를 장려하는 종교개혁을 시행하였다.

아크하투(Aqhatu)
우가릿의 신화에서 다니엘이 얻은 아들로서 우가릿의 장인의 신 코싸루와하시수가 만든 활을 얻었다가 이로 인해 아나투 여신에게 죽임을 당한다.

아키(Akki, Aqqi)
사르곤 이야기에서 물긷는 사람으로 강에서 우연히 사르곤이 담긴 광주리를 발견하여 보살핀다.

아툼(이집트의 창조신)
이집트의 창조의 신으로 스스로를 창조하였으며 자신의 침으로 공기의 신 슈와 그 아내인 습기의 신 테프누트를 창조하였다고 전해진다.

아트라하시스(Atra-Hasis)
고바벨론 시대 아카드어 신화의 주인공으로 '지혜가 뛰어난'이라는 뜻을 가진다. 이 신화에는 인간의 창조 이야기와 대홍수 이야기가 포함되어 있으며 아트라하시스는 대홍수에서 살아남아 영원한 생명을 얻게 된다.

아히람(Ahiram)
주전 11세기경의 비블로스의 왕으로 페니키아어로 쓰여진 그의 석관이 남아 있다.

안샤르(Anshar)
메소포타미아의 태초의 신으로 여신인 키샤르와 함께 "에누마 엘리쉬"의 시작 부분에 압수-티아맛과 라흐무-하라무의 뒤를 이어 나온다. 안샤르와 키샤르는 하늘(안)과 땅(키)을 관장하는 신이다.

안주(Anzu)
메소포타미아 신화에서 사자의 머리를 가진 새의 모습으로 나타나는 존재. 엔릴에게서 운명의 토판을 훔쳐갔다가 니누르타에게 죽임을 당한다.

안툼(Antum)
바빌로니아의 하늘신 아누의 여성형으로 그의 아내이다.

압수(Apsu, Abzu)
바빌로니아의 신화에서 태초의 신으로 지하수를 관장하는 신이다. "에누마 엘리쉬"에서 에아에게 죽임을 당한 후 에아의 거주지가 되며 땅 아래에 있는 담수의 근원으로 여겨졌다.

앗수르(Assur)

도시 앗수르 및 아시리아 국가의 신으로서 바빌로니아의 신들과는 달리 도시 자체가 신격화된 신이다. 처음에는 가족도 없었으나 주전 1천년대에 들어 바빌로니아의 신들과 같이 가족을 가지게 되었다.

앗수르바니팔 2세(Ashurbanipal II)

신아시리아 제국의 왕(668-627)으로 아시리아 제국이 전성기를 누리던 때의 마지막 왕이다. 메소포타미아의 왕들로서는 드물게 글을 읽을 수 있었다고 전해진다.

야훼(Yahweh)

이스라엘의 유일신으로서 이름의 정확한 의미 및 기원에 대하여는 불분명한 점들이 많다. 고대 서셈어 문헌들 및 아카드어 문헌에 전해지는 인명들에서 '야,' '야와,' '야마' 등의 형태로 신명의 요소로 사용된 기록들이 전해진다.

얌무(Yammu)

가나안의 바다의 신으로 우가릿 신화에서 바알에게 패배한다. 우가릿 신화에서 강을 뜻하는 나하루와 동일한 신으로 나타난다.

에안나툼(Eannatum)

수메르의 도시 국가 라가쉬 제1왕조의 왕(초기 왕조 시대, 주전 3천년대 중반, 정확한 연대 모름). 수메르의 다른 도시 국가들을 점령하여 제국을 형성하였다.

에닌누(Eninnu)

수메르의 도시 국가 라가쉬에 있는 닌기르수의 신전. 주전 22세기 경 라가쉬의 왕 구데아가 에닌누 신전을 건축한 기록이 알려졌다(구데아 실린더 A, B).

에돔(Edom)

이스라엘의 동쪽과 남쪽 지역에 자리 잡고 있던 왕국으로 구약성경 창세기 36장에 의하면 이스라엘에 왕이 있기 전에 이미 에돔에 왕이 있었던 것으로 전해진다. 유다 왕국이 느부갓네살에게 멸망할 때에 바벨론을 도운 것으로 전해진다(욥 1:10-14).

에라(Erra)
바벨론의 전쟁과 역병의 신으로 주전 1천년대의 '에라와 이슘' 신화를 통해서 잘 알려졌다.

에레쉬키갈(Ereshkigal)
수메르의 지하세계의 여신으로 수메르어로 '큰 땅의 여왕'이라는 뜻을 가진다. '큰 땅'은 사후세계를 가리킨다. 수메르어 인안나 신화에서 인안나와 자매 사이이다.

에리두(Eridu)
바빌로니아 남부의 도시로 수메르 신화에 의하면 대홍수 이전에 세워진 다섯 도시 중 하나이다. 수메르 왕명록(Sumerian King List)에 의하면 왕권이 하늘에서 처음으로 내려온 곳이기도 하다.

에사길라(Esagil(a))
바벨론의 마르둑의 신전.

에살핫돈(Esarhaddon)
신아시리아 제국의 왕(680-669). 선왕인 산헤립이 바벨론에 대해 적대적인 정책을 시행한 것과 달리 바벨론을 재건하기 위해 노력하였다. 이집트 원정 도중 하란에서 전사하였다.

에아(Ea)
수메르의 신 엔키의 아카드어 이름. '엔키'를 보라.

에안나(Eanna)
우룩에 있는 아누와 인안나/이쉬타르의 신전.

에쿠르(Ekur)
닙푸르에 있는 엔릴의 신전.

에타나(Etana)
수메르 왕명록에서 홍수 이후에 키쉬에서 1560년 동안 다스린 왕. 에타나가 독수리를 타고 하늘에 올라간 이야기가 전해진다.

에테메난키(Etemenanki)
수메르어로 '하늘과 땅의 기초'라는 뜻으로 바벨론에 있는 마르둑의 지구라트의 이름이다.

엔누기(Ennugi)
메소포타미아에서 운하와 수로를 관장하는 신이며 또한 사후세계의 신이기도 하다.

엔네아드(Enead)
이집트의 헬리오폴리스 제사장들이 족보를 만들어 정리한 아홉 신. 아툼, 슈, 테프누트, 겝, 누트, 오시리스, 이시스, 세트, 네피티스 등의 신이 여기에 속한다.

엔릴(Enlil)
메소포타미아의 만신전의 우두머리신. 니푸르에 있는 에쿠르가 엔릴의 신전이다.

엔키(Enki)
수메르의 주요 신들 중의 하나로 인간에게 이로운 문명과 지혜를 대표하는 신이다. 지하수의 신이며 남부 바빌로니아의 에리두에서 숭배되었다.

엔키두(Enkidu)
수메르 전승에 의하면 엔키두는 우룩의 왕 길가메쉬의 신하였으나 이후 아카드어 길가메쉬 이야기에서는 길가메쉬의 친구이다. 길가메쉬와 함께 괴물 후와와(훔바바)를 죽인다.

엘(El)

가나안에서 신들의 아버지, 인류의 아버지로 불리는 최고의 신. '엘'은 신을 뜻하는 일반명사로 사용될 수도 있다. 우가릿 신화에서 바알, 얌무, 모투 등의 아버지이다.

엘쿠니르샤(Elkunirsha)

가나안어로 '땅의 창조자, 엘'이라는 뜻의 이름이 히타이트 본문에서 음역된 이름.

예후(Jehu)

북이스라엘 왕국의 열 번째 왕(841-814). 이스라엘의 요람 왕을 살해하고 반란을 일으켜 왕위에 오른다. 앗수르 왕 살만에셀 3세에게 조공을 바친 기록이 전해진다.

오시리스(Osiris)

이집트의 사후세계와 죽은 자들을 관장하는 신. 겝과 누트의 아들이며 이시스의 남편이다. 사람의 모습으로 형상화되며 시체가 되어 천에 싸여있는 모습으로 그려지기도 하였다.

요셉(Joseph)

구약성경에서 야곱의 아들로 이집트에 가서 총리대신의 자리에 오른다. 이집트의 '두 형제 이야기'가 구약성경의 요셉 이야기와 유사한 점이 많아 비교가 되기도 한다.

욥(Job)

구약성경의 욥기의 주인공으로 우스 땅에 사는 부유한 사람으로 온전하고 정직한 자로 기록된다. 선한 사람이 고난을 받는 주제의 문헌은 성경뿐만 아니라 메소포타미아에서도 전해진다.

우가릿(Ugarit)

시리아의 지중해변의 도시 국가로 신석기 시대부터 12세기 초반 멸망할 때까지 중요한 위치를 차지하였다. 셈어족에 속하는 우가릿어는 알파벳 쐐기문자로 기록되어 셈어와 가나안 문명 및 구약성경 연구에 중요한 자료를 제공한다.

우룩(Uruk)
바빌로니아 남부의 고대 도시. 가장 오래된 쐐기문자가 주전 4천년대 우룩에서 발견되었다. 구약성경의 에렉(창 10:10).

우르(Ur)
주전 4천년대부터 사람이 거주한 바빌로니아 남부의 고대 도시. 우르 3왕조의 왕인 우르남무가 건설한 지구라트가 남아 있다.

우르남무(Ur-Nammu, Ur-Namma)
우르 제3왕조의 첫 번째 왕(2112-2095). 우룩의 왕이자 그의 장인인 우투헤갈이 수메르에서 구티인들을 몰아낸 이후 우르의 왕으로서 수메르의 여러 도시를 아우르는 국가를 세웠다.

우르샤나비(Urshanabi)
메소포타미아 신화에서 지하세계의 강 후부르의 뱃사공이다. 길가메쉬 이야기에서 길가메쉬를 우트나피쉬팀에게 데려다준다. 그리스 신화에서 스틱스 강의 뱃사공인 카론과 유사한 존재이다.

우투(Utu)
수메르의 태양신. '샤마쉬'를 보라.

우트나피쉬팀(Utnapishitim)
길가메쉬의 아카드어 홍수 이야기에서 방주를 지어 홍수에서 살아남고 영원한 생명을 얻은 사람이다. 수메르어 홍수 이야기에서는 지우수드라로 알려졌다.

운명의 토판
메소포타미아의 니누르타 신화 및 "에누마 엘리쉬"에서 최고의 신이 소유하고 있는 토판으로 나온다. 루갈에, 안주 등 니누르타 신화에서는 니우르타가, "에누마 엘리쉬"에서는 마르둑이 빼앗겼던 운명의 토판을 되돌려 온다.

이기기(Igigi)
고바벨론 시대에 위대한 신들을 가리키는 말로 처음 사용되었으나 나중에는 하늘의 신들을 가리키는 말로 사용되었다. 주전 2천년대 후반의 작품인 "에누마 엘리쉬"에 하늘의 300 이기기 신들이 언급된다.

이드리미(Idrimi)
주전 15세기 경 시리아의 알레포 근처에 있는 도시 알랄락의 왕. 일인칭으로 기록되어 있는 이드리미의 비문이 전해지며, 다윗의 왕위 등극 이야기와 자주 비교된다.

이쉬타르(Ishtar)
수메르의 여신 인안나와 동일시되는 여신의 셈어 이름이다. 전쟁의 신으로서 아카드 왕조에서 중요한 역할을 하였으며 주전 1천년대까지 메소포타미아의 여러 도시들에서 숭배되었다.

이시스(Isis)
이집트의 마법의 신으로 겝과 누트의 딸, 오시리스의 아내, 호루스의 어머니로 여겨졌다. 파라오의 상징적인 어머니로서 이집트의 왕권과 밀접한 관계를 가지는 여신이다. 이집트를 넘어 그리스-로마 세계 전역에서 널리 숭배되었다.

인안나(Inanna)
수메르의 전쟁과 사랑의 여신으로 메소포타미아 역사의 모든 시기에 가장 중요한 여신으로 여겨졌다. 인안나의 이름은 '하늘의 여주'를 뜻하는 수메르어 '닌안나'에서 유래되었으며 셈족의 여신인 이쉬타르와 동일시되었다.

자르파니투(Ṣarpanitu)
바빌로니아의 여신으로 마르둑의 아내이며 출산을 주관하는 어머니 여신들 중의 하나이다.

주피터(Jupiter)
메소포타미아의 천문학/점성술에서 눈에 띄는 밝은 별들과 행성들은 신으로 여겨졌는데 바빌로니아에서 목성은 마르둑으로 여겨졌다.

지우수드라(Ziusudra)
수메르 홍수 이야기에서 슈루팍의 왕으로 방주를 지어 홍수에서 살아남은 사람이다. 아카드어 홍수 이야기에서는 우트나피쉬팀으로 알려졌다.

카(Ka)
고대 이집트에서 사람의 생명의 근원의 힘으로 여겨지는 개념으로서 사람에게서 카가 빠져나가면 생명을 잃는 것으로 믿어졌다.

캄비세스 2세(Cambyses II)
페르시아 제국의 왕(529-522). 고레스의 아들로 고레스의 사후 뒤를 이어 왕이 되었다.

코싸루와하시수(Kotharu-wa-Hasisu)
가나안의 신으로 '솜씨있고 지혜로운'을 뜻하는 이름이다. 우가릿의 바알 신화에서 바일의 신전을 짓고 바다의 신 얌무와의 전투에서 사용할 무기를 만들어 주는 역할을 한다.

크눔(Knum)
이집트의 창조의 신으로서 숫양의 머리를 한 모습으로 형상화된다. 물레와 진흙으로 사람을 창조한다.

고레스(Cyrus)
페르시아 제국의 왕으로서 구약성경(사 44:28)에 등장하는 고레스는 고레스 2세이다. 539년에 바벨론의 왕이 되어 바벨론에 있던 유다백성들이 예루살렘으로 돌아갈 근거를 마련한다.

키악사레스(Cyaxares)
페르시아의 왕(625-585). 바벨론의 나보폴라살과 함께 612년 니느웨를 파괴하였다.

킹구(Kingu, Qingu)
"에누마 엘리쉬"에서 에아가 압수를 죽인 후에 티아맛이 킹구를 창조하여 자신의 군대의 우두머리로 삼는다. 마르둑이 킹구를 무찌른 후 킹구의 피로 인간이 창조된다.

탐무스(Tammuz)
'두무지'를 보라.

테프누트(Tefnut)
습기를 주관하는 이집트의 여신. 공기의 신인 슈의 아내이다.

토트(Thoth)
이집트의 달의 신이며 서기관들과 지식을 주관하는 신이기도 하였다. 황새의 모습이나 원숭이의 모습으로 형상화되었다.

투드할리야 1세(Tudhaliya I)
주전 15세기 후반의 히타이트의 왕. 창세기 14:9의 고임왕 디달이 투드할리야일 것으로 추정되지만 동일한 이름의 왕이 두 명 이상 있기 때문에 어떤 왕을 가리키는 지는 정확히 알 수 없다.

툰입(Tunip)
주전 14세기 경 시리아의 도시 국가. 아마르나 편지 및 알랄락과의 조약 문서등을 통해 알려졌다.

티아맛(Tiamat)
아카드어로 '바다'라는 뜻이며 "에누마 엘리쉬"에서 신들의 조상으로 나온다. 마르둑이 티아맛을 무찌른 후 티아맛의 사체로 세상을 창조한다.

프타(Ptah)
멤피스의 창조신이지만 멤피스에서뿐만 아니라 이집트의 많은 다른 도시에서도 숭배되었다.

하다드(Hadad)
'아다드'를 보라

하트호르(Hat-hor)
이집트의 암소의 여신으로 이집트 왕의 상징적인 어머니이며 태양의 신 레의 딸이다. 암소의 모습으로 이집트의 왕에게 젖을 먹이는 모습으로 나타나기도 한다.

함무라비(Hammurabi)
고바벨론 왕조의 왕(1792-1750)으로 바빌로니아의 많은 도시를 점령하여 큰 규모의 바빌로니아 국가를 건설하였다.

핫티/히타이트제국(The Hittite Empire)
아나톨리아의 하투샤를 중심으로 히타이트인들에 의해 세워진 국가. 히타이트의 정치사는 크게 고왕조(1650-1500)와 신왕조(1360-c. 1200), 이후의 신히타이트 왕국(12세기-8세기 경)으로 나누어질 수 있다.

호루스(Horus)
이집트에서 가장 오래되고 중요한 신들 중 하나로 매의 머리를 한 모습으로 형상화된다. 오시리스와 이시스의 아들이다.

호루스의길(The ways of Horus)
이집트의 델타 지역에서 해안 지역을 따라 시내 반도를 거쳐 가나안에 이르는 길을 가리키는 용어로 곳곳에 군사 요새들이 있다.

후리인(Hurrian)
주전 3천년대 후반과 2천년대에 북부 메소포타미아와 아나톨리아 지역에 있었던 사람들로 구약성경에 호리 족속(창 36:20)으로 기록되어 있다.

후와와(Huwawa, Humbaba)
길가메쉬 이야기에서 삼목산을 지키는 존재로 길가메쉬와 엔키두에게 죽임을 당한다. 훔바바는 후와와의 후대 형태이다.

훔바바(Humbaba)
'후와와'를 보라

히타이트인(The Hittites)
인도-유럽어족에 속하는 히타이트어를 사용하는 사람들로 16세기 경 아나톨리아의 하투샤 지역에 국가를 건설하였다.

힉소스(Hyksos)
이집트어로 '외국의 통치자들'이라는 뜻의 말로 이집트에 들어와 제13왕조를 멸망시키고 제2 중간기를 시작한 아시아 사람들을 가리킨다. 제18왕조의 왕 아모세에 의해 이집트에서 물러나게 된다.

개신교-천주교 고유명사 비교표

개신교	천주교	개신교	천주교
가데스	카데스	르손	르존
가사	가자	므깃도	므기또
갈그미스	카르크미스	므로닥발라단	므로닥 발아단
갓	가드	베가	페카
게달	케다르	벧산	벳 산
게셀	게제르	비돔	피톰
고니야	콘야	사본	차폰
고레스	키루스	살만에셀	살만에세르
구다	쿠타	세겜	스켐
구스	에티오피아	아다롯	아타롯
그모스	크모스	아닥사스다	아르타크세르크세스
그리욧	크리욧	아로엘	아로에르
그일라	크일라	아르밧	아르팟
깃딤	키팀	야하스	야하츠
니느웨	니네베	여리고	예리코
느부갓네살	네부카드네자르	여호아하스	여호아하즈
다메섹	다마스쿠스	에살핫돈	에사르 하똔
다아낙	타아낙	욥바	야포
담무스	탐무즈	하닷에셀	하닷에제르
두로	티로	하솔	하초르
디글랏빌레셀	티글랏필에세르	학개	하까이
라기스	라키스	히스기야	히즈키야

성경 색인

창세기

창 1:26 **98**
창 2:2 **55**
창 4:24 **797**
창 6:5-7 **56**
창 6:14 **148, 150**
창 6:15 **148, 149**
창 6:16 **149**
창 6:19-20 **148**
창 6:21 **150**
창 6장 **87**
창 7:7-8 **150**
창 7:11 **151**
창 7:13-16 **150**
창 7:20-22 **151**
창 7:23 **152**
창 8:1-2 **152**
창 8:4 **153**
창 8:6 **152**
창 8:7 **153**
창 8:8-10 **153**
창 8:19-20 **153**
창 8:21 **152, 153, 156**
창 14:5 **297**
창 31:26ff **414**
창 39:1-20 **66**
창 41:14 **66**
창 41:27 **82**
창 41:42 **65**
창 41:56 **84**
창 45:21-23 **64**
창 46:28 **485**
창 47:1 **485**
창 49:15 **786**

출애굽기

출 1:11 **485**
출 2:3 **178**
출 13:9 **247**
출 13:16 **247**
출 14:2 **784**
출 15:17 **252**
출 15:20-21 **65**
출 20:15 **364**
출 21:2-11 **378**
출 21:15 **391**
출 21:16 **365**
출 21:22-25 **393**
출 21:23-25 **392**
출 21:28-36 **397**
출 21:32 **801**
출 22:2-3 **366**
출 22:7-9 **378**
출 22:10ff **398**
출 23:1-3 **363**

레위기

레 18:6 **328**
레 18:6-18 **384**
레 19:11 **364**
레 19:13 **364**
레 19:23-25 **372**
레 20:10-21 **384**
레 24:19-20 **392**

민수기

민 5:11-31 **380**
민 10:33 **478**
민 11:5 **760**
민 13:23 **61**
민 13:27 **61**
민 22-24장 **781**
민 24:17 **612**

신명기

신 1:33 **478**
신 2:10 **612**
신 2:11 **297**
신 2:20 **297**
신 3:11 **297**
신 3:13 **297**
신 5:19 **364**
신 5:20 **363**
신 6:8 **247**
신 11:18 **247**
신 15:12-18 **378**
신 15:17 **329**
신 19:16-21 **363**
신 19:21 **392**
신 21:1ff **366**
신 22:1-4 **364**
신 22:22 **379**
신 22:23-27 **379**
신 24:7 **365**
신 27:20 **384**
신 27:22-23 **384**
신 30:19 **147**
신 32:8 **333**, **337**, **338**
신 32:8-9 **252**
신 32:41-42 **250**
신 110:6 **250**

여호수아

수 1:18 **613**
수 7:6 **71**
수 13:3 **760**
수 19:6 **475**, **476**

사사기

삿 1:27 **73**
삿 5:19 **477**
삿 6:5 **332**
삿 6:36-40 **91**
삿 7:12 **332**
삿 8:19 **328**
삿 12:6 **94**

룻기

룻 3:11 **379**
룻 4:10 **379**

사무엘상

삼상 2:7 **91**
삼상 16:2 **330**
삼상 17:51 **63**
삼상 18:7 **132**
삼상 19:24 **74**

사무엘하

삼하 1:21 **316**
삼하 6:17 **330**
삼하 8:3 **514**
삼하 9:8 **565**
삼하 21:16 **297**
삼하 21:18 **297**
삼하 21:20 **297**
삼하 21:22 **297**

열왕기상

왕상 3:5 **83**
왕상 14:25-26 **490**
왕상 16:29 **514**
왕상 18:19ff. **804**
왕상 18:26 **284**
왕상 18:28 **284**
왕상 19:16-17 **516**
왕상 22:10 **303**

열왕기하

왕하 8:7-15 **516**
왕하 9:8 **328**
왕하 9:24 **246**
왕하 9:33 **71**
왕하 9:36 **71**
왕하 15:17 **525**
왕하 15:30 **526**
왕하 18:9-10 **527**
왕하 18:14 **534**
왕하 18:15 **534**
왕하 18:21 **533**
왕하 18:24 **533**
왕하 19:8 **534**
왕하 21:4 **797**
왕하 21:7 **797**
왕하 25:27-30 **539**

역대상

대상 3:24 **816**

역대하

대하 12:2-9 **490**
대하 30:6 **257**
대하 33:11 **535**

에스라

스 2:65 **489**

느헤미야

느 2:19 **817**
느 7:67 **489**
느 12:22-23 **816**

욥기

욥 5:7 **328**
욥 6:2-3 **708**
욥 21:23 **328**
욥 29:7 **303**
욥 33:15 **329**
욥 40:28 **329**

시편

시 1편 **651**
시 18:39 **308**
시 24:4 **163**
시 40:5 **618**
시 68:22 **250**
시 69:9 **328**
시 74:14 **279**
시 78:54 **252**
시 86:16 **330**
시 89:15 **261**
시 90:10 **619**
시 95:3 **258**
시 97:2 **261**
시 103:14 **658**
시 104:6 **619**
시 104:10 **619**
시 104:11-14 **618**
시 104:19 **620**
시 104:20-21 **617**
시 104:22-23 **617**

시 104:24 **618**
시 104:25-26 **618**
시 104:27 **619**
시 104:29 **621**
시 104:30 **621**
시 110:1 **308**
시 115:17 **144**
시 145:13 **245**
시 147:4 **708**

잠언

잠 2:4 **646**
잠 4:22 **707**
잠 4:23 **707**
잠 6:24 **647**
잠 6:29 **647**
잠 7:4 **256**
잠 7:5 **647**
잠 7:27 **648**
잠 12:4 **648**
잠 12:22 **654**
잠 12:23 **657**
잠 14:15 **655**
잠 15:16-17 **652**
잠 15:27 **648**
잠 16:1 **708**
잠 16:8 **655**
잠 16:11 **656**
잠 16:24 **707**
잠 17:5 **658**
잠 18:22 **328**
잠 19:21 **656**
잠 20:9 **656**
잠 20:19 **657**
잠 20:20 **710**
잠 20:22 **657**
잠 20:23 **655**
잠 22:17-18a **649**
잠 22:18-19 **650**
잠 22:22 **650**
잠 22:22-23 **659**
잠 22:24 **653**
잠 22:25 **653**

잠 22:26-27 **655**
잠 22:28 **651**
잠 22:29 **659**
잠 23:1-3 **646, 658**
잠 23:4-5 **653**
잠 23:6-7 **654**
잠 23:8 **654**
잠 23:9 **657**
잠 23:10 **651**
잠 23:11 **652**
잠 24:21-22 **670**
잠 25:9-10 **710**
잠 25:13 **647**
잠 25:15 **708**
잠 25:21-22 **651**
잠 27:1 **656, 657**
잠 27:3 **708**
잠 27:7 **711**
잠 31:10-12 **648**
잠 31:31 **648**

전도서

전 1:2-4 **125**
전 1:4 **147**
전 1:9-10 **667**
전 1:11 **147**
전 2:16 **147**
전 3:13 **333, 337, 338**
전 3:19 **147**
전 5:18 **145**
전 6:2 **648**
전 6:10 **708**
전 8:2-3 **708**
전 8:15 **145**
전 9:5 **147**
전 9:6 **147**
전 9:8-9 **145**
전 9:11 **667**

아가

아 1:9 **745**
아 2:5 **744**
아 2:12-13 **743**
아 4:1-3 **642**
아 4:9 **256**

이사야

사 19:2 **717**
사 19:5 **716**
사 19:8 **716**
사 19:18 **716**
사 20:1 **530**
사 22:13 **667**
사 24:1 **718**
사 24:3 **715**
사 27:1 **279**
사 33:22 **258**
사 36:6 **72**
사 40:26 **708**

예레미야

렘 6:1 **780, 782**
렘 8:23 **711**
렘 16:6 **141**
렘 17:5-8 **651**
렘 19:10-11 **611**
렘 38:4 **567**
렘 48:37 **141**
렘 49:10 **622**
렘 49:35 **309**
렘 52:31-34 **539**

에스겔

겔 8:14 **177**
겔 14:13-21 **155**
겔 27:8-9 **76**

겔 30:12 **716**

다니엘

단 8:5 **247**

호세아

호 1:5 **309**
호 2:20 **309**

요엘

욜 2:8 **328**

아모스

암 1:4 **516**
암 8:9 **716**

나훔

나 3:15-17 **332**

스바냐

습 2:15 **716**

스가랴

슥 1:3 **257**
슥 9:9 **781**
슥 9:10 **309**

말라기

말 1:4 **328**
말 3:7 **257**

마태복음

마 22:44 **308**

주제 색인

ㄱ

가구(furniture) 사진 205, 206, 207
가나안의 마을(town of Canaan) 사진 87
가나안인의 청동 장식판(statue of Canaanite) 사진 200
가데스(Kadesh) 477, 480
가드(Gath) 530, 799, 800
가면(mask) 사진 272
가사(Gaza) 476, 516, 525, 527, 534, 535, 600, 799
갈그미스(Carchemish) 487
    날개 달린 복합 생물(winged creature statue from) 사진 165
갓(Gad) 559
개구(開口) 의식(opening the mouth ceremony) 사진 157
거룩한 여인(hierodule) 754
거울(mirror) 사진 14
    청동 거울(bronze openwork from) 사진 9
게달의 왕(king of Kedar) 582
게셀에 있는 주전 10세기 성벽(city gate of Gezer) 사진 295
게임/게임 보드(games/game boards) 사진 46-48
겝(이집트의 지신)(Geb〈Egyptian earth-god〉) 56
고관(dignitaries)
    춤추는 동물과 고관(dancing animals and a dignitary) 사진 289
    유흥을 즐기는 고관(entertained by attendants) 사진 248
    보좌에 앉은 고관(seated on a throne) 사진 199
고니야(Coniah) 566
고레스(Cyrus) 사진 195, 550
    바벨론 멸망(and the fall of Babylon) 549
고브리야스(Gobryas) 549

공성 무기(jasper) 127
관(coffins) 사진 280-82
구데아(Gudea) 사진 117
구리제련(copper-smelting) 사진 38
구스(Cush) 496, 798, 805
구티인(Gutians) 762
국경 관리의 보고(The Report of a Frontier Official) 485
굴라(Gula) 453, 455, 466, 508
그릇(bowl) 215, 234
    삼각 받침대 위의 그릇(on tripod) 사진 268
    목재 그릇(wooden) 사진 208
그리옷(Kerioth) 559
그모스(Chemosh) 558
그일라(Keilah) 792, 799, 800
금(gold) 56, 64, 66, 73, 74, 76, 78, 126, 150, 175, 261, 263, 269, 270, 273, 278, 377, 378, 414, 425, 430, 444, 480, 482, 495, 525, 534, 578, 698, 701, 747, 764, 773, 791, 815, 816
금성(Venus) 456, 465
기브온(Gibeon)
    웅덩이(pool of) 사진 179, 306
    기브온의 수로 체계(water system tunnel of) 사진 180, 304
기라(Girra) 468
기자의 피라미드(pyramids of Giza) 사진 192
기짓다(Gizzida) 165
길가메쉬(Gilgamesh)
    길가메쉬 서사시(The Epic of) 108
    길가메쉬의 주제(theme of) 108
깃딤(Cyprus) 527, 535
꿀-남자(Honey-man) 755

ㄴ

나단(Nathan) 437, 442, 817
나람신(Naram-Sin) 762, 764, 766, 768, 사진 86
"나를 놓아주오, 내 여동생이여"(Set Me Free, My Sister) 756
나메르(Nar-mer) 사진 84
나보니두스(Nabonidus) 525
  나보니두스와 그의 신(and his god〈Sin〉) 545
  나보니두스의 어머니(of his mother) 540
나부(Nabu) 508
나쉬(Nash) 181
나일 강(Nile River) 81, 619, 649
  시호르 지류(Shi-Hor) 760
나하라임(Naharaim) 798
나하루(Naharu) 238, 239, 240, 241, 242, 243, 245, 246, 247
나하린(Naharin) 475, 477
낙농(dairy farming) 사진 15
난나(Nanna) 401
남자 조각상(male figurine) 사진 252
남타르(Namtar) 173, 175, 182, 185, 186, 189, 190, 192, 193
네그로스(Negroes) 사진 8
네르갈(Nergal) 466, 514
  네르갈과 에레쉬키갈(Nergal and Ereshkigal) 179
네비루(Nebiru) 97
네수바네브데드(Ne-su-Ba-neb-Ded) 72, 73, 75, 76, 78
네페르로후의 예언(Nefer-rohu, prophecy of) 713
네페르트이티(아크엔아톤의 여왕)(Nefert-iti〈queen of Akh-en-Aton〉) 사진 109, 110
노아(Noah) 85
노예(slaves) 383, 406, 432, 461, 475, 482, 588, 682, 706, 798
누드(Nudes)
  누드 신상(nude figurines) 사진 128
  누드 여신(nude goddess) 사진 129
누딤무드(수메르 수신〈엔키로도 알려진〉)(Nudimmud〈Sumerian wter-god〉[also known as Enki]〉) 87, 96, 100

누비아(Nubia) 84, 619, 718, 797
누지(Nuzi) 413, 416
누트(이집트의 천신)(Nut〈Egyptian sky-goddess〉) 56, 사진 158
눈(원시 바다의 신, 이집트신)(Nun〈Egyptian god of primordial water〉) 56
느보(Nebo) 559
느부갓네살 1세의 경계석(Nebuchadnezzar I, boundary stone of) 사진 142
느부갓네살 2세(Nebuchadnezzar II) 434, 539
    예루살렘의 정복(conquest of Jerusalem) 사진 58
니누르타 (수메르-아카드의 전쟁의 신)(Ninurta〈Sumero-Akkadian god of war〉) 111, 151, 154, 195, 196, 208, 214, 418, 453, 506, 508, 509, 588, 738, 762, 765, 771
니누르타 찬송시(hymns to Ninurta) 623
    식물의 신(as the god of vegetatioin) 623
    분노의 신(as the god of war) 625
니느웨(Nineveh) 109
    니느웨 함락(fall of) 536
니니기쿠에아/니니기쿠(Ninigiku-Ea) 148, 208, 209, 212
니사바(아카드의 곡물의 여신)(Nisaba〈Akkadian goddess of grain〉) 112
닌릴(Ninlil) 464, 466
닌일두(Ninildu) 772
닌카락(Ninkarrak) 169
닌투(Nintu) 86
닌후르사그(Ninhursag) 86
닙푸르(Nippur) 134, 400, 418, 422, 457, 545, 636, 638, 667, 689, 741, 771, 사진 61
    닙푸르 의회(Assembly of Nippur) 418

ㄷ

다간(Dagan) 204, 208, 213, 235, 506
다곤(블레셋의 최고신)(Dagon〈chief god of the Philistines〉) 824
다나티야(Danatiya) 304
다니엘(Daniel) 297
다니일루(Danilu) 296, 297, 310, 315, 824

다리우스 1세(Darius I) 사진 123, 196
  아파다나(apadana of) 사진 197
  부조 비문(relief inscription of) 사진 62
다리우스 2세(Darius II) 440, 813
다리우스 3세(Darius III) 554
다메섹(Damascus) 515, 529
다메섹의 벤하닷(Ben-Hadad of Damascus) 575
다아낙(Taanach) 795
담무스(바빌론의 식물 신)(Tammuz⟨Babylonian god of vegetation⟩) 127, 165
담키나(Damkina) 106, 508
데르(Dēr) 553
데르 알라 토판(Deir 'Alla, inscribed clay tablet) 사진 240
도르(Dor) 73, 454, 594
도시 라암셋을 찬양하는 이집트 시(In Praise of the City Ramses) 759
도크얌(Dokyamm) 293
도자기(pottery) 사진 26
  도공의 물레(potter's wheel) 사진 26, 162
  도자기 화덕(pottery kilns) 사진 217, 218
  도자기 종류(types of) 사진 27
돈(money/coinage) 356, 364, 365, 368, 371, 373, 374, 375, 376, 377, 381, 388, 395, 403, 412, 420, 425, 435, 811, 사진 50, 51
두개골(skull) 사진 49
두로(Tyre) 74, 335, 454, 505, 515, 517, 525, 532, 535, 539, 805
두르마(Durmah) 105
두무지와 인안나: 기파르에서의 사랑(Dumuzi and Inanna: Love in the Gipar) 746
두무지와 인안나: 사랑의 황홀함(Dumuzi and Inanna: The Ecstasy of Love) 748
두운적 운문(acrostic poem) 695
둔누(Dunnu) 216
들라야(Delaiah) 817
디글랏빌레셀 3세(Tiglath-pileser III) 524, 574
  디글랏빌레셀의 병사(of Tiglath-pileser) 사진 145
  디글랏빌레셀 3세(744-727): 시리아, 팔레스타인 원정(campaign of Tiglath-pileser III) 524
디본(Dibon) 558

디오스폴리스(Diospolis) 83
딜문(Dilmun) 89, 178

ㄹ

라기스(Lachish)
  라기스 공격(attack on) 사진 101
  라기스 신전(temple of) 사진 187
라기스 도편(Lachish ostraca) 565, 사진 80
라락(Larak) 87
라르사(Larsa) 87
람기마리(마리의 왕)(Lamgi-mari⟨king of Mari⟩) 사진 116
람세스 2세(Ramses II) 사진 91, 93, 99, 103, 112
람세스 3세(Ramses III) 486, 487, 사진 92, 95
  람세스 3세의 죄수들(prisoners of) 사진 7
  해양 민족들과의 전쟁(war against the peoples of the sea) 487
랍아유(Lab'ayu) 784, 785, 786, 788, 796, 799
레(이집트 헬리오폴리스의 태양신)(Re⟨Egyptian sun-god of Heliopolis⟩) 56, 57
레네눗(행운과 수확의 이집트 여신)(Renenut⟨Egyptian goddess of fortune and the harvest⟩)
    84, 652
레바논(Lebanon) 77, 272, 273, 307, 505, 506, 515, 535
레세프-Ṣprm(Reshef-Ṣprm) 572
레와슈샤(Rewashsha) 804
레의 영혼(the Souls of Re) 83
레테누(Retenu) 61
레하르아크티(Re-Har-akhti) 70, 71
로제타 스톤(the Resetta Stone) 사진 73
로탄(Lotan) 279
루갈딤메란키아(Lugaldimmerankia) 99, 106
루들룰 벨 네메키: 지혜의 주를 찬양하리라(Ludlul Bel Nemeqi: I Will Praise the Lord of
    Wisdom) 679
  토판 I(Table 1) 679
  토판 II(Table 2) 683

   토판 III(Table 3) 688
   토판 IV(Table 4) 693
르신(Rezon) 525
르홉(Rehob) 484, 612
리쉬트(Lisht) 64

ㅁ

마누(Manu) 84
마디르(Madir) 82
마르둑(바빌론의 최고신)(Marduk⟨chief god of Babylon⟩) 90, 91, 95, 98, 100, 102, 104, 390, 425, 453, 456, 465, 531, 551, 552, 553, 587, 671, 679, 689, 692, 806, 812, 사진 141
   마르둑 신전(temple of) 101, 벨의 신전을 보라
마리에 있는 방 9개 짜리 모델 하우스(model of house of nine rooms in Mari) 사진 307
마리 편지들(Mari letters) 779
   마리와 앗수르 편지들에 나타난 계시(divine revelations in) 719
마미(Mami) 196, 206, 208, 698, 705
마술봉(wands)
   구리 마술봉(copper wands) 사진 270
   야생 염소의 머리로 장식된 마술봉(decorated with ibexes) 사진 267
마인어 비문(Minaean inscriptions) 599
마티일루(Mati'ilu) 451, 452, 453
마하릿(Maharith) 559
맘메툼(Mammetum) 147
맥주(beer) 57, 64, 171, 360, 412, 433, 510, 652, 673, 695, 760, 813
빗/머리 빗는 일(comb) 68, 사진 10
메드바(Medeba) 558
메디아인의 머리(head of Mede) 사진 3
메르네프타(Mer-ne-Ptah) 사진 113
   메르네프타의 승리의 찬송시(victory hymn of) 621
메사(Mesha) 558
메소포타미아(Mesopotamia) 85, 371, 400, 407, 534

메소포타미아 잠언들(proverbs from) 666
메크메르(Mekmer) 73
멜카르트(Melqart) 455, 575
멤피스(Memphis) 53, 474, 760
모압(Moab) 525, 531, 532, 535, 558, 559, 612
목성(Jupiter) 97, 456, 465
몬투(이집트의 전쟁의 신)(Montu〈Egyptian god of war〉) 63, 480, 483, 488, 760
묘지 정원(necropolis garden) 66
무기/갑옷(weapons/armor) 사진 34-37
    화살(arrows) 312
    창촉(javelin heads) 사진 233
    비늘 달린 갑옷(scaled armor) 사진 221
    검(sword) 사진 216, 전차도 보라
    화살촉(spearheads) 사진 214
무키쉬(Mukishhe) 447, 448
뭇바알루(Mut-Ba'lu) 789
물대야(laver) 사진 215
므깃도(Megiddo)
    므깃도에서 출토된 청동 투조(bronze openwork from) 사진 149
    므깃도의 관문 사진(gateway of) 183
    므깃도의 분향단(incense altar of) 사진 148
    므깃도에서 출토된 상아 조각과 공예품(ivory carvings and objects from) 사진 10, 29-31
    므깃도의 성소와 제단(shrine and altar of) 사진 186
    므깃도의 솔로몬 마굿간(Solomonic stables of) 사진 181
므깃도 전투(Battle of megiddo) 476, 사진 90
므나헴(Menahem) 491, 525, 526, 532
므낫세(Mansseh) 535
므로닥발라단(바빌론의 왕)(Merodach-baladan〈king of Babylon〉) 사진 125
미나(mina) 536, 770, 810
미야탄지파(Miyatanzipa) 225
미타니(Mitanni) 490
미틴티(Mitinti) 525, 534
믹돌(Magdal) 784

ㅂ

바고아스(Bagoas) 815, 817
바드티비라(Badtibira) 87
바랏타르나(Barattarna) 450, 503
바르하닷(Barhadad) 35, 575, 576
바벨론(Babylon) 87, 100, 101, 107, 457, 518, 537, 538, 541, 544, 545, 546, 548, 551, 555, 721, 724, 781, 818
    멸망(fall of) 549
    이쉬타르 성문(Ishtar gate of) 사진 193
    시장(market of) 408, 410
    탑(tower of) 189, 바빌로니아 신통기도 참조
바빌로니아(Babylonia) 31, 43, 51, 90, 104, 117, 143, 438, 818
바빌로니아 신통기(the Babylonian Theodicy) 216
바스텟(이집트 고양이 여신)(Bastet〈Egyptian cat-goddess〉) 484, 714
바알(가나안의 신, 비와 번개의 신)(Baal〈Canaaite god of rain and thunder〉) 316, 320, 324
    바알과 아낫에 관한 시(and Anath〈poems concerning〉) 229
바알말라게(Baal-malage) 455
바알샤멤(Baal-sameme) 455
바을(Ba'l) 570, 572
바을-[짜폰]의 신전(temple of Ba'l-[Zaphon]) 579
바크후(Bakhu) 84
바타(Bata) 66
반죽 만들기(kneading of dough) 사진 22
버드나무(tamarisk) 508, 671, 689, 747
번개의 바알(Baal of Lightning) 35
법률 문서(법전)(legal texts〈laws〉)
    에쉬눈나 법전(The Laws of Eshnunna) 353
    함무라비 법전(Code of Hammurabi) 362
    우르남무 법전(The Laws of Ur-Nammu) 400
    수메르 법전(Sumerian Laws) 405
    암미사두카의 칙령(The Edict of Ammisaduqa) 407
법률 문서(법 집행〈엘레판틴 아람어 문서〉)(legal texts〈from the practice of law〉[Aramaic texts from Elephantine])

미브타히야의 세번째 결혼 계약(Mibtahiah's marriages) 437
여성 노예와 그 딸의 해방(manumission of a female slave) 438
어떤 노예 소녀의 결혼 계약(marriage contract of former slave) 440
법률 문서(법 집행〈누지 아카드 문서〉)(legal texts〈from the practice of law〉[Aramaic texts from Elephantine]))
결혼 계약(marriage contract) 421, 425, 431
노예해방과 결혼(manumission and marriage) 431
동업관계의 파기(dissolution of a partnership) 419
매매를 위한 입양(sale-adoption) 413, 414
소송(lawsuit) 416
법원 명령에 의한 상속권 박탈(judicial disherison) 426
부모의 부채에 대한 책무 인정(parental liability) 421
사제직의 계승(inheritance of a priestly office) 422
살인사건 재판(A Trial for Murder) 432
살인죄 재판(murder trial) 418
신전 성직록의 판매(sale of temple benefice) 434
신전 특전의 매매(sale of temple prerogatives) 422
유산 소송(litigation concerning inheriance) 430
유언장(wills) 432
입양(adoption) 415, 429, 433
절도에 대한 재판(theft trial) 428
집에 대한 소송(litigation concerning a house) 427
폭행에 대한 재판(assault trial) 428

베가(Pekah) 526

벧다곤(Beth-Dagon) 533

벧바알므온(Beth-baal-meon) 560

벧산(Beth-Shan) 484
제의 용품(cult object from) 사진 150

벧암몬(Beth-Ammon) 532, 535

벧하라피드(Beth-haraphid) 566

벨(바빌론의 신, 마르둑의 다른 이름)(Bel〈god of Babylon, another name for Marduk〉) 465, 549, 550, 552, 553, 725, 726, 735

벨렛낫히(Belet-Nathi) 508

[벨렛] 세리(Belit-Seri) 138

벨렛일리(Belit-ili) 456
벨바니(Bel-bani) 519
벨일리(Belili) 177
벽돌 만들기(brick-making) 30
병사/용사(soldiers/warriors) 사진 222
    아시리아(Assyrian) 사진 43
    이집트(Egytian) 사진 42
    헬멧 쓴 병사(helmeted warrior) 사진 220
    디글랏빌레셀의 병사(of Tiglath-pileser) 사진 145
보드에쉬문(Bodeshmun) 579, 580
보르시파(Borsippa) 410, 457, 544, 545, 549
보석(jewelry) 사진 11, 201, 202
배(boat) 사진 21, 92
블레셋 사람들(Philistines) 454, 487, 488
    도편(pottery shard) 사진 269
비돔(Pithom) 485
비리디야(mBi-ri-di-ya) 784, 786
비블로스의 아히람(Ahiram of Byblos) 591, 사진 126
비블로스의 예히밀크(Yehimilk of Byblos) 569
비트암몬(Bit-Ammon) 525

ㅅ

사니르(Senir) 515
사냥(hunting) 사진 40, 41, 223
사람과 그의 신("욥" 모티브의 수메르어 버전)(Man and His God〈Sumerian version of the Job story〉) 660
사르곤(Sargon) 177, 762
사르곤 2세(Sargon II) 사진 120
    사마리아 멸망(the conquest of Samaria) 527
    사르곤 2세의 궁전(palace of) 사진 190
사마리아(Samaria) 사진 178
    사르곤 2세(721-705): 사마리아 멸망(conquest of by Sargon II) 527

사마리아 도편 문서(ostraca of Samaria) 560
사말(Samal) 512, 525
사본(Zaphon) 271, 275, 279, 285, 286, 288, 294, 319, 343
사자(lion) 121, 128, 136, 139, 141, 142, 146, 396, 407, 466, 488, 509, 510, 617, 625, 637, 638, 692, 707
    사자가 새겨진 장식판(carved plaque of) 사진 277
    사자 사냥(lion-hunting) 사진 40
    (하솔에서 출토된) 사자 기립상(lion orthostat〈from hazor〉) 사진 285
사자의 서(Book of the Dead) 32
산헤립(Senacherib) 사진 101, 102
    산헤립(704-681): 예루살렘 포위(and the siege of Jerusalem) 532
살만에셀 3세(Shalmaneser III) 사진 98, 100, 103, 155, 247, 249
    살만에셀 3세(858-824): 아람 연합군과 전투(fighting of against the Aramean coalition) 512
상아로 만든 머리(carved from ivory head) 사진 209, 210
상아 목공(ivory woodwork) 사진 28
새(bird)
    요리 기구에 새겨진 새(bird incised on cooking pot) 사진 225
    육각 별에 새겨진 새(bird incised on six-pointed) 사진 224
새벽 제의(ritual of dawn) 사진 147
샤마쉬(바빌론의 태양 신)(Shmash〈Babylonian sun-god〉) 131, 132, 134, 135, 423, 424, 425, 426, 450, 451, 453, 456, 463, 465, 468, 471, 504, 512, 524, 541, 546, 548, 577, 587, 707, 711, 735, 806, 812, 사진 144
    야흐둔림의 샤마쉬 신전 헌당(dedication of a temple to) 499
샤마쉬슘우킨(Shamashshumukin) 458, 471, 725
샤이(이집트의 운명 신)(Shay〈Egyptian god of fate〉) 652
샬라(Shala) 508
샴시아다드(Shamash-Adad) 429, 519, 520, 523, 809
샵슈(우가릿의 태양 신)(Shapshu〈Ugaritic sun-goddess〉) 244, 277, 286, 290, 291, 292, 294, 326
서기관들(scribes) 사진 52, 54
석회암(limestone) 127, 535, 557, 584
성직자(priests) 435
    사제직의 계승(inheritance of piretly office) 422

낭송 사제(lector-priests) 714
관제를 드리는 수메르 제사장(Sumerian priest with libation) 사진 154
세겜(Shechem) 사진 173
　　세겜의 발굴 도면(excavation plan of) 사진 296
　　세겜에 있는 요새 신전의 도면(plan of the fortress-temple at) 사진 297
세일(Seir) 798
세크멧(이집트의 암사자-전쟁 여신)(Sekhmet〈Egyptian lioness-goddess of war〉) 484
세트(이집트 전쟁의 신)(Seth〈Egytian war-god〉) 71, 76, 480, 484, 485, 718
세티 1세(Seti I) 사진 87, 89
　　세티 1세의 북팔레스타인 원정(campaign of Seti I in northern Palestine) 483
세티 2세(Seti II) 사진 114
센우세르트 1세(Sen-Usert I) 59, 60, 63, 사진 105
셀레우코스 왕명록(Seleucid kings) 555
셰숑크 1세의 원정(campaign of Sheshonk I) 490, 사진 94
수관(water-pipe) 159
수드(sud) 87
수라타(mSú-ra-t[a]) 785
수르수나부(Sursunabu) 145
수메르(Sumer) 86, 401, 456, 458, 542, 551, 636, 746, 751, 753
수무칸(아카드의 소 신)(Sumuqan〈Akkadian god of cattle〉) 112
수성(Mercury) 456
수후(Suhu) 411, 506, 509, 511, 781
숫양(ram)
　　숫양 도살(depiction of the slaughter of) 사진 274
　　제물용 어린양(sacrifcial kid) 사진 279
숭배자(votary) 424, 628
　　헌물로 드린 명판(votive plaques) 사진 275, 276
슈(이집트의 공기 신)(Shu〈Egyptian air-god〉) 54, 56
슈넴(임금이신 슈넴의 아버지)(Shunem〈King Father Shunem〉) 243, 257, 267, 284, 287
슈루팍(Shuruppak) 87, 148
슈바르다타(Shuwardata) 791, 792, 793, 800
술기의 찬송시: "도로(道路)의 왕"(Shulgi self-laudatory hymn: "The King of the Road") 636
슐랏(Shullat) 151
스네프루(왕)(Snefru〈king〉) 713, 715

스네프루 섬(Snefru Island) 60
스바어 비문(Sabaean inscriptions) 595
      가이란(Ga'irân) [가문의] 하윰(Hay(û)m) 597
스엔(Syene) 436, 437, 440, 814, 817
시노폴리스 놈(Cynopolis Nome) 497
시누헤(Si-nuhe) 58, 60, 65
시돈(sidon) 76, 505, 511, 515, 532, 592, 600
시돈의 에쉬문아자르(Eshmun'azar of Sidon) 593
시돈의 타브닛(Tabnit of Sidon) 592
시리아(Syria) 475, 476, 482, 484, 490, 494, 502, 507 535, 573, 619, 783
      시리아의 지도자 공백기(a Syrian interregnum) 486
      조공 나르는 시리아인(tribute bearers of) 사진 5
시메히트(Si-Mehit) 65
시후(sihhu) 510
신(수메르의 월신)(Sin〈Sumerian moon-god〉) 465, 508, 541, 542, 545, 771
신들(gods)
      나무 곁에 앉아 있는 신(god sitting by a tree) 사진 287
      황소 위에 서있는 신(god standing on a bull) 사진 263
      이집트 신들의 파피루스(papyrus of the gods of Egypt) 사진 161
      신들의 신상들(statues of) 사진 134, 137, 140, 253, 255, 259, 261
신전 여제사장(hierodule) 369, 376, 389, 421, 423, 635
신티리(Sintiri) 782
실릴리(Silili) 128
실완 무덤 상인방(Silwan tomb lintel) 사진 239
십파르(Sippar) 87
싯하토르(Sit-Hat-Hor) 613
쐐기 토판(cuneiform tablet) 사진 56, 58

ㅇ

아가데(Agade) 762, 763, 765, 768, 772, 773, 774
아가데의 저주(Curse of Agade) 761
아그바르(네랍의 달신 제사장)(Agbar〈priest of the moon-god〉) 592

아나투(Anatu) 232, 242
아누(수메르-아카드 천신, Anu〈Sumero-Akkadian sky-god〉) 86, 87, 88, 89, 91, 97, 111, 116, 117, 119, 129, 132, 137, 148, 161, 165, 181, 200, 465
    아누(에안나)의 신전(temple of 〈Eanna〉) 109
아누비스(Anubis) 66
아눈나키(바빌론 신들을 통칭해 부르는 표현)(Anunnaki〈group of Babylonian gods〉) 99, 100, 106, 151, 171, 175
아다나의 아지타와다(Azitawadda of Adna) 570
아다드(Adad) 151, 200, 208, 209, 210, 211, 370, 450, 451, 456, 465, 502, 503, 508, 514, 541, 546, 548, 723, 724, 727, 733, 806
아다드니라리 3세(Adad-Nirari III) 517
아다롯(Ataroth) 559
아다파(Adapa) 162-169
아닥사스다 1세(Artaxerxes I) 37
아라드 도편 문서(Arad ostraca) 564, 사진 234
아라드 초기 청동기 시대의 성벽과 성벽 탑 사진 293
아람어 편지(Aramaic letters) 812
    유월절 파피루스(The Passover Papyrus) 812
    야호 신에 바쳐진 헌물들(contributions to the cult of Yaho) 813
    맹세를 통한 분쟁 해결(letter of claim settlement) 814
    야호 성전을 재건하기 위해 허락을 구함(petition to rebuild the Temple of Yaho) 815
    유다와 사마리아의 총독들이 엘레판틴의 유대인들에게 보낸 조언(advice of the governors of Judah and Samaria to the Jews of Elephantine) 817
    엘레판틴 유대인들이 아르사메스에게 보낸 청원서(petition to Arsames) 817
    버려진 땅을 임대주에게 할당하기(letter to a new lessor of land) 818
아로엘(Aroer) 560
아루나(Aruna) 477, 478, 479
아루루(Aruru) 111
아르논(Arnon) 560
아르바드(Arvad) 505, 514, 525, 535, 539
아르사메스(Arsames) 813, 815, 817
아르자와(Arzawa) 487
아르차이(Arṣy) 249, 252, 256, 259, 261, 268
아마르나 편지(Amarna letters) 783

숫자 붙여진 편지(numbered letters) 783-804
텔 엘헤시에서 발견된 편지(letter from Tell el-Hesi) 803
세겜에서 발견된 편지(Shechem letter) 804
다아낙 편지(Taanach letter) 804
대리 왕(substitute king letter) 805
행복한 치세(the happy reign letter) 806
공평 칙령(royal decree of equity) 807
신께 바치는 편지(a Letter to a God) 807
화형과 신성재판(punishment by fire letter) 808
조약과 동맹(letters of treaties and coalitions) 808
"내 조상들의 하느님"("God of My Father" letter) 810
대출과 이자(letter concerning a loan) 811
소년이 그의 어머니에게(letter from a boy to his mother) 811

아멘엠오펫의 가르침(instruction of Amen-em-Opet) 649
아멘엠헷(Amen-em-het) 58, 59, 718
아멘호텝 3세(Amen-hotep III) 33, 783
아모르(Amor) 487
아모세(Ah-mose) 473, 474, 475
아몬레(이집트의 천신)(Amon-Re〈Egyptian sky-god〉) 72, 76, 77, 79, 476, 478, 사진 99
  아몬레의 금신상(gold statue of) 사진 159
아무루(Amurru) 262
아무르이쉬타르(Amur-Ishtar) 419
아바리스(Avaris) 474
아부 하르말(Abu Harmal) 353
아세라(Asherah) 227, 235, 248, 256, 257, 259, 260, 262, 264, 266, 268, 287, 288, 804
아셰르투(Ašertu) 227
아수슈나미르(Asushunamir) 174
아쉬난(Ashnan) 772
아스글론(Ashkelon) 33, 532, 535, 539, 622, 796, 803
아스타르(우가릿의 신, 아세라의 아들)('Attar〈Ugaritic god, son of Asherah〉) 596, 597, 599, 600
아스타르그모스(Ashtar-Chemosh) 559
아스타르트(Astarte) 239, 242, 247, 262
아슬락카(Aslakka) 781

아슬란 타쉬의 부적(amulet from Arslan Tash) 584
아시아 왕자들에 대한 저주(execrations of Asiatic princes) 611, 사진 153
아시아인들(Asiatics) 29, 59, 60, 62, 64, 72, 73, 475, 479, 481, 485, 490, 495, 612, 715, 716, 718
  이집트 가정의 아시아인들(in Egyptian household service) 491
아야(Aya) 423
아얍(Ayyab) 612, 789
아유무루(Ayyumurru) 246
아주리(Azuri) 530
아주피라누(Azupiranu) 178
아카드(Akkad) 401, 455, 456, 457, 542, 549, 550, 551, 552, 553, 726, 740, 751, 753, 762, 805
아카드의 교훈과 지혜 문학(Akkadian didactic and wisdom literature) 668
  삶에 대한 관조 (아카드 교훈 문학)(observations on Life) 668
  버드나무와 대추야자나무의 논쟁(Dispute between the Tamarisk and the Date Palm) 671
  지혜의 충고(counsels of wisdom) 675
아카드의 신탁과 예언(Akkadian oracles and prophecies) 719
  마리와 앗수르 편지들에 나타난 계시(Divine revelations in letters from Mari and Ashur) 719
  에살핫돈과 관련한 신탁들(oracles concerning Esarhaddon) 734
  마르둑슘우쭈르가 앗수르바니팔에게 보낸 편지(Letter to Ahsurbanipal from Mar-duk-shum-usur) 738
  앗수르바니팔과 관련한 신탁 꿈(oracle dream concerning Ashurbanipal) 739
  예언들(prophecies) 740
아카드의 신화와 서사시(Akkadian myths and epics) 90
  창조 서사시(에누마 엘리쉬)(creation epic: Enuma elish) 90
  길가메쉬 서사시(The Epic of Gilgamesh) 108
  우주적 주문 문서: "벌레와 치통"(cosmological incantation: "The Worm and the Toothache") 160
  네르갈과 에레쉬키갈(Nergal and Ereshkigal), 아다파도 참조할 것 179
  [안]주 신화(The Myth of Zu[Anzu]) 195
아크집(Akzib) 532
아크하투(Aqhat) 296

아키(Akki) 178
아톤/아크엔아톤(Aton/Akh-en-Aton) 615, 616, 783, 사진 108
    아톤의 가족(family of) 사진 110
    아톤에게 드리는 찬송시(hymn to) 615
아툼(이집트의 창조신)(Atum〈Egyptian creator-god〉) 54
아트라하시스(Atrahasis) 155
아히카르의 잠언(아람어 잠언)(The Words of Ahiqar〈Aramaic proverbs〉) 706
악고(Akko) 532
안샤르(바빌론의 신, 아누의 아버지)(Anšar〈Babylonian god, father of Anu〉) 102 ()
안툼(수메르-아카드 여신, 아누의 아내)(Antum〈Sumero-Akkadian goddess, wife of Anu〉) 129
앉아 있는 인물 입상(enthroned figure) 사진 264
알라시야(Alashiya) 487
알레포(Aleppo) 431, 514, 575, 589, 592
알파벳(alphabets) 사진 63-67
    셈어 알파벳(table of Semitic Alphabets) 사진 81
암몬(Ammon) 514
암무나(Am-muna) 222
압두헤바('Abdu-Heba) 792, 793, 794, 795, 797, 799, 800
압수(바빌론의 담수 신)(Apsu〈Babylonian god of fresh water〉) 96, 101, 105, 107
앗두(Addu) 430, 808, 809, 810
앗수르(Ashur) 464, 506, 517, 528, 531, 533
    마리와 앗수르 편지들에 나타난 계시(Divine revelations in letters from Mari and Ashur) 719
앗수르나찌르팔 2세(Ashurnasirpal II) 사진 118
    앗수르나찌르팔 2세의 잔치(banquet of) 505
    레바논 원정(expedition to Lebanon) 505
    날개 달린 사자(winged lion of) 사진 163
앗수르바니팔(Ashurbanipal) 사진 122, 124, 156
    마르둑슘우쭈르가 앗수르바니팔에게 보낸 편지(letter to Ashurbanipal from Mardukshumusur) 738
    앗수르바니팔 왕립 서고(library of) 109
    사자 사냥(lion-hunting of) 사진 40
    앗수르바니팔과 관련한 신탁 꿈(oracle dream concerning) 739

　　　　　에살핫돈의 종주 조약(The Vassal-Treaties of Esarhaddon) 455
앗수르 왕명록(the Assyrian King List) 518
야그루쉬(Yagrush) 238
야디넬(Yadinel) 317
야라무(Yaramu) 803
야마니(Iamani) 528
야바마트-리임밈(Yahamat⟨Yabamat⟩ Liimmim) 307
야아(Yaa) 61, 63
야오쉬(Yaosh) 565, 567
야우비디(Ia'ubidi) 529
야이브다루(Ya'abdar) 261, 268
야하스(Jahaz) 559
야호(Yaho) 813, 818
　　　　야호 성전(temple of) 815
야훼(Yahweh) 559, 564, 567
얌무(Yammu) 235, 238, 240, 243, 245, 263, 272, 275, 293, 328
에갈기나(Egalgina) 175
에안나툼(Enannatum) 사진 115
에닌누(Eninnu) 196
에돔(Edom) 485, 517, 532, 535
에디오피아(Ethiopia) 528, 530, 533
에라(Erra) 185, 193
에라칼(Errakal) 151
에레쉬키갈(수메르 여신, 지하세계의 여신)(Ereshkigal⟨Sumerian goddess of the netherworld⟩)
　　　　　　　　　　　138, 170, 171, 175
　　　　네르갈과 에레쉬키갈(Nergal and Ereshkigal) 179
에리두(Eridu) 87, 140, 159, 163, 164
에사길라(마르둑의 신전)(Esagila⟨temple of Marduk⟩) 100
에살핫돈(Esarhaddon) 사진 121
　　　　프리즘 토판에 새겨진 에살핫돈의 역사 기록(historical record of on prism) 사진 60
　　　　에살핫돈과 관련한 신탁들(oracles concerning Esarhaddon) 734
　　　　시리아, 팔레스타인 원정(Syro-Palestinian campaign of) 535
　　　　에살핫돈의 종주 조약(The Vassal-Treaties of Esarhaddon) 455
에샤라(Esharra) 97, 101, 107

주제 색인 • 871

에쉬눈나(Eshnunna) 353
    에쉬눈나 법전(laws of) 353
에아(Ea) 97, 98, 100, 101, 117, 132, 148, 154, 161, 164, 170, 181, 189, 190, 191, 204, 209, 468, 사진 167, 168, 엔키 참조
에아샤루(Ea-sharru) 508
에안나(Eanna) 109, 110
에올리아 양식의 주두(Aeolian capital) 사진 232
에쿠르(Ekur) 196, 200, 201, 203, 211, 640, 685, 690, 741
    에쿠르의 복수(Ekur avenged) 761
에쿠르자키르(Ekur-zakir) 434, 435
에타나(Etana) 138
에테메난키(바빌론의 성루)(Etemenanki〈the tower of Babylon〉) 사진 189
엔네아드(Ennead) 54
엔누게 148
엔릴(바벨론의 풍우신)(Enlil〈Babylonian wind and storm-god〉) 86, 87, 88, 97, 101, 102, 106, 117, 132, 137, 154, 190, 199, 401, 506, 508, 762, 763, 767, 769, 770
엔키(수메르 신, 땅과 물의 신〈'에아'로도 알려짐〉)(Enki〈Sumerian earth and water-god, also known as Ea〉) 86, 87, 762, 765, 771, 772
엔키두(Enkidu) 113, 114, 117, 119, 120, 121, 122, 124, 125, 131, 132, 141
    엔키두의 고통(suffering of) 138
엔헤두안나의 찬양 기도: 우르의 인안나 숭배(hymnal prayer of Enheduanna: the adoration of Inanna of Ur) 627
엘(가나안 만신전의 최고신)(El〈head of the Canaanite pantheon〉) 227, 232, 233, 234, 236, 238, 240, 242, 251, 256, 260, 571, 572, 587, 사진 138, 254
엘레판틴(Elephantine) 82, 83
    엘레판틴 유대인들의 편지(Aramaic letters from the Jews in) 812
엘리멜렉(Elimelech) 794
엣바알(Tuba'lu) 532
여리고(Jericho) 사진 172
여성들을 묘사한 인형과 신상들(figurines and statues of females) 사진 250, 251
여성 수도사(nun) 376, 379, 389
여신의 신상(statues of goddesses) 사진 129, 131-33, 135, 143, 164
    젖먹이는 여신(nursing goddess) 사진 257

여호아하스(Jehoahaz) 525
연애시(love poetry)
    이집트의 연애시(Sumeria) 743
    수메르의 연애시(Egyptian) 746
연회 장면(banquet scenes) 40, 41
염색/염색하기(dyes/dye-making) 사진 33
예도니야(Yedoniah) 813, 814, 815, 816, 817
예루살렘(Jerusalem)
    예루살렘 포위(seige of) 532, 사진 58
    예루살렘 함락(fall and conquest of) 537
예헴(Yehem 477
예후(Jehu) 515, 516
오론테스 강(Orontes River) 512, 515
오론테스(도시)(Orontes city) 477
오시리스 (이집트의 신, 죽은 자들의 왕)(Osiris〈Egyptian god, king of the dead〉) 71, 사진 146
오시리스의 청동상(bronze statue of) 사진 160
오피스(Opis) 549
요셉(Joseph) 66
욥(Job) 660, 789
욥바(Joppa) 533, 594
우가릿(우가르)(Ugar) 229, 249, 253, 278
우갈의 왕족들(royal personage of) 사진 246
우가릿 왕(Ugarit king,) 사진 245
우가릿 여성(의 특징)(Ugarit woman〈portrait of〉) 사진
우가릿 신화(Ugaritic myths and epics) 229
    바알 신화(The Baal Cycle) 229
    아크하투 이야기(The Tale of Aqhat) 296
우개(수메르의 죽음의 신)(Uggae〈Sumerian god of death〉) 95
우라카자바누(Urakazabanu) 456
우루밀키(Urumilki) 532
우룩(Uruk) 109, 110, 111, 113, 116, 118, 122, 131
    우룩 왕명록(kings of) 554
    우룩 주문(incantation from) 585

우르(Ur) 400, 545, 551, 632, 636, 638, 640, 667, 775, 778
  우르의 지구라트를 항공에서 본 모습(aerial view of ziggurat at) 사진 188
우르남무(Ur-Nammu)
  그의 법전(The Laws of) 400
  지구라트 건물을 보여주는 석비(stela of showing the building of a zigruat) 사진 85
우르 전쟁 장면(우르 깃발)(Ur war panel〈the Ur Standard〉) 사진 97
우르샤나비(Urshanabi) 145, 157, 158, 160
우바르투투(Ubartutu) 142, 148
우세르마아트레 메리아몬(람세스 3세)(User-maat-Re Meri Amon〈Ramses III〉) 486
우아-아우아: 수메르 자장가(Ua-aua: Sumerian lullaby) 775
우투(수메르의 태양 신)(Utu〈Sumerian sun-god〉) 87, 88, 762, 765, 771
우트나피쉬팀(아카드의 월신)(Utnapishtim〈Akkadian moon-god〉)142, 145, 146, 147, 149,
        155, 156
운명의 토판(Tablet of Destinies) 199, 201, 203
음악(music)
  악기(musical instruments) 사진 44
  음악가(musicians) 사진 45, 226-29
웨렛(Weret) 73
웨르켓엘(Werket-El) 76
웨세시(Weshesh) 488
웬아몬의 페니키아 여행(Wen-Amon, journey of to Phoenicia) 72
유다(Judah) 518, 532, 535, 537, 538, 539, 564, 815
유프라테스 강(Euphrates River) 131, 148, 178, 363, 402, 500, 513, 515, 531, 535, 779,
        752, 754, 782
은(silver) 56, 73, 74, 76, 78, 150, 266, 269, 270, 273, 354, 366, 374, 377, 378, 392, 421,
        425, 439, 480, 482, 495, 505, 516, 525, 773, 791, 815, 816
음료 빨대(drinking tube) 사진 20
음악(music)
  악기(musical instruments) 사진 44
  음악가(musicians) 사진 45, 226-29
이기기(바빌론 신들의 그룹 명칭)(Igigi〈group of Babylonian gods〉)99, 100, 106, 154, 197,
        204, 641, 741
이드리미(알라락의 왕)(Idrimi〈king of Alalakh〉) 502
이르칼라(Irkalla) 137, 170, 183, 187, 195

이발사(barber) 29, 394, 418
이사야, 사해문서(Isaiah, Dead Sea Manuscript of) 사진 83
이쉬쿠르(Ishkur) 771
이쉬타르/이쉬하라(사랑과 풍요의 아시리아/바빌론 여신)(Ishtar/Ishhara〈Assyrian and Babylonian goddess of love and fertlity〉) 116, 123, 126, 129, 152, 201, 202, 228, 434, 453, 455, 456, 466, 502, 510, 541, 545, 546, 734, 737, 739, 810
    이쉬타르의 지하세계 여행(descent of to the netherworld) 169
    이쉬타르 찬송시(hymn to) 641
    이쉬타르 신전(temple of) 109, 160
이쉬타르키드무리(Ishtar-kidmuri) 508
이쉬하라(Ishhara) 123
이슐라누(Ishullanu) 128
이스라엘(Israel) 514, 517, 526, 527, 529, 558, 560, 561, 565, 621, 622, 사진 96
이시스(사랑과 풍요의 이집트 여신)(Isis〈Egyptian goddess of love and Fertility〉) 71, 사진 146
이엠호텝(Ii-em-hotep) 83
이투르샤마간(Itur-Shamagan) 사진 242
이혼(divorce) 381, 421, 436, 437, 440
인류(의 창조)(mankind〈creation of〉) 55, 56
인안나(사랑과 풍요의 수메르 여신)(Inanna〈Sumerian goddes of love and fertility〉) 87, 765, 771, 774
    인안나 숭배(adoration of) 627
인안나와 왕: 혼인식 날의 축복(Inanna and the King: Blessing on the Wedding Night) 751
인장/봉인(seals) 414, 420, 431, 432, 435, 447, 455, 564, 677, 729, 사진 75-79
    아카드 시대의 원통 인장(cylinder seals of the Akkadian era) 사진 169-71
    앗수르의 인장(of Ashur) 464
    원통 인장(cylinder seals) 사진 57
    하드라무트의 "대리인"의 인장(of Hadrami "delegate") 609
일라브랏(Ilabrat) 165, 812
일리밀쿠(Ilimilku) 295, 296, 352, 794
임훌루(Imhullu) 92
잉크/잉크병(Ink/inkwells) 사진 53

ㅈ

자카르바알(Zakar-Baal) 73
장식된 청동 제의대(cult standard, decoreated) 사진 262
쟁기(질)(plows/plowing) 369, 398, 405, 468, 672, 사진 16
      씨뿌리는 쟁기(seed-plow) 사진 17
전차(cahriots) 469, 470, 482, 509, 514, 515, 517, 528, 529, 538, 791, 792, 793
점술에 사용된 간 모델(ivers, models of used for divination) 사진 151, 152, 273
젖먹이는 어머니(nursing mother) 사진 230
조약 문서(texts of treaties)
      숩필룰리우마스와 아무루의 아지라스의 조약(Treaty of Suppiluliumas and Aziras〈Hittite〉) 443
      알라락의 니크메파와 툰입의 이르아두(Ir-ᵈIM)의 조약(Treaty of Niqmepa and Alalakh〈Akkadian〉) 447
      이드리미와 필리야의 조약(Treaty of Idrimi and Pilliya〈Akkadian〉) 450
      앗수르의 앗수르니라리 5세와 아르밧의 마티일루의 조약(Treaty of Ashurnirari V of Assyria and Mati'ilu of Arpad〈Akkadian〉) 451
      에살핫돈과 두로의 바알의 조약(Treaty of Esarhaddon and Baal of Tyre〈Akkadian〉) 454
      에살핫돈의 종주 조약(The Vassal-Treaties of Esarhaddon) 455
      KTK와 아르밧 사이의 조약(Treaty of KTK and Arpad) 586
조세르(Djoser) 82, 84, 사진 191
주거 견본(model of house)- 사진 271, 307
주라타(Zurata) 785
지우수드라(Ziusudra) 88
진지를리(Zinjirli) 573, 574
짐리다(mzi-im-ri-da) 798, 803
짐리림(Zimri-Lim) 499, 719, 724, 726, 728, 731, 733, 779, 807, 808, 810

ㅊ

창기(hierodule) 772
청금석(Lapis lazuli) 56, 269, 275, 481, 483, 495, 507, 509, 640, 747, 767

청동 왕관(Bronze crown) 사진 266
체커(Tjeker) 73, 74, 80, 488
체쿠(Tjeku) 485
추(weights)
    진흙 추(clay) 사진 24
    인간 머리의 형태로 된 추(in form of a human head) 사진 25
    석회암(linestone) 사진 23
    무게가 표시된 돌추(stone weights inscribed with weight values) 사진 204
침대(Bed) 사진 39

ㅋ

카(사람의 생명의 힘)(ka〈vital force of a person〉) 646
카르나크(Karnak) 72, 476, 494, 497
카르살만에셀(Kar-Shalmaneser) 513
카르야텐(Qaryaten) 559
카르카르(Qarqar) 514, 529, 532
카르타고 세금 문서(the Carthage Tariff) 581
카르타고의 서원 비문(Punic ex-voto inscriptions) 582
카르호(Qarhoh) 558
카엠와셋(Kha-em-Waset) 79
카카(Kaka) 180
카타반어 비문(Qatabania inscriptions) 604
캄비세스(Cambyses) 550, 552, 553
케나(Qena) 787
케르커(Kerker) 489
케프리세트(Khepri-Seth) 487
코데(Kode) 487
코싸루 (코싸루와하시수, 우가릿의 장인의 신)(Kothar〈Kothar wa Khasis, Ugaritic craftsman-
              god〉)231, 233, 234, 238, 243, 245, 259, 260,
              270, 272, 275, 288, 303, 306
콤마게네(Commagene) 514
쿠드슈-아스타르트-아낫의 저부조(Qudshu-Astarte-Anath, bas-relief) 사진 258

쿠드슈와암루루(Qadesh wa-Amrur) 266
쿠타(Cutha) 171, 549
크눔(창조와 바다의 이집트 신)(Khnum〈Egyptian god of creation and the waters〉) 82, 83
크시수드로스(xisouthros) 142
크세르크세스(Xerxes) 사진 123
　　　그의 아파다나(apadana of) 사진 197
키나(Qina) 479, 480
키쉬(Kish) 138, 549, 673, 762, 763
키약사레스(Cyaxares) 537
킬라무(Kilamu) 570, 575
킹구(티아맛 군대의 장군)(Kingu〈leader of the forces of Tiamat〉) 95

ㅌ

타넷놋(Ta-net-Not) 80
타넷아몬(Ta-net-Amon) 72, 75, 78
타아낙(Taanach) 477, 479
탈라이(Talliya) 261, 268, 272
테프누트(이집트의 습기 신)(Tefnut〈Egyptian goddess of moisture〉) 54, 56
텔레피누(Telepinus) 219
토비야(Tobiah) 566
토성(Saturn) 456
토트(이집트의 월신, 글의 신)(Thoth〈Egyptian moon-and writing-god〉) 54, 655
　　　헤르모폴리스의 토트(Thoth of Hermopolis) 83
투트모세 3세의 아시아 군사 원정(므깃도 전투)(Asiatic campaigns of Thut-mose III〈The Battle of Mediggo〉) 476
투트안크아몬(Tut-ankh-Amon) 사진 4
　　　그의 가면(mask of) 사진 111
투닙(Tunip) 447
티그리스 강(Tigris River) 402, 506, 507, 513, 536, 549
티쉬팍(Tishpak) 359
티아맛(바빌론의 수신, 신들의 어머니)(Tiamat〈Babylonian goddess of water and mother of the gods〉) 92, 93, 95, 99, 105

ㅍ

파나무(Panamu) 574
파디(Padi) 533, 534
파주주 장식판(Pazuzu plaque) 사진 286
파피루스(Papyrus)
    아람어(Aramaic) 사진 82
    파피루스 견본(examples of) 사진 70, 71
파헬(Pahel) 484
팔레스타인(Palestine) 476, 482, 484, 488, 489, 494, 565, 622, 783, 784, 786, 789, 791, 793, 799, 800, 803
    디글랏빌레셀 3세(744-727): 시리아, 팔레스타인 원정(campaign of Tiglath-pileser III) 524
    세티 1세의 북팔레스타인 원정(campaign of Seti I in northern Palestine) 483
    아다드니라리 3세(810-783): 팔레스타인 원정expedition of Adad-Nirari to() 517
    팔레스타인에서 온 조공(tribute provided by) 536
팔레스타인 비문(Palestinina inscriptions)
    게셀 월력(the Gezer calendar) 557, 사진 65
    모압 석비(the Moabite stone) 558, 사진 74
    라기스 도편 문서(ostraca of Lachish) 565
    사마리아 도편 문서(ostraca of Samaria) 560
    실로암 명문(the Siloam Inscriptoiin) 562
    요시아 시대의 편지(letter from the time of Josiah) 563
    아라드에서 발굴된 세 편의 도편 문서(ostraca of Arad) 564
팔릴(Palil) 468, 509
팝숙칼(Papsukkal) 174
펜아몬(Pen-Amon) 78
펠라(Pella) 484, 789, 790
포도주(wine) 61, 73, 80, 227, 248, 265, 274, 282, 295, 301, 306, 327, 330, 341, 482, 495, 510, 513, 549, 572, 695, 707, 752, 760, 772, 816, 사진 19
    진흙 포도주 마개(clay wine stopper) 사진 219
    적포도주(red wine) 150
    백포도주(white wine) 150
포로(captives) 29, 37, 59, 95, 483, 560, 631, 727, 795, 797

푸주르-아무리(Puzur-Amurri) 151
프타(멤피스의 신)(Ptah〈Egyptian god of memphis〉) 53, 54, 55, 83
프타호텝의 가르침(instruction of Ptah-hotep) 645
피드라이(Padriya) 249, 260, 268, 272
피라미드 무덤(pyramid-tombs) 66, 사진 192

ㅎ

하나니야(Hananiah) 813
하늘의 축제(feasts of the sky) 760
하니쉬(Hanish) 151
하다드(Hadad) 237, 276, 280
하닷에셀(Hadadezer) 514
하드라무트 비문(Hadramout inscriptions) 607
하란(Harran) 452, 456, 537, 540, 542, 545, 738
하르나미야(Harnamiyya) 297
하맛(Hamath) 484, 514, 525, 529, 532
하맛과 루아쉬의 자키르(Zakir of Hamath and Luath) 576
하솔(Hazor) 사진 174, 290, 291, 303
      가나안 성소(Canaanite shrine at) 사진 300
      신전 안의 제의 물품(cultic objects within the temple at) 사진 298
      가나안 신전의 지성소(Holy of Holies Canaanite temple at) 사진 299
      수로 체계(water system in) 사진 292
하토르(이집트의 소 신)(Hat-Hor〈Egyptian cow-goddess〉) 57, 495, 760
하티(Hatti) 487, 히타이트 제국도 참고
하티나(Hattina) 507, 511
하하르눔(Haharnum) 218
학개(Haggai) 439, 442, 817
한나한나(Hannahanna) 221
함무라비(Hammurabi) 780
함무라비 법전(Code of Hammurabi) 362, 사진 59
핫타라(Hattara) 222
항아리/항아리 손잡이(jars/jar handles) 사진 237, 238

헌신자(sekretum) 389, 391
헤리호르(Heri-Hor) 73, 77
헤브론(Hebron) 564, 791, 792, 800
헤텝(Heteb) 81
헷 사람들/헷 족속(Hittites) 504, 530
호론(Horon) 239
호루스(매의 머리를 한 이집트의 천신)(Horus〈Egyptian hawk-headed sky-god〉) 54, 64, 82, 476, 480, 483, 718
호루스의 길(Ways of Horus) 64
호샤이아(Hoshaiah) 563, 565
호세아(Hosea) 817
홍수(flood)
    바벨론의 홍수 이야기(Babylonian account of) 사진 69
    수메르의 홍수 이야기(Sumerian myth of) 85
활(bow) 309
황소(bull)
    청동상(bronze figure of) 사진 256
    황소 위에 서 있는 신(deity riding a bull) 사진 263
    모형(figurine of) 사진 260
황소 타는 농부(peasant, riding on a bull) 사진 203
후리인(Hurrian) 450, 794
후와와(Huwawa) 125, 132
훔바바(Hubaba) 140
히람(Hiram) 525
히르비(Hirbe) 513
히스기야(Hezekiah) 533, 534
    실로암 터널 비문(Siloam Inscription of) 사진 73
히에라콘폴리스(Hierakonpolis) 사진 194
히타이트 신화(Hittite myths)
    텔레피누 신화(The Telepinus Myth) 219
    엘쿠니르샤 신화(Elkunirsha and Ashertu) 227
히타이트 제국(Hittite empire) 487, 529, 622, 사진 6, 93
힉소스(Hyksos)
    힉소스와의 전쟁(war against) 494

힉소스의 활발한 무역활동(commercial activities of) 495
힉소스의 축출(expulsion of from Egypt) 473

Y

Y'dy-사말의 바르라카브(Barrakab of Y'dy-Sam'al) 574, 사진 127
Y'dy-사말의 킬라무와(Kilamuwa of Y'dy-Sam'al) 573, 576

THE ANCIENT NEAR EAST
An Anthology of Texts & Pictures

유물사진과 해설

1. 카파자의 닌투 신전의 신 앞에 설치된 수메르인들 미니 조각상(수메르인들은 신전에 자신들의 조각상을 세워놓으면, 그 조각상이 그들을 위해 언제나 신께 기도해 준다고 생각했다-역주). 제3천년기 초기.

2. "이방 나라의 군주" 이브샤가 "서른일곱 명"의 아시아인을 거느리고 이집트로 눈 화장품(eye-paint, 눈에 칠하는 물감-역주)을 가져오고 있다. 주전 1890년경의 천연색 무덤 벽화. 당나귀들 위의 풀무는 금속술사들이 함께 여행하고 있음을 보여준다(cf. 창 4:19-22).

3. 메디아 사람의 머리. 머리카락과 턱수염이 정교하게 파마되어 있다. 페르세폴리스 계단을 장식한 문양의 일부. 다리우스와 크세르크세스 시대.

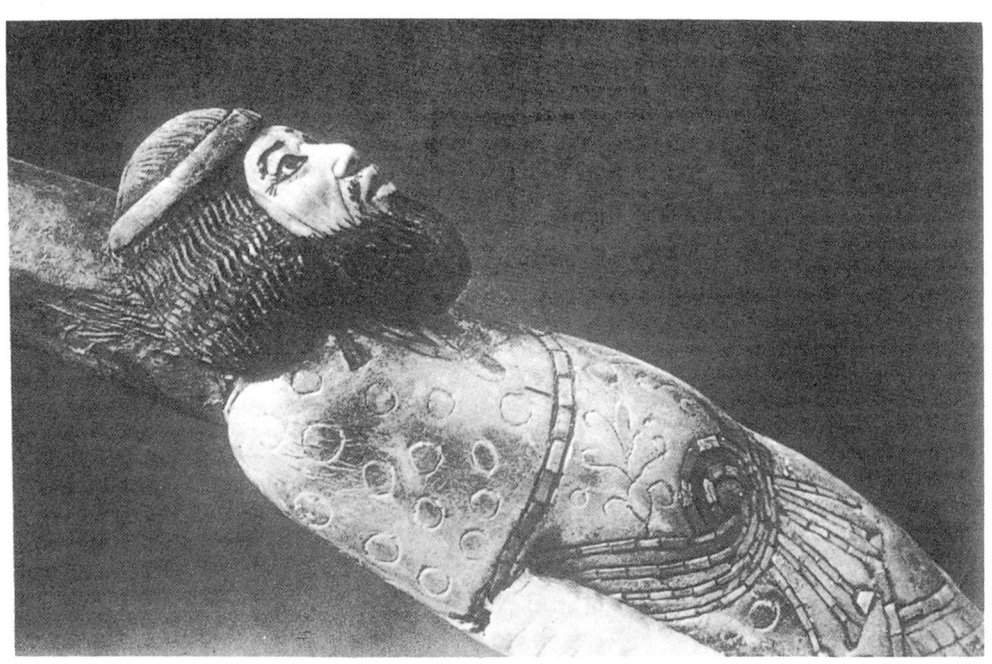

4. 투트안크아몬의 지팡이 끝에 새겨진 장식 문양. 포박된 시리아인 포로의 모습. 테베에 있는 투트안크아몬의 무덤에서 발견됨.

5. 조공을 나르는 시리아인들. 기름을 담은 뿔, 화살통, 그릇, 술잔, 어린아이 등을 조공으로 바치고 있다. 주전 15세기 테베 무덤 벽화의 일부.

6. 목에 밧줄을 두른 히타이트 포로. 턱수염이 없음에 주목할 것. 아부심벨의 신전 벽화.

7. 람세스 3세가 아모르 원정에서 포획한 포로들. 왼쪽에서 오른쪽으로 리비아인, 시리아인, 히타이트인, 해상 민족 중 하나(블레셋인?), 시리아인. 메디네트 하부 신전 벽화.

8. 용상에 앉아 있는 아멘호텝 3세의 발판에 그려진 그림. 무릎 꿇은 시리아인들과 흑인들.

유물사진과 해설 ● 887

10. 상아로 된 이중 빗. 그 중앙은 사자와 나무 문양으로 장식되었다. 므깃도에서 발견됨. 주전 14-12세기.

9. 청동 거울. 손잡이는 문양으로 장식된 뼈로 만들어졌다. 팔레스타인의 아틀릿에서 발견됨. 주전 5세기.

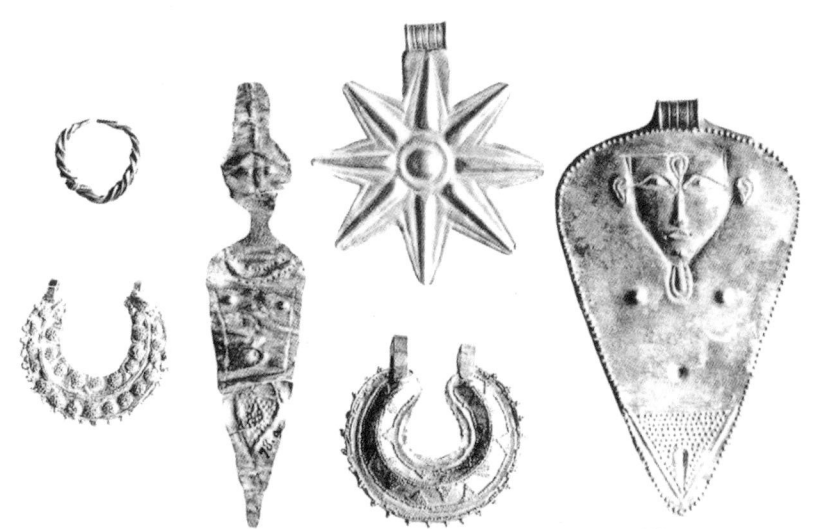

11. 금과 아연 장신구. 귀걸이들, 높은 가발을 쓴 여성 모양의 장신구, 황금 별 목걸이 장식, 여성의 얼굴이 양각된 목걸이 장식. 텔 엘-아줄에서 출토. 주전 14-13세기.

12. 이집트의 이발사가 아멘호텝 2세가 징집한 병사의 머리를 다듬고 있다. 주전 15세기.

14. 거울을 들고 붓으로 입술을 칠하는 여자. 파피루스 그림. 이집트 신왕조.

13. 이집트의 청동 면도날. 구멍들은 손잡이에 연결할 때 사용되었음. 이집트 제18왕조의 것으로 추정됨.

15. 텔 엘오베이드에서 출토된 낙농 장면: 오른쪽에서부터 암소의 젖 짜는 모습, 신성한 장소임을 표시하는 두 문 기둥, 낙농 제품을 만드는 모습. 구리 테두리 안에 검정 현무암을 배경으로 석회암을 깎아 만든 프리즈 장식. 제3천년기 중반.

16. 두 마리의 소를 이용해 손잡이 두 개의 쟁기로 밭을 가는 남자 목상. 제3천년기 말.

17. 에살핫돈의 현무암 석비 문양. 파종용 드릴이 달린 쟁기의 모습이 보인다.

18. 벽돌 만드는 이집트 전통 방식: 호미를 가진 인부들이 물로 부드러워진 진흙을 벽돌 모양으로 반죽하면, 다른 인부들은 그것을 벽돌 제조 책임자에게 가져간다. 테베, 레크미레 무덤 벽화의 일부. 주전 15세기.

20. 메소포타미아 신과 그의 예배자가 빨대를 통해 (맥주를?) 마시고 있다.

21. 배 목상. 배에는 노와 돛, 선장실 등이 구비되어 있다. 그 안에는 메켓-레, 그의 아들, 그리고 어떤 가수가 함께 앉아 있다. 이집트 제11왕조.

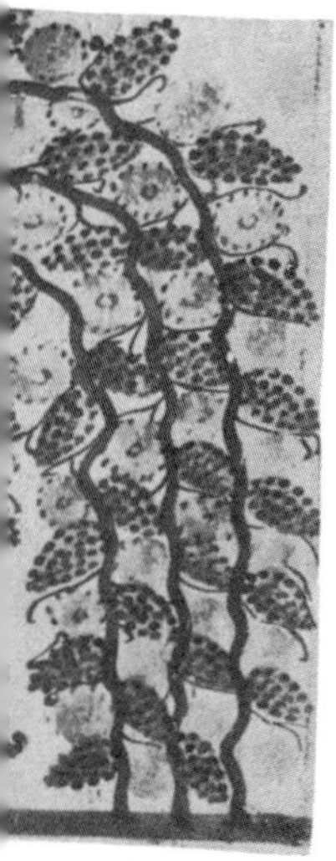

19. 오른쪽 그림은 포도나무에서 포도를 거두어 들이고 있는 장면이다. 왼쪽 그림은 포도를 밟고 있는 모습, 가운데 그림은 포도주를 항아리에 담아 뚜껑을 덮어 보관하는 장면을 그리고 있다. 주전 15세기.

22. 상 위에서 반죽하는 사람의 진흙 조각상. 에집 출토. 주전 900-600년경.

23. '빔'이라 적혀 있는 석회암 추. 텔 엔나스베 출토(cf. 삼상 13:21).

24. 기브온에서 출토된 진흙 추. 뜻을 알 수 없는 글자가 새겨져 있다.

25. 인간 머리 모양의 저울 추. 라스샴라 출토. 주전 14세기.

26. 도공의 작업실 모형. 한 사람은 물레 위에서 진흙을 다듬고 있고, 다른 한 사람은 화덕을 책임지고 있음. 사카라 출토. 주전 21세기.

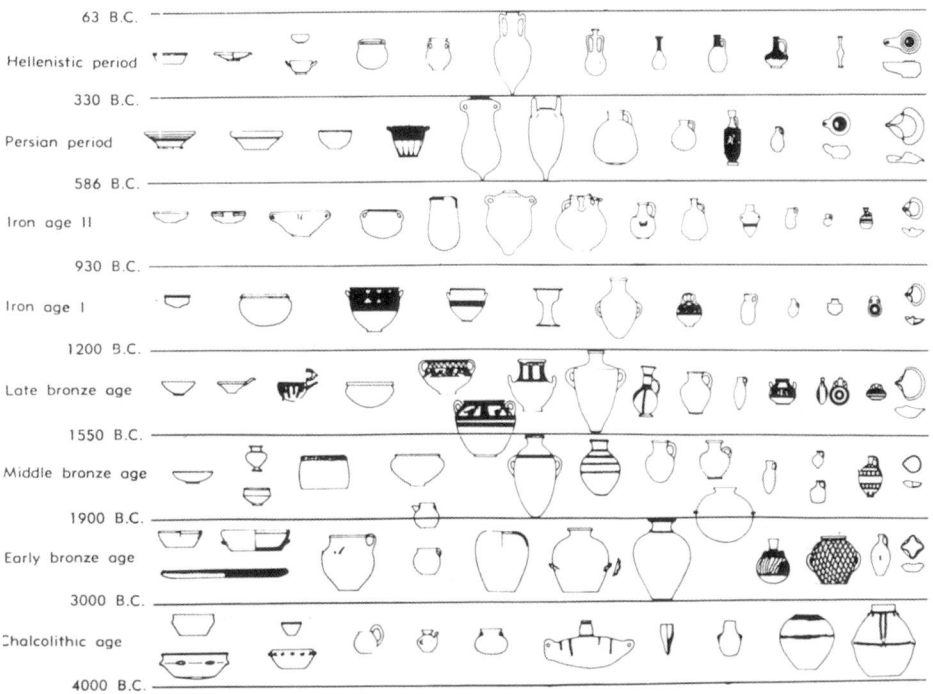

27. 팔레스타인의 주요 유적지에서 발견된 도자기 유형의 시대별 개관. (그림 위에서 아래로) 주전 63년, 헬레니즘 시대, 주전 330년, 페르시아 시대, 주전 586년, 철기 제2시대, 주전 930년, 철기 제1시대, 주전 1200년, 후기 청동기 시대, 주전 1550년 중기 청동기 시대, 주전 1900년 초기 청동기 시대, 주전 3000년, 금석병용 시대, 주전 4000년.

28. 함입 창 안으로 보이는 여인의 머리(cf. 왕상 6:4), 목재에 장식으로 붙이는 상아 조각(cf. 왕하 9:30). 니므롯 출토. 주전 8세기 후반경.

29. 하나의 상아에서 조각된 상자. 스핑크스와 사자가 고부조로 장식돼 있다. 므깃도 출토. 주전 1350-1150년.

30-31. 벌거벗은 여인의 상아 조각상과 지팡이를 들고 있는 유리 눈의 상아 조각상. 가구의 장식 문양으로 사용되었다(cf. 암 6:4). 므깃도 출토. 주전 1350-1150년경.

32. 이집트의 중왕국의 무덤 벽화, 의류 방직 장면.

33. 염색 공장. 두 개의 큰 실린더 통과 두 개의 직사각형 석조 대야가 보인다. 텔 벧미르심의 주전 8세기 성층에서 출토.

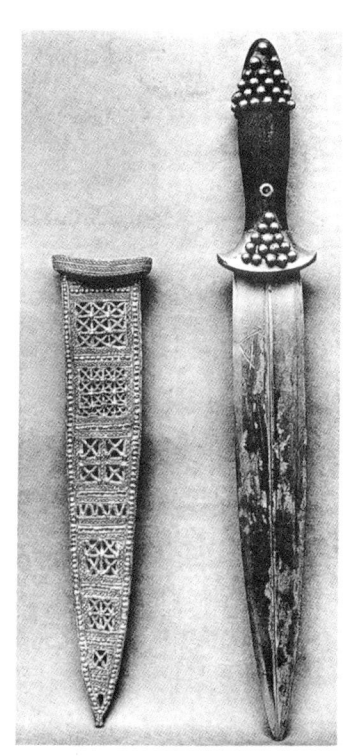

34-35. 메스칼람두그(일반인)의 황금 헬멧. 하나의 금속 덩이에서 주조됨. 황금 칼과 칼집. 우르의 주전 25세기 무덤에서 출토.

36. 청동 장식판으로 구성된 갑옷. 청동 장식판들은 줄로 하나로 묶여 있다. 누지의 제2천년기 중반의 성층에서 발견되었다.

유물사진과 해설 ● 897

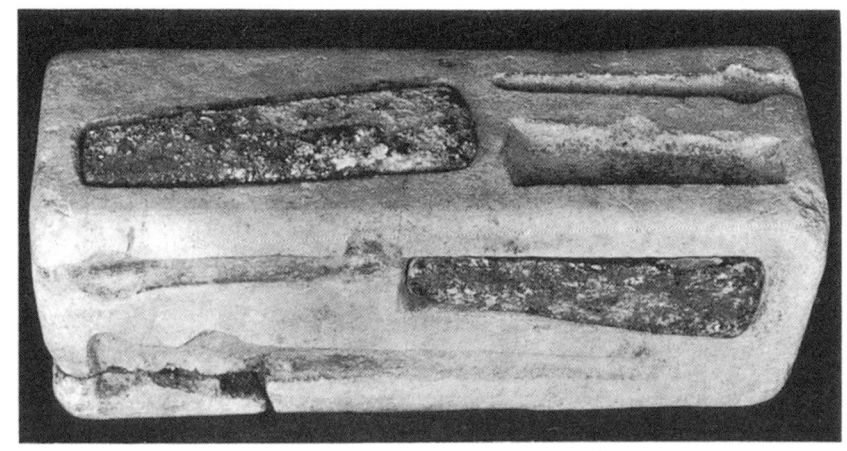

37. 두 개의 도끼 혹은 정 틀을 가진 도공용 거푸집. 세겜 출토. 중기 청동기 시대.

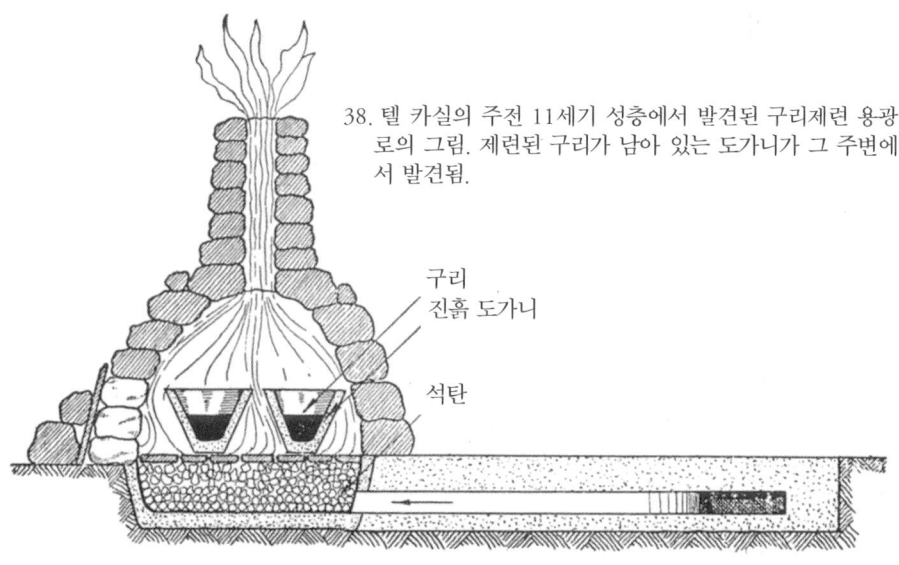

38. 텔 카실의 주전 11세기 성층에서 발견된 구리제련 용광로의 그림. 제련된 구리가 남아 있는 도가니가 그 주변에서 발견됨.

구리
진흙 도가니

석탄

39. 텔 엘파라(남)에서 발굴된 페르시아 시대의 침대. 청동을 주소재로 하였고, 각 부분을 잡아당기는 죔쇠는 철제이다.

40. 앗수르나찌르팔이 사자를 사냥하고 있다. 저부조. 니므롯 출토.

41. 투트안크아몬이 전차 위에 서서 활시위를 당긴 채, 사냥개를 피해 달아나는 영양과 타조 떼를 추격하고 있다. 테베 소재의 왕 무덤에서 발견된 상자 뚜껑 위의 그림.

42. 4열로 정열한 이집트 병사들. 목공 조각상. 시웃 출토. 이집트 중왕국.

43. 전쟁 포로를 이송하는 앗수르 병사들. 수레 위에는 잡힌 여자들이 있다. 니느웨의 앗수르바니팔의 주전 7세기 궁전에서 출토.

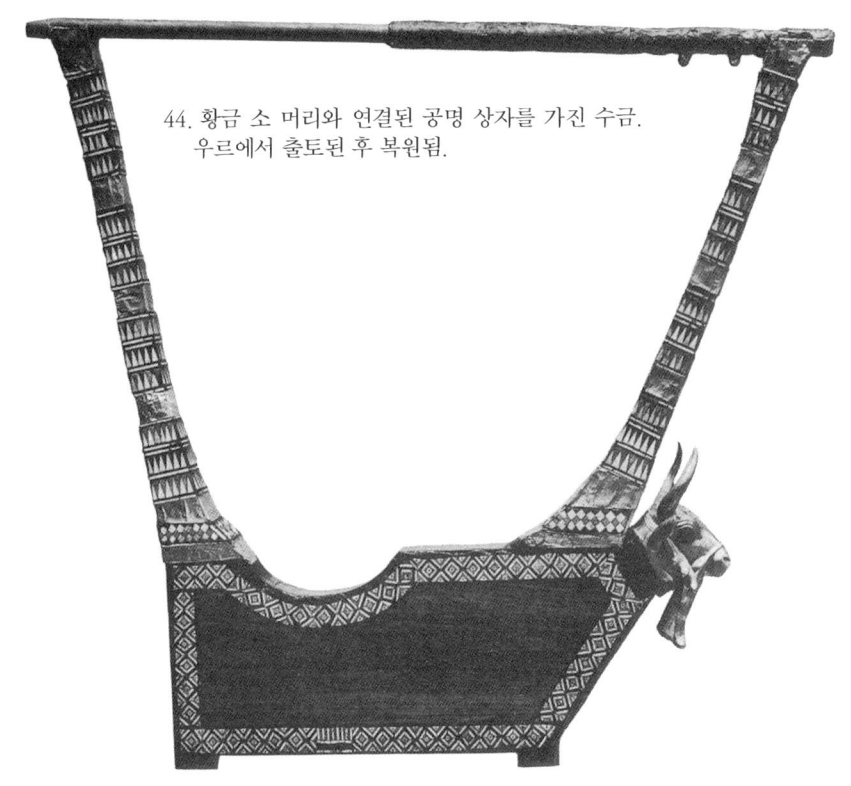

44. 황금 소 머리와 연결된 공명 상자를 가진 수금. 우르에서 출토된 후 복원됨.

45. 이집트 음악가들: 하프 연주가, 현악기 연주가, 댄서, 이중 피리 연주가, 수금 연주가. 테베의 주전 15세기 무덤 벽화.

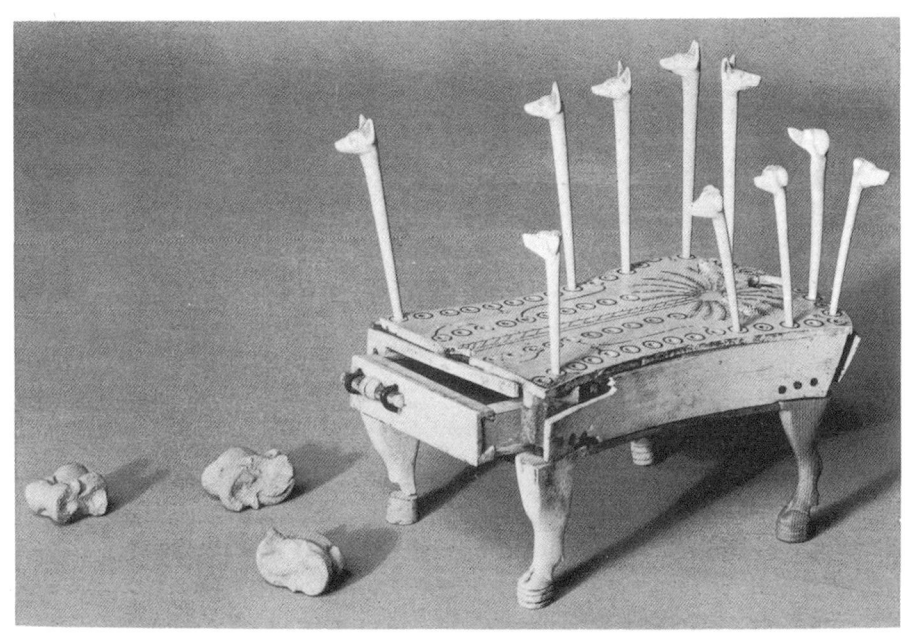

46. "사냥개와 자칼" 놀이를 위한 게임 보드. 상아 보드와 상아 핀, 관절 뼈들, 흑단 베니어로 구성됨. 테베 무덤 출토.

47. 10개의 말을 가진 게임 보드. 상아로 된 사각 팽이의 각 면에는 다양한 크기의 구멍이 뚫려 있다. 텔 벧미르심의 중기 청동기 성층에서 출토.

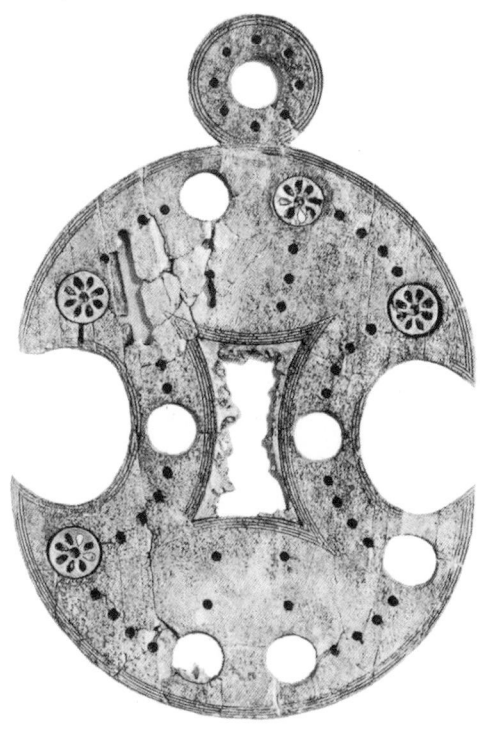

48. 58개의 구멍이 뚫린 게임 보드. 므깃도 출토. 주전 1350-1150년경.

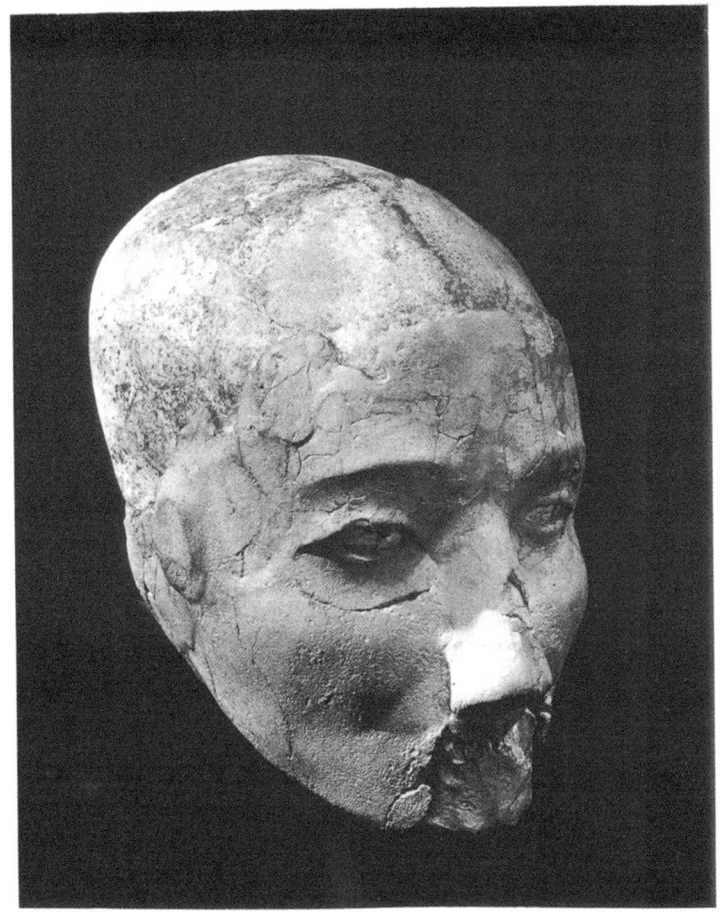

49. 여리고의 신석기 성층에서 발견된 회칠된 두개골.

50. 4세기 유대 동전. 날개 달린 바퀴 위에 턱수염을 한 인물이 앉아 있다.

51. "히스기야"와 "유대"라는 글이 적힌 동전. 벧주르 출토.

유물사진과 해설 ● 903

52. 갈대 줄기 펜과 팔레트를 가지고 앉아 있는 서기관. 이집트 제4왕조.

53. 쿰란 필사실에서 발견된 테라코타 잉크병과 청동 잉크병.

54. 산헤립이 정복한 마을의 약탈품과 사망자를 기록하고 있는 서기관.

55. 이집트 서기관의 필사 도구. 갈대줄기 펜, 팔레트, 물통.

56. 쐐기문자로 된 법률 문서와 그 봉투. 카파도키아 출토.

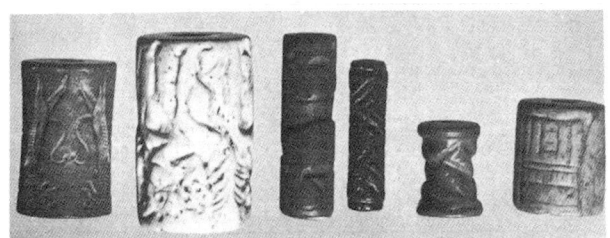

57. 다양한 크기와 문양의 원통 인장들. 젖은 진흙 위에 눌러 굴리면, 자국이 남는다. 오늘날 도장과 같은 역할.

58. 주전 598년 느부갓네살에 의한 예루살렘 정복을 기록한 쐐기문자 토판.

유물사진과 해설 ● 905

59. 함무라비 법전이 수록된 석비.
수사 출토.

60. 에살핫돈의 역사 기록을 담은 팔각 프리즘.

61. 닙푸르의 지도 토판. 신전, 벽, 성문, 수로가
표시되어 있다. 닙푸르 출토.

62. 베히스툰에 있는 다리우스의 부조 비문. 이 비문은 아카드어 쐐기문서를 해독하는 데 열쇠를 제공했다.

63. 30개의 우가릿 알파벳을 담은 토판.

64. 시내 문자로 된 비문. "바알랏을 위해"라고 적혀 있다. 주전 15세기.

66. 느부갓네살의 글이 담긴 원통 토판.

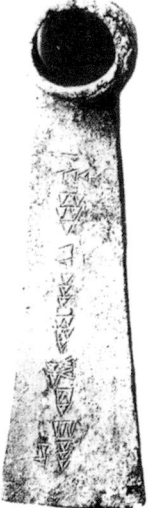

67. 라스샴라의 알파벳 문자 (우가릿어)가 기록된 도끼 머리. 제의용품이었음. 주전 14세기.

65. 농업력이 적힌 석회암 비문. 게셀 출토. 학교에서 연습용으로 제작된 것으로 추정.

68. 라스샴라에서 출토된 토판. 아크하투 이야기가 수록됨.

69. 홍수 이야기 토판. 니느웨 출토.

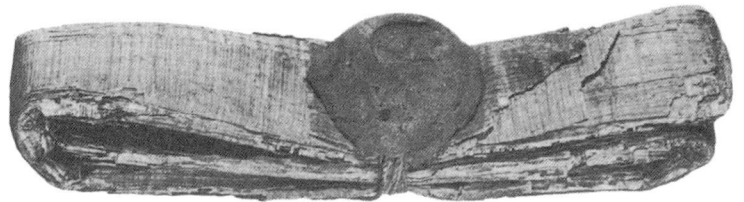

70. 파피루스 문서를 두루마리로 묶고, 진흙에 찍은 인장으로 봉인함. 이 아람어 문서는 결혼 계약서이다.

71. "사자의 서"의 테베 개정판의 일부분. 글과 간단한 그림이 있는 파피루스 문서.

72. 로제타스톤. 이집트 상형문자, 이집트 민중문자, 그리고 고대 그리스어로 된 비문이 적혀 있다.

73. 예루살렘의 성전 지구 남쪽, 히스기야의 터널의 바위 벽에 새겨진 실로암 비문.

74. 모압 왕 메사 비문. 현무암 석비. 주전 840-820년경.

75. "여로보암의 종, 쉐마에게 속함." 므깃도 출토. 8세기.

76. "왕의 신하, 야아자니야에게 속함"(cf. 왕하 25:23). 텔 엔 나스베 출토. 주전 600년경.

77. 항아리 손잡이에 찍힌 인장: "요야긴의 종, 엘리아김에 속함". 텔 벧미르심 출토. 주전 6세기경.

78. "왕실 인장"이라는 자국이 찍힌 항아리 손잡이. "왕 mmšt을 위해." 기브온 출토.

79. 보다 후대의 "왕실 인장"이라는 자국이 찍힌 항아리 손잡이. "왕 지프를 위해." 기브온 출토.

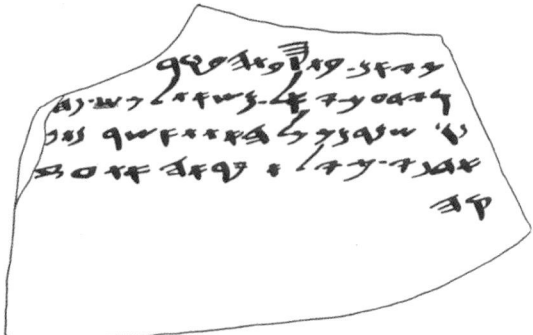

80. 텔 에드두웨이르에서 출토된 라기스 도편 문서 4번. 라기스가 언급됨. 주전 6세기 초.

81. 셈어 알파벳들. 검정색으로 채워진 문자는 잉크체이고, 선으로만 된 문자는 비문체이다.

82. 주전 404년경의 아람어 파피루스. 아나니 바르아샤랴가 집을 딸에게 선물로 주는 내용이 담겨 있다.

83. 이사야의 사해 사본. 이사야 33:1-23이다.

84. 제1왕조의 왕 나메르가 상부 이집트의 하얀 왕관을 쓰고, 무릎 꿇고 있는 포로를 치려 하고 있다. 히에르콘폴리스에서 출토된 팔레트 위에 새겨짐.

85. 우르남무 석비의 부조. 지구라트의 건설 모습이 그려져 있음. 우르 출토. 주전 2060-1955년경.

86. 아가대의 나람신이 정복한 룰부브인들 위에 서 있다. 주전 23세기. 수사 출토.

유물사진과 해설 • 917

87. 세티 1세에 의해 공격당하는 "가나안의 마을"의 요새. 카르나크 벽화.

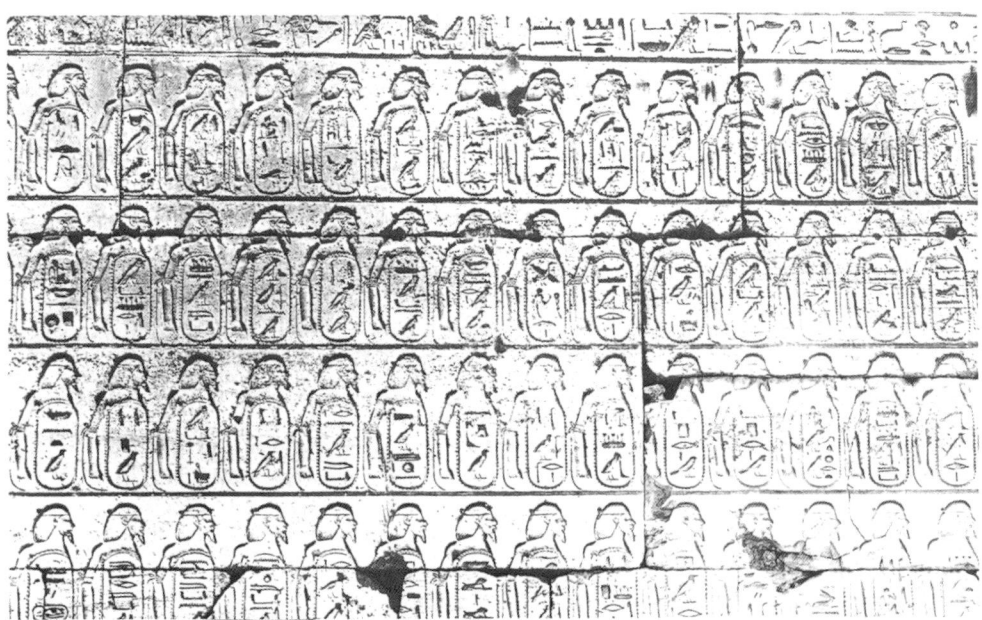
88. 투트모세 3세가 정복한 아시아인들. 카르나크 소재. 이름이 적혀 있는 타원 고리 위에 포박된 아시아인의 문양이 새겨져 있다.

89. 레바논의 왕들이 삼나무를 자르며, 세티 1세의 장군에게 자신들의 충성을 보이고 있다. 카르나크 소재.

90. 므깃도의 왕이 잔치, 음악, 그리고 포로들의 행렬로 승리를 축하하고 있다. 그는 그룹 문양의 보좌에 앉아 있다. 므깃도 출토. 주전 1350-1150년경.

91. 아스글론의 한 요새가 람세스 2세의 군대에 의해 정복당하고 있다. 탑 위에 있는 인물은 손을 들어 항복을 표시한다. 카르나크 소재.

92. 람세스 3세의 배가 블레셋과 깃털 모자를 쓴 해양 민족들과 교전하고 있다.

93. 람세스 2세와의 전투에서 죽은 히타이트인들의 손을 계수함(cf. 삼상 18:25ff.).

94. 세송크 1세의 전투 장면과 정복된 도시들의 리스트(왕상 14:24-25. 대하 12:2-4).

95. 람세스 3세가 창을 든 시리아인들이 지키는 아모르의 성벽 요새를 공격한다. 메디네트 하부의 부조.

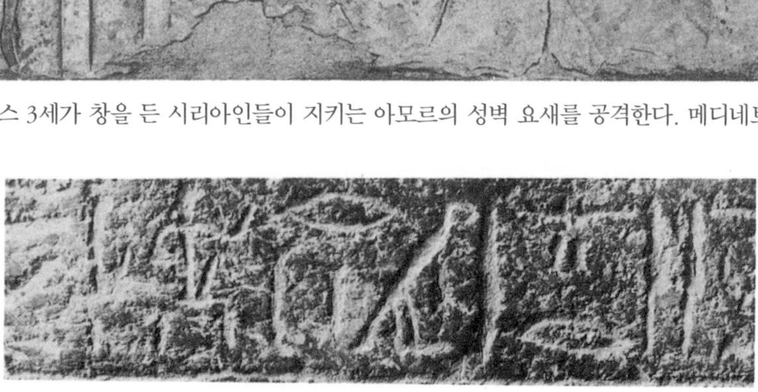

96. 메르네프타의 석비에 새겨진 "이스라엘"의 확대 사진. 테베에서 발견됨.

97. 우르 깃발의 일부. 일명 "전쟁 패널." 적을 무찌르는 왕의 모습을 담고 있다. 주전 25세기.

98. 발라와트에서 출토된 청동 띠. 살만에셀 3세가 두로에서 가져 온 조공물(위). 티그리스 강의 상수원에서 제사가 준비되고 있다(아래).

99. 아몬레 앞에 있는 람세스 2세. 벧산에서 출토된 석비. 주전 13세기경.

100a. 니므롯에서 출토된 살만에셀 3세의 블랙 오벨리스크. 위에서 두 번째 줄에 "오므리의 아들, 예후"가 왕에게 예물을 바친다는 내용이 적혀 있다.

100b. 오벨리스크의 반대쪽. 낙타, 코끼리, 원숭이 등 살만에셀에게 바쳐진 조공들이 그려져 있다.

101. 공격당하는 라기스. 공성 무기(siege engine)가 경사로에 올려져 있고 궁사들은 방패 뒤에서 활을 쏘고 있다. 이처럼 궁사들, 그리고 투창이나 투석하는 군사들이 공성 무기를 지원하고 있다. 세 명의 벌거벗은 사람들이 벽에 매달려 있다.

102. 반대면. 보좌에 앉아 있는 산헤립이 라기스에서 취한 약탈물을 선물로 받고 있다. 라기스 사람들은 산헤립 앞에 무릎을 꿇고 있다. 니느웨의 부조.

103. 람세스 2세와 살만에셀 3세(?)를 묘사한 부조. 베이루트 근처, 나르엘켈브 소재.

104. 스핑크스의 모양을 한 투트모세 4세가 적들을 짓밟고 있다. 테베에서 출토된 보좌 문양.

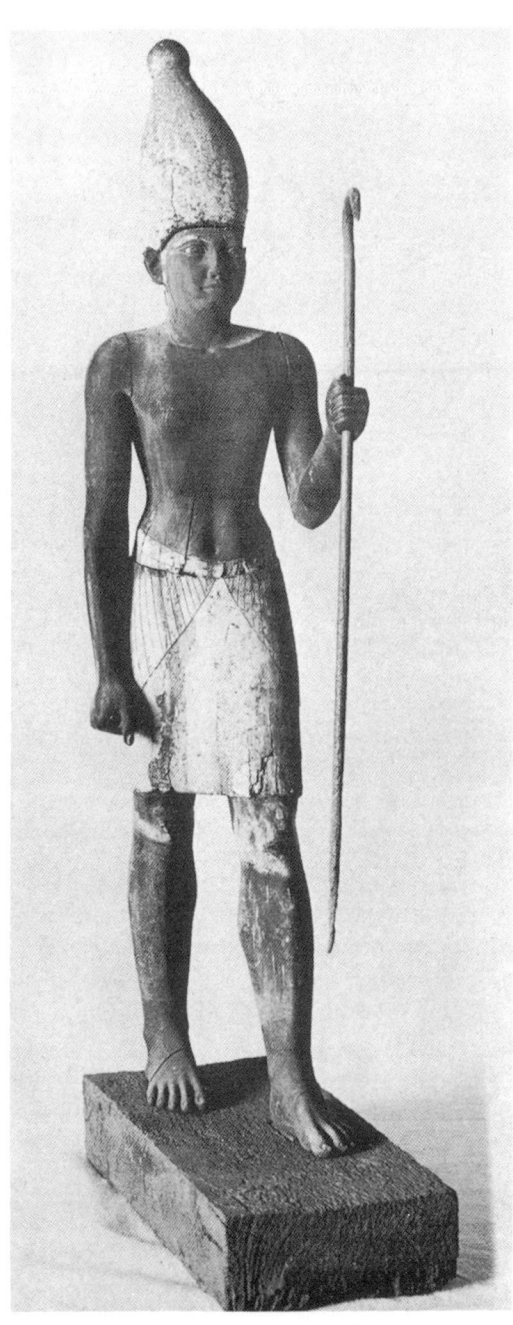

105. 센우세르트 1세의 목조 조각상. 상부 이집트의 하얀 왕관을 쓰고 있다.

106. 투트모세 3세의 현무암 흉상. 카르나크 출토.

107. 아멘호텝 3세가 뱀 모양으로 장식된 파란색 왕관을 쓰고 있다.

108. 아크엔아톤. 태양신 숭배자. 이집트에서 최초로 유일신을 숭배한 자. 아마르나 출토.

109. 네페르트이티. 아크엔아톤의 아내.

110. 아크엔아톤의 가족. 그와 네페르트이티, 그리고 그들의 딸들이 태양 원반 아래에 있다. 원반에서 나오는 빛이 선으로 그려져 있다. 아마르나 출토.

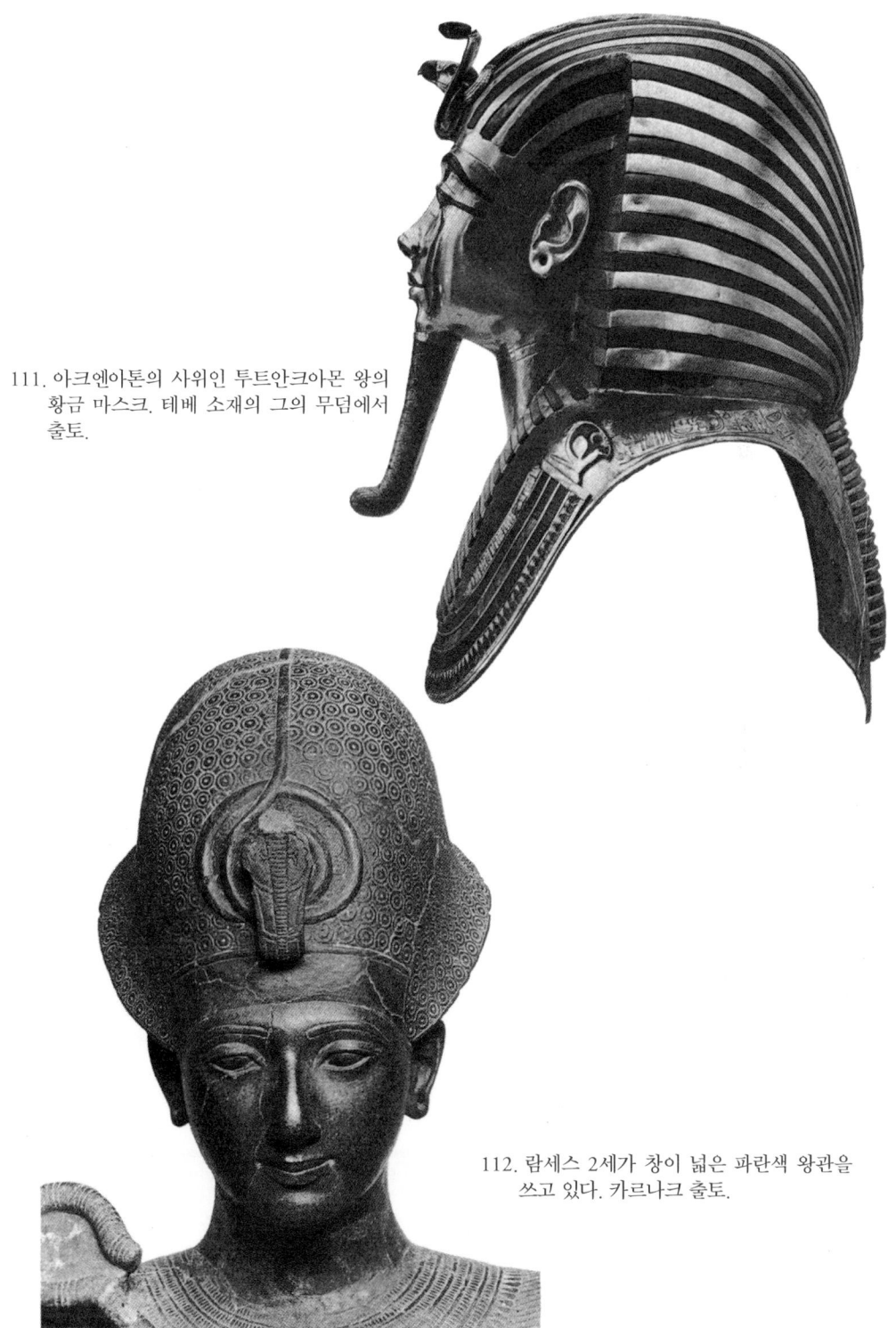

111. 아크엔아톤의 사위인 투트안크아몬 왕의 황금 마스크. 테베 소재의 그의 무덤에서 출토.

112. 람세스 2세가 창이 넓은 파란색 왕관을 쓰고 있다. 카르나크 출토.

113. 테베에서 출토된 메르네프타 왕의 조각상.

114. 작은 성소 모형을 들고 보좌에 앉아 있는 세티 2세.

115. 라가쉬의 왕 에안나툼. 주전 2500년.

116. 마리의 왕, 람기마리의 조각상. 이쉬타르 신전에 봉헌됨. 주전 제3천년기 중반.

117. 라가쉬의 왕 구데아의 조각상. 텔로 출토. 주전 21세기경.

118. 앗수르나찌르팔 2세. 니무롯 출토.

119. 앗수르 왕 디글랏빌레셀 3세(주전 744-727년).

120. 앗수르 왕, 사그론 2세. 코르사바드 출토.

121. 두 명의 포로를 끈으로 잡고 있는 에살핫돈. 시리아의 진시를리 출토.

122. 앗수르바니팔이 음악가들과 시종들을 거느리고 여왕과 함께 정원에서 만찬하고 있다. 한편 적장의 머리는 근처 나무에 매달려 있다.

123. 다리우스 왕이 보좌에 앉아 있고, 세자 크세르크세스가 시종들과 함께 뒤에 서 있다. 페르세폴리스.

124. 앗수르바니팔이 바벨론에 에사길라 신전을
재건하기 위해 바구니를 나르고 있다.

125. 바벨론의 왕 므로닥발라단(왕하 20:12)
이 신하에게 선물을 주고 있다.

126. 비블로스의 왕 아히람이 제단 앞 그룹 보좌에 앉아 있다.

127. 사말 왕, 바르라카브가 자신의 보좌에 앉아 있고, 그의 서기관이 앞에 서 있다.

128. 주전 2000-600년의 누드 여성상. 풍요 제의에 사용된 용품.

129. 사자 위에 나체로 서 있는 여신. 예배자와 세트 신이 곁에 있다.

130. 예히밀크 왕이 그의 여신 "비블로스의 여주인" 앞에 관제를 드림.

131. 뿔 두 개 가진 여신. 연꽃을 들고 있는 예배자. 벧산에서 출토된 주전 13세기 석회암 석비.

유물사진과 해설 ● 945

132. 금 목걸이와 금 치마를 두른 은 여신상. 라스샴라 출토. 주전 2000-1800년.

133. 라스샴라에서 출토된 청동 여신상. 주전 1900-1600년.

134. 금과 은으로 도금된 청동 조각상. 미네트 엘베이다 출토. 주전 1500-1300년.

135. 와스 홀을 가진 여신. 벧산에서 출토된 황금 목걸이에 새겨짐. 주전 14세기.

136. "번개의 바알." 라스샴라 출토. 주전 1900-1750년.

137. 뾰족이 솟은 가발을 쓴 신, 라스샴라 출토. 주전 2000-1800년.

138. "엘"에게 선물을 드림. 주전 14세기 석비. 라스샴라 출토.

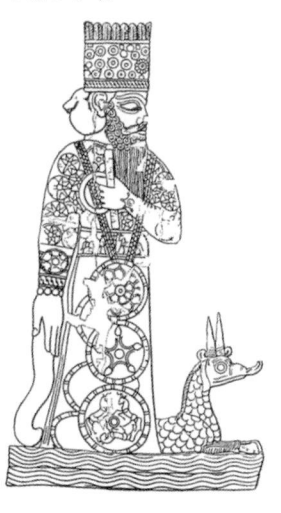

139. 주전 800년의 아람 왕 바르하닷(벤하다드)가 멜카르트 신에 봉헌한 석비. 제9장을 참조.

140. 아슬란 타쉬에서 출토된 황소를 타고 있는 풍우신. 주전 8세기.

141. 바벨론에서 출토된 마르둑 신. 청금석 유물. 주전 9세기 중엽.

142. 느부갓네살 1세의 경계석 위에 다양한 남신과 여신들의 상징물들이 새겨져 있다. 주전 12세기.

143. 넘치는 물병을 가진 여신 조각상의 윗부분. 마리 출토. 주전 2000-1500년.

유물사진과 해설 • 949

144. 자신의 성소에 좌정한 샤마쉬에게 나부아플라이딘이 받쳐짐. 아부하바 출토. 주전 9세기 중엽.

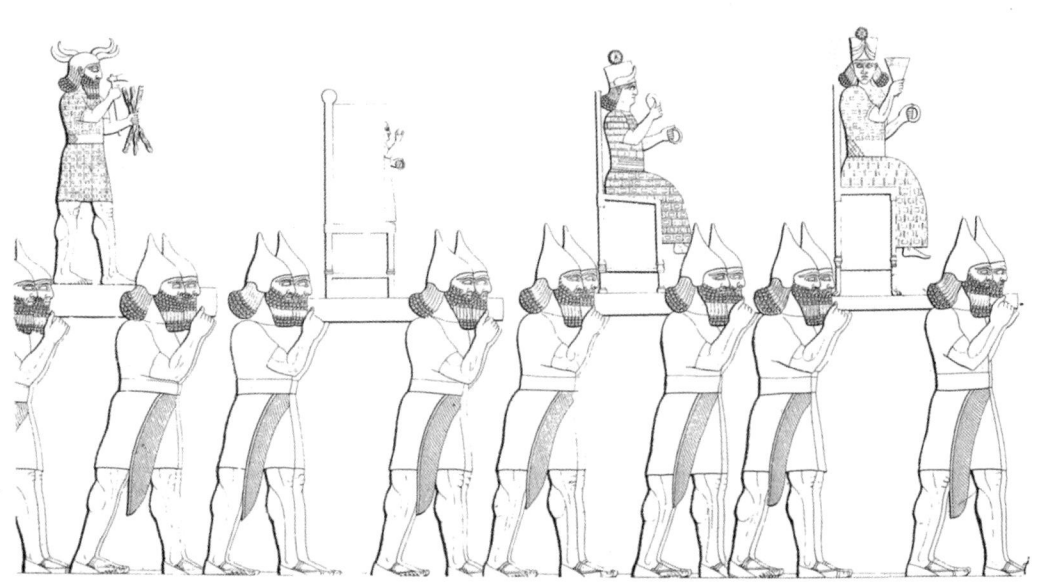

145. 포획한 마을의 신상을 나르고 있는 디글랏빌레셀 3세의 군사들. 니므롯 출토.

146. 맞은편 그림. 오시리스를 자신의 날개로 보호하는 이시스(시 19:8). 카르나크 출토. 주전 6세기.

유물사진과 해설 • 951

147. '새벽 의식'을 재현한 모형. 수사 출토.
     주전 10-9세기.

148. 므깃도에서 출토된 뿔달린 분향
     단. 주전 12세기.

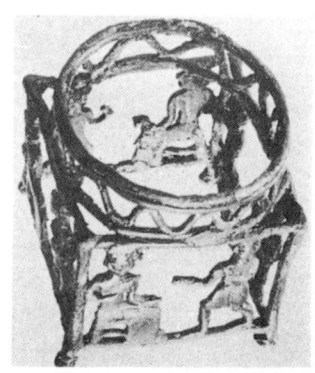

149. 므깃도에서 출토된 청동 투조.
     주전 1050-1000년.

150. 벧산에서 출토된 제의 용품. 새와 뱀들로 장식됨.
     주전 11세기.

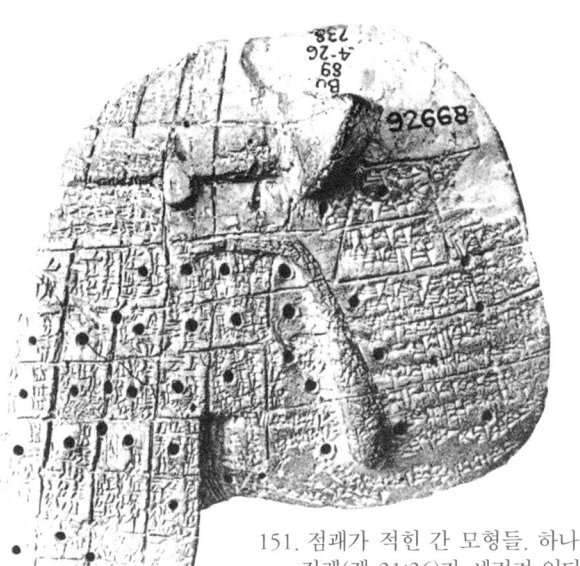

152. 151 참조.

151. 점패가 적힌 간 모형들. 하나는 점술가들이 사용하는 주문과 점괘(겔 21:26)가 세겨져 있다. 주전 1830-1530년. 다른 하나에는 아무 글도 적혀 있지 않다. 주전 1350-1150년.

153. 사카라에서 출토된 저주 인형. 묶인 전쟁 포로의 몸 위에 이집트의 적들에 대한 저주들이 적혀 있다. 그 저주의 효력을 발휘시키기 위해 사람들은 그 인형을 부러뜨렸다(렘 19:10-11). 사카라 출토. 주전 18세기.

154. 관제를 들고 있는 수메르 제사장.

155. 살만에셀 3세가 반 호수 바위에 새겨진 자기 신상 앞에서 신들에게 제사드린다.

156. 앗수르바니팔이 음악에 맞추어 사자에게 관제를 붓고 있다. 그 앞에는 제단과 분향단이 있다. 니느웨 출토.

157. "개구"(開口) 의식. 죽은 사람에게 내세의 새 몸을 부여하는 의식.

158. 활처럼 몸을 굽힌 여신 누트. 활 모양의 몸은 하늘을 상징함. 누트 여신을 받치고 있는 것은 공기의 신 슈이며, 그 발에는 땅의 신 겝이 있다. 데이르 엘바흐리에서 출토된 "사자의 서"의 한 페이지. 주전 10세기.

160. 오시리스의 청동 조각상.

161. 이집트의 신들이 죽은 자의 땅에서 영혼을 인도하고 그의 심장의 무게를 달고 있다.

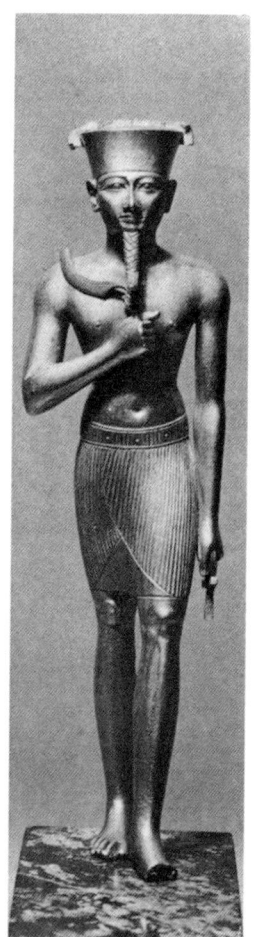

159. 아몬의 황금 조각상.

162. 크눔 신이 도공의 물레로 왕자 아멘호텝 3세와 그의 카를 창조하고 있고, 여신 하소르는 생명의 상징 안크를 내밀고 있다. 룩소르 소재.

163. 앗수르나찌르팔의 궁전을 지키는 석회암 조각상.

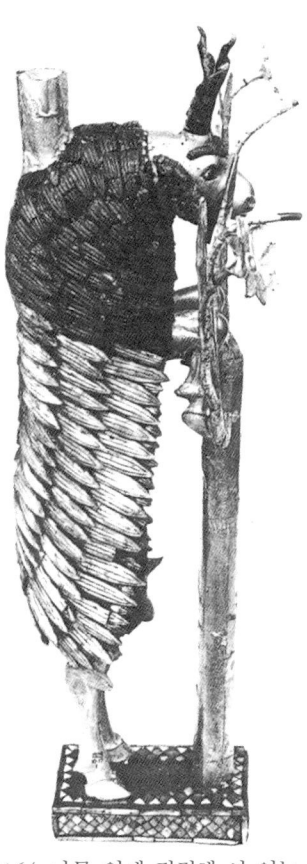

164. 나무 옆에 직립해 서 있는 염소. 우르의 "큰 죽음 웅덩이"에서 출토. 주전 12세기.

165. 갈그미스에서 출토된 날개 달린 복합 생물.

166. 연꽃 줄기 안에 있는 스핑크스. 사마리아에서 출토된 상아 장식. 주전 9세기.

167. 태양 신. 그의 오른 쪽에 에아가, 왼쪽에 "꽃의 신"과 닌우르타가 있다.

168. 보좌에 좌정한 에아 앞에 있는 태양 신. 우르 출토. 아카드 시대(주전 2360-2180년)의 실린더 인장들.

169. 쟁기를 든 태양신이 배를 타고 여행한다.

170. 머리가 일곱 개인 불 뿜는 용이 두 신들에 의해 공격당하고 있다. 텔 아스마르 출토.

171. 전투하는 신들과 신전 탑의 건설.

172. 여리고에 있는 신석기 시대의 탑. 지름 9미터. 이 탑은 도시 방어벽의 일부였다. 중앙에 있는 20개의 돌계단을 통해 수직 통로 아래로 내려갈 수 있다.

173. 세겜의 동쪽 마을 문.

174. 하솔의 "마크비람의 집". 주전 8세기(위). 아합 시대의 기둥 건물(중간). 솔로몬의 문과 성벽(왼쪽 아래).

175. 고대 므깃도.

176. 텔 엔나스베의 성벽과 대문. 대문에 돌 벤치가 구비되어 있다.

177. 사마리아 성벽의 기초. 주전 9세기.

178. 사마리아에 지어진 헬레니즘 시대의 탑.

179. 고대 기브온, 에집에서 출토된 바위를 깎은 웅덩이와 나선형 계단. 25미터 깊이의 웅덩이를 79개의 계단으로 내려가게 되어있음(삼하 2:13).

180. 반대편 그림. 기브온의 바위를 깎아 만든 터널. 도시 성벽에서 93개의 계단을 내려가면 언덕 밑의 샘물로 통한다.

181. 므깃도의 솔로몬 마굿간 모델(cf. 왕상 9:15, 19).

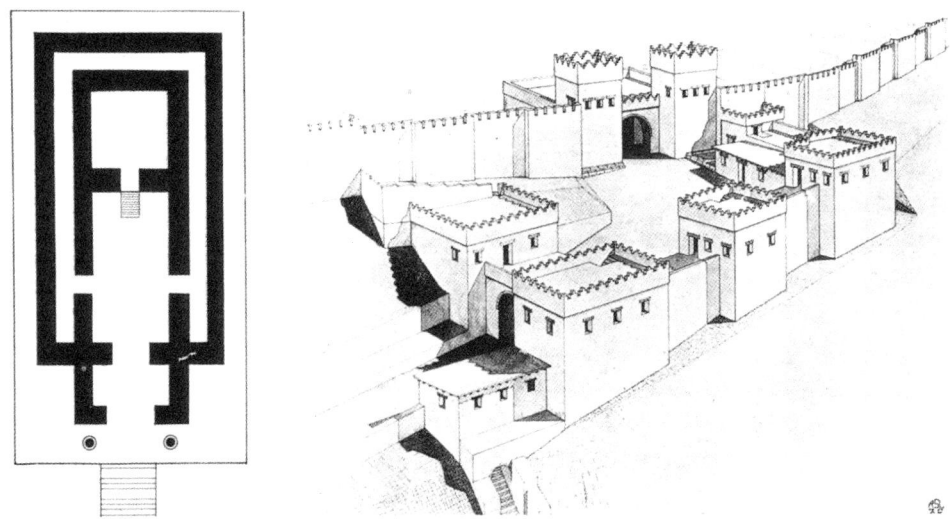

182. 예루살렘의 솔로몬 성전 평면도.   183. 10세기 므깃도의 관문(cf. 겔 40:5-16).

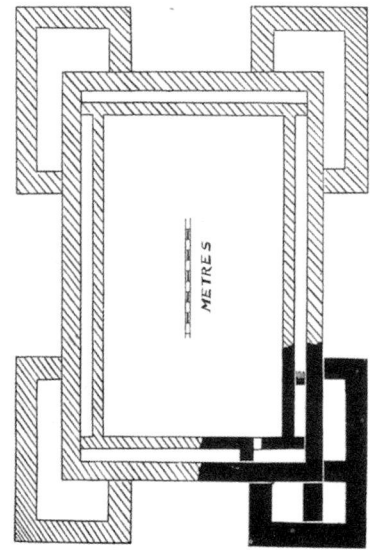 

184. 사울의 기브아에 있는 주전 11세기 요새. 한 구석만이 보존되어 있음.   185. 시리아, 텔 타이낫의 신전과 궁전의 평면도. 예루살렘의 그것과 유사했음.

186. 큰 제단을 가진 직사각형 형태의 성소. 므깃도. 주전 3000년.

187. 흙벽돌 단상, 제단, 제물용 선반을 구비한 신전. 후기 청동기 시대의 라기스에서 출토.

188. 우르의 지구라트, 즉 신전 탑(cf. 창 11:1-9의 바벨 "탑").

189. 바벨론의 탑, 에테메난키와 마르둑의 주신전 에사길라의 모형.

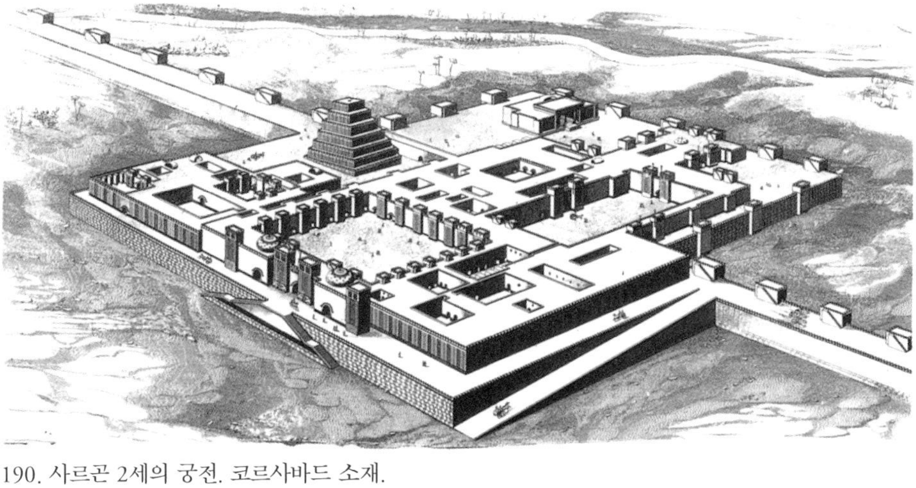

190. 사르곤 2세의 궁전. 코르사바드 소재.

191. 이집트 제3왕조 조세르 왕의 피라미드 무덤. 사카라 소재.

192. 이집트 왕 카프레의 머리를 가진 스핑크스가 기자의 세 피라미드 무덤을 지키고 있다.

193. 느부갓네살의 이쉬타르 성문. 바벨론.

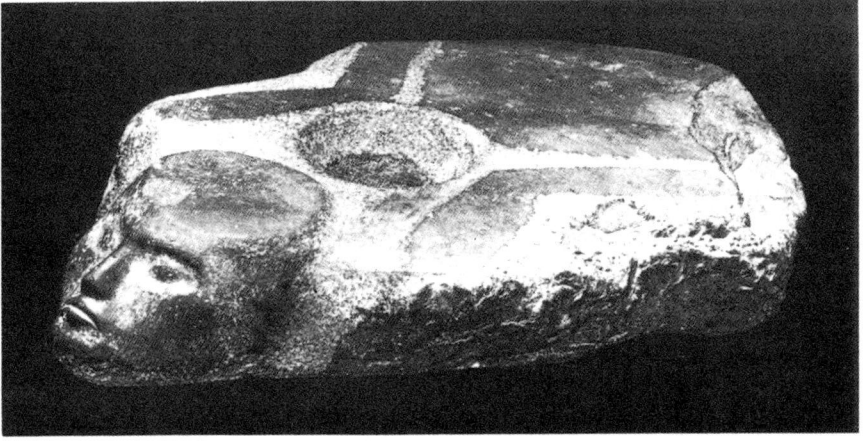
194. 문의 경첩 위에 새겨진 적군 포로. 히에라콘폴리스.

유물사진과 해설 • 969

195. 고레스의 무덤. 이란의 파사르가다에. 주전 529년.

196. 바위를 깎아 만든 다리우스 1세, 아닥사스다 1세, 다리우스 2세의 무덤. 이란의 나크쉬루스탐 소재.

197. 다리우스와 크세르크세스의 아파다나. 페르세폴리스.

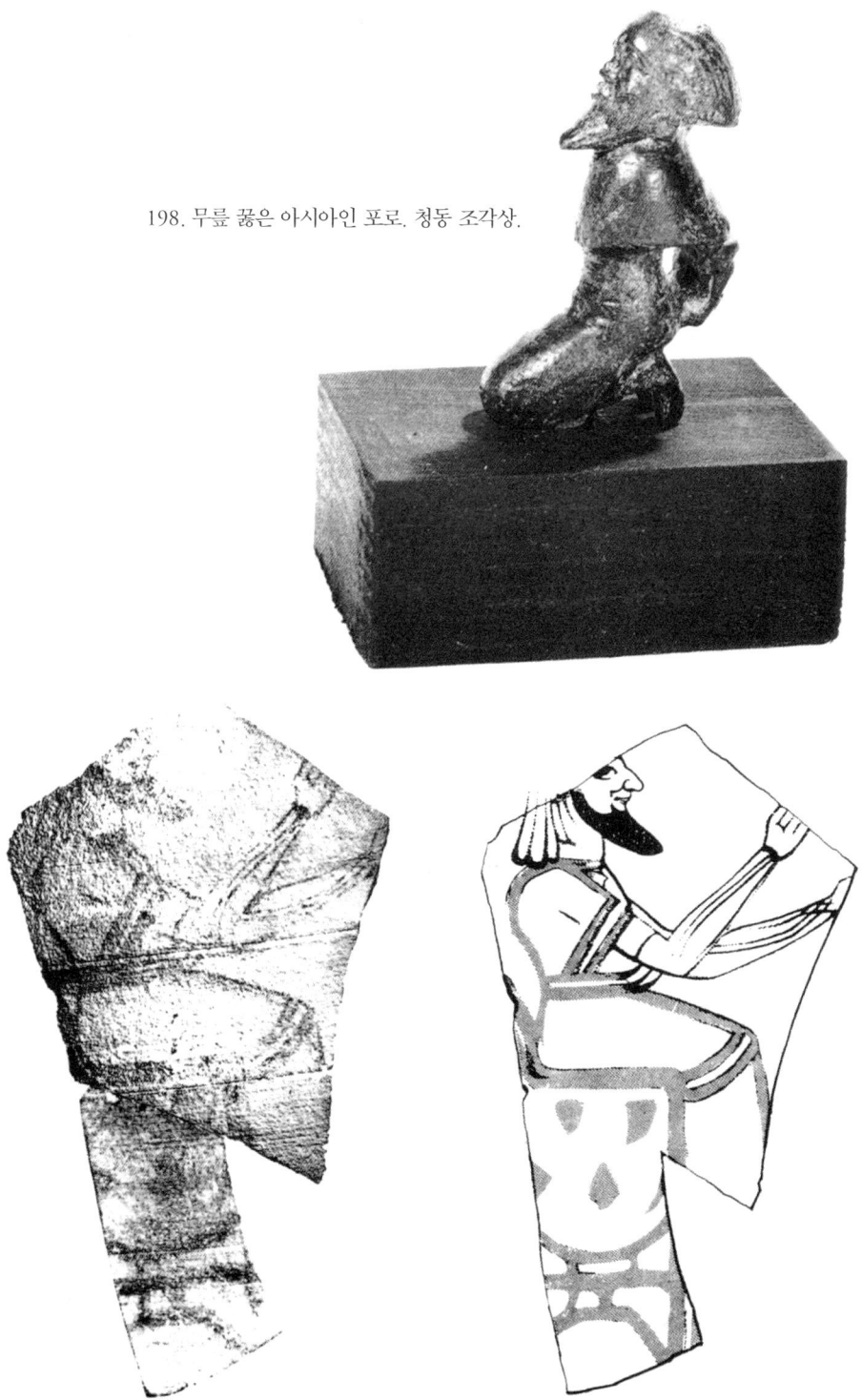

198. 무릎 꿇은 아시아인 포로. 청동 조각상.

199. 보좌에 앉은 고관. 라마트라헬에서 출토된 도편.

200. 가나안의 청동 장식판. 하솔 출토.
201. 염소 머리 모양의 황금 귀걸이. 아스돗 출토.
202. 능삼무늬로 장식된 두 개의 아연 토글 핀.
203. 등이 굽은 소를 타고 있는 농부.

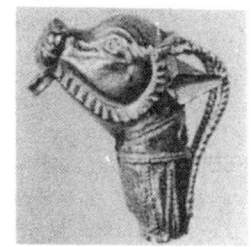

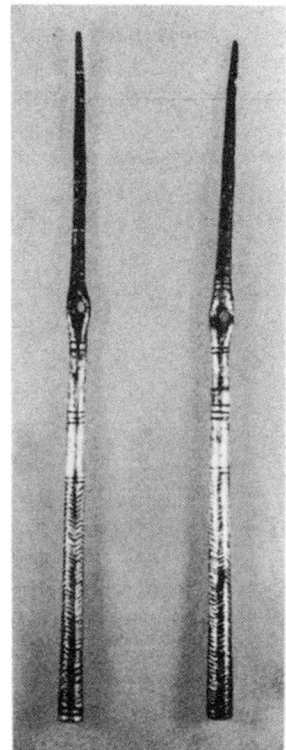

204. 값이 기록된 돌로 된 무게추.

205. 여리고의 중기 청동기 시대 무덤에서 발견된 가구.

206. 정으로 작업 중인 목수.

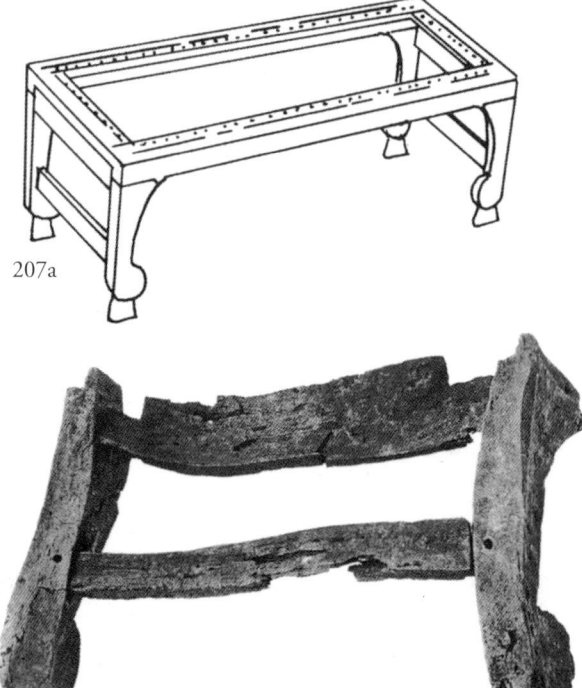

207a

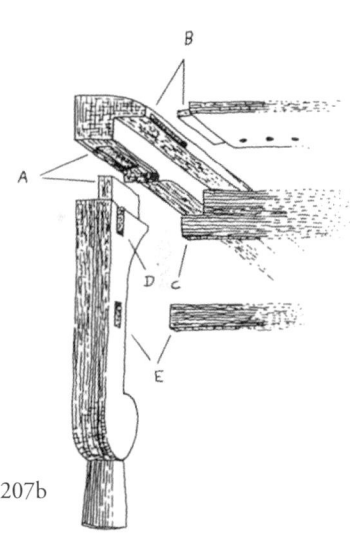

207b

207a-c. 줄 방석을 가진 나무 의자.

207c

208. 목재 그릇, 여리고의 장례품.
209. 상아로 만든 여인의 머리. 니므롯 출토.
210. 페니키아 시대의 상아 머리. 사렙타 출토.
211. 크파르모나쉬에서 발견된 톱.

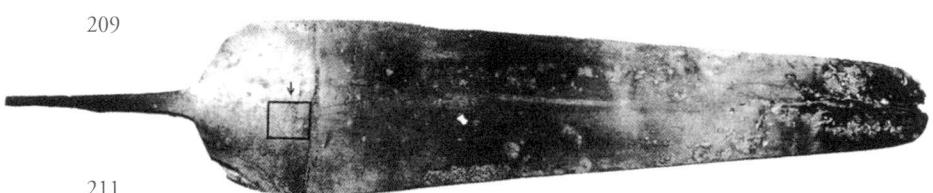

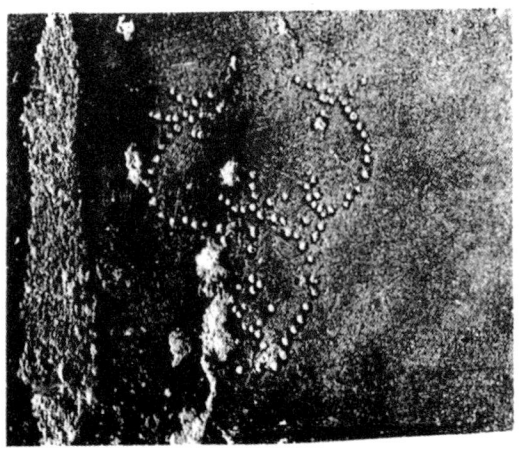

유물사진과 해설 • 977

212. 크파르모나쉬에서 출토된 도끼날.
213. 크파르모나쉬에서 발견된 초기 청동기 시대의 도구들.
214. 크파르모나쉬에서 출토된 화살촉.
215. 텔 에스사이디예의 무덤에서 출토된, 대야, 그릇, 용기, 주전자.
216. 뿔같은 돌출부로 청동 손잡이와 연결된 칼. 텔 에스사이디예 출토.

212

213

214

215

216

217. 초기 청동기 시대의 폐쇄된 도자기 화덕, 텔 엘파라(북).

218. 도자기 화덕의 연소방. 사렙타.

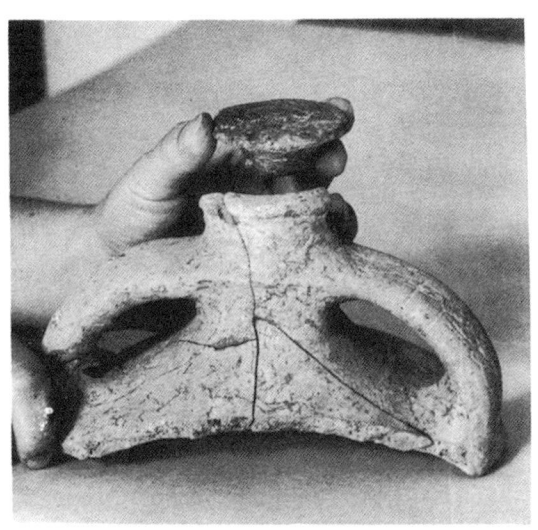
219. 포도주 항아리와 흙으로 만들어진 마개. 기브온.

220. 조개 껍데기에 새겨진 헬멧 쓴 군사, 마리 출토.

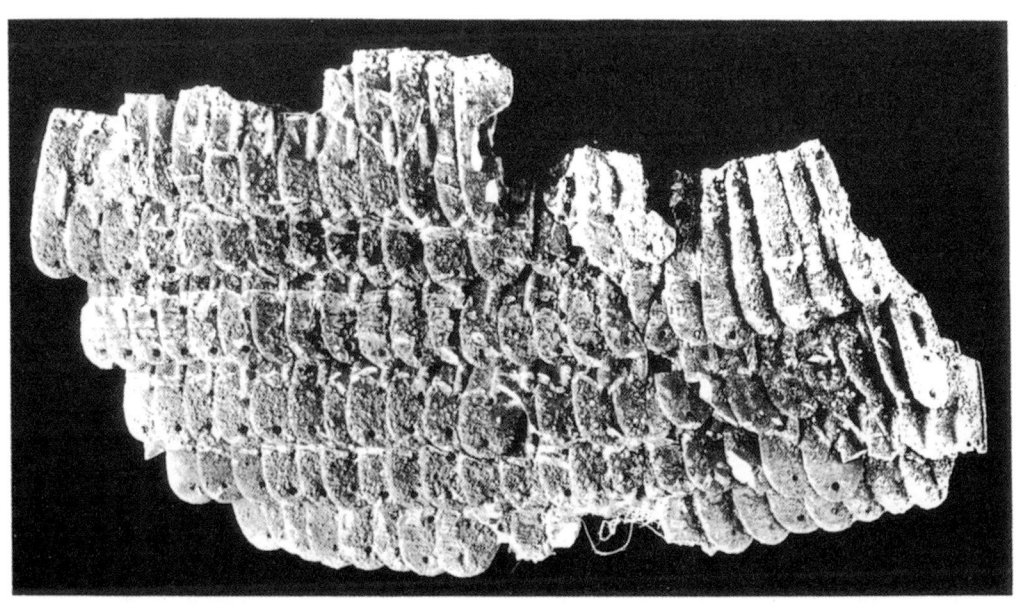
221. 니므롯에서 발견된 갑옷의 일부.

222.

223.

224.

225.

222. 어깨에 송아지를 운반하는 군인. 카라테페 출토.
223. 활과 화살을 가진 사냥꾼. 카라테페 출토.
224. 여섯 꼭지점을 가진 별 안에 새겨진 새, 기브온 출토.
225. 요리 냄비의 손잡에 그려진 새, 기브온 출토.

226. 일곱 현의 하프를 연주하는 음악가.

227. 접이식 의자에 앉아 하프를 연주하는 음악가.

228. 수금, 북, 이중 피리를 연주하는 음악가들이 새겨진 피식스.

228a

228b

228c

228d

229. 음악가들, 카라테페에서 출토된 저부조.

230. 대추야자나무 곁에서 아이에게 젖먹이는 어머니.

231. 라마트라헬에서 발견된 창문 난간.

232. 원시 에올리아 양식의 주두. 라마트라헬 출토.

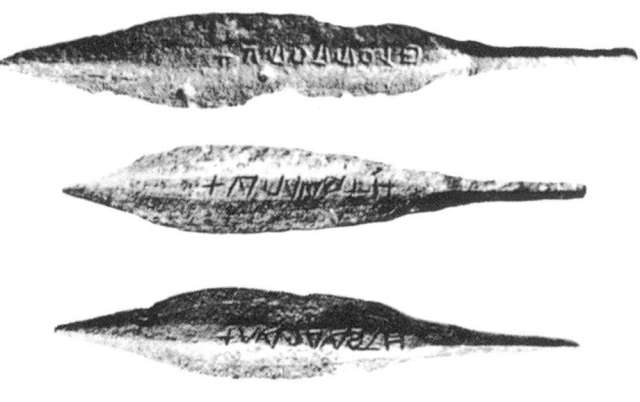

233. 알파벳 문자가 새겨진 세 개의 창촉.

234. "아라드"라고 새겨진 용기.
텔 아라드 출토.

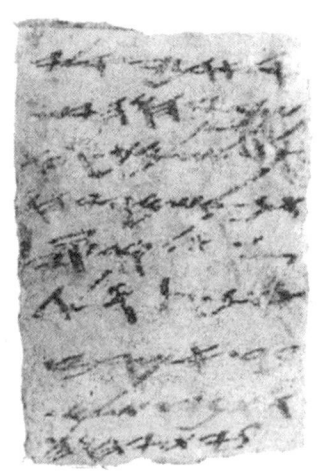 

235. "야훼의 집"을 언급하는 엘리아쉽의 편지.

236. 주전 7세기의 히브리 편지.
"메사드 하샤브야후"에서 발신됨.

237. 항아리 손잡이에 있는 유대 왕의 인장 자국.

238. "기브온"이라고 새겨진 항아리 손잡이. 에집 출토.

유물사진과 해설 ● 987

239. 실완의 무덤 문지방에 새겨진 히브리어 비문.

240a-b. 데이르 알라에서 출토된 토판.

241. 해상 민족들을 나르는 소달구지, 메디넷 하부의 저부조.

242. 마리의 왕, 이투르샤마간.

243. 히타이트 왕, 투드할리야스의 인장 자국.

유물사진과 해설 ● 989

244. 우가릿의 귀부인의 얼굴 초상화.

245. 적을 무찌르는 우가릿 왕.

246. 자기 아내를 품는 우가릿의 왕족.

247. 쐐기문자가 새겨진 살만에셀 3세의 조각상.

248. 종들에 의한 유흥을 즐기는 고관.

249. 양산 아래 외국 사절을 맞이하는 살만에셀 3세.

250

251

252

250. 좌정한 여인의 토기상. 문하타 출토.
251. 여인의 상아 조각상. 비르 사파디 출토.
252. 남자 조각상. 비르 사파디 출토.

253. 신 청동상. 세겜 출토.
254. 좌정한 "엘"의 청동상. 라스샴라 출토.
255. 손을 든 신을 묘사한 두 개의 동일한 조각상.

256. 황소 청동상, 라스샴라.

257. 두 아이를 젖 먹이는 여신, 라스샴라 출토.

258. 쿠드슈-아스타르트-아낫의 저부조.

260. 황소 모형. 하솔의 가나안 신전에서 발견됨.

259. 둥근 모자를 쓰고 앉아 있는 신. 하솔 출토.

261. 고깔 모자를 쓰고 앉아 있는 신.

262. 종교 상징물로 장식된 청동 제의대.

263. 황소 위에 서 있는 신, 하솔 출토.

264. 앉아 있는 인물 조각상, 하솔 출토.

265. 하란에서 발견된 나보니두스 석비의 상부.

266. 나할 미스마르에서 출토된 청동 왕관.

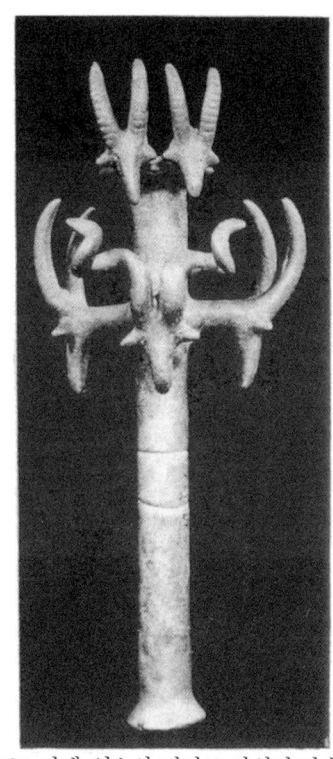
267. 야생 염소의 머리로 장식된 마술봉. 나할 미스마르 출토.

268. 분향을 위한 그릇과 청동 삼각대. 텔 에스사이디예 출토.

269. 후기 블레셋 도자기 제의대. 아스돗 출토.

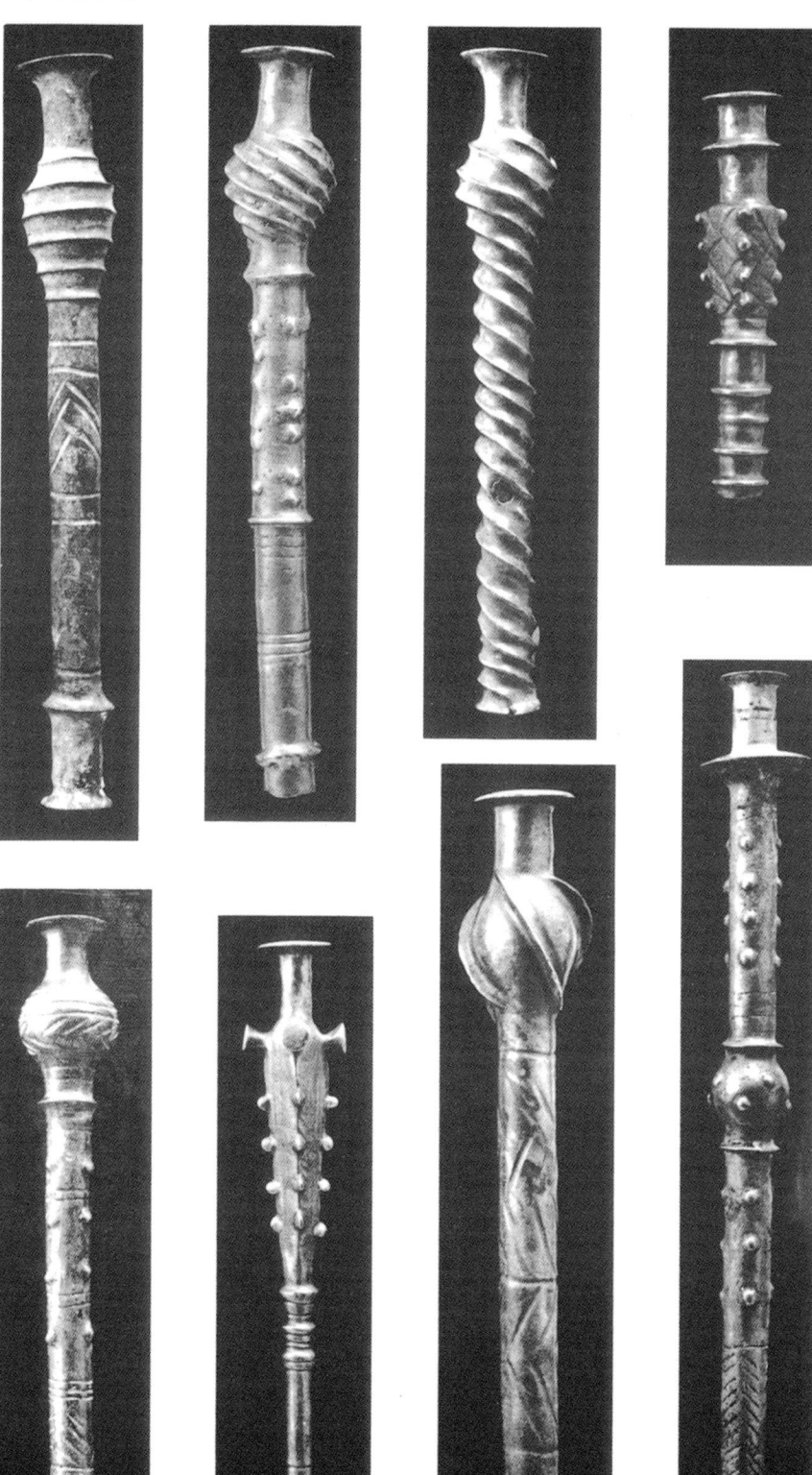

270. 구리 마술봉. 나할 미스마르 출토.

272. 사람의 얼굴 가면.

271. 두 마리의 염소 위에 지어진 하우스 모형.

273. 하솔에서 출토된 모형 간.

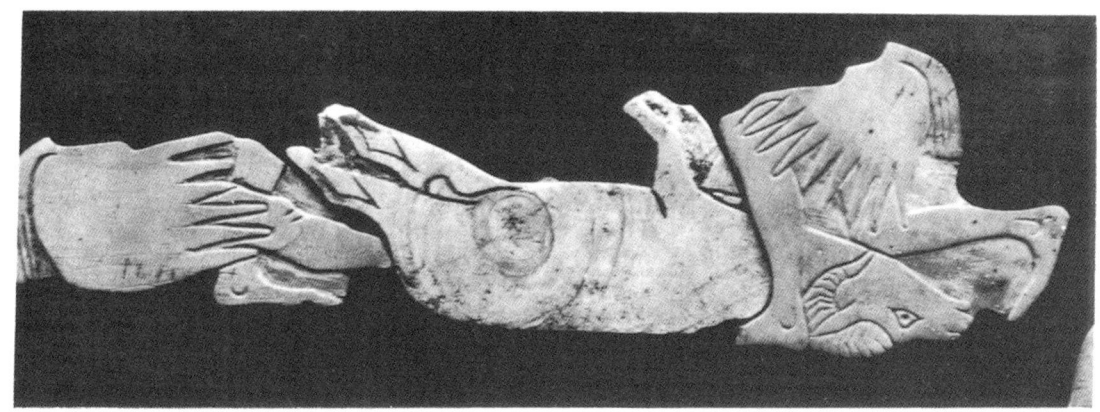
274. 두 사람에 의한 숫양 도살.

275. 봉헌 장식판의 상부, 닙푸르의 인안나 신전에서 출토.

276. 닙푸르에서 출토된 봉헌 장식판 위의 연회 장면.

277. 두 마리 사자 사이의 영웅. 닙푸르에서 출토된 장식판.

278. 연회 장면, 카라테페 출토.

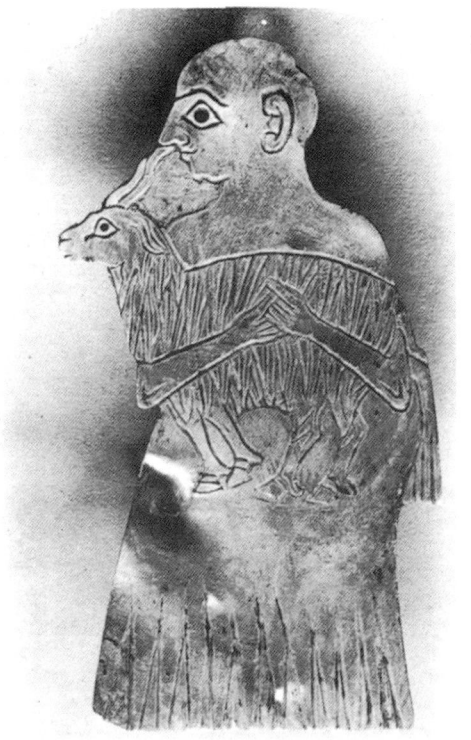

279. 제물용 어린 양을 나르는 예배자. 마리 출토.

280. 인간 얼굴 형태를 가진 관뚜껑.

281. 디반에서 출토된 토관.

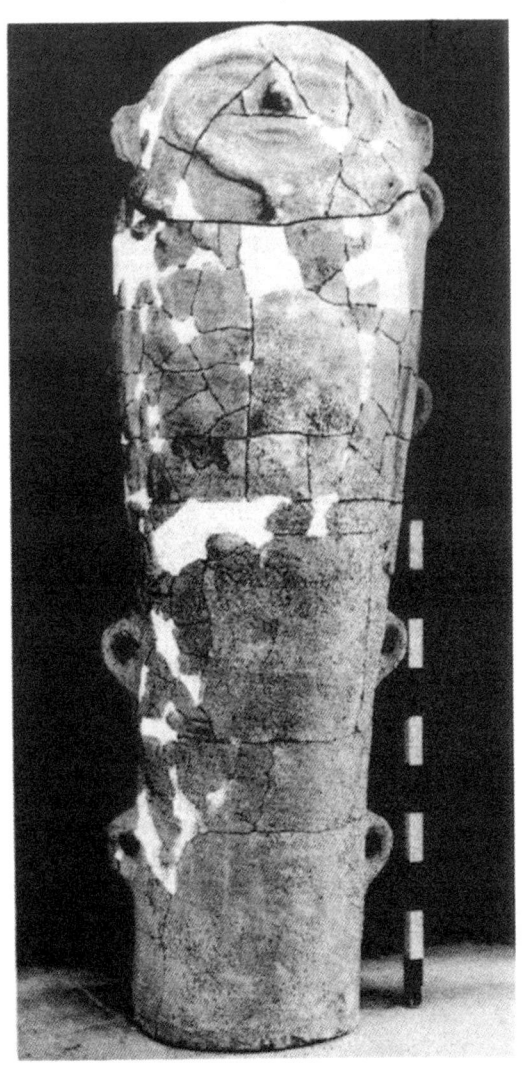 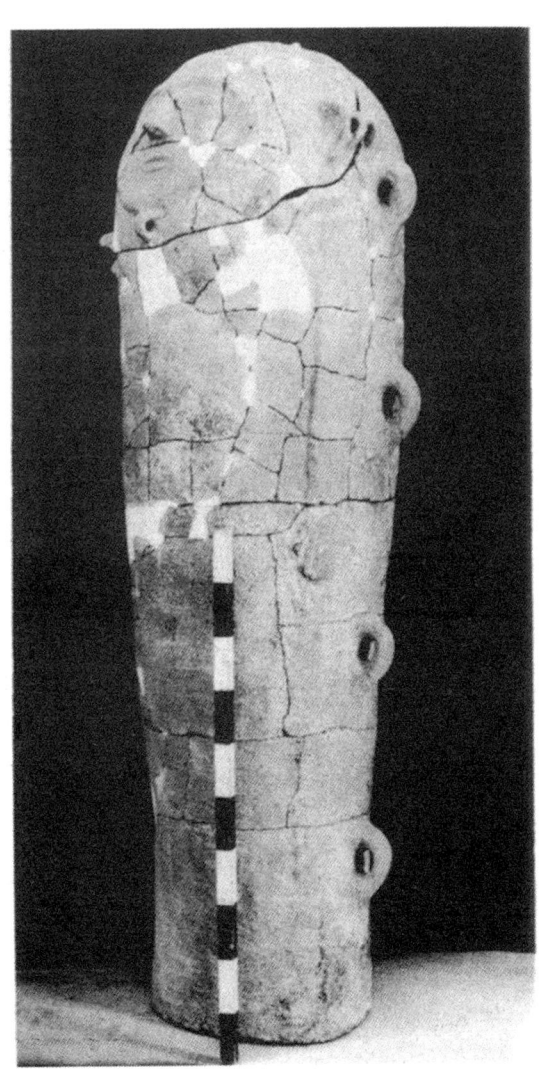

282. 암만에서 출토된 토관.

유물사진과 해설 ● 1005

283. 뼈로 된 손잡이에 새겨진 날개 넷 달린 생물.

284. 날개 달린 태양 원반을 떠받치는 복합 생물, 카라테페 출토.

285. 하솔에서 출토된 사자 조각상(856).

286. 니므롯에서 출토된 파주주 장식판.

287. 신성 나무 옆에 앉아 있는 신. 그 너머의 여자와 뱀.

288. 연회 장면, 텔 에스사이디예에서 출토된 인장.

289. 춤추는 동물과 고관, 텔 에스사이디예에서 출토된 인장.

290. 1958년 발굴 작업의 마지막에 찍은 하솔의 항공 사진.

291. 1958년 발굴 작업의 마지막에 찍은 하솔의 A 지역 항공 사진.

292. 하솔의 L 지역에 있는 수로 체계.

293. 아라드, 초기 청동기 시대의 성벽과 성벽 탑.

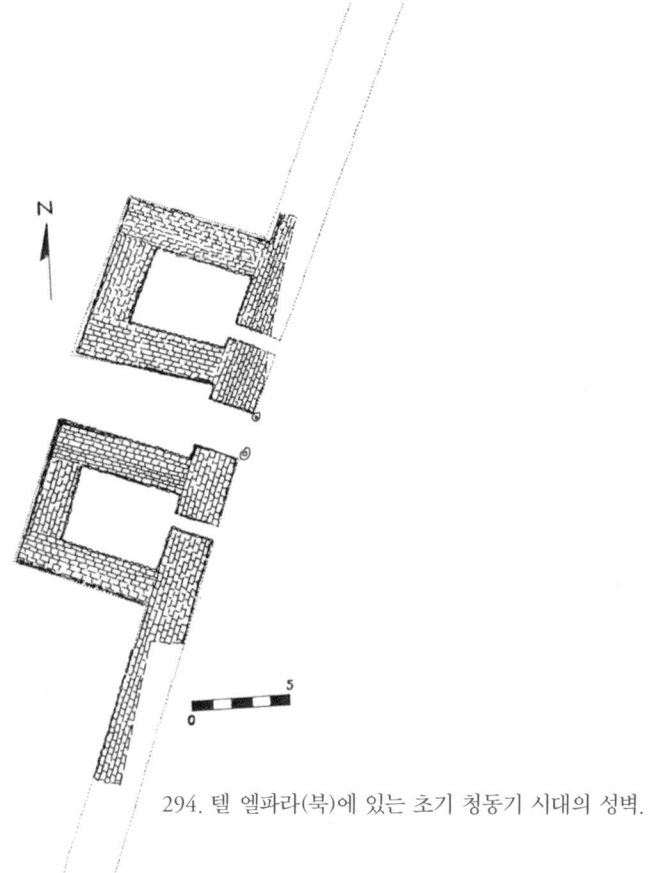

294. 텔 엘파라(북)에 있는 초기 청동기 시대의 성벽.

295. 게셀에 있는 주전 10세기 성벽.

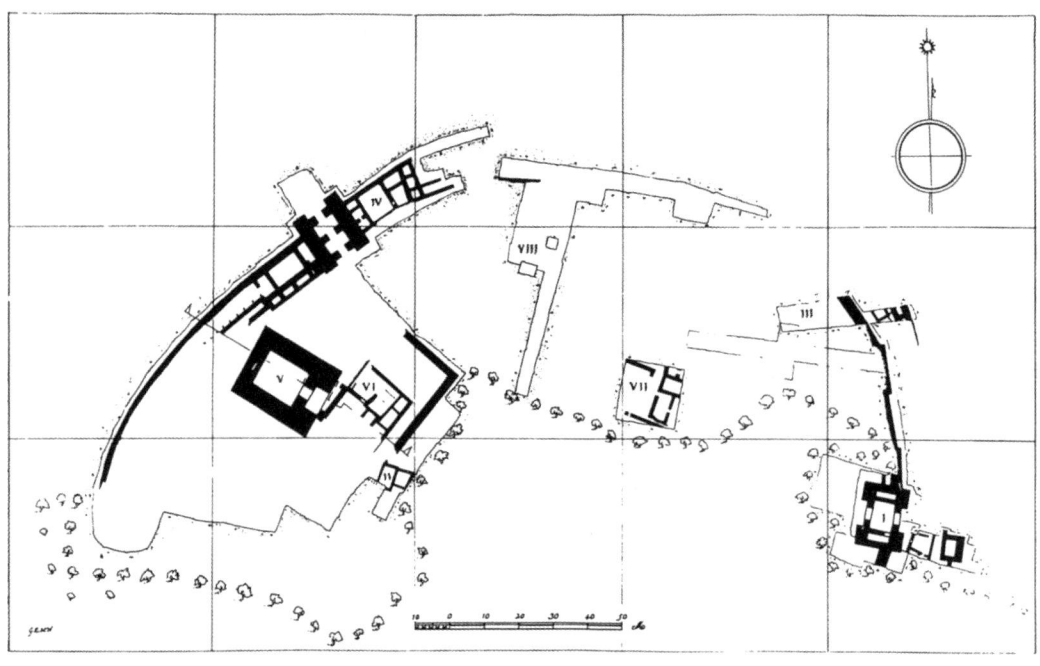

296. 세겜의 발굴 도면.

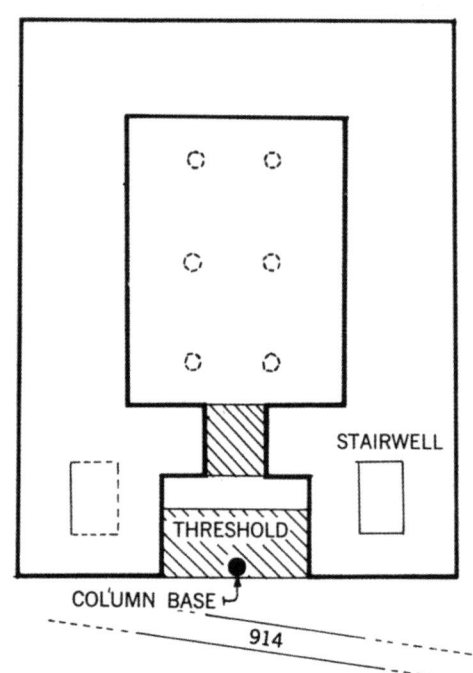

297. 세겜에 있는 요새-신전의 도면.

298. 하솔 신전 안에 원형대로 보존된 제의 용품.

299. 하솔의 가나안 신전의 "지성소".

300. 하솔의 가나안 신전과 그 석비와 제물단.

301. 텔 아라드에 있는 신전의 "지성소".

302. 아라드 신전의 성소에 있는 제단.

303. 두 기둥 열을 가진 대형 건물. 하솔.

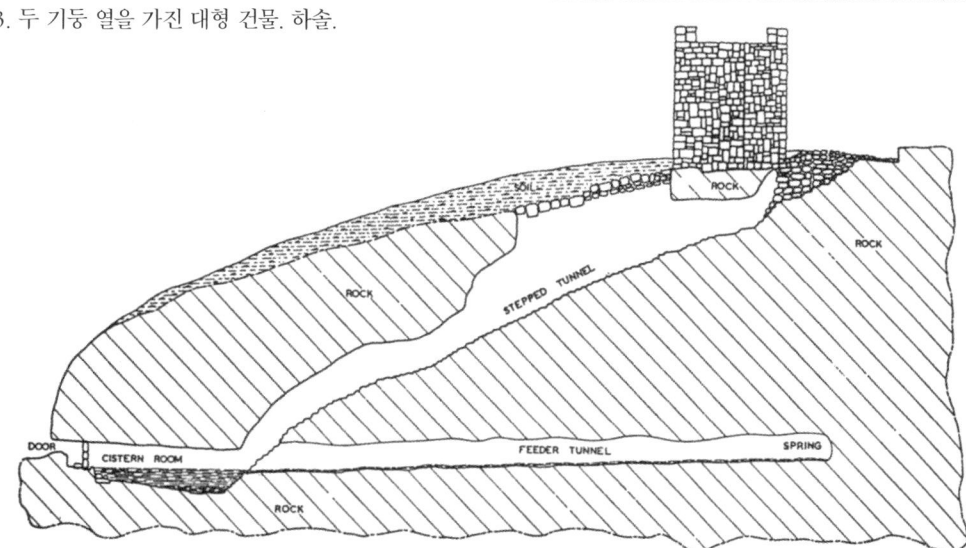

304. 기브온 샘으로 통하는 터널의 일부.

305. 텔 에스사이디예의 밑에서 꼭대기로 통하는 계단.

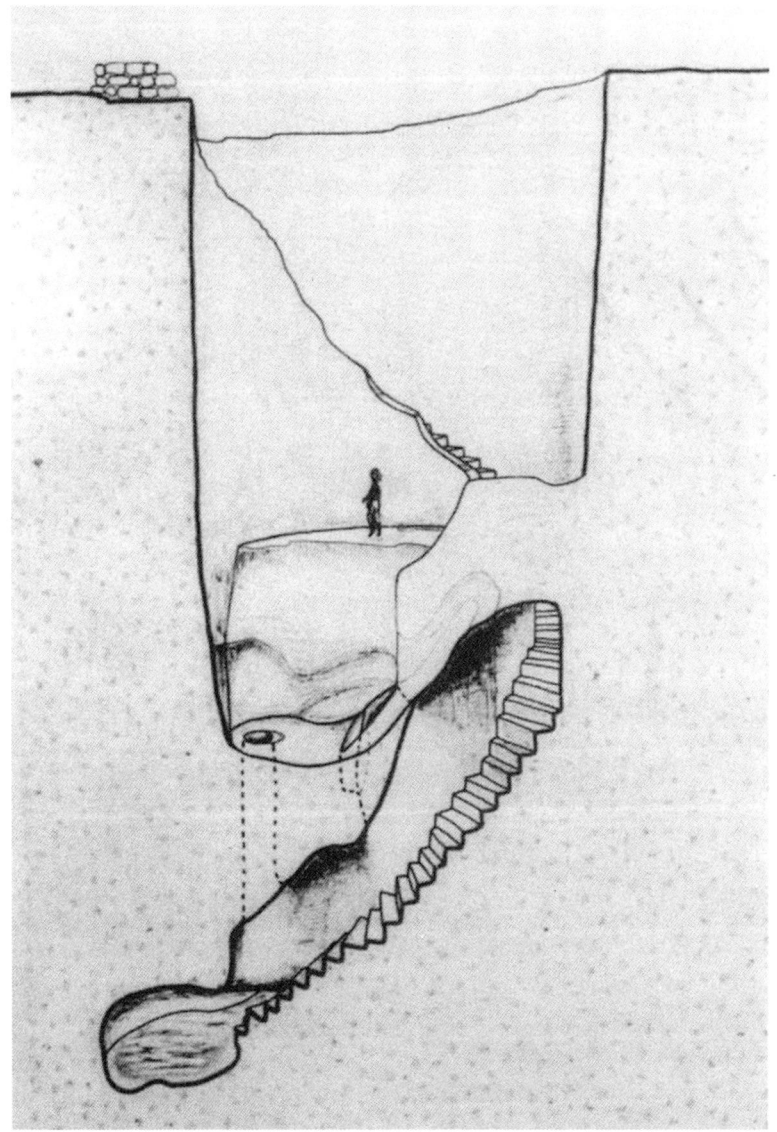

306. 기브온의 웅덩이와 그 계단.

307. 아홉 개의 방을 가진 집의 모형. 마리 출토. 다메섹 소재.

유물사진 출처

Albright, W. F.: 33. Aharoni, Y.: 199, 231, 232. Aharoni, Y., and Arad Expedition: 234, 235, 301, 302. Allegro, J. M.: 173. American Schools of Oriental Research: 83. Amiran, R., and Arad Expedition: 293. Archives Photographiques, Paris: 67, 68, 74, 96, 132, 134. Bar-Adon, P., and Department of Antiquities and Museums, Israel: 266, 267, 270. Birnbaum, S. A.: 81. Bothmer, B. V.: 191. British Museum: 5, 16, 17, 28, 58, 69, 72, 97, 98, 100, 102, 114, 115, 118, 119, 122, 124, 142, 144, 146, 151, 155, 156, 157, 158, 161, 163, 164, 165, 167, 168, 239, 287. British School of Archaeology in Iraq: 221, 228, 247, 249. Brooklyn Museum: 70, 82, 160. Bulloz, J. E., Paris: 40. Cairo Museum: 4, 42, 84, 105, 106, 111, 129. Cameron, G. G.: 62. Cross, F. M., Jr.: 233. Dajani, A. K., and Department of Antiquities of Jordan: 282. Department of Antiquities, Israel: 27, 211, 212, 213, 214, 248. De Vaux, R.: 294. Dothan, M.: 201, 269 Dunand, M.: 103. Ecole Biblique: 217. Editions "TEL," Paris: 86, 147. Felbermeyer, J.: 112. Foto Marburg: 6, 43, 93, 107, 108, 109, 110, 125, 127, 193. Franken, H. J.: 240. Gaddis, A.: 88, 94. Garber, P. L.: 182. Giraudon, Paris: 59, 117. Hebrew Union College: 295. Hessische Treuhandver-waltung des fruheren preussischen Kunstgutes, Wiesbaden: 8, 87, 89, 91. Hirmir Fotoarchiv Munchen: 223, 230, 284. Holladay, J. S.: 204. Horn, S. H.: 73. Iraq Museum: 36, 169, 209, 271, 286. Kenyon, K.: 49, 172, 205, 207, 208. Mazar, B.: 38. Metropolitan Museum of Art, New York: 12, 19, 21, 26, 32, 41, 45, 46, 113, 159, Musees Royaux d'Art et d'Histoire, Brussels: 153. Museo di Antichita, Turin: 14, 120. Museum of the

Ancient Orient, Istanbul: title page. Museum of Fine Arts, Boston: 104. Oriental Institute, Chicago: 3, 7, 10, 29, 30, 31, 48, 55, 92, 95, 123, 148, 149, 170, 175, 181, 185, 186, 196, 197, 203, 241, 275, 276, 277. Palestine Archaeological Museum, Jerusalem: 9, 11, 22, 37, 39, 47, 49, 53, 80, 90, 135, 152, 166, 177, 178, 187. Palestine Institute, Pacifi c School of Religion: 23, 76, 176. Parrot, A.: 206, 220, 226, 227, 242, 274, 279. Perrot, J.: 250, 251, 252. Photo Rostemy, Teheran: 195. Porada, E.: 57. Pritchard, J. B.: 24, 78, 79, 116, 126, 128, 130, 136, 137, 139, 140, 143, 179, 180, 202, 210, 215, 216, 218, 219, 224, 225, 237, 238, 268, 288, 289, 305, 306. Reed, W. L.: 280, 281. Schaeff er, C.F.A.: 63, 133, 244, 245, 246, 257. School of Oriental and African Studies: 265. Staatliche Museen, Berlin: 121, 189. Trans World Airlines: 192. University Museum, University of Pennsylvania: 1, 13, 15, 34, 35, 44, 60, 61, 66, 71, 85, 99, 131, 150, 154, 188, 194. Virginia Museum of Fine Arts: 198. Winchester College: 258. Wright, G. E.: 253, 296, 297. Yadin, Y.: 174, 259, 260, 261, 262, 263, 264, 272, 273, 283, 285, 292, 298, 300. Yale University News Bureau: 56.

2: C. R. Lepsius, *Denkmäler aus Ägypten und Äthiopien*, Berlin, 1848–1859, vol. 2, pl. 133.—18: N. de G. Davies, *The Tomb of Rekhmi- Ré' at Thebes*, New York, 1943, pl. 58.—20: A. Moortgat, *Vorderasiatische Rollsiegel*, Berlin, 1940, no. 526.—25, 138: *Syria*, XVIII, pl. 24, pl. 17.— 50, 51: *Journal of the Palestine Oriental Society*, vol. 14, 1934, pl. 1, p. 180, fig. 2,—52: H, Junker, *Gîza*, vol. 2, Vienna and Leipzig, 1934, pl. 7b.—54, 101: A. H. Layard, *A Second Series of the Monuments of Nineveh*, London, 1853, pls. 35, 21.—64: H. Grimme, *Althebräische Inschrift en vom Sinai*, Darmstadt, 1923, pl. 9, below.— 65: D. Diringer, *Le iscrizioni antico- ebraiche palestinesi*, Florence, 1934, pl. 1.—75: A. Reifenberg, *Ancient Hebrew Seals*, London, 1950, p. 27.—77: W. F. Albright, *The Excavation of Tell Beit Mirsim*, vol. 1, AASOR, 12, New Haven, 1932, p. 78, fig. 13.—141: F. H. Weissbach, *Babylonische*

Miscellen, WVDOG, 4, Leipzig, 1903, p. 16, fig. 1.—145: A. H. Layard, *The Monuments of Nineveh*, London, 1849, pl. 65.— 162: A. J. Gayet, *Le temple de Louxor, Mémoires, Mission archéologique francaise au Caire*, vol. 15, Paris, 1894, pl. 63 (71).—171: H. Frankfort, *Cylinder Seals*, London, 1939, pl. 22k.—183: The Megiddo Expedition, *Megiddo II*, Text, Chicago, 1948, fig. 107.—184: *Bulletin of the American Schools of Oriental Research*, no. 52, 1933, fig. 1.—190: V. Place, *Ninive ft l'Assyrie*, vol. 3, plates, Paris, 1867, pl. 18bis.—200, 290, 291, 299: Y. Yadin et al., *Hazor III–IV*, Jerusalem, 1961, pls. 339:1, 1, 2, 121:2.—222, 229, 278: E. Akurgal, *Orient und Okzident*, Baden-Baden, 1966, pls. 34a, 32, 33.—236: *Israel Exploration Journal*, vol. 10, 1960, pl. 17.—243: *Ugaritica III*, pl. III.—254, 255, 256: *Syria*, vol. 43, 1966, pls. 2, 3 left , 1 left .—303: Y. Yadin et al., *Hazor II*, Jerusalem, 1960, pl. 4:2.—304: J. B. Pritchard, *Gibeon, Where the Sun Stood Still*, Princeton, 1962, fig, 5.—307: *Syria*, vol. 32, 1955, pl. 15:2.

구약 성경문학 탐구

찌포라 탈쉬르 편집/한국이스라엘학회 옮김/크라운판 양장/916면

고대 근동의 민족들에게서 공통적으로 발산된 문화적 소산으로서 성경과 깊은 관계가 있는 창조와 홍수 전승, 메소포타미아 문학, 히타이트 문학, 이집트 문학과 성경의 연결성 등도 살펴본다. 79개의 다양한 유물 사진과 그림이 칼라로 실려 있어 더 큰 흥미와 이해를 불러일으킨다. 한국이스라엘학회의 기획과 헌신 그리고 이스라엘에서 본서의 원저자들에게 수학한 한국이스라엘학회 소속 16명의 구약학자의 번역으로 출간된 이 책은 한국 구약학계의 기념비적인 책으로 신학과 신앙을 진일보시키는 데 귀하게 쓰임 받을 것이다.

고대 근동 문학 선집

THE ANCIENT NEAR EAST
AN ANTHOLOGY of TEXTS & PICTURES

2016년 04월 20일 초판 발행
2024년 8월 30일 초판 3쇄 발행

| 편 집 | 제임스 B. 프리처드
| 책임감수 | 김구원
| 번역위원 | 강승일, 김구원, 김성천, 김재환, 윤성덕, 주원준

| 펴 낸 곳 | 사)기독교문서선교회
| 등 록 | 제16-25호(1980. 1. 18)
| 주 소 | 서울시 동대문구 천호대로71길 39
| 전 화 | 02) 586-8761~3(본사) 031) 942-8761(영업부)
| 팩 스 | 02) 523-0131(본사) 031) 942-8763(영업부)
| 홈페이지 | www.clcbook.com
| 이 메 일 | clckor@gmail.com
| 온 라 인 | 기업은행 073-000308-04-020, 국민은행 043-01-0379-646
    예금주: 사)기독교문서선교회

ISBN 978-89-341-1528-1(93230)

※ 낙장·파본은 교환해 드립니다.